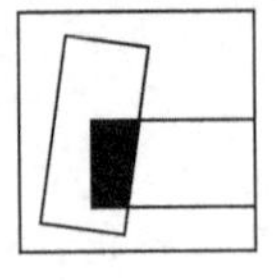

Albrecht Mendelssohn Bartholdy
Graduate School of Law

Schriften der Albrecht Mendelssohn Bartholdy
Graduate School of Law

herausgegeben von | edited by

Prof. Dr. Stefan Oeter,
Lehrstuhl für Öffentliches Recht, Völkerrecht und ausländisches öffentliches Recht, Universität Hamburg

Prof. Dr. Tilman Repgen,
Lehrstuhl für Deutsche Rechtsgeschichte, Neuere Privatrechtsgeschichte und Bürgerliches Recht, Universität Hamburg

Prof. Dr. Hans-Heinrich Trute,
Lehrstuhl für Öffentliches Recht, Medien- und Telekommunikationsrecht, Universität Hamburg

Band | Volume 8

Laura Kanschik

Die Pflicht zur Restitution bei Johannes Duns Scotus

Nomos

Gedruckt mit Unterstützung der
Albrecht Mendelssohn Bartholdy Graduate School of Law.

Die Deutsche Nationalbibliothek verzeichnet diese Publikation in der Deutschen Nationalbibliografie; detaillierte bibliografische Daten sind im Internet über http://dnb.d-nb.de abrufbar.

Zugl.: Hamburg, Univ., Diss., 2021

u.d.T.: Die Verpflichtung des Gewissens zur Restitution bei *Johannes Duns Scotus*
Eine rechtshistorische Rekonstruktion seiner Restitutionslehre anhand seiner *Ordinatio IV* unter partieller Berücksichtigung der Ausführungen in seiner *Reportatio IV-A*

ISBN 978-3-8487-7400-5 (Print)
ISBN 978-3-7489-1402-0 (ePDF)

Onlineversion
Nomos eLibrary

1. Auflage 2022

„[...] sacramentum paenitentiae includit rationem sacramenti et iudicii – et ideo quantum ad iudicium est ibi forum conscientiae inter absolventem et paenitentem absolutum.“

(Duns Scotus, Rep. IV-A [Bychkov/Pomplun I.1], dist. 14, q. 4, art. 1, n. 97, S. 582)

Vorwort

Der Publikation liegt meine Dissertation, welche ich im Wintersemester 2020/2021 an der Fakultät für Rechtswissenschaft der Universität Hamburg eingereicht und während meiner Lehrstuhlzeit fertiggestellt habe, zu Grunde.

Für den Themenhinweis, die umfassende Betreuung der Arbeit, die wertvollen Anregungen und die zahlreichen Ermutigungen während meiner Promotionsphase danke ich meinem Doktorvater, Herrn Professor Dr. Tilman Repgen, sehr. Ich danke ihm auch für die mir gewährten Freiräume.

Frau Professorin Dr. Maximiliane Kriechbaum danke ich für die Anfertigung des Zweitgutachtens.

Darüber hinaus gilt mein Dank den Herausgebern der Schriftenreihe und Direktoren der Albrecht Mendelssohn Bartholdy Graduate School of Law, Herrn Professor Dr. Stefan Oeter, Herrn Professor Dr. Tilman Repgen und Herrn Professor Dr. Hans-Heinrich Trute, für die Aufnahme meiner Arbeit in die Schriftenreihe. Ihnen danke ich zudem für die ideelle Förderung an der Graduiertenschule und für die finanzielle Unterstützung.

Zu besonderer Dankbarkeit bin ich meiner Familie verpflichtet. Insbesondere meiner Mutter gebührt tiefste Dankbarkeit für ihre immerwährende liebevolle Unterstützung in jeder Hinsicht, dem sehr geduldigen Zuhören sowie den unzähligen anregenden Diskussionen in allen Arbeitsphasen. Meiner Mutter ist diese Arbeit gewidmet.

Schließlich danke ich dir, Julian, von Herzen. Du hast nicht nur einzelne Abschnitte, sondern das gesamte Manuskript Korrektur gelesen. Dein fortwährender motivierender Zuspruch hat maßgeblich zum erfolgreichen Abschluss dieser Arbeit beigetragen.

Hamburg, im Mai 2022 *Laura Kanschik*

Inhaltsverzeichnis

§ 1. Einleitung

A. *Eine Einführung in die Thematik*

I. Die moraltheologische Lehre von der Restitution

> „Si enim res aliena, propter quam peccatum est, cum reddi possit, non redditur, non agitur poenitentia, sed fingitur: si autem veraciter agitur, non remittetur peccatum, nisi restituatur ablatum; [...].“[1]
>
> Wenn nämlich eine fremde Sache, deretwegen gesündigt worden ist, nicht zurückgegeben wird, obwohl sie zurückgegeben werden könnte, wird keine Buße getan, sondern nur geheuchelt. Wenn aber wahrhaftig gehandelt wird [wahre Buße getan wird], wird die Sünde nicht vergeben, wenn das Weggenommene nicht zurückerstattet wird; [...].

Dieser Ausspruch des Kirchenvaters *Augustinus (354–430)*[2] – insbesondere der letzte Satz – zeigt die Verknüpfung zwischen der Restitution einer unrechtmäßig entwendeten Sache und der Sündenvergebung auf: Ohne Rückerstattung der Sache ist die Sündenvergebung unmöglich.[3] Durch das augustinische Restitutionsgebot stand fortan die Beziehung des einzelnen Gläubigen zu Gott in Abhängigkeit zur Erfüllung der Restitutionspflichten gegenüber den Mitmenschen, wodurch – wie im Rahmen dieser Arbeit zu sehen sein wird – die Sphären säkularer und göttlicher Gerechtigkeit miteinander verknüpft wurden.[4]

---

1 *Augustinus*, Epistola CLIII (ad Macedonium), cap. 6, n. 20 (PL 33, 662).

2 Zum Leben und Werk des *Augustinus*: *Hans Joachim Oesterle*, Art. Augustinus, hl. Kirchenvater, I. Leben, II. Werke, in: LexMA I (1980), Sp. 1223–1227.

3 Hierzu auch: *Tilman Repgen*, De restitutione – eine kommentierende Einführung, in: Francisco de Vitoria: De iustitia – Über die Gerechtigkeit, Teil 2, hrsg., eingel. u. ins Deutsche übers. v. Joachim Stüben, mit einer Einleitung v. Tilman Repgen, Stuttgart-Bad Cannstatt 2017, S. XVII–LVII, XXXIII–XXXIV; *Tilman Repgen*, Rechtliche Argumentation *in foro conscientiae* anhand von Beispielen aus Vitorias Summenkommentar, in: Rechtsprechung und Justizhoheit. Festschrift für Götz Landwehr zum 80. Geburtstag von Kollegen und Doktoranden, hrsg. v. Volker Friedrich Drecktrah; Dietmar Willoweit, Köln [u. a.] 2016, S. 53–79, 58.

4 *Nils Jansen*, Theologie, Philosophie und Jurisprudenz in der spätscholastischen Lehre von der Restitution. Außervertragliche Ausgleichsansprüche im frühneuzeitlichen Naturrechtsdiskurs, Tübingen 2013, S. 25, 28.

Mit seinem Ausspruch bezog sich *Augustinus* im Jahr 413/414 n. Chr. ursprünglich auf eine vorangegangene Frage des mit ihm im Briefwechsel stehenden nordafrikanischen Vikars *Macedonius* darüber, ob Sünden auch dann vergeben werden könnten, wenn der Pönitent das aus seinem sündhaften Verhalten Erlangte behielte.[5] *Augustinus* verneinte diese Frage. Seine in diesem Zusammenhang getätigte Aussage über das Erfordernis der Restitution entsprang einem rein pastoralen Kontext und bezog sich ausschließlich auf die Restitution körperlicher Gegenstände.[6] Als Referenzpunkt für seinen Satz diente *Augustinus* das Diebstahlsverbot aus Ex 20,15.[7]

Der Satz des *Augustinus* wurde vielfach rezipiert und begegnet im – für diese Untersuchung relevanten – späten 13. und frühen 14. Jahrhundert sowohl im originär theologischen Diskurs über das Erfordernis der Restitution als Voraussetzung für das Bußsakrament als auch im juristischen, vorwiegend kanonistischen Diskurs – dies vermehrt seit der Anerkennung des Augustinusausspruchs als geltende vierte *regula iuris* (Rechtsregel) im *Liber Sextus* (1298).[8] Die vorliegende Arbeit knüpft an diesen moraltheologischen Diskurs über die Verortung der Restitution im Kontext des Bußsakraments an. Ihr Ziel ist die detailgetreue Analyse der Restitutionslehre des franziskanischen Minoriten *Johannes Duns Scotus (1265/6–1308)*.

---

5 *Macedonius*, Epistola CLII (ad Augustinum), n. 2 (PL 33, 653).

6 *Udo Wolter*, Das Prinzip der Naturalrestitution in § 249 BGB. Herkunft, historische Entwicklung und Bedeutung, Berlin 1985, S. 22–23; *Johannes Unterreitmeier*, Der öffentlich-rechtliche Schmerzensgeldanspruch als Ausprägung eines allgemeinen verfassungsrechtlichen Wiedergutmachungsanspruchs. Eine Renaissance der scholastischen Restitutionslehre, München 2007, S. 24.

7 *Jansen*, Theologie, Philosophie und Jurisprudenz (wie Fn. 4), S. 26.

8 Zur Rezeption des Augustinusausspruchs in der moraltheologischen Literatur der Früh- und Hochscholastik: Kapitel § 2. In diesem Abschnitt wird auch knapp die kanonistische Literatur beleuchtet. Das Augustinuszitat findet sich im kanonischen Recht im *Decretum Gratiani* (1140), c. 14, q. 6, c. 1 (CIC I, Sp. 742–743); im *Liber Extra* (1234) finden sich mehrere von der Restitution handelnde Titel, z. B. lib. II, tit. 13 (CIC II, Sp. 279–291), lib. III, tit. 13 (CIC II, Sp. 512–516), lib. V, tit. 3 (CIC II, Sp. 749–767), 17 (CIC II, Sp. 808–810), 19 (CIC II, Sp. 811–816), v. a. cap. 5, aber auch 9, 10, 11, 12; tit. 36 (CIC II, Sp. 878–880). Im *Liber Sextus* (1298), lib. 5, tit. 12, reg. 4 (CIC II, Sp. 1122), wird das Augustinuszitat zur offiziellen *regula iuris IV* erklärt. In dieser Arbeit wird die Ausgabe des Corpus iuris canonici, hrsg. v. Emil Ludwig Richter; Emil Albert Friedberg, Leipzig 1879–1881 (ND: Graz 1959), verwendet. Ausführlicher zur Rezeption des Augustinusausspruchs im kanonischen Recht und der Kanonistik: *Wolter*, Naturalrestitution (wie Fn. 6), S. 30–52; *Unterreitmeier*, Der öffentlich-rechtliche Schmerzensgeldanspruch (wie Fn. 6), v. a. S. 35–38.

Schon ein kurzer Blick auf die umfangreichen Ausführungen des *Duns Scotus*, aber auch anderer Theologen des ausgehenden 13. und beginnenden 14. Jahrhunderts zur Restitution[9] zeigt deutlich, dass dem Erfordernis der Restitution im Rahmen der Lehre vom Bußsakrament eine kaum zu verkennende Bedeutung zukam, welche sich nicht nur in der Länge und Tiefe der Ausführungen widerspiegelt, sondern mit Blick auf das im Mittelalter vorherrschende eschatologische Weltverständnis und der Einführung der jährlichen Beichtpflicht auf dem Vierten Laterankonzil (1215) von kaum zu unterschätzender Bedeutung für das alltägliche Leben eines jeden Christen war.[10] Auf dem Vierten Laterankonzil legte *Innozenz III. (1160/61–1216)*[11] mit der Konstitution 21 *Omnis utriusque sexus* die Verpflichtung der jährlichen Beichte für jeden Christen, welcher das einsichtsfähige Alter erreicht hatte, bei seinem zuständigen Beichtvater gesamtkirchlich fest.[12]

---

9 Insbesondere die aus dem 13. Jahrhundert stammenden Kommentierungen werden im Rahmen dieser Arbeit innerhalb des zweiten Kapitels ausführlicher gewürdigt: § 2.C.I.2. Insgesamt werden im weiteren Verlauf dieser Arbeit mehrfach Kommentare aus dem 13., 14. oder teils auch späteren Jahrhunderten als Referenzwerke herangezogen.

10 Zum eschatologischen Ziel des menschlichen Lebens und der Bedeutsamkeit des *forum conscientiae* für das christliche Leben im Mittelalter und der Frühen Neuzeit: *Repgen*, Rechtliche Argumentation *in foro conscientiae* (wie Fn. 3), S. 53–57. Zur Einführung der jährlichen Beichtpflicht: *Paolo Prodi*, Eine Geschichte der Gerechtigkeit. Vom Recht Gottes zum modernen Rechtsstaat, 1. Auflage, München 2003, S. 62–68; *Jansen*, Theologie, Philosophie und Jurisprudenz (wie Fn. 4), S. 5; *Wolter*, Naturalrestitution (wie Fn. 6), S. 53; *Martin Ohst*, Pflichtbeichte. Untersuchungen zum Busswesen im Hohen und Späten Mittelalter, Tübingen 1995.

11 *Werner Maleczek*, Art. Innozenz III., in: LexMA V (1991), Sp. 434–437; *Michael Hanst*, Art. Innozenz III., in: BBKL II (1990), Sp. 1281–1285.

12 Der Text des 21. Kanons *Omnis utriusque sexus* ist mit einer deutschen Übersetzung abgebildet in: Enchiridion symbolorum definitionum et declarationum de rebus fidei et morum. Kompendium der Glaubensbekenntnisse und kirchlichen Lehrentscheidungen. Lateinisch – Deutsch, begr. v. Heinrich Denzinger, hrsg. v. Peter Hünermann, 44. Auflage, Freiburg i. Br. [u. a.] 2014, S. 339–340 Nr. 812. Durch das Vierte Laterankonzil wurde die Beichtpflicht nicht „erstmalig“ eingeführt, sondern als eine „Minimalanforderung“ gesamtkirchlich festgelegt. Bereits zuvor existierten zahlreiche Dekrete in Bezug auf die Beichtpflicht. Und auch in vielen Diözesen blieb es nach 1215 bei der dreimaligen Beichte im Jahr. Aus: *Winfried Trusen*, Forum internum und gelehrtes Recht im Spätmittelalter. Summae confessorum und Traktate als Wegbereiter der Rezeption, in: ZRG, Kan. Abt. 57 (1971), S. 83–126, 90; weiter: *Winfried Trusen*, Zur Bedeutung des geistlichen Forum internum und externum für die spätmittelalterliche Gesellschaft, in: ZRG, Kan. Abt. 76 (1990), S. 254–285, 257–258; *Joseph Goering*, The

Den Moraltheologen und so auch *Duns Scotus* ging es schon längst nicht mehr nur um die Rückgabe einer weggenommenen Sache *(ablatum)*, sondern ganz allgemein um Fragen des Ersatzes von Körperverletzungsschäden, Ruf- und Ehrschädigungen oder aber auch um Fragen der Rückabwicklung rechtsgeschäftlicher Beziehungen, denn das *ablatum* – das „Weggenommene" –, welches *Augustinus* ursprünglich auf eine weggenommene Sache bezog, konnte schließlich eine jede Vermögens- und Rechtsgütereinbuße sowie auch immaterielle, rein ideelle Schäden umfassen.[13] Unter Zugrundelegung der augustinischen Forderung nach einer Rückerstattung des *ablatum* stellte sich daher in all diesen Fällen mit Blick auf das Seelenheil die Frage nach einem Ausgleich des dem Nächsten zugefügten Schadens. Vor allem Kaufleute verlangten in Anbetracht des christlichen Zinsverbotes und des aufblühenden Handels klare Vorgaben für ihre wirtschaftliche Tätigkeit, denn auch im rechtsgeschäftlichen Verkehr konnte eine unrechtmäßige Güterzuordnung Restitutionspflichten auslösen und das Seelenheil gefährden.[14]

Das Augustinuswort bildet den normativen Ausgangspunkt und das theologische Fundament einer sich vor diesem Hintergrund insbesondere ab dem 12. Jahrhundert entwickelnden Restitutionslehre[15], welche vor allem ab dem 13. Jahrhundert zu einer vermehrt rechtlich konnotierten und kasuistisch ausdifferenzierten, umfassenden Lehre der Schadenswiedergutmachung avancierte.[16] Ihren Anwendungs- und Wirkungsbereich hatte diese Lehre nicht vor dem weltlichen oder kirchlichen Gericht, den *fora*

Internal Forum and the Literature of Penance and Confession, in: The History of Medieval Canon Law in the Classical Period, 1140–1234. From Gratian to the Decretals of Pope Gregory IX, hrsg. v. Wilfried Hartmann; Kenneth Pennington, Washington D. C. 2008, S. 379–428, 391 m. w. N. in Fn. 39. Sehr ausführlich dazu: *Ohst*, Pflichtbeichte (wie Fn. 10).

13 *Wolter*, Naturalrestitution (wie Fn. 6), S. 24; *Jansen*, Theologie, Philosophie und Jurisprudenz (wie Fn. 4), S. 30–31. Zu dieser Entwicklung: *Unterreitmeier*, Der öffentlich-rechtliche Schmerzensgeldanspruch (wie Fn. 6), S. 24–33.

14 *Jansen*, Theologie, Philosophie und Jurisprudenz (wie Fn. 4), S. 5.

15 Im Allgemeinen zur augustinischen Restitutionsforderung als theologische Grundlage der Restitutionslehre: *Wim Decock*, Theologians and Contract Law. The Moral Transformation of the Ius Commune (ca. 1500–1650), Leiden [u. a.] 2013, S. 515–516; *Wolter*, Naturalrestitution (wie Fn. 6), S. 22–23; *Unterreitmeier*, Der öffentlich-rechtliche Schmerzensgeldanspruch (wie Fn. 6), S. 24; *Jansen*, Theologie, Philosophie und Jurisprudenz (wie Fn. 4), S. 25–28. *Jansen*, S. 25, formuliert bzgl. des Augustinusausspruchs: *„Die scholastische Restitutionslehre findet hier ihre begriffliche und auch ihre ursprüngliche normative Grundlage."*

16 *Unterreitmeier*, Der öffentlich-rechtliche Schmerzensgeldanspruch (wie Fn. 6), S. 24–27. Ausführlich zu diesem Entwicklungsverlauf: *Karl Weinzierl*, Die Resti-

externa, sondern sie operierte *in foro conscientiae*[17] – dem Gewissensforum im Rahmen des römisch-katholischen Bußsakraments.[18] Seit dem Hochmittelalter hatte sich die persönliche Beichte als die sakramentale Form der Sündenvergebung endgültig auch auf dem europäischen Kontinent durchgesetzt.[19] Der Vollzug des Sakraments wurde als ein das Endgericht zum Teil vorwegnehmendes „Gerichtsverfahren" aufgefasst.[20] Diese sakramentale Lossprechung des Pönitenten durch den Beichtvater im fortschrei-

---

tutionslehre der Frühscholastik, München 1936; *Karl Weinzierl*, Die Restitutionslehre der Hochscholastik bis zum hl. Thomas von Aquin, München 1939.

17 Zum Begriff des Forums: *Bruno Fries*, Forum in der Rechtssprache, München 1963, zur Entwicklung des Begriffspaares *forum internum – externum*: v. a. S. 169–242; *Lotte Kéry*, Art. Forum externum, Forum internum, in: HRG I, 2. Auflage (2008), Sp. 1641–1643; weiter: *Trusen*, Forum internum und gelehrtes Recht im Spätmittelalter (wie Fn. 12), v. a. S. 86 Fn. 14 m. w. N.; *Trusen*, Zur Bedeutung des geistlichen Forum internum und externum (wie Fn. 12), S. 262–263. Der Ausdruck *forum* wurde vom mittelalterlichen Recht in die Frühkanonistik und Frühscholastik übernommen (*Fries*, op. cit., S. 223). Ihren Ausgang nahmen das *forum internum* und *externum* um die Wende zum 13. Jahrhundert (*Fries*, op. cit., S. 169). Erstmalig soll *Petrus Cantor* innerhalb der Bußtheologie die Terminologie des *forum* verwendet haben (*Trusen*, Zur Bedeutung des geistlichen Forum internum und externum [wie Fn. 12], S. 263) bzw. eine solche Verwendung soll erstmalig in seiner Schule zu finden sein (*Fries*, op. cit., S. 171). Sein bedeutendster Schüler *Robert Courson* soll den Begriff des *forum poenitentiale* eingeführt haben (*Fries*, op. cit., S. 171). Der Begriff *forum conscientiae* soll von *Thomas von Aquin Sth III q. 96, art. 4* in der zweiten Hälfte des 13. Jahrhunderts erstmalig verwendet worden sein. Diese neue Terminologie steht für den „Bereich des Gewissens" in einem ethischen Sinne und markiert den Gegensatz zum rechtlichen Bereich und der *lex humana* (*Fries*, op. cit., S. 186). Im 13. Jahrhundert wird das *forum iudiciale* begrifflich zum *forum exterius*, das *forum poenitentiale* zum *forum conscientiae*. Ausführlich zur Verwendung des Begriffs bei *Thomas* und zur von ihm vorgenommenen Zusammenführung der ethisch-rechtlichen Komponente mit der bußtheologischen: *Fries*, op. cit., S. 190–199. Den Begriff des *forum internum* findet man in der vortridentinischen Zeit nicht (*Fries*, op. cit., S. 203). Aus diesem Grund wird in dieser Arbeit der scotischen Ausdrucksweise entsprechend mehrheitlich auch vom *forum conscientiae* gesprochen, denn auch *Duns Scotus* verwendet stets die Terminologie des *forum conscientiae*.

18 *Jansen*, Theologie, Philosophie und Jurisprudenz (wie Fn. 4), S. 5, 9.

19 *Repgen*, Rechtliche Argumentation *in foro conscientiae* (wie Fn. 3), S. 57; *Isnard W. Frank*, Art. Beichte, II.: Mittelalter, in: TRE V, 1. Auflage (1980), S. 414–421; *Mathias Schmoeckel*, Art. Beichtstuhljurisprudenz, in: HRG I, 2. Auflage (2008), Sp. 505–508, 505–506; *Trusen*, Forum internum und gelehrtes Recht im Spätmittelalter (wie Fn. 12), S. 83–85.

20 *Repgen*, Rechtliche Argumentation *in foro conscientiae* (wie Fn. 3), S. 57, Fn. 15 m. w. N.

tend verrechtlichen Beichtgericht[21] wurde 1551 auf dem Konzil von Trient ausdrücklich als ein, einem Urteil gleichkommender *actus iudicialis*, also als ein richterlicher Akt, bezeichnet, für welchen der Beichtvater ähnlich einem Richter die Jurisdiktionsgewalt *(iurisdictio)* besaß.[22] Bereits zuvor war es *Duns Scotus*, welcher das Bußsakrament als ein *„richterliches Sakrament"* beziehungsweise ein *„sakramentales Gericht"* bezeichnete und in ganz besonderer Weise die Stellung des Beichtvaters als Richter herausarbeitete.[23] In der Bußlehre des *Duns Scotus* bildet die Absolution des Pönitenten einen Urteilspruch eines *„Zweitrichters"*.[24]

---

21 Zum Beichtgericht v. a.: *Jansen*, Theologie, Philosophie und Jurisprudenz (wie Fn. 4), S. 5–6 m. w. N. in Fn. 19, 20; *Decock*, Theologians and Contract Law (wie Fn. 15), S. 26–28, ausführlich, auch zu den Mechanismen der Durchsetzung der *in foro conscientiae* gefundenen Entscheidung *in foro exteriore*: S. 69–104; *Repgen*, De restitutione – eine kommentierende Einführung (wie Fn. 3), S. XXX–XXXI; *Nils Jansen*, Verwicklungen und Entflechtungen. Zur Verbindung und Differenzierung von Recht und Religion, Gesetz und rechtlicher Vernunft im frühneuzeitlichen Naturrechtsdiskurs, in: ZRG, Germ. Abt. 132 (2015), S. 29–81, 37–39 m. w. N.; *Manfred Schneider*, Forum internum – forum externum, Institutstheorien des Geständnisses, in: Sozialgeschichte des Geständnisses. Zum Wandel der Geständniskultur, hrsg. v. Jo Reichertz; Manfred Schneider, Wiesbaden 2007, S. 23–41, 24–29. Zur Differenzierung der beiden *fora* in der Priesterausbildung: *Michael Schneider*, Die Unterscheidung von forum externum und internum in der Priesterausbildung, in: GuL 86/4 (2013), S. 404–418.

22 *Repgen*, Rechtliche Argumentation *in foro conscientiae* (wie Fn. 3), S. 57; *Daniela Müller*, Der Einfluß der Kirche, in: Die Durchsetzung des öffentlichen Strafanspruchs. Systematisierung der Fragestellung, hrsg. v. Klaus Lüderssen, Köln [u. a.] 2002, S. 69–93, 72; *Schmoeckel*, Art. Beichtstuhljurisprudenz, in: HRG I, 2. Auflage (2008), Sp. 505–508, 507; *Thomas Duve*, Katholisches Kirchenrecht und Moraltheologie im 16. Jahrhundert. Eine globale normative Ordnung im Schatten schwacher Staatlichkeit, in: Recht ohne Staat. Zur Normativität nichtstaatlicher Rechtsetzung, hrsg. v. Stefan Kadelbach; Klaus Günther, Frankfurt a. M. 2011, S. 147–174, 158. Vgl. Sessio XIV, 25.11.1551, Doctrina de santissimis poenitentiae et extremae unctionis sacramentis, cap. VI, in: Conciliorum Oecumenicorum Decreta, curantibus Josepho Alberigo; Perikle-P. Joannou; Claudio Leonardi; Paoulo Prodi, consultante Huberto Jedin, Editio Altera, Freiburg i. Br. [u. a.] 1962, S. 683 (*„actus iudicialis"*).

23 *Trusen*, Zur Bedeutung des geistlichen Forum internum und externum (wie Fn. 12), S. 262; insbesondere: *Valens Heynck*, Der richterliche Charakter des Bußsakraments nach Johannes Duns Scotus, in: Franziskanische Studien 47 (1965), S. 339–414, u. a. 341–342; *Notker Krautwig*, Die Grundlagen der Busslehre des J. Duns Skotus, Freiburg i. Br. 1938, v. a. S. 130–133.

24 *Trusen*, Zur Bedeutung des geistlichen Forum internum und externum (wie Fn. 12), S. 262; *Heynck*, Der richterliche Charakter des Bußsakraments nach Johannes Duns Scotus (wie Fn. 23), S. 341; *Krautwig*, Die Grundlagen der Busslehre des J. Duns Skotus (wie Fn. 23), v. a. S. 130, 133, 134.

Fragen der Restitution stellten sich daher im Beichtstuhl innerhalb der römisch-katholischen Kirche. Im Beichtstuhl nahm der Beichtvater einerseits eine beratende Rolle ein, gleichzeitig fungierte er als Richter *in foro conscientiae*.[25] Er war es, der das gebeichtete Verhalten im Hinblick auf dessen Sündhaftigkeit prüfen und zugleich der Frage nachgehen musste, auf welche Weise und in welchem Umfang ein entstandener Schaden auszugleichen und die Restitution (*restitutio*) zu leisten ist.[26] Um ein gebeichtetes Verhalten als Sünde einordnen und die konkreten Modalitäten der zu leistenden Restitution festlegen zu können, musste der Beichtvater auch rechtliche Gesichtspunkte, damalige wirtschaftliche Gepflogenheiten und Handelspraktiken in seine Prüfung einbeziehen. Er sah sich in der Folge insbesondere mit rechtlichen und wirtschaftsethischen Fragestellungen konfrontiert. Bereits der kurze Blick auf die wirtschaftlichen Bedingungen und Entwicklungen des ausgehenden 13. und beginnenden 14. Jahrhunderts zeigt deutlich, dass nicht nur die sich um ihr Seelenheil sorgenden Kaufleute klare Vorgaben für ihre Tätigkeiten benötigten, sondern dass vor allem Beichtväter justiziable, *in foro conscientiae* anwendbare Maßstäbe verlangten, nach welchen sie die Rechtmäßigkeit einer in Frage stehenden Güterzuordnung insbesondere mit Blick auf das kanonische Zinsverbot beurteilen konnten.[27] Dies soll knapp anhand der nachfolgenden (einleitenden) Ausführungen über das Zinsverbot und die wirtschaftlichen Bedingungen veranschaulicht werden – insbesondere weil sich die Stellungnahme des *Duns Scotus* zum Zinsverbot und den Voraussetzungen gerechter Verträge innerhalb seiner Restitutionslehre als besonders umfangreich, tiefgründig und komplex erweist. Diese Ausführungen bilden den klaren Schwerpunkt innerhalb der scotischen Restitutionslehre.

---

25 *Ohst*, Pflichtbeichte (wie Fn. 10), S. 54; *Trusen*, Forum internum und gelehrtes Recht im Spätmittelalter (wie Fn. 12), S. 87.

26 Sehr ausführlich zum Verfahren *in foro conscientiae* sowie der Entscheidungsfindung des Konfessors: *Goering*, The Internal Forum and the Literature of Penance and Confession (wie Fn. 12), S. 390–405.

27 *Jansen*, Theologie, Philosophie und Jurisprudenz (wie Fn. 4), S. 5; *Jansen*, Verwicklungen und Entflechtungen (wie Fn. 21), S. 36. Ausführlich zu den diese Kenntnisse vermittelnden Summen und Traktaten: *Trusen*, Forum internum und gelehrtes Recht im Spätmittelalter (wie Fn. 12), S. 83–126; weiterführend auch: *Goering*, The Internal Forum and the Literature of Penance and Confession (wie Fn. 12), v. a. S. 405–427. Ausführlich zur Berücksichtigung der wirtschaftlichen Bedingungen in der Moraltheologie u. a.: *John W. Baldwin*, Masters, Princes and Merchants. The Social Views of Peter the Chanter & His Circle, Vol. I: Text, Princeton 1970, S. 261–311 (Vol. II: Notes).

Im 12. und 13. Jahrhundert war auf dem europäischen Kontinent ein sprunghafter Wirtschaftsaufschwung zu verzeichnen, welcher auch als „*kommerzielle Revolution*“ bezeichnet wird.[28] Dieser Aufschwung ging mit einem stabilen Bevölkerungswachstum, der Urbarmachung weiterer Landesteile, einem zunehmenden Handelsvolumen sowie technischer Neuerungen einher.[29] Sein Ende fand diese Entwicklung mit dem Aufkommen der großen Pest im 14. Jahrhundert.[30] Begünstigt durch dieses Bevölkerungswachstum und vornehmlich durch einen Anstieg der im Umlauf befindlichen Geldmengen – der zunehmenden durch die Zufuhr neuer Edelmetalle bedingten Silber- und Goldprägung und damit verbundenen Verbreitung und Verwendung von Münzgeld[31] – stieg im 13. Jahrhundert das Handelsvolumen auf lokaler bis internationaler, teils interkontinentaler Ebene eklatant an.[32] Im 13. Jahrhundert erstreckte sich diese Monetarisierung letztlich auf alle Lebensbereiche, denn wo zuvor bäuerliche Naturalabgaben, persönliche klösterliche Armenpflege und ritterliche Lehenstreue standen, trat nun das „Geld“.[33] Bereits im 13. Jahrhundert war

28 *Fabian Wittreck*, Geld als Instrument der Gerechtigkeit. Die Geldrechtslehre des Hl. Thomas von Aquin in ihrem interkulturellen Kontext, Paderborn [u. a.] 2002, S. 153. Laut *Wittreck* ist der Begriff der „*kommerziellen Revolution*“ von *Raymond de Roover* geprägt, aber wohl erst von *Roberto S. Lopez* fest etabliert worden. Vgl. *Raymond de Roover*, The Commercial Revolution of the 13th Century, in: Bulletin of the Business Historical Society 16/2 (1942), S. 34–39, 34; *Roberto S. Lopez*, The Commercial Revolution of the Middle Ages, 950–1350, Englewood Cliffs, NJ 1971; *Peter Spufford*, Handel, Macht und Reichtum. Kaufleute im Mittelalter, Darmstadt 2014, S. 12, 14, spricht von „*Handelsrevolution*“. Im Allgemeinen zur wirtschaftlichen Entwicklung: *Hans-Jörg Gilomen*, Wirtschaftsgeschichte des Mittelalters, Originalausgabe, München 2014, insbs. S. 84–93; *Spufford*, op. cit.; *Elze Reinhard; Konrad Repgen (Hrsg.)*, Studienbuch Geschichte, Bd. 1: Vor- und Frühgeschichte, Altertum, Mittelalter, 5. Auflage, 1. Nachdruck der Sonderausgabe, Stuttgart 2000, S. 516–519; *Reinhard Zimmermann*, The Law of Obligations. Roman Foundations of the Civilian Tradition, 1. Auflage, Cape Town [u. a.] 1990, S. 171–174 (in Bezug auf die Diskrepanz zum Zinsverbot).

29 *Wittreck*, Geld als Instrument der Gerechtigkeit (wie Fn. 28), S. 153.

30 *Wittreck*, Geld als Instrument der Gerechtigkeit, (wie Fn. 28), S. 153.

31 *Wittreck*, Geld als Instrument der Gerechtigkeit (wie Fn. 28), S. 153–154 m. w. N., ausführlich zur Geldwirklichkeit des 13. Jahrhunderts: S. 75–172.

32 *Spufford*, Handel, Macht und Reichtum (wie Fn. 28), S. 12. Auf S. 66 ist eine Tabelle abgebildet, welche die Bevölkerungsveränderungen in den größten westeuropäischen Städten von 1300 bis 1500 darstellt.

33 *Wittreck*, Geld als Instrument der Gerechtigkeit (wie Fn. 28), S. 154 m. w. N.

ein Bedeutungszuwachs der aus dem Geldwechselgewerbe entstehenden Bankgeschäfte zu verzeichnen.[34]

Florierte das sich im Wandel befindliche mittelalterliche Wirtschaftsleben, so blieb während des gesamten Mittelalters die immer wiederkehrende kirchliche Verurteilung des Zinsnehmens präsent; sie ist vor allem in päpstlichen Dekretalen, Konzilsbeschlüssen und den wichtigen kirchenrechtlichen Sammlungen zu finden.[35] Im späten 13. Jahrhundert kann nicht nur auf eine andauernde kirchenpolitische, theologische und seit dem *Decretum Gratiani*[36] und der darauf aufbauenden Dekretistik in der zweiten Hälfte des 12. Jahrhunderts auch kanonistischen Diskussion der Zinsverurteilung zurückgeblickt werden, sondern die Aufrechterhaltung und Durchsetzung des Zinsverbotes begegnet in Anbetracht der sich entfaltenden Geldwirtschaft und aufkeimenden Handelstätigkeit diesen neuen ökonomischen Herausforderungen.[37] Die Laterankonzilien von 1139[38], 1179[39] und 1215[40] und auch das Zweite Konzil von Lyon von 1274[41] bestätigen immer wieder die Absolutheit des Verbots für die gesamte

---

34 *Wittreck*, Geld als Instrument der Gerechtigkeit (wie Fn. 28), S. 154–155, zum Aufstieg der Banken: S. 154–156. Laut *Wittreck*, S. 154, *„ist das hervorstechende Moment in der Geldwirtschaft des 13. Jahrhunderts der Bedeutungszuwachs der Banken."*

35 *Hans-Jürgen Becker*, Das Zinsverbot im lateinischen Mittelalter, in: Was vom Wucher übrigbleibt. Zinsverbote im historischen und interkulturellen Vergleich, hrsg. v. Matthias Casper; Norbert Oberauer; Fabian Wittreck, Tübingen 2014, S. 15–45, v. a. 20–30.

36 *Decretum Gratiani*, secunda pars, c. 14, q. 3 und q. 4 (CIC I, Sp. 734–738). In cap. 8 der q. 4 wird das Zinsverbot nicht nur mehr für Kleriker, sondern auch für christliche Laien festgelegt. Zum *Decretum Gratiani*: *Hartmut Zapp*, Art. Decretum Gratiani, in: LexMA III (1986), Sp. 625. Zu *Gratian*: *Friedrich Wilhelm Bautz*, Art. Gratian, in: BBKL II (1990), Sp. 288–289.

37 *Becker*, Das Zinsverbot im lateinischen Mittelalter (wie Fn. 35), z. B. S. 22, 26.

38 Zweites Laterankonzil von 1139, c. 13, in: Conciliorum Oecumenicorum Decreta, Bd. 2: Konzilien des Mittelalters. Vom ersten Laterankonzil (1123) bis zum fünften Laterankonzil (1512–1517), ins Deutsche übertrag. u. hrsg. v. Josef Wohlmuth, Paderborn [u. a.] 2000, S. 200.

39 Drittes Laterankonzil von 1179, c. 25, in: Conciliorum Oecumenicorum Decreta (wie Fn. 38), S. 223.

40 Viertes Laterankonzil von 1215, c. 67 bezüglich des Zinsgeschäfts der Christen mit Juden, in: Conciliorum Oecumenicorum Decreta (wie Fn. 38), S. 265–266.

41 Zweites Konzil von Lyon von 1274, c. 26, in: Conciliorum Ocumenicorum Decreta (wie Fn. 38), S. 328–329.

Christenheit[42] und die Auferlegung schwerer kirchlicher Strafen im Falle der Verbotsüberschreitung[43].

Vor allem die zu *Duns Scotus'* Lebzeiten sich verschärfende Diskrepanz zwischen kirchlicher Zinsverurteilung zu Zeiten einer den Zins begünstigenden ökonomischen Realität (Geldwirtschaft) und der grundsätzlichen Anerkennung von Zinsversprechungen im weltlichen Bereich[44], erschwer-

42 Das Konzil von Nicäa (325) sowie die Synode von Arles (314) verboten nur Klerikern, nicht auch Laien das Zinsnehmen. Erstmals unter *Leo. I.* im 5. Jahrhundert, vor allem aber seit dem 8. Jahrhundert findet eine Ausweitung des Verbotes auf Laien statt. Erst das Zweite Laterankonzil von 1139 ordnet als ökumenisches Konzil das Verbot gesamtkirchlich an. Dazu, zur geschichtlichen Entwicklung des Zinsverbotes und zur Ausweitung des Zinsverbotes auf Laien: *Stefan Schima*, Die Entwicklung des kanonischen Zinsverbots. Eine Darstellung unter besonderer Berücksichtigung der Bezugnahmen zum Judentum, in: Aschkenas – Zeitschrift für Geschichte und Kultur der Juden 20/2 (2010), S. 239–279, 244–262 (zur Entwicklung bis zum Vierten Laterankonzil); *Maximiliane Kriechbaum*, Die Stellungnahmen der mittelalterlichen Legistik zum kanonistischen Zinsverbot, in: Rechtsprechung und Justizhoheit. Festschrift für Götz Landwehr zum 80. Geburtstag von Kollegen und Doktoranden, hrsg. v. Volker Friedrich Drecktrah; Dietmar Willoweit, Köln [u. a.] 2016, S. 23–52, 23–27; *Becker*, Das Zinsverbot im lateinischen Mittelalter (wie Fn. 35), S. 15–30; *Hans-Jörg Gilomen*, Wucher und Wirtschaft im Mittelalter, in: Historische Zeitschrift 250 (1990), S. 265–301, 270–271; *Franz Xaver Funk*, Die Geschichte des kirchlichen Zinsverbotes, Tübingen 1876, S. 17–33; *Karl Lessel*, Die Entwicklungsgeschichte der kanonistisch-scholastischen Wucherlehre im 13. Jahrhundert. Ein Beitrag zur Geschichte der mittelalterlichen Wirtschaftstheorien, Luxemburg 1905, S. 6–8.

43 Laut c. 13 des Ersten Laterankonzils sind Zinsnehmer ihr Leben lang als ehrlos zu erachten und sie erhalten kein christliches Begräbnis. Laut c. 25 des Zweiten Laterankonzils werden Wucherer nicht zur Gemeinschaft des Altars zugelassen. Ebenso werden ein christliches Begräbnis und die Opferannahme eines Wucherers verboten. Das Zweite Konzil von Lyon von 1274 ordnet die öffentliche Bestrafung sowie den Ausschluss vom christlichen Begräbnis und Sakramentenempfang an (c. 27). So und weiterführend: *Becker*, Das Zinsverbot im lateinischen Mittelalter (wie Fn. 35), S. 22–25, 26–27.

44 In der Legistik sind stipulierte Zinsversprechungen anerkannt und klagbar, siehe v. a. C.4.32.1 und 2. Zur legistischen Erörterung des Zinsnehmens: *Kriechbaum*, Die Stellungnahmen der mittelalterlichen Legistik zum kanonistischen Zinsverbot (wie Fn. 42), S. 23–52. Das Zinsverbot drang in der karolingischen Zeit zunehmend in die weltliche Gesetzgebung vor: *Becker*, Das Zinsverbot im lateinischen Mittelalter (wie Fn. 35), S. 19–20. *Becker* führt hier unter Bezugnahme auf *Harald Siems*, Handel und Wucher im Spiegel frühmittelalterlicher Rechtsquellen, Hannover 1992, S. 738 ff., 814 ff. (in Fn. 20), mehrere weltliche Regelungen, welche das Zinsverbot statuieren, auf. So z. B. die *Capitulare missorum Niumagae datum* von 806 (c. 11) sowie die *Capitula episcoporum* (9.–10. Jahrhundert). Entscheidend für die Ausweitung des Zinsverbotes im weltlichen Bereich war vor

te die Prüfung der Rechtmäßigkeit einer Güterzuordnung auch deshalb zunehmend, weil insbesondere im 13. Jahrhundert in der Theologie und Dekretalistik Ausnahmen vom Zinsverbot beziehungsweise Zinstitel, also Fälle, bei welchen die Annahme über das Kapital hinaus *(ultra sortem)* zulässig ist, gerechtfertigt wurden[45]. Diese, das Zinsverbot einschränkenden Ansätze finden sich in der Kanonistik bereits in der *Glossa ordinaria* des *Johannes Teutonicus (†1245)*[46] zum *Decretum Gratiani*.[47] Hinzutritt, dass das im Zuge der Aristotelesrezeption im 13. Jahrhundert an Bedeutungszuwachs gewinnende Prinzip der Tauschgerechtigkeit *(iustitia commutativa)* schließlich nicht nur beim Darlehensvertrag, sondern bei jedwedem Vertrag die Wahrung der gerechten Mitte zwischen Leistung und Gegenleistung, die Wahrung der Leistungsäquivalenz, verlangte. In Bezug speziell auf den Kaufvertag ist die Lehre eines wirtschaftsethischen Idealpreises, des gerechten Preises *(iustum pretium)*, Ausdruck eben dieses Erfordernisses der Leistungsäquivalenz.[48]

---

allem die Synode von Aachen unter *Karl dem Großen* (789), aber auch das von seinem Sohn Kaiser *Lothar* erlassene Verbot des Zinsnehmens (825), vgl.: *Funk*, Die Geschichte des kirchlichen Zinsverbotes (wie Fn. 42), S. 17–18. Die Ausweitung des Verbotes im weltlichen Bereich bedeutete keineswegs, dass das Zinsverbot in der Folgezeit und vor allem im Hoch- und Spätmittelalter universelle Geltung auch im weltlichen Bereich erlangte. Das kanonische Zinsverbot beeinflusste zwar die legistische Zinslehre, führte aber in keinem Fall zum tatsächlichen Verbot des Zinsnehmens in der Legistik, so: *Kriechbaum*, Die Stellungnahmen der mittelalterlichen Legistik zum kanonistischen Zinsverbot (wie Fn. 42), S. 23.

45 *Becker*, Das Zinsverbot im lateinischen Mittelalter (wie Fn. 35), S. 24–25. Vgl. z. B. die ausführlichen Stellungnahmen zu den Zinstiteln in der *Summa aurea* des *Henricus de Segusio (Hostiensis)* sowie der *Summa de casibus poenitentiae* des *Raimundus de Pennaforte: Hostiensis*, Summa aurea, Coloniae 1612, lib. V, tit. 19: *De usuris*, n. 8, Sp. 1438–1445; *Raimundus de Pennaforte*, Summa de paenitentia, in: Universa bibliotheca iuris, Vol. 1, Tom. B, hrsg. v. Xaverio Ochoa; Aloisio Diez, Rom 1976, lib. II, tit. VII, z. B. n. 3, Sp. 539–541, n. 5 *(poena conventionalis)*, Sp. 542–543, n. 7 *(naviganti)*, Sp. 544–545.

46 *Norbert Höhl*, Art. Johannes Teutonicus, Dekretist und Dekretalist, in: LexMA V (1991), Sp. 608; *Frank Kalde*, Art. Johannes Teutonicus Zemeke (Zemeken, Semeca, Cemeca, Semeko), in: BBKL III (1992), Sp. 596–599.

47 *Becker*, Das Zinsverbot im lateinischen Mittelalter (wie Fn. 35), S. 22. In Fn. 32 erfolgt der Hinweis auf die *Glossa ordinaria* zum *Decretum Gratiani*, c. 14, q. 4 ad verbum *„modium"*. *Becker* führt aus, dass *Johannes Teutonicus* nach Abgrenzungen sucht, unter welchen Bedingungen ausnahmsweise der Preis erhöht werden kann, ohne dass ein Fall der *usura* bzw. des *turpe lucrum* gegeben ist.

48 Ausführlich zur Bestimmung der Wertgleichheit und des gerechten Preises *(iustum pretium)* in dieser Arbeit: § 5.C.II.1.a)bb) und § 5.C.II.4.

Es sind insbesondere diese im Einzelfall äußerst komplexen Fragen der Preisberechnung, die Prüfung des Vorliegens etwaiger das Zinsverbot umgehender Geschäfte oder erlaubter Zinstitel und darüber hinaus die Rechtfertigung des Handelsgewinns, welche seitens des Beichtvaters profunde Rechtskenntnisse einerseits, tiefgehende Kenntnisse der sich im Wandel befindlichen Wirtschaftspraxis andererseits erforderten. Vorgaben boten vor allem die zahlreichen im 13. Jahrhundert entstehenden Beichtsummen, welche einen immer ausführlicheren Katalog von Verhaltensweisen und Restitutionspflichten auflisteten.[49] Im späten 13. und frühen 14. Jahrhundert finden sich zudem vielfach umfangreiche Ausführungen über die Restitution in scholastischen Sentenzenkommentaren, eine im 13. Jahrhundert florierende theologische Literaturgattung, welche dem Lehrbetrieb der jüngst gegründeten Universitäten, speziell den theologischen Fakultäten, entsprang.[50] Innerhalb dieser Sentenzenkommentare behandelten die Moraltheologen Fragen der Restitution im Rahmen ihrer Sakramentenlehre am *locus classicus*, dem 15. Abschnitt des vierten Sentenzenbuches (*lib. IV, dist. 15*); sie gaben den angehenden Beichtvätern so ein nützliches und hilfreiches Kompendium an die Hand, um gerade auch komplizierte „Gewissens"-Fälle beurteilen zu können. Auch *Duns Scotus* verfasste einen sehr umfangreichen und einflussreichen Sentenzekommen-

49 *Wolter*, Naturalrestitution (wie Fn. 6), S. 23–24; ausführlich zu den Summen und Traktaten: *Trusen*, Forum internum und gelehrtes Recht im Spätmittelalter (wie Fn. 12), S. 83–126; *Goering*, The Internal Forum and the Literature of Penance and Confession (wie Fn. 12), S. 405–427, insbs. ab S. 410. Zur Literaturgattung der Summen: *Ruedi Imbach*, Art. Summa, Summenliteratur, Summenkommentar, in: LexThK IX, 3. Auflage (2000), Sp. 1112–1117; *Reinhold Rieger*, Art. Scholastik, in: Historisches Wörterbuch der Rhetorik VIII (2007), Sp. 518–541, 536–537; *Ludwig Hödl; Peter Weimar; Hartmut Zapp*, Art. Summa, in: LexMA VIII (1997), Sp. 306–312, insbs. *Zapp*, C. Kanonisches Recht, Sp. 309–312. Speziell zur Beichtsumme: *Schmoeckel*, Art. Beichtstuhljurisprudenz, in: HRG I, 2. Auflage (2008), Sp. 505–508, 506; *Franz Wieacker*, Privatrechtsgeschichte der Neuzeit. Unter besonderer Berücksichtigung der deutschen Entwicklung, 2. Auflage, Göttingen 1967, S. 78; *Norbert Brieskorn*, Art. Bußsumme, in: LexMA II (1983), Sp. 1154. Speziell zu den noch im 12. Jahrhundert florierenden Bußbüchern: *Raymund Kottje; Allen J. Frantzen*, Art. Bußbücher, in: LexMA II (1983), Sp. 1118–1123; *Péter Erdö*, Die Quellen des Kirchenrechts. Eine geschichtliche Einführung, Frankfurt a. M. [u. a.] 2002, S. 58–67, 69–71, 86–88.

50 Vgl. *Mechthild Dreyer*, Die Kommentare zu den Sentenzen des Petrus Lombardus. Eine Literaturgattung im Spannungsfeld theologischer Kontroverse und Systematik, in: Kommentare in Recht und Religion, hrsg. v. David Kästle-Lamparter; Nils Jansen, Tübingen 2014, S. 125–140. Sehr ausführlich zur Literaturgattung der Sentenzenkommentare in dieser Arbeit: § 2.C.I.1.

tar, in welchem er an diesem *locus classicus* drei Quästionen (qq. 2–4) ausschließlich der Restitutionsmaterie widmet und seine eigene feinsinnig ausdifferenzierte Restitutionslehre unterbreitet. Und wie soeben erwähnt, sind es die dem Vertragswesen entstammenden Restitutionspflichten, welche den Schwerpunkt der scotischen Restitutionslehre bilden.

Der Blick auf die von der hochscholastischen Restitutionslehre handelnde Sekundärliteratur lehrt, dass *Duns Scotus „bei der Frage der Restitutionslehre der Lehre des Thomas von Aquin weitgehend"* zustimmte.[51] *Thomas von Aquin (1224/5–1274)*[52] verband die Restitution, zu welcher er in seiner *Summa theologiae* ein eigenes Kapitel verfasste[53], wie zuvor sein Lehrer *Albertus Magnus (1200 [1193]–1280)*[54] mit der aristotelischen Gerechtigkeitslehre und ordnete sie als einen Teil der ausgleichenden Gerechtigkeit (*iustitia commutativa*) ein.[55] Im Vergleich zu *Albertus Magnus*, welcher die Restitution noch im vierten Buch seines Sentenzenkommentars und damit innerhalb der Lehre vom Bußsakrament erörterte[56], behandelt *Thomas von Aquin* sie in seiner *Summa theologiae* ausschließlich im Rahmen der

---

51 *Unterreitmeier*, Der öffentlich-rechtliche Schmerzensgeldanspruch (wie Fn. 6), S. 51; *Wolter*, Naturalrestitution (wie Fn. 6), S. 56: *„Selbst Duns Scotus (um 1265–1308), der ja sonst in wesentlichen Punkten durchaus abweichender Meinung ist, stimmt hier mit ihm im wesentlichen überein."*

52 *Leo J. Elders*, Art. Thomas von Aquin, in: LexMA VIII (1997), Sp. 706–711; *Bernd Kettern*, Art. Thomas von Aquin O.P., hl., in: BBKL XI (1996), Sp. 1324–1370.

53 *Thomas von Aquin*, Summa theologiae: cum textu ex recensione Leonina, II/2: Secunda secundae, hrsg. v. Pietro Caramello, Turin 1962, q. 62, S. 302–308. Die Summa ist in der Fassung der Editio Leonina (Rom, 1888–1906) online zugänglich: *www.corpusthomisticum.org*. Zudem liegt die folgende Deutsche Thomas Ausgabe vor, Bd. 18: Recht und Gerechtigkeit II-II, Fragen 57–79, hrsg. v. der Albertus-Magnus-Akademie Walberberg bei Köln, Heidelberg [u. a.] 1953, sowie die Nachfolgefassung mit neuer Übersetzung von Josef F. Groner und Anmerkungen sowie vollständig überarbeitetem und ergänztem Kommentar von Arthur F. Utz, Bonn 1987.

54 *Günther Binding; Peter Dilg*, Art. Albertus Magnus, in: LexMA I (1980), Sp. 294–299; *Friedrich Wilhelm Bautz*, Art. Albertus Magnus (Albert der Große), in: BBKL I, 1. Auflage (1975), Sp. 86–88.

55 *Unterreitmeier*, Der öffentlich-rechtliche Schmerzensgeldanspruch (wie Fn. 6), S. 26, weiter zu *Thomas´* Lehre: S. 26–27, 31–33; *Weinzierl*, Hochscholastik (wie Fn. 16), S. 166–168, ausführlich zu seiner Lehre: S. 163–214; *Wolter*, Naturalrestitution (wie Fn. 6), S. 26–29; *Jansen*, Theologie, Philosophie und Jurisprudenz (wie Fn. 4), S. 28–33.

56 *Albertus Magnus*, Commentarii in quartum librum Sententiarum (Dist. I–XXII), in: Opera Omnia: ex editione lugdunensi religiose castigata, Tom. XXIX, cura et labore Steph. Caes. Augusti Borgnet, Parisiis 1894, lib. IV, dist. 15, G, art. 42–45, S. 528a–535b.

Gerechtigkeit.[57] Durch die systematische Verortung der Restitution innerhalb der Gerechtigkeitslehre kam es in der Folgezeit – so *Nils Jansen* – zu einem *„geistesgeschichtlichen Paradigmenwechsel"*.[58] Bereits im 13. Jahrhundert avancierte die Restitution zu einem dem Bußsakrament als Voraussetzung vorgelagerten Gebot der Gerechtigkeit.[59] Die Einbettung der Restitution in die Gerechtigkeitslehre des *Thomas* ermöglichte, dass in der Folge der Ausgleich einer gestörten Privatrechtsbeziehung und somit vielmehr die Interessen des Geschädigten als die des Sünders im Vordergrund stehen konnten.[60] Die Restitutionslehre der Hochscholastik soll bei *Thomas* ihre Vollendung und höchste Ausformung gefunden haben.[61]

Als genuin theologische Lehre blieb die Restitutionslehre zwar stets in das Bußsakrament eingebunden, stand aber gleichzeitig in Wechselwirkung zum römisch-kanonischen Recht, dem *ius commune*; kennzeichnend war – um es mit den Worten *Jansens* zu formulieren – *„ihr ambivalenter*

---

57 Dazu und zum Folgenden vgl.: *Jansen*, Theologie, Philosophie und Jurisprudenz (wie Fn. 4), S. 28–29.

58 *Jansen*, Theologie, Philosophie und Jurisprudenz (wie Fn. 4), S. 28.

59 *Jansen*, Theologie, Philosophie und Jurisprudenz (wie Fn. 4), S. 29. Dass die *restitutio* kein integraler Bestandteil des Bußsakraments, sondern eine diesem vorgelagerte Voraussetzung ist, war die herrschende Ansicht im 13. und 14. Jahrhundert. So u. a. bereits bei: *Wilhelm von Auxerre*, Summa aurea. Liber quartus, hrsg. v. Jean Ribaillier, Paris [u. a.] 1985, lib. IV, tract. 11, cap. 6, q. 1, fol. 297rb–297va, S. 286–288, insbs. fol. 297va, S. 288, *„Quod concedimus"*; aber auch bei: *Bonaventura*, Commentaria in quartum librum Sententiarum, in: Opera Omnia, Tom. IV, Ad Claras Aquas (Quaracchi) 1889, lib. IV, dist. 15, p. 2, art. 2, q. 4, S. 375–376, insbs. S. 375, *„Conclusio", „Respondeo"; Petrus de Tarantasia (Innozenz V.)*, In IV libros Sententiarum commentaria, Tom. IV, Tolosae 1651, lib. IV, dist. 15, q. 2, art. 3, S. 165a–166b, insbs. S. 165b, *„Respondeo ad primam questionem"*, *„Ad 2."*; *Thomas von Aquin*, Scriptum super libros Sententiarum Magistri Petri Lombardi, Tom. IV, hrsg. v. Marie-Fabien Moos, Paris 1947, lib. IV, dist. 15, q. 1, art. 5, S. 667–668, v. a. n. 160–165; *Richardus de Mediavilla*, Super quatuor libros Sententiarum Petri Lombardi, Tom. IV, Brixiae 1591 (ND: Frankfurt a. M. 1963), lib. IV, dist. 15, art. 5, q. 1, S. 217a–218a, insbs. S. 217b, *„Conclusio"*, *„Respondeo"*. Vgl. auch: *Weinzierl*, Frühscholastik (wie Fn. 16), S. 162–163; *Weinzierl*, Hochscholastik (wie Fn. 16), S. 127–129, 165–166, 222.

60 *Jansen*, Theologie, Philosophie und Jurisprudenz (wie Fn. 4), S. 28–33, speziell: 29–30.

61 *Wolter*, Naturalrestitution (wie Fn. 6), S. 26 (*„III. Die Vollendung der Restitutionslehre durch Thomas von Aquin" [...] „Die Vollendung der Restitutionslehre erfolgt durch Thomas von Aquin (1225–1274)."*); *Unterreitmeier*, Der öffentlich-rechtliche Schmerzensgeldanspruch (wie Fn. 6), S. 26 (*„b) Die Vollendung der Restitutionslehre bei Thomas von Aquin"*). *Weinzierls* Untersuchung über die hochscholastische Lehre (wie Fn. 16) schließt mit der thomasischen Lehre.

Charakter zwischen Theologie, Philosophie und Jurisprudenz"[62]. Den Höhepunkt an vor allem rechtlicher Ausdifferenzierung erreichte die Restitutionslehre in der Zeit der Spanischen beziehungsweise Iberischen Spätscholastik[63], nach der – aufbauend auf der thomasischen Systematisierung in eine *restitutio ratione rei* und *restitutio ratione acceptionis*[64] – restitutionspflichtig war, wer im Besitz eines ihm nicht zustehenden, fremden Guts oder wer sonst aus einem fremden Rechtsgut bereichert war (*restitutio ratione rei*).[65] Des Weiteren konnte die Entgegennahme eines fremden Guts oder die Zufügung eines Schadens eine Restitutionspflicht auslösen (*restitutio ratione acceptionis*).[66] Ihre Grundlage fand diese Lehre in einem individuellen Rechtsgut, welches in Form eines umfassenden subjektiven

---

62 *Jansen*, Theologie, Philosophie und Jurisprudenz (wie Fn. 4), S. 2. Zum Einbruch der Jurisprudenz in die Praxis des *forum conscientiae (internum)* u. a.: *Trusen*, Forum internum und gelehrtes Recht im Spätmittelalter (wie Fn. 12), v. a. S. 87–91; *Trusen*, Zur Bedeutung des geistlichen Forum internum und externum (wie Fn. 12), S. 262–264, mit zahlreichen Beispielen von auch rechtliche Kenntnisse vermittelnden Beichtsummen, S. 264 ff.; *Decock*, Theologians and Contract Law (wie Fn. 15), S. 26–28.

63 Zur Problematik der Terminologie v. a.: *Wim Decock; Christiane Birr*, Recht und Moral in der Scholastik der Frühen Neuzeit 1500–1750, Berlin [u. a] 2016, S. 12–13 m. w. N.; *Harald Maihold*, Strafe für fremde Schuld? Die Systematisierung des Strafbegriffs in der Spanischen Spätscholastik und Naturrechtslehre, Köln 2005, S. 42–43 (m. w. N. – u. a. auch auf die nachfolgenden Autoren), welcher den Begriff der „*Spanischen Spätscholastik*" als einen kulturellen bezeichnet, der eine geistige Strömung, die wesentlich von Spanien ausging, charakterisiert. Weiter u. a.: *Christoph Bergfeld*, Katholische Moraltheologie und Naturrechtslehre, in: Handbuch der Quellen und Literatur der neueren europäischen Privatrechtsgeschichte, Bd. II: Neuere Zeit (1500–1800). Das Zeitalter des gemeinen Rechts, Teilbd. I: Wissenschaft, hrsg. v. Helmut Coing, München 1977, S. 999–1033, 1016; *Günther Nufer*, Über die Restitutionslehre der Spanischen Spätscholastiker und ihre Ausstrahlung auf die Folgezeit, Diss. Univ. Freiburg i. Br. 1969, S. 5–9, spricht von der „*Schule von Salamanca*"; *Kurt Seelmann*, Theologie und Jurisprudenz an der Schwelle zur Moderne. Die Geburt des neuzeitlichen Naturrechts in der iberischen Spätscholastik, 1. Auflage, Baden-Baden 1997, spricht von „*iberischer Spätscholastik*", vgl. hierzu auch die Anmerkung auf S. 7; *Paolo Grossi (Hrsg.)*, La seconda scolastica nella formazione del diritto privato moderno, Mailand 1973, verwendet die Bezeichnung „*la seconda scolastica*" („*zweite Scholastik*").

64 In seiner Summa theologiae II-II, q. 62, art. 6, S. 306–307, teilte *Thomas* die *restitutio* systematisch in die *restitutio ratione rei* und die *restitutio ratione acceptionis*. Siehe weiter zur thomasischen Systematisierung und zum Einfluss seiner Systematisierungsleistung auf das Schadensrecht: *Constantin Hohenlohe*, Gründe der Schadensersatzplicht in Recht und Moral, Regensburg [u. a.] 1914, S. 170–208.

65 *Jansen*, Theologie, Philosophie und Jurisprudenz (wie Fn. 4), S. 1–2.

66 *Jansen*, Theologie, Philosophie und Jurisprudenz (wie Fn. 4), S. 1–2.

Rechts geschützt wurde (*dominium*).[67] Ihr klarer Bezug auf das *dominium*, welches sich nicht allein auf das Privateigentum bezog, sondern vielfach mit dem Gedanken individueller Freiheit verbunden wurde, führte zur Ausprägung eines umfassenden Rechtsgüterschutzes innerhalb der moraltheologischen Lehre von der Restitution.[68] Im Rahmen des spätscholastischen Naturrechtsdiskurses erhielt das ursprünglich römisch-rechtliche Konzept *dominium* im Zusammenhang mit der Diskussion um die Rechte der indigenen Bevölkerung in der Neuen Welt darüber hinaus eine unverkennbar menschenrechtliche Konnotation.[69]

Wie sogleich im Rahmen der Aufbereitung des Forschungsstandes zu sehen sein wird, ist insbesondere die im Naturrechtsdiskurs der Schule von Salamanca rechtlich, feinsinnig ausdifferenzierte Restitutionslehre mit Blick auf Fragen nach gedanklichen Verbindungslinien zwischen ihren Charakteristika des Vorrangs der Naturalrestitution, des Gebots des umfassenden Schadenausgleichs, des Bereicherungsverbots oder auch der *obligatio ex dominio* und der Herausbildung der Grundpfeiler eines modernen, säkularen europäischen Haftungs- und Schadensrechts, speziell des Rechts außervertraglicher Schuldverhältnisse, seit jüngerer Zeit in den Blick der rechtshistorischen Forschung gerückt.[70] Dabei wird auch die Bedeutsamkeit der mittelalterlichen Restitutionslehre und ihre Wechselwirkung zum

---

67 *Nils Jansen*, Zur Diskussion um die Restitutionslehre bei Francisco de Vitoria und seinen Nachfolgern, in: Kontroversen um das Recht. Beiträge zur Rechtsbegründung von Vitoria bis Suárez – Contending for Law. Arguments about the Foundation of Law from Vitoria to Suárez, hrsg. v. Kirstin Bunge; Stefan Schweighöfer; Anselm Spindler; Andreas Wagner, Stuttgart-Bad Cannstatt 2013, S. 195–233, 195; *Jansen*, Theologie, Philosophie und Jurisprudenz (wie Fn. 4), S. 33–39.

68 *Jansen*, Theologie, Philosophie und Jurisprudenz (wie Fn. 4), v. a. S. 36–39, 41–42.

69 *Jansen*, Theologie, Philosophie und Jurisprudenz (wie Fn. 4), S. 39–42.

70 Um nur einige wichtige Arbeiten an dieser Stelle zu nennen: *Nufer*, Über die Restitutionslehre der Spätscholastiker (wie Fn. 63); *Gero Dolezalek*, The Moral Theologians' Doctrine of Restitution and its Juridification in the Sixteenth and Seventeenth Centuries, in: Acta Juridica (1992), S. 104–114; *Jan Hallebeek*, The Concept of Unjust Enrichment in Late Scholasticism, Nijmegen 1996, v. a. S. 47–85; *Jansen*, Theologie, Philosophie und Jurisprudenz (wie Fn. 4) m. w. N.; *Nils Jansen*, Von der Restitutionslehre der spanischen Spätscholastik zu einem europäischen Recht nichtvertraglicher Schuldverhältnisse?, in: Rabels Zeitschrift für ausländisches und internationales Privatrecht 76/4: Reinhard Zimmermann zum 60. Geburtstag, Tübingen 2012, S. 921–946; *Decock*, Theologians and Contract Law (wie Fn. 15) m. w. N.; vgl. auch die Ausführungen bei: *Decock; Birr*, Recht und Moral (wie Fn. 63), S. 80–81.

römisch-kanonischen Schadensrecht betont und vereinzelt untersucht.[71] Denn handhabte das mittelalterliche *ius commune* die Gewährung immateriellen Schadensersatzes äußerst restriktiv und galt der Vorrang der Geldkompensation, so ist für die mittelalterliche Restitutionslehre der Vorrang der Naturalrestitution sowie das Gebot des vollständigen Schadensausgleichs prägend.[72] Im römischen Recht war der Ausdruck *restituere* ein „*[t]erminus technicus*" und bedeutete, dass bei bestimmten Klagen jenseits der bloßen Sachherausgabe derjenige Zustand herzustellen ist, „*der sich ergeben hätte, wenn eine bestimmte Leistung bereits zu einem [bestimmten] früheren Zeitpunkt erfolgt wäre.*"[73] Es geht beim *restituere* mithin „*um ein auf den Proze[ß] zugeschnittenes Rechtsinstitut*".[74] Bei der moraltheologischen Restitutionslehre hingegen handelt es sich um eine Lehre des umfassenden Schadensausgleichs, welche gerade auch den Ersatz immaterieller Schäden umfasst.[75] Mit Blick auf die spätscholastische Lehre formuliert *Jansen*, dass sie sowohl begrifflich als auch konzeptionell „*quer*" zu den Kategorien des römischen Rechts stand.[76]

---

71 *Wolter*, Naturalrestitution (wie Fn. 6), S. 30–59, die weitere Entwicklung im Naturrecht und *Usus modernus*: S. 60–74; *Unterreitmeier*, Der öffentlich-rechtliche Schmerzensgeldanspruch (wie Fn. 6), S. 33–43, zur weiteren Entwicklung des immateriellen Schadensersatzes unter dem Einfluss der Restitutionslehre: S. 43–103.

72 *Wolter*, Naturalrestitution (wie Fn. 6), S. 22. Ausführlich wird das römische Schadensrecht von *Unterreitmeier*, Der öffentlich-rechtliche Schmerzensgeldanspruch (wie Fn. 6), S. 9–19, mit einer Vielzahl an Nachweisen dargestellt. Weiterführend v. a.: *Nils Jansen*, Struktur des Haftungsrechts. Geschichte, Theorie und Dogmatik außervertraglicher Ansprüche auf Schadensersatz, Tübingen 2003, S. 181–270, 271–289 (in Bezug auf die Glossatoren und Kommentatoren); *Zimmermann*, Law of Obligations (wie Fn. 28), v. a. S. 953–1094. Siehe in dieser Arbeit zum Schadensrecht des römisch-kanonischen Rechts m. w. N: § 5.I.II.1.a).

73 *Wolter*, Naturalrestitution (wie Fn. 6), S. 21; *Unterreitmeier*, Der öffentlich-rechtliche Schmerzensgeldanspruch (wie Fn. 6), S. 24; *Nufer*, Über die Restitutionslehre der Spätscholastiker (wie Fn. 63), S. 12; *Max Kaser*, Restituere als Prozessgegenstand. Die Wirkungen der Litis Contestatio auf den Leistungsgegenstand im römischen Recht, 2. Auflage, München 1968, S. 6–7, 191–193.

74 *Wolter*, Naturalrestitution (wie Fn. 6), S. 22; *Unterreitmeier*, Der öffentlich-rechtliche Schmerzensgeldanspruch (wie Fn. 6), S. 24.

75 *Wolter*, Naturalrestitution (wie Fn. 6), S. 22; *Unterreitmeier*, Der öffentlich-rechtliche Schmerzensgeldanspruch (wie Fn. 6), S. 24.

76 *Jansen*, Zur Diskussion um die Restitutionslehre bei Francisco de Vitoria und seinen Nachfolgern (wie Fn. 67), S. 195; *Jansen*, Verwicklungen und Entflechtungen (wie Fn. 21), S. 60, mit Verweis auf die weiteren Nachweise in: *Jansen*, Theologie, Philosophie und Jurisprudenz (wie Fn. 4), S. 203 f.

In dieser Arbeit soll es nicht um die spätscholastische Restitutionslehre oder um die schwer zu beantwortende, letztlich spekulative Frage nach Rezeptionswegen oder Verbindungslinien zum säkularen Haftungsrecht gehen. Vielmehr ist das Anliegen dieser Arbeit, die Restitutionslehre eines einflussreichen Theologen des Spätmittelalters – nämlich die des *Duns Scotus* – zu analysieren und der Leserschaft kohärent zu präsentieren. Spätscholastische katholische Theologen setzten sich in ihren Abhandlungen zur Restitution – dies wird im Laufe dieser Untersuchung auch zu sehen sein – vielfach mit den scotischen Lehren und im Allgemeinen mit der seit dem Spätmittelalter tradierten Lehre von der Restitution auseinander. Ihre Lehren knüpfen entscheidend an die spätmittelalterlichen Diskussionen an. Indem diese Arbeit zeitlich einen Schritt zurückgeht und den Blick auf die spätmittelalterliche Lehre von der Restitution lenkt, leistet die Arbeit einen Beitrag zur Erforschung der Fundamente der spätscholastischen Lehren und bringt *Duns Scotus* durch eine ausführliche Analyse seiner Lehre weiter in die Diskussion um die Restitution ein.

Gilt *Thomas von Aquin* nun als „Vollender" der hochscholastischen Restitutionslehre, so erstaunt es, dass sich keine vergleichbaren Aussagen über die scotischen Ausführungen zur Restitution finden lassen. *Duns Scotus* war einer der bedeutendsten Franziskanertheologen des Mittelalters. Wie sogleich zu sehen sein wird, wandte er sich in vielerlei Hinsicht gegen zentrale Auffassungen, die *Thomas von Aquin* vertrat.[77] Mit dem Primat der Liebe und des freien Willens leitete er die insbesondere die frühe Neuzeit prägende Auseinandersetzung zwischen Intellektualismus und Voluntarismus ein.[78] Schließlich war sein Wirken nicht nur während des Mittelalters groß, sondern seine Einflüsse gingen weit über diese Zeit und seinen Orden hinaus: Beispielhaft seien die Einflüsse der scotischen Konzeption der Metaphysik als eine *scientia transcendens* auf Autoren wie unter anderem *Descartes, Spinoza, Leibniz* und *Kant* genannt, welche die philosophiegeschichtliche Forschung anhand vieler Einzelforschungen herausgearbeitet

---

77 *Jan Rohls*, Johannes Duns Scotus (1265/1266–1308), in: Klassiker der Theologie, Bd. 1: Von Tertullian bis Calvin, hrsg. v. Friedrich Wilhelm Graf, München 2005, S. 174–187, 178.

78 *Günter Stratenwerth*, Die Naturrechtslehre des Johannes Duns Scotus, Göttingen 1951, S. 7.

hat.[79] Schließlich sollen an den Universitäten des 14.–17. Jahrhunderts mehr „Scotisten“[80] als „Thomisten“ gewesen sein.[81]

II. *Johannes Duns Scotus* (1265/6–1308) – ein Überblick über sein Leben und die Grundmotive seiner Lehren

Nach dieser Einführung in die Forschungsthematik und das Forschungsvorhaben sollen im Folgenden das Leben sowie einige auch für diese Arbeit bedeutsame Grundthesen des *Duns Scotus* im Überblick skizziert werden. Diese Darstellung ist der Arbeit vorangestellt, denn auf weitere Ausführungen zu *Duns Scotus´* Lehren und Grundthesen wird in der vorliegenden Arbeit einerseits verzichtet.[82] Andererseits dienen die nachfolgenden Ausführungen vorwiegend dem besseren Verständnis der sich auch in der scotischen Restitutionslehre widerspiegelnden Grundanliegen des *Duns Scotus*; sie fungieren daher als eine „verlängerte“ Einleitung und bieten einen ersten Einstieg in theologie- und philosophiegeschichtlich bedeutsame scotische Lehren.

Der vermutlich zwischen Dezember 1265 und März 1266 im südschottischen „Duns“, Grafschaft Berwickshire, geborene[83] *Duns Scotus* trat dem

79 *Claus A. Andersen*, Metaphysik im Barockscotismus. Untersuchungen zum Metaphysikwerk des Bartholomaeus Mastrius. Mit Dokumentation der Metaphysik der scotischen Tradition ca. 1620–1750, Amsterdam [u. a.] 2016, S. 50, m. w. N. v. a. S. 49–53 Fn. 11–13. Beispielsweise wurde – so hat *Honnefelder* dies herausgearbeitet – die scotische Konzeption der Metaphysik als eine *scientia transcendens* unter anderem von dem Jesuiten *Francisco Suarez*, dem Vernunftrechtler *Christian Wolff* bis zu *Immanuel Kant* rezipiert: *Ludger Honnefelder*, Johannes Duns Scotus, Orig.-Ausgabe, München 2005, S. 136–142, zur Scotus-Rezeption im 19. und 20. Jahrhundert: S. 143–146, insgesamt zum zuvor erwähnten u. a. auch ordensübergreifenden Einfluss: *Honnefelder*, op. cit., S. 132 ff.

80 Zum Begriff des Scotismus: *Werner Dettloff*, Art. Duns Scotus/Scotismus I, in: TRE IX (1982), S. 218–231.

81 *Kurt Flasch*, Das philosophische Denken im Mittelalter. Von Augustin zu Machiavelli, 2. Auflage, Stuttgart 2001, S. 488.

82 Vgl. die Ausführungen in: § 1.C.II.2.

83 *Allan B. Wolter*, Introduction, in: John Duns Scotus, Philosophical Writings. A Selection, hrsg. u. übers. von Allan B. Wolter, London [u. a.] 1963 (ND der Ausgabe v. 1962), S. ix–xxiii, xii; *Antonie Vos*, The Theology of John Duns Scotus, Leiden [u. a.] 2018, S. 6. Das exakte Geburtsdatum des *Duns Scotus* ist unklar. Die Angaben bewegen sich zwischen dem 23. Dezember 1265 und dem 17. März 1266. *Duns Scotus´* Ordination bei den Franziskanern im Kloster Saint Andrews in Northampton ist am 17. März 1291 nachgewiesen, aus: *Werner Dettloff*, Johan-

noch jungen Franziskanerorden in einem sehr frühen Alter bei – die genauen Altersangaben schwanken zwischen 13 bis 15 Jahren.[84] Nach einer fundierten ordensinternen Ausbildung – auch in dem den höheren Studien der Rechte, Medizin und Theologie vorausgehenden Studium der *artes liberales* – studierte und lehrte *Duns Scotus* in den wenigen Jahrzehnten seines Lebens an (vermutlich) allen theologischen Fakultäten der europäischen Universitäten: Oxford, Paris und vermutlich auch in Cambridge.[85] Noch in England studierte er in einem Umfeld, welches vom anhaltenden, sich nach dem Tod des schottischen Königs *Alexander III.* zuspitzenden politischen Konflikt zwischen England und Schottland geprägt war.[86] Schließlich erlebte er während seiner Zeit an der Pariser Universität, dem mittelalterlichen Zentrum theologischer Lehren, den Höhepunkt der heftigen, von einer Vielzahl von kirchenpolitischen Streitschriften[87] begleiteten Auseinandersetzungen zwischen Papst *Bonifatius VIII. (ca. 1235–*

---

nes Duns Scotus, in: Klassiker der Theologie, Bd. 1: Von Irenäus bis Martin Luther, hrsg. v. Martin Fries; Georg Kretschmar, München 1981, S. 226–237, 226, vgl. auch: *Mechthild Dreyer; Mary B. Ingham*, Johannes Duns Scotus zur Einführung, Hamburg 2003, S. 7. Die Bestimmung des Geburtstages erfolgt anhand des überlieferten Datums seiner Priesterweihe, vgl. *Wolter*, op. cit., S. xii.

84 *Vos*, The Theology (wie Fn. 83), S. 7, vermutet, dass *Duns Scotus* bereits mit 13 Jahren (1279) eingetreten ist. *Honnefelder*, Duns Scotus (wie Fn. 79), S. 14, nimmt an, *Duns Scotus* sei dem Orden im Jahr 1280 beigetreten. *Dreyer; Ingham*, Duns Scotus zur Einführung (wie Fn. 83), S. 7, nennen im Hinblick auf *Duns Scotus´* Ordensbeitritt die Jahre 1279/80.

85 Bis heute ist die Frage ungeklärt, ob *Duns Scotus* die Sentenzen des *Lombardus* auch in Cambridge gelesen hat. Vgl. hierzu im Detail die Ausführungen in: § 3.A.

86 Näher zu dieser angespannten politischen Lage: *Allan B. Wolter*, Introduction, in: John Duns Scotus´ Political and Economic Philosophy. Latin Text and English Translation, hrsg. u. übers. v. Allan B. Wolter, St. Bonaventure, NY 2001, S. 1–21, 2–4 m. w. N.

87 Vgl. z. B. folgende Schriften, welche die hierokratischen Machtansprüche des Papstes *Bonifatius VIII.* verteidigen (kurialistische Haltung): *Aegidius Romanus*, De ecclesiastica potestate (1302); *Tolomeus von Lucca*, Determinatio compendiosa [de iurisdictione imperii...] (verm. 1300). Und z. B. folgende antipäpstliche Schriften oder auch Schriften, in welchen sich insbesondere der aristotelische Ansatz entfaltete: *Jean Quidort/Johannes von Paris*, De regia potestate et papali (1302/3); *Dante Alighieri*, Monarchia (1316–1321); *Marsilius von Padua,* Defensor pacis (1324). Weiterführend: *Wolfgang Stürner*, Peccatum und potestas. Der Sündenfall und die Entstehung herrscherlicher Gewalt im mittelalterlichen Staatsdenken, Sigmaringen 1987; *Martin Grabmann*, Studien über den Einfluß der aristotelischen Philosophie auf die mittelalterlichen Theorien über das Verhältnis von Kirche und Staat, München 1934; *Jürgen Miethke*, Politiktheorie im Mittelalter. Von Thomas von Aquin bis Wilhelm von Ockham, Tübingen 2008, v. a. S. 83–126, 156–162, 204–235; *Brian Tierney*, The Crisis of Church and State, 1050–1300. With selected

1303)[88] und dem damaligen französischen König *Philipp IV. (1268–1314)*[89] unmittelbar mit. Diese Auseinandersetzung markiert einen Höhepunkt der das gesamte Mittelalter anhaltenden Machtkämpfe zwischen *sacerdotium* und *imperium*.[90] Nachdem *Duns Scotus* im Jahr 1303 den Appell des französischen Königs *Philipp IV.* an ein Konzil gegen *Bonifatius VIII.* nicht unterzeichnete, war er gezwungen Frankreich (zunächst) zu verlassen.[91]

Documents, Englewood Cliffs, NJ 1964, S. 193–210, mit ausgewählten Textpassagen einiger Schriften in englischer Übersetzung.

88 *Tilmann Schmidt*, Art. Bonifatius VIII., (Benedetto Caetani), in: LexMA II (1983), Sp. 414–416; *Wilhelm Friedrich Bautz*, Art. Bonifatius VIII., in: BBKL I, 1. Auflage (1975), Sp. 690–692.

89 Zu *Philip IV.*: Nachweise in Fn. 91.

90 Höhepunkt dieser Auseinandersetzung stellt der Erlass der Bulle *Unam sanctam* im Jahr 1302 dar, in welcher *Bonifatius VIII.* die Unterordnung der weltlichen Gewalt unter die kirchliche forderte. Text und Übersetzung der Bulle in: *Adolf Martin Ritter; Bernhard Lohse; Volker Leppin (Hrsg.)*, Mittelalter, Kirchen- und Theologiegeschichte in Quellen, Bd. II, 5. Auflage, Neukirchen-Vluyn 2001, S. 179–180.

91 Das Pariser Exil des *Duns Scotus* ist Folge dieser heftigen Auseinandersetzungen zwischen dem französischen König *Philipp IV.* (1268–1314) und *Bonifatius VIII.* (1294–1303). Bereits in den 1290er-Jahren zeigte *Philipp IV.* Bestrebungen, den Klerus zu besteuern, um den andauernden Krieg gegen England (*Edward I.*: 1272–1307) finanzieren zu können. *Bonifatius VIII.* erließ daraufhin die Bulle *Clericis laicos* (Februar 1296), in welcher er erklärte, dass alle weltlichen Herrscher, welche ohne Erlaubnis des Papstes, den Klerus besteuerten, automatisch exkommuniziert werden. *Philipp IV.* reagierte u. a. mit einer Beschneidung der hohen Einnahmen des französischen Klerus, indem er Ausfuhrverbote für Waffen, Pferde, Geld, insbesondere für wertvolle Metalle erließ. In der Bulle *Etsi de statu* (Juli 1297) erlaubte *Bonifatius VIII.* sodann dem König die Steuererhebung zum Zwecke der notwendigen Verteidigung auch ohne vorheriges päpstliches Einverständnis. Auslöser für die weitaus dramatischere Auseinandersetzung bzw. Zuspitzung des Konflikts war der Arrest des Bischofs von Pamiers, *Bernard Saisset*, im Jahr 1301 wegen Hochverrats und Majestätsbeleidung durch den französischen König. *Philipp IV.* setzte sich damit über die Jurisdiktionsgewalt des Papstes hinweg. Der Streit um die Jurisdiktionsgewalt gipfelte in der soeben erwähnten berühmten Bulle *Bonifatius VIII. Unam sanctam* vom 18.11.1302, in welcher *Bonifatius VIII.* in zuvor nicht dagewesener Form hierokratische Machtansprüche geltend machte und die Unterordnung jeglicher Gewalt unter die päpstliche Universalherrschaft forderte. Darauffolgende Bestrebungen *Philipp IV.*, den Papst abzusetzen, mündeten u. a. in einer zweitätigen Versammlung (13–14.06.1303) mit Vertretern des höheren Klerus (Barone/Prälaten) und der nachfolgenden Befragung eines jeden Mönchs in Paris, um sich der Unterstützung bei der Einberufung eines Generalkonzils zur Absetzung *Bonifatius VIII.* zu vergewissern. Über 80 Mönche verweigerten ihre Zustimmung – so auch *Duns Scotus* und sein damaliger Lehrer *Gonsalvus Hispanus*. Sie waren gezwungen, Frankreich innerhalb von drei Tagen

Nach seiner Rückkehr an die Pariser Universität wurde er im Jahr 1307 von seinem Orden ins Lektorat nach Köln geschickt, wo er schließlich im darauffolgenden Jahr verstarb.[92]

Aufgrund seiner äußerst scharfsinnigen Denkweise, welche durch die an der aristotelischen Logik und Wissenschaftstheorie orientierten Argumentationsstrenge geprägt ist, erhielt er den Beinamen *doctor subtilis*.[93] Ganz mehrheitlich provozieren die von *Duns Scotus* aufgeworfenen Fragen weitere Fragen, welche ihrerseits wieder Anlass zu weiteren Verzweigungen seiner Ursprungsgedanken mit anderen Themenkomplexen geben und deren Lösung der Beantwortung der Hauptfrage dient.[94] Seine Abhandlungen sind dadurch insgesamt ausführlich, tiefgehend und besonders komplex. Selbst „*Scotus-Experten*" sollen sie es erschweren, aus all den gedanklichen Verästelungen zurück zu seinem eigentlichen Gedankengang

---

zu verlassen (25.–28. Juni 1303). Im August 1303 entzog *Bonifatius VIII.* der Pariser Universität die Rechte, akademische Grade zu verleihen. Noch bevor *Bonifatius VIII.* seine Bulle, in welcher er *Philipp IV.* für exkommuniziert erklärte, publizieren konnte, verübten *Philipps* Kanzler *Wilhelm von Nogaret* sowie *Sciarra Colonna* am 07.09.1303 das „Attentat auf Anagni", den Sommersitz des Papstes, in welchem sie ihn drei Tage lang bis zu seiner Befreiung durch die Bevölkerung gefangen hielten. Im April 1304 hob *Benedikt XI.* (1303–1304), der Nachfolger *Bonifatius VIII.*, den Bann der Universität Paris auf. Eine Rückkehr an die Pariser Universität war bald darauf für Studenten und Lehrer möglich. Aus: *Wolter*, Introduction, in: Duns Scotus′ Political and Economic Philosophy (wie Fn. 86), S. 1–21, 3–12; *Vos*, The Theology (wie Fn. 83), S. 18–19; *Miethke*, Politiktheorie im Mittelalter (wie Fn. 87), S. 68–82; *Joseph R. Strayer*, The Reign of Philip the Fair, Princeton, NJ 1980, insbs. S. 251–281; *Tierney*, The Crisis of Church and State, 1050–1300 (wie Fn. 87), S. 172–192; *Elisabeth Lalou*, Art. Philipp IV. der Schöne, in: LexMA VI, 1. Auflage (1993), Sp. 2061–2063; *Johannes Madey*, Art. Philipp IV. der Schöne, in: BBKL XVI (1999), Sp. 1238–1240; *Friedrich Bock*, Art. Philipp IV. der Schöne, in: LexThK VIII, 2. Auflage (1963), Sp. 448–449; *Jürgen Miethke*, Art. Unam Sanctam, in: LexThK X, 3. Auflage (2001), Sp. 375. Die Liste, auf welcher sowohl die Namen der Befürworter *Philipp IV.* als auch die Namen derjenigen Mönche, die ihre Unterstützung wie z. B. *Duns Scotus* verweigerten, festgehalten sind, ist abgedruckt in: *William J. Courtenay*, Early Scotists at Paris. A Reconsideration, in: Franciscan Studies 69 (2011), S. 175–229, 221–229; *William J. Courtenay*, The Parisian Franciscan Community in 1303, in: Franciscan Studies 53 (1993), S. 155–173, 166–173.

92 *Dettloff*, Duns Scotus, in: Klassiker der Theologie 1 (wie Fn. 83), S. 226.

93 *Honnefelder*, Duns Scotus (wie Fn. 79), S. 21; *Dreyer*, Kommentare zu den Sentenzen (wie Fn. 50), S. 138.

94 *Dreyer*, Kommentare zu den Sentenzen (wie Fn. 50), S. 138.

zu finden.[95] *Duns Scotus* setzte so ein Niveau für zeitgenössische Diskussionen, welches über den Kreis seiner Schüler hinaus übernommen wurde; nach *Duns Scotus* habe man anders argumentiert und gesprochen.[96]

Bis heute ist über das Leben des *Duns Scotus* vergleichsweise wenig bekannt.[97] Seine Person tritt fast völlig hinter sein Werk zurück.[98]

Im Folgenden sollen nun einige seiner einflussreichen Lehren Erwähnung finden, um zum einen die philosophie- und theologiegeschichtliche Bedeutung des *Duns Scotus* herauszuarbeiten, vor allem aber um der Leserschaft – wie soeben erwähnt – zum Zwecke des besseren Verständnisses dieser Arbeit einen Einstieg in die Grundmotive seiner Lehren zu bieten. Für weitergehende Informationen und umfassendere Darstellungen seiner philosophischen und theologischen Lehren sowie der augustinisch-franziskanischen Christologie sei an dieser Stelle auf die einschlägige, in dieser Arbeit an den entsprechenden Stellen zitierte Sekundärliteratur verwiesen.

Wie auch andere Theologen seiner Zeit sah sich *Duns Scotus* mit dem Aufeinandertreffen des universellen Geltungsanspruchs der christlichen Offenbarungslehre und der Wissenschaftslehre heidnischer Philosophen der Antike, speziell der des *Aristoteles* konfrontiert.[99] Nach dem Vorliegen vollständiger lateinischer Übersetzungen der aristotelischen Nikomachischen Ethik und Politik in der Mitte des 13. Jahrhunderts durch *Robert Grosseteste (vor 1170–1253)*[100] und *Wilhelm von Moerbeke* (ca. 1215–

---

95 *Dreyer*, Kommentare zu den Sentenzen (wie Fn. 50), S. 138. *Dreyer* spricht hier davon, dass *„die gesamte Argumentationsstruktur zu einem Dickicht"* wird, *„aus dem selbst Scotus-Experten nicht immer mit Sicherheit wieder herausfinden."*

96 *Honnefelder*, Duns Scotus (wie Fn. 79), S. 21.

97 *Dreyer; Ingham*, Duns Scotus zur Einführung (wie Fn. 83), S. 7; *Honnefelder*, Duns Scotus (wie Fn. 79), S. 13–14.

98 *Honnefelder*, Duns Scotus (wie Fn. 79), S. 14.

99 *Ludger Honnefelder*, Die Kritik des Johannes Duns Scotus am kosmologischen Nezessitarismus der Araber. Ansätze zu einem neuen Freiheitsbegriff, in: Die abendländische Freiheit vom 10. bis zum 14. Jahrhundert. Der Wirkungszusammenhang von Idee und Wirklichkeit im europäischen Vergleich, hrsg. v. Johannes Fried, Sigmaringen 1991, S. 249–263, 250; *Joachim Roland Söder*, Kontingenz und Wissen. Die Lehre von den futura contingentia bei Johannes Duns Scotus, Münster 1999, S. 29; *Hannes Möhle*, Johannes Duns Scotus, in: Internetportal Rheinische Geschichte, URL: http://www.rheinische-geschichte.lvr.de/Persoenlichkeiten/johannes-duns-scotus/DE-2086/lido/57c92ef71b6200.58413085 [zuletzt abgerufen am: 17.07.2019].

100 *James McEvoy*, Art. Robert Grosseteste, in: LexMA VII (1995), Sp. 905–907; *Klaus Kienzler*, Art. Robert von Grosseteste, in: BBKL VIII (1994), Sp. 444–446.

1286)[101] setzte in der westlichen Gelehrtenwelt eine geistesgeschichtlich bedeutsame („zweite") Rezeptionsphase der aristotelischen Lehren ein.[102] Die Spannung zwischen christlicher Offenbarungslehre und der Lehre der naturalistischen Philosophie von einer von der Offenbarung losgelösten Vernunfterkenntnis prägte das gesamte 13. Jahrhundert und mündete in mehrfachen Verurteilungen der aristotelischen Schriften, welche in der Verurteilung von 277 naturphilosophischen Lehrsätzen im Jahr 1277 kulminierte.[103] Damit rückte die Diskussion um das Verhältnis der Theologie zur Philosophie in den Vordergrund. Anders als für *Thomas von Aquin* stellen für *Duns Scotus* die Theologie und Philosophie keine einander ergänzende Wissenschaften dar, vielmehr sind sie voneinander getrennt, was zugleich bedeutet, dass in der Philosophie[104] angenommene Wahrheiten in der Theologie als theologische Irrtümer beurteilt werden können.[105]

101 *Marc-Aeilko Aris*, Art. Wilhelm von Moerbeke, in: LexMA IX (1998), Sp. 175–176.

102 *Pavel Blažek*, Die mittelalterliche Rezeption der aristotelischen Philosophie der Ehe. Von Robert Grosseteste bis Bartholomäus von Brügge (1246/1247–1309), Leiden [u. a.] 2007, S. 42. Die Nikomachische Ethik wurde im Mittelalter schrittweise durch zwei Übersetzungen bekannt: Die erste griechisch-lateinische Übersetzung lag bereits zum Ende des 12. Jahrhunderts vor. Die zweite, für die Rezeption der Ethik im 13. und 14. Jahrhundert bedeutsamere Übersetzung lieferte *Robert Grosseteste* in den Jahren 1246/7. Mit weiteren Ausführungen zu finden bei: *Blažek*, op. cit., S. 40–42. Ungefähr zehn Jahre nach dem Vorliegen der lateinischen Ethik-Übersetzung übersetzte *Wilhelm von Moerbeke* um 1260 zunächst das erste, sodann teilweise das zweite Buch der aristotelischen Politik ins Lateinische, wobei er um 1265 seine erste Übersetzung *(translatio imperfecta)* durch eine vollständige Übersetzung der Politik *(translatio completa)* ersetzte, aus: *Blažek*, op. cit., S. 57–58.

103 Dazu auch: *Honnefelder*, Duns Scotus (wie Fn. 79), S. 21–22; *Joachim Roland Söder*, Einleitung, in: Johannes Duns Scotus. Reportatio Parisiensis examinata I 38–44. Pariser Vorlesungen über Wissen und Kontingenz. Lateinisch – Deutsch, hrsg., übers. u. eingel. v. Joachim Roland Söder, Freiburg i. Br. [u. a.] 2005, S. 9–32, 9, 18–19; *Söder*, Kontingenz und Wissen (wie Fn. 99), S. 29–34.

104 *Werner Dettloff*, Die franziskanische Theologie des Johannes Duns Scotus, in: WiWei 46 (1983), S. 81–91, 86, weist darauf hin, dass *Duns Scotus* nicht von *„philosophia"* spricht, sondern von den *„philosophi"*, zu welchen für *Duns Scotus* vor allem *Aristoteles* und *Avicenna* zählen.

105 *Hermann A. Baum*, Schlüsselfragen großer Philosophen, Bd. 2: In 25 neuen Geschichten entschlüsselt, Berlin [u. a.] 2018, S. 36; *Dettloff*, Die franziskanische Theologie des Duns Scotus (wie Fn. 104), S. 86–87.

Duns Scotus versteht die Theologie *(sacra doctrina)* insgesamt als eine praktische und nicht als eine spekulative Wissenschaft.[106]

Prägend für *Duns Scotus'* Lehren – wie für die Gelehrten des Franziskanerordens im Allgemeinen – ist die Verbindung von augustinischen Lehren mit der franziskanischen Christlichkeit, welche insbesondere durch die Zentralstellung und das Menschsein *Christi* sowie die Vorstellung Gottes als Allhöchsten gekennzeichnet ist.[107] Bei *Duns Scotus* trifft man auf eine Verflechtung augustinischer Lehren mit den aristotelischen.[108] Auch *Duns Scotus* rezipiert die Texte des *Aristoteles* und zitiert zum Beispiel die aristotelische Politik im Rahmen seiner Rechtfertigung des postlapsischen Instituts des Privateigentums, welche innerhalb seiner Ausgangsfrage zur Restitution – der zweiten Quästion – begegnet.[109] Die hier von *Duns Scotus* vorgenommene starke Akzentuierung des Sündenfalls mit der Folge des Widerrufs des naturrechtlich gebotenen paradiesischen Gemeineigentums und der Legitimierung des Privateigentums durch postlapsisches positives Recht zeugt von dem besonderen franziskanischen Grundverständnis über die Beziehungen des Menschen zu den zeitlichen Gütern. Das Institut des Privateigentums ist für *Duns Scotus* daher in besonderem Maße rechtfertigungsbedürftig und erhält seine Legitimation nach dem Sündenfall auf Grundlage des positiven menschlichen Rechts *(ius positivum)*.[110] Als

---

106 Zur Einordnung der Theologie als praktische Wissenschaft: *Giovanni Lauriola*, Die Person als Öffnung zur Liebe bei Duns Scotus, in: Einzigartigkeit und Liebe nach Johannes Duns Scotus. Beiträge auf der Tagung der Johannes-Duns-Skotus-Akademie vom 5.–8. November 2008 in Köln zum 700. Todestag von Johannes Duns Scotus, hrsg. v. Herbert Schneider, Mönchengladbach 2009, S. 13–30, 14–15. Weiterführend: *Hannes Möhle*, Ethik als scientia practica nach Johannes Duns Scotus. Eine philosophische Grundlegung, Münster 1995.

107 *Dettloff*, Die franziskanische Theologie des Duns Scotus (wie Fn. 104), S. 85–86.

108 *Dettloff*, Die franziskanische Theologie des Duns Scotus (wie Fn. 104), S. 91.

109 Zur Rechtfertigung des Privateigentums bei Duns Scotus: *Duns Scotus*, Ord. IV (editio vaticana XIII), dist. 15, q. 2, n. 79–101, lin. 499–616, S. 78–83; speziell unter Berufung auf *Aristoteles'* Politik: n. 86, lin. 539–542, S. 80. Laut *Dettloff*, Duns Scotus, in: Klassiker der Theologie 1 (wie Fn. 83), S. 230, soll *Duns Scotus* häufiger *Aristoteles* als die Heilige Schrift zitieren.

110 Zum Eigentum bei *Duns Scotus* u. a.: *Bernhard Töpfer*, Urzustand und Sündenfall in der mittelalterlichen Gesellschafts- und Staatstheorie, Stuttgart 1999, insbs. S. 255–258; *Luis Alberto De Boni*, Legislator, lex, lex naturalis und dominium bei Johannes Duns Scotus, in: Lex und ius. Beiträge zur Begründung des Rechts in der Philosophie des Mittelalters und der Frühen Neuzeit, hrsg. v. Alexander Fidora; Matthias Lutz-Bachmann; Andreas Wagner, Stuttgart 2010, S. 221–239, speziell zum *dominium*: 229–237, speziell zur Rechtfertigung des Privateigentums und der Übertragungsformen: 229–232; *Kurt Seelmann*, Die

franziskanischer Minorit ist *Duns Scotus'* Lebens- und Denkweise maßgeblich durch das strenge franziskanische Armutsideal geprägt, um dessen Auslegung und Verständnis – insbesondere um die Auslegung des *usus pauper* – auch zu *Duns Scotus'* Lebzeiten immer wieder hitzige Diskussionen und Streitigkeiten innerhalb des Franziskanerordens entfachten (theoretischer Armutsstreit).[111] Grundlegend für dieses Verständnis ist die bereits in der *Apologia pauperum* von *Bonaventura (1217 [1221]–1274)*[112] vollzogene[113] strikte Trennung von Eigentum und Gebrauch.[114] An den täglichen Gebrauchsgütern haben die franziskanischen Minoriten kein Eigentum *(dominium)*, sondern nur den Gebrauch *(usus)* inne, wobei dieser von *Nikolaus III. (1210/1220–1280)*[115] als ein *usus simplex facti*, also ein bloß

Lehre des Fernando Vazquez de Menchaca vom dominium, Köln [u. a.] 1979, S. 118–120. Im Übrigen vgl. die weiteren Literaturangaben weiter unten im Forschungsstand: § 1.B in Fn. 258, sowie den Abschnitt zur Rechtfertigung des Privateigentums bei *Duns Scotus* in dieser Arbeit in: § 4.C.

111 Zum franziskanischen Armutsstreit und der Anerkennung eines *usus simplex facti* v. a.: *Maximiliane Kriechbaum*, Actio, ius und dominium in den Rechtslehren des 13. und 14. Jahrhunderts, Ebelsbach 1996, S. 24–89; *Ulrich Horst*, Evangelische Armut und Kirche. Thomas von Aquin und die Armutskontroversen des 13. und 14. Jahrhunderts, Berlin 1992, v. a. S. 135–224; *Virpi Mäkinen*, Property Rights in the Medieval Discussion on Franciscan Poverty, Diss. Univ. Helsinki 1998; *Malcolm D. Lambert*, Franciscan Poverty. The Doctrine of the Absolute Poverty of Christ and the Apostles in the Franciscan Order 1210–1323, London 1961; *James D. Mixson*, Poverty's Proprietors. Ownership and Mortal Sin at the Origins of the Observant Movement, Leiden [u. a.] 2009. Zur kontrovers diskutierten und auf *Petrus Johannes Olivi* zurückgehenden Differenzierung zwischen einem *usus iuris* und *usus pauper* u. a.: *David Burr*, Olivi and Franciscan Poverty. The Origins of the Usus Pauper Controversy, 1. Auflage, Philadelphia 1989; *Eva Luise Wittneben*, Bonagratia von Bergamo. Franziskanerjurist und Wortführer seines Ordens im Streit mit Papst Johannes XXII., Leiden [u. a.] 2003, v. a. S. 29–34, speziell: 31–32; *Lambert*, op. cit., S. 149–201; *Peter Garnsey*, Thinking about Property. From Antiquity to the Age of Revolution, Cambridge [u. a.] 2007, S. 100–101.

112 *Alexander Gerken*, Art. Bonaventura, hl., I. Leben, II. Werk, in: LexMA II (1983), Sp. 402–407.

113 *Bonaventura*, Apologia pauperum, in: Opera Omnia, Tom. VIII, Ad Claras Aquas (Quaracchi) 1898, cap. XI, n. 7, S. 312b: „*Quodsi forte his quisquam conetur obsistere, ex eo quod iure cautum est, usum non posse perpetuo a dominio separari; [...].*"

114 *Giorgio Agamben*, Höchste Armut. Ordensregel und Lebensform, 1. Auflage, Frankfurt a. M. 2012, 3.1–3.2, S. 167–171.

115 *Gerhard Diehl*, Art. Nikolaus III., in: BBKL VI (1993), Sp. 867–869.

faktischer Gebrauch, qualifiziert wird.[116] Das Eigentum, welches durch die Bestellung von *procuratores* verwaltet wird, liegt bei der römischen Kirche.[117] Im Hauptteil dieser Arbeit zeigt sich immer wieder, wie tief das franziskanische Verständnis über die Beziehungen zu den irdischen Gütern auch *Duns Scotus´* Restitutionslehre prägt.

Duns Scotus war ein katholischer Theologe, ein franziskanischer Minorit, dessen Denken zutiefst biblisch-heilsgeschichtlich war[118], und als solcher sind all seine philosophischen Lehren stets durch seine Theologie und Offenbarungslehre bedingt.[119] *Duns Scotus´* theologische, aber vor allem auch philosophische Wirkungsgeschichte ist immens. Bestimmend auch für das Denken der Neuzeit sind in philosophiegeschichtlicher Hinsicht unter anderem seine Lehren von der absoluten Freiheit des menschlichen und göttlichen Willens sowie seine Theorie der Modalitäten, des Verhältnisses von Notwendigkeit und Kontingenz.[120] Diese Lehren zeugen von einem neuen Verständnis von Freiheit und Kontingenz.[121] Im Folgenden soll es nun um einige wichtige Lehren des *Duns Scotus* gehen.

---

116 VI 5.12.3 (CIC II, Sp. 1113): *„[…] simplici usui omnis rei renunciasse convincitur, qui, inquam, usus non iuris, sed facti tantummodo nomen habens, quod facti est tantum, in utendo praebat utentibus nihil iuris, quin immo necessarium rerum tam ad vitae sustentationem […].“*

117 VI 5.12.3 (CIC II, Sp. 1114).

118 *Dettloff*, Die franziskanische Theologie des Duns Scotus (wie Fn. 104), v. a. S. 86.

119 *Dettloff*, Art. Duns Scotus/Scotismus I, in: TRE IX (1982), S. 218–231, 220; *Dettloff*, Duns Scotus, in: Klassiker der Theologie 1 (wie Fn. 83), S. 231; *Dettloff*, Die franziskanische Theologie des Duns Scotus (wie Fn. 104), S. 87–89, mit Nennung von Beispielen wie den scotischen Personenbegriff (S. 88–89) oder seine Ausführungen zur Verfassung des menschlichen Intellekts (S. 87).

120 Zur Lehre über den Willen und die Willensfreiheit u. a.: *Walter Hoeres*, Der Wille als reine Vollkommenheit nach Duns Scotus, München 1962; *Johannes Auer*, Die menschliche Willensfreiheit im Lehrsystem des Thomas von Aquin und Johannes Duns Scotus, München 1938; *Reinhold Seeberg*, Die Theologie des Johannes Duns Scotus. Eine dogmengeschichtliche Untersuchung, Leipzig 1900, S. 86–96. Zur Lehre über Kontingenz u. a.: *Söder*, Kontingenz und Wissen (wie Fn. 99), v. a. S. 35–215; *Söder*, Einleitung, in: Duns Scotus, Reportatio I 38–44 (wie Fn. 103), S. 9–32, v. a. 17–30.

121 *Honnefelder*, Die Kritik des Duns Scotus am kosmologischen Nezessitarismus der Araber (wie Fn. 99), S. 249, näher erläutert: S. 250–254; *Ludger Honnefelder*, Ens inquantum ens. Der Begriff des Seienden als solchen als Gegenstand der Metaphysik nach der Lehre des Johannes Duns Scotus, Münster (Westf.) 1979, S. 46.

„[...] voluntas est agens superius respectu intellectus, [...].“[122] – *Der Wille wirkt beziehungsweise handelt gegenüber dem Verstand übergeordnet.* Anders als für *Thomas von Aquin* ist für *Duns Scotus* nicht der Verstand die für menschliche Handlungen leitende Instanz.[123] Wie auch in der aristotelisch-thomasischen Lehre beziehen sich Verstand *(intellectus)* und Wille *(voluntas)* aufeinander: Der Verstand gibt dem Willen sein Objekt vor.[124] Der Wille bleibt aber vollkommen frei, indeterminiert – er handelt anders als der Verstand nicht naturhaft *(naturaliter)*[125] –, denn *„[i]m Moment der Entscheidung hat der Wille die Möglichkeit, auch nicht zu entscheiden, also in synchronischer d. h. gleichzeitiger Freiheit, das Gegenteil tun zu wollen, wenn ich will.“*[126] Der Wille kann einerseits nacheinander zwei gegenteilige, diachrone Möglichkeiten wollen.[127] Er kann aber andererseits auch zugleich, also zu einem einzigen Zeitpunkt, zwei kontradiktorische Möglichkeiten wollen.[128] Der Wille ist so zum einen Wahlfreiheit, aber zugleich auch das Vermögen vollster Selbstbestimmung, nämlich *„in einem actus reflexus sich zu sich zu verhalten, über sich selbst zu entscheiden und sich selbst zu bestim-*

---

122 *Duns Scotus*, Ord. II (Wadding-Vivés XIII), dist. 42, q. 4, n. 10, S. 461a; weitere Stellen aus der scotischen Kommentierung zum Primat des Willens: Ord. I (Wadding-Vivés IX), dist. 8, q. 5, n. 24, S. 763b; Ord. IV (Wadding-Vivés XXI), dist. 49, q. ex latere, n. 16, S. 151b, *„respondeo“*: *„[...] voluntas imperans intellectui est causa superior respectu actus ejus.“*

123 Bzgl. *Aquin*: *Maximilian Forschner*, Thomas von Aquin, Orig.-Ausgabe, München 2006, S. 90; *Thomas Hoffmann*, Wille und Entwicklung. Problemfelder – Konzepte – Pädagogisch-psychologische Perspektiven, Wiesbaden 2013, v. a. S. 79–80, bzgl. *Duns Scotus*: 80–84.

124 *De Boni*, Legislator, lex, lex naturalis und dominium (wie Fn. 110), S. 225. Zum Zusammenwirken von Intellekt und Wille bei *Duns Scotus*: *Dreyer; Ingham*, Duns Scotus zur Einführung (wie Fn. 83), S. 83–86.

125 *Honnefelder*, Die Kritik des Duns Scotus am kosmologischen Nezessitarismus der Araber (wie Fn. 99), S. 255–256; *Honnefelder*, Duns Scotus (wie Fn. 79), S. 86 bzgl. des Willens als Ursprung der Kontingenz.

126 *Herbert Schneider*, Einzigartigkeit und Liebe nach Johannes Duns Scotus, in: Einzigartigkeit und Liebe nach Johannes Duns Scotus. Beiträge auf der Tagung der Johannes-Duns-Skotus-Akademie vom 5.–8. November 2008 in Köln zum 700. Todestag von Johannes Duns Scotus, hrsg. v. Herbert Schneider, Mönchengladbach 2009, S. 177–192, 186.

127 *Söder*, Einleitung, in: Duns Scotus, Reportatio I 38–44 (wie Fn. 103), S. 9–32, 21; *Dreyer; Ingham*, Duns Scotus zur Einführung (wie Fn. 83), S. 58.

128 *Henri Veldhuis*, Ordained and Absolute Power in Scotus′ Ordinatio I 44, in: Vivarium 38/2 (2000), S. 222–230, 224; *Söder*, Einleitung, in: Duns Scotus, Reportatio I 38–44 (wie Fn. 103), S. 9–32, 21; *Dreyer; Ingham*, Duns Scotus zur Einführung (wie Fn. 83), S. 58–59.

men“.[129] Bei dieser Selbstbestimmtheit handelt es sich um eine rationale, was bedeutet, dass *„der Wille [...] in sich schon eine alle aktuellen Entscheidungen vorausgehende Entschiedenheit für das Vernünftige“*[130] besitzt. Diese Ausführungen zeigen auf, dass der Wille das Vermögen vollster rationaler Selbstbestimmung und in sich frei ist.

Diese Freiheit und Selbstbestimmtheit des menschlichen Willens überträgt *Duns Scotus* auch auf den göttlichen Willen.[131] Im Hinblick auf die Schöpfungs- und Erlösungsgeschichte kommt dies jedoch keiner willkürlichen oder ungeordneten göttlichen Willensbetätigung gleich.[132] Denn das Gute ist gut, weil Gott es gebietet und Gott selbst das Gute ist.[133] Gott gebietet beziehungsweise will etwas nicht, weil es gut ist.[134] *„In Gott selbst will sein Wille notwendig das Gute.“*[135] Durch das göttliche Wesen vollzieht sich daher eine Bindung des Willens an das Gutsein.[136] Also ist das von Gott Gewollte, *„notwendigerweise gut, weil er sich selbst, das höchste Gut, will. [...] Gottes Wille ist gut, insofern er sich selbst als höchstes Gut will, und daß er sich selbst will, bedeutet, daß er sich liebt.“*[137] Entscheidend ist, dass Gott keine ihm selbst widersprechende Ordnung festlegen könnte.[138] Seine *potentia absoluta* ist daher auf seine eigene Gutheit, auf seine unendliche Liebe, ausgerichtet.[139] Seine *potentia* erweist sich in Bezug auf den Menschen und seine Schöpfungsgeschichte als auf sein höchstes Gutsein selbst, seine Liebe, bezogen, und ist somit eine *potentia ordinata.*[140] Die

---

129 *Schneider,* Einzigartigkeit und Liebe (wie Fn. 126), S. 186.

130 *Hoeres,* Der Wille als reine Vollkommenheit (wie Fn. 120), S. 88.

131 *Duns Scotus* überträgt auf den göttlichen Willen und Willensakt nur Dasjenige vom menschlichen Willen und Willensakt, was vollkommen ist, hierzu: *Dreyer; Ingham,* Duns Scotus zur Einführung (wie Fn. 83), S. 58.

132 *Schneider,* Einzigartigkeit und Liebe (wie Fn. 126), v. a. S. 185–189.

133 *Schneider,* Einzigartigkeit und Liebe (wie Fn. 126), S. 189.

134 *Jan Rohls,* Geschichte der Ethik, 2. Auflage, Tübingen 1999, S. 221.

135 *Schneider,* Einzigartigkeit und Liebe (wie Fn. 126), S. 189.

136 *Schneider,* Einzigartigkeit und Liebe (wie Fn. 126), S. 189; vgl. auch: *De Boni,* Legislator, lex, lex naturalis und dominium (wie Fn. 110), S. 226.

137 *Rohls,* Geschichte der Ethik (wie Fn. 134), S. 221.

138 *Rohls,* Geschichte der Ethik (wie Fn. 134), S. 221.

139 *Cesar Ribas Cezar,* Das natürliche Gesetz und das konkrete praktische Urteil nach der Lehre des Johannes Duns Scotus, Univ. Diss. Bonn 2003 (Onlineausgabe), S. 3; *Schneider,* Einzigartigkeit und Liebe (wie Fn. 126), S. 185.

140 *Veldhuis,* Ordained and Absolute Power (wie Fn. 128), S. 225; *Schneider,* Einzigartigkeit und Liebe (wie Fn. 126), S. 185. Anders ist dies beim Menschen, welchem auch eine *potentia absoluta* und *ordinata* zukommt; anders als Gott kann der Mensch aber auch *inordinate* handeln (*Veldhuis,* op. cit., S. 225). *Eckhard Homann,* Totum posse, quod est in ecclesia, reservatur in summo pontifice.

von Gott gewollte und geschaffene irdische Welt basiert so auf einer völlig freien Willensbetätigung Gottes und bildet eine von mehreren möglichen Welten.[141] Den letzten Grund der Schöpfung bildet dann allein die göttliche Liebe.[142]

„[...] dico [...] hic contingenter causatum [...] cujus oppositum posset fieri quando illud fit, [...].“[143] – *Ich sage, hier ist das auf kontingente Weise verursacht, dessen Gegenteil zu dem Zeitpunkt geschehen könnte, wenn es geschehen ist.*[144] In der scotischen Lehre von der „synchronen Kontingenz“[145] ist *„[d]as Kontingente [...] das, dessen Gegenteil zum selben Zeitpunkt hätte wirklich werden können“*[146]; das Kontingente wird so letztlich durch die Tätigkeit des Willens geschaffen[147]. Damit hängt Kontingenz vom sich

---

Studien zur politischen Theorie bei Aegidius Romanus, Würzburg 2004, S. 76, führt in Bezug auf *Duns Scotus´* Lehre aus: *„Potentia ordinata als Vermögen eines Subjekts, konform zu einer bestehenden Regel zu wirken, demgegenüber es vermöge der potentia absoluta von jener Regel absehen und gegen sie handeln könne, so daß die potentia absoluta die potentia ordinata überschreite.“*

141 *Honnefelder*, Die Kritik des Duns Scotus am kosmologischen Nezessitarismus der Araber (wie Fn. 99), S. 262; *Ludger Honnefelder*, Warum nicht nichts? Zu Nicholas Reschers Rekonstruktion der Leibniz-Frage, in: Why Is There Anything at All?, hrsg. v. Thomas Buchheim, Freiburg [u. a.] 2018, S. 37–48, 38, führt aus, dass *Duns Scotus* in Auseinandersetzung mit *Heinrich von Gent* zu einem Begriff des Möglichen gelangt, *„der die spätere Rede Leibniz´ von möglichen Welten erlaubt.“*

142 *Rohls*, Geschichte der Ethik (wie Fn. 134), S. 221.

143 *Duns Scotus*, Ord. I (Wadding-Vivés VIII), dist. 2, q. 2, n. 21, S. 448b, *„ad secundum“*; *Duns Scotus*, Ord. I (editio vaticana II), dist. 2, p. 1, q. 1–2, n. 86, lin. 14–16, S. 178: *„[...] dico quod non voco hic contigens quodcumque non-necessarium vel non-sempiternum, sed cuius oppositum posset fieri quando illud fit; [...].“*

144 Vgl. hierzu auch die Ausführungen, scotischen Zitate und Übersetzungen: *Norbert Ricken*, Diesseits von Relativismus und Universalismus. Kontingenz als Thema und Form kritischer Reflexionen, in: Tradition und Kontingenz, hrsg. v. Alfred Schäfer; Michael Wimmer, Münster [u. a.] 2004, S. 27–58, 38; *Honnefelder*, Die Kritik des Duns Scotus am kosmologischen Nezessitarismus der Araber (wie Fn. 99), S. 262; *Honnefelder*, Duns Scotus (wie Fn. 79), S. 82.

145 Zur synchronen Kontingenz u. a.: *Veldhuis*, Ordained and Absolute Power (wie Fn. 128), S. 224; *Dreyer; Ingham*, Duns Scotus zur Einführung (wie Fn. 83), S. 58–59; *Vos*, The Theology (wie Fn. 83), v. a. S. 280–285; *Antonie Vos*, The Philosophy of John Duns Scotus, Edinburgh 2006, v. a. S. 228–232, 269–271, 292–301, 580–589; *Söder*, Einleitung, in: Duns Scotus, Reportatio I 38–44 (wie Fn. 103), S. 9–32, 21–22; *Söder*, Kontingenz und Wissen (wie Fn. 99), S. 85–124, insbs. 116–124.

146 *Schneider*, Einzigartigkeit und Liebe (wie Fn. 126), S. 188.

147 *Schneider*, Einzigartigkeit und Liebe (wie Fn. 126), S. 188. Ausführlich: *Söder*, Kontingenz und Wissen (wie Fn. 99), v. a. S. 108–124.

zwischen simultanen Alternativen entscheidenden Willen ab.[148] Die erste Ursache alles Seienden, der göttliche Wille, handelt in Bezug auf alles Nicht-Göttliche kontingent, kann sich zu sich selbst aber auch notwendig verhalten.[149] Der Ursprung der Kontingenz liegt in einem Vermögen der ersten Ursache, welche sich nicht naturhaft, also nicht notwendig, verhält.[150] Ein solches, sich selbst bestimmendes und dadurch freies Vermögen ist, wie soeben dargestellt, der Wille.[151] Der Grund der Kontingenz liegt daher im göttlichen Willensakt begründet.[152] Auch die Erlösung der Menschheit sowie der Tod und das Leiden *Christi* sind daher letztlich kontingent.[153]

„[...] optimum esse summe diligendum [...].“[154] *– Das Höchste ist in höchstem Maß zu lieben.* Für *Duns Scotus* bedeutet wollen lieben.[155] Aus der Ordnung der Liebe resultiert eine stets zu beachtende und auch durch Gott selbst nicht abzuändernde Maxime: *„Deus diligendus est.“– Gott ist zu lieben.*[156] *„[D]as letzte Ziel des Menschen“* und *„das oberste praktische Prinzip“* liegen in dem nur auf Gott gerichteten Willen, das bedeutet in der Liebe zu Gott, zum schlechthin Guten.[157] Die Bindung des Willens an das schlechthin Gute geschieht dabei – wie soeben herausgearbeitet – durch die Selbstbe-

---

148 *Söder*, Einleitung, in: Duns Scotus, Reportatio I 38–44 (wie Fn. 103), S. 9–32, 21.

149 *Dreyer; Ingham*, Duns Scotus zur Einführung (wie Fn. 83), S. 57; vgl. auch: *Wolfhart Pannenberg*, Theologie und Philosophie. Ihr Verhältnis im Lichte ihrer gemeinsamen Geschichte, Göttingen 1996, S. 109–110.

150 *Honnefelder*, Duns Scotus (wie Fn. 79), S. 86; *Dreyer; Ingham*, Duns Scotus zur Einführung (wie Fn. 83), v. a. S. 57–60; *Pannenberg*, Theologie und Philosophie (wie Fn. 149), S. 109–110; vgl. hierzu und zum Folgenden auch: *Söder*, Einleitung, in: Duns Scotus, Reportatio I 38–44 (wie Fn. 103), S. 9–32, 21.

151 *Honnefelder*, Duns Scotus (wie Fn. 79), S. 86; *Pannenberg*, Theologie und Philosophie (wie Fn. 149), S. 109–110.

152 Ausführlich: *Dreyer; Ingham*, Duns Scotus zur Einführung (wie Fn. 83), S. 53–60; *Pannenberg*, Theologie und Philosophie (wie Fn. 149), S. 109–110.

153 *Niko den Bok*, Satisfaktion und Liebe. Scotus über Anselms *Cur deus homo*, in: Einzigartigkeit und Liebe nach Duns Scotus. Beiträge auf der Tagung der Johannes-Duns-Skotus Akademie vom 5.–8. November 2008 in Köln zum 700. Todestag von Johannes Duns Scotus, hrsg. v. Herbert Schneider, Mönchengladbach 2009, S. 69–79, v. a. 74–78.

154 *Duns Scotus*, Ord. III (Wadding-Vivés XV), dist. 27, q. un., n. 2, S. 355b; *Duns Scotus*, Ord. III (editio vaticana X), dist. 27, q. un., n. 14, lin. 57–58, S. 52; vgl. auch die Ausführungen, Nachweise und Übersetzungen bei: *Honnefelder*, Duns Scotus (wie Fn. 79), S. 120–121.

155 *Schneider*, Einzigartigkeit und Liebe (wie Fn. 126), S. 180, 190; *Honnefelder*, Duns Scotus (wie Fn. 79), S. 120–121.

156 *Schneider*, Einzigartigkeit und Liebe (wie Fn. 126), S. 191.

157 *Rohls*, Duns Scotus, in: Klassiker der Theologie 1 (wie Fn. 77), S. 185.

stimmung des Willens und ist nicht determiniert.[158] Der auf sich selbst gerichtete, aber auch der nach außen gerichtete Wille Gottes bestimmt *Duns Scotus* als Liebe.[159] Gott handelt als höchstes Wesen aus freiem Willen in Liebe.[160]

Diese tiefe göttliche Liebe zum Menschen ließ Gott der Menschheit durch die Inkarnation zu Teil werden.[161] Insbesondere die scotische Lehre von der Vorherbestimmung der Inkarnation (absolute Prädestination) sowie die gleich näher zu betrachtende Lehre von der *immaculata conceptio* (unbefleckte Empfängnis Mariens) hatten weitreichende theologiegeschichtliche Nachwirkungen.

„[...] lapsus non fuit causa praedestinationis Christi, [...].“[162] *– Der Sündenfall war nicht der Grund der Vorherbestimmung Christi.*[163] Die Frage des Motives der Menschwerdung *Christi* ist in der katholischen Theologie nicht abschließend geklärt.[164] Laut *Duns Scotus* war die Menschwerdung Gottes nicht vom Sündenfall der Menschheit veranlasst oder durch diesen bedingt.[165] Der Sündenfall bildet daher nicht die *„conditio sine qua non“* für die Vorherbestimmung *Christi*.[166] Das bedeutet zugleich, dass Gott auch ohne *Adams* Sünde und damit nicht allein um der Erlösung willen Mensch geworden wäre.[167] In der scotischen Begründung kommt dem freien göttlichen Willen und der göttlichen Liebe eine besondere Bedeutung zu. *Duns Scotus* argumentiert unter anderem, dass *„[j]eder geordnet*

---

158 *Honnefelder*, Die Kritik des Duns Scotus am kosmologischen Nezessitarismus der Araber (wie Fn. 99), S. 256.

159 *Rohls*, Duns Scotus, in: Klassiker der Theologie 1 (wie Fn. 77), S. 185.

160 Hierzu: *Rohls*, Duns Scotus, in: Klassiker der Theologie 1 (wie Fn. 77), S. 185.

161 *Rohls*, Duns Scotus, in: Klassiker der Theologie 1 (wie Fn. 77), S. 185.

162 *Duns Scotus*, Rep. III-A (Wadding-Vivés XXIII), dist. 7, q. 4, n. 4, S. 303a.

163 Zur Prädestinationslehre v. a.: *Dettloff*, Art. Duns Scotus/Scotismus I, in: TRE IX (1982), S. 218–231, 225–227 (Zitat mit Übersetzung: S. 226); *Karl M. Balić*, Duns Skotus' Lehre über Christi Prädestination im Lichte der neuesten Forschungen, in: WiWei 3 (1936), S. 19–35.

164 *Werner Dettloff*, Die christozentrische Konzeption des Johannes Duns Scotus als Ansatz für eine Theologie der Welt, in: WiWei 48 (1985), S. 182–196, 184, 188.

165 Zur scotischen Lehre u. a.: *Dettloff*, Die christozentrische Konzeption des Duns Scotus (wie Fn. 164), v. a. S. 187–188; *Vos*, The Theology (wie Fn. 83), v. a. S. 311–314; vgl. *Duns Scotus*, Ord. III (Wadding-Vivés XIV), dist. 7, q. 3, S. 348–360.

166 *Gerhard Ludwig Müller*, Katholische Dogmatik. Für Studium und Praxis der Theologie, 10. Auflage, Freiburg i. Br. [u. a.] 2016, S. 358; *Balić*, Duns Skotus' Lehre über Christi Prädestination (wie Fn. 163), S. 20, 24.

167 Vgl. *Dettloff*, Die christozentrische Konzeption des Duns Scotus (wie Fn. 164), S. 187–188; *Vos*, The Theology (wie Fn. 83), S. 311–314.

Wollende [...] zuerst das Ziel und danach das, was dem Ziel am nächsten liegt", will.[168] Da Gott *„der am geordnetsten Wollende"* ist, will er alles zu seinem Wesen Gehörende.[169] Von dem außerhalb seines Wesens Existierenden wollte Gott von einem Wesen geliebt werden, dass ihm in höchstem Maße gleichkommt und seiner Liebe entspricht, ihn also in höchstem Maße liebt.[170] Für Gott ist dies *Jesus Christus*.[171] Es handele sich hierbei um den ersten und adäquaten Grund für die Menschwerdung.[172] Darüber hinaus lehrt *Duns Scotus*, stellte das Werk Gottes bloß ein Gelegenheitswerk dar, wenn die Inkarnation letztlich von *Adams* Sünde abhinge.[173] Der Grund der Erlösung der Menschheit bildet letztlich die göttliche Liebe.[174]

„Potuit, decuit, ergo fecit."[175] *– Er konnte es, es ziemte sich, also tat er es.* Insbesondere mit Blick auf die Hinwendung zur Bedeutsamkeit der

---

168 *Dettloff*, Die christozentrische Konzeption des Duns Scotus (wie Fn. 164), S. 187; *Balić*, Duns Skotus' Lehre über Christi Prädestination (wie Fn. 163), S. 23.

169 *Dettloff*, Die christozentrische Konzeption des Duns Scotus (wie Fn. 164), S. 187; dazu auch: *Schneider*, Einzigartigkeit und Liebe (wie Fn. 126), S. 185.

170 *Schneider*, Einzigartigkeit und Liebe (wie Fn. 126), S. 185; *Dettloff*, Die christozentrische Konzeption des Duns Scotus (wie Fn. 164), S. 187–188; *Müller*, Katholische Dogmatik (wie Fn. 166), S. 358.

171 *Schneider*, Einzigartigkeit und Liebe (wie Fn. 126), S. 185; *Dettloff*, Die christozentrische Konzeption des Duns Scotus (wie Fn. 164), S. 187, spricht von der *„Seele Christi"*.

172 *Dettloff*, Die christozentrische Konzeption des Duns Scotus (wie Fn. 164), S. 188.

173 *Dettloff*, Die christozentrische Konzeption des Duns Scotus (wie Fn. 164), S. 188.

174 *Vos*, The Theology (wie Fn. 83), S. 131–132.

175 Dieser bekannte Syllogismus soll auf die Verteidigung der unbefleckten Empfängnis in *De conceptione s. Mariae* von *Edamer*, dem Sekretär von *Anselm von Canterbury*, welcher nach diesem Schema argumentierte, rückführbar sein, aus: *Rainer Hangler*, Juble, Tochter Zion. Zur Mariologie von Joseph Ratzinger, Benedikt XVI., Regensburg 2016, S. 176 Fn. 656; vgl. auch: *Adolf Kolping*, Art. Edamer, in: Marienlexikon II (1989), S. 268; *Elizabeth Marie Farley*, The Development of Marian Doctrine as Reflected in the Commentaries in the Wedding at Cana (John 2:1–5) by the Latin Fathers and Pastoral Theologians of the Church From the Fourth to the Seventeenth Century, Diss. Univ. of Dayton 2013 (electronic thesis), S. 235 Fn. 614; *Sandra Carroll*, Mary in Religious Education. Theological Foundations and Educational Frameworks, in: International Handbook of the Religious, Moral and Spiritual Dimensions in Education, Part 2, hrsg. v. Marian de Souza; Gloria Durka; Kathleen Engebretson; Robert Jackson; Andrew McGrady, 1. Auflage, Dordrecht 2006, S. 1193–1207, 1199. Nach demselben Schema *(potuit, decuit, fecit)* soll vor *Duns Scotus* auch *Wilhelm von Ware* die unbefleckte Empfängnis verteidigt haben, aus: *Josef Pohle*, Lehrbuch der Dogmatik, Bd. 2, 10. Auflage, neubearb. v. Josef Gummersbach, Paderborn 1956, S. 366 ß); vgl. *Michael O'Carroll*, Theotokos. A Theological Encyclopedia of the Blessed Virgin Mary, 3. print of rev. ed., Wilmington, DE

Gottesmutter *Maria* in der christlichen Glaubensgeschichte kommt *Duns Scotus* mit seiner Lehre von der unbefleckten Empfängnis *Mariens (immaculata conceptio)* eine überragende Rolle zu.[176] Vor dem Hintergrund der augustinischen Erbsündenlehre geht es um die Frage, ob *Maria* zum Zeitpunkt ihrer Menschwerdung frei von der Erbsünde *(peccatum originale)* war, folglich erbsündenfrei empfangen wurde. Diese Frage bewegt sich im Spannungsverhältnis zwischen der Bedeutung von *Maria* als Gottesmutter in der christlichen Glaubenslehre sowie der universalen Erlösungstat *Christi*.[177] *Duns Scotus* lehrt, dass *Maria* im Moment ihrer Empfängnis durch eine vorherige Erlösung durch ihren Sohn von der Erbsünde bewahrt wurde.[178] Bei *Maria* fallen somit Schöpfung und Erlösung zusammen.[179] Diese vorausgehende Erlösung beziehungsweise Vorerlösung *(praeredemptio)* ist Zeichen vollkommenster Realisierung und Wirkung des Erlösungs-

---

1988, S. 367; *Aquilin Emmen*, Wilhelm von Ware, Duns Scotus' Vorläufer in der Immaculatalehre. Neue Indikationen in den Werken seiner Zeitgenossen, in: Antonianum 40 (1965), S. 363–394. In Bezug auf *Duns Scotus* soll die Formulierung den Schülern des *Duns Scotus* entstammen: *Ruggero Rosini*, Mariology of Blessed John Duns Scotus, New Bedford, MA 2008, S. 76 Fn. 16.

176 Zur Literatur über die Lehre des *Duns Scotus* von der *immaculata conceptio* u. a.: *Rosini*, Mariology of Blessed John Duns Scotus (wie Fn. 175); *Roberto Zavalloni*, Summarium, in: Dokumente zur Seligsprechung des Johannes Duns Scotus. Informatio und Summarium, Informatio verf. v. Giovanni Papa, Summarium verf. v. Roberto Zavalloni, übers. v. Dietrich Esser, Kevelaer 1992, S. 63–65; *Konstantin Koser*, Die Immaculatalehre des Johannes Duns Scotus, in: Franziskanische Studien 36 (1954), S. 337–372; *Anton Kurz*, Mariologie oder Lehre der katholischen Kirche über Maria, die seligste Jungfrau, Nikosia 2017 (ND des Originals aus 1881), S. 57–60. Im Allgemeinen zur Lehre von der unbefleckten Empfängnis und der Marienverehrung: *Walter Delius*, Geschichte der Marienverehrung, München [u. a.] 1963; *Siegfried Gruber*, Das Vorspiel zur Dogmatisierung der Unbefleckten Empfängnis Mariens in Deutschland (1849–1854), Diss. Univ. Erlangen-Nürnberg 1967.

177 Vgl.: *German Rovira*, Einführung zum Thema „Immaculata“ – Die Persönlichkeit Mariens im 125. Jubiläum der Verkündung des Dogmas von ihrer unbefleckten Empfängnis, in: Im Gewande des Heils. Die Unbefleckte Empfängnis Mariens als Urbild der menschlichen Heiligkeit, hrsg. v. German Rovira, Essen 1980, S. 13–18, 13.

178 *Manfred Gerwing*, Gnade uns Gott. Zur Theologie des Johannes Eck, in: Johannes Eck (1486–1543). Scholastiker – Humanist – Kontroverstheologe, hrsg. v. Jürgen Bärsch; Konstantin Maier, Regensburg 2014, S. 84–105, 101.

179 *Leo Scheffczyk*, Die „Unbefleckte Empfängnis“ im umgreifenden Zusammenhang des Glaubens, in: Im Gewande des Heils. Die Unbefleckte Empfängnis Mariens als Urbild der menschlichen Heiligkeit, hrsg. v. German Rovira, Essen 1980, S. 25–43, 30.

werkes *Christi*.[180] Sie bildet keine Ausnahme von der Universalität der Erlösung durch *Christus*, sondern ist vielmehr vollkommenster Ausdruck des Erlösungswerkes.[181] Mit der Lehre von der vorausgehenden Erlösung brachte *Duns Scotus* einen neuen Gedanken in die Diskussion um die Erlösungsbedürftigkeit von *Maria* ein und wendete sich zugleich gegen die herrschende, an der Pariser Universität vertretene Ansicht der Makulisten, welche die Erbsündenverstrickung *Marias* und ihre Erlösungsbedürftigkeit lehrten[182]. *Duns Scotus'* Lehre gewann bereits während des 14. Jahrhunderts zunehmend an Bedeutung.[183] Im ausgehenden 15. Jahrhundert mussten die Studenten an einer Vielzahl von Universitäten den Eid auf die *immaculata conceptio* ablegen.[184] Schließlich erklärte Papst *Pius IX.* am 8. Dezember 1854 die Lehre von der *immaculata conceptio* zum Dogma des römisch-katholischen Glaubens.[185]

Diese in der Tat sehr komprimierte, äußerst verkürzte Darstellung einiger der scotischen Grundthesen stellt lediglich einen kleinen Ausschnitt seiner einflussreichen und bedeutsamen Lehren dar. Was nach dieser Kurzdarstellung bereits klar hervortritt, ist vor allem die Bedeutung der Willensfreiheit bei *Duns Scotus*.

Und diese Willensakzentuierung zeigt sich – und dies sei mit Blick auf die Thematik dieser Arbeit hervorgehoben – auch in *Duns Scotus'* Rechts-

---

180 *Gerwing*, Gnade uns Gott. Zur Theologie des Johannes Eck (wie Fn. 178), S. 101; *Scheffczyk*, Die „Unbefleckte Empfängnis“ im umgreifenden Zusammenhang des Glaubens (wie Fn. 179), S. 29–31, v. a. 31.

181 *Monique Scheer*, Rosenkranz und Kriegsvisionen. Marienerscheinungskulte im 20. Jahrhundert, Tübingen 2006, S. 269. Siehe auch: *Scheffczyk*, Die „Unbefleckte Empfängnis“ im umgreifenden Zusammenhang des Glaubens (wie Fn. 179), S. 29–31.

182 *Lesley K. Twomey*, The Serpent and the Rose. The Immaculate Conception and Hispanic Poetry in the Late Medieval Period, Leiden [u. a.] 2008, S. 34.

183 Vgl. *Twomey*, The Serpent and the Rose (wie Fn. 182), S. 34–36, v. a. S. 36.

184 *Scheer*, Rosenkranz und Kriegsvisionen (wie Fn. 181), S. 269, mit Nachweisen unter Nennung der Universitäten und der Jahreszahlen in Fn. 23. Dazu auch: *Kurz*, Mariologie oder Lehre der katholischen Kirche über Maria (wie Fn. 176), S. 60–61.

185 Die Wirkungsgeschichte der scotischen Lehre von der *immaculata conceptio* ist in *Papa; Zavalloni*, Dokumente zur Seligsprechung (wie Fn. 176), Anhang, S. 104–105, unter Nennung der wichtigsten Ereignisse wie zum Beispiel päpstlicher Entscheidungen und Konzilsbeschlüsse abgebildet. Der Text der Bulle in deutscher Übersetzung findet sich in: Heilslehre der Kirche. Dokumente von Pius IX. bis Pius XII. Deutsche Ausgabe des französischen Originals von P. Cattin und H. Th. Conus besorgt von Anton Rohrbasser, Freiburg/Schweiz 1953, S. 306–325, Rn. 510–545.

fertigungslehre, welche entscheidend auf seiner Akzeptationslehre basiert und welche von der Freiheit des göttlichen Willens und der Mitwirkung des freien menschlichen Willens und damit zugleich der Mitverantwortlichkeit des Einzelnen für sein Heil geprägt ist.[186] Der Mensch wirkt in der Lehre des *Duns Scotus* aus freier Verantwortung und Entscheidung mit der Gnade zu seinem Heil mit und trägt insofern eine gewisse Mitverantwortung.[187] In der vorreformatorischen Zeit wurde diese Lehre des *Duns Scotus* kontrovers diskutiert und auch innerhalb des Franziskanerordens, insbesondere von *Petrus Aureoli (um 1280*–ca. *1322)*[188], kritisiert – die Diskussion verläuft vielfach vermittelt durch die Thesen des *Petrus Aureoli.*[189] Schließlich, so kommt nicht nur der Willensakzentuierung, sondern insbesondere im Rahmen der scotischen Philosophie, seiner Erkenntnislehre und innerhalb seines neuen Metaphysikverständnisses der Individuation[190] eine hervorragende Bedeutung zu, mit welcher ausgehend von *Duns Scotus* vielfach der Terminus der *haecceitas*[191], der „Diesheit", verbunden ist[192]; es

186 *Dettloff*, Die franziskanische Theologie des Duns Scotus (wie Fn. 104), S. 90–91; *Dettloff*, Duns Scotus, in: Klassiker der Theologie 1 (wie Fn. 83), S. 235–236. Ausführlich auch: *Werner Dettloff*, Die Lehre von der acceptatio divina bei Johannes Duns Scotus mit besonderer Berücksichtigung der Rechtfertigungslehre, Werl (Westf.) 1954.

187 *Dettloff*, Die Akzeptationslehre des Johannes Duns Scotus in der vorreformatorischen Theologie, in: Regnum Hominis et Regnum Dei. Acta Quarti Congressus Scotistici Internationalis, Vol. 1, hrsg. v. Camille Bérubé, Rom 1978, S. 195–211, 211.

188 *Werner Dettloff*, Art. Petrus Aureoli, in BBKL VII (1994), Sp. 334–335.

189 *Dettloff*, Die Akzeptationslehre des Duns Scotus in der vorreformatorischen Theologie (wie Fn. 187), S. 198–210. Weiter dazu auch: *Wolfhart Pannenberg*, Das Verhältnis zwischen der Akzeptationslehre des *Duns Scotus´* und der reformatorischen Rechtsfertigungslehre, in: Regnum Hominis et Regunum Dei. Acta Quarti Congressus Scotistici Internationalis, Vol. 1, hrsg. v. Camille Bérubé, Rom 1978, S. 213–218.

190 Zur Individuationsfrage: *Jürgen Hüllen*, Art. Individuation. Individuationsprinzip, in: Historisches Wörterbuch der Philosophie IV (1976), S. 295–299.

191 Vgl. *Richard Cross*, „Medieval Theories of Haecceity", The Stanford Encyclopedia of Philosophy (Summer 2014 Edition), Edward N. Zalta (ed.), URL = https:/ /plato.stanford.edu/archives/sum2014/entries/medieval-haecceity/ [zuletzt abgerufen am: 27.08.2019]; *Sam Cowling*, „Haecceitism", The Stanford Encyclopedia of Philosophy (Fall 2016 Edition), Edward N. Zalta (ed.), URL = https://plat o.stanford.edu/archives/fall2016/entries/haecceitism/ [zuletzt abgerufen am: 27.08.2019].

192 *Thamar Rossi Leidi*, Einleitung, in: Johannes Duns Scotus, Über das Individuationsprinzip. Ordinatio II, distinctio 3, pars 1, hrsg. und übers. v. Thamar Rossi Leidi, Hamburg 2015, S. VII–LXXXVIII, VII; *Christiane Kranich-Strötz*, Selbstbe-

sei hier für weitere Informationen auf die umfangreiche Sekundärliteratur verwiesen.[193]

Denn entscheidend – und durch diese Kurzdarstellung bezweckt – ist, dass sich ihr bereits wesentliche, auch für diese Arbeit wegweisende Grundmotive der scotischen Lehren entnehmen lassen, nämlich:

Die Akzentuierung des Willens und der Liebe, der vollkommenen Freiheit des Willens, der Kontingenz und der Rückführbarkeit jeglicher Kontingenz auf die willentliche Operation, der (Mit-)Verantwortlichkeit des Einzelnen für sein Heil und die Herausarbeitung des Moments der Individualität.

Anders als die thomasische Lehre wurde die Lehre des *Duns Scotus* nicht als offizielle und verpflichtende Ordensdoktrin der Franziskaner ausgewiesen, obgleich sie im Orden selbst eine starke Aufnahme und Fortführung

---

wusstsein und Gewissen. Zur Rekonstruktion der Individualitätskonzeption bei Peter Abaelard, Berlin 2008, S. 10.

193 Im Allgemeinen zur Individuationsfrage, v. a. aber in Bezug auf die scotische Lehre: *Duns Scotus*, Über das Individuationsprinzip, hrsg. v. Leidi (wie Fn. 192); *Honnefelder*, Ens inquantum ens. Der Begriff des Seienden als solchen als Gegenstand der Metaphysik (wie Fn. 121), v. a. S. 241–254; *Ludger Honnefelder*, Scientia transcendens. Die formale Bestimmung der Seiendheit und Realität in der Metaphysik des Mittelalters und der Neuzeit (Duns Scotus, Suárez, Wolff, Kant, Peirce), Hamburg 1990, v. a. S. 122–140. Auch: *Kranich-Strötz*, Selbstbewusstsein und Gewissen (wie Fn. 192), S. 9–10; *Flasch*, Das philosophische Denken im Mittelalter (wie Fn. 81), S. 495–498; *Antonie Vos*, Individuality and Virtue according to Duns Scotus, in: Individuum und Individualität im Mittelalter, hrsg. v. Jan A. Aertsen; Andreas Speer, Berlin [u. a.] 1996, S. 436–449; *Tammo E. Mintken*, Das liebende Individuum bei Johannes Duns Scotus und Edmund Husserl als kritische Rückfrage an den gegenwärtigen Individualismus, in: Theologie und Philosophie 93/1 (2018), S. 33–57; *Thomas Möllenbeck*, Die einzigartige Veranlagung des Menschen für Gott, in: Einzigartigkeit und Liebe nach Johannes Duns Scotus. Beiträge auf der Tagung der Johannes-Duns-Skotus-Akademie vom 5.–8. November 2008 in Köln zum 700. Todestag von Johannes Duns Scotus, hrsg. v. Herbert Schneider, Mönchengladbach 2009, S. 80–97, 83–84; *Stephen D. Dumont*, The Question on Individuation in Scotus´s „Quaestiones super Metaphysicam“, in: Via Scoti. Methodologica ad mentem Iohannis Duns Scoti; atti del congresso internationale. Roma 9–11 marzo 1993, Vol. 1, hrsg. v. Leonardo Sileo, Rom 1995, S. 193–227; *Jorge J. E. Gracia (Hrsg.)*, Individuation in Scholasticism. The Later Middle Ages and the Counter-Reformation (1150–1650), Albany 1994. Zur älteren Literatur: *Timotheus Barth*, Individualität und Allgemeinheit bei J. Duns Skotus. Eine ontologische Untersuchung, in: WiWei 16 (1953), S. 122–141, 191–213; 17 (1954), S. 112–136; 18 (1955), S. 192–216; 19 (1956), S. 117–136; 20 (1957), S. 106–119, 198–220; *Johannes Assenmacher*, Geschichte des Individuationsprinzips in der Scholastik, Leipzig 1926.

fand.[194] In Bezug auf den Studiengang lässt sie sich später in den Ordensstatuten finden.[195] Im Jahr 1501 schrieb *Alexander VI.* den Franziskanern das *„Studium“* des *Duns Scotus* vor; im Jahr 1568 billigte *Pius V.*, dass die Franziskaner die Theologie nach der *„Schule“* des *Duns Scotus* lehren.[196] Laut *Ludger Honnefelder* dürfte dies wohl ein Grund für den wesentlich weniger strengen und uneinheitlichen Verlauf der *Scotus*-Rezeption sowie zugleich für den ordensübergreifenden Einfluss der scotischen Lehren gewesen sein.[197]

Eine erste Rezeptionsphase der scotischen Lehren setzte bereits im 14. Jahrhundert ein.[198] Die unmittelbaren Schüler des *Duns Scotus* wie zum Beispiel *Antonius Andreas (um 1280–ca. 1320)*[199], *Franciscus (de) Mairo-*

---

194 *Honnefelder*, Duns Scotus (wie Fn. 79), S. 132.

195 *Honnefelder*, Duns Scotus (wie Fn. 79), S. 132.

196 *Papa; Zavalloni*, Dokumente zur Seligsprechung (wie Fn. 176), Anhang, S. 105; *Johann Peter Kirsch*, Joseph Kardinal Hergenröthers Handbuch der allgemeinen Kirchengeschichte, Zweiter Band: Die Kirche als Leiterin der abendländischen Gesellschaft, 5. unver. Auflage mit Nachträgen, Freiburg i. Br. [u. a.] 1913, S. 689 (*„'Lehrer des Ordens' ward Scotus von den Minoriten seit 1593 genannt.“*). Laut *Honnefelder*, Duns Scotus (wie Fn. 79), S. 134, m. w. N. in Fn. 8 (S. 158), sollen die Statuten des Franziskanerordens im Jahr 1500 das Studium der Lehre des *Duns Scotus* vorgeschrieben haben.

197 *Honnefelder*, Duns Scotus (wie Fn. 79), S. 132.

198 *Honnefelder*, Duns Scotus (wie Fn. 79), S. 132; *Andersen*, Metaphysik im Barockscotismus (wie Fn. 79), S. 4. Ausführlich zur Rezeption der scotischen Lehre: *Courtenay*, Early Scotists at Paris. A Reconsideration (wie Fn. 91); *Ludger Honnefelder*, Scotus und der Scotismus. Ein Beitrag zur Bedeutung der Schulbildung in der mittelalterlichen Philosophie, in: Philosophy and Learning. Universities in the Middle Ages, hrsg. v. Maarten J. F. M. Hoenen; Jakob Hans Josef Schneider; Georg Wieland, Leiden 1995, S. 249–262; *Maarten J. F. M. Hoenen*, Scotus and the Scotist School. The Tradition of Scotist Thought in the Medieval and Early Modern Period, in: John Duns Scotus. Renewal of Philosophy. Acts of the Third Symposium organized by the Dutch Society for Medieval Philosophy Medium Aevum (May 23 and 24, 1996), hrsg. v. Egbert P. Bos, Amsterdam 1998, S. 197–210; *Hannes Möhle*, Formalitas und modus intrinsecus. Die Entwicklung der scotischen Metaphysik bei Franciscus de Mayronis, Münster 2007; *Antonie Vos*, Scotus in the Nineteenth and Twentieth Centuries, in: La réception de Duns Scot. Die Rezeption des Duns Scotus. Scotism through the Centuries. Proceedings of „The Quadruple Congress“ on John Duns Scotus, Part 4, hrsg. v. Mechthild Dreyer; Édouard Mehl; Matthias Vollet, Münster 2013, S. 195–208; *Andersen*, op. cit. (wie Fn. 79).

199 *León Amorós*, Art. Antonius Andreas, in: LexThK I, 2. Auflage (1957), Sp. 671–672.

nis (1288–ca. 1328)[200], *Wilhelm von Alnwick (um 1270–1333)*[201] oder auch *Petrus de Aquila (ca. 1275–1361)*[202] nahmen die Lehre des *Duns Scotus* auf, vielfach erschöpften sich die Abhandlungen der Autoren jedoch in einer faktischen Wiedergabe der scotischen Lehre.[203] Ab dem 15. Jahrhundert war ein stärkeres Bemühen um eine Exzerption und Kompilation der Texte der Lehrmeister und so auch der des *Duns Scotus* zu beobachten.[204] Im 15. und 16. Jahrhundert entstanden so gründliche und ausführlichere Kommentare und Kompilationen zu den scotischen Werken.[205] Das 17. Jahrhundert markiert die *„Blüte des Scotismus"*.[206] Zu dieser Zeit – im Jahr 1639 – liegen die scotischen Werke auf der Grundlage der vom Franziskaner *Lukas Wadding (1588–1657)*[207] veranstalteten, in 12 Bänden gedruckten Gesamtausgabe der scotischen Werke *Operum omnium* vor.[208] Diese Ausgabe enthält Scholien und Kommentare bedeutsamer Scotisten aus dem 17. Jahrhundert wie zum Beispiel *Antonius Hiquaeus (1586–1641)*[209], *Hugo Cavellus (1571–1626)*[210] und *Johannes Poncius (1559–1661)*[211].[212] Die Ausgabe von *Wadding* wurde in den Jahren 1891–1895 von *Luis Vivés* in 26 Bänden wiederherausgegeben, in welchen die soeben

---

200 *Werner Dettloff*, Art. Franciscus de Maironis (de Meyronnes), OFM, in: LexThK IV, 3. Auflage (1995), Sp. 49.

201 *Franz Wöhrer*, Art. Wilhelm von Alnwick, in: BBKL XIII (1998), Sp. 1228–1229.

202 *Stephan Meier-Oeser*, Art. Petrus de Aquila, O.F.M. („Scotellus", di Tornimparte), in: BBKL VII (1994), Sp. 333–334.

203 *Dettloff*, Art. Duns Scotus/Scotismus I, in: TRE IX (1982), S. 218–231, 229.

204 *Dettloff*, Art. Duns Scotus/Scotismus I, in: TRE IX (1982), S. 218–231, 229; *Honnefelder*, Duns Scotus (wie Fn. 79), S. 134–135.

205 *Honnefelder*, Duns Scotus (wie Fn. 79), S. 134; *Dettloff*, Art. Duns Scotus/Scotismus I, in: TRE IX (1982), S. 218–231, 229–230.

206 *Honnefelder*, Duns Scotus (wie Fn. 79), S. 134; weiterführend: *Bernard Jansen*, Zur Philosophie der Scotisten des 17. Jahrhunderts, in: Franziskanische Studien 23 (1936), S. 28–58, 150–175.

207 *Herman H. Schwedt*, Art. Wadding, Luke OFM, in: BBKL XIII (1998), Sp. 139–146.

208 *Honnefelder*, Duns Scotus (wie Fn. 79), S. 134; *Johannes Duns Scotus*, R. P. F. Ioannis Duns Scoti, Doctoris Subtilitis, Ordinis Minorum, Opera Omnia...,XII Tomi, ed. Lucas Wadding, Lugduni 1639 (ND: Hildesheim 1968–1969).

209 *Gregory Clearly*, Hickes, Antony, in: The Catholic Encyclopedia VII (1913), S. 321b–322a.

210 *Gregory Clearly*, MacCaghwell, Hugh, in: The Catholic Encyclopedia IX (1913), S. 484ab.

211 *Gregory Clearly*, Ponce, John, in: The Catholic Encyclopedia XII (1913), S. 227b–228a.

212 *Honnefelder*, Duns Scotus (wie Fn. 79), S. 134.

genannten Kommentare enthalten sind.[213] Bis zum Beginn der historisch-kritischen Forschung[214] in den 20er-Jahren des 20. Jahrhunderts galt diese Gesamtausgabe der scotischen Werke als einzige und mithin maßgeblich Edition der scotischen Werke.[215] Mittlerweile liegen historisch-kritische Ausgaben des scotischen Sentenzenkommentars in der Fassung der *Lectura* und *Ordinatio* vor.[216]

Insgesamt wird unter den auf die Hochscholastik zurückgehenden Schulen die scotische Schule in der Frühen Neuzeit die stärkste Schule.[217]

Vor dem Hintergrund dieser weitreichenden theologie- und philosophiegeschichtlichen Nachwirkungen der scotischen Lehren, drängt sich

---

213 *Honnefelder*, Duns Scotus (wie Fn. 79), S. 134; *Johannes Duns Scotus*, Opera Omnia. Editio nova iuxta editionem Waddingi (ed. Vivés), Parisiis 1891–1895.

214 Zur historisch-kritischen *Scotus*-Forschung: Im Jahr 1877 wurde in Quaracchi (Ad Claras Aquas) das Bonaventure College gegründet, um eine historisch-kritische Ausgabe der Werke *Bonaventuras* vorzubereiten. Initiativen zur Vorbereitung einer kritischen Ausgabe der scotischen Werke sind insbesondere den Untersuchungen *August Pelzers* aus den Jahren 1923 und 1924 (Nachweise bei *Vos*, The Philosophy [wie Fn. 145], S. 116 Fn. 41, S. 117 Fn. 44) zu verdanken, welcher Kritik an der Wadding-Ausgabe übte. In den Jahren 1927 bis 1938 spürte die *Sectio Scotistica* des Kollegs St. Bonaventura, Quaracchi mehrere *Codices* des *Duns Scotus* auf. Im Jahr 1938 wurde in Rom unter der Leitung von *Karl Balić* eine Kommission *(Commissio Scotistica)* gegründet, welche die historisch-kritische Ausgabe der theologischen Werke des *Duns Scotus* vorbereitet. Die philosophischen Werke werden seitens des Franciscan Institute der St. Bonaventure University in New York (zuständig seit Mitte der 1980er-Jahre) herausgegeben. Aus: *Karl M. Balić*, Editionsbericht. Die kritische Textausgabe der Werke des Johannes Duns Skotus, in: Archiv für Geschichte der Philosophie 43/3 (1961), S. 303–317, 304; *Josip B. Percan*, Preface, in: Indices (editio vaticana XV.1), S. 11–12; *Vos*, The Philosophy (wie Fn. 145), S. 117–124, 145–147. Ausführlich auch: *Ludger Honnefelder*, Metaphysik und Ethik bei Johannes Duns Scotus. Forschungsergebnisse und -perspektiven. Eine Einführung, in: John Duns Scotus. Metaphysics and Ethics, hrsg. v. Ludger Honnefelder; Rega Wood; Mechthild Dreyer, Leiden [u. a.] 1996, S. 1–33, 1–9.

215 *Papa*, Informatio, in: Dokumente zur Seligsprechung (wie Fn. 176), S. 24: *„Die große Ausgabe benutzten und benutzen noch heute die Forscher, da sie äußerst nützlich und sogar unentbehrlich ist.“*

216 *Johannes Duns Scotus*, Lectura, in: Doctoris Subtilis Et Mariani Ioannis Duns Scoti Ordini Fratrum Minorum Opera Omnia, Studio Et Cura Commissionis Scotisticae, Iussi Et Auctoritate M. Perantoni..., Tom. XVI–XXI, Civitas Vaticana (1960–2004); *Johannes Duns Scotus*, Ordinatio, in: Doctoris Subtilis Et Mariani Ioannis Duns Scoti Ordinis Fratrum Minorum Opera Omnia, Studio Et Cura Commissionis Scotisticae, Iussu Et Auctoritate M. Perantoni..., Tom. I–XIV, Civitas Vaticana (1950–2013).

217 *Honnefelder*, Duns Scotus (wie Fn. 79), S. 134–135.

mit Blick auf die Restitutionslehre einmal mehr die Frage auf, ob *Duns Scotus* tatsächlich der Lehre des *Thomas von Aquin* überwiegend zustimmte[218] oder ob er sich nicht etwa von vorherigen und auch zeitgenössischen Diskussionen rund um die Restitution abhob oder neue Akzente zum Beispiel auch mit Blick auf die Systematisierung seiner Lehre setzte. Es ist davon auszugehen, dass *Duns Scotus* theologisch-philosophische Lehren sowie sein franziskanisches Grundverständnis sich in der Lösung beziehungsweise dem Umgang mit einzelnen besonderen Restitutionsfällen widerspiegeln – seine Restitutionslehre zumindest beeinflusst haben werden. So ist beispielsweise zu erwarten, dass *Duns Scotus* bedingt durch die Zurückweisung jeglichen Eigentums und anderer rechtlicher Beziehungen zu den irdischen Gütern vor allem im Rahmen der aus einem Vertrag entstammenden Restitutionspflichten andere Lösungswege als bekannte Vertreter des Dominikanerordens einschlug. Es ist nun gerade das Anliegen dieser Arbeit, die scotische Restitutionslehre auch unter besonderer Berücksichtigung der rechtlich bedeutsamen Aspekte umfassend zu untersuchen, das heißt zu analysieren und in ihrer Gesamtheit darzustellen. Auf diese Weise werden zugleich Antworten auf die soeben aufgeworfenen Fragen gegeben. Hauptgegenstand und Forschungsquelle stellt der scotische Sententzenkommentar vorwiegend in der kritisch editierten Fassung seiner *Ordinatio IV (editio vaticana XIII)* dar. Der Leserschaft wird die gesamte Lehre des *Duns Scotus* über die Restitution mit zahlreichen eigenen Übersetzungen relevanter Textpassagen präsentiert und sie wird darüber hinaus in ihren historischen Kontext eingebettet.

Eine weitere Konkretisierung der Fragestellung, des Vorgehens und der Methodik, gefolgt von einer einleitenden Darstellung der historischen Entwicklung der moraltheologischen Restitutionslehre sowie der Sentenzenkommentarliteratur (§ 2.), speziell der Entstehungs- und Editionsgeschichte des scotischen Sentenzenkommentars (§ 3.), folgt nach einer ausführlichen Aufbereitung des Forschungsstandes.

---

218 So: *Wolter*, Naturalrestitution (wie Fn. 6), S. 56, *Unterreitmeier*, Der öffentlichrechtliche Schmerzensgeldanspruch (wie Fn. 6), S. 51. Vgl. oben: Fn. 51.

B. Der Stand der Forschung

Die Bedeutung der frühneuzeitlichen Scholastik für das Privatrecht wurde bereits mehrfach herausgearbeitet.[219] Mit Blick auf ihre Bedeutung für die Herausbildung allgemeiner Vertragslehren sind vor allem die zahlreichen Publikationen von *Wim Decock* zu nennen.[220] In seiner Dissertation

---

219 Vgl. v. a.: *Josef Kohler*, Die spanischen Naturrechtslehrer des 16. und 17. Jahrhunderts, in: Archiv für Rechts- und Wirtschaftsphilosophie 10 (1916/1917), S. 235–263; *Hans Thieme*, Die Zeit des späten Naturrechts. Eine privatrechtsgeschichtliche Studie, in: ZRG, Germ. Abt. 56 (1936), S. 202–263; *Hans Thieme*, Die preußische Kodifikation. Privatrechtsgeschichtliche Studien II., in: ZRG, Germ. Abt. 57 (1937), S. 355–428; *Hans Thieme*, Das Naturrecht und die europäische Privatrechtsgeschichte, Basel 1947; *Hans Thieme*, Natürliches Privatrecht und Spätscholastik, in: ZRG, Germ. Abt. 70 (1953), S. 230–266; *Malte Diesselhorst*, Die Lehre des Hugo Grotius vom Versprechen, Köln [u. a.] 1959; *Gerhard Otte*, Das Privatrecht bei Francisco de Vitoria, Köln [u. a.] 1964; *James Gordley*, The Philosophical Origins of Modern Contract Doctrine, 1. Auflage, Oxford 1991, S. 69–111; *Robert Feenstra*, Der Eigentumsbegriff bei Hugo Grotius im Licht einiger mittelalterlicher und spätscholastischer Quellen, in: Festschrift für Franz Wieacker zum 70. Geburtstag, hrsg. v. Okko Berhends; Malte Dießelhorst; Hermann Lange; Detlef Liebs; Joseph Georg Wolf; Christian Wollschläger, Göttingen 1978, S. 209–234; *Wolter*, Naturalrestitution (wie Fn. 6); *Jansen*, Theologie, Philosophie und Jurisprudenz (wie Fn. 4); *Tilman Repgen*, Recht und Religion – Spätscholastik und Privatrecht, in: ZRG, Germ. Abt. 132 (2015), S. 23–28; *Jansen*, Verwicklungen und Entflechtungen (wie Fn. 21).

220 *Decock*, Theologians and Contract Law (wie Fn. 15). *Decock* hat zahlreiche Aufsätze zur Bedeutung der frühneuzeitlichen Theologen für die Herausbildung des europäischen Vertragsrechts, aber auch zur Bedeutung ihrer ökonomischen Lehren publiziert. Eine Liste mit allen Publikationen ist unter folgender URL zu finden: http://lirias.kuleuven.be/cv?Username=U0052107 [zuletzt abgerufen am: 25.08.2020]. Mit Blick auf die Bedeutsamkeit frühneuzeitlicher theologischer Lehren insbesondere für das Vertragsrecht, aber auch unter Akzentuierung der ökonomisch bedeutsamen Lehren – letzteres vorwiegend in Bezug auf *Leonardus Lessius* v. a.: *Decock*, Knowing before Judging. Law and Economic Analysis in Early Modern Jesuit Ethics, in: Journal of Markets and Morality 21/2 (2018), S. 309–330; *Decock*, Law, Religion, and Debt Relief. Balancing above the 'Abyss of Despair' in Early Modern Canon Law and Theology, in: American Journal of Legal History 57/2 (2017), S. 125–141; *Decock*, Collaborative Legal Pluralism. Confessors as Law Enforcers in Mercado's Advice on Economic Governance (1571), in: Rechtsgeschichte 25 (2017), S. 103–114; *Decock*, Katholische Moraltheologie und Vertragsrecht. Die Umwandlung der Vertragslehre des Gemeinen Rechts (16./17. Jh.), in: *forum historiae iuris* (18. Juni 2013), URL: https://forhistiur.de/2013-06-decock/ [zuletzt abgerufen: 27.07.2020]; *Decock*, Adrian of Utrecht (1459–1523) at the Crossroads of Law and Morality. Conscience, Equity, and the Legal Nature of Early Modern Prac-

„Theologians and Contract Law“ hat *Decock* die Transformation, welche das *ius commune* in den Vertragslehren spätscholastischer Theologen im 16. und 17. Jahrhundert erhalten hat, nachgewiesen und dessen Einfluss auf die Entwicklung des im europäischen Vertragsrecht verankerten Prinzips der Vertragsfreiheit aufgezeigt.[221] Dafür hat *Decock* eine Vielzahl vor allem moraltheologischer Schriften der Spätscholastiker *(Juan de Medina, Luis de Molina, Domingo de Soto, Juan de Lugo etc.)* untersucht. In seiner Arbeit ist *Decock* auch immer wieder auf die einzelnen, mit dem Vertragswesen zusammenhängenden Restitutionspflichten eingegangen. Im zweiten Kapitel hat *Decock* zudem einen eigenen Abschnitt dem *„court of the soul“* und der Durchsetzung der im Beichtgericht getroffenen Entscheidungen gewidmet.[222] *Decock* hat darüber hinaus den Blick auf die Beiträge der Reformatoren, vor allem der protestantischen Theologen, gelenkt und die jüngst auf diesem Forschungsgebiet publizierte Dissertation von *Paolo Astorri* betreut.[223]

---

tical Theology, in: Tijdschrift voor Rechtsgeschiedenis – Revue d'Histoire du Droit – The Legal History Review 81/3–4 (2013), S. 573–593; *Decock*, In Defense of Commercial Capitalism: Lessius, Partnerships and the Contractus Trinus, in: Max-Planck-Institute for Legal History Research Paper Series 4 (2012), S. 1–35 (online abrufbar unter SSRN: https://ssrn.com/abstract=2162908); *Decock*, From Law to Paradise. Confessional Catholicism and Legal Scholarship, in: Rechtsgeschichte 18 (2011), S. 12–34; *Decock*, Jesuit Freedom of Contract, in: Tijdschrift voor Rechtsgeschiedenis – Revue d'Histoire du Droit – The Legal History Review 77/3–4 (2009), S. 423–458; *Decock*, Leonardus Lessius on Buying and Selling (1605). Translation and Introduction, in: Journal of Markets and Morality 10/2 (2007), S. 433–516; *Decock; Jan Hallebeek*, Pre-contractual Duties to Inform in Early Modern Scholasticism, in: Tijdschrift voor Rechtsgeschiedenis – Revue d'Histoire du Droit – The Legal History Review 78/1–2 (2010), S. 89–133. Zur Herausbildung allgemeiner Vertragslehren in der Spätscholastik auch: *Thomas Duve*, Kanonisches Recht und die Ausbildung allgemeiner Vertragslehren in der Spanischen Spätscholastik, in: Der Einfluss der Kanonistik auf die europäische Rechtskultur, Bd. 1: Zivil- und Zivilprozessrecht, hrsg. v. Orazio Condorelli; Franck Roumy; Mathias Schmoeckel, Köln [u. a.] 2009, S. 398–408.

221 Zur Forschungsthese: *Decock*, Theologians and Contract Law (wie Fn. 15), S. 1–8.

222 *Decock*, Theologians and Contract Law (wie Fn. 15), S. 69–86 (2.3 Moral jurisprudence and court of conscience), 86–104 (2.4 Enforcement mechanisms).

223 *Wim Decock*, Das Gewissensrecht in der reformierten Tradition. Johannes A. Van der Meulen (1635–1702) und sein Tractatus theologico-juridicus, in: Recht, Konfession und Verfassung im 17. Jahrhundert. West- und mitteleuropäische Entwicklungen, hrsg. v. Mathias Schmoeckel; Robert von Friedeburg, Berlin 2015, S. 29–52; *Michael Germann; Wim Decock (Hrsg.)*, Das Gewissen in den

Im Rahmen der Erforschung der Privatrechtsdogmatik der frühneuzeitlichen Theologen nimmt die Restitutionslehre eine hervorragende Stellung ein; sie bildet hier einen Forschungsschwerpunkt.[224] Literatur, welche die spätscholastische Restitutionslehre und/oder ihren Einfluss auf das moderne Vertrags- und Haftungsrecht untersucht, lässt sich daher reichlich finden.[225] Die Restitutionslehre der Spätscholastik hat bereits *Günther Nufer* in seiner aus dem Jahr 1969 stammenden Dissertation unter-

---

Rechtslehren der protestantischen und katholischen Reformationen, Leipzig 2017. Jüngst ist die von *Decock* betreute Dissertation von *Paolo Astorri*, Lutheran Theology and Contract Law in Early Modern Germany (ca. 1520–1720), Paderborn 2019, erschienen.

224 *Decock; Birr*, Recht und Moral (wie Fn. 63), S. 80.

225 Hierzu und zum Forschungsstand mit zahlreichen Nachweisen: *Decock; Birr*, Recht und Moral (wie Fn. 63), S. 80–81. Zur speziell von der spätscholastischen Restitutionslehre und deren Bedeutung für das moderne Haftungsrecht handelnden Literatur: *Jansen*, Theologie, Philosophie und Jurisprudenz (wie Fn. 4); *Jansen*, Von der Restitutionslehre der spanischen Spätscholastik zu einem europäischen Recht nichtvertraglicher Schuldverhältnisse? (wie Fn. 70); *Jansen*, Zur Diskussion um die Restitutionslehre bei Francisco de Vitoria und seinen Nachfolgern (wie Fn. 67); *Nils Jansen*, Katholische Theologie und protestantische Jurisprudenz. Zur Rechtsgeschichte der Restitutionslehre im 16. und 17. Jahrhundert, in: Recht, Konfession und Verfassung im 17. Jahrhundert. West- und mitteleuropäische Entwicklungen, hrsg. v. Mathias Schmoeckel; Robert von Friedeburg, Berlin 2015, S. 165–188; *Jansen*, Verwicklungen und Entflechtungen (wie Fn. 21), v. a. S. 59–65; *Nils Jansen*, Gesetzliche Schuldverhältnisse. Eine historische Strukturanalyse, in: AcP 216/1–2 (2016), S. 112–233, insbs. 135–138; *Decock*, Theologians and Contract Law (wie Fn. 15); *Repgen*, De restitutione – eine kommentierende Einführung (wie Fn. 3), S. XXXII–XXXIII; *Tilman Repgen*, De restitutione – Fortsetzung der kommentierenden Einführung, in: Francisco de Vitoria, De iustitia – Über die Gerechtigkeit, Teil 3, hrsg., eingel. u. ins Deutsche übers. v. Joachim Stüben, mit einer Einleitung v. Tilman Repgen, Stuttgart-Bad Cannstatt 2020, S. XVII–LI (speziell zu *Vitorias* Restitutionslehre, nicht aber spezifisch zu möglichen Einflüssen auf das Schadensrecht); *Repgen*, Rechtliche Argumentation *in foro conscientiae* (we Fn. 3); *Thomas Duve*, La teoría de la restitución en Domingo de Soto. Su significación para la historia del derecho privado moderno, in: La ley natural como fundamento moral y jurídico en Domingo de Soto, hrsg. v. Juan Cruz Cruz, Pamplona 2007, S. 181–197; *Dolezalek*, The Moral Theologians´ Doctrine of Restitution and its Juridification (wie Fn. 70); *Hallebeek*, The Concept of Unjust Enrichment (wie Fn. 70), v. a. S. 47–85, 87–103 („*The Influence of Late Scholasticism on Grotius*“); *Nufer*, Über die Restitutionslehre der Spätscholastiker (wie Fn. 63); *Otte*, Das Privatrecht bei Vitoria (wie Fn. 219); *Seelmann*, Theologie und Jurisprudenz an der Schwelle zur Moderne (wie Fn. 63); *Thieme*, Natürliches Privatrecht und Spätscholastik (wie Fn. 219), behandelt insgesamt eine Vielzahl verschiedener Restitutionsfälle, so vor allem auf den S. 244–261.

sucht.[226] Neben dem „*besonderen Restitutionsrecht*“ hat *Nufer* den Einfluss der spätscholastischen Restitutionslehre auf unter anderem *Hugo Grotius (1583–1645)*[227] und auch den Einfluss in Deutschland, zum Beispiel auf Autoren des *Usus Modernus Pandectarum*, herausgearbeitet.[228] In jüngerer Zeit hat insbesondere *Nils Jansen* die spätscholastische Restitutionslehre sehr umfangreich und ausführlich behandelt.[229] *Jansen* hat sich nicht auf die Lehre eines konkreten Theologen konzentriert, sondern eine umfassendere Untersuchung vorgenommen, in welcher er zunächst die theologischen, philosophischen und juristisch-philosophischen Grundlagen der Restitution herausgearbeitet und anschließend eine detaillierte Darstellung und Analyse des Systems unternommen hat. Zugleich ist er der Bedeutung der Restitutionslehre für das europäische Privatrecht nachgegangen.[230] Mit Blick speziell auf die spätscholastische Restitutionslehre hat insbesondere *Thomas Duve* auf die *in foro conscientiae* operierende Normenvielfalt aufmerksam gemacht. Er bezeichnet die *in foro conscientiae* durch eine Verflechtung des kanonischen Rechts, der Moraltheologie, der katholischen Philosophie und Rechtswissenschaft hervorgegangene neue Form von Normativität als „*normative Ordnung von neuer Qualität*“[231], deren Merkmale ihre auf Ontologie und Soteriologie gestützte Universalität waren[232].

Darüber hinaus lassen sich zahlreiche Publikationen finden, welche die Untersuchung ganz spezieller vertragsrechtlicher Themen der Spätscholastiker zum Gegenstand haben.[233]

---

226 *Nufer*, Die Restitutionslehre der Spätscholastiker (wie Fn. 63).

227 *Ralph Tuchtenhagen*, Art. Grotius (de Groot), Hugo, in: BBKL XVII (2000), Sp. 505–508; *Hasso Hofmann*, Hugo Grotius, in: Staatsdenker in der Frühen Neuzeit, hrsg. v. Michael Stolleis, 3. Auflage, München 1995, S. 52–77.

228 *Nufer*, Die Restitutionslehre der Spätscholastiker (wie Fn. 63), S. 16–58 („*Zweiter Teil: Das 'besondere Restitutionsrecht'*“), 68–78 („*B. Der Einfluß der spanischen Spätscholastiker auf Hugo Grotius [1583–1645]*“), 79–113 („*C. Der Einfluß in Deutschland*“).

229 *Jansen*, Theologie, Philosophie und Jurisprudenz (wie Fn. 4).

230 *Jansen*, Theologie, Philosophie und Jurisprudenz (wie Fn. 4), S. 20–22.

231 *Duve*, Katholisches Kirchenrecht und Moraltheologie (wie Fn. 22), S. 159. *Prodi*, Eine Geschichte der Gerechtigkeit (wie Fn. 10), S. 129, spricht von „*neuen normativen Welten*“, die sich v. a. im 14.–16. Jahrhundert entwickeln. Speziell zum Prozess der Verflechtung und Differenzierung: *Jansen*, Verwicklungen und Entflechtungen (wie Fn. 21).

232 *Duve*, Katholisches Kirchenrecht und Moraltheologie (wie Fn. 22), S. 164–166.

233 *Decock; Birr*, Recht und Moral (wie Fn. 63), S. 81 m. w. N.; *Tilman Repgen*, Ein Schwert in Verwahrung. Die Auswirkung nachträglich veränderter Umstände im Schuldverhältnis, in: Rechtsgeschichte heute, hrsg. v. Nils Jansen; Peter Oestmann, Tübingen 2014, S. 95–118, v. a. 111–118; *Jan Hallebeek*, Specific

Vergleichsweise wenig Beachtung hat hingegen die Restitutionslehre der Früh- und Hochscholastik in der rechtshistorischen Forschung bis heute erfahren. Ganz allgemein lässt sich feststellen, dass sich insgesamt nur sehr wenige Arbeiten mit der mittelalterlichen Restitutionslehre beschäftigen.[234] Hierzu zählen in erster Linie die aus der ersten Hälfte des 20. Jahrhunderts stammenden theologischen Werke von *Karl Weinzierl*.[235] In seiner theologischen Dissertation „Die Restitutionslehre der Frühscholastik" hat *Weinzierl* die Restitutionslehre ab dem 12. Jahrhundert bis in das erste Viertel des 13. Jahrhunderts hinein untersucht.[236] *Weinzierl* hat dafür die Restitutionslehre in den Glossen zur Heiligen Schrift (1. Kapitel), die Restitutionslehre des römischen und kanonischen Rechts (2. und 3. Kapitel), die Restitutionslehre in den theologisch-kanonistischen Beichtsummen (4. Kapitel) und in der systematischen Theologie (5. Kapitel) herausgearbeitet. In seiner theologischen Habilitationsschrift „Die Restitutionslehre der Hochscholastik bis zum hl. Thomas von Aquin" hat *Weinzierl* vor allem die Abhandlungen der bedeutendsten Theologen der Hochscholastik betrachtet. Die Restitutionslehre der Hochscholastik hat *Weinzierl* in einem allgemeinen und besonderen Teil dargestellt, diese Untersuchung aufgrund der Stoffmenge jedoch auf die Zeit bis zu *Thomas von Aquin* begrenzt. Eine Untersuchung des Sentenzenkommentars des *Duns Scotus* ist ebenso wenig wie die Herausarbeitung und Analyse der spezifisch rechtlichen Gesichtspunkte erfolgt.

In seiner aus dem Jahr 1900 stammenden Publikation „Die Theologie des Johannes Duns Scotus" hat *Reinhold Seeberg* im Kapitel VI („Aus der Ethik des Duns Scotus") unter dem Aspekt der Restitutionspflicht die von *Duns Scotus* in den Quästionen 2–4 behandelten Themenkomplexe aufbereitet.[237] Es handelt sich letztlich um die einzige Arbeit, welche

---

Performance in Obligations to Do according to Early Modern Spanish Doctrine, in: The Right to Specific Performance. The Historical Development, hrsg. v. Jan Hallebeek; Harry J. Dondorp, Antwerpen [u. a.] 2010, S. 57–79; *Decock; Hallebeek*, Pre-contractual Duties to Inform in Early Modern Scholasticism (wie Fn. 220).

234 *Weinzierl*, Frühscholastik (wie Fn. 16); *Weinzierl*, Hochscholastik (wie Fn. 16); *Wolter*, Naturalrestitution (wie Fn. 6); *Unterreitmeier*, Der öffentlich-rechtliche Schmerzensgeldanspruch (wie Fn. 6).

235 *Weinzierl*, Frühscholastik (wie Fn. 16); *Weinzierl*, Hochscholastik (wie Fn. 16).

236 *Weinzierl*, Frühscholastik (wie Fn. 16), S. 1.

237 *Seeberg*, Die Theologie des Duns Scotus (wie Fn. 120), S. 550–565 („*3. Restitutionspflicht [Eigentum, Ehre]*"): 553–556 (zu den verschiedenen Vertragsarten), 556–557 (zum Handel), v. a. 557–559 (zu den allgemeinen Restitutionslehren), 559–560 (zum Ehebruch), 562 (zur Schädigung an den geistigen Gütern), 562–

der Leserschaft die von *Duns Scotus* behandelten Restitutionsfälle ganz überwiegend unter Beibehaltung der scotischen Argumentationslinie und Systematik präsentiert und so zugänglich macht. Allerdings erschöpft sich der Abschnitt zur Restitution häufig in einer Übersetzung beziehungsweise Paraphrasierung des scotischen Textes auf Grundlage der um die Jahrhundertwende gängigen Ausgabe von *Wadding-Vivés*. Mit Blick auf die scotische Restitutionslehre bleibt festzuhalten, dass die scotischen Ausführungen nicht vollumfänglich und detailliert gewürdigt worden sind. So sind einige Sätze schlichtweg unerwähnt geblieben; den Quellenbezügen und juristischen Allegationen, die *Duns Scotus* anführt, ist *Seeberg* zum Großteil nicht nachgegangen. Auf eine Kontextualisierung der scotischen Aussagen trifft man nicht. Es werden ganz überwiegend keinerlei Bezüge zu vorherigen, zeitgenössischen oder nachfolgenden Lehren gebildet. Insgesamt stellt der Abschnitt zur Restitutionspflicht in *Seebergs* Arbeit einen nur kleinen Teil von knapp 15 Seiten dar. *Seebergs* Arbeit ist eine Publikation auf dem Gebiet der Moraltheologie, welche umfangreich und ausführlich von der Theologie des *Duns Scotus* handelt, als moraltheologische Arbeit aber die scotischen Aussagen zur Restitution nicht unter einer rechtshistorischen Perspektive betrachtet und so beispielsweise auch nicht den Besonderheiten der scotischen Lehre im Hinblick auf die im mittelalterlichen *ius commune* anzutreffenden Grundsätze zum Schadensersatz oder den rechtlichen Konstruktionen Rechnung trägt, welche *Duns Scotus* bei der Bildung einzelner Restitutionsfälle vorschwebten.

In der rechtshistorischen Literatur sind es insbesondere die Arbeiten von *Udo Wolter* und *Johannes Unterreitmeier*, welche der mittelalterlichen Restitutionslehre mehr Beachtung geschenkt haben.[238] *Unterreitmeier* hat ebenso wie *Wolter* die mittelalterliche Restitutionslehre in ihrer rechtshistorischen Entwicklung behandelt und die rechtlich bedeutsamen Aspekte hervorgehoben. Dabei hat *Unterreitmeier* in einem ersten Teil den *„Einfluss des Spannungsverhältnisses zwischen scholastischer Restitutionslehre und dem römischen Recht auf die rechtshistorische Entwicklung des immateriellen Schadensersatzes"* untersucht; im nachfolgenden Teil *„soll dann das Problem*

563 (zur Tötung und Körperverletzung), 563–565 (zur Rufschädigung). Die von *Duns Scotus* im Rahmen seiner dritten Quästion behandelte Frage zur Verbindlichkeit alttestamentlicher Regelungen unter dem Neuen Testament findet man bei *Seeberg* auf S. 491–495. Darüber hinaus stellt *Seeberg* auch *Duns Scotus'* Lehre in Bezug auf die Sklaverei (S. 565–566) und die Lüge und den Meineid (S. 566–572) dar.

238 *Wolter*, Naturalrestitution (wie Fn. 6); *Unterreitmeier*, Der öffentlich-rechtliche Schmerzensgeldanspruch (wie Fn. 6).

des immateriellen Schadens für den Bereich des Staatshaftungsrechts auf seine scholastischen Wurzeln zurückgeführt werden“.[239] *Wolters* Forschung war von dem Vorhaben geleitet, das Prinzip der Naturalherstellung auf die scholastische Restitutionslehre zurückzuführen, und sie zielte darauf ab, *„den Entwicklungsgang im ganzen darzustellen“.*[240] Beide Autoren haben der Restitutionslehre des *Thomas von Aquin* in einem eigenen Kapitel beziehungsweise Abschnitt Rechnung getragen.[241] Die Restitutionslehre des *Duns Scotus* hat *Wolter* in einem Satz[242] erwähnt, *Unterreitmeier* in einem eigenen Unterabschnitt mit knapp zwei Seiten[243]. Dabei hat sich letzterer vor allem auf die dritte Quästion des 15. Abschnitts seines Sentenzenkommentars, nämlich auf den Ersatz von Schäden im Falle einer Körperverletzung (im weitesten Sinne), konzentriert, so dass die Ausgangsfrage, die zweite Quästion, sowie die in der vierten Quästion genannten Schadensfälle unberücksichtigt geblieben sind. Es sind (lediglich) einige, aber durchaus sehr bedeutsame Fälle der Restitution im Zusammenhang mit dem Ersatz vor allem immaterieller Schäden aus der dritten Quästion herausgearbeitet worden, ohne dass die gesamte innerhalb der dritten Quästion präsentierte Argumentationslinie des *Duns Scotus* unter Einbindung der – in der dritten Quästion in einem weitaus geringeren Maße als in der zweiten Quästion vorzufindenden – Quellenbezüge aufgezeigt worden ist oder mögliche Unterschiede in seiner *Ordinatio IV* und *Reportatio IV-A* im Fließtext ausdrücklich herausgearbeitet worden sind. In den Fußnoten finden sich die lateinischen Quellentexte ohne Abbildung einer deutschen Übersetzung; der lateinische Quellentext stützt sich auf die Edition von *Giovanni Lauriola*[244].

Vereinzelt lässt sich eine Erwähnung der Quästionen 2–4 und der dort behandelten Restitutionsfälle in verschiedensten Publikationen finden[245],

---

239 *Unterreitmeier*, Der öffentlich-rechtliche Schmerzensgeldanspruch (wie Fn. 6), S. 4.

240 *Wolter*, Naturalrestitution (wie Fn. 6), S. 19–20.

241 *Wolter*, Naturalrestitution (wie Fn. 6), S. 26–29; *Unterreitmeier*, Der öffentlich-rechtliche Schmerzensgeldanspruch (wie Fn. 6), S. 26–27, 31–33.

242 *Wolter*, Naturalrestitution (wie Fn. 6), S. 56.

243 *Unterreitmeier*, Der öffentlich-rechtliche Schmerzensgeldanspruch (wie Fn. 6), S. 51–53.

244 *Johannes Duns Scotus*, Reportatio Parisiensia, in: Opera omnia theologica II/2, editio minor, hrsg. v. Giovanni Lauriola, Alberobello 1999; *Johannes Duns Scotus*, Ordinatio, in: Opera omnia theologica III/2, editio minor, hrsg. v. Giovanni Lauriola, Alberobello 2001.

245 Einzelne Aussagen des *Duns Scotus*, welche er im Zusammenhang mit der Restitution in den Quästionen 2–4 tätigt, werden – aber nicht auch immer

jedoch werden auch in diesem Zusammenhang die Aussagen des *Duns Scotus* zur Restitution in keinem Fall umfassend oder mit Blick auf spezifisch rechtlich interessante Aspekte herausgearbeitet.

Die zweite Quästion wurde in einer englischen Übersetzung und mit zahlreichen Hinweisen in den Fußnoten und „Endnotes" von *Allan B. Wolter* unter dem Titel „John Duns Scotus' Political and Economic Philosophy" im Jahr 2001 herausgegeben.[246] Grundlage bildet der auch der kritischen Vatikanausgabe zu Grunde liegende *Codex A (cod. 137)* aus der Stadtbibliothek in Assisi, hilfsweise wurde der *Codex M (Metron College, Oxford, cod. 66)* herangezogen. In *Wolters* Einleitung lassen sich zudem

---

unter dem Aspekt der Restitution – von folgenden Autoren aufgegriffen und gewürdigt: *Annabel S. Brett*, Liberty, Right and Nature. Individual Rights in Later Scholastic Thought, first paperback edition, Cambridge [u. a.] 2003, S. 23–24, 29–31, 124, 127, 131; *De Boni*, Legislator, lex, lex naturalis und dominium (wie Fn. 110), S. 223–224, 229–233; *Jansen*, Theologie, Philosophie und Jurisprudenz (wie Fn. 4), S. 33, 82, 107 Fn. 371, 112, 115–116; *Otte*, Das Privatrecht bei Vitoria (wie Fn. 219), S. 41; *Seelmann*, Theologie und Jurisprudenz an der Schwelle zur Moderne (wie Fn. 63), S. 26; *Stratenwerth*, Die Naturrechtslehre des Duns Scotus (wie Fn. 78), S. 95, 99–103; *Decock*, Law, Religion, and Debt Relief (wie Fn. 220), S. 126–127, 131, 141; *Hans Helfritz*, Der geschichtliche Bestand und die legislative Verwertbarkeit von Widerruf, Abbitte und Ehrenerklärung, Diss. Univ. Greifswald 1905, Kap. 3, v. a. S. 72–73 (bzgl. der Abgrenzung der *restitutio* von der *satisfactio*); *Joseph Klein*, Zum Charakterbild des Johannes Duns Scotus, in: Franziskanische Studien 4 (1917), S. 343–354, v. a. 349–351 (v. a. zu den körperlichen Schäden); *Hugo Hälschner*, Ehrenerklärung, Widerruf und Abbitte in ihrer geschichtlichen Entwicklung und ihrem Verhältnisse zur heutigen Gesetzgebung, in: Gerichtssaal 16 (1864), S. 321–369, 334–335 (knapp zur Rufschädigung).

246 *Wolter*, Duns Scotus' Political and Economic Philosophy (wie Fn. 86). Es wird auf die im Rahmen seines aktuellen Übersetzungsprojekts mittlerweile online bereitgestellte erste Fassung einer englischen Übersetzung des *liber IV, dist.14–42* auf Grundlage der kritischen Vatikanausgabe von *Peter L. P. Simpson* hingewiesen, URL *(„current work")*: https://www.aristotelophile.com/Books/Translations/Scotus Ordinatio IV d.14-42.pdf (abgerufen am: 24.08.2022). *Simpsons Ordinatio*-Übersetzung *(editio critica vaticana)* ist mit dem erwähnten, in dieser Arbeit nicht herangezogenen/nicht berücksichtigten Abschnitt zwar vollständig, jedoch nicht final; sie befindet sich in einem laufenden Überarbeitungsprozess *(„They are complete but not final or polished attempts."* und: *„These translations are now being progressively revised, but it is a slow process. [...] March, 2022."*): https://www.aristotelophile.com/Books/Translations/Note on Scotus Translations.pdf (abgerufen am: 24.08.2022).

Ausführungen zu *Duns Scotus´* Leben und dem historischen Kontext finden.[247]

Im Allgemeinen lässt sich feststellen, dass es vor allem die wirtschaftshistorisch bedeutsamen Lehren der mittelalterlichen Theologen – insbesondere mit Blick auf die Lehre vom gerechten Preis – sind, welche vielfach untersucht worden sind.[248] Besonders bedeutsam auch hinsichtlich der scoti-

247 *Wolter*, Introduction, in: Duns Scotus´ Political and Economic Philosophy (wie Fn. 86), S. 1–21.

248 Vgl. v. a.: *Edmund Schreiber*, Die volkswirtschaftlichen Anschauungen der Scholastik seit Thomas von Aquin, Jena 1913; *John W. Baldwin*, The Medieval Theories of the Just Price. Romanists, Canonists, and Theologians in the Twelth and Thirteenth Centuries, in: Transactions of the American Philosophical Society (n. s.) 49/4 (1959), S. 1–92; *Eugen Leitherer*, Geschichte der handels- und absatzwirtschaftlichen Literatur, Köln [u. a.] 1961; *Joseph A. Schumpeter*, Geschichte der ökonomischen Analyse, Bd. 1, nach dem Manuskript hrsg. v. Elisabeth Boody Schumpeter, Göttingen 2009, S. 115–173; *Odd Langholm*, Price and Value in the Aristotelian Tradition. A Study in Scholastic Economic Sources, Bergen [u. a.] 1979; *Odd Langholm*, Wealth and Money in the Aristotelian Tradition, Bergen [u. a.] 1983; *Odd Langholm*, Economics in the Medieval Schools. Wealth, Exchange, Value, Money, and Usury according to the Paris Theological Tradition, 1200–1350, Leiden [u. a.] 1992; *Odd Langholm*, The Legacy of Scholasticism in Economic Thought. Antecedents of Choice and Power, Cambridge [u. a.] 1998; *Odd Langholm*, The Merchant in the Confessional. Trade and Price in the pre-Reformation Penitential Handbooks, Leiden [u. a.] 2003; *Max Beer*, Early British Economics from the XIIIth to the Middle of the XVIIIth Century, New York 1967 (ND von 1938); *Joel Kaye*, Economy and Nature in the Fourteenth Century. Money, Market Exchange, and the Emergence of Scientific Thought, 1. Auflage, Cambridge [u. a.] 1998; *Joel Kaye*, A History of Balance, 1250–1375. The Ermergence of a New Model of Equilibrium and its Impact on Thought, first paperback edition, Cambridge [u. a.] 2016; *Wittreck*, Geld als Instrument der Gerechtigkeit (wie Fn. 28). Besonders ausführlich betrachtet wurde immer wieder die Lehre vom gerechten Preis. So z. B. von: *Raymond De Roover*, The Concept of the Just Price. Theory and Economic Policy, in: The Journal of Economic History 18/4 (1958), S. 418–434; *Raymond De Roover*, Joseph A. Schumpeter and Scholastic Economics, in: Kyklos 10/2 (1957), S. 115–146; *Bernhard W. Dempsey*, Just Price in a Functional Economy, in: The American Economic Review 25/3 (1935), S. 471–486; *Lewis Watt*, The Theory lying behind the Historical Conception of the Just Price, in: The Just Price. An Outline of the Mediaeval Doctrine and Examination of its Possible Equivalent Today. Essays contributed to the Research Work of the Christian Social Counsil, hrsg. v. V. A. Demant, London 1930, S. 60–75; *David D. Friedman*, In Defense of Thomas and the Just Price, in: History of Political Economy 12/2 (1980), S. 234–242; *Omar F. Hamouda; Betsey B. Price*, The Justice of the Just Price, in: The European Journal of the History of Economic Thought 4/2 (1997), S. 191–216; *Albino Barrera*, Exchange Value-Determination. Scholastic *Just Price*, Economic

sche Lehren ist in diesem Kontext die Arbeit „Economics in the Medieval Schools" von *Odd Langholm*.[249] *Langholm* untersucht auch *Duns Scotus'* ökonomische Lehren, welche er in seiner zweiten Quästion unterbreitet.[250] *Duns Scotus'* ökonomisch bedeutsame Lehren wie seine Lehre vom gerechten Preis oder den Handelsgeschäften sind innerhalb der Literatur über die ökonomischen Lehren der mittelalterlichen Scholastiker – insbesondere im Rahmen des ab der zweiten Hälfte des 20. Jahrhunderts anzutreffenden wirtschaftshistorischen Bemühens um die Einordnung der scholastischen Wert- und Preislehre im Sinne einer entweder vorwiegend „subjektiven" oder „objektiven" Lehre[251] – schon mehrfach gewürdigt worden, ohne dabei einen Schwerpunkt der Abhandlungen zu bilden.[252] Im Rahmen der

---

Theory, and Modern Catholic Social Thought, in: History of Political Economy 29/1 (1997), S. 83–116, v. a. 88–92; *Selma Hagenauer*, Das „justum pretium" bei Thomas von Aquin. Ein Beitrag zur Geschichte der objektiven Werttheorie, Stuttgart 1931. Speziell in Bezug auf die spätscholastischen Lehren: *Marjorie Grice-Hutchinson*, The School of Salamanca. Readings in Spanish Monetary Theory, 1544–1605, Oxford 1952; *Marjorie Grice-Hutchinson*, Early Economic Thought in Spain 1177–1740, 1. Auflage, London [u. a.] 1978; *Marjorie Grice-Hutchinson*, Contributions of the School of Salamanca to Monetary Theory, in: Economic Effects of the European Expansion, hrsg. v. José Casas Pardo, Stuttgart 1992, S. 173–198; *Marjorie Grice-Hutchinson*, Economic Thought in Spain. Selected Essays, Aldershot, Hants. [u. a.] 1993; *Juan Manuel Elegido*, The Just Price. Three Insights from the Salamanca School, in: Journal of Business Ethics 90/1 (2009), S. 29–46; *Martin Schlag*, Moraltheologische Vor- und Rahmenbedingungen der spätscholastischen Wirtschaftsethik, in: ZRG, Germ. Abt. 132 (2015), S. 82–115.

249 *Langholm*, Economics in the Medieval Schools (wie Fn. 248).

250 *Langholm*, Economics in the Medieval Schools (wie Fn. 248), zu *Duns Scotus'* Lehren insgesamt: S. 403–418, v. a. 408–413.

251 *Decock*, Theologians and Contract Law (wie Fn. 15), S. 520; *Hamouda; Price*, The Justice of the Just Price (wie Fn. 248), S. 191–216; *Barrera*, Exchange Value-Determination (wie Fn. 248), speziell zur scholastischen Lehre des *Thomas von Aquin*: S. 88–92. Einen Überblick über die Entwicklung bietet: *Baldwin*, The Medieval Theories of the Just Price (wie Fn. 248), S. 5–7.

252 Die Aussagen des *Duns Scotus* zur Wert- und Preisbestimmung im Allgemeinen, vor allem aber im Zusammenhang mit den Handelsgeschäften haben im wirtschaftshistorischen Diskurs des 20. Jahrhunderts vielfach Beachtung gefunden, vgl. u. a.: *Schreiber*, Die volkswirtschaftlichen Anschauungen der Scholastik (wie Fn. 248), S. 148–155; *Langholm*, Economics in the Medieval Schools (wie Fn. 248), S. 408–413; *Langholm*, The Legacy of Scholasticism in Economic Thought (wie Fn. 248), S. 102–104, 124, 126–128, 130; *Dempsey*, Just Price in a Functional Economy (wie Fn. 248), S. 482–483; *John T. Noonan*, The Scholastic Analysis of Usury, Cambridge, MA 1957, S. 86–88; *De Roover*, Schumpeter and Scholastic Economics (wie Fn. 248), S. 131–132; *De Roover*, The Concept of the Just Price (wie Fn. 248), S. 423–424; *Beer*, Early British Economics (wie Fn. 248),

ökonomischen Analyse der scotischen Lehre ist vor allem auf den Einfluss des *Petrus Johannes Olivi (1247/48–1296)*[253] auf das Denken des *Duns Scotus* hingewiesen worden.[254] Weitaus weniger Literatur als über die scotische Wert- und Preislehre lässt sich über das Zinsverbot und vor allem über die Rechtfertigung von Zinstiteln bei *Duns Scotus* finden.[255]

S. 50–51; *Leitherer*, Geschichte der handels- und absatzwirtschaftlichen Literatur (wie Fn. 248), S. 18, 20; *André Lapidus*, Information and Risk in the Medieval Doctrine of Usury during the Thirteenth Century, in: Perspectives on the History of Economic Thought, Vol. 5: Themes in Pre-Classical, Classical and Marxian Economics. Selected Papers from the History of Economics Conference 1989, hrsg. v. William J. Barber, Aldershot [u. a.] 1991, S. 23–38, 30; *Watt*, The Theory lying behind the Historical Conception of the Just Price (wie Fn. 248), S. 64–65; *Joseph A. Schumpeter*, History of Economic Analysis, nach dem Manuskript hrsg. v. Elisabeth Boody Schumpeter, mit einer Einleitung v. Mark Perlman, Nachdruck, London [u. a.] 1997, S. 93; *Schumpeter*, Geschichte der ökonomischen Analyse, Bd. 1 (wie Fn. 248), S. 144–145; *Barry J. Gordon*, Aristotle and the Development of Value Theory, in: Quarterly Journal of Economics 78/1 (1964), S. 115–128, 116; *Friedman*, In Defense of Thomas and the Just Price (wie Fn. 248), S. 235; *Elegido*, The Just Price. Three Insights from the Salamanca School (wie Fn. 248), S. 31–32; *Kaye*, Economy and Nature (wie Fn. 248), v. a. S. 125–126; *Hamouda; Price*, The Justice of the Just Price (wie Fn. 248), S. 191–216, v. a. 194–195; *Grice-Hutchinson*, The School of Salamanca. Readings in Spanish Monetary Theory, 1544–1605 (wie Fn. 248), S. 34; *Grice-Hutchinson*, Early Economic Thought in Spain 1177–1740 (wie Fn. 248), S. 85; *Robert I. Mochrie*, Justice in Exchange. The Economic Philosophy of John Duns Scotus, in: Journal of Markets and Morality 9/1 (Spring 2006), S. 35–56, 41–42.

253 Zu *Petrus Johannes Olivi*: *Ludwig Hödl; Edith Pásztor*, Art. Petrus Johannis Olivi, in: LexMA VI (1993), Sp. 1976–1977.

254 *Kaye*, Economy and Nature (wie Fn. 248), S. 126, 184; *Kaye*, History of Balance (wie Fn. 248), S. 126; *Langholm*, The Legacy of Scholasticism in Economic Thought (wie Fn. 248), S. 102–103; *Amleto Spicciani*, La mercatura e la formazione del prezzo nella riflessione teologica medioevale, Rom 1977, cap. III, S. 181–219 (zu *Olivis Tractatus de emptionibus et venditionibus*), cap. IV, v. a. S. 224–226, speziell zu *Duns Scotus´* Lehre aus der zweiten Quästion: cap. IV, S. 220–230. Auf diese Ausführungen von *Spicciani* wird an dieser Stelle ausdrücklich aufmerksam gemacht; es handelt sich um eine italienische Publikation, welche aus diesem Grund in dieser Arbeit allenfalls partiell herangezogen werden kann.

255 Vgl. v. a.: *Lessel*, Entwicklungsgeschichte (wie Fn. 42), S. 56–57; *Schreiber*, Die volkswirtschaftlichen Anschauungen der Scholastik (wie Fn. 248), S. 155–159; *Beer*, Early British Economics (wie Fn. 248), S. 51; *Seeberg*, Die Theologie des Duns Scotus (wie Fn. 120), S. 554–555; *Noonan*, Scholastic Analysis of Usury (wie Fn. 252), v. a. S. 60–61, 105 Fn. 28, 107–110, 119 (und sehr kappe Erwähnung auf S. 146, 164); *Langholm*, Economics in the Medieval Schools (wie Fn. 248), S. 413–418 (mit Hinweis auf den oben erwähnten Umstand, S. 413);

Duns Scotus verbindet – dies wird zu Beginn des Hauptteils ausführlich dargestellt – seine Lehre von der Restitution mit der Rechtfertigung des Privateigentums *(dominium distinctum)*. Er verknüpft so seine Ausführungen zur *restitutio* mit denen zum *dominium distinctum*. Auf diese Verknüpfung und ihren Einfluss auf die nachfolgende Literatur, vor allem auf die Ausführungen des *Francisco de Vitoria (um 1483–1546)*[256], wurde bereits vereinzelt hingewiesen.[257]

Literatur, welche von der Rechtfertigung des Privateigentums bei *Duns Scotus* handelt, lässt sich ebenfalls, insbesondere im Zusammenhang mit der Frage des scotischen Einflusses auf die spätscholastischen Eigentumstheorien, finden.[258]

---

knappe Erwähnung auch in: *Odd Langholm*, The Aristotelian Analysis of Usury, Bergen [u. a.] 1984, S. 59, 78, 93–94; *Roberto Lambertini*, Usus and Usura. Poverty and Usury in the Franciscans' Responses to John XXII's Quia Vir Reprobus, in: Franciscan Studies 54 (1994–1997), S. 185–210, 185–188; *Mochrie*, Justice in Exchange (wie Fn. 252), S. 42–44; *Wolter*, Endnotes, in: Duns Scotus' Political and Economic Philosophy (wie Fn. 86), S. 87–89 Notes 8–16; *Karl Pribram*, A History of Economic Reasoning, Baltimore [u. a.] 1983, S. 18. Speziell zur Zinstitellehre: *Herbert Johnston*, Some Mediaeval Doctrines on Extrinsic Titles to Interest, in: An Étienne Gilson Tribute. Presented by His Northern American Students with a Response by Étienne Gilson, hrsg. v. Charles J. O'Neil, Milwaukee 1959, S. 86–100, 94, [97], 98.

256 Zu *Francisco de Vitoria*: *Fernando Domínguez*, Art. Vitoria, Francisco de; OP, in: LexThK X, 3. Auflage (2001), Sp. 830–831; *Norbert M. Borengässer*, Art. Vit(t)oria, Francisco de, in: BBKL XII (1997), Sp. 1525–1530.

257 *Langholm*, Economics in the Medieval Schools (wie Fn. 248), S. 406; *Brett*, Liberty, Right and Nature (wie Fn. 245), S. 29–31, 124, 127, 131, machte insbesondere auf den Einfluss im Hinblick auf *Francisco de Vitorias* Restitutionslehre aufmerksam. Weiter: *Jansen*, Theologie, Philosophie, Jurisprudenz (wie Fn. 4), S. 36; *Repgen*, De restitutione – eine kommentierende Einführung (wie Fn. 3), S. XXXI; *Otte*, Das Privatrecht bei Vitoria (wie Fn. 219), S. 41, hinsichtlich *Vitorias* Ausführungen zum *dominium* innerhalb seiner Kommentierung der II-II q. 62.

258 Vgl. v. a.: *Töpfer*, Urzustand und Sündenfall (wie Fn. 110), insbs. S. 255–258; *Schreiber*, Die volkswirtschaftlichen Anschauungen der Scholastik (wie Fn. 248), S. 146–148; *De Boni*, Legislator, lex, lex naturalis und dominium (wie Fn. 110), speziell zum *dominium*: S. 229–237, speziell zur Rechtfertigung des Privateigentum und den Übertragungsformen des *dominium* und *usus*: S. 229–233; *Seelmann*, Die Lehre des Vazquez de Menchaca vom dominium (wie Fn. 110), S. 118–120; *Kurt Seelmann*, *Ius naturale* und *ius gentium* bei Fernando Vázquez de Menchaca, in: Kontroversen um das Recht. Contending for Law, hrsg. v. Kirstin Bunge; Stefan Schweighöfer; Anselm Spindler; Andreas Wagner, Stuttgart-Bad Cannstatt 2013, S. 235–260, v. a. 247, 249; *Kurt Seelmann*, Theologische Wurzeln des säkularen Naturrechts. Das Beispiel Salamanca, in: Die Begrün-

Duns Scotus spricht in seiner zweiten Quästion überwiegend vom *dominium distinctum* als Bezeichnung für das Privateigentum. Daher soll der Blick an dieser Stelle auch nur sehr kurz auf einige der relevanten Publikationen zur Begrifflichkeit des *dominium* und dessen Bedeutungsgehalt gelenkt werden. In ihrer Habilitationsschrift widmet *Maximiliane Kriechbaum* einen umfangreichen Abschnitt (Kap. 1)[259] der Bedeutung der Begriffe *ius* und *dominium* während des franziskanischen Armutsstreits, wobei die *dominium*-Definition aus dem Kommentar *Opus nonaginta dierum* von dem Franziskaner *Wilhelm von Ockham (1285/90–1348)*[260] den Ausgangspunkt bildet, bevor sie in den weiteren Kapiteln dem legistischen Begriffsverständnis nachgeht. *Kurt Seelmann* untersucht in seiner Habilitationsschrift im Schwerpunkt das *dominium*-Verständnis von *Fernando Vázquez de Menchaca (1512–1569)*[261] und behandelt unter anderem die Frage, ob und inwiefern das weite Verständnis von *dominium* in der Spät-

---

dung des Rechts als historisches Problem, hrsg. v. Dietmar Willoweit, unter Mitarbeit v. Elisabeth Müller-Luckner, München 2000, S. 215–227, 218, 220–221, 224; *Seelmann*, Theologie und Jurisprudenz an der Schwelle zur Moderne (wie Fn. 63), v. a. S. 26–27; *Seeberg*, Die Theologie des Duns Scotus (wie Fn. 120), S. 550–552 (zur Rechtfertigung des Privateigentums), 552 ff. (zu den Übertragungsmöglichkeiten); *Cezar*, Das natürliche Gesetz und das konkrete praktische Urteil (wie Fn. 139), S. 127–132; *Dominik Recknagel*, Einheit des Denkens trotz konfessioneller Spaltung. Parallelen zwischen den Rechtslehren von Francisco Suárez und Hugo Grotius, Frankfurt a. M. [u. a.] 2010, S. 138–139; *Allan B. Wolter*, Introduction, in: Duns Scotus on the Will and Morality, ausgewählt u. übers. u. mit einer Einleitung versehen v. Allan B. Wolter, Washington, D. C. 1986, S. 1–123, 73–75; *Manfred Brocker*, Arbeit und Eigentum. Der Paradigmenwechsel in der neuzeitlichen Eigentumstheorie, Darmstadt 1992, S. 46, 470–471; *Langholm*, Economics in the Medieval Schools (wie Fn. 248), v. a. S. 406–407; *Schlag*, Moraltheologische Vor- und Rahmenbedingungen der spätscholastischen Wirtschaftsethik (wie Fn. 248), S. 104; *Mochrie*, Justice in Exchange (wie Fn. 252), S. 38–40 (zur Rechtfertigung des Eigentums), 41–41 (zur privaten Übertragung des Eigentums).

259 *Kriechbaum*, Actio, ius und dominium (wie Fn. 111), S. 24–89.

260 Zu *Wilhelm von Ockham*: *Jürgen Miethke*, Art. Wilhelm von Ockham († 1348), in: LexMA IX (1998), Sp. 178–182; *Jürgen Miethke*, Art. Wilhelm von Ockham, in: Handbuch Staatsdenker, hrsg. v. Rüdiger Voigt; Ulrich Weiß, unter Mitarbeit v. Krisztina Adorján, Stuttgart 2010, S. 446a–448a.

261 Zu *Fernando Vázquez de Menchaca*: *Kurt Seelmann*, Vazquez de Menchaca, Fernando (1512–1569), in: Juristen. Ein biographisches Lexikon. Von der Antike bis zum 20. Jahrhundert, hrsg. v. Michael Stolleis, München 1995, S. 632–633; *Josef Bordat*, Art. Vázquez de Menchaca, Fernando (Fernandus Vasquius), in: BBKL XXX (2009), Sp. 1541–1544.

scholastik seinen Ursprung im franziskanischen Voluntarismus findet.[262] *Annabel Brett* beschäftigt sich unter Einbeziehung etlicher Primärquellen mit der unterschiedlichen Bedeutung und Verwendung des Begriffs *ius* während des franziskanischen Armutsstreits, in den Abhandlungen der Moraltheologen der „Schule von Salamanca" und untersucht zuletzt die Einflüsse auf die Rechtstheorie von *Thomas Hobbes (1588–1679)*[263]. In besonderem Maße macht *Brett* auf die vielfältigen Bedeutungsgehalte und damit einhergehenden Übersetzungsschwierigkeiten aufmerksam.[264]

Mit Blick auf die scotische Restitutionslehre lässt sich auf dieser Grundlage ganz sicher konstatieren, dass eine detailgetreue Untersuchung und Aufarbeitung der Restitutionslehre in all ihren Facetten und Ausdifferenzierungen, welche *Duns Scotus* insbesondere im Hinblick auf die dargestellten Vertragsarten und -modalitäten in der zweiten Quästion vornimmt, derzeit nicht vorliegt, und dass insoweit eine Forschungslücke besteht.

Darüber hinaus liegt derzeit keine deutsche Übersetzung der Quästionen 2–4 vor.[265] Wie bereits erwähnt, hat *Wolter* eine englische Übersetzung publiziert.[266] Diese bezieht sich ausschließlich auf die zweite Quästion auf Grundlage des *Codex A* und hilfsweise des *Codex M*. Seit 2016 existiert eine Edition der *Reportatio IV-A* mit einer englischen Übersetzung von *Oleg V. Bychkov* und *Trent Pomplun*.[267] Insgesamt liegt weder eine deutsche

262 *Seelmann*, Die Lehre des Vazquez de Menchaca vom dominium (wie Fn. 110). Vgl. hierzu auch, vor allem zur willenstheoretischen Begründung des Eigentums: *Martin J. Schermaier*, Dominus actuum suorum. Die willenstheoretische Begründung des Eigentums und das römische Recht, in: ZRG, Rom. Abt. 134 (2017), S. 49–105; vgl. weiter: *Dietmar Willoweit*, Dominium und Proprietas. Zur Entwicklung des Eigentumsbegriffs der mittelalterlichen und neuzeitlichen Rechtswissenschaft, in: Historisches Jahrbuch 94 (1974), S. 131–156.

263 Zu *Thomas Hobbes*: *Christine Chwaszcza*, Thomas Hobbes (1588–1679), in: Klassiker des politischen Denkens, Bd. 1: Von Plato bis Thomas Hobbes, neu überarbeitete Ausgabe der 6. gebundenen Auflage, München 2001, S. 209–225; *Michael Hanst*, Art. Hobbes, Thomas, in: BBKL II (1990), Sp. 907–911.

264 *Brett*, Liberty, Right and Nature (wie Fn. 245).

265 Selbstverständlich lassen sich teils auch englische oder deutsche Übersetzungen einzelner Sätze oder Abschnitte der scotischen Kommentierung in der in diesem Abschnitt zitierten Sekundärliteratur finden, z. B. *Langholm*, Economics in the Medieval Schools (wie Fn. 248), S. 410, 411, 414, 415, 416, 418. Insgesamt zur scotischen Bibliographie und den Übersetzungen: *Tobias Hoffmann*, Duns Scotus Bibliography from 1950 to the Present, 9. Auflage, 2016, Onlineausgabe.

266 *Wolter*, Duns Scotus' Political and Economic Philosophy (wie Fn. 86).

267 *Johannes Duns Scotus*, The Report of the Paris Lecture. Reportatio IV-A. Latin Text and English Translation, Vol. 1, Part 1–2, hrsg. u. übers. v. Oleg V. Bychkov; R. Trent Pomplun. St. Bonaventure, NY 2016.

Übersetzung der Quästionen 2–4 auf Grundlage der *editio critica vaticana* noch auf Grundlage der Ausgabe von *Wadding-Vivés* vor.

C. *Die Forschungsziele und die Themeneingrenzung, das methodische Vorgehen und die Quellenlage*

I. Die Forschungsziele und die Themeneingrenzung

Ziel dieser Untersuchung ist die detailgetreue, möglichst authentische Rekonstruktion der Restitutionslehre des *Duns Scotus*. Dabei stehen die Analyse und Auswertung vornehmlich seiner in den Quästionen 2–4 präsentierten allgemeinen Restitutionslehren und im Schwerpunkt der besonderen Restitutionskasuistik, also der einzelnen Restitutionsfälle, im Vordergrund. Es geht in dieser Arbeit in erster Linie um die Nachverfolgung und die kohärente Präsentation der scotischen Gedankengänge und Ausführungen zur Restitution, welche er in seinen Quästionen 2–4 des 15. Abschnitts des vierten Buches seines Sentenzenkommentars tätigt, und darüber hinaus auch um die Kontextualisierung seiner Lehre. Denn neben der Darstellung der scotischen Lehre soll diese im Kontext der vorwiegend theologischen und teils juristischen Diskussionen des ausgehenden 13. und frühen 14. Jahrhunderts verortet werden.

Der Verfasserin ist durchaus bewusst, dass der Zielsetzung der „Nachverfolgung von Gedankengängen" eines Lehrmeisters eine gewisse Weitschweifigkeit und/oder Konturenlosigkeit mitschwingt und so die Gefahr der fehlenden Themeneingrenzung beziehungsweise mangelnden Schwerpunktsetzung begegnet. Wenn in dieser Arbeit allerdings das Anliegen der „Nachverfolgung" der Gedanken zur Restitution betont wird, so ist damit bezweckt, die Lehre des *Duns Scotus* in ihrer Systematik, Struktur und der Argumentationslinie weitgehend – soweit der Lesefluss dies zulässt – beizubehalten und der Leserschaft auf diese Weise zugleich selbst die Nachverfolgung der scotischen Argumentationslinie zu ermöglichen und die in dieser Arbeit dargebotene Übersetzung und Interpretation anzunehmen, zu stützen oder sich kritisch mit dieser, vor allem den scotischen Ausführungen auseinanderzusetzen. Daher hebt diese Arbeit jedwede Abweichung von der scotischen Struktur und Systematik stets hervor und verzichtet bewusst auf besonders interpretative Übersetzungen der lateinischen Quellentexte oder die überwiegende Paraphrasierung der scotischen Aussagen ohne Quellentextabbildungen zumindest in den Fußnoten.

Die scotischen Aussagen zur Restitution eines Schadens sollen vielerorts vorwiegend in den moraltheologischen, teilweise in den kanonistischen, nicht beziehungsweise äußerst selten in den legistischen Diskurs eingebettet werden. Es wird auch insgesamt in einem stärkeren Maße auf das kanonische Recht eingegangen, als dass die kanonistischen Lehren detailliert entfaltet werden. An mehreren Stellen der Arbeit wird ebenfalls auf die Regelungen des mittelalterlichen *ius commune* eingegangen. Auf diese Weise sollen besonders innovative Aspekte der scotischen Lehre herausgearbeitet oder aufgezeigt werden, dass er sich in durchaus bekannten Bahnen insbesondere theologischer Lehren bewegte; zugleich sollen die rechtlich bedeutsamen Aspekte der scotischen Lehre akzentuiert, zum Teil Gegensätze zum oder auch Gemeinsamkeiten mit dem mittelalterlichen römisch-kanonischen Schadensrecht aufgezeigt und auf diese Weise auch aus rechtlicher Perspektive bedeutsame Aspekte der scotischen Restitutionslehre aufgegriffen werden.

Insgesamt ist die Arbeit als eine detaillierte Analyse- und Rekonstruktionsarbeit darauf angelegt, eine Untersuchung vorzunehmen, welche in die Tiefe der Materie und weniger in die Breite geht.

Das bedeutet einerseits, dass den von *Duns Scotus* angeführten Quellen und Belegen nachgegangen wird, um auf diese Weise die Grundlagen und somit das Fundament seiner Lehre zu erforschen. Denn die Denkweise und Argumentationslinie eines Lehrmeisters und so auch die des *Duns Scotus* kann letztlich nur unter Einbeziehung seiner Quellen verstanden werden. Erst auf diese Weise lässt sich nämlich erkennen, aus welchen Quellen zum Beispiel *Duns Scotus* selbst geschöpft haben könnte, ohne dass man Gefahr läuft, eben diese Quellen zu verkennen und infolgedessen einem Theologen wie *Duns Scotus* bereits vor seiner Lebens- oder Wirkzeit verbreitete Lehren zuzusprechen. Stets werden die ausdrücklich von *Duns Scotus* genannten Quellen aufgeführt und einbezogen; den juristischen Allegationen wird nachgegangen. Darüber hinaus werden die Ausführungen des *Duns Scotus* ganz überwiegend auch unabhängig von der scotischen Zitation etwaiger Quellentexte ins Verhältnis zu den Lehren andere Theologen, teils auch Kanonisten gesetzt. Auf diese Weise soll auch der Frage nachgegangen werden, durch welche Autoren *Duns Scotus* selbst beeinflusst war beziehungsweise auf welche Lehren er seine eigene Lehre aufbaute, und, ob und inwiefern *Duns Scotus* in seiner Lehre neue, innovative Akzente setzte oder ob sich seine Ausführungen mehrheitlich in der Wiedergabe bereits vorhandener Lehren erschöpfen.

Andererseits werden in dieser Gesamtdarstellung der scotischen Restitutionslehre komplexe Sätze nicht einfach ausgespart, um eine in sich stimmige Lehre zu kreieren, sondern es wird auf die – vor allem im Zusammenhang mit dem Zinsverbot, insbesondere den Zinstiteln, auftretenden – Verständnisschwierigkeiten einzelner Passagen und selbstverständlich auch auf bereits vorhandene Interpretationsansätze aufmerksam gemacht. Zugleich werden eigene Interpretationsansätze geliefert und begründet. Es wird davon abgesehen, besonders erwähnenswerte Passagen aus den Quästionen 2–4 herauszugreifen und auf diese Weise vermeintlich besonders originelle und innovative Ansichten des *Duns Scotus* zu akzentuieren.

Eine Eingrenzung erfährt die Arbeit in inhaltlicher und zeitlicher Hinsicht dadurch, dass Einflüsse der scotische Lehren sowie Rezeptionswege lediglich partiell berücksichtigt werden und nicht Gegenstand dieser Arbeit sind und dass rein philosophische sowie theologische Fragestellungen in den Hintergrund treten. Diese Arbeit hat in keiner Weise das Anliegen, Wechselwirkungen zwischen dem römisch-kanonischen Recht und der Restitutionslehre oder Verbindungslinien zwischen der Restitutionslehre und der Entwicklung einzelner Grundsätze des säkularen Schadensrechts zu erforschen. Auch werden aus den gefundenen Ergebnissen keinerlei Rückschlüsse oder Bezüge auf oder Vergleiche zum geltenden deutschen oder europäischen Haftungsrecht hergestellt. Die Untersuchung der Einflüsse der Lehren des *Duns Scotus* auf die Folgezeit sowie die ausdifferenzierte Lehre in der Zeit der Spätscholastik ist ebenso wenig Anliegen dieser Arbeit. Es wird aber an mehreren Stellen dieser Arbeit, so zum Beispiel im Hinblick auf die Verknüpfung der *restitutio* mit dem *dominium*, bei der Frage der Bestimmung des gerechten Preises *(iustum pretium)* oder auch der Frage des Ersatzes rein immaterieller Schäden, auf die nachfolgende, an die spätmittelalterliche Tradition anknüpfende Kontroverse der Spätscholastiker hingewiesen beziehungsweise die Diskussion im Überblick dargestellt. Dies geschieht insbesondere dann, wenn an Aussagen des *Duns Scotus* angeknüpft oder auf diese aufgebaut wird, diese eventuell als falsch tituliert und zurückgewiesen werden. Im Hinblick auf die auch von *Duns Scotus* vielfach verwendete Begrifflichkeit des *dominium* wird darauf hingewiesen, dass es in dieser Arbeit insgesamt nicht um die Frage der möglichen Bedeutungsgehalte und inhaltlichen Konturen des *dominium* bei *Duns Scotus* geht; Forschungsgegenstand bleibt die Restitutionslehre, innerhalb derer *Duns Scotus* ganz mehrheitlich vom *dominium distinctum* handelt, welches sich – dies zeigt sich im Hauptteil dieser Arbeit – mit „Privateigentum" übersetzen lässt.

Im Zentrum stehen stets die scotischen Texte. Im Hinblick auf die scotische Kommentierung gilt es hervorzuheben, dass es in keiner Weise um eine text-kritische Forschung in dem Sinne geht, dass die Verfasserin

Authentizität und Genese der scotischen Kommentierung beurteilt oder diesbezüglich Thesen aufstellt.

Das Anliegen dieser Arbeit bleibt die Darstellung der scotischen Restitutionslehre im Kontext des vorwiegend theologischen Diskurses unter Hervorhebung auch seiner juristischen Expertise und Kenntnisse, der Beifügung einer eigenen deutschen Übersetzung vieler Textpassagen sowie dem Aufzeigen verschiedener Deutungsmöglichkeiten einzelner Aussagen.

II. Das weitere methodische Vorgehen und die Quellenauswahl

1. Die Interdisziplinarität und die Themenvielfalt

Bei der vorliegenden Arbeit handelt sich um eine rechtshistorische Grundlagenarbeit, welche in einem besonderen Maße dem Umstand Rechnung zu tragen hat, dass die Restitutionslehre ihre Wurzeln und ihren Ausgangspunkt im Bußsakrament und damit zunächst einmal in einer anderen Wissenschaftsdisziplin, der Moraltheologie, hat. Sie ist ein Gebilde mittelalterlicher Theologie, welches einen *„ambivalente[n] Charakter zwischen Theologie, Philosophie und Jurisprudenz“*[268] aufweist und theologische, philosophische, aber auch rechtliche Traditionslinien ineinander vereint und miteinander verflechtet. Eine von der theologischen Ausgangsfrage völlig losgelöste, von einem rein juristischen Interesse getragene Betrachtungsweise würde diese Zusammenhänge sowie das Ineinandergreifen und Zusammenspiel dieser verschiedenen Traditionslinien von „Recht“, „Moral“ und „Religion“ verkennen. Viele Aussagen des *Duns Scotus* können erst unter Berücksichtigung des theologischen Kontexts, der augustinisch-franziskanischen Traditionen, der Mitte des 13. Jahrhunderts einsetzenden Rezeption der aristotelischen Politik und Nikomachischen Ethik sowie den politischen und juristischen Diskussionen des späten 13. und frühen 14. Jahrhunderts verstanden werden. Es bedarf daher eines interdisziplinären Blickes auf diese Quellentexte. Aus diesen Gründen wird in dieser Arbeit immer dann auch auf die theologischen, teils philosophischen Diskussionen zum Beispiel um die Verortung der *restitutio* im Zusammenhang mit dem Bußsakrament oder auch auf die franziskanischen Diskussionen um den *usus simplex facti* eingegangen, sofern dies für das Verständnis des Textes erforderlich erscheint.

---

268 *Jansen*, Theologie, Philosophie und Jurisprudenz (wie Fn. 4), S. 2.

Es ist aber gerade dieses interdisziplinäre Vorgehen in Verbindung mit der Vielfalt der von der Restitution umfassten Themengebiete, welches die besondere Herausforderung dieser Arbeit darstellt. Denn die von *Duns Scotus* behandelten Restitutionsfälle decken ein äußerst breites Spektrum an Themenkomplexen ab: Eine Restitutionspflicht kann sowohl den verschiedensten Verträgen, dem Kauf-, Tausch-, Leih- oder auch dem Darlehensvertrag, entspringen, aber zugleich auch den deliktischen Handlungen, wie dem Diebstahl, der Rufschädigung, Körperverletzung, Tötung und dergleichen. Bezweckt man eine umfassende Darstellung der Restitutionslehre des *Duns Scotus* und nicht etwa – was aufgrund der Vielfalt der zu berücksichtigenden Literatur und Übersetzungstätigkeit und daher aus arbeitsökonomischen Gründen legitim erschiene – eine Beschränkung auf seine Vertragslehre, spezielle Vertragsarten oder die deliktischen Schädigungen, so bedeutet dies im Hinblick auf den Untersuchungsrahmen, dass sowohl jedwede Form der Ungerechtigkeit bei rechtsgeschäftlichen Güterverschiebungen als auch alle aus deliktischen Handlungen erwachsenen Restitutionspflichten zu berücksichtigen sind. Da die Restitutionslehre ihren Ursprung in der Moraltheologie nimmt und *Duns Scotus* selbst Theologe war, erfordert die Durchdringung der scotischen Lektüre in einem ersten Schritt die Einarbeitung in die theologischen, teils auch philosophischen mittelalterlichen Diskurse. Da *Duns Scotus* stellenweise auch Bezüge auf die Durchsetzbarkeit von restitutorischen Begehren *in foro exteriore* herstellt und vielfach Dekretalen aus dem *Corpus iuris canonici* sowie – dies aber nur selten – Stellen aus dem *Corpus iuris civilis* allegiert und rechtlich konnotierte, ursprünglich dem römischen Recht entspringende Begrifflichkeiten verwendet, erfolgt in einem zweiten Schritt die Einarbeitung in die kanonischen Lehren und teils die kanonistischen Diskurse. Dies vor allem auch, um einen Vergleich seiner Lehre zur juristischen Lehre und Klagbarkeit von Ansprüchen herauszuarbeiten. Das kanonische Recht baut entscheidend auf dem römischen Recht auf.[269] Um sich ein Bild vom mittelalterlichen *ius commune* verschaffen zu können, bedarf es daher vorab der Beschäftigung mit dem römischen Recht, sodann der Auseinandersetzung mit der legistischen Lehre im 12.–14. Jahrhundert. Im

---

269 *Richard H. Helmholz*, Kanonisches Recht und europäische Rechtskultur, Tübingen 2013, v. a. S. 19–22; *Trusen*, Forum internum und gelehrtes Recht im Spätmittelalter (wie Fn. 12), S. 87. Zum kanonischen Recht u. a.: *Peter Landau*, Art. Gratian (Ende 11. Jh.–um 1145), in: HRG II, 2. Auflage (2012), Sp. 530–533; *Andreas Thier*, Art. Corpus Iuris Canonici, in: HRG I, 2. Auflage (2008), Sp. 894–901.

Rahmen dieser Arbeit wird partiell auch das römische Recht berücksichtigt, die Auseinandersetzung mit legistischen Stellungnahmen geschieht anhand von Sekundärliteratur und – dies erfolgt aber nur sehr selten – der einschlägigen legistischen Quellentexten selbst. Nach der Erfassung der rechtlichen Dimension einiger Begrifflichkeiten stellt sich bezogen auf *Duns Scotus´* Texte sodann die Frage nach seinem, originär theologischen Begriffsverständnis. Erst durch die Einarbeitung in das römische Recht und dessen Rezeption im Mittelalter, das kanonische Recht und partiell in die kanonistischen Lehren sowie vor allem in die zeitgenössischen theologischen und philosophischen Diskurse kann das Vorhaben einer Analyse der Restitutionslehre des *Duns Scotus* unter Akzentuierung seiner rechtlichen Aspekte gelingen.

2. Die Kontextualisierung und die Einbettung in den historisch-biographischen Kontext

Neben der Verortung der scotischen Aussagen vorwiegend im moraltheologischen und zum Teil auch juristischen Diskurs erfolgt eine weitere Kontextualisierung der scotischen Aussagen an den für die Untersuchung bedeutsamen Stellen, aber nicht durchweg. Vorwiegend geht es darum, der Leserschaft die Einordnung der scotischen Aussage vor dem Hintergrund der historischen, gesellschaftlichen oder rechtlichen Entwicklungen zu ermöglichen. Diese Arbeit verzichtet auf die Darstellung des historischen, aber auch sozio-politischen und wirtschaftshistorischen Kontextes in einem eigenen Kapitel. Vielmehr werden die historisch-soziologischen und wirtschaftsgeschichtlichen Hintergründe an den Stellen in die Untersuchung eingeflochten, an denen es sich vor allem aus Verständnisgründen anbietet. Zugleich wird auf diese Weise die praktische und gesellschaftliche Bedeutsamkeit der scotischen Ausführungen partiell veranschaulicht.

Im Hinblick auf das Leben und Werk des *Duns Scotus* bleibt festzuhalten, dass diese Arbeit auch hier darauf verzichtet, ein eigenes Kapitel über *Duns Scotus´* Leben, Werk und Wirken der Restitutionslehre voranzustellen. Relevante Lebensstationen, biographische Daten oder Lehren und Einflüsse werden stets dann Erwähnung finden, wenn dies für die Deutung und das Verständnis des Quellentextes sinnvoll erscheint. Insbesondere in der Einleitung finden sich Ausführungen zu den theologie- und philosophiegeschichtlich bedeutsamen Lehren des *Duns Scotus*. Darüber hinaus lassen sich vielfältige Informationen über das Leben und den Werdegang des *Duns Scotus* dem Abschnitt über die Entstehungs- und Editionsgeschichte seines Sentenzenkommentars (§ 3.) entnehmen.

Der Restitutionslehre des *Duns Scotus* wird ein einleitendes Kapitel zur historischen Entwicklung der moraltheologischen Lehre in der Früh- und Hochscholastik (§ 2.) vorangestellt, in welchem die für diese Untersuchung relevanten theologischen Literaturgattungen sowie die Genese der Restitutionslehre im Überblick nachgezeichnet werden, um zum einen den scotischen Sentenzenkommentar, dessen Entstehungs- und Editionsgeschichte anschließend dargestellt wird (§ 3.), sowie zum anderem die im Hauptteil dieser Arbeit als Referenztexte herangezogenen Werke von Moraltheologen und Kanonisten in diese Entwicklungslinie einordnen zu können. Das zweite Kapitel (§ 2.) versteht sich insgesamt als eine verlängerte Einleitung, welche in der Kommentierung des *Duns Scotus* (§ 3.) und der nachfolgenden Analyse seiner Lehre im Hauptteil (§ 4.–§ 6.) mündet.

Mit Blick vor allem auf die in dieser Arbeit genannten Theologen und Kanonisten wird darauf hingewiesen, dass die ganz überwiegende Mehrzahl der genannten Lehrmeister in der Regel bei ihrer erstmaligen Erwähnung in dieser Arbeit mit einer Fußnote, in welcher auf einschlägige Lexikonbeiträge über das Leben und Werk verwiesen wird, versehen werden. Auch diese Vorgehensweise soll einem leichteren, besseren Verständnis dieser Arbeit dienen.

Im Folgenden werden nun noch einige methodische Besonderheiten wie die Übersetzungsarbeit oder auch der Umgang mit ausschließlich gedruckten, vielfach (noch) nicht kritisch edierten Quellentexten thematisiert.

3. Die Übersetzungsarbeit

Dieser Arbeit liegt die eigene Übersetzung lateinischer Texte, insbesondere die eigene Übersetzung des scotischen Sentenzenkommentars zu Grunde. Die Übersetzungsarbeit der einschlägigen Quellentexte, vor allem der scotischen Kommentierung, stellt einen entscheidenden Teil dieser Arbeit dar. Werden keine eigenen Übersetzungen genutzt, wird dies stets kenntlich gemacht. Hinsichtlich der Übersetzungsarbeit ist hervorzuheben, dass eine Übersetzung in die moderne deutsche Sprache mit moderner Interpunktion erfolgt. Die Übersetzung ist in besonderem Maße am lateinischen Wortlaut orientiert und ist bemüht, auf freie, besonders interpretative Übersetzungen zu verzichten. Da eine jede Übersetzung bereits eine gewisse Interpretation beinhaltet[270], werden an einigen Stellen lateinische Begriffe gegebenenfalls auch unübersetzt bleiben müssen. Auf mögliche Übersetzungen wird, sofern diese Textpassagen für die vorliegende Untersuchung relevant sind, separat eingegangen.

Bedeutsame Aussagen des *Duns Scotus,* zum Teil auch anderer Theologen oder Kanonisten werden in Tabellen, welche den lateinischen Quellentext und eine eigene deutsche Übersetzung beinhalten, in den Fließtext eingebunden. Ein solches Vorgehen kann zwar die Gefahr in sich bergen, diese Textpassagen losgelöst von ihrem inhaltlichen Kontext zu lesen und zu interpretieren. Allerdings ermöglicht dieses Vorgehen der Leserschaft eine vereinfachte Nachverfolgung der scotischen Argumentationslinie sowie der darauf aufbauenden Analyse und Interpretation der scotischen Aussagen. Es wird stets darauf geachtet, auf den inhaltlichen Zusammenhang und die systematische Verortung der scotischen Aussage im scotischen Werk aufmerksam zu machen. Wenn die Aussagen nicht in tabellarischer Form mit einer Übersetzung in den Fließtext integriert sind, werden, sofern es sich im Fließtext nicht bereits um eine wörtliche Übersetzung der jeweiligen Aussage handelt, in den Fußnoten sowohl der lateinische Quellentext als auch die eigene deutsche Übersetzung der scotischen Aussagen aus *lib. IV, dist. 15, qq. 2–4* abgebildet. Bei einer nahezu wörtlichen Wiedergabe beziehungsweise bei einer leichten Paraphrasierung der scotischen Aussagen im Fließtext beinhaltet die Fußnote allein den lateinischen Quellentext. Im Ergebnis bedeutet das, dass in dieser Arbeit eine (nahezu) vollständige Übersetzung der von *Duns Scotus* in *lib. IV, dist. 15, qq. 2–4 (editio vaticana XIII)* getätigten Aussagen zur Restitution geboten wird. In Bezug auf alle weiteren in dieser Arbeit herangezogenen Quellentexte bleibt festzuhalten, dass diese Arbeit zwar an vielen Stellen den lateinischen Quellentext wiedergibt, sie verzichtet darüber hinaus darauf, auch für diese Quellentexte durchweg Übersetzungen zu bieten.

4. Die Quellenauswahl

Die Grundlage und Hauptquelle dieser Arbeit bildet der scotische Sentenzenkommentar, seine *Quatuor libri sententiarum*, speziell *lib. IV, dist. 15, qq. 2–4* in Form der von der *Commissio Scotistica* im Jahr 2013 vollständig

270 Vgl. zu „Quellenlektüre und Übersetzungen“ die Ausführungen von: *Heinz Quirin*, Einführung in das Studium der mittelalterlichen Geschichte, 4. Auflage, Stuttgart 1985, S. 130–132.

herausgegeben historisch-kritischen Edition der *Ordinatio*.[271] Um eventuelle Verständnisschwierigkeiten, Quellenbezüge oder Allegationen auflösen zu können oder um auf die Rezeption der scotischen Lehre in der Kommentierung des *Antonius Hiquaeus Hibernus* aufmerksam zu machen, wird stellenweise auch die Edition von *Wadding-Vivés* herangezogen.[272] Diese enthält die Kommentierung des *Antonius Hiquaeus Hibernus*. Um ein möglichst vollständiges Bild der scotischen Lehre zeichnen zu können, bedient sich diese Arbeit auch der entsprechenden Passagen der studentischen Mitschrift der scotischen Vorlesung aus Paris (*Reportatio IV* in Form der *Reportatio IV-A*), welche in der jüngst erschienen Edition von *Bychkov/Pomplun*[273] sowie der von *Wadding-Vivés* herausgegeben Edition[274] genutzt wird. Auf die scotischen Ausführungen in der *Reportatio IV-A* wird überwiegend dann hingewiesen, wenn seine Ausführungen an entscheidenden Stellen von der Lehre in seiner *Ordinatio IV* in Länge oder Inhalt abweichen. Stets bildet die von der vatikanischen Kommission herausgegebene Fassung der *Ordinatio IV* die Grundlage dieser Untersuchung. Eine detaillierte und ausführliche Darstellung der Entstehungs- und Editionsgeschichte des scotischen Kommentars, insbesondere des vierten Buches, folgt unmittelbar vor der Eröffnung des Hauptteils dieser Arbeit.[275]

Im Hinblick auf die explizit von *Duns Scotus* genannten Quellen oder auch hinsichtlich der angeführten Ansichten von Lehrmeistern finden sich Quellennachweise sowohl im Quellenapparat der kritischen Edition der *Commissio Scotistica*, in der *Wadding-Vivés*-Edition, hier vor allem in der Kommentierung des *Hiquaeus*, sowie in der Ausgabe von *Bychkov/Pomplun* und in den Hinweisen und Anmerkungen in der englischen Übersetzung von *Wolter*. Diese Arbeit bedient sich dieser Quellennachweise und prüft

---

271 *Johannes Duns Scotus*, Ordinatio, in: Opera omnia, hrsg. P.M. Perantoni... (editio vaticana), Tom. I–XIV (1950–2013). Band 13 enthält die *Ordinatio IV, dist. 15*. Die *Ordinatio* stellt das für die Publikation vorgesehene, mehrfach überarbeitete, aber nicht fertiggestellte Hauptwerk des *Duns Scotus* dar. Die *Ordinatio* enthält daher die für die Publikation ausformulierten Abschlussgedanken des *Duns Scotus*.

272 *Duns Scotus*, Opera Omnia. Editio nova. Juxta editionem Waddingi XII tomos continentem a patribus franciscanis de observantia accurate recognita, ed. Luis Vivés, XXVI Tomi, Parisiis 1891–1895. Band 18 enthält die *Ordinatio IV, dist. 15*.

273 *Duns Scotus*, The Report of the Paris Lecture. Reportatio IV-A. Latin Text and English Translation, Vol. I, Part 1, hrsg. u. übers. v. Oleg V. Bychkov; R. Trent Pomplun, St. Bonaventure, NY 2016.

274 *Duns Scotus*, Opera Omnia. Editio nova iuxta editionem Waddingi..., Tom. XXIV (ed. Vivés), Paris 1894.

275 Siehe hierzu: § 3.A.

stets jeden einzelnen dieser Verweise, jedoch bleiben an einigen Stellen diese Bezüge des *Duns Scouts* auf anders lehrende *doctores* fraglich und klärungsbedürftig. An diesen Stellen wird in einem Exkurs auf mögliche Quellenbezüge hingewiesen.

Neben der Berücksichtigung der von *Duns Scotus* explizit zitierten Quellen wird – wie angemerkt – auch weitere Literatur vorwiegend aus dem 13. Jahrhundert, welche *Duns Scotus* mehrheitlich bekannt gewesen sein dürfte, und teils auch aus dem frühen 14. Jahrhundert, herangezogen. Im Hinblick auf diese Literatur gilt es eine geeignete Auswahl an Referenztexten zu treffen. Die Verfasserin setzt diesbezüglich einen eindeutigen Schwerpunkt auf die Berücksichtigung primär theologischer, sekundär kanonischer und teils kanonistischer Referenztexte. Die legistische Literatur erhält keine gleichgewichtige oder auch nur vergleichbare Würdigung. Lediglich vereinzelt wird auf Thesen bekannter Legisten eingegangen. Vor allem werden diejenigen Sentenzenkommentare, Summen oder *Quaestiones quodlibetales*, welche *Duns Scotus* selber an andere Stelle seiner Kommentierung mehrfach anführt, auch andernorts als Referenztexte genutzt – dies gilt insbesondere für den vielfach erwähnten Kommentar des *Richardus de Mediavilla (um 1249–1302/1308)*[276] oder auch für die *Quodlibeta* des *Heinrich von Gent (um 1217–1293)*[277]. Für die Konzentration auf vorwiegend theologische Literatur sowie das stellenweise Heranziehen kanonischer oder teils auch kanonistischer Literatur spricht einerseits der Umstand, dass *Duns Scotus* bekannte Legisten in seinem Traktat nicht zitiert und in den Quästionen 2–4 insgesamt lediglich zwei Allegationen aus dem *Corpus iuris civilis* zu finden sind. Vor allem aber – und das ist wohl der überzeugendste Grund – bewegte sich *Duns Scotus* als franziskanischer Minorit und als ein an der theologischen Fakultät in Oxford und Paris, womöglich auch in Cambridge, lernender und später auch lehrender Theologe in einem stark intellektuell, theologisch geprägtem Umfeld. Seine gesamten auch philosophischen Lehren sind theologisch bedingt und müssen als solche im Kontext theologischer Lehren verstanden werden.[278] Für *Duns Scotus´* Denkweise waren die Lehren von (zeitgenössischen) Theolo-

---

276 *Matthias Laarmann*, Art. Richard de Mediavilla (Middletown, Moyeneville), in: LexMA VII (1995), Sp. 823–824; *Achim Krümmel*, Art. Richard von Mediavilla, OFM, („Doctor solidus“ gen.), in: BBKL VIII (1994), Sp. 212–213.

277 *Friedrich Wilhelm Bautz*, Art. Heinrich von Gent, in: BBKL II (1990), Sp. 675–676.

278 *Dettloff*, Art. Duns Scotus/Scotismus I, in: TRE IX (1982), S. 218–231, 220; *Dettloff*, Die franziskanische Theologie des Duns Scotus (wie Fn. 104), S. 87–89, mit Nennung von Beispielen wie den scotischen Personenbegriff (S. 88–89) oder

gen, aber auch patristische, vorwiegend augustinische, Lehren oder auch bekannte kanonistische Summen prägend. Der Abschnitt über die historische Entwicklung der moraltheologischen Restitutionslehre der Früh- und Hochscholastik (§ 2.) stellt eine Vielzahl dieser Referenztexte vor.

Hinsichtlich des gesamten Quellenmaterials bedient sich diese Arbeit stets gedruckter Quellentexte, welche – sofern sie nicht in jüngerer Zeit kritisch editiert worden sind – vornehmlich aus dem 15. bis 17. Jahrhundert beziehungsweise einem Nachdruck aus dem 19. Jahrhundert stammen. Eine Arbeit mit Manuskripten erfolgt in dieser Arbeit nicht.

5. Die Quellenproblematik

Das gesamte Mittelalter war ein Zeitalter enormer geistiger Produktivität, welche der Nachwelt vielfach handschriftlich überliefert wurde.[279] Diese handschriftliche Überlieferung ist mit vielfältigen Schwierigkeiten behaftet.[280] Bei der soeben erwähnten Arbeit mit edierten Quellentexten unter gleichzeitigem Verzicht auf das Heranziehen von Manuskripten treten vor diesem Hintergrund zwei methodische Probleme in Erscheinung:

Einerseits stammen die verwendeten Quellentexte überwiegend aus einer Zeit, in der der jeweilige Philosoph oder Theologe bereits verstorben war. So stammen die gedruckten Quellentexte meist aus dem 15., 16. und 17. Jahrhundert. Dies wirft die Frage nach der Authentizität und exakten Textgenetik auf. Problematisch ist, dass frühneuzeitliche Drucke jedoch als Folge ihrer eigenen Textgeschichte insgesamt wenig Gewähr für ihre Authentizität bieten.[281] Denn nicht selten bildeten Manuskripte ihre Grundlage, welche ihrerseits auf sog. *„lebende Texte“*, also fortwähren-

---

seine Ausführungen zur Verfassung des menschlichen Intellekts, welche er von der Offenbarung aus löst (S. 87).

279 *Rolf Schönberger*, Vorwort zur 2. Auflage, in: Repertorium edierter Texte des Mittelalters aus der Philosophie und angrenzender Gebiete: A–Z (in vier Bänden), hrsg. v. Rolf Schönberger; Andrés Quero Sánchez; Brigitte Berges; Lu Jiang, Bd. 1, 2. Auflage, Berlin 2011, S. VII–IX, VII.

280 *Schönberger*, Vorwort zur 2. Auflage, in: Repertorium edierter Texte des Mittelalters, hrsg. v. Schönberger; Quero Sánchez; Berges; Jiang (wie Fn. 279), Bd. 1, S. VII.

281 *Tilman Repgen*, Vertragstreue und Erfüllungszwang in der mittelalterlichen Rechtswissenschaft, Paderborn [u. a.] 1994, S. 32. In Bezug auf frühneuzeitliche Drucke weisen *Decock* und *Birr*, Recht und Moral (wie Fn. 63), S. 57, darauf hin, dass *„bedeutsame Unterschiede zwischen den zeitgenössischen Ausgaben eines einzigen Werkes festzustellen“* sind.

der Veränderung unterstehende Texte, zurückgingen.[282] Im Hinblick auf diese Handschriften kann zwischen den von Studenten angefertigten Vorlesungsmitschriften *(Reportationes)*, den Schriften, welche die Lehrmeister ihrerseits als Unterrichtsgrundlage nutzten, sowie den für die Publikation vorgesehenen Schriften *(Ordinatio)* differenziert werden.[283] All diese Manuskripte enthalten Ergänzungen, Streichungen und andere Veränderungen, welche nicht selten nicht vom ursprünglichen Verfasser stammen, oder sie sind schlichtweg lückenhaft; letztlich so bleibt vielfach die eigentliche Autorenschaft nicht ermittelbar.[284] Es ist genau diese mit vielfachen Schwierigkeiten behaftete Überlieferung der scotischen Schriften, welche – wie im Abschnitt über die Entstehungs- und Editionsgeschichte der scotischen Kommentierung zu sehen sein wird – die scotische Forschung lange Zeit vor besondere Schwierigkeiten stellte und bis heute stellt.[285] Die aus dem 17. Jahrhundert stammende Gesamtausgabe der scotischen Werke, welche *Lukas Wadding* in 12 Bänden herausgegeben hat und welche von *Luis Vivés* im ausgehenden 19. Jahrhundert in 24 Bänden neu herausgegeben wurde, enthält eine Vielzahl an Texten, welche nicht von *Duns Scotus* selbst stammen.[286] Betrachtet man den scotischen Sentenzenkommentar, so bleibt zunächst festzustellen, dass er zu den authentischen Werken des *Duns Scotus* zählt[287], jedoch ist sowohl das *autographum* der *Ordinatio* als auch dessen genaue Abschrift, das *apographum*, abhandengekommen[288].

---

282 *Repgen*, Vertragstreue und Erfüllungszwang (wie Fn. 281), S. 32.

283 *Repgen*, Vertragstreue und Erfüllungszwang (wie Fn. 281), S. 32 (bzgl. der *Reportationes* und der als Unterrichtsgrundlage dienenden Schriften).

284 *Repgen*, Vertragstreue und Erfüllungszwang (wie Fn. 281), S. 32 (bzgl. der unklaren Urheberschaft der einzelnen Glossen). Hierzu und weiterführend: *Hermann Kantorowicz*, Einführung in die Textkritik. Systematische Darstellung der textkritischen Grundsätze für Philologen und Juristen. Mit 3 Stammtafeln, Leipzig 1921, v. a. S. 29–35; *Quirin*, Einführung in das Studium der mittelalterlichen Geschichte (wie Fn. 270), S. 157–168; *Karl Langosch*, Lateinisches Mittelalter. Einleitung in Sprache und Literatur, 5. Auflage, Darmstadt 1988, S. 27–33.

285 Vgl. die Ausführungen zur Entstehungs- und Editionsgeschichte: § 3.A.

286 *Balić*, Editionsbericht (wie Fn. 214), S. 305.

287 Ausführlich zu den authentischen Werken: *Vos*, The Philosophy (wie Fn. 145), S. 124–147, Näheres zur *Ordinatio I–IV*: S. 143–144; *Dettloff*, Duns Scotus, in: Klassiker der Theologie 1 (wie Fn. 83), S. 227.

288 *Karl M. Balić*, Die Frage der Authentizität und Ausgabe der Werke des J. Duns Skotus in Vergangenheit und Gegenwart, in: WiWei 2 (1935), S. 136–158, 148. Das scotische *autographum* soll nach dem Zeugnis des *Adam Wodeham* nach dem Tod des *Duns Scotus* in der Bibliothek des Franziskanerkonvents in Oxford aufbewahrt worden sein, so: *Vladimir Richter*, Studien zum literarischen Werk von Johannes Duns Scotus, München 1988, S. 17; *William J. Courtenay*, Adam

Schließlich sind bisher wenige der mittelalterlichen Werke in einer kritischen Ausgabe ediert[289] und häufig liegen die Texte lediglich in Auszügen ediert vor. Mit Blick auf die philosophischen und auch theologischen Schriften erwies sich die Arbeit mit dem „Repertorium edierter Texte des Mittelalters aus dem Bereich der Philosophie und angrenzender Gebiete“[290] im Rahmen der vorliegenden Untersuchung als besonders hilfreich.

Andererseits ist es in der Folge auch evident, dass die in dieser Arbeit verwendeten Quellentexte letztlich nicht denen entsprechen können, welche *Duns Scotus* selbst gelesen und in sein Werk einbezogen hat. Diese Probleme lassen sich im Rahmen einer Untersuchung wie der vorliegenden jedoch nicht zur Gänze vermeiden, eine textkritische Forschung wird nicht angestrebt.[291]

Dieser Problematiken ist sich die Verfasserin bewusst. Die Verfasserin hat daher, wenn diese vorliegen und zugänglich sind, vielfach moderne kritische Ausgaben der von ihr zitierten Werke, (nämlich) speziell die *editio vaticana* der scotischen Werke, herangezogen. Hinsichtlich der von *Duns Scotus* innerhalb seiner Kommentierung genannten Bibelstellen (= Kapitel § 4.–6.) wurde mit der *Sacra Biblia Vulgata* (ed. Weber/Gryson, 5. Aufl.) gearbeitet. Für die übrigen, das heißt vorwiegend für die in dem Kapitel § 2. angeführten, aber eben nicht *Duns Scotus'* Kommentierung entstammenden Bibelstellen diente die Einheitsübersetzung (2016) als Arbeitsgrundlage.

Um letztlich aber überhaupt materiell-rechtliche Fragen im Mittelalter – in Bezug auf die vorliegende Untersuchung entsprechend theologische oder auch kanonistische Lehren in materieller Hinsicht – erforschen zu können, so ist – wie von *Tilman Repgen* herausgearbeitet wurde – allerdings als *„Arbeitshypothese“* anzunehmen, dass *„die gedruckten Quellen im*

Wodeham. An Introduction to His Life and Writings, Leiden 1978, S. 44. Im Allgemeinen zum häufigen Fehlen des Originals mittelalterlicher Handschriften: *Quirin*, Einführung in das Studium der mittelalterlichen Geschichte (wie Fn. 270), S. 133, 157.

289 *Repgen*, Vertragstreue und Erfüllungszwang (wie Fn. 281), S. 32, in Bezug auf juristische Texte. In Bezug auf die für diese Arbeit relevanten theologischen und philosophischen Texte wird auf das Repertorium edierter Texte des Mittelalters (wie Fn. 279) verwiesen.

290 *Schönberger; Quero Sánchez; Berges; Jiang (Hrsg.)*, Repertorium edierter Texte des Mittelalters (wie Fn. 279).

291 *Repgen*, Vertragstreue und Erfüllungszwang (wie Fn. 281), S. 35, führt aus, dass die Beschränkung einer wissenschaftlichen Arbeit aus arbeitsökonomischen Gründen ein wissenschaftlich notwendiges Kriterium sei.

großen und ganzen die Lehre ihrer Verfasser wiedergeben.“[292] Auch wäre eine Beschränkung dieser Arbeit auf die bereits kritisch edierten Quellentexte und damit eine inhaltliche Beschränkung die Folge. Im Hinblick auf den scotischen Kommentar zeigt sich jüngst die günstige Lage, dass der Sentenzenkommentar in Form der *Lectura* und *Ordinatio* von der *Commissio Scotistica* kritisch ediert worden ist. Auch liegen einige der als Referenztexte herangezogenen Werke mittlerweile in kritischen Editionen vor.

Mit Blick auf den scotischen Kommentar gilt es in diesem Zusammenhang anzumerken, dass gerade die scotische Lehre bis zum Vorliegen der kritischen Ausgabe über die von *Vivés* neu herausgegebene frühneuzeitliche Ausgabe von *Lukas Wadding* erfolgte und das insofern auch die Arbeit mit dieser Edition mit Blick auf die Rezeption der scotischen Lehre wertvoll sein kann.

D. *Gang der Darstellung*

In den nachfolgenden Abschnitten wird zunächst die historische Entwicklung der früh- und hochscholastischen Restitutionslehre im Überblick (§ 2.) skizziert. In diesem Rahmen wird in einem vorgelagerten Schritt die zeitliche Eingrenzung auf die früh- und hochscholastische Lehre weiter erläutert. Dem Hauptteil der Arbeit unmittelbar vorangestellt ist die ausführliche Aufbereitung der Entstehungs- und Editionsgeschichte, speziell des vierten Buches, des scotischen Sentenzenkommentars (§ 3.). Dieser Abschnitt speziell zur Kommentierung des *Duns Scotus* mündet im Hauptteil, welcher sich detailliert dem System der Restitution bei *Duns Scotus* widmet. Eröffnet wird die Analyse der scotischen Restitutionslehre mit einem Kapitel (§ 4.) über die theoretischen Grundlagen der scotischen Restitutionslehre, in welchem insbesondere die Verflechtung der Restitution mit der Rechtfertigung des Privateigentums *(dominium distinctum)* herausgearbeitet wird. Es schließen sich zwei weitere Kapitel, nämlich Kapitel fünf (§ 5.) über die besonderen Restitutionsfälle sowie Kapitel sechs (§ 6.) über die allgemeinen Restitutionslehren, an.

Das Kernstück der Arbeit bildet eine ausführliche Analyse der besonderen Restitutionsfälle. In diesem Abschnitt der Arbeit liegt der Schwerpunkt – der scotischen Systematik entsprechend – auf der Vertragslehre, welche *Duns Scotus* in seiner zweiten Quästion präsentiert. Der Abschnitt über die besonderen Restitutionsfälle folgt den Ausführungen in den

292 *Repgen*, Vertragstreue und Erfüllungszwang (wie Fn. 281), S. 35.

Quästionen 2–4, beginnend mit der Rückabwicklung rechtsgeschäftlicher Beziehungen. Hierbei wird ausführlich auf die Rückabwicklung der verschiedenen Vertragsformen eingegangen. Es folgen weitere der zweiten Quästion entstammende Restitutionsfälle, nämlich die Restitution im Falle des Diebstahls und Raubes, die Restitution eines kirchlichen Amtes und einer unrechtmäßig erlangten Erbschaft (Ehebruch). Sodann folgen die Restitutionsfälle, welche seiner dritten und vierten Quästion entstammen, so zum Beispiel die Schädigung der geistigen Güter, das Abhalten vom Ordenseintritt und das Verführen zum Ordensaustritt, die Körperverletzungen, die Tötung eines Menschen und die unterschiedlichen Varianten der Rufschädigung.

Im Hinblick auf die Restitution der Erbschaft beim Ehebruch, eines kirchlichen Benefiziums (q. 2) sowie des entstandenen Schadens im Falle des Abhaltens vom Ordenseintritt und des Verführens zum Ordensaustritt (q. 3) sei auf einige systematische Besonderheiten beziehungsweise in dieser Arbeit vorgenommene Abweichungen von der scotischen Systematik hingewiesen: Es handelt sich bei diesen Restitutionsfällen um solche, welche *Duns Scotus* nicht im Rahmen seiner Ausgangsfragen (qq. 2–4) und damit nicht im Rahmen einer eigenständigen Quästion erfragt. Darüber hinaus widmet er diesen Themenkomplexen auch keinen eigenen Abschnitt innerhalb der *corpora* – der Hauptteile – der Quästionen (qq. 2, 3), sondern er äußert sich zu ihnen (lediglich) innerhalb seiner *argumenta principalia* (Eingangsargumente) und der späteren Bezugnahme auf eben diese Argumente *(ad argumenta principalia)*.[293] Sie werden von *Duns Scotus* zunächst als gegen eine Restitutionspflicht sprechende Einwände präsentiert. Die weiteren Ausführungen des *Duns Scotus* zeigen, dass es sich aber nicht um Konstellationen eines Leistungsausschlusses handelt, sondern dass in diesen Fällen gegebenenfalls der Leistungsumfang modifiziert wird; die Pflicht zur Restitution bleibt bestehen. Die Stellungnahmen des *Duns Scotus* zu diesen Restitutionsfällen zeichnen sich verglichen mit seinen Stellungnahmen zu anderen innerhalb der *argumenta principalia* angeführten Einwänden einerseits durch ihre Quantität und andererseits durch die feinsinnige inhaltliche Ausdifferenzierung und damit durch ihre Qualität aus. Und aus diesen Gründen werden sie in der vorliegenden Arbeit primär innerhalb der besonderen Restitutionsfälle des *Duns Scotus* gewürdigt. Auf diese Abweichung von der scotischen Systematik wird

---

293 Zum Basisschema des scholastischen Argumentationsvorgangs: *Decock; Birr*, Recht und Moral (wie Fn. 63), S. 67–69. Speziell zum Aufbau der scholastischen Quästion und der scotischen Systematik in dieser Arbeit: § 3.B.

an den entsprechenden Stellen im Hauptteil dieser Arbeit aufmerksam gemacht. Zuletzt finden diese Fälle in dieser Arbeit auch knapp innerhalb der allgemeinen Lehren als vermeintlich gegen eine Restitutionspflicht sprechende Argumente Erwähnung.

Zuletzt, werden innerhalb des Abschnitts zu den besonderen Restitutionsfällen drei Fälle sehr knapp beleuchtet, welche *Duns Scotus* ausschließlich in seiner *Reportatio IV-A* streift. Und auch bei diesen Themen handelt es sich nicht um Fälle, welchen *Duns Scotus* eine eigene Quästion oder einen Abschnitt innerhalb eines *corpus* einer Quästion widmet.

Im sechsten Kapitel (§ 6.) folgt der allgemeine Teil der Restitution, in welchem die Grundsätze der Restitution, welche *Duns Scotus* im vierten Artikel der zweiten Quästion behandelt, welche aber teils auf alle besonderen Restitutionsfälle anwendbar sind, untersucht werden. Es handelt sich um vorangestellte generelle Maximen und Prinzipien der Restitution.

Zuletzt folgt im siebten Kapitel (§ 7.) eine Schlussbetrachtung unter Zusammenfassung der Erträge der scotischen Lehre.

Abschließend sei vor der weiteren Lektüre, insbesondere vor der Lektüre des Hauptteils dieser Arbeit, noch auf folgenden Aspekt hingewiesen: Wie zuvor erläutert, werden im Fließtext zahlreiche Aussagen des *Duns Scotus* tabellarisch mit ihrem lateinischen Wortlaut und einer eigenen Übersetzung abgebildet. Zu einem Großteil folgt auf diese „Übersetzungstabellen" eine knappe eigene Zusammenfassung sowie eine ausführliche Analyse der abgebildeten und übersetzten Textpassagen, so dass im Hinblick auf diese Analysen und Interpretationen darauf hingewiesen wird, dass diese sich ganz überwiegend auf die Textpassage/Textpassagen aus den zuvor abgebildeten „Übersetzungstabellen" beziehen. Dies erschließt sich selbstverständlich stets aus der Lektüre eben dieser Textabschnitte im Hauptteil der Arbeit; da bereits die Nachverfolgung der scotischen Argumentationslinie stellenweise herausfordernd ist, scheint dieser klarstellende Hinweis aus Gründen eines besseren Verständnisses sowohl der scotischen Argumentationslinie als auch der in dieser Arbeit präsentierten Analysen und Interpretationen durchaus angebracht.

§ 2. Die historische Entwicklung der moraltheologischen Restitutionslehre bis zu *Johannes Duns Scotus* im Überblick

In diesem Kapitel soll zunächst die Entwicklung der moraltheologischen Restitutionslehre in der früh- und hochscholastischen Literatur (12.–13./14. Jhd.) überblicksartig nachgezeichnet werden, um anschließend die scotische Kommentierung in diese Entwicklungslinie näher einordnen zu können. Daher enthält dieses Kapitel vielfach Ausführungen zur Literaturgeschichte, vorwiegend zu den moraltheologischen Literaturgattungen. So wird unter anderem die in der Schule von Laon florierende Literaturgattung der Sentenzensammlungen, insbesondere die des Pariser Kathedralschullehrers *Petrus Lombardus (1095/1100–1160)*[294], sowie die Sentenzenkommentarliteratur des ausgehenden 13. Jahrhunderts vorgestellt. Neben der Einführung in die verschiedenen, für diese Arbeit relevanten Literaturgattungen enthält dieses Kapitel Ausführungen zur systematischen Verortung der Restitution in den unterschiedlichen Literaturgattungen, insbesondere Ausführungen zu den Sentenzenkommentaren und Summen. Auf diese Weise ermöglicht das Kapitel zugleich einen Einstieg in die Mehrzahl der Werke und Schriften, welche im Rahmen dieser Arbeit als Referenzwerke herangezogen werden.

A. *Die zeitliche Eingrenzung: Die Früh- und Hochscholastik*

Mit Blick auf die zeitliche Beschränkung dieser Darstellung auf die Früh- und Hochscholastik gilt es zunächst hervorzuheben, dass die Begriffe der „Früh-“ und „Hochscholastik“ im Speziellen, der Begriff der „Scholastik“[295] im Allgemeinen einerseits in den verschiedenen wissenschaftlichen

---

294 Zu *Petrus Lombardus*: *Ludwig Hödl*, Art. Petrus Lombardus, in: LexMA VI (1993), Sp. 1977–1978; *Ludwig Hödl*, Art. Petrus Lombardus, in: BBKL V (1993), Sp. 197–202.

295 Zum Begriff der Scholastik und der scholastischen Methode u. a.: *Hans-Jürgen Becker*, Art. Scholastik, in: HRG IV, 1. Auflage (1990), Sp. 1478–1481; *Rolf Schönberger*, Art. Scholastik, in: LexMA VII (1995), Sp. 1521–1526; *Leo J. Elders*, Art. Scholastische Methode, in: LexMA VII (1995), Sp. 1526–1528; *Reinhold*

Disziplinen in unterschiedlicher Weise verwendet werden und andererseits sowohl eine spezielle *„Denkform"* als auch eine mittelalterliche Epoche bezeichnen können. So wird der Begriff „Scholastik" beispielsweise in der Theologie-, Philosophie- und Wissenschaftsgeschichte entweder als *„historisch-deskriptive Klassifizierung"*, als *„bewertende Begrifflichkeit"* oder auch als eine *„strukturelle Kennzeichnung"* verwendet.[296] Heutzutage begegnet der Ausdruck meist im Sinne einer Klassifizierung des Mittelalters als eine wissenschaftsgeschichtliche Epoche, welche durch einen gewissen Prozess der Verwissenschaftlichung geprägt ist.[297] Der methodische Aspekt der Scholastik erlaubt die Anwendung der Begrifflichkeit auch auf nachmittelalterliche Erscheinungen.[298] Dem Ursprung nach handelt es sich bei der Scholastik vielmehr um eine spezielle, an den neu gegründeten Universitäten praktizierte *„Denkform"* als um eine *„Denkepoche"*.[299] Als Scholastik wird dabei im Allgemeinen eine Geisteshaltung beschrieben, welche

---

Rieger, Art. Scholastik, in: Historisches Wörterbuch der Rhetorik VIII (2007), Sp. 518–541, v. a. 519; *Ludger Honnefelder; Hannes Möhle; Joachim Roland Söder*, Art. Scholastik, in: LexThK IX, 3. Auflage (2000), Sp. 199–202; *Artur Michael Landgraf*, Zum Begriff der Scholastik, in: Collectanea Franciscana 11 (1941), S. 487–490; *Rolf Schönberger*, Was ist Scholastik? Mit einem Geleitwort von Peter Koslowski, Hildesheim 1991; *Ulrich G. Leinsle; Tobias Trappe*, Art. Scholastik, in: TRE XXX (1999), S. 361–370, insbs. I. Scholastik/Neuscholastik, S. 361–366; *Decock; Birr*, Recht und Moral (wie Fn. 63), S. 67–69. Weiterführend zum Begriff der „scholastischen Philosophie": *Gangolf Schrimpf*, Bausteine für einen historischen Begriff der scholastischen Philosophie, in: Philosophie im Mittelalter. Entwicklungslinien und Paradigmen. [Wolfgang Kluxen zum 65. Geburtstag], hrsg. v. Jan P. Beckmann; Ludger Honnefelder; Gangolf Schrimpf; Georg Wieland, 2. Auflage, Hamburg 1996, S. 1–25. Sehr ausführlich mit zahlreichen Quellennachweisen: *Martin Grabmann*, Die Geschichte der scholastischen Methode, Bd. 1: Die scholastische Methode von ihren ersten Anfängen in der Väterliteratur bis zum Beginn des 12. Jahrhunderts, Freiburg i. Br. [u. a.] 1909; Bd. 2: Die scholastische Methode im 12. und beginnenden 13. Jahrhundert, Freiburg i. Br. [u. a.] 1911.

296 *Honnefelder; Möhle*, Art. Scholastik, 1. Begriffliche Abgrenzung, in: LexThK IX, 3. Auflage (2000), Sp. 199–202, 199.

297 *Honnefelder; Möhle*, Art. Scholastik, 1. Begriffliche Abgrenzung, in: LexThK IX, 3. Auflage (2000), Sp. 199–202, 199. Die Bezeichnung Scholastik für den mittelalterlichen Wissenschaftstyp stammt aus dem 18. Jahrhundert, aus: *Rieger*, Art. Scholastik, in: Historisches Wörterbuch der Rhetorik VIII (2007), Sp. 518–541, 519.

298 *Rieger*, Art. Scholastik, in: Historisches Wörterbuch der Rhetorik VIII (2007), Sp. 518–541, 519.

299 *Schönberger*, Art. Scholastik, 1. Begriff und historische Charaktere, in: LexMA VII (1995), Sp. 1521–1526, 1521.

ihren Ausgang in den Schulen von unter anderem Laon, Paris und Chartres nimmt und durch die Synthese der christlichen Offenbarungslehre und der durch die aristotelische Philosophie geprägten wissenschaftlichen Denkweise gekennzeichnet ist.[300] Methodisch werden die vorgefundenen Quellen und die darin enthaltenen Wahrheiten *(ratio scripta)* mit Hilfe des Intellekts *(intellectus)* durchdrungen; es erfolgt eine textkritische Erfassung und Bearbeitung der Quellen unter Anwendung der dialektischen Methode.[301] Dabei geht es den Scholastikern nicht um das Auffinden der Wahrheit, sondern um die Erlangung einer höheren Einsicht in die in den biblischen und patristischen Texten *(ratio scripta)* vorgefundenen Glaubenswahrheiten mittels der Vernunft, die Systematisierung und Ordnung dieser Glaubenswahrheiten sowie um die argumentative Auflösung vermeintlicher Einwände und Widersprüche und damit im Ergebnis um die Begründung und Auslegung der bereits vorgefundenen Wahrheiten.[302] Es geht den Scholastikern also darum, Glaubenswahrheiten durch die Vernunft zu begründen.[303] Kennzeichnend für die Scholastik sind die Elemente der *auctoritas* und *ratio* – der rationale Umgang mit Autoritäten *(ratio)* sowie die Schulorientierung *(auctoritas)*.[304] Bei den Glossatoren und Dekretisten wird das römische beziehungsweise kanonische Recht (in Form des *Corpus iuris civilis*, *Decretum Gratiani*, *Liber Extra*, *Liber Sextus*) als eben diese *ratio scripta* verstanden.[305] In einem engeren Sinne bezeichnet die Scholastik das spezielle methodische Vorgehen, welches von *Petrus Abaelardus (1079–1142)*[306] in seinem einflussreichen Werk *Sic et non* ausgebildet und von den nachfolgenden Scholastikern und so auch von

---

300 *Grabmann*, Die Geschichte der scholastischen Methode, Bd. 1 (wie Fn. 295), S. 28–37 zur Begriffsbestimmung, v. a. S. 33–37; *Becker*, Art. Scholastik, in: HRG IV, 1. Auflage (1990), Sp. 1478–1481, 1479.

301 *Becker*, Art. Scholastik, in: HRG IV, 1. Auflage (1990), Sp. 1478–1481, 1479.

302 *Hans Joachim Störig*, Kleine Weltgeschichte der Philosophie, 5. Auflage, Frankfurt a. M. 2006, S. 266.

303 *Maihold*, Strafe für fremde Schuld? (wie Fn. 63), S. 44. *Maihold* thematisiert auch die inhaltlichen Definitionen der „Scholastik“, zum Beispiel die Begriffsbestimmung von *Josef Pieper*, Scholastik. Gestalten und Probleme der mittelalterlichen Philosophie, 4. Auflage, München 1998, oder auch von *Ulrich Gottfried Leinsle*, Einführung in die scholastische Theologie, Paderborn [u. a.] 1995.

304 *Maihold*, Strafe für fremde Schuld? (wie Fn. 63), S. 44.

305 *Becker*, Art. Scholastik, in: HRG IV, 1. Auflage (1990), Sp. 1478–1481, 1479; *Wieacker*, Privatrechtsgeschichte (wie Fn. 49), speziell zur scholastischen Methode der Glossatoren: S. 56–60.

306 Zu *Petrus Abaelardus*: *Rolf Peppermüller*, Art. Abaelard, I. Leben, Philosophie und Theologie, in: LexMA I (1980), Sp. 7–9; *Friedrich Wilhelm Bautz*, Art. Abaelard, Peter, in: BBKL I, 2. Auflage (1990), Sp. 2–4.

Duns Scotus angewendet und weiterentwickelt wurde und welches neben vielzähligen Worterklärungen in der dialektischen Gegenüberstellung der Argumente für und gegen eine Position besteht, wobei die vorgestellten Argumente den vorherigen Aussprüchen vorangegangener Kirchenväter und Lehrmeister oder anderer Autoritäten *(auctoritas)* entnommen werden und die Lösung der scheinbaren Widersprüche mehrheitlich durch eine Harmonisierung beziehungsweise durch die Synthese der Lehrmeinungen anhand von Unterscheidungen *(distinctio)* erfolgt.[307] Die Hauptformen des scholastischen Lehrbetriebes waren die Vorlesung *(lectio)* und Disputation *(disputatio)* sowie Übungen *(repetitio, collatio)*, in der theologischen Fakultät auch die Predigt *(praedicatio, sermo)*.[308]

Die wissenschaftsgeschichtliche Epoche der Scholastik wird üblicherweise in die Phasen der Frühscholastik (ca. 9–12. Jhd.), Hochscholastik (12./13. Jhd.) und Spätscholastik (14. Jhd. bis zum Humanismus) unterteilt, wobei die Übergänge zwischen den einzelnen Entwicklungsphasen der Scholastik fließend sind; eine scharfe Abgrenzung ist letztlich kaum möglich.[309]

Mit Blick auf diese Arbeit bleibt festzuhalten, dass die Begriffe der „Früh-“, „Hoch-“ und „Spätscholastik“ in einem wissenschaftsgeschichtlichen Sinne für eine Epochenbezeichnung des Mittelalters und der Frühen Neuzeit verwendet werden, welche durch die Ausprägung und präzise Anwendung der oben beschriebenen Methodik geprägt ist. Das Adjektiv „scholastisch“ wird darüber hinaus auch im Hinblick für die spezielle wissenschaftliche vor allem auf *Petrus Abaelardus* zurückgehende dialektische Methodik der Beweisführung verwendet, wobei sich diese Begriffsverwendung an den entsprechenden Stellen dem Kontext entnehmen lässt. Die im Folgenden vorgenommene Einteilung in frühscholastische und hochscholastische Entwicklungsstadien der Restitutionslehre sowie die Zu-

---

307 *Störig*, Kleine Weltgeschichte der Philosophie (wie Fn. 302), S. 266; *Maihold*, Strafe für fremde Schuld? (wie Fn. 63), S. 45. Zum methodischen Auflösen der scheinbaren Widersprüche: *Becker*, Scholastik, in: HGR IV, 1. Auflage (1990), Sp. 1478–1481, 1479; *Grabmann*, Die Geschichte der scholastischen Methode, Bd. 2 (wie Fn. 295), S. 378–384, akzentuiert die Weiterentwicklung und praktische Anwendung dieser dialektischen Methode im lombardischen Sentenzenwerk.

308 *Ulrich Köpf*, Scholastik, v. a. II. Eigenart der Scholastik, in: Religion in Geschichte und Gegenwart. Handwörterbuch für Theologie und Religionswissenschaft, Bd. 7: R–S, 4. Auflage (2008), Sp. 949–954, 951.

309 Zur Einteilung: *Rieger*, Art. Scholastik, in: Historisches Wörterbuch der Rhetorik VIII (2007), Sp. 518–541, 519.

ordnung einzelner Werke zu diesen Entwicklungsphasen erfolgt anhand von Kriterien wie zum Beispiel bestimmten historischen oder auch philosophiegeschichtlichen Ereignissen, welche speziell für die Entwicklung und Ausformung der Restitutionslehre im moraltheologischen Diskurs bedeutsam waren.

In Anlehnung an *Weinzierls* Klassifizierung umfasst die Frühscholastik in dieser Arbeit den Zeitraum des beginnenden 12. bis zum Beginn des 13. Jahrhunderts (bis ca. 1225).[310] Die Hochscholastik erfasst den sich anschließenden Zeitraum ab ca. 1230 bis zum beginnenden 14. Jahrhundert, in dessen ersten Jahrzehnten auch der scotische Sentenzenkommentar entsteht.[311] In der Sekundärliteratur wird *Duns Scotus* zum Teil der ausgehenden Hochscholastik, zum Teil der beginnenden Spätscholastik zugeordnet.[312] In dieser Arbeit erfolgt eine Zuordnung des scotischen Kommentars zur Hochscholastik. In seiner Form des besonders umfangreichen und tiefgehenden, von den lombardischen Sentenzen abstrahierenden Quästionenkommentars steht *Duns Scotus´* Kommentar für diejenigen Kommentare, welche durch den selektiven Umgang mit den Sentenzen geprägt sind und so zu ihrer eigenen Theologie finden.[313] Die abstrahierende Distanz zum lombardischen Sentenzenwerk, welche ab der zweiten Hälfte des 13. Jahrhunderts stark zugenommen hat, und die Loslösung von der strikten Orientierung beziehungsweise Befolgung der Reihenfolge des *Lombardus*, welche zum Hemmnis für die Weiterentwicklung der systematischen Theologie wurde[314], ist bei *Duns Scotus* in besonderem Maße ausgeprägt. So reiht er sich in eine fortlaufende Entwicklung der Kommentarliteratur ein und markiert einen Höhepunkt der hochscholastischen Sentenzenkommentierung am Übergang zur Spätscholastik.

Die Gründe für die oben skizzierte Einteilung seien nun kurz erläutert: Der Beginn des 12. Jahrhunderts ist durch die Entstehung der Universitäten, der Bearbeitung des gegen Ende des 11. Jahrhunderts wiederentdeck-

---

310 *Weinzierl*, Frühscholastik (wie Fn. 16), S. 1.

311 Vgl. die Klassifizierung bei: *Weinzierl*, Hochscholastik (wie Fn. 16), S. 1, dessen Untersuchung mit der theologischen Summe des *Thomas von Aquin* endet.

312 *Duns Scotus* der Hochscholastik zuordnend u. a.: *Rieger*, Art. Scholastik; in: Historisches Wörterbuch der Rhetorik VIII (2007), Sp. 518–541, 519; *Honnefelder*, Duns Scotus (wie Fn. 79), S. 2. *Duns Scotus* der Spätscholastik zuordnend z. B.: *Jakob Hans Josef Schneider*, Thomas Hobbes und die Spätscholastik, Diss. Univ. Bonn 1986. Auf diese Zuordnung zur Spätscholastik m. w. N. hinweisend: *Maihold*, Strafe für fremde Schuld? (wie Fn. 63), S. 43 Fn. 23.

313 *Dreyer*, Kommentare zu den Sentenzen (wie Fn. 50), S. 135, 138.

314 *Dreyer*, Kommentare zu den Sentenzen (wie Fn. 50), S. 135.

ten römischen Rechts und der damit einhergehenden Ausprägung der europäischen Rechtswissenschaft und Anwendung der scholastischen Methode als einheitliche an den Universitäten angewandte Methode der Beweisführung geprägt.[315] Während der Mitte des 12. Jahrhunderts entsteht das theologiegeschichtlich sowie für die systematische Behandlung der Restitution im Rahmen der Sakramentenlehre bedeutsame und einflussreiche Sentenzenwerk des *Petrus Lombardus*. Bis zur Einführung der lombardischen Sentenzen als Lehrbuch *ordinarie* an der Pariser Universität in den 1220er-Jahren und der einsetzenden Glossierung sowie Kommentierung wurde die Restitution in einer weniger systematischen und umfangreichen Art behandelt.[316] Dies wird im Folgenden aufgezeigt. Die frühscholastische Phase ist durch die Entwicklung des lombardischen Sentenzenwerkes, durch die partielle Behandlung einzelner Restitutionsfälle und weniger durch die Ausformung einer ausdifferenzierten Lehre gekennzeichnet.[317]

Mit der Einführung der jährlichen Beichtpflicht auf dem Vierten Laterankonzil (1215) durch *Innozenz III.* und der Gründung der besonders um die Seelsorge *(cura animarum)* bemühten Bettelorden kommt es im 13. Jahrhundert zu einer Institutionalisierung der Beichte und zum verstärkten Einbruch der Jurisprudenz in die Praxis des *forum conscientiae (internum)*.[318] Die Einführung der Beichtpflicht lässt die Auseinandersetzung mit dem Bußsakrament und damit einhergehenden Restitutionsfragen im moraltheologischen Diskurs und in der seelsorgerischen Praxis virulent werden. Im Hinblick auf die Bewertung einzelner „Gewissens"-Fälle *in foro conscientiae* ist eine zunehmende Berücksichtigung juristischer Wertungen zu verzeichnen.[319] Zu Beginn des 13. Jahrhunderts wurden nicht nur die im späten 11. Jahrhundert wiederentdeckten und seit dem 7. Jahrhundert in Vergessenheit geratenen Bestandteile des *Corpus iuris civilis* rezipiert

315 *Wieacker*, Privatrechtsgeschichte (wie Fn. 49), S. 22, 45–70, speziell zur scholastischen Methode: 56–60; *Repgen*, Vertragstreue und Erfüllungszwang (wie Fn. 281), S. 51.

316 Ausführlich zu den lombardischen Sentenzen: § 2.B.I.3.

317 Zur frühscholastischen Restitutionslehre sehr ausführlich: *Weinzierl*, Frühscholastik (wie Fn. 16).

318 *Trusen*, Forum internum und gelehrtes Recht im Spätmittelalter (wie Fn. 12), S. 90–92; *Wolter*, Naturalrestitution (wie Fn. 6), S. 53. Vgl. weiter auch: *Ohst*, Pflichtbeichte (wie Fn. 10), S. 32–33.

319 Speziell in Bezug auf die Restitutionslehre: *Weinzierl*, Hochscholastik (wie Fn. 16), S. 231–235; *Weinzierl*, Frühscholastik (wie Fn. 16), S. 110, 188–191; allgemein zum Einbruch der Jurisprudenz in die Praxis *in foro conscientiae*: *Schmoeckel*, Art. Beichtstuhljurisprudenz, in: HRG I, 2. Auflage (2008), Sp. 505–508; *Trusen*, Forum internum und gelehrtes Recht im Spätmittelalter (wie Fn. 12).

und an den Universitäten gelehrt[320], sondern auch im kirchlichen Bereich liegt das kanonische Recht mittlerweile in Form des *Decretum Gratiani* (1140) und der Dekretalensammlung *Gregor IX. (um 1170–1241)*[321] im Jahr 1232 vor; die Dekretalensammlung *Bonifatius VIII.* folgte im Jahr 1298.[322] Vor dem Hintergrund der zunehmenden wirtschaftlichen Tätigkeiten und der aufblühenden Handelspraxis[323] gewinnen insbesondere die Ausführungen zum Vertragswesen in den Sentenzenkommentaren immer mehr an Bedeutung und Tiefe.[324] Die zu Beginn des 13. Jahrhunderts gegründeten Bettelorden waren vor allem um die Seelsorge bemüht und erhielten die Vollmacht zur Abnahme der Beichte.[325] Sie bildeten ihr eigenes hierar-

---

320 *Repgen*, Vertragstreue und Erfüllungszwang (wie Fn. 281), S. 51; *Wieacker*, Privatrechtsgeschichte (wie Fn. 49), S. 22, speziell zu den Konsiliatoren: 80–96.

321 Zu Papst *Gregor IX.*: *Andreas Thier*, Art. Gregor IX., in: HRG II, 2. Auflage (2012), Sp. 536–537.

322 Zur Entstehung des Kirchenrechts: *Wieacker*, Privatrechtsgeschichte (wie Fn. 49), S. 71–80; *Peter Landau*, Art. Gratian, in: HRG II, 2. Auflage (2012), Sp. 530–533; *Thier*, Art. Corpus Iuris Canonici, in: HRG I, 2. Auflage (2008), Sp. 894–901; *Erdö*, Quellen des Kirchenrechts (wie Fn. 49). Sehr ausführlich: *Peter Landau*, Europäische Rechtsgeschichte und kanonisches Recht im Mittelalter. Ausgewählte Aufsätze aus den Jahren 1967 bis 2006, Badenweiler 2013.

323 Hierzu: § 1.A.I. und bzgl. *Duns Scotus´* Ausführungen: § 5.C.II.1–5.

324 Vgl. z. B. die Ausführungen bei: *Richardus de Mediavilla*, Sent., lib. IV, dist. 15, art. 5, q. 5–6, 8, S. 222a–224b, 225b–227a; *Duns Scotus*, Ord. IV (editio vaticana XIII), dist. 15, q. 2, S. 75–113; vgl. vor allem den *Tractatus de contractibus, de usuris et de restitutionibus* des *Petrus Johannes Olivi* und hierzu die in jüngerer Zeit erschienene kritische Edition mit einer französischen Übersetzung: *Petrus Johannes Olivi*, Traité des contrats, hrsg. u. übers. v. Sylvain Piron, Paris 2012. Seit 2016 liegt auch die folgende englische Übersetzung vor: A Treatise of Contracts, hrsg. u. übers. v. Ryan Thornton; Michael Cusato, St. Bonaventure, NY 2016. In dieser Arbeit wird in Bezug auf den Traktat des *Petrus Johannes Olivi* die nachfolgende Ausgabe genutzt: Un trattato di economia politica francescana: il „De emptionibus et venditionibus, de usuris et de restitutionibus“ di Pietro di Giovanni Olivi, hrsg. v. Giacomo Todeschini, Rom 1980.

325 *Trusen*, Forum internum und gelehrtes Recht im Spätmittelalter (wie Fn. 12), v. a. S. 91–92, 106–107; *Trusen*, Zur Bedeutung des geistlichen Forum internum und externum (wie Fn. 12), v. a. S. 259–262: *Trusen* führt aus, dass der Franziskanerorden die Vollmacht zur Beichtabnahme im Jahr 1237 erhielt. Bereits ab 1218 empfohlen die Päpste den Bischöfen die Dienste der Predigermönche und im Jahr 1221 spricht *Honorius III.* an alle Prälaten in der Christenheit die Empfehlung zur Übernahme des Konfessorenamtes durch die Ordensmitglieder aus. Weiterführend zum mittelalterlichen Streit über die Bußvollmacht der Mendikantenpriester: *Ludwig Hödl*, Die sakramentale Buße und ihre kirchliche Ordnung im beginnenden mittelalterlichen Streit um die Bußvollmacht der Ordenspriester, in: Franziskanische Studien 55 (1973), S. 330–374.

chisch gegliedertes, ordensinternes Ausbildungssystem aus und besaßen zudem Lehrstühle an den theologischen Fakultäten des 13. Jahrhunderts, in welchen die besonders begabten Ordensstudenten die Möglichkeit des Theologiestudiums erhielten.[326] Im Rahmen dieses Studiums entstanden etliche sehr umfangreiche Kommentare zu den lombardischen Sentenzen, systematische Summen oder auch *Quaestiones quodlibetales*, welche allesamt zur Bildung der systematischen Theologie sowie der Loslösung der Philosophie von der Theologie beitrugen.[327] In vielen dieser Werke ist der Einfluss der nun in lateinischer Übersetzung vorliegenden aristotelischen Politik und Nikomachischen Ethik zu spüren. Insgesamt kommt es so ab der Mitte des 13. Jahrhundert zu einer Ausdifferenzierung und Systematisierung der Restitutionslehre, was sich auch in der Lehre des *Duns Scotus* zeigt.[328]

326 Sowohl der Dominikaner- als auch Franziskanerorden bauten im 13. Jahrhundert ein eigenes akademisches Ausbildungssystem für ihre Ordensstudenten auf. Die franziskanische Ordensausbildung war hierarchisch, dreigliedrig organisiert. Zum einen existierten einzelne Konvente mit lokalem Lektorat, zum anderen unterhielt der Franziskanerorden eigene Lehranstalten auf Provinzialebene *(studia particularia)*, in welchen die für höhere Studien geeigneten Mönche durch ihre fundierte Ausbildung in den *artes liberales* auf das vertiefte Theologiestudium im ordensinternen Generalstudium *(studium generale)* vorbereitet wurden. In Oxford und Paris waren diese *studia generalia* zugleich in die theologische Fakultät der Universitäten inkorporiert. Die *studia particularia* traten ab den 1270er-Jahren in Erscheinung. In ihnen (*philosophiae, logicalia, grammaticalia* usw.) erhielten in der Regel die begabteren Mönche nach ihrem Novizenjahr (mit ca. 15 Jahren) eine philosophische Grundausbildung in den sieben freien Künsten *(artes liberales)*. Die sich für weitere Studien eignenden Ordensstudenten erhielten regelmäßig eine Freistellung von dem den höheren Theologiestudium vorgelagerten regulären Studienprogramm an der Artistenfakultät, so dass auch diese Grundausbildung ordensintern verlief. Der großen Anzahl der Mönche blieb der Besuch dieser *studia particularia* jedoch verwehrt. Sie verblieben in ihrem oder einem anderen Konvent und wurden kontinuierlich weiter in der Moraltheologie, der Predigt und Beichtabnahme vor allem durch den Konventlektor ausgebildet. Das sich für eine geringe Zahl von Mönchen an die philosophische Grundausbildung anschließende Theologiestudium stellte am Ende des 13. Jahrhunderts ein sehr mühsames und langwieriges Unterfangen dar, handelte es sich doch um die längste akademische Ausbildung. Aus: *Bert Roest*, A History of Franciscan Education (c. 1210–1517), Leiden [u. a.] 2000, S. 68–70, insgesamt zur Entwicklung des Ausbildungssystems: v. a. 64–117; *Vos*, The Theology (wie Fn. 83), S. 8–9.

327 Zur Ausbildung der systematischen Theologie: *Dreyer*, Kommentare zu den Sentenzen (wie Fn. 50), S. 135, 139–140.

328 Sehr ausführlich zur hochscholastischen Restitutionslehre bis zu *Thomas von Aquin*: *Weinzierl*, Hochscholastik (wie Fn. 16).

B. Die Restitutionslehre der Frühscholastik

In der moraltheologischen Literatur der Frühscholastik begegnen Ausführungen zur Restitution eines Schadens unter anderem in den Bibelglossen und -kommentaren, Sentenzensammlungen sowie den theologisch-kanonistischen Beichtsummen.[329] Für die – auch in der Kommentierung des *Duns Scotus* anzutreffende – systematische Verortung der Restitution innerhalb der Lehre vom Bußsakrament ist insbesondere die Entstehung der systematischen Sentenzensammlungen, speziell des Sentenzenwerkes des Pariser Kathedralschullehrers *Petrus Lombardus* von Bedeutung, in welchem *Lombardus* die Restitution innerhalb seiner Lehre vom Bußsakrament behandelt und in welchem auch das am Anfang dieser Arbeit behandelte Augustinuszitat über das Erfordernis der Restitution für die Sündenvergebung im Rahmen seiner Sakramentenlehre begegnet.[330] Um diese Sentenzenwerke, vor allem das des *Lombardus*, soll es im Folgenden im Schwerpunkt gehen.

Vorab sei noch mit Blick auf die Behandlung und systematische Verortung der Restitution in den Bibelglossen unter Verweis auf die weiteren Ausführungen bei *Weinzierl*[331] lediglich Folgendes angemerkt: In den Bibelglossen findet die Restitution vorwiegend an denjenigen Stellen Erwähnung, an denen das Alte und Neue Testament von ihr handeln. Im Kern geht es daher um die Klärung beziehungsweise Erläuterung der biblischen Restitutionslehre. Die Bibelglossen greifen die biblischen Restitutionsfälle auf und sind um eine Auslegung der einschlägigen Bibelstellen bemüht; sie können – laut *Weinzierl* – aber kaum etwas zur Klärung der biblischen Restitutionslehre beitragen.[332] Von einer seitens der Theologen

---

329 Ausführlich dazu: *Weinzierl*, Frühscholastik (wie Fn. 16), S. 11–30 (in den Bibelglossen), 100–109 (in den theologisch-kanonistischen Beichtsummen), 110–175 (in der systematischen Theologie). Die folgenden Ausführungen zur Lehre der Frühscholastik basieren entscheidend auf *Weinzierls* Ausarbeitung.

330 *Petrus Lombardus*, Sententiae in IV libris distinctae, Tom. II: Liber III et IV, Editio tertia, Ad Claras Aquas Grottaferrata (Romae) 1981, lib. IV, dist. 15, cap. 7, n. 9, S. 336.

331 *Weinzierl*, Frühscholastik (wie Fn. 16), S. 11–30, 175–178.

332 *Weinzierl*, Frühscholastik (wie Fn. 16), S. 11, 20–21. In seiner ausführlichen Untersuchung über die frühscholastische Restitutionslehre konzentrierte *Weinzierl* sich auf die mit Abstand berühmteste und einflussreichste Bibelglosse, nämlich die *Glossa ordinaria*. In diesem Zusammenhang gilt es hervorzuheben, dass *Weinzierl* in seiner Untersuchung noch davon ausging, dass die *Glossa ordinaria Walafried Strabo (808/809–849)* und lediglich die *Glossa interlinearis Anselm von Laon (um 1050–1117)* zugeschrieben wird. Diese Annahme wird heute nicht

ausgeformten, systematisierten, von den autoritativen Texten der Bibel abstrahierenden Lehre von der Restitution kann zu dieser Zeit in keiner Weise gesprochen werden. Gleichwohl findet die biblische Restitutionslehre in dieser Arbeit an dieser Stelle allerdings kurz Erwähnung, unter anderem weil die von der Restitution im weitesten Sinne handelnden Bibelstellen von den Moraltheologen auch – wie in dieser Arbeit zu sehen sein wird – in den nachfolgenden Jahrhunderten im Rahmen ihrer Abhandlungen zur Restitution vielfach aufgegriffen wurden und ihnen als autoritative Belegstellen dienten. Die Stellen zur Restitution finden sich über das Alte und Neue Testament verstreut, wobei sie bereits den *„wesentlichen Kern"* der Restitutionslehre in ihrer Gesamtheit vorgeben und eine Einteilung der Restitutionspflichten, welche bestimmten Vergehen, und solchen, welche bestimmten Verträgen entspringen, erkennen lassen.[333] Im Alten Testament statuieren insbesondere die Gesetze *Mose* Restitutionspflichten. So verpflichtet die Überschreitung des siebten göttlichen Gebots (Ex 20,15) zur Restitution des Weggenommenen.[334] In der weiteren Entwicklung der Restitutionslehre zeigt sich, dass die Restitution in den sogleich näher zu betrachtenden Sentenzensammlungen auch im Rahmen der Behandlung des siebten göttlichen Gebots begegnet. Die im Alten und Neuen Testament vorzufindenden „Restitutionsfälle" wie zum Beispiel die Verführung einer Jungfrau[335] bilden in der zunehmend kasuistisch geprägten hochscholastischen Lehre darüber hinaus bekannte und typischerweise von den Theologen behandelte Restitutionsfälle.[336] Damit

mehr vertreten. Vielmehr ist erwiesen, dass die zum Strang der *Glossa ordinaria* gehörenden glossierten Bibelhandschriften aus dem Zeitraum 1130–1250 stammen. Als Kompilatoren und Herausgeber und Mitarbeiter an der Kompilation und Herausgabe der *Glossa* können aufgrund literarischer Zeugnisse aus dem 12. Jahrhundert *Anselm von Laon*, dessen Bruder *Radulf* und *Gilbertus Universalis* ermittelt werden. Aus: *Titus Lenherr*, Die „Glossa ordinaria" zur Bibel als Quelle von Gratians Dekret. Ein (neuer) Anfang, in: Bulletin of Medieval Canon Law 24 (n. s.) (2000–2001), S. 97–129, 99. Wenn unter Verweis auf *Weinzierls* Ausführungen auf die *Glossa ordinaria* eingegangen wird, so muss daher im Blick behalten werden, dass die *Glossa* nicht aus dem 9. Jahrhundert, sondern erst aus dem 12.–13. Jahrhundert stammt und daher nicht *Walafried Strabo* zugeschrieben wird.

333 *Weinzierl*, Frühscholastik (wie Fn. 16), S. 177.

334 Hierzu: *Weinzierl*, Frühscholastik (wie Fn. 16), S. 11–12, wo auf die Erklärung des *furtum* in der *Glossa interlinearis* und der *Glossa ordinaria* eingegangen wird.

335 Ex 22,15–16.

336 Weiter finden sich in Ex 22,5; 22,15–16 und Lev 24,18; 24,21 Fälle, welche von einer Restitutionspflicht aufgrund der Beschädigung einer fremden Sache, der Tötung eines Tieres oder der Verführung einer nicht verlobten Jungfrau

gaben sie auch das von den Theologen näher zu behandelnde Themenfeld vor. Die biblische Restitutionslehre enthält Regelungen wie zum Beispiel Ex 21,37; Ex 22,3; 22,6; Spr 6,31; Lev 5,16; 5,24, welche den Ersatz eines Mehrfachen vorsehen.[337] Im 12. Jahrhundert betonte *Petrus Cantor (1130–1197)*[338] in seinem Evangelienkommentar, dass im Alten Testament mehrheitlich die Restitution des Einfachen und nur ausnahmsweise die Restitution des Mehrfachen angeordnet werde.[339] Das von *Zachäus* an *Jesus* abgegeben Versprechen der Restitution eines Vierfachen (Lk 19,8) wertet *Petrus Cantor* – anders als die *Glossa ordinaria* – daher als eine *„iustitia supererogans"*.[340] In der Bibel begegnen neben den speziellen Restitutionsfällen zudem Ausführungen zu den Restitutionsmodalitäten[341] und der am Verbrechen Mitwirkenden[342]. Insgesamt zeichnet sich bereits in der

---

handeln. Restitutionspflichten können sich auch aus den verschiedenen Verträgen zum Beispiel der Verwahrung, der Verpfändung und dem Darlehensvertrag ergeben: Ex 22,6; 22,8; 22,9–12; 22,13–14; 22,24; 22,25–26; Lev 25,35–37; Deut 24,10–13; Sir 20,15; 29,2; Neh 5,10–11. Vorschriften zum Zinsverbot finden sich im Alten Testament u. a. in Ex 22,24; Lev 25,35–37; Deut 23,20–21; Neh 5,10–11. Auch im Neuen Testament lassen sich vielfach Stellen, welche von der Restitution handeln, finden. Laut dem Lukasevangelium 19,8 sprach *Zachäus* zu *Jesus*: *„Siehe, Herr, die Hälfte meines Vermögens gebe ich den Armen, und wenn ich von jemandem zu viel gefordert habe, gebe ich ihm das Vierfache zurück."* (deutscher Text aus: Einheitsübersetzung [2016]). Auch hier begegnet die Restitution eines Mehrfachen. Es soll sich bei dieser Stelle um die am meisten zitierte Stelle aus dem Neuen Testament handeln. Bedeutsame Regelungen zum Zinsverbot stammen insbesondere aus Lk 6,35 und Mt 5,42. Diese und weitere Ausführungen bei: *Weinzierl*, Frühscholastik (wie Fn. 16), S. 11–24, 175–178.

337 Hierzu die Ausführungen und Bibelstellen bei: *Weinzierl*, Frühscholastik (wie Fn. 16), S. 12–15, 175, 178–179; ausführlich zur Rückerstattung des Mehrfachen: *Johannes Döller*, Die vier- und fünffache Ersatzpflicht (Ex. 21,37 [22,1]), in: Theologische Quartalschrift 92/2 (1910), S. 163–170.

338 *Reinhardt Klaus*, Art. Petrus Cantor, in: BBKL VII (1994), Sp. 336–338.

339 *Weinzierl*, Frühscholastik (wie Fn. 16), S. 29, 175.

340 *Weinzierl*, Frühscholastik (wie Fn. 16), S. 29, 175.

341 Im Hinblick auf die Geltendmachung des Rückgabeverlangens gebietet Deut 24,10–11 die Rücksichtnahme – konkret das Nichtbetreten des Hauses im Rahmen der Besorgung eines Pfandes. Aus dieser Stelle sollen die *Glossa ordinaria* und die *Glossa interlinearis* den Schluss des völligen Gewaltverbots und der Beunruhigung bei der Rückforderung gezogen haben. Zu den Modalitäten vgl. auch Jes 58,3/13–14 (keine Geschäfte [d. h. auch keine Rückforderung] am Fastentag). Aus: *Weinzierl*, Frühscholastik (wie Fn. 16), S. 19.

342 Relevante Regelungen im Hinblick auf die Haftung bzw. die Verurteilung des an einem Schaden Mitwirkenden bzw. dem Verbrechen sich Anschließenden finden sich im Alten Testament in Ps 50,18 und Spr 29,24, wobei es sich bei der ersten Stelle weniger um die Begründung der Haftungspflicht des Mitwir-

biblischen Restitutionslehre eine Einteilung in besondere Restitutionsfälle sowie die Thematisierung auch allgemeinerer im Zusammenhang mit der Restitution aufkommender Fragen ab.

I. Die Restitution in den Sentenzensammlungen

Insbesondere im 12. Jahrhundert entstehen vielfach Sentenzenwerke – überwiegend in der Schule von *Anselm von Laon (†1117)*[343] und *Anselm von Canterbury (1033/34–1109)*[344].[345] Neben den Sentenzenwerken entstehen Summen, welche um eine systematischere und selbständigere Zusammenfassung des Wissens bemüht sind.[346]

1. Die Literaturgattung der Sentenzensammlungen

Die Schule von Laon steht für ein geistiges Zentrum, welches zu Beginn des 12. Jahrhunderts der Ausgangspunkt vieler philosophischer Denkrichtungen war.[347] Dieser Schule werden verschiedenste Autoren wie *Anselm von Canterbury*, *Anselm von Laon*, *Wilhelm von Champeaux (um 1070–*

---

kenden, als vielmehr um die Andeutung der Sündhaftigkeit dieses Verhaltens handeln soll. Die *Glossa ordinaria* soll die Mitwirkung am Diebstahl auf die Mitwirkung an einem jeden Vergehen ausgeweitet haben. Im Neuen Testament findet in Röm 1,32 die Mitwirkung an einem Verbrechen Erwähnung. Aus: *Weinzierl*, Frühscholastik (wie Fn. 16), S. 18–19 (Altes Testament), 22 (Neues Testament).

343 *Heinrich J. F. Reinhardt*, Art. Anselm von Laon (†1117), in: LexMA I (1980), Sp. 687–688.

344 *Günther Binding*, Art. Anselm von Canterbury (1033/34–1109), I. Leben, II. Werk, in: LexMA I (1980), Sp. 680–683.

345 Dazu ausführlich: *Weinzierl*, Frühscholastik (wie Fn. 16), S. 110–114. Systematische, anonym überlieferte Sentenzensammlungen lassen sich bereits im 11. Jahrhundert finden, aus: *Hans-Werner Goetz*, Geschichtsschreibung und Geschichtsbewußtsein im hohen Mittelalter, 2. Auflage, Berlin 2008, S. 71.

346 *Weinzierl*, Frühscholastik (wie Fn. 16), S. 110. Zur Literaturgattung der Summen: *Imbach*, Art. Summa, Summenliteratur, Summenkommentar, in: LexThK IX, 3. Auflage (2000), Sp. 1112–1117; *Rieger*, Art. Scholastik, in: Historisches Wörterbuch der Rhetorik VIII (2007), Sp. 518–541, 536–537; *Zapp*, Art. Summa, C. Kanonisches Recht, in: LexMA VIII (1997), insbs. Sp. 309–312.

347 *Theo Kobusch*, Geschichte der Philosophie, Bd. 5: Die Philosophie des Hoch- und Spätmittelalters, München 2011, S. 24.

1122)[348], *Ruprecht von Deutz (ca. 1075/1080–ca. 1130)*[349], *Johannes von Salisbury (ca. 1115/20–1180)*[350] zugerechnet.[351] Sie alle hinterließen ihrer Nachwelt ein breites Schrifttum systematischer Sentenzen.[352]

Sentenzensammlungen entwickelten sich bereits seit dem sechsten Jahrhundert neben den Florilegien.[353] Die zu Sammlungen zusammengefassten *sententiae* (wichtigste Lehrsätze) gewann man dabei entweder durch die Loslösung knapper Thesen aus den autoritativen Texten der Bibel und der sie interpretierenden Tradition oder durch die Zusammenfassung deren Sinngehaltes in kurze, auf den wesentlichen Aussagegehalt beschränkte Sätze.[354] Für die aus der Schule von Laon stammenden Sentenzen ist prägend, dass diese nicht mehr – wie noch bei *Isidor von Sevilla (um 560–*

348 *Klaus Jacobi*, Art. Wilhelm von Champeaux (Guillelmus de Campellis, Campellensis), in: LexMA IX (1998), Sp. 167–168.

349 *Matthäus Bernards*, Art. Rupert v. Deutz, in: LexThK IX, 2. Auflage (1964), Sp. 104–106; *Klaus-Gunther Wesseling*, Art. Rupert von Deutz, in: BBKL VIII (1994), Sp. 1021–1031.

350 *Hans-Werner Goetz*, Art. Johannes von Salisbury, in: LexMA V (1991), Sp. 599–601; *Norbert Bathen*, Art. Johannes (früher mit dem Beinamen *Pavus*) v. Salisbury (Saresberiensis), in: LexThK V, 3. Auflage (1996), Sp. 964–965.

351 Vgl. *Kobusch*, Geschichte der Philosophie, Bd. 5 (wie Fn. 347), S. 24–25.

352 *Kobusch*, Geschichte der Philosophie, Bd. 5 (wie Fn. 347), S. 25; *Goetz*, Geschichtsschreibung und Geschichtsbewußtsein im hohen Mittelalter (wie Fn. 345), S. 71; *Rieger*, Art. Scholastik, in: Historisches Wörterbuch der Rhetorik VIII (2007), Sp. 518–541, 536; *Dominique Poirel*, „Alter Augustinus – der zweite Augustinus". Hugo Sankt Viktor und die Väter der Kirche, in: Väter der Kirche. Ekklesiales Denken von den Anfängen bis in die Neuzeit. Festgabe für Hermann Josef Sieben SJ zum 70. Geburtstag, hrsg. v. Johannes Arnold; Rainer Berndt; Ralf M. W. Stammberger, Paderborn [u. a.] 2004, S. 643–668, 643. Weiterführend zu den Sentenzen der Schule von Laon, vor allem den *Sententiae Berolinenses* u. a.: *Friedrich Stegmüller*, Sententiae Berolinenses. Eine neugefundene Sentenzensammlung aus der Schule des Anselm von Laon, in: Recherches de Théologie ancienne et médiévale 11 (1939), S. 33–61; *Heinrich Weisweiler*, Wie entstanden die frühen Sententiae Berolinenses der Schule Anselms von Laon? Eine Untersuchung über die Verbindung von Patristik und Scholastik, in: Scholastik 34 (1959), S. 321–369; *Pauline Henriëtte Joanna Theresia Maas*, The Liber Sententiarum Magistri A. Its Place amidst the Sentences Collections of the First Half of the 12th Century, Nijmegen 1995.

353 *Dreyer*, Kommentare zu den Sentenzen (wie Fn. 50), S. 126. Zu den Florilegien: *Erwin Rauner*, Art. Florilegien, B. Exemplarischer Überblick, I. Literarisch-philosophisch-theologische Florilegien, in: LexMA IV (1989), Sp. 566–569.

354 *Dreyer*, Kommentare zu den Sentenzen (wie Fn. 50), S. 126–127.

636)[355] – lediglich allgemeine Sätze bezeichnen und aus einer Zusammenstellung der *sententiae* aus den patristischen Schriften bestehen.[356] Vielmehr sind sie Ausdruck des *„begründete[n], feste[n], reflektierte[n] Wissen[s] der christlichen Lehre"*, welches in den Sammlungen eine systematische Ordnung erfahren hat.[357] Sie enthalten daher die *„systematisch geordnete, rational begründete Kurzfassung der Hauptlehren des Christentums"*.[358] So trugen sie einerseits zu einer Festschreibung des patristischen und seit der Patristik tradierten Wissens bei, andererseits setzten sie durch die eigene, von der Patristik abweichende Akzentuierung bestimmter Themen einen Impulscharakter für die weitere scholastische Denkweise und Auseinandersetzung mit bestimmten Fragestellungen.[359] Anders als das frühere theologische Schrifttum, welches man zur Sinnerfassung noch als Ganzes lesen musste, ermöglichten Sentenzensammlungen durch ihre leicht verständliche Systematik und Gliederung auch einen selektiven Zugriff auf den theologischen Stoff.[360] Damit boten sie eine zu ihrer Zeit völlig neue Lektüre und stellten ein leicht nutzbares Kompendium der sich entwickelnden systematischen Theologie dar.[361]

2. Die Restitution in der vorwiegend älteren Sentenzenliteratur zu Beginn des 12. Jahrhunderts bis zu *Petrus Lombardus* im Überblick

Betrachtet man nun vor allem die älteren Sentenzensammlungen wie zum Beispiel die Sammlungen aus der Schule von Laon oder auch das weitere theologisch-philosophische Schrifttum aus dieser Zeit im Hinblick auf die Frage nach der systematischen Verortung der Restitution, so zeigt sich, dass die Restitution üblicherweise im Zusammenhang mit dem siebten Gebot Gottes und/oder der Bußlehre behandelt wurde.[362]

Die aus der Schule von Laon stammende Sentenzensammlung *Sententiae Anselmi (Sententiae Ps.-Anselmi)* behandelt die Restitution weggenom-

355 *Jacques Fontaine*, Art. Isidor von Sevilla, Bischof von Sevilla († 636), in: LexMA V (1991), Sp. 677–680; *Roger John Howard Collins*, Art. Isidor von Sevilla, in: TRE XVI (1987), S. 310–315.

356 *Kobusch*, Geschichte der Philosophie, Bd. 5 (wie Fn. 347), S. 25.

357 *Kobusch*, Geschichte der Philosophie, Bd. 5 (wie Fn. 347), S. 25.

358 *Kobusch*, Geschichte der Philosophie, Bd. 5 (wie Fn. 347), S. 25.

359 *Kobusch*, Geschichte der Philosophie, Bd. 5 (wie Fn. 347), S. 26.

360 *Dreyer*, Kommentare zu den Sentenzen (wie Fn. 50), S. 131.

361 *Dreyer*, Kommentare zu den Sentenzen (wie Fn. 50), S. 131–132.

362 *Weinzierl*, Frühscholastik (wie Fn. 16), S. 178–179.

mener Sachen innerhalb der Besprechung des siebten göttlichen Gebots, jeweils unter Anschluss an die Lehre des *Augustinus*.[363] Hier findet sich auch der bekannte Ausspruch des *Augustinus* über das Erfordernis der Restitution für die Sündenvergebung.[364] Darüber hinaus finden sich Ausführungen zur Restitution, speziell das Augustinuszitat, auch in der ebenfalls der Schule von Laon zugeschriebenen Abhandlung über das Bußsakrament.[365] Bei der Besprechung der Restitution im Zusammenhang mit dem siebten Gebot sowie der Bußlehre sollen sich die *Sententiae Ps.-Anselmi* laut *Weinzierl* durch *Ivo von Chartres (um 1040–1115/6)*[366] beeinflusst zeigen. Dieser nannte zuvor den Ausspruch des *Augustinus* sowohl im Rahmen der Besprechung des siebten Gebots als auch innerhalb seiner Bußlehre.[367]

---

363 *Weinzierl*, Frühscholastik (wie Fn. 16), S. 110–111. Herangezogen wird die edierte Fassung von *Franz Pl. Bliemetzrieder (Hrsg.)*, Anselm von Laons systematische Sentenzen, Münster 1919, 1. Teil, S. 47–153 (= *„Sententie Anselmi“*). Das siebte göttliche Gebot findet sich in dieser Fassung auf S. 98 als viertes Gebot der zweiten Tafel des Dekalogs.

364 *Weinzierl*, Frühscholastik (wie Fn. 16), S. 111; *Sententie Ps.-Anselmi*, Anselm von Laons systematische Sentenzen, (wie Fn. 363), S. 98: *„De rapina dicit Augustinus, quod, qui alteri rem suam iniuste et violenter substrahit, dum eam retinet, si reddere valet, penitere non potest; quamdiu enim, inquit, res, propter quam peccatum est, non redditur, penitentia non agitur, sed fingitur. Que ratio similis est in furto et usura.“ – Über den Raub sagt Augustinus, dass, wer einem anderen dessen Sache unrechtmäßig oder auch gewalttätig entzieht, kann, wenn er im Stande ist, sie zurückzugeben, solange keine Buße tun, wie er diese behält; deswegen nämlich, sagt er, solange die Sache, deretwegen man gesündigt hat, nicht zurückgegeben wird, wird keine Buße getan, sondern nur geheuchelt. Aus diesem Grund ist es beim Diebstahl und Wucher ähnlich.* Abgebildet ist der Augustinusausspruch zusammen mit einer deutschen Übersetzung in: § 1.A.I.

365 *Weinzierl*, Frühscholastik (wie Fn. 16), S. 112; *Sententie Ps.-Anselmi*, Anselm von Laons systematische Sentenzen (wie Fn. 363), S. 123: *„Notandum est, quia penitentia de ablatione rei facta non sufficit, nisi res ablata, si restituti potest, restituatur. Unde Augustinus: Si res, propter quam peccatum est, reddi potest et non redditur, non agitur penitentia, sed fingitur.“ – Es ist anzumerken, dass es für die Buße für die [erfolgte] Wegnahme einer Sache [solange] nicht genügt, außer wenn die weggenommene Sache zurückgegeben wird, wenn sie zurückgegeben werden kann. Daher Augustinus: Wenn die Sache, deretwegen man gesündigt hat, zurückgegeben werden kann und nicht zurückgegeben wird, wird keine Buße getan, sondern vorgeheuchelt [sie wird verfälscht].*

366 *Lars-Arne Dannenberg*, Art. Ivo von Chartres (um 1040–1115), in: HRG II, 2. Auflage (2012), Sp. 1339–1340; *Klaus-Gunther Wesseling*, Art. Ivo (Ives, Yves) von Chartres, in: BBKL XVIII (2001), Sp. 704–710.

367 *Weinzierl*, Frühscholastik (wie Fn. 16), S. 111 Fn. 3, S. 112 Fn. 2; *Ivo von Chartres*, Sancti Ivonis Carnotensis Episcopi Opera Omnia, Tomus Primus: Dectretum, in: Patrologia Latina 161, hrsg. v. Jacques Paul Migne, Paris 1855, Sp. 47–

Anders als die aus der Schule von Laon stammenden Sentenzensammlungen soll *Wilhelm von Champeaux* in seinem Sentenzenwerk[368] ebenso wie sein Schüler *Hugo von St. Viktor (†1141)*[369] in seinem Hauptwerk *De sacramentis Christianae fidei* der Restitutionspflicht kaum Beachtung geschenkt haben[370]. So handelt *De sacramentis Christianae fidei* nicht von der Restitutionspflicht.[371] Die von einem seiner Schüler stammende *Summa Sententiarum* soll die Darstellung des siebten göttlichen Gebots zum Teil aus den *Sententiae Ps.-Anselmi* übernommen haben; auch hier ist das bekannte Augustinuswort zu finden.[372] Im Rahmen der Lehre vom Bußsakrament wird die Restitutionspflicht nicht behandelt.[373] Anders als in der Schule von Laon sollen die Sentenzensammlungen aus der Schule von St. Viktor der Restitution insgesamt weniger Aufmerksamkeit gewidmet haben.[374]

Wie *Ivo von Chartres* und *Anselm von Laon* zuvor soll auch *Petrus Abaelardus* das Augustinuszitat über die Restitution in seiner *Ethica* unter Nennung des Augustinuswortes im Rahmen seiner Bußlehre (cap. 18) verortet und in besonderem Maße die Bedeutsamkeit der Restitution für die Sündenvergebung akzentuiert haben.[375] In seinem einflussreichen Werk *Sic*

1022. Das Augustinuszitat findet sich in p. 13, cap. 4 (PL 161, Sp. 803–804) und p. 15, cap. 25 (PL 161, Sp. 862).

368 *Weinzierl*, Frühscholastik (wie Fn. 16), S. 114; *Wilhelm von Champeaux* behandelt unter anderem auch die Restitutionspflichten eines der Simonie Schuldigen: Les variations de Guillaume de Champeaux et la question des universaux: étude suivie de documents originaux, ed. v. Georges Joseph Lefevre, in: Trauvaux et mémoires de l´Universite´ de Lille, Tom. VI, Mémoire N 20, Lille 1898, XVIII: De simonia, S. 50–54.

369 *Joachim Ehlers*, Art. Hugo von St. Victor (†1141), in: LexMA V (1991), Sp. 177–178; *Friedrich Wilhelm Bautz*, Art. Hugo von St. Viktor, in: BBKL II (1990), Sp. 1148–1151.

370 *Weinzierl*, Frühscholastik (wie Fn. 16), S. 114–115. Das Werk *De sacramentis Christianae fidei* findet sich in: Hugonis De S. Victore Opera Omnia. Tomus Secundus, in: Patrologia Latina Bd. 176, hrsg. v. Jacques Paul Migne, ed. nova, Paris 1854, Sp. 173–618; die *Summa Sententiarum* in: PL 176, Sp. 41–174.

371 *Weinzierl*, Frühscholastik (wie Fn. 16), S. 115.

372 *Weinzierl*, Frühscholastik (wie Fn. 16), S. 115–116; *Summa Sententiarum*, tract. IV, cap. IV (PL 176, Sp. 122).

373 *Weinzierl*, Frühscholastik (wie Fn. 16), S. 116.

374 Hierzu: *Weinzierl*, Frühscholastik (wie Fn. 16), S. 114–116.

375 *Weinzierl*, Frühscholastik (wie Fn. 16), S. 117–118. Vgl. zum abaelardischen Werk: Opera Theologica, Tom. IV: Scio te ipsum, in: Corpus Christianorum. Continuatio Mediaevalis 190, hrsg. v. Rainer M. Ilgner, Turnhout 2001.

et non sollen sich keinerlei Ausführungen zur Restitutionspflicht finden lassen.[376]

Es zeigt sich, dass die Restitution in den hier aufgeführten älteren theologischen Werken aus dem 12. Jahrhundert, speziell den Sentenzensammlungen, vorwiegend innerhalb des siebten göttlichen Gebots und/oder der Bußlehre behandelt wurde. Ganz mehrheitlich nennen die Theologen in diesem Zusammenhang auch den Ausspruch des *Augustinus*. Für die weitere Entwicklung der Restitutionslehre und ihre systematische Verortung innerhalb der Sentenzenkommentare ist dieser Befund von Bedeutung, denn auch *Duns Scotus* behandelt Fragen im Zusammenhang mit der Restitution – wie seinerzeit ganz üblich – innerhalb seiner Lehre vom Bußsakrament. Eine systematische und eigenständige, von unterschiedlichsten Fällen geprägte, ausführliche oder umfangreiche Restitutionslehre lässt sich in den Sentenzensammlungen in keiner Weise finden.

3. Die *Sententiae in quatuor libris distinctae* des *Petrus Lombardus*

Die sich in der Schule von Laon abzeichnende Systematisierung des theologischen Stoffes kulminiert in der einflussreichen Sentenzensammlung des *Lombardus*.[377] Auch der *magister sententiarum* behandelt die Restitution innerhalb seiner Lehre vom Bußsakrament, lässt aber innerhalb der Behandlung der göttlichen Gebote (siebtes Gebot) das Augustinuszitat – anders als noch die *Sententiae Ps.-Anselmi* und *Ivo von Chartres* – aus.[378]

a) Die theologiegeschichtliche Bedeutung der *Sententiae in quatuor libris distinctae* und die Gründe ihres Erfolges

Die bekannteste und in einer beträchtlichen Anzahl kommentierte Sentenzensammlung waren die *Sententiae in quatuor libris distinctae* des *Petrus Lombardus*. Die lombardischen Sentenzen stellen das prägendste, sich zum

---

376 *Weinzierl*, Frühscholastik (wie Fn. 16), S. 117. Vgl. zum abaelardischen Werk: Sic et Non. A Critical Edition, hrsg. v. Blanche Beatrice Boyer; Richard Peter McKeon, Chicago [u. a.] 1977.

377 *Weinzierl*, Frühscholastik (wie Fn. 16), S. 110.

378 *Weinzierl*, Frühscholastik (wie Fn. 16), S. 121; *Petrus Lombardus*, Sent., lib. IV, dist. 15, cap. 7, n. 9, S. 336. Das Restitutionsgebot des *Augustinus* findet man im Rahmen der Besprechung des Diebstahlsverbots bei *Lombardus* nicht: Sent., lib. III, dist. 37, cap. 5, S. 210–212.

Lehrbuch der spätmittelalterlichen Theologie entwickelnde theologische Werk des Spätmittelalters dar.[379] Denn ab dem 13. Jahrhundert bis zum Zeitalter der Reformation – insbesondere bis *Petrus Crockaert (ca. 1465–1514)*[380] im Jahr 1509 in Paris die *Summa theologiae* des *Thomas von Aquin* an die Stelle der gebräuchlichen lombardischen Sentenzen setzte[381] – stellte die Auseinandersetzung mit seinem Werk einen Pflichtbestandteil des Theologiestudiums dar.[382] Nachdem im 13. Jahrhundert die Kommentierung des lombardischen Sentenzenwerkes Pflicht beziehungsweise eine Voraussetzung zur Erlangung des Grades des theologischen Magisters wurde[383], musste in Paris ein jeder Theologiestudent nach der Kommentierung der einzelnen biblischen Bücher *(Baccalaureus biblicus)* unter der Aufsicht seines Magisters als *Baccalaureus sententiarius* ein oder auch zwei Jahre die lombardischen Sentenzen kommentieren.[384] Die Statuten der Universität Oxford sahen eine andere Reihenfolge der Vorlesungen im Theologiestudium als die der Universität Paris vor: Die Sentenzenvorle-

379 *Ueli Zahnd*, Zwischen Verteidigung, Vermittlung und Adaption. Sentenzenkommentare des späten Mittelalters und die Frage nach der Wirksamkeit der Sakramente, in: Vermitteln – Übersetzen – Begegnen. Transferphänomene im europäischen Mittelalter und in der Frühen Neuzeit. Interdisziplinäre Annäherungen, hrsg. v. Balázs J. Nemes; Achim Rabus, Göttingen 2011, S. 33–86, 33. Ausführlich zum Aufbau, zu der Systematik der lombardischen Sentenzen und ihrer Entwicklung zum Lehrbuch *ordinarie*: *Grabmann*, Die Geschichte der scholastischen Methode, Bd. 2 (wie Fn. 295), S. 359–407; *Martin Anton Schmidt*, Kapitel II: Das Sentenzenwerk des Petrus Lombardus und sein Aufstieg zum Muster- und Textbuch der theologischen Ausbildung, in: Die christlichen Lehrentwicklungen bis zum Ende des Spätmittelalters, hrsg. v. Carl Andresen; Ekkehard Mühlenberg; Adolf Martin Ritter; Martin Anton Schmidt; Klaus Wessel, Neuauflage, Göttingen [u. a.] 2011, S. 592–619.

380 *J. F. Hinnebusch*, Crockaert, Peter, in: New Catholic Encyclopedia, Bd. 4: Com-Dyn, hrsg. v. Thomas Carson [u. a.], 2. Auflage, Detroit [u. a.] 2003, S. 374b.

381 *Jansen*, Theologie, Philosophie und Jurisprudenz (wie Fn. 4), S. 10. Ausführlicher zur Rezeption der *Summa theologiae* v. a. innerhalb des Dominikanerordens im 14. und 15. Jahrhundert und m. w. N: *Brett*, Liberty, Right and Nature (wie Fn. 245), S. 102–111, 125; *Seelmann*, Theologie und Jurisprudenz an der Schwelle zur Moderne (wie Fn. 63), S. 20–21.

382 *Uta Störmer-Caysa*, Gewissen und Buch. Über den Weg eines Begriffes in die deutsche Literatur des Mittelalters, Berlin [u. a.] 1998, S. 66–67.

383 *Zahnd*, Zwischen Verteidigung, Vermittlung und Adaption (wie Fn. 379), S. 33; *Grabmann*, Die Geschichte der scholastischen Methode, Bd. 2 (wie Fn. 295), S. 395.

384 *Dreyer*, Kommentare zu den Sentenzen (wie Fn. 50), S. 127; *Ruedi Imbach; Thomas Ricklin*, Art. Sentenzenkommentare, in: LexMA VII (1995), Sp. 1767–1769, 1767.

sung war hier der Vorlesung zur Bibel vorangestellt.[385] Der akademische Grad des *sententiarius* lässt sich an den Universitäten schon ab der zweiten Hälfte des 13. Jahrhunderts finden, unklar ist aber, wann genau die lombardischen Sentenzen zur Pflichtlektüre wurden.[386] Bis auf die Bibel lässt sich insgesamt keine andere christliche Literatur finden, welche häufiger kommentiert wurde als die lombardischen Sentenzen.[387] Bereits *Friedrich Stegmüller* wies in seinem *Repertorium* im Jahr 1947 auf eine Zahl von 1407 Glossen und Kommentare zu den Sentenzen des *Lombardus* hin.[388] Die eigentliche theologiegeschichtliche Bedeutung des Sentenzenwerkes liegt letztlich in der sogleich näher zu betrachtenden großen Zahl der Kommentierungen, welche maßgeblich zur Entwicklung der systematischen Theologie beitrugen.[389]

Lombardus war bereits vor 1144 Lehrer in der Domschule Paris und blieb dies bis zu seiner Ernennung zum Bischof von Paris im Jahr 1159.[390] Die erste Fassung seiner Sentenzensammlung stammt vermutlich aus der Zeit nach 1139, die überarbeitete Fassung aus den Jahren 1157/8.[391] In insgesamt vier Büchern behandelt *Lombardus* alle relevanten Themengebiete der mittelalterlichen Theologie: Das erste Buch behandelt Gott, das zweite die Schöpfungs-, Sünden- und Erlösungslehre, das dritte die

---

385 *Imbach; Ricklin*, Art. Sentenzenkommentare, in: LexMA VII (1995), Sp. 1767–1769, 1767.

386 *Imbach; Ricklin*, Art. Sentenzenkommentare, in: LexMA VII (1995), Sp. 1767–1769, 1767.

387 *Franklin T. Harkins*, *Filiae Magistri*. Peter Lombard's *Sentences* and Medieval Theological Education „On the Ground", in: Mediaeval Commentaries on the *Sentences* of Peter Lombard, Vol. 3, hrsg. v. Philipp W. Rosemann, Leiden [u. a.] 2015, S. 26–78, 26.

388 *Friedrich Stegmüller*, Repertorium Commentariorum in Sententias Petri Lombardi, Tom. I: Textus, Herbipoli (Würzburg) 1947; *Harkins*, *Filiae Magistri* (wie Fn. 387), S. 26; *Philipp W. Rosemann*, Peter Lombard, Oxford [u. a.] 2004, S. 3.

389 *Dreyer*, Kommentare zu den Sentenzen (wie Fn. 50), S. 128.

390 *Ludwig Hödl*, Die Sentenzen des Petrus Lombardus in der Diskussion seiner Schule, in: Mediaeval Commentaries on the *Sentences* of Peter Lombard, Vol. 1: Current Research, hrsg. v. Gillian R. Evans, Leiden [u. a.] 2002, S. 25–40, 25; *Ludwig Ott*, Petrus Lombardus. Persönlichkeit und Werk. Vortrag, gehalten auf der 4. Mediävistentagung zu Köln am 2. Oktober 1953, in: Münchener Theologische Zeitschrift 5/2 (1954), S. 99–113, 100–101.

391 *Dreyer*, Kommentare zu den Sentenzen (wie Fn. 50), S. 128. Vgl. auch: *Imbach; Ricklin*, Art. Sentenzenkommentare, in: LexMA VII (1995), Sp. 1767–1769, 1767. In den Jahren 1971–1981 brachte das *Collegium S. Bonaventurae* eine kritische Edition der Sentenzen heraus, welche auch in dieser Arbeit verwendet wird. Vgl. *Petrus Lombardus*, Sententiae in IV libris dinstinctae, Editio tertia, Ad Claras Auqas Grottaferrata (Romae), Tom. I–II, 1971–1981.

Menschwerdung *Christi*, das vierte Buch ist den Sakramenten sowie der Eschatologie gewidmet.[392] Sein Werk weist durch die Unterteilung in Bücher und Kapitel einen erhöhten Systematisierungsgrad auf und erleichtert so den präzisen Zugriff auf den theologischen Stoff.[393] Bereits im unmittelbaren Umfeld von *Lombardus* wurden seine vier Bücher vielfach genutzt, exzerpiert und glossiert.[394] Noch im 12. Jahrhundert setzt so eine erste Rezeptionsphase seines Werkes ein.[395] Insbesondere der Prolog der von *Petrus Comestor (um 1000–1178/9)*[396], einem Hörer des *Lombardus*, verfassten Interlinearglossen trug zur Etablierung der Sentenzen als theologisches Schulbuch bei.[397] Dieser Prolog beeinflusste auch den ausführlichen Prolog der Glosse des *Ps.-Petrus von Poitiers (um 1130–1205)*[398], welche die verbreitetste frühe Glosse der lombardischen Sentenzen darstellte und in deren Prolog auch die Funktionen des lombardisches Sentenzenwerkes wie beispielsweise die pädagogische Funktion ausführlich beschrieben werden.[399] Als erster Kommentator der lombardischen Sentenzen gilt *Ste-*

---

392 *Imbach; Ricklin*, Art. Sentenzenkommentare, in: LexMA VII (1995), Sp. 1767–1769, 1767. Eine ausführliche Auflistung der Themengebiete bei: *Grabmann*, Die Geschichte der scholastischen Methode, Bd. 2 (wie Fn. 295), S. 364–366.

393 *Dreyer*, Kommentare zu den Sentenzen (wie Fn. 50), S. 131.

394 *Zahnd*, Zwischen Verteidigung, Vermittlung und Adaption (wie Fn. 379), S. 33. Bereits in den ersten Jahrzehnten nach dem Erscheinen lassen sich – so *Weinzierl*, Frühscholastik (wie Fn. 16), S. 122 – *„verschiedene, immer reicher werdende Glossen"* finden; dazu auch die weiteren Ausführungen bei: *Weinzierl*, op. cit., S. 122. Weiterführend: *Hödl*, Die Sentenzen des Petrus Lombardus in der Diskussion seiner Schule (wie Fn. 390), S. 26: *„Der umfangreiche Prolog zu den Sentenzenbüchern in der sogenannten Ps. Poitiers-Glosse ist die erste literaturgeschichtliche Erörterung des Schulbuches des Lombarden. [...] Dieser Prolog ist bereits die Frucht des intensiven Umgangs mit dem Text. [...] Sachlich und sprachlich verrät der Text die Denk- und Ausdrucksweise des Petrus Comestor, der Schüler und Nachfolger des Petrus Lombardus in der Domschule war und von 1168 an deren Kanzler."*; und, S. 32: *„Die Schüler und Hörer des Petrus Comestor haben diese Diskussion in der Ps. Poitiers-Glosse überliefert. 2 Lehrer kommen in ihr (in ungleicher Weise) zu Wort: Petrus Lombardus und Petrus Comestor und 2 Schülergenerationen sind Hörer dieser Tradition, die von Schülern des Comestor in der Ps. Poitiers-Glosse mitgeschrieben wurde. Das Sentenzenbuch erlangte so seine Erstauslegung, seine Glossa ordinaria."*

395 *Dreyer*, Kommentare zu den Sentenzen (wie Fn. 50), S. 133.

396 *David Edward Luscombe*, Art. Petrus Comestor, in: TRE XXVI (1996), S. 291–293; *Monika Rappenecker*, Art. Petrus Comestor, in: BBKL VII (1994), Sp. 343–345.

397 *Dreyer*, Kommentare zu den Sentenzen (wie Fn. 50), S. 133.

398 Zu *Petrus von Poitiers*: *Lothar Kolmer*, Art. Petrus von Poitiers, in: BBKL VII (1994), Sp. 374–376; *Ruedi Imbach*, Art. Petrus v. Poitiers (auch P. Cancellarius), in: LexThK VIII, 3. Auflage (1999), Sp. 136.

399 *Dreyer*, Kommentare zu den Sentenzen (wie Fn. 50), S. 133–134.

phan Langton (um 1150–1228)[400], welcher überwiegend nicht mehr nur Erläuterungen zu den Sentenzen, sondern eine kontroverse inhaltliche Diskussion unter Anwendung der in den *artes liberales* erlernten Methodik bietet.[401] Für die Etablierung des lombardisches Werkes als theologisches Lehrbuch war schließlich vor allem bedeutsam, dass der franziskanische Pariser *magister regens Alexander von Hales (ca. 1185–1245)*[402] die lombardischen Sentenzen als Textbuch *ordinarie* dem theologischen Unterricht zu Grunde legte und diese nicht mehr bloß kursorisch las.[403] *Alexander von Hales* ist die zusätzliche Gliederung des Werkes in *distinctiones* (neben den Büchern und Kapiteln) zu verdanken.[404] Darüber hinaus liefert er vielfach weitere ausführliche Meta-Hinweise zur inhaltlichen Gliederung, welche den Umgang im Studium erleichterten.[405] So bietet die Kommentierung des *Alexander* nicht mehr lediglich eine Analyse des lombardischen Textes, sondern behandelt ihn in eigenständigen Quästionen.[406] Insbesondere in der Folgezeit entstehen zahlreiche durch eigene Fragestellungen geprägte Sentenzenkommentare. Der scotische Kommentar reiht sich in diese Tradition ein und stellt in seiner Tiefe und Ausführlichkeit einen in besonderer Weise vom lombardischen Text abstrahierenden Quästionenkommentar dar.[407]

Fragt man sich, warum gerade die lombardische Sentenzensammlung derartig an Bedeutung gewann, so mag ein entscheidender Grund in ihrer durch die systematische Gesamtordnung bedingten guten Handhabbarkeit gelegen haben.[408] *Lombardus* waren die drei seinerzeit üblichen

---

400 *Klaus Reinhardt*, Art. Langton, Stephan, in: BBKL IV (1992), Sp. 1127–1130; *David Edward Luscombe*, Art. Stephan Langton, in: TRE XXXII (2001), S. 157–160.

401 *Dreyer*, Kommentare zu den Sentenzen (wie Fn. 50), S. 134.

402 Auch *doctor irrefragabilis* genannt. Sein bedeutendster Schüler war *Bonaventura*. *Meinolf Mückshoff*, Art. Alexander von Hales, in: LexMA I (1980), Sp. 377–378; *Friedrich Wilhelm Bautz*, Art. Alexander von Hales, (Halesius), in: BBKL I, 2. Auflage (1990), Sp. 109–110.

403 *Dreyer*, Kommentare zu den Sentenzen (wie Fn. 50), S. 135.

404 *Imbach; Ricklin*, Art. Sentenzenkommentare, in: LexMA VII (1995), Sp. 1767–1769, 1767; *Dreyer*, Kommentare zu den Sentenzen (wie Fn. 50), S. 135. Im Allgemeinen auch: *Ott*, Petrus Lombardus. Persönlichkeit und Werk (wie Fn. 390), S. 106.

405 *Dreyer*, Kommentare zu den Sentenzen (wie Fn. 50), S. 135.

406 *Dreyer*, Kommentare zu den Sentenzen (wie Fn. 50), S. 135.

407 *Dreyer*, Kommentare zu den Sentenzen (wie Fn. 50), S. 135, 138.

408 *Dreyer*, Kommentare zu den Sentenzen (wie Fn. 50), S. 130. Weiter zu den Gründen u. a.: *Zahnd*, Zwischen Verteidigung, Vermittlung und Adaption (wie Fn. 379), S. 33 m. w. N in Fn. 2; *Ott*, Petrus Lombardus. Persönlichkeit und

Darstellungsweisen des gesamten theologischen Lehrinhalts bekannt: die von *Hugo von St. Viktor* vorgenommene Ordnung nach dem Ablauf der Heilsgeschichte, die Ordnung nach der augustinischen Unterscheidung von *res* (Sachen) und *signum* (Zeichen) sowie die Ordnung nach *fides, caritas* und *sacramenta* des *Petrus Abaelardus (Sic et non)*.[409] Ausdrücklich betont *Lombardus* in seiner ersten Distinktion, dass er sein gesamtes Werk anhand der augustinischen Ordnung von *res* und *signum* des christlichen Glaubens ausrichten will.[410] Letztlich zeigt sich aber, dass *Lombardus* die augustinische Ordnung mit der Einteilung von *Abaelardus*, welche die beherrschende ist, verbindet – teilt er nach ihr doch sein Gesamtwerk (in vier Bücher) ein.[411] Die ersten drei Bücher beziehen sich auf Sachen, das vierte auf Zeichen. Die Haupteinteilung erfolgt sodann in Bücher und Kapitel.[412] Damit ist das lombardische Werk anders als andere Sammlungen in Bücher und Kapitel unterteilt und von der konsequenten Anwendung der von *Petrus Abaelardus* in seinem Werk *Sic et non* vorgenommenen dialektischen Methode gekennzeichnet.[413] Diese klare Struktur und die Vielzahl der berücksichtigten patristischen Lehren dürften wohl mit dazu beigetragen haben, dass die Sentenzen rasch große Verbreitung im Rahmen der theologischen Ausbildung fanden.[414]

Die Bedeutung der Sentenzensammlung des *Lombardus* soll zudem in der Verurteilung der Trinitätslehre des Abtes *Joachim von Fiore (ca. 1130–1202)*[415] auf dem Vierten Laterankonzil (1215) durch *Innozenz III.* sowie der ausdrücklichen Erwähnung des *Lombardus* in einem Konzilsbeschluss begründet liegen.[416] Im Rahmen der Nihilianismus-Anklage Papst

---

Werk (wie Fn. 390), S. 112–113; *Grabmann*, Die Geschichte der scholastischen Methode, Bd. 2 (wie Fn. 295), S. 404–407.

409 *Dreyer*, Kommentare zu den Sentenzen (wie Fn. 50), S. 130–131. Zu den Quellen des *Lombardus* und den Einflüssen vorheriger Lehrmeister auf ihn sowie zur Systematik seines Werkes: *Grabmann*, Die Geschichte der scholastischen Methode, Bd. 2 (wie Fn. 295), S. 364–392.

410 *Dreyer*, Kommentare zu den Sentenzen (wie Fn. 50), S. 131; *Grabmann*, Die Geschichte der scholastischen Methode, Bd. 2 (wie Fn. 295), S. 364.

411 *Dreyer*, Kommentare zu den Sentenzen (wie Fn. 50), S. 131.

412 *Dreyer*, Kommentare zu den Sentenzen (wie Fn. 50), S. 131.

413 *Dreyer*, Kommentare zu den Sentenzen (wie Fn. 50), S. 131. Zum Gebrauch und vor allem der Weiterentwicklung der dialektischen Methode des *Abaelardus* bei *Lombardus*: *Grabmann*, Die Geschichte der scholastischen Methode, Bd. 2 (wie Fn. 295), v. a. S. 378–384.

414 *Zahnd*, Zwischen Verteidigung, Vermittlung und Adaption (wie Fn. 379), S. 33.

415 *Jendris Alwast*, Art. Joachim von Fiore, in: BBKL III (1992), Sp. 115–117.

416 *Imbach; Ricklin*, Art. Sentenzenkommentare, in: LexMA VII (1995), Sp. 1767–1769, 1767; *Ott*, Petrus Lombardus. Persönlichkeit und Werk (wie Fn. 390),

Alexander III. († 1181)[417] gegen *Lombardus* im Jahr 1170 argumentierte *Joachim von Fiore* entschieden gegen die Trinitätslehre des *Lombardus*.[418] Auf dem Konzil wurden die Vorwürfe des *Joachim von Fiore* gegen die Lehre des *Lombardus* schließlich ausdrücklich zurückgewiesen.[419]

b) Die systematische Verortung der Restitution im lombardischen Werk

Es bleibt nach alle dem die Frage, wo sich Ausführungen zur Restitution, speziell das Augustinuszitat im Werk des *Lombardus* finden?

Lombardus behandelt die Restitution nicht im Zusammenhang mit seiner Tugendlehre, speziell der Lehre von der Gerechtigkeit *(lib. III., dist. 33)*, und auch nicht im Zusammenhang mit der Überschreitung des siebten göttlichen Gebots *(lib. III., dist. 37)*.[420] Vielmehr finden sich Ausführungen zur Restitution sowie das berühmte Augustinuszitat im Rahmen seiner Lehre vom Bußsakrament in *lib. IV, dist. 15, cap. 7*.[421] Die Restitution der weggenommenen Sache steht auch hier in direktem Zusammenhang mit der Sündenvergebung. *Lombardus* betont an dieser Stelle, dass eine Restitution zwar erforderlich, aber nicht immer möglich ist.[422] So führt *Lombardus* ausdrücklich Fälle der Unmöglichkeit der Restitution auf, zum Beispiel den Verlust eines Auges oder des Lebens.[423] Da-

S. 113. Vgl. hierzu auch: *Schmidt*, Kapitel II: Das Sentenzenwerk des Petrus Lombardus (wie Fn. 379), § 3, S. 611–617, § 4, v. a. S. 618–619.

417 *Andreas Thier*, Art. Alexander III. († 1181), in: HRG I, 2. Auflage (2008), Sp. 141–143.

418 *Imbach; Ricklin*, Art. Sentenzenkommentare, in: LexMA VII (1995), Sp. 1767–1769, 1767; vgl. auch: *Hödl*, Die Sentenzen des Petrus Lombardus in der Diskussion seiner Schule (wie Fn. 390), S. 34–35.

419 *Ott*, Petrus Lombardus. Persönlichkeit und Werk (wie Fn. 390), S. 113.

420 *Weinzierl*, Frühscholastik (wie Fn. 16), S. 119–121. Vgl. die Ausführungen des *Lombardus* zum Diebstahlsverbot: Sent., lib. III, dist. 37, cap. 5, S. 210–212, und zu den Tugenden, insbs. der Gerechtigkeit: Sent., lib. III, dist. 33, S. 187–189.

421 *Petrus Lombardus*, Sent., lib. IV, dist. 15, cap. 7, n. 9, S. 336; *Weinzierl*, Frühscholastik (wie Fn. 16), S. 121.

422 *Weinzierl*, Frühscholastik (wie Fn. 16), S. 121.

423 *Petrus Lombardus*, Sent., lib. IV, dist. 15, cap. 7, n. 9, S. 336: *„Demit enim iniuste quis alicui quod restituere non valet, ut oculum vel vitam et huiusmodi; et tamen si poenituerit peccati, cum amore condignae satisfactionis, veniam habet. Nec ideo quisquam putet, qui rem alienam iniuste abstulit quam reddere potest, de illo peccato poenitere ac veniam consequi, nisi restituat ablatum. Quamdiu enim 'res, propter quam peccatum est, non redditur, si reddi potest, non agitur poenitentia, sed fingitur'." – Wer nämlich einem anderen unrechtmäßig wegnimmt, was es nicht zu restitu-*

mit akzentuiert er den Aspekt der Möglichkeit beziehungsweise Unmöglichkeit der Restitution anders als noch *Ivo von Chartres*, *Anselm von Laon* und *Abaelardus* in besonderem Maße.[424] Diese Thematik wird auch in der nachfolgenden Kommentarliteratur aufgegriffen.

Die Verortung der Restitution in *lib. IV, dist. 15* im Zusammenhang mit dem Bußsakrament war wegweisend für die Behandlung der Restitution im Rahmen der scholastischen Sentenzenkommentare.[425] *Lib. IV, dist. 15* avancierte zum *locus classicus*, an welchem die Theologen des 13. Jahrhunderts vielfach die Frage des Verhältnisses der Restitution zum dritten Bestandteil des Bußsakraments, der Satisfaktion, aufwarfen[426] und welchen sie als Ausgangspunkt zur Erörterung einer Vielzahl von Restitutionsfällen und -problematiken nutzten.

II. Die Restitution in den theologischen und kanonistischen Summen

Der in diesem Kapitel unternommene Überblick über den Entwicklungsverlauf der systematischen Behandlung der Restitution in der moraltheologischen Literatur der Frühscholastik bliebe äußerst rudimentär, würde man nicht zumindest auch den Blick auf die kanonistischen und theologischen Summen lenken. Diese sollen hier daher Erwähnung finden, wobei exemplarisch zwei einflussreiche Summen vorgestellt werden. Summen sind um eine systematische und eigenständige Zusammenfassung des Wissens bemüht.[427] Beichtsummen sind praxisorientierte Beichtbücher, welche als eine Hilfestellung für den Bereich der praktischen Seelsorge dienen.[428] Auch in ihnen fand die Restitution ihren festen Platz. Insbesondere in den Beichtsummen zeigt sich in stärkerem Maße die Bezugnahme auf rechtliche Lehren – dies vor allem, weil sie neben der Vermittlung

---

ieren gilt, wie ein Auge oder das Leben oder dergleichen, erlangt durch die Liebe der angemessenen/würdigen Genugtuung Gnade, wenn er für die Sünde dennoch Buße getan hat. Nicht aber derjenige, wer eine Sache unrechtmäßig wegnimmt und, obwohl er sie zurückgeben könnte, glaubte, dass er Buße für diese Sünde tut und so Gnade erhält, außer wenn er die weggenommene Sache zurückgibt. Solange nämlich 'jemand, die Sache, deretwegen er gesündigt hat, behält, obwohl er sie zurückgeben könnte, übt er keine Buße, sondern verfälscht sie.'

424 *Weinzierl*, Frühscholastik (wie Fn. 16), S. 121.

425 *Weinzierl*, Frühscholastik (wie Fn. 16), S. 121–122.

426 *Weinzierl*, Frühscholastik (wie Fn. 16), S. 122.

427 Zum Begriff der Summe: Fn. 346.

428 Vgl. hierzu: *Schmoeckel*, Art. Beichtstuhljurisprudenz, in: HRG I, 2. Auflage (2008), Sp. 505–508, 506; *Wieacker*, Privatrechtsgeschichte (wie Fn. 49), S. 78.

des theologischen Wissens auch die Vermittlung rechtlicher Kenntnisse bezweckten.[429] In dieser Arbeit sollen zum einen die Beichtsumme *Summa de sacramentis et de animae consiliis* des *Petrus Cantor*[430] sowie zum anderen die theologische *Summa aurea* des *Wilhelm von Auxerre († ca. 1231, spätestens 1237)*[431] näher betrachtet werden.

In fünf Büchern soll *Petrus Cantor* im zweiten Teil seiner *Summa de sacramentis et de animae consiliis* in über 150 Kapiteln eine Vielzahl an praktischen Fällen erörtern, von denen zahlreiche von der Restitutionspflicht handeln.[432] Diese Fälle sind über die fünf Bücher verstreut und sollen – laut *Weinzierl* – häufig ohne Zusammenhang aufeinander folgen.[433] *Petrus* behandelt eine Vielzahl der Restitutionsfälle unter dem Artikel *De iustitia ad proximum*.[434] Seine Ausführungen sind in vielfacher Hinsicht von Bedeutung: Aus dem Gebot der Gottes- und Nächstenliebe *(caritas)* entwickelt er eine Pflicht zur umfassenden Wiedergutmachung der dem Nächsten zugefügten Ungerechtigkeit.[435] Damit setzt er die Nächstenliebe und die Wiedergutmachung des erlittenen Unrechts in einen unmittelbaren Zusammenhang zueinander.[436] Anders als *Thomas von Aquin* nach ihm verortet er die Restitution nicht im Rahmen der Lehre von der austauschenden Gerechtigkeit, sondern innerhalb seiner Sakramentenlehre; allerdings befindet er sich mit der Verknüpfung der restitutionsbegründenden Elemente der *caritas* und der *iniustitia* wohl in einem Übergangs-

---

429 *Weinzierl*, Frühscholastik (wie Fn. 16), S. 100.

430 *Petrus Cantor*, Summa de sacramentis et animae consiliis, Pt. 2, hrsg. v. Jean-Albert Dugauquier, Louvain [u. a.] 1957. Zu *Petrus'* Ausführungen zur Restitution: *Unterreitmeier*, Der öffentlich-rechtliche Schmerzensgeldanspruch (wie Fn. 6), S. 30–31, und: *Weinzierl*, Frühscholastik (wie Fn. 16), S. 132–146, welche auch die Grundlage der nachfolgenden Ausführungen bilden.

431 *Wilhelm von Auxerre*, Summa aurea I–IV, hrsg. v. Jean Ribaillier, Paris [u. a.] 1980–1987. Zur Literaturgattung der theologischen Summe: *Wendelin Knoch*, Die theologische Summa. Zur Bedeutung einer hochmittelalterlichen Literaturgattung, in: *Artes* im Mittelalter, hrsg. v. Ursula Schaefer, Berlin 1999, S. 151–160. Zu *Wilhelm von Auxerre*: *Johannes Arnold*, Art. Wilhelm von Auxerre (Guillelmus Alt-/Ant-/Autissiodorensis), in: LexMA IX (1998), Sp. 163–164.

432 *Weinzierl*, Frühscholastik (wie Fn. 16), S. 133.

433 *Weinzierl*, Frühscholastik (wie Fn. 16), S. 133.

434 *Petrus Cantor*, Summa de sacramentis et animae consiliis, Pt. 2 (ed. Dugauquier), cap. 2, art. 3, fol. 62ra–67ra, S. 244–278.

435 *Unterreitmeier*, Der öffentlich-rechtliche Schmerzensgeldanspruch (wie Fn. 6), S. 30.

436 *Unterreitmeier*, Der öffentlich-rechtliche Schmerzensgeldanspruch (wie Fn. 6), S. 30.

stadium.[437] *Petrus* führt unter Bezugnahme auf *Gregor den Großen (ca. 540–604)*[438] aus, dass die Ungerechtigkeit darin besteht, dass der Nächste unglücklich gemacht wird oder unglücklich zurückgelassen wird.[439] Dabei kann der Nächste *verbo oro*, *damno rei familiaris* oder *laesione proprii corporis* unglücklich gemacht werden.[440] *Petrus'* Schadensverständnis zeigt sich als ein immaterielles.[441] Und so kommt es, dass *Petrus* auch immaterielle Schäden, wie sie bei der Rufschädigung, der Körperverletzung und Verstümmelung sowie der *„Verprügelung"* entstehen, mit in die Restitutionspflicht einbezieht und zudem für den Ersatz des seelischen, durch Verführung entstandenen Schadens plädiert.[442] Darüber hinaus begegnen Ausführungen zu den allgemeinen Fragen, zum Beispiel zur Mitwirkung an einem Schaden.[443] Auch in seiner Glosse zu den Evangelien lassen sich Ausführungen zur Restitution, speziell zur Ersatzpflicht auch bei immateriellen

---

437 *Unterreitmeier*, Der öffentlich-rechtliche Schmerzensgeldanspruch (wie Fn. 6), S. 30.

438 Zum Leben und Wirken: *Jean Richards*, Art. Gregor I. der Große, I. Leben und Wirken, in: LexMA IV (1989), Sp. 1663–1664; u. a. zur Wirkungsgeschichte im Mittelalter: *Manfred Gerwing*, Art. Gregor I. der Große, II. Schriften und Wirkungsgeschichte im Mittelalter, in: LexMA IV (1989), Sp. 1664–1666.

439 *Unterreitmeier*, Der öffentlich-rechtliche Schmerzensgeldanspruch (wie Fn. 6), S. 30; *Weinzierl*, Frühscholastik (wie Fn. 16), S. 133. Die in kürzerer Form auch von *Weinzierl*, S. 133, und *Unterreitmeier*, S. 30 Fn. 175, zitierte Textstelle lautet: *Petrus Cantor*, Summa de sacramentis et animae consiliis, Pt. 2 (ed. Dugauquier), cap. 2, art. 3, fol. 62ra, S. 244: *„Sequitur de iustitia ad proximum. Sed quomodo iustitiam cognoscet qui iustitiam non habet? [...], et ut dicit idem Gregorius, due sunt partes iniustitie ad proximum, vel enim facis eum miserum vel deseris miserum."* – *Es folgt [der Abschnitt über] die Gerechtigkeit gegenüber dem Nächsten. Aber auf welche Weise erkennt man die Gerechtigkeit, wie wenn sie nicht vorliegt? [...], und wie derselbe Gregor folglich sagt, besteht die Gerechtigkeit gegenüber dem Nächsten aus zwei Teilen, nämlich indem du einem anderen ein Leid zufügst oder indem du es ihm wünschst.*

440 *Weinzierl*, Frühscholastik (wie Fn. 16), S. 133. Ausführlich zu den verschiedenen Schädigungsformen: S. 133–135.

441 *Unterreitmeier*, Der öffentlich-rechtliche Schmerzensgeldanspruch (wie Fn. 6), S. 30; *Jansen*, Theologie, Philosophie und Jurisprudenz (wie Fn. 4), S. 30.

442 *Unterreitmeier*, Der öffentlich-rechtliche Schmerzensgeldanspruch (wie Fn. 6), S. 30. Es handelt sich vor allem um die auch von *Unterreitmeier*, S. 30 Fn. 176–178, zitierten Stellen: *Petrus Cantor*, Summa de sacramentis et animae consiliis, Pt. 2 (ed. Dugauquier), cap. 2, art. 3, fol. 62rb–62vb, S. 246–249. (Schädigung des guten Rufs); fol. 62vb, S. 249 (Körperverletzung); fol. 63ra–63rb, S. 251–253 (Verführung einer Ehefrau zum Ehebruch).

443 *Weinzierl*, Frühscholastik (wie Fn. 16), S. 135–137.

Schäden, nämlich den seelischen Schäden, finden.[444] Die Ersatzpflicht folgt auch hier aus dem Gebot der Gottes- und Nächstenliebe *(caritas)*.[445]

In seiner in vier Bücher unterteilten, aus dem beginnenden 13. Jahrhundert (wohl 1220/1), dem Ende der Frühscholastik stammenden *Summa aurea* behandelt *Wilhelm von Auxerre* die Restitution unter Nennung des Augustinusausspruchs im vierten Buch innerhalb seiner Lehre vom Bußsakrament in einer seinerzeit erstaunlich systematisierten und umfangreichen Weise.[446] Nach theoretisch-spekulativen Ausführungen zum Verhältnis der Restitution zum dritten integralen Bestandteil des Bußsakraments, der Satisfaktion *(An restitutio sit pars satisfactionis)*[447], folgt ein von den verschiedenen Restitutionsfällen handelnder praktischer Teil[448].[449] Laut *Weinzierl* hat *Wilhelm* die für die Hochscholastik *„vorbildliche Entscheidung"* gegeben, wonach die Restitution nicht Bestandteil, aber Voraussetzung für die Buße ist *(non ut pars, sed ut fundamentum)*.[450] Neben der Behandlung der besonderen Fälle des Diebstahls, Raubes, des Betruges und der Schmeichelei[451] widmet sich *Wilhelm* den allgemeineren Restitutionsfragen wie zum Beispiel der Frage, ob die Restitution zeitlich aufgeschoben, ob ein Dispens von der Restitutionspflicht erteilt werden kann und ob und inwiefern die Mitwirkenden haften[452]. Die von *Wilhelm* aufgeführten neun

---

444 *Unterreitmeier*, Der öffentlich-rechtliche Schmerzensgeldanspruch (wie Fn. 6), S. 28.

445 *Unterreitmeier*, Der öffentlich-rechtliche Schmerzensgeldanspruch (wie Fn. 6), S. 28.

446 *Weinzierl*, Frühscholastik (wie Fn. 16), S. 162–163; *Wilhelm von Auxerre*, Summa aurea IV (ed. Ribaillier), tract. 11, cap. 6, q. 1–2, fol. 297rb–300ra, S. 286–306. Das Augustinuszitat nennt *Wilhelm* in lib. IV, tract. 11, cap. 6, q. 1, fol. 297rb, S. 286–287.

447 *Wilhelm von Auxerre*, Summa aurea IV (ed. Ribaillier), tract. 11, cap. 6, q. 1, fol. 297rb–297va, S. 286–288.

448 *Wilhelm von Auxerre*, Summa aurea IV (ed. Riballier), tract. 11, cap. 6, q. 2, art. 1–6, fol. 297va–300ra, S. 288–306.

449 *Weinzierl*, Frühscholastik (wie Fn. 16), S. 163.

450 *Wilhelm von Auxerre*, Summa aurea IV (ed. Ribaillier), tract. 11, cap. 6, q. 1, fol. 297va, S. 288; *Weinzierl*, Frühscholastik (wie Fn. 16), S. 163.

451 Zu den verschiedenen besonderen Fällen: *Wilhelm von Auxerre*, Summa aurea IV (ed. Ribaillier), tract. 11, cap. 6, q. 2, art. 1–6, fol. 297va–300ra, S. 288–306; *Weinzierl*, Frühscholastik (wie Fn. 16), S. 170.

452 *Wilhelm von Auxerre*, Summa aurea IV (ed. Ribaillier), tract. 11, cap. 6, q. 2, v. a. art. 1 (Aufschub), art. 2 (Mitwirkung), art. 3 (Dispenserteilung), fol. 297va–298vb, S. 289–298; *Weinzierl*, Frühscholastik (wie Fn. 16), S. 163–167, speziell zur Mitwirkung beim Diebstahl und Raub: S. 167–168.

verschiedenen Mitwirkungsformen[453] werden in den hochscholastischen Werken unter Zitation seiner zwei Verse vielfach genannt[454]. Die sich aus einem Vertrag ergebenden Restitutionspflichten bespricht *Wilhelm* im dritten Buch im Zusammenhang mit dem siebten Gebot, wobei er sich im Speziellen dem Darlehen und geltenden Zins- und Wucherverbot sowie den aus einem Verstoß erwachsenen Restitutionspflichten widmet.[455] Er wirft die Frage auf, inwiefern die Wuchersünde auch bei den anderen Vertragsarten vorliegen kann.[456] Im Anschluss folgt eine ausführliche Behandlung der Simonie.[457]

In beiden Summen zeigt sich, dass sowohl besondere Restitutionsfälle als auch allgemeinere Fragen behandelt werden. Vor allem das Werk des *Petrus Cantor* enthält eine auffallend breite Palette an Fällen. *Petrus* lehrt, dass auch der seelische Schaden zu ersetzen ist. Bereits in seinem oben erwähnten Evangelienkommentar plädiert er für den einfachen Ersatz des Schadens. Die von *Wilhelm von Auxerre* aufgeworfene Frage nach dem Verhältnis der Restitution zur Satisfaktion bildet in den hochscholastischen Sentenzenkommentaren – wie sogleich zu sehen sein wird – die übliche Ausgangsfrage im Zusammenhang mit der Restitution. Die von *Wilhelm* genannten zwei Merkverse zur Haftung der Mitwirkenden sind in der hochscholastischen Lehre häufig zitierte und allgemein anerkannte Lehrsätze.

---

453 *Wilhelm von Auxerre*, Summa aurea IV (ed. Ribaillier), tract. 11, cap. 6, q. 2, art. 2, fol. 298rb, S. 293: *„Iussio, consilium, consensus, palpo, recursus, participans, mutus, non obstans, non manifestans.“* Ausführlich zur Mitwirkung: *Weinzierl*, Frühscholastik (wie Fn. 16), S. 165–167.

454 So z. B.: *Albertus Magnus*, Sent., Parisiis 1894, lib. IV, dist. 15, G, art. 42, S. 528b, *„Quaest[io]“*; *Thomas von Aquin*, Sent., lib. IV, dist. 15, q. 1, art. 5, n. 180, S. 669; *Thomas von Aquin*, Sth II-II, q. 62, art. 7, S. 307, *„Respondeo“*; *Petrus de Tarantasia*, In IV libros Sententiarum commentaria, Tom. IV, Tolosae 1651, lib. IV, dist. 15, q. 2, art. 3, S. 166a, *„Ad tertiam quaest[ionem]“*; *Richardus de Mediavilla*, Sent., lib. IV, dist. 15, art. 5, q. 4, S. 220a, *„Respondeo“*; *Johannes Forsanus*, Resolutiones in quatuor libros Sententiarum Ioannis Duns, Scoti sub R. P. Melchiore Flavio..., Parisiis 1600, lib. IV, dist. 15, q. 2, fol. 309r. Zu den Merkversen: Fn. 453.

455 *Wilhelm von Auxerre*, Summa Aurea. Liber tercius, Tom. II, hrsg. v. Jean Ribaillier, Paris [u. a.] 1986, tract. XLVIII, cap. I–IV, fol. 239ra–243rb, S. 909–938; *Weinzierl*, Frühscholastik (wie Fn. 16), S. 170–174.

456 *Wilhelm von Auxerre*, Summa Aurea III/2 (ed. Ribaillier), tract. XLVIII, cap. 3, q. 1–3, fol. 240va–242vb, S. 921–934.

457 *Wilhelm von Auxerre*, Summa Aurea III/2 (ed. Ribaillier), tract. XLIX, cap. 1–3, fol. 243rb–247vb, S. 938–968.

III. Ergebnis zu B.

Die bisherigen Ausführungen zeigen, dass sich im moraltheologischen Diskurs der Frühscholastik Ausführungen zur Restitution unter anderem in den Bibelglossen und -kommentaren, vornehmlich in den Sentenzensammlungen sowie den systematischen Summen finden lassen. In den Sentenzensammlungen und Summen wird die Restitution vielfach im Zusammenhang mit der Bußlehre sowie der Behandlung des siebten göttlichen Gebots verortet. In diesen Kontexten begegnet auch der Ausspruch des *Augustinus*. Erkennbar geht es den Theologen nicht mehr nur um die einfache Wegnahme und Rückgabe einer fremden Sache, sondern um unterschiedliche Restitutionsfälle, wobei auch die von besonderen Restitutionsfällen handelnden Bibelstellen zugleich das Themenfeld mitbestimmen und Restitutionspflichten sowohl den Verträgen als auch den unterschiedlichen Delikten entspringen können. Neben Fragen des Ersatzes materieller, vermögenswerter Schäden, lassen sich Ausführungen zum Ersatz auch immaterieller Schäden wie der seelischen Schäden beispielsweise bei *Petrus Cantor* finden. Im Hinblick auf den Umfang des Ersatzes gilt ganz vornehmlich – anders als durch zahlreiche Bibelstellen vorgeschrieben – der Primat des einfachen Ersatzes.[458] Neben den speziellen Schadensfällen begegnen Ausführungen zu den Restitutionsumständen, -modalitäten und Formen der Mitwirkung. Ein Bemühen um eine allgemeine Begriffsklärung lässt sich allerdings nicht erkennen.[459] Schließlich zeichnet sich eine Einteilung in allgemeinere Restitutionslehren und die speziellere Restitutionskasuistik ab.

C. Die Restitutionslehre der Hochscholastik

An den theologischen Fakultäten florierten insbesondere im 13. und 14. Jahrhundert zahlreiche Sentenzenkommentare, in welchen die Theologen üblicherweise im Rahmen ihrer Lehre vom Bußsakrament in einer an Ausführlichkeit und Ausdifferenziertheit zunehmenden Art und Weise von der Restitution handeln und so zur Ausformung einer Restitutionskasuistik bekannter Fälle beitrugen, welche den Rahmen auch für die

---

458 Zur inhaltlichen Ausgestaltung und zum Umfang der Restitution: *Wolter*, Naturalrestitution (wie Fn. 6), S. 24.

459 *Weinzierl*, Frühscholastik (wie Fn. 16), S. 191; *Weinzierl*, Hochscholastik (wie Fn. 16), S. 126, 214.

spätscholastischen Diskussionen rund um die Restitution vorgab. Ab der Mitte des 13. Jahrhunderts entstanden die auch für die Restitutionslehre wegweisenden Werke wie die *Summa theologiae* des *Thomas von Aquin*, Sentenzenkommentare und *Quodlibeta* von *Richardus de Mediavilla*, *Heinrich von Gent* und *Duns Scotus* oder der bedeutsame *Tractatus de contractibus* von *Petrus Johannes Olivi*. Für die Restitutionslehre der Hochscholastik ist ein allmähliches Bemühen um eine Begriffsklärung, das Eindringen rechtlicher Lehren durch die umfangreichere Kenntnis und Bezugnahme auf juristische Lehrmeinungen sowie die Rezeption der aristotelischen Gerechtigkeitslehre prägend.[460]

I. Die Restitution in den Sentenzenkommentaren

In den hochscholastischen Sentenzenkommentaren dient im 15. Abschnitt des vierten Buches *(lib. IV, dist. 15)* die bereits von *Wilhelm von Auxerre* aufgeworfene Frage nach dem Verhältnis der Restitution zur Genugtuung *(Utrum restitutio sit pars satisfactionis?)* mehrheitlich als Ausgangspunkt der weiteren Erörterung einzelner Restitutionsfälle und allgemeinerer Restitutionslehren.[461]

1. Die Literaturgattung der Sentenzenkommentare

Als Kommentare sind diese der Lehrtätigkeit eines *Baccalaureus sententiarius* entspringenden Sentenzenwerke einerseits darauf angelegt, den Schülern die Auslegung eines Textes – in diesem Fall der lombardischen Sentenzen –, der selber schon auf die Vermittlung von Väterzitaten hin angelegt war, zu vermitteln.[462] Andererseits verfassten die Theologen ihre Kommentare mit der Zeit zunehmend in Anlehnung an frühere Kommentare, wodurch weniger die direkten Auslegungsfragen zu *Lombardus*, sondern die Vermittlung einer bestimmten Lesart der Sentenzen im Mit-

---

460 *Weinzierl*, Hochscholastik (wie Fn. 16), v. a. S. 1–2, 126, 214–216.

461 So und darüber hinaus zum Verhältnis der *restitutio* zur *satisfactio* in der Kommentierung von u. a. *Bonaventura, Albertus Magnus, Petrus de Tarantasia* bei: *Weinzierl*, Hochscholastik (wie Fn. 16), S. 127–129, 222.

462 *Zahnd*, Zwischen Verteidigung, Vermittlung und Adaption (wie Fn. 379), S. 34.

telpunkt stand.[463] Im Zuge der Rezeption der Sentenzen entstanden ab der zweiten Hälfte des 12. Jahrhunderts zunächst Glossen, welche sich hin zu umfangreicher werdenden Kommentaren entwickelten, die – vor allem ab der zweiten Hälfte des 13. Jahrhunderts – allmählich auch in einem stärkeren Maße vom zu Grunde liegenden autoritativen Text abstrahierten und so eigene Quästionen aufwarfen (sog. Quästionenkommentare).[464] Die abstrahierende Distanz zu den biblischen Quellen nahm in diesem Entwicklungsverlauf stetig zu, so dass die Sentenzen lediglich zum Anstoß für mittelalterliche philosophisch-theologische Diskussionen dienten.[465] Auf diese Weise wurde der wissenschaftstheoretische Status der Theologie zu einem Grundproblem[466] und es begann die Entwicklung hin zur systematischen Theologie[467]. Über vier Jahrhunderte lang bildeten die Sentenzenkommentare die Grundlage der wichtigsten theologischen und philosophischen Grundfragen.[468] Ganz allgemein werden in ihnen Fragen der Logik, Ontologie und Wissenschaftstheorie behandelt.[469] An dieser Entwicklungsstufe steht der Sentenzenkommentar des *Duns Scotus*. *Duns Scotus* steht stellvertretend für den selektiven Umgang mit den Sentenzen, um so zu seiner eigenen Theologie zu finden.[470] Seine Kommentierung ist dabei komplett im Quästionenstil gehalten. Im 15. Jahrhundert wurde es üblich, der *via* eines bedeutenden Theologen des späten

463 *Zahnd*, Zwischen Verteidigung, Vermittlung und Adaption (wie Fn. 379), S. 34. Zu der Sentenzenkommentarentwicklung auch: *Grabmann*, Die Geschichte der scholastischen Methode, Bd. 2 (wie Fn. 295), S. 392–398.

464 *Dreyer*, Kommentare zu den Sentenzen (wie Fn. 50), S. 135; *Grabmann*, Die Geschichte der scholastischen Methode, Bd. 2 (wie Fn. 295), S. 396; *Imbach; Ricklin*, Art. Sentenzenkommentare, in: LexMA VII (1995), Sp. 1767–1769, 1767–1768, mit Verweis auf die Glossen von *Petrus Comestor* und *Paganus von Corbeil*.

465 *Dreyer*, Kommentare zu den Sentenzen (wie Fn. 50), S. 135.

466 *Imbach; Ricklin*, Art. Sentenzenkommentare, in: LexMA VII (1995), Sp. 1767–1769, 1768.

467 *Dreyer*, Kommentare zu den Sentenzen (wie Fn. 50), S. 135. *Dreyer* führt hier aus, dass gerade die Orientierung an den lombardischen Sentenzen und die Befolgung ihrer Reihenfolge zugleich die „*Krise*“ der Sentenzenkommentare und ein Hemmnis für die Weiterentwicklung der systematischen Theologie bedeutete.

468 *John Van Dyk*, Thirty Years since Stegmüller. A Bibliographical Guide to the Study of Medieval Sentence Commentaries since the Publication of Stegmüller's *Repertorium Commentariorum in Sententias Petri Lombardi* (1947), in: Franciscan Studies 39 (1979), S. 255–315, 255.

469 *Imbach; Ricklin*, Art. Sentenzenkommentare, in: LexMA VII (1995), Sp. 1767–1769, 1768; *Van Dyk*, Thirty Years since Stegmüller (wie Fn. 468), S. 255.

470 *Dreyer*, Kommentare zu den Sentenzen (wie Fn. 50), S. 135.

13. und frühen 14. Jahrhunderts zu folgen; aber auch zuvor verfassten die Theologen ihre Auslegung der Sentenzen in klarer Anlehnung an einen Vorgängerkommentar.[471] Gegen die in den Sentenzenkommentaren verkomplizierte Schuldoktrin wandte sich *Johannes Gerson (1363–1429)*[472] mit seiner Forderung einer leicht verständlichen Doktrin.[473] Ab dem 16. Jahrhundert nahm die Bedeutung der lombardischen Sentenzen durch den Bedeutungszuwachs der *Summa theologiae* des *Thomas von Aquin* ab[474], welche sich seit dem Ende des 15. Jahrhunderts an ihrer Stelle mehr und mehr durchsetzte[475]. In Paris sind ab 1491 Summenvorlesungen nachgewiesen.[476]

2. Die Restitution in der Sentenzenkommentarliteratur des ausgehenden 13. Jahrhunderts

An dieser Stelle wird eine Auswahl der von prominenten Lehrmeistern des Franziskaner- und Dominikanerordens verfassten Sentenzenkommentare im Hinblick auf ihre Ausführungen zur Restitution untersucht und vorgestellt. Auf diese Werke wird auch im Hauptteil dieser Arbeit (§§ 4.–6.) erneut Bezug genommen.

Wie seinerzeit ganz üblich fragt auch der in den Jahren 1257 bis 1274 amtierende Generalminister der Franziskaner *Bonaventura (da Bagnoregio)* seine Leserschaft in seinem in den Jahren 1248–1255 entstandenen Sentenzenkommentar in *lib. IV, dist. XV, p. 2, art. 2, q. 4*: *„Utrum restitutio sit pars satisfactionis.“*[477] – *Stellt die Restitution einen Teil der Satisfaktion dar?* In seiner Antwort differenziert *Bonaventura* zwischen einer *satisfactio*

---

471 *Zahnd*, Zwischen Verteidigung, Vermittlung und Adaption (wie Fn. 379), S. 34; *Imbach; Ricklin*, Art. Sentenzenkommentare, in: LexMA VII (1995), Sp. 1767–1769, 1768; *Grabmann*, Die Geschichte der scholastischen Methode, Bd. 2 (wie Fn. 295), S. 397.

472 *Remigius Bäumer*, Art. Johannes Charlier Gerson, in: LexThK V, 2. Auflage (1960), Sp. 1036–1037; *Karl-Heinz Kleber*, Art. Johannes (eig. Charlier) Gerson, in: BBKL III (1992), Sp. 366–369.

473 *Imbach; Ricklin*, Art. Sentenzenkommentare, in: LexMA VII (1995), Sp. 1767–1769, 1768.

474 *Dreyer*, Kommentare zu den Sentenzen (wie Fn. 50), S. 127; *Grabmann*, Die Geschichte der scholastischen Methode, Bd. 2 (wie Fn. 295), S. 397–398.

475 *Otte*, Das Privatrecht bei Vitoria (wie Fn. 219), S. 16.

476 *Otte*, Das Privatrecht bei Vitoria (wie Fn. 219), S. 16.

477 *Bonaventura*, Sent., Ad Claras Aquas (Quaracchi) 1889, lib. IV, dist. 15, p. 2, art. 2, q. 4, S. 375.

communis, der allgemeinen Genugtuung, und der *satisfactio propria*, der speziellen Genugtuung, *(satisfactio dicitur communiter et proprie)* und lehrt, dass die Restitution zur allgemeinen Genugtuung zähle und vielmehr das Fundament als einen integralen Bestandteil der Satisfaktion bilde.[478] Bei der *satisfactio communis* handele es sich im Unterschied zur *satisfactio propria* um ein freiwilliges, nicht vom Beichtvater auferlegtes Bußwerk.[479] Die Differenzierung zwischen einer allgemeineren und spezielleren Form der Satisfaktion begegnet später auch bei *Duns Scotus*.[480] Im Schwerpunkt widmet sich *Bonaventura* in seiner Kommentierung dem Verhältnis der Restitution zur Satisfaktion. Anders als die vom Beichtvater auferlegte Satisfaktion liegt nach *Bonaventura* die Pflicht zur Restitution in einem Gebot Gottes begründet.[481] Auch werde die Restitution primär dem Nächsten gegenüber geleistet, die Satisfaktion aber gegenüber Gott.[482] In der Kommentierung des *Bonaventura* bildet die vierte Quästion die einzige Quästion im 15. Abschnitt des vierten Buches, die sich speziell mit der Restitution beschäftigt. Weitere für die Frage der Restitution relevante Aussagen finden sich in *lib. IV, dist. XV, p. 2, art. 2, q. 1 (De quibus debeat fieri eleemosyna)*.[483] *Bonaventura* erörtert hier verschiedene Arten eines unerlaubten Erwerbs und geht dabei auch auf den Eigentumsübergang sowie den Gewinn des Würfelspielers ein, ohne dass er ausdrücklich die Frage nach der Rückerstattung des unrechtmäßig Erworbenen stellt.[484] Insgesamt soll sich *Bonaventura* abhängig von *Alexander von Hales* und *Johannes de Rupella (ca. 1200–1245)*[485] zeigen.[486]

---

478 *Bonaventura*, Sent., Ad Claras Aquas (Quaracchi) 1889, lib. IV, dist. 15, p. 2, art. 2, q. 4, S. 375–376, insbs. S. 376a, „*Conclusio 1 et 2*".

479 *Weinzierl*, Hochscholastik (wie Fn. 16), S. 128, 222.

480 *Duns Scotus*, Ord. IV (editio vaticana XIII), dist. 15, q. 2, n. 172, lin. 80–93, S. 101. Vgl. in dieser Arbeit dazu: § 4.A.

481 *Weinzierl*, Hochscholastik (wie Fn. 16), S. 128.

482 *Weinzierl*, Hochscholastik (wie Fn. 16), S. 128.

483 *Bonaventura*, Sent., Ad Claras Aquas (Quaracchi) 1889, lib. IV, dist. 15, p. 2, art. 2, q. 1, S. 369–371.

484 *Bonaventura*, Sent., Ad Claras Aquas (Quaracchi) 1889, lib. IV, dist. 15, p. 2, art. 2, q. 1, S. 369–371; *Weinzierl*, Hochscholastik (wie Fn. 16), S. 120.

485 *Mechthild Dreyer*, Art. Johannes de Rupella, in: LexThK V, 3. Auflage (1996), Sp. 963; *Ludwig Hödl*, Art. Johannes von la Rochelle, in: BBKL III (1992), Sp. 541–544.

486 *Weinzierl*, Hochscholastik (wie Fn. 16), S. 121.

Der Dominikaner *Albertus Magnus* stellt in seiner Kommentierung gleich mehrere Fragen zur Restitution.[487] In *lib. IV, dist. 15, art. 42* fragt er zunächst *„Quid sit restitutio?“* – *Was ist die Restitution? Albertus* zeigt sich hier vor allem um einen Begriff der Restitution bemüht und damit um einen Aspekt, welcher noch in der frühscholastischen Restitutionslehre so nicht hervortrat.[488] In Bezug auf das Wesen der Restitution erwähnt *Albertus* die Meinung der Juristen, welche unter der Restitution die *„ablatae rei redditio vel recompensatio“*, also *die Rückgabe beziehungsweise Erstattung einer weggenommenen Sache* verstehen.[489] *Albertus* geht in seinem Verständnis über die bloße Rückerstattung einer weggenommenen Sache hinaus; denn auch der Ersatz immaterieller Schäden, zum Beispiel Schädigungen am guten Ruf oder Schäden im Falle der Verführung eines Mädchens werden umfasst.[490] Die Restitution erfordert daher die Verwirklichung eines umfassenden Schadensausgleichs. *Albertus* nimmt eine wegweisende Verknüpfung zwischen der Restitution und der aristotelischen Gerechtigkeitslehre, speziell der *iustitia commutativa*, vor, auf welche später *Thomas von Aquin* seine Lehre aufbaut.[491] *Albertus* waren die aristotelische Ethik und Politik bekannt; er selbst verfasste als erster Autor des lateinischen Mittelalters einen vollständigen Ethikkommentar.[492] Auch *Albertus* plädiert für den einfachen Ersatz: Die in Ex 22,1 vorgeschriebene Regelung

---

487 *Albertus Magnus*, Sent., Parisiis 1894, lib. IV, dist. 15, G, art. 42–45, S. 528a–535b.

488 *Weinzierl*, Hochscholastik (wie Fn. 16), S. 126, 214–215; *Weinzierl*, Frühscholastik (wie Fn. 16), S. 191.

489 *Albertus Magnus*, Sent., Parisiis 1894, lib. IV, dist. 15, G, art. 42, S. 528b.

490 *Albertus Magnus*, Sent., Parisiis 1894, lib. IV, dist. 15, G, art. 42, S. 528b, n. 2, 3, weiter: S. 529b–530a, *„Solutio“*, *„Ad 2, 3 et 4“*, art. 43, S. 532ab, *„Ad quaest[ionem] 1“*.

491 *Jansen*, Theologie, Philosophie und Jurisprudenz (wie Fn. 4), S. 29, Fn. 40.

492 *Jörn Müller*, Der Einfluß der arabischen Intellektspekulation auf die Ethik des Albertus Magnus, in: Wissen über Grenzen. Arabisches Wissen und lateinisches Mittelalter; [34. Kölner Mediaevistentagung ... vom 7. bis 10. September 2004], hrsg. v. Andreas Speer; Lydia Wegener, Berlin [u. a.] 2006, S. 545–568, 545. *Müller*, S. 545, weist auch auf die folgenden Ausgaben hin: Der Ethikkommentar, welcher auf die Vorlesungen *Albertus´* im Kölner *Studium generale* aus den Jahren 1250 und 1252 zurückgehen soll, liegt kritisch ediert in Form der *Super Ethica* vor, vgl. *Albertus Magnus*, Super Ethica commentum et quaestiones, in: Opera omnia (ed. Coloniensis), Tom. XIV, Pt. 1–2, hrsg. v. Wilhelm Kübel, Münster 1968/1987. Darüber hinaus liegt die *Ethica* vor, welche um 1262 entstand und in Paraphrasenform gehalten ist, vgl. *Albertus Magnus*, Ethicorum libri X, in: Opera omnia, Tom. VII, cura et labore Steph. Caes. Augusti Borgnet, Parisiis 1891.

eines Vielfachen sei nach dem Neuen Testament aufgehoben worden.[493] Ausdrücklich stellt *Albertus* die Frage nach dem Restitutionsgegenstand, den Restitutionsumständen, dem Restitutionsempfänger und in etwas anderem Gewand die Frage nach dem Verhältnis zur Buße.[494] Eine Kasuistik verschiedener Fälle begegnet bei *Albertus* in *lib. IV, dist. 15* nicht.[495]

Ausführungen zur Restitution finden sich insgesamt in der großen Mehrzahl der Sentenzenkommentare und so unter anderem auch in der Kommentierung des *Petrus de Tarantasia* (*Innozenz V.*, ca. *1224–1276)*[496] in *lib. IV, dist. 15, q. 2, art. 3.*[497] *Petrus* geht es ganz vorwiegend um die Restitutionsumstände, den Restitutionsgegenstand, -empfänger und -verpflichteten. Besondere Fälle behandelt er nicht ausführlich und nicht in eigenständigen Quästionen. Im Hinblick auf das Verhältnis der Restitution zur Satisfaktion lehrt *Petrus*, dass die Restitution zur Satisfaktion im allgemeineren Sinne zähle, welche alles, was zur Ermöglichung der Genugtuung erforderlich ist, umfasse.[498] Darüber hinaus argumentiert auch *Petrus* gegen die Geltung der alttestamentlichen Vorschrift über die Restitution des Vierfachen (Ex 22,1) und fordert den einfachen Ersatz.[499]

---

493 *Albertus Magnus*, Sent., Parisiis 1894, lib. IV, dist. 15, G, art. 43, S. 533a, „*Ad quaest[ionem] 4*"; *Weinzierl*, Hochscholastik (wie Fn. 16), S. 131, 217, 221.

494 *Albertus Magnus*, Sent., Parisiis 1894, lib. IV, dist. 15, G, art. 43, S. 531a–533a: „*Quid debeat restitui? et, Qualiter est restituendum?*" *(Was ist zurückzuerstatten? und, Auf welche Weise ist [etwas] zu restitutieren?)* und in art. 44, S. 533a–534b: „*Cui debet fieri restitutio?*" *(Wem gegenüber ist die Restitution zu leisten?)* und in art. 45, S. 534b–535b: „*Qualiter habent se opera restitutionis ad opera poenitentiae?*" *(Inwiefern ist das Restitutionswerk im Hinblick auf das Bußwerk zu erbringen?)*. Zur letzteren, allgemeiner formulierten Ausgangsfrage: *Weinzierl*, Hochscholastik (wie Fn. 16), S. 127.

495 Es lassen sich aber vor allem im Rahmen der Frage „*Quid debeat restitui?*" *(Was soll restituiert werden?)* (art. 43) verschiedene Fälle finden. *Albertus* thematisiert besondere Fälle des Verstoßes gegen das siebte Gebot in Sent., lib. III, (in: Opera Omnia, Tom. XXVIII, cura et labore Steph. Caes. Augusti Borgnet, Parisiis 1894), dist. 37, C, art. 11–16, S. 703b–711b. Speziell um die daraus hervorgehende Pflicht zur Restitution geht es ihm aber nicht: *Weinzierl*, Hochscholastik (wie Fn. 16), S. 223, vgl. 122; zu den besonderen Restitutionsfällen: *Weinzierl*, op. cit., S. 140–160.

496 *Kristina Lohrmann*, Art. Innozenz V., in: BBKL II (1990), Sp. 1289–1290.

497 *Petrus de Tarantasia*, Sent., Tolosae 1651, lib. IV, dist. 15, q. 2, art. 3, S. 165a–166b.

498 *Petrus de Tarantasia*, Sent., Tolosae 1651, lib. IV, dist. 15, q. 2, art. 3, S. 165b, „*Respondeo ad primam questionem*"; *Weinzierl*, Hochscholastik (wie Fn. 16), S. 128.

499 *Petrus de Tarantasia*, Sent., Tolosae 1651, lib. IV, dist. 15, q. 2, art. 3, S. 166a, „*Ad. 1. in contrarium, ad 2*"; *Weinzierl*, Hochscholastik (wie Fn. 16), S. 131.

Albertus' prominenter Schüler *Thomas von Aquin* kommentierte die lombardischen Sentenzen zweimal: Von 1254 bis 1256 als *Baccalaureus* an der theologischen Fakultät der Pariser Universität und ein weiteres Mal am neuen Ordensstudium an der Santa Sabina in Rom in 1265.[500] *Thomas* behandelt die Restitution in seinem Sentenzenkommentar in *lib. IV, dist. 15* innerhalb seiner Lehre vom Bußsakrament. Auch bei ihm bildet die Frage nach dem Verhältnis der Restitution zur Satisfaktion den Auftakt für die weitere Vertiefung.[501] Bereits in seinem Sentenzenkommentar nimmt *Thomas* eine erste Verknüpfung der Restitution mit der Gerechtigkeit vor, wobei die ausdrückliche Qualifizierung der Restitution als einen Akt der *iustitia commutativa* sowie die klare Einbettung der Restitutionslehre in seine Gerechtigkeitslehre erst in seiner *Summa theologiae* erfolgt. Aber bereits in seinem Sentenzenkommentar lehrt er, dass die Restitution einen der Gerechtigkeit widersprechenden Besitz und damit eine der Gerechtigkeit widersprechende Güterzuordnung beseitigt.[502] Auch nach *Thomas* bildet die Restitution keinen Bestandteil des Genugtuungswerkes, sondern ein der Genugtuung vorgelagertes Gebot.[503] Die Rückerstattung erfordert nicht stets die Rückerstattung des Gleichwertigen, sondern im Falle der Unmöglichkeit genügt nach dem Urteil eines rechtschaffenen Mannes das, was möglich ist.[504] Wie die vorherigen Autoren spricht auch *Thomas* sich für den einfachen Ersatz aus.[505] Bei *Thomas* begegnen zudem verschiedene Fälle der Rufschädigung.[506] Die zweite Quästion beschäftigt sich sodann im Speziellen mit dem Almosengeben.[507] Auch behandelt er unter Nennung der zwei Merkverse des *Wilhelm von Auxerre* die neun verschiedenen

---

500 *Dreyer*, Kommentare zu den Sentenzen (wie Fn. 50), S. 136.

501 *Thomas von Aquin*, Sent., lib. IV, dist. 15, q. 1, art. 5, S. 664–671.

502 Vgl. die Ausführungen des *Thomas von Aquin* in Sent., lib. IV, dist. 15, q. 1, art. 5, n. 149–191, S. 664–671; *Weinzierl*, Hochscholastik (wie Fn. 16), S. 164–165, 217.

503 *Thomas von Aquin*, Sent., lib. IV, dist. 15, q. 1, art. 5, v. a. n. 164, S. 667; *Weinzierl*, Hochscholastik (wie Fn. 16), S. 165–166.

504 *Thomas von Aquin*, Sent., lib. IV, dist. 15, q. 1, art. 5, n. 169, n. 172, S. 668–669; *Weinzierl*, Hochscholastik (wie Fn. 16), S. 168–169.

505 *Thomas von Aquin*, Sent., lib. IV, dist. 15, q. 1, art. 5, n. 153–154, S. 665, n. 177–179, S. 669.

506 *Thomas von Aquin*, Sent., lib. IV, dist. 15, q. 1, art. 5, n. 170–171, S. 668; *Weinzierl*, Hochscholastik (wie Fn. 16), S. 195–196.

507 *Thomas von Aquin*, Sent., lib. IV, dist. 15, q. 2, S. 671–700.

Mitwirkungsformen.[508] Darüber hinaus widmet er sich den allgemeineren Fragen im Zusammenhang mit der Restitution, so zum Beispiel dem Fall der Unbekanntheit des Restitutionsempfängers.[509]

Am Ende des 13. Jahrhunderts präsentiert der Franziskaner *Richardus de Mediavilla* im vierten Buch seines in den Jahren 1285–1295 an der Pariser Universität entstandenen Werkes *Super quatuor libros sententiarum* eine breite Anzahl verschiedener Restitutionsfälle. Im fünften Artikel des *lib. IV, dist. 15* widmet er insgesamt acht Quästionen ausschließlich der Materie der Restitution.[510] Den Einstieg bildet die übliche und bekannte Frage nach dem Verhältnis der Restitution zur Satisfaktion.[511] Die nachfolgenden Quästionen behandeln sodann die Schädigung an seelischen und körperlichen Gütern (q. 2)[512], am guten Ruf (q. 3)[513], an den zeitlichen Gütern beziehungsweise Besitztümern (q. 4)[514], die Restitution im Zusammenhang mit Vertragsungerechtigkeiten beziehungsweise Störungen der Vertragsgerechtigkeit und Verstößen gegen das Wucherver-

508 *Thomas von Aquin*, Sent., lib. IV, dist. 15, q. 1, art. 5, n. 180, S. 669; zur Haftung der zum Schaden Mitwirkenden: *Weinzierl*, Hochscholastik (wie Fn. 16), S. 178–179. Zu den Merkversen: Fn. 453.

509 *Thomas Aquin*, Sent., lib. IV, dist. 15, q. 1, art. 5, n. 186–191, S. 670–671. Zum Empfänger: *Weinzierl*, Hochscholastik (wie Fn. 16), S. 181, zum Restitutionszeitpunkt: 182–183.

510 *Richardus de Mediavilla*, Sent., lib. IV, dist. 15, art. 5, S. 217a–227a.

511 *Richardus de Mediavilla*, Sent., lib. IV, dist. 15, art. 5, q. 1, S. 217a: *„Utrum restitutio sit pars satisfactionis." – Ob die Restitution Teil der Genugtuung ist?*

512 *Richardus de Mediavilla*, Sent., lib. IV, dist. 15, art. 5, q. 2, S. 218a: *„Utrum damnificans alium in bonis animae, vel in bonis corporis teneatur ad restitutionem." – Ob derjenige, welcher einen anderen an seinen Gütern der Seele oder auch an den Gütern des Körpers schädigt, zur Restitution verpflichtet ist?*

513 *Richardus de Mediavilla*, Sent., lib. IV, dist. 15, art. 5, q. 3, S. 219a: *„Utrum damnificans alium iniuste in fama, teneatur ad restitutionem." – Ob derjenige, welcher einen anderen unrechtmäßig am guten Ruf schädigt, zur Restitution verpflichtet ist?*

514 *Richardus de Mediavilla*, Sent., lib. IV, dist. 15, art. 5, q. 4, S. 219b: *„Utrum damnificans alium iniuste in possessionibus exterioribus teneatur ad restitutionem." – Ob derjenige, welcher einen anderen unrechtmäßig an seinen zeitlichen Besitztümern schädigt, zur Restitution verpflichtet ist?*

bot (q. 5)[515], die Restitution und den Handelsgewinn (q. 6)[516], die Glücksgüter (q. 7)[517] sowie die Restitution und den Gewinn aus Glückspielen (q. 8)[518]. Ausdrücklich spricht *Richardus* von den Rechtsgütern, den *bona*. Seine Lehre zeigt sich daher rechtsgüterbezogen. Auch die Einteilung und Anordnung der einzelnen Fragen zeigt die Ausrichtung an den verletzten Rechtsgütern auf: Die zweite Quästion handelt von den persönlichen, nämlich den seelischen und körperlichen, Gütern, die dritte Quästion vom Ruf, die Quästionen 4–6 und 8 von den zeitlichen Gütern und Besitztümern, wobei die Quästionen 5, 6 und 8 umfangreich vom Wucherverbot, Handelsgewinn sowie verbotenen Glückspiel handeln. Die Lehre des *Richardus* erweist sich als systematisiert und ausdifferenziert; er setzt, wie die soeben genannten Quästionen erkennen lassen, einen besonderen Akzent auf die einem ungerechten Vertrag entspringenden Restitutionspflichten und damit auf die Darstellung der Vertragsregeln. Schließlich weist die Kommentierung des *Duns Scotus* – dies wird sich im Laufe dieser Untersuchung herauskristallisieren – eine auffällig starke inhaltliche und systematische Ähnlichkeit zu der Lehre und Darstellungsweise des *Richardus* auf, geht an vielen Stellen aber auch weit über diese hinaus. Der Kommentar des *Richardus* wird daher im Hauptteil dieser Arbeit vielfach herangezogen.

Bei den soeben genannten und kurz dargestellten Kommentierungen handelt es sich um eine kleine Auswahl von Autoren. Was aber klar hervortritt, ist, dass die Ausführungen zur Restitution im Laufe der zweiten Hälfte des 13. Jahrhunderts in den Sentenzenkommentaren im Zusam-

---

515 *Richardus de Mediavilla*, Sent., lib. IV, dist. 15, art. 5, q. 5, S. 222a: „*Utrum quilibet in aliquo contractu accipie[n]s aliquid ultra sortem teneatur ad restiutionem illius.*“ – *Ob derjenige, welcher im Rahmen eines Vertrages etwas über das [dargeliehene] Kapital Hinausgehendes annimmt, zur Restitution jenes [Überschusses] verpflichtet ist?*

516 *Richardus de Mediavilla*, Sent., lib. IV, dist. 15, art. 5, q. 6, S. 224a: „*Utrum homo teneatur ad restituendum ea, quae legitima mercatione lucratus est de bonis, quae ipse vel eius pater acquisierat per usuram.*“ – *Ob der Mensch zur Restitution dessen verpflichtet ist, was er aus einem erlaubten Handelsgeschäft aus denjenigen Gütern gewonnen hat, welche er selbst oder sein Vater aus einem Wuchergeschäft erlangt hatte?*

517 *Richardus de Mediavilla*, Sent., lib. IV, dist. 15, art. 5, q. 7, S. 225a: „*Utrum homo teneatur restitutere ea, quae invenit a fortuna.*“ – *Ob der Mensch zur Restitution der Güter verpflichtet ist, welche er durch das Glück erwirbt?*

518 *Richardus de Mediavilla*, Sent., lib. IV, dist. 15, art. 5, q. 8, S. 225b: „*Utrum homo teneatur restituere ea, quae lucratus est per ludos prohibitos.*“ – *Ob der Mensch zur Restitution dessen verpflichtet ist, was er aus verbotenen (Glücks)spielen gewonnen hat?*

menhang mit der Frage der Stellung der Restitution innerhalb des Bußsakraments verortet werden und in ihrer Quantität und Qualität auffällig zunehmen. Es zeigt sich, dass sich eine Hinwendung zu spezielleren Restitutionsfällen und weiteren im Zusammenhang mit der Restitution auftretenden Fragen erkennen lässt. Zudem werden neben den speziellen Fällen mehrheitlich auch die allgemeineren Fragen ausführlicher behandelt. Insgesamt handelt es sich mehrheitlich um kasuistische Erörterungen von Fragestellungen, welche der Praxis entstammen und welche unter Heranziehung sowohl juristischer Lehrmeinungen, dem kanonischen Recht, vor allem aber unter Rezeption der philosophischen Lehren des *Aristoteles* in scholastischer Manier gelöst werden. In inhaltlicher Hinsicht eröffnet sich ein breites Feld an Restitutionsfällen. Es gilt der Grundsatz des umfassenden Schadensausgleichs auch für diejenigen Fälle, welche man aus heutiger Perspektive dem immateriellen Schadensersatz zuordnen würde. Auch nehmen die Ausführungen zum Vertragswesen, zum sich im 13. Jahrhundert auf alle Vertragsarten beziehenden Wucherverbot[519] und zu den in diesem Zusammenhang auftretenden Restitutionspflichten einen größeren Raum ein. Die Pflicht zur Restitution eines Mehrfachen wird abgelehnt und die Restitution auf den einfachen Ersatz primär in natura beschränkt. Ist die Restitution nicht möglich, so gilt der Grundsatz der Kompensation des Möglichen, wobei sich der Leistungsumfang nach dem Urteil eines rechtschaffenen Mannes, also dem des Beichtvaters, bestimmt. Dabei handelt es sich um einen Grundsatz, welcher sowohl von *Albertus Magnus*, *Petrus de Tarantasia*, *Thomas von Aquin* und *Richardus de Mediavilla* gelehrt wird.[520]

II. Die Restitution im weiteren theologischen-kanonistischen Schrifttum

Neben den zahlreichen Sentenzenkommentaren entstanden theologische Summen, Beichtsummen und auch einzelne Monographien in Form von bereichsspezifischen Abhandlungen, also solche zu ganz bestimmten Themenkomplexen wie dem Vertragswesen. Und auch in diesen Werken

519 Zur Ausweitung des *usura*-Begriffes im 13. Jahrhundert siehe: § 5.C.II.2.a).

520 *Albertus Magnus*, Sent., Parisiis 1894, lib. IV, dist. 15, G, art. 42, S. 529b–530a, „*Solutio*", „*Ad 2, 3, 4*"; *Petrus de Tarantasia*, Sent., Tolosae 1651, lib. IV, dist. 15, q. 2, art. 3, S. 165b–166a, „*Ad secunda[m] quest[ionem]*", „*Ad 1*"; *Thomas von Aquin*, Sent., lib. IV, dist. 15, q. 1, art. 5, n. 169, n. 172, S. 668–669; *Richardus de Mediavilla*, Sent., lib. IV, dist. 15, art. 5, z. B. q. 2, S. 218b–219a, „*Respondeo*", „*Ad secundum*"; q. 3, S. 219ab, „*Respondeo*".

erfuhr die Restitution zunehmend Beachtung. Zuletzt werden die einflussreiche *Summa theologiae* des *Thomas* sowie der *Tractatus de restitutione* des *Petrus Johannes Olivi* beispielhaft vorgestellt.

Thomas von Aquin verfasste in seiner in den Jahren 1267–73 entstandenen *Summa theologiae* ein eigenes Kapitel zur Restitution, nämlich die 62. Quästion seiner *Secunda secundae*.[521] Anders als noch in seinem Sentenzenkommentar begegnet die Restitution hier nicht mehr innerhalb der Sakramentenlehre, sondern ausschließlich im Rahmen der Fragen, welche von „Recht und Gerechtigkeit" handeln.[522] Diese systematische Verortung innerhalb der Rechts- und Gerechtigkeitslehre akzentuiert in besonderem Maße, dass es bei der Restitution letztlich um eine Problematik des Rechts geht.[523] Ausdrücklich formuliert *Thomas* in seiner *Secunda secundae q. 62*, dass die *„restitutio [...] actus commutativae iustitiae"*, ein Akt der ausgleichenden Gerechtigkeit, sei.[524] Bei der Restitution geht es in Abgrenzung zur *iustitia distributiva* daher allein um den Ausgleich einer gestörten Privatrechtsbeziehung zwischen den Einzelnen.[525] *Wolter* formuliert, dass

> „die Restitutionslehre [...] hier auf eine Grundlage gestellt [wird], auf der auch noch die heutige Moraltheologie aufbaut und die so fundiert ist, daß sie auch noch der Rechtswissenschaft eine feste Stütze geben konnte."[526]

Dieses neue Verständnis der Restitution als Akt der ausgleichenden Gerechtigkeit lässt nachfolgend vor allem den Aspekt der gestörten Privatrechtsbeziehung und vielmehr die Interessen des Geschädigten als die des seelenheilgefährdeten Sünders in den Fokus der Moraltheologen rü-

---

521 *Thomas von Aquin*, Sth II-II, q. 62, S. 302–308. Zur Restitutionslehre des *Thomas*, vor allem auf Grundlage seiner *Summa theologiae* u. a.: *Weinzierl*, Hochscholastik (wie Fn. 16), S. 163–214; *Unterreitmeier*, Der öffentlich-rechtliche Schmerzensgeldanspruch (wie Fn. 6), S. 26–27, 31–33; *Wolter*, Naturalrestitution (wie Fn. 6), S. 26–29; *Jansen*, Theologie, Philosophie und Jurisprudenz (wie Fn. 4), S. 28–32; *Hallebeek*, The Concept of Unjust Enrichment (wie Fn. 70), S. 7–18.

522 *Wolter*, Naturalrestitution (wie Fn. 6), S. 27. Zu den von Recht und Gerechtigkeit handelnden Fragen: *Thomas von Aquin*, Sth II-II, qq. 57–79, S. 277–375.

523 *Wolter*, Naturalrestitution (wie Fn. 6), S. 27.

524 *Thomas von Aquin*, Sth II-II, q. 62, art. 1, S. 303, *„Respondeo": „Et ideo restitutio est est actus commutativae iustitiae [...]." – Und folglich ist die Restitution ein Akt der austauschenden Gerechtigkeit [...].* Vgl. auch: Sth II-II, q. 62, art. 2, S. 303, *„Respondeo"*.

525 *Jansen*, Theologie, Philosophie und Jurisprudenz (wie Fn. 4), S. 29.

526 *Wolter*, Naturalrestitution (wie Fn. 6), S. 26; *Unterreitmeier*, Der öffentlich-rechtliche Schmerzensgeldanspruch (wie Fn. 6), S. 26.

cken.[527] Nachdem im 16. Jahrhundert *Thomas'* Summe das lombardische Werk als Lehrbuch im theologischen Studium verdrängte, entstanden zahlreiche Summenkommentare, welche speziell zur *Secunda secundae* verfasst wurden *(De iustitia et iure)* und innerhalb der 62. Quästion und damit innerhalb der Gerechtigkeits- und nicht mehr innerhalb der Sakramentenlehre ausführlich unter Anwendung der thomasischen Systematik von der Restitution handelten. In seiner 62. Quästion unternimmt *Thomas* die folgenreiche und wegweisende systematische Einteilung in die *restitutio ratione rei* (aufgrund der fremden Sache) und der *restitutio ratione acceptionis* (aufgrund der Entwendung).[528] Die *restitutio ratione rei* umfasst den Ausgleich von demjenigen, wer ein fremdes Gut besaß, das ihm nicht gebührte beziehungsweise wer sonst aus einem Rechtsgut bereichert war.[529] Zur *restitutio ratione acceptionis* ist derjenige verpflichtet, wer eine fremde Sache entgegengenommenen beziehungsweise durch seine Handlung einem anderen Schaden zugefügt hat.[530] Im Anschluss an die primär von der Restitution handelnden Fragestellungen bezieht *Thomas* zu den folgenden Themenkomplexen Stellung und auch in diesem Rahmen streift er die daraus erwachsenen Restitutionspflichten. Er behandelt den Diebstahl und Raub[531], die Rufschädigung[532], die Körperverletzung[533], die aus einem Vertrag entspringenden Restitutionspflichten und so auch Fragen der Restitution im Zusammenhang mit dem gerechten Preis[534], dem Wucher und der Zinslehre[535]. Neben den besonderen Restitutionsfällen lassen sich auch in seiner Summe eigenständige Quästionen speziell zu den allgemeineren Restitutionslehren finden.[536] Schließlich erfährt die Restitutionslehre bei *Thomas* eine inhaltliche Ausweitung, denn die Restitution umfasst jedwede Verletzung der ausgleichenden Gerechtigkeit.[537] Darüber hinaus

---

527 *Jansen*, Theologie, Philosophie und Jurisprudenz (wie Fn. 4), S. 29–30.

528 *Jansen*, Theologie, Philosophie und Jurisprudenz (wie Fn. 4), S. 1–2; *Wolter*, Naturalrestitution (wie Fn. 6), S. 29; *Aquin*, Sth II-II, q. 62, art. 6, S. 306, *„Respondeo"*.

529 *Jansen*, Theologie, Philosophie und Jurisprudenz (wie Fn. 4), S. 1–2.

530 *Jansen*, Theologie, Philosophie und Jurisprudenz (wie Fn. 4), S. 2.

531 *Thomas Aquin*, Sth II-II, q. 66, art. 1–9, S. 324–331.

532 *Thomas Aquin*, Sth II-II, q. 62, art. 2, S. 303–304, *„Ad secundum"*.

533 *Thomas Aquin*, Sth II-II, q. 65, art. 1–2, S. 321–322; q. 62, art. 2, S. 303, *„Ad primum"*.

534 *Thomas Aquin*, Sth II-II, q. 77, art. 1–4, S. 362–366.

535 *Thomas Aquin*, Sth II-II, q. 78, art. 1–4, S. 367–371.

536 *Thomas von Aquin*, Sth II-II, q. 62, art. 3–8, S. 304–308.

537 *Unterreitmeier*, Der öffentlich-rechtliche Schmerzensgeldanspruch (wie Fn. 6), S. 26; *Wolter*, Naturalrestitution (wie Fn. 6), S. 27.

fordert *Thomas* ausdrücklich den einfachen Ersatz; es gilt der Grundsatz des Vorrangs der Naturalrestitution.[538] Die ausgleichende Gerechtigkeit erfordert im Gegensatz zur Strafe – und diese Unterscheidung zur Strafe tätigt *Thomas* ganz klar – stets nur den einfachen Ersatz.[539] Eine Pflicht zur Schadenskompensation greift erst ein, wenn Gleichartiges nicht wiedererstattet werden kann.[540] Dann gebietet die Pflicht zur Restitution den Ausgleich durch das, was möglich ist[541], wobei sich der Leistungsumfang nach dem Urteil eines rechtschaffenen Mannes bemisst.[542] Die Restitution bildet so ein Optimierungsgebot – die Rekompensation ist in der Restitutionspflicht enthalten und steht nicht im Gegensatz zu dieser.[543] Die Restitutionslehre (der Hochscholastik) soll bei *Thomas* ihre Vollendung und ihren Höhepunkt gefunden haben.[544]

Anders als die *Summa theologiae* fand das Werk des spiritualen Franziskaners *Petrus Johannes Olivi* über lange Zeit wenig Beachtung in der Forschung, obgleich es ein seinerzeit mit Blick auf die Tiefe der Auseinandersetzung mit ökonomischen und vertragsethischen Themen beeindruckendes Werk darstellte.[545] In seinem *Tractatus de contractibus, de usuris et de restitutionibus* vereinte *Petrus* seine Vorlesungen und *Quodlibet*-Diskussionen, welche den Franziskanerkonventen in Montpellier und Narbon-

---

538 *Unterreitmeier*, Der öffentlich-rechtliche Schmerzensgeldanspruch (wie Fn. 6), S. 27; *Wolter*, Naturalrestitution (wie Fn. 6), S. 28.

539 *Thomas von Aquin*, Sth II-II, q. 62, art. 3, S. 304; *Unterreitmeier*, Der öffentlich-rechtliche Schmerzensgeldanspruch (wie Fn. 6), S. 26–27.

540 *Thomas von Aquin*, Sth II-II, q. 62, art. 2, S. 303, *„Ad primum"*; *Unterreitmeier*, Der öffentlich-rechtliche Schmerzensgeldanspruch (wie Fn. 6), S. 27; *Wolter*, Naturalrestitution (wie Fn. 6), S. 28.

541 *Wolter*, Naturalrestitution (wie Fn. 6), S. 28; *Unterreitmeier*, Der öffentlich-rechtliche Schmerzensgeldanspruch (wie Fn. 6), S. 27.

542 *Thomas von Aquin*, Sth II-II, q. 62, art. 2, S. 303, *„Ad primum"*.

543 *Unterreitmeier*, Der öffentlich-rechtliche Schmerzensgeldanspruch (wie Fn. 6), S. 27.

544 *Wolter*, Naturalrestitution (wie Fn. 6), S. 26; *Unterreitmeier*, Der öffentlich-rechtliche Schmerzensgeldanspruch (wie Fn. 6), S. 26.

545 Erneut sei darauf hingewiesen, dass der *Tractatus de contractibus* kritisch ediert mit einer französischen Übersetzung und Kommentaren versehen von *Sylvain Piron*, Traité des contrats, Paris 2012, herausgegeben worden ist. Zuvor hat *Todeschini* diesen Traktat *Olivis* herausgegeben: Un trattato di economia polica francescana. Il „De emptionibus et venditionibus, de usuris, de restitutionibus" die Pietro di Giovanni Olivi, hrsg. v. Giacomo Todeschini, Rom 1980. Diese Edition liegt dieser Arbeit zu Grunde. Seit 2016 liegt auch die folgende englische Übersetzung vor: A Treatise of Contracts, hrsg. u. übers. v. Ryan Thornton, Michael Cusato, St. Bonaventure, NY 2016.

ne entstammen.[546] In seinem Traktat, welcher vielmehr praktisch-moralische Fragestellungen und weniger spekulative Problematiken behandelt, zeichnet sich letztlich die kaufmännische Praxis im wirtschaftlich bedeutsamen Languedoc um 1300 wieder.[547] In seinem Werk nimmt *Petrus* eine ausführliche Behandlung der einzelnen unterschiedlichen Vertragsformen und zugleich eine moralische Bewertung der Kaufmannspraxis vor.[548] Er behandelt stets auch die Restitutionspflichten, welche den verschiedenen rechtsgeschäftlichen Beziehungen entspringen können. Bereits der kurze Blick in seine Abhandlung zeigt deutlich, dass das Werk des *Olivi* ein durchaus untypisches Werk eines Moraltheologen darstellt und vielmehr einem ökonomischen oder auch rechtlichen Werk zum Vertragswesen gleicht. Insbesondere ab dem späten 14. und beginnenden 15. Jahrhundert lässt sich in der Moraltheologie die Zunahme solcher bereichsspezifischen Werke, speziell zur Vertragsethik, erkennen, welche eine starke rechtliche Färbung aufzeigen.[549] Was nun *Olivis* Werk betrifft, so lehrt er im Detail, unter welchen Umständen beim Kauf- und Darlehensvertrag Restitutionspflichten eingreifen, und er widmet sich detailliert der Bestimmung des gerechten Preises beim Kaufvertrag und den einzelnen Zinstiteln beim Darlehensvertrag.[550] Für diese Arbeit ist vor allem der im Werk *De contractibus* enthaltene *Tractatus de emptionibus et venditionibus et restitutionibus* bedeutsam. *Olivis* Lehre wird im Rahmen der Darstellung der scotischen Lehre im Hauptteil dieser Arbeit erneut aufgegriffen.

Im 13. Jahrhundert entstanden neben den Sentenzenkommentaren und theologischen Summen weitere Beichtsummen, welche in einem weitaus stärkerem Maße das kanonische, aber auch das römische Recht einbinden

---

546 *Philip Knäble*, Wucher, Seelenheil, Gemeinwohl. Der Scholastiker als Wirtschaftsexperte?, in: Wissen und Wirtschaft. Expertenkulturen und Märkte vom 13. bis 18. Jahrhundert, hrsg. v. Marian Füssel; Philip Knäble; Nina Elsemann, Göttingen [u. a.] 2017, S. 115–137, 120.

547 *Knäble*, Wucher, Seelenheil, Gemeinwohl (wie Fn. 546), S. 120.

548 *Knäble*, Wucher, Seelenheil, Gemeinwohl (wie Fn. 546), S. 119–120.

549 *Goering*, The Internal Forum and the Literature of Penance and Confession (wie Fn. 12), S. 427; *Bergfeld*, Katholische Moraltheologie und Naturrechtslehre (wie Fn. 63), S. 1011–1012. Beispielhaft genannt seien hier: *Bernhardin von Siena*, De contractibus et usuris; *Johannes Gerson*, Libellus de contractibus; *Nikolaus von Oresme*, Tractatus de moneta seu de commutatione monetarum; *Johannes Nider*, Compendiosus tractatus de mercatorum contractibus; *Conradus Summenhart*, De contractibus.

550 *Petrus Johannes Olivi*, De emptionibus et venditionibus, de usuris, de restitutionibus, hrsg. v. Giacomo Todeschini, Rom 1980, qq. 1–7, S. 51–66 *(De emptionibus et venditionibus)*, S. 67–88 *(De usuris)*, S. 88–108 *(De restitutionibus)*.

und zur Ausformung einer Beichtjurisprudenz (in der Frühen Neuzeit) beitrugen.[551] Die bekanntesten dieser Summen bilden im 13. und 14. Jahrhundert die *Summa paenitentia* des *Raimundus de Pennaforte (um 1180–1275)*[552] und *Summa aurea* des *Henricus de Segusia (Hostiensis) (kurz vor 1200–1271)*[553]. Anders als die vorherigen Werke handelt es sich bei ihnen um Werke von Kanonisten und damit Juristen. In beiden Werken hat die Restitution ihren Platz gefunden.[554] Bei *Hostiensis* begegnet in diesem Rahmen auch das Augustinuswort.[555] Bereits im Jahr 1259 weist eine Ordonanz des Dominikanerordens darauf hin, die *Summa* des *Raimundus* im Unterricht zu nutzen.[556] So wurde sie sehr früh zum offiziellen Lehrbuch des Ordens.[557] Bei der *Summa* des *Raimundus* zeigt sich, dass es sich vorwiegend um ein juristisch orientiertes Werk handelt, welches sich insbesondere im Hinblick auf die *peccata in proximum* (Sünden gegenüber dem Nächsten) stark am römischen Recht orientiert und sowohl auf das

551 Zu dieser Synthese: *Wieacker*, Privatrechtsgeschichte (wie Fn. 49), S. 78; *Weinzierl*, Frühscholastik (wie Fn. 16), S. 100; *Prodi*, Eine Geschichte der Gerechtigkeit (wie Fn. 10), S. 92; *Trusen*, Forum internum und gelehrtes Recht im Spätmittelalter (wie Fn. 12), u. a. S. 88; *Schmoeckel*, Art. Beichtstuhljurisprudenz, in: HRG I, 2. Auflage (2008), Sp. 505–508, 506; *Becker*, Art. Scholastik, in: HGR IV, 1. Auflage (1990), Sp. 1478–1481, 1480.

552 *Hartmut Zapp*, Art. Raimund (Raymund) von Peñafort, in: LexMA VII (1995), Sp. 414–415; *Raimund Lachner*, Art. Raimund von Peñafort, in: BBKL VII (1994), Sp. 1281–1285.

553 *Norbert Brieskorn*, Art. Henricus de Segusio, in: LexMA IV (1989), Sp. 2138–2139; *Jörg Müller*, Art. Hostiensis, [Heinrich v. Segusio, H. v. Segusia, Ostiensis] Enrico (Bartolomei?) de Susa, in: BBKL XXIII (2004), Sp. 676–680; *Hans-Jürgen Becker*, Art. Hostiensis (um 1194–1271), in: HRG II, 2. Auflage (2012), Sp. 1137–1138.

554 *Hostiensis*, Summa aurea, Coloniae 1612, lib. V, tit. 38: *De poenitentiis et remissionibus*, n. 61–62, Sp. 1639–1658. *Raimundus de Pennaforte* bespricht in seiner *Summa de paenitentia* verschiedenste Restitutionsfälle verteilt über die Bücher seiner Summe. Im ersten Buch die Vergehen gegen Gott, zum Beispiel die Simonie (lib. 1, tit. 1), im zweiten die Vergehen gegen den Nächsten. Innerhalb der Besprechung der einzelnen Sündentaten thematisiert er auch die Frage der Restitution, vgl. weiterführend und anhand dieser Einteilung ausgerichtet: *Weinzierl*, Hochscholastik (wie Fn. 16), S. 93–113. Vgl. *Raimundus de Pennaforte*, Summa de paenitentia (ed. Ochoa/Diez).

555 *Hostiensis*, Summa aurea, Coloniae 1612, lib. V, tit. 38: *De poenitentiis et remissionibus*, n. 61 („*Quibus et qualiter*"), Sp. 1639.

556 *Trusen*, Forum internum und gelehrtes Recht im Spätmittelalter (wie Fn. 12), S. 96 Fn. 50.

557 *Trusen*, Forum internum und gelehrtes Recht im Spätmittelalter (wie Fn. 12), S. 96.

forum conscientiae (internum) als auch auf das *forum externum* ausgerichtet ist.[558] Im Laufe dieser Untersuchung wird mehrfach auf diese Werke Bezug genommen, unter anderem auch, weil *Duns Scotus* selbst Bezug auf die Lehren zu nehmen scheint. Als juristische Summen behandeln diese Werke auch die prozessuale Durchsetzbarkeit von Ansprüchen und so auch eine im 13. Jahrhundert in ihrem Anwendungsbereich ausgeweitete, auf Mt 18,15–17 fußende Klageform, die *denunciatio evangelica*, welche im Hinblick auf die tatsächliche Klagbarkeit von den *in foro conscientiae (interno)* auferlegten Restitutionspflichten Bedeutung – zumindest in diesen Schriften – erlangte.[559]

III. Ergebnis zu C.

Was lässt sich nun als Ergebnis dieser Darstellung zusammenfassen?

Für die Restitutionslehre ist die Entstehung des lombardischen Sentenzenwerkes und die darin vorgenommene Verortung des Augustinuszitats innerhalb der Ausführungen zum Bußsakrament von besonderer Bedeutung. Bereits für die frühscholastische Lehre, aber in besonderem Maße

558 So: *Trusen*, Forum internum und gelehrtes Recht im Spätmittelalter (wie Fn. 12), S. 96.

559 Inwiefern auch in der Praxis Entscheidungen aus dem internen in das externe Forum gezogen werden konnten, d. h. speziell, ob und wenn ja, welche Mechanismen der Normendurchsetzung bestanden, kann in dieser Untersuchung nicht betrachtet werden. Dass es spezielle Mechanismen der Normendurchsetzung und unter bestimmten Umständen auch die Möglichkeit der Durchsetzung des Restitutionsbegehrens *in foro exteriore* gab, lässt sich zumindest der Behandlung der *denunciatio evangelica* innerhalb der Summenliteratur und z. B. auch der speziell an den päpstlichen Ausweitungstendenzen dieses kirchenrechtlichen Rechtsbehelfs *(denunciatio evangelica)* geübten Kritik des *Hostiensis* entnehmen. Ausführlich zu den Möglichkeiten der Durchsetzung der *in foro conscientiae* operierenden Normen *in foro exteriore* im Wege der *denunciatio evangelica* und der von *Hostiensis* geübten Kritik: *Decock*, Theologians and Contract Law (wie Fn. 15), S. 87–88, 90–94, 128–129, 548–549 (im Zusammenhang mit der *laesio enormis*). Weiter zur *denunciatio evangelica: Günter Jerouschek; Daniela Müller*, Die Ursprünge der Denunziation im Kanonischen Recht, in: Recht – Idee – Geschichte. Beiträge zur Rechts- und Ideengeschichte für Rolf Lieberwirth anläßlich seines 80. Geburtstages, hrsg. v. Heiner Lück; Bernd Schildt, Köln [u. a] 2000, S. 3–24; *Knut-Wolfgang Nörr*, Romanisch-kanonisches Prozessrecht. Erkenntnisverfahren erster Instanz in civilibus, Berlin [u. a.] 2012, S. 64–65; *Carl Gerold Fürst*, Art. Denuntiatio evangelica, in: HGR I, 1. Auflage (1971), Sp. 680–681.

für die hochscholastische Lehre ist die stetige inhaltliche Ausweitung auf verschiedenste Schadensfälle und damit die Ausweitung des Anwendungsbereichs der Restitution prägend. Die Restitution avanciert im 13. Jahrhundert zu einem dem Bußsakrament vorgelagerten Erfordernis des umfassenden Schadensausgleichs. In einem zunehmenden Maße nimmt die Restitutionslehre ab dem 13. Jahrhundert eine rechtliche Färbung an und behandelt vor dem Hintergrund der aufkeimenden Handelstätigkeit auch tiefgehender wirtschaftsethische Fragestellungen. Stets bleibt sie eingebunden in den theologischen Kontext des Bußsakraments, aber ihr Fundament bildet zunehmend auch das gelehrte Recht, das *ius commune*.[560] Diese Rezeption beziehungsweise Einbeziehung des *ius commune* lässt sich dabei besonders gut innerhalb der Vertragslehren der Scholastiker erkennen. *Thomas von Aquin* trifft, nachdem zuvor *Petrus Cantor* und vor allem *Albertus Magnus* bedeutsame Vorarbeiten geleistet haben, die wegweisende Entscheidung, nach welcher die Restitution ein Akt der ausgleichenden Gerechtigkeit sei. Durch die Akzentuierung des Aspekts der gestörten Privatrechtsbeziehung leitet er so eine weitergehende Juridifizierung der Restitutionslehre ein, welche ihren Höhepunkt in den bedeutsamen Werken der Spätscholastiker fand.[561] Wie bereits mehrfach hervorgehoben, ist für die moraltheologische Restitutionslehre die Forderung des einfachen Ersatzes (in Abgrenzung zur Strafe) und der Vorrang der Leistung in natura kennzeichnend. Bei der Restitution geht es mithin schlichtweg um den Ausgleich des dem Nächsten zugefügten Schadens.

560 Vgl. hierzu: *Winfried Trusen*, De contractibus mercatorum. Wirtschaftsethik und gelehrtes Recht im Traktat Johannes Niders (1438), in: Ius et commercium. Studien zum Handels- und Wirtschaftsrecht. Festschrift für Franz Laufke zum 70. Geburtstag am 20.6.1971, dargebracht von der Juristischen Fakultät der Bayerischen Julius-Maximilians-Universität zu Würzburg, Würzburg 1971, S. 51–71, insbs. 52.

561 *Jansen*, Theologie, Philosophie und Jurisprudenz (wie Fn. 4), u. a. S. 33–48.

§ 3. Die Kommentierung des *Johannes Duns Scotus*

Der scotischen Sentenzenkommentar reiht sich in die im vorherigen Kapitel (§ 2.) aufgezeigte Entwicklungslinie der Sentenzenkomentarliteratur ein und steht in seiner abstrahierenden Distanz zu den lombardischen Sentenzen als einer der Quästionenkommentare, in welchem die Transformation zur systematischen Theologie in Form der Sentenzenkommentierung abgeschlossen ist.[562] Die scotische Kommentierung ist besonders umfangreich, tiefgehend und setzt bereits in ihrer Ausgangsfrage neue, wegweisende Akzente, welche – dies wird im Hauptteil dieser Arbeit dargestellt – auch die nachfolgende Kommentarliteratur beeinflussten.

Der folgende Abschnitt (A.) zeichnet im Detail die Entstehungs- und Editionsgeschichte speziell des vierten Buches des scotischen Sentenzenkommentars nach. Anschließend werden der Aufbau und die Struktur der scotischen Quästionen am Beispiel der zweiten Quästion präsentiert (B.) sowie die Systematik der Quästionen 2–4 (C.) knapp skizziert. Dieses dem Hauptteil der Arbeit unmittelbar vorgelagerte Kapitel dient der Einführung speziell in die scotische Kommentierung und der Vorbereitung des nachfolgenden Kernstücks dieser Arbeit, der Analyse der scotischen Restitutionslehre (§§ 4.–6.).

A. *Die Entstehungs- und Editionsgeschichte des scotischen Sentenzenkommentars, v. a. des vierten Buches*

Der Sentenzenkommentar *(Ordinatio)* des *Duns Scotus* stellt sein Hauptwerk dar. Infolge seines frühen Todes hinterließ *Duns Scotus* eine Vielzahl an nicht für die Veröffentlichung vorgesehenen Schriften und insgesamt ein sehr ungeordnetes und unzuverlässiges Werk[563] – jedes einzelne Werk blieb unvollständig[564]. Schon kurz nach seinem Tod stellte man aufgrund der vielen Unklarheiten die Frage nach dem authentischen Text des scoti-

562 *Dreyer*, Kommentare zu den Sentenzen (wie Fn. 50), S. 138.

563 *Balić*, Die Frage der Authentizität und Ausgabe der Werke des J. Duns Skotus (wie Fn. 288), S. 138; *Dettloff*, Duns Scotus, in: Klassiker der Theologie 1 (wie Fn. 83), S. 227.

564 *Vos*, The Philosophy (wie Fn. 145), S. 103.

schen Sentenzenkommentars.[565] Sowohl dessen Original *(Ordinatio)* – das *autographum* – als auch dessen genaue Abschrift – das *apographum* – sind abhandengekommen.[566] Lange Zeit sah sich die scotische Forschung vor allem hinsichtlich der Authentizität der Schriften, deren genaue Datierung sowie deren Abhängigkeit voneinander vor besondere Herausforderungen gestellt, wobei Fragen der Textgenese und insbesondere des Verhältnisses der Fassungen des Sentenzenkommentars zueinander bis heute teils ungeklärt sind.[567] Bis zum Beginn der historisch-kritischen Forschung in den 20er-Jahren des 20. Jahrhunderts galt die Gesamtausgabe der scotischen Werke *Operum omnium* von *Lukas Wadding*, gedruckt in 12 Bänden (1639)[568], welche in den Jahren 1891–1895 von *Vivés* in 26 Bänden[569] wiederherausgegeben wurden, als einzige und mithin maßgebliche Edition der scotischen Werke.[570] Erst während des 20. Jahrhunderts konnten im Rahmen der beginnenden historisch-kritischen Forschung die authentischen von den nichtauthentischen Schriften getrennt werden.[571] Sicher ist, dass die Gesamtausgabe von *Wadding-Vivés* fast zur Hälfte Werke enthält,

565 *Balić*, Editionsbericht (wie Fn. 214), S. 307. *Balić* zitiert hier auch *Wilhelm von Ockham*, welcher erklärte, den Text des *Duns Scotus „Wort für Wort"* zitieren zu wollen. Laut *Balić*, edb., wies *Johannes von Rodington* die ockhamsche Zitation und Interpretation des *Duns Scotus* zurück. Er machte auf verbesserte Werke aufmerksam *(„Dico quod libri correcti sic habent")*. Und im Jahr 1320 soll (*Balić*, edb.) *Johannes Baconthorp* auf die Unterschiede der einzelnen Exemplare hingewiesen und auf ein *„antiquum exemplar"* rekurriert haben.

566 *Balić*, Die Frage der Authentizität und Ausgabe der Werke des J. Duns Skotus (wie Fn. 288), S. 148. Das scotische *autographum* soll nach dem Zeugnis des *Adam Wodeham* nach dem Tod des Duns Scotus in der Bibliothek des Franziskanerkonvents in Oxford aufbewahrt worden sein, aus: *Vladimir Richter*, Studien zum literarischen Werk von Duns Scotus (wie Fn. 288), S. 17; *William J. Courtenay*, Adam Wodeham. An Introduction to His Life and Writings (wie Fn. 288), S. 44.

567 *Dreyer*, Kommentare zu den Sentenzen (wie Fn. 50), S. 137.

568 *Duns Scotus*, R. P. F. Ioannis Duns Scoti, Doctoris Subtilis, Ordinis Minorum, Opera Omnia..., XII Tomi, ed. Lucas Wadding, Lugduni 1639 (ND: Hildesheim 1968–1969). Die *Quaestiones in Libri IV Sententiarum (Opus Oxoniense/Ordinatio)* sind in Tom. V–X, die *Reportata Parisiensa* in Tom. XI enthalten.

569 *Duns Scotus*, Opera Omnia. Editio nova. Juxta editionem Waddingi XII tomos continentem a patribus fransiscanis de observantia accurate recognita, XXVI Tomi, ed. Luis Vivés, Parisiis 1891–1895. Enthalten ist hier der *Tractatus de perfectione statuum*.

570 Vgl.: *Dettloff*, Duns Scotus, in: Klassiker der Theologie 1 (wie Fn. 83), S. 227–228.

571 *Honnefelder*, Duns Scotus (wie Fn. 79), S. 16–17.

die nicht von *Duns Scotus* selbst stammen.[572] Der Sentenzenkommentar zählt zu den authentischen Werken.[573] Kann die Frage nach der Authentizität der einzelnen Schriften heute (wohl) als geklärt betrachtet werden[574], so lässt sich dies nicht über das Verhältnis der verschiedenen Fassungen des Sentenzenkommentars zueinander sowie die Textgenese der einzelnen Bücher sagen[575]. Bereits die nachfolgenden Ausführungen zeigen, dass es kaum einen Satz über die Datierung, Dauer und Reihenfolge der Lesungen der einzelnen Sentenzenbücher gibt, welcher nicht kontrovers diskutiert wurde beziehungsweise wird.

Duns Scotus hat die einzelnen Sentenzenbücher mehrmals kommentiert – sowohl in Oxford (1298/1299 und 1303/1304) als auch in Paris (1302/1303 und 1304/1305).[576] Bis heute ist die Frage nicht abschließend

---

572 *Balić*, Editionsbericht (wie Fn. 214), S. 305.

573 Ausführlich zu den authentischen Werken des *Duns Scotus*: *Vos*, The Philosophy (wie Fn. 145), S. 124–147, speziell zur *Ordinatio I–IV*: S. 143–144; *Dettloff*, Duns Scotus, in: Klassiker der Theologie 1 (wie Fn. 83), S. 227–228.

574 *Dettloff*, Duns Scotus, in: Klassiker der Theologie 1 (wie Fn. 83), S. 227. Vgl. auch die Ausführungen von *Vos*, The Philosophy (wie Fn. 145), S. 124–145.

575 Vgl. *Vos*, The Philosophy (wie Fn. 145), insbs. S. 36–101; *Dreyer*, Kommentare zu den Sentenzen (wie Fn. 50), S. 137.

576 Vgl. ausführlich: *Vos*, The Philosophy (wie Fn. 145), S. 41–101. Zu den vielfachen Diskussionen um die genaue Datierung der Bücher sowie seines Pariser Aufenthalts, vgl. Fn. 603. Ein vermeintlicher Aufenthalt des *Duns Scotus* in Paris im Zeitraum 1291–1300 wurde lange Zeit diskutiert und wird in jüngerer Zeit von *William J. Courtenay*, Scotus at Paris. Some Reconsiderations, in: The Opera Theologica of John Duns Scotus. Proceedings of "The Quadruple Congress" on John Duns Scotus, Part 2, hrsg. v. Richard Cross, Münster [u. a.] 2012, S. 1–19, für wahrscheinlich erachtet. Für einen solchen Aufenthalt plädieren u. a.: *Andrew G. Little*, Chronological Notes on the Life of Duns Scotus, in: The English Historical Review 47/188 (1932), S. 568–582, v. a. 571–573; *Dietrich Esser*, Johannes Duns Scotus. Leben, Gestalt und Verehrung, aus dem Nachlaß hrsg. v. Herbert Schneider, Mönchengladbach 2000, S. 17–28, insbs. 17–19; *Étienne Gilson*, History of Christian Philosophy in the Middle Ages, London 1955, S. 454 (1293–1296). Zuvor formulierte *William J. Courtenay*, Scotus at Paris, in: Via scoti. Methodologica ad mentem Joannis Duns Scoti. Atti del Congresso Scotistico Internanzionale Roma 9–11 marzo 1993, Vol. 1, hrsg. v. Leonardo Sileo, Rom 1995, S. 149–163, 162, die Möglichkeit eines solchen Aufenthalts noch weniger scharf: „*Nothing requires us to posit a period of Parisian residency for Scotus before 1300, just as much favors the assumption that Scotus went to Paris in the autumn term of 1300, or by 1301 at the latest.*“ Gegen einen vorherigen Pariser Aufenthalt argumentieren insbesondere: *C. K. Brampton*, Duns at Oxford, 1288–1301, in: Franciscan Studies 24 (1964), S. 5–20, insbs. 5–8; *Allan B. Wolter*, Duns Scotus at Oxford, in: Via Scoti. Methodologica ad mentem Joannis Duns Scoti. Atti del Congresso Scotistico Internationale Roma 9–11 marzo 1993, Vol. 1,

geklärt, ob *Duns Scotus* die Sentenzen ebenfalls in Cambridge gelesen hat.[577] Der für die historisch-kritische Ausgabe der *Ordinatio* maßgebliche *Codex A* – eine Abschrift der mittelalterlichen „kritischen" Textausgabe des *liber Duns Scoti* – enthält einen Verweis auf Vorlesungen in Cambridge, welcher vermuten lässt, dass *Duns Scotus* seiner *Ordinatio I 4 n. 1* eine

---

hrsg. v. Leonardo Sileo, Rom 1995, S. 183–192; *Wolter*, Introduction, in: Duns Scotus´ Economic and Political Philosophy (wie Fn. 86), S. 1–21, 3 v. a. Fn. 9 m. w. N.; *Vos*, The Philosophy (wie Fn. 145), S. 91–92 m. w. N. auch zum Beginn der Kontroverse.

577 Vgl. u. a. für die Möglichkeit eines Aufenthalts in Cambridge: *Vos*, The Theology (wie Fn. 83), S. 22–23; *Vos*, The Philosophy (wie Fn. 145), S. 77–81; *Allan B. Wolter*, Scotus´s Cambridge Lecture, in: Franciscan Studies 58 (2000), S. 313–326 m. w. N.; vgl. auch: *Thomas Williams*, Introduction. The Life and Works of John Duns the Scot, in: The Cambridge Companion to John Duns Scotus, hrsg. v. Thomas Williams, 1. Auflage, Cambridge 2003, S. 1–14, 5, 10, 13 Anm. 14; *Richard Cross*, Duns Scotus, New York [u. a.] 1999, S. 4, 153 mit Anm. 4; *Karl M. Balić*, Adnotationes. Ad nonnullas quaestiones circa Ordinationem I. Duns Scoti, in: Opera Omnia, Tom. IV: Ordinatio. Liber primus. A Distinctione quarta ad decimam, iussu et auctoritate Augustini Sépinski, Civitas Vaticana 1956, S. 1*–46*, v. a. 1*–6*; *Brampton*, Duns Scotus at Oxford, 1288–1301 (wie Fn. 576), v. a. S. 18. Gegen eine Sentenzenvorlesung in Cambridge u. a.: *Richter*, Studien zum literarischen Werk von Duns Scotus (wie Fn. 288), S. 14, vgl. auch S. 84–85; *Vladimir Richter*, Die Bedeutung der Text- und Literarkritik für das Studium der Philosophiegeschichte des Mittelalters, in: Entwicklungslinien mittelalterlicher Philosophie. Vorträge des V. Kongresses der Österreichischen Gesellschaft für Philosophie (Innsbruck, 1.–4. Februar 1998), Teil 2, hrsg. v. Gerhard Leibhold; Winfried Löffler, Wien 1999, S. 153–162, 157; *Vladimir Richter*, Das Werk von Johannes Duns Scotus im Lichte der Literarkritik, Teil 1, in: Filosofický casopis XL/4 (1992), S. 639–648, 641 Fn. 15; *Ludwig Hödl*, Textwissen und Sprachwissenschaft der scholastischen Theologen. Zur 7. Zentenarfeier des Todes des Heinrich von Gent (29.6.1293), in: Zeitschrift für katholische Theologie 116 (1994), S. 129–142, 135. Sehr ausführlich und detailliert wird der Meinungsstand bis 2005 von *Klaus Rodler*, Die Prologe der Reportata Parisiensia des Johannes Duns Scotus. Untersuchungen zur Textüberlieferung und kritischen Edition, Innsbruck 2005, S. 92*–111*, v. a. 92*–93*, dargestellt. Unter Nennung zahlreicher Nachweise, auf welche verwiesen wird, formuliert *Rodler*, op. cit., S. 92*–93*: *„Die Literatur offenbart eine breite Palette von Einschätzungen der Cambridger Sentenzenvorlesung des Scotus: eine Lectura Cantabrigiensis gilt als sicher, als umstritten, als wahrscheinlich, als möglich, als unwahrscheinlich, als widerlegt – oder wird nicht einmal erwähnt."* *Rodler*, op. cit, S. 111*, plädiert dafür, *„eine Reportatio Cantabrigiensis aus der Liste der Scotuswerke zu streichen [...]."* Vgl. auch: *Rodler*, Der Prolog der Reportata Parisiensia des Johannes Duns Scotus. Untersuchungen zur Textüberlieferung und kritische Edition, Diss. Univ. Innsbruck 1991.

weitere Frage hinzufügen wollte.[578] Darüber hinaus bleibt der genaue Zeitpunkt des Aufenthalts des *Duns Scotus* an der Universität Cambridge[579] fraglich: Verweilte er dort während seines Pariser Exils[580] in der ersten Hälfte des Jahres 1304[581] oder lehrte er bereits zuvor, vor seinem ersten Pariser Aufenthalt, an der Universität Cambridge[582]?

Es liegen insgesamt drei authentische Fassungen[583] des Sentenzenkommentars vor: die *Lectura*[584] – die Vorlesung, welche *Duns Scotus* in Oxford vortrug; die *Ordinatio*[585] (die überabeitete und für die Veröffentlichung

---

578 Der Verweis lautet: „*Alia quaestio de 'alius.' Habetur in quaestione Cantabrigiensi, [...].*", aus: *Vos*, The Philosophy (wie Fn. 145), S. 78–79, Fn. 48; *Wolter*, Scotus's Cambridge Lecture (wie Fn. 577), insbs. S. 313–314; *Vos*, The Theology (wie Fn. 83), S. 23 (in englischer Übersetzung); vgl. auch: *Allan B. Wolter*, Reflections about Scotus's Early Works, in: John Duns Scotus. Metaphysics and Ethics, hrsg. v. Ludger Honnefelder; Rega Wood, Mechthild Dreyer, Leiden [u. a.] 1996, S. 37–57, 49–50. Zum *Codex A* als Abschrift: *Balić*, Editionsbericht (wie Fn. 214), S. 307–309.

579 Letztlich bleibt auch der genaue Zweck beziehungsweise das Motiv eines Aufenthalts des *Duns Scotus* in Cambridge unklar. Vgl. im Allgemeinen u. a. die Ausführungen bei: *Vos*, The Philosophy (wie Fn. 145), v. a. S. 77–78.

580 Zum Hintergrund des Pariser Exils: Vgl. oben Fn. 91.

581 *Vos*, The Theology (wie Fn. 83), S. 22–23; *Vos*, The Philosophy (wie Fn. 145), S. 77–81. *Wolter*, Scotus's Cambridge Lecture (wie Fn. 577), S. 319, 321, hält einen Aufenthalt in Cambridge während des Exils für gut möglich. Vgl. auch: *Honnefelder*, Duns Scotus (wie Fn. 79), S. 15.

582 So u. a.: *Williams*, Introduction. The Life and Works of John Duns the Scot (wie Fn. 577), S. 5, 13 mit Anm. 14; *Rohls*, Duns Scotus, in: Klassiker der Theologie 1 (wie Fn. 77), S. 174; *Dettloff*, Duns Scotus, in: Klassiker der Theologie 1 (wie Fn. 83), S. 226; *Brampton*, Duns Scotus at Oxford, 1288–1301 (wie Fn. 576), v. a. S. 18. Ausführlich zur Datierung und mit zahlreichen Nachweisen: *Rodler*, Die Prologe der Reportata Parisiensia (wie Fn. 577), S. 105*–109*.

583 Eine ausführliche Übersicht über die überlieferten Fassungen und *Codices* seiner Kommentierungen sowie seiner anderen Schriften findet man in: *Karl M. Balić*, Disquisitio historico-criticia. Caput II: De ordinatione historice considerata. I: Elenchus operum quae a traditione manuscripta communiter Duns Scoto adscribuntur, in: Opera Omnia, Tom. 1: Ordinatio. Prologus, iussu et auctoritate RMI P. Pacifici M. Perantoni, studio et cura Commissionis Scotisticae, Civitas Vaticana 1950, S. 1*–329*, 140*–154* und auf der Internetseite der *Commissio Scotistica*: http://www.scoto.net/index.php/duns-scoto/opere (zuletzt: 25.03.2018).

584 *Johannes Duns Scotus*, Lectura, in: Opera Omnia, iussu et auctoritate RMI P. Pacifici M. Perantoni... (editio vaticana), Tom. XVI–XXI, Civitas Vaticana (1960–2004).

585 *Johannes Duns Scotus*, Ordinatio, in: Opera Omnia, iussu et auctoritate RMI Pacifici M. Perantoni... (editio vaticana), Tom. I–XIV, Civitas Vaticana (1950–2013).

vorgesehene Fassung) und die *Reportationes*[586], welche studentische Nachschriften der Sentenzenvorlesungen in Paris darstellen.[587] Feststeht, dass die *Ordinatio* diejenige Fassung des *Duns Scotus* ist, welche er für die Veröffentlichung vorbereitete und welche er fortwährend überarbeitete.[588] Diese Arbeit hat *Duns Scotus* allerdings infolge seines Todes nicht abschließen können. *Antonie Vos* merkt hierzu an, dass die Begrifflichkeit *„ordinatio"* für das scotische Werk daher nicht passend sei, da eine *„ordinatio"* stets ein publiziertes, abgeschlossen Werk bezeichne.[589]

Während des 17. Jahrhunderts ging man davon aus, dass *Duns Scotus* zwei authentische Sentenzenkommentare verfasst hatte, nämlich das *Opus Oxoniense* und *Opus Parisiense*.[590] Auch *Lukas Wadding* folgte dieser Ansicht.[591] Mittlerweile ist allerdings anerkannt, dass nur ein authentischer Kommentar vorliegt: Die *Ordinatio*, welche in der Gesamtausgabe des scotischen Werks von *Vivés* (Paris 1891–1895) enthalten ist (*Opus Oxoniense* – Bände VIII–XXI).[592] Die *Reportatio parisiensis* liegt in der *Vivés*-Ausgabe in den Bänden XXII–XXIV in der auf *Lukas Wadding* zurückgehenden Textfassung vor.[593] Feststeht, dass *Duns Scotus* eine Nachschrift zum ersten Buch selbst überprüft hat; diese wird als *Reportatio examinata* (*Rep. I-A*)[594] bezeichnet.[595]

---

586 Es existieren mehrere Versionen der *reportatio*. In dieser Arbeit wird die *Reportatio IV-A* herangezogen. Vgl. zur auch in dieser Arbeit genutzten Edition die weiteren Angaben in: Fn. 614.

587 Dazu auch: *Leidi*, Einleitung, in: *Duns Scotus*, Über das Individuationsprinzip. Ordinatio II, distinctio 3, pars 1 (wie Fn. 192), S. VII–LXXXVIII, LXXXVI–LXXXVII.

588 *Balić*, Editionsbericht (wie Fn. 214), S. 305; *Balić*, Die Frage der Authentizität und Ausgabe Werke des J. Duns Skotus (wie Fn. 288), S. 137–138.

589 *Vos*, The Philosophy (wie Fn. 145), S. 143. Zur scotischen *Ordinatio*: *Reinhold Rieger*, Art. Ordinatio, in: Lexikon der theologischen Werke, hrsg. v. Michael Eckert; Eilert Herms; Bernd Jochen Hilberath; Eberhard Jüngel, Stuttgart 2003, S. 538–540.

590 *Dettloff*, Duns Scotus, in: Klassiker der Theologie 1 (wie Fn. 83), S. 227.

591 *Dettloff*, Duns Scotus, in: Klassiker der Theologie 1 (wie Fn. 83), S. 227.

592 *Dettloff*, Duns Scotus, in: Klassiker der Theologie 1 (wie Fn. 83), S. 227–228; *Rohls*, Duns Scotus, in: Klassiker der Theologie 1 (wie Fn. 77), S. 175–176.

593 *Dettloff*, Duns Scotus, in: Klassiker der Theologie 1 (wie Fn. 83), S. 228. Auch heute wird die Bezeichnung *„Opus Oxoniense"* noch verwendet.

594 *Johannes Duns Scotus*, The Examined Report of the Paris Lectures, Reportatio I-A. Latin Text and English Translation, hrsg. u. übers. v. Allan B. Wolter; Oleg V. Bychkov, 2 Bde., Bonaventure, NY/Ashland (Ohio) 2004, 2008.

595 *Dreyer*, Kommentare zu den Sentenzen (wie Fn. 50), S. 137; *Vos*, The Theology (wie Fn. 83), S. 17–18; *Vos*, The Philosophy (wie Fn. 145), S. 65. Anders als in Oxford genoss ein *Baccalaureus sententiarius* in Paris die Unterstützung eines

Duns Scous begann seine Arbeit an der *Ordinatio* im Sommer 1300 in Oxford[596], nachdem er im akademischen Jahr 1298/99 Vorlesungen über das erste und zweite Buch der Sentenzen an der Universität Oxford gehalten hat[597]. Hinsichtlich der Genese des für diese Arbeit maßgeblichen vierten Buches des Sentenzenkommentars ist der Umstand bedeutsam, dass keine *Lectura IV* existiert, das heißt eine Vorlesung aus Oxford liegt nicht vor. *Wolter* schlägt vor, dass die völlige Abwesenheit einer Kommentierung bezüglich der Bücher III und IV (vor seinem Pariser Aufenthalt) auf die zerstörerischen Raubzüge in den Universitätsbibliotheken von England in 1535 und 1550 zurückzuführen ist.[598] Ganz überwiegend wird hingegen davon ausgegangen, dass *Duns Scotus* das vierte Buch vor seinem ersten Pariser Aufenthalt im Jahr 1303 nicht kommentiert hat.[599] In jedem Fall kann aber festgehalten werden, dass eine *Lectura IV* aus Oxford nicht

---

Assistenten *(socius)*: *Vos*, The Philosophy (wie Fn. 145), S. 65, The Theology (wie Fn. 83), S. 18, der daher vermutet, dass die *Reportatio parisiensis I examinata Duns Scotus'* erstem *socius Tomas* zu verdanken sei.

596 *Vos*, The Theology (wie Fn. 83), S. 13–14, 16; *Vos*, The Philosophy (wie Fn. 145), S. 44–45, 61–64; *Wolter*, Scotus's Cambridge Lecture (wie Fn. 577), S. 313 Fn. 3; *Williams*, Introduction. The Life and Works of John Duns the Scot (wie Fn. 577), S. 9.

597 *Vos*, The Theology (wie Fn. 83), S. 12–15; *Vos*, The Philosophy (wie Fn. 145), S. 41–44. In *Vos*, The Theology (wie Fn. 83), S. 12, und *Vos*, The Philosophy (wie Fn. 145), S. 37, ist eine knappe Übersicht über *Duns Scotus'* Werdegang vom *Baccalaureus sententiarius* zum *Baccalaureus formatus* in den Jahren 1297–1301 zu finden. Weiter: *Courtenay*, Scotus at Paris (wie Fn. 576), S. 153; *Brampton*, Duns Scotus at Oxford, 1288–1301 (wie Fn. 576), S. 8–9, 18 (= Beginn der Sentenzenlesung in 1298, Bibellesung in 1299). Laut den Herausgebern der Vatikanausgabe der scotischen Werke soll *Duns Scotus* die Vorlesung in Oxford *(Lectura I und II)* im akademischen Jahr 1300/1301 gehalten haben, vgl. auch: *Vladimir Richter*, Duns Scotus' Texte zum Gottesbeweis. Text- und literarkritische Untersuchung, in: Zeitschrift für katholische Theologie 110/1 (1988), S. 24–65, 25; *Richter*, Das Werk von Johannes Duns Scotus im Lichte der Literarkritik, Teil 1 (wie Fn. 577), S. 640 mit Nachweis in Fn. 9; *Dreyer*, Kommentare zu den Sentenzen (wie Fn. 50), S. 137; *Allan B. Wolter*, The Philosophical Theology of John Duns Scotus, London [u. a.] 1990, S. 1. *Little*, Chronological Notes on the Life of Duns Scotus (wie Fn. 576), S. 579, verortet die Lesung der Bücher I–III in Oxford in den Jahren 1300–1302.

598 *Allan B. Wolter*, Reflections on the Life and Works of Scotus, in: American Catholic Philosophical Quarterly 67/1 (1993), S. 1–36, 34; *Williams*, Introduction. Life and Works of John Duns the Scot (wie Fn. 577), S. 8, 14 mit Anm. 22.

599 So zum Beispiel: *Vos*, The Theology (wie Fn. 83), S. 17–18; *Vos*, The Philosophy (wie Fn. 145), S. 65–66; *Oleg V. Bychkov*, Introduction, in: Rep. IV-A (Bychkov/Pomplun I.1), S. vii–xviii, vii–viii; *Duns Scotus*, Indices (editio vaticana XV.1), S. 60.

(mehr) existiert. Überliefert sind die *Ordinatio IV* sowie zwei *Reportationes*, nämlich die *Reportatio IV-A* und *IV-B*.[600] Hinsichtlich des vierten Buches ist davon auszugehen, dass die *Ordinatio IV* auf den Pariser Vorlesungen basiert.[601] *Duns Scotus* begann seine Pariser Vorlesungen über die Sentenzen während des akademischen Jahres 1302–1303.[602] In der *Reportatio IV-A* finden sich mehrere im Futur formulierte Verweise des *Duns Scotus* auf das (zukünftig noch zu kommentierende) zweite sowie dritte Buch, welche Anlass zu vielfachen Kontroversen über die Reihenfolge, Dauer und den Zeitpunkt der scotischen Kommentierung in Paris gaben.[603] In Paris las

600 *Bychkov*, Introduction, in: Rep. IV-A (Bychkov/Pomplun I.1), S.vii–xviii, x–xiv; *Balić*, Disquisitio historico-critica (editio vaticana I) (wie Fn. 583), S. 148*–149*.

601 *Vos*, The Philosophy (wie Fn. 145), S. 73, 96; *Vos*, The Theology (wie Fn. 83), S. 22; *Duns Scotus*, Indices (editio vaticana XV.1), S. 62, auf den S. 63–67 ist eine Tabelle, in welcher die einzelnen *distinctiones* und *quaestiones* des vierten Buches der *Ordinatio* mit denen der *Reportatio IV-A* und *B* verglichen werden.

602 *Bychkov*, Introduction, in: Rep. IV-A (Bychkov/Pomplun I.1), S. vii–xviii, vii; *Vos*, The Theology (wie Fn. 83), S. 17; *Vos*, The Philosophy (wie Fn. 145), S. 65–66, 91.

603 Mehrere Male verwendet *Duns Scotus* in der *Reportatio IV* das Futur, um auf das zweite und dritte Buch zu verweisen, z. B. in der Rep. IV, d. 4, q. 1, ad opp., n. 17 „*sicut dicetur*“; Rep. IV, d. 4, q. 2, ad 3, n. 22 „*dicetur in tertio*“ sowie Rep. IV, d. 15, q. 4, ad opp., n. 124 „*habet dici in tertio*“, aus: *Bychkov*, Introduction, in: Rep. IV-A (Bychkov/Pomplun I.1), S. vii–xviii, viii, und *Duns Scotus*, Indices (editio vaticana XV.1), S. 61. Bereits *Lukas Wadding* ging aufgrund dieser Verweise davon aus, dass *Duns Scotus* die Sentenzenbücher in der Reihenfolge Buch I, IV, II, III kommentierte, vgl. Censura (Wadding-Vivés XXII), nn. II–IV auf S. 1–2 (so mit Nachweis: *Rodler*, Die Prologe der Reportata Parisiensia [wie Fn. 577], S. 31* Fn. 52); *Lukas Wadding*, Annales minorum in quibus res ..., Tom. III, Lugduni 1636, ad annum 1304, n. 29, S. 34–35. In den 20er-Jahren des 20. Jahrhunderts vertrat *Franz Pelster*, Handschriftliches zu Skotus mit neuen Angaben über sein Leben, in: Franziskanische Studien 10 (1923), S. 1–32, 8–9, die Ansicht, *Duns Scotus* habe die Sentenzen nur einmal in der Reihenfolge I, IV, II, III in Paris gelesen, wobei er Buch I und IV im akademischen Jahr 1302–03 und Buch II und III im Jahr 1303–04 gelesen haben soll. Auch *Little*, Chronological Notes on the Life of Duns Scotus (wie Fn. 576), S. 579, sprach sich für eine derartige Reihenfolge aus. 1946 argumentierte *Franz Pelster*, Hat Duns Scotus in Paris zweimal das dritte Buch der Sentenzen erklärt?, in: Gregorianum 27 (1946), S. 220–260, v. a. 222–223 m. w. N., entschieden gegen die von E. *Longpré* und *Balić* vertretene Ansicht, *Duns Scotus* habe in Paris zweimal die Sentenzen gelesen. Und insbesondere seit *Brampton*, Duns Scotus at Oxford, 1288–1301 (wie Fn. 576), S. 5–20, v. a. 12–16, wurde die Frage, ob *Duns Scotus* zwei jeweils einjährige Vorlesungsreihen über die Sentenzen in Paris hielt, kontrovers diskutiert. Laut *Brampton* habe *Duns Scotus* die Sentenzenbücher zweimal für ein Jahr gelesen, nämlich einmal in 1302/1303 und ein zweites Mal in 1304/05, wobei *Duns Scotus* nach seiner Rückkehr im April 1304 seine zweite Vorlesungs-

Duns Scotus (vermutlich) das vierte Buch der Sentenzen direkt nach dem ersten Buch, das heißt noch vor dem zweiten und dritten Buch[604], wobei

---

reihe im Mai 1304 in der Reihenfolge Buch IV, I, II, III gehalten haben soll (v. a. S. 14–15). Für die Annahme einer zweimaligen Lesung bzw. zweier Vorlesungsserien in Paris: *Wolter*, Duns Scotus at Oxford (wie Fn. 576), S. 183–192, 190–191; *Wolter*, Reflections about Scotus's Early Works (wie Fn. 578) S. 40 Fn. 14; *Wolter*, Scotus's Cambridge Lecture (wie Fn. 577), S. 319. Für eine Lesung der Sentenzenbücher in der Reihenfolge I, II, III, IV im akademischen Jahr 1302–03 plädieren hingegen: *Rodler*, Die Prologe der Reportatio Parisiensia (wie Fn. 577), S. 31*; *Courtenay*, Scotus at Paris (wie Fn. 576), S. 162. *Courtenay*, op. cit., v. a. S. 159–160, positioniert sich klar gegen *Bramptons* These zweier Vorlesungssequenzen, hält aber letztlich die Möglichkeit für wahrscheinlich, dass *Duns Scotus* in chronologischer Reihenfolge I–IV vor dem Exil gelesen hat. Anzumerken ist, dass *Courtenay* jüngst, Scotus at Paris. Some Reconsiderations (wie Fn. 576), S. 16, allerdings formuliert: „*It is also the case that Scotus read books I and IV before books II and III.*" Ebenfalls gegen *Bramptons* Ansicht und für die Annahme, dass *Duns Scotus* das Buch I und IV im akademischen Jahr 1302/03 und Buch II und III nach seiner Rückkehr nach April 1304 las, sprachen sich in jüngerer Zeit vor allem aus: *Vos*, The Theology (wie Fn. 83), S. 17–18, 24–27, 29; *Vos*, The Philosophy (wie Fn. 145), S. 65–66, 86–88, 91; *Bychkov*, Introduction, in: Rep. IV-A (Bychkov/Pomplun I.1), S. vii–xviii, vii–viii; *Duns Scotus*, Indices (editio vaticana VX.1), S. 60 (ohne Jahreszahlnennung); *Courtenay*, Early Scotists at Paris. A Reconsideration (wie Fn. 91), S. 192–196; *Wolter*, Introduction, in: John Duns Scotus. Philosophical Writings (wie Fn. 83), S. ix–xxiii, xiv–xv. Und zuletzt noch *Courtenay*, Scotus at Paris. Some Reconsiderations (wie Fn. 576), S. 15–16, insbs. 16, welcher die unterschiedlichen und für möglich erachteten Ansichten wie folgt zusammenfasst: „*The favored opinion at present is that it was across a two years, books I and IV in 1302–03 and II and III in 1304–05. But it is also possible that he attempted to cover all four books, in that order, in one academic year, and that when he was forced to leave Paris in late June 1303 he had not completed his lectures on book III. This would explain why two versions of book III survive, a shorter incomplete version and a longer version – the latter possibly being the result of lectures after he returned to Paris.*" *und, S. 18:* „*The view that he remained in England until the summer or fall of 1304 is based on the false assumption that he could not have returned until after April 1304. On the hypothesis that he read the Sentences at Paris across a biennium, it is fully possible that Scotus began his lectures on book II in the winter term of 1303–1304, and completed book III by June 1304. That would allow the better part of a year (June 1304–Spring 1305) for his post-sentential residence at Paris before licensing and inception in 1305. On the hypothesis that he attempted unsuccessfully to complete lectures on all four books in 1302–1303, he could have completed his lectures on book III in late 1303 or early 1304, a full year earlier than previously thought and more than a year in which to participate in disputations and revise his writings before licensing and inception in 1305.*" Darüber hinaus vgl.: *Wolter*, Introduction, in: Duns Scotus' Political and Economic Philosophy (wie Fn. 86), S. 1–21,11 Fn. 35, welcher die Möglichkeit einer vorherigen Vorlesung über das vierte Buch und späterer Überarbeitung in Paris unter Einfügung der Verweise auf Buch II und III hervorhebt.

anzunehmen ist (Worcester Codex F 69), dass *Duns Scotus* die *Reportatio I* im Herbst 1302 und Winter (1302–)1303, die *Reportatio IV* ebenfalls in 1303, direkt nach dem ersten Buch und noch vor seinem Pariser Exil (im Frühjahr 1303) gelesen hat[605]. Noch vor der *Reportatio I*, also der Lesung des ersten Sentenzenbuches in Paris (in 1302), erarbeitete *Duns Scotus* die *Ordinatio I 10ff.* auf der Grundlage seiner *Lectura I 10ff.* sowie seiner Oxforder und Pariser *Collationes*.[606] Nach seinem Exil war *Duns Scotus* im Sommer 1304 wieder in Paris anzutreffen[607], wo er weitere Vorlesungen

---

604 *Bychkov*, Introduction, in: Rep. IV-A (Bychkov/Pomplun I.1), S. vii–xviii, vii–viii; *Vos*, The Theology (wie Fn. 83), S. 17, 29; *Vos*, The Philosophy (wie Fn. 145), S. 65–66; *Wolter*, Introduction, in: John Duns Scotus. Philosophical Writings (wie Fn. 83), S. ix–xxiii, xiv–xv; *Duns Scotus*, Indices (editio vaticana XV.1), S. 60 (Lesung des Sentenzenbuches IV noch vor dem zweiten und dem ersten Teil des dritten Buches); *Pelster*, Hat Duns Scotus in Paris zweimal das dritte Buch erklärt? (wie Fn. 603), S. 220–260 (These: S. 223 und 253); *Pelster*, Handschriftliches zu Skotus mit neuen Angaben über sein Leben (wie Fn. 603), S. 7–10, insbs. 9. Zu den unterschiedlichen Hypothesen bzgl. der Reihenfolge, Dauer, Datierung: *Courtenay*, Scotus at Paris. Some Reconsiderations (wie Fn. 576), S. 15–16; *Courtenay*, Scotus at Paris (wie Fn. 576), S. 158–159. Andere Ansicht mit ausführlicher Darstellung und m. w. N. bei: *Rodler*, Die Prologe der Reportata Parisiensia (wie Fn. 577), S. 26*–31*.

605 *Bychkov*, Introduction, in: Rep. IV-A (Bychkov/Pomplun I.1), S. vii–xviii, vii–viii; Vos, The Theology (wie Fn. 83), S. 18; *Vos*, The Philosophy (wie Fn. 145), S. 65–66; *Wolter*, Introduction, in: John Duns Scotus. Philosophical Writings (wie Fn. 83), S. ix–xxiii, xiv–xv.

606 *Vos*, The Philosophy (wie Fn. 145), S. 46–48, 61–63, 134–139. Weiter zu den scotischen *Collationes*: *Stephen D. Dumont*, William of Ware, Richard of Conington and the „Collationes Oxonienses" of John Duns Scotus, in: John Duns Scotus. Metaphysics and Ethics, hrsg. v. Ludger Honnefelder; Rega Wood; Mechthild Dreyer, Leiden [u. a.] 1996, S. 59–85, 69–79. In der *Wadding-Vivés*-Ausgabe finden sich die *Collationes* unter dem Titel der *Collationes Parisiensis* in Tom. V, Parisiis 1891, S. 131–317. Jüngst erschienen: Ioannis Duns Scoti Collationes Oxonienses, hrsg. v. Guido Alliney; Marina Fedeli, Firenze 2016. *Collationes* stellten studentische Übungen dar, welche außerhalb des regulären Universitätsbetriebes vornehmlich in den Studienhäusern der Orden abgehalten wurden, aus: *Mary Beth Ingham*, Book Review: Ioannis Duns Scoti Collationes Oxonienses eds. by Guido Alliney; Marina Fedeli, Firenze 2016, in: Franciscan Studies 75 (2017) S. 537–539, 537.

607 Es herrscht ebenfalls Uneinigkeit darüber, ob *Duns Scotus* bereits im Herbst 1303, im April 1304 oder gar später nach Paris zurückkehrte. Damit einher geht die Frage über die Datierung der Vorlesung über das IV. Buch, sofern man davon ausgeht, dass *Duns Scotus* das IV. Buch nach seiner Rückkehr überhaupt kommentierte. Vgl. u. a.: *Bychkov*, Introduction, in: Rep. IV-A (Bychkov/Pomplun I.1), S. vii–xviii, vii m. w. N. in Fn. 1; *Vos*, The Philosophy (wie Fn. 145), S. 82–85, vgl. auch: S. 63–69; *Courtenay*, Early Scotists at Paris. A Reconsidera-

über das zweite (Herbst 1304) und dritte Buch im akademischen Jahr 1304–1305 hielt.[608] *Duns Scotus* überarbeitete seine *Ordinatio* fortwährend bis zu seinem Tod – dies auch intensiv mit Hilfe seines Assistenten *(Wilhelm von Alnwick)* während seiner Zeit als *magister regens* ab 1305 beziehungsweise 1306[609].[610] Dafür nutzte er die *Lectura I–III* und *Reportatio IV*, aber auch weitere Materialien, welche er kontinuierlich einband.[611]

---

tion (wie Fn. 91), S. 192–196; *Courtenay*, Scotus at Paris. Some Reconsiderations (wie Fn. 576), S. 15–18, insbs. 18. *Richter*, Das Werk von Johannes Duns Scotus im Lichte der Literarkritik, Teil 1 (wie Fn. 577), S. 640 Fn. 10, hält eine Unterbrechung des Pariser Aufenthalts für nicht sicher.

608 *Vos*, The Theology (wie Fn. 83), S. 18, 24–27, 29; *Vos*; The Philosophy (wie Fn. 145), S. 86–88, 91. *Vos* geht davon aus, dass *Duns Scotus* sich während seines Pariser Exils (Ende Juni 1303 bis ca. Sommer 1304) an der Universität Oxford (zweite Hälfte des Jahres 1303) und an der Universität Cambridge (vermutlich in der ersten Hälfte des Jahres 1304 = zweite Hälfte des akademischen Jahres 1303/04) aufgehalten haben soll. In seiner Zeit in Oxford soll *Duns Scotus* erstmalig das dritte Buch der Sentenzen kommentiert haben, vgl. *Vos*, The Theology (wie Fn. 83), S. 19–22; *Vos*, The Philosophy (wie Fn. 145), S. 74–77, in Cambridge soll *Duns Scotus* erneut eine Vorlesung über das erste Sentenzenbuch gehalten haben, S. 77–81.

609 Auch der genaue Zeitpunkt seiner Tätigkeit als *magister regens* an der Universität Paris bleibt unklar: Laut *Vos*, The Theology (wie Fn. 83), S. 26, 29; *Vos*, The Philosophy (wie Fn. 145), S. 86–90, 96–101, übte *Duns Scotus* diese Tätigkeit in den Jahren 1306–1307 aus. Laut *Dettloff*, Duns Scotus, in: Klassiker der Theologie 1 (wie Fn. 83), S. 226, *„erwarb er […] den Doktorgrad und wurde Magister regens."* Nach *Honnefelder*, Duns Scotus (wie Fn. 79), S. 15, war *Duns Scotus* ab (dem Frühjahr) 1305 in dieser Funktion tätig. *Richter*, Das Werk von Johannes Duns Scotus im Lichte der Literarkritik, Teil 1 (wie Fn. 577) S. 640, hält die Ausübung der Funktion des *magister regens* für unsicher. In *Courtenay*, Early Scotists at Paris. A Reconsideration (wie Fn. 91), S. 194, liest man: *„If, as has generally been assumed, a newly incepted doctor would be regent master for the following year, 1305–06, that would place Scotus's year as regent master in 1306–07 and mean that Albert of Metz did not return to Paris or at least did not incept. This chronology would seem to support the conclusion that Scotus's second year of reading at Paris was 1304–05, that he was baccalaureus formatus in 1305–06, and regent in 1306–07. And if by the fall of 1304 Albert had not yet returned to Paris, we need not place Scotus's return earlier than the beginning of the 1304–05 academic year, even though it was legal for him to do so by late October 1303." Courtenay, op. cit.*, stellt allerdings fest, dass die für die obigen Thesen herangezogenen „Beweise", nämlich das Empfehlungsschreiben des *Hispanuns Gonsalvus* sowie die *disputatio in aula* des *Giles of Longny*, keinen sicheren Schluss auf die obigen Annahmen zulassen.

610 *Vos*, The Theology (wie Fn. 83), S. 26.

611 Dazu auch: *Leidi*, Einleitung, in: *Duns Scotus*, Über das Individuationsprinzip. Ordinatio II, distinctio 3, pars 1 (wie Fn. 192), S. VII–LXXXVIII, LXXXVII.

Seit 2014 existiert eine historisch-kritische Ausgabe der *Ordinatio* der *Commissio Scotistica.* Zudem liegt eine historisch-kritische Ausgabe der *Lectura* der *Commissio Scotistica* vor.[612] Hinsichtlich des für diese Arbeit besonders bedeutsamen *liber IV* sind die zwei soeben genannten *Reportationes* überliefert: *Reportatio IV-A* sowie *IV-B*. Die *Reportatio IV-B* liegt in der Fassung Paris 1518 vor.[613] Die *Reportatio IV-A* findet sich in der *Wadding-Vivés* Ausgabe in den Bänden XXIII–XXIV wieder. Seit Ende Mai 2016 liegt eine englische Übersetzung der *Reportatio IV-A* vor.[614] *Oleg V. Bychkov* und *R. Trent Pomplun* legen ihrer Rekonstruktion der *Reportatio IV-A* (wie auch die *Commissio Scotistica*) hauptsächlich den *Codex A* zu Grunde.[615]

Dieser Untersuchung liegt maßgeblich die *Ordinatio* in Form der historisch-kritischen Vatikan-Ausgabe zu Grunde. Grundlage dieser Ausgabe ist eine Abschrift der „mittelalterlichen kritischen Textausgabe"[616], welche im *Codex A (= Codex 137)* der Stadtbibliothek von Assisi vorliegt und in welcher der Autor den Text der Hauptausgabe – das *apographum* – (vermutlich) mit dem *liber Duns Scoti* und weiteren Ausgaben vergleicht.[617] Der Verfasser hatte somit (vermutlich) den authentischen *liber Duns Scoti* vorliegen.[618] Unklar bleiben jedoch der Autor des *Codex A*, der „Abschrei-

---

612 *Johannes Duns Scotus*, Lectura, in: Opera Omnia, iussu et auctoritate RMI P. Pacifici M. Perantoni... (editio vaticana), Tom. XVI–XXI, Civitas Vaticana (1960–2004); Ordinatio, in: op. cit., Tom. I–XIV (1950–2013).

613 Die Angaben zu dieser Edition der *Reportatio IV-B* entstammen: *Balić*, Disquisitio historico-critica (editio vaticana I) (wie Fn. 583), S. 149*.

614 *John Duns Scotus*, The Report of the Paris Lecture. Reportatio IV-A. Latin Text and English Translation, Vol. I, Part 1–2, hrsg. u. übers. v. Oleg V. Bychkov; R. Trent Pomplun, St. Bonaventure New York 2016.

615 *Bychkov*, Introduction, in: Rep. IV-A (Bychkov/Pomplun I.1), S. vii–xviii, xiv–xvii; ausführlicher zu den fünf verschiedenen Handschriften der Rep. IV-A: S. x–xiv.

616 *Balić*, Editionsbericht (wie Fn. 214), S. 307; bzgl. der Tatsache, dass es sich um eine Abschrift handelt, S. 309.

617 *Balić*, Editionsbericht (wie Fn. 214), S. 308–310.

618 Vgl. u. a.: *Balić*, Editionsbericht (wie Fn. 214), S. 306–310. Kritik an der Auswahl des *Codex A* als Grundlage der kritischen Ausgabe übte in neuerer Zeit vor allem: *Richter*, Studien zum literarischen Werk von Duns Scotus (wie Fn. 288), v. a. S. 17–29; *Vladimir Richter*, Zur Texttradition von Duns Scotus' Ordinatio, in: Zeitschrift für katholische Theologie 103 (1981), S. 446–456; *Richter*, Duns Scotus' Texte zum Gottesbeweis (wie Fn. 597), v. a. S. 26; *Richter*, Das Werk von Johannes Duns Scotus im Lichte der Literarkritik, Teil 1 (wie Fn. 577), insbs. S. 641–643; vgl. auch: *Vladimir Richter*, Textstudien zum Prolog des Oxforder Sentenzenkommentars von Johannes Duns Scotus, in: Zeitschrift für katholische Theologie 111/4 (1989), S. 431–449; *Vladimir Richter*, Zur Entwicklung philosophischer und theologischer Lehren bei Johannes Duns Scotus, in: Studia

ber" und das Entstehungsdatum.[619] Hinsichtlich des vierten Buches hat die *Commissio Scotistica* insgesamt 16 Manuskripte bei ihrer Rekonstruktionsarbeit berücksichtigt, von welchen neben dem *Codex A* vier weitere *Codices* (1. Pariser Ms., Nat. Bibliothek, cod. lat. 3062 [=N]; 2. Pariser Ms., Nat. Bibliothek, cod. lat. 15361 [=P]; 3. Pariser Ms., Nat. Bibliothek, cod. lat. 15854 [=Q]; 4. Pariser Ms., Nat. Bibliothek, cod. lat. 3114 [=Z])[620] sowie die Editionen von *Mauritius Hibernus* (Venetiis 1506) und *Lukas Wadding (Lugduni 1639; Vivés, „Parisiis 1893–1895"*) Eingang in den Variantenapparat gefunden haben.[621]

Überblickt man die Vielzahl der Fragen, welche das scotische Werk vor allem hinsichtlich der Datierung und Reihenfolge der Sentenzenlesungen sowie des Verhältnisses der Fassungen zueinander bis heute aufwirft, so kann man sicher behaupten, dass das Werk des *Duns Scotus* die Forschung vor besondere Herausforderungen und Schwierigkeiten gestellt hat und weiterhin stellt.

---

mediewistyczne 34 (1999), S. 157–162. Vgl. zur Anerkennung der kritischen Ausgabe v. a.: *Vos*, The Philosophy (wie Fn. 145), insbs. S. 117–124. Auch *Bychkov*, Introduction, in: Rep. IV-A (Bychkov/Pomplun I.1), S. vii–xviii, x–xvii, legen ihrer Rekonstruktion der *Reportatio IV-A* maßgeblich den *Codex A* zu Grunde. Ebenso rekonstruierte *Allan B. Wolter*, Preface, in: Duns Scotus′ Political and Economic Philosophy (wie Fn. 86), S. vii–ix, im Wesentlichen mit Hilfe des *Codex A* den Text der *Ord. IV, dist. 15, q. 2*. Zur vor allem nach Erscheinen der ersten historisch-kritischen Bände geführten Diskussion und frühzeitigen allgemeinen Anerkennung der kritischen Ausgabe m. w. N.: *Balić*, Editionsbericht (wie Fn. 214), S. 316–317, sowie *Karl M. Balić*, Zur kritischen Edition der Werke des Johannes Duns Skotus, in: Scriptorium 8/2 (1954), S. 304–318, welcher auf die von *P. Ludger Meier*, Die Skotusausgabe des Johannes von Reinbold von Zierenberg, in: Scriptorium 7/1 (1953), S. 89–114, geäußerte Kritik, dass der Herausgeber des *Codex A* den *Liber Duns* nicht persönlich vorliegen hatte, eingeht und diese zurückweist. Weiter: *Artur Michael Landgraf*, Rezension von: Ioannis Duns Scoti Opera omnia, ed. Comissio Scotistica (praes. Balić), Civitas Vaticana 1950 ff., in: Theologische Revue 47/6 (1951), Sp. 215–219, bes. 218–219.

619 *Balić*, Zur kritischen Edition der Werke des Duns Skotus (wie Fn. 618), S. 313. Hypothesen bzgl. des Entstehungsdatums des *Codex A*: *Balić*, op. cit., S. 310–313.

620 *Duns Scotus*, Indices (editio vaticana XV.1), S. 55, wobei im Abschnitt 15 kein Vergleich zu *Codex Q* stattfindet, S. 56.

621 Diese Angaben entstammen der Auflistung und Abbildung in: *Duns Scotus*, Indices (editio vaticana XV.1), S. 14, ausführliche Informationen über die vorhandenen *Codices*, welche das vierte Buch enthalten, sowie der Rekonstruktionsarbeit der *Commissio Scotistica*: S. 52–79. Hier ist auch eine Auflistung der verschiedenen *Codices* zu finden, S. 52–55.

B. Der Aufbau und die Struktur der Quästionen 2–4

Im Folgenden werden der Aufbau der scotischen Quästionen am Beispiel der zweiten Quästion (I.) sowie die Systematik der Quästionen 2–4 im Überblick (II.) vorgestellt. Dies soll die gedankliche Nachverfolgung der in den Kapiteln § 4 bis § 6 aufbereiteten scotischen Argumentationslinie erleichtern.

I. Der Aufbau der Quästionen am Beispiel der zweiten Quästion

Es folgt hier die knappe Präsentation der typischen Struktur einer scholastischen Quästion, welche auch die scotischen Quästionen aufzeigen.

Wie für scholastische Quästionen üblich, weisen auch die scotischen Quästionen eine dialektische Form auf. Nach der Formulierung der Ausgangsfrage (*Utrum…*) folgen die Argumente (*argumenta principalia*), welche die Gegenmeinung, nämlich die Ansicht, welche der Lehrmeister nicht vertritt, stützen.[622] Die Argumente werden mit Beweisen in Form von Autoritäten (z. B. Bibelstellen, Zitaten der Kirchenväter, *Aristoteles*) oder auch Vernunftsargumenten belegt.[623] Im Anschluss folgt zumindest ein Argument (*sed contra*), welches eine andere Meinung, nämlich die, welcher der Autor sich letztlich anschließen wird, stützt.[624] Zu dessen Gültigkeit äußert sich der Autor in der Regel an dieser Stelle nicht.[625]

Es folgt der Hauptteil, die eigentliche Antwort auf die Frage – das *corpus*, die *determinatio* oder *solutio*. In den abstrahierenden Sentenzenkommentaren tritt die Meinung des Autors klar in den Vordergrund – sie macht den Hauptteil der Quästion aus.[626] Auch bei *Duns Scotus* bildet das *corpus* der jeweiligen Quästion den Hauptteil. Er unterteilt seinen Hauptteil in mehrere Artikel, welche weitere Unterteilungen und Unterfragen aufweisen. Die Nachverfolgung der Argumentationslinie wird – auch bei *Duns Scotus* – dadurch erschwert, dass in der Darlegung der eigenen Ansicht die

---

622 *Decock; Birr*, Recht und Moral (wie Fn. 63), S. 67; *William J. Hoye*, Die mittelalterliche Methode der Quaestio, in: Philosophie. Studium, Text und Argument, hrsg. v. Norbert Herold; Bodo Kensmann; Sibille Mischer, 1. Auflage, Münster 1997, S. 155–178, 169.

623 *Hoye*, Die mittelalterliche Methode der Quaestio (wie Fn. 622), S. 169.

624 *Hoye*, Die mittelalterliche Methode der Quaestio (wie Fn. 622), S. 169; *Decock; Birr*, Recht und Moral (wie Fn. 63), S. 67.

625 *Hoye*, Die mittelalterliche Methode der Quaestio (wie Fn. 622), S. 169.

626 *Hoye*, Die mittelalterliche Methode der Quaestio (wie Fn. 622), S. 157.

vermeintliche Kritik des Gegners häufig antizipiert *(dices, obicies)* wird.[627] Diese Einwände werden anschließend vom Autor widerlegt *(Sed respondeo...)*.[628]

Zuletzt nimmt der Autor – und so auch *Duns Scotus* – Bezug auf die Anfangsargumente (Eingangsargumente).[629] Dabei widerlegt er – meist unter Verweis auf Texte aus dem *corpus* – die einzelnen Argumente der Gegenansicht, so dass die eigene Meinung deutlich hervortritt.

Nachfolgend werden der Aufbau und die Struktur der scotischen Quästionen anhand seiner *quaestio II* schematisch abgebildet.

„Utrum quicumque iniuste abstulerit vel detinet rem alienam, teneatur illam restituere, ita quod non possit vere poenitere absque tali restitutione“

= *Ist jeder, der eine fremde Sache unrechtmäßig wegnimmt oder besitzt, verpflichtet, jene zurückzuerstatten, so dass er nicht wahrhaftig Buße tun kann ohne eine derartige Restitution?*

I. Argumenta principalia
= *Eingangs-/Anfangsargumente*

1. Objectiones
= *Einwände/Gegenargumente*

a) Videtur quod ...
= *Es scheint, dass ... [1. Einwand]*

b) Item ...
= *Ebenso ... [2. Einwand]*

2. Sed contra: auctoritas
= *Aber dagegen [spricht] [Autoritäten als Beweis]*

II. Corpus: „Respondeo ...“
= *Hauptteil: „Ich antworte ...“ [Unterteilung in mehrere Artikel]*

III. Ad argumenta principalia
= *Zu den Eingangsargumenten [Widerlegung der Einwände]*

---

627 *Decock; Birr*, Recht und Moral (wie Fn. 63), S. 67.

628 *Decock; Birr*, Recht und Moral (wie Fn. 63), S. 67–68.

629 Dazu: *Decock; Birr*, Recht und Moral (wie Fn. 63), S. 67; *Hoye*, Die mittelalterliche Methode der Quaestio (wie Fn. 622), S. 169.

1. Ad primum ...
= *Zum ersten Argument ...*

2. Ad secundum ...
= *Zum zweiten Argument ...*

II. Die Systematik der Quästionen 2–4

Die Systematik der scotischen Quästionen soll hier nur (noch) äußerst knapp skizziert werden, denn die ausführliche und detaillierte Analyse folgt sogleich im Hauptteil. Angelehnt an die Systematik der lombardischen Sentenzen behandelt *Duns Scotus* die Sakramente des römisch-katholischen Glaubens im vierten Buch seines Sentenzenkommentars. Innerhalb seiner Bußlehre, speziell der Lehre von der Satisfaktion, widmet er drei Quästionen, nämlich die Quästionen 2–4 des 15. Abschnitts, ausschließlich der Materie der Restitution.

In der zweiten Quästion fragt *Duns Scotus* seine Leserschaft explizit, ob derjenige, welcher eine fremde Sache unrechtmäßig wegnimmt oder behält, zur Restitution verpflichtet ist, um wahre Buße tun zu können. In seiner dritten Quästion formuliert er diese Frage im Hinblick auf Schädigungen an den geistigen und körperlichen Gütern. Zuletzt wirft er diese Frage in der vierten Quästion in Bezug auf Rufschädigungen auf.

Den klaren Schwerpunkt innerhalb der scotischen Restitutionslehre bildet die zweite Quästion. Daher wird an dieser Stelle der Arbeit auch nur ihr Aufbau in seinen Umrissen skizziert; im Übrigen wird stets im Hauptteil dieser Arbeit auch auf die Systematik der Quästionen eingegangen. *Duns Scotus* teilt den Hauptteil *(corpus)* der zweiten Quästion in insgesamt vier Artikel, welche eine Vielzahl an Schlussfolgerungen enthalten. Der erste Artikel enthält eine ausführliche Rechtfertigung des Privateigentums *(dominium distinctum)*. Der zweite Artikel handelt von den verschiedenen Übertragungsformen des Eigentums und analog dazu des Gebrauchs. *Duns Scotus* unterscheidet zwischen der Übertragung aufgrund einer öffentlichen Autorität, zum Beispiel kraft Gesetzes im Falle der Ersitzung, sowie der Übertragung aufgrund einer privaten Autorität. Im Hinblick auf letztere differenziert er weiter zwischen einer rein freigiebigen Handlung (*actus mere liberalis = donatio*) und einer nicht rein freigiebigen Handlung (*actus secundum quid liberalis*), welche er sodann als Vertrag definiert (*contractus*). Es folgen Definitionen sowie die Darstellung der Voraussetzungen einer wirksamen Schenkung und der verschiedenen Vertragsarten, in denen das Eigentum *(dominium distinctum)* oder auch der Gebrauch *(usus)* übertragen werden können. Innerhalb der zweiten Quästion bilden die auf einem Vertrag gründenden Übertragungsformen des Eigentums den Schwerpunkt. Der dritte Artikel behandelt die Ungerechtigkeiten, welche bei der Schenkung und den einzelnen Vertragsarten auftreten und eine Restitutionspflicht auslösen können. Letztlich wiederholt *Duns Scotus* in diesem Artikel vielfach die bereits im zweiten Artikel aufgeführten Restitutionsfälle; mehrfach verweist er auf diese. Im vierten Artikel erörtert *Duns Scotus* die allgemeineren Fragen im Zusammenhang mit der Restitution: Wer *(quis)* ist wann *(quando)* wem gegenüber *(cui)* aus welchem Grund (*propter quam rationem*) und in welchem Umfang *(quid)* zur Restitution verpflichtet? Er schließt seine Quästion mit der Bezugnahme auf die dem Hauptteil vorangestellten *argumenta principalia*.

§ 4. Die theoretischen Grundlagen der scotischen Restitutionslehre

Wie auch bei anderen Theologen[630] bildet die Frage der Verortung der Restitution im Kontext des Bußsakraments die Ausgangsfrage der scotischen Restitutionslehre (q. 2). Ausdrücklich stellt *Duns Scotus* in seiner zweiten Quästion des 15. Abschnitts die Frage:

„Secundo quaero utrum quicumque iniuste abstulerit vel detinet rem alienam, teneatur illam restituere, ita quod non possit vere poenitere absque tali restitutione."[631]	Zweitens frage ich, ob jeder, der eine fremde Sache unrechtmäßig wegnimmt oder besitzt [behält], verpflichtet ist, jene zurückzuerstatten, so dass er nicht wahrhaftig Buße tun kann ohne eine derartige Restitution?

Vergleicht man *Duns Scotus´* Fragestellung mit der sonst so üblichen Formulierung *„Utrum/An restitutio sit pars satisfactionis?"* – *Ob die Restitution Teil der Satisfaktion ist?*, so fällt auf, dass die Ausgangsfrage des *Duns Scotus* über die originär theologische Fragestellung des Verhältnisses der einzelnen Bestandteile des Bußsakraments zueinander hinausgeht und eine ungemein rechtliche Färbung aufweist. Denn bereits *Duns Scotus´* Ausgangsfrage knüpft an eine bestimmte, nämlich unrechtmäßige, Güterzuordnung an. Es geht ihm konkret um die Wegnahme beziehungsweise den unberechtigten Besitz einer fremden Sache. In dem anschließenden Nebensatz *(ita quod)* weist *Duns Scotus* auf eine mögliche Begründung des Erfordernisses der Rückerstattung hin, indem er nämlich das Verhältnis zum Bußsakrament im Allgemeinen erfragt. Er spricht nicht von der *satisfactio* (Genugtuung/Satisfaktion), sondern vom Verb *poenitere*. Er fragt

630 Die Ausgangsfrage *„Utrum/An restitutio sit pars satisfactionis"* findet sich z. B. bei *Petrus de Tarantasia*, Sent., Tolosae 1651, lib. IV, dist. 15, q. 2, art. 3, S. 165a; *Bonaventura*, Sent., Ad Claras Aquas (Quaracchi) 1889, lib. IV, dist. 15, p. 2, art. 2, q. 4, S. 375ab; *Richardus de Mediavilla*, Sent., lib. IV, dist. 15, art. 5, q. 1, S. 217a. Hierzu m. w. N. auch: *Weinzierl*, Hochscholastik (wie Fn. 16), S. 127. Siehe in dieser Arbeit dazu: § 2.C.I.2.

631 *Duns Scotus*, Ord. IV (editio vaticana XIII), dist. 15, q. 2, n. 65, lin. 432–434, S. 75–76.

also nicht ausdrücklich nach dem Verhältnis zur Satisfaktion, sondern wie zuvor auch *Albertus Magnus*[632] allgemeiner nach der Bedeutung der Restitution im Kontext des Bußsakraments.[633] Die folgenden Ausführungen zeigen, dass auch *Duns Scotus* im Rahmen seiner zweiten Quästion zum Verhältnis der Restitution zur Satisfaktion Stellung nimmt. Die so häufig gestellte Frage nach dem Verhältnis der Restitution zur Satisfaktion begegnet bei *Duns Scotus* in allgemeinerer Form und im Gewand einer rechtlichen Falleinkleidung, welche es *Duns Scotus* ermöglicht im Rahmen seiner zweiten Quästion ganz allgemein die Restitution im Zusammenhang mit der Schädigung der zeitlichen (Vermögens-)Güter zu besprechen.

Unter näherer Betrachtung der in den Quästionen 2–4 behandelten Restitutionsfälle (vgl. § 5.) zeigt sich zudem, dass *Duns Scotus* seine Lehre anhand der verletzten Rechtsgüter ausrichtet. Die Restitution ist – darauf wies bereits *Jansen* hin – auf den Schutz privater Rechtsgüter angelegt.[634]

---

632 *Weinzierl*, Hochscholastik (wie Fn. 16), S. 127; *Albertus Magnus*, Sent., Parisiis 1894, lib. IV, dist. 15, G, art. 45, S. 534b. *Albertus* fragt: *„Qualiter habent se opera restitutionis ad opera poenitentiae?“* Siehe auch in dieser Arbeit dazu: § 2.C.I.2.

633 Hierzu sei darauf hingewiesen, dass das Verb *poenitere/paenitere* einerseits für das gesamte Bußgeschehen verwendet werden kann, es kann aber auch auf die Reue *(contritio)* eingeengt sein. Siehe hierzu: *Bardo Weiß*, Kirche und Sakramente bei den frühen deutschen Mystikerinnen, Bd. 1, Paderborn [u. a.] 2013, S. 1375. Auch in den drei für diese Arbeit relevanten scotischen Quästionen (qq. 2–4) kann *poenitere vere* einerseits *„wahrhaftig bereuen“*, andererseits *„wahrhaftig Buße tun“* bedeuten. In den drei Ausgangsfragen erscheint meines Erachtens eine Übersetzung mit dem deutschen Ausdruck *„Buße tun“* sinnvoll. Denn einerseits fragt *Duns Scotus* nicht danach, ob die Restitution eine Voraussetzung der Reue *(contritio)* ist. Darüber hinaus spricht die Systematik des vierten Buches des Sentenzenkommentars auch für eine solche Übersetzung: In *lib. IV, dist. 14* behandelt *Duns Scotus* zunächst das Bußsakrament im Allgemeinen; in *lib. IV, dist. 16* beschäftigt er sich sodann mit den einzelnen, integralen Bestandteilen des Sakraments und so auch mit der Reue *(contritio)*. Betrachtet man zudem den ersten vermeintlich gegen das Restitutionserfordernis sprechenden Einwand in lib. IV (editio vaticana XIII), dist. 15, q. 2, n. 66, lin. 436–438, S. 76: *„Quia restitutio nihil est poenitentiae; ergo sine ea potest esse vera poenitentia. Antecedens probatur, quia non est contritio nec confessio (manifestum est), [...].“ – Weil die Restitution kein Teil der Buße ist; also auch ohne sie [die Restitution] kann wahre Buße getan werden kann. Das Vorausgehende wird bewiesen, weil sie nicht zur Reue (contritio) und auch nicht zur Beichte zählt (das ist klar), [...].* Diesen Ausführungen lässt sich klar entnehmen, dass es *Duns Scotus* um das Verhältnis der Restitution zum Bußsakrament im Allgemeinen geht.

634 *Jansen*, Theologie, Philosophie und Jurisprudenz (wie Fn. 4), S. 36, mit Verweis auf *Duns Scotus* in Fn. 86, 87, vgl. weiter auch zum *„rechtsgutsorientierte[n] Ansatz“* z. B.: S. 82.

Duns Scotus spricht, so vor allem in seiner dritten und vierten Quästion, ganz überwiegend von *bona* (Güter). Betrachtet man die Systematik der scotischen Fragen zur Restitution in ihrer Gesamtheit, so zeigt sich, dass er eine durch die Anzahl der Fragen bereits vorgegebene Dreiteilung des Rechtsgüterschutzes vornimmt. Nachfolgend sind die drei Fragen in ihrem lateinischen Wortlaut abgebildet:

> **Q. 2:** „*Secundo quaero utrum quicumque iniuste abstulerit vel detinet rem alienam teneatur illam restituere, ita quod non possit vere poenitere absque tali restitutione.*“[635]
> **Q. 3:** „*Tertio quaero utrum damnificans alium in bonis personae, puta corporis vel animae, teneatur restituere ad hoc quod posssit vere poenitere.*“[636]
> **Q. 4:** „*Quarto quaeritur utrum damnificans aliquem in bono famae teneatur ad restitutionem, ita quod poenitere vere non possit nisi famam restituat.*“[637]

Duns Scotus verwendet in diesen drei Quästionen verschiedene Ausdrücke im Zusammenhang mit den geschützten Gütern: So spricht er von den *bona personae, puta corporis vel animae* (q. 3) (die Güter der Person, entweder die des Körpers oder die der Seele), dem *bonum famae* (q. 4) (der gute Ruf/das Gut des Rufs), den *bona fortunae* (die Güter des Glücks), dem *bonum spirituale* (das spirituelle/geistige Gut) und unter Zitation von *Augustinus* den *bona naturae* (die Güter der Natur) sowie an gleicher Stelle seiner Kommentierung vom *bonum exterum* (das äußere [zeitliche] Gut).[638]

---

635 *Duns Scotus*, Ord. IV (editio vaticana XIII), dist. 15, q. 2, n. 65, lin. 432–434, S. 75–76.

636 *Duns Scotus*, Ord. IV (editio vaticana XIII), dist. 15, q. 3, n. 213, lin. 393–395, S. 113. In deutscher Übersetzung: *Drittens frage ich, ob jemand, der einen anderen an den Gütern der Person, sei es an den körperlichen oder denen der Seele, schadet, im Hinblick darauf zur Restitution [zu restituieren] verpflichtet ist, dass er wahrhaftig Buße tun kann?*

637 *Duns Scotus*, Ord. IV (editio vaticana XIII), dist. 15, q. 4, n. 247, lin. 640–642, S. 123. In deutscher Übersetzung: *Viertens wird gefragt, ob derjenige, der jemanden an seinem guten Ruf schädigt, zur Restitution verpflichtet ist, so dass er nicht wahrhaftig Buße tun kann, ohne den Ruf zu restituieren?*

638 *Duns Scotus*, Ord. IV (editio vaticana XIII), dist. 15, q. 3, n. 214, lin. 397–404, S. 114: „*Quia nullus tenetur ad impossibile; sed in tali damno quandoque est impossibilis restitutio; ergo etc. Minor patet, nam damnificans non potest reddere '**bonum spirituale** aequivalens' ei quem damnificavit in **bonis animae**; similiter, si damnificavit auferendo membrum vel occidendo, non potest reddere nec illud nec aequivalens, quia nullum **bonum exterius**, quod est bonum minimum, quia **bonum fortunae** [non?] potest esse aequivalens **bono naturae**, quod est bonum medium, secundum Augustinum I Retractationum.*“ – *Weil niemand zu Unmöglichem verpflichtet ist;*

Auf Grundlage seiner Ausführungen in den Quästionen 2–4 lässt sich schließen, dass er das Leben und die körperliche Unversehrtheit den natürlichen Gütern *(bona naturae)* und den Gütern der Person *(bona personae)* zuweist und dass er die *bona fortunae* auch als zeitliche Güter *(bona extera)* versteht.[639] Im Hinblick auf die Systematik der scotischen Quästionen lässt sich – so wie dies bereits *Antonius Hiquaeus Hibernus* in seiner Kommentierung tat[640] – zusammenfassen, dass die zweite Quästion ausführlich und detailliert von der Schädigung der *bona fortunae*[641] – des Eigentums und Gebrauchs, aber auch insgesamt des Vermögens (vgl. Erbschaftsfragen beim Ehebruch, die Erschleichung/Wegnahme eines Benefiziums) und seine dritte Quästion von den Gütern der Person *(bona personae)* handelt, welche er weiter in die Güter des Körpers *(bona corporis)* und die Güter der Seele *(bona animae)* unterteilt. Die vierte Quästion widmet sich zuletzt dem guten Ruf *(bonum famae)*. Die separate Behandlung der Rufschädi-

---

aber bei einem derartigen Schaden ist die Restitution manchmal unmöglich; also etc. Letzteres (= Untersatz) erhellt, weil der Schädiger demjenigen, den er an seinen Gütern der Seele geschädigt hat, kein gleichwertiges geistiges Gut zurückgeben kann. Ebenso kann man, wenn man durch das Entfernen eines Glieds einen Schaden zugefügt oder getötet hat, weder jenes [Gut] noch etwas Gleichwertiges zurückgeben, weil es [nämlich] kein [derartiges] äußeres Gut gibt, welches ein geringes Gut ist, weil ein Gut des Glücks einem Gut der Natur [nicht?] gleichwertig sein kann, was ein mittleres Gut nach Augustinus Retractionum I. ist; Duns Scotus, Ord. IV, dist. 15, q. 2, n. 197, lin. 252–255, S. 108: „*Universaliter enim, dando eleemosynam pauperi pro aliquo, datur illi* ***bonum spirituale****, – et in hoc fit sibi restitutio possibilis, quando non potest sibi* ***bonum temporale*** *reddi.*" – *Im Allgemeinen nämlich wird durch die Almosengabe an die Armen für [irgend]jemanden, jenem ein geistliches Gut gegeben, – und dadurch leistet man ihm die mögliche Restitution, wenn ihm ein weltliches Gut nicht zurückgegeben werden kann.* [Hervorhebungen von Laura Kanschik].

639 Vgl. z. B. *Duns Scotus*, Ord. IV (editio vaticana XIII), dist. 15, q. 3, n. 214, lin. 397–404, S. 114.

640 *Hiquaeus Hibernus*, Commentarius, in: *Duns Scotus*, Ord. IV (Wadding-Vivés XVIII), dist. 15, q. 2, n. 1, S. 256a: „*Prima est de bonis fortunae. Secunda de bonis animae et corporis. Tertia de bonis famae.*" – *Die erste [Frage] handelt von den Gütern des Glücks. Die zweite von den Gütern der Seele und des Körpers. Die dritte vom guten Ruf [Gut des Rufes].*"

641 *Duns Scotus* verwendet den Begriff *bona fortunae* in seiner zweiten Quästion zwar nicht selbst, allerdings nutzt er diese Begrifflichkeit, wie soeben dargestellt, in seiner dritten Quästion, um in Abgrenzung zu den natürlichen Gütern *(bona naturae)* auf die nicht natürlichen, sondern die „erworbenen", nämlich zeitlichen, Güter zu verweisen.

gung lässt die Bedeutung des guten Rufs im mittelalterlichen Leben erkennen.[642]

Für die scotische Restitutionslehre nimmt die gesamte zweite Quästion mit der ausführlichen Rechtfertigung des Privateigentums *(dominium distinctum)* sowie seinen Ausführungen zu den Eigentumserwerbstiteln eine Zentralstellung ein. Beherrschend für die zweite Quästion und seine Restitutionslehre insgesamt ist der starke Bezug der Restitution auf das Eigentum *(dominium distinctum)*. Um diesen Fokus auf das Privateigentum wird es unter anderem sogleich näher gehen (B. und C.).

Anders als *Thomas von Aquin* bettet *Duns Scotus* seine Restitutionslehre nicht in die Gerechtigkeitslehre ein; an keiner Stelle formuliert er, dass die Restitution ein Akt der ausgleichenden Gerechtigkeit *(iustitia commutativa)* ist. Es lässt sich feststellen, dass *Duns Scotus* insbesondere im dritten Artikel des *corpus* der zweiten Quästion die Restitutionspflicht insofern an die Verletzung der *iustitia commutativa* koppelt, als dass jedwede im Rahmen des freiwilligen Güteraustausches auftretende Ungerechtigkeit eine Pflicht zur Restitution begründet. *Duns Scotus* formuliert in seiner zweiten Quästion, dass zunächst zu betrachten ist,

„[...] unde rerum dominia sint distincta, ut hoc dicatur 'meum' et illud 'tuum', quia istud est fundamentum omnis iniustitiae in contrectando rem alienam, et per consequens omnis iustitiae in restituendo eam; [...]."[643]

[...] aus welchem Grund das Eigentum der Sachen unterschieden wird, so dass man dies „mein" und jenes „dein" nennt, weil dies die Grundlage aller Ungerechtigkeit durch die Wegnahme einer fremden Sache und in der Folge aller Gerechtigkeit in der Rückgabe ist; [...].

642 Zum guten Ruf im Mittelalter u. a.: *Thelma Fenster; Daniel Lord Smail (Hrsg.)*, The Politics of Talks and Reputation in Medieval Europe, Ithaca [u. a.] 2003; weiter auch z. B.: *Achatz von Müller*, Gloria Bona Fama Bonorum. Studien zur sittlichen Bedeutung des Ruhmes in der frühchristlichen und mittelalterlichen Welt, Husum 1977.

643 *Duns Scotus*, Ord. IV (editio vaticana XIII), dist. 15, q. 2, n. 78, lin. 490–493, S. 78.

Nach der Behandlung der Eigentumsübertragung im zweiten Artikel

„[...] tertio, ex hoc patebit quae sit iniusta rerum occupatio alienarum seu alterius damnificatio in re temporali; [...]."[644]	[...] wird, drittens, daraus offensichtlich sein, was eine ungerechte Inbesitznahme fremder Sachen oder der Schaden eines anderen an einem weltlichen Gut ist; [...].

Durch die Restitution wird derjenige Zustand, der ohne Eintreten der Ungerechtigkeit bestünde, wiederhergestellt. Sie dient demnach der Wiederherstellung der Gerechtigkeit. Prägend für die scotische Restitutionslehre ist und dies tritt im obigen Zitat auch klar hervor, dass der Ungerechtigkeit (*iniustitia)* maßgeblich die Verletzung des geschützten Rechtsguts, hier des Eigentums, zu Grunde liegt, so dass sich vielmehr konstatieren lässt, dass das restitutionsbegründende Moment in der scotischen Lehre die Verletzung der jeweils geschützten Güter des Einzelnen bildet, in seiner zweiten Quästion primär des Eigentums. Die Zuweisung des Eigentums an das Individuum, die Güterzuordnung, bildet damit die Grundlage der Gerechtigkeit und der möglichen Ungerechtigkeiten; sie ist zugleich das Fundament der scotischen Restitutionslehre.

Wollte man nun eine systematische Einteilung der scotischen Restitutionslehre vornehmen, so ließe sich festhalten, dass er innerhalb seiner zweiten Quästion ganz überwiegend[645] Fälle der Störung beziehungsweise Verletzung der austauschenden Gerechtigkeit (*iustitia commutativa)* im freiwilligen Güteraustausch zwischen den Privatsubjekten behandelt und innerhalb seiner dritten und vierten Quästion Restitutionsfragen im Zusammenhang mit der Verletzung der austauschenden Gerechtigkeit (*iustitia commutativa)*, die sich im Rahmen des unfreiwilligen Güteraustausches stellen. Obgleich *Duns Scotus* die folgenden Termini selbstverständlich selber nicht verwendet, so vollzieht sich in rechtlicher Hinsicht damit zugleich eine Einteilung in eine „vertragliche" (§ 5.C) und „deliktische" (§ 5.D–K) Schadenslehre.

Im Folgenden sollen nun zunächst für einen kurzen Augenblick die Heilsbedeutung und das Verhältnis der Restitution zur Satisfaktion (A.)

644 *Duns Scotus*, Ord. IV (editio vaticana XIII), dist. 15, q. 2, n. 78, lin. 494–496, S. 78.

645 Diese Zuordnung lässt sich nicht für die von *Duns Scotus* sehr knapp erwähnten allgemeinen und klar zu erkennenden Formen der Ungerechtigkeit wie beim Diebstahl oder Raub einer Sache vornehmen, vgl. Ord. IV (editio vaticana XIII), dist. 15, q. 2, n. 169, lin. 59–68, S. 100.

und damit das theologische Fundament der scotischen Restitutionslehre betrachtet werden, denn es ist die Frage nach der Bedeutung der Restitution im Rahmen des Bußsakraments, welche überhaupt Anlass zur näheren Betrachtung einzelner Restitutionsfälle gibt. Diesem theologischen Ursprung der scotischen Restitutionslehre wird durch eine überblicksartige Darstellung im nachfolgenden Abschnitt Rechnung getragen. Anschließend wird die Verknüpfung der Restitution mit der Rechtfertigung des Privateigentums (B., C.) und damit das prägende Element der scotischen Restitutionslehre ausführlich beleuchtet; diese Abschnitte (B., C.) bilden den Schwerpunkt innerhalb dieses Kapitels.

A. Die Heilsbedeutung der Restitution und das Verhältnis zur Satisfaktion

Die Wegnahme und das Zurückhalten eines fremden Gutes stellen eine Todsünde *(peccatum mortale)* gegen das siebte göttliche Gebot dar. So wie es aber erforderlich ist, das negative Gebot zu halten und zu bewahren, so ist es auch erforderlich, ein fremdes Gut nicht gegen den Willen des Eigentümers zu besitzen und folglich durch eine Handlung sofort zurückzugeben oder zumindest zurückgeben zu wollen, sobald die Möglichkeit dazu bestehen wird.[646] In seiner *Reportatio IV-A* arbeitet *Duns Scotus* die Heilsbedeutung der Restitution in aller Klarheit heraus:

„[...] ergo quamdiu aliquis tenet alienum potens restituere et non restituit, peccat actu, et per consequens non potest meritorie paenitere antequam restituat. Caveant hic absolventes, quia hic non potest ecclesia vel aliquis inferior Deo dispensare.“[647]

[...] also solange jemand, welcher die Möglichkeit zur Restitution hat, ein fremdes Gut besitzt und nicht zurückerstattet, sündigt er durch den Akt und kann folglich solange keine Buße tun, bis er sie zurückgibt. Hüten sollen sich die hier Lossprechenden, weil hier [in diesem Fall] weder die Kirche noch jemand unter Gott Stehendes befreien kann.

646 Der lateinische Quellentext lautet: *Duns Scotus*, Ord. IV (editio vaticana XIII), dist. 15, q. 2, n. 171, lin. 74–79, S. 101: *„De primo dico quod sicut auferre alienum est mortale peccatum contra praeceptum Dei negativum Non furtum facies, ita et tenere alienum; et ideo sicut necessarium est tenere et servare praecepta negativa, ita necessarium est non tenere alienum domino invito, et per consequens vel actu statim reddere vel saltem velle reddere cum fuerit opportunitas.“*

647 *Duns Scotus*, Rep. IV-A (Bychkov/Pomplun I.1), dist. 15, qq. 2–4, n. 80, S. 617.

Für die Sündenlossprechung ist die Restitution zwingend erforderlich, auch wenn in der seelsorgerischen Praxis tatsächlich von der Restitutionspflicht dispensiert wird. *Duns Scotus* warnt ausdrücklich vor dieser faktischen Befreiung, denn den Beichtvätern fehlt die Kompetenz zur Dispenserteilung. Das liegt daran, dass die Restitution keine vom Priester auferlegte Pflicht darstellt, sondern durch das göttliche Gesetz und folglich durch Gott selbst auferlegt wird.[648] Eine Befreiung von der Restitution durch den Beichtvater ist daher für *Duns Scotus* nicht möglich. Auch an anderer Stelle seiner Kommentierung moniert *Duns Scotus* ausdrücklich das Absehen von der im Einzelfall durchaus schwerlich zu bemessenden Restitutionsleistung.[649] *Duns Scotus* betont in einem besonderen Maße die Bedeutung der Restitution für die Sündenvergebung und ihren zwingenden Charakter als echte, dem Bußsakrament vorgelagerte Pflicht.

Im Hinblick auf das Verhältnis der Restitution zur Satisfaktion beziehungsweise der Stellung der Restitution im Kontext der Sündenvergebung lehrt *Duns Scotus*:

---

648 *Duns Scotus*, Ord. IV (editio vaticana XIII), dist. 15, q. 2, n. 173, lin. 94, S. 101: *„Restitutio autem non iniungitur a sacerdote, sed a Lege divina.“ – Die Restitution wird nicht vom Beichtvater, sondern vom göttlichen Gesetz auferlegt.*; Rep. IV-A (Bychkov/Pomplun I.1), dist. 15, qq. 2–4, n. 81, S. 618: *„[...] non est ex praecepto sacerdotis sed omnipotentis Dei.“ – [...] sie ist kein Gebot des Beichtvaters, sondern des allmächtigen Gottes.*

649 Z. B. *Duns Scotus*, Ord. IV (editio vaticana XIII), dist. 15, q. 3, n. 238, lin. 542–547, S. 119: *„Quod si nec tantam restitutionem velit facere, non potest esse omnino immunis a restitutione, sicut quidam fatui faciunt, qui absolvunt homicidas, non ostendentes eis restitutionem necessario incumbentem, quasi facilius possit transire homicida quam (ut ita dicam) canicida vel bovicida, quia si occidisset quis bovem proximi sui vel canem, non absolveretur sine restitutione.“ – Wenn man also eine derartige Restitution nicht leisten will, kann man nicht gänzlich von der Restitution befreit sein, wie es z. B. einige Narren machen, welche die Mörder lossprechen und diesen [Mördern] die unausweichlich auf ihnen lastende Restitution nicht offenbaren, als ob man leichter einen Menschenmord als (sozusagen) einen Ochsen- oder Hundemord begehen könnte, weil wenn man irgendeinen Ochsen seines Nächsten oder einen Hund getötet hätte, würde man ohne eine Restitution nicht losgesprochen werden.*

„[…] non est restitutio facienda necessario ut pars quaedam satisfactionis, neque generaliter accipiendo satisfactionem neque specialiter […].“[650]	[…] die Restitution muss nicht notwendigerweise als ein bestimmter Teil der Genugtuung geleistet werden, weder in Form der allgemeinen noch in Form der besonderen Genugtuung […].

Wie bereits *Bonaventura*, *Petrus de Tarantasia* und auch *Alexander von Hales* unterscheidet *Duns Scotus* zwischen einer allgemeinen und einer besonderen Genugtuung. *Duns Scotus* geht im Unterschied zu den genannten Theologen nicht davon aus, dass die *restitutio* als ein Teil der allgemeinen Satisfaktion erbracht wird.[651] Die Restitution wird laut *Duns Scotus* weder als allgemeine Satisfaktion (*satisfactio generalis – generaliter satisfactio accepta)* noch als besondere Satisfaktion (*satisfactio specialis – specialiter satisfactio accepta)* geleistet.

Duns Scotus handelt in seiner ersten Quästion des 15. Abschnitts ausführlich von der Satisfaktion. Dort begegnet auch die Unterteilung in eine *satisfactio generalis* und *satisfactio specialis*. Innerhalb seiner zweiten Quästion verweist er auf seine in der ersten Quästion getätigten Ausführungen.[652] Die für diese Arbeit relevanten – weil auch über die Merkmale der Restitution Aufschluss gebenden – Aussagen aus der ersten Quästion des 15. Abschnitts sollen nachfolgend knapp Erwähnung finden.

In der ersten Quästion des 15. Abschnitts definiert *Duns Scotus* die *satisfactio generalis*, die allgemeine Genugtuung, als eine *„voluntaria redditio*

650 *Duns Scotus*, Ord. IV (editio vaticana XIII), dist. 15, q. 2, n. 172, lin. 80–82, S. 101.

651 *Bonaventura*, Sent., Ad Claras Aquas (Quaracchi) 1889, lib. IV, dist. 15, p. 2, art. 2, q. 4, S. 375b–376ab, v. a. 376a: *„Posset tamen dici, quod satisfactio dicitur communiter et proprie“*; *Petrus de Tarantasia*, Sent., Tolosae 1651, lib. IV, dist. 15, q. 2, art. 3, S. 165b, *„respondeo ad primam questionem“*: *„quid pars satisfactionis aliquid esse dupliciter potest dici: vel communiter, […], vel proprie […]“*. Hierzu auch die Ausführungen von *Weinzierl*, Hochscholastik (wie Fn. 16), S. 127–128, 222, welcher als Vertreter einer solchen Einordnung darüber hinaus auch *Alexander von Hales* nennt. Zu den Lehren von *Bonaventura*, *Petrus de Tarantasia* vgl. in dieser Arbeit: § 2.C.I.2.

652 *Duns Scotus*, Ord. IV (editio vaticana XIII), dist. 15, q. 2, n. 66, lin. 438–439, S. 76, nennt an dieser Stelle vermeintlich gegen das Erfordernis der Restitution sprechende Argumente und verweist hier auf die Behandlung der *satisfactio* in der dist. 15, q. 1. In seiner q. 2 lautet die Definition: *„redditio voluntaria alicuius alias indebiti“*.

aequivalentis alias indebiti"[653] – *die freiwillige Rückgabe eines Äquivalents, welches sonst nicht geschuldet ist*, und die *satisfactio specialis*, die besondere Genugtuung, als eine „*operatio exterior laboriosa voluntarie assumpta ad placandum divinam offensam et poena voluntarie sic inflicta*"[654], – *also eine äußere mühsame Tätigkeit, welche freiwillig erbracht wird, um ein göttliches Verbrechen [Verbrechen gegenüber Gott] zu besänftigen, sowie eine Strafe, welche [einem] daher freiwillig zugefügt wird*. Laut *Duns Scotus* handele es sich bei der *satisfactio generalis* um diejenige Form der Genugtuung, welche sich letztlich in einer jeden zweitseitigen Beziehung und so auch in Verträgen finde.[655] Innerhalb der Besprechung der *satisfactio generalis* in der ersten Quästion nimmt *Duns Scotus* ausführlich Stellung zur Satisfaktionslehre des *Anselm von Canterbury (Cur Deus Homo)*, um welche es im Rahmen dieser Arbeit zwar nicht weiter gehen soll, allerdings sei diesbezüglich angemerkt, dass nach *Duns Scotus* der Tod *Christi* – anders als für *Anselm von Canterbury* – einerseits nicht der einzig mögliche Weg der Sündenwiedergutmachung war; andererseits hätte auch ein Akt ohne jeden Strafcharakter als Satisfaktionsleistung für die Sünden der Menschheit genügt.[656] Hinsichtlich des ersten Aspekts soll *Richardus de Mediavilla*, welcher bereits in seinem Sentenzenkommentar über die Frage spekulierte, ob der Tod *Christi* die einzig mögliche Form der Wiedergutmachung war, ein Wegbereiter für die Entfaltung der scotischen Lehre gewesen sein; mit der Anerkennung der

---

653 *Duns Scotus*, Ord. IV (editio vaticana XIII), dist. 15, q. 1, n. 11, lin. 48–49, S. 60; vgl. auch*:* Ord. IV (Wadding-Vivés XVIII), dist. 15, q. 1, n. 3, S. 174b. Vgl. zur gesamten ersten Quästion: *Duns Scotus*, Ord. IV (editio vaticana XIII), dist. 15, q. 1, S. 59–75.

654 *Duns Scotus*, Rep. IV-A (Bychkov/Pomplun I.1), dist. 15, q. 1, art. 2, n. 20, S. 594.

655 *Duns Scotus*, Ord. IV (editio vaticana XIII), dist. 15, q. 1, n. 16, lin. 62–65, S. 61: „*Et ista ratio 'satisfactionis' est ad contractus et obligationes quacumque: hoc enim recipiens beneficium potest benefacienti satisfacere, – et hoc modo dilectus diligenti, recompensandi dilectionem aequalem.*" – *Und diese Art und Weise [bzw. dieses Verständnis] der Genugtuung existiert in jedwedem Vertrag und jedweder Verpflichtung: nämlich dass derjenige, welcher einen Vorteil erhält, dem Gebenden eine Genugtuung leisten kann – und so der Geliebte dem Liebenden, indem er etwas der Liebe Gleichwertiges zurückgegeben kann*. *Duns Scotus*, Rep. IV-A (Bychkov/Pomplun I.1), dist. 15, q. 1, art. 1, n. 6, S. 589: „*Illa est ergo ratio generalis satisfactionis prout invenitur in contractibus et in commutationibus quibuscumque.*" – *Jenes ist also die Art und Weise, so wie die allgemeine Genugtuung in jedwedem Vertrag und Geschäft [Pl.] begegnet.*

656 *Andrew Rosato*, The Interpretation of Anselm´s Teaching on Christ´s Satisfaction for Sin in the Franciscan Tradition from Alexander of Hales to Duns Scotus, in: Franciscan Studies 71 (2013), S. 411–444, 435, zu Scotus´ Satisfaktionslehre: S. 434–435.

Möglichkeit einer nicht strafenden Form der Satisfaktion soll *Duns Scotus* laut *Andrew Rosato* einen neuen Aspekt in die soteriologische Diskussion eingeführt haben.[657] Die Besprechung der anselmschen Lehre findet sich bei *Duns Scotus* innerhalb der Ausführungen zur *satisfactio generalis*, welche *Duns Scotus* als *„voluntaria redditio aequivalentis alias indebiti“* – *die freiwillige Rückgabe eines Äquivalents, welches sonst nicht geschuldet ist* und damit – anders als die *satisfactio specialis* – nicht als eine Strafe (*poena)* definiert.[658] Es zeigt sich, dass das konstitutive Element der *satisfactio generalis* die Freiwilligkeit ist. Die einzelnen Bestandteile der soeben wiedergegeben Definition erläutert *Duns Scotus* in seiner ersten Quästion knapp. Diesen Ausführungen lassen sich letztlich in einem Umkehrschluss die entscheidenden Abgrenzungskriterien zur Restitution entnehmen, ohne dass *Duns Scotus* dies derart explizit klarstellt oder seine Satisfaktionslehre in der ersten Quästion in Abgrenzung zur Restitution darstellt.

In der soeben genannten Definition der *satisfactio generalis (= voluntaria redditio aequivalentis alias indebiti)* spricht *Duns Scotus* von einer *redditio*, um hervorzuheben, dass keine *absoluta datio* gemeint ist, also keine absolute beziehungsweise exakte Rückgabe dessen, was genommen wurde.[659] Die Genugtuung ist durch die Freiwilligkeit gekennzeichnet, denn läge keine Freiwilligkeit vor, so handele es sich laut *Duns Scotus* vielmehr um eine *satispassio* – ein Genugleiden beziehungsweise Bußleiden – und keine Genugtuung.[660] *Duns Scotus* spricht ausdrücklich von einer *satispassio*. Dieses Nomen setzt sich aus den Worten *satis* (genug) und *patior* (erleiden) zusammen. Es begegnet vor allem im Zusammenhang mit der zeitweiligen

657 *Rosato*, Anselm´s Teaching on Christ´s Satisfaction (wie Fn. 656), S. 435, zur Lehre des *Richardus de Mediavilla*: S. 431–434.

658 Vgl. dazu: *Rosato*, Anselm´s Teaching on Christ´s Satisfaction (wie Fn. 656), S. 434.

659 *Duns Scotus*, Ord. IV (editio vaticana XIII), dist. 15, q. 1, n. 12, lin. 50–52, S. 61: *„Primum, scilicet 'redditio', patet quod non est absoluta datio; nam hoc quod est 'satis' dicit commensurationem ad aliquid praecedens correspondentem.“*; vgl. auch: *Duns Scotus*, Ord. IV (Wadding-Vivés XVIII), dist. 15, q. 1, n. 3, S. 174b. Zu den einzelnen Bestandteilen der scotischen Definition: *Wolter*, Endnotes, in: Duns Scotus´ Political and Economic Philosophy (wie Fn. 86), S. 85 Note 1.

660 *Duns Scotus*, Ord. IV (editio vaticana XIII), dist. 15, q. 1, n. 13, lin. 53–55, S. 61: *„Quod dicitur 'voluntaria' etc., patet, quia si involuntaria, non esset satisfactio, sed satispassio; et hoc modo ille – a quo invito exigitur poena debita culpae comissae – satispatitur, sed non satsfacit.“*; *Duns Scotus*, Ord. IV (Wadding-Vivés XVIII), dist. 15, q. 1, n. 3, S. 174b.

Strafreinigung im Fegefeuer.[661] Durch die Gegenüberstellung der Nomen der *satisfactio* (*facere* = machen: aktives Tun) und der *satispassio* (*patior* = erleiden: 1. Pers. Sg. Pass.) bezweckt *Duns Scotus* die Betonung des aktiven Moments freiwilliger Akte in Kontrast zum passiven Charakter unfreiwilliger, unter Zwang ausgeübter Akte.[662] In besonderem Maße akzentuiert *Duns Scotus* als konstitutives Element der Satisfaktion die Freiwilligkeit sowie das Moment der Aktivität. Weiter erklärt er, sei die Satisfaktion die Gabe eines Äquivalents, welches dem entspreche, was die Gerechtigkeit erfordere.[663] Dieses Äquivalent dürfe aber sonst nicht bereits geschuldet sein *(alias indebiti)*.[664] Jede Leistung, welche aus einem anderen Grund (Gott gegenüber) bereits geschuldet ist, scheidet damit als Satisfaktionsleistung aus, so dass sich sagen lässt, dass es sich bei der *satisfactio generalis* um eine *supererogatio* – das heißt um ein überpflichtmäßiges Werk – handelt, denn man leistet etwas, wozu keine Pflicht besteht, beziehungsweise etwas über eine Pflicht Hinausgehendes.[665] Im Hinblick auf das Kriterium *alias indebiti* führt *Duns Scotus* in seiner ersten Quästion weiter aus, dass einzig

---

661 Vgl. *Gerhard Ludwig Müller*, Art. Fegfeuer, IV. Systematisch-theologisch, in: LexThK III, 3. Auflage (1995), Sp. 1207–1208, 1207.

662 *Duns Scotus*, Rep. IV-A (Bychkov/Pomplun I.1), dist. 15, q. 1, S. 589 Fn. 3 (english translation).

663 *Duns Scotus*, Ord. IV (editio vaticana XIII), dist. 15, q. 1, n. 14, lin. 56–58, S. 61: *„Quod etiam sit 'aequivalentis', patet, quia hoc importat ista particula 'satis'; hoc etiam requirit iustitia, reddens satisfactionem pro illo cui correspondet.*"; *Duns Scotus*, Ord. IV (Wadding-Vivés XVIII), dist. 15, q. 1, n. 3, S. 174b.

664 *Duns Scotus*, Ord. IV (editio vaticana XIII), dist. 15, q. 1, n. 15, lin. 59–61, S. 61: *„Quartum, scilicet 'alias indebiti', patet, quia si alias esset debitum, non satisfaceret pro isto, nam non esset correspondens isti secundum iustitiam, sed alii.*"

665 Vgl. *Duns Scotus*, Rep. IV-A (Bychkov/Pomplun I.1), dist. 15, q. 1, art. 1, n. 6, S. 589: *„Item, quod sit solutio 'alias indebiti' patet, quia non esset satisfactio si sine hoc deberetur alicui." – Ebenso erhellt, dass die Satisfaktion eine „sonst nicht geschuldete" Zahlung ist, weil es keine Satisfaktion wäre, wenn man es einem anderem ohne dies [ohnehin] schulden würde.* Dazu: *Wolter*, Endnotes, in: Duns Scotus′ Political and Economic Philosophy (wie Fn. 86), S. 85–86 Note 2, welcher als *„the essential difference"* zwischen der *satisfactio* und *restitutio* anhand der scotischen Erläuterung der *satisfactio specialis* hervorhebt: *„Such acts of satisfaction [...] are all acts of supererogation. Acts of restitution, by contrast, are not supererogatory, but an attempt to restore to the injured party what is owed in strict justice."* Auch *Helfritz*, Der geschichtliche Bestand und die legislative Verwertbarkeit von Widerruf, Abbitte und Ehrenerklärung (wie Fn. 245), Kap. 3, S. 72–73, arbeitete heraus, dass der entscheidende Unterschied zwischen der *satisfactio* und *restitutio* darin bestehe, dass die *satisfactio* nicht bereits geschuldet sei: *„Im übrigen aber machte gerade Duns Scotus eine scharfe Trennung zwischen restitutio und satisfactio. Er führt aus, daß bei der satisfactio eine Leistung vorgenommen werde, für welche, abgesehen*

die Befolgung der zehn Gebote *(praecepta)* – im Unterscheid zur Wahrung der neutestamentlichen Ratschläge *(consilia)* – eine von Gott auferlegte und damit geschuldete *(debiti)* Pflicht sei. Daher handele es sich bei der Befolgung der zehn Gebote um eine aus einem anderen Grund (Gott) bereits geschuldete Leistung *(alias debiti)*; und deshalb käme sie als geeignete Satisfaktionsleistung auch nie in Betracht. Die Befolgung der *consilia* hingegen stelle ein nicht geschuldetes, freiwilliges Werk *(alias indebiti)* des Menschen dar, welches Gott als Satisfaktionsleistung aufgrund seiner *potentia absoluta* annehmen könnte.[666]

Speziell in Bezug auf die Abgrenzung zur Restitution stellt *Duns Scotus* in der zweiten Quästion klar, dass bei der Restitution die Rückgabe nicht als Rückgabe für die Sünde *(pro peccato)* erfolgt, denn auch ohne jegliche Wiedergutmachung und Rekonziliation des Sünders kann dem Gläubiger vom Schuldner das Seinige zurückgegeben werden.[667] Anders als bei der

---

von dem besonderen Fall der Buße, eine Verpflichtung nicht bestehe, daß aber bei der restitutio eine rechtliche Pflicht zum Ersatz des entzogenen Gutes zu erfüllen sei."

666 *Duns Scotus*, Rep. IV-A (Bychkov/Pomplun I.1), dist. 15, q. 1, n. 18–19, S. 593: „*Licet enim secundum totum illud quod sumus et possumus teneamur Deo propter suam magnam bonitatem ex debito persolvere, propter tamen nostram imbecillitatem et miseriam noluit nos sibi obligari nisi ad Decalogum praeceptorum – et non ad consilia observanda ex debito quae sunt supererogationis, sed ex mera voluntate nostra. Et ideo posset Deus opera consilii et supererogationis ordinare tamquam satisfactionem sufficientem pro peccato et aequivalentem per gratiam in acceptatione sua, et tamquam alias indebitam, quia non instituit hominem ad opera consilii obligari sicut ad opera praecepti. Et ideo quomodo opera praeceptorum sunt ei debita, quia ex obligatione, ita opera consilii indebita: non quia non debeantur sibi, sed quia non obligavit nos ad ea observanda, sed commisit libertati voluntatis nostrae – et ideo ut per illa vel passionem aliquorum aliorum terribilium possit absolute fieri satisfactio. Secundum probo: quia de potentia ordinata non disponit aliquem posse sibi satisfacere nisi cui disponit dare gratiam; non dat autem gratiam alicui animae dum est in peccato et in dispositione contraria ad gratiam; ergo si alicui animae dum est in peccato et in dispositione contraria aliquando nocenti dat gratiam, hoc est virtute meriti passionis Christi, quia omni alii animae ab anima innocenti disponit dare gratiam virtute meriti illius animae innocentis et passionis eius, et sic non ordinavit aliquam satisfactionem posse fieri nisi merito passionis Christi.*"

667 *Duns Scotus*, Ord. IV (editio vaticana XIII), dist. 15, q. 2 n. 172, lin. 83–87, S. 101: „*Generaliter enim accepta, reddit pro peccato aequivalens ei in quem peccatur; non sic ista restitutio, quia absque omni redditione pro peccato posset reddi proximo quod suum est, sicut et in mutuis redditur creditori absque omni satisfactione pertinente ad reconciliationem peccatoris.*" – *Im Fall der allgemeinen Genugtuung gibt man demjenigen, welchem gegenüber gesündigt wird, für die Sünde ein Äquivalent zurück; nicht aber so bei der Restitution, weil ohne eine gänzliche Rückgabe als Wiedergutmachung für die Sünde dem Nächsten zurückgegeben werden könnte, was*

Satisfaktion handele es sich bei der Restitution um die Leistung von etwas Geschuldetem.[668] Die Restitution resultiert aus einer Überschreitung der zehn Gebote, deren Bewahrung – wie soeben dargestellt – eine von Gott auferlegte zwingende Pflicht darstellt. Wie bereits zu Beginn dieses Abschnitts ausgeführt, lehrt *Duns Scotus*:

„De primo dico quod sicut auferre alienum est mortale peccatum contra praeceptum Dei negativum *Non furtum facies*, ita et tenere alienum; et ideo sicut necessarium est tenere et servare praecepta negativa, ita necessarium est non tenere alienum domino invito, et per consequens vel actu statim reddere vel saltem velle reddere cum fuerit opportunitas."[669]	Über das erste sage ich, dass die Wegnahme und das Zurückhalten eines fremden Gutes eine Todsünde gegen das negative Gebot Gottes „Du sollst nicht stehlen" darstellen. So wie es aber erforderlich ist, die negativen Gebote zu halten und zu bewahren, so ist es auch erforderlich, ein fremdes Gut nicht gegen den Willen des Eigentümers zu besitzen und folglich entweder durch eine Handlung sofort zurückzugeben oder zumindest zurückgeben zu wollen, sobald die Möglichkeit dazu bestehen wird.

Es lässt sich formulieren, dass die Restitution bei *Duns Scotus* der Begleichung einer vorhandenen Schuld *(alias debiti)*, nicht der „Sündentilgung"

ihm gehört, so wie auch beim Darlehen dem Gläubiger zurückgegeben wird ohne gänzliche Genugtuung, welche die Rekonziliation des Sünders umfasst.

668 *Duns Scotus*, Ord. IV (editio vaticana XIII), dist. 15, q. 2, n. 66, lin. 439–441, S. 76: *„[...] ista redditio est alias debiti, quia si homo non peccasset et haberet rem alienam, teneretur eam restituere, [...]." – [...] diese Rückgabe ist sonst geschuldet, denn wenn der Mensch nicht gesündigt hätte und die fremde Sache besäße, wäre er verpflichtet jene zu erstatten, [...]. Duns Scotus* tätigt diese Aussage im Rahmen der vermeintlich gegen das Restitutionserfordernis sprechenden Argumente. Seine weiteren Ausführungen lassen erkennen, dass die hier getätigte Aussage auch im Einklang mit seiner späteren Stellungnahme zu diesen Eingangsargumenten steht, vgl. q. 2, n. 171–172, v. a. lin. 74–87, S. 101, n. 195, lin. 236–240, S. 107. Vgl. auch *Wolter*, Endnotes, in: Duns Scotus' Political and Economic Philosophy (wie Fn. 86), S. 86 Note 2; v. a.: *Helfritz*, Der geschichtliche Bestand und die legislative Verwertbarkeit von Widerruf, Abbitte und Ehrenerklärung (wie Fn. 245), Kap. 3, S. 72–73 (zum Verhältnis der *satisfactio* und *restitutio* im Allgemeinen, siehe: Fn. 665).

669 *Duns Scotus*, Ord. IV (editio vaticana XIII), dist. 15, q. 2, n. 171, lin. 74–79, S. 101.

dient, und dass sie daher keine über etwaige Verpflichtungen hinausgehende Leistung für die Sünde darstellt.[670] Ihr fehlt die „sündentilgende" Funktion; sie wird unabhängig von der Satisfaktion, welche der Rekonziliation des Sünders dient, geleistet.

Weiter lehrt *Duns Scotus*, dass die Restitution insbesondere nicht zur besonderen Genugtuung (*satisfactio specialis*), dem dritten Bestandteil des Bußsakraments, zählt. Denn die Restitution wird *de congruo*[671] vor jedem Teil der Buße benötigt. Die Genugtuung wird aber nicht vor der *confessio* (Beichte) und der *contritio* (vollkommene Reue) benötigt, sondern folgt diesen vielmehr. Sie wird vom Priester auferlegt; die Restitution hingegen durch das göttliche Gesetz.[672] Im Hinblick auf diese *satisfactio specialis* schreibt *Duns Scotus* in der ersten Quästion des 15. Abschnitts, dass sie eine *„operatio exterior laboriosa voluntarie assumpta ad placandum divinam offensam et poena voluntarie sic inflicta"* sei, also *eine äußere mühsame Tätigkeit, die freiwillig erbracht wird, um ein göttliches Verbrechen [Verbrechen gegenüber Gott] zu besänftigen, sowie eine Strafe, welche [einem] daher freiwil-*

---

670 *Wolter*, Endnotes, in: Duns Scotus' Political and Economic Philosophy (wie Fn. 86), S. 86 Note 2, führt aus: *„Acts of restitution, by contrast, are not supererogatory, but an attempf to restore to the injured party what is owed in strict justice."*

671 In der katholischen Theologie wird innerhalb der Verdienstlehre zwischen einem *meritum de condigno* (Verdienst nach Würdigkeit) und einem *meritum de congruo* (Verdienst nach Billigkeit/Angemessenheit) unterschieden. Diese Übersetzungen der Begrifflichkeiten *meritum de condigno* und *meritum de congruo* sind entnommen aus: *Friedrich Hauck; Gerhard Schwinge*, Theologisches Fach- und Fremdwörterbuch. Mit einem Verzeichnis und Abkürzungen aus Theologie und Kirche und einer Zusammenstellung lexikalischer Nachschlagewerke, bearb. v. Gerhard Schwinge, 11. Auflage, Göttingen 2010, S. 131a; weiter auch: *Berndt Hamm*, Promissio, pactum, ordinatio. Freiheit und Selbstbindung Gottes in der scholastischen Gnadenlehre, 1. Auflage, Tübingen 1977, S. 445–453 (*meritum de congruo*), 453–462 (*meritum de condigno*).

672 *Duns Scotus*, Ord. IV (editio vaticana XIII), dist. 15, q. 2, n. 172–173, lin. 88–94, S. 101: *„Consimiliter, non est satisfactio specialis, quae est tertia pars poenitentiae, quia de congruo requiritur restitutio ante omnem partem poenitentiae, sicut cessatio voluntaria in actu vel facto a peccato; sed satisfactio quae est tertia pars poenitentiae, non requiritur ante alias duas partes poenitentiae, immo sequitur contritionem et confessionem ut iniuncta a sacerdote. Restitutio autem non iniungitur a sacerdote, sed a Lege divina."* – *Ebenso stellt sie keine besondere Genugtuung dar, welche der dritte Teil der Buße ist, weil die Restitution „de congruo" vor jedem Teil der Buße benötigt wird, gleichsam wie das freiwillige Ablassen von der Sünde durch die Handlung und auch tatsächlich. Aber die Genugtuung, welche der dritte Teil der Buße ist, wird nicht vor den anderen beiden Teilen der Buße benötigt, ja vielmehr folgt sie der Reue und der Beichte als etwas, das vom Beichtvater auferlegt worden ist. Die Restitution aber wird nicht vom Beichtvater auferlegt, sondern vom göttlichen Gesetz.*

lig zugefügt wird.[673] Die besondere Satisfaktion bildet eine Strafe *(poena)*, welcher sich der Pönitent freiwillig unterzieht. In seiner *Reportatio IV-A* nennt *Duns Scotus* ausdrücklich drei Formen der äußerlichen Satisfaktionsleistung: das Gebet, das Fasten und das Almosengeben.[674] Seinen dortigen Ausführungen ist zudem zu entnehmen, dass die Satisfaktion als dritter Bestandteil des Bußsakraments nicht in jedem Fall zwingend erforderlich ist.[675] Dies und ob überhaupt der Weg der sakramentalen Rechtfertigung zu beschreiten ist, hängt maßgeblich vom Intensitätsgrad der empfundenen Reue ab.[676] Es sei an dieser Stelle darauf hingewiesen, dass *Duns Scotus* zwei Wege der Sündenvergebung kennt: die außersakramentale und die sakramentale.[677] Für die außersakramentale Rechtfertigung muss die Reue eine vollkommene sein *(contritio*: Zerknirschung des Herzens*)*, durch einen zusätzlichen Empfang des Sakraments erziele man eine Vermehrung der Gnade.[678] Im Rahmen der sakramentalen Sündenvergebung sind die

---

673 *Duns Scotus*, Rep. IV-A (Bychkov/Pomplun I.1), dist. 15, q. 1, art. 2, n. 20, S. 594.

674 *Duns Scotus*, Rep. IV-A (Bychkov/Pomplun I.1), dist. 15, q. 1, art. 2, n. 21, S. 594: *„Haec enim satisfactio distinguitur in ieiunium, et orationem, et eleemosynam et in suas partes, [...].“ – Diese Genugtuung wird nämlich in das Fasten, Beten und Almosengeben und seine [weiteren] Teile unterteilt.* Im zweiten Artikel liefert *Duns Scotus* auch eine Definition der *satisfactio specialis [n. 20].*

675 *Duns Scotus*, Rep. IV-A (Bychkov/Pomplun I.1), dist. 15, qq. 2–4, n. 81, S. 617–618: *„[...] quia satisfactio quae est ultima pars paenitentiae imposita a sacerdote post confessionem, quae semper non est necessaria, ut prius patuit, nec necessario imponenda si aliae partes intense insint, et praecipue prima; sed restitutio semper necessario facienda est: non est ex praecepto sacerdotis sed omnipotentis Dei.“ – [...], weil die Genugtuung, welche der letzte Teil der Buße ist, vom Beichtvater nach der Beichte auferlegt wird, welche nicht immer erforderlich ist, wie zuvor erhellte, und auch nicht immer aufzuerlegen ist, wenn die anderen Teile in intensiver Form vorliegen, vor allem die erste Voraussetzung; aber die Restitution muss immer geleistet werden: sie folgt nicht aus einem Gebot des Beichtvaters, sondern des allmächtigen Herrn [Gottes].*

676 Vgl. hierzu: *Duns Scotus*, Ord. IV (editio vaticana XIII), dist. 15, q. 1, n. 62, lin. 406–414, S. 75.

677 *Obst*, Pflichtbeichte (wie Fn. 10), S. 255, 281–282; *Reinhold Rieger*, Art. Reue, B. Disziplinen, II[I]. Theologie, in: Historisches Wörterbuch der Rhetorik X (2012), Sp. 1075–1079, 1077; *Müller*, Katholische Dogmatik (wie Fn. 166), S. 715; *Thorsten Dietz*, Der Begriff der Furcht bei Luther, Tübingen 2009, S. 52–53; *Joseph Göttler*, Der heilige Thomas von Aquin und die vortridentinischen Thomisten über die Wirkungen des Bußsakraments, Freiburg i. Br. 1904, S. 108, welcher in Fn. 2 auch auf *Seeberg*, Die Theologie des Duns Scotus (wie Fn. 120), S. 409–410, verweist, der drei Wegen der Rechtfertigung bei *Duns Scotus* annimmt.

678 *Obst*, Pflichtbeichte (wie Fn. 10), S. 255, 282; *Müller*, Katholische Dogmatik (wie Fn. 166), S. 715.

Reueanforderungen deutlich herabgesetzt: Es genügt der unvollkommene Reueschmerz, die *attritio*, welche sich durch die Absolution zu einer *contritio*, also dem vollkommenen Reueschmerz, umwandele.[679] *Attritio* und *contritio* bewegen sich bei *Duns Scotus* somit innerhalb eines Kontinuums.[680] Bei der sakramentalen Form der Sündenvergebung handele es sich um den sichereren Weg.[681] Laut *Duns Scotus* sei man aufgrund des Gebots der Gottes- und Nächstenliebe dazu angehalten, die verlorengegangene Gnade auf dem leichtesten und sichersten Wege wiederzuerlangen.[682] In der Lehre des *Duns Scotus* macht allein die Lossprechung durch den Priester, die Absolution, das Wesen des Bußsakraments aus.[683]

Mit Blick auf die Restitution lässt sich schließlich festhalten, dass sie weder als allgemeine noch als spezielle Form der Genugtuung erbracht wird und dass sie eine dem Bußsakrament vorgelagerte Rechtspflicht darstellt, welche aus der Überschreitung der göttlichen Gebote resultiert.

Laut *Duns Scotus*, ist der Sünder, welcher an der Sünde festhält und keine Restitution leistet, schon nicht empfänglich für die Buße. Dies

---

679 *Berndt Hamm*, Der frühe Luther. Etappen reformatorischer Neuorientierung, Tübingen 2010, S. 13; *Osvaldo F. Pardo*, The Origins of Mexican Catholicism. Nahua Rituals and Christian Sacraments in Sixteenth-Century Mexico, first paperback edition, Ann Arbor 2006, S. 88; *Dietz*, Begriff der Furcht (wie Fn. 677), S. 52–53. *Dietz*, S. 52 Fn. 83, weist unter Nennung zahlreicher Nachweise darauf hin, dass in Bezug auf die Deutung der scotischen Lehre um die Wende des 20. Jahrhunderts eine heftige Auseinandersetzung zwischen protestantischer und katholsicher Dogmengeschichte entfachte, in welcher *Duns Scotus* zum Teil eine *„laxe Reuelehre"* vorgeworfen wurde.

680 *Pardo*, The Origins of Mexican Catholicism (wie Fn. 679), S. 88.

681 *Gunda Werner*, Die Freiheit der Vergebung. Eine freiheitstheoretische Reflexion auf die Prärogative Gottes im sakramentalen Bußgeschehen, Regensburg 2016, S. 252; *Pardo*, The Origins of Mexican Catholicism (wie Fn. 679), S. 88; *Klaus Unterburger*, Selbsterkenntnis und Fremdkontrolle. Ursachen und Folgen des Umbaus der Beichte zum Bußsakrament im 13. Jahrhundert, in: Sakrament der Barmherzigkeit. Welche Chance hat die Beichte?, hrsg. v. Sabine Demel; Michael Pfleger, Freiburg i. Br. [u. a.] 2017, S. 475–496, 491.

682 *Ohst*, Pflichtbeichte (wie Fn. 10), S. 255; *Werner*, Die Freiheit der Vergebung (wie Fn. 681), S. 252.

683 *Unterburger*, Selbsterkenntnis und Fremdkontrolle (wie Fn. 681), S. 491; *Dietz*, Begriff der Furcht (wie Fn. 677), S. 52; *Seeberg*, Die Theologie des Duns Scotus (wie Fn. 120), S. 416; *Müller*, Katholische Dogmatik (wie Fn. 166), S. 715; vgl. v. a. auch: *Trusen*, Zur Bedeutung des geistlichen Forum internum und externum (wie Fn. 12), S. 262. Weiterführend: *Heynck*, Der richterliche Charakter des Bußsakraments nach Johannes Duns Scotus (wie Fn. 23), u. a. S. 341–342; *Krautwig*, Die Grundlagen der Busslehre des J. Duns Skotus (wie Fn. 23), v. a. S. 130–134.

demonstriert *Duns Scotus* neben der Überschreitung des siebten Gebots anhand der Übertretung des sechsten Gebots (Ex 20,14). Wer mit einer Ehebrecherin verkehrt, ist solange nicht zur Buße fähig, wie er von seinem Sündenakt nicht loslässt. Vielmehr fügt man so der Sünde eine weitere Sünde hinzu.[684]

Es lässt sich abschließend zusammenfassen, dass die Restitution in der scotischen Lehre eine dem Bußsakrament vorgelagerte zwingende Pflicht des Schadensausgleichs ist. Die Dispenserteilung ist nicht möglich.

B. *Die Verknüpfung der restitutio mit dem dominium distinctum*

Duns Scotus eröffnet das *corpus* seiner zweiten Quästion mit einer ausführlichen Rechtfertigung des postlapsischen Instituts des Privateigentums. Wie bereits zuvor erwähnt, formuliert er, dass zunächst zu erörtern ist:

---

684 *Duns Scotus*, Ord. IV (editio vaticana XIII), dist. 15, q. 2, n. 173, lin. 95–102, S. 101–102: *„[...] si teneret quis fornicariam, vel magis adulteram, restituere eam viro suo non est nisi cessare a peccato suo vel trangressione huius praecepti Non moechaberis; et istud praecedit ominem partem poenitentiae acceptae. Et ideo sicut tenens adulteram non est capax poenitentiae, sed irrisor, et ideo – veniens ad poenitentiam – addit peccatum peccato, ita detinens alienum et voluntate et facto, dum talis est, non est capax alicuius partis poenitentiae." – Wenn jemand mit einer Hure oder vielmehr einer Ehebrecherin verkehrt, bedeutet diese ihrem Mann zu restituieren, von seiner Sünde oder Übertretung dieses Gebots „Du sollst nicht Ehebrechen" abzulassen. Und dies geht jedem Teil der Buße, die man annimmt, voraus. Und ebenso ist z. B. derjenige, der (weiterhin) mit einer Ehebrecherin verkehrt, nicht zur Buße fähig, sondern er verspottet sie, und somit – wenn er die Lossprechung erlangt [die Buße erlangt] – fügt er der Sünde eine weitere Sünde hinzu, wie jemand, der etwas Fremdes willentlich und tatsächlich zurückhält. Solange er sich derart verhält, ist er nicht für irgendeinen Teil der Buße empfänglich.* Vgl. auch die Ausführungen in seiner Rep. IV-A (Bychkov/Pomplun I.1), dist. 15, qq. 2–4, n. 81, S. 618. Vgl. auch: *Helfritz*, Der geschichtliche Bestand und die legislative Verwertbarkeit von Widerruf, Abbitte und Ehrenerklärung (wie Fn. 245), Kap. 3, S. 73: *„Denn, wer bei der Sünde verharren wolle, dem fehle es an der contritio cordis, die ja ebenfalls einen Bestandteil des Sakraments der Buße bildet."* Vgl. auch: *Klein*, Zum Charakterbild des Johannes Duns Scotus (wie Fn. 245), S. 345, der auf Grundlage der *Reportatio IV* übersetzt: *„Nie würde ich jemand absolvieren, bevor er nicht Rückerstattung geleistet hätte, falls er kann; ebenso würde ich ja niemand absolvieren, der willens ist, fremdes Gut zu behalten und zu rauben; denn ein solcher befindet sich im aktuellen Todsündenzustand."*

„[...] primo, unde rerum dominia sint distincta, ut hoc dicatur 'meum' et illud 'tuum', quia istud est fundamentum omnis iniustitiae in contrectando rem alienam, et per consequens omnis iustitiae in restituendo eam;

secundo, quomodo dominia primo distincta iuste transferantur;

tertio, ex hoc patebit quae sit iniusta rerum occupatio alienarum seu alterius damnificatio in re temporali;

quarto, quomodo talis ad restitutionem teneatur."[685]

[...] erstens, aus welchem Grund wird das Eigentum der Sachen unterschieden, so dass man dies „mein" und jenes „dein" nennt, weil dies die Grundlage aller Ungerechtigkeit durch die Wegnahme einer fremden Sache und in der Folge aller Gerechtigkeit in der Rückgabe dieser ist;

zweitens, auf welche Weise das Eigentum nach der ersten Teilung gerecht übertragen wird;

drittens, daraus wird offensichtlich sein, was eine ungerechte Inbesitznahme fremder Sachen oder der Schaden eines anderen an einem weltlichen Gut ist;

viertens, auf welche Weise man zu einer derartigen Restitution verpflichtet ist.

Duns Scotus leitet seine Restitutionslehre mit einer Legitimierung des Privateigentums ein. Im nachfolgenden Kapitel (§ 5.) zeigt sich, dass *Duns Scotus* die einzelnen Restitutionsfälle aus der zweiten Quästion in eine generelle Abhandlung über die Formen der Eigentumsübertragung und deren Voraussetzungen einbindet. Fragen der Rückabwicklung unrechtmäßiger Besitzpositionen können für *Duns Scotus* nicht ohne generelle Überlegungen zur Legitimation von Eigentum sowie dessen Übertragungsformen beantwortet werden. Dieser starke Bezug der Restitution auf das Eigentum, welcher sich in der Verbindung der Ausführungen zur *restitutio* mit denen zum *dominium distinctum* in der zweiten Quästion zeigt, ist eine Besonderheit der scotischen Lehre, welche auch die nachfolgende Kommentarliteratur beeinflusst hat.[686] Denn noch vor *Duns Scotus'* Kom-

---

685 *Duns Scotus*, Ord. IV (editio vaticana XIII), dist. 15, q. 2, n. 78, lin. 490–496, S. 78.

686 Auf diesen bedeutsamen Einfluss des *Duns Scotus* machte zuvor *Brett*, Liberty, Right and Nature (wie Fn. 245), S. 29–31, 127, 131 v. a. Fn. 27, insbesondere im Hinblick auf *Francisco de Vitorias* Restitutionslehre aufmerksam. *Repgen*, De restitutione – eine kommentierende Einführung (wie Fn. 3), S. XXXIII; *Otte*, Das Privatrecht bei Vitoria (wie Fn. 219), S. 41, hinsichtlich *Vitorias* Ausführun-

mentierung des vierten Buches wurde die *restitutio* üblicherweise ohne Ausführungen zum *dominium* behandelt.[687] Ab dem 14. Jahrhundert lässt sich einerseits die Besprechung der *restitutio* in Verbindung beziehungsweise unmittelbar im Zusammenhang mit dem *dominium* in mehreren, vor allem franziskanischen Sentenzenkommentaren, beobachten[688], andererseits beginnen auch einzelne Traktate über die verschiedenen Vertrags-

---

gen zum *dominium* innerhalb seiner Kommentierung der II-II, q. 62; vgl. auch: *Jansen*, Theologie, Philosophie, Jurisprudenz (wie Fn. 4), S. 36, mit Verweis auf *Duns Scotus'* Kommentierung in Fn. 86 u. 87.

687 So u. a. bei: *Alexander von Hales*, Glossa in quatuor libros sententiarum Petri Lombardi, Tom. IV: In librum quartum, studio et cura PP. Collegii S. Bonaventurae, Quaracchi/Florentiniae 1957, lib. IV, dist. XV, n. 27, S. 249–251; *Bonaventura*, Sent., Ad Claras Aquas (Quaracchi) 1889, dist. 15, p. 2, art. 2, q. 4, S. 375–376; *Albertus Magnus*, Sent., Parisiis 1894, lib. IV, dist. 15, G, art. 42–45, S. 528–535; *Thomas von Aquin*, In quattuor libros sententiarum, in: S. Thomae Aquinatis opera omnia: ut sunt in Indice Thomistico ... curante Roberto Busa, Tom. 1, Stuttgart-Bad Cannstatt 1980, lib. IV, dist. 15, q. 1, art. 5, S. 505–506; *Richardus de Mediavilla*, Sent., lib. IV, dist. 15, art. 5, qq. 1–8, S. 217a–227a; *Petrus de Tarantasia*, Sent., Tolosae 1651, lib. IV, dist. 15, q. 2 art. 3, S. 165a–166b. Freilich handelt es sich bei den genannten Autoren lediglich um eine Auswahl editierter Quellentexte. Ein weitaus fundierteres und differenziertes Bild ließe sich unter Einbindung weiterer editierter Sentenzenkommentare, vor allem aber der zahlreichen Manuskripte der Sentenzenkommentarliteratur aus dem ausgehenden 13. und frühen 14. Jahrhundert nachzeichnen.

688 *Johannes Bassolis*, In Quartu[m] Sente[n]tiarum Opus, Parisiis 1517, lib. IV, dist. 15, q. 2, fol. LXXXIVv–LXXXVIIIv; *Antonius Andreae*, In quatuor Sententiarum Libros opus longe absolutissimum, Venetiis 1578, lib. IV, dist. 15, q. 2, fol. 147vb–148ra; *Johannes Forsanus*, Resolutiones in quatuor libros Sententiarum, Parisiis 1600, lib. IV, dist. 15, q. 2, fol. 360[306]r–306[308]v, v. a. fol. 360[306]v–305[307]r; *Petrus de Aquila*, Magister Petrus de Aquila dictus Scotellus super quatuor Libros Magistri Sententiarum, Venetiis 1501, lib. IV, dist. 15, q. 2, fol. 212rb–212vb. Sehr ausführlich zur Restitution äußert sich *Johannes Maioris*, In Quartum Sententiarum quaestiones utilissimae suprema ipsius ..., Parisiis 1519, dist. 15, q. 10, fol. XCIXvb–CIIIIra; *Gabriel Biel*, Commentarius in quartum librum Sententiarum, Brixiae 1574, dist. 15, q. 2, S. 279a–296a, v. a. 279a–280b; *Jacques Almain*, Clarissimi doctoris theologi M. Iacobi Almain Senonensis a decimaquarta distinctione quaestiones Scoti profite[n]tis, perutilis admodum lectura, Parisiis 1526, lib. IV, dist. 15, q. 2, art. 1, fol. 45v–55r; *Nicolaus Dorbel*, Super Sententias compendium perutile elegantiora Doctoris Subtilis dicta summatim complectens, Hagenaw 1503, lib. IV, dist. 15, q. 2. Die Verortung der *dominium*-Lehre innerhalb der Restitutionslehre wird im theologischen Diskurs derart üblich, dass im 16. Jahrhundert *Domingo Báñez*, De Iure et Iustitia Decisiones, Venetiis 1595, praeambulum zu q. 62, S. 73a, formuliert: „*Doctores Theologi agunt de dominio in 4. Sent dist. 15. Iuris periti: Instituta de rerum divisione. & ff. de aquiré[n]do rerum dominio, & aquirenda rerum*

arten mit einer Ausführung über das *dominium* und dessen Erwerbsarten[689]. Vor allem aber lässt sich dieser starke Bezug auf das *dominium* in spätscholastischen Kommentaren nachweisen.[690] Im Hinblick auf die

---

divisione. & in titulo de usu & usufructus." Nahezu den identischen Wortlaut findet man bei: *Pedro de Aragón,* In secundam secundae Divi Thomae Doctoris Angelici Commentaria: De iustitia et iure, Lugduni 1597, q. 62, S. 92a, hinsichtlich der systematischen Behandlung des *dominium*. Zu *Domingo Báñez* und *Pedro de Aragón* siehe auch die Ausführungen und Nachweise bei: *Jansen*, Theologie, Philosophie und Jurisprudenz (wie Fn. 4), S. 35. Ohne *dominium*-Bezug auch in der nach-scotischen Zeit bleiben die Ausführungen u. a. bei: *Johannes Bachonis/Baconthorp*, Quaestiones in tertium & quartum lib. Sententiarum & Quodlibetales, Cremonae 1618, lib. IV, dist. XXII, qq. 1–5, S. 457b–477a; *Thomas de Argentina*, Commentaria in IIII. Libros Sententiarum, Genuae 1585, lib. IV, dist. XV, art. IIII, fol. 120va–122ra; *Petrus de Palude*, Exactissimi et ... probati ac clarissimi doctoris petri de Palude. predicatorij ordinis...= Scriptum in quartum Sententiarum, Colonia Agrippina 1514, lib. IV, dist. 15, q. 2, fol. 64vb–66va; *Petrus Aureoli*, Commentariorum in quartum librum sententiarum, Romae 1605, lib. IV, dist. 15, q. un., art. 6, S. 141a–142a. Keine Erwähnung findet die *restitutio* in der nach-scotischen Zeit u. a. bei: *Durandus de St. Pourcain*, In Petri Lombardi Sententias Theologicas Commentariorum libri IIII, Venetiis 1571 (ND: Ridgewood, NJ 1964, Vol. 2), lib. IV, dist. 14–17, fol. 327rb–346ra (zur *poenitentia*); *Hervaeus Natalis*, In quatuor Libros Sententiarum Commentaria, Parisiis 1647 (ND: Farnborough Hants, England 1966), lib. IV, dist. 14, S. 359a–361b (*Hervaeus* schließt das vierte Buch seines Sentenzenkommentar mit der dist. 14 zur *poenitentia*); *Marsilius von Inghen*, Quaestio[n]es Marsilii super quattuor libros sente[n]tia[rum], Strassbourg 1501 (ND: Frankfurt a. M. 1966), vgl. lib. IV; *Adam Wodeham (Goddam)*, Super quattuor libros Sententiarum, Parisiis 1512 (schließt seine Kommentierung mit lib. IV, q. 12 ohne eine Besprechung der *restitutio*).

689 *Bernhardin von Siena*, Quadragesimale de evangelico aeterno, in: Opera Omnia, synopsibus ornata, postillis illustrata, necnon variis tractatibus, ..., Tom. II, opera et labore R. P. Joannis de la Haye, Parisini... Lugduni 1650, sermo XXXII–XXXIX, S. 200a–258a. Die *divisio rerum* und *translatio dominiorum* behandelt *Bernhardin* in sermo XXXII, S. 200a–207b. Er stellt sie somit seinem *Tractatus de contractibus* voran. *Conradus Summenhart*, De contractibus licitis atque illicitis tractatus, Venetiis 1580, tract. I, v. a. qq. 1–15, S. 1a–49a.

690 *Jansen*, Theologie, Philosophie und Jurisprudenz (wie Fn. 4), S. 34–35. *Jansen,* S. 35, Fn. 76–84, macht auf die Systematik der Kommentierung von *Domingo de Soto, Domingo Báñez, Juan de Medina, Luis de Molina* und *Pedro de Aragón* mit zahlreichen Nachweisen aufmerksam. Der Bezug der *restitutio* auf das *dominium* lässt sich u. a. finden bei: *Francisco de Vitoria*, De iustitia – Über die Gerechtigkeit, Teil 2, hrsg., eingel. u. ins Deutsche übers. v. Joachim Stüben, Stuttgart-Bad Cannstatt 2017, q. 62, S. 1–169 (nach dem Codex von Salamanca Nr. 43). *Vitoria* nimmt eine klare Verflechtung von *restitutio* und *dominium* vor. *Domingo Báñez*, De Iure et Iustitia Decisiones, Venetiis 1595, praeambulum zu q. 62, S. 73a; *Pedro de Aragón,* De iustitia et iure, Lugduni 1597, q. 62, S. 92a ff.;

spätscholastische Restitutionslehre wird ganz überwiegend das Verdienst des *Thomas von Aquin* – die Einordnung der *restitutio* als Akt der *iustitia commutativa* sowie die Differenzierung zwischen der *restitutio ratione rei* sowie *restitutio ratione acceptionis* – hervorgehoben.[691] Ein Blick auf die Systematik der spätscholastischen Kommentare zur *Secunda secundae (De iustitia et iure)* offenbart, dass Fragen der Restitution mehrheitlich mit einer Diskussion über das *dominium* einhergehen beziehungsweise Diskussionen über das *dominium* Fragen der Restitution vorangestellt werden und dass die Kommentare damit an dieser Stelle entscheidend von der Systematik der *Summa theologiae* des *Thomas* abweichen[692]: So zeigt sich eine ganz klare Verknüpfung von *dominium* und *restitutio* zum Beispiel bei *Francisco de Vitoria, Domingo Báñez (1528–1604)*[693], *Juan de Medina*[694] und *Pedro de Aragón (ca. 1545–1592)*[695].[696] Ausführungen zum *dominium*

Juan de Medina, De restitutione et contractibus, Salmanticae 1550, q. 1, fol. 1ra–5ra. Die Voranstellung der *dominium*-Lehre vor die Restitutionslehre findet man bei: *Domingo de Soto*, De iustitia et iure, Salmanticae 1556 (Faksimiledruck: Madrid 1968, Tom. II), lib. IV, qq. 1–6: Fragen über das *dominium* und Übertragungsformen werden der q. 6 vorangestellt; *Luis de Molina*, De iustitia et iure, Tom. II: De contractibus, Moguntiae 1602, disp. 252–261, Sp. 1–36; *Juan de Lugo*, Disputationum de iustitia, Tom. I, Lugduni 1646, Disp. II, v. a. Sectio I–II, S. 21–31; *Leonardus Lessius*, De iustitia et iure, Antverpiae 1617, lib. II, cap. III, dub. I–III, S. 21–23.

691 *Jansen*, Theologie, Philosophie und Jurisprudenz (wie Fn. 4), S. 28–33, 34–35; *Wolter*, Naturalrestitution (wie Fn. 6), S. 26–29. *Wolter*, S. 26, hebt einerseits die Einordnung der *restitutio* als Akt der *iustitia commutativa* hervor und formuliert, dass *Thomas* die Restitutionslehre damit auf eine Grundlage gestellt hat, *„auf der auch noch die heutige Moraltheologie aufbaut."* Zugleich akzentuiert er, S. 29, das System der Restitution bei *Thomas* und dessen Einfluss.

692 *Jansen*, Theologie, Philosophie und Jurisprudenz (wie Fn. 4), S. 35, führt aus, dass bereits *Vitoria „an dieser Stelle ausnahmsweise von der Gliederung der Summa theologiae abgewichen [ist] [...]. In gleicher Weise haben dann wenig später auch Autoren wie Domenico de Soto und Domingo Báñez die restitutio im unmittelbaren Zusammenhang mit der Lehre vom dominium erläutert; und die speziellen Traktate zur Restitution haben normalerweise mit einem einleitenden Abschnitt zum dominium angesetzt."* *Thomas* behandelt Fragen der Restitution in der q. 62 der *Secunda secundae*, Fragen zum *dominium* vor allem in I, q. 96, vereinzelt streift er das *dominium* auch in der q. 66 der *Secunda secundae*.

693 *Friedrich Wilhelm Bautz*, Art. Banez, Dominigo, in: BBKL I, 2. Auflage (1990), Sp. 362.

694 *George Clearly*, Art. Medina, Juan de, in: The Catholic Encyclopedia X (1913), S. 144ab.

695 Zu den Lebensdaten: *Decock; Birr*, Recht und Moral (wie Fn. 63), S. 21, 35.

696 Eine ganz eindeutige Verflechtung von *dominium* und *restitutio* zeigt sich bei: *Francisco de Vitoria*, ComSth II-II (Stüben), q. 62, S. 1–169, v. a. n. 4–32, S. 4–51

werden unter anderem bei *Domingo de Soto (1495–1560)*[697] und *Juan de Lugo (1583–1660)*[698] den Fragen zur Restitution vorangestellt und stehen *„im unmittelbaren Zusammenhang"* mit der Restitution.[699] Zum Teil lässt

---

(ab n. 33: zur *translatio dominiorum*). Eine Verknüpfung von *dominium* und *restitutio* wird auch vorgenommen von: *Domingo Báñez*, De iustitia et iure decisiones, Venetiis 1595, praeambulum zu q. 62, S. 73a: *„Antequam tractatú[m] valde necessarium de restitutione aggrediamur, necesse est, ut de dominio prius disseramus. Et enim in diffinitione restitutionis ponitur dominium. [...] Doctores Theologi agunt de dominio in 4 Sent dist. 15. Iuris periti: Instituta de rerum divisione. & ff. de aquire[n]do rerum dominio, & aquirenda rerum divisione. & in titulo de usu & usufructus. Et Gerson tractatu de potestate ecclesiastica consideratione 13. & in libr. de vita spirituali lect. 3. Item quidam Conradus presbyter. in lib. de contractibus. tractatu. 1. & Iona. de Medina in tractatu de restitutione. q. 1. Magister Soto libr. 4. de Iustitia. statim in principio."* Den (nahezu) identischen Wortlaut wie bei *Báñez* liest man hinsichtlich der genannten Autoren, die vom *dominium* handeln, bei: *Pedro de Aragón*, De iustitia et iure, Lugduni 1597, q. 62, S. 92a. *Juan de Medina*, De restitutione et contractibus, Salmanticae 1550, q. 1, fol. 1ra–5ra: *Medina* stellt seine Ausführungen zum *dominium* dem Traktat über die Restitution voran und formuliert, q. 1, fol. 1rb: *„Primu[m] quod inquirendum occurit est, an sit de necessitate salutis aliena restitutere. Quae questio, immo tota restitutionis materia presupponit homines in particulari reru[m] dominiu[m], & proprietatem habere, & non omnia omnibus communia esse, uti ab initio fuisse cognoscimus. Ideo in primis illud querendum occurrit. An scilicet iuste, & convenienter facta sit rerum temporalium divisio, & certis dominis earunde[m] appropriatio: deinde quo iure huismodi divisio facta sit."* *Vitoria*, *Báñez* und *De Aragón* behandeln die Fragen zum *dominium* innerhalb ihrer Kommentierung der q. 62 II-II und damit innerhalb ihrer Restitutionslehre. Siehe auch: *Jansen*, Theologie, Philosophie und Jurisprudenz (wie Fn. 4), S. 35 mit Nachweisen.

697 *Karl Josef Becker*, Art. Soto, Domingo de (1494/95–1560), in: TRE XXXI (2000), S. 476–478; *Walter Senner*, Art. Soto, Domingo de, in: BBKL X (1995), Sp. 831–836.

698 *David Berger*, Art. Lugo S.J., Juan de, in: BBKL XXVIII (2007), Sp. 1041–1046.

699 Ausführungen zum *dominium* werden den Fragen zur Restitution vorangestellt und stehen im unmittelbaren Zusammenhang mit der Restitution bei: *Domingo de Soto*, De iustitia et iure, Salmanticae 1556 (Faksimiledruck: Madrid 1968, Tom. II), lib. IV, qq. 1–6, S. 278a–356b. Als Abschnitt vor der *restitutio* werden Fragen im Zusammenhang mit dem *dominium* auch bei den folgenden Autoren behandelt: *Luis de Molina*, De iustitia et iure, Tom. II: De contractibus, Moguntiae 1602, disp. 252–261, Sp. 1–36; *Juan de Lugo*, Disputationum de iustitia, Tom. I, Lugduni 1646, Disp. II, v. a. Sectio I–II, S. 21–31 (Disp. II–VII, S. 21–204 behandeln insgesamt verschiedenste Fragen im Zusammenhang mit dem *dominium*. Fragen der Restitution werden im Anschluss, Disp. VIII, S. 205 ff., behandelt); *Leonardus Lessius*, De iustitia et iure, Antverpiae 1617, lib. II, cap. III, dub. I–III, S. 21–23. *Jansen*, Theologie, Philosophie und Jurisprudenz (wie Fn. 4), S. 35, spricht ausdrücklich davon, dass *„Autoren wie Domenico de Soto und Domingo Báñez die restitutio im unmittelbaren Zusammenhang mit der Lehre*

sich zudem beobachten, dass die Vertragslehre wie bei *Luis de Molina (1535–1600)*[700] zu einem typischen Bestandteil der übergeordneten Lehre von den auf einem Willensakt gründenden Eigentumserwerbstiteln avanciert.[701] Betrachtet man die 62. Quästion des Summenkommentars des *Francisco de Vitoria*, so stehen zu Beginn seiner Quästion gedankliche Ausführungen zum *dominium*. Damit weicht auch seine Kommentierung an entscheidender Stelle von der Systematik der *Summa theologiae* des *Thomas* ab.[702] *Vitorias* Kommentierung ist maßgeblich durch diesen Fokus auf

---

vom dominium erläutert" haben [Hervorhebungen von Laura Kanschik]. Eine derartige Verknüpfung der *dominium*- und *restitutio*-Lehre wie bei den zuvor genannten Autoren (vgl. Fn. 696) findet man bei den soeben zitierten jesuitischen Theologen nicht: *Jansen*, Theologie, Philosophie und Jurisprudenz (wie Fn. 4), S. 35, spricht bzgl. *Molinas* und *Lessius´* Lehre von einer Herauslösung der *dominium*-Lehre aus der Restitutionslehre: „*Erst die späteren jesuitischen Traktate von Molina und Lessius lösten das dominium wieder aus diesem spezifischen Kontext und behandeln es in einem Anfangsabschnitt als allgemeine Grundlage des Naturrechts insgesamt.*" Der Vergleich zu den Ausführungen der vorher genannten Autoren *(Vitoria, Báñez, De Aragón, Medina – Fn. 696)* zeigt, dass *Molina* und *Lessius* nicht klarstellen, dass Ausführungen zur Restitution eine Erörterung ihrer *dominium*-Lehre bedingen. Auch behandeln sie die *dominium*-Lehre nicht mehr innerhalb ihrer Kommentierung zur q. 62 der *Secunda secundae*, sondern stellen sie (als allgemeine Lehren) ihren Ausführungen zur Restitution voran. Damit lösen sie ihre *dominium*-Lehre aus der Restitutionslehre. Trotz dieser Unterschiede bleibt den Kommentaren zur *Secunda secundae* aber insgesamt erhalten, dass Fragen im Zusammenhang mit dem *dominium* besonders ausführlich behandelt werden und dies typischerweise bevor sich der jeweilige Autor mit einzelnen Restitutionsfällen und teils im Anschluss an diese mit dem Vertragswesen im Allgemeinen beschäftigt.

700 *Klaus Obenauer*, Art. Molina, Luis de, SJ, in: LexThK VII, 3. Auflage (1998), Sp. 379–381; *Michael Plathow*, Art. Molina, Luis de, in: BBKL VI (1993), Sp. 43–44.

701 Das Vertragsrecht als Teil der Lehre des Erwerbs des *dominium* durch einen Willensakt z. B. bei: *Luis de Molina*, De iustitia et iure, Tom. II: De contractibus, Moguntiae 1602, tract. II, disp. 252–261, Sp. 1–36, v. a. Disp. 252, Sp. 1; *Duve*, Kanonisches Recht und die Ausbildung allgemeiner Vertragslehren (wie Fn. 220), S. 404. Auch bei *Conradus Summenhart* stellt das Vertragswesen einen Teil der Lehre von den Eigentumserwerbstiteln dar, *Conradus Summenhart*, De contractibus licitis atque illicitis tractatus, Venetiis 1580, tract. I, v. a. q. 15, S. 46b–49a, 47ab. Zur Herauslösung der Vertragslehre aus der Restitutionslehre: *Wolter*, Naturalrestitution (wie Fn. 6), S. 29, m. w. N.; weiter auch: *Franz Schindler*, Quellen des Schadensersatzes in der Moraltheologie, in: Zeitschrift für katholische Theologie 39 (1915), S. 605–648; *Hohenlohe*, Gründe der Schadensersatzpflicht in Recht und Moral (wie Fn. 64), S. 170–208.

702 *Jansen*, Theologie, Philosophie und Jurisprudenz (wie Fn. 4), S. 35; *Brett*, Liberty, Right and Nature (wie Fn. 245), S. 127; *Repgen*, De restitutione – eine kom-

das *dominium* geprägt[703] und scheint auf einer Synthese zwischen der thomasischen Einordnung der *restitutio* als Akt der *iustitia commutativa* und dem scotischen Bezug der *restitutio* auf das *dominium* zu gründen. Dabei wurde *Vitoria* vermutlich erst durch *Jacques Almain (ca. 1480–1515)*[704] – einen Schüler des *Johannes Major (ca. 1469–1550)*[705] – auf die Kommentierung des *Duns Scotus* aufmerksam.[706] Nach einer ausführlichen Erläuterung des Begriffs des *dominium* hebt *Vitoria* ausdrücklich hervor *„omnis restitutio fundatur in dominio."– „jede Restitution hat ihre Grundlage in der Herrschaftsgewalt."*[707] Die Entwicklung eines differenzierten und umfassenden Konzepts des *dominium* als ein geschütztes subjektives Recht sei – so betonte *Jansen* – nicht voll nachvollzogen, umstritten und soll sich vor allem seit *Bartolus (ca. 1313–1357)*[708] im rechtswissenschaftlichen Diskurs des Spätmittelalters entwickelt haben; es wurde sodann von den Spätscholastikern ausformuliert.[709] Im Hinblick auf *Duns Scotus´* Restitutionslehre

---

mentierende Einführung (wie Fn. 3), S. XXXV; *Otte*, Das Privatrecht bei Vitoria (wie Fn. 219), S. 41.

703 *Jansen*, Theologie, Philosophie und Jurisprudenz (wie Fn. 4), S. 34–35; *Brett*, Liberty, Right and Nature (wie Fn. 245), v. a. S. 127–131, Fn. 27. *Brett*, S. 127, akzentuiert vor allem die Verflechtung der verschiedenen spätmittelalterlichen Traditionslinien in *Vitorias* Abhandlung: *„Vitoria´s commentary on a. I of Q. 62 demonstrates his use of the multiple strands of late mediaeval rights discourse to slide from Aquinas´ understanding of right to that embedded in the casuistic of restitution."*

704 Zu *Jacques Almain: Thomas M. Isbicki*, Jaques Almain, in: Encyclopedia of Medieval Philosophy. Philosophy between 500 and 1500, hrsg. v. Henrik Lagerlund, Dordrecht [u. a.] 2011, S. 579a–581a.

705 *Michael Ott*, Art. Mayor (Major, Mair), John, in: The Catholic Encyclopedia X (1913), S. 90ab.

706 *Brett*, Liberty, Right and Nature (wie Fn. 245), S. 131. *Brett*, S. 131 Fn. 27, verweist bzgl. des scotischen Einflusses auf *Vitoria* auf die Ausführungen von *Otte*, Das Privatrecht bei Vitoria (wie Fn. 219), S. 41–55. Sie formuliert, S. 124 Fn. 4, hinsichtlich *Almains* Rezeption der scotischen Lehre: *„Almain in fact characterised Scotus´ second Question on IV, 15, the Question 'On restitution', which defines dominium, as 'the most excellent Question among all the rest of Scotus´ Questions' [...]."*

707 Lateinischer Quellentext und Übersetzung aus: *Francisco de Vitoria*, ComSth II-II (Stüben), q. 62, art. 1, n. 6, S. 8–9.

708 *Susanne Lepsius*, Art. Bartolus de Sassoferrato, in: HRG I, 2. Auflage (2008), Sp. 450–453.

709 *Jansen*, Theologie, Philosophie und Jurisprudenz (wie Fn. 4), S. 36, mit Nachweisen in Fn. 88; *Jansen*, Struktur des Haftungsrechts (wie Fn. 72), S. 313–334, v. a. S. 313–321 m. w. N. Weiterführend zum Begriff und zur Entwicklung subjektiver und natürlicher Rechte in den spätmittelalterlichen und frühneuzeitlichen Diskussionen: *Brett*, Liberty, Right and Nature (wie Fn. 245); *Willoweit*, Dominium und Proprietas (wie Fn. 262), v. a. S. 144–152; *Schermaier*, Dominus

bleibt aus der Sicht der Verfasserin die Verknüpfung der *restitutio* mit dem *dominium distinctum* bedeutsam, das prägende Element seiner Restitutionslehre und wegweisend zugleich für die nachfolgende Kommentarliteratur. Aus diesem Grund wird im nachfolgenden Abschnitt (C.) die Rechtfertigung des Privateigentums bei *Duns Scotus* ausführlich vorgestellt, bevor innerhalb der nachfolgenden besonderen Restitutionslehre (§ 5.) auf die verschiedenen Übertragungsformen insbesondere des Eigentums, die Ungerechtigkeiten und die Restitutionspflichten eingegangen wird.

---

actuum suorum (wie Fn. 262); *Feenstra*, Der Eigentumsbegriff bei Hugo Grotius (wie Fn. 219), v. a. S. 219–223; *Daniel Deckers*, Gerechtigkeit und Recht. Eine historisch-kritische Untersuchung der Gerechtigkeitslehre des Francisco de Vitoria (1483–1546), Freiburg/Schweiz [u. a.] 1991, S. 147–193; *Kriechbaum*, Actio, ius und dominium (wie Fn. 111); *Seelmann*, Die Lehre des Vazquez de Menchaca vom dominium (wie Fn. 110), v. a. S. 37–105, 153–163; *Jörg A. Tellkamp*, Vitorias Weg zu den legitimen Titeln der Eroberung Amerikas, in: Die Normativität des Rechts bei Francisco de Vitoria hrsg. v. Kirstin Bunge; Anselm Spindler; Andreas Wagner, Stuttgart-Bad Cannstatt 2011, S. 147–170, insbs. S. 150–161; *Otte*, Das Privatrecht bei Vitoria (wie Fn. 219), S. 41–52; *Brian Tierney*, The Idea of Natural Rights. Studies on Natural Rights, Natural Law and Church Law, Atlanta 1997; *Danaë Simmermacher*, Eigentum als ein subjektives Recht bei Luis de Molina (1535–1600). Dominium und Sklaverei in De Iustitia et Iure, Berlin 2018; *John Finnis*, Natural Law and Natural Rights, 2. Auflage, Oxford [u. a.] 2011; *Helmut Coing*, Zur Geschichte des Begriffs „subjektives Recht“, in: Das subjektive Recht und der Rechtsschutz der Persönlichkeit, hrsg. v. Helmut Coing; Frederick H. Lawson; Kurt Grönfors, Frankfurt a. M. [u. a.] 1959, S. 7–23; *Brian Tierney*, The Origins of Natural Rights Language. Texts and Contexts, 1150–1250, in: History of Political Thought 10/4 (1989), S. 615–646; *Richard Tuck*, Natural Rights Theories. Their Origin and Development, Cambridge [u. a.] 1979; *Jussi Varkemaa*, Conrad Summenhart's Theory of Individual Rights, Leiden [u. a.] 2012; *Danaë Simmermacher; Kirstin Bunge; Marko J. Fuchs; Anselm Spindler (Hrsg.)*, The Concept of Law (*lex*) in the Moral and Political Thought of the 'School of Salamanca', Leiden 2016; *Jörg A. Tellkamp*, Rights and dominium, in: A companion to Luis de Molina, hrsg. v. Matthias Kaufmann; Alexander Aichele, Leiden 2014, S. 125–153; *Giuseppe Tosi*, The Theological Roots of Subjective Rights. Dominium, ius and potestas in the Debate on the Indian Question (Sec. XVI), in: Politische Metaphysik. Die Entstehung moderner Rechtskonzeptionen der Spanischen Scholastik, hrsg. v. Matthias Kaufmann; Robert Schnepf, Frankfurt a. M. 2007, S. 125–154. Speziell zum *dominium*-Verständnis des *Vitoria* i. R. d. Restitutionslehre: *Repgen*, De restitutione – eine kommentierende Einführung (wie Fn. 3), S. XXXV–XXXVIII; *Joachim Stüben*, Vorbemerkungen des Übersetzers, in: Francisco de Vitoria: De iustitia – Über die Gerechtigkeit, Teil 2, hrsg., eingel. u. ins Deutsche übers. v. Joachim Stüben, mit einer Einleitung v. Tilman Repgen, Stuttgart-Bad Cannstatt 2017, S. LIX–CIX, v. a. XCIX–CVIII.

C. *Die Rechtfertigung des Privateigentums (dominium distinctum)*

Duns Scotus unterscheidet der Tradition seit *Gratian* folgend zwischen dem *status innocentiae* (Zustand der Unschuld) und dem Sündenfall der Menschheit.[710] In besonderem Maße akzentuiert *Duns Scotus* den Sündenfall der Menschheit als Bruch innerhalb einer historischen, dreistufigen Entwicklung des Privateigentums.[711] Mit dem Fall der Menschheit führt *Duns Scotus* einen Aspekt an, welcher bei *Thomas von Aquin* im Zusammenhang mit dem *dominium* nicht zu finden ist.[712] Seine Ausführungen zum Privateigentum veranlassen *Duns Scotus* auch dazu, grundlegende Gedanken zur Legitimation der politischen, gesetzgeberischen Herrschaftsgewalt und zu den Voraussetzungen gerechter menschlicher Gesetze zu entfalten.

I. Das dreistufige Entwicklungsmodell des Privateigentums *(dominium distinctum)*

In der Lehre des *Duns Scotus* liegt der Einführung des Privateigentums (*dominium distinctum)* eine dreistufige Entwicklung zu Grunde, nämlich die *lex naturalis* (Naturgesetz), die *revocatio* (Widerruf) mit naturrechtlicher

---

710 *Seelmann*, Die Lehre des Vazquez de Menchaca vom dominium (wie Fn. 110), S. 117–118. Zum Eigentum bei *Duns Scotus*, teils auch unter Würdigung und Darlegung seiner Argumentationslinie, u. a.: *Töpfer*, Urzustand und Sündenfall (wie Fn. 110), v. a. S. 255–258; *Schreiber*, Die volkswirtschaftlichen Anschauungen der Scholastik (wie Fn. 248), S. 146–148; *De Boni*, Legislator, lex, lex naturalis und dominium (wie Fn. 110), S. 229–233; *Seelmann*, Die Lehre des Vazquez de Menchaca vom dominium (wie Fn. 110), S. 118–120; *Seelmann*, *Ius naturale* und *ius gentium* bei Fernando Vázquez de Menchaca (wie Fn. 258), v. a. S. 247–249; *Seelmann*, Theologische Wurzeln des säkularen Naturrechts (wie Fn. 258), S. 224, 218, 220–221; *Seeberg*, Die Theologie des Duns Scotus (wie Fn. 120), S. 550–552, *Langholm*, Economics in the Medieval Schools (wie Fn. 248), v. a. S. 406–407; *Beer*, Early British Economics (wie Fn. 248), S. 46–47; *Cezar*, Das natürliche Gesetz und das konkrete praktische Urteil (wie Fn. 139), S. 127–132; im Übrigen sei auf die Literaturangaben oben in § 1.B in Fn. 258 verwiesen.

711 *Seelmann*, Die Lehre des Vazquez de Menchaca dominium (wie Fn. 110), S. 118, 120; vgl. auch: *Seelmann*, *Ius naturale* und *ius gentium* bei Fernando Vázquez de Menchaca (wie Fn. 258), S. 249.

712 *Seelmann*, Die Lehre des Vazquez de Menchaca vom dominium (wie Fn. 110), S. 118.

Wirkung und die menschliche *divisio* (Teilung).[713] Die Schaffung des Privateigentums führt *Duns Scotus* letztlich – dies zeigt sich sogleich – auf die *lex positiva* (das positive, menschliche Gesetz) zurück.

Laut *Duns Scotus* gehörte *in statu innocentiae* (Zustand der Unschuld) nach dem Naturgesetz und dem göttlichen Gesetz alles allen gemeinsam *(omnia communia)*, eine Güterteilung existierte nicht.[714] Dass dieser Zustand seine Grundlage nicht im menschlichen, sondern im göttlichen Gesetz fand, belegt *Duns Scotus* mit einer Stelle aus *Augustinus´* Johanneskommentar, welche sich auch im *Decretum Gratiani* findet.[715] Anschließend

---

713 *Seelmann*, Die Lehre des Vazquez de Menchaca vom dominium (wie Fn. 110), S. 120; *Seelmann*, *Ius naturale* und *ius gentium* bei Fernando Vázquez de Menchaca (wie Fn. 258), S. 249.

714 *Duns Scotus*, Ord. IV (editio vaticana XIII), dist. 15, q. 2, n. 79, lin. 499–501, S. 78: *„De primo sit haec prima conclusio, quod 'de lege naturae vel divina, non sunt dominia rerum distincta pro statu innocentiae, immo tunc errant omnia communia'."* – *Zum ersten Punkt soll dies die erste Schlussfolgerung sein, dass nach dem Naturgesetz oder göttlichen Gesetz das Eigentum der Sachen im Zustand der Unschuld nicht geteilt ist, ja vielmehr gehörte damals alles allen gemeinschaftlich.*

715 *Duns Scotus*, Ord. IV (editio vaticana XIII), dist. 15, q. 2, n. 80, lin. 502–514, S. 78–79: *„Probatur per illud Decretorum distinctione 8 cap. 1: «Iure naturae sunt omnibus omnia communia». Et ad hoc adducitur Augustinus Super Ioannem cap. 2, dicens: «Quo iure defendis villas Ecclesiae, divino vel humano? Primum ius in Scripturis divinis habemus, humanum in legibus regis. Unde quisque possidet quod possidet? Nonne iure humano? Nam iure divino Domini est terra et plenitudo eius. Pauperes et divites nonne humana voluntate una terra portat? Ergo et iure humano dicitur: 'Haec domus mea est', 'haec villa mea', 'hic servus meus'». Item ibidem«Tolle iura imperatoris, quis audet dicere; 'Haec villa est mea?'»; et post ibidem; «Per iura regis possidentur possessiones». Et 12, quaestione 1, «Dilectissimis»: «Communis usus omnium quae sunt in hoc mundo omnibus esse debuit»."* – *Es wird mit dem Decretum Gratiani, prima pars, dist. 8, c. 1; belegt: „Mit dem Naturrecht gehört Allen alles gemeinschaftlich". Und dazu wird* Augustinus, Vorträge über das Johannesevangelium, tr. 6, n. 25 *angeführt, welcher sagt: „Mit welchem Recht verteidigst du die Landgüter der Kirche, mit göttlichem oder menschlichem Recht? Das erste Recht finden wir in den Heiligen Schriften, das menschliche in den Gesetzen des Herrschers. Aus welchem Grund besitzt jemand, was er besitzt? Nicht mit menschlichem Recht? Nämlich mit göttlichem Recht „Die Erde und ihre Fülle gehören dem Herrn". Bringt die Erde nicht [erst] durch den menschlichen Willen Armut und Reichtum [die Armen und Reichen] hervor? Und folglich wird mit menschlichem Recht gesagt: „Dieses Haus gehört mir, dieses Gebäude ist meines, dieser Sklave gehört mir." Ebenso an derselben Stelle: „Heb die Rechte des Kaisers auf, [und] wer wagte es dann zu sagen: „Gehört dieses Landhaus mir?"; Und später an derselben Stelle: „Die Besitztümer werden durch die Rechte des Herrschers besessen." Und in Decretum Gratiani, pars secunda, c. 12, q. 1 c. 2: „Der gemeinschaftliche Gebrauch von allem, was auf dieser Welt existiert, muss allen gehören."* Vgl. *Decretum Gratiani*, prima pars, dist. 8, cap. 1 (CIC I, Sp. 12–

präsentiert *Duns Scotus* seiner Leserschaft zwei (für die Gütergemeinschaft sprechende) Argumente der Vernunft, nämlich dass der Gebrauch der irdischen Güter den Menschen dergestalt zukommen müsse, wie es dem friedvollen menschlichen Zusammenleben (1) sowie der notwendigen Erhaltung des menschlichen Lebens (2) entspreche. Betrachte man den *status innocentiae*, so erscheine der gemeinschaftliche Gebrauch zur Erfüllung dieser Ziele wesentlich geeigneter, denn *in statu innocentiae* beanspruchte niemand mehr, als er auch tatsächlich zum Überleben benötigte. Daher diene die Gütergemeinschaft *in statu innocentiae* auch in einem höheren Maße der Erhaltung des Lebens als die Güterteilung.[716]

Mit dem Sündenfall der Menschheit änderte sich aufgrund der gewandelten menschlichen Natur nun diese Ausgangslage. Das naturrechtliche Gebot des Gemeineigentums wurde mit dem Sündenfall widerrufen (*revocatio*), wobei diese *revocatio* selbst naturrechtliche Wirkung entfaltete.[717] Auch diese Schlussfolgerung untermauert *Duns Scotus* mit Argumenten der Vernunft: Betrachtete man nämlich den postlapsischen Zustand der Menschheit, so zeige sich gerade der umgekehrte Fall, denn nun würde

---

13); pars secunda, c. 12, q. 1, cap. 2 (CIC I, Sp. 676); *Augustinus*, In Ioannis Evangelium, tract. 6, n. 25 (PL 35, 1436–1437).

716 *Duns Scotus*, Ord. IV (editio vaticana XIII), dist. 15, q. 2, n. 81–82, lin. 515–526, S. 79: „*Ratio ad hoc duplex: Prima, quia usus rerum secundum rectam rationem ita debet competere hominibus, sicut congruit ad pacificam conversationem et necessariam sustentationem; in statu autem innocentiae communis usus sine distinctione dominiorum ad utrumque istorum plus valuit quam distinctio dominiorum, quia tunc nullus occupasset quod fuisset alii necessarium, nec oporteret illud ab ipso per violentiam extorqueri, sed quilibet hoc quod primo occurrisset, occupasset ad usum necessarium. Sic etiam magis fuisset ibi sufficientia ad sustentationem quam si alicui praecluderetur usus alicuius per appropriationem illius factam alteri.*“ – *Dafür gibt es zwei Gründe: Erstens, weil der Gebrauch der Sachen nach der rechten Vernunft den Menschen dergestalt zukommen muss, wie es dem friedlichen Zusammenleben [Umgang] und der notwendigen Erhaltung [Lebenserhaltung] entspricht. Im Zustand der Unschuld aber ist der gemeinsame Gebrauch ohne Güterteilung dafür [für beides] geeigneter als die Güterteilung, weil damals niemand etwas besessen hätte, was für einen anderen notwendig wäre, und es wäre nicht nötig, dass jenes von demselben gewaltsam entrissen würde, sondern ein jeder hätte das, was sich zuerst darböte, für den notwendigen Gebrauch eingenommen. So wäre auch die Eignung zur Lebenserhaltung größer gewesen, als wenn der Gebrauch von etwas jemandem vorenthalten werden würde, weil ein anderer sich dieses angeeignet hat.*

717 *Duns Scotus*, Ord. IV (editio vaticana XIII), dist. 15, q. 2, n. 83, lin. 528–529, S. 79: „*Secunda conclusio est quod 'istud praeceptum legis naturae, de habendo omnia communia, revocatum est post lapsum'.*“ – *Die zweite Schlussfolgerung ist, dass dieses Gebot des Naturgesetzes, nach dem alles gemeinschaftlich zu besitzen ist, nach dem Sündenfall widerrufen worden ist.*

die Gütergemeinschaft der Wahrung des Friedens widersprechen. Der gefallene, schlechte Mensch würde jetzt nämlich mehr beanspruchen, als er zum Leben benötigte, und anderer ihrer Lebensmittel berauben. So liefe die Gütergemeinschaft der notwendigen Lebenserhaltung vielmehr entgegen.[718] Anders als *Albertus Magnus* und *Thomas von Aquin* hat *Duns Scotus* die aristotelische Politik nicht kommentiert.[719] An dieser Stelle seines Sentenzenkommentars bezieht er sich ausdrücklich auf das zweite Buch der aristotelischen Politik und plädiert für die dort vorgeschlagene Güterordnung und gegen diejenige Güterordnung, welche *Sokrates* lehrte, nämlich die Gütergemeinschaft.[720] Letztlich spricht sich *Duns Scotus* aufgrund von Zweckmäßigkeitserwägungen, nämlich der besseren Erhaltung des sozia-

718 *Duns Scotus*, Ord. IV (editio vaticana XIII), dist. 15, q. 2, n. 84–85, lin. 530–538, S. 80: „*Et rationabiliter, propter eadem duo: Primo, quia communitas omnium rerum esset contra pacificam conversationem, cum malus cupidus occuparet ultra ea quae essent sibi necessaria, – et hoc etiam inferendo violentiam aliis, qui vellent secum eisdem communibus ad necessitatem uti, sicut legitur de Nemrod quod erat robustus venator coram Domino, id est hominum oppressor. Item, esset contra necessariam sustentationem propter idem, quia fortiores bellatores privarent alios necessariis.*“ – *Und vernünftigerweise wegen derselben zwei Gründe: Erstens, dass die Gemeinschaft aller Sachen dem friedlichen Zusammenleben widersprechen würde, weil der Schlechte und Gierige [Schurke] mehr als die Sachen, welche für ihn notwendig wären, in Anspruch nehmen [einnehmen] würde – und das nämlich indem er den anderen Gewalt zufügt, welche für sich dieselben Güter gemeinschaftlich [mit allen gemeinsam] für ihre Bedürfnisse benutzen wollten, sowie es über Nimrod zu lesen ist, dass er ein starker Jäger vor dem Herrn war, d. h. ein Unterdrücker der Menschen ist. Ebenso widerspräche es deswegen der notwendigen Erhaltung (Lebenserhaltung), weil die stärkeren Krieger die anderen ihrer notwendigen Güter (Lebensmittel) beraubten*. Vgl. Gen 10,9.

719 *Wolter*, Preface, in: Duns Scotus' Political and Economic Philosophy (wie Fn. 86), S. vii–ix, vii.

720 *Duns Scotus*, Ord. IV (editio vaticana XIII), dist. 15, q. 2, n. 86, lin. 539–542, S. 80: „*Et ideo politia Aristotelis II Politicae quod 'non sunt omnia communia', multo melior est quam politia Socratis – quam reprehendit – de omnibus communibus secundum istum statum quem Aristoteles invenit in hominibus.*“ – *Und ferner ist die Politik des Aristoteles, Buch II, dass „alles allen nicht gemeinsam gehört“ viel besser als die Politik des Sokrates über die Gemeinschaft aller Dinge, welche er wegen des Zustandes, den er [Aristoteles] bei der Menschheit vorfand, tadelte.* Vgl. ebd., F: „ARISTOT., *Politica* II, c. 1-2, ([...] B c. 1-2, 1260*b* 27–1261*b* 15).“; *Aristoteles*, Politik, Buch II/III, II: Über Verfassungen, die in einigen Staaten in kraft sind, und andere Verfassungen, die von gewissen Männern entworfen wurden und als vorbildlich gelten; III: Über die Verfassung, übers. u. erl. v. Eckart Schütrumpf, in: Werke in deutscher Übersetzung, Bd. 9, Teil 2, begr. v. Ernst Grumach, hrsg. v. Hellmuth Flashar, Darmstadt 1991, Buch II, Kap. 1–2, S. 11–13.

len Friedens, für die Güterteilung aus. Eine zwingende Erscheinung ist das Privateigentum nicht.[721]

Nach der *revocatio* (Widerruf) folgte in einem dritten Schritt die *licentia* (die Erlaubnis) des Aneignens. Diese *licentia* könne aber weder dem Naturgesetz noch göttlichem Gesetz entstammen.[722] Als Beleg dient *Duns Scotus* auch hier das obige auf *Augustinus* zurückgehende Kapitel *Quo iure* aus dem *Decretum Gratiani*, diesmal jedoch um zu beweisen, dass diese Erlaubnis (*licentia*) nicht dem göttlichen Gesetz, sondern dem menschlichen Gesetz entstamme.[723] Da es äußerst unwahrscheinlich sei, dass das Naturgesetz Kontradiktorisches vorschreibe, nämlich zum einen das Gemeineigentum und sodann das Privateigentum, könne auch das Naturgesetz keine Grundlage dieser Erlaubnis (*licentia*) bilden.[724] Anders wäre es laut *Duns Scotus*, wenn man behauptete, dass die Regelung aus Inst. 2,1,12 (*Ferae bestiae*)[725] dem Naturgesetz entspringen würde.[726] In Inst. 2,1,12

721 Hierzu: *Cezar*, Das natürliche Gesetz und das konkrete praktische Urteil (wie Fn. 139), S. 127, welcher unter Bezugnahme auf Ausführungen des *Duns Scotus*, die er andernorts, also nicht in *lib. IV, dist. 15, q. 2* tätigt, formuliert: „*[...] dass für Scotus das private Eigentum aus dem Prinzip 'Das Leben in der Gemeinschaft muss friedlich sein' mit strikter Notwendigkeit nicht abgeleitet werden kann, denn es ist durchaus möglich in einer Gemeinschaft zu leben, in der alles gemeinsam ist.*“

722 *Duns Scotus*, Ord. IV (editio vaticana XIII), dist. 15, q. 2, n. 87, lin. 544–547, S. 80: „*Tertia conclusio est quod 'revocato illo praecepto legis naturae, de habendo omnia communia, et per consequens concessa licentia appropriandi et distinguendi communia, non fiebat actualis distinctio per legem naturae nec per divinam': [...].*“– *Die dritte Schlussfolgerung ist, dass jenes Gebot des Naturgesetzes, nach welchem alles gemeinschaftlich zu besitzen ist, widerrufen worden ist, und folglich war die gewährte Erlaubnis des Aneignens und Unterscheidens von Gemeinschaftlichem keine wirksame Unterscheidung durch das Naturgesetz noch durch das göttliche Gesetz: [...].*

723 *Duns Scotus*, Ord. IV (editio vaticana XIII), dist. 15, q. 2, n. 88, lin. 548–549, S. 80: „*Per divinam non, ut probatur per illud Augustini superius adductum: «Quo iure» etc.*“ – *Durch göttliches Gesetz nicht, wie durch das oben erwähnte Zitat von Augustinus bewiesen wird: „Mit welchem Recht“ usw.*

724 *Duns Scotus*, Ord. IV (editio vaticana XIII), dist. 15, q. 2, n. 89, lin. 550–552, S. 80: „*Per legem naturae non, ut videtur esse probabile, quia non apparet quod illa determinet ad opposita; ipsa autem determinavit in natura humana ad hoc quod est omnia esse communia.*“ – *Durch das Naturgesetz nicht, wie es wahrscheinlich zu sein scheint, weil es nicht einleuchtet, dass jenes Gegenteiliges bestimmt. Es hat dagegen selbst wegen der menschlichen Natur festgelegt, dass alles allen gemeinschaftlich gehört. [wörtlich: dazu festgelegt, was nämlich ist, dass...].*

725 Iustiniani Institutiones II, tit. 1, n. 12 (Corpus iuris civilis I, S. 10b).

726 *Duns Scotus*, Ord. IV (editio vaticana XIII), dist. 15, q. 2, n. 90, lin. 553–555, S. 80–81. Lateinischer Quellentext und deutsche Übersetzung in: Fn. 728.

wird geregelt, dass alle Lebewesen nach dem Völkergemeinrecht *(ius gentium)* in das Eigentum desjenigen, wer sie fängt, übergehen.

„Ferae igitur bestiae et volucres et pisces, id est omnia animalia, quae in terra mari caelo nascuntur, simulatque ab aliquo capta fuerint, iure gentium statim illius esse incipiunt: quod enim ante nullius est, id naturali ratione occupanti conceditur."	„Wilde Tiere, Vögel und Fische, also alle Lebewesen, die es auf dem Lande, im Meer oder in der Luft gibt, gelangen, sobald sie von jemandem gefangen sind, nach Völkergemeinrecht sogleich in dessen Eigentum. Denn was vorher niemandem gehörte, steht nach natürlicher Vernunft demjenigen zu, der es sich zuerst aneignet."[727]

In Bezug auf Inst. 2,1,12 lässt *Duns Scotus* erkennen, dass er es nicht gänzlich ausschließt, dass diese Okkupationsregelung dem Naturgesetz *(lex naturalis)* entspringen kann, ihm selbst erscheint es aber durchaus wahrscheinlicher, dass die hier vorgesehene Okkupationsregel nicht dem Naturgesetz entstammt. Für *Duns Scotus* handelt es sich um eine Vorschrift des positiven menschlichen Gesetzes.[728] Mit dieser juristischen Allegation, welche eine der sehr wenigen aus dem *Corpus iuris civilis* in der scotischen Kommentierung darstellt, zeigt *Duns Scotus* sich mit dem römischen Recht, speziell den Institutionen, vertraut. Er selbst verwendet die Begrifflichkeit des *ius gentium* nicht, er spricht von der *lex naturalis* (Naturgesetz). Dass *Duns Scotus* nicht weiter auf die Begrifflichkeit des *ius*

727 Der lateinische Text und deutsche Übersetzung auch des vorherigen Satzes stammen aus: *Rolf Knütel; Berthold Kupisch; Sebastian Lohsse; Thomas Rüfner*, Corpus Iuris Civilis. Die Institutionen. Text und Übersetzung, 4. Auflage, Heidelberg [u. a.] 2013, S. 49.

728 *Duns Scotus*, Ord. IV (editio vaticana XIII), dist. 15, q. 2, n. 90, lin. 553–558, S. 80–81: *„Nisi dicatur quod illa propositio Institutionum, 'De rerum divisione', «Ferae, bestiae», «Quod nullius est in bonis, occupanti conceditur», sit de lege naturae. Sed licet statim post apprehensionem naturalem de hoc quod est res esse dividendas, occurrat illa tamquam probabilis et manifesta, tamen rationabilius est dicere quod ipsa non sit de lege naturae, sed positiva." – Außer man sagte, dass der Vorschlag aus Inst. 2,1,12, „dass das, was niemandem gehört, demjenigen gehört, der es sich aneignet", dem Naturgesetz entspringen würde. Aber obwohl es direkt nach jener natürlichen Inbesitznahme von dem, was existiert, gleichsam wahrscheinlich und offensichtlich erscheint, dass die Sachen unterschieden werden müssen, ist es dennoch vernünftiger zu sagen, dass sie selbst nicht vom Naturgesetz, sondern von einem positiven Gesetz stammt.*

gentium eingeht, diese Terminologie schon nicht verwendet, verwundert mit Blick auf den moraltheologischen Naturrechtsdiskurs des 13. und frühen 14. Jahrhunderts dabei weniger. Denn während sich in der Legistik und Dekretistik ein theoretischer Diskurs um die Begrifflichkeiten des *ius gentium* und *ius naturale* bereits ab dem Ende des 12. Jahrhunderts abzeichnet, so begegnen in der Moraltheologie Stellungnahmen inhaltlicher Art zum *ius gentium* vorwiegend bei *Thomas von Aquin*.[729]

Als Schlussfolgerung der soeben präsentierten scotischen Argumentation formuliert *Duns Scotus*,

„[...] quod ex aliqua lege positiva fiebat prima distinctio dominiorum."[730]	[...] dass die erste Teilung der Güter [= des Eigentums] auf einem positiven Gesetz beruhte.

729 *Heinhard Steiger*, Art. Völkerrecht, in: Geschichtliche Grundbegriffe. Historisches Lexikon zur politischen-sozialen Sprache in Deutschland, Bd. 7: Verw–Z, hrsg. v. Otto Brunner; Werner Conze; Reinhart Koselleck, 1. Auflage, Stuttgart 1992, S. 97–140, 104–106. Die Legisten bringen das *ius gentium* mehrheitlich in die Nähe des Naturrechts *(ius naturale)* und legen ein ulpianisches Verständnis zu Grunde: So steht das Naturrecht nach der ulpianischen Definition (= das, was die Natur alle Lebewesen lehrt) klar im Vordergrund, wohingegen das *ius gentium* nur den Menschen gemein ist; es wird in erster Linie von der Vernunft her bestimmt, vgl. *Rudolf Weigand*, Die Naturrechtslehre der Legisten und Dekretisten von Irnerius bis Accursius und von Gratian bis Johannes Teutonicus, München 1967 (zur Entwicklungsgeschichte der Begrifflichkeit insgesamt), speziell zum ulpianischen Verständnis: S. 12–14; zu den „theoretischen Diskussionen" ab dem Ende des 12. Jahrhunderts: *Steiger*, op. cit., v. a. S. 104–106. Insgesamt zur in dieser Arbeit nicht weiter berücksichtigten Entwicklung des *ius gentium* in der Legistik und Dekretistik: *Weigand*, op. cit.; *Steiger*, op. cit., S. 97–140; *Heinhard Steiger*, From the International Law of Christianity to the International Law of the World Citizen – Reflections on the Formation of the Epochs of the History of International Law, in: Journal of the History of International Law 3 (2001), S. 180–193; *Andreas Thier*, Historische Semantiken von ius gentium und „Völkerrecht", in: Völkerrechtsphilosophie der Frühaufklärung, hrsg. v. Tilmann Altwicker, Francis Cheneval; Oliver Diggelmann, Tübingen 2015, S. 29–47. Zum *ius gentium* im römischen Recht: *Max Kaser*, Ius gentium, Köln [u. a.] 1993. *Thomas von Aquin* handelt in seiner Summa theologiae, II-II, q. 57, at. 3 (S. 279); I-II, q. 95, art. 4 (S. 433ab–434ab) vom *ius gentium*. Im theologischen Diskurs begegnet der Terminus des *ius gentium* zum Beispiel auch bei *Petrus Aureoli*, allerdings verweist *Petrus* im Hinblick auf die Begrifflichkeit lediglich auf das juristische Begriffsverständnis.

730 *Duns Scotus*, Ord. IV (editio vaticana XIII), dist. 15, q. 2, n. 90, lin. 558–559, S. 81.

Duns Sctous weist das Privateigentum eindeutig der *lex positiva* – dem positiven menschlichen Gesetz – zu. Lehrte *Thomas von Aquin*, dass das Institut des Privateigentums eine *additio*, also ein Zusatz zum naturrechtlich gebotenen Gemeineigentum, war und stellte er es so in eine Verbindung zum Naturgesetz *(lex naturalis)*, so tritt in der scotischen Lehre klar zu Tage, dass er nicht darum bestrebt ist, die Entstehung des Privateigentums in einen natürlichen Entwicklungsverlauf, welcher seinen Ursprung im Naturgesetz nimmt, einzubinden, das bedeutet, als dem Naturrecht entsprechend – unanfechtbar – zu legitimieren.[731] Für einen franziskanischen Minoriten, welcher jegliches Eigentumsrecht an den zeitlichen Gütern zurückweist und lediglich einen *usus simplex facti*, einen rein faktischen Gebrauch, innehat, ist das nach dem Sündenfall der Menschheit vorzufindende Privateigentum eine unnatürliche und dadurch zugleich eine in besonderem Maße rechtfertigungsbedürftige Erscheinung.[732] Die Entstehung des Privateigentums geht bei *Duns Scotus* auf eine historische Entwicklung zurück, in dessen Verlauf der Sündenfall der Menschheit einen markanten Bruch darstellt.[733] Auch im postlapsischen Zustand bleibt die Gütergemeinschaft die höchste Lebensform.[734]

So viel Anklang die scotische Verknüpfung der Restitution mit dem Eigentum in nachscotischen Kommentaren auch fand, so wenig konnte *Duns Scotus'* Konzept einer naturrechtlichen *revocatio* (Widerruf) des naturrechtlich gebotenen Gemeineigentums in der nachfolgenden Literatur überzeugen.[735] Es ist gerade die Idee einer naturrechtlichen *revocatio*, wel-

731 *Töpfer*, Urzustand und Sündenfall (wie Fn. 110), S. 257. Vgl. auch: *Langholm*, Economics in the Medieval Schools (wie Fn. 248), S. 407.

732 *Töpfer*, Urzustand und Sündenfall (wie Fn. 110), S. 259, führt im Hinblick auf die scotische Ablehnung einer naturrechtlichen Begründung der Eigentumsrechte aus: *„Der Hinweis auf den ursprünglichen Gemeinbesitz wird ausschließlich dazu genutzt, die mönchische Lebensweise zu rechtfertigen und die sozialen Verpflichtungen der Eigentümer, die im Falle der Not ihren Besitz mit anderen zu teilen haben, zu begründen. Zudem wird in franziskanischen Kreisen die Verdienstlichkeit des völligen Verzichts auf alle Besitzrechte mit besonderem Nachdruck herausgestellt, indem man darauf verweist, daß damit nach Vollkommenheit strebenden Menschen eine Annäherung an die Verhältnisse des statu innocentiae möglich sei.*"

733 Ausführlich dazu: *Seelmann*, Die Lehre des Vazquez de Menchaca vom dominium (wie Fn. 110), S. 118–120.

734 *Töpfer*, Urzustand und Sündenfall (wie Fn. 110), S. 258, spricht von einer *„positiv bewertete[n] Alternative"*.

735 Ausführungen zur Rechtfertigung des Privateigentums lassen sich u. a. bei den folgenden Autoren finden, welche allerdings alle samt entweder die Idee einer *revocatio* (und nachfolgenden *licentia*) schlichtweg nicht erwähnen oder ausdrücklich ablehnen: *Antonius Andreae*, Sent., Venetiis 1578, lib. 4, dist. 15,

che vor allem bei den Spätscholastikern vielfach auf Kritik stieß und teils unter Berufung auf die Argumentation *Conrad Summenharts (ca. 1455–1502)*[736] ausdrücklich zurückgewiesen wurde.[737]

II. Die Begründung der politischen Ordnung und die Legitimierung politischer Herrschaftsgewalt

Nachdem *Duns Scotus* seiner Leserschaft demonstriert hat, dass die Güterteilung letztlich nur auf das positive menschliche Gesetz zurückzuführen ist, nimmt er Stellung zu den Voraussetzungen eines gerechten positiven Gesetzes, denn eine gerechte Güterteilung setze stets gerechte Gesetze als Grundlage voraus.[738] An dieser Stelle seiner Kommentierung verbindet *Duns Scotus* seine Ausführungen zum Privateigentum, zu welchen er sich durch die übergeordnete Frage der Restitution im Falle einer unrechtmäßigen Güterzuordnung veranlasst sieht, mit einer grundlegenden Stellungnahme zu den Voraussetzungen gerechter Gesetze, welche letztlich in der Begründung der Entstehung der politischen Ordnung und der Legitima-

---

q. 2, fol. 147rb–148ra; *Johannes Maioris*, Sent., Parisiis 1519, lib. IV, dist. 15, q. 10, v. a. fol. XCIXvb–CIra. Hingegen übernahm *Gabriel Biel*, Commentarius in quartum librum Sententiarum, Brixiae 1574, dist. 15, q. 2, S. 279a–280a, unter fast wörtlicher Wiedergabe der scotischen Ausführungen auch die Idee der *revocatio*. Ebenso bei *Johannes Forsanus*, Resolutiones in quatuor libros Sententiarum, Parisiis 1600, lib. IV, dist. 15, q. 2, fol. 360[306]v. Ebenso auch *Johannes Bassolis*, Sent., Parisiis 1517, lib. IV, dist. 15, q. 2, fol. LXXXIVvb–LXXXVva. *Petrus de Aquila*, Petri de Aquila, ... Scotellus, ubi non tantum ad Scoti subtilitates...: Quaestiones in quatuor libros Sententiarum, Parisiis 1585, lib. IV, dist. 15, q. 2, S. 891–892, spricht von *removendum*.

736 *Franz Xaver Bantle*, Art. Summenhart, Konrad, in: LexThK IX, 2. Auflage (1964), Sp. 1167; *Helmut Feld*, Art. Summenhart, (Summerhart, Summerhardt), Konrad, in: BBKL XI (1996), Sp. 260–262.

737 *Seelmann*, *Ius naturale* und *ius gentium* bei Fernando Vázquez de Menchaca (wie Fn. 258), S. 247; *Stüben*, Vorbemerkungen des Übersetzers (wie Fn. 709), S. LXXX. Vgl. z. B.: *Francisco de Vitoria*, ComSth II-II (Stüben), q. 62, art. 1, n. 20, S. 32–33; *Domingo de Soto*, De iustitia et iure, Salmanticae 1556 (Faksimiledruck: Madrid 1968, Tom. II), lib. IV, q. 3, art. 1, *„Ad primum argumentu[m]"*, S. 299ab; *Luis de Molina*, De justitia et jure, Tom. I, Coloniae 1733, disp. 20, S. 56ab, n. 6.

738 *Duns Scotus*, Ord. IV (editio vaticana XIII), dist. 15, q. 2, n. 91, lin. 561–562, S. 81: *„Ergo, ut ista distinctio sit iusta, oportet videre quomodo lex positiva talis sit iusta."* – *Also, damit diese Teilung gerecht ist, muss man sehen, auf welche Weise solch ein positives Gesetz gerecht ist.*

tion der politischen Herrschaftsgewalt mündet.[739] *Duns Scotus* hat, wie bereits erwähnt, anders als *Albertus Magnus* und *Thomas von Aquin* die aristotelische Politik nicht kommentiert.[740] Seine Ausführungen zum Privateigentum lassen erkennen, dass er seine Stellungnahme zur politischen Ordnung an dieser Stelle in sein Hauptwerk einbindet. *Duns Scotus* entfaltet so im Rahmen seiner Ausführungen zur Restitution zugleich seine Theorie der politischen Ordnung. Um diese Ausführungen des *Duns Scotus* soll es im Folgenden gehen.

Das gerechte positive Gesetz erfordert vom Gesetzgeber Klugheit *(prudentia)*, nach welcher der Gesetzgeber entsprechend der *recta ratio practica* (rechte praktische Vernunft) handelt, sowie Autorität *(auctoritas)*.[741] Dabei setzt *Duns Scotus* die Klugheit beim Gesetzgeber selbst oder zumindest bei seinen Ratgebern voraus.[742] Im Weiteren beschäftigt sich *Duns Scotus* ausschließlich näher mit den unterschiedlichen Formen gerechter gesetzgeberischer Autorität *(auctoritas)*, denn nicht jeder Satz der Klugheit bindet die Gemeinschaft oder nur irgendjemanden, wenn er nichts befehligt.[743] *Duns Scotus* differenziert zunächst zwischen der *auctoritas paterna*, der väterli-

---

739 Vgl. hierzu v. a. auch die Ausführungen von: *Töpfer*, Urzustand und Sündenfall (wie Fn. 110), S. 255–257, oder u. a. auch: *Vasileios Syros*, Die Rezeption der aristotelischen politischen Philosophie bei Marsilius von Padua. Eine Untersuchung zur ersten Diktion des *Defensor Pacis*, Leiden [u. a.] 2007, S. 73–74. In der Sekundärliteratur zur scotischen Legitimation der Herrschaftsgewalt u. a.: *De Boni;* Legislator, lex, lex naturalis und dominium (wie Fn. 110), v. a. S. 224, 231; *Seeberg*, Die Theologie des Duns Scotus (wie Fn. 120), S. 551–552*; Beer*, Early Britsh Economics (wie Fn. 248), S. 48–49; *Cezar*, Das natürliche Gesetz und das konkrete praktische Urteil (wie Fn. 139), S. 129–130, und insbesondere die weitere, in diesem Abschnitt genannte Literatur.

740 *Wolter*, Preface, in: Duns Scotus′ Political and Economic Philosophy (wie Fn. 86), S. vii–ix, vii.

741 *Duns Scotus*, Ord. IV (editio vaticana XIII), dist. 15, q. 2, n. 92, lin. 563–564, S. 81: *„Sic ergo conclusio quarta, quod 'lex positiva iusta requirit in legislatore prudentiam et auctoritatem' […]" – Die vierte Schlussfolgerung ist also, dass das gerechte positive Gesetz beim Gesetzgeber Klugheit und Autorität (Macht) erfordert […].*

742 *Duns Scotus*, Ord. IV (editio vaticana XIII), dist. 15, q. 2, n. 98, lin. 597, S. 82: *„[…], quia ab habente prudentiam in se vel in consiliariis suis, […]." – weil es [das Gesetz] von jemandem stammt, welcher die[se] Klugheit selbst oder durch seine Ratgeber besitzt, […].*

743 *Duns Scotus*, Ord. IV (editio vaticana XIII), dist. 15, q. 2, n. 92, lin. 567–569, S. 81: *„Auctoritatem, quia lex dicitur a 'ligando'; sed non quaecumque sententia prudentis ligat communitatem nec aliquem, si nullus praesideat." – Autorität, weil man sagt, dass das Gesetz von „ligare – binden" [von dem „Binden"] stammt. Aber nicht jeder Satz der Klugheit bindet die Gemeinschaft oder irgendjemanden, wenn er nichts befehligt.*

chen Autorität, und der *auctoritas politica*, der politischen Autorität, wobei letztere entweder auf einer Person oder der Gemeinschaft beruhe.[744] Die väterliche Autorität stellt in der Lehre des *Duns Scotus* die einzige natürliche Erscheinungsform einer *auctoritas* dar, welche unmittelbar dem Naturgesetz entspringt. Durch den Sündenfall der Menschheit ist diese Form der *auctoritas* nicht aufgehoben, sondern vielmehr bestärkt worden.[745] Die politische Herrschaftsgewalt stellt für *Duns Scotus* hingegen eine unnatürliche – und unter Berücksichtigung seiner im 36. Abschnitt des vierten Buches getätigten Ausführungen zur Freiheit jedes Menschen im Urzustand[746] – eine rechtfertigungsbedürftige Erscheinung dar, denn anders als *Thomas von Aquin* stellt *Duns Scotus* für die Legitimierung der politischen Autorität nicht auf die aristotelische Lehre, die den Menschen als soziales, politisches Lebewesen betrachtet, ab, sondern vielmehr auf den Willensentschluss derjenigen, welche die politische Gemeinschaft und politische Autorität beschließen.[747] Denn *Duns Scotus* lehrt, dass die *auctoritas politica* entweder auf einer Person oder der ganzen Gemeinschaft gründen und

---

744 *Duns Scotus*, Ord. IV (editio vaticana XIII), dist. 15, q. 2, n. 93, lin. 571–575, S. 81: „*Quomodo autem prudentia poterit haberi ad excogitandas leges iustas, satis patet; quomodo autem auctoritas iusta, quae cum hoc requiratur ad legem iustam, sequitur quinta conclusio, quod 'est principatus duplex vel auctoritas: paterna scilicet et politica, – politica duplex, scilicet in una persona vel in communitate'.*“ – *Es ist hinreichend klar, wie aber die Klugheit innegehabt werden kann, um gerechte Gesetze zu erfinden/entwickeln; wie jedoch die gerechte Autorität, welche zusätzlich erforderlich ist für ein gerechtes Gesetz, innegehabt werden kann, behandelt die nächste Schlussfolgerung, dass [nämlich] die Machtstellung oder die Autorität zwei Formen haben kann: väterlich nämlich und politisch, – politisch auf zwei Weisen, nämlich in einer Person oder auch in einer Gemeinschaft.*

745 *Duns Scotus*, Ord. IV (editio vaticana XIII), dist. 15, q. 2, n. 94, lin. 576–579, S. 81: „*Prima, scilicet paterna, iusta est, scilicet ex lege naturae, qua omnes filii tenentur parentibus obedire; nec ista per aliquam legem positivam – mosaicam vel evangelicam – est revocata, sed magis confirmata.*“ – *Die erste, nämlich die väterliche Autorität, ist nämlich nach dem Naturgesetz gerecht, durch welches alle Söhne verpflichtet sind, den Vätern zu gehorchen. Und diese Autorität ist nicht durch irgendein positives Gesetz – ein mosaisches oder auch evangelisches – widerrufen, sondern vielmehr bestärkt worden.*

746 Vgl. hierzu die Ausführungen zur Restitution einer unrechtmäßig versklavten Person in dieser Arbeit: § 5.K.II.

747 *Töpfer*, Urzustand und Sündenfall (wie Fn. 110), S. 256, v. a. S. 230–237 zu *Thomas´* Lehre über die staatliche Herrschaftsgewalt; *Ernst-Wolfgang Böckenförde*, Geschichte der Rechts- und Staatsphilosophie. Antike und Mittelalter, 2. Auflage, Tübingen 2006, S. 292; *Syros*, Die Rezeption der aristotelischen politischen Philosophie (wie Fn. 739), S. 73–74; vgl. *De Boni*, Legislator, lex, lex naturalis und dominium (wie Fn. 110), S. 224, 231.

sie entweder durch einen gemeinschaftlichen Entschluss oder durch eine Wahl gerecht zustande kommen kann.[748] In aller Klarheit arbeitet *Duns Scotus* hier den Entschluss und die Wahl der Gemeinschaft und damit eine willenstheoretische Grundlage politischer Autorität heraus. In Bezug auf diese scotische Aussage formuliert *Ernst-Wolfgang Böckenförde*:

> „Es handelt sich also nicht mehr, wie in der zeitgenössischen Literatur sonst, um einen Herrschaftsvertrag *innerhalb* der etablierten politischen Gemeinschaft, der die Befugnisse und Grenzen des Herrschers festlegt, sondern um die *Begründung* einer politischen Gemeinschaft und die Konstituierung politischer Autorität durch einen Herrschaftsvertrag."[749]

Duns Scotus lehrt weiter, dass die politische Autorität anders als die väterliche Autorität, welche die natürlichen Nachkommen umfasst, durch Fremde, also Individuen, welche nicht durch Blutsverwandtschaft miteinander verbunden waren, begründet wird.[750] So können „Fremde", welche in einer Stadt zusammenleben, zum Zwecke einer besseren Regierung und Leitung gemeinsam entscheiden, ihre Gemeinschaft einer Person oder einer Personengruppe zu unterwerfen. Entscheiden sie sich dazu, die Autorität auf bloß eine Person zu übertragen, dann wird die Autorität entweder durch Wahl einem Nachfolger oder ihr und ihrer gesamten Nachkommenschaft vermacht.[751] *Duns Sotus* verwendet an dieser Stelle

---

748 *Duns Scotus*, Ord. IV (editio vaticana XIII), dist. 15, q. 2, n. 95, lin. 580–582, S. 82: *„Auctoritas vero politica, quae est super extraneos, sive in una persona resideat sive in communitate, potest esse iusta ex communi consensu et electione ipsius communitatis." – Die politische Autorität allerdings, welche über den Fremden besteht [über die Fremden ausgeübt wird], beruht entweder auf einer Person oder auf der Gemeinschaft. Sie kann gerecht auf Grundlage eines gemeinschaftlichen Entschlusses oder der Wahl derselben Gemeinschaft sein.*

749 *Böckenförde*, Geschichte der Rechts- und Staatsphilosophie (wie Fn. 747), S. 293.

750 *Duns Scotus*, Ord. IV (editio vaticana XIII), dist. 15, q. 2, n. 96–97, lin. 583–586, S. 82: *„Et prima auctoritas respicit descensum naturalem, quamquam non cohabitantes civiliter. Secunda respicit cohabitantes, quantumcumque nulla consanguinitate vel propinquitate sibi coniunctos [...]." – Und die erste Autorität berücksichtigt die natürlichen Nachfolger, obwohl sie nicht in einer Stadt zusammenwohnen. Die zweite Autorität berücksichtigt die Zusammenlebenden, soweit sie durch keine Blutsverwandtschaft oder Nachbarschaft miteinander verbunden sind [...].*

751 *Duns Scotus*, Ord. IV (editio vaticana XIII), dist. 15, q. 2, n. 97, lin. 586–592, S. 82: *„[...] – utpote si ad civitatem aliquam aedificandam vel inhabitandam concurrerunt extranei aliqui, videntes se non posse bene regi sine aliqua auctoritate, poterant concorditer consentire ut vel uni personae vel communitati committerent illam communitatem: et uni personae, vel pro se tantum et successor eligeretur sicut ipse, vel pro*

seiner Kommentierung das lateinische Verb *consentire* (sich einigen, zustimmen, übereinstimmen). Grundlage der politischen Gemeinschaft und der politischen Autorität ist der Konsens *(consensus)* der Menschen, welche sich freiwillig zusammenfinden und die Autorität freiwillig einer Person oder Personengruppe übertragen.[752] Die so gegründete *auctoritas politica*, welche auf einer Person fußt, wird durch Erbfolge oder Neuwahl eines Nachfolgers rechtmäßig weiterübertragen.[753] Diese ursprüngliche Wahl wird in der scotische Lehre auch für ein Staatswesen mit erblicher Dynastie vorausgesetzt.[754] Eine auf diese Art zustande gekommene politische Autorität ist gerecht, solange sie nicht gegen das göttliche Gesetz verstößt.[755] Die äußerste Schranke herrschaftlicher Gewalt bildet damit das göttliche Gesetz.

In Bezug auf *Duns Scotus'* Ausführungen zur Begründung der politischen Ordnung und der Legitimierung der politischen Autorität liest man in der Sekundärliteratur unter anderem,

> „Für die Begründung politischer Herrschaft entwirft Duns Scotus den Gedanken eines Herrschaftsvertrages. Zeitgenössische Literatur bedenkt Herrschaftsverträge innerhalb einer schon bestehenden und legitimierten politischen Ordnung, aber eben noch nicht als Modell für Herrschaftsbegründung im grundsätzlichen Sinne."[756]

se et tota sui posteritate." – Wenn z.B. einige Fremde zusammen kamen, um irgendeine Stadt zu bauen und zu bewohnen, sehend, dass sie wohl nicht gelenkt werden können ohne irgendeine Autorität, konnten sie übereinstimmend beschließen, dass sie jene Gemeinschaft entweder mit einer Person oder einer Gemeinschaft vereinigen. Und falls mit einer Person entweder bloß ihr und dann wird ein Nachfolger wie sie selbst gewählt [wörtl.: und der Nachfolger, welcher wie sie selbst gewählt würde], oder ihr und ihrer ganzen Nachkommenschaft.

752 *Syros*, Die Rezeption der aristotelischen politischen Philosophie (wie Fn. 739), S. 74.

753 *Duns Scotus*, Ord. IV (editio vaticana XIII), dist. 15, q. 2, n. 97, lin. 590–592, S. 82: *„[…] et uni personae, vel pro se tantum et successor eligeretur sicut ipse, vel pro se et tota sui posteritate."*

754 *Töpfer*, Urzustand und Sündenfall (wie Fn. 110), S. 256.

755 *Duns Scotus*, Ord. IV (editio vaticana XIII), dist. 15, q. 2, n. 97, lin. 592–595, S. 82: *„Et ista auctoritas poitica utraque iusta est, quia iuste potest quis se submittere uni personae vel communitati in iis quae non sunt contra legem Dei, in quibus melius potest dirigi per illum – cui se submittit – quam per se ipsum." – Und diese politische Autorität ist auf beide Weisen gerecht, weil jemand sich in diesen Angelegenheiten, welche nicht gegen das Gesetz Gottes verstoßen, gerecht einer Person oder Gemeinschaft unterwerfen kann. In diesen Angelegenheiten kann er besser durch jenen – wem er sich unterwirft – als durch sich selbst gelenkt werden.*

756 *Miriam Rose*, Schleiermachers Staatslehre, Tübingen 2011, S. 70.

Auch soll er – wie soeben bereits betont – in seiner Begründung der politischen Ordnung *„spätere Vertragskonstruktionen in erstaunlichem Maße vorzeich[nen].“*[757] Laut *Bernhard Töpfer* vertrete *Duns Scotus* sehr klar den Gedanken *„eines auf der Entscheidung freier Menschen beruhenden Staatsvertrages“*, welchen bereits *Heinrich von Gent* äußerte.[758] Damit einher gehe laut *Töpfer „eine weitgehende Bindung des Herrschers an das Recht und das Gemeinwohl“*, aber *„keineswegs eine Art von Volkssouveränität“*, *„ein Eintreten für eine mehr oder weniger demokratische Staatsordnung“* oder ein *„Ausdruck einer Säkularisierungstendenz“*.[759]

Mit Blick auf die soeben dargestellten scotischen Ausführungen lässt sich in dieser Arbeit (lediglich) festhalten, dass *Duns Scotus* den freien Entschluss der im Urzustand freien Menschen, welche selbstbestimmt zu handeln und sich aus freiem Willen einer politischen Autorität *(auctoritas politica)* zu unterwerfen vermögen, in besonderem Maße akzentuiert.[760]

Zuletzt fasst *Duns Scotus* zusammen, sei nun hinreichend klar, wie gerechte positive Gesetze entstehen und durch diese, welche entweder vom Vater, von einem gerecht regierenden Herrscher oder von einer gerecht regelnden und regierenden Gemeinschaft erlassen worden sind, zugleich die erste Güterteilung stattfinden konnte.[761] *Duns Scotus* hält es für wahrscheinlich, dass auf diese Weise auch tatsächlich die erste Teilung stattfand, nämlich indem *Noah* nach der Sintflut die Teile der Erde unter seinen Söhnen aufteilte, welche die Erdteile für sich, ihre Söhne und Nachkommen einnahmen, oder indem sie selbst durch gemeinschaftliche Über-

---

757 *Böckenförde*, Geschichte der Rechts- und Staatsphilosophie (wie Fn. 747), S. 292; dazu auch: *Christoph Flüeler*, Rezeption und Interpretation der Aristotelischen *Politica* im späten Mittelalter, Teil 1, Amsterdam [u. a.] 1992, S. 75: *„In dieser Theorie, die die politische Vertragstheorie begründet und die Herrschaftstheorie von der Metaphysik befreit, muss auch die Servitustheorie neu angegangen werden.“* Weiter: *De Boni*, Legislator, lex, lex naturalis und dominium (wie Fn. 110), S. 224: *„Für Scotus dagegen ist das politische Leben nicht in der Natur verwurzelt: Es ist erst ziemlich spät durch einen Vertrag in die Geschichte der Menschheit getreten.“*

758 *Töpfer*, Urzustand und Sündenfall (wie Fn. 110), S. 256–257.

759 *Töpfer*, Urzustand und Sündenfall (wie Fn. 110), S. 257.

760 Vgl. *Böckenförde*, Geschichte der Rechts- und Staatsphilosophie (wie Fn. 747), S. 294.

761 *Duns Scotus*, Ord. IV (editio vaticana XIII), dist. 15, q. 2, n. 99, lin. 601–604, S. 82: *„Ex his sequitur sexta conclusio, quod ‘prima distinctio dominiorum potuit esse iusta a lege positiva iusta, sive lata a patre sive a principe iuste principante sive communitate iuste regulante vel regente’.“ – Hieraus folgt die sechste Schlussfolgerung, dass die erste Teilung der Güter durch ein gerechtes positives Gesetz gerecht sein konnte, das entweder vom Vater oder vom gerecht herrschenden Herrscher oder von einer gerecht regelnden und regierenden Gemeinschaft gesetzt wurde.*

einkunft eine Teilung festlegten, wie es in Gen 13 über *Abraham* und *Loth* zu lesen ist.[762] *Duns Scotus* schließt seine Ausführungen zur politischen Gewalt und Legitimierung des Privateigentums mit der Wiederholung seiner vorherigen Aussage, dass es nämlich das positive Gesetz war, welches festlegen konnte, dass die damals nicht besetzten Erdteile und Güter demjenigen zustehen, wer sie zuerst besetzt.[763] Auf diese Weise unterstreicht *Duns Scotus*, dass die Güterteilung auf dem positiven Gesetz beruht und nicht dem Naturgesetz entspringt.

III. Ergebnis zu C.

Für die scotische Restitutionslehre und auch für die nachfolgende Kommentarliteratur zur Restitution ist die Verknüpfung der Ausführungen zum *dominium*, bei *Duns Scotus* speziell zum *dominium distinctum*, mit denen zur Restitution prägend. Die Einführung des Privateigentums ist für *Duns Scotus* eine postlapsische Erscheinung; sie gründet auf dem positiven menschlichen Gesetz. Das Privateigentum steht in keiner Verbindung zum Naturgesetz. Ebenso stellt die politische Herrschaftsgewalt eine erst

---

762 *Duns Scotus*, Ord. IV (editio vaticana XIII), dist. 15, q. 2, n. 100, lin. 605–610, S. 82–83: „*Et hoc modo probabile est factum fuisse, nam vel Noe post diluvium filiis suis terras distinxit, quas singuli occuparent pro se vel filiis suis et posteris; vel ipsi – de communi concordia – inter se diviserunt, sicut legitur Gen. 13 de Abraham et Loth, quia Abraham dedit elecitionem ipsi Loth quam partem vellet eligere, et ipse reliquam acciperet.*" – *Und auf diese Art ist es wahrscheinlich geschehen, denn entweder teilte Noah nach der Flut unter seinen Söhnen die Länder auf, welche sie allein für sich und ihre Söhne und Nachkommen einnahmen, oder sie selbst teilten sie durch gemeinsame Übereinkunft zwischen sich auf, wie in Gen. 13 über Abraham und Loth zu lesen ist, weil Abraham die Wahl Loth selbst überließ, welchen Teil er auswählen wollte, und er selbst den Rest akzeptierte.* Vgl. Gen 13,8–9.

763 *Duns Scotus*, Ord. IV (editio vaticana XIII), dist. 15, q. 2, n. 101, lin. 611–616, S. 83: „*Vel lex aliqua promulgata est a patre, vel ab aliquo electo ab eis in principem; vel a communitate cui ipsamet communitas commisit, istam auctoritatem, – quae, inquam, lex fuit vel potuit esse quod res tunc non occupata esset primo occupantis, et tunc postea disperserunt se super faciem orbis terrarum, et unus occupavit unam plagam et alius aliam.*" – *Und dieses Gesetz ist entweder vom Vater oder von irgendjemandem, welcher von diesen zum Herrscher gewählt wurde, veröffentlicht worden; oder von einer Gruppe, der die Gemeinschaft selbst diese Autorität gab. Dieses, ich wiederhole, das Gesetz legte fest oder konnte festlegen, dass die damals nicht besetzte Sache demjenigen gehört, welcher sie zuerst in Besitz nimmt. Und dann breiteten sie sich danach über das Angesicht der Erde aus und einer besetzte eine Fläche und ein anderer eine andere.*

nach dem Sündenfall in Erscheinung tretende Regierungsform dar. Der politischen Autorität und Ordnung liegt bei *Duns Scotus* der freie Wille der einander ursprünglich fremden, nicht verwandten Menschen zu Grunde.

D. Ergebnis zu § 4.

Die Restitution bleibt bei *Duns Scotus* eingebunden in die Bußlehre. Im Hinblick auf die theoretischen Grundlagen der scotischen Restitutionslehre lässt sich zusammenfassen, dass die Restitution ein dem Bußsakrament und seinen integralen Bestandteilen vorgelagertes Gebot des Schadensausgleichs bildet. Sie ist weder Bestandteil der allgemeinen Satisfaktion noch der besonderen. In besonderem Maße akzentuiert *Duns Scotus* den zwingenden Charakter dieses Gebots; auch der Beichtvater kann von der Pflicht zur Restitution keinen Dispens erteilen. Zwar liefert *Duns Scotus* keine Definition der Restitution, ihre wesentlichen Merkmale lassen sich allerdings der Abgrenzung zur allgemeinen Satisfaktion entnehmen. Die Restitution dient dem Ausgleich einer bestehenden Schuld. Bei der Frage dessen, wozu man verpflichtet ist, handelt es sich primär um eine Frage des Rechts. Dass die Frage der Restitution vorwiegend eine rechtliche Dimension entfaltet, unterstreicht *Duns Scotus* zugleich durch die Einbettung seiner Ausgangsfrage (q. 2) in eine rechtliche Falleinkleidung. Insgesamt setzt *Duns Scotus* in seiner Lehre einen unverkennbaren Fokus auf den Schutz der dem Einzelnen zugewiesenen Güter. Dies zeigt sich vor allem in der ausführlichen Rechtfertigung des Privateigentums (*dominium distinctum*). Grundlage der scotischen Lehre bildet die Verbindung der Restitution mit dem Privateigentum, dem dem Individuum zugewiesenen geschützten (Rechts-)Gut. Bereits seine Ausführungen zum Privateigentum und der Begründung und Legitimierung der politischen Autorität tragen eine unverkennbar voluntaristische Färbung in sich, welche auch in den nachfolgenden Ausführungen immer wieder zu Tage tritt.

§ 5. Die besonderen Restitutionsfälle

Das fünfte Kapitel widmet sich den unterschiedlichen von *Duns Scotus* behandelten Restitutionsfällen und folgt dabei weitestgehend der Systematik und Argumentationslinie des *Duns Scotus*. Zunächst werden daher die in der zweiten Quästion behandelten Restitutionsfälle (A–F) dargestellt, gefolgt von denen aus der dritten (G–I) und vierten (J) Quästion. Den Schwerpunkt bilden die in der zweiten Quästion behandelten Restitutionsfälle innerhalb des freiwilligen rechtsgeschäftlichen Güterverkehrs – seine Vertragslehre.

A. *Die Restitution bei Eigentums- und Gebrauchsverletzungen – eine Einführung*

An die im vorherigen Kapitel (§ 4.C) dargestellte Rechtfertigung des Privateigentums schließt *Duns Scotus* eine Besprechung der verschiedenen Formen der Eigentumsübertragung, der Eigentumserwerbstitel, an. *Duns Scotus* kennt zwei Arten der Eigentumsübertragung, welche für die Systematisierung seiner Lehre entscheidend sind: Die Übertragung des Eigentums aufgrund einer öffentlichen Autorität, nämlich der des Herrschers oder der eines gerechten Gesetzes (1), sowie aufgrund einer privaten Autorität des Eigentümers, welcher unmittelbar das Eigentum besitzt (2).[764] Fragen der Restitution stellen sich vor diesem Hintergrund immer dann, wenn eine unrechtmäßige Besitzsituation und damit eine gestörte Güterzuordnung vorliegt, weil zum Beispiel gegen die einzelnen Voraussetzungen der jeweiligen Übertragungsform verstoßen und folglich kein Eigentum erworben wurde. Wie zuvor dargestellt, bettet *Duns Scotus* die einzelnen Restitutionsfälle in eine generelle Abhandlung über die Formen

---

764 *Duns Scotus*, Ord. IV (editio vaticana XIII), dist. 15, q. 2, n. 102, lin. 623–625, S. 83: „*Haec igitur translatio dominii potest fieri vel auctoritate publica seu principis, vel auctoritate legis, vel auctoritate privata ipsius domini immediate possidentis.*" – *Folglich kann diese Übertragung des Eigentums entweder aufgrund einer öffentlichen Autorität oder der des Herrschers oder aufgrund der Autorität eines Gesetzes oder aufgrund einer privaten Autorität desjenigen Eigentümers, welcher [die Sache] unmittelbar besitzt, stattfinden.* Bzgl. des Einflusses auf *Francisco de Vitoria* im Hinblick auf die Titeleinteilung: *Otte*, Das Privatrecht bei Vitoria (wie Fn. 219), S. 57–62.

der Eigentumsübertragung und deren Voraussetzungen ein. Aus diesem Grund wird im Folgenden eine Einteilung anhand der zwei Formen der Eigentumsübertragung vorgenommen und in diesem Zusammenhang auf die einzelnen Restitutionsfragen eingegangen.

Analog zur Übertragung des Eigentums *(dominium distinctum)* behandelt *Duns Scotus* die Übertragung des Gebrauchs *(usus)*. Eine solche Übertragung kann zum Beispiel durch die Leihe in Form der *accommodatio liberalis* (freigiebige Leihe) und *permutata/mutuata* (gegenseitige/wechselseitige Leihe) sowie durch den Mietvertrag *(locatio et conductio)* stattfinden – mithin durch Formen der Übertragung aufgrund einer privaten Autorität *(auctoritate privata)*. *Duns Scotus* spricht in den Quästionen 2–4 mehrheitlich von *usus*. Lediglich einmal nutzt er die Begrifflichkeit *ius utendi*. So formuliert er hinsichtlich des zweiten Artikels der zweiten Quästion:

„De secundo articulo dico quod translatio rerum potest esse vel quantum ad dominium, ut scilicet res a dominio unius transeat ad dominium alterius; vel quantum ad usum sive ius utendi, manente tamen dominio apud eundem (et iustitia vel iniustitia in translatione usus difformes habet regulas iustae translationis dominii).“[765]

Über den zweiten Artikel sage ich, dass die Übertragung der Sachen entweder hinsichtlich des Eigentums möglich ist [stattfinden kann], nämlich dass die Sache vom Eigentum des einen zum Eigentum des anderen übergeht, oder auch [nur] hinsichtlich des Gebrauchs oder des Nutzungsrechts, während dennoch das Eigentum bei demselben bleibt (und die Gerechtigkeit oder Ungerechtigkeit bei der Übertragung des Gebrauchs folgt anderen Regeln als bei der rechtmäßigen Übertragung des Eigentums).

Für die Systematisierung seiner Lehre ist zunächst entscheidend, dass *Duns Scotus* die Übertragung des *usus* beziehungsweise *ius utendi* in der zweiten Quästion innerhalb der Ausführungen zu den privaten Erwerbsarten *(auctoritate privata)* behandelt, nachdem er zuvor die privaten Eigentumserwerbsformen *(per actum mere liberalem, per actum secundum quid liberalem)* erörtert hat. Letztere bilden eindeutig den Schwerpunkt seiner Abhandlung. In dieser Arbeit wird der scotischen Systematik entsprechend auf

765 *Duns Scotus*, Ord. IV (editio vaticana XIII), dist. 15, q. 2, n. 102, lin. 618–622, S. 83.

die möglichen Übertragungsformen des *usus* beziehungsweise *ius utendi* nach der Darstellung der (Grundformen der) Eigentumsübertragung aufgrund einer privaten Autorität *(auctoritate privata)* eingegangen. Relevant ist zudem, dass die gerechte und rechtmäßige Übertragung des *usus* beziehungsweise *ius utendi* nicht den gleichen Voraussetzungen wie denen des Eigentums folgt.

Unklar bleibt, ob und inwiefern *Duns Scotus* zwischen *usus* und *ius utendi* in der obigen Aussage überhaupt unterscheidet – darauf ließe der Gebrauch der lateinischen Konjunktion *sive* (oder) schließen –, denn weitere diesbezügliche Differenzierungen findet man innerhalb der Restitutionslehre nicht. Auch ließe sich im Hinblick auf die franziskanische Identität des *Duns Scotus* ganz allgemein die Frage aufwerfen, ob und inwiefern er sich in der franziskanischen Armutsdebatte positioniert hat[766] und ob er im obigen Zitat den *usus* und das *ius utendi* nicht schlechthin gleichsetzt, weil es ihm innerhalb seiner Restitutionslehre ohnehin um den *usus iuris* in Abgrenzung zum *usus facti* geht[767]. Betrachtet man die scotischen Ausführungen näher und führt sich vor Augen, dass es in der gesamten zweiten Quästion um die Übertragungsformen des Eigentums und analog dazu des *usus* durch vor allem private Übertragungsformen

766 Dass *Duns Scotus* das *ius utendi* als nur eine mögliche Form der Beziehung des Menschen zu den weltlichen Gütern versteht, dürfte unter Berücksichtigung der bekannten Bulle *Exiit qui seminat* (1279) *Nikolaus III.* selbstverständlich sein. *Nikolaus III.* differenziert hier zwischen fünf Arten der menschlichen Beziehung zu den zeitlichen Gütern: *Proprietas, possessio, ius utendi, usus fructus, simplex usus facti*, in: VI 5.12.3 (CIC II, Sp. 1113). Scotische Stellungnahmen zum Armutsstreit und so auch zum *usus simplex facti* liegen nicht vor. *Mary Beth Ingham*, Self-mastery and Rational Freedom. Duns Scotus´s Contribution to the *usus pauper* Debate, in: Franciscan Studies 66 (2008), S. 337–369, unternimmt den Versuch, eine hypothetische Stellungnahme des *Duns Scotus* zur Armutsdebatte, vor allem zur Kontroverse um den *usus pauper*, zu konstruieren.

767 Zum franziskanischen Armutsstreit und der Anerkennung eines *usus simplex facti* v. a.: *Kriechbaum*, Actio, ius und dominium (wie Fn. 111), S. 24–89; *Horst*, Evangelische Armut und Kirche (wie Fn. 111), S. 135–224; *Mäkinen*, Property Rights in the Medieval Discussion on Franciscan Poverty (wie Fn. 111); *Lambert*, Franciscan Poverty (wie Fn. 111). Zur kontrovers diskutierten und auf *Petrus Johannes Olivi* zurückgehenden Differenzierung zwischen einem *usus iuris* und *usus pauper* u. a.: *Burr*, Olivi and Franciscan Poverty (wie Fn. 111); *Wittneben*, Bonagratia von Bergamo (wie Fn. 111), v. a. S. 29–34, speziell 31–32; *Lambert*, Franciscan Poverty (wie Fn. 111), S. 149–201; *Garnsey*, Thinking about Property (wie Fn. 111), S. 100–101. Vgl. auch *Seeberg*, Die Theologie des Duns Scotus (wie Fn. 120), S. 552, welcher bzgl. der Übertragung des Eigentums formuliert: *„Dieselbe kann sich erstrecken auf das dominium über das betr. Ding oder auf den usus bezw. ius utendi, also auf Eigentümlichkeit oder Niessbrauch."*

wie der des Vertrages geht, so lässt sich zumindest für die scotische Restitutionslehre konstatieren, dass *Duns Scotus* den *usus* eindeutig als eine rechtliche Kategorie *(usus iuris)* versteht. Den *usus* bestimmt er in diesem Kontext rechtlich als *ius utendi* (Nutzungsrecht) an einer Sache. Auf eine Unterscheidung des *usus* im Sinne eines rechtlichen *ius utendi* und eines faktischen *usus simplex facti* geht er nicht ein. Innerhalb seiner Restitutionslehre besteht dazu auch kein Anlass.

B. *Die Restitution und der Eigentumserwerb aufgrund einer öffentlichen Autorität*

Im Hinblick auf den Eigentumserwerb aufgrund einer öffentlichen Autorität *(auctoritate publica)* geht es *Duns Scotus* um den Eigentumserwerb durch Ersitzung. Der Eigentumserwerb kraft Ersitzung schließt die Rückforderung seitens des vorherigen Eigentümers aus, denn die *praescriptio* bei Immobilien sowie *usucapio* bei Mobilien stellen gerechte Formen der Eigentumsübertragung kraft Gesetzes dar.[768] Als autoritativen Beweis alle-

768 *Duns Scotus*, Ord. IV (editio vaticana XIII), dist. 15, q. 2, n. 105, lin. 634–635, S. 84: *„Et ex hoc dico quod 'praescriptio' in immobilibus et 'usucapio' in mobilibus est iusta translatio." – Und deshalb sage ich, dass die praescriptio bei Immobilien und usucapio bei Mobilien eine gerechte Übertragung sind.* Knapp zur Ersitzung bei Duns Scotus: *Seeberg*, Die Theologie des Duns Scotus (wie Fn. 120), S. 552–553; *Cezar*, Das natürliche Gesetz und konkrete praktische Urteil (wie Fn. 139), S. 133–134; *De Boni*, Legislator, lex, lex naturalis und dominium (wie Fn. 110), S. 232 (sehr knapp erwähnt). Ursprünglich bezeichnete die *praescriptio* im römischen Recht nur die Verjährung, so bei: *Repgen*, De restitutione – eine kommentierende Einführung (wie Fn. 3), S. XLVII Fn. 128. Das mittelalterliche *ius commune* fasste die Ersitzung und Verjährung unter dem einheitlichen Rechtsinstitut der *praescriptio* (*acquisitiva* und *extinctiva*) zusammen; eine Trennung der *praescriptio acquisitiva* und *extinctiva* erfolgte erst im BGB, vgl. hierzu: *Thomas Finkenauer*, Art. Ersitzung, in: HGR I, 2. Auflage (2008), Sp. 1414–1416, 1415; *Andreas Piekenbrock*, Befristung, Verjährung, Verschweigung und Verwirkung. Eine rechtsvergleichende Grundlagenstudie zu Rechtsänderungen durch Zeitablauf, Tübingen 2006, S. 138–147; *Hans-Georg Hermann*, §§ 194–225, II. Grundlagen, 2. Geschichte und Begriff(lichkeiten), in: Historisch-kritischer Kommentar zum BGB, Bd. 1: Allgemeiner Teil §§ 1–240, hrsg. v. Joachim Rückert; Reinhard Zimmermann; Mathias Schmoeckel, Tübingen 2003, Rn. 7–8; zur Kritik an der Einteilung in eine *praescriptio acquisitiva* und *extinctiva* Ausführungen bei: *Piekenbrock*, op. cit., S. 141, mit Nachweisen in Fn. 134, 137; *Friedrich Carl von Savigny*, System des heutigen römischen Rechts, Bd. IV, Berlin 1841, § 178, S. 309–318; *Albert Gebhard*, Entwurf des Allgemeinen Teils des BGB, in: Die Vorlagen der Redaktoren für die erste Kommission zur Ausarbeitung des

giert *Duns Scotus* die bekannte, in den *Liber Extra* aufgenommene Dekretale *Alexander III.*, in welcher die *bona fides* (guter Glaube) – anders als im römischen Recht – über den Zeitpunkt des Besitzerwerbs hinaus als Erfordernis für die Ersitzung explizit festgelegt wird.[769] Auf das Erfordernis der *bona fides* oder der unter Theologen und Kanonisten durchaus kontrovers diskutierten Frage, ob die Bösgläubigkeit nach Ablauf der Ersitzungsfrist Restitutionspflichten auslöst, geht *Duns Scotus* nicht ein.[770] Vielmehr be-

---

Entwurfs eines Bürgerlichen Gesetzbuches, Allgemeiner Teil, Teil 2, hrsg. v. Werner Schubert, Berlin [u. a.] 1981 (unv. ND v. 1876–1887), Abschnitt 2, Titel 3, II: Anspruchsverjährung, S. 306–309 [S. 18–21]. *Duns Scotus* geht es innerhalb seiner Restitutionslehre ausschließlich um die sachenrechtliche Wirkung der Ersitzung. Weiterführend zur *praescriptio*: *Dieter Nörr*, Die Entstehung der *longi temporis praescriptio*. Studien zum Einfluß der Zeit im Recht und zur Rechtspolitik in der Kaiserzeit, Köln [u. a.] 1969; *Pascal Pichonnaz*, Ursprung und Begründung der Verjährung in historischer Sicht, in: ZRG, Rom. Abt. 132 (2015) – Miszellen, S. 511–526; *Karen Bauer*, Ersitzung und Bereicherung im klassischen römischen Recht und die Ersitzung im BGB, Berlin 1988; *Willibald Maria Plöchl*, Geschichte des Kirchenrechts, Bd. 2: Das Kirchenrecht der abendländischen Christenheit 1055–1517, 2. Auflage, Wien [u. a.] 1962, S. 53–57; *Oskar Reich*, Die Entwicklung der kanonischen Verjährungslehre von Gratian bis Johannes Andreä, Diss. Univ. Berlin 1880; *Christiane Birr*, Aus Schwarz Weiß und aus Weiß Schwarz machen, in: Akademie Aktuell 1 (2008), S. 6–9, zum Rechtsinstitut der „unvordenklichen Verjährung".

769 Zur *bona fides* bei der Ersitzung im kanonischen Recht: *Piekenbrock*, Befristung, Verjährung, Verschweigung und Verwirkung (wie Fn. 768), v. a. S. 122–125, 126–136 (u. a. auch zur Akzeptanz des kanonischen Rechts); *Helmholz*, Kanonisches Recht und europäische Rechtskultur (wie Fn. 269), S. 206–219; *Karl Hildenbrand*, Geschichte der Bestimmungen des canonischen Rechtes über die bona fides bei der Ersitzung und Klageverjährung, in: AcP 36/1 (1853), S. 27–49. Regelungen zur *bona fides* bei der *praescriptio* findet man im *Corpus iuris canonici* im *Decretum Gratiani*, secunda pars, c. 16, q. 3, cap. 15, pars 8 §§ 1–3 (CIC I, Sp. 794), im *Liber Extra* 2.26.5 + 20 (CIC II, Sp. 383 und 393) sowie dem *Liber Sextus* 2.13 (CIC II, Sp. 1006–1007).

770 Zu dieser in der Theologie und Kanonistik unterschiedlich beantworteten Frage: *Weinzierl*, Hochscholastik (wie Fn. 16), S. 160–162; *Otte*, Das Privatrecht bei Vitoria (wie Fn. 219), S. 61. Im Unterschied zu den Legisten und Kanonisten forderten die Theologen ganz überwiegend eine Restitutionspflicht bei Bösgläubigkeit nach Ablauf der Ersitzungsfrist. Die Problematik und die verschiedenen Ansichten liest man u. a. bei: *Bernhard von Parma*, Glossa ordinaria, in: Corpus juris canonici emendatum et notis illustratum. Gregorii XIII. pont. max. iussu editum, Tom. II: Decretales d. Gregorii papae IX, Romae 1582, ad X 2.26.5, ad verbum *„i: Noverit"*, Sp. 856; *Goffredus de Trano*, Summa super titulis Decretalium: novissime cum repertorio et numeris principalium et emergentium quaestionum impressa, Lugduni 1519 (2. ND: Aalen 1992), tit.: De praescriptionibus, fol. 117rab. *Goffredus* legt die von Legistik und Kanonistik abweichende Beurtei-

schäftigt er sich ausführlich mit den Gründen für die Einführung der Ersitzung und arbeitet zwei Legitimationsgründe heraus: die friedenssichernde Funktion für das Gemeinwesen (1) sowie die Straffunktion gegenüber dem vorherigen Eigentümer (2).

Den ersten Legitimationsgrund erläutert *Duns Scotus* wie folgt: Der Gesetzgeber kann diejenigen Regeln festlegen, welche für das friedliche Zusammenleben der Untertanen erforderlich sind. Ohne ein Rechtsinstitut wie die Ersitzung wäre aber ein derartiges Zusammenleben aufgrund der zahlreichen, durch Beweis nicht mehr zu klärenden Rechtsstreitigkeiten kaum möglich, zumindest gefährdet. Denn selbst nach vielen Jahren müsste dem Herausgabeverlangen des vorherigen Eigentümers beziehungsweise dessen Erben stattgegeben werden. Aus derartigen, beständigen Rechtsstreitigkeiten entstünden Spannungen innerhalb der Gesellschaft und im äußersten Fall gar Hass, welcher den Staatsfrieden endgültig zerstören würde.[771] Die Ersitzung stellt ein Rechtsfrieden sicherndes und damit zu-

---

lung der Theologen dar. Laut *Hostiensis*, Summa aurea, Coloniae 1612, lib. II, tit. 28: *De praescriptionibus rerum immobilium*, Sp. 641, fordern die Theologen unter Verweis auf das bekannte Augustinuszitat aus dem *Decretum Gratiani (non dimittitur peccatum…)* eine Restitutionspflicht, die Kanonisten hingegen nicht. Sowohl *Bernhard*, Sp. 856, *Goffredus*, fol. 117rb, als auch *Hostiensis*, Sp. 641, verweisen auf die differenzierte Meinung des *Alanus*, welcher eine Restitutionspflicht bei Bösgläubigkeit nach Ablauf der Ersitzungsfrist gefordert haben soll, sofern die Sache aus einem gewinnbringenden Grund besessen wird *(habuit ex causa lucrativa)*.

771 *Duns Scotus*, Ord. IV (editio vaticana XIII), dist. 15, q. 2, n. 107, lin. 639–651, S. 84: „*Primo sic: iuste potest illud a legislatore statui quod est necessarium ad pacificam conversationem subditorum; sed dominium rei neglectae, sicut negligitur in praescriptione et usucapione, transferri in occupantem necessarium est ad pacificam conversationem civium, quia si non transferretur dominium in istum occupantem, sed remaneret apud priorem, habentem rem pro derelicta, post quantumcumque tempus, essent lites immortales, nam – post quantumcumque tempus – ille qui neglexit vel heres eius repeteret eam rem neglectam, ab alio vel aliis quantocumque tempore occupatam; et essent tales lites quod impossibile esset eas descindere, quia nec probationem sufficientem habere, et ex talibus litibus perpetuis essent contentiones et forsitan odia inter litigantes, et sic tota pax reipublicae esset perturbata.*“ – *Erstens auf diese Weise: Es kann vom Gesetzgeber das, was für ein friedliches Zusammenleben der Untertanen notwendig ist, gerecht festgesetzt werden. Aber es ist für das friedliche Zusammenleben der Bürger notwendig, dass das Eigentum der vernachlässigten Sache, wie es bei der praescriptio und usucapio vernachlässigt wird, an den Besitzer übertragen wird, denn wenn das Eigentum nicht an diesen Besitzer übertragen wird, sondern bei dem ersten unabhängig davon, wie lange er sie schon vernachlässigt hat, zurückbliebe, welcher sie dann pro derelicta besitzt, gäbe es unendliche Rechtsstreitigkeiten. Jener nämlich, welcher sie vernachlässigte, oder seine Erben würden nach einer gewissen Zeit diese*

gleich gemeinschaftsdienliches Rechtsinstitut dar. Es schafft Rechtssicherheit und -frieden und bewahrt damit den Staatsfrieden. Dieser Gemeinwohlbezug *(pro bono publico)* findet sich bereits in D. 41.3.1[772]. Es handelt sich um einen sowohl von Kanonisten als auch Legisten genannten Legitimationsgrund.[773]

Der zweite Grund für die Einführung der Ersitzung besteht in der Bestrafung der Nachlässigkeit *(negligentia)* des vorherigen Eigentümers. Der Ersitzung kommt damit Sanktionscharakter zu. Die Vernachlässigung *(negligentia)* des Eigentums – so lehrt *Duns Scotus* – kann in einen Schaden für den Staatsfrieden münden. Derjenige, welcher sein Eigentum vernachlässigt, verstößt gegen das Gesetz. Als Strafe kann der Gesetzgeber eine finanzielle oder körperliche Strafe anordnen, er kann aber gleichfalls die Übertragung des Eigentums an denjenigen bestimmen, welcher die Sache für den Zeitraum gleichsam wie ein „Diener des Gesetzes" besessen hat. *Duns Scotus* zieht an dieser Stelle einen Vergleich zur Rechtlage bei der Dereliktion *(derelictio)*. Dabei geht es ihm nicht um den Titel *pro derelicto* als einen der bekannten Erwerbstitel bei der Ersitzung.[774] Im Unterschied zur Dereliktion handelt es sich bei den von *Duns Scotus* besprochenen Ersitzungsfällen um keine willentliche Eigentumsaufgabe, sondern um die

---

vernachlässigte Sache von dem anderen oder den anderen, welche für eben diese Zeit die Sache besaßen, zurückfordern. Und so entstünden derartige Rechtsstreitigkeiten, dass es unmöglich wäre, diese zu lösen, weil keine effektive Beweisführung bestünde. Und aus derartigen beständigen Rechtsstreitigkeiten entstünden Spannungen und vielleicht [sogar] Hass zwischen den Streitenden und so wäre der ganze Frieden des Staates gestört.

772 D. 41.3.1 (Corpus iuris civilis I, S. 703a): *„Bono publico usucapio introducta est, ne scilicet quarundam rerum diu et fere semper incerta dominia essent, cum sufficeret dominis ad inquirendas res suas statuti temporis spatium."*

773 *Hostiensis*, Summa aurea, Coloniae 1612, lib. II, tit. 27: *De usucapionibus*, n. 2 *(„Quare fuerit")*, Sp. 623; *Albericus de Rosate*, Commentarii in primam Digesti novi partem, in: Opera iuridica rariora, Tom. 25, selecta cura et studio Dominici Maffei; Enni Cortese; Guidonis Rossi, Venetiis 1585 (ND: Bologna 1979), D. 41.3 *[„De usucapionibus"]*, fol. 89ra, n. 3.

774 Zum Titel *„pro derelicto"*: *Fitting*, Ueber das Wesen des Titels bei der Ersitzung (Fortsetzung), in: AcP 52/1 (1869), S. 1–43, S. 24–26. Sehr ausführlich zu den Ersitzungstiteln in ihrer Gesamtheit: *Fitting*, Ueber das Wesen des Titels bei der Ersitzung, in: AcP 51/1 (1868), S. 1–35; *ders.*, Ueber das Wesen des Titels bei der Ersitzung (Fortsetzung), in: AcP 51/2 (1868), S. 248–285; *ders.*, Ueber das Wesen des Titels bei der Ersitzung (Fortsetzung), in: AcP 52/1 (1869), S. 1–43; *ders.*, Ueber das Wesen des Titels bei der Ersitzung (Fortsetzung), in: AcP 52/2 (1869), S. 239–282; *ders.*, Ueber das Wesen des Titels bei der Ersitzung (Schluß), in: AcP 52/3 (1869), S. 381–421.

Vernachlässigung beziehungsweise Missachtung des Eigentums an der Sache. Bei der Ersitzung werde der vorherige Eigentümer gesetzlich gleichermaßen so behandelt, als hätte er sein Eigentum an der Sache aufgegeben. Es handele sich um eine gesetzliche Vermutung, gegen welche der Gegenbeweis nicht möglich sei.[775] Auch die Idee der Einführung der Ersitzung als Sanktion für die Nachlässigkeit *(ignorantia/negligentia)* ist keineswegs neu und erlebt insbesondere im Mittelalter ihre Blütezeit.[776] Vor allem im

775 *Duns Scotus*, Ord. IV (editio vaticana XIII), dist. 15, q. 2, n. 108–109, lin. 652–667, S. 84–85: „*Secunda ratio, quia legislator potest iuste per legem punire transgredientem cuius transgressio vergit in detrimentum reipublicae, et si poena corporali, multo magis poena pecuniaria, et hoc applicando eam fisco; igitur pari ratione potest eum punire poena tali, applicando illud in quo punitur alicui qui in hoc est minister legis. Sed negligens rem suam tanto tempore, transgreditur, ita quod eius transgressio est in detrimentum reipublicae, quia impedimentum pacis; ergo iuste potest lex, sicut rem illam neglectam applicare fisco, ita ad pacem maiorem transferre eam in illum qui tanto tempore occupat tamquam in ministrum legis. Et ex hoc patet quomodo debet intelligi illa praesumptio iuris et de iure, contra quam non admittitur probatio, quod scilicet sic negligens rem suam habuit eam pro derelicta: etsi enim hoc non sit verum in re, tamen legislator punivit ipsum ac si eam habuisset pro derelicta, quia in aliquo assimilatur habenti pro derelicta, et illud in quo assimilatur derelinquenti iuste requirit similem poenam.*“ – *Der zweite Grund, weil der Gesetzgeber durch ein Gesetz denjenigen, welcher gegen das Gesetz verstößt [den Überschreitenden], dessen Verstoß zu einem Schaden des Staates führt, gerecht bestrafen kann, und wenn durch eine körperliche Strafe, vielmehr durch eine finanzielle Strafe [= Geldstrafe], welche dadurch der Staatskasse zugeführt wird. Also aus dem gleichen Grund kann er diesen durch eine derartige Strafe bestrafen, indem er jenes, wofür irgendjemand bestraft wird, demjenigen, welcher in dieser Angelegenheit Minister des Gesetzes ist, überträgt. Aber der seine Sache für solange Zeit Vernachlässigende [Missachtende] verstößt gegen das Gesetz, so dass dessen Verletzung zu einem Schaden des Staates führt, weil sie ein Hindernis für den Frieden ist. Also kann das Gesetz gerecht, wie z. B. jene vergessene Sache der Staatskasse hinzufügen, genauso zum größeren Frieden diese an jenen übertragen, welcher sie für so lange Zeit besitzt, gleichsam wie an einen Minister des Gesetzes. Und daraus ist klar, wie jene Vermutung des Gesetzes oder nach dem Gesetz, gegen welche die Beweisführung/der Beweis nicht zugelassen ist, zu verstehen ist, dass nämlich der seine Sache Vernachlässigende [Missachtende] diese pro derelicta besaß [also das Eigentum daran aufgegeben hat]: Obgleich dies tatsächlich nicht wahr ist, bestrafte der Gesetzgeber denselben dennoch, als wenn er die Sache aufgegeben hätte, weil er in diesem Fall mit dem Besitzenden verglichen wird, der sein Eigentum aufgegeben hat, und dieser Fall, in welchem er mit dem Derelinquenten verglichen wird, verlangt gerechterweise eine ähnliche Strafe.*

776 Hierzu: *Pichonnaz*, Ursprung und Begründung der Verjährung in historischer Sicht (wie Fn. 768), S. 521–525, v. a. 525.

kanonistischen Diskurs wird der Sanktionsgedanke vielfach genannt.[777] In der Legistik führt ihn im 14. Jahrhundert unter anderem *Bartolus* auf.[778]

Im Anschluss präsentiert *Duns Scotus* ein weiteres – staatstheoretisches – Argument:

„[...] si quilibet possit suum dominium transferre in alium, tota communitas potest cuiuslibet de communitate transferre dominium in quemlibet (quia in facto communitatis suppono includi consensum cuiuslibet);	[...] wenn jeder sein Eigentum an einen anderen übertragen kann, kann die ganze Gemeinschaft das Eigentum eines jeden aus der Gemeinschaft an jeden Beliebigen übertragen (weil, ich füge hinzu, dass in der Handlung der Gemeinschaft die Zustimmung eines jeden eingeschlossen wird).
ergo illa communitas, habens istum consensum quasi iam oblatum, per hoc quod quilibet consentit in leges iustas, condendas a communitate vel principe, potest per legem iustam cuiuslibet dominium transferre in quemlibet."[779]	Folglich kann jene Gemeinschaft, welche diese Zustimmung als eine bereits angebotene Zustimmung dadurch besitzt, dass ein jeder in gerechte, von der Gemeinschaft oder dem Herrscher zu verabschiedende Gesetze einwilligt, durch ein gerechtes Gesetz das Eigentum von jedem Beliebigen an jeden Beliebigen übertragen.

777 *Hostiensis*, Summa aurea, lib. II, tit. XXVI (ff.): De praescriptionibus et usucaptionibus, n. 4, Venetiis 1574, col. 736: „*Si debeo tibi centum et tu non agis intra tua tempora, amites ius tuum per negligentiam tuam [...].*"; *Panormitanus*, Commentaria in Decretales Gregorii IX. et in Clementinae epistolas, Super Tertia secundi Decretalium, De praescriptionibus, n. 2, Venetiis 1582, fol. 23v: „*Nam infert poenam negligentibus*". Beide Quellentexte werden zitiert nach: *Pichonnaz*, Ursprung und Begründung der Verjährung in historischer Sicht (wie Fn. 768), S. 521–522, Fn. 63, 67.

778 *Bartolus de Sassoferrato*, In primam Digesti Novi partem Commentaria..., ff. *De usurcaptionibus et usucapionibus*, l. *sequitur § si viam* (D. 41.3.4.26), Venetiis 1574, fol. 99r: „*[...] sed praescribo per tuam negligentiam: vel potius tu pedis quam ego praescribam [...].*" Zitiert nach: *Pichonnaz*, Ursprung und Begründung der Verjährung in historischer Sicht (wie Fn. 768), S. 521, Fn. 62.

779 *Duns Scotus*, Ord. IV (editio vaticana XIII), dist. 15, q. 2, n. 110, lin. 668–675, S. 85.

Die Einführung der Ersitzung durch Gesetz führt *Duns Scotus* auf den Willen der Individuen innerhalb der Gemeinschaft zurück. Die gesetzliche Eigentumsübertragung erhält damit mittelbar eine Legitimierung durch den Willen des Einzelnen. *Duns Scotus* versteht das Gesetz *(lex)* als Ausdruck des Gemeinschaftswillens, in welchem der Wille des Einzelnen inkludiert ist; der Wille der Gemeinschaft bedeutet dabei Legitimierung und Bindung des Herrschenden zugleich.[780] Ebenso wie die politische Autorität durch den Gemeinschaftswillen schlechthin legitimiert ist, so sind es auch die vom Gesetzgeber erlassenen Gesetze. Auch diese staatstheoretischen Ausführungen des *Duns Scotus* tragen eine voluntaristische Färbung. Ebenso wie in seiner Lehre über die privaten Eigentumsübertragungen, welche sogleich näher betrachtet werden, kommt dem Willen innerhalb der Lehre über den gesetzlichen Eigentumserwerb entscheidende Bedeutung zu.

C. *Die Restitution und der Eigentums- und Gebrauchserwerb aufgrund einer privaten Autorität*

Den Schwerpunkt der Restitutionsfälle, welche *Duns Scotus* in der zweiten Quästion behandelt, bilden die gescheiterten rechtsgeschäftlichen Beziehungen, also Fragen der Rückabwicklung, welche sich im Rahmen einer privaten Eigentums- beziehungsweise Gebrauchsübertragung stellen. Hinsichtlich der Übertragung des Privateigentums sowie des Gebrauchs durch eine Privatperson unterscheidet *Duns Scotus* zwischen einer bloß freigiebigen Handlung *(per actum mere liberalem)* und einer freigiebigen Handlung *secundum quid (per actum secundum quid liberalem)*.[781] Den Regelfall einer solchen rein freigiebigen Handlung stellt die Schenkung *(donatio)* für die Eigentumsübertragung und die freigiebige Leihe *(accommodatio liberalis)* für die Gebrauchsübertragung dar. Der klassische Fall eines *actus secundum quid liberalis* ist der Vertrag *(contractus)*. Stets geht es *Duns Scotus* um die übergeordnete Frage der Restitution einer weggenommenen oder unrechtmäßig besessenen Sache. Es kommt ihm daher immer entscheidend darauf an, unter welchen Voraussetzungen eine Restitutionspflicht besteht. Um

780 Hierzu: *Wolter*, Introduction, in: Duns Scotus′ Political and Economic Philosophy (wie Fn. 86), S. 1–21, 14, Fn. 43.

781 *Duns Scotus*, Ord. IV (editio vaticana XIII), dist. 15, q. 2, n. 111, lin. 678–679, S. 85: *„Hoc autem potest esse vel per actum mere liberalem vel per actum secundum 'quid' liberalem." – Dies kann aber entweder durch eine bloß freigiebige Handlung oder durch eine freigiebige Handlung „secundum quid" [freigiebig in Bezug/Hinsicht auf etw.] geschehen.*

diese Frage zu beantworten, stellt er im *corpus* seiner zweiten Quästion zunächst die Voraussetzungen einer gerechten und rechtmäßigen Eigentums- und Gebrauchsübertragung (Artikel 2) und sodann Fälle der Ungerechtigkeit (Artikel 3) dar. Dieser Aufbau wird im Rahmen der Darstellung der einzelnen Übertragungs- und Erwerbsformen überwiegend beibehalten.

I. Eigentums- und Gebrauchsübertragungen aufgrund eines rein freigiebigen Aktes *(per actum mere liberalem)*

Eine Form der privaten Eigentums- oder Gebrauchsübertragung stellt der *actus mere liberalis* dar. *Duns Scotus* definiert,

„Primus est quando transferens nullam exspectat redditionem; [...]."[782]	Die erste Handlung [= eine rein freigiebige Handlung] liegt vor, wenn der Übertragende keine Rückgabe erwartet.

Rein freigiebige Handlungen zeichnen sich durch das Charakteristikum der Unentgeltlichkeit, also der fehlenden Gegenleistungsbezogenheit, aus. Der klassische Fall einer solchen rein freigiebigen Handlung stellt hinsichtlich der Eigentumsübertragung die Schenkung *(donatio)*, hinsichtlich der Gebrauchsübertragung die freigiebige Leihe *(liberalis accommodatio)* dar. Die Schenkung sowie die freigiebige Leihe stellen bei *Duns Scotus* keine Verträge *(contractus)* dar, denn der Vertrag zeichnet sich in der scotischen Lehre – dies werden die weiteren Ausführungen deutlich aufzeigen – durch die Gegenleistungsbezogenheit aus. Dieses Merkmal fehlt den rein freigiebigen Handlungen. Einen „unentgeltlichen Vertrag" kennt *Duns Scotus* daher nicht.[783]

782 *Duns Scotus*, Ord. IV (editio vaticana XIII), dist. 15, q. 2, n. 111, lin. 680, S. 85.

783 Im Hinblick auf die Schenkung bedeutet dies im Umkehrschluss jedoch nicht, dass *Duns Scotus* sie als einen „Realakt" (im heutigen juristischen Sinne) einordnet und ihr die Rechtsgeschäftsqualität abspricht; dagegen spricht bereits das Erfordernis des Schenkungswillens und Annahmewillens. Letztlich äußert sich *Duns Scotus* hierzu schlichtweg nicht. Klar sein dürfte aber, dass er sie nicht als Vertrag einordnet.

1. Die Schenkung *(donatio)*

Ausführlich äußert sich *Duns Scotus* zu den Voraussetzungen einer gerechten Schenkung sowie den verschiedenen Fällen der Ungerechtigkeit *(iniustitia)*. Diese Ausführungen sind innerhalb der Darstellung der Voraussetzungen der verschiedenen privaten Übertragungsformen, vor allem der unterschiedlichen Vertragsarten, von Bedeutung, weil sie für alle weiteren privaten Erwerbsformen die Grundlage bilden. Seine Besprechung der weiteren privaten Erwerbsformen beschränkt *Duns Scotus* nämlich auf die Darstellung der der jeweiligen privaten Übertragungsform eigentümlichen Regelungen.

a) Die Voraussetzungen einer gerechten Schenkung

Duns Scotus fasst die einzelnen Voraussetzungen einer gerechten Schenkung lehrbuchartig wie folgt zusammen:

„Ex hoc patet quid requiritur ad iustam donationem: quia liberalis traditio ex parte donantis, et voluntas recipiendi ex parte illius cui fit donatio, et libertas ex parte amborum (huius donandi et illius recipiendi), et quod nulla lege superiore prohibeatur iste vel ille nec per actum alterius a quo dependeant in ista translatione.“[784]	Daraus erhellt, was für eine gerechte Schenkung benötigt wird: Die freigiebige Übergabe seitens des Schenkenden [des Schenkers], und der Wille seitens des Annehmenden, dem die Schenkung gemacht wird [des Beschenkten], und die Freiheit seitens beider (des Schenkenden und des Annehmenden), nämlich dass dies durch kein höherrangiges Gesetz diesem oder jenem noch durch eine Handlung eines anderen, von welchem sie bei dieser Übertragung abhängig sind, verboten wird.

Für eine gerechte Schenkung bedarf es mithin der freigiebigen Übergabe des Schenkers, des Annahmewillens des Beschenkten sowie der beidseitigen (Willens-)Freiheit. Ein Verstoß gegen ein höherrangiges gesetzliches

---

784 *Duns Scotus*, Ord. IV (editio vaticana XIII), dist. 15, q. 2, n. 114, lin. 691–695, S. 86.

Verbot oder die Handlung einer Person, von welcher die Schenkung abhängt, darf nicht vorliegen. Sind diese notwendigen Bedingungen gewahrt, so besteht kein Anlass zur Restitution des Erlangten. Die genannten Voraussetzungen illustriert *Duns Scotus* seinen Lesern sodann mit den folgenden zwei Beispielsfällen:

„Propter defectum secundi, non potest quis donare pecuniam Fratri Minori, quia ille non vult esse dominus.
Propter defectum primi, non potest monachus dare praeter abbatis licentiam, nec filiusfamilias sine voluntate parentis vel parentum, – nec etiam clericus in aliquo casu sine voluntate, vel saltem contra voluntatem domini Papae, ut habetur *Extra*, 'De censibus', «Romana».“[785]

Weil die zweite Voraussetzung fehlt, kann man einem Minderen Bruder kein Geld schenken, weil jener nicht Eigentümer sein will.
Weil die erste Voraussetzung fehlt, kann der Mönch nicht ohne die Erlaubnis des Abtes schenken [geben], noch der Sohn der Familie ohne den Willen des Vaters oder der Eltern, – noch der Kleriker in jenem Fall nämlich ohne den Willen oder zumindest gegen den Willen des Papstes, wie es in „De censibus“, „Romana“, VI 3.20.1 zu lesen ist.

Mit dem ersten Fallbeispiel *(propter defectum secundi)* weist *Duns Scotus* auf den fehlenden Eigentümerwillen der franziskanischen Mönche hin. Hinsichtlich des zweiten Fallbeispiels *(propter defectum primi)* allegiert er die in den *Liber Sextus* aufgenommene Konstitution *Romana*, welche *Inno-*

785 *Duns Scotus*, Ord. IV (editio vaticana XIII), dist. 15, q. 2, n. 115, lin. 696–701, S. 86. Vgl. VI 3.20.1 (CIC II, Sp. 1056–1057). Der weitere Quellentext, lin. 701–707, S. 86, lautet: *„Ad cuius capituli observationem, poenam ponit Gregorius X., cuius capitulum est hodie in Sexto libro Decretalium, «Exigit», scilicet quod visitantes a visitatis nulla recipiant munuscula, et si receperint, duplum teneantur restituere, – vel non absolvantur a maledictione quam ipso facto incurrunt, ut dicitur in Sexto libro, in novis constitutionibus.“ – Zur Beachtung dieses Kapitels verhängte Gregor X. eine Strafe, welche heute im VI 3.20.2 zu finden ist, nämlich dass die Besucher von den Besuchten keine kleinen Geschenke annehmen sollen, und wenn sie sie angenommen hätten, müssten sie das Doppelte zurückgeben. Und sie würden auch nicht von einer Schmähung/Verdammung freigesprochen werden, welche sie ipso facto auf sich ziehen würden, wie im Liber Sextus in den neuen Verfügungen gesagt wird.* Vgl. VI 3.20.2 (CIC II, Sp. 1057); weiterführende Informationen zu den päpstlichen Entscheidungen bei: *Wolter*, Endnotes, in: Duns Scotus' Economic and Political Philosophy (wie Fn. 86), S. 86 Note 4.

zenz IV. († 1254)[786] auf dem Ersten Konzil von Lyon (1245) verabschiedete und in welcher Klerikern im Rahmen ihrer Stadt-, Diözesen- und Domkapitelbesuche innerhalb ihrer Provinz die Annahme von Gastgeschenken (= Geschenke der Besuchten), welche das angemessene Maß des für die Lebenserhaltung Erforderlichen überstiegen, verboten wurde. Im Falle des Verstoßes war das Doppelte des Geschenkes zu restituieren. Dieses Verbot wurde auf dem Zweiten Konzil von Lyon (1274) durch *Gregor X. (1210–1276)*[787] *(De censibus)* bestärkt und in die Dekretalensammlung *Bonifatius VIII.* aufgenommen.[788]

In den Ausführungen des *Duns Scotus* kommt dem Willen eine zentrale Bedeutung. Grundlage der Eigentumsübertragung bildet stets der freie Parteiwille:

„[…] quia ex quo per actum voluntatis suae fuit dominus, ergo per voluntatem potest cessare esse dominus; et alius vult recipere, igitur potest incipere esse dominus; et non prohibet aliqua causa superior istum desinere et illum incipere esse dominum. Ergo per donationem istam fit vere et iuste translatio dominii.“[789]	Weil er durch einen Akt seines Willens Eigentümer war, kann er folglich durch den Willen aufhören, Eigentümer zu sein. Und ein anderer will sie [die Sache] annehmen, folglich kann er anfangen, Eigentümer zu sein. Und es ist weder diesem aus irgendeinem höheren Grund verboten aufzuhören noch jenem anzufangen, Eigentümer zu sein. Also durch eine solche Schenkung findet die Übertragung des Eigentums auf wahrhaftige und gerechte Art und Weise statt.

Als problematisch erweist sich in den Ausführungen des *Duns Scotus* die Frage nach der konkreten Anzahl der Schenkungsvoraussetzungen. Insbesondere weil *Duns Scotus* mehrfach auf die Schenkungsvoraussetzungen innerhalb seiner Ausführungen zu den weiteren privaten Erwerbsformen verweist, wird die Frage an dieser Stelle in einem Exkurs näher betrachtet.

786 *Michael Hanst*, Art. Innozenz IV., in: BBKL II (1990), Sp. 1286–1289.

787 *Frierich Wilhelm Bautz*, Art. Gregor X., in: BBKL II (1990), Sp. 320–321.

788 Diese und die vorherigen Ausführungen bei: *Wolter*, Endnotes, in: Duns Scotus′ Political and Economic Philosophy (wie Fn. 86), S. 86 Note 4.

789 *Duns Scotus*, Ord. IV (editio vaticana XIII), dist. 15, q. 2, n. 113, lin. 686–690, S. 85.

Die obige Aufzählung[790] der einzelnen Voraussetzungen sowie die soeben zitierte Aussage[791] des *Duns Scotus* lassen drei Schenkungsvoraussetzungen erkennen: 1. Freigiebige Übergabe, 2. Annahmewille, 3. Beidseitige Freiheit, das heißt kein entgegenstehender Wille des Gesetzes oder Herrschers. Für diese Annahme spricht zugleich eine Aussage, welche *Duns Scotus* hinsichtlich der freigiebigen Leihe (*liberalis accommodatio*) andernorts tätigt, nämlich dass diese ähnlichen Voraussetzungen wie denen der Schenkung folgt, nämlich dass sie beim Verleiher den freien Willen und beim Entleiher den Annahmewillen verlangt, ein entgegenstehender Wille eines Gesetzes oder des Herrschers darf nicht vorliegen.[792]

---

790 *Duns Scotus*, Ord. IV (editio vaticana XIII), dist. 15, q. 2, n. 114, lin. 691–695, S. 86: *„Ex hoc patet quid requiritur ad iustam donationem: quia liberalis traditio ex parte donantis,* ***et*** *voluntas recipiendi ex parte illius cui fit donatio,* ***et*** *libertas ex parte amborum (huius donandi et illius recipiendi),* ***et*** *quod nulla lege superiore prohibeatur iste vel ille nec per actum alterius a quo dependeant in ista translatione.“ – Daraus erhellt, was für eine gerechte Schenkung benötigt wird: Die freigiebige Übergabe seitens des Schenkenden (Schenkers)* ***und*** *der Wille seitens des Annehmenden, dem die Schenkung gemacht wird,* ***und*** *die Freiheit seitens beider (des Schenkenden und des Annehmenden),* ***nämlich*** *dass dies durch kein höheres Gesetz diesem oder jenem noch durch eine Handlung eines anderen, von welchem sie bei dieser Übertragung abhängig sind, verboten wird.* [Hervorhebungen von Laura Kanschik].

791 *Duns Scotus*, Ord. IV (editio vaticana XIII), dist. 15, q. 2, n. 113, lin. 686–690, S. 85: *„[…] quia ex quo per actum voluntatis suae fuit dominus, ergo per voluntatem potest cessare esse dominus; et alius vult recipere, igitur potest incipere esse dominus; et non prohibet aliqua causa superior istum desinere et illum incipere esse dominum. Ergo per donationem istam fit vere et iuste translatio dominii.“ – Weil er durch einen Akt seines Willens Eigentümer war, kann er also durch den Willen aufhören Eigentümer zu sein. Und ein anderer will sie annehmen, folglich kann er anfangen, der Eigentümer zu sein. Und es ist diesem nicht aus irgendeinem höheren Grund verboten aufzuhören und jenem anzufangen, der Eigentümer zu sein. Also durch diese Schenkung findet die Übertragung des Eigentums auf wahrhaftige und gerechte Art und Weise statt.*

792 *Duns Scotus*, Ord. IV (editio vaticana XIII), dist. 15, q. 2, n. 116, lin. 708–712, S. 86: *„Huic autem correspondet – in translatione usus – liberalis accommodatio. Et habet similes leges ad hoc quod sit iusta, quia requirit in accommodante liberalem voluntatem, et in recipiente quod velit recipere rem accommodatam ad usum, et quod non sit aliqua voluntas legis vel principis obsistens illi accommodationi.“ – Diesem aber entspricht – bei der Übertragung des Gebrauchs – die freigiebige Leihe. Und sie folgt ähnlichen Gesetzen in Bezug auf das, was gerecht ist, weil sie beim Verleiher den freien Willen verlangt und beim Annehmenden, dass er die geliehene Sache zum Gebrauch annehmen will, und dass nicht irgendein jener Leihe entgegenstehender Wille des Gesetzes oder des Herrschers existiert.*

Übersetzte man in der zuvor zitierten Aufzählung[793] die Konjunktion *et* allerdings im Deutschen stets mit der Konjunktion „und“ und mithin bei der dritten Nennung nicht in einem erklärenden Sinne („nämlich“), so ließe sich ebenso gut auf vier einzelne Voraussetzungen schließen: 1. Freigiebige Übergabe, 2. Annahmewille des Beschenkten, 3. Beidseitige Freiheit, 4. Kein Gesetzesverstoß beziehungsweise Verstoß gegen den Willen desjenigen, von welchem die Eigentumsverschiebung abhängt.

Zieht man die Hinweise des Variantenapparates der *editio critica* heran, so ergibt sich folgendes Bild: Die *Codices* variieren hinsichtlich des zuletzt genannten Kriteriums (kein Gesetzesverstoß beziehungsweise Verstoß gegen einen entgegenstehenden Willen – *et quod nulla lege superiore prohibeatur iste vel ille nec per actum alterius a quo dependeant in ista translatione*). In den *Codices PZN*[794] ist die vorangestellte Konjunktion *et* (und) durch die Konjunktion *etiam* (nämlich) ersetzt worden, wobei in den *Codices P* und *Z et* durch dieselbe Handschrift durchgestrichen und durch *etiam* ergänzt worden ist.[795] Der „vierten“ beziehungsweise letzten Voraussetzung kommt dann eine erklärende Bedeutung zu. Diese Lesart spräche für das Erfordernis dreier Schenkungsvoraussetzungen. Auch die bekannte und weitverbreitete *Wadding-Vivés*-Ausgabe ebenso wie der in ihr enthaltene Kommentar des *Antonius Hiquaeus Hibernus* sprechen von drei Voraussetzungen.[796] Diese

---

793 *Duns Scotus*, Ord. IV (editio vaticana XIII), dist. 15, q. 2, n. 114, lin. 691–695, S. 86: „*Ex hoc patet quid requiritur ad iustam donationem: quia liberalis traditio ex parte donantis,* ***et*** *voluntas recipiendi ex parte illius cui fit donatio,* ***et*** *libertas ex parte amborum (huius donandi et illius recipiendi),* ***et*** *quod nulla lege superiore prohibeatur iste vel ille nec per actum alterius a quo dependeant in ista translatione.*“ [Hervorhebungen von Laura Kanschik].

794 Näheres zu den *Codices PZN (Codex P Parisiis, bibl. nat., lat. 15361; Codex Z Parisiis, bibl. nat., lat. 3114; Codex N Parisiis, bibl. nat., lat. 3062)*: *Duns Scotus*, Indices (editio vaticana XV.1), S. 52–55; *Duns Scotus*, Ord. IV (editio vaticana XIII), „*Siglorum interpretatio*“, S. XV.

795 *Duns Scotus*, Ord. IV (editio vaticana XIII), dist. 15, q. 2, n. 114, lemma „et“ ad lin. 694, S. 86.

796 *Duns Scotus*, Ord. IV (Wadding-Vivés XVIII), dist. 15, q. 2, n. 11, S. 277b: „*[...]* ***hoc est****, quod nulla lege superiori prohibeatur iste vel ille, nec per actum alterius a quo dependeant in ista translatione.*“ – *[...] das heißt, dass dies durch kein höheres Gesetz diesem oder jenem noch durch eine Handlung eines anderen, von welchem sie bei dieser Übertragung abhängig sind, verboten wird.*; *Antonius Hiquaeus Hibernus*, Commentarius, in: *Duns Scotus*, Ord. IV (Wadding-Vivés XVIII), dist. 15, q. 2, n. 46, S. 278a: „*Ad eam requirit* ***tres conditiones:*** *Prima, ut sit liberalis donatio ex parte dantis. Secunda, ut sit acceptatio ex parte recipientis. Tertia, ut uterque sit liber, id est, capax lege nulla prohibente; et res ipsa possit transferi, quod supponitur; neque depen-*

Befunde legen es nahe, die dritte Verwendung der Konjunktion *et* im obigen Zitat[797] in einem erklärenden Sinne zu übersetzen.

Hinzu tritt, dass *Duns Scotus* (lediglich) die zwei oben zitierten Beispielsfälle[798] anführt: Hinsichtlich der zweiten Schenkungsvoraussetzung *(propter defectum secundi)* weist er auf den fehlenden Eigentümerwillen der Minoriten hin. Hinsichtlich der ersten Voraussetzung *(propter defectum primi)* macht er auf den fehlenden Schenkungswillen aufmerksam. Ginge man davon aus, dass die Anzahl der Beispielsfälle auch der Anzahl der Schenkungsvoraussetzungen entspricht und abschließenden Charakter besitzt, so spräche die Anzahl von zwei Fällen für das Erfordernis zweier Schenkungsvoraussetzungen. In seiner englischen Übersetzung des entsprechenden Textpassus' signalisiert *Wolter* der Leserschaft durch das Einfügen von eckig umklammerten Zahlen das Erfordernis zweier Schenkungsvoraussetzungen, nämlich der *libertas* (Freiheit) und der *voluntas* (Wille).[799] Auch

---

deant ab actu alterius, [...].“– Für diese [= Schenkung] benötigt man drei Voraussetzungen: Erstens, dass eine freigiebige Schenkung seitens des Schenkers vorliegt. Zweitens, dass eine Annahme seitens des Beschenkten vorliegt. Drittens, dass beide frei sind, das bedeutet, dass kein Gesetz sie [= die Schenkung] verbietet; und dass die Sache selbst übertragen werden kann, was vorausgesetzt wird; und dass sie nicht von einem Akt eines anderen abhängen, [...]. [Hervorhebungen in beiden Quellentexten von Laura Kanschik].

797 *Duns Scotus*, Ord. IV (editio vaticana XIII), dist. 15, q. 2, n. 114, lin. 691–695, S. 86: *„Ex hoc patet quid requiritur ad iustam donationem: quia liberalis traditio ex parte donantis,* ***et*** *voluntas recipiendi ex parte illius cui fit donatio,* ***et*** *libertas ex parte amborum (huius donandi et illius recipiendi),* ***et*** *quod nulla lege superiore prohibeatur iste vel ille nec per actum alterius a quo dependeant in ista translatione.“* [Hervorhebungen von Laura Kanschik].

798 *Duns Scotus*, Ord. IV (editio vaticana XIII), dist. 15, q. 2, n. 115, lin. 696–701, S. 86: *„Propter defectum secundi, non potest quis donare pecuniam Fratri Minori, quia ille non vult esse dominus. Propter defectum primi, non potest monachus dare praeter abbatis licentiam, nec filiusfamilias sine voluntate parentis vel parentum, – nec etiam clericus in aliquo casu sine voluntate, vel saltem contra voluntatem domini Papae, ut habetur Extra, 'De censibus', «Romana».“ – Weil die zweite Voraussetzung fehlt, kann man dem Minderen Bruder kein Geld schenken, weil jener nicht Eigentümer sein will. Weil die erste Voraussetzung fehlt, kann der Mönch nicht ohne die Erlaubnis des Abtes schenken [geben], noch der Sohn der Familie ohne den Willen des Vaters oder der Eltern, – noch der Kleriker in jenem Fall nämlich ohne den Willen oder wenigstens gegen den Willen des Papstes, wie es in „De censibus“, „Romana“, VI 3.20.1 zu lesen ist.*

799 *Wolter*, Duns Scotus' Political and Economic Philosophy (wie Fn. 86), S. 41: *„From this it is clear what is required for a donation to be just, for free transfer on the part of the donor and the will to receive on the part of the recipient, together with [1] freedom on the part of both, of this one to give and that to receive, and [2] no prohibition either by a higher law or by a person on whom either party would*

Duns Scotus selbst spricht in seiner *Reportatio IV-A* von (lediglich) zwei Voraussetzungen und bildet zwei entsprechende Beispielsfälle.[800] Der Variantenapparat der *editio critica (Ordinatio)* zeigt auch an dieser Stelle (= bzgl. der Beispielsfälle) auf, dass die abgebildeten *Codices* in ihrem Wortlaut variieren: So sprechen *Codex A* und *Z* hinsichtlich des zweiten Beispiels nicht von *propter defectum primi*, sondern *propter defectum secundi*.[801]

Die dieser Arbeit zu Grunde liegende *Ordinatio* stellt die überarbeitete und für die Veröffentlichung vorgesehene Fassung der Sentenzenvorlesungen des *Duns Scotus* dar. Die Nennung von lediglich zwei Beispielsfällen (und nicht drei oder vier Fällen) könnte vermuten lassen, dass *Duns Scotus* auch (nur) zwei allgemeinere Voraussetzungen nennen und mit zwei entsprechenden Beispielen illustrieren wollte. Erwägt man zudem, dass

---

depend for this transfer. Since the first condition is lacking, one cannot give money to a Friar Minor, since he has no wish to be an owner. Because the second condition is lacking, a monk could not donate without his abbot's permission, nor could a son give familial property without the will of a parent or parents, nor in certain cases also a cleric without the will – or at least against the will – of the Pope, as one gleans from the canon Romana under the title De Censibus, and Gregory X has added a penalty to ensure its observance." Vgl. auch die diesbezüglichen Ausführungen bei: *Langholm*, Economics in the Medieval Schools (wie Fn. 248), S. 408: „*Two conditions must be fulfilled for a gift to be valid. First, the giver must possess not only the will to give but also the right to give. In other words, the gift must not contradict the will of a superior owner, which in this case includes not only the political authorities but any relevant secular or ecclesiastical authority to which the giver is subject. Secondly, the gift must be freely received*"; und sehr knapp wird die Schenkung erwähnt bei: *Seeberg*, Die Theologie des Duns Scotus (wie Fn. 120), S. 553.

800 *Duns Scotus*, Rep. IV-A (Wadding-Vivés XXIV), dist. 15, qq. 2–4, ad q. 2, n. 15–16, S. 237ab: „*Et haec translatio liberalis requirit* ***duas conditiones***, *quibus concurrentibus, translatio vel donatio dicitur esse justa. Prima conditio est, quod adsit voluntas et consensus domini superioris, ita quod dominus superior non contradicat illi donationi, et quod non sit contra voluntatem ejus, quia si sic, donatio non solum est injusta, sed nulla etiam, sicut patet extra de censur, cap. Romana, et de [...] Secunda conditio in translatione et donatione rei mere liberalis est, quod ille cui fit donatio, et in quem transfertur dominium alicujus rei, sit volens illud recipere, quia nullus efficitur dominus alicujus rei, nisi volens, eum omne dominum sit liberum.*" [Hervorhebungen von Laura Kanschik].

801 Der im kritischen Apparat zu findende Hinweis bezüglich der Nennung des ersten Beispiels „*Propter defectum secundi*" lautet (Ord. IV [editio vaticana XIII], dist. 15, q. 2, n. 115, S. 86, Fn. 39, „T[estimonia]" (*„Propter defectum secundi"*): *„scil. 'voluntatis recipiendi...' (cf supra n. 114).*", wobei sich in der n. 114 die genannten Voraussetzungen einer Schenkung finden und die *voluntas recipiendi* (Annahmewille) dort an zweiter Stelle der Aufzählung zu finden ist.

Duns Scotus innerhalb des zweiten Falles *(propter defectum primi)*[802] unter anderem bereits auf das gesetzliche Verbot aus der Dekretale *Romana* (VI 3.20.1)[803] hinweist und folglich im Rahmen seiner Beispielsbildung zur ersten Voraussetzung, nämlich der freigiebigen Übergabe, bereits auf gesetzliche Verbote beziehungsweise entgegenstehende Willen hinweist, so legt auch dies die Vermutung nahe, *Duns Scotus* habe in der Tat zwei wesentliche Bestandteile einer jeden gerechten Schenkung lehren und mit den Fällen illustrieren wollen, nämlich 1. den freien Schenkungswillen sowie 2. den freien Annahmewillen, wobei der entgegenstehende gesetzliche oder herrschaftliche Wille die Freiheit ausschließt.

Verfolgt man die Rezeption der scotischen Schenkungslehre, so lässt sich dieses weitgefächerte Bild der einzelnen Schenkungsbestandteile durchaus noch weiterführen: So habe *Duns Scotus* vor allem drei oder auch vier Voraussetzungen in seinem Sentenzenkommentar aufgeführt.[804]

---

802 *Duns Scotus*, Ord. IV (editio vaticana XIII), dist. 15, q. 2, n. 115, lin. 697–701, S. 86: „*Propter defectum primi, non potest monachus dare praeter abbatis licentiam, nec filiusfamilias sine voluntate parentis vel parentum, – nec etiam clericus in aliquo casu sine voluntate, vel saltem contra voluntatem domini Papae, ut habetur Extra, 'De censibus', «Romana».*"

803 *Duns Scotus* weist zudem auf die Strafe aus VI 3.20.2 hin.

804 Vgl. u. a.: *Pierre d' Ailly*, Super omnia vincit veritas, in: Pierre d' Ailly and the Blanchard Affair. University and Chancellor of Paris at the Beginning of the Great Schism, hrsg. v. Alan E Bernstein, Leiden 1978, lin. 21–26, S. 290: „***Primo**, requiritur liberalis translatio ex parte dantis; **secundo**, voluntas recipiendi, scilicet iusta, ex parte illius cui fit donatio, **tercio**, libertas ex parte amborum, huius dandi, et illius recipiendi; **quarto**, quod nulla lege superiore prohibeantur iste dare vel ille recipere, nec per actum alterius, scilicet superioirs, prohibeantur, a quo dependeant in ista translatione.*" *Mariano Fernández García*, Lexicon scholasticum philosophico-theologicum in quo termini, definitiones, distinctiones et effata a Joanne Duns Scoto exponuntur, declarantur, Ad Claras Aquas (Quaracchi) 1910 (1. ND: Hildesheim [u. a.] 1974), pars secunda, S. 236b: „*Requiritur ad iustam donationem * quod sit * liberalis translatio ex parte donantis, **et** voluntas recipiendi ex parte cui fit donatio, **et** libertas ex parte amborum, huius donandi, et illius recipiendi, **hoc est**, quod nulla lege superiori prohibeatur iste vel ille, nec per actum alterius a quo dependeant in ista translatione.*" *Bernhardin von Siena*, De evangelico aeterno, in: Opera Omnia, Tom. II, Lugduni 1650, sermo XXXII, art. 3, cap. 1, S. 206ab: „***Pimum** scilicet liberalis & voluntaria translatio ex parte donantis: **secundum** est voluntas recipiendi ex parte illius cui datur: **tertium** est libertas amborum, huius donandi & illius recipiendi, **id est**, quod nulla lege superiori prohibeatur ille donare, vel ille accipere nec per actum alterius, a quo dependent in ista translatione.*" *Gabriel Biel*, Collectorium circa quattuor libros Sententiarum, Libri quarti pars secunda, auspiciis Hanns Rückert, collaburantibus Martino Elze et Renata Steiger, ediderunt Wilfridus Werbeck et Udo Hofmann, Tübingen 1977, lib. IV, dist. 15, q. 2, S. 8, Zeile 45: „***Primum:** liberalis et voluntaria donatio ex parte donantis.*

Die dieser Arbeit zu Grunde liegende *editio critica vaticana* basiert überwiegend auf dem *Codex A 137* der Stadtbibliothek Assisi.[805] Der oben zitierte Wortlaut der *editio critica* deutet auf das Erfordernis von drei beziehungsweise vier Schenkungsvoraussetzungen hin. Dies hängt entscheidend davon ab, ob man die Konjunktion *et* in der scotischen Aufzählung[806] in einem erklärenden Sinne („nämlich") oder stets mit der Konjunktion „und" ins Deutsche übersetzt. Unter Berücksichtigung der weiteren Ausführungen[807] des *Duns Scotus* sowie des Umstandes, dass auch in der scotischen Rezeption zu einem Großteil gelehrt wurde, *Duns Scotus* habe in seiner Kommentierung drei Voraussetzungen behandelt, wird in dieser Arbeit von drei Voraussetzungen der gerechten Schenkung ausgegangen. Eine fundierte Aussage über die Anzahl der einzelnen Schenkungsvoraussetzungen lässt sich letztlich nur unter einer detaillierten Berücksichtigung aller *Codices*[808], von welchen die *editio critica* (lediglich) vier in ihrem Variantenapparat aufführt[809], treffen. Auch diese vier abgebildeten *Codi-*

Secundum *«voluntas recipiendi ex parte illius, cui fit donatio».* ***Tertium***, *«quod nulla lege superiore prohibeatur» ille donare, iste recipere, «nec per actum alterius, a quo» dependeat ille vel iste «in ista translatione».*" *Petrus Tataret*, Lucidissima commentaria sive (ut vocant) reportata, in quartum librum Sententiarum Ioannis Duns Scoti subtilium principis..., Venetiis 1583, Sent IV, dist. 15, q. 2, S. 283b: *„Ex quo sequitur, q[uod] ad donationem* ***tres conditiones*** *requiruntur: quarum* ***prima*** *est liberalis translatio, ex parte dantis.* ***Secunda*** *voluntaria receptio, ex parte recipientis.* ***Tertia*** *libera conditio, ex parte ambarum.*" [Hervorhebungen von Laura Kanschik].

805 Sehr ausführlich zur Entstehungs- und Editionsgeschichte des scotischen Sentenzenkommentars und in diesem Zusammenhang zur *editio critica vaticana*: § 3.A.

806 *Duns Scotus*, Ord. IV (editio vaticana XIII), dist. 15, q. 2, n. 114, lin. 691–695, S. 86: *„Ex hoc patet quid requiritur ad iustam donationem: quia liberalis traditio ex parte donantis,* ***et*** *voluntas recipiendi ex parte illius cui fit donatio,* ***et*** *libertas ex parte amborum (huius donandi et illius recipiendi),* ***et*** *quod nulla lege superiore prohibeatur iste vel ille nec per actum alterius a quo dependeant in ista translatione.*" [Hervorhebungen von Laura Kanschik].

807 *Duns Scotus*, Ord. IV (editio vaticana XIII), d. 15, q. 2, n. 116, lin. 709–712, S. 86: *„[...], quia requirit in accommodante liberam voluntatem, et in recipiente quod velit recipere rem accommodatam ad usum, et quod non sit aliqua voluntas legis vel principis obsistens illi accommodationi." – [...], weil sie beim Verleiher den freien Willen verlangt und beim Annehmenden, dass er die geliehene Sache zum Gebrauch annehmen will, und dass nicht irgendein jener Leihe entgegenstehender Wille des Gesetztes oder des Herrschers existiert.*

808 Zu den *Codices*, welche das vierte Buch enthalten: *Duns Scotus*, Indices (editio vaticana XV.1), S. 52–55.

809 Dazu: *Duns Scotus*, Indices (editio vaticana XV.1), S. 55–59.

ces deuten durch die Verwendung der lateinischen Konjunktion *etiam* („auch") auf das Erfordernis dreier Voraussetzungen hin. Diese Arbeit verfolgt keineswegs das Ziel historisch-kritischer Forschung, sondern sie konzentriert sich primär auf die Deutung und Interpretation des Quellentextes in seinem historischen Umfeld. Wenn in dieser Arbeit daher von drei Voraussetzungen ausgegangen wird, so beruht diese Annahme (ausschließlich) auf einer Wortlautanalyse und eigenen Übersetzung des Textes der *editio critica vaticana*, welche – wie im ersten Kapitel dargelegt – selbst bei größtmöglicher Objektivität des Übersetzenden stets mit einer eigenen Interpretation einhergeht. Zuletzt kann noch festgehalten werden, dass die Frage nach der genauen Anzahl der einzelnen Schenkungsbestandteile nichts an dem Umstand ändert, dass gegen die von *Duns Scotus* aufgezählten Voraussetzungen – ob es nun vier oder drei oder zwei sein mögen – inhaltlich nicht verstoßen werden darf. Andernfalls besteht eine Pflicht zur Restitution des Erlangten. Für die praktische Handhabung *in foro conscientiae* ist es daher letztlich unerheblich, ob der Beichtvater vier einzelne Voraussetzungen „prüft", um die Rechtmäßigkeit einer erbrachten Schenkung zu beurteilen, oder ob er lediglich zwei allgemeinere Kriterien heranzieht (*voluntas, libertas* z. B.), welche im Ergebnis in materieller Hinsicht den vier einzelnen Voraussetzungen entsprechen.

b) Die Ungerechtigkeiten bei der Schenkung

Im dritten Artikel der zweiten Quästion widmet sich *Duns Scotus* Fragen der Ungerechtigkeit *(iniustitia)* im Rahmen der verschiedenen Eigentums- und Gebrauchsübertragungsformen. Bei der Schenkung liegt eine Ungerechtigkeit und damit zugleich eine Restitutionspflicht vor, wenn der Schenker nicht bloß freigiebig oder gegen den Willen desjenigen, von welchem er bei der Schenkung abhängt, schenkt. Erneut allegiert *Duns Scotus* die im *Liber Sextus* aufgenommene Dekretale *Exigit*, in welcher es Klerikern untersagt wird, Gastgeschenke (= Geschenke von den Besuchten) anzunehmen.[810] Auch jedwede Täuschung sowie durch Not veranlasster Zwang führen zum Vorliegen einer Restitutionspflichten auslösenden Ungerechtigkeit:

810 VI 3.20.2 (CIC II, Sp. 1057).

„[...] non autem mere liberaliter donat, si deceptus vel quasi necessitate tractus vel coactus donat, quia ignorantia et aliqualis coactio excludunt voluntarium simpliciter, ex III *Ethicorum*."[811]	Auch nicht bloß freigiebig schenkt man, wenn jemand, der getäuscht oder durch Not veranlasst oder gezwungen wurde, schenkt, weil die Unkenntnis und jeder Zwang den freien Willen schlechthin ausschließen, vgl. Aristoteles, NE III, Kap. 1.

Duns Scotus beruft sich auf einen Ausspruch des *Aristoteles* im dritten Buch seiner Nikomachischen Ethik über den Begriff der Freiwilligkeit: Notwendige Bedingungen freiwilligen Tuns sind demnach die Freiheit von Zwang und das Wissen.

Als einen Fall der Täuschung über den Schenkungsgrund nennt *Duns Scotus* sodann die Täuschung über die vermeintliche Verwandtschaft zwischen Schenker und Beschenktem sowie die Täuschung über die Bedürftigkeit des Beschenkten.[812] Zudem betont er auch an dieser Stelle seiner Kommentierung, dass bei einer Zinszahlung aufgrund des (rechtlichen)

---

811 *Duns Scotus*, Ord. IV (editio vaticana XIII), dist. 15, q. 2, n. 159, lin. 2–5, S. 98. Vgl. *Aristoteles*, Nikomachische Ethik III, c. 1, 1109*b* 35–1110*a* 18. So lautet der Quellenhinweis der editio vaticana XIII, „F[ontes]" ad lin. 5, S. 98, hinsichtlich der *Bekker*-Zitierweise. Laut *Wolter*, Duns Scotus' Political and Economic Philosophy (wie Fn. 86), S. 60 Note 3, soll *Duns Scotus* sich auf *Aristoteles*, Nikomachische Ethik III, c. 1, 1111a 21–22, beziehen. Auf der Seite 1111a beginnt jedoch bereits das zweite Kapitel, welches *Duns Scotus* an dieser Stelle nicht zitiert. Siehe auch: *Aristoteles*, Nikomachische Ethik, auf der Grundlage der Übersetzung v. Eugen Rolfes, hrsg. v. Günther Bien, 4. Auflage, Hamburg 1985 (1. Online-Ausgabe/Reproduktion der 4. Auflage [1985], Hamburg 2017), Buch III, Kap. 1–2, S. 44–48.

812 *Duns Scotus*, Ord. IV (editio vaticana XIII), dist. 15, q. 2, n. 159, lin. 5–13, S. 98: *„Ex hoc sequitur quod deceptus de eo cui donat quantum ad illam rationem propter quam donat, non simpliciter donat; et ideo, si alicui donat tamquam propinquo, qui tamen non est propinquus, non simpliciter donat; consimiliter, si alicui ut egeno, qui non est egenus. Et ideo videant illi omnem causam, scilicet qui – divites exsistentes – recipiunt tamen tamquam egentes eleemosynas, ne iniuste omnia huiusmodi recipiant, quia non est in dante ibi voluntarium propter condicionis ignorantiam quam respicit in donando." – Und daraus folgt, dass derjenige, welcher von dem Beschenkten [demjenigen, welchem er schenkt] über den Grund der Schenkung getäuscht wurde, nicht schlechthin schenkt; und folglich schenkt man nicht schlechthin, wenn man einem anderen gleichsam wie seinem Verwandten schenkt, welcher aber kein Verwandter ist. Ebenso [schenkt man nicht], wenn man einem anderen wie einem Bedürftigen schenkt, welcher nicht arm ist. Und deshalb sollen jene den ganzen Grund sehen, damit sie nicht in all solchen Fällen unrechtmäßig annehmen, wie nämlich jene – die reich sind –, aber dennoch als wären sie arm, die Almosen annehmen, weil beim*

Zwanges keine freigiebige Handlung vorliegt.[813] Im Ergebnis führt damit jedwede Täuschung *(deceptio)* und jedweder Zwang *(coactio)* zur Unfreiwilligkeit einer geleisteten Schenkung und damit zu Restitutionspflichten. Ebenso löst jeglicher Gesetzesverstoß die Pflicht zur Restitution des Erlangten aus.

2. Die freigiebige Leihe *(liberalis accommodatio)*

Duns Scotus behandelt die Übertragung des Gebrauchs analog zur Eigentumsübertragung.[814] Er unterscheidet zwischen der *liberalis accommodatio*, der freigiebigen Leihe, und der *mutua* beziehungsweise *permutata accommodatio*, also der wechselseitigen Leihe, welche er als Vertrag qualifiziert. Als rein freigiebiger Akt folgt die *liberalis accommodatio* den gleichen Voraussetzungen wie denen der Schenkung mit dem Unterschied, dass der Gebrauch und nicht das Eigentum übertragen wird.[815] Es bedarf daher eines freigiebigen Willens seitens des Verleihers sowie des Annahmewillens des Entleihers. Ein gesetzliches Verbot oder ein entgegenstehender Wille dürfen nicht vorliegen. Hinsichtlich der möglichen Ungerechtigkeiten bei der *liberalis accommodatio* verweist *Duns Scotus* auf die bei der Schenkung genannten Fälle *(ex deceptione, ex coactione, ex voluntario)*.[816]

Geben dann die Freiwilligkeit wegen der Unkenntnis der Bedingungen, welche man beim Schenken beachtet, fehlt.

813 *Duns Scotus*, Ord. IV (editio vaticana XIII), dist. 15, q. 2, n. 159, lin. 13–14, S. 98: „*Consimiliter, si attractus sit, ut in usuris dandis, non est mere donatio liberalis.*" – *Ebenso liegt, wenn man gezwungen ist, wie bei einer Zinszahlung, keine rein freigiebige Schenkung vor.* Ausführlich und detailliert zum Darlehensvertrag *(mutuum)* und Zinsverbot sowie zu den Zinstiteln in dieser Arbeit: § 5.C.II.2.b).

814 *Duns Scotus*, Ord. IV (editio vaticana XIII), dist. 15, q. 2, n. 116, lin. 708–709, S. 86: „*Huic autem correspondet – in translatione usus – liberalis accommodatio.*" – *Diesem aber entspricht – bei der Übertragung des Gebrauchs – die freigiebige Leihe.*

815 *Duns Scotus*, Ord. IV (editio vaticana XIII), dist. 15, q. 2, n. 116, lin. 709–712, S. 86: „*Et habet similes leges ad hoc quod sit iusta, quia requirit in accommodante liberam voluntatem, et in recipiente quod velit recipere rem accommodatam ad usum, et quod non sit aliqua voluntas legis vel principis obsistens illi accommodationi.*" – *Und sie folgt ähnlichen Gesetzen in Bezug auf das, was gerecht ist, weil sie beim Verleiher den freien Willen verlangt und beim Annehmenden, dass er die geliehene Sache zum Gebrauch annehmen will, und dass nicht irgendein jener Leihe entgegenstehender Wille des Gesetzes oder des Herrschers existiert.*

816 *Duns Scotus*, Ord. IV (editio vaticana XIII), dist. 15, q. 2, n. 160, lin. 15–18, S. 98: „*Consimiliter dicendum est de accommodatione, licet ibi non sit aequalis defectus propter aequale vitium, quia translatio usus ad tempus non requirit tantam liberali-*

II. Eigentums- und Gebrauchsübertragungen durch Vertrag (*per actum secundum quid liberalem)*

Den zweiten privaten Eigentums- und Gebrauchserwerbstitel stellt der Vertrag *(contractus)* dar, welchen *Duns Scotus* in Abgrenzung zur Schenkung wie folgt definiert:

„[...] secundus est quando pro eo quod transfert, exspectat aliquid sibi reddi. [...]“[817]

[...] Die zweite [= Übertragung] liegt vor, wenn er [= der Tauschende] für das, was er überträgt, erwartet, dass ihm irgendetwas zurückgegeben wird. [...]

„Alia est translatio non mere liberalis, sed ubi transferens exspectat aliquid aequivalens ei quod transfert, et dicitur proprie 'contractus', quia ibi simul trahuntur voluntates partium: trahitur enim iste ad transferendum in illum a commodo quod expectat ab illo vel quod exspectat transferendum in se.“[818]

Die andere Übertragung ist nicht bloß freigiebig, sondern da, wo der Übertragende irgendetwas Äquivalentes zu dem, was er überträgt, erwartet, wird sie eigentlich auch „Vertrag” genannt, weil so gleichsam die Willen der Parteien zusammengezogen werden. Dieser wird durch den Vorteil, den er von jenem erwartet, veranlasst an ihn zu übertragen oder weil erwartet, dass er [etw.] an ihn übertragen wird.

Die einem Vertrag zu Grunde liegende Motivation besteht im beidseitig erwarteten Erwerb eines Vorteils. Der Vertrag zeichnet sich durch die Übereinkunft der Parteiwillen aus, wobei dem Moment der Willensübereinstimmung in der obigen Definition besonderer Nachdruck verliehen wird. Das Charakteristikum des Vertrages besteht in Abgrenzung zur Schenkung *(donatio)* und der freigiebigen Leihe *(liberalis accommodatio)*

tatem quantam translatio dominii.“ – Gleiches muss über die Leihe gesagt werden, obwohl dort nicht ein gleicher Mangel wegen eines gleichen Verstoßes vorliegt, weil die Übertragung des Gebrauchs für eine [bestimmte] Zeit nicht eine solche Freigiebigkeit wie für die Übertragung des Eigentums verlangt.

817 *Duns Scotus*, Ord. IV (editio vaticana XIII), dist. 15, q. 2, n. 111, lin. 680–681, S. 85.

818 *Duns Scotus*, Ord. IV (editio vaticana XIII), dist. 15, q. 2, n. 117, lin. 713–717, S. 86–87.

in seiner Entgeltlichkeit.[819] *Duns Scotus* ordnet die Schenkung und *liberalis accommodatio* nicht als Vertrag ein, denn in der scotischen Lehre ist das für den Vertrag konstitutive Element die Gegenleistungsbezogenheit. Die Unterscheidung zwischen Schenkung und Vertrag entläuft bei *Duns Scotus* mithin anhand des Kriteriums der Gegenleistungsbezogenheit.

Der Tausch der Sachen wird – so führt *Duns Scotus* weiter aus – *„Ich gebe, damit du gibst"*, oder *„Ich gebe, wenn du gibst"* genannt.[820] Der Tausch als Grundtyp des Vertrages zeichnet sich durch das Synallagma der Leistungspflichten aus.

Duns Scotus unterscheidet in seiner *Ordinatio IV, dist. 15, q. 2* die verschiedenen Vertragsarten 1. nach dem Vertragsgegenstand – Tausch von Ware gegen Ware *(permutatio)*, Tausch von Geld gegen Ware *(emptio venditio)* und Tausch von Geld gegen Geld *(mutuo datio)* –, 2. danach, ob (lediglich) der Gebrauch *(locatio et conductio, permutata/mutua accommodatio)* oder auch das Eigentum übertragen wird *(mutuo datio, emptio venditio, permutatio)*, 3. nach dem Vertragszweck – Tausch zwecks Konsums der Ware *(commutatio oeconomica)* und Tausch, um Handel zu treiben *(commutatio negotiativa)* – sowie 4. nach dem Zeitpunkt der Erbringung der Leistung und Gegenleistung – der sofort vollzogene Tausch *(commutatio statim facta* beziehungsweise *commutatio pro nunc/praesenti)* und der Tausch, bei welchem eine Leistungspflicht gestundet ist *(commutatio pro futuro = venditio sub dubio)*.[821]

---

819 *Schreiber*, Die volkswirtschaftlichen Anschauungen der Scholastik (wie Fn. 248), S. 148. *Schreiber*, S. 151, spricht bzgl. des von den Tauschparteien erwarteten Vorteils als Grundlage des Vertrages vom *„Gewinnprinzip"*.

820 *Duns Scotus*, Ord. IV (editio vaticana XIII), dist. 15, q. 2, n. 118, lin. 720, S. 87: *„[...] et dicitur rerum permutatio 'do ut des', vel 'do si des'."*

821 Auch *Schreiber*, Die volkswirtschaftlichen Anschauungen der Scholastik (wie Fn. 248), S. 149, führt die verschiedenen Kategorien der Vertragseinteilung des *Duns Scotus* auf. Die *commutationes pro futuro* bezeichnet er als *„Kreditgeschäfte"* (S. 149) oder als *„Verkauf auf Kredit"* (S. 159). Diese oder eine ähnliche Terminologie im Zusammenhang mit den sog. *venditiones sub dubio* (= Verkäufe unter Zweifel) bzw. *commutationes pro futuro* ist in der einschlägigen Sekundärliteratur üblich; sie begegnet u. a. bei *Lessel*, Entwicklungsgeschichte (wie Fn. 42), S. 56–62 (*„Kreditkauf"*; *„Antizipationskauf"*); *Christian Braun*, Vom Wucherverbot zur Zinsanalyse 1150–1700, Winterthur 1994, S. 99 (*„Verkauf auf Kredit"*); *Noonan*, Scholastic Analysis of Usury (wie Fn. 252), insbs. S. 90–95, 113–115 (*„Credit Sales"*), wobei *Noonan* auch betont, dass es um Kaufverträge und Fragen des gerechten Preises geht. Ausführlich zu den *venditiones sub dubio/commutationes pro futuro* bei *Duns Scotus* in dieser Arbeit: § 5.C.II.4. Es handelt sich bei den *venditiones sub dubio* typischerweise um Verträge mit Stundung einer Leistungspflicht, in den von *Duns Scotus* behandelten Fällen mit Stundung

Insgesamt behandelt *Duns Scotus* folgende Vertragsarten[822]: den Tauschvertrag *(permutatio)*, den Kaufvertrag *(emptio venditio)*, den Darlehensvertrag *(mutuum/mutuo datio)*, (knapp) den Miet- und Leihvertrag *(locatio et conductio; accomodatio)* sowie die Handelsverträge *(commutationes negotiativae)*. Grundtyp des Vertrages stellt der Tauschvertrag *(permutatio)* dar. Anders als in seiner *Ordinatio IV* nennt *Duns Scotus* in seiner *Reportatio IV-A* zusätzlich das sich im späten 13. und frühen 14. Jahrhundert noch in seinen Anfängen befindliche Wechselgeschäft *(cambium)*, erläutert diesen

der Gegenleistungspflicht. Bei derartigen Vertragskonstellationen stellt sich im Hinblick auf den gerechten Preis und das Wucherverbot im Allgemeinen die Frage, ob und inwiefern die Unsicherheit über den künftigen Wert, den der Kaufgegenstand zum Zeitpunkt der Zahlung (Erbringung der Gegenleistung) haben wird, den Kaufpreis beeinflusst und im Ergebnis einen Preis rechtfertigt, welcher den gerechten Preis zum Zeitpunkt der Erbringung der Leistung zwar überschreitet, aber dem Wert und Preis des Kaufgegenstandes zum Zeitpunkt der Gegenleistungserbringung (Zahlung) in ungefähr entspricht. Es geht letztlich um die Beeinflussung des Preises durch die Ungewissheit über den zukünftigen Wert, dazu: *Lapidus*, Information and Risk in the Medieval Doctrine of Usury during the Thirteenth Century (wie Fn. 252), S. 34. Diese Frage war insbesondere deshalb von hervorgehobener Bedeutung, da bei derartigen Vertragsgestaltungen aus der Perspektive eines mittelalterlichen Theologen eine Umgehung des Wucherverbots drohte. So ließe sich laut *Lessel*, Entwicklungsgeschichte (wie Fn. 42), S. 57–58, in Bezug auf die thomasische Deutung, z. B. der den Wert zum Zeitpunkt der Leistungserbringung übersteigende Preis als die Rückzahlung eines Darlehens mit „*Überschuss*" qualifizieren, welches für die sofort gelieferte Sache erbracht wird, wobei hier die Darlehensleistung dann in Form einer Sachleistung erbracht wurde. Es läge letztlich eine Verknüpfung von Kauf- und Darlehensgeschäft vor. In juristischer Hinsicht ist bereits die Terminologie der „Kreditverträge" unscharf, da es sich bei dem von *Duns Scotus* behandelten Fall letztlich um einen Kaufvertrag mit Stundung der Zahlungspflicht handelt (die umgekehrte Konstellation ist auch möglich), bei welchem sich sodann die Frage stellt, ob dieser gegen das Wucherverbot verstößt und eine Umgehung darstellt. Die Terminologie der „Kreditverträge" oder auch des „Antizipationskaufes" (z. B. bei: *Lessel*, Entwicklungsgeschichte (wie Fn. 42), S. 56–62) wird in dieser Arbeit vermieden.

822 Hinsichtlich der genauen Anzahl der Vertragsarten, bei welchen eine Übertragung des Eigentums stattfindet, variieren die im Variantenapparat der *editio vaticana* abgebildeten *Codices*. Laut des Wortlautes der *editio vaticana* handelt es sich um sechs Verträge, in denen das Eigentum übertragen wird, *Duns Scotus*, Ord. IV (editio vaticana XIII), dist. 15, q. 2, n. 118, lin. 726–727, S. 87. Laut Variantenapparat spricht *Codex A* von fünf Verträgen. In der *Wadding-Vivés* Ausgabe wird von drei Verträgen gesprochen, *Duns Scotus*, Ord. IV (Wadding-Vivés XVIII), dist. 15, q. 2, n. 12, S. 282b.

Vertragstyp allerdings nicht näher.[823] Auch in seiner *Ordinatio IV, dist. 44, pars 1, q. unica* erwähnt *Duns Scotus* das *cambium*.[824]

---

823 *Duns Scotus*, Rep. IV-A (Wadding-Vivés XXIV), dist. 15, q. IV, n. 18, S. 238b: *„[...] sed translatio numismatis pro numismate, sicut fit per campsores et in mutuis, dicitur cambium vel mutatio, cui correspondet multiplicatio, vel solutio, vel redditio.“* *Duns Scotus*, Rep. IV-A (Bychkov/Pomplun I.1), dist. 15, qq. 2–4, n. 67, S. 610: *„Sed translatio numismate pro numismate, sicut fit pro campsoribus, et in mutuis, dicitur 'cambium' vel 'mutuatio', cui correspondet mutuidatio, vel redditur, vel solutio.“* Erklärung in Note 52, S. 610 zu „pro“: *„Pro 'pro campsoribus' L habet 'cum campsoribus'; RV habent 'per campsores'.“ – Aber die Übereignung einer Münze gegen eine andere Münze, so wie es die Geldwechsler und Darleiher tun, nennt man Wechselgeschäft oder auch Darlehen, welchem der Geldverleih, die Rückzahlung und auch Auszahlung entsprechen.* Auf die Erwähnung des *cambium* bei *Duns Scotus* wiesen auch hin: *Langholm*, Economics in the Medieval Schools (wie Fn. 248), S. 413, und *Schreiber*, Die volkswirtschaftlichen Anschauungen der Scholastik (wie Fn. 248), S. 149. Zum Ursprung und zur historischen Entwicklung des Wechselgeschäfts v. a.: *Wilhelm Endemann*, Studien zur romanisch-kanonistischen Wirtschafts- und Rechtslehre bis gegen Ende des 17. Jahrhundert, Bd. 1, Aalen 1962 (ND v. Berlin 1874), S. 75–340, speziell zur Entwicklung und Bedeutung des *cambium* bis zum Beginn des 14. Jahrhunderts, S. 81–115, mit Besprechung des Charakters des *cambium*, S. 94–115; *Friedrich August Biener*, Abhandlungen aus dem Gebiete der Rechtsgeschichte, Heft 1, Nr. II: Historische Erörterungen über den Ursprung und den Begriff des Wechsels, Leipzig 1846, S. 59–159; *Levin Goldschmidt*, Handbuch des Handelsrechts, Teil A, Band 1, Abteilung 1, Lieferung 1 in 3. Auflage: Universalgeschichte des Handelsrechts. Die Grundprobleme, Das Altertum, Das Mittelalter, Aalen 1973 (2. ND der Ausgabe Stuttgart 1891), § 12 X., S. 403–465; *Heinrich Otto Lehmann*, Lehrbuch des deutschen Wechselrechts. Mit Berücksichtigung des österreichischen und Schweizer Rechts. Mit einer Tabelle: Schematische Untersuchung der Wechseltheorien, Stuttgart 1886, § 5, S. 29–36; *Josef Kulischer*, Allgemeine Wirtschaftsgeschichte des Mittelalters und der Neuzeit, Bd. 1: Das Mittelalter, 2. unveränd. Auflage, München 1958 (ND des Originals 1928), Kap. 28, S. 330–335; *Raymond de Roover; Franz Laubenberger*, Art. Wechsel, Wechselrecht, in: HRG V (1998), Sp. 1179–1183. Bis zum Beginn des 14. Jahrhunderts befindet sich das *cambium* als eine von der bloßen Anweisung, dem Tausch oder auch dem Darlehen mit Anweisung abzugrenzende Vertragsart in seinen Anfängen: Der Wechsel entwickelt sich aus dem gesteigerten Bedürfnis des Handelsverkehrs, den tatsächlichen Geldtransport möglichst zu vermeiden (*Endemann*, op. cit., S. 95–96). Er soll zunächst häufig als Handwechsel *(cambium minutum)* in Abgrenzung zum *cambium* i. S. e. besonderen Rechtsbegriffs/-instituts (*„cambium per litteras“*), für welchen/s die Orts- und Summenverschiedenheit sowie die Ausstellung eines Wechselbriefes charakteristisch sind, begegnen (*Endemann*, op. cit., S. 82, 101, 111–112). So wird der Ausdruck *cambium* auch gleichbedeutend mit Geldumtausch gebraucht, denn ursprünglich bestand die Haupttätigkeit der Geldwechsler im reellen Geldumtausch, dem Austausch verschiedener Münzen *(permutatio pecuniae, cambium minutum)* (*Endemann*, op. cit., z. B. S. 82). Die Anfänge des

Stets geht es auch innerhalb der scotischen „Vertragslehre“ um die übergeordnete Frage der Restitution einer weggenommenen oder unrechtmäßig besessenen Sache. Es kommt *Duns Scotus* im Rahmen der Erörterung der verschiedenen Vertragsarten maßgeblich darauf an, unter welchen Voraussetzungen eine Restitutionspflicht besteht. Daher stellt er zunächst die Voraussetzungen eines gerechten und rechtmäßigen Vertrages (Artikel 2) und sodann Fälle der Ungerechtigkeit (Artikel 3) dar. Dabei begründet insbesondere die Verletzung der Tauschgerechtigkeit im Allgemeinen *(iustitia commutativa)* sowie des gerechten Preises *(iustum pretium)* im Besonderen eine derartige, Restitutionspflichten auslösende Ungerechtigkeit.

Wechsels sollen wohl im 12. Jahrhundert liegen, anzutreffen sind die Charakteristika eines Wechsels aufweisende Geschäfte in Quellen aus dem 13. Jahrhundert, wobei auch in dieser Zeit eine klare Definition des *cambium* in Abgrenzung zu anderen Vertragsarten fehlt (*Endemann*, op. cit., S. 81–115, v. a. 83 ff.). Auch die wissenschaftliche Auseinandersetzung mit dem *cambium* als ein besonderes/r Rechtsinstitut/-begriff soll sowohl im theologischen als auch juristischen Diskurs allmählich erst ab dem 14. Jahrhundert beginnen (*Endemann*, op. cit., S. 81, 94–95, 112). Zum Ganzen: *Endemann*, op. cit., S. 81–115. Auf die obige Literatur zur Entwicklung sei hingewiesen. *Duns Scotus* wird es womöglich um diesen reinen Geldumtausch (*cambium minutum*) gehen. Er selbst bezeichnet das *cambium* neben dem *mutuum* als eine Form der *translatio numismate pro numismate*. Seine mangelnden Ausführungen werden vermutlich primär dem Umstand geschuldet sein, dass das *cambium per litteras* als Vertragsart auch im theologischen Diskurs erst in späteren Zeiten wissenschaftlich ausführlicher behandelt wurde. Speziell zur Entwicklung des deutschen Wechselrechts, zugleich mit Ausführungen über Ursprung und Herkunft des Wechsels im Allgemeinen: *Johannes Emil Kuntze*, Deutsches Wechselrecht auf der Grundlage der allgemeinen Deutschen Wechselordnung und der Nürnberger Novellen, Leipzig 1862, zur Geschichte des Wechselrechts im 13. bis zum Anfang des 17. Jahrhundert: II, 1. Abt., § 4, S. 29–31; *Wilhelm Hartmann*, Das deutsche Wechselrecht historisch und dogmatisch dargestellt, Berlin 1869, zum Ursprung des Wechsels: Allgemeiner Theil, § 3–§ 9, S. 5–21, insgesamt zur Verbreitung und Quellen des Wechsels mit zahlreichen Beispielen: Allgemeiner Theil, § 1–§ 28, S. 3–96; *Otto Stobbe*, Miscellen zur Geschichte des deutschen Handelsrechts, in: Zeitschrift für das gesamte Handelsrecht 8 (1865), S. 28–55; *Max Neumann*, Geschichte des Wechsels im Hansagebiet bis zum 17. Jahrhundert nach archivalischen Urkunden, Erlangen 1863.

824 Vgl. *Duns Scotus*, Indices (editio vaticana XV.1), S. 71 („ *[...] he uses [...] „cambium“ for „permutatio“ [...].*“). *Duns Scotus*, Ord. IV (editio vaticana XIV), dist. 44, pars 1, q. un., lin. 330, S. 102, mit Erläuterung in der Fn. 34 (T): „*Voces 'cambium' et 'cambiare' sunt voces quae adhibebantur in tardiores aetatis latinitate, et significant 'permutationem' et 'permutare', – cf. Du Fresne C., Glossarium mediae et infimae latinitatis, II, Niort 1884, 41bc.*“ *Cambium* und *cambiare* umfassen folglich nicht nur den Umtausch von Geld, sondern einer jeden Sache.

Innerhalb der Darstellung der einzelnen Voraussetzungen der unterschiedlichen Verträge geht *Duns Scotus* zum Teil auf spezifische Restitutionsfälle ein. Aus diesem Grund verweist er in seinem dritten Artikel mehrfach auf seine im zweiten Artikel getätigten Ausführungen.

Der folgende Abschnitt behandelt die von *Duns Scotus* erörterten Verträge und stellt bei jedem einzelnen Vertrag die Voraussetzungen eines gerechten Vertrages, sodann die von *Duns Scotus* ausdrücklich erwähnten Fälle der vertragsspezifischen Ungerechtigkeit dar. Um ein authentisches Bild seiner komplexen Gedankengänge und seiner Lehre zeichnen zu können, orientiert sich diese Darstellung im Wesentlichen an der Vorgehensweise des *Duns Scotus*. Daher wird einerseits die Reihenfolge beziehungsweise Systematik innerhalb der scotischen Darstellung der einzelnen Vertragsarten (ganz überwiegend) beibehalten und andererseits wird stets an den Stellen explizit auf spezifische Restitutionsfälle eingegangen, an denen *Duns Scotus* dies tut.

Zur Systematik der scotischen „Vertragslehre" gilt es nun noch hervorzuheben, dass er seine Ausführungen mit der Darstellung der Voraussetzungen der *commutationes oeconomicae*, also Verträgen zum Zwecke des Eigenkonsums/-vebrauchs, in Abgrenzung zu den *commutationes negotiativae*, den gewinnbringenden beziehungsweise Handelsgeschäften, beginnt. Innerhalb seiner Ausführungen zu den Grundsätzen der *commutationes oeconomicae* behandelt *Duns Scotus* zunächst die Verträge, bei welchen Leistung und Gegenleistung zum gleichen Zeitpunkt erbracht werden, eine Stundungsabrede mithin nicht vorliegt *(commutationes statim factae)*: Ausführlich widmet er sich den Voraussetzungen eines gerechten Tauschvertrages *(permutatio)*, auf dessen Voraussetzungen er beim Kaufvertrag *(emptio venditio)* im Wesentlichen verweist. Knapp erwähnt er den Leih- und Mietvertrag *(accomodatio, locatio et conductio)*. Nach einer ausführlichen Stellungnahme zum kanonischen Zinsverbot beim Darlehensvertrag *(mutuo datio)* und der Rechtfertigung verschiedener Zinstitel, folgt (v. a. in Bezug auf den Vertragsgegenstand des Geldes) eine knappe Erwähnung des Mietvertrages *(locatio et conductio)*. Schließlich erörtert er umfassend die Verträge mit Stundung der Gegenleistungspflicht *(commutationes pro futuro)* anhand einer Vielzahl von Einzelfällen. Zuletzt bezieht er Stellung zum Handel *(commutatio negotiativa)*, insbesondere zum Handelsgewinn.

1. Die Grundlagen des Tausch- und Kaufvertrages

Der Tausch – so erläutert *Duns Scotus* – besteht in dem Austausch einer nützlichen Sache gegen eine andere nützliche Sache.[825] Er stellt den Grundtyp des Vertrages dar. Alle weiteren von *Duns Scotus* behandelten Vertragsarten bauen auf den im Zusammenhang mit dem Tauschvertrag entwickelten Lehren auf. Die Ausführungen zu den Grundsätzen des Tauschgeschäfts lassen sich allerdings nicht immer von *Duns Scotus´* Aussagen zur Wahrung des gerechten Preises (*iustum pretium*) beim Kaufvertrag trennen. *Duns Scotus* behandelt den Kaufvertrag als spezielle Form des Tauschvertrages. An mehreren Stellen innerhalb der Darstellung der Wertgleichheit beim Tauschvertrag nennt er den Wert und Preis einer Sache gemeinsam. So kommt er bei der Wertgleichheit beim Tauschvertrag vor allem auch auf die im *ius commune* geltende *laesio enormis* als Grenze der Vertragsfreiheit zu sprechen. Dieses Vorgehen ist entscheidend von der Annahme getragen, dass der Kaufvertrag eine spezielle Form des Tauschvertrages darstellt und der Preis den Wert des Tauschobjekts numerisch zum Ausdruck bringt und somit (grundsätzlich) den Wert widerspiegelt. Das heißt, ihr liegt ein bestimmtes Wert-Preis-Verhältnis zu Grunde. *Duns Scotus* erläutert,

„[…] quia enim difficile erat res usuales immediate commutare, ideo inventum est medium per quod talis commutatio faciliter fieret, quod vocatur 'numisma'; […].“[826]

[...] weil es nämlich schwer war Gebrauchsgüter sofort zu tauschen, ist folglich ein Mittel entwickelt worden, durch welches ein solcher Tausch leichter war, welches „Münze“ genannt wird. [...].

Die Münze als *medium* erleichtert den Austausch von Gütern. *Duns Scotus* bewegt sich mit der primären Qualifizierung des Münzgeldes als Tausch-

825 *Duns Scotus*, Ord. IV (editio vaticana XIII), dist. 15, q. 2, n. 118, lin. 718–720, S. 87:„*Huiusmodi contractus, in quibus dominia transferuntur, quidam sunt rei utilis pro re utili immediate, sicut vini pro blado et huiusmodi, et dicitur rerum permutatio 'do ut des', vel 'do si des'.“– Einige solcher Verträge, durch welche das Eigentum übertragen wird, betreffen den unmittelbaren Austausch von einer nützlichen Sache gegen eine [andere] nützliche Sache, wie z. B. von Wein gegen Korn und derartiges. Und der Tausch der Sachen wird „Ich gebe, damit du gibst“ oder „Ich gebe, wenn du gibst“ genannt.*

826 *Duns Scotus,* Ord. IV (editio vaticana XIII), dist. 15, q. 2, n. 118, lin. 721–723, S. 87.

mittel in den Bahnen, welche bereits die ersten Kommentatoren der aristotelischen Politik in der Mitte des 13. Jahrhunderts geebnet haben.[827] So lehrten bereits *Albertus Magnus* und *Thomas von Aquin* in ihren Politikkommentaren, dass das Geld als *medium* zwecks Erleichterung des Tausches entwickelt worden ist[828], wohingegen in ihren Ethikkommentaren die Funktion des Geldes insbesondere als Wertmesser und auch als Wertspeicher im Vordergrund steht[829]. In seiner Eigenschaft als Wertmesser dient das Geld als Mittel der Kalkulation und Bewertung und ermöglicht den numerischen Ausdruck des Wertes eines jeden Gutes.[830] Auf die Wertmesser- oder auch Wertspeicherfunktion des Geldes geht *Duns Scotus* nicht (ausdrücklich) ein. Scotische Kommentierungen zur aristotelischen Ethik oder Politik liegen, wie bereits mehrfach hervorgehoben, nicht vor. Im Zentrum steht bei *Duns Scotus* eindeutig die Funktion des Münzgeldes als Tauschmittel, wobei dadurch indirekt auch die Funktion als Wertmesser angedeutet wird: Wenn der Kaufvertrag sich nämlich vom Tauschvertrag nur durch die Zuhilfenahme des Tauschmittels „Geld“ unterscheidet, so setzt dies zugleich voraus, dass das „Geld“ auch den Wert des Tauschobjekts auszudrücken vermag. Bereits *Langholm* betonte, dass das „Geld“ keineswegs im Vordergrund der scotischen Lehre und Diskussion stand.[831] Daher verwundert es ihn auch nicht, dass *Duns Scotus* zum Beispiel den Wechsel *(cambium)* in seiner *Ordinatio IV* nicht behandelt und in seiner *Reportatio IV-A* zwar erwähnt, aber auf etwaige Voraussetzungen nicht weiter eingeht.[832] Das „Geld“ fungiert bei *Duns Scotus* somit primär als vereinfachtes Tauschmittel. Der Kaufvertrag unterscheidet sich vom Tausch-

---

827 Zur Geldrechtslehre des *Albertus Magnus* und *Thomas von Aquin*: *Wittreck*, Geld als Instrument der Gerechtigkeit (wie Fn. 28), insbs. S. 272–314 *(Albertus Magnus)*, S. 315–503 *(Thomas von Aquin)*.

828 *Wittreck*, Geld als Instrument der Gerechtigkeit (wie Fn. 28), S. 290–296 (*Alberts* Politikkommentar, wobei *Albert* auch hier die Tauschmittelfunktion nur knapp streift, S. 290), S. 335–346 (*Thomas´* Politikkommentar, v. a. S. 335–336); *Kaye*, Economy and Nature (wie Fn. 248), S. 65–68.

829 *Wittreck*, Geld als Instrument der Gerechtigkeit (wie Fn. 28), S. 279–289 (*Alberts* Ethikkommentare), S. 319–335 (*Thomas´* Ethikkommentar); *Albertus Magnus*, Ethicorum lib. X., in: Opera omnia, Tom. VII, Parisiis 1891, lib. V, tract. II, cap. X, n. 33, S. 359a.

830 *Kaye*, Economy and Nature (wie Fn. 248), S. 65–68; *Wittreck*, Geld als Instrument der Gerechtigkeit (wie Fn. 28), S. 280–286 (*Alberts* Ethikkommentar), S. 322–329 (*Thomas´* Ethikkommentar); vgl. auch: *Wilhelm Endemann*, Studien zur romanisch-kanonistischen Rechts- und Wirtschaftslehre bis gegen Ende des 17. Jahrhunderts, Bd. 2, Aalen 1962 (ND v. Berlin 1883), v. a. S. 171.

831 *Langholm*, Economics in the Medieval Schools (wie Fn. 248), S. 413.

832 *Langholm*, Economics in the Medieval Schools (wie Fn. 248), S. 413.

vertrag daher nur durch die Zuhilfenahme des „Geldes“ in seiner Funktion als Tauschmittel.

Aus diesem Grund werden die Grundlagen des Tausch- und Kaufvertrages, bei welchem keine Stundungsabrede vorliegt *(commutatio statim factae)*, in diesem Abschnitt gemeinsam behandelt. Die detaillierte Preisberechnung bei den Verträgen mit Stundung der Gegenleistungspflicht ist Gegenstand eines eigenen, später folgenden Abschnitts (4.).

a) Die Voraussetzungen eines gerechten Tausch- und Kaufvertrages

Voraussetzung für den gerechten Tauschvertrag ist, dass die Parteien ohne Täuschung die Gleichheit des Wertes nach der *recta ratio practica* (rechte praktische Vernunft) bewahren sowie die zuvor dargestellten Bedingungen für eine gerechte Schenkung berücksichtigen.[833] Die gerechte und rechtmäßige Schenkung – das sei kurz wiederholt – verlangt die freigiebige Übergabe des Schenkers, den Annahmewillen des Beschenkten sowie beidseitige völlige Willensfreiheit, das heißt, ein Verstoß gegen höherrangiges Recht beziehungsweise ein Verstoß gegen einen entgegenstehenden Willen einer dritten Person, von welcher die Schenkung abhängig ist, darf nicht vorliegen.

Als weitere Voraussetzung treten nun hinzu:

aa) Keine Täuschung über Substanz, Menge, Beschaffenheit

Der Vertrag muss frei von jeglicher Täuschung über Substanz, Menge und Beschaffenheit sein.[834] Zur Veranschaulichung dieses Grundsatzes liefert *Duns Scotus* seinen Lesern drei bekannte Beispielsfälle für eine Täuschung:

---

833 *Duns Scotus*, Ord. IV (editio vaticana XIII), dist. 15, q. 2, n. 120, lin. 735–738, S. 87: *„[...] quod 'domini rerum iuste eas permutant, si sine fraude servant aequalitatem valoris in commutatis secundum rectam rationem', intelligendo hic condiciones – prius expositas – ad donationem iustam.“ – [...] dass die Eigentümer der Sachen diese gerecht umtauschen, wenn sie ohne Täuschung die Gleichheit des Wertes beim Austausch nach der rechten praktischen Vernunft unter Berücksichtigung der Bedingungen für eine gerechte Schenkung, welche zuvor dargestellt worden sind, bewahren.*

834 *Duns Scotus*, Ord. IV (editio vaticana XIII), dist. 15, q. 2, n. 121, lin. 739–742, S. 87: *„Explicantur aliae, quae sunt propriae ad iustam permutationem: Quod primo additur 'sine fraude', excludit fraudem in substantia et quantitate et qualitate: [...].“ – Es werden diejenigen Bedingungen erklärt, welche eigentümlich für einen gerechten*

So liegt eine Täuschung über die Substanz des Tauschobjektes vor, wenn Kupfer statt Gold und Wasser statt Wein getauscht werden.[835]

Um eine Täuschung über die Menge auszuschließen, ist ein gerechtes Gewicht und generell ein gerechtes Maß zu wahren, wobei Mengenangaben auf vielfache Weise erfolgen können: entweder durch das Gewicht oder durch ein anderes Maß, wie durch einen Stab oder auch durch ein anderes lineares oder ein körperliches Maß, wie zum Beispiel durch Sester (Getreidemaß), Scheffel oder derartiges, entweder in flüssigem oder trockenem Zustand.[836]

Hinsichtlich der Beschaffenheit verbietet sich der Tausch von verdorbenen Wein gegen reinen Wein.[837]

Duns Scotus führt als Beleg für diese Maxime einen Satz aus der Dekretale *Si culpa tua* (X 5.36.9) an, in welcher *Gregor IX.* die Haftung für deliktische Schädigungen regelt. Es handelt sich um das letzte Kapitel zum Schadensersatz im *Liber Extra*, in welchem *Gregor IX.* im Zusammenhang mit der eigentlichen Schuld *(culpa)* verschiedene weitere Haftungsformen, wie die Beihilfe, Unerfahrenheit, Nachlässigkeit und selbstverschuldete Unwissenheit, aufführt.[838]

Tausch sind: Was zuerst hinzugefügt wird „ohne Betrug/Täuschung", schließt die Täuschung sowohl über die Substanz als auch Menge und Beschaffenheit aus: [...]. Das scotische Kriterium der Täuschungsfreiheit wird z. B. auch von folgenden Autoren erwähnt: *Langholm*, Economics in the Medieval Schools (wie Fn. 248), S. 409; *Schreiber*, Die volkswirtschaftlichen Anschauungen der Scholastik (wie Fn. 248), S. 150; *Seeberg*, Die Theologie des Duns Scotus (wie Fn. 120), S. 553.

835 *Duns Scotus*, Ord. IV (editio vaticana XIII), dist. 15, q. 2, n. 121, lin. 742–743, S. 87: *„[...] 'in substantia', ut non commutetur aurichalcum pro auro, nec aqua pro vino; [...]."*

836 *Duns Scotus*, Ord. IV (editio vaticana XIII), dist. 15, q. 2, n. 121, lin. 743–748, S. 87–88: *„[...] 'in quantitate', ut scilicet sive quantitas mensuretur per pondus sive per aliam mensuram, scilicet virgam vel huismodi quantum ad longitudinem, vel mensuram aliquam corporalem, ut scilicet sextarium, modium vel huismodi, sive in liquidis sive in aridis, iustum pondus et universaliter iusta mensura servetur; [...]."*

837 *Duns Scotus*, Ord. IV (editio vaticana XIII), dist. 15, q. 2, n. 121, lin. 748–750, S. 88: *„[...] consimiliter in 'qualitate', quod non commutetur in vinum corruptum quod accipitur ab alio commutante tamquam vinum purum." – [...] ähnlich über die „Beschaffenheit", dass nicht das in verdorbenen Wein getauscht wird, was von einem anderen angenommen wird, der hingegen reinen Wein umtauscht.*

838 *Lotte Kéry*, Gottesfurcht und irdische Strafe. Der Beitrag des mittelalterlichen Kirchenrechts zur Entstehung des öffentlichen Strafrechts, Köln [u. a.] 2006, S. 471.

„«Qui occasionem damni dat, damnum dedisse videtur».“[839]	„Wer die Gelegenheit eines Schadens gibt, der scheint, einen Schaden verursacht zu haben“.

Laut *Gregor IX.* treffe diese weitreichende Haftungsregel jedoch *„nicht zu, wenn man nichts versäumt habe, um einen solchen Schaden nicht eintreten zu lassen.“*[840] Im Falle einer Täuschung über Substanz, Menge oder Beschaffenheit gibt der Täuschende die Gelegenheit eines Schadens, weil der Getäuschte ohne Täuschung keinen Vertrag geschlossen hätte.[841]

bb) Die Wahrung der Wertgleichheit und das *iustum pretium*

Zentrales Element eines jeden Vertrages stellt nach *Duns Scotus* die Einhaltung der Wertgleichheit dar.[842] Dem Thema der Wertgleichheit widmet

839 *Duns Scotus*, Ord. IV (editio vaticana XIII), dist. 15, q. 2, n. 121, lin. 751–752, S. 88. X 5.36.9 (CIC II, Sp. 880): *„[...] qui occasionem damni dat damnum videatur dedisse; [...].“*

840 *Kéry*, Gottesfurcht und irdische Strafe (wie Fn. 838), S. 471.

841 *Duns Scotus*, Ord. IV (editio vaticana XIII), dist. 15, q. 2, n. 122, lin. 753–759, S. 88: *„Sed defraudans in substantia istum qui putat permutando accipere aliam substantiam, vel in quantitate qui putat accipere aliud quantum, vel in qualitate qui putat accipere aliud quale, dat occasionem damni, quia ille non permutaret nisi crederet aliam substantiam, quantitatem et qualitatem recipere; ergo videtur non tantum de libro Elenchorum, sed praesumptione iuris et secundum veritatem damnum dedisse.“ – Aber derjenige, welcher denjenigen über die Substanz täuscht, welcher glaubt durch den Tausch eine andere Substanz zu erhalten, oder denjenigen über die Menge täuscht, welcher glaubt eine bestimmte Menge zu erhalten, oder denjenigen über die Beschaffenheit täuscht, welcher glaubt irgendetwas so Beschaffenes zu erhalten, gibt die Gelegenheit eines Schadens, weil jener nicht tauschte, wenn er nicht glaubte, eine andere Substanz, Menge oder auch Beschaffenheit anzunehmen. Also scheint es nicht nur gemäß „De Sophisticis elenchis“, sondern nach der Vermutung des Rechts und tatsächlich einen Schaden gegeben zu haben.* Der diesbezügliche Quellennachweis *„F[ontes]“* ad lin. 758 der *editio vaticana* lautet: *„Aristot., De soph. elenchis (I c. 5) (AL VI, 10; c. 4, 166b 10-14)“*, und in Fn. 44, *„T[estimonia]“: „Duns Scotus, Elench. q. 39 n. 5-6 (OPh II 449-450); q.40 n. 13-16 (p. 454-456).“*

842 *Duns Scotus*, Ord. IV (editio vaticana XIII), dist. 15, q. 2, n. 123, lin. 760, S. 88: *„Sequitur in illa regula quod ‘aequalitas valoris est servanda’.“ – Es folgt jene Regel, dass die Wertgleichheit gewahrt werden muss.* Zur Wertlehre und Wertgleichheit bei *Duns Scotus* u. a.: *Kaye*, Economy and Nature (wie Fn. 248), S. 125–126; *Langholm*, Economics in the Medieval Schools (wie Fn. 248), v. a. S. 409–411; *Schreiber*, Die volkswirtschaftlichen Anschauungen der Scholastik (wie Fn. 248), S. 150–154; *Spicciani*, La mercatura e la formazione del prezzo nella riflessione

er besondere Aufmerksamkeit, da sich die Beantwortung der Frage, ob die Wertgleichheit tatsächlich gewahrt wurde, mitunter äußerst komplex gestaltet. So formuliert er wichtige und aufschlussreiche Sätze zur Bestimmung des Wertes und genauen Ermittlung der Wertgleichheit. Er unterbreitet in diesem Zusammenhang seine eigene Wertlehre. Damit nimmt sich *Duns Scotus* einer Thematik an, welche – wie gleich zu sehen sein wird – insbesondere im 13. Jahrhundert im theologischen Diskurs einen immensen Bedeutungszuwachs erfahren hat.

(1) Der Tauschwert

Seinen Ausführungen zur Ermittlung der Wertgleichheit beim Tauschvertrag schickt *Duns Scouts* generelle Überlegungen zur Bestimmung des Tauschwertes, also des wirtschaftlichen Wertes der Güter, voraus.

(a) Die besondere Bedeutung der *utilitas*: Der Gebrauchswert

Mit einem Zitat aus *Augustinus'* Werk „Über die Dreifaltigkeit" (*De Trinitate)* belegt *Duns Scotus* zunächst, dass die Wertgleichheit zu wahren ist, und betont sodann die hervorgehobene Bedeutung des wertbestimmenden Faktors der *utilitas* (Nützlichkeit).

---

teologica medioevale (wie Fn. 254), cap. IV, S. 222–226; knapp: *Noonan*, Scholastic Analysis of Usury (wie Fn. 252), S. 85; *Seeberg*, Die Theologie des Duns Scotus (wie Fn. 120), S. 554; sehr knapp: *Mochrie*, Justice in Exchange (wie Fn. 252), S. 41. Im Übrigen wird auf die in diesem Kapitel zitierte Sekundärliteratur verwiesen sowie auf die im Rahmen des Forschungsstandes und der Handelsverträge aufgeführte Literatur zur Preisbildung aufmerksam gemacht, welche sich im Schwerpunkt auf die scotischen Aussagen zur Preisbildung bei den Handelsgeschäften bezieht und daher in dem Abschnitt über die *commutationes negotiativae* (5.) Erwähnung findet.

„«Vili velle emere et care vendere, revera vitium est».“[843]	„Billig ankaufen zu wollen und teuer zu verkaufen, ist tatsächlich ein Laster“.

Duns Scotus bezieht sich auf einen von *Augustinus* im dritten Kapitel des 13. Buches seines Werkes angeführten Beispielsfall, mit welchem *Augustinus* die von einem Schauspieler vorgetragene und Zuspruch des Publikums findende Aussage, dass Menschen billig ankaufen, um teuer zu verkaufen, wiedergibt. *Augustinus* widmet sich hier Willensregungen, welche allen Menschen gemeinsam sind. Er stellt klar, dass die Annahme, dass Menschen billig kaufen, um teuer zu verkaufen, fehlerhaft ist. So berichtet er von einem Käufer, der erkannt hat, dass der Verkäufer über den tatsächlichen Wert der Ware irrte. Er bezahlte für eine wertvolle Handschrift daher wesentlich mehr, als ursprünglich von ihm verlangt wurde.[844]

Den im obigen Zitat dargelegten Grundsatz, dass der billige Ankauf und teure Verkauf ein Laster darstellen, konkretisiert *Duns Scotus* sodann wie folgt:

843 *Duns Scotus*, Ord. IV (editio vaticana XIII), dist. 15, q. 2, n. 123, lin. 761–762, S. 88. Zu *Augustinus*: *Augustinus*, De Trinitate XIII, c. 3, n. 6 (PL 42, 1017–1018): *„Et mimus quidem ille vel se ipsum intuendo, vel alios quoque experiendo, vili velle emere, et caro vendere, omnibus id credidit esse commune. Sed quoniam revera vitium est, potest quisque adipisci ejusmodi justitiam, vel alicujus alterius vitii quod huic contrarium est incurrere pestilentiam, qua huic resistat et vincat.“*

844 Die gesamten soeben dargestellten Ausführungen zu diesem Fall des *Augustinus* sind zu finden bei: *Baldwin*, The Medieval Theories of the Just Price (wie Fn. 248), S. 15–16.

„Et hoc intelligo de re vili et cara quantum ad usum, quia frequenter quae est res in se nobilior in 'esse' naturali, minoris est valoris et minus utilis usui hominum, et per hoc minus pretiosa, secundum Augustinum *De civitate Dei libro*[845] ‹...›: 'Melior est in domo panis quam mus', cum tamen vivum sit nobilius simpliciter non-vivo in 'esse' naturae. Et propter hoc additur 'secundum rectam rationem', attendentem videlicet naturam rei in comparatione ad usum humanum, propter quem ista commutatio fit.“[846]

Und dies verstehe ich über wertlose und wertvolle Sachen hinsichtlich des Gebrauchs, weil eine Sache, die an sich im natürlichen „Zustand“ edler ist, häufig des geringeren Wertes und dem Gebrauch der Menschen weniger nützlich ist und dadurch weniger wertvoll, nach *Augustinus*, Über den Gottesstaat Buch 11, Kap. 16: „Es ist besser, zu Hause Brot als eine Maus zu haben“, obgleich dennoch das Lebendige im natürlichen „Zustand“ (von Natur aus) schlechthin wertvoller ist als das Nicht-Lebendige. Und deswegen wird hinzugefügt „nach der rechten Vernunft“, welche natürlich die Natur der Sache im Vergleich zum menschlichen Gebrauch beachtet, dessentwegen dieser Austausch stattfindet.

Der für das Tauschgeschäft relevante Wert der Sache bemisst sich entscheidend nach der *utilitas*, also der Nützlichkeit der Sache für den menschlichen Gebrauch. Das ergibt sich aus der Anwendung der rechten Vernunft, denn ein Austausch findet (regelmäßig) zum Zwecke des Gebrauchs des Tauschobjektes statt. Daher ist die Nützlichkeit *(utilitas)* der Sache für diesen Gebrauch wertbestimmend.

Als autoritativer Beweis für die Bedeutsamkeit der *utilitas* dient *Duns Scotus* eine in diesem Zusammenhang bekannte Stelle aus *Augustinus'* „Über den Gottesstaat“ *(De civitate Dei)*.[847] Im 16. Kapitel des elften Bu-

845 *Augustinus*, De civitate Dei XI, cap. 16 (PL 41, 331).

846 *Duns Scotus*, Ord. IV (editio vaticana XIII), dist. 15, q. 2, n. 123–124, lin. 762–770, S. 88–89.

847 *Augustinus*, De civitate Dei XI, cap. 16 (PL 41, 331): *„In his enim quae quoquo modo sunt, et non sunt quod Deus est a quo facta sunt, praeponuntur viventia non viventibus; sicut ea quae habent vim gignendi vel etiam appetendi, his quae isto motu carent. Et in his quae vivunt, praeponuntur sentientia non sentientibus, sicut arboribus animalia. Et in his quae sentiunt, praeponuntur intelligentia non intelligentibus, sicut homines pecoribus. Et in his quae intelligunt, praeponuntur*

ches betrachtet *Augustinus* die Unterschiede zwischen der Stufenfolge der Geschöpfe, die sich aus Vernunftserwägungen ergibt, und derjenigen Stufenfolge, welche von der Berücksichtigung des Gebrauchswertes ausgeht. Dabei ergibt sich der Gebrauchswert aus der Nützlichkeit der Dinge für den Menschen. Der natürlichen Stufenfolge der Geschöpfe entsprechend stehen lebendige Wesen (= Lebewesen) über den leblosen *(praeponuntur viventia non viventibus);* unter den Lebewesen wiederum die sinnbegabten über den sinnentbehrenden *(in his quae vivunt, praeponuntur sententia non sententibus)*; unter den sinnbegabten Lebewesen sind die mit Vernunft ausgestatteten Lebewesen über den vernunftlosen einzuordnen *(et in his quae sentiunt, praeponuntur intelligentia non intelligentibus)*; und unter den Vernunftswesen stehen die unsterblichen wiederum über den sterblichen *(et in his quae intelligunt, praeponuntur immortalia mortalibus).* Diese Stufenfolge ändert sich erheblich unter Berücksichtigung des Gebrauchswertes. Nun stehen zum Beispiel die sinnentbehrenden Wesen über den sinnbegabten. *Augustinus* selbst wirft die Frage auf: Wer möchte in seinem Zuhause nicht etwa lieber Brot als Mäuse, lieber Geld als Flöhe haben?[848] Er stellt in diesem Kapitel den Naturwert *(valor naturalis)* dem Gebrauchswert *(valor usualis)* gegenüber. Es geht ihm nicht um die Bestimmung des Tauschwertes. Seinen weiteren Ausführungen lässt sich eine Kritik

---

immortalia mortalibus, sicut Angeli hominibus. Sed ista praeponuntur naturae ordine: est autem alius atque alius pro suo cujusque usu aestimationis modus, quo fit ut quaedam sensu carentia quibusdam sentientibus praeponamus, in tantum ut si potestas esset, ea prorsus de natura rerum auferre vellemus, sive quem in ea locum habeant ignorantes, sive etiamsi sciamus, nostris ea commodis postponentes. Quis enim non domi suae panem habere quam mures, nummos quam pulices malit? Sed quid mirum, cum ipsorum etiam hominum aestimatione, quorum certe natura tantae est dignitatis, plerumque carius comparetur equus quam servus, gemma quam famula? Ita libertate judicandi plurimum distat ratio considerantis a necessitate indigentis, seu voluptate cupientis, cum ista quid per se ipsum in rerum gradibus pendat, necessitas autem quid propter quid expetat, cogitet; et ista quid verum luci mentis appareat, voluptas vero quid jucundum corporis sensibus blandiatur, exquirat. Sed tantum valet in naturis rationalibus quoddam veluti pondus voluntatis et amoris, ut cum ordine naturae Angeli hominibus, tamen lege justitiae boni homines malis angelis praeferantur."; *Kaye*, Economy and Nature (wie Fn. 248), S. 70, macht auf die vielfache Zitation des augustinischen Werkes in der scholastischen Geldlehre aufmerksam. Erwähnung der Bedeutsamkeit der *utilitas* in der scotischen Lehre u. a. bei: *Langholm*, Economics in the Medieval Schools (wie Fn. 248), S. 409–411; *Langholm*, The Aristotelian Analysis of Usury (wie Fn. 255), S. 120; *Schreiber*, Die volkswirtschaftlichen Anschauungen der Scholastik (wie Fn. 248), S. 150–151.

848 *Augustinus*, De civitate Dei XI, cap. 16 (PL 41, 331): *„Quis enim domi suae panem habere quam mures, nummos quam pulices malit?"*

an der menschlichen Wertung der Dinge entsprechend ihrer Nützlichkeit entnehmen.[849]

In den mittelalterlichen Schriften – und so auch in der *quaestio II, dist. 15* des vierten Buches des scotischen Sentenzenkommentars – geht es nun weniger um die Differenzierung zwischen Naturwert *(valor naturalis)* und Gebrauchswert *(valor usualis)*, als vielmehr um die Bestimmung des Tauschwertes.[850] Der Tauschwert, also der wirtschaftliche Wert eines Gutes, bestimmt sich – das lässt sich dem obigen Zitat des *Duns Scotus* entnehmen – zumindest auch nach dem Gebrauchswert einer Sache. Auf eine ontologische Bewertung der Güter kommt es nicht an. Maßgeblich und entscheidend ist die *utilitas* (Nützlichkeit) für den Menschen. Obwohl daher ontologisch gesehen lebendige Dinge wertvoller als nicht lebendige sind, ist im obigen von *Duns Scotus* angeführten Fall dennoch Brot wertvoller als eine Maus.

Nach seinen Ausführungen zum Zinsverbot beim Darlehensvertrag *(mutuo datio)* erwähnt *Duns Scotus* am Rande den nützlichen Gebrauch des Geldes, den es aus seiner eigenen Natur heraus besitzt, so zum Beispiel zur Machtdemonstration oder zum Prahlen/Beschmücken.[851] Auch der

849 Die gesamten soeben dargestellten Ausführungen über die augustinische Werteordnung in Verbindung mit einer Übersetzung der in Fn. 847 abgebildeten augustinischen Aussage, an welche die im Fließtext zum Teil enthaltene Übersetzung angelehnt ist, in: *Hans Immler*, Natur in der ökonomischen Theorie, Teil 1: Vorklassik – Klassik – Marx, Opladen 1985, S. 35 ff., v. a. S. 40 (Übersetzung auf S. 35); siehe auch: *Ronald Bogaschewsky*, Natürliche Umwelt und Produktion. Interdependenzen und betriebliche Anpassungsstrategien, Wiesbaden 1995, S. 21.

850 *Immler*, Natur in der ökonomischen Theorie 1 (wie Fn. 849), S. 40; *Bogaschewsky*, Natürliche Umwelt und Produktion (wie Fn. 849), S. 22.

851 *Duns Scotus*, Ord. IV (editio vaticana XIII), dist. 15, q. 2, n. 141, lin. 872–876, S. 93: *„Intelligendum est etiam quod pecunia habet aliquem usum utilem ex propria natura, utpote ad videndum vel ornandum vel ostentandum possibilitatem tamquam divitem, – et ad istum finem potest locari sicut equus vel aliud locabile; et pro isto usu, retento dominio, potest pecunia recipe."* – *Es muss auch verstanden werden, dass das Geld einen nützlichen Gebrauch aus der eigenen Natur heraus hat, z. B. zum Sehen oder Prahlen (Schmücken) oder um die Macht als reicher Mann zu zeigen, und zu diesem Zweck kann es wie ein Pferd oder irgendetwas Vermietbares vermietet werden. Und zu diesem Zweck kann das Geld angenommen werden, während das Eigentum zurückbleibt.*

Wert des Vertragsgegenstandes „Geld“[852] beurteilt sich daher nach dem Kriterium der Nützlichkeit für den menschlichen Gebrauch.[853]

Dass der wirtschaftliche Wert entscheidend durch die Nützlichkeit der Sache für den menschlichen Gebrauch bestimmt wird, liest man bereits bei *Albertus Magnus*[854], *Thomas von Aquin*[855], *Heinrich von Gent*[856] und vor allem auch bei *Petrus Johannes Olivi*[857]. Auch der Bezug auf die augustinischen Ausführungen ist üblich.[858] Letztlich wird durch die Betonung der Nützlichkeit für den menschlichen Gebrauch der aristotelische Gedanke, dass das Bedürfnis *(indigentia)* einen einheitlichen Maßstab für die Bewertung der Güter darstellt, welcher durch das Geld ausgedrückt wird, präzisiert.[859] Die Bedeutung der *utilitas* (Nützlichkeit) für den Wert des

---

852 *Duns Scotus* spricht an dieser Stelle seiner *Ordinatio* von *pecunia* und nicht von *numismata*.

853 *Schreiber*, Die volkswirtschaftlichen Anschauungen der Scholastik (wie Fn. 248), S. 153–154. Knapp findet der Fall des „Geldes“ als Gegenstand eines Leihvertrages auch Erwähnung bei: *Seeberg*, Die Theologie des Duns Scotus (wie Fn. 120), S. 555.

854 *Albertus Magnus*, Ethicorum lib. X., in: Opera omnia, Tom. VII, Parisiis 1891, lib. V, tract. II, cap. X, n. 33, S. 358a–359b; *Baldwin*, The Medieval Theories of the Just Price (wie Fn. 248), S. 74b, mit m. w. N. aus *Albertus´* Ethikkommentar.

855 *Baldwin*, The Medieval Theories of the Just Price (wie Fn. 248), S. 74b.

856 Vgl. z. B. *Heinrich von Gent*, Quodlibeta, Tomus primus, Venetiis 1613, Quodlib. VI, q. 22, fol. 367rb *(„Ad cuius intellectum“)*. Zur Wertlehre von *Heinrich von Gent*: *Schreiber*, Die volkswirtschaftlichen Anschauungen der Scholastik (wie Fn. 248), v. a. S. 131–133, konkret: S. 132, Fn. 3.

857 *Luca Marazzi*, Das *iustum pretium* im Tractatus de emptionibus et venditionibus des *Petrus Ioannis Olivi*, Diss. Univ. Zürich 1990, S. 27–28; *Kaye*, Economy and Nature (wie Fn. 248), S. 123–124.

858 Zur Rezeption des Augustinuszitats v. a.: *Baldwin*, The Medieval Theories of the Just Price (wie Fn. 248), S. 15b–16a, 74b; *Dempsey*, Just Price in a Functional Economy (wie Fn. 248), S. 475; *Watt*, The Theory lying behind the Historical Conception of the Just Price (wie Fn. 248), S. 62.

859 *Marazzi*, Das *iustum pretium* im Tractatus de emptionibus et venditionibus des Olivi (wie Fn. 857), S. 28; *Baldwin*, The Medieval Theories of the Just Price (wie Fn. 248), S. 74b (bzgl. *Thomas´* und *Albertus´* Lehre). *Aristoteles*, Nikomachische Ethik, auf der Grundlage der Übersetzung v. Eugen Rolfes, hrsg. v. Günther Bien, 4. Auflage, Hamburg 1985 (1. Online-Ausgabe/Reproduktion der 4. Auflage [1985], Hamburg 2017), Buch V, Kap. 8, 1133a25 ff., S. 112–113: *„So muß denn für alles ein Eines als Maß bestehen, wie vorhin bemerkt worden ist. Dieses Eine ist in Wahrheit das Bedürfnis, das alles zusammenhält. Denn wenn die Menschen nichts bedürften oder nicht die gleichen Bedürfnisse hätten, so würde entweder kein Austausch sein oder kein gegenseitiger. Nun ist aber kraft Übereinkunft das Geld gleichsam Stellvertreter des Bedürfnisses geworden, und darum trägt es den Namen Nomisma (Geld), weil es seinen Wert nicht von Natur hat, sondern durch*

Vertragsobjektes nimmt in der Grundannahme, dass Verträge der Befriedigung menschlicher Bedürfnisse dienen, ihren Ursprung.

(b) Zwischenergebnis zu (1)

Zusammenfassen lässt sich, dass sich der Tauschwert bei *Duns Scotus* maßgeblich anhand der Nützlichkeit *(utilitas)* des Tauschobjektes für den menschlichen Gebrauch (Gebrauchswert) bestimmt. *Duns Scotus* nennt die bekannten, vielfach zitierten Stellen aus den einflussreichen Werken des *Augustinus* und schließt damit an die theologische Tradition seiner Zeit an. Weitere wert- oder preisbestimmende Faktoren führt er an dieser Stelle seines Kommentars nicht an. Diese folgen an anderer Stelle, nämlich im Rahmen der Rechtfertigung des Handelsgewinns[860].

(2) Die Bestimmung der Wertgleichheit

Duns Scotus´ Aussagen zur Bedeutsamkeit der Nützlichkeit *(utilitas)* für den Tauschwert des Vertragsgegenstandes münden in einer ausführlichen Betrachtung der Wertgleichheit. Im Folgenden werden zunächst sämtliche Ausführungen des *Duns Scotus* zur Bestimmung der Wertgleichheit abgebildet. Dies soll die nachfolgende Lektüre, welche sich im Detail dem scotischen Konzept der Wertgleichheit widmet, erleichtern und die Nachverfolgung der Argumentation ermöglichen.

---

den Nomos, das Gesetz, und weil es bei uns steht, es zu verändern und außer Umlauf zu setzen.“ Thomas von Aquin, Sth II-II, q. 77, art. 1, S. 362–363, *„Respondeo“*; *Albertus Magnus*, Ethicorum lib. X., in: Opera omnia, Tom. VII, Parisiis 1891, lib. V, tract. II, cap. X, n. 33, S. 359a.

860 Ausführlich zu den Handelsgeschäften und der Rechtfertigung des Handelsgewinns aus der Sicht des *Duns Scotus:* § 5.C.II.5.

„Ista autem ‘aequalitas secundum rectam rationem’ non consistit in indivisibili, ut dicit quidam doctor, motus ex hoc quia iustitia habet tantum medium rei, sed ceterae virtutes tantum medium rationis:

Aber diese „Gleichheit gemäß der rechten Vernunft“ besteht nicht in Unteilbarem, wie es ein gewisser Doktor deshalb sagt, weil die Gerechtigkeit nur eine Mitte der Sache besitze, aber die übrigen Tugenden eine solche Mitte der Vernunft:

hoc enim est falsum, ut declaratum est libro III distinctione ‹8›[861].

Dies ist nämlich fehlerhaft, wie in Buch III Abschnitt 8 erklärt worden ist.

Immo in isto medio, quod iustitia commutativa respicit, est magna latitudo, et intra illam latitudinem (non attingendo indivisibile punctum aequivalentiae rei et rei, quia quoad hoc esset quasi incompossibile commutantes attingere), in quocumque gradu circa extrema fiat, iuste fit.

Tatsächlich existiert ein großer Umfang innerhalb dieser Mitte, welche die ausgleichende Gerechtigkeit betrifft/auf welche sich die ausgleichende Gerechtigkeit bezieht, und innerhalb jenes Umfangs (erreicht man nicht einen unteilbaren Punkt der Gleichheit der einen Sache und der anderen Sache, weil es diesbezüglich geradezu zusammen nicht möglich wäre, dass die Tauschenden diese Gleichheit erreichten) wird es gerecht, in welchem Grad er zwischen diesen Extremen auch liegen möge.

Quae autem sit ista latitudo et ad quantum se extendat, quandoque ex lege positiva, quandoque ex consuetudine innotescit: lex[862] enim rescindit contractum ubi contrahens decipitur ultra medietatem iusti pretii;

Welches aber der gerechte Umfang ist und bis wohin er sich erstreckt, wird manchmal aus dem geschriebenen Recht, manchmal aus der Gewohnheit bekannt: Das Gesetz hebt den Vertrag nämlich auf, wo der Vertragsschließende über die Hälfte des gerechten Preises getäuscht wird.

861 Laut der *editio vaticana* verweist *Duns Scotus* auf: *Duns Scotus*, Ord. III (editio vaticana IX), dist. 8, n. 58–62. Eine Stellungnahme zu dieser Verweisung des *Duns Scotus* auf seine eigene Kommentierung des dritten Buches folgt sogleich. Vgl. § 5.C.II.1.a)bb)(4).

862 C. 4.44.2 und 8 (Corpus iuris civilis II, S. 179b).

tamen infra illud, si ex alio appareat iniustitia, debet restitutio fieri correspondens.

Gleichwohl muss eine entsprechende Restitution unterhalb jenes Wertes geleistet werden, wenn sich daraus eine Ungerechtigkeit zeigt.

Quandoque autem relinquitur ipsis commutantibus ut – pensata mutua necessitate – reputent sibi mutuo dare aequivalens hinc inde et accipere:

Manchmal aber wird es den Tauschenden selbst überlassen, dass sie – nachdem sie über ihre gegenseitigen Bedürfnisse nachgedacht haben – sich überlegen, sich gegenseitig hier ein Äquivalent zu geben und da eines anzunehmen:

durum est enim inter homines esse contractus in quibus contrahentes non intendant aliquid de illa indivisibili iustitia remittere sibi mutuo, ut pro tanto omnem contractum concomitetur aliqua donatio.

Es ist nämlich schwer [vorstellbar], dass zwischen Menschen Verträge bestehen, in welchen die Parteien nicht vorhaben, sich gegenseitig irgendetwas im Hinblick auf jene unteilbare Gerechtigkeit zu erlassen, [so] dass insoweit [in dieser Höhe] eine Schenkung einen jeden Vertrag begleitet.

Et si iste est modus commutantium, quasi fundatus super illud legis naturae
'Hoc facias alii, quod tibi vis fieri', satis probabile est quod quando sunt mutuo contenti, mutuo volunt sibi remittere, si secundum aliquid deficiunt ab ista iustitia requisita."[863]

Und wenn dies die Art des Tauschens ist, wie sie durch jenes Naturgesetz begründet worden ist
„Tu anderen, was du willst, was dir geschehen soll", ist es ziemlich wahrscheinlich, dass sie, wenn sie beidseitig zufrieden sind, sich gegenseitig irgendetwas erlassen wollen, wenn ihnen in Bezug auf die erforderliche Gerechtigkeit irgendetwas fehlt.

Es geht *Duns Scotus* im obigen Zitat um die Bestimmung der *aequalitas secundum rectam rationem*, also derjenigen Gleichheit, welche den durch die Nützlichkeit *(utilitas)* bestimmten Wert der Dinge betrachtet. Diese Gleichheit besteht nicht in einem unteilbaren Punkt *(non consistit in indivisibili)*, sondern in Form eines „weiten Umfangs" beziehungsweise

---

863 *Duns Scotus*, Ord. IV (editio vaticana XIII), dist. 15, q. 2, n. 125–128, lin. 771–794, S. 89–90.

frei übersetzt in Form eines „weiten Spielraums“ (*magna latitudo*). Die Wertgleichheit stellt somit keinen exakt zu bestimmenden Punkt absoluter Gleichheit zwischen Leistung und Gegenleistung (*non consistit in indivisibili*) dar. Sie ist hergestellt, wenn der festgelegte Wert beziehungsweise beim Kaufvertrag der Preis auch nur irgendeinem Grad innerhalb des durch die Extremwerte begrenzten Umfangs/Spielraums (*latitudo*) entspricht. Die Grenzen der *latitudo* entspringen dem Gesetz (*lex*) und der Gewohnheit (*consuetudo*). Als Beispiel einer solchen gesetzlichen Grenze nennt *Duns Scotus* das dem *ius commune* entlehnte Prinzip der *laesio enormis*. Unterhalb dieser Schwelle ist eine Restitution zu leisten, sofern eine Ungerechtigkeit (*iniustitia*) vorliegt. Wie *Joel Kaye* hervorhebt, erscheint die Wertgleichheit hier nicht mehr als eine statische, sondern vielmehr als eine flexible und dynamische Größe.[864]

Duns Scotus merkt zudem an, dass es den Menschen gemeinsam nicht möglich sei, einen solchen Punkt absoluter Äquivalenz zwischen Leistung und Gegenleistung innerhalb der Grenzen der *latitudo* zu erreichen (*non attingendo indivisibile punctum aequivalentiae rei et rei, quia quoad hoc esset quasi incompossibile commutantes attingere*). Durch die Nutzung des Ausdrucks *incompossibile* – und nicht *impossibile* – scheint *Duns Scotus* in besonderem Maße auf die fehlende Möglichkeit, im Rahmen eines Vertrages eine solche absolute Leistungsäquivalenz zu erreichen, hinzudeuten. Dass Erreichen einer absoluten Äquivalenz ist infolge der individuellen Schätzung des Wertes der Parteien und der daraus erwachsenen individuellen Preisvorstellungen schier unmöglich. Daher ist die Wertgleichheit gewahrt, sofern ein solcher Punkt absoluter Äquivalenz nicht eingehalten wurde, sondern sich der vereinbarte Wert beziehungsweise Preis innerhalb der Grenzen der *latitudo* bewegt.[865] Dass die Wertbestimmung auf einem

---

864 Zu *Olivis* und *Duns Scotus´* Konzept einer *latitudo* sowie zum Einfluss des *Olivi* auf *Duns Scotus*: *Kaye*, Economy and Nature (wie Fn. 248), v. a. S. 123–126. Weiterführend: *Kaye*, History of Balance (wie Fn. 248), u. a. S. 123–126.

865 *Langholm* führt diesbezüglich aus, dass sich aus den Ausführungen des *Duns Scotus* insgesamt nicht ergibt, ob und inwiefern *Duns Scotus* die Idee eines exakten Punktes absoluter Gleichheit – die arithmetische Gleichheit – ablehnt oder nicht, sondern lediglich, dass sie seitens der Vertragsparteien nicht erreicht werden kann. *Langholm*, Economics in the Medieval Schools (wie Fn. 248), S. 410–411: „*As far as these labels are concerned, there is one fundamental question which Scotus, as far as I can see, does not answer, namely, whether the concept of a just price (or a just rate of exchange in barter), fixed to an exact point, is a meaningful concept or not, given all desired information and complete objectivity. What he does say is that the opposing parties to an exchange will normally disagree as to what this just price is, and if each were to insist on his own estimate, there would be no*

subjektiven Vorgang, nämlich der Schätzung des Wertes der Vertragsparteien, basiert, lässt sich insbesondere den Ausführungen zur vertraglichen Wert- und Preisvereinbarung entnehmen *(quandoque autem relinquitur ipsis commutantibus ut – pensata mutua necessitate – reputent sibi mutuo dare aequivalens hinc inde et accipere)*.

In den folgenden Abschnitten soll es nun genauer um das scotische Konzept der *magna latitudo* und ihren Umfang (a) gehen. In diesem Zusammenhang wird unter anderem auf die gesetzliche Grenze der *laesio enormis* (aa) sowie die gewohnheitliche Bestimmung des Preises durch den freien Konsens der Parteien (cc) eingegangen. Zuletzt wird die Frage aufgeworfen, welchem Doktor der am Anfang des obigen Zitats hergestellte Bezug *(ista autem 'aequalitas secundum rectam rationem' non consistit in indivisibili, ut dicit quidam doctor)* gilt (4).

(a) Das Konzept der *magna latitudo* und ihr Umfang

Duns Scotus bezeichnet die *latitudo (Reichweite/Umfang/Spielraum)* im zuvor abgebildeten Quellentext als *magna* (groß/weit) *(immo in isto medio, quod iustitia commutativa respicit, est magna latitudo)*. Dadurch erscheint sie nicht nur besonders weit, sondern die Preisfestsetzungen erscheinen flexibel, sofern sie sich innerhalb des durch die Extrempunkte abgesteckten Rahmens der *latitudo* bewegen.[866] Diese äußersten Grenzen beziehungsweise der zulässige Umfang der *latitudo* können dem Gesetz *(lex)* oder der Gewohnheit *(consuetudo)* entspringen. Beide Alternativen nennt *Duns Scotus* ausdrück-

---

exchange. If they are to exchange at all, they must agree on something, namely, on the actual price. Scotus then suggests that prior to reaching this agreement, each party will yield a little compared to his own estimate of what is just." Klarer formuliert *Schreiber*, Die volkswirtschaftlichen Anschauungen der Scholastik (wie Fn. 248), S. 151–152, dass *Duns Scotus* das Konzept eines einzigen Punktes der Leistungsäquivalenz ablehnt: „*Schon Heinrich v. Gent und Ricardus de Mediavilla nahmen eine latitudo des gerechten Preises an; aber dies in dem Sinne, daß an sich ein absolut fester Punkt der Wertgleichheit bestünde, dessen Erreichung Pflicht der Kontrahenten sei; nur infolge menschlicher Unvollkommenheit könne das Ziel nicht ganz erreicht werden, und eben deshalb sei ein gewisser Spielraum anzunehmen. Oder jene latitudo hatte den Sinn gehabt, daß der Preis einer Ware etwas hin- und herschwanke; an sich aber sei für den Einzelfall ein einziger Punkt innerhalb jenes Rahmens gerecht. Diese Gedankengänge lehnt Duns Scotus ab: «Ista.. aequalitas.. non consistit in indivisibili, sicut dicit quidam Doctor, motus ex hoc […]».*" Ebenso: *Kaye*, Economy and Nature (wie Fn. 248), S. 125–126.

866 *Kaye*, Economy and Nature (wie Fn. 248), S. 126.

lich *(quae autem sit ista latitudo et ad quantum se extendat, quandoque ex lege positiva, quandoque ex consuetudine innotescit)*.

Mit der Vorstellung von einer *latitudo* gerechter Preise zählt *Duns Scotus* zu denjenigen Moraltheologen seiner Zeit, welche ein gewandeltes Verständnis der *aequalitas* im Zusammenhang mit der Lehre vom *iustum pretium* aufzeigen und die Tauschgleichheit nicht mehr als einen arithmetisch zu bestimmenden Punkt absoluter Leistungsäquivalenz, sondern vielmehr als eine Spanne verstehen, innerhalb derer die auf Schätzungen beruhenden Wert- und Preisvorstellungen der Parteien (einzelnen) Graden *(gradus)* innerhalb eines Kontinuums von Werten entsprechen; die Tauschgleichheit stellt eine fließende, dynamische Größe dar.[867]

In seinem Verständnis zeigt *Duns Scotus* sich (insbesondere) durch die Lehre seines Ordensbruders *Petrus Johannes Olivi* beeinflusst, welcher in seinem *Tractatus de emptionibus et venditionibus* die Vorstellung von einer auf Schätzungen beruhenden Tauschgleichheit mit der Idee einer *latitudo* gerechter Preise verband.[868] Darauf lässt auch die diesbezügliche zum Teil identische Wortwahl *(latitudo, gradus)* beider Lehrmeister schließen.[869] Die Idee eines „Spielraumes" gerechter Preise und die damit verbundene Abkehr von der Vorstellung eines arithmetisch zu bestimmenden Punktes absoluter Leistungsäquivalenz entwickelte sich im theologischen Diskurs vor allem ab der zweiten Hälfte des 13. Jahrhunderts[870] – maßgeblich und laut *Kaye* erstmalig in voller Ausprägung in den Werken des *Petrus Johannes Olivi*[871]. In der Mitte des 13. Jahrhunderts betonte bereits *Thomas von Aquin* in seiner *Summa theologiae*, dass die Tauschgleichheit nicht

---

867 *Kaye*, History of Balance (wie Fn. 248), S. 123–126. *Kaye* stellt in seinem Werk die Entwicklung dieses neuen Verständnisses der *aequalitas* ausführlich dar; er spricht an mehren Stellen von einem Kontinuum.

868 *Kaye*, Economy and Nature (wie Fn. 248), S. 125, 126, 184. Zu *Olivis* Lehre: *Kaye*, op. cit., v. a. S. 124; *Kaye*, History of Balance (wie Fn. 248), v. a. S. 123–125; *Spicciani*, La mercatura e la formazione del prezzo nella riflessione teologica medioevale (wie Fn. 254), cap. III, S. 181–219. Ausführlich zum gerechten Preis bei Olivi: *Marazzi*, Das *iustum pretium* im Tractatus de emptionibus et venditionibus des Olivi (wie Fn. 857).

869 *Kaye*, Economy and Nature (wie Fn. 248), S. 126 Fn. 40.

870 *Kaye*, Economy and Nature (wie Fn. 248), S. 116–162; *Kaye*, History of Balance (wie Fn. 248), S. 20–75, 76–127.

871 *Kaye*, History of Balance (wie Fn. 248), S. 55–56; ausführlich zur Lehre des *Olivi*: S. 56–75. Laut *Kaye*, op. cit., S. 74–75, tritt dieses gewandelte Verständnis der *aequalitas* in Form eines neuen Models des Equilibriums *(„the 'new' model of equilibrium")* zu diesem Zeitpunkt erstmals in aller Deutlichkeit in *Olivis* Traktat zu Tage.

punktgenau zu bestimmen sei, ohne allerdings in diesem Zusammenhang bereits von einer *latitudo* gerechter Preise zu sprechen.[872] Ist *Thomas* noch von einer „manchmal" *(quandoque)* erlaubten kleinen Spanne von Preisabweichungen ausgegangen, so setzte sich im späten 13. Jahrhundert insbesondere unter dem Einfluss franziskanischer Lehrmeister das Konzept einer *latitudo* gerechter Preise durch.[873] Bereits vor *Duns Scotus* begegnet bei seinem Ordensbruder *Richardus de Mediavilla* die Idee einer *magna latitudo* gerechter Preise.[874] Auch der Dominikanermönch *Heinrich von Gent* spricht in seinen *Quodlibeta III, q. 28* von einer *latitudo* gerechter Preise.[875] Allerdings, so formuliert *Heinrich* an anderer Stelle doch unmissverständlich, existiere stets ein einziger Punkt vollkommener Leistungsgleichheit, welchen es bei jedem Tauschgeschäft anzustreben gilt.[876] *Heinrich* vertritt hier die Vorstellung einer arithmetischen Tauschgleichheit und eines striktes Äquivalenzprinzips.[877]

Duns Scotus zählt zweifelsfrei zu einem der bedeutsamsten Vertretern der *latitudo* gerechter Preise.[878] Das Konzept der *latitudo* setzte sich in der nach-scotischen Zeit – teils unter direkter Bezugnahme auf *Duns Scotus* – in der theologischen Lehre vom *iustum pretium* durch.[879]

---

872 *Thomas* verwendet die Begrifflichkeit der *latitudo* im Rahmen seiner Tugendlehre und nicht wie *Richardus*, *Olivi* und *Duns Scotus* im Zusammenhang mit dem gerechten Preis: *Kaye*, Economy and Nature (wie Fn. 248), S. 99–100, 183–184. *Thomas von Aquin*, Sth II-II, q. 77, art. 1, S. 363, *„Ad primum": „Quod ideo dico, quia iustum pretium rerum quandoque non est punctualiter determinatum, sed magis in quadam aestimatione consistit, ita quod modica additio vel minutio non videtur tollere aequalitatem justitiae."*

873 *Kaye*, History of Balance (wie Fn. 248), S. 125–127, v. a. 125, 73–75.

874 *Richardus de Mediavilla*, Quodlibeta quaestiones octuaginta, Brixiae 1591, Quodl. II, q. XXIII, S. 67a.

875 *Heinrich von Gent*, Quodlibeta, Tomus primus, Venetiis 1613, Quodl. III, q. 28, fol. 138rb.

876 *Heinrich von Gent*, Quodlibeta, Tomus primus, Venetiis 1613, Quodl. II, q. 15, fol. 68vb.

877 *Kaye*, Economy and Nature (wie Fn. 248), S. 102–110, 124; *Kaye*, History of Balance (wie Fn. 248), S. 102–105, 116; *Schreiber*, Die volkswirtschaftlichen Anschauungen der Scholastik (wie Fn. 248), S. 131–134; vgl. aber auch die Ausführungen bei: *Langholm*, Economics in the Medieval Schools (wie Fn. 248), S. 249–275, insbs. 255–262.

878 *Decock*, Theolgians and Contract Law (wie Fn. 15), S. 527.

879 Vgl. z. B.: *Antoninus von Florenz*, Summa theologica, pars secunda, Veronae 1740, tit. I, cap. XVI, §. III, Sp. 255–257; *Bernhardin von Siena*, De evangelico aeterno, in: Opera Omnia, Tom. II, Lugduni 1650, feria I, sermo XXXIV, art. III, cap. I, S. 222ab; feria II, sermo XXXV, art. I, cap. II–III, S. 225ab–226ab; *Domingo de Soto*, De iustitia et iure, Salmanticae 1556 (Faksimiledruck: Madrid 1968,

Nun soll es im Detail um die Grenzen dieser als *latitudo* verstandenen Tauschgleichheit aus der Sicht des *Duns Scotus* gehen. *Duns Scotus* differenziert zwischen der gesetzlichen Grenze der *laesio enormis* und derjenigen, welche der Gewohnheit, nämlich der Preisbestimmung durch den parteilichen Konsens, entspringt.

(aa) Die gesetzliche Grenze der *laesio enormis*

Als Beispiel einer gesetzlichen Grenze führt *Duns Scotus* das im *ius commune* geltende Prinzip der *laesio enormis* an. Zwar nennt er die *laesio enormis* nicht ausdrücklich, allerdings ergibt sich dieser Befund unmissverständlich aus der Beschreibung dieses Grundsatzes. Mit der *laesio enormis* als Beispiel der Begrenzung der *latitudo* (Umfang/Spielraum) beruft *Duns Scotus* sich auf ein im mittelalterlichen *ius commune* geltendes Instrument des Verkäufer- und Käuferschutzes, welches Ausfluss des römisch-rechtlichen Prinzips freier Vertragsverhandlung *(se cicrumvenire/circumscribere*[880]*)* ist.

Die Begrifflichkeit *laesio enormis* stellt eine Kreation der Glossatoren dar.[881] Das ihr zu Grunde liegende Prinzip entspringt zwei *Diokletian* zugeschriebenen Reskripten im *Codex Iustinianus*, C. 4.44.2 und 8, wobei Fragen der *laesio enormis* üblicherweise im Rahmen der *lex secunda* (C. 4.44.2) diskutiert wurden.[882] Nach klassischem römischen Recht bot die *laesio*

Tom. III), lib. VI, q. 3, art. 1, S. 551ab; *Juan de Lugo*, Disputationum de iustitia et iure, Tom. II, Lugduni 1652, Disp. XXVI, Sect. IV, n. 39, S. 279b–280a; *Diego de Covarruvias y Leyva*, Variarum Resolutionum libros quatuor, Practicarum Quaestionum librum unum, veterumq' Collationem Numismatum, in: Operum Tom. II (Op. Omn. II), Venetiis 1588, lib. II, c. III, n. 1, S. 115b; *Leonardus Lessius*, De iustitia et iure, Antverpiae1617, lib. II, cap. 21, Dub. II, n. 10, S. 275b.

880 D. 4.4.16.4 *(circumvenire)*; D. 19.2.22.23 *(circumscribere)*.

881 *Zimmermann*, Law of Obligations (wie Fn. 28), S. 259 Fn. 154; *Wolfgang Georg Schulze*, Die laesio enormis in der deutschen Privatrechtsgeschichte, Diss. Univ. Münster 1973, S. 3 Fn. 3, S. 13; *Karl Hackl*, Zu den Wurzeln der Anfechtung wegen laesio enormis, in: ZRG, Rom. Abt. 98 (1981), S. 147–161, 147.

882 *Herbert Kalb*, Die laesio enormis im gelehrten Recht. Kanonistische Studien zur Läsionsanfechtung, Wien 1992, S. 11–12; *Christoph Becker*, Die Lehre von der laesio enormis in der Sicht der heutigen Wucherproblematik. Ausgewogenheit als Vertragsinhalt und § 138 BGB, Köln [u. a.] 1993, S. 10. Zum für diese Untersuchung nicht weiter relevanten Streit um die Urheberschaft der *lex secunda* sowie der Herkunft der *laesio enormis*: *Kalb*, op. cit., S. 11–27; *Becker*, op. cit., S. 10–26 (speziell zur Authentizität), 64; *Schulze*, Die laesio enormis in der deutschen Privatrechtsgeschichte (wie Fn. 881), S. 4–9; *Hackl*, Zu den Wurzeln der Anfechtung wegen laesio enormis (wie Fn. 881), v. a. S. 149–161;

enormis die Möglichkeit der Rückabwicklung eines Grundstückskaufvertrages zu Gunsten des Verkäufers (Reszission), sofern der Kaufpreis weniger als die Hälfte des gerechten Preises[883] betrug.[884] Dem Käufer oblag die Möglichkeit und Wahl, die Rückabwicklung durch Festhalten am Vertrag unter Zahlung des Differenzbetrages zum gerechten Preis abzuwenden.[885] Auf diese Weise bot die *laesio enormis* Verkäuferschutz im Falle extremer Ungerechtigkeiten, welche sich aus dem im römischen Recht anerkannten Grundsatz der freien Preisverhandlung *(naturaliter licere contrahentibus se circumvenire)* ergeben konnten.[886] Die *laesio enormis* fungierte somit als eine Schranke der Freiheit der Preisbestimmung, welche auf die konkrete Situation der Übervorteilung des Verkäufers bei Grundstückskaufverträgen zugeschnitten war.

Zu Lebzeiten des *Duns Scotus* hat der Anwendungsbereich der *laesio enormis* durch die extensive Interpretation der Glossatoren eine enorme

---

Zimmermann, Law of Obligations (wie Fn. 28), S. 259–261, m. w. N. in den Fn. 156–169; *Baldwin*, The Medieval Theories of the Just Price (wie Fn. 248), S. 18a–19b; *Decock*, Theologians and Contract Law (wie Fn. 15), S. 529; *Martin Pennitz*, Zur Anfechtung wegen *laesio enormis* im römischen Recht, in: Iurisprudentia universalis. Festschrift für Theo Mayer-Maly zum 70. Geburtstag, hrsg. v. Martin J. Schermaier; J. Michael Rainer; Laurens C. Winkel, Köln [u. a.] 2002, S. 575–589; *Hannu Tapani Klami*, „Laesio enormis" in Roman law?, in: Labeo 33 (1987), S. 48–63; *Károly Visky*, Spuren der Wirtschaftskrise der Kaiserzeit in den römischen Rechtsquellen, Budapest [u. a.] 1983, S. 35–44; *Boudewijn Sirks*, Laesio enormis again, in: Revue internationale des droits de l′ Antiquite′ 54 (2007), S. 461–469.

883 C. 4.44.2 spricht von *verum pretium*, C. 4.44.8 von *iustum pretium*.

884 *Baldwin*, The Medieval Theories of the Just Price (wie Fn. 248), S. 18b; *Kaye*, Economy and Nature (wie Fn. 248), S. 91; *Max Kaser; Rolf Knütel*, Römisches Privatrecht. Ein Studienbuch, 20. Auflage, München 2014, § 41, S. 244; *Maximiliane Kriechbaum; Hermann Lange*, Römisches Recht im Mittelalter, Bd. 2: Die Kommentatoren, München 2007, § 71, S. 771, § 87, S. 910 *(Lange); Zimmermann*, Law of Obligations (wie Fn. 28), S. 262.

885 *Baldwin*, The Medieval Theroies of the Just Price (wie Fn. 248), S. 18b; *Becker*, Die Lehre von der laesio enormis (Fn. 882), S. 10–11; *Kriechbaum; Lange*, Die Kommentatoren (wie Fn. 884), § 71, S. 771, § 87, S. 910 *(Lange); Zimmermann*, Law of Obligations (wie Fn. 28), S. 262.

886 *Baldwin*, The Medieval Theories of the Just Price (wie Fn. 248), S. 18b. Genauer zur auch im *ius commune* anerkannten freien Preisverhandlung: *Baldwin*, op. cit., S. 21b–22a. Vgl. auch: D. 4.4.16.4 (Corpus iuris civilis I, S. 88b); 19.2.22.3 (Corpus iuris civilis I, S. 287a).

Ausweitung erfahren.[887] So wurde der Rechtsbehelf insbesondere seit dem 12. Jahrhundert erheblich weiterentwickelt und ausgestaltet.[888] Im 13. Jahrhundert galt die *laesio enormis* nicht nur mehr für Grundstückskaufverträge, sondern für den Kauf und Verkauf eines jeden Gutes.[889] Zugleich erfuhr ihr Anwendungsbereich Ausweitung zu Gunsten des Käufers, also Anwendung auf Fälle des Kaufs zu einem zu hohen Kaufpreis.[890] Dieses weite Verständnis begegnet im frühen 13. Jahrhundert zum Beispiel bei *Azo (vor 1190–ca. 1220/30)*[891], *Accursius (um 1183–um 1263)*[892] und *Odofredus († 1265)*[893], im 14. Jahrhundert unter anderem bei *Bartolus*.[894] Die

---

887 Dazu: *Zimmermann*, Law of Obligations (wie Fn. 28), S. 262–263; *Schulze*, Die laesio enormis in der deutschen Privatrechtsgeschichte (wie Fn. 881), S. 13–17; *Kalb*, Die laesio enormis im gelehrten Recht (wie Fn. 882), S. 13.

888 *Kalb*, Die laesio enormis im gelehrten Recht (wie Fn. 882), S. 13.

889 Die *laesio enormis* wurde im 13. Jahrhundert auf die Verträge *bonae fidei* sowie teils – hierfür plädiert z. B. *Baldus* – auf die Verträge *stricti iuris* ausgeweitet: *Becker*, Die Lehre von der laesio enormis (wie Fn. 882), S. 61–77; *Zimmermann*, Law of Obligations (wie Fn. 28), S. 262–263; *Jan Hallebeek*, Some Remarks on Laesio Enormis and Proportionality in Roman-Dutch Law and Calvinistic Commercial Ethics, in: Fundamina 21/1 (2015), S. 14–32, 21; *Decock*, Theologians and Contract Law (wie Fn. 15), S. 530. Weiter zur Ausweitung des Rechtsbehelfs: *Kriechbaum; Lange*, Die Kommentatoren (wie Fn. 884), § 71, S. 771, § 87, S. 910–911 *(Lange)*; *Baldwin*, The Medieval Theories of the Just Price (wie Fn. 248), S. 22a (allgemein zu Ausweitung: S. 22b–27b); *Schulze*, Die laesio enormis in der deutschen Privatrechtsgeschichte (wie Fn. 881), S. 13–17. *Schulze*, op. cit., S. 14, geht davon aus, dass die *laesio enormis* nicht auf Verträge *„stricti iuris"* anwendbar war.

890 *Schulze*, Die laesio enormis in der deutschen Privatrechtsgeschichte (wie Fn. 881), S. 13, 15–17; *Zimmermann*, Law of Obligations (wie Fn. 28), S. 262; *Hallebeek*, Some Remarks on Laesio Enormis and Proportionality (wie Fn. 889), S. 21.

891 *Andreas Deutsch*, Art. Azo, in: HRG I, 2. Auflage (2008), Sp. 395–396.

892 *Susanne Lepsius*, Art. Accursius, in: HRG I, 2. Auflage (2008), Sp. 58–59.

893 *Peter Weimar*, Art. Odofredus de Denariis, in: LexMA VI (1993), Sp. 1361.

894 *Baldwin*, The Medieval Theories of the Just Price (wie Fn. 248), S. 22b–23b, mit Verweis auf u. a. *Azo*, *Accursius* und *Odofredus*. Vgl. die Ausführungen zur Anwendbarkeit zu Gunsten des Käufers z. B. bei: *Azo*, Lectura super Codicem. Ad singulos leges XII librorum codicis Justiniaenei commentarius. Hugolini apparatur in tres libros, in: Corpus glossatorum juris civilis, Tom. III, hrsg. v. Mario Viora, Parisiis 1577 (ND: Augustae Taurinorum 1966), ad C. 4.44.2, S. 341; *Azo*, Summa super Codicem. Instituta, extraordinaria, in: Corpus glossatorum juris civilis, Tom. II, hrsg. v. Mario Viora, Papie 1506 (ND: Augustae Taurinorum 1966), ad C. 4.44.2, S. 156b; *Accursius*, Glossa ordinaria, in: Corpus iuris civilis Iustinianaei, Tom. IV: Codicis Dn. Iustiniani Sacratissimi Imp. PP. Augusti, Repetitae Praelectionis Libri Duodecim, ..., studio et opera Ioannis Fehi, Lugduni 1627 (ND: Osnabrück 1966), ad C. 4.44.2, *verbum „Iudicis"*,

laesio enormis etablierte sich auf diese Weise auch als Instrument des Käuferschutzes und bot somit Klagemöglichkeiten zu Gunsten des Käufers, sofern der Preis ungewöhnlich hoch war.[895]

Dieses weite Konzept der *laesio enormis* beeinflusste auch das kanonische Recht und erfuhr dort Anerkennung als grundlegendes Prinzip.[896] Fehlt im *Decretum Gratiani* noch jeglicher Hinweis auf die *laesio enormis* und waren die Dekretisten vor allem um die Entschärfung des negativen Bildes des Kaufmannes bemüht, so fand eine tiefgehende Auseinandersetzung mit der legistischen *laesio enormis* und der darauf aufbauenden *dolus*-Lehre[897] erst bei den Dekretalisten statt.[898] Ausdrücklich übernommen wurde die Lehre von der *laesio enormis* in den Dekretalen *Cum dilecti Alexander III.* (X 3.17.3) sowie *Cum causa Innozenz III.* (X 3.17.6).[899]

Sp. 1014–1015, *verbum „Elegerit"*, Sp. 1015; *Odofredus*, Lectura super Codice, in: Opera iuridica rariora, Tom. V.1, Lugduni 1552 (ND: Bologna 1968), ad C. 4.44.2, n. 3, fol. 246rb; *Bartolus de Sassoferrato*, Codex Iustinianus in duodecim libros Codicis commentaria, in: Ius commune. Rechtstradition der Europäischen Länder, Legistik 2, Frankfurt a. M. 2007 (ND: Basel 1562), ad C. 4.44.2, n. 3, S. 443ab.

895 Hierzu: *Baldwin*, The Medieval Theories of the Just Price (wie Fn. 248), S. 22ab–23ab. Da die Regelung im *Codex Iustinianeus* ursprünglich zu Gunsten des Verkäufers konzipiert war, war die Berechnung des *duplum* auf Käuferseite Gegenstand vielfacher Kontroversen, vgl.: *Decock*, Theologians and Contract Law (wie Fn. 15), S. 530–531; *Baldwin*, op. cit., S. 23ab; *Kaye*, Economy and Nature (wie Fn. 248), S. 91; *Kriechbaum; Lange*, Die Kommentatoren (wie Fn. 884), § 71, S. 771–772 (bzgl. *Baldus de Ubaldis* Lehre), § 87, S. 910 *(Lange)*; *Zimmermann*, Law of Obligations (wie Fn. 28), S. 263–264; *Schulze*, Die laesio enormis in der deutschen Privatrechtsgeschichte (wie Fn. 881), S. 16–17: Als *opinio communis* setzte sich die in der *glossa ordinaria* vertretene Ansicht durch, nach welcher ein Käufer über die Hälfte übervorteilt wurde, wenn er mehr als das 1,5 fache des gerechten Preises zahlte (arithmetische Ansicht). Nach anderer Ansicht erforderte die *laesio enormis* das Übervorteilen um das Doppelte des gerechten Preises (geometrische Ansicht).

896 *Baldwin*, The Medieval Theories of the Just Price (wie Fn. 248), S. 42b–46b. Zu den kanonistischen Lehren zur *laesio enormis* ausführlich: *Kalb*, Die laesio enormis im gelehrten Recht (wie Fn. 882); *Schulze*, Die laesio enormis in der deutschen Privatrechtsgeschichte (wie Fn. 881), S. 17–18 (knapp zum kanonischen Recht und den Kanonisten).

897 Zur Entwicklung des legistischen *dolus re ipsa* und der Integration der *laesio enormis* in das legistische *dolus*-Konzept *(dolus causam dans, dolus incidens)*: *Kalb*, Die laesio enormis im gelehrten Recht (wie Fn. 882), S. 110–116.

898 *Kalb*, Die laesio enormis im gelehrten Recht (wie Fn. 882), S. 117–120.

899 *Kalb*, Die laesio enormis im gelehrten Recht (wie Fn. 882), S. 120; *Decock*, Theologians and Contract Law (wie Fn. 15), S. 532; *Baldwin*, The Medieval Theories

Wenn *Duns Scotus* somit die *laesio enormis* nennt, beruft er sich auf ein im *ius commune* anerkanntes Instrument des Verkäufer- und Käuferschutzes, welches zu seinen Lebzeiten auf die Großzahl der Verträge Anwendung fand. Im Ergebnis bedeutet das im Hinblick auf Fragen der Vertragsrückabwicklung zunächst Folgendes: Die nach dem *ius commune* verbotene Übervorteilung über die Hälfte des gerechten Preises stellt eine Grenze der *latitudo* (Umfang/Spielraum) dar. Jeder Verstoß gegen die Schranke der *laesio enormis* kann nicht nur *in foro exteriore* eine Restitutionspflicht begründen, sondern führt zugleich *in foro conscientiae* zu Restitutionspflichten. Liegt ein Fall der *laesio enormis* vor, so liegt ein Gleichlauf zwischen den rechtlichen Bewertungsmaßstäben und denjenigen, welche das Gewissen binden, vor. Die rechtliche und ethische Wertung fallen in einem solchen Fall zusammen: Eine Restitutionspflicht besteht.[900]

(bb) Restitutionspflichten bei Äquivalenzstörungen *infra medietatem iusti pretii*

Nach der Nennung der *laesio enormis* hebt *Duns Scotus* allerdings sogleich hervor, dass auch unterhalb der Grenze der *laesio enormis* eine Restitution *(in foro conscientiae)* im Falle einer Ungerechtigkeit *(iniustitia)* zu leisten ist.

„[…] tamen infra illud, si ex alio appareat iniustitia, debet restitutio fieri correspondens.“[901]	[…] unter diesem Wert muss eine entsprechende Restitution dennoch geleistet werden, wenn sich daraus eine Ungerechtigkeit zeigt.

Es gibt demnach Preise, welche, obwohl sie innerhalb der *latitudo* liegen, zu einer Restitutionspflicht *in foro conscientiae* führen können, obgleich der Vertrag von Rechts wegen gültig und verbindlich ist – es liegt kein Fall

of the Just Price (wie Fn. 248), S. 43a–44b. Vgl. X 3.17.3 (CIC II, Sp. 518–519); X 3.17.6 (CIC II, Sp. 520).

900 Laut C. 4.44.2. steht dem Käufer die Wahl zu, am Vertrag unter Zahlung des Differenzbetrages zum gerechten Preis festzuhalten und somit die Rückabwicklung des Vertrages zu verhindern oder aber die Vertragsrückabwicklung zu verlangen. Ein entsprechendes Wahlrecht kam dem Verkäufer für den in der mittelalterlichen Legistik anerkannten Fall der Übervorteilung des Käufers zu. Hierzu: *Baldwin*, The Medieval Theories of the Just Price (wie Fn. 248), S. 22ab.

901 *Duns Scotus*, Ord. IV (editio vaticana XIII), dist. 15, q. 2, n. 127, lin. 784–785, S. 89.

der Anfechtung wegen *laesio enormis* vor. Dem scotischen Satz, welcher überraschenderweise in der Sekundärliteratur keinerlei nennenswerte Beachtung gefunden hat[902], ist zunächst einmal nicht zu entnehmen, wann eine solche Ungerechtigkeit *(iniustitia)* vorliegt.

Klar sein dürfte allerdings, dass es *Duns Scotus* nicht um die soeben erwähnten „vertragsimmanenten" beziehungsweise schätzungsbedingten, unvermeidbaren Ungleichheiten[903] geht. Einerseits verwendet *Duns Scotus* die Begriffe der Ungleichheit *(inaequalitas)* und Ungerechtigkeit *(iniustitia)* in keiner Weise synonym. Andererseits ergibt sich aus seinen vorherigen Ausführungen, dass es den Parteien infolge der subjektiven Güterbewertung und daraus erwachsenen individuellen Preisvorstellungen unmöglich ist, einen Zustand absoluter Leistungsäquivalenz zu erreichen *(non attingendo indivisibile punctum aequivalentiae rei et rei, quia quoad hoc esset quasi incompossibile commutantes attingere)*. Abweichungen hinsichtlich der Preis-

---

902 So z. B. bei *Langholm*, Economics in the Medieval Schools (wie Fn. 248); *Langholm*, The Merchant in the Confessional (wie Fn. 248); *Langholm*, Price and Value in the Aristotelian Tradition (wie Fn. 248); *Langholm*, The Aristotelian Analysis of Usury (wie Fn. 255); *Kaye*, Economy and Nature (wie Fn. 248); *Kaye*, History of Balance (wie Fn. 248); *Noonan*, Scholastic Analysis of Usury (wie Fn. 252); *Baldwin*, The Medieval Theories of the Just Price (wie Fn. 248); *Schreiber*, Die volkswirtschaftlichen Anschauungen der Scholastik (wie Fn. 248); *Seeberg*, Die Theologie des Duns Scotus (wie Fn. 120); vgl. aber auch die Ausführungen von: *Langholm*, The Legacy of Scholasticism in Economic Thought (wie Fn. 248), S. 103, welcher bzgl. *Duns Scotus'* Konzept der *latitudo* im Hinblick auf die Grenze der *laesio enormis* und der Forderung strikter Leistungsäquivalenz früherer Theologen formuliert: *„Scotus's 'latitude' could be interpreted as a compromise."*, und die Ausführungen in: *Langholm*, The Merchant in the Confessional (wie Fn. 248), S. 223, zur scotischen Lehre der vertragsimmanenten Schenkung in der Lehre von *Giovanni Cagnazzo* und knapp zum Wissenskriterium bei der Preisbestimmung, aber in beiden Werken ohne Ausführungen zur im Fließtext abgebildeten Aussage des *Duns Scotus*. Anders, aber ohne weitere Ausführungen, Differenzierungen oder auch Überlegungen zur Bedeutung und Tragweite der scotischen Restitutionsforderung: *Spicciani*, La mercatura e la formazione del prezzo nella riflessione teologica medioevale (wie Fn. 254), cap. IV, S. 220–230, v. a. S. 224–225: *„Scoto comunque si affretta a soggiungere che, moralmente parlando, secondo l'obbligo della coscienza cristiana, anche deviazioni minori della metà, se provate come ingiuste, costituiscono oggetto di restituzione; e in ciò dimostra una severità maggiore dell'Olivi."* (S. 225); *Kalb*, Laesio enormis im gelehrten Recht (wie Fn. 882), S. 141: *„Als Beispiel einer gesetzlichen Bestimmung nennt Scotus die laesio enormis, fügt aber hinzu, daß grundsätzlich jegliche Abweichung vom gerechten Preis auszugleichen sei."*

903 Vgl. dazu die Ausführungen in: § 5.C.II.1.a)bb)(2), und speziell in: § 5.C.II.1.a)bb)(2)(a)(cc).

vorstellung sind daher unvermeidbar und führen zunächst einmal nicht zu einer eine Restitutionspflicht begründenden Ungerechtigkeit *(iniustitia)*. Wenn daher einem jeden Vertrag eine gewisse Ungleichheit zwischen Leistung und Gegenleistung immanent ist, dann kann die von *Duns Scotus* erwähnte Ungerechtigkeit *(iniustitia)* nicht Ungleichheit *(inaequalitas)* bedeuten, sondern sie wird über diese Ungleichheit hinausgehen. Entscheidend für die Unbeachtlichkeit dieser Ungleichheit scheint aber zu sein, dass beide Vertragspartner davon ausgehen, den Zustand der (völligen) Leistungsäquivalenz zu erreichen. Man könnte sagen, ihnen fehlt die positive Kenntnis von der Ungleichheit. Im Hinblick auf ihre Güterbewertung und Preisvorstellung befinden sie sich vielmehr „im guten Glauben".[904]

Seit Beginn des 13. Jahrhunderts wiesen die Moraltheologen in ihren Schriften auf die unterschiedlichen Ansichten der Legisten und Theologen im Hinblick auf Äquivalenzstörungen *infra medietatem iusti pretii* hin.[905] Auch im legistischen Diskurs waren die divergierenden Lehren bekannt.[906] Im Unterschied zur *lex humana* (C. 4.44.2) forderten die Moraltheologen *in foro conscientiae* absolute Leistungsäquivalenz.[907] Auch *Thomas von*

---

904 Dieser Annahme ist *Marazzi*, Das *iustum pretium* im Tractatus de emptionibus et venditionibus des Olivi (wie Fn. 857), S. 52–56, im Hinblick auf *Olivis* Ausführungen zu Restitutionspflichten *infra medietatem iusti pretii*.

905 *Baldwin*, The Medieval Theories of the Just Price (wie Fn. 248), S. 69b, mit Verweis auf *Wilhelm von Auxerre* und *Thomas Chabham*. Vgl. weiter z. B. die Ausführungen bei: *Wilhelm von Auxerre*, Summa aurea III/2 (ed. Ribaillier), tract. 48, cap. 3, q. 2, fol. 242rb, S. 932, *„Ad secundo obiectum"; Thomas von Aquin*, Sth II-II, q. 77, art. 1, S. 363, *„Ad primum"; Richardus de Mediavilla*, Quodl. II, Brixiae 1591, q. XXIII, S. 67a, *„Tertius articulus."*; *Thomas Chobham*, Summa confessorum, hrsg. v. F. Broomfield, Louvain [u. a.] 1968, q. XIa, cap. viii *(„De restitutione")*, S. 514. Insgesamt zur Auseinandersetzung der Theologen und Kanonisten mit der *laesio enormis* bis zum 16. Jahrhundert: *Kalb*, Die laesio enormis im gelehrten Recht (wie Fn. 882), S. 117–171.

906 *Kriechbaum; Lange*, Die Kommentatoren (wie Fn. 884), § 71, S. 772 Fn. 213, verweisen auf die Kommentierung des *Baldus de Ubaldis* zu C. 4.44.2 no. 1, sowie *Kalb*, Die laesio enormis im gelehrten Recht (wie Fn. 882), S. 109 Fn. 13, mit Zitation des Dekretalenkommentars des *Baldus* bzgl. X 2.20.42: *„... sed nunquid in foro animae licet contrahentibus se fallere in modico, dic quod non ...."*; *Kalb*, Die laesio enormis im gelehrten Recht (wie Fn. 882), S. 106–107, bzgl. *Bulgarus*, welcher formuliert haben soll, S. 107: *„licet contrahentibus se inuicem decipere, sed tamen non decet."*

907 *Baldwin*, The Medieval Theories of the Just Price (wie Fn. 248), S. 69ab; *Hallebeek*, Some Remarks on laesio enormis and Proportionality (wie Fn. 889), S. 17–19, v. a. S. 19; *Decock*, Theologians and Contract Law (wie Fn. 15), u. a. S. 533–535. Vgl. *Wilhelm von Auxerre*, Summa aurea III/2 (ed. Ribaillier), tract. 48, cap. 3, q. 2, fol. 242rb, S. 932, *„Ad secundo obiectum"*; *Thomas Chobham*, Summa

Aquin und *Richardus de Mediavilla* plädierten für eine Restitutionspflicht *infra medietatem iusti pretii*, sofern eine nennenswerte Schädigung vorliegt *(notabiliter damnificatur/laeditur)*.[908] *Duns Scotus* spricht nicht von einer nennenswerten Schädigung, sondern einer Ungerechtigkeit *(iniustitia)*. Zwar setzte sich – wie eingangs dargelegt – ab dem späten 13. Jahrhundert die Abkehr von der Idee eines arithmetisch zu bestimmenden Punktes absoluter Leistungsäquivalenz im theologischen Diskurs allmählich durch, dennoch wurde für das Gewissen stets die dem göttlichen Gesetz *(lex divina)* entspringende Restitutionspflicht bei Ungleichheiten *infra medietatem iusti pretii* betont.[909] Die Forderung einer Restitutionspflicht bei jeder Abweichung vom gerechten Preis *in foro conscientiae* steht somit im Gegensatz zum legistischen Grundsatz des *se circumvenire/circumscribere* (freie Preisbestimmung) innerhalb der Grenzen der *laesio enormis*. Sie ist das Ergebnis der besonderen Sorge der Moraltheologen um das Seelenheil der Gläubigen und erscheint weniger als ein Widerspruch zum legistischen *se circumvenire/circumscribere*, als vielmehr die Folge der verschiedenen Zwecksetzungen des menschlichen Gesetzes *(lex humana)* und göttlichen Gesetzes *(lex divina)* zu sein.[910] So schrieb *Thomas*, dessen Argumentation in der Folgezeit üblich wurde[911],

---

confessorum, Louvain [u. a.] 1968, q. XIa, cap. viii („*De restitutione*"), S. 514, welcher formuliert: „*Sed secundum legem divinam si decepit eum in uno denario ultra iustum pretium restituere tenetur.*"; *Monaldus de Iustinopoli*, Summa perutilis ... in utroque iure fundata, Lugduni 1516, tit.: De venditione, fol. CCLXXIIIvb; *Thomas von Aquin*, Sth II-II, q. 77, art. 1, S. 363, „*Ad primum*"; *Richardus de Mediavilla*, Quodl. II, Brixiae 1591, q. XXIII, S. 67a, „*Articulus tertius.*". Vgl. auch die zahlreichen Quellenangaben bei: *Diego de Covarruvias y Leyva*, Variarum resolutionum, Venetiis 1588, lib. II, cap. IIII, n. 11, S. 124b.

908 *Thomas von Aquin*, Sth II-II, q. 77, art. 1, S. 363, „*Ad primum*": „*Et tenetur ille qui plus habet recompensare ei qui damnificatus est, si sit notabile damnum.*"; *Richardus des Mediavilla*, Quodl. II, q. XXIII, S. 67a („*Articulus tertius.*") (v. a.): „*notabiliter laeditur*" bzw. „*[...] ista inaequalitate notabiliter s[e]c[un]d[u]m exigentia[m] rei venditae, vel empte ledit.*"

909 Vgl. Quellenangaben in Fn. 907 f.

910 *Decock*, Theologians and Contract Law (wie Fn. 15), S. 533.

911 *Decock*, Theologians and Contract Law (wie Fn. 15), S. 534. Zu *Thomas'* Ausführungen auch: *Kalb*, Die laesio enormis im gelehrten Recht (wie Fn. 882), S. 124–125.

„Ad primum ergo dicendum quod, sicut supra dictum est, lex humana populo datur, in quo sunt multi a virtute deficientes: non autem datur solis virtuosis.	Zum ersten [Argument] ist also zu sagen, dass, wie oben gesagt worden ist, das menschliche Gesetz dem Volk, in welchem es viele gibt, denen es an den Tugenden mangelt, gegeben wird, nicht hingegen/aber nur den Tugendhaften.
Et ideo lex humana non potuit prohibere quidquid est contra virtutem, sed ei sufficit ut prohibeat ea quae destruunt hominum convictum;	Und folglich kann das menschliche Gesetz nicht alles verhindern, was der Tugend entgegenläuft, sondern ihm genügt es, dass es die Sachen/Dinge verbietet, welche das Zusammenleben der Menschen zerstören.
alia vero habeat quasi licita, non quia ea approbet, sed quia ea non punit.	Die anderen Sachen/Dinge gelten allerdings als erlaubt, nicht weil es [das Gesetz] sie gutheißt/billigt, sondern weil es sie nicht bestraft.
Sic igitur habet quasi licitum, poenam non inducens, si absque fraude venditor rem suam supervendat aut emptor vilius emat, nisi sit nimius excessus, quia tunc etiam lex humana cogit ad restituendum, puta si aliquis sit deceptus ultra dimidiam iusti pretii quantitatem.	So gilt es folglich als erlaubt und nicht mit Strafe bedroht, wenn der Verkäufer seine Sache ohne Betrug überteuert verkauft oder der Käufer billiger einkauft, außer es handelt sich um einen übermäßigen Exzess, weil dann nämlich das menschliche Gesetz zur Restitution zwingt, nämlich wenn jemand über die Hälfte des gerechten Preises übervorteilt worden ist.
Sed lex divina nihil impunitum relinquit quod sit virtuti contrarium.	Das göttliche Gesetz aber lässt nichts ungestraft, was der Tugend entgegen-/zuwiderläuft.
Unde secundum divinam legem illicitum reputatur si in emptione et venditione non sit aequalitas iustitiae observata.	Deshalb wird nach dem göttlichen Gesetz als unerlaubt betrachtet, wenn beim Kauf und Verkauf die Tauschgerechtigkeit nicht beachtet wird.

Et tenetur ille qui plus habet recompensare ei qui damnificatus est, si sit notabile damnum."[912]	Und derjenige, welcher mehr besitzt, ist gegenüber demjenigen, welcher geschädigt ist, zur Kompensation verpflichtet, sofern der Schaden nennenswert ist. [...]

Duns Scotus liefert wie *Richardus de Mediavilla* und *Thomas von Aquin* keine weiteren Anhaltspunkte für die Bestimmung der von ihm geforderten Ungerechtigkeit *(iniustitia)* (beziehungsweise nennenswerten Schädigung). Allerdings lässt sich unter Berücksichtigung der scotischen Ausführungen annehmen, dass eine Ungerechtigkeit *(iniustitia)* vorliegen wird, sofern die aus den verschiedenen Schätzungen der Parteien resultierende (unvermeidbare) Ungleichheit *(inaequalitas)* überschritten wird. Das wiederum scheint der Fall zu sein, wenn die Parteien Kenntnis von der Abweichung vom gerechten Preis *(iustum pretium)* haben beziehungsweise erlangen, das heißt im Falle jeglicher wissentlicher *(scienter)* Abweichung vom *iustum pretium*. Diese Annahme wird nachfolgend erläutert.

Zu Lebzeiten des *Duns Scotus* findet eine Auseinandersetzung mit dem Einfluss der einseitigen Kenntnis des Verkäufers vom gerechten Preis *(iustum pretium)* und der Kenntnis des Käufers auf die Restitutionspflichten *infra medietatem iusti pretii* im moraltheologischen Diskurs nicht statt. Lediglich vereinzelt wird im 13. Jahrhunderts auf das Kriterium des Wissens hingewiesen *(scienter)*.[913] Einzig *Petrus Johannes Olivi* verneint, wie später unter anderem *Johannes Gerson*, eine Restitutionspflicht bei Kenntnis des Übervorteilten *(laesus)* vom gerechten Preis und billigt selbst den völligen parteilichen Verzicht auf den Schutz der *laesio enormis*.[914] Und spätestens seit

912 *Thomas von Aquin*, Sth II-II, q. 77, art. 1, S. 363, „*Ad primum*".

913 *Wilhelm von Auxerre*, Summa aurea III/2 (ed. Ribaillier), tract. XLVIII, cap. III, q. 2, fol. 242rb, S. 932: „*[...] sed secundum legem divinam non potest vendere sine peccato rem aliquam scienter plus, quam valet; [...].*"; *Monaldus de Iustinopoli*, Summa perutilis ... in utroque iure fundata, Lugduni 1516, tit.: De venditione, fol. CCLXXIIIvb: „*[...] tamen s[ecundu]m legem divinam secus est quia peccat venditor si ementem decipiat scienter rem pl[us] debito vendendo mendacio et contra conscientiam rectam.*" *Kalb*, Die laesio enormis im gelehrten Recht (wie Fn. 882), S. 123, führt bezüglich der Aussage des *Wilhelm* aus: „*Diese Äußerung des Wilhelm von Auxerre ist unter Beachtung des zeitgenössischen juristischen Meinungsstandes mißverständlich, denn nach weltlichem Recht ist zu prüfen, inwieweit eine wissentliche Täuschung den Tatbestand von dolus incidens bzw. causam dans erfüllt.*"

914 *Kalb*, Die laesio enormis im gelehrten Recht (wie Fn. 882), S. 145–149; *Decock*, Theologians and Contract Law (wie Fn. 15), S. 534–535; *Kaye*, History of Balance (wie Fn. 248), S. 117.

Johannes Gerson ist strittig, ob nicht der Grundsatz *„scienti et volenti non fit iniuria“* (Dem Wissenden und Wollenden geschieht kein Unrecht)[915] die Restitutionspflicht *in foro conscientiae* ausschließt.[916] So sprechen sich zum Beispiel *Johannes Gerson* und auch *Bernhardin von Siena (1380–1444)*[917] sowie *Antoninus von Florenz (1389–1459)*[918] gegen eine Restitutionspflicht aus, wenn der Übervorteilte *(laesus)* den gerechten Preis kannte und mithin in

---

915 Vgl. D. 39.3.9.1 (Corpus iuris civilis I, S. 647b) sowie D. 47.10.1.5 (Corpus iuris civilis I, S. 830a); VI 5.12.reg. 27 (CIC II, Sp. 1122).

916 *Johannes Gerson*, Opusculum de contractibus, in: Opera Omnia, Tom. III, Antwerpiae 1706, pars secunda, propositio undecima, Sp. 180: *„[...] non est punctualis vel indivisibilis, sed multam habet latitudinem, infra quam potest magis vel minus dari de pretio sine Justitiae laesione, immo & saepe sine restitutionis obligatione; quamvis de restitutione varius apud Doctores sit sermo, dicentibus aliquibus, quod nisi sit defraudatio ultra medium justi pretii, defraudans non tenetur ad restitutionem. Et in hoc satis concordant omnes dicentes verum esse in Foro exteriori propter irritationem Legislatoris; sed de Foro conscientiae nulli dubium quin defraudans tenetur confiteri. Utrum autem obligetur restituere, non est ita clarum nec concordatum apud omnes, praefertim Theologos: non enim videtur necessarium quod ubi concurrunt mutuae voluntates vendentis & ementis ut res suas commutent in alterutrum, quod furtum committatur vel rapina, juxta illud: Scienti & consentienti non fit iniuria neque dolus, praecipuè dum sciens & volens est sui juris in sua re; [...].“*; *Decock*, Theologians and Contract Law (wie Fn. 15), S. 534 (v. a. Fn. 1762); *Kalb*, Die laesio enormis im gelehrten Recht (wie Fn. 882), S. 141–142.

917 *Bernhardin von Siena*, Quadragesimale de evangelio aeterno, in: Opera Omnia, Tom. II, Lugduni 1650, sermo XXXVI, cap. 2, S. 225b: *„[...] nihilominus si infra illud appareat notabilis fraus, est correspondens restitutio facienda, secundum Scot. in 4.di.15.q.2. & habetur sup. serm. 32.c.ult. Hoc autem intelligo, si defraudatus huiusmodi excessum ignoret: quia si sciens & advertens quantitatem excessus libere consentit in tale pretium & contractum, iam non defraudatur, quia potest rem suam absque omni pretio dare: sic secundum beneplacitum suum potest etiam eam pro sua centesima parte iusti pretij condonare: nec in hoc fit ei aliqua iniustitia, nisi forte consensu eius fieret ex aliqua quatuor earum, de quibus sup. serm. 33 ar.2.& 3. particula 3 c. dictum est ad fi.“* Zu *Bernhardin von Siena: Wilhelm Friedrich Bautz*, Art. Bernhardin v. Siena, in: BBKL I, 2. Auflage (1990), Sp. 540–541.

918 *Antoninus von Florenz*, Summa theologica, pars secunda, Veronae 1740, tit. I, cap. XVI, §. III, Sp. 256–257: *„Quod totum intellige, quando defraudatur justo pretio em[p]tor vel venditor ex errore seu ignorantia; nam si sciens, & advertens quantitatem excessus, vel defectus libere consetit in tale pretium & contractum; in nullo tenetur alter cum eo contrahens, cum sciat illum advertere de excessu, vel defectu pretii. Et ratio est, quia scienti & consentienti non fit iniuria neque dolus, ut de reg. juris., lib. 6. Sicut enim potest rem suam absque omni pretio dare & donare, ita etiam potest pro centesima parte justi pretii rem suam vendere ad suum beneplacitum, & alteri pro quinta parte, & alteri pro juste pretio tantum. Nec in hoc fit injustitia ex parte alterius, nisi cogeretur venditor ad vendendum, aliqua magna necessitate ad hoc inducente, cum non potest aliter sibi providere; vellet tamen justum pretium, sed invenire non*

den vereinbarten, abweichenden Preis einwilligte – eine Ansicht, welche von der überwiegenden Anzahl der Spätscholastiker, wie *Juan de Medina*[919], *Martin de Azpilcueta*[920], *Diego de Covarruvias y Leyva*[921], *Luis de Molina*[922] und

---

potest: vel etiam magna levitate ad hoc movente, ut prodigus & levis; tunc enim secus dicendum." *Kalb*, Die laesio enormis im gelehrten Recht (wie Fn. 882), S. 143–144, 152. Zu *Antoninus von Florenz*: *Heinz Wolter*, Art. Antonius (Antonino Pierozzi, OP), Erzbischof von Florenz, in: LexMA I (1980), Sp. 728.

919 *Juan de Medina*, De restitutione et contractibus, Salmanticae 1550, q. 33, fol. 99rb: „*Sed esset dubiu[m], si ita est, quod sive defraudatio sit ultra, sive citra dimidiu[m] iusti precii peccat defraudans, & tenetur superacceptu[m] restituere, ut quid igitur solet poni differentia, vel in quo inter defraudationem ultra dimidium iusti precii & citra &c. Respon. quod differentia ponitur ad cognoscendum de validitate, aut nullitate contractus, & de actione data, vel negata defraudato.*"; *Kalb*, Die laesio enormis im gelehrten Recht (wie Fn. 882), S. 161–162 Fn. 138. Ausführlich zu *Medinas* Lehre: *Decock*, Theologians and Contract Law (wie Fn. 15), S. 536–544.

920 *Martinus de Azpilcueta*, Commentaria iuris canonici, Bd. 3, Venetiis 1601, Relectio cap. novit de iudiciis, notabile sextum, decimumtertium corollarium, Nr. 50 ff.: „... *Non peccare autem in alio quinto casu, quando scilicet, tam emptor, quam venditor nouerunt iustum pretium mercis, et nulla necessitate premente ullum illorum, uenditor sponte sua, cessante omni fraude, dolo, et mendacio uendit uilius, quam ualet, aut emptor emit semper carius, quam ualet, hoc enim casu uideri potest emptor donare id, quod illi detrahit ... Tum, quia uendere rem uilius, vel carius emere, non est donare, sed male contrahere...Tum, quia in dubio nemo praesumitur donare ... Et quod alioqui non esset locus praedictae l. 2 (C. 4.44.2) quatenus habet, contrahenti laeso ultra dimidium iusti pretii succurrendum esse, cum quilibet praesumitur scire vires patrimonii sui ... Ex quibus omnibus colligitur, peccare vendentem mercem carius, quam valeat ei, qui credit rem valere tanti, vel scienti quidem, sed aliam ob causam, quam donationis, danti pretium maius iusto. Peccare, et e contrario ementem notabiliter vilius, quam merx valet, ab eo, qui puta team non valere pluris, vel scit quidem valere, sed ob aliam causam, quam donationis vendit rem vilius....*" Zitiert nach *Kalb*, Die laesio enormis im gelehrten Recht (wie Fn. 882), S. 163 Fn. 141; Ausführlich: *Decock*, Theologians and Contract Law (wie Fn. 15), S. 545–553.

921 *Diego de Covarruvias y Leyva*, Variarum resolutionum, Venetiis 1588, lib. II, cap. IIII, n. 11, S. 125b: „*Superest casus non omnino facilis: cum quis scilicet scienti iustum valorem rei, eam vendiderit carius, quam valeat, vel a sciente eam emerit vilius: nam & hunc in co[n]scientiae iudicio peccare, & teneri ad restitutione[m] colligitur ex his rationibus quas in communis sententiae probatione[m] adducit [...], quia donationis praesumptio hic non subest, & ideo usurpatio est rei alienae domino invito.*"; *Kalb*, Die laesio enormis im gelehrten Recht (wie Fn. 882), S. 158–160, insbs. S. 160 Fn. 135. Ausführlich: *Decock*, Theologians and Contract Law (wie Fn. 15), S. 553–565.

922 *Kalb*, Die laesio enormis im gelehrten Recht (wie Fn. 882), S. 163–164, insbs. S. 164 Fn. 143 mit folgendem Zitat von *Molina*: *Luis de Molina*, De iustitia et iure, Tom. II: De contractibus, Moguntiae 1602, tract. II, disp. 349, Sp. 395: „*Quod autem, esto cum scientia veri rei valoris facta sit emptio & venditio, detur praedicta actio, probat Aries Pinel [...] & sequitur Covar. [...].*"

auch *Leonardus Lessius (1554–1623)*[923] verworfen wurde.[924] Sie lehnten die Geltung des Grundsatzes *scienti et volenti non fit iniuria* bei der wissentlichen Übervorteilung *in foro conscientiae* ab.[925] Vielmehr forderten sie absolute Leistungsäquivalenz *in foro conscientiae*: Auch die zum Zeitpunkt des Vertragsschlusses im Hinblick auf den gerechten Preis *(iustum pretium)* gutgläubigen Vertragsparteien sind ab dem Zeitpunkt der Kenntnis vom *iustum pretium* zur Restitution der empfangenen Leistungen verpflichtet.[926]

Mögen die Stellungnahmen zur Übervorteilung *infra medietatem iusti pretii* insbesondere ab dem 14. Jahrhundert noch so ausdifferenziert sein, so kann im Hinblick auf *Duns Scotus'* Ausführungen lediglich festgestellt werden, dass er seine Forderung einer Restitutionspflicht *infra medietatem iusti pretii* im Falle einer Ungerechtigkeit *(iniustitia)* wie auch andere Theologen zu seiner Zeit nicht weiter erklärt und keinerlei Ausführungen zur Wissensproblematik tätigt.[927] Dies mag sicherlich dem Umstand

---

923 *Kalb*, Die laesio enormis im gelehrten Recht (wie Fn. 882), S. 164–165, v. a. Fn. 144; *Decock*, Theologians and Contract Law (wie Fn. 15), S. 535, v. a. Fn. 1766; *Leonardus Lessius*, De iustitia et iure, Antverpiae 1617, lib. II, cap. 21, dub. IV, n. 21–22, S. 276b–277a: „*Notandum Secundo, Fraudatorem, qui citra dimidium decepit, non ideo excusari a restitutione eius in quo alterum circumvenit, sive emendo, sive vendendo; ut communis sententia DD. habet, [...]. Hinc patet falli Ioanne Gerson opusc. de contractib. p. 2. proposit. 11 (habetur in t. 2. alph. 35.) dum putat talem non teneri ad restitutionem; (quamvis peccarit & confiteri teneatur) eo quod scienti & volenti non fiat iniuria: quia ille non est absolute volens, sed solum modo explicato; sicut is, qui solvit usuras. Adde, sententiam illam includere repugnatiam. Si enim talis fraudatio est peccatum, certe est peccatum contra iustitiam: ac proinde obligat ad restitutionem.*" Siehe weiter zu *Lessius*: *Walter Friedberger*, Art. Lessius, Leonhard, in: BBKL IV (1992), Sp. 1551–1552.

924 Sehr ausführlich zu den spätscholastischen Diskussionen über Äquivalenzstörungen unterhalb der Läsionsschwelle und den römisch-rechtlichen Lehren des *se circumvenire/circumscribere* sowie der *laesio enormis*: *Decock*, Theologians and Contract Law (wie Fn. 15), v. a. S. 529–592.

925 *Kalb*, Laesio enormis im gelehrten Recht (wie Fn. 882), S. 156–171; *Decock*, Theologians and Contract Law (wie Fn. 15), S. 536–592.

926 *Decock*, Theologians and Contract Law (wie Fn. 15), S. 541–542, bzgl. *Medinas* Lehre, und S. 547, bzgl. *Azpilcuetas* Lehre.

927 Auch *Thomas* und *Richardus* erklären nicht weiter, was genau unter *notabiliter damnificatur/laeditur* zu verstehen ist, ob also z. B. eine wissentliche Abweichung vom *iustum pretium* eine solche Schädigung begründet. Bzgl. *Thomas* auch: *Marazzi*, Das *iustum pretium* im Tractatus de emptionibus et venditionibus des Olivi (wie Fn. 857), S. 51 Fn. 18, auch m w. N.; *Kalb*, Die laesio enormis im gelehrten Recht (wie Fn. 882), S. 124–125: „*Thomas führt dann weiter aus, daß er deshalb auf einen nennenswerten Schaden abstelle, weil sich der gerechte Preis nicht immer punctualiter festlegen lasse, denn er beruhe auf einer gewissen Schätzung. Daher scheine auch nach göttlichem Recht ein mäßiges Mehr oder Weni-*

geschuldet sein, dass ganz unstreitig Restitutionspflichten bei Äquivalenzstörungen unterhalb der Läsionsschwelle *in foro conscientiae* seitens der Moraltheologen seinerzeit gefordert wurden[928] und zugleich eine allgemeine Akzeptanz von schätzungsbedingten Ungleichheiten als vertragsimmanente, unvermeidbare Erscheinung vorherrschte[929]. Unvermeidbar können diese schätzungsbedingten Wertdivergenzen jedoch nur sein, sofern die Vertragsparteien in gutem Glauben hinsichtlich des wahren Wertes und des gerechten Preises sind, ihnen demnach das Wissen um die Abweichung vom gerechten Preis fehlt. Im Ergebnis führt dieser Befund dazu, dass der historisch „richtige" beziehungsweise „korrekte" Sinn der scotischen Aussage letztlich – wenn auch mit einiger Wahrscheinlichkeit – nur vermutet werden kann: Eine Ungerechtigkeit *(iniustitia)* wird immer dann vorliegen, wenn die oben behandelte Spanne der unvermeidbaren Ungleichheit *(inaequalitas)* verlassen wird. Das wiederum wird wohl vom Wissen um den gerechten Preis *(iustum pretium)* abhängen. Dass es den Theologen um eine rein quantitative Abweichung vom *iustum pretium* unterhalb der Läsionsschwelle geht, erscheint deshalb unwahrscheinlich, da bei Gutgläubigkeit hinsichtlich der Vereinbarung eines gerechten Preises kein vorwerfbares, sündhaftes Verhalten vorliegt. Insbesondere unter Berücksichtigung der theologischen Ausführungen zur Anerkennungen schätzungsbedingter Abweichungen vom *iustum pretium* und der ab dem 14. Jahrhundert diskutierten Frage des Einflusses der einseitigen Kenntnis vom gerechten Preis auf die Restitutionspflichten *in foro conscientiae*, erscheint es wahrscheinlich, dass entscheidend für die Forderung von Re-

---

ger die aequalitas iustitiae nicht aufzuheben." *Richardus*, Quodl. II, Brixiae 1591, q. XXIII, S. 67a, „*Tertius Articulus.*": „*[…] in foro t[ame]n conscientiae bene consicitur contractus, quis vendens decipiatur inter dimidietatem iusti precij, vel eme[n]s: sed q[ui]ncunq[ue]; est excessus iusti precij ultra rem vendita[m], vel rei vendit[a]e ultra precium, ita q[uod] clare vide[n]t, q[uod] emens, vel vendens notabiliter laeditur s[e]c[un]d[u]m exigentia[m] rei venditae, & dico s[e]c[un]d[u]m exigentia[m] rei venditae: quia aliqua laesio no[n] diceretur notabilis s[e]c[un]d[u]m se, quae t[ame]n notabilis diceretur per comparationem ad rem emptam, vel vendita[m], sicut q[ui]n res vendita est parui valoris.*"

928 Vgl. hierzu beispielsweise die ganz klare Forderung strikter Leistungsäquivalenz bei: *Thomas Chobham*, Summa confessorum, Louvain [u. a.] 1968, q. XIa, cap. viii („*De restitutione*"), S. 514: „*Sed secundum legem divinam si decepit eum in uno denario ultra iustum pretium restituere tenetur.*"

929 Vgl. hier vor allem die erklärenden Ausführungen des *Thomas von Aquin*, Sth II-II, q. 77, art. 1, S. 363, „*Ad primum*", der klarstellt, dass Abweichungen im geringen Maße erlaubt seien, da der Preis auf einer Schätzung der Parteien beruhe; zu *Thomas'* Ausführungen: *Kalb*, Die laesio enormis im gelehrten Recht (wie Fn. 882), S. 124–125.

stitutionspflichten unterhalb der Läsionsschwelle *in foro conscientiae* die Kenntnis von der Abweichung sein wird. Eine explizite Nennung des Kriteriums des Wissens *(scienter)* in den theologischen Schriften im späten 13. Jahrhundert und sehr frühen 14. Jahrhundert erscheint vor diesem Hintergrund obsolet.

Schließlich – so kann auf Grundlage des Wortlauts des Ausspruchs des *Duns Scotus* zusammengefasst werden – zeigt *Duns Scotus* sich als ein Vertreter der *opinio communis theologica* und fordert eine Restitutionspflicht bei jeder eine „Ungerechtigkeit" (beziehungsweise nennenswerte Schädigung) begründenden Äquivalenzstörung *infra medietatem iusti pretii. In foro conscientiae* gilt mithin der Grundsatz strikter Leistungsäquivalenz.

(cc) Die gewohnheitsmäßige Preisbestimmung durch den parteilichen Konsens

Als zweites Beispiel einer Begrenzung der *latitudo* beziehungsweise Bestimmung ihres Umfangs nennt *Duns Scotus* die Möglichkeit der Kaufpreisbestimmung durch die Vertragsparteien selbst, sofern diese den Parteien überlassen ist.[930]

930 Zur Würdigung dieser durch die Gewohnheit bestimmten Grenze *bei Duns Scotus* in der Sekundärliteratur v. a.: *Noonan*, Scholastic Analysis of Usury (wie Fn. 252), S. 85; *Schreiber*, Die volkswirtschaftlichen Anschauungen der Scholastik (wie Fn. 248), v. a. S. 152; sehr knappe Erwähnung bei: *Kaye*, Economy and Nature (wie Fn. 248), S. 125–126, im Zusammenhang mit der Beeinflussung *Duns Scotus'* durch *Olivi*. Ausführlicher: *Langholm*, The Legacy of Scholasticism in Economic Thought (wie Fn. 248), S. 102–104; *Langholm*, Economics in the Medieval Schools (wie Fn. 248), S. 410–411.

„Quandoque autem relinquitur ipsis commutantibus ut – pensata mutua necessitate – reputent sibi mutuo dare aequivalens hinc inde et accipere: durum est enim inter homines esse contractus in quibus contrahentes non intendant aliquid de illa indivisibili iustitia remittere sibi mutuo, ut pro tanto omnem contractum concomitetur aliqua donatio.

Manchmal aber wird es den Tauschenden selbst überlassen, dass sie – nachdem sie über ihre gegenseitigen Bedürfnisse nachgedacht haben –, sich überlegen, sich gegenseitig ein Äquivalent hier zu geben und da anzunehmen: Es ist nämlich schwer [vorstellbar], dass zwischen Menschen Verträge bestehen, in welchen die Parteien nicht vorhaben, sich gegenseitig irgendetwas von jener unteilbaren Gerechtigkeit [im Hinblick auf jene...] zu erlassen, [so] dass insoweit [in dieser Höhe] eine Schenkung einen jeden Vertrag begleitet.

Et si iste est modus commutantium, quasi fundatus super illud legis naturae
'Hoc facias alii, quod tibi vis fieri', satis probabile est quod quando sunt mutuo contenti, mutuo volunt sibi remittere, si secundum aliquid deficiunt ab ista iustitia requisita.“[931]

Und wenn dies die Art des Tauschens ist, wie sie auf jenem Naturgesetz gründet
„Tu anderen, was du willst, was dir geschehen soll“, ist es ziemlich wahrscheinlich, dass sie, wenn sie beidseitig zufrieden sind, sich gegenseitig irgendetwas erlassen wollen, wenn ihnen in Bezug auf die erforderliche Gerechtigkeit etwas fehlt.

Es geht *Duns Scotus* an dieser Stelle explizit um die Nennung eines Beispiels für eine der Gewohnheit *(consuetudo)* entspringende Grenze der *latitudo*.

Dass es den Parteien „manchmal“ *(quandoque)* überlassen bleibt, selbst einen gemeinsamen Wert beziehungsweise Preis festzusetzen, grenzt den von *Duns Scotus* behandelten Fall freier Preisvereinbarung von denjenigen Fällen ab, in welchen die freie Preisfestsetzung nicht möglich ist, so zum Beispiel bei obrigkeitlichen Preistaxierungen[932]. Diese waren vor allem

931 *Duns Scotus*, Ord. IV (editio vaticana XIII), dist. 15, q. 2, n. 128, lin. 786–794, S. 89–90.

932 Ausführlich und umfassend zur Preisregulierung in deutschen Städten, v. a. in Köln im Mittelalter: *Ernst Kelter*, Geschichte der obrigkeitlichen Preisrege-

in mittelalterlichen Städten oft als Mittel der unmittelbaren Preispolitik für lebenswichtige Waren der Bevölkerung vorzufinden.[933] Die Preisfestsetzung bezog sich dabei typischerweise auf bestimmte Waren für einen bestimmten Zeitraum, wobei die Zahl der nicht preisgeregelten Waren eindeutig überwog.[934] Die Preisfestsetzung wurde in der Regel von Instrumentarien der mittelbaren Preispolitik begleitet, zum Beispiel von Qualitäts- und Quantitätsbestimmungen, Einkaufs- und Verkaufsregelungen.[935]

Duns Scotus geht es folglich in dem obigen Zitat um Fälle fehlender Preistaxierung. Der Preis entspringt in einem solchen Fall der Parteienabrede. Grundlage bildet der vertragliche Konsens.

Mit den Worten *„ut – pensata mutua necessitate – reputent sibi mutuo dare aequivalens hinc inde et accipere“* geht *Duns Scotus* näher auf den Vorgang der Güterbewertung und Preisbestimmung im Rahmen der freien Konsensbildung der Parteien ein:

Jede Vertragspartei erwägt primär ihr eigenes Bedürfnis. Dieses ist letztlich ausschlaggebender Beweggrund für den Vertragsschluss. In einem zweiten Schritt erwägen die Parteien ein dem Wert ihres Tauschobjekts entsprechendes Äquivalent anzunehmen beziehungsweise zu geben. Das heißt, sie beurteilen den Wert eines Äquivalents, wobei auch die Kaufpreiszahlung ein Äquivalent darstellen kann. Die Wertbildung stellt im

---

lung, Bd. 1: Die obrigkeitliche Reisregelung in der Zeit der mittelalterlichen Stadtwirtschaft, Jena 1935. *Kelter* befasst sich kurz mit der Preisregelung im Ausland, S. 4–7. Des Weiteren wird das Instrument der Preistaxierung auch im Rahmen der Ausführungen zum gerechten Preis von *Endemann*, Wirtschafts- und Rechtslehre, Bd. 2 (wie Fn. 830), v. a. S. 38–39; *Noonan*, Scholastic Analysis of Usury (wie Fn. 252), S. 89, genannt. *Baldwin*, The Medieval Theories of the Just Price (wie Fn. 248), S. 29b, 54b, 76a, 80ab, nennt die Preistaxierung als eine neben der parteilichen Preisbestimmung bestehende Möglichkeit der Festlegung des Preises; vgl. auch: *Schulze*, Die laesio enormis in der deutschen Privatrechtsgeschichte (wie Fn. 881), v. a. S. 19–21 (mit Beispielen auf S. 20).

933 *Hans Georg Schachtschabel*, Der gerechte Preis. Geschichte einer wirtschaftsethischen Idee, Berlin 1939, S. 101–102.

934 *Schachtschabel*, Der gerechte Preis (wie Fn. 933), S. 98. Ausführlich und umfassend zur Preisregulierung in deutschen Städten, v. a. in Köln im Mittelalter: *Kelter*, Geschichte der obrigkeitlichen Preisregelung, Bd. 1 (wie Fn. 932). *Kelter* befasst sich kurz mit der Preisregelung im Ausland, S. 4–7.

935 *Schachtschabel*, Der gerechte Preis (wie Fn. 933), S. 102. Von einem geschlossenen System mittelalterlicher Preispolitik kann allerdings nicht gesprochen werden (*Schachtschabel*, op. cit., S. 99).

Ergebnis einen subjektiven Vorgang dar, welcher auf der persönlichen Bewertung der Tauschparteien gründet.[936]

Als durchaus problematisch erachtet *Duns Scotus*, wenn die Parteien in keiner Weise vorhaben, sich irgendetwas jenseits jener unteilbaren Gerechtigkeit zu überlassen, so dass die Parteien (anders und je nach zu Grunde gelegter Perspektive ausgedrückt) in keinem Fall bereit sind, im Rahmen des Vertrages weniger zu erhalten, als sie der anderen Partei gegeben haben, beziehungsweise auch nur minimal mehr herzugeben, als sie letztlich als Gegenleistung selbst annehmen *(contrahentes non intendant aliquid de illa indivisibili iustitia remittere sibi mutuo)*. Dann wäre es schwer möglich, dass Verträge überhaupt existieren könnten *(durum est enim inter homines esse contractus in quibus...)*. Das eigentliche Problem ergibt sich unter Rückgriff auf die vorherigen scotischen Ausführungen letztlich daraus, dass sich eine absolute Leistungsäquivalenz seitens der Menschen nicht erreichen lässt. Der Wert bemisst sich anhand einer Schätzung auf Grundlage der Nützlichkeit *(utilitas)* der Sache für den menschlichen Gebrauch. Die Wertschätzung ein und derselben Sache kann somit bei zwei Personen durchaus unterschiedlich ausfallen. Letztlich, so erwägen sie überhaupt einen Tausch beziehungsweise Kaufvertrag, eben weil das (persönliche) Bedürfnis nach der Sache bei den Tauschparteien in unterschiedlichem Maße ausgeprägt ist. Da diese absolute Äquivalenz seitens der Menschen tatsächlich nicht erreichbar ist, wird in einem gewissen Maße stets eine Wertdiskrepanz zwischen den ausgetauschten Leistungen vorliegen.

Duns Scotus geht allerdings über die bloße Feststellung einer derartigen Wertdiskrepanz in seinem obigen Zitat hinaus. Vielmehr hebt er hervor, dass die Parteien (kraft ihres Willens) von ihrer individuellen Preisvorstel-

---

936 Anders als *Olivi und Thomas* spricht *Duns Scotus* an dieser Stelle seines Kommentars nicht von einer *aestimatio* des Wertes oder dem Verb *aestimare*, sondern verwendet die Verben *pensare* und *reputare*, welchen in diesem Kontext die Bedeutung *„erwägen, beurteilen"* zukommt. Siehe auch: *Spicciani*, La mercatura e la formazione del prezzo nella riflessione teologica medioevale (wie Fn. 254), cap. IV, S. 225–226. Zum Vorgang der Wertschätzung im Rahmen des Vertragsschlusses bei *Duns Scotus*: *Schreiber*, Die volkswirtschaftlichen Anschauungen der Scholastik (wie Fn. 248), S. 151 (mit einem Beispiel). Ausführlicher zum Prozess des Aushandelns unter Bezugnahme auf die Lehren von *Heinrich von Gent* und *Olivi*, allerdings auch unter anschließender Darstellung der scotischen Lehre einer im Vertragskonsens integrierten Schenkung: *Langholm*, The Legacy of Scholasticism in Economic Thought (wie Fn. 248), S. 102 (bzgl. *Olivi*: *„different people estimate it differently"*). *Langholm*, The Merchant in the Confessional (wie Fn. 248), S. 167 bzgl. *Duns Scotus*: *„[...] the seller and buyer will have different opinions about the just price."*

lung abrücken können, um auf diese Weise einen Konsens zu finden und einen Vertragspreis zu bilden. *Duns Scotus* akzentuiert damit das Aushandeln eines Vertragspreises durch beidseitiges Abrücken von eigenen Preisvorstellungen.

Sind beide Parteien zufrieden, so ist es daher äußerst wahrscheinlich, dass sie sich einander im Hinblick auf die Gerechtigkeit einen Teil erlassen wollen (um zu einer Einigung zu gelangen) *(quando sunt mutuo contenti, mutuo volunt sibi remittere, si secundum aliquid deficiunt ab ista iustitia requisita)*. *Duns Scotus* stellt sodann dar, dass in Höhe der unvermeidbaren Wertdiskrepanz eine Schenkung einen jeden Vertrag begleitet.[937] Der von den Tauschparteien gefundene Konsens über den Preis schließt zugleich die Bereitschaft einer Schenkung in Höhe der Wertdiskrepanz ein. *Duns Scotus* setzt – und das ist wohl entscheidend – als Prämisse voraus, dass die Parteien einander mit Wohlwollen begegnen, denn *Duns Scotus* stützt die dem Konsens immanente Schenkung auf das von ihm positiv formulierte naturrechtliche Gebot (Goldene Regel): Tu anderen, was du willst, was dir geschehen soll.[938] Die Schenkung ist dann Ausfluss des dem Vertrag zu Grunde liegenden biblischen Gleichbehandlungsgrundsatzes.

---

937 Zur Würdigung der scotischen Idee einer Schenkung: *Langholm*, The Legacy of Scholasticism in Economic Thought (wie Fn. 248), S. 102–104, 109; *Langholm*, The Merchant in the Confessional (wie Fn. 248), v. a. S. 167, 174; *Langholm*, Economics in the Medieval Schools (wie Fn. 248), S. 411. Und genauer zum soeben erläuterten Vorgang des Aushandelns eines Vertragspreises in Verbindung mit der Schenkungslehre: *Langholm*, Economics in the Medieval Schools (wie Fn. 248), S. 411: „*What he does say is that the opposing parties to an exchange will normally disagree as to what this just price is, and if each were to insist on his own estimate, there would be no exchange. If they are to exchange at all, they must agree on something, namely, on the actual price. Scotus than suggests that prior to reaching this agreement, each party will yield a little compared to his own estimate of what is just. In this sense there is a gift involved in all exchanges from both sides, and the outcome (if free of fraud and duress) is normally above reproach, since if both parties declare themselves content, it is likely that these gifts are freely given.*"

938 Dazu: *Langholm*, The Legacy of Scholasticism in Economic Thought (wie Fn. 248), S. 104: „*As a pure ideal, it is one of the the noblest bequests of the scholastics to economic thought. In a spirit of mutual benevolence, buyer and seller can come to terms that are just becaue they satisfy both.*" *Duns Scotus* qualifiziert diese Gleichbehandlungsregel als ein Gebot des Naturgesetzes. Damit befindet er sich in einer theologischen Tradition, welche das Gleichbehandlungsgebot als *lex naturalis* und nicht als *ius* bezeichnete, vgl. *Kenneth Pennington*, Lex Naturalis and Jus Naturale, in: The Jurist 68 (2008), S. 569–591; *Heinz-Horst Schrey*, Art. Goldene Regel III, in: TRE XIII (1984), S. 575–583, insbs. S. 575–576.

Mit der Lehre von einer im vertraglichen Konsens integrierten Schenkung führte *Duns Scotus* einen Gedanken in die moraltheologischen Diskussionen um den gerechten Preis *(iustum pretium)* ein, welchen unter anderem *Johannes Nider (1385–1438)*[939], *Bernhardin von Siena* und *Antoninus von Florenz* aufgriffen und wörtlich wiedergaben und welcher insbesondere in den Preisdiskussionen der Vertreter der Schule von Salamanca vielfach im Rahmen ihrer Ausführungen zur Übervorteilung *infra medietatem iusti pretii* begegnet.[940] Beriefen sich die genannten Autoren aus dem 14. und 15. Jahrhundert noch ausdrücklich auf *Duns Scotus*, so soll dieser Bezug in den Preisdiskussionen der Spätscholastiker nicht mehr derart klar zu Tage treten.[941] Im Zusammenhang mit der Frage nach der Restitutionspflicht bei Übervorteilung *infra medietatem iusti pretii* setzten letztere sich besonders ausführlich mit dem Grundsatz *donatio non praesumitur* (die Schenkung wird nicht vermutet) auseinander und entfalteten vor diesem Hintergrund tiefgehende Gedanken zu den Wesensmerkmalen einer Schenkung in Abgrenzung zum Kauf sowie zur Freiheit des Willens.[942]

Die Frage, ob und inwiefern eine Verbindung zwischen der scotischen Idee einer im Preiskonsens integrierten Schenkung, den ausdifferenzierten Lehren der Spätscholastiker und dem von ihnen vertretenen Grundsatz *donantio non praesumitur* besteht, kann letztlich nur gemutmaßt werden und überschreitet die Fragestellung dieser Arbeit. *Langholm* vermutet, dass der scotische Gedanke womöglich über die Werke von *Johannes Nider, Bernhardin von Siena, Antoninus von Florenz* und *Gerald Odonis (1285–1349)*[943] den Weg zu den deutschen Autoren und wichtigen Vertretern der italieni-

939 *Bettina Wagner*, Art. Nider (Nyder), Johannes, OP, in: LexMA VI (1993), Sp. 1136; *Marie-Luise Ehrenschwendtner*, Art. Johannes Nider, in: BBKL III (1992), Sp. 502–505.

940 *Langholm*, The Legacy of Scholasticism in Economic Thought (wie Fn. 248), S. 104 m. w. N. (vgl. auch: S. 102–103); *Bernhardin von Siena*, Quadragesimale de evangelio aeterno, in: Opera Omnia, Tom. II, Lugduni 1650, feria II, sermo XXXVI, art. 1, cap. 2, S. 225b; *Antoninus von Florenz*, Summa theologica, pars secunda, Veronae 1740, tit. I, cap. XVI, §. III, Sp. 257. Ausführlich zu den spätscholastischen Lehren vom *iustum pretium* sowie zum Grundsatz *donatio non praesumitur*: *Decock*, Theologians and Contract Law (wie Fn. 15), S. 507–604.

941 Vgl. die Ausführungen von: *Langholm*, The Legacy of Scholasticism in Economic Thought (wie Fn. 248), S. 104.

942 Ausführlich zu den spätscholastischen Lehren und mit weiteren Quellennachweisen: *Decock*, Theologians and Contract Law (wie Fn. 15), S. 507–604, insbs. S. 541–544, 557–559, 563–566.

943 *Michael Bihl*, Art. Gerardus Odonis, in: The Catholic Encyclopedia, Vol. VI (1913), S. 468a–469a.

schen Beichtsummenliteratur und über diese zu den Theologen der Schule von Salamanca gefunden hat.[944] Hinsichtlich des Grundsatzes *donatio non praesumitur* erwähnt *Decock* den vermeintlichen römisch-rechtlichen Ursprung (D. 46.3.50) dieser Maxime, lässt aber zugleich ihre erst spätere Ausformung wie zum Beispiel bei dem humanistischen Juristen *Andreas Tiraquellus (1488–1558)*[945] wahrscheinlich erscheinen.[946] Mögen die Rezeptionswege der scotischen Lehre sowie ihr Einfluss auf die spätscholastischen Diskussionen unklar sein, so bleibt es aber doch das Verdienst des *Duns Scotus* die Idee der mit dem Kaufvertrag verbundenen Schenkung in die moraltheologische Debatte über das *iustum pretium* eingeführt zu haben.

Ohne dass *Duns Scotus* seine obigen Ausführungen weiter erläutert, ist unter Berücksichtigung seiner Darlegungen zu den Voraussetzungen einer gerechten Schenkung hinreichend deutlich, dass gerade der freie Wille für eine jede Schenkung konstituierend ist. Innerhalb seiner Ausführungen zur Schenkung lehrt *Duns Scotus* unter Bezug auf das dritte Buch der Nikomachischen Ethik, dass man aber nicht bloß freigiebig schenkt, wenn jemand, der getäuscht oder durch Not veranlasst oder gezwungen wurde, schenkt, weil die Unkenntnis und jeder Zwang den freien Willen schlechthin ausschließen.[947] Wenn *Duns Scotus* somit formuliert, dass in Höhe der Wertdiskrepanz eine Schenkung einen jeden Vertrag begleitet, so weist er damit auch implizit auf seine Ausführungen zur Willensfreiheit bei der Schenkung hin. Geht man nun von der scotischen Prämisse aus, dass die Parteien auf Grundlage des naturrechtlichen Gleichbehandlungsgrundsatzes handeln und einander wohlwollend gegenüberstehen, so agieren sie frei von etwaigen vertraglichen Zwang, Unkenntnis oder Not, wenn sie einander im Hinblick auf die Wertdiskrepanz etwas nachlassen, denn sie haben bereits zuvor einem Konsens gefunden, welcher beide Seiten zufriedenstellt, so dass angenommen werden kann, dass dann eine tatsäch-

---

944 *Langholm*, The Legacy of Scholasticism in Economic Thought (wie Fn. 248), S. 104.

945 Zu *Tiraquellus*: *Agnieszka Steczowicz*, Tiraqueau, André, in: The Rabelais Encyclopedia, hrsg. v. Elizabeth Chesney Zegura, Westport, CT [u. a.] 2004, S. 247ab.

946 *Decock*, Theologians and Contract Law (wie Fn. 15), S. 558.

947 Zur gesamten Schenkungslehre des *Duns Scotus* vgl: § 5.C.I.1. *Duns Scotus*, Ord. IV (editio vaticana XIII), dist. 15, q. 2, n. 159, lin. 2–5, S. 98: „*[…] non autem mere liberaliter donat, si deceptus vel quasi necessitate tractus vel coactus donat, quia ignorantia et aliqualis coactio excludunt voluntarium simpliciter, ex III Ethicorum.*“ Deutsche Übersetzung in: § 5.C.I.1.b) bei Fn. 811.

lich freigiebige Schenkung ihren Konsens begleitet.[948] Bei der scotischen Idee einer Schenkung handelt es sich um ein Ideal des ökonomischen Handelns, das auf Nächstenliebe und Barmherzigkeit fußt.[949] Im Hinblick auf die tatsächliche Vertragspraxis läuft diese Lehre Gefahr, stets die aus den verschiedenen Wertschätzungen resultierenden Diskrepanzen innerhalb der erlaubten *latitudo* zu schließen, und es ist wohl dieser Umstand, welcher die Spätscholastiker zur tiefgehenden Betrachtung der einem Vertrag zu Grunde liegenden Motivations- und Willenslage und letztlich zur Ablehnung der *praesumptio donationis* veranlasste.[950]

Im Hinblick auf die Begrenzung der *latitudo* gerechter Preise lässt sich zusammenfassen, dass ihr Umfang/ihre Grenze sich in diesem Fall aus der Gewohnheit der Preisverhandlungen ergibt. *Duns Scotus* trägt den im wirtschaftlichen Alltag seiner Zeit vorzufindenden und nach dem *ius commune* erlaubten freien Preisverhandlungen der Parteien (unterhalb der Grenze der Läsionsanfechtung) im Rahmen seiner wirtschaftlichen Lehren Rechnung und zeigt sich durch die explizite Nennung dieses Beispiels besonders realitätsnah. Zugleich akzentuiert er den auf freier Willensbetätigung der Parteien fußenden Konsens als Grundlage des Preises in bemerkenswerter Weise.[951] Er arbeitet die Freiheit der Parteien, von ihren

---

948 Zur Freiheit dieser Schenkung: *Langholm*, Economics in the Medieval Schools (wie Fn. 248), S. 411: *„In this sense there is a gift involved in all exchanges from both sides, and the outcome (if free of fraud and duress) is normally above reproach, since if both parties declare themselves content, it is likely that these gifts are freely given"*.

949 *Langholm*, The Legacy of Scholasticism in Economic Thought (wie Fn. 248), S. 104. Laut *Langholm*, S. 104, bleibt fraglich, ob es sich letztlich nicht vielmehr um einen Akt der Nächstenliebe als um eine Schenkung handelt: *„But this is charity. It is not what one would think of as gift in connection with a regular economic contract, as the final outcome of bargaining process."*

950 Zu dieser Gefahr: *Langholm*, The Legacy of Scholasticism in Economic Thought (wie Fn. 248), S. 104; *Decock*, Theologians and Contract Law (wie Fn. 15), S. 541–544 (bzgl. *Medinas* Lehre), 557–559, 563–565 (bzgl. *Covarruvias´* Lehre). *Decock*, S. 542–543: *„It is easy to see how the logic of gift could easily underminde the doctrine of just pricing. It sufficed for a vendor to claim that a surplus value was a gift to escape the duty to make restitution in the event of supervenditio. The theologians were aware of this loophole and spared no efforts in closing it off. [...] the idea that donation could be presumed in sale purchase contracts was fiercly contested."*

951 *Schreiber*, Die volkswirtschaftlichen Anschauungen der Scholastik (wie Fn. 248), S. 152, führt aus, dass *„Hier [...] zum ersten Male in der Scholastik ein verstärkter Nachdruck auf die freie Vereinbarung der Kontrahenten gelegt"* wird. Unter Berücksichtigung der vor allem nach *Schreibers* Werk zu verzeichnenden *Olivi*-Forschung ist dieser These so nicht mehr zuzustimmen. *Duns Scotus* betont die Willensfreiheit der Vertragsparteien sicherlich mit *„verstärktem Nachdruck"*, scheint diesbezüglich aber durch *Olivi* beeinflusst.

subjektiven Preisvorstellungen abzuweichen, um einen Konsens zu finden, heraus. Durch die Betonung der Preisverhandlung sowie der Idee einer Schenkung setzt *Duns Scotus* geradezu voluntaristische Akzente, welche den freien Willen als Vertragsgrundlage in den Mittelpunkt treten lassen.

(dd) Zwischenergebnis zu (a)

Duns Scotus zählt zu den wichtigsten Vertretern der *latitudo* gerechter Preise, deren Umfang er durch die gesetzliche Regelung der *laesio enormis* und der wirtschaftlichen Gewohnheit der parteilichen Preisverhandlung bestimmt. In bekannter theologischer Tradition fordert auch *Duns Scotus* eine Restitutionspflicht *in foro conscientiae* im Falle einer Ungerechtigkeit. Dabei ist davon auszugehen, dass stets die Kenntnis des Abweichens vom gerechten Preis eine derartige Ungerechtigkeit *(iniustitia)* begründet. *In foro conscientiae* gilt somit der Grundsatz strikter Leistungsäquivalenz. Davon unterscheidet sich die Bewertung solcher Fälle *in foro exteriore*, nach welcher das Übervorteilen bis zur Grenze der *laesio enormis* erlaubt ist. Trotz der Forderung völliger Leistungsäquivalenz *in foro conscientiae* trägt *Duns Scotus* den im wirtschaftlichen Alltag vorzufindenden Preisverhandlungen Rechnung und zeigt, dass die Vertragsgerechtigkeit keine statische, exakt determinierbare Größe, sondern infolge der sie bestimmenden veränderbaren Faktoren selbst beweglich und veränderbar ist. Auf diese Weise tritt der scotische Voluntarismus in seinen wirtschaftlichen Lehren zu Tage.

(3) Verbot der Ausnutzung/-beutung einer Notlage

Zu den nun bekannten Grundsätzen – Verbot der Täuschung sowie Wahrung der Wertgleichheit – fügt *Duns Scotus* eine weitere Regel hinzu: Sowohl beim Tauschvertrag als auch An- und Verkauf ist es dem Tauschenden beziehungsweise dem Verkäufer möglich, dass der Tauschende beziehungsweise Verkäufer einen eigenen Schaden erwägt, nicht aber einen Vorteil für den Käufer selbst oder aber für denjenigen, mit welchem man tauscht.[952]

---

952 *Duns Scotus*, Ord. IV (editio vaticana XIII), dist. 15, q. 2, n. 130, lin. 798–801, S. 90: *„Addo quod in istis contractibus utrisque licet permutantem vel vendentem pensare damnum suum, non autem commodum ipsius ementis sive cum quo permutat, – hoc dico in carius vendendo vel permutando."* – *Ich füge hinzu, dass es bei*

Zur Veranschaulichung dieser Regel dient *Duns Scous* der folgende Beispielsfall:

„Et intelligo sic: si quis multum indiget sua re, et per magnam instantiam inducatur ab alio ut vendat eam vel permutet pro alia re, cum possit praeservare se indemnem, et ex venditione vel permutatione ista multum damnificatur, potest carius vendere quam si alias sine tali damnificatione venderet vel permutaret.

Und ich verstehe es wie folgt: Wenn jemand seiner Sache häufig bedarf und durch großes Drängen von einem anderen dazu verführt wird, dass er diese verkauft oder gegen eine andere Sache tauscht, und aus dem Verkauf oder dem Tausch sehr geschädigt wird, kann er sie teurer verkaufen, so als verkaufte oder tauschte er sonst ohne eine derartige Schädigung, weil er sich schadlos halten kann.

Sed si emens magnum commodum consequatur ex re illa vendita vel permutata, non potest carius vendi vel permutari, quia maius commodum consequetur ex re illa sibi vendita, nam propter maius commodum eius quod consequitur, nec res mea est in se pretiosior, nec mihi melior, et ideo non debet mihi maius pretium apportare.

Aber wenn für den Käufer ein großer Vorteil aus dieser verkauften oder getauschten Sache folgt, kann sie nicht teurer verkauft oder getauscht werden, weil ein größerer Vorteil aus dieser ihm verkauften Sache folgt, nämlich wegen des größeren Nutzens für ihn, welcher folgt; weder ist die Sache an sich wertvoller noch ist sie für mich besser und deshalb darf sie mir keinen höheren Preis einbringen.

Secus autem est quando damnificor, quia tunc est mihi pretiosior, licet non in se."[953]

Anders ist es aber, wenn ich geschädigt werde, weil sie [es] dann für mich kostbarer [kostspielig] ist, obwohl sie an sich nicht wertvoller ist.

---

diesen beiden Verträgen erlaubt ist, dass der Tauchende [...] – dies sage ich über den teureren Verkauf und Tausch. Hinsichtlich der weiteren Übersetzung dieser Textpassage wird – wie in dieser Arbeit stets bei direkten Übersetzungen oder nur leichten deutschen Paraphrasierungen im Fließtext – auf die bereits im Fließtext enthaltene Übersetzung verwiesen.

953 *Duns Scotus*, Ord. IV (editio vaticana XIII), dist. 15, q. 2, n. 131–132, lin. 802–813, S. 90.

Duns Scotus erlaubt es dem Verkäufer beziehungsweise Tauschenden sich in diesem Fall schadlos zu halten, indem er einen Preis beziehungsweise Wert bestimmt, welcher den erlittenen Schaden kompensiert. Der Schaden entsteht dadurch, dass ein Vertrag letztlich auf Drängen des sich (vermutlich in einer Notsituation befindlichen) Vertragspartners abgeschlossen wird, obgleich der Verkäufer beziehungsweise Tauschende seines Gegenstandes häufig bedarf und der Sache mithin einen erhöhten persönlichen Wert beimisst. Der Verkäufer/Tauschende ist nun so zu stellen, wie er ohne das schädigende Ereignis, den Vertragsschluss, stünde. Der besondere Nutzen, den die Sache für den anderen Vertragspartner besitzt, stellt keinen wert- und preisbildenden Faktor dar. Er darf daher nicht in die Wertbestimmung und Preisberechnung Eingang finden.

Diese zwei Regeln liest man zuvor fast in identischer Form in *Thomas'* Summe.[954] *Langholm* bezeichnet diese Regel des *Thomas* als *„double rule of just pricing"*[955]. *Duns Scotus* erklärt diese Regel ausdrücklich sowohl für den Tausch- als auch Kaufvertrag anwendbar. Bei jedem Tausch- und Kaufvertrag treten somit die folgenden zwei Grundsätze hinzu:

1. Der Tauschende beziehungsweise Verkäufer darf die besondere Nützlichkeit der Sache für die eigene Person berücksichtigen sowie den durch den Vertragsschluss entstandenen Schaden ausgleichen.
2. In keinem Fall darf der Tauschende beziehungsweise Verkäufer bei seiner Preisforderung die erhöhte Wertschätzung seitens des Vertragspartners berücksichtigen.[956]

Insbesondere der zweite Teil dieser Regel dient dem Schutz vor der Ausbeutung einer Notlage beziehungsweise der Bedürfnisse des Vertragspart-

954 *Langholm*, Economics in the Medieval Schools (wie Fn. 248), S. 410; *Schreiber*, Die volkswirtschaftlichen Anschauungen der Scholastik (wie Fn. 248), S. 152; *Rudolf Kaulla*, Die Lehre vom gerechten Preis in der Scholastik, in: Zeitschrift für die gesamte Staatswissenschaft 60/4 (1904), S. 579–602, 596–597.

955 *Langholm*, Economics in the Medieval Schools (wie Fn. 248), S. 232. Erklärungen folgen auf S. 233–234.

956 Ausführungen im Hinblick auf diese zwei Grundsätze bzgl. des Kaufvertrages lassen sich, teils unter klarer Bezugnahme auf *Duns Scotus*, finden bei: *Endemann*, Wirtschafts- und Rechtslehre, Bd. 2 (wie Fn. 830), S. 46–47; *Decock*, Theologians and Contract Law (wie Fn. 15), S. 523–524; *Schreiber*, Die volkswirtschaftlichen Anschauungen der Scholastik (wie Fn. 248), S. 152–153; *Langholm*, Economics in the Medieval Schools (wie Fn. 248), S. 232–236, 410; *Seeberg*, Die Theologie des Duns Scotus (wie Fn. 120), S. 554.

ners.[957] Aus dem erhöhten Bedürfnis der anderen Partei kann somit kein Profit geschlagen werden.

(4) Die Widerlegung einer Irrlehre in der *Ordinatio III*

Zuletzt soll nun noch die Frage, auf welchen Doktor *Duns Scotus* sich im Rahmen seiner Wertlehre bezieht, aufgeworfen und die verschiedenen Deutungsansätze präsentiert werden. Denn gleich mehrere Schwierigkeiten bereitet der Bezug[958] des *Duns Scotus* auf die gegenteilige Lehre eines gewissen Doktors *(quidam doctor)* sowie der Verweis[959] auf die Widerlegung dessen Ansicht im dritten Buch der scotischen *Ordinatio*. Welchen Doktor widerlegt *Duns Scotus* eigentlich? Und auf welchen Abschnitt innerhalb seiner eigenen Kommentierung verweist er? Handelt es sich möglicherweise um einen Verweis auf eigene, noch zu kommentierende Teile seiner *Ordinatio*? An dieser Stelle sei zum besseren Verständnis zunächst der scotische Wortlaut der Textstelle wiedergegeben:

---

957 Bezogen auf den Kaufvertrag: *Decock*, Theologians and Contract Law (wie Fn. 15), S. 524; *Langholm*, Economics in the Medieval Schools (wie Fn. 248), S. 233–234.

958 *Duns Scotus*, Ord. IV (editio vaticana XIII), dist. 15, q. 2, n. 125, lin. 771–774, S. 89: „*Ista autem 'aequalitas secundum rectam rationem' non consistit in indivisibili, ut dicit quidam doctor, motus ex hoc quia iustitia habet tantum medium rei, sed ceterae virtutes tantum medium rationis: [...].*"

959 *Duns Scotus*, Ord. IV (editio vaticana XIII), dist. 15, q. 2, n. 125, lin. 774–775, S. 89: „*[...] hoc enim est falsum, ut declaratum est libro III distinctione ‹8›.*"

„Ista autem 'aequalitas secundum rectam rationem' non consistit in indivisibili, ut dicit quidam doctor, motus ex hoc quia iustitia habet tantum medium rei, sed ceterae virtutes tantum medium rationis: hoc enim est falsum, ut declaratum est libro III distinctione ‹8›[960]."[961]

Aber diese „Gleichheit gemäß der rechten Vernunft" besteht nicht in einem unteilbaren Punkt [Unteilbarem], wie es ein gewisser Doktor deshalb behauptet, weil die Gerechtigkeit nur eine Mitte der Sache besitze, aber die übrigen Tugenden eine Mitte der Vernunft: Dies ist nämlich fehlerhaft, wie in Buch III, Abschnitt 8 erklärt worden ist.

(a) Widerlegung der Ansicht von *Heinrich von Gent*

Laut des Quellenapparates (T) der kritischen Vatikanausgabe soll sich *Duns Scotus* auf seine eigene Kommentierung im achten Abschnitt seiner *Ordinatio III* beziehen. In der *Ordinatio III, dist. 8*, welche von der Frage „*Utrum in Christo sint duae filiationes*" (Existieren zwei reale Abstammungen *Christi*?) handelt, geht *Duns Scotus* an mehreren Stellen auf die Lehren des Dominikaners *Heinrich von Gent* ein und widerlegt diese.[962] Bei dem „Doktor", auf den sich *Duns Scotus* in seinem obigen Zitat bezieht und dessen Lehre er als falsch tituliert, könnte es sich daher um *Heinrich von Gent* handeln. Auch *Kaye*[963] und *Herbert Kalb*[964] nehmen an, *Duns Scotus* habe sich auf *Heinrich von Gent* bezogen.

Heinrich von Gent ging in seinen in den Jahren 1276–1296 entstandenen *Quodlibeta* von der Vorstellung einer arithmetischen Gleichheit zwischen

960 *Duns Scotus*, Ord. IV (editio vaticana XIII), dist. 15, q. 2, S. 89, Fn. 48, „T[estimonia]": „*Cf. Duns Scotus, Ordinatio III d. 8 n. 58-62 (IX 316-318), ubi opinionem Henrici Gandavensis respuit.*"

961 *Duns Scotus*, Ord. IV (editio vaticana XIII), dist. 15, q. 2, n. 125, lin. 771–775, S. 89.

962 *Duns Scotus*, Ord. IV (editio vaticana XIII), dist. 15, q. 2, S. 89, Fn. 47 und 48, „T[estimonia]". Laut Variantenapparat, S. 89, lin. 774–775 ad lemmam „*distinctione*" wurde in *Codex Z* durch eine andere Hand die Zahl 6 vorausgeschickt, in *Codex N* „*6 quaestione*" hinzugefügt und *Codex P* lässt den Zusatz „*distinctione*" gänzlich missen.

963 *Kaye*, Economy and Nature (wie Fn. 248), S. 126, zu *Heinrichs* Verständnis: S. 102–110.

964 *Kalb*, Die laesio enormis im gelehrten Recht (wie Fn. 882), S. 141 Fn. 87a.

den ausgetauschten Gütern aus. Es existiere nur ein einziger Punkt absoluter Leistungsäquivalenz.[965] So lehrte er, dass

„[...] aequitate[m] iuris naturalis, quae stat in medio indivisibili secundum naturam inter emptum, & ve[n]ditum, sicut lingua librae stat perpendiculariter inter brachia librae aequaliter ponderantia: [...].“[966]

[...] die Gleichheit des Naturrechts, welche von Natur aus zwischen Gekauften und Verkauften in einer unteilbaren Mitte besteht, so wie der Zeiger einer Waage senkrecht zwischen den gleichmäßig abgewogenen Armen [Schalen] der Waage steht.

Da die Menschen dieses Ideal eines exakt determinierten Punktes der Leistungsäquivalenz kaum erreichen könnten, bestehe eine gewisse Spanne, innerhalb derer dieser exakte Punkt der Gleichheit liege, den es stets anzustreben gilt.[967] Entscheidend für die Lehre des *Heinrich* ist, dass er dieser erlaubten Spanne enge Grenzen setzt und dass sich ihr Umfang zum Beispiel nicht aus der dem römischen Recht entstammenden *laesio enormis* ergibt.[968] *Heinrich* selbst nennt die vom römischen Recht geforderte Gleichheit eine *„iustitia[m] inchoata[m] imperfecta[m]que“*.[969] Das Ideal jedes ökonomischen Handelns bleibt daher die Erreichung des einen, existierenden Punktes exakter Gleichheit zwischen Leistung und Gegenleistung.

---

965 *Kaye*, Economy and Nature (wie Fn. 248), S. 101–110, insbs. S. 110; *Langholm*, Economics in the Medieval Schools (wie Fn. 248), S. 255–256; *Schreiber*, Die volkswirtschaftlichen Anschauungen der Scholastik (wie Fn. 248), v. a. S. 132–133.

966 *Heinrich von Gent*, Quodlibeta, Tomus primus, Venetiis 1613, Quodl. II, q. 15, fol. 68vb.

967 *Heinrich von Gent*, Quodlibeta, Tomus primus, Venetiis 1613, Quodl. II, q. 15, fol. 68vb: *„[...] licet ex parte nostra medium illud est divisibile, quia nescimus singula ad unguem aestimare: & ideo relinquitur conscientiae ementium, & vendentium, ne plus quis vendat, quod suum est, quàm bona fide credat pro tempore, & loco debere valere, neque similiter minus emant.“*; *Schreiber*, Die volkswirtschaftlichen Anschauungen der Scholastik (wie Fn. 248), S. 132–133; *Kaye*, Economy and Nature (wie Fn. 248), S. 110.

968 *Kaye*, Economy and Nature (wie Fn. 248), S. 110, Fn. 147; *Schreiber*, Die volkswirtschaftlichen Anschauungen der Scholastik (wie Fn. 248), S. 132–133.

969 *Heinrich von Gent*, Quodlibeta, Tomus primus, Venetiis 1613, Quodl. III, q. 28, fol. 138rb: *„Laudo, ergo, & probo istam quamvis inchoatam imperfectatamque iustitiam.“*; so bereits zuvor bei: *Schreiber*, Die volkswirtschaftlichen Anschauungen der Scholastik (wie Fn. 248), S. 133 Fn. 1.

(b) Widerlegung der Ansicht von *Richardus de Mediavilla*

Wolter verweist hinsichtlich des anders lehrenden Doktors nicht auf *Heinrich von Gent*, sondern auf *Richardus de Mediavilla*.[970] *Richardus* behandelt in *Sent. III, dist. 33* explizit die Frage „*Utrum iustitia habet medium rei*" (Hat die Gerechtigkeit eine Mitte der Sache?). In seiner *responsio* formuliert *Richardus*, dass die *iustitia commutativa* als Tugend eine Mitte der Sache *(habet medium rei)* besitze.[971] Wenn *Duns Scotus* demnach ausführt, dass ein Doktor seine Ansicht deshalb nicht teile, weil dieser davon ausgehe, dass die Gerechtigkeit im Gegensatz zu den anderen Tugenden die Mitte der Sache *(medium rei)* und nicht die der Vernunft besitze, so scheint es ebenfalls möglich, dass *Duns Scotus'* Bezug seinem Ordensbruder *Richardus* gilt.

Wolter versteht den Verweis des *Duns Scotus* auf die Widerlegung dieser fehlerhaften Ansicht *(hoc enim est falsum, ut declaratum est libro III)* als Verweis auf seine eigene zukünftige Kommentierung in seiner *Ordinatio III*. Infolge seines frühen Todes sei *Duns Scotus* die Überarbeitung des dritten Buches unter Einbeziehung der Ansicht des *Richardus* jedoch nicht mehr möglich gewesen.[972]

Tatsächlich ist eine Widerlegung der Ansicht des *Richardus* in der *Ordinatio III* an entsprechender Stelle, *distinctio 33*, nicht zu finden. *Wolter* führt aus, dass bereits *Lukas Wadding* im 17. Jahrhundert herausgearbeitet habe, dass der entsprechende Verweis des *Duns Scotus* auf die Widerlegung der Ansicht eines anders lehrenden Doktors in seiner eigenen *Ordinatio III* in seiner studentischen Mitschrift, der *Reportatio IV, dist. 15, q. 4, n. 24*, wie folgt lautet: „*De hoc in tertio, in materia de usuris*"[973]. Die Frage nach der Mitte der Gerechtigkeit habe *Duns Scotus* jedoch nicht in seiner *Ordinatio III* behandelt und seine Pariser *Reportationes* hätten nie die *distinctio 37* erreicht, also die *distinctio*, in welcher *Petrus Lombardus* die zehn Gebote

---

970 *Wolter*, Duns Scotus' Political and Economic Philosophy (wie Fn. 86), S. 46 Fn. 1; *Richardus de Mediavilla*, Super quatuor libros Sententiarum, Tom. III, Brixiae 1591, lib. III, dist. 33, art. 3, q. 4, S. 389a–390a.

971 *Richardus de Mediavilla*, Sent., Brixiae 1591, lib. III, dist. 33, art. 3, q. 4, S. 390a: „*Per iustitiam vero commutativam servatur aequalitas secundum quantitate[m] valoris rei, inter acceptum, & redditu[m]. Unde si a te accepi, quod valet 5. tibi debeo reddere per iustitiam commutativam, q[uo]d valet 5. Et hoc [a]equalitas dicitur secundu[m] proportionem arithmeticam pro tanto, quia in illa proportionalitate differentiae terminorum sunt aequales secundum quantitatem.*"

972 *Wolter*, Endnotes, in: Duns Scotus' Political and Economic Philosophy (wie Fn. 86), S. 87 Note 7.

973 *Wolter*, Endnotes, in: Duns Scotus' Political and Economic Philosophy (wie Fn. 86), S. 87 Note 7; *Lukas Wadding*, Censura (Wadding-Vivés XXII), n. IV, S. 2.

behandelte und in der Ausführungen zur *usura* im dritten Buch zu erwarten wären.[974] Die Verweise auf seine eigene Kommentierung, sowohl in der *Ordinatio IV* als auch *Reportaio IV-A*, liefen demnach ins Leere.

Tatsächlich macht *Lukas Wadding* in seiner *Censura* darauf aufmerksam, dass im Werk des *Duns Scotus* mehrere Verweise auf vermutlich künftige Kommentierungen zu finden sind.[975] In diesem Zusammenhang nennt *Lukas* als ein Beispiel für einen derartigen Verweis auch den obigen Verweis auf die *Ordinatio III* (*De hoc in tertio, in materia de usuris*), so dass anzunehmen ist, dass es sich in der Tat um eine Verweisung auf noch künftige Kommentierungen des *Duns Scotus* selbst handelt – laut *Wolter* vermutlich auf *Ordinatio III, dist. 37*. Allerdings handelt es sich bei dem von *Wolter* zitierten Verweis aus der *Reportatio IV-A, dist. 15, q. 4, n. 24* (*De hoc in tertio, in materia de usuris*) nach Ansicht der Verfasserin nicht auch zwingend um denjenigen Verweis, welcher der Verweisung in *Duns Scotus' Ordinatio IV, dist. 15, q. 2, n. 125, lin. 774–775, S. 89* entspricht. Der Verweis des *Duns Scotus* auf einen anders lehrenden Doktor findet sich in seiner *Ordinatio IV* innerhalb seiner Aussagen zum Tausch- und Kaufvertrag. Der von *Wolter* angeführte Verweis (*De hoc in tertio, in materia de usuris*) findet sich in einem anderen Zusammenhang, nämlich bei der Frage nach der Wertgleichheit beim Darlehensvertrag.[976] Der entsprechende Verweis des *Duns Scotus* innerhalb seiner Ausführungen zum Tausch- und Kaufvertrag klingt sowohl in seiner *Ordiantio IV* als auch *Reportatio IV-A* im Wortlaut ähnlich und lautet: *„De hoc in tertio“ (Ord. IV)* und *„in tertio“ (Rep. IV-A)*[977]. Daraus könnte sich sodann schließen lassen, dass *Duns Scotus* weder in seiner *Ordinatio IV* noch in seiner *Reportatio IV-A* ausdrücklich auf seine Ausführungen zum Zinsnehmen im dritten Buch – und damit vermutlich auf die *distinctio 37* – verwiesen hat.

---

974 *Wolter*, Endnotes, in: Duns Scotus' Political and Economic Philosophy (wie Fn. 86), S. 87 Note 7.

975 *Lukas Wadding*, Censura (Wadding-Vivés XXII), n. IV, S. 2.

976 *Duns Scotus*, Rep. IV-A (Wadding-Vivés XXIV), dist. 15, qq. 2–4, ad q. 2, n. 24, S. 240a. Hier formuliert *Duns Scotus* in Bezug auf das beim Darlehensvertrag von einem Lehrmeister angeführte Argument des mit dem Gebrauch der Sache einhergenden Verbrauchs allerdings identisch: *„Sed haec ratio habet fundamentum falsum.“* Dieser Umstand könnte wiederum für die Annahme sprechen, dass dieser Verweis der Verweisung in der *Ordinatio IV* entspricht. Zwingend ist diese Annahme aber eben nicht. Vgl. zu der Widerlegung des Verbrauchsarguments im Rahmen des Darlehensvertrages: § 5.C.II.2.b)aa)(1).

977 *Duns Scotus*, Rep. IV-A (Wadding-Vivés XXIV), dist. 15, qq. 2–4, ad q. 2, n. 20, S. 239a.

Zieht man die in der Ausgabe von *Vivés* enthaltende Kommentierung des *Antonius Hiquaeus Hibernus* heran, so soll *Duns Scotus* die Lehre des *Heinrich* sowie die des *Richardus* widerlegen und auch laut *Antonius* auf die Kommentierung in der *Ordinatio III, distinctio 37* verweisen[978], wobei, wie soeben festgestellt, eine Widerlegung der Lehren des *Richardus* und des *Heinrich* in der *distinctio 37* in der Tat nicht zu finden ist.

(c) Zwischenergebnis zu (4)

Was kann nun als Ergebnis festgehalten werden? *Duns Scotus* lehrt, dass die *iustititia commutativa* beim Tauschvertrag und Kaufvertrag eine Mitte der Vernunft *(medium rationis)* und nicht eine Mitte der Sache *(medium rei)* besitzt. Anders lehren dies *Richardus* und *Heinrich* in ihren bekannten Werken. Zwar liest man auch bei ihnen die Begrifflichkeit der *latitudo* im Zusammenhang mit dem *iustum pretium*, jedoch formulieren beide Lehrmeister, dass die Gleichheit in Form eines einzigen Punktes zwischen den ausgetauschten Leistung bestehe.[979] *Duns Scotus* hingegen – so schreibt *Langholm* – äußert sich nicht weiter dazu, ob und inwiefern für ihn die Vorstellung eines einzigen Punktes absoluter Gleichheit ein überzeugendes Konzept sei.[980] *Duns Scotus* akzentuiert vielmehr in besonderem Maße, dass die Tauschparteien diese absolute Gleichheit nicht erreichen können. Vor diesem Hintergrund erscheint unter Berücksichtigung der herangezogenen Quellentexte und der Sekundärliteratur die Widerlegung der Lehre sowohl des *Heinrich* als auch des *Richardus* möglich.

---

978 *Hiquaeus Hibernus*, Commentarius, in: Duns Scotus, Ord. IV (Wadding-Vivés XVIII), dist. 15, q. 2, n. 70, S. 288b: „*(r) Ista autem aequalitas secundum rectam, etc. Hic definit aequalitatem rerum, quae permutantur, attendi secundum rectam rationem, neque consistere in indivisibili, ut bene probat contra Richardum et Henricum, quos impugnavit in 3. dist. 37. concludens magnam latitudinem esse in medio justitiae commutativae, et eam servari in quocumque gradu intra summum et infimum pretium, quae hic vocat extrema.*“

979 So: *Schreiber*, Die volkswirtschaftlichen Anschauungen der Scholastik (wie Fn. 248), S. 151–152. *Schreibers* Ausführungen lassen vermuten, dass der Bezug des *Duns Scotus* auf einen anders lehrenden Doktor sowohl *Heinrich von Gent* als auch *Richardus de Mediavilla* gelten könnte.

980 *Langholm*, Economics in the Medieval Schools (wie Fn. 248), S. 410–411.

b) Die Ungerechtigkeiten beim Tausch- und Kaufvertrag

Auch beim Tausch- und Kaufvertrag kann sich eine Ungerechtigkeit aus einer Täuschung *(ex deceptione)*, der Unfreiwilligkeit *(ex voluntario)* sowie einem Verstoß gegen ein höherrangiges gesetzliches Verbot *(ex prohibitione superioris cui commutans subest in commutando)* ergeben.[981] Als Beispiel für ein gesetzliches Verbot allegiert *Duns Scotus* aus dem römischen Recht D. 11.5.4[982], aus dem kanonischen Recht X 3.1.15[983] sowie die entsprechende Stelle in der *Glossa ordinaria*[984]. In D. 11.5.4 wird neben einem Fall des erlaubten Würfelspiels (Spiel um das beim Gastmahl vorgesetzte Essen) die Restitution des aus einem verbotenen Würfelspiel erworbenen Geldes behandelt.[985] Der *Liber Extra* regelt ein generelles Spielverbot für Kleriker, wobei bereits die bloße Anwesenheit bei einem solchen Spiel verboten ist. In der *Glossa ordinaria* wirft *Bernhard von Parma († 1266)*[986] die Frage auf, ob das verspielte Geld zurückverlangt werden kann. Nach einer Lehransicht soll dies nicht der Fall sein, wobei das Geld allerdings dann an die Armen zu spenden sei. Nach anderer Meinung und diese erscheint *Bernhard* durchaus vorzugswürdig, soll eine Rückforderung möglich sein.[987] *Duns Scotus* geht nicht weiter auf die Regelungen ein, betont aber zugleich ihre Subsidiarität sowie den Vorrang des vornehmlich in Italien aufblühenden Stadtrechts.

---

981 *Duns Scotus*, Ord. IV (editio vaticana XIII), dist. 15, q. 2, n. 161, lin. 19–21, S. 98: „*De permutatione est iniustitia ex eisdem causis, scilicet ex deceptione et ex voluntario et prohibitione superioris cui commutans subest in commutando.*“

982 D. 11.5.4 (Corpus iuris civilis I, S. 185b–186a).

983 X 3.1.15 (CIC II, Sp. 453).

984 *Bernhard von Parma*, Glossa ordinaria, Romae 1582, ad X 3.1.15, Sp. 999–1000.

985 Es folgen zwei Fälle, in denen ein unerlaubtes Spiel vorliegt und eine Rückforderung des verspielten Geldes möglich ist. Dem Eigentümer bzw. Hausvater ist die Rückforderung möglich, wenn ein Sklave bzw. Haussohn Geld eingesetzt und verloren hat. Es geht hier also um die Restitution im Falle eines unerlaubten und ungerechten Würfelspiels.

986 *Hartmut Zapp*, Art. Bernardus de Botone (B. v. Parma), in: LexMA I (1980), Sp. 1976.

987 *Bernhard von Parma*, Glossa ordinaria, Romae 1582, ad X 3.1.15, ad verba „*d: ad aleas.*“, Sp. 999.

„Tamen ista lex non ligat nisi illos qui politice subsunt legi imperiali, qui forte nulli sunt hodie, quia ubi praecise ista lex locum habere consuevit, municipalia praeiudicant imperialibus (patet in Italia)."[988]	Dennoch bindet dieses Gesetz nur jene, welche politisch dem kaiserlichen Gesetz unterliegen, von welchen heute vielleicht keine [mehr] existieren, weil wo dieses Gesetz gewöhnlich galt, die städtischen Gesetze den kaiserlichen vorgehen [sie verdrängen] (wie offensichtlich in Italien).

Insbesondere Oberitalien war im späten 13. und 14. Jahrhundert von einer zunehmenden Städtebildung und Stadtrechtsentwicklung geprägt.[989] Seit der Mitte des 13. Jahrhunderts soll das römische Recht seine absolute Vorrangstellung im Zuge dieser Entwicklung allmählich verloren haben.[990] Auch an dieser Stelle seiner Kommentierung macht *Duns Scotus* seine Leser auf die gesellschaftlichen und rechtlichen Entwicklungen seiner Zeit aufmerksam und zeigt sich zugleich als ein Kenner der Rechte.

---

988 *Duns Scotus*, Ord. IV (editio vaticana XIII), dist. 15, q. 2, n. 161, lin. 24–27, S. 99.

989 Zur Stadt- und Stadtrechtsentwicklung: *Edith Ennen*, Die europäische Stadt des Mittelalters, 1. Auflage, Göttingen 1972; *Carl Haase (Hrsg.)*, Die Stadt des Mittelalters, Bd. 2: Recht und Verfassung, 3. Auflage, Darmstadt 1987; *Wilfried Hartmann (Hrsg.)*, Europas Städte zwischen Zwang und Freiheit. Die europäische Stadt um die Mitte des 13. Jahrhunderts, Regensburg 1995; *Gerhard Dilcher*, Bürgerrecht und Stadtverfassung im europäischen Mittelalter, Köln [u. a.] 1996; *Giorgio Chittolini; Dietmar Willoweit (Hrsg.)*, Statuten, Städte und Territorien zwischen Mittelalter und Neuzeit in Italien und Deutschland, Berlin 1992; *Bernhard Diestelkamp (Hrsg.)*, Beiträge zum hochmittelalterlichen Städtewesen. [Vorträge des 8. Kolloquiums für vergleichende Städtegeschichte unter dem Thema „Zum Städtewesen in nachstaufischer Zeit", Münster 1977], Köln [u. a.] 1982; *Gerhard Dilcher*, Das mittelalterliche Stadtrecht als Forschungsproblem, in: JuS 29/11 (1989), S. 875–879; *Gerhard Dilcher*, Mittelalterliche Stadtkommune, Städtebünde und Staatsbildung. Ein Vergleich Oberitalien – Deutschland, in: Recht – Idee – Geschichte. Beiträge zur Rechts- und Ideengeschichte für Rolf Lieberwirth anläßlich seines 80. Geburtstages, hrsg. v. Heiner Lück; Bernd Schildt, Köln [u. a] 2000, S. 453–467.

990 *Klaus Luig*, Art. Gemeines Recht, in: HRG II, 2. Auflage (2012), Sp. 60–77, 68.

2. Der Darlehensvertrag *(mutuo datio)*

Unter dem Gesichtspunkt des Tausches von Geld gegen Geld behandelt *Duns Scotus* den Darlehensvertrag *(mutuo datio).*[991] Auch beim Darlehensvertrag präsentiert *Duns Scotus* seiner Leserschaft zunächst die Voraussetzungen eines gerechten, die Tauschgleichheit wahrenden Vertrages, ehe er sich sodann Fällen möglicher Ungerechtigkeiten zuwendet. *Duns Scotus* geht es im Wesentlichen um die Rechtfertigung des geltenden Zinsverbotes und etwaiger Zinstitel, also letztlich um Ausnahmen vom Zinsverbot. Im Hinblick auf die übergeordnete Thematik der Restitution einer weggenommenen Sache stellt sich die Frage, ob ein die Darlehensvaluta übersteigender Betrag, den der Darlehensgeber vom Darlehensnehmer erhält, letzterem zurückzuerstatten ist, weil er als unzulässiger Zins *(usura)* zu qualifizieren ist.

Mit Blick auf das kanonische Zinsverbot sei auf die in der Einleitung dieser Arbeit getätigten Ausführungen darüber, dass das Zinsverbot während des gesamten Mittelalters präsent war, fortwährend bestätigt und Überschreitungen mit Strafe bedroht wurden, verwiesen.[992] In Bezug auf das Zinsverbot zeigt sich *Duns Scotus'* Argumentation daher auch nicht ergebnisoffen, denn ihm geht es allein um die Argumentation für das Zinsverbot und gegen das Zinsnehmen. In Anbetracht der im späten 13. Jahrhundert zunehmenden Rechtfertigung von Zinstiteln[993] verwun-

---

991 *Duns Scotus*, Ord. IV (editio vaticana XIII), dist. 15, q. 2, n. 118, lin. 725–726, S. 87: *„Quidam vero numismatis pro numismate, et dicitur 'mutui datio', et 'mutui acceptio'." – Ein derartiger [Tausch] des Geldes gegen Geld nennt man „Darlehenshingabe" und „Darlehensannahme".* Würdigung haben die Ausführungen des *Duns Scotus* zum Darlehensvertrag v. a. erfahren von: *Langholm*, Economics in the Medieval Schools (wie Fn. 248), S. 413–418; *Noonan*, Scholastic Analysis of Usury (wie Fn. 252), S. 60–61, S. 105, Fn. 28, S. 107–110, 119 (und sehr knappe Erwähnung auf S. 146, 164); *Wolter*, Endnotes, in: Duns Scotus' Economic and Political Philosophy (wie Fn. 86), S. 87–89 Notes 8–16; *Lambertini*, Usus and Usura (wie Fn. 255), S. 185–188; *Schreiber*, Die volkswirtschaftlichen Anschauungen der Scholastik (wie Fn. 248), S. 155–159; *Lessel*, Entwicklungsgeschichte (wie Fn. 42), S. 56–57; *Beer*, Early British Economics (wie Fn. 248), S. 51; *Seeberg*, Die Theologie des Duns Scotus (wie Fn. 120), S. 554–555; *Mochrie*, Justice in Exchange (wie Fn. 252), S. 42–44; *Pribram*, A History of Economic Reasoning (wie Fn. 255), S. 18. Speziell zur scotischen Zinstitellehre: *Johnston*, Some Mediaeval Doctrines on Extrinsic Titles to Interest (wie Fn. 255), S. 94, 97.

992 Vgl. hierzu die Ausführungen in der Einleitung: § 1.A.I.

993 Vgl. zu den Zinstiteln: *Johnston*, Some Mediaeval Doctrines on Extrinsic Titles to Interest (wie Fn. 255).

dert es nicht, dass *Duns Scotus* die Ausnahmen vom geltenden Zinsverbot ausdrücklich hervorhebt.[994]

In den folgenden Abschnitten soll es der scotischen Systematik entsprechend im Schwerpunkt um die scotische Rechtfertigung des Zinsverbotes und die Anerkennung von Zinstiteln sowie die in diesem Kontext speziell von *Duns Scotus* thematisierten Restitutionsfälle gehen. Zuvor soll aber ein kurzer, allgemeinerer Blick auf die wissenschaftliche Behandlung des Zinsverbotes und speziell auf die Verortung der Zinslehre im scotischen Werk geworfen werden. In diesem Rahmen finden drei im *Liber Extra* aufgenommene Dekretalen (X 5.19.6, X 5.19.10, X 5.19.19) kurz Erwähnung, welche die Beurteilung von Kaufverträgen *(venditiones sub dubio)* im Hinblick auf eine Verbotsumgehung und einen Verstoß gegen das geltende Zinsverbot zum Gegenstand haben. Diese kurzen, einleitenden Worte dienen primär dem besseren Verständnis der scotischen Systematik und Argumentationslinie, innerhalb derer er die soeben erwähnten Dekretalen mehrfach allegiert, nämlich innerhalb der Ausführungen zu den Zinstiteln und später im Rahmen der Besprechung der *commutationes pro futuro*.[995]

a) Der Überblick über die wissenschaftliche Behandlung des Zinsverbotes und die systematische Verortung im scotischen Werk

Im Hinblick auf die innerhalb seiner Restitutionslehre getätigten Ausführungen zum Zinsverbot lässt sich feststellen, dass *Duns Scotus* keine Definition der *usura* liefert. Die in der Kanonistik und Theologie vielfach aufgegriffenen *usura*-Definitionen aus dem *Decretum Gratiani*[996] liest man bei ihm daher nicht. Die im *Decretum Gratiani* vorzufindenden *usura*-Begriffe entstammen der kirchlichen Tradition und lauten: *„quodcumque sorti accidit usura est“* (c. 14, q. 3, c. 3) sowie: *„Usura est, ubi amplius requiritur, quam quod datur.“* (c. 14, q. 3, c. 4).[997] Ein verbotenes Zinsnehmen liegt

---

994 *Duns Scotus*, Ord. IV (editio vaticana XIII), dist. 15, q. 2, n. 134, lin. 820–822, S. 91: *„[...] 'ad iuste contrahendum mutuum, oportet servare aequalitatem simpliciter in numero et in pondere', exceptis quibusdam casibus, de quibus dicetur in fine.“ – [...] um einen Darlehensvertrag auf gerechte Weise zu schließen, ist es nötig, die Gleichwertigkeit schlechthin hinsichtlich der Anzahl und des Gewichts zu wahren. Ausgenommen sind etliche Fälle, über welche am Ende gesprochen wird.*

995 Vgl. zu den Zinstiteln: § 5.C.II.2.b)bb)(1)(c), zu den *commutationes pro futuro*: § 5.C.II.4.

996 Dazu: *Lessel*, Entwicklungsgeschichte (wie Fn. 42), S. 10–13.

997 *Lessel*, Entwicklungsgeschichte (wie Fn. 42), S. 10. Vgl.: CIC I, Sp. 735.

demnach immer dann vor, wenn mehr zurückerhalten wird, als ursprünglich gegeben wurde. Die zweite Definition stellt darüber hinaus auf die Willensrichtung des Darlehensgebers ab.[998] Stützte *Gratian* das Zinsverbot noch auf die Autorität der Kirchenväter und Konzilien[999] und wurde noch im 12. Jahrhundert die *usura* ganz überwiegend im Zusammenhang mit dem Diebstahl und Raub behandelt[1000], so traten während des 13. Jahrhunderts die Begründung des Zinsverbotes und die Rechtfertigung von Zinstiteln im kanonistischen und theologischen Diskurs zunehmend in den Fokus, so dass ab der zweiten Hälfte des 13. Jahrhunderts diese zwei Aspekte den thematischen Schwerpunkt innerhalb der Zinslehre beim Darlehensvertrag bildeten[1001]. *Duns Scotus* verortet die Thematik der *usura* in *lib. IV, dist. 15, q. 2* und somit innerhalb seiner Restitutionslehre. Betrachtet man diese Ausführungen näher, so lässt sich zudem feststellen, dass er den Begriff *usura* ganz überwiegend im Zusammenhang mit dem Darlehensvertrag verwendet. Hier bedeutet *usura* „Zins". Zugleich begegnet der Ausdruck *usurarius* im Zusammenhang mit der Bestimmung des gerechten Preises beim Kaufvertrag *(venditio sub dubio)*.[1002] In diesem Kontext ließe sich der Begriff *usurarius* mit dem Ausdruck „Wucherer/wucherisch" übersetzen. *Duns Scotus* beschränkt den Begriff nicht nur auf das verbotene Zinsnehmen beim Darlehensvertrag. Die inhaltliche Reichweite des *usura*-Begriffes beziehungsweise des Zinsverbotes ergibt sich bei *Duns Scotus* daher aus der Gesamtschau seiner aufgestellten Vertragsregeln.[1003]

---

998 *Lessel*, Entwicklungsgeschichte (wie Fn. 42), S. 10.

999 *Lessel*, Entwicklungsgeschichte (wie Fn. 42), S. 13–14.

1000 *Lessel*, Entwicklungsgeschichte (wie Fn. 42), S. 63. Laut *Noonan*, Scholastic Analysis of Usury (wie Fn. 252), S. 17: *Anselm of Canterbury* soll als erster mittelalterlicher Autor die Ähnlichkeit von der *usura* und Raub betont und das Zinsnehmen als eine Sünde gegen die Gerechtigkeit eingeordnet haben und auf diesen Lehren aufbauend qualifizierte sein Schüler *Anselm von Lucca* die *usura* als einen Verstoß gegen das siebte Gebot und forderte die Restitution des Zinsgeldes; diese Kategorisierung übernahmen auch *Hugo von St. Viktor, Petrus Comestor* sowie *Petrus Lombardus* in seinem bekannten und einflussreichen Sentenzenwerk.

1001 *Lessel*, Entwicklungsgeschichte (wie Fn. 42), S. 18–23 (zu den Zinstiteln), 37–56 (zur Begründung des Verbots), 56–62 (zur Rechtfertigung der Zinstitel).

1002 *Duns Scotus*, Ord. IV (editio vaticana XIII), dist. 15, q. 2, n. 145, lin. 899-901, S. 94: *„Aut determinat pretium maius quam sit iustum pro a, – et tunc est usurarius, quia vendit tempus contra primam regulam; quod probatur Extra, 'De usuris', «Consuluit»."* – *Oder er bestimmt einen höheren Preis, als er zum Zeitpunkt a gerecht wäre, – und dann ist er ein Wucherer, weil er die Zeit entgegen der ersten Regel verkaufte: Das wird bewiesen mit X 5.19.10."*

1003 Dazu auch: *Lessel*, Entwicklungsgeschichte (wie Fn. 42), S. 34, Fn. 5.

Ab dem Ende des 12. Jahrhunderts findet sich der *usura*-Begriff nicht mehr nur im Zusammenhang mit dem Darlehensvertrag *(mutuum)*, sondern wie auch bei *Duns Scotus* im Zusammenhang mit Verträgen, welche unter dem Verdacht der Umgehung des Zinsverbotes stehen, so dass auch von einer Ausweitung des Begriffs *usurarius* auf „Wucherverträge" und einer „Wucherlehre" gesprochen werden kann.[1004] Im späten 12. Jahrhundert findet sich die erste päpstliche Entscheidung über das Vorliegen eines Verstoßes gegen das Zinsverbot bei einem Rechtsgeschäft, welches keinen Darlehensvertrag darstellte, aber unter dem Verdacht der Umgehung des Zinsverbotes stand.[1005] Die Entscheidung entstammt einer päpstlichen Bulle *Alexander III.*, welche an den Erzbischof von Genua gerichtet war, und in welcher *Alexander III.* erklärte, dass Käufe, bei welchen der Kaufpreis gestundet ist und der vereinbarte Kaufpreis den zum Zeitpunkt des Vertragsschlusses (gerechten) Preis überstieg, wucherisch seien, sofern kein begründeter Zweifel über den zukünftigen Wert bestand.[1006] Gegenstand des Kaufvertrages waren dabei Waren, welche typischerweise Wert-/Preisschwankungen ausgesetzt waren.[1007] Dieser Entscheidung folgten zwei für die Beurteilung derartiger Kaufverträge bedeutsame Entscheidungen, welche allesamt unter dem Titel *De usuris* Eingang in den *Liber Extra* (X 5.19.6; X 5.19.10; X 5.19.19) fanden. Auch um diese päpstlichen Entscheidungen wird es innerhalb der scotischen Lehre von den Zinstiteln, vor allem aber innerhalb der Lehre von den *commutationes pro futuro* im Detail gehen.[1008]

Es folgt nun eine Darstellung und Analyse der scotischen Ausführungen zum Darlehensvertrag unter überwiegender Beibehaltung seiner Systematik und Argumentationslinie. Wird von dieser abgewichen, so wird dies auch in diesem Abschnitt an der jeweiligen Stelle hervorgehoben.

1004 *Lessel*, Entwicklungsgeschichte (wie Fn. 42), S. 11, 26–32, 34, 64; *Gilomen*, Wucher und Wirtschaft im Mittelalter (wie Fn. 42), S. 269–270.

1005 *Noonan*, Scholastic Analysis of Usury (wie Fn. 252), S. 19; *Kaye*, Economy and Nature (wie Fn. 248), S. 82. Diese Entscheidung fand Eingang in den *Liber Extra*, X 5.19.6 (CIC II, Sp. 813).

1006 *Lessel*, Entwicklungsgeschichte (wie Fn. 42), S. 26–27; *Noonan*, Scholastic Analysis of Usury (wie Fn. 252), S. 19; *Funk*, Die Geschichte des kirchlichen Zinsverbotes (wie Fn. 42), S. 30–31.

1007 Ausführlich: *Noonan*, Scholastic Analysis of Usury (wie Fn. 252), S. 90–95; *Lessel*, Entwicklungsgeschichte (wie Fn. 42), S. 28.

1008 Vgl. hierzu in dieser Arbeit: § 5.C.II.2.b)bb)(1)(c), § 5.C.II.4.

b) Die Voraussetzungen eines gerechten Darlehensvertrages

Auch beim Darlehensvertrag stellt *Duns Scotus* zunächst die Voraussetzungen eines gerechten Vertrages dar. Ebenso wie der gerechte Tausch- und Kaufvertrag erfordert ein gerechter und rechtmäßiger Darlehensvertrag die Wahrung der Tauschgleichheit *(iustitia commutativa)*.

aa) Die Gleichheit bezüglich der Anzahl und des Gewichts und die Rechtfertigung des Zinsverbotes

Das Gebot der Tauschgleichheit konkretisiert *Duns Scotus*, indem er speziell beim Darlehensvertrag fordert,

„[...] servare aequalitatem simpliciter in numero et in pondere', [...]."[1009]

[...] die Gleichwertigkeit hinsichtlich der Anzahl und des Gewichts schlechthin zu bewahren [...].

Es geht *Duns Scotus* wie auch bei den zuvor behandelten Vertragsarten um die Gleichwertigkeit zwischen der Leistung und Gegenleistung, die im Falle des Darlehensvertrages die strikte Einhaltung des kanonischen Zinsverbotes gebietet, das heißt, dass der Darlehensgeber keine Zahlung, die das dargeliehene Kapital übersteigt (*ultra sortem*), und somit keine Zinsen (*usurae*) annehmen darf. Dass *Duns Scotus* diese Aussage auf das Gelddarlehen bezieht, ohne dies ausdrücklich zu formulieren – er spricht in der obigen Aussage nicht von *numismata* –, ergibt sich aus seinen vorherigen Ausführungen über die verschiedenen Vertragsarten, in welchen er den Darlehensvertrag als Tausch von Geld gegen Geld bezeichnet.[1010] Auch die weiteren Ausführungen in diesem Kapitel lassen klar erkennen, dass es *Duns Scotus* ausschließlich um das Gelddarlehen geht.

In Bezug auf die oben abgebildete, von *Duns Scotus* getätigte Aussage über die Wahrung der Gleichheit hinsichtlich der Anzahl und des

1009 *Duns Scotus*, Ord. IV (editio vaticana XIII), dist. 15, q. 2, n. 134, lin. 820–821, S. 91: *„[...] 'ad iuste contrahendum mutuum, oportet servare aequalitatem simpliciter in numero et in pondere', [...]."*

1010 *Duns Scotus*, Ord. IV (editio vaticana XIII), dist. 15, q. 2, n. 118, lin. 725–726, S. 87: *„Quidam vero numismatis pro numismate, et dicitur 'mutui datio', et 'mutui acceptio'." – Ein derartiger [Tausch] des Geldes gegen Geld nennt man „Darlehenshingabe" und „Darlehensannahme".*

Gewichts des dargeliehenen Geldes lassen sich drei Feststellungen beziehungsweise Annahmen treffen:

Erstens, lässt sich festhalten, dass sich diese Aussage nur auf der Grundlage eines Währungssystems, das auf der Basis von Edelmetallen, nämlich Geldmünzen, operiert, erschließt. Wie in der Einleitung dieser Arbeit dargestellt, fanden im 13. Jahrhundert tiefgreifende Umbrüche im Geldwesen statt.[1011] *Duns Scotus* tätigte diese Aussage zu einer Zeit, in welcher das Wirtschaftsleben durch eine umfangreiche Monetarisierung, den Anstieg des Umlaufs von auch neu geprägten Geldmünzen gekennzeichnet war und sich eine Geldwirtschaft herausgebildet hatte.

Zweitens, liegt dieser Aussage in rechtlicher Hinsicht die Annahme zu Grunde, dass beim Darlehensvertrag nicht die Rückgabe desselben Geldstückes verlangt werden kann, sondern stets nur die gleiche Menge oder das gleiche Gewicht des dargeliehenen Geldes, weil beim Darlehensvertrag eine Eigentumsübertragung des dargeliehenen Geldes stattfindet.[1012]

Drittens, lässt sich dieser Aussage entnehmen, dass im Vergleich zu dem zuvor behandelten Tausch- und Kaufvertrag die Tauschgleichheit beim Darlehensvertrag nicht in einem gewissen Spielraum, einer *latitudo*, besteht, sondern dass die Tauschgleichheit unter Geltung des Zinsverbotes die Wahrung einer arithmetischen Gleichheit erfordert. Die Tauschgleichheit – die gerechte Mitte zwischen Leistung und Gegenleistung – lässt sich beim Darlehensvertrag daher punktgenau bestimmen.[1013] Dies formuliert *Duns Scotus* in seiner *Reportatio IV-A* auch in aller Deutlichkeit, indem er zunächst ausführt, dass das Geld unfruchtbar[1014] ist und sodann klarstellt:

„In contractu tamen mutuationis numismatis pro numismate magis habet esse medium indivisibile quam in aliis, […].“[1015]

Aus diesem Grund ist beim Darlehensvertrag die arithmetische [unteilbare] Mitte in höherem Maße zu wahren als bei anderen Verträgen […].

1011 Vgl. hierzu in dieser Arbeit: § 1.A.I; weiterführend: *Wittreck*, Geld als Instrument der Gerechtigkeit (wie Fn. 28), S. 85–164.

1012 Zum Argument des Eigentumsübergangs innerhalb der Begründung des Zinsverbotes: *Langholm*, Economics in the Medieval Schools (wie Fn. 248), S. 48–50 (im Allgemeinen), 414 (bzgl. *Duns Scotus*).

1013 Im Allgemeinen zur Wahrung der arithmetischen Gleichheit beim *mutuum*: *Kaye*, Economy and Nature (wie Fn. 248), S. 81–82.

1014 Zur Unfruchtbarkeit des Geldes in dieser Arbeit sogleich in: § 5.C.II.2.b)aa)(2).

1015 *Duns Scotus*, Rep. IV-A (Bychkov/Pomplun I.1) dist. 15, qq. 2–4, n. 77, S. 615.

Die Tauschgleichheit lässt sich beim Darlehensvertrag demnach punktgenau bestimmen.[1016] Der Zins stellt einen Verstoß gegen die Leistungsäquivalenz beim Darlehensvertrag dar.[1017] *Duns Scotus* bettet seine Lehre vom Zinsverbot in seine übergeordnete Lehre von den Voraussetzungen gerechter, die Tauschgleichheit wahrender Verträge ein, welche er wiederum in seine Restitutionslehre inkorporiert. Auf diese Weise verbindet er innerhalb seiner Restitutionslehre die Lehre von der *iustitia commutativa* mit dem seit Jahrhunderten geltenden Zinsverbot.

Vor der näheren Analyse der scotischen Argumentation für das Zinsverbot, sei nun noch auf folgenden, bedeutsamen Aspekt hingewiesen: Bestimmend für die scotische Lehre vom Darlehensvertrag ist die Vorstellung von der Barmherzigkeit *(caritas)* als Grundlage eines jeden Darlehensvertrages. Laut *Duns Scotus* gewährt der Darlehensgeber das Darlehen ausschließlich aus Nächstenliebe seinem Nächsten gegenüber. Dieser Vorstellung widerspricht die Annahme eines Zinses. Wenn der Darlehensgeber sich freiwillig, also ohne, dass jemand dies von ihm verlangte, aus Barmherzigkeit zur Darleihe entscheidet, so ist es ihm verboten, einen Zins zu nehmen.[1018] Von diesem Ansatz aus sind die weiteren Ausführungen des *Duns Scotus* zum Darlehensvertrag zu verstehen. Die Aussage

---

1016 Auch zur strikten Leistungsäquivalenz beim Darlehensvertrag bei *Duns Scotus*: *Langholm*, Economics in the Medieval Schools (wie Fn. 248), S. 413.

1017 Bereits *Lessel*, Entwicklungsgeschichte (wie Fn. 42), S. 34, führt unter Verweis auf *Duns Scotus* in Fn. 5 aus: *„Abweichend von der Tradition verfahren mehrere Scholastiker, die nach dem Vorgange des Thomas von Aquin keine eigentliche Definition des Wuchers aufstellen, sondern den Begriff aus der Darstellung der Vertragsregeln hervorgehen lassen. So erscheint der Wucher als Verletzung der für den Darlehensvertrag geforderten absoluten Leistungsgleichheit.“*

1018 *Duns Scotus*, Ord. IV (editio vaticana XIII), dist. 15, n. 166, lin. 46–52, S. 100: *„Ad primum dico quod si non vult damnificari, pecuniam sibi necessariam reservet, quia nullus eum necessitat ad faciendum misericordiam proximo; sed si vult misericordiam facere, necessitatur ex Lege divina ut non faciat eam vitiatam. Ad secundum: etsi transferat dominium, tamen recipiens tenetur restituere, sicut in mutui datione transfertur dominium et usus, et tamen debitor tenetur tandem restituere creditori.“ – Zum ersten Argument sage ich, dass wenn er nicht geschädigt werden will, dann sollte er das benötigte Geld für sich behalten, weil keiner von ihm verlangt, seinem Nächsten gegenüber Barmherzigkeit zu üben. Aber wenn er Barmherzigkeit üben will, dann wird vom göttlichen Gesetz verlangt, diese nicht zu verfälschen. Zum zweiten: Obwohl er das Eigentum übertragen hat, ist der Empfänger dennoch verpflichtet, es zurückzugeben, so wie beim Darlehen das Eigentum und der Gebrauch übertragen werden und der Schuldner dennoch letztlich verpflichtet ist, dies dem Gläubiger zurückzugeben.* Dazu auch: *Schreiber*, Die volkswirtschaftlichen Anschauungen der Scholastik (wie Fn. 248), S. 156: *„Wirtschaftlich ist für Duns Scotus das Darlehen ein Akt des Wohltuns aus Mitleid; der Darleiher erweist*

über die *caritas* als Grundlage des Darlehensvertrages findet man bei *Duns Scotus* nicht innerhalb der Darstellung der positiven Voraussetzungen des Darlehensvertrages (Artikel 2), sondern im Rahmen der Darstellung der Ungerechtigkeiten im dritten Artikel der zweiten Quästion. Dort nennt er auch gegen das Zinsnehmen sprechende Belege aus dem Alten und Neuen Testament, nämlich Ez 18,5–9, v. a. 18,8, und die im Mittelalter häufig genannte Stelle aus dem Neuen Testament: Lk 6,35: *Date mutuum, nihil inde sperantes [...]. – Gebt ein Darlehen, ohne etwas dafür zu erhoffen.*[1019] Auf diese Weise hebt er die Verwerflichkeit des Zinses in besonderer Weise hervor, indem er nämlich aufzeigt, dass beide Testamente das Zinsnehmen verbieten.

In den nachfolgenden Abschnitten werden ausschließlich die drei Kernargumente detailliert analysiert, welche *Duns Scotus* nach der zuvor genannten Aussage über die Wahrung der Gleichheit in Bezug auf das Gewicht und die Anzahl des Geldes *(servare aequalitatem simpliciter in numero et in pondere)* gegen das Zinsnehmen ins Feld führt.

(1) Der (Geld-)Verbrauch durch den Gebrauch sowie die Eigentumsübertragung

Duns Scotus eröffnet sein Plädoyer für das Zinsverbot mit einem prominenten Argument, welches er allerdings gleich nach der Nennung wieder entkräftet. Dies zeigt sich im weiteren Verlauf der Ausführungen. *Duns Scotus* lehrt,

---

seinem Nächsten, der sich in Not befindet, eine misericordia. Der Gedanke, daß das Darlehen eine andere Funktion erfüllen könnte, liegt gänzlich fern.“

1019 *Duns Scotus*, Ord. IV (editio vaticana XIII), dist. 15, q. 2, n. 162–163, lin. 30–34, S. 99: „*De mutui datione et solutione iniustitia praecipua est usura, cuius vituperatio habetur Extra, 'De usuris', «Super eo». Usurae crimen utraque Pagina detestatur: quod Vetus, patet Ez.: Ad usuram non accommodabis etc.; quod Nova, Luc. 6: Date mutuum, nihil inde sperantes.*“ – *Beim Darlehen und dessen Rückzahlung stellt der Zins, dessen Tadel in X 5.19.4 behandelt wird, eine außerordentliche Ungerechtigkeit dar. Beide Testamente verfluchen das Verbrechen der Zinsen: Dass das Altes Testament dies tut, zeigt sich in Ez 18,5–9 [8]: Zum Zins wirst du nicht hinzufügen etc.; dass das Neue Testament dies tut, zeigt sich in Lk 6,35: Gebt ein Darlehen, ohne etwas dafür zu erhoffen.* Vgl. X 5.19.4 (CIC II, Sp. 812). Die von *Duns Scotus* zitierte Evangelienstelle (Lk 6,35) wurde in eine bekannte Dekretale von Papst *Urban III.* aufgenommen und erhielt so Eingang in den *Liber Extra*, X 5.19.10 (CIC II, Sp. 814), aus: *Becker*; Das Zinsverbot im lateinischen Mittelalter (wie Fn. 35), S. 16 Fn. 2.

„Ratio huius a quibusdam assignatur talis, quia usus pecuniae est eius consumptio; ergo concedens eam mutuo, consumit eam."[1020]	Als Grund hierfür [für das Zinsverbot] wird von Einigen der folgende genannt, dass der Gebrauch des Geldes dessen Verbrauch darstellt; also derjenige, der es als Darlehen gewährt, verbraucht es.

In Bezug auf dieses Zitat bleibt zunächst festzuhalten, dass sich der exakte Wortlaut in den verschiedenen Fassungen der scotischen Kommentierung unterscheidet: Der hier abgedruckte Text entstammt wie der ganz überwiegende Teil der Zitate in dieser Arbeit der historisch kritischen Ausgabe der *Ordinatio (editio vaticana)*. In der *Wadding-Vivés*-Ausgabe lautet der entsprechende Passus *„Ratio huius a quodam assignatur talis, [...]."*[1021] *– Als Grund hierfür wird von einem gewissen Lehrmeister genannt.* In der *Reportatio IV-A* spricht *Duns Scotus* ebenfalls von nur einem Lehrmeister, er formuliert nämlich *„[...] assignatur ab uno doctore talis [...]" – von einem gewissen Doktor.*[1022] Unter Berücksichtigung dieser Divergenzen im Wortlaut (nämlich: Singular oder Plural) erscheint die Bezugnahme des *Duns Scotus* auf nur einen gewissen Lehrmeister oder auch auf mehrere Lehrmeister, welche dieses Argument vertraten, möglich. Der Quellenapparat der historisch kritischen Ausgabe weist als Lehrmeister *Thomas von Aquin* und *Richardus de Mediavilla* aus.[1023]

Das Argument des Verbrauches des Geldes durch dessen Gebrauch kam in der zweiten Hälfte des 13. Jahrhunderts auf und wurde seitdem vielfach

1020 *Duns Scotus*, Ord. IV (editio vaticana XIII), dist. 15, q. 2, n. 134, lin. 822–824, S. 91.

1021 *Duns Scotus*, Ord. IV (Wadding-Vivés XVIII), dist. 15, q. 2, n. 17, S. 292b.

1022 *Duns Scotus*, Rep. IV-A (Bychkov/Pomplun I.1), dist. 15, qq. 2–4, n. 75, S. 614; *Duns Scotus*, Rep. IV-A (Wadding-Vivés XXIV), dist. 15, qq. 2–4, ad q. 2, n. 24, S. 240a. Siehe in Bezug auf letztere Fundstelle in der *Reportatio IV-A* vor allem auch die Ausführungen in: § 5.C.II.1.a)bb)(4).

1023 *Duns Scotus*, Ord. IV (editio vaticana XIII), dist. 15, q. 2, „F[ontes]" ad lin. 822–823, S. 91. Zur Bezugnahme des *Duns Scotus* auch: *Wolter*, Duns Scotus' Political and Economic Philosophy (wie Fn. 86), S. 48 Fn. 1, S. 87 Note 9 (Endnotes); *Lambertini*, Usus and Usura (wie Fn. 255), S. 185–186; *Noonan*, Scholastic Analysis of Usury (wie Fn. 252), S. 60–61; *Schreiber*, Die volkswirtschaftlichen Anschauungen der Scholastik (wie Fn. 248), S. 156 Fn. 1; *Langholm*, Economics in the Medieval Schools (wie Fn. 248), S. 414; sehr knapp: *Mochrie*, Justice in Exchange (wie Fn. 252), S. 42.

aufgegriffen.[1024] Es ist in dieser Form erstmalig in *De Malo* und auch in der *Summa theologiae* des *Thomas von Aquin* zu finden; es stellt das entscheidende Argument gegen das Zinsnehmen bei den Verbrauchsgütern dar, zu welchen nach *Thomas* auch das Geld zählt.[1025] Es gilt als das originäre Argument des *Thomas* gegen das Zinsnehmen.[1026] Auch *Richardus de Mediavilla* misst diesem Argument entscheidende Bedeutung in seinem Sentenzenkommentar bei.[1027] Laut *Fabian Wittreck* betrat *Thomas* mit diesem in *De Malo* erstmals entfalteten Argument *„echtes Neuland"* in der lateinischen Gelehrtenwelt des Westens.[1028]

Dass mit dem Gebrauch des Geldes zugleich auch dessen Verbrauch einhergeht und dass dieses Argument das Verbot des Zinsnehmens beim Darlehensvertrag untermauert, erschließt sich – zumindest der modernen Leserschaft – nicht von selbst. Es ist daher erklärungsbedürftig.

Thomas leitet das Zinsverbot aus der Natur des Geldes als Verbrauchsgut ab.[1029] Das von *Thomas* vorgebrachte Argument basiert maßgeblich auf der Qualifizierung des Geldes als Tauschmittel: Das Geld dient in seiner Eigenschaft als Tauschmittel in erster Linie dem Austausch gegen andere Güter.[1030] Die primäre Funktion des Geldes besteht demnach in seiner Natur als Maß, um die Nützlichkeit anderer Güter zu messen, so dass

---

1024 *Kriechbaum*, Die Stellungnahmen der mittelalterlichen Legistik zum kanonistischen Zinsverbot (wie Fn. 42), S. 39, formuliert: *„Einer der wichtigsten Gesichtspunkte nicht nur der kanonistischen, sondern auch der theologischen Zinslehre ist das Argument, ein Entgelt/Zins für den Gebrauch von Sachen sei unzulässig, wenn die Sache durch Gebrauch zugleich verbraucht werde."*

1025 *Thomas von Aquin*, STh II-II, q. 78 art. 1, S. 367–368, *„Respondeo"*, mit Bezug auf *Aristoteles*, NE V, cap. 8 (1133a 20) und Pol. I, cap. 9 (1257a 35); *Wittreck*, Geld als Instrument der Gerechtigkeit (wie Fn. 28), S. 449.

1026 *Braun*, Vom Wucherverbot zur Zinsanalyse 1150–1700 (wie Fn. 821), S. 52; *Becker*, Das Zinsverbot im lateinischen Mittelalter (wie Fn. 35), S. 25–26 (*Aquin* stützt das Verbot vor allem auf dieses Argument); *Fabian Wittreck*, Philosophisch fundierte Zinsverbote – Rechtsrahmen und Relevanz, in: Was vom Wucher übrigbleibt. Zinsverbote im historischen und interkulturellen Vergleich, hrsg. Matthias Casper; Norbert Oberauer; Fabian Wittreck, Tübingen 2014, S. 47–73, 61 m. w. N. in Fn. 75.

1027 *Richardus de Mediavilla*, Sent., lib. IV, dist. 15, art. 5, q. 5, S. 223b, *„Respondeo"*.

1028 *Wittreck*, Geld als Instrument der Gerechtigkeit (wie Fn. 28), S. 449. Zum Verbrauchsargument bei *Thomas* u. a.: *Wittreck*, op. cit., S. 449–454; *Johnston*, Some Mediaeval Doctrines on Extrinsic Titles to Interest (wie Fn. 255), S. 87–88.

1029 *Wittreck*, Geld als Instrument der Gerechtigkeit (wie Fn. 28), S. 450; *Braun*, Vom Wucherverbot zur Zinsanalyse 1150–1700 (wie Fn. 821), S. 54.

1030 *Wittreck*, Geld als Instrument der Gerechtigkeit (wie Fn. 28), S. 450.

es seine Nützlichkeit und Funktion erst im Verhältnis zu den anderen Gütern erlangt.[1031] Laut *Thomas* wird das Geld beim Ausgeben ebenso wie Wein und Getreide beim Verzehr verbraucht.[1032] Das Geld wird daher durch seine bestimmungsgemäße Verwendung beim Tauschvorgang in seiner Funktion als abstraktes Tauschmittel, nicht in seiner physischen Beschaffenheit verbraucht.[1033] Bedeutsam ist, dass beim Darlehensvertrag das Eigentum an der dargeliehenen Geldsumme auf den Darlehensnehmer übertragen wird. Verlangt der Darlehensgeber nun einen Überschuss – einen Zins – vom Darlehensnehmer zurück, so erscheint dieses Verlangen als „*ungerechte und damit naturrechtswidrige Doppelforderung*“: Der Gebrauch fällt beim Darlehen, mit welchem stets der Eigentumsübergang verbunden ist, mit dem Verbrauch zusammen.[1034] Die Trennung von Gebrauch des Geldes und der Sachsubstanz selbst ist laut *Thomas* unmöglich, so dass derjenige, der den Gebrauch des Geldes übertragen möchte, zugleich auch immer das Geldstück selbst übertragen muss.[1035] Im Falle einer Zinsforderung verkauft nun aber der Darlehensgeber die Substanz des Geldes sowie seinen Gebrauch getrennt voneinander, das heißt, er erhält zwei Zahlungen für ein und dieselbe (da nicht voneinander zu trennende) Leistung.[1036] Anders verhält es sich beispielsweise bei einem Haus, welches kein Verbrauchsgut darstellt, denn bei diesem kann das Eigentum getrennt vom Gebrauch verkauft werden, so dass allein für die Gebrauchsüberlassung erlaubterweise im Rahmen eines Mietvertrages ein Entgelt vereinbart werden darf.[1037] Diese Trennung ist beim Geld als Tauschmittel aber nicht möglich.

Duns Scotus führt das Argument des Verbrauches gleich zu Beginn seiner Ausführungen zum Zinsverbot auf, allerdings handelt sich um ein von

---

1031 *Braun*, Vom Wucherverbot zur Zinsanalyse 1150–1700 (wie Fn. 821), S. 54.

1032 *Wittreck*, Geld als Instrument der Gerechtigkeit (wie Fn. 28), S. 450; *Johnston*, Some Mediaeval Doctrines on Extrinsic Titles to Interest (wie Fn. 255), S. 87.

1033 *Wittreck*, Geld als Instrument der Gerechtigkeit (wie Fn. 28), S. 450; *Johnston*, Some Mediaeval Doctrines on Extrinsic Titles to Interest (wie Fn. 255), S. 88; dazu auch: *Kriechbaum*, Die Stellungnahmen der mittelalterlichen Legistik zum kanonistischen Zinsverbot (wie Fn. 42), S. 39.

1034 *Wittreck*, Geld als Instrument der Gerechtigkeit (wie Fn. 28), S. 450.

1035 *Braun*, Vom Wucherverbot zur Zinsanalyse 1150–1700 (wie Fn. 821), S. 55.

1036 *Wittreck*, Geld als Instrument der Gerechtigkeit (wie Fn. 28), S. 450; *Steffen Jörg*, Das Zinsverbot in der islamischen Wirtschaftsordnung. Philosophische und religiöse Grundlagen, Hamburg 2015, S. 22; *Johnston*, Some Mediaeval Doctrines on Extrinsic Titles to Interest (wie Fn. 255), S. 87.

1037 *Jörg*, Das Zinsverbot in der islamischen Wirtschaftsordnung (wie Fn. 1036), S. 21–22.

Duns Scotus zurückgewiesenes Argument. Die weiteren Ausführungen zeigen nämlich, dass für *Duns Scotus* das entscheidende Argument gegen das Zinsnehmen der mit dem Darlehensvertrag verbundene Eigentumsübergang darstellt. Unter Berücksichtigung der franziskanischen Identität des *Duns Scotus* mögen seine möglichen Beweggründe für eine solche Zurückweisung des „Verbrauchsarguments" auch sogleich erhellen.

Duns Scotus liefert unmittelbar nach der Nennung des „Verbrauchsarguments" das folgende Gegenargument:

„Contra istud obicitur per illud *Extra,* 'De verborum significatione', «Exiit», et est hodie in *Sexto libro,* quod quarumdam rerum usus perpetuo separatur a dominio.	Dagegen wird unter Bezug auf die Bulle *„Exiit qui seminat"*, *„De verborum significatione"*, welche sich heute in VI 5.12.3 befindet, entgegnet, dass der Gebrauch etlicher Sachen ewig vom Eigentum getrennt wird.
Potest igitur ratio talis assignari, quia in mutui datione, transfertur dominium:	Folglich kann der folgende Grund bestimmt werden, dass beim Darlehen das Eigentum übertragen wird:
hoc enim sonat vocabulum 'mutuo do tibi meum'; [...]."[1038]	Deshalb nämlich bedeutet der Begriff „Durch ein Darlehen gebe ich dir meins. [...]."

Das entscheidende Argument gegen das Zinsnehmen ist für *Duns Scotus* das des Eigentumsübergangs.[1039] Dass das Eigentum an den Geldmünzen im Rahmen des Darlehensvertrages übertragen wird, widerspricht nicht der thomasischen Lehre. Es zeigt sich aber ganz klar eine dem franziskanischen Armutsideal geschuldete Akzentverschiebung in der scotischen Begründung.[1040] Für *Duns Scotus* ist das Abstellen auf das „Verbrauchsargument" – dies zeigt sich gleich – nämlich schlichtweg nicht möglich. Diese Ablehnung des thomasischen Arguments formuliert *Duns Scotus* in

1038 *Duns Scotus*, Ord. IV (editio vaticana XIII), dist. 15, q. 2, n. 135–136, lin. 825–829, S. 91. Vgl. VI 5.12.3 (CIC II, Sp. 1113).

1039 *Lambertini*, Usus and Usura (wie Fn. 255), S. 187–188. Zum Argument des Eigentumsübergangs innerhalb der Begründung des Zinsverbotes auch: *Langholm*, Economics in the Medieval Schools (wie Fn. 248), S. 48–50, 414.

1040 Ausführlich wurde die Zurückweisung des „Verbrauchsarguments" und dieses (Gegen-)Argument des *Duns Scotus* von *Lambertini*, Usus and Usura (wie Fn. 255), S. 185–188, gewürdigt. Dazu auch: *Langholm*, Economics in the Medieval Schools (wie Fn. 248), S. 414; *Noonan*, Scholastic Analysis of Usury (wie Fn. 252), S. 60–61.

seiner *Reportatio IV-A* weitaus schärfer, indem er nämlich unmissverständlich klarstellt: *„Sed haec ratio habet fundamentum falsum.“*[1041] – *Aber dieses Argument ist grundlegend falsch.*

Duns Scotus allegiert im obigen Zitat die päpstliche Bulle *Exiit qui seminat* von *Nikolaus III.* aus dem Jahr 1279, welche Eingang in die Dekretalensammlung des Papstes *Bonifatius VIII.* fand.[1042] Es handelt sich hierbei – dies wurde bereits in der Einleitung herausgearbeitet[1043] – um eine für das franziskanische Grundverständnis äußerst bedeutsame Bulle: *Nikolaus III.* differenziert fünf verschiedene Rechtsbeziehungen des Menschen zu den irdischen Gütern *(res temporalis)*[1044] und führt an dieser Stelle auch den insbesondere zu Beginn des 14. Jahrhunderts im Rahmen des wieder entfachten franziskanischen Armutsstreits hoch umstrittenen *usus simplex facti* auf.[1045] Grundlegend ist die bereits in der *Apologia pauperum* von *Bonaventura* vollzogene[1046] strikte Trennung von Eigentum und Gebrauch.[1047] An den täglichen Gebrauchsgütern haben die franziskanischen Minoriten – und so auch *Duns Scotus* – kein Eigentum *(dominium)*, sondern nur den Gebrauch *(usus)* inne, wobei dieser von *Nikolaus III.* als ein *usus simplex facti*, also ein bloß faktischer Gebrauch qualifiziert wird.[1048] Die

---

1041 *Duns Scotus*, Rep. IV-A (Bychkov/Pomplun I.1), dist. 15, qq. 2–4, n. 75, S. 614; *Duns Scotus*, Rep. IV-A (Wadding–Vivés XXIV), dist. 15, qq. 2–4, ad q. 2, n. 24, S. 240a.

1042 VI 5.12.3 (CIC II, Sp. 1113).

1043 Vgl. hierzu die Ausführungen in: § 1.A.II.

1044 Nämlich: *„Proprietas, possessio, ius utendi, usus fructus, simplex usus facti“* (VI 5.12.3 [CIC II, Sp. 1113]).

1045 Zum franziskanischen Armutsstreit v. a. *Kriechbaum*, Actio, ius und dominium (wie Fn. 111), S. 24–89; *Horst*, Evangelische Armut und Kirche (wie Fn. 111), Zweiter Teil, S. 135 ff.; *Mäkinen*, Property Rights in the Medieval Discussion on Franciscan Poverty (wie Fn. 111); *Lambert*, Franciscan Poverty (wie Fn. 111).

1046 *Bonaventura*, Apologia pauperum, in: Opera Omnia, Tom. VIII, Ad Claras Aquas (Quaracchi) 1898, cap. XI, n. 7, S. 312b: *„Quodsi forte his quisquam conetur obsistere, ex eo quod iure cautum est, usum non posse perpetuo a dominio separari; [...].“*

1047 *Agamben*, Höchste Armut (wie Fn. 114), 3.1–3.2, S. 167–171.

1048 VI 5.12.3 (CIC II, Sp. 1113): *„[...] simplici usui omnis rei renunciasse convincitur, qui, inquam, usus non iuris, sed facti tantummodo nomen habens, quod facti est tantum, in utendo praebat utentibus nihil iuris, quin immo necessarium rerum tam ad vitae sustentationem [...].“* *Lambertini*, Usus and Usura (wie Fn. 255), S. 187, weist darauf hin, dass *Nikolaus III.* hier zwar nicht ausdrücklich Stellung zu den verbrauchbaren Gütern *(res consumptibiles)* nimmt, seine Argumentation aber als Gegenargumente zu den von säkularen Lehrmeistern gegen die franziskanische Lebensweise vorgebrachten Argumenten zu deuten ist.

scotische Argumentation gegen das auf *Thomas von Aquin* zurückgehende „Verbrauchsargument" kann letztlich nur vor dem Hintergrund der vollkommenen Zurückweisung jeglichen Eigentums sowie der Ablehnung der Kategorie eines *usus iuris* nachvollzogen werden. Denn dann kann das Argument des Zusammenfallens von Gebrauch *(usus)* und Eigentum *(dominium)* bei der Nutzung der Güter des täglichen Lebens, welche regelmäßig verbrauchbare Güter sind, kein Gewicht für *Duns Scotus* besitzen, da im Ergebnis die für die franziskanische Lebensweise doch so entscheidende, strikte Trennung von Eigentum *(dominium)* und Gebrauch *(usus)* bei gerade diesen Gütern schlichtweg unmöglich wäre. Durch diesen Bezug auf die Bulle *Nikolaus III.* tritt klar hervor, dass *Duns Scotus* in den franziskanischen Traditionen stehend stets die genaue Unterscheidung zwischen Eigentum und Gebrauch – und dies eben auch beim Geld – vornimmt. Diese Unterscheidung durchzieht auch das gesamte *corpus* der zweiten Quästion. Vor dem Hintergrund der fortwährenden Streitigkeiten über die franziskanische Lebensweise an der Pariser Universität und der seitens säkularer Kleriker ins Feld geführten Argumente gegen die franziskanische Lebensweise[1049] positioniert sich *Duns Scotus* hier (insbesondere in seiner *Reportatio IV-A*) sehr klar. Es erscheint daher auch nicht unwahrscheinlich, dass der vorherige Hinweis auf einen anderslehrenden Doktor weniger *Thomas von Aquin* als vielmehr seinem eigenen Ordensbruder *Richardus de Mediavilla* gilt, welcher das Argument des Verbrauches in seinem in den Jahren 1285–1295 an der Pariser Universität entstandenen Sentenzenkommentar vertreten hat.[1050] Letztlich stützt sich *Duns Scotus* auf ein Argument, welches bereits im 12. und 13. Jahrhundert vielfach genannt

---

1049 Hierzu: *Mäkinen*, Property Rights in the Medieval Discussions on Franciscan Poverty (wie Fn. 111), S. 41–64; *Lambertini*, Usus and Usura (wie Fn. 255), S. 186–187 m. w. N.; allgemein zur Vorgeschichte des Mendikantenstreits an der Pariser Universität: *Rolf Köhn*, Monastisches Bildungsideal und weltgeistliches Wissenschaftsdenken. Zur Vorgeschichte des Mendikantenstreits an der Universität Paris, in: Die Auseinandersetzungen an der Pariser Universität im XIII. Jahrhundert, hrsg. v. Albert Zimmermann, Berlin [u. a.] 1976, S. 1–37.

1050 So der Quellenhinweis bei *Wolter*, Duns Scotus' Political and Economic Philosophy (wie Fn. 86), S. 48 Fn. 1 (unter Zitation von *Richardus' „lib. IV, dist. 25 [sic], art. 5, q. 5"*); v. a.: *Lambertini*, Usus and Usura (wie Fn. 255), S. 186 Fn. 5, welcher aber zugleich darauf hinweist, dass keine sprachliche Übereinstimmung zwischen *Duns Scotus'* und *Richardus'* Formulierung besteht. *Richardus de Mediavilla*, Sent., lib. IV, dist. 15, art. 5, q. 5 in corp., S. 223.

wurde[1051] und nicht nur einer der ältesten, sondern auch einer der am häufigsten angeführten Einwände gegen den Wucher darstellt.[1052]

Duns Scotus demonstriert in diesem Abschnitt seiner Kommentierung, dass ihm die prominenten Argumente gegen das Zinsnehmen einerseits bekannt sind, er positioniert sich andererseits zugleich klar gegen das auf *Thomas von Aquin* zurückgehende und auch von seinem Ordensbruder *Richardus de Mediavilla* vertretene Argument des mit dem Gebrauch einhergehenden Verbrauches.

(2) Die Unfruchtbarkeit des Geldes

Als weiteres Argument gegen das Zinsnehmen führt *Duns Scotus* die vor allem auf der aristotelischen Politik[1053] aufbauende und von *Thomas von Aquin*[1054] aufgegriffene Lehre von der Unfruchtbarkeit beziehungsweise

---

1051 So z. B. von: *Wilhelm de Auxerre*, Summa aurea, lib. III/2 (ed. Ribaillier), tract. XLVIII, cap. I, q. 2, fol. 239va, S. 912, *„Ad ultimo obiectum"; Bonaventura*, Commentaria in tertium librum Sententiarum, in: Opera Omnia, Tom. III, Ad Claras Aquas (Quaracchi) 1887, dist. 37, dub. 7, S. 836a; *Alexander von Hales*, Summa theologica, Tom. IV: Liber tertius, Textus, iussu et auctoritate Pacifici M. Perantoni, Ad Claras Aquas (Quaracchi) 1948, pars II, inq. IV, tract. II, q. III, tit. III, membrum II, cap. I, S. 913ab, *„4. «Ad» quartum"*. Im Rahmen des Verbrauchsarguments bei *Thomas von Aquin*, STh II-II, q. 78, art. 1, S. 367, *„Respondeo"*.

1052 *Braun*, Vom Wucherverbot zur Zinsanalyse 1150–1700 (wie Fn. 821), S. 47.

1053 *Aristoteles*, Politik, Buch I: Über die Hausverwaltung und die Herrschaft des Herrn über Sklaven, übers. u. erl. v. Eckart Schütrumpf, in: Werke in deutscher Übersetzung Bd. 9, Teil 1, begr. v. Ernst Grumach, hrsg. v. Hellmuth Flashar, Darmstadt 1991, Buch I, Kap. 10, 1258b, S. 27–28: *„Daher wird mit der allergrößten Berechtigung (eine dritte Form der Erwerbstätigkeit) der Geldverleih gegen Zinsen gehaßt; denn dabei stammt der Gewinn aus dem Münzgeld selber, nicht aus der Verwendung, für die es geschaffen wurde – denn es entstand (zur Erleichterung) des Warenumschlages. (Bei Geldgeschäften) vermehrt jedoch der Zins das Geld, daher hat er ja auch diesen Namen (Gezeugtes), denn das Erzeugte gleicht dem Erzeuger. Zins ist aber Geld gezeugt von Geld. Daher ist auch diese Form von Erwerb am meisten wider die Natur."* Den Scholastikern war jedoch bereits vor der Einführung der aristotelischen Politik und Nikomachischen Ethik in lateinischer Sprache durch *Wilhelm von Moerbeke* in der Mitte des 13. Jahrhunderts das Argument der Unfruchtbarkeit durch eine Passage aus *Chrysostomus* (c. 11, D. 88) bekannt, so bei: *Lessel*, Entwicklungsgeschichte (wie Fn. 42), S. 39.

1054 *Thomas von Aquin*, Sth II-II, q. 78, art. 1, S. 368, *„Ad tertium"*: *„Et philosophus, naturali ratione ductus, dicit in I Polit., quod usuraria acquisitio pecuniarum est maxime praeter naturam."*

Sterilität des Geldes an.[1055] *Duns Scotus* nennt dieses Argument ausdrücklich.

„Alia ratio est: esto quod pecunia maneret sua, tamen illa pecunia non habet ex natura sua aliquem fructum, sicut habent aliqua alia ex se germinantia, sed tantum provenit aliquis fructus ex industria alicuius, scilicet utentis;	Ein anderer Grund ist: Angenommen das Geld bliebe das seine [vom Darlehensgeber], freilich bringt jenes Geld aus seiner Natur heraus nicht irgendeine Frucht hervor, wie es andere Sachen, welche aus sich heraus wachsen [welche Früchte aus sich hervorbringen], haben, sondern diese Frucht gedeiht aus dem Fleiß eines anderen, wie [zum Beispiel dem Fleiß] des Nutzers.
industria autem huius non est eius qui concedit pecuniam;	Der Fleiß aber desjenigen gehört nicht demjenigen, welcher das Geld überlässt.
ergo ille, volens recipere fructum de pecunia, vult habere fructum de industria aliena, quem tamen non dedit ille alius sibi ex hoc quod accepit mutuum ab illo alio.	Also jener, welcher die Frucht des Geldes annehmen will, begehrt die Frucht eines fremden Fleißes, welche der eine ihm aber nicht aus dem, was er als Darlehen vom anderen angenommen hat, gegeben hat.
Et haec est ratio quare per oppositum fructus pignorum germinantium computantur in sortem."[1056]	Und dies ist der Grund, weshalb im Gegenteil die Früchte verpfändeter Sachen, die fruchtbringend sind, auf das Kapital angerechnet werden [in das Kapital eingerechnet werden].

Diese scotischen Ausführungen basieren auf der Vorstellung von der Unfruchtbarkeit des Geldes. Grundlegend für das Verständnis dieser Textstelle ist, dass *Duns Scotus* im obigen Zitat zwischen den Früchten, welche einer fruchtbaren Sache selbst, und denjenigen, welche dem Fleiß *(industria)* eines anderen, nämlich dem des Darlehensnehmers, entspringen,

---

1055 Zu diesem Argument: *Lambertini*, Usus and Usura (wie Fn. 255), S. 188; *Langholm*, Economics in the Medieval Schools (wie Fn. 248), S. 57–58, 414; *Noonan*, Scholastic Analysis of Usury (wie Fn. 252), S. 61.

1056 *Duns Scotus*, Ord. IV (editio vaticana XIII), dist. 15, q. 2, n. 137, lin. 833–841, S. 91–92.

differenziert. Für das Bestehen einer Restitutionspflicht ist daher entscheidend, ob es sich um eine fruchtbare Sache handelt oder ob die Früchte dem Fleiß *(industria)* des Darlehensnehmers zuzuordnen sind. Das Geld ist laut *Duns Scotus* als eine unfruchtbare Sache einzustufen, so dass die hervorgebrachten Früchte, nämlich die erwirtschafteten Gewinne, nicht dem Geld selbst, sondern dem Fleiß *(industria)* einer anderen Person, nämlich dem Fleiß des Darlehensnehmers, entstammen. Im Ergebnis bedeutet das, dass die mit dem dargeliehenen Geld erwirtschafteten Gewinne aus dem Fleiß *(industria)* des Darlehensnehmers hervorgehen und diesem gebühren *(ergo ille, volens recipere fructum de pecunia, vult habere fructum de industria aliena, quem tamen non dedit ille alius sibi ex hoc quod accepit mutuum ab illo alio)*. Erhielte der Darlehensgeber neben dem dargeliehenen Kapital nun auch diese dem Fleiß *(industria)* des Darlehensnehmers entspringenden Früchte zurück, so handelte es sich um einen Fall des unrechtmäßigen Zinsnehmens. Die Früchte beziehungsweise der Zins sind dann dem Darlehensnehmer seitens des Darlehensgebers zurückzuerstatten.

Erst vor diesem Hintergrund in Verbindung mit der Kenntnis der Vorschriften des kanonischen und römischen Rechts erschließt sich die abschließende knappe, aber durchaus prägnante, Stellungnahme des *Duns Scotus* zu einer Form der Kreditsicherung, nämlich der Sicherung der Darlehensschuld durch die Bestellung eines Pfandrechts *(Et haec est ratio quare per oppositum fructus pignorum germinantium computantur in sortem.)*. Um diese scotische Aussage wird es im Folgenden nun näher gehen.

(a) Die Anrechnung der Früchte eines fruchtbringenden Pfandes auf das Kapital

Wie im obigen Zitat abgebildet, führt *Duns Scotus* aus, dass die Früchte verpfändeter Sachen, welche selbst bereits fruchtbringend sind, in das Kapital (hin-)eingerechnet werden *(fructus pignorum germinantium computantur in sortem)* – anders ausgedrückt mit dem Kapital, der Darlehensvaluta, verrechnet beziehungsweise auf das Kapital angerechnet werden. Nach der Ansicht der Verfasserin geht es *Duns Scotus* konkret um die Sicherung der Darlehensschuld durch ein Pfandrecht an einem Gegenstand, welcher seiner Natur nach bereits fruchtbar ist. Die Früchte des schuldsichernden Pfandes werden daher auf das Kapital angerechnet, das heißt vom Kapital des Darlehensgebers abgezogen. Im Ergebnis erhält der Darlehensgeber somit das Kapital – die Darlehensvaluta – abzüglich der Früchte/des Wertes der Früchte vom Darlehensnehmer zurück. Das liegt daran, dass der

Darlehensnehmer, welcher im Falle der Schuldtilgung die Herausgabe des Pfandgegenstandes verlangen könnte, eben auch die Früchte herausverlangen könnte, denn diese Früchte entspringen nicht dem Fleiß *(industria)* eines anderen – des Darlehensgebers –, sondern der fruchtbaren Sache, dem Pfandgegenstand, selbst. Übersteigt der Wert der Früchte nun das Kapital, so erhält der Darlehensnehmer letztlich diesen Überschuss. Es handelt sich hierbei um einen anerkannten Grundsatz, welchen man auch im *Liber Extra* liest.[1057] Auch das römische Recht geht grundsätzlich davon aus, dass die Früchte der verpfändeten, fruchtbaren Sache im Falle der Schuldtilgung seitens des Darlehensnehmers herausverlangt werden können, sofern nicht vereinbart wird, dass die Nutzung des verpfändeten Gegenstandes dem Pfandgläubiger gestattet ist und die gewonnenen Früchte auf die (nach römischem Recht erlaubten) Zinsen, so dann auf die Hauptforderung angerechnet werden, so dass nur noch der Überschuss dem Verpfänder herauszugeben ist (stillschweigende und ausdrücklich vereinbarte Antichrese).[1058] Da nach kanonischem Recht das Zinsnehmen verboten war, erfolgt die Anrechnung der Früchte auf die Hauptforderung, also das Kapital.[1059] Noch im 10. und 11. Jahrhunderts war die Pfandnutzung nach kanonischem Recht erlaubt.[1060] Ab der Mitte des 12. Jahrhunderts wurde die Pfandnutzung ohne Anrechnung auf das Kapital verboten, die nach römischen Recht erlaubte Antichrese galt fortan als wucherisch.[1061]

1057 X 5.19.8 (CIC II, Sp. 813): *„Fructus rei pignoratae computari debent in sortem, et excipit unum casum."*

1058 *Kaser; Knütel*, Römisches Privatrecht (wie Fn. 884), § 31, S. 181, Rn. 32; *Endemann*, Wirtschafts- und Rechtslehre, Bd. 2 (wie Fn. 830), S. 336–337; vgl auch: *Konrad Eugen Franz Roßhirt*, Geschichte des Rechts im Mittelalter, Erster Theil: Canonisches Recht, Mainz 1846, S. 602; *Adolph Karl Heinrich von Hartitzsch*, Das römische Privatrecht in ausführlicher tabellarischer Darstellung, Leipzig 1831, S. 359–360; *Freiherr Fritz von Schwind*, Römisches Recht, I: Geschichte, Rechtsgang, System des Privatrechtes, Wien [u. a.] 1950, § 71, S. 248; Eine tabellarische Gegenüberstellung der Lehren des römischen und kanonischen Rechts aus der Mitte des 14. Jahrhunderts in Italien findet man bei: *Sclopis*, Ueber das Verhältniss und den Unterschied zwischen dem römischen Civilrechte und dem römischen Rechte in Italien, in: Kritische Zeitschrift für Rechtswissenschaft und Gesetzgebung des Auslandes Bd. 15 (1842), S. 40–96[94], S. 64–96[94] (tabellarische Darstellung), S. 82 nr. 98.

1059 *Endemann*, Wirtschafts- und Rechtslehre, Bd. 2 (wie Fn. 830), S. 337; *Roßhirt*, Geschichte des Rechts im Mittelalter, Erster Theil (wie Fn. 1058), S. 602; *Funk*, Geschichte des kirchlichen Zinsverbotes (wie Fn. 42), S. 30, 31 (zu den Ausnahmen).

1060 *Funk*, Die Geschichte des kirchlichen Zinsverbotes (wie Fn. 42), S. 30.

1061 *Funk*, Die Geschichte des kirchlichen Zinsverbotes (wie Fn. 42), S. 30.

Von diesem Grundsatz der Anrechnung der Früchte eines fruchtbringenden Pfandes auf das Kapital gab es allerdings Ausnahmen, also Fälle, in welchen die Früchte der Pfandnutzung nicht auf das Kapital angerechnet werden: So zum Beispiel wenn einem Ehemann für die aufgeschobene Mitgift ein fruchtbares Pfand bestellt wurde (X 5.19.16) oder auch wenn ein fruchtbares Grundstück zu Lehn gegeben worden ist (X 5.19.8).[1062]

Die nachfolgende Abbildung (Abb. 1) zeichnet die von *Duns Scotus* behandelte Fallkonstruktion schematisch nach. Selbstverständlich benutzt *Duns Scotus* an keiner Stelle seiner Kommentierung den in der Abbildung verwendeten Begriff „Anspruch". Aus diesem Grund wird diese Begrifflichkeit in der Abbildung stets mit Anführungszeichen versehen. Im Rahmen dieser Abbildung wird der Ausdruck verwendet, um die Zuordnungsverhältnisse und vor allem auch die rechtliche Konstruktion klar und prägnant zu veranschaulichen. Durch die Verwendung dieses Begriffs soll keineswegs der Eindruck vermittelt werden, dass es für *Duns Scotus* innerhalb seiner Restitutionslehre primär um die Perspektive des Geschädigten geht. Im Zentrum steht auch bei *Duns Scotus* das Seelenheil und die Restitutionspflicht des Pönitenten. Es ließen sich die unten abgebildeten Pfeile, welche mit dem Zusatz „Anspruch" versehen sind, daher auch umkehren und mit dem Zusatz „Pflicht zur Rückerstattung" versehen. Dieser Perspektivwechsel mag dem gedanklichen Ausgangspunkt der scotischen Restitutionslehre in einem höheren Maße entsprechen, würde aber nicht in vergleichbarer Weise den Blick auch für die rechtliche Dimension der scotischen Ausführungen schärfen. Der Ausdruck „Anspruch" wird in dieser Abbildung darüber hinaus in einem untechnischen Sinne verwendet. Gleiches gilt für den juristischen Begriff der „Aufrechnung". Die Abbildung mit ihren Begrifflichkeiten dient der vereinfachten Darstellung des scotischen Falles, insbesondere in Abgrenzung zu einer – sogleich näher zu betrachtenden – Fallkonstruktion (vgl. Abb. 2).

1062 So und auch unter der Nennung weiterer Ausnahmen: *Endemann*, Wirtschafts- und Rechtslehre, Bd. 2 (wie Fn. 830), S. 339–343; *Funk*, Die Geschichte des kirchlichen Zinsverbotes (wie Fn. 42), S. 31. Vgl. X 5.19.1/8/16 (CIC II, Sp. 811, 813, 815).

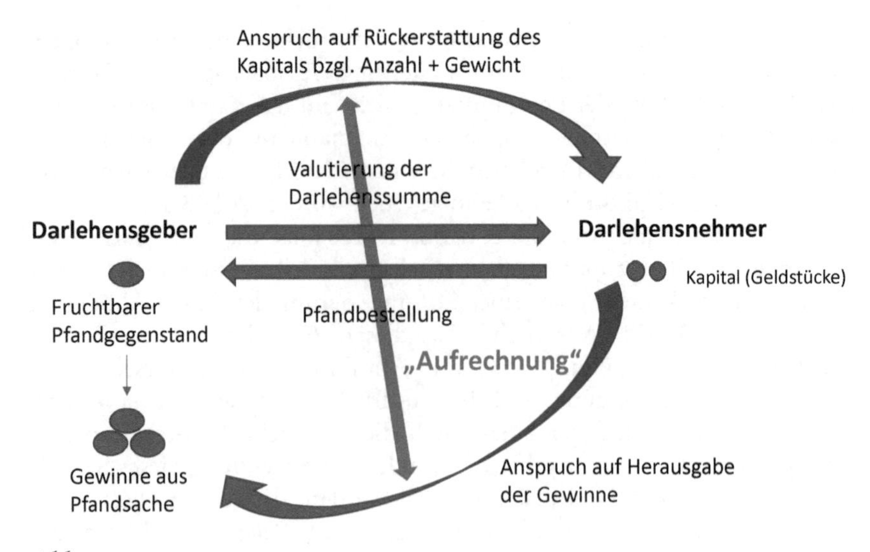

Abb. 1

Zuletzt soll auch auf ein anderes Verständnis beziehungsweise eine inhaltlich andere Übersetzung dieser Textstelle hingewiesen werden: *Wolter* übersetzt den lateinischen Ausdruck „*fructus pignorum germinantium*“ im Englischen nämlich mit „*the fruit of borrowed things that are fertile*“.[1063] Die Konstruktion der Bestellung eines Pfandrechts wird von *Wolter* nicht thematisiert. Nach Ansicht der Verfasserin geht es *Duns Scotus* im obigen Zitat nicht um Früchte geliehener fruchtbarer Sachen, sondern gerade um die Konstellation der Pfandbestellung zu Gunsten des Darlehensgebers und damit um eine besondere Konstruktion der Kreditsicherung. Es findet im obigen Fall letztlich ein Perspektivwechsel statt: Aus Sicht des Darlehensnehmers entspringen die Früchte eben nicht der *industria*, dem Fleiß, des Darlehensgebers, sondern der verpfändeten Sache selbst, so dass sie grundsätzlich seitens des Darlehensgebers im Falle der Erfüllung der Hauptforderung zurückerstattet werden müssen. Vereinfacht werden sie vom Kapital abgezogen, mithin mit diesem verrechnet. Wie soeben aufgezeigt, lässt sich diese Annahme auf die Erörterung dieser Thematik im kanonischen und römischen Recht einerseits stützen, vor allem aber auf die Bedeutung des Begriffs *pignus* – Pfand – zurückführen.[1064]

1063 *Wolter*, Duns Scotus′ Political and Economic Philosophy (wie Fn. 86), S. 49.

1064 Vgl. *Hermann Gottlieb Heumann, Emil Seckel (Hrsg.)*, Handlexikon zu den Quellen des römischen Rechts, 11. Auflage, Graz 1971, S. 430b–431a.

Es lässt sich als ein Zwischenergebnis zunächst zusammenfassen, dass in der Lehre des *Duns Scotus* die Restitutionspflicht entscheidend von der Qualifikation des Vertragsgegenstandes als fruchtbare oder unfruchtbare Sache abhängt. Diese Unterscheidung ist, wie sich dem soeben behandelten Fall entnehmen lässt, bedeutsam; auf sie nimmt *Duns Scotus* auch an anderer Stelle seiner Kommentierung, nämlich im vierten Artikel des *corpus* der zweiten Quästion im Rahmen der Erörterung der Frage, „was" *(quid)* im Allgemeinen zu restituieren ist, erneut Bezug. Er lehrt dort, dass nicht nur die Sache und der Gebrauch zurückzuerstatten sind, sondern auch das *interesse*[1065] sowie die gewonnenen Früchte, sofern die Sache selbst fruchtbar war. War sie dies hingegen nicht, so ist die aus fremdem Fleiß *(industria)* gewonnene Frucht nicht zurückzuerstatten.[1066]

(b) Die Pflicht zur Rückerstattung des aus dem Einsatz des Zinsgeldes erwirtschafteten Gewinns

Neben der Bestätigung seiner bereits zuvor getätigten Aussagen präsentiert *Duns Scotus* an dieser Stelle seiner Kommentierung *(q. 2, art. 4, quid)* einen Fall, welcher sich mit der Frage der Rückerstattung des aus dem Zinsgeld erwirtschafteten Gewinns beschäftigt. Diese Thematik wird in dieser Arbeit an dieser Stelle dargestellt, weil der von *Duns Scotus* gebildete Fall maßgeblich auf der Unterscheidung zwischen einer fruchtbaren und unfruchtbaren Sache basiert und erst vor dem Hintergrund dieser Differenzierung zu verstehen ist. Nach einer erneuten Klarstellung, dass diejenigen Früchte, welche dem Fleiß *(industria)* eines anderen entstammen, nicht zurückzuerstatten sind[1067], führt *Duns Scotus* im vierten Artikel der zweiten Quästion aus:

1065 Zum *interesse* als extrinsischen Zinstitel: § 5.C.II.2.b)bb)(1)(b).

1066 *Duns Scotus*, Ord. IV (editio vaticana XIII), dist. 15, q. 2, n. 180, lin. 133–136, S. 103: *„De tertio, 'quid', dico quod non solum ad restituendum rem ablatam vel usum rei, sed etiam ad interesse et fructum perceptum de re – si res erat fructifera – tenetur, sed non fructum qui provenit ex industria eius qui utitur illa re."* – *Über den dritten Aspekt, „was", sage ich, dass man nicht nur zur Rückerstattung der weggenommenen Sache oder des Gebrauches der Sache verpflichtet ist, sondern zum interesse und der von der Sache gewonnenen Frucht – falls die Sache fruchtbringend war –, hingegen nicht zu der Frucht, welche dem Fleiß desjenigen, welcher jene Sache gebraucht, entspringt.*

1067 *Duns Scotus*, Ord. IV (editio vaticana XIII), dist. 15, q. 2, n. 180, lin. 133–136, S. 103. Lateinischer Quellentext mit deutscher Übersetzung soeben in Fn. 1066. Vgl. in dieser Arbeit auch die Ausführungen in: § 5.C.II.2.b)aa)(2).

„Ex quo sequitur quod lucrum requisitum de pecunia fenebri non tenetur fenerator restituere, alioquin ille qui reciperet, posset iuste esse usurarius, quia recipere fructum de sua pecunia provenientem per industriam alterius, est facere usuram.

Daraus folgt, dass der Geldverleiher nicht verpflichtet ist, den verlangten Gewinn vom verzinsten Geld [Zinsgeld] zurückzuerstatten, andernfalls könnte jener, welcher ihn annimmt [= Darlehensnehmer], rechtmäßig ein Wucherer sein, weil er die Früchte seines Geldes, welche dem Fleiß eines anderen entspringen, annimmt, das heißt, Wucher begeht.

Et istud est forte quod magis posset inducere homines ad usuram, quia de usuris lucrantes, illud quod lucrantur non tenentur restituere, – immo illud suum est, quia per industriam suam acquisitum, si illud de quo acquisivit erat etiam alienum; vel alii iuste restituendum."[1068]

Und vielleicht ist dies [hier] das, was die Menschen besonders zum Zins(nehmen)/Wucher verleiten könnte, weil diejenigen, die mit Zinsen Profit machen [die aus den Zinsen Profitierenden], nicht verpflichtet sind, jenes, was sie gewinnen, zurückzuerstatten. Ja vielmehr gehört der Gewinn ihm [= Darlehensgeber], weil er durch seinen Fleiß erlangt wurde, auch wenn jenes, woraus man Gewinn erzielt hat, fremd war und dem anderen [= Darlehensnehmer] zurückerstattet werden muss.

Es geht *Duns Scotus* in diesem konkreten Fall um die Gewinnerwirtschaftung seitens des Darlehensgebers durch die Verwendung des erhaltenen Zinsgeldes. Es handelt sich um eine Problematik, welche bereits zuvor Gegenstand von Erörterungen war.[1069] Der Darlehensgeber erwirtschaftet aus dem unrechtmäßig erlangten Zinsgeld einen Gewinn, indem er das Zins-

1068 *Duns Scotus*, Ord. IV (editio vaticana XIII), dist. 15, q. 2, n. 181, lin. 137–144, S. 103–104.

1069 Z. B. bei: *Richardus de Mediavilla*, Sent., lib. IV, dist. 15, art. 5, q. 6, S. 224ab; *Aegidius Romanus*, Quodlibeta, Lovanii 1646, Quodlibet VI, q. 4 [Quodlibeti XXII], S. 426a–428b; *Thomas von Aquin*, STh II-II, q. 78, art. 3, S. 370–371; *Raimundus de Pennaforte*, Summa de paenitentia (ed. Ochoa/Diez), lib. II, tit. VIII, n. 17, Sp. 556–557; *Wilhelm de Auxerre*, Summa aurea, lib. III/2 (ed. Ribaillier), tract. XLVIII, cap. IV, fol. 243ra, S. 936–937.

geld in ein Handelsgeschäft investiert.[1070] Es stellt sich in einem solchen Fall die Frage, ob der Darlehensgeber dem Darlehensnehmer lediglich das Zinsgeld oder auch den Gewinn zurückerstatten muss? *Duns Scotus* stellt in der soeben abgebildeten Textpassage klar, dass der Darlehensgeber nicht dazu verpflichtet ist, dem Darlehensnehmer den aus dem Einsatz des Zinsgeldes erlangten Gewinn zu restituieren. Lediglich das Zinsgeld ist zurückzuerstatten. Es besteht mithin keine Restitutionspflicht im Falle der Gewinnerwirtschaftung durch den Einsatz unrechtmäßig erlangter Zinsgelder. Andernfalls würde der Darlehensnehmer nämlich ein *„iuste [...] usurarius"*, rechtmäßig ein Wucherer sein, denn er würde rechtmäßig – ohne eigenen Arbeitseinsatz *(industria)* – einen Überschuss an Geld erlangen. *Duns Scotus* erkennt aber auch, dass gerade diese von ihm selbst abgelehnte Restitutionspflicht wohl der größte Anreiz des Menschen zum unrechtmäßigen Zinsnehmen ist *(et istud est forte quod magis posset inducere homines ad usuram)*. Dennoch bleibt es für *Duns Scotus* dabei, dass keine Restitutionspflicht hinsichtlich des Gewinns besteht.

Die nachfolgende Abbildung (Abb. 2) stellt diesen von *Duns Scotus* behandelten Fall schematisch dar. Auch in dieser Abbildung ist der Ausdruck „Anspruch" aus den zuvor genannten Gründen mit Anführungszeichen versehen.

1070 Auf diesen Fall machte auch *Langholm*, The Aristotelian Analysis of Usury (wie Fn. 255), S. 92–93; *Langholm*, Economics in the Medieval Schools (wie Fn. 248), S. 417–418, aufmerksam. Hierzu weiter auch die Ausführungen von: *Mochrie*, Justice in Exchange (wie Fn. 252), S. 43, mit Hinweis auf die Verwendung der Begrifflichkeit *„foenerator"*; *Wolter*, Endnotes, in: Duns Scotus' Political and Economic Philosophy (wie Fn. 86), S. 90–91 Note 28; vgl. auch: *Schreiber*, Die volkswirtschaftlichen Anschauungen der Scholastik (wie Fn. 248), S. 157.

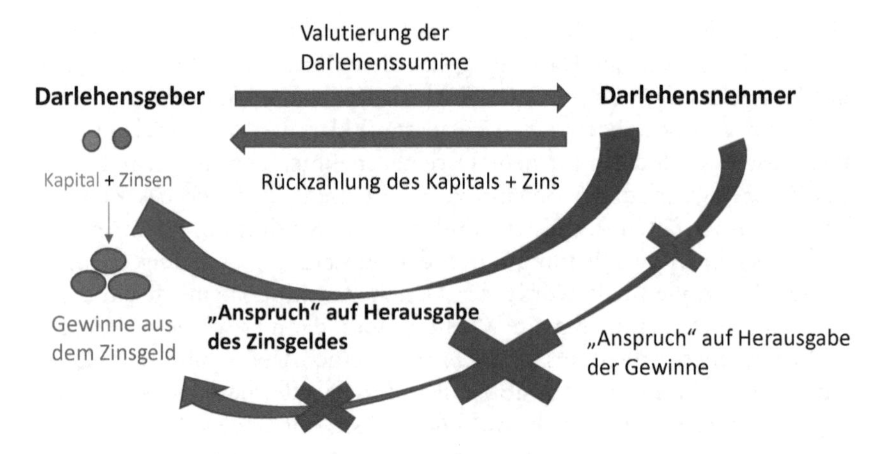

Abb. 2

Dass das von *Duns Scotus* gefundene Ergebnis keineswegs einhellig in dieser Form vertreten wurde, zeigen die Ausführungen von *Raimundus de Pennaforte* oder auch von *Wilhelm de Auxerre*. Beide plädieren für eine Rückerstattung des Zinsgeldes und Gewinns, wobei jedoch der eigene Arbeitsanteil des Darlehensgebers sowie die Ausgaben vom Gewinn abzuziehen sind.[1071] Fraglich und unklar bleibt dann, wie bereits *Langholm* hervorgehoben hat, die Höhe des Endbetrages, der nun dem ursprünglichen Darlehensnehmer zurückzuerstatten ist.[1072] *Duns Scotus* nimmt auf diese Werke nicht Bezug, allerdings dürfte ihm die Problematik des dargestellten Falles durchaus bekannt gewesen sein. Seine Ausführungen stellen letztlich das konsequente Ergebnis der Einordnung des Geldes als steril dar. Ausführlicher wird diese Thematik von *Duns Scotus´* Ordensbruder *Richardus de Mediavilla* sowie dem Augustiner-Eremit *Aegidius Romanus*[1073]

1071 *Wilhelm de Auxerre*, Summa aurea, lib. III/2 (ed. Ribaillier), tract. XLVIII, cap. IV, fol. 243ra, S. 937: „*[...] quia usurarius tenetur restituere ex toto, excepto hoc, quod recta ratio dictaret eum [ratio] reddere debere pro labore et industria sua; [...].*"; *Raimundus de Pennaforte*, Summa de paenitentia (ed. Ochoa/Diez), lib. II, tit. VIII, n. 17, Sp. 556–557: „*Item quaero utrum usurarius teneatur restituere non solum pecuniam usurariam, sed etiam quidquid cum ipsa luctratus est, et fructus perceptus ex re empta de pecunia faenebri. Ad hoc credo, salvo meliori iudicio, quod tenetur ad omnia. [...] Expensas tamen potest iste deducere, et forte operas suas moderatas, [...].*"

1072 *Langholm*, The Aristotelian Analysis of Usury (wie Fn. 255), S. 92–93, mit Hinweis auf *Raimundus de Pennaforte* und *Wilhelm de Auxerre*.

1073 *Adolar Zumkeller*, Art. Ägidius von Rom, in: TRE I (1977), S. 462–465.

behandelt. Beide widmen diesem Fall wie bereits zuvor *Thomas von Aquin* eine eigene Frage[1074] und führen die unterschiedlichen Ansichten auf[1075]. Sodann heben *Richardus* und *Aegidius* hervor, dass im Ergebnis keine Restitutionspflicht hinsichtlich des Gewinns besteht und somit (lediglich) das unrechtmäßig erlangte Zinsgeld zu restituieren ist. Dass die Bejahung der Pflicht zur Restitution des Gewinns zur Erlaubtheit des Zinsnehmens führen würde, liest man bereits bei *Aegidius*.[1076] Dieses Argument findet man in leichter Abwandlung später bei *Duns Scotus*.[1077] Damit stimmen die Ansichten des *Thomas, Richardus, Aegidius* und *Duns Scotus* im Ergebnis überein.

1074 *Thomas von Aquin*, STh II-II, q. 78, art. 3, S. 370–371; *Richardus de Mediavilla*, Sent., lib. IV, dist. 15, art. 5, q. 6, S. 224a: „*Utrum homo teneatur ad restituendum ea, quae legitime a mercatione lucratus est de bonis, quae ipse vel eius pater acquisierat per usuram.*"; *Aegidius Romanus*, Quodlibet VI, Lovanii 1646, q. 4 [Quodlibeti XXII], S. 426a: „*Utrum lucrum acquisitum de pecunia usuraria sit reddendum?*".

1075 *Richardus de Mediavilla*, Sent., lib. IV, dist. 15, art. 5, q. 6, S. 224b, „*Responsio*": „*Ad istam quaestionem dicu[n]t aliqui, q[uod] talis non tenetur restituere lucrum praedictu[m]: lucrum tamen de re furtiva, vel rapta restituere tenetur, quia usurarius dominus rei est, qua[m] lucratus est per usuram: fur autem non est dominus rei furatae, nec raptor rapinae. [...] Ideo dicunt alij, q[uod] usurarius non solum tenetur ad restituendum usuram, sed etiam quicquid lucratus est iusta mercatione de re acquisita per usuram, prius tamen deductis laboris, & expensis.*"; *Aegidius Romanus*, Quodlibet VI, Lovanii 1646, q. 4 [Quodlibeti XXII], S. 426b: „*[...] aliquos fuisse hujusmodi opinionis, quod lucrantes per pecuniam uaurariam debeant hujusmodi pecuniam & lucrum restituere. Sed heac positio non est rationabilis [...].*"; *Langholm*, The Aristotelian Analysis of Usury (wie Fn. 255), S. 95 Fn. 11 nennt neben *Richardus de Mediavilla* auch weitere Autoren, welche den Gewinn aus Zinsgeldern der *industria* des Darlehensgebers zuordnen, so z. B. *Gabriel Biel, Astesanus, Franciscus de Platea*. Diese Autoren genießen die Blüte ihres Wirkens in der ersten Hälfte des 14. Jahrhunderts oder im 15. Jahrhundert und sind keine Zeitgenossen des *Duns Scotus*, welche ihn während der Ausarbeitung seiner *Ordinatio* beeinflusst haben könnten.

1076 *Aegidius Romanus*, Quodlibet VI, Lovanii 1646, q. 4 [Quodlibeti XXII], S. 427b, „*Secunda via*": „*Sed si tale, lucrum debet restitui ei, a quo e converso est accepta pecunia per usuram, hoc non posset ascribi industriae ejus, quia nullam industriam ibi adhibuit, cum ipse talem mercationem non fecerit: non ergo debemus ei tale lucrum ratione ejus industriae: sed solum ratione usus sui aeris; ut ratione usus pecuniae ab eo acceptae: committeretur igitur ibi usura.*"; *Langholm*, Economics in the Medieval Schools (wie Fn. 248), S. 390, 417–418.

1077 *Langholm*, Economics in the Medieval Schools (wie Fn. 248), S. 417, betonte bereits die Ähnlichkeit zur Argumentation des *Aegidius Romanus*. Dazu auch: *Wolter*, Endnotes, in: Duns Scotus' Political and Economic Philosophy (wie Fn. 86), S. 90–91 Note 28; *Mochrie*, Justice in Exchange (wie Fn. 252), S. 43.

Es lässt sich Folgendes zusammenfassen: In Übereinstimmung mit ihm bekannten Zeitgenossen lehnt *Duns Scotus* die Restitutionspflicht in dem vorliegend untersuchten Fall ab. Seine Ansicht unterscheidet sich von denen des *Raimundus de Pennaforte* und *Wilhelm von Auxerre*. Mit besonderer Schärfe hebt *Duns Scotus* die Ambivalenz, die dieser Thematik innewohnt, hervor. So treten in seinen Ausführungen die Folgen der Bejahung einer Restitutionspflicht – der Darlehensnehmer würde rechtmäßig Wucher betreiben *(iuste [...] usurarius)* –, aber auch die Folgen der Ablehnung einer solchen Pflicht – der Anreiz der Menschen zum Zinsnehmen überhaupt – in besonderer Weise hervor.

(3) Ergebnis zu aa)

Mit dem Argument der Unfruchtbarkeit des Geldes schließt *Duns Scotus* seine Argumentation gegen das Zinsnehmen beim Darlehensvertrag. *Duns Scotus* weist das thomasische Argument des mit dem Gebrauch einhergehenden Verbrauches entschieden zurück und akzentuiert als Argumente gegen das Zinsnehmen den Eigentumsübergang des dargeliehenen Geldes sowie die Unfruchtbarkeit des Geldes. Entscheidend für das Vorliegen einer Restitutionspflicht ist, ob es sich bei der dargeliehenen Sache um eine fruchtbare oder unfruchtbare Sache handelt. In der Lehre des *Duns Scotus* stellt das Geld eine unfruchtbare Sache dar.

bb) Die Zinstitellehre des *Duns Scotus*

Wie im ausgehenden 13. und beginnenden 14. Jahrhundert in der kanonistischen und theologischen Literatur üblich[1078], erkennt auch *Duns Scotus* Zinstitel an, also Fälle, in welchen die Annahme *ultra sortem* erlaubt ist und daher kein Fall des verbotenen Zinsnehmens vorliegt.

Die Analyse und Darstellung der Zinstitellehre des *Duns Scotus* erwies sich im Rahmen dieser Untersuchung insgesamt als herausfordernd und schwierig. *Duns Scotus'* Ausführungen zu den Zinstiteln fallen zum Teil knapp, ohne weitere beispielhafte Erklärungen seiner Lehrsätze aus; ihr Verständnis und die Erfassung des Bedeutungsgehalts einiger Begrifflichkeiten oder ganzer Sätze setzt in besonderer Weise tiefgehende Kenntnisse

---

1078 Vgl. *Johnston*, Some Mediaeval Doctrines on Extrinsic Titles to Interest (wie Fn. 255).

von der zeitgenössischen Zinstitellehre und insbesondere auch vom kanonischen Recht voraus. Innerhalb der Forschung hat die scotische Lehre von den Zinstiteln vergleichsweise wenig Aufmerksamkeit erfahren, denn eine ausführliche, detaillierte Würdigung liegt nicht vor, letztlich fehlt es an einer gesamteinheitlichen Darstellung oder Analyse der Lehre. Vereinzelt lassen sich (lediglich) Ausführungen beziehungsweise Aussagen zu einzelnen Sätzen der scotischen Zinstitellehre finden[1079], allerdings begegnen in diesem Rahmen auch Interpretationsansätze und Deutungen der scotischen Aussagen, welche eine genauere Begründung vermissen lassen und welche von der Verfasserin zum Teil nicht geteilt werden. Dies zeigt die nachfolgende Analyse.

Duns Scotus unterscheidet zwei Fälle, in denen jemand etwas über das Kapital hinaus erlaubtermaßen annehmen kann:

„Excipiuntur in ista mutuatione duo casus in genere: quandoque enim potest aliquis accipere licite ultra capitale ex pacto, quandoque non ex pacto."[1080]

Im Allgemeinen sind zwei Fälle bei diesem Darlehensvertrag ausgenommen: Einerseits kann jemand etwas über das Kapital hinaus aufgrund einer Vereinbarung annehmen, andererseits auch ohne eine solche Vereinbarung.

Von der hier ausdrücklich von *Duns Scotus* vorgenommenen Zweiteilung der Zinstitel wird im Rahmen des Abschnitts zu den Zinstiteln ohne jegliches *pactum* noch ausführlich zu sprechen sein.[1081]

Ausgehend von dieser grundlegenden Zweiteilung in Zinstitel, welchen eine Vereinbarung zu Grunde liegt und solchen ohne jegliche Vereinbarung, differenziert *Duns Scotus* weiter zwischen verschiedenen Zinstiteln, welche im Folgenden näher betrachtet werden. Um sowohl die Lektüre

---

1079 Vor allem: *Noonan*, Scholastic Analysis of Usury (wie Fn. 252), S. 105, 108, 109, 119; *Schreiber*, Die volkswirtschaftlichen Anschauungen der Scholastik (wie Fn. 248), S. 158–159; *Seeberg*, Die Theologie des Duns Scotus (wie Fn. 120), S. 554–555; *Mochrie*, Justice in Exchange (wie Fn. 252), S. 42–43; *Langholm*, Economics in the Medieval Schools (wie Fn. 248), S. 413–414, 416–417; *Lessel*, Die Entwicklungsgeschichte (wie Fn. 42), S. 56–57; *Johnston*, Some Mediaeval Doctrines on Extrinsic Titles to Interest (wie Fn. 255), S. 94, [97], 98; *Wolter*, Endnotes, in: Duns Scotus' Political and Economic Philosophy (wie Fn. 86), S. 87–89 Notes 12–16 (Übersetzung und Quellentext: S. 49–52).

1080 *Duns Scotus*, Ord. IV (editio vaticana XIII), dist. 15, q. 2, n. 138, lin. 842–844, S. 92.

1081 § 5.C.II.2.b)bb)(2).

als auch die gedankliche Nachverfolgung der nachfolgenden Analyse in ihrer Gesamtheit zu erleichtern, wird die in dieser Arbeit zu Grunde gelegte Systematik und Einteilung der scotischen Zinstitellehre schematisch vorangestellt. Auf diese systematische Einteilung wird im weiteren Verlauf mehrfach Bezug genommen.

(1) Zinstitel auf Grundlage einer Vereinbarung *(ex pacto)*
  (a) *poena conventionalis*
  (b) *interesse*
  (c) *„titulus incertitudinis“*[1082]

(2) Zinstitel ohne Vereinbarung *(sine omni pacto)*

(1) Zinstitel auf Grundlage einer Vereinbarung *(ex pacto)*

Im Hinblick auf die Zinstitel, welchen eine private Vereinbarung zu Grunde liegt, unternimmt *Duns Scotus* eine Dreiteilung[1083]: *Duns Scotus* behandelt erstens die rechtmäßig vereinbarte Vertragsstrafe *(poena conventionalis)*, zweitens den Ersatz eines Schadens *(interesse)* und drittens das Vorliegen eines besonderen, das allgemeine Vertragsrisiko übersteigenden Risikos (*„titulus incertitudinis“*).

(a) Die Vertragsstrafe *(poena conventionalis)*

Duns Scotus erkennt ausdrücklich die Vereinbarung einer Vertragsstrafe als einen Zinstitel an.

Die Vereinbarung einer derartigen Strafe ist laut *Duns Scotus* erlaubt, da es jedem gestattet ist, sich schadlos zu halten.[1084] Voraussetzung einer

---

1082 *Duns Scotus* spricht selbst nicht vom *„titulus incertitudinis“*; aus diesem Grund wird diese Terminologie in dieser Arbeit stets mit Anführungszeichen versehen.

1083 *Duns Scotus*, Ord. IV (editio vaticana XIII), dist. 15, q. 2, n. 139, lin. 845, S. 92: *„Primum tripliciter: […].“ – Hinsichtlich der ersten Unterteilung existieren drei Fälle: […].*

1084 *Duns Scotus*, Ord. IV (editio vaticana XIII), dist. 15, q. 2, n. 139, lin. 850–852, S. 92: *„Haec poena adiecta licita est, quia licet mihi me servare indemnem, sic praemonendo illum cum quo contraho.“ – Diese Strafe ist ein erlaubter Zusatz, weil es mir gestattet ist, dass ich mich schadlos halte, indem ich so denjenigen vorwarne, mit welchem ich kontrahiere.*

rechtmäßigen Vertragsstrafe ist, dass diese nicht zum Zwecke der Zinstäuschung (Zinsbetrug) vereinbart wird *(ad fraudem usurarum)*.[1085]

(aa) Die kompensatorische Funktion der *poena conventionalis*

In der Lehre des *Duns Scotus* verfolgt die *ponea conventionalis* primär eine Ausgleichsfunktion.[1086] *Duns Scotus* führt zur Veranschaulichung einer Vertragsstrafe folgendes Beispiel an:

„[...] 'esto indiges pecunia mea ad mercandum, concedo tamen tibi eam ad certum diem, adiiciens poenam condicionalem quod nisi tali die solvas, quia multum damnificabor alias, solves postea tantum ultra'.	[...] Angenommen du bedarfst meines Geldes zum Handel, ich überlasse es dir bis zu einem bestimmten Tag, wobei ich eine vertragsgemäße Strafe für den Fall hinzufüge, dass du es an diesem Tag nicht zurückzahlst, weil ich andernfalls sehr geschädigt werde. Später zahlst du (so) viel über das Kapital zurück.
Haec poena adiecta licita est, quia licet mihi me servare indemnem, sic praemonendo illum cum quo contraho."[1087]	Diese Strafe ist ein erlaubter Zusatz, weil es mir gestattet ist, dass ich mich schadlos halte, indem ich so denjenigen vorwarne, mit welchem ich kontrahiere.

1085 *Duns Scotus*, Ord. IV (editio vaticana XIII), dist. 15, q. 2, n. 139, lin. 846–847, S. 92: *„Scilicet ratione poenae conventionalis, cum tamen non fiat in fraudem usurarum; [...]."* – *Nämlich aus dem Grund der Vertragsstrafe, sofern sie nicht zum Zwecke des Zinsbetruges abgeschlossen wird.* Auch nach römischem Recht galt, dass eine Vertragsstrafe nicht die Regeln über das erlaubte Zinsmaß umgehen durfte: *Ralf-Peter Sossna*, Die Geschichte der Begrenzung von Vertragsstrafen. Eine Untersuchung zur Vorgeschichte und Wirkungsgeschichte der Regel des § 343 BGB, Berlin 1993, S. 180, mit Verweis auf D. 19.1.13.26 und C. 4.32.15.

1086 *Johnston*, Some Mediaeval Doctrines on Extrinsic Titles to Interest (wie Fn. 255), S. 94, formuliert sogar: *„In allowing the lender to keep whatever he receives on this title, even with an added condition as a safeguard, Scotus introduces the notion of poena conventionales as a claim for damages."* *Johnston* (S. 95, 98, 100) arbeitete zudem den Einfluss des *Duns Scotus* auf die Zinstitellehre von *Johannes Gerson* und *Bernhardin von Siena* heraus.

1087 *Duns Scotus*, Ord. IV (editio vaticana XIII), dist. 15, q. 2, n. 139, lin. 847–852, S. 92.

Die Parteien setzen im Rahmen einer Vertragsstrafe bereits zum Zeitpunkt des Vertragsschlusses fest, dass der Schuldner im Falle der Nichtzahlung einen vereinbarten Geldbetrag an den Gläubiger zu zahlen hat. Den soeben dargestellten Ausführungen des *Duns Scotus* lässt sich entnehmen, dass die Vereinbarung einer Vertragsstrafe in der scotischen Lehre primär der Schadloshaltung des Gläubigers dient. Sie warnt den Schuldner vor und hält ihn dadurch zur Vertragserfüllung an. Dass die Vertragsstrafe einen echten Strafcharakter für die Säumnis des Schuldners besitzt, lässt sich den soeben abgebildeten scotischen Ausführungen nicht entnehmen. Vielmehr stehen die Warn- und vor allem die Kompensationsfunktion klar im Vordergrund.[1088] Die Vertragsstrafe scheint bei *Duns Scotus* darüber hinaus in ihrer Höhe in einem Verhältnis zum Schaden zu stehen beziehungsweise auf diesen beziehungsweise auf das *interesse* (unabhängig davon, ob dieses auch das *lucrum cessans* umfasst[1089]) begrenzt zu sein. Das *interesse* wird sogleich im Rahmen des zweiten von *Duns Scotus* behandelten Zinstitels im Detail behandelt.[1090] Für eine solche Begrenzung auf das *interesse* spricht der primäre Ausgleichscharakter der Vertragsstrafe bei *Duns Scotus*, vor allem aber die soeben abgebildete Aussage des *Duns Scotus*: *„quia multum damnificabor alias, solves postea tantum ultra“ – weil ich sonst sehr geschädigt werde, zahlst du mir so viel darüber hinaus zurück*, das heißt vermutlich so viel, wie es meinem Schaden entspricht. Dafür, dass die Vertragsstrafe in der scotischen Lehre eine derartige Begrenzung erfährt, sprechen auch seine Ausführungen in der *Reportatio IV-A*, um welche es im folgenden Abschnitt gehen wird.

(bb) *Duns Scotus´* Ausführungen in seiner *Reportatio IV-A*: Der Ersatz des *lucrum cessans* des Kaufmannes und die Begrenzung der *poena* auf das *interesse*

Betrachtet man *Duns Scotus´* Ausführungen zu den auf einer Vereinbarung beruhenden Zinstiteln *(ex pacto)* in seiner *Reportatio IV-A*, so scheint *Duns*

1088 Im Allgemeinen dazu: *Terence P. McLaughlin*, The Teaching of the Canonists on Usury (XII, XIII and XIV Centuries), in: Mediaeval Studies, Vol. 1 (1939), S. 81–147, 140, führt aus: *„[...] penal clauses took on a new character wich they posess in modern law. They cease to be purely penal and are intended to indemnify the injured party for loss incurred through the broken contract.“*; *Johnston*, Some Mediaeval Doctrines on Extrinsic Titles to Interest (wie Fn. 255), S. 94.

1089 Vgl. hierzu in dieser Arbeit: § 5.C.II.2.b)bb)(1)(b)(cc).

1090 Vgl. hierzu in dieser Arbeit: § 5.C.II.2.b)bb)(1)(b).

Scotus' Formulierung in Bezug auf die Höhe und den Umfang einer solchen Vereinbarung präziser als die Ausführungen in seiner *Ordinatio IV*. In seiner *Reportatio IV-A* nennt *Duns Scotus* im Hinblick auf die Zinstitel *ex pacto* den folgenden Beispielsfall:

„[...] nec teneatur sibi ex pacto plus dare, ut dictum est – nisi forte aliud interesset, ut si creditor mutuans: 'nisi solvas ad talem diem, vel tale tempus, quando necessaria mihi pecunia mea pro mercationibus meis, solves mihi tantum plus vel tantum – ut duplum, vel secundum partem aliquam maiorem, vel minorem' – quia verisimile est quod tantum posset lucrari de pecunia sua, si eam haberet in manu sua, et unusquisque potest licite conservare se indemnem."[1091]

[...] er ist auch nicht dazu verpflichtet, aus einer Vereinbarung mehr zu geben, wie gesagt worden ist, außer wenn er einen Schaden erlitten hätte, wie wenn der darleihende Gläubiger [gesagt/geregelt hätte]: „Wenn du mir das Geld nicht zu diesem Tag oder dieser Zeit, wenn ich mein Geld für Handelsgeschäfte benötigen werde, zahlst, wirst du mir so viel mehr zurückzahlen wie das Doppelte oder derartiges oder einen größeren oder kleineren Teil", weil es wahrscheinlich ist, dass er mit seinem Geld so viel gewonnen hätte, und ein jeder kann sich erlaubterweise schadlos halten.

Es kann laut *Duns Scotus* festgelegt werden, dass zum Beispiel das Doppelte oder auch ein kleinerer oder größerer Betrag zurückzuzahlen ist, weil es wahrscheinlich *(verisimiliter)* ist, dass der Darlehensgeber unter Einsatz des dargeliehenen Geldes einen derart hohen Gewinn erwirtschaftet hätte, sofern er sein Geld zum vereinbarten Zahlungstermin zurückerhalten hätte. Es ist dem Darlehensgeber so möglich einen entgangenen Gewinn *(lucrum cessans)*, welcher wahrscheinlich *(verisimiliter)* erschiene, ersetzt zu bekommen. Der Ersatz des entgangenen Gewinns steht demnach unter dem Vorbehalt des Nachweises der Wahrscheinlichkeit. *Duns Scotus* scheint es im obigen Beispielsfall allein um den Kaufmann, welcher eine solche Vereinbarung über den Ersatz des entgangenen Gewinns abschließt, zu gehen *(quando necessaria mihi pecunia mea pro mercationibus meis)*. Die Vereinbarung steht auch in diesem Beispielsfall in einem Verhältnis zum

1091 *Duns Scotus*, Rep. IV-A (Bychkov/Pomplun I.1), qq. 2–4, n. 77, S. 616; in leichter terminologischer Abwandlung: *Duns Scotus*, Rep. IV-A (Wadding-Vivés XXIV), dist. 15, qq. 2–4, ad q. 2, n. 26, S. 241a.

Schaden, welchen der Gläubiger in Folge der Nichtzahlung des Schuldners erleidet. Sie dient der Schadloshaltung des Gläubigers. In Bezug auf diesen letzten Umstand ist bedeutsam, dass *Duns Scotus´* Ausführungen in der *Reportatio IV-A* im Hinblick auf die Zinstitel weitaus weniger differenziert sind als seine Ausführungen in seiner *Ordinatio IV*: Eine klare Unterscheidung zwischen den einzelnen vereinbarten Zinstiteln *(ex pacto)* findet man in seiner *Reportatio IV-A* nämlich nicht. Ebenfalls trifft er keine Differenzierung zwischen der Vertragsstrafe *(poena conventionalis)* und dem sogleich näher zu betrachtenden *interesse*[1092]. Zinstitel ohne vorherige Vereinbarung erwähnt er nicht. Es handelt sich bei dem soeben dargestellten Fall letztlich um das einzige Beispiel für die Gewährung eines Zinstitels auf der Grundlage einer vorherigen Vereinbarung *(ex pacto)*. Erwähnenswert ist dies insofern, als dass *Duns Scotus* im obigen Beispielsfall vom Verb *interesset* spricht. In seiner *Ordinatio IV* begegnet das Substantiv *interesse*, welches den zweiten – sogleich näher zu behandelnden – Zinstitel darstellt. In seiner *Reportatio IV-A* findet man keine vergleichbare klare systematische und terminologische Trennung zwischen dem Zinstitel der Vertragsstrafe und dem des *interesse*. Letztlich nennt *Duns Scotus* weder die *poena conventionalis* noch das *interesse* in seiner *Reportatio IV-A* ausdrücklich, denn er bildet lediglich den soeben genannten Beispielsfall. *Duns Scotus* scheint – ohne dass er es terminologisch klarstellt – seinen Zuhörern in seiner *Reportatio IV-A* ein konkretes Beispiel einer Vertragsstrafe, welche primär dem Schadensausgleich dient, veranschaulichen zu wollen.

Diese Vermengung der *poena* mit dem *interesse* in der *Reportatio IV-A* sowie die Ausrichtung der *poena* an dem *interesse* ist keine Seltenheit, sie zeichnet die Diskussion um die *poena conventionalis* als Zinstitel vielmehr von Beginn an. In Bezug auf die Vertragsstrafe als Zinstitel formuliert *John T. Noonan*,

> „But there is a marked tendency from the beginning to regulate the amount of the penalty by the damages actually suffered by the creditor due to the debtor´s delay."[1093]

1092 Auf diesen Umstand weist auch *Langholm*, Economics in the Medieval Schools (wie Fn. 248), S. 416, hin: „*The Opus Parisiense does not distinguish clearly between these two titles but can be taken to acknowledge both and indeed to bring out what is only implied in the Opus Oxoniense, namely, the extension of these titles to interest from damnum emergens to lucrum cessans.*" Zum *interesse* vgl. in dieser Arbeit: § 5.C.II.2.b)bb)(1)(b).

1093 *Noonan*, Scholastic Analysis of Usury (wie Fn. 252), S. 108. *Noonan*, S. 108, formuliert hier in Bezug auf die Vertragsstrafe bei *Duns Scotus*: „*Scotus deliberately*

Der Hintergrund dieser Entwicklung sei kurz erläutert: Aufbauend auf der legistischen Differenzierung zwischen *usura* und *interesse*, wonach Zinsen als Gewinn verboten, Zinsen als Ausgleich für den Schaden aber erlaubt waren[1094], galt auch im kanonischen Recht, dass eine das Kapital übersteigende Summe als *interesse* zum Zwecke des Ausgleichs des aus dem Schuldnerverzug entstandenen Schadens erlaubt sei, Zinsen aber stets verboten seien.[1095] Bereits *Laurentius Hispanus († 1248)*[1096] erklärte in Bezug auf die Vertragsstrafe beim Darlehensvertrag, dass diese als *interesse* und nicht als *usura* geltend gemacht werden könne.[1097] Und in der *Glossa ordinaria* zum *Decretum Gratiani* heißt es, dass *usura* als Gewinn verboten, zum Schadensausgleich aber erlaubt seien.[1098] Dass die Vertragsstrafe den Ausgaben des Gläubigers entspricht, welche ihm als Folge des Verzuges entstanden sind, forderte bereits *Wilhelm von Auxerre*.[1099] Ausdrücklich behandeln *Raimundus de Pennaforte* und *Hostiensis* sodann die Frage, ob die Vertragsstrafe das *interesse* auch übersteigen dürfe.[1100] Und *Innozenz IV.*

---

speaks of penalty being charged only by a merchant who will clearly be hurt by not having his money at a certain time." Diese Aussage bezieht *Noonan* vermutlich auf *Duns Scotus'* Ausführungen in seiner *Ordinatio IV*, denn *Noonan* zitiert kurz zuvor aus dem „*Opus Oxoniensis*", belegt die soeben abgebildete Aussage aber nicht.

1094 *Kriechbaum*, Die Stellungnahmen der mittelalterlichen Legistik zum kanonistischen Zinsverbot (wie Fn. 42), S. 32, stellt diese Unterscheidung speziell in Bezug auf die Lehre des *Odofredus* dar; *McLaughlin*, The Teaching of the Canonists on Usury 1 (wie Fn. 1088), S. 141–142.

1095 *McLaughlin*, The Teaching of the Canonists on Usury 1 (wie Fn. 1088), S. 141–142. Dies stellt, siehe auch *McLaughlin*, op. cit., S. 142 Fn. 488, die *Glossa ordinaria* (Romae 1582) zu X 5.19.8, ad verba „*i: De feudo*", Sp. 1737, klar, indem sie erklärt, „*[...] quia h[uius]mo[d]i usurae no[n] sunt quasi usurae, sed quasi interesse petunt [...].*"

1096 *Kenneth Pennington*, Art. Laurentius Hispanus, in: Dictionary of the Middle Ages, Vol. VII (1986), S. 385b–386a.

1097 *McLaughlin*, The Teaching of the Canonists on Usury 1 (wie Fn. 1088), S. 141.

1098 *McLaughlin*, The Teaching of the Canonists on Usury 1 (wie Fn. 1088), S. 142 Fn. 489, und *Kriechbaum*, Die Stellungnahmen der mittelalterlichen Legistik zum kanonistischen Zinsverbot (wie Fn. 42), S. 32 Fn. 47, weisen bereits auf die Glosse hin; *Johannes Teutonicus*, Glossa ordinaria, in: Corpus juris canonici emendatum et notis illustratum. Gregorii XIII. pont. max. iussu editum, Tom. I: Decretum Gratiani, Romae 1582, ad C. 14, q. 4, c. 8, Sp. 1402: „*Ad qu[a]estum: Videtur hic q[uod] prohibeamur sumere ususra[m] ca[usa] lucri captandi, no[n] aut[em] ad vita[n]di da[mni].*"

1099 *Noonan*, Scholastic Analysis of Usury (wie Fn. 252), S. 108.

1100 *McLaughlin*, The Teaching of the Canonists on Usury 1 (wie Fn. 1088), S. 142; Vgl. auch: *Noonan*, Scholastic Analysis of Usury (wie Fn. 252), S. 108, welcher

sprach sich dafür aus, auch eine Vertragsstrafe, welche das *interesse* übersteigt, erlaubtermaßen fordern zu können.[1101] Ohne dass in diesem Kapitel das *interesse* näher behandelt werden soll, so zeigen bereits diese Ausführungen deutlich, dass unter dem Aspekt des *interesse* eine das dargeliehene Kapital übersteigende Zahlung als Schadensausgleich möglich war. Mit Blick auf die Vertragsstrafe als Zinstitel lässt sich festhalten, dass sie von Beginn an in einem engen Zusammenhang mit dem *interesse* stand und bei *Duns Scotus* am *interesse* ausgerichtet zu sein scheint.

Dass *Duns Scotus* daher keine klare Trennung in seiner *Reportatio IV-A* vornimmt und die Strafe an dem *interesse* ausrichtet, verwundert vor diesem Hintergrund nicht, bedurfte aber einer Erwähnung im Hinblick auf den Umstand, dass man diese terminologisch-systematische Trennung in seiner *Ordinatio IV* vorfindet, der entgangene Gewinn aber nicht mehr erwähnt wird.

(cc) Das Verbot des Zinsbetruges

In Bezug auf die Vereinbarung einer Vertragsstrafe beim Darlehensvertrag führt *Noonan* aus, dass sie im Mittelalter eine häufig vorzufindende Vertragsgestaltung war, um den unentgeltlichen Darlehensvertrag lukrativ zu gestalten, dies insbesondere bei Darlehensverträgen, bei welchen die Rückzahlungspflicht schon frühzeitig nach Valutierung fällig war.[1102] Die weiteren Ausführungen des *Duns Scotus* zeigen, dass die mit einer derartigen Intention vereinbarte Vertragsstrafe gegen das Verbot des Zinsbetruges verstößt.

Mit dem folgenden Beispiel veranschaulicht *Duns Scotus* (in seiner Alternative) einen Fall der Zwecktäuschung/des Zinsbetruges:

---

klarstellt, dass „*Poena in itself is really not a case of interest in the strict sense; for it is intended vindictively, rather than as a compensation.*“ Fortsetzung des Zitats soeben bei Fn. 1093.

1101 Vgl. *McLaughlin*, The Teaching of the Canonists on Usury 1 (wie Fn. 1088), S. 142 Fn. 492, welcher den folgenden Nachweis aus der Kommentierung von *Innozenz IV.* liefert: „*Commentaria on X V.37.9. poena: Credimus quod etiam si poena interesse excedat quod licite tota poena petitur.*“

1102 *Noonan*, Scholastic Analysis of Usury (wie Fn. 252), S. 108. Vgl. auch: *McLaughlin*, The Teaching of the Canonists on Usury 1 (wie Fn. 1088), S. 97–98, 140–143.

„Signum autem, quando non est in fraudem usurarum, manifestum est istud:	Das Merkmal aber, wenn sie [= die Vertragsstrafe] nicht zwecks Zinstäuschung/-betruges vereinbart wird, ist offensichtlich dies:
quando mercator magis vellet pecuniam sibi solvi die praefixo quam in die crastino cum poena addita; et per oppositum est in fraudem usurarum, quando vult diem transiri potius quam pecuniam in ipso die solvi.“[1103]	Wenn der Kaufmann eher verlangt, dass ihm das Geld am zuvor festgelegten Tag gezahlt wird als an einem morgigen Tag mit einer zugefügten Strafe, und im Gegenteil erfolgt sie zum Zwecke des Zinsbetruges, wenn er eher will, dass der Tag vergehen wird, als dass das Geld an demselben Tag zurückgezahlt wird.

Das entscheidende Merkmal für die Erlaubtheit der Vereinbarung der Vertragsstrafe ist die *intentio*, die Willensrichtung, des Darlehensgebers. Die Strafe darf nicht mit der Intention abgeschlossen werden, einen Gewinn durch die verspätete Rückzahlung zu erwirtschaften. Dass die Vertragsstrafe nicht zum Zwecke der Umgehung des Zinsverbotes vereinbart werden durfte *(in fraudem usurarum)*, war ein anerkannter Grundsatz in der Kanonistik und Theologie.[1104] Laut *Raimundus de Pennaforte* galt die Vermutung, dass eine Vertragsstrafe *in fraudem usurarum* abgeschlossen wurde, wenn der Darlehensgeber ein gewöhnlicher Wucherer war oder die Strafe proportional zur Dauer des Verzuges festgelegt wurde.[1105] Er soll letztlich die Lehren von *Huguccio (ca. 1140–1210)*[1106] und *Bernhard*

1103 *Duns Scotus*, Ord. IV (editio vaticana XIII), dist. 15, q. 2, n. 139, lin. 852–856, S. 92.

1104 Vgl. *McLaughlin*, The Teaching of the Canonists on Usury 1 (wie Fn. 1088), S. 140–143 mit Nachweisen zu *Bernhard von Pavia, Huguccio, Laurentius* and *Raimundus de Pennaforte*. Siehe auch: *Noonan*, Scholastic Analysis of Usury (wie Fn. 252), S. 107–108.

1105 *McLaughlin*, The Teaching of the Canonists on Usury 1 (wie Fn. 1088), S. 141, mit Verweis in Fn. 484 auf *Raimundus, Summa II.7.4. Raimundus de Pennaforte*, Summa de paenitentia (ed. Ochoa/Diez), lib. II, tit. VII, n. 5, Sp. 543: *„Si autem ille qui talem poenam apposuit, consuevit esse usurarius, praesumitur quod in fraudem usurarum adiecerit poenam. Est etiam praesumptio quod sit usura si per singulos menses vel annos dicatur committi.“*

1106 *Jacques Bouineau*, Art. Huguccio (c. 1140–1210), in: Encyclopedia of the Middle Ages, Part 1: A-J, hrsg. v. André Vauschez; Barre Dobson; Michael Lapidge, Cambridge 2000, S. 698; vgl. auch: *Wolfgang P. Müller*, The Decretists: The Italian School, II. The Summa Decretorum of Huguccio, in: The History

von Pavia (vor 1150–1213)[1107] wiederholt haben.[1108] *Duns Scotus* nennt derartige Vermutungen nicht. Abschließend sei darauf hingewiesen, dass es *Duns Scotus* auch in diesem Beispielsfall allein um den Kaufmann *(quando mercator)* geht, welcher eine solche Vertragsstrafe vereinbart.[1109]

(dd) Ergebnis zu (a)

Es lässt sich zusammenfassen, dass die vorherige Vereinbarung einer Strafe für den Fall der Nichtzahlung des Schuldners in der scotischen Lehre einen erlaubten Zinstitel darstellt, solange sie nicht zwecks Zinsumgehung seitens des Darlehensgebers abgeschlossen wurde. Die Vertragsstrafe dient primär der Schadloshaltung des Gläubigers und scheint auf den Schaden *(interesse)* begrenzt zu sein, welcher zumindest in der *Reportatio IV-A* auch den entgangenen Gewinn *(lucrum cessans)* des Kaufmannes umfasst.

(b) Der Ersatz des *interesse*

Der zweite von *Duns Scotus* ausdrücklich genannte Zinstitel beruht auf dem Ersatz des *interesse. Duns Scotus* lehrt:

„[...] debitor enim ex cuius non-solutione creditor notabiliter damnificatur, tenetur de iustitia satisfacere creditori de interesse."[1110]

[...] Der Schuldner nämlich, aus dessen Nichtzahlung der Gläubiger merklich geschädigt wird, ist von der Gerechtigkeit verpflichtet, dem Gläubiger das *interesse* zu befriedigen.

---

of Medieval Canon Law in the Classical Period, 1140–1234. From Gratian to the Decretals of Pope Gregory IX, hrsg. v. Wilfried Hartmann; Kenneth Pennington, Washington, D. C. 2008, S. 142–160.

1107 *Hans van de Wouw*, Art. Bernhard v. Pavia, in: LexMA I (1980), Sp. 2002; *Friedrich Wilhelm Bautz*, Art. Bernhard von Pavia, in: BBKL I, 1. Auflage (1975), Sp. 535.

1108 *McLaughlin*, The Teaching of the Canonists on Usury 1 (wie Fn. 1088), S. 141.

1109 Dazu: *Noonan*, Scholastic Analysis of Usury (wie Fn. 252), S. 108: „*Scotus deliberately speaks of penalty being charged only by a merchant who will clearly be hurt by not having his money at a certain time.*" Vgl. dazu auch: Fn. 1093.

1110 *Duns Scotus*, Ord. IV (editio vaticana XIII), dist. 15, q. 2, n. 139, lin. 857–859, S. 92.

Diese Aussage des *Duns Scotus*, welche sogleich näher analysiert wird, weist bereits auf die einzelnen Voraussetzungen des Ersatzes des *interesse* hin. Dem obigen Satz lässt sich entnehmen, dass es sich beim *interesse* im Allgemeinen um eine Ausgleichszahlung für einen Schaden des Gläubigers handelt. Eine genauere Beschreibung oder Eingrenzung des Inhalts des *interesse* liefert *Duns Scotus* nicht. Was das *interesse* in der Lehre des *Duns Scotus* exakt umfasst, bleibt daher zunächst einmal unklar. Bevor in diesem Abschnitt der Versuch einer möglichen inhaltlichen Eingrenzung des Leistungsumfangs des *interesse* aus der Sicht des *Duns Scotus* unternommen wird, werden vorab der römisch-rechtliche Ursprung und die Begriffsentwicklung des *interesse* überblicksartig betrachtet. Aus diesen Ausführungen zeigt sich, dass das Begriffsverständnis in Legistik, Kanonistik und Theologie verschieden und jedes für sich bereits unklar und umstritten ist. Anschließend folgt die Analyse des zuvor abgebildeten scotischen Satzes. Auf die soeben innerhalb der Ausführungen zur Vertragsstrafe getätigten Aussagen zum *interesse* sei an dieser Stelle verwiesen.[1111]

(aa) Der Ursprung des *interesse* und die Schwierigkeit einer Begriffsbestimmung

Der Begriff *interesse* entstammt dem römischen Schadensrecht und leitet sich von dem Ausdruck *id quod interest* ab.[1112] Es handelt sich bei dem Begriff *interesse* um eine vor allem ab dem beginnenden 12. Jahrhundert anzutreffende Substantivierung des Ausdrucks *id quod interest*.[1113] Im römi-

1111 Vgl. die Ausführungen in: § 5.C.II.2.b)bb)(1)(a)(bb).

1112 So vor allem in C. 7.47.1. C.7.47.1 stellt die entscheidende Stelle zum *quod interest* im *Corpus iuris civilis* dar. Laut *Dieter Medicus*, Id quod interest. Studien zum römischen Recht des Schadenersatzes, Köln [u. a.] 1962, S. 289, bezweckt diese Regelung die Begrenzung ersatzfähiger Schäden im Interesse des Schuldners; *Sossna*, Die Geschichte der Begrenzung von Vertragsstrafen (wie Fn. 1085), S. 16. Die genaue Deutung der Codexstelle ist bis heute problematisch. Laut *Hans Josef Wieling*, Interesse und Privatstrafe vom Mittelalter bis zum Bürgerlichen Gesetzbuch, Köln [u. a.], 1970, S. 90, stehe diese Regelung im Widerspruch zu D. 19.1.6.4 sowie D. 19.1.13 pr., 13.4.2.8, so: *Sossna*, op. cit., S. 17 Fn. 36.

1113 *Medicus*, Id quod interest (wie Fn. 1112), S. 341; *Helge Dedek*, Negative Haftung aus Vertrag, Tübingen 2007, S. 117, 127; *Hermann Lange*, Schadensersatz und Privatstrafe in der mittelalterlichen Rechtstheorie, Münster [u. a.] 1955, S. 14, mit Hinweis darauf, dass bereits bei den *quattuor doctores* ein substantivischer Gebrauch zu finden ist.

schen Recht wird der Ausdruck *id quod interest* typischerweise nicht im Zusammenhang mit dem *mutuum* oder *foenus* besprochen, sondern im Rahmen von Schadensersatzklagen im Falle der Nichterfüllung einer vertraglichen Obligation – unabhängig von der jeweiligen Vertragsart.[1114] Die Deutung der maßgeblichen Codexstelle 7.47.1 – die Konstitution, die als einzige eine generelle Aussage zum Schadensersatz in dem Justinianischen Gesetzeswerk tätigt[1115] – ist bis heute nicht eindeutig geklärt und umstritten.[1116] Einerseits ist das Begriffsverständnis des römisch-rechtlichen *id quod interest* unklar und kein einheitliches.[1117] Übersetzt wird der Ausdruck häufig mit „Schadensersatz" oder „Interesse".[1118] Andererseits tritt zu diesen Verständnisschwierigkeiten im Mittelalter die Einteilung des *interesse* in ein *interesse circa rem* und *interesse extra rem* sowie der Unterscheidung zwischen einem *interesse commune, singulare* und *conventum* hinzu. Eine einheitliche Lehre vom *interesse* existierte nicht.[1119]

1114 *Noonan*, Scholastic Analysis of Usury (wie Fn. 252), S. 105–106; vgl auch: *Medicus*, Id quod interest (wie Fn. 1112), S. 298 bzgl. C. 7.47.1.

1115 *Medicus*, Id quod interest (wie Fn. 1112), S. 289; *Lange*, Schadensersatz und Privatstrafe (wie Fn. 1113), S. 13, führt aus: *„Das Corpus iuris civilis enthält keinen Ausspruch, der versucht, den Inhalt aller Ersatzansprüche generell festzulegen, wie es auch nicht für irgendeinen Rechtszustand möglich scheint, eine für alle Klagen gemeinsame Formel aufzustellen"*.

1116 *Medicus*, Id quod interest (wie Fn. 1112), S. 290, hebt hervor, dass die Auslegung von C. 7.47.1 zur Ermittlung des Anknüpfungspunktes des *duplum* nicht aufschlussreich ist und allein nicht weiterführt; *Lange*, Schadensersatz und Privatstrafe (wie Fn. 1113), S. 56; *Dedek*, Negative Haftung aus Vertrag (wie Fn. 1113), S. 119; vgl. auch zum römischen Interessenbegriff: *Martin Gebauer*, Hypothetische Kausalität und Haftungsgrund, Tübingen 2007, S. 62.

1117 *Dedek*, Negative Haftung aus Vertrag (wie Fn. 1113), S. 118; *Wieling*, Interesse und Privatstrafe (wie Fn. 1112), S. 10; *Max Kaser*, Das Römische Privatrecht, 1. Abschnitt: Das altrömische, das vorklassische und klassische Recht, 2. Auflage München 1971, § 117, S. 500.

1118 *Dedek*, Negative Haftung aus Vertrag (wie Fn. 1113), S. 118 mit Nachweisen in Fn. 9; *Medicus*, Id quod interest (wie Fn. 1112), S. 1; *Okko Behrends; Rolf Knütel; Berthold Kupisch; Hans Hermann Seiler (Hrsg./Übers.)*, Corpus Iuris Civilis. Text und Übersetzung. Auf der Grundlage der von Theodor Mommsen und Paul Krüger besorgten Auflage, Bd. III: Digesten 11–20, Heidelberg 1999, Ulp. D. 19.1.1.pr., S. 515.

1119 Sehr ausführlich zur Entwicklungsgeschichte des *interesse* mit zahlreichen Quellenbelegen: *Wieling*, Interesse und Privatstrafe (wie Fn. 1112), zur sich ab der Mitte des 12. Jahrhunderts herausbildenden Lehre vom *interesse circa rem* und *extra rem*, S. 26–66, zur Unterscheidung zwischen dem *interesse commune, singulare* und *conventum*, S. 67–88. Ebenfalls zur Entwicklungsgeschichte der Lehre: *Richard Cohnfeldt*, Die Lehre vom Interesse nach Römischem Rechte. Mit Rücksicht auf neuere Gesetzgebung, Leipzig 1865, S. 5–10 (*interes-*

In der Kanonistik und Theologie begegnet nun vor allem der abgewandelte Begriff *interesse* und nicht mehr der Ausdruck *id quod interest*. Der Legist *Azo* komprimierte den Begriff *id quod interest* auf die verkürzte Form *interesse*[1120], welche beim Kanonisten *Laurentius Hispanus* erstmals in genau dieser Form[1121] zu finden war und durch die Inkorporation seines Textes in die *Glossa ordinaria* zum *Decretum Gratiani* seit 1220 zum üblichen Terminus avancierte.[1122] Wie zuvor dargestellt, ging es beim *interesse* im Zusammenhang mit dem beim Darlehensvertrag geltenden Zinsverbot um eine Entschädigungszahlung für einen erlittenen Schaden und daher nicht um einen Fall der verbotenen *usurae*. Und wie die vorherigen Ausführungen zeigten, galt auch die Forderung der vereinbarten *poena* als eine Form des erlaubten *interesse* und nicht als verbotene *usura*.[1123]

Entscheidend und wichtig für das Verständnis der scotischen Ausführungen ist, dass es im theologischen Diskurs – dies lässt sich dem zuvor abgebildeten Satz des *Duns Scotus*[1124] bereits entnehmen – primär um Entschädigungszahlungen für erlittene, im Rahmen von Darlehensverträgen entstandene Schäden geht und nicht um die generelle Gewährung von Schadensersatz bei Nichterfüllung einer Obligation, sei es eine vertragliche oder deliktische. Was nun aber exakt vom *interesse* umfasst wird, hängt von den Ausführungen der jeweiligen Autoren ab.

---

se commune, singulare, conventum), S. 10–14 (*interesse crica rem, interesse extra rem*); *Helmut Coing*, Europäisches Privatrecht, Band I: Älteres Gemeines Recht (1500–1800), München 1985, § 85, v. a. S. 438–440.

1120 *Noonan*, Schoalstic Analysis of Usury (wie Fn. 252), S. 106. So z. B. bei *Azo*, Lectura super Codicem. Ad singulos leges XII librorum codicis Justiniaenei commentarius. Hugolini apparatur in tres libros, in: Corpus glossatorum juris civilis, Tom. III, hrsg. v. Mario Vioria, Parisiis 1577 (ND: Augustae Taurinorum 1966), ad C. 7.47, l. 1–10, S. 588–590, hier findet sich der Ausdruck *interesse*.

1121 Nämlich *interesse* und nicht wie *Noonan*, Scholastic Analysis of Usury (wie Fn. 252), S. 106, ausführt *interesset* bei *Huguccio* und *Bernand von Pavia*.

1122 *Noonan*, Scholastic Analysis of Usury (wie Fn. 252), S. 106 mit Hinweis in Fn. 36 auf die *Glossa ordinaria*, c. 14, q. 4, c. 7.

1123 Siehe hierzu in dieser Arbeit: § 5.C.II.2.b)bb)(1)(a)(bb).

1124 Der Satz lautete: *Duns Scotus*, Ord. IV (editio vaticana XIII), dist. 15, q. 2, n. 139, lin. 857–859, S. 92: „*Debitor enim ex cuius non-solutione creditor notabiliter damnificatur, tenetur de iustitia satisfacere creditori de interesse.*“

(bb) Die scotische Aussage zum Ersatz des *interesse*

Die nachfolgende Analyse des soeben erwähnten scotischen Satzes wird Aufschluss über wesentliche Voraussetzungen des scotischen Konzepts des *interesse* geben, aus welchen sich dann ein konkreteres Bild des Leistungsumfangs des *interesse* zeichnen lässt. Die genaue Aussage des *Duns Scotus* wird daher nochmals wiedergegeben:

„[...] debitor enim ex cuius non-solutione creditor notabiliter damnificatur, tenetur de iustitia satisfacere creditori de interesse."[1125]

[...] Der Schuldner nämlich, aus dessen Nichtzahlung der Gläubiger merklich geschädigt wird, ist von der Gerechtigkeit verpflichtet, dem Gläubiger das *interesse* zu befriedigen.

Diesem scotischen Satz lässt sich, erstens, entnehmen, dass ein tatsächlich eingetretener Schaden *(notabiliter damnificatur)* für die Gewährung des *interesse* erforderlich ist *(damnum emergens)*, welcher vermutlich eine gewisse Erheblichkeitsschwelle überschritten haben muss. Darauf deutet zumindest das Adverb *notabiliter* hin. *Duns Scotus* fordert als weitere Voraussetzung, zweitens, das Vorliegen der Nichtzahlung, denn der Gläubiger wird gerade aus der Nichtzahlung des Schuldners geschädigt *(ex cuius non-solutione notabiliter damnificatur)*. Der Schadenseintritt und die Nichtzahlung stehen, drittens, in einem Kausalitätsverhältnis zueinander: Der Schaden des Gläubigers resultiert aus der Nichtzahlung des Schuldners. Es bedarf für die Gewährung des *interesse* in der Lehre des *Duns Scotus* daher eines tatsächlichen Schadens – vermutlich von einer gewissen Erheblichkeit –, welcher die Folge der Nichtzahlung des Schuldners ist. Entscheidend ist, dass die Gewährung des *interesse* an einen Moment, welcher in der Sphäre des Schuldners begründet liegt, gebunden wird, nämlich den Schuldnerverzug[1126]. Letztlich handelt es sich um eine Entschädigungszahlung im

1125 *Duns Scotus*, Ord. IV (editio vaticana XIII), dist. 15, q. 2, n. 139, lin. 857–859, S. 92.

1126 Der Begriff „Schuldnerverzug" wird in dieser Arbeit in einem untechnischen Sinne verwendet, das heißt, dass es nicht darauf ankommt, ob und inwiefern der Schuldner die Nichtleistung zu vertreten hat, wie es für die römisch-rechtliche *mora* erforderlich war. In erster Linie soll zum Ausdruck gebracht werden, dass der Schuldner seine Leistungsflicht nicht fristgerecht erfüllt. Im Hinblick auf das Schuldnerverschulden führt *Johnston*, Some Mediaeval Doctrines on Extrinsic Titles to Interest (wie Fn. 255), S. 98, in Bezug auf die Lehre von

Falle des Schuldnerverzuges, die der obigen Aussage entsprechend zumindest den tatsächlich entstandenen Schaden umfasst.

In den folgenden Abschnitten werden zunächst der Leistungsumfang, nämlich die Frage des Ersatzes auch des entgangenen Gewinns *(lucrum cessans)*, sowie die Frage, ob der Schuldnerverzug für die Gewährung des *interesse* in der scotischen Lehre obligatorisch ist, näher beleuchtet. Zuletzt wird der Frage nachgegangen, ob für die Gewährung des *interesse* stets ein *pactum*, also eine Vereinbarung, erforderlich ist.

(cc) Der Leistungsumfang des *interesse*: Die Gewährung des *lucrum cessans*?

In seiner *Ordinatio IV* trifft *Duns Scotus* keine Aussage zum Ersatz des entgangenen Gewinns *(lucrum cessans)*. Wie soeben dargestellt, erwähnt *Duns Scotus* in seiner *Reportatio IV-A* den Ersatz des entgangenen Gewinns (vermutlich ausschließlich) des Kaufmannes im Zusammenhang mit einem Beispielsfall für eine vorherige Vereinbarung einer Vertragsstrafe.[1127] In diesem Zusammenhang spricht er vom Verb *interesset.* Voraussetzung für die Forderung des entgangenen Gewinns ist, dass dieser zumindest wahrscheinlich *(verisimiliter)* erscheint. Wie im Zusammenhang mit der Vertragsstrafe bereits thematisiert, trifft *Duns Scotus* im Rahmen seiner *Reportatio IV-A* keine klare Differenzierung zwischen den einzelnen Zinstiteln. Daher erscheint es auch nicht ausgeschlossen – zumindest nicht, wenn man die Ausführungen der *Reportatio IV-A* berücksichtigt –, dass *Duns Scotus* auch im Hinblick auf die Gewährung des *interesse* den Ersatz des entgangenen Gewinns (des Kaufmannes) gewährte, sofern dieser zumindest wahrscheinlich erscheint. Allerdings – und dies ist entscheidend – stellt *Duns Scotus* dies in seinem Abschlusswerk, seiner *Ordinatio IV*, weder im Zusammenhang mit der Vertragsstrafe noch dem *interesse* klar, so dass dieser Umstand im Ergebnis gegen die Gewährung des *lucrum cessans* (des Kaufmannes) und vielmehr dafür spricht, dass das *interesse* bei *Duns Scotus* stets den tatsächlich eingetretenen Verzugsschaden *(damnum emergens)* und nicht auch das *lucrum cessans* (des Kaufmannes) umfasst.

Im Allgemeinen sei mit Blick auf das *lucrum cessans* noch erwähnt, dass bis zur Mitte des 13. Jahrhunderts die Frage des Ersatzes des *lucrum*

Bernhardin von Siena, welcher laut *Johnston* durch *Duns Scotus* beeinflusst war, aus: „*He adds that if the borrower fails to pay back the principal on time through no fault of his own, it is not lawful for the lender to insist on the payment of interest.*"

1127 Vgl. die Ausführungen in: § 5.C.II.2.b)bb)(1)(a)(bb).

cessans nicht weiter thematisiert wurde; das *interesse* zeigte sich als auf den positiven Schaden *(damnum emergens)* begrenzt.[1128] Laut *Noonan* sei es generell schwierig, eine klare Aussage zum Ersatz des *lucrum cessans* im Zusammenhang mit dem *interesse* in der Zeit nach *Thomas von Aquin* zu finden.[1129] Im ausgehenden 14. Jahrhundert soll *Peter Ancharano* ausdrücklich formuliert haben, dass das *interesse* im Falle des Verzuges auch den entgangenen Gewinn umfassen sollte.[1130] In der Folgezeit soll die Lehre vom Ersatz des *lucrum cessans* sich allmählich zur allgemein anerkannten Lehre entwickelt haben.[1131]

(dd) Der „Schuldnerverzug" als zwingende Voraussetzung für die Gewährung des *interesse*

In der scotischen Lehre ist die Nichtzahlung des Schuldners, der Schuldnerverzug, eine zwingende Voraussetzung für den Ersatz des *interesse* – dies ergibt sich unmissverständlich aus den Worten *ex cuius non-solutione*. Dies verwundert auch nicht, bedenkt man, dass insbesondere in der ersten Hälfte des 13. Jahrhunderts der Ersatz des *interesse* vielfach auf die Schädigung des Darlehensgebers infolge des Schuldnerverzuges beschränkt wurde[1132] und so zum Beispiel auch *Richardus de Mediavilla* den Verzugsschaden als einen typischen Fall des *interesse* anerkennt; seine Abhandlung umfasst an dieser Stelle allerdings noch drei weitere Fälle[1133].

Dass das *interesse* an die Nichtzahlung des Schuldners gebunden wird, ist innerhalb der Zinstitellehre im 13. und 14. Jahrhundert üblich.[1134] Die Entwicklung zur Anerkennung des *interesse* unabhängig vom Schuldnerverzug, also im Sinne einer Entschädigungszahlung für einen Schaden, der bereits durch die bloße Hingabe eines Darlehens und so von Vertragsbeginn an entsteht, vollzog sich in der Theologie – gerade weil eine

1128 *Noonan*, Scholastic Analysis of Usury (wie Fn. 252), S. 109–110.

1129 *Noonan*, Scholastic Analysis of Uusry (wie Fn. 252), S. 110.

1130 *Noonan*, Scholastic Analysis of Usury (wie Fn. 252), S. 110.

1131 *Noonan*, Scholastic Analysis of Usury (wie Fn. 252), S. 111.

1132 Ausführlicher dazu: *Noonan*, Scholastic Analysis of Usury (wie Fn. 252), S. 116.

1133 *Richardus de Mediavilla*, Sent., lib. IV, dist. 15, art. 5, q. 5, S. 222b, „*Tertio modo ratione interesse*": „*[…] Alio modo quando mutuans incurrit damnu[m], ex hoc, q[uia] ille qui accepit mutuum non reddit in termino assignato, extra de fideiussoribus.*"

1134 Ausführlich zur Entwicklung: *Noonan*, Scholastic Analysis of Usury (wie Fn. 252), S. 115–128.

solche Anerkennung das Zinsverbot unterlaufen würde – langsam und stieß vielfach auf Ablehnung; erst im 15. Jahrhundert soll eine allgemeine Akzeptanz des *damnum emergens* als einen Fall des *interesse*, welcher nicht vom Schuldnerverzug abhängt, zu verzeichnen gewesen sein.[1135] Der erste Autor, welcher überhaupt eine Entschädigungszahlung unabhängig vom Schuldnerverzug thematisiert haben soll, soll *Robert Courcon (ca. 1155–1219)*[1136] gewesen sein, welcher diesen Titel allerdings abgelehnt haben soll.[1137] Erstmalig soll *Hostiensis* in seinen *Commentaria super libros decretalium* die Gewährung des *lucrum cessans* unabhängig vom Eintritt des Schuldnerverzuges anerkannt haben.[1138] Ganz überwiegend lehnten die Theologen einen solchen Titel allerdings ab: Entschieden gegen einen solchen Titel äußerte sich zum Beispiel *Thomas von Aquin* in *De Malo (q. 13, art. 4, ad 14)*.[1139] Auch *Aegidius von Lessines (um 1235–ca. 1304)*[1140] soll das *interesse* nur für den Verzug des Schuldners anerkannt haben.[1141] Und *Johannes Andreae* soll ausdrücklich Bezug auf *Hostiensis* genommen und das *interesse* ausschließlich beim Verzug gewährt haben, andernfalls wäre dem Zinsnehmen Tür und Tor geöffnet.[1142] Bei *Antonius von Florenz* und *Bernhardin von Siena* soll man dann auf eine Anerkennung eines solches Titels treffen.[1143]

Duns Scotus lehnt die Gewährung einer Entschädigungszahlung unter dem Aspekt des *interesse* losgelöst vom Verzug des Schuldners unstreitig ab. Dies lässt sich einerseits der ausdrücklichen Forderung der Nichtzahlung des Schuldners *(ex cuius non-solutione)* entnehmen, andererseits auch seinen weiteren Ausführungen, welche er an anderer Stelle, nämlich im

---

1135 Im Detail zur Entwicklung: *Noonan*, Scholastic Analysis of Usury (wie Fn. 252), S. 112–128, 121. *Endemann*, Wirtschafts- und Rechtslehre, Bd. 2 (wie Fn. 830), S. 253, geht darauf ein, dass der Verzug Voraussetzung für die Gewährung des *interesse* für einen Theologen war: *„So leitet also die Lehre vom Interesse nothwendig auf die Lehre vom Verzug.“* Erst ab dem Zeitpunkt des Verzuges *„konnte der Schuldner zur Erfüllung der Obligation gerichtlich gezwungen werden.“*

1136 *Bruno W. Häuptli*, Art. Robert von Courson, in: BBKL XXX (2009), Sp. 1148–1152.

1137 *Noonan*, Scholastic Analysis of Usury (wie Fn. 252), S. 116.

1138 *Noonan*, Scholastic Analysis of Usury (wie Fn. 252), S. 118; *Kaye*, Economy and Nature (wie Fn. 248), S. 84–85.

1139 *Noonan*, Scholastic Analysis of Usury (wie Fn. 252), S. 117–118.

1140 *Paulus Engelhardt*, Art. Aegidius von Lessines, in: LexMA I (1980), Sp. 176–177.

1141 *Noonan*, Scholastic Analysis of Usury (wie Fn. 252), S. 119.

1142 *Noonan*, Scholastic Analysis of Usury (wie Fn. 252), S. 120.

1143 *Noonan*, Scholastic Analysis of Usury (wie Fn. 252), S. 126–128.

Rahmen der Erörterung der Ungerechtigkeiten bei Darlehensverträgen im dritten Artikel der zweiten Quästion tätigt.[1144] Diese Ausführungen finden aus diesem Grund bereits an dieser Stelle in dieser Arbeit Erwähnung:

Nachdem *Duns Scotus* in scholastischer Manier zunächst als ein hypothetisches Argument für die Erlaubtheit des Zinsnehmens ins Feld führt, dass es erstens jedem erlaubt ist, sich schadlos zu halten, was im Vergleich zum Kaufvertrag beim Darlehensvertrag gerade nur durch eine Annahme *ultra sortem* möglich sei, und zweitens, dass der Darlehensnehmer das Eigentum am Überschuss (Zins) letztlich freiwillig an den Darlehensgeber überträgt,[1145] stellt *Duns Scotus* unmissverständlich klar:

1144 Darauf wies bereits *Noonan*, Scholastic Analysis of Usury (wie Fn. 252), S. 119, in Bezug auf die nachfolgenden Ausführungen des *Duns Scotus* hin: „*Scotus is as adamant against interest of any kind from the beginning of a loan as is St. Thomas in De malo. A hypothetical objector, similar to St. Thomas', declares that it is licit for a lender to keep himself unharmed, 'but this cannot be done in any other way except by receiving beyond the principal.' [...].*"

1145 *Duns Scotus*, Ord. IV (editio vaticana XIII), dist. 15, q. 2, n. 164–165, lin. 35–45, S. 99: „*Et si arguitur contra hoc, quia licet unicuique in contractibus servare se indemnem, ut dictum est prius quod vendens potest carius vendere, attendens damnum suum in vendendo, maxime si inducatur ab illo cui vendit, ergo eodem modo si inducatur ab illo cui mutuatur, licet sibi se servare indemnem, quod non potest nisi in accipiendo aliquid ultra sortem; – Similiter, dans usuram, voluntarie dat, quia nullus cogit eum ad accipiendum ad usuram, sed voluntate sua accipit pecuniam et reddit ultra sortem, et non aliter potest dominium transferri in alterum, ergo transfert dominium, igitur alius, scilicet usurarius, non habet alienum; [...]*" – *Und wenn dagegen argumentiert wird, weil es jedem Einzelnen erlaubt ist, sich in Verträgen schadlos zu halten, indem der Verkäufer unter Berücksichtigung seines Schadens beim Verkauf, wie zuvor gesagt, teurer verkaufen kann, vor allem wenn er von jenem, dem er etwas verkauft, und ebenso wenn er von jenem, mit dem getauscht wird, dazu verführt wird, ist es ihm erlaubt, sich schadlos zu halten, was er nur kann, wenn er etwas über das Kapital hinaus annimmt. Gleichermaßen gibt derjenige, der den Zins gibt, freiwillig, weil niemand ihn zur Annahme des Zinses [Akzeptanz der Zinsvereinbarung/verzinslichen Annahme] zwingt, sondern er mit seinem Willen das Geld annimmt und über das Kapital hinaus zurückzahlt. Sonst kann das Eigentum nicht auf einen anderen übertragen werden. Also überträgt er das Eigentum. Folglich besitzt der andere, nämlich der Wucherer/Zinsnehmer nicht ein fremdes Gut [fremdes Eigentum].*

„Ad primum dico quod si non vult damnificari, pecuniam sibi necessariam reservet, quia nullus eum necessitat ad faciendum misericordiam proximo;	Zum ersten sage ich, dass wenn er nicht geschädigt werden will, dann sollte er das benötigte Geld für sich behalten, weil keiner von ihm verlangt, seinem Nächsten gegenüber Barmherzigkeit zu üben.
sed si vult misericordiam facere, necessitatur ex Lege divina ut non faciat eam vitiatam.	Aber wenn er Barmherzigkeit üben will, dann wird vom göttlichen Gesetz verlangt, diese nicht zu verfälschen.
Ad secundum: etsi transferat dominium, tamen recipiens tenetur restituere, sicut in mutui datione transfertur dominium et usus, et tamen debitor tenetur tandem restituere creditori."[1146]	Zum zweiten: Obwohl er das Eigentum übertragen hat, ist der Empfänger dennoch verpflichtet es zurückzugeben, so wie beim Darlehen das Eigentum und der Gebrauch übertragen werden und der Schuldner dennoch letztlich verpflichtet ist, es dem Gläubiger zurückzugeben.

In aller Klarheit formuliert *Duns Scotus* hier die dem Darlehensvertrag zu Grunde liegende Vorstellung: Die Darleihe erfolgt einzig aus Barmherzigkeit *(ex caritate)* heraus. Keiner zwingt den Darlehensgeber zur Darleihe. Wenn er nicht will, dass ihm durch die Darleihe irgendein Schaden entsteht, so soll er die Geldsumme für sich behalten und nicht hergeben. Jenseits der hier untersuchten und zu untersuchenden Zinstitel existiert daher keine Pflicht des Darlehensnehmers zu einer Zahlung über das Kapital hinaus, denn gerade diese ganz generelle Zahlung (für die Unverfügbarkeit des dargeliehenen Kapitals) würde die Gebote des göttlichen Gesetzes, nämliche keine Zinsen zu nehmen (Ez 18,5–9 [8], Lk 6,35) verfälschen. Auch diese Ausführungen untermauern daher, dass in der Lehre des *Duns Scotus* der durch die Darleihe entstandene Schaden unter keinen Umständen zur Annahme *ultra sortem* berechtigt.

Es lässt sich schließlich festhalten, dass *Duns Scotus* unter dem *interesse* eine Entschädigungszahlung des Darlehensnehmers gegenüber dem Darlehensgeber für den infolge des Schuldnerverzuges entstandenen Schaden versteht. Das *interesse* setzt zwingend die Nichtzahlung des Schuldners voraus. Letztlich begreift er so den *titulus morae* (Verzugstitel) – ohne dass

1146 *Duns Scotus*, Ord. IV (editio vaticana XIII), dist. 15, q. 2, n. 166, lin. 46–52, S. 100.

er diese Terminologie verwendet – als einen Fall beziehungsweise den typischen Fall des *interesse*.

(ee) Die Pflicht zum Ersatz des *interesse in foro conscientiae* auch ohne *pactum*

Duns Scotus behandelt das *interesse* als den zweiten von insgesamt drei auf einer Vereinbarung *(ex pacto)* beruhenden Zinstiteln. In der Lehre des *Duns Scotus* stellt der Ersatz des *interesse* ein zwingendes Gebot der Gerechtigkeit dar.[1147] Der Schuldner ist nämlich *de iustitia* zur Zahlung des *interesse* verpflichtet. Das bedeutet, dass der Schuldner *in foro conscientiae* auch unabhängig vom Vorliegen jeglicher Vereinbarung zum Ersatz des *interesse* verpflichtet ist.

„Et licet iste creditor non posset habere contra eum actionem in foro exteriore, utpote quia non sunt pacta forte inita vel mutata, tamen in foro conscientiae tenetur debitor ultra sortem ad interesse."[1148]	Und obwohl dieser Gläubiger keine Klage gegen ihn [den Schuldner] *in foro exteriore* ergreifen könnte, zum Beispiel weil etwa keine Vereinbarungen geschlossen oder geändert worden sind, ist der Schuldner dennoch *in foro conscientiae* verpflichtet über das Kapital hinaus zum Ersatz des *interesse*.

Die Pflicht zum Ersatz des *interesse* besteht demnach unabhängig davon, ob der Gläubiger mit dem Schuldner eine *in foro exteriore* klagbare Vereinbarung geschlossen hat, welche ihm die Schadloshaltung ermöglicht. Der Schuldner begeht durch die Nichtzahlung letztlich einen Vertragsbruch und bleibt unabhängig von der prozessualen Durchsetzbarkeit *in foro exteriore* zum Ersatz des *interesse* (Verzugsschaden) verpflichtet.

Mit dem Bezug auf die Verpflichtungen *in foro exteriore* zeigt *Duns Scotus*, dass ihm die in der Legistik während des 13. Jahrhunderts ganz überwiegend im Zusammenhang mit dem Zinsnehmen diskutiere Frage

1147 *Noonan*, Scholastic Analysis of Usury (wie Fn. 252), S. 109: „*Scotus is even more positive: the debtor has an obligation in strict justice to pay the creditor interesse in delay.*"

1148 *Duns Scotus*, Ord. IV (editio vaticana XIII), dist. 15, q. 2, n. 139, lin. 859–862, S. 92.

der Klagbarkeit von Zinsforderungen bekannt ist.[1149] Ohne eine Vereinbarung war (lediglich) in allen *bona fidei* Obligationen der Ersatz in Gestalt der Verzugszinsen möglich.[1150] Das galt nicht für den Darlehensvertrag: Denn außerhalb der *bona fidei iudiciae* und so auch beim Darlehensvertrag mussten die Zinsen selbständig in Stipulationsform versprochen werden, so dass es einer stipulierten Abrede bedurfte, da formlose Zinsabreden im Allgemeinen keine klagbaren Verbindlichkeiten begründeten.[1151]

In der Praxis war – laut *Wilhelm Endemann* – eine vorherige Vereinbarung über den Ersatz des *interesse* oder auch die Vereinbarung einer Vertragsstrafe für den Fall der Nichtzahlung des Schuldners ein gängiges Instrument der Schadloshaltung, denn sie konnten dem Gläubiger *in foro exteriore* unter Umständen über den für den Ersatz des *interesse* zu erbringenden Nachweis über das Vorliegen der Voraussetzungen der *mora*, des Verzuges, zu denen eben auch das Schuldnerverschulden zählte[1152], aber auch den konkreten Nachweis des *interesse* hinweghelfen.[1153] So war es möglich, durch eine derartige Vereinbarung sich den Ersatz des *damnum emergens* ausdrücklich vorab auszubedingen, auch weil es für den Gläubiger die Durchsetzbarkeit *in foro exteriore* erleichterte.[1154]

Duns Scotus ordnet den Ersatz des *interesse* in seiner *Ordinatio IV* systematisch als den zweiten Zinstitel, welchem ein *pactum* zu Grunde liegt, ein. Nach der Nennung des *interesse* als Zinstitel stellt er mit dem soeben abgebildeten Satz klar, dass das *interesse in foro conscientiae* stets – also auch ohne *pactum* – zu ersetzen ist *(et licet creditor non posse habere contra eum actionem in foro exteriore)*. *Duns Scotus* äußert sich nicht weiter dazu, welche Gestalt eine solche Vereinbarung über den Ersatz des *interesse* haben könnte, ob ihm zum Beispiel jenseits der Vereinbarung einer Vertragsstrafe eine konkrete Form der Vereinbarung über den Ersatz des *interesse* für den Fall des Zahlungsausfalls gedanklich vorschwebte, welche im Unterschied zur Vertragsstrafe keinen pauschalisierten Schadensersatz, sondern ausschließ-

---

1149 *Kriechbaum*, Die Stellungnahmen der mittelalterlichen Legistik zum kanonistischen Zinsverbot (wie Fn. 42), S. 27.

1150 *Endemann*, Wirtschafts- und Rechtslehre, Bd. 2 (wie Fn. 830), S. 273.

1151 *Kaser*, Das Römische Privatrecht, 1. Abschnitt (wie Fn. 1117), § 116, S. 497. Vgl. C. 4.32.1 (Stipulation). Zur Absicherung einer Zinsabrede durch ein Pfand: C. 4.32.4.

1152 *Endemann*, Wirtschafts- und Rechtslehre, Bd. 2 (wie Fn. 830), S. 259.

1153 Vgl. *Endemann*, Wirtschafts- und Rechtslehre, Bd. 2 (wie Fn. 830), S. 274–275.

1154 Vgl. *Endemann*, Wirtschafts- und Rechtslehre, Bd. 2 (wie Fn. 830), S. 273–275, welcher seine diesbezüglichen Ausführungen allerdings nicht (speziell) in Bezug auf das 13. und 14. Jahrhundert tätigt.

lich den Ersatz des tatsächlich eingetretenen Schadens zum Gegenstand hat und die prozessuale Durchsetzbarkeit *in foro exteriore* erleichtern soll.

In diesem Zusammenhang ist anzumerken, dass *Seeberg* die obige Aussage des *Duns Scotus* zum Ersatz des *interesse* ohne klagbare Vereinbarung *in foro exteriore* ausschließlich auf die zuvor behandelte Vertragsstrafe, nicht auch auf andere mögliche Vereinbarungen bezieht; der in Rede stehende Satz des *Duns Scotus* bezieht sich so ausschließlich auf die zuvor behandelte Vertragsstrafe *(poena conventionalis)*. *Seeberg* formuliert:

> „Wenn ich nämlich mein Geld zu einem bestimmten Termin selbst brauche, kann ich ausmachen, dass mir für den Fall, dass der Entleihende es nicht rechtzeitig wiedergibt, von ihm eine poena conventionalis entrichtet werde. Das habe mit der fraus usurarum nichts zu thun. Aber auch, wenn ein solcher Kontrast [sic] nicht vorliegt, der Creditor aber durch das Ausbleiben der Zahlung des Debitor notorisch geschädigt wird, ist letzterer zwar nicht rechtlich, wohl aber in foro conscientiae gehalten, ersterem den ihm entstandenen Schaden de interesse zu ersetzen, […].“[1155]

Diesen Ausführungen nach würde sich der scotische Satz über die Durchsetzbarkeit ohne eine *in foro exteriore* klagbare Vereinbarung (ausschließlich) auf die zuvor behandelte Vereinbarung einer Vertragsstrafe beziehen.

Es erscheint durchaus möglich, dass *Duns Scotus* mit dem oben abgebildeten Satz über fehlende Vereinbarungen lediglich zum Ausdruck bringen wollte, dass der Schuldner selbst ohne die Vereinbarung einer Vertragsstrafe *in foro conscientiae* stets zum Ersatz des *interesse* verpflichtet bleibt und dass *Duns Scotus* daher auch kein über die Vertragsstrafe hinausgehender Fall der vertraglichen Ausbedingungen eines Ersatzes des *interesse* vorschwebte. Dann würden sich die Ausführungen zum *interesse* ausschließlich auf die zuvor behandelte Vertragsstrafe beziehen und zum Ausdruck bringen, dass sie keine Voraussetzung für die Ersatzpflicht *in foro conscientiae* bildet.

Diese Einengung des scotischen Satzes allein auf die Vertragsstrafe als *pactum* ist aber nicht zwingend: *Duns Scotus* wollte nach Ansicht der Verfasserin lediglich zum Ausdruck bringen, dass der Ersatz des *interesse* unabhängig von jedwedem *pactum in foro conscientiae* immer geschuldet ist, weil der Ersatz des *interesse* ein Gebot der Gerechtigkeit *(de iustitia)* ist. Das bedeutet selbstverständlich, dass die Ersatzpflicht *in foro conscientiae*

1155 *Seeberg*, Die Theologie des Duns Scotus (wie Fn. 120), S. 554–555. *Seeberg* erwähnt auch die Zweiteilung in Zinstitel *ex pacto* und *non ex pacto* nicht.

auch ohne ein *pactum* in Form der pauschalisierten, im Voraus festgelegten Vertragsstrafe besteht. Die scotische Aussage kann darüber hinaus aber auch bedeuten – und dies tut sie nach Auffassung der Verfasserin auch –, dass diese Ersatzpflicht auch beim Fehlen jedweder Form der Vereinbarung des Ersatzes des *interesse* – welche Gestalt eine solche Vereinbarung *(pactum)* auch haben mag – *in foro conscientiae* besteht. Dann erweist sich die inhaltliche Reichweite der Aussage des *Duns Scotus* zum Ersatz des *interesse* als weiter, nämlich nicht nur auf die Vertragsstrafe als möglicherweise typischen Fall eines solchen *pactum* beschränkt. Für ein derart weites Verständnis der scotischen Aussage scheint die systematische Dreiteilung der auf einem *pactum* beruhenden Zinstitel in seiner *Ordinatio IV* zu sprechen, denn losgelöst von der Vertragsstrafe bildet der Ersatz des *interesse* den zweiten auf einem *pactum* beruhenden Zinstitel. Eine solche Interpretation der scotischen Aussage steht nicht im Widerspruch zur These von *Seeberg*, sie geht aber über diese hinaus.

Schließlich, so besteht laut *Duns Scotus* die Pflicht zum Ersatz des entstandenen Schadens *in foro conscientiae* unabhängig von dem Vorliegen wirksamer Vereinbarungen jedweder Form und damit unabhängig von der prozessualen Durchsetzbarkeit *in foro exteriore*.

(ff) Ergebnis zu (b)

Duns Scotus nennt das *interesse* als zweiten auf einem *pactum* beruhenden Zinstitel in seiner *Ordinatio IV*. Es handelt sich bei dem *interesse* dabei um eine Ausgleichszahlung für den durch den Schuldnerverzug entstandenen Schaden. Anders als in seiner *Reportatio IV-A* spricht *Duns Scotus* in seiner *Ordinatio IV* nicht mehr vom *lucrum cessans* des Kaufmannes. Zuletzt stellt *Duns Scotus* klar, dass auch ohne jegliche klagbare Vereinbarung der Schuldner dem Gläubiger zum Ersatz eben dieses *interesse in foro conscientiae* stets verpflichtet bleibt.

(c) Der „*titulus incertitudinis*“

Hinsichtlich des dritten Zinstitels, welchem ein *pactum* zu Grunde liegt, formuliert *Duns Scotus* (lediglich) die folgenden zwei Sätze:

„Tertia condicio est quando utrumque, scilicet capitale et illud superfluum, ponitur sub incerto.

Der dritte Fall liegt vor, wenn beides, nämlich das Kapital und jener Überschuss, der Unsicherheit unterliegen.

Quod probatur *Extra;* 'De usuris', «Naviganti», § «Ratione»; et etiam ratione, arguendo per locum a simili, quia sicut ibi incertitudo excusat, ita hic."[1156]

Das wird mit der Dekretale X 5.19.19.3 und auch aus der Vernunft bewiesen, indem mit einem Analogieschluss argumentiert wird: Denn wie die Unsicherheit dort entschuldigt, so auch hier.

In dem hier von *Duns Scotus* beschriebenen Fall unterliegen sowohl die dargeliehene Geldsumme als auch der Überschuss einer Unsicherheit.[1157] Als Beleg allegiert er eine Dekretale aus dem *Liber Extra* (X 5.19.19.3). Darüber hinaus argumentiert er mit einem Analogieschluss. Es fällt auf, dass *Duns Scotus* in dem ersten Satz – wie bereits zuvor im Rahmen der grundlegenden Zweiteilung der Zinstitel[1158] – nicht mehr von der Darlehensvaluta *(sors)* spricht, sondern ausdrücklich vom Kapital *(capitale)*.[1159] Unklar bleibt (zunächst), welchen Fall der Unsicherheit *Duns Scotus* konkret vor Augen hatte.

Klar sein dürfte, dass es *Duns Scotus* nicht um einen Zinstitel für die einem Darlehensvertrag innewohnende Gefahr des Zahlungsausfalls *(periculum mutui)* geht; dieser Titel wurde während des 12., 13. und auch 14. Jahrhunderts nicht diskutiert, stellte er doch gerade das dem Darlehensvertrag immanente Risiko der Nichtzahlung dar.[1160] Die Unsicher-

---

1156 *Duns Scotus*, Ord. IV (editio vaticana XIII), dist. 15, q. 2, n. 139, lin. 863–866, S. 92–93. Vgl. X 5.19.19.3 (CIC II, Sp. 816).

1157 *Duns Scotus* spricht selber nicht von dem *„titulus incertitudinis"*; aus diesem Grund wird die Begrifflichkeit stets mit Anführungszeichen versehen.

1158 *Duns Scotus*, Ord. IV (editio vaticana XIII), dist. 15, q. 2, n. 138, lin. 842–844, S. 92: *„[...] quandoque enim potest aliquis accipere licite ultra capitale ex pacto, quandoque non ex pacto."*

1159 Darauf wies bereits *Langholm*, Economics in the Medieval Schools (wie Fn. 248), S. 416 Fn. 54, hin.

1160 *Noonan*, Scholastic Analysis of Usury (wie Fn. 252), S. 129–131. *Noonan* liefert hier (S. 129) verschiedene Gründe für die Missachtung des *periculum mutui* während des 12.–13. Jahrhunderts und stellt entscheidend auf die ablehnende Haltung der Dekretale *Naviganti*, in welcher selbst die „Zins"-nahme im Falle eines weitaus größeren Risikos für den Gläubiger abgelehnt wurde (S. 129) und auf die drohende Umgehung des dem göttlichen Gesetz entspringenden Zinsverbotes (S. 130) ab.

heit, der das Kapital und der Überschuss in der scotischen Vorstellung unterliegen, muss also eine über diese jedwedem Darlehensvertrag immanente Gefahr hinausgehende sein.

Duns Scotus allegiert im obigen Zitat eine bekannte, bereits in der Einleitung zum Darlehensvertrag angeführte, Dekretale aus dem *Liber Extra* (X 5.19.19), welche drei einzelne päpstliche Entscheidungen von *Gregor IX.* in sich bündelt. Er bezieht sich konkret auf die dritte dieser Entscheidung (X 5.19.19.3: *Ratione*). Dieser päpstlichen Entscheidung gingen zwei, für das Zinsverbot wegweisende Entscheidungen voraus, welche für die Einordnung der von *Duns Scotus* allegierten Dekretale *(Ratione)* und die Deutung des anschließend von *Duns Scotus* gebildeten Analogieschlusses *(et etiam ratione, arguendo per locum a simili)* von Bedeutung sind, denn es ist dieser Analogieschluss, welcher in der Sekundärliteratur – und auch in dieser Arbeit – die Frage veranlasst, ob *Duns Scotus* einen weiteren Fall jenseits von dem in X 5.19.19.3 *(Ratione)* besprochenen und sogleich näher zu betrachtenden Fall eines Kaufvertrages, bei welchem die Zahlungspflicht gestundet wird, anerkennt, und wenn ja, welchen?

So formulierte *Karl Lessel* in der ersten Hälfte des 20. Jahrhunderts, dass *Duns Scotus* im obigen Zitat vermutlich den Gesellschaftsvertrag *(societas)* rechtfertige, indem er in Bezug auf den Analogieschluss des *Duns Scotus* schrieb:

> „Duns Scotus, der bei Ricardus geschöpft hat, erwähnt unter den Zinstiteln einen titulus incertitudinis und rechtfertigt denselben mit einem Analogiebeweis, den er aus den gesetzlichen Bestimmungen über den Kreditkauf (titulus dubii) ableiten will. Er scheint also ausser dem Kreditkauf ebenfalls die Gesellschaft hieher zu beziehen."[1161]

1161 *Lessel*, Entwicklungsgeschichte (wie Fn. 42), S. 56–57. *Johnston*, Some Mediaeval Doctrines on Extrinsic Titles to Interest (wie Fn. 255), S. 94: *„Curiously, Scotus bases his recognition of periculum sortis on the dectretal Naviganti of Gregory IX, a decretal which expressly rules out risk as a valid title to interest."*; *Langholm*, Economics in the Medieval Schools (wie Fn. 248), S. 416: *„Besides a premium to cover the risk of losing the capital, for which the authority of Naviganti is claimed by analogy to what we have already seen applied to credit sales, [...]."*; *Schreiber*, Die volkswirtschaftlichen Anschauungen der Scholastik (wie Fn. 248), S. 158: *„c) Risikoprämie. Mit Berufung auf das kanonische Recht, das für den Handel (Kreditkauf) im Falle der Unsicherheit einen höheren Preis billigt, gestattet Duns Scotus auch im Darlehen, wenn die Rückzahlung zweifelhaft ist, einen entsprechenden Ersatz."* Bei *Noonan*, Scholastic Analysis of Usury (wie Fn. 252), S. 146, liest man: *„Durandus of St. Pourcain, Aegidius, and Scotus do not even discuss the foenus nauticum or the societas."* *Noonan* geht mithin davon aus, dass *Duns Scotus* die *societas* überhaupt nicht thematisiert hat. *Seeberg*, Die Theologie des

Da diese Aussage dem Wortlaut der scotischen Ausführungen so zunächst einmal nicht zu entnehmen ist – *Duns Scotus* spricht nicht von der *societas* –, wäre sie zumindest erklärungsbedürftig. Klar sein dürfte, dass im Ergebnis unter Berücksichtigung des soeben wiedergegebenen scotischen Wortlauts keine sichere Aussage darüber getroffen werden kann, ob *Duns Scotus* gedanklich den Gesellschaftsvertrag als den typischen Fall eines „*titulus incertitudinis*" vor Augen hatte. Daher handelt es sich bei den nachfolgenden Ausführungen und letztlich ebenso bei der Aussage über die Rechtfertigung der *societas* um Interpretationen des scotischen Textes.

Duns Scotus verwendet den Ausdruck *societas* weder in seiner *Reportatio IV-A* noch in seiner *Ordinatio IV*. Die dem römischen Recht entstammende *societas* stellt ein Gesellschaftsvertrag dar, bei welchem mindestens zwei Personen Geld oder andere Leistungen/Güter für einen gemeinsamen Zweck einbringen – wobei häufig ein Partner Geld, der andere seine Arbeitskraft einbringt.[1162] In der Regel ist die Gefahrtragung gleichermaßen verteilt, zwingend ist dies nicht.[1163] Bereits im 11. Jahrhundert soll *Ivo von Chartres* die *societas* als eine vom verzinslichen Darlehen zu unterscheidende, erlaubte Vertragsart genannt haben; diese Differenzierung findet sich auch in der *Glossa ordinaria*.[1164] Im theologischen und kanonistischen Diskurs wird die *societas*, bei welcher eine der Parteien ausschließlich eine Geldeinlage erbringt unter Berücksichtigung der Ausgestaltung des Gewinn- und Verlustrisikos insbesondere im Hinblick auf einen Verstoß gegen die Wucherlehre näher betrachtet.[1165] Im Hinblick auf *Duns Scotus'* Ausführungen lässt sich festhalten, dass die fehlende Nennung der *societas* in der *Reportatio IV-A* und vor allem in seinem Abschlusswerk, der *Ordinatio IV*, dafür spricht, dass *Duns Scotus* den Gesellschaftsvertrag auch nicht als Zinstitel anerkannte; dies insbesondere, wenn man den Umstand in Erwägung zieht, dass die *societas* als Begrifflichkeit und auch

---

Duns Scotus (wie Fn. 120), erwähnt diesen Zinstitel sowie die grundlegende Zweiteilung in Zinstitel *ex pacto* und *non ex pacto* nicht.

1162 Ausführlich zur *societas*: *Noonan*, Scholastic Analysis of Usury (wie Fn. 252), S. 133–153; *Endemann*, Wirtschafts- und Rechtslehre, Bd. 1 (wie Fn. 823), S. 343–420.

1163 *Noonan*, Scholastic Analysis of Usury (wie Fn. 252), S. 134, 139 (in Bezug auf *Goffredus de Tranos* Lehre).

1164 *Noonan*, Scholastic Analysis of Usury (wie Fn. 252), S. 135, in Fn. 6 mit Verweis auf: „*Glossa ordinaria, c. 14,q. 3,c. 3 at Negotiatoribus.*".

1165 *Endemann*, Wirtschafts- und Rechtslehre, Bd. 1 (wie Fn. 823), v. a. S. 346–352. *Endemann*, S. 346, führt aus, dass bereits zu Beginn des 14. Jahrhunderts die *Summa Astesana* in einem eigenen Titel von der *societas* handelte.; *Noonan*, Scholastic Analysis of Usury (wie Fn. 252), S. 135–151 m. w. N.

thematisch ausdrücklich im theologischen und kanonistischen Diskurs des 13. und 14. Jahrhunderts zu finden war.[1166]

Betrachtet man den von *Duns Scotus* gebildeten Analogieschluss erneut, aus welchem die Anerkennung der *societas* laut *Lessel* ableitbar zu sein scheint, so ist dieser Analogieschluss nach Ansicht der Verfasserin letztlich zwei möglichen Deutungen beziehungsweise Interpretationen, um welche es sogleich näher gehen wird, zugänglich.

„Tertia condicio est quando utrumque, scilicet capitale et illud superfluum, ponitur sub incerto.	Der dritte Fall liegt vor, wenn beides, nämlich das Kapital und jener Überschuss, der Unsicherheit unterliegen.
Quod probatur *Extra;* 'De usuris', «Naviganti», § «Ratione»; et etiam ratione, arguendo per locum a simili, quia sicut ibi incertitudo excusat, ita hic."[1167]	Das wird mit der Dekretale X 5.19.19.3 und auch aus der Vernunft bewiesen, indem mit einem Analogieschluss argumentiert wird: Denn wie die Unsicherheit dort entschuldigt, so auch hier.

Einerseits – dies erscheint jedoch insgesamt wenig wahrscheinlich – könnte *Duns Scotus* den Analogieschluss (lediglich) als ein weiteres Argument für die Anerkennung des bereits in X 5.19.19.3 *(Ratione)* behandelten Falles gebildet haben. Es war möglicherweise eben dieser in X 5.19.19.3 behandelte Fall des Kaufvertrages mit Stundung der Zahlungspflicht, welchen *Duns Scotus* als den typischen Fall des Zinstitels der Unsicherheit verstand. Bei dem Analogieschluss handelt es sich dann um ein weiteres, der Vernunft entstammendes Argument, welches erst vor dem Hintergrund der Chronologie der in der Dekretale X 5.19.19 *(Naviganti)* enthaltenen drei päpstlichen Einzelentscheidungen sowie den Dekretalen X 5.19.6/10 *(In civitate tua/Consuluit nos)* verständlich wird. Für ein solches Verständnis spricht insbesondere das von *Duns Scotus* im obigen Zitat verwendete Adverb *etiam – auch*, denn laut *Duns Scotus* lässt sich die Anerkennung des in Rede stehenden Zinstitels der Unsicherheit nicht nur aus X 5.19.19.3 entnehmen, sondern eben *auch* mit einem Analogieschluss begründen. Um

---

1166 Hierzu: *Noonan*, Scholastic Analysis of Usury (wie Fn. 252), v. a. S. 138–151 m. w. N.; *Endemann*, Wirtschafts- und Rechtslehre, Bd. 1 (wie Fn. 823), S. 346–352 m. w. N.

1167 *Duns Scotus*, Ord. IV (editio vaticana XIII), dist. 15, q. 2, n. 139, lin. 863–866, S. 92–93. Vgl. X 5.19.19.3 (CIC II, Sp. 816).

diese einzelnen Dekretalen und deren Chronologie soll es im folgenden Abschnitt näher gehen, denn auch im weiteren Verlaufe dieser Arbeit wird sich immer wieder zeigen, dass es gerade diese Dekretalen sind, auf welche *Duns Scotus* mehrfach Bezug nimmt. In diesem Rahmen wird auch die im obigen Zitat allegierte in X 5.19.19.3 *(Ratione)* enthaltene Entscheidung, um welche es *Duns Scotus* beim *„titulus incertitudinis“* möglicherweise ging, weiter erläutert.

Andererseits – und dies erscheint der Verfasserin vorzugswürdig – könnte der Analogieschluss auch dahingehend interpretiert werden, dass er kein weiteres Argument (der Vernunft) für den bereits in X 5.19.19.3 anerkannten Fall eines Kaufvertrages mit Stundung der Zahlungspflicht darstellt, sondern, dass die Analogie sich auf den in X 5.19.19.3 geregelten Fall selbst bezieht, *Duns Scotus* also einen über X 5.19.19.3 hinausgehenden Fall erst durch diesen Analogieschluss beim Darlehensvertrag rechtfertigt. Für eine solche weitergehende Interpretation spricht, dass X 5.19.19.3 – dies zeigen die nachfolgenden Ausführungen – erstens von Kaufverträgen und nicht von Darlehensverträgen handelt, und zweitens der Umstand, dass *Duns Scotus* innerhalb seiner Ausführungen zu den *commutationes pro futuro* ausdrücklich den in X 5.19.19.3 behandelten Fall eines Kaufvertrages mit Stundung der Zahlungspflicht bespricht.[1168] Dieser von *Duns Scotus* speziell zu den *commutationes pro futuro* gebildete Fall erschiene dann überflüssig. Für eine solche Deutung scheinen sowohl *Wolter*[1169] als auch *Langholm* zu plädieren. Letzterer formuliert:

> „Besides a premium to cover the risk of losing the capital, for which the authority of *Naviganti* is claimed by analogy to what we have already seen applied to credit sales, Scotus recognizes two extrinsic titles, [...].“[1170]

Nachfolgend werden die von *Duns Scotus* allegierten Dekretalen X 5.19.6, X 5.19.10 und X 5.19.19 näher beleuchtet. Im Anschluss wird die Deutung des Analogieschlusses erneut aufgegriffen.

1168 Siehe: § 5.C.II.4.

1169 *Wolter*, Duns Scotus' Economic and Political Philosophy (wie Fn. 86), S. 51: *„The third condition is where both, namely the capital investment and the surcharge, are subject to uncertainty. This is proved from the title De Usuris, chapter Naviganti, paragraph Ratione using the dialectical argument 'From similarity.' For if the uncertainty excuses there, it also excuses here.“*

1170 *Langholm*, Economics in the Medieval Schools (wie Fn. 248), S. 416.

(aa) Der scotische Analogieschluss vor dem Hintergrund von X 5.19.6 *(In civitate tua)* – X 5.19.10 *(Consuluit nos)* – X 5.19.19 *(Naviganti)*

Die soeben genannten Dekretalen handeln größtenteils von Kaufverträgen, welche vielfach unter den Begrifflichkeiten *venditiones sub dubio* beziehungsweise *venditiones ad tempus* begegnen.[1171] Ihr Vertragsgegenstand sind Waren, welche typischerweise – und dies zum Beispiel saisonbedingt – Wert- und Preisschwankungen ausgesetzt sind. Es geht um die Beeinflussung des Preises durch die Unsicherheit über den künftigen Wert der Ware.[1172]

Wie bereits in der Einleitung zum Darlehensvertrag knapp erwähnt, entschied Papst *Alexander III.* in einem an den Erzbischof von Genua gerichtete Brief, welcher in X 5.19.6 enthalten ist *(In civitate tua)*, dass solche Kaufverträge nicht wucherisch seien, bei welchen die Zahlungspflicht gestundet wird, der vereinbarte Kaufpreis den (gerechten) Preis der Ware zum Zeitpunkt des Vertragsschlusses zwar übersteigt, aber demjenigen zum Zahlungszeitpunkt in etwa entspricht, sofern ein Zweifel *(dubium)* über den künftigen Wert/Preis zum Zeitpunkt des Vertragsschlusses vorlag. Entscheidend ist, dass der Verkäufer keine sichere Kenntnis von der künftigen Preissteigerung seiner Waren haben darf, das heißt, nicht in einer solchen Kenntnis erst einer Stundung zustimmen darf. *Alexander III.* schrieb:

1171 Vgl. u. a.: *Noonan*, Scholastic Analysis of Usury (wie Fn. 252), S. 90–95; *Wolter*, Endnotes, in*:* Duns Scotus' Political and Economic Philosophy (wie Fn. 86), S. 88–89 Notes 14–15; *Lapidus*, Information and Risk in the Medieval Doctrine of Usury during the Thirteenth Century (wie Fn. 252), S. 33–34; *McLaughlin*, The Teaching of the Canonists on Usury 1 (wie Fn. 1088), S. 117–120.

1172 *Lapidus*, Information and Risk in the Medieval Doctrine of Usury during the Thirteenth Century (wie Fn. 252), S. 34.

„In civitate tua dices saepe contingere, quod quidam piper, seu cinnamomum, seu alias merces comparant, quae tunc ultra quinque libras non valent, et promittunt se illis, a quibus illas merces accipiunt, sex libras statuto termino soluturus. Licet autem contractus huiusmodi ex tali forma non possit censeri nomine usurarum, nihilominus tamen venditores peccatum incurrunt, nisi dubium sit, merces illas plus minusve solutionis tempore valituras: et ideo cives tui saluti suae bene consulerent, si a tali contractu cessarent, cum cogitationes hominum omnipotenti Deo nequeant occultari."

„Du sagst, in deiner Stadt käme es oft vor, daß einige Pfeffer, Zimt oder andere Waren anschaffen, die zu diesem Zeitpunkt nicht mehr als fünf Pfund wert sind, und versprechen, sie würden jenen, von denen sie jene Waren erhalten, zu einem festgelegten Zeitpunkt sechs Pfund zahlen. Aber auch wenn ein derartiger Vertrag aufgrund einer solchen Form nicht als Zinsnahme bezeichnet werden kann, so ziehen sich die Verkäufer nichtsdestoweniger doch eine Sünde zu, es sei denn, es bestünde ein Zweifel, ob jene Ware zum Zeitpunkt der Bezahlung mehr oder weniger wert sein werden: und deshalb würden Deine Mitbürger für ihr Heil wohl sorgen, wenn sie von einem solchen Vertrag Abstand nähmen; denn die Gedanken der Menschen können dem allmächtigen Gott nicht verborgen werden."[1173]

Es geht *Alexander III.* hier ausschließlich um die Beurteilung eines Kaufvertrages, bei welchem die Zahlungs- und nicht die Lieferungspflicht gestundet wird.

In einer zeitlich nachfolgenden Dekretale *(Consuluit nos)*, welche ebenfalls Eingang in den *Liber Extra* fand (X 5.19.10), erklärte *Urban III. (ca. 1120–1187)*[1174], dass ein Kaufvertrag, bei welchem die Zahlungspflicht gestundet und ein Preis vereinbart wird, welcher weit höher als der aktuelle (gerechte) Preis für die Ware ist, wucherisch sei. Insbesondere um diese

---

1173 Der lateinische Text und die deutsche Übersetzung stammen aus: Enchiridion symbolorum definitionum et declarationum de rebus fidei et morum. Kompendium der Glaubensbekenntnisse und kirchlichen Lehrentscheidungen. Lateinisch – Deutsch, begr. v. Heinrich Denzinger, hrsg. v. Peter Hünermann, 45. Auflage, Freiburg i. Breisgau [u. a.] 2017, S. 308 Nr. 753.

1174 *Klaus Ganzer*, Art. Urban III., in: LexThK X, 2. Auflage (1965), Sp. 544; *Georg Kreuzer*, Art. Urban III. (Hu[m]bert Crivelli), in: BBKL XV (1999), Sp. 1394–1395.

Dekretale wird es sogleich im Rahmen der Zinstitel ohne *pactum* näher gehen.[1175] Daher kann an dieser Stelle auf die Abbildung des Wortlauts verzichtet werden. *Urban III.* riet aus Sorge um das Seelenheil der Gläubigen von derartigen Vertragsgestaltung schlechterdings ab.

Die nachfolgend abgebildete, in X 5.19.19 enthaltene Dekretale *Naviganti* enthält drei einzelne Entscheidungen von Papst *Gregor IX.* Auf die dritte dieser Entscheidungen (X 5.19.19.3: *Ratione*) stützt *Duns Scotus* seinen im obigen Zitat angeführten Beleg im Rahmen der Rechtfertigung des *„titulus incertitudinis"*. Nachfolgend wird der lateinische Text der gesamten Dekretale mit einer deutschen Übersetzung abgebildet.

„Naviganti vel eunti ad nundinas certam mutuans pecuniae quantitatem, eo quod suscipit in se periculum, recepturus aliquid ultra sortem, usurarius *[non?]* est censendus.	„Wer jemandem, der zu Wasser oder zu Land zu einem Markt reist, eine bestimmte Menge Geld leiht und dafür, daß er Gefahr auf sich nimmt, noch etwas über das ⟨geliehene⟩ Kapital hinaus zurückerhalten will, ist *[nicht?]* nicht als Zinsnehmer anzusehen.
Ille quoque, qui dat X solidos, ut alio tempore totidem sibi grani, vini vel olei mensurae reddantur: quae licet tunc plus valeant, utrum plus vel minus solutionis tempore fuerint valituare, verisimiliter dubiatur: non debet ex hoc usurarius reputari.	Auch jener, der 10 Solidi ⟨= Goldmünzen⟩ gibt, damit ihm zu anderer Zeit ebensoviele Maße Korn, Wein und Öl zurückgegeben werden, bei denen man, auch wenn sie zu diesem Zeitpunkt mehr wert sind, mit einiger Wahrscheinlichkeit zweifelt, ob sie zum Zeitpunkt der Bezahlung mehr oder weniger wert sein werden, muß deswegen nicht für einen Zinsnehmer gehalten werden

1175 § 5.C.II.2.b)bb)(2).

Ratione huius dubii etiam excusator, qui pannos, granum, vinum, oleum vel alias merces vendit, ut amplius, quam tunc valeant, in certo termino recipiat pro eisdem; si tamen ea tempore contractus non fuerat venditurus."

Aufgrund dieses Zweifels wird auch entschuldigt, wer Tücher, Korn, Wein, Öl und andere Waren verkauft, um an einem bestimmten Termin für dieselben ⟨Waren⟩ mehr zu empfangen, als sie zu diesem Zeitpunkt ⟨des Vertrages⟩ wert sind, jedoch ⟨nur⟩, wenn er nicht zum Zeitpunkt Vertrages im Begriffe war, sie ⟨anderweitig⟩ zu verkaufen."[1176]

In der ersten Entscheidung (X 5.19.19.1: *Naviganti*) behandelt *Gregor IX.* das Seedarlehen *(foenus nauticum)*, bei welchem der Darlehensgeber einem Kaufmann ein Darlehen gewährt, damit dieser Seehandel betreiben kann. Sowohl die Rückzahlung des dargeliehenen Kapitals als auch die typischerweise vereinbarte Zahlung eines Überschusses für den Fall des erfolgreichen Überseehandels sind einem besonderen Risiko ausgesetzt, denn sinkt das Schiff des Kaufmannes, erhält der Darlehensgeber keine Zahlung; der Darlehensgeber allein trägt das Ausfall- und Verlustrisiko.[1177] Im Gegenzug für dieses besondere Risiko wird dabei typischerweise vertraglich vereinbart, dass der Darlehensgeber im Falle des erfolgreichen Überseehandels einen bestimmten Gewinnanteil erhält, welchen der Kaufmann dem Darlehensgeber zusammen mit dem Kapital und mithin *ultra sortem* zurückzahlt.[1178] Ob *Gregor IX.* das Seedarlehen damit erlaubt oder verboten hat, ist auch heute noch Gegenstand von Kontroversen, obgleich es in der Geschäftspraxis des 13. und 14. Jahrhunderts anerkannt war.[1179]

1176 Der lateinische Text und die deutsche Übersetzung stammen aus: Kompendium der Glaubensbekenntnisse und kirchlichen Lehrentscheidungen (wie Fn. 1173), S. 345–346 Nr. 828.

1177 *Anne-Estelle Rothweiler*, Art. Bodmerei, in: HRG I, 2. Auflage (2008), Sp. 630–632, 631.

1178 Zum Seedarlehen: *Anne-Estelle Rothweiler*, Art. Bodmerei, in: HRG I, 2. Auflage (2008), Sp. 630–632; *Noonan*, Scholastic Analysis of Usury (wie Fn. 252), v. a. S. 138–153 (speziell zur *societas*, aber auch in Abgrenzung zum *foenus nauticum*).

1179 *Alexander Bruns*, Haftungsbeschränkung und Mindesthaftung, Tübingen 2003, S. 31 Fn. 92: Für ein Verbot: *Goldschmidt*, Universalgeschichte des Handelsrechts (wie Fn. 823), § 11 VII. 9., S. 345–347, v. a. 346 Fn. 52 m. w. N.; a. A.: *Max Neumann*, Geschichte des Wuchers in Deutschland bis zur Begründung der heutigen Zinsgesetze (1654). Aus handschriftlichen und gedruckten Quel-

Die nachfolgenden zwei Entscheidungen haben allein Kaufverträge zum Gegenstand, welche (teils) bei *Duns Scotus* detailliert unter den im nächsten Kapitel behandelten *commutationes pro futuro*, vielfach auch unter den Ausdrücken *venditiones sub dubio* oder *venditiones ad tempus* begegnen: Der erste Fall (X 5.19.19.2: *Ille*) handelt von Kaufverträgen, bei welchen die Lieferungspflicht gestundet wird. Letztlich gibt *Gregor IX.* hier die bereits von *Alexander III.* in X 5.19.6 *(In civitate tua)* getroffene Entscheidung wieder. Maßgeblich ist, ob ein Zweifel (von einiger Wahrscheinlichkeit: *verisimiliter*) über die Wert-/Preisentwicklung zum Zeitpunkt des Vertragsschlusses vorlag. Die dritte Fallkonstellation (X 5.19.19.3) – und auf diese nimmt *Duns Scotus* explizit im Rahmen der Rechtfertigung des *„titulus incertitudinis"* Bezug[1180] – behandelt nun den umgekehrten Fall zu X 5.19.19.2 *(Ille)*. In X 5.19.19.3 *(Ratione)* geht es *Gregor IX.* um einen Kaufvertrag, bei welchem wiederum die Zahlungs- und nicht die Lieferungspflicht gestundet wird. Neben den bereits in X 5.19.6 *(In civitate tua)* geforderten Kriteriums des begründeten Zweifels über den künftigen Wert/Preis stellt *Gregor IX.* darüber hinaus auf die Verkaufsabsicht des Verkäufers zum Zeitpunkt des Vertragsschlusses ab.[1181] Der Verkäufer darf zum Zeitpunkt des Vertragsschlusses nicht im Begriff gewesen sein, die Ware (anderweitig) zu verkaufen – in der Regel zu einem billigeren Preis.[1182] Es lässt sich daher formulieren, dass *Gregor IX.* in X 5.19.19.3 *(Ratione)* den „analogen" Fall zu den in X 5.19.19.2 *(Ille)* wiedergegebenen Fall behandelt und ein weiteres Kriterium, nämlich die Verkaufsabsicht des Verkäufers zum Zeitpunkt des Vertragsschlusses, nennt.

(bb) Die inhaltlichen Konturen des scotischen *„titulus incertitudinis"*

Lassen sich aus diesen Ausführungen über den Inhalt der Dekretalen nun Schlüsse – und wenn ja, welche – im Hinblick auf die inhaltlichen Kon-

---

len dargestellt, Leipzig 1969 (unveränd. ND der Originalausgabe Halle 1865), S. 17–19 (Fn. 1) m. w. N.

1180 *Duns Scotus*, Ord. IV (editio vaticana XIII), dist. 15, q. 2, n. 139, lin. 864–865, S. 92–93: *„Quod probatur Extra, 'De usuris', «Naviganti», § «Ratione»; [...]."*

1181 *Noonan*, Scholastic Analysis of Usury (wie Fn. 252), S. 91; *McLaughlin*, The Teaching of the Canonists on Usury 1 (wie Fn. 1088), S. 118.

1182 Vgl.: *Bernhard von Parma*, Glossa ordinaria, Romae 1582, ad X 5.19.19, ad verba *„c: tempore non fuerat venditurus"*, Sp. 1745: *„alias non excusatur: quia si tu[n]c fuerat venditurus pro minori, & ex certa scientia plus recipiat alio termino, usura est. & sic intellige s.eo in civitate. ut ibi etia[m] dixi."*

turen des *„titulus incertitudinis"* bei *Duns Scotus* ziehen? Erneut sei angemerkt, dass *Duns Scotus* sich mit seiner Aussage zum *„titulus incertitudinis"* ausschließlich auf den dritten in X 5.19.19 enthaltenen Fall des Kaufvertrages mit Stundung der Zahlungspflicht *(Ratione)* bezieht[1183], sowie, dass in dieser Arbeit zu einem Großteil (lediglich) Interpretationsansätze der scotischen Aussagen geboten werden können. Im Hinblick auf den Inhalt und die Gestalt des *„titulus incertitudinis"* lässt sich allein auf Grundlage des Wortlauts nicht mit Sicherheit konstatieren, welchen Fall *Duns Scotus* als den typischen Fall des *„titulus incertitudinis"* anerkannte.

Wie zuvor beschrieben, könnte *Duns Scotus* lediglich zum Ausdruck bringen wollen, dass so wie in X 5.19.19.2 *(Ille)* beim Vertrag mit Stundung der Lieferungspflicht auch in dem umgekehrten und ihm gedanklich vermutlich vorschwebenden, in X 5.19.19.3 aufgegriffenen Fall des Kaufvertrages mit Stundung der Zahlungspflicht, den Verkäufer die Unsicherheit – der Zweifel – entschuldigt. Schließlich allegiert *Duns Scotus* ausdrücklich X 5.19.19.3. Der Analogieschluss würde dann ein weiteres Argument für die Anerkennung eben dieses Falles *(Ratione)* bilden und sich so auf die umgekehrte auch in X 5.19.19.2 *(Ille)* behandelte Vertragskonstellation beziehen. Gestützt wird diese Deutung im Grunde vom Wortlaut der scotischen Aussage, denn *Duns Scotus* schreibt, *„quia sicut ibi incertitudo excusat, ita hic."*[1184] *– weil so wie die Unsicherheit dort entschuldigt, so auch hier.* Im Ergebnis regelt X 5.19.19.3 den umgekehrten beziehungsweise analogen Fall von X 5.19.19.2 – *Noonan* verwendet den Ausdruck *„analogous"* in Bezug auf das Verhältnis von X 5.19.6 *(In civitate tua)* und X 5.19.19.2 *(Naviganti: Ille)*.[1185] Allein die inhaltliche Kenntnis der drei in X 5.19.19 enthaltenen Entscheidungen von *Gregor IX.* sowie die Verwendung des Adverbs *etiam* seitens *Duns Scotus* würden eine solche weite Interpretation stützen.

Andererseits – und dies erscheint, wie soeben bereits betont, wahrscheinlicher – könnte *Duns Scotus* den Analogieschluss gerade deshalb gebildet haben, weil X 5.19.19.2/3 inhaltlich von Kaufverträgen und eben nicht von Darlehensverträgen handelt, so dass *Duns Scotus* zum Ausdruck bringen könnte, dass auch beim Darlehensvertrag X 5.19.19.3 entspre-

---

1183 *Duns Scotus*, Ord. IV (editio vaticana XIII), dist. 15, q. 2, n. 139, lin. 864–865, S. 92–93: *„Quod probatur Extra, 'De usuris', «Naviganti», § «Ratione»; [...]."– Das wird mit der Dekretale X 5.19.19.3 bewiesen [...].*

1184 *Duns Scotus*, Ord. IV (editio vaticana XIII), dist. 15, q. 2, n. 139, lin. 866, S. 93.

1185 *Noonan*, Scholastic Analysis of Usury (wie Fn. 252), S. 91. Ausdrücklich stellt *Noonan* nicht klar, dass er sich konkret auf den zweiten Fall *„Ille"* bezieht, dies ergibt sich aber klar aus dem Kontext seiner Ausführungen.

chend gilt und eine Zahlung für das Risiko des Kapitalverlustes auch beim Darlehensvertrag erlaubt ist. Für diese Deutungen plädieren auch *Wolter* und *Langholm*.[1186] Bei einem solchen Verständnis würde der Analogieschluss dann nicht als ein zusätzliches Argument zu dem von *Duns Scotus* als Beleg angeführten Fall aus X 5.19.19.3 dienen, sondern letztlich den *„titulus incertitudinis"* als den analogen Fall zu X 5.19.19.3 vielmehr erst rechtfertigen. Eine solche Deutung könnte möglicherweise auch erklären, warum *Duns Scotus* hier die Begrifflichkeit *capitale* und nicht mehr *sors* verwendet.[1187] Ob *Duns Scotus* darüber hinaus nun die *societas* als den typischen auf einer Analogie zu X 5.19.19.3 basierenden *„titulus incertitudinis"* verstand, bleibt völlig unklar; dies ergibt sich zumindest so nicht aus den scotischen Ausführungen. Daher kann davon auch nicht ausgegangen werden. Welche inhaltlichen Konturen der *„titulus incertitudinis"* dann in der scotischen Lehre hat, bleibt im Ergebnis unklar.

Im Ergebnis scheinen beide Deutungsvarianten des scotischen Analogieschlusses vertretbar. Da *Duns Scotus* aber innerhalb seiner Restitutionslehre die *commutationes pro futuro* und in diesem Rahmen auch den konkreten in X 5.19.19.3 behandelten Fall würdigt sowie mit einem Beispielsfall demonstriert und X 5.19.19.3 unmittelbar (lediglich) von Kaufverträgen handelt, wird der Analogieschluss des *Duns Scotus* von der Verfasserin letztlich dahingehend verstanden, dass *Duns Scotus* ganz allgemein den Zweifel *(dubium)* über die Wert-/Preisentwicklung auch beim Darlehensvertrag als einen Zinstitel anerkennt.

(d) Ergebnis zu (1)

Hinsichtlich der Zinstitel, welchen eine Vereinbarung *(ex pacto)* zu Grunde liegt, lässt sich zusammenfassen, dass *Duns Scotus* die Vertragsstrafe *(poena conventionalis)*, den Ersatz des *interesse* sowie den Titel der Unsicherheit *(„titulus incertitudinis")* behandelt. In Bezug auf den Ersatz des *interesse* gilt, dass das Gebot des Schadensersatzes eine der Gerechtigkeit entspringende Pflicht darstellt, welche auch bei fehlenden, prozessual klagbaren Vereinbarungen *in foro conscientiae* stets besteht.

1186 *Langholm*, Economics in the Medieval Schools (wie Fn. 248), S. 416.

1187 Vgl. *Langholm*, Economics in the Medieval Schools (wie Fn. 248), S. 416 Fn. 54; *Johnston*, Some Mediaeval Doctrines on Extrinsic Titles to Interest (wie Fn. 255), S. 97.

(2) Der Zinstitel ohne jegliche Vereinbarung *(sine omni pacto)*

Nachdem *Duns Scotus* zu Beginn seiner Darstellung der Zinstitel erklärt hat, dass im Allgemeinen zwei Ausnahmen vom Zinsverbot existieren, nämlich auf Grundlage eines *pactum* und ohne jegliches *pactum*[1188], nimmt er mit dem folgenden Satz Bezug auf seine zuvor erwähnte Zweiteilung und stellt einen Fall der erlaubten Annahme *ultra sortem* ohne vertragliche Vereinbarung dar.

„Sine omni pacto etiam licet, quia solus animus sine omni pacto verbali vel alio signo aequivalente ostendente debitori quod mutuans non mutuaret sine spe lucri, non facit istum accipientem – ultra sortem – sine pacto habere alienum, et ideo nec teneri ad restitutionem."[1189]

Auch ohne jede Vereinbarung ist es [= die Annahme *„ultra sortem"*] erlaubt, weil allein die Absicht ohne jede mündliche Vereinbarung oder ohne ein anderes ähnliches Zeichen, welches dem Schuldner zeigt, dass der Tauschende nicht ohne die Hoffnung auf Gewinn tauscht, nicht bewirkt, dass derjenige, welcher ohne eine Vereinbarung etwas über das Kapital hinaus annimmt, eine Sache besitzt, die ihm nicht gehört, und dass er deswegen auch nicht zur Restitution verpflichtet ist.

Auch ohne jede Vereinbarung *(sine omni pacto)*, in welcher sich der Wille zur Annahme eines Überschusses äußerlich manifestiert hat, bewirkt der Wille (beziehungsweise die Absicht) zur Annahme eines über die Valuta hinausgehenden Betrages im Falle der Annahme eines solchen Überschusses nicht, dass der Darlehensgeber zur Restitution eben dieses Überschusses verpflichtet ist, denn er besitzt in diesem Fall etwas, was ihm auch gehört. Aus dem scotischen Satz lässt sich erstens schließen, dass ein *pactum* keine zwingende Voraussetzung für die rechtmäßige Annahme eines die Darlehensvaluta übersteigenden Betrages ist, und zweitens, dass der in

---

1188 *Duns Scotus*, Ord. IV (editio vaticana XIII), dist. 15, q. 2, n. 138, lin. 842–844, S. 92: *„Excipiuntur in ista mutuatione duo casus in genere: quandoque enim potest aliquis accipere licite ultra capitale ex pacto, quandoque non ex pacto."* – *Einerseits kann jemand etwas über das Kapital hinaus aufgrund einer Vereinbarung annehmen, andererseits auch ohne eine solche Vereinbarung.*

1189 *Duns Scotus*, Ord. IV (editio vaticana XIII), dist. 15, q. 2, n. 140, lin. 867–871, S. 93.

einem solchen Fall vorliegende Wille (beziehungsweise die Absicht) auf den Erhalt eines die Darlehensvaluta übersteigenden Betrages keinen Fall des unrechtmäßigen Zinsnehmens *(usura mentalis)* bildet, womöglich gerade, weil er nicht von einer derartigen Intensität ist, dass er sich vertraglich manifestiert hat. Dieser letzte Aspekt lässt sich in dieser Klarheit freilich nicht dem oben abgebildeten Satz des *Duns Scotus* entnehmen, mag aber im Rahmen der ausführlichen Analyse dieses Satzes erhellen.

Wie soeben hervorgehoben, wird in dieser Arbeit davon ausgegangen, dass dieser scotische Satz sich auf die vorherige, grundlegende Zweiteilung seiner Zinstitellehre (Zinstitel auf Grundlage einer Vereinbarung und solche ohne jegliche Vereinbarung) bezieht und dass *Duns Scotus* seiner Leserschaft mit diesem Satz abschließend den Fall der Überschussannahme ohne *pactum* demonstrieren möchte. Diese Deutung des scotischen Satzes ist unter zustimmender Nachverfolgung der in dieser Arbeit zuvor dargebotenen Analyse der scotischen Zinstitellehre wenig problematisch, insofern aber erwähnungsbedürftig, als dass *Wolter* für eine andere Interpretation dieses letzten Satzes plädiert:

> „According to the wording, this paragraph refers specifically to this third condition and it should be included as part of it. The editors of the Wadding edition, however, singled it out as a major subdivision. Note, however, that the second condition of accepting interest in the case of actual damage is also licit, even if there is no pact; the first condition of an added penalty for default on the contract and hence possible damage, however, seems of its nature to involve some kind of an explicit pact.“[1190]

1190 *Wolter*, Endnotes, in: Duns Scotus′ Political and Economic Philosophy (wie Fn. 86), S. 89 Note 16. So scheint auch *Johnston*, Some Mediaeval Doctrines on Extrinsic Titles to Interest (wie Fn. 255), S. 94, diesen scotischen Satz zu interpretieren, wenn er nach der Besprechung der *poena conventionalis* abschließend zu den scotischen Zinstiteln formuliert: *„The remaining titles may not be included in the agreement with the borrower; and to these alone, for reasons that are not made clear, Scotus reserves the name interesse. These titles are damnum emergens, intended to cover a considerable loss arising from the debtor′s failure to repay the loan, and periculum sortis. [...].“* *Seeberg*, Die Theologie des Duns Scotus (wie Fn. 120), erwähnt diese Zweiteilung nicht, ebenso *Schreiber*, Die volkswirtschaftlichen Anschauungen der Scholastik (wie Fn. 248). *Langholm*, Economics in the Medieval Schools (wie Fn. 248), S. 414, formuliert im Hinblick auf diese scotische Aussage (lediglich): *„Secondly, a lender need not make restitution for a payment in excess of the principal if he did not indicate, verbally or by any other sign, that the loan was made contingent on such a reward.“* Und später, S. 416: *„Besides a premium to cover the risk of losing the capital [...],*

Die von *Wolter* hier erwähnte und von ihm behandelte „*third condition*“ bildet der soeben behandelte „*titulus incertitudinis*“. *Wolter* bezieht den oben abgebildeten Satz des *Duns Scotus* systematisch auf den zuvor behandelten dritten Zinstitel der Unsicherheit. Nach *Wolter* behandelt *Duns Scotus* somit insgesamt drei Zinstitel: Die Vertragsstrafe, das *interesse* und den „*titulus incertitudinis*“. Ein *pactum* bildet bei einer solchen Deutung dann keine zwingende Grundlage für den „*titulus incertitudinis*“.

Aus mehreren, sogleich darzulegenden Gründen wird diese nach Ansicht der Verfasserin der von *Duns Scotus* vorgenommenen Zweiteilung widersprechende Interpretation *Wolters* in der vorliegenden Arbeit abgelehnt.

Tatsächlich lässt sich dem entsprechenden Abschnitt der *Wadding-Vivés* Ausgabe eine solche Zweiteilung der Zinstitel in solche auf Grundlage eines *pactum* und solche ohne *pactum* entnehmen. Der fragliche Satz des *Duns Scotus* stellt hierbei einen Fall des Überschussnehmens ohne *pactum* dar.[1191] Er wird nicht auf den zuvor behandelten Titel der Unsicherheit bezogen. Auch unter Heranziehung der dieser Arbeit entscheidend zu Grunde liegenden kritischen Vatikanausgabe und deren kritischen Apparates ergibt sich hier kein anderes Bild.[1192]

Da auch in dieser Arbeit von einer Zweiteilung der Zinstitel bei *Duns Scotus* ausgegangen und der scotische Satz als ein Beispiel für einen Zinstitel ohne *pactum* jenseits des (vereinbarten) „*titulus incertitudinis*“ begriffen wird, ergibt sich die folgende Einteilung der scotischen Zinstitellehre:

Scotus recognizes two extrinsic titles, both limited to delay in repayment.“ Anders interpretiert *Noonan* die scotische Aussage, denn bei *Noonan*, Scholastic Analysis of Usury (wie Fn. 252), S. 105, Fn. 28, findet sich *Duns Scotus* als ein Theologe, welcher eine Restitutionspflicht bezüglich einer vom Darlehensnehmer geleisteten Schenkung ablehnte, weil nur eine sekundäre Hoffnung auf diese Zuwendung auf Darlehensgeberseite bestand und eine solche Hoffnung eben nicht Gegenstand eines Vertrages, einer klagbaren Vereinbarung sein könne. Diese Interpretation wird in dieser Arbeit geteilt und gestützt sowie im Folgenden weiter untermauert.

1191 *Duns Scotus*, Ord. IV (Wadding-Vivés XVIII), dist. 15, q. 2, n. 18 und n. 19, S. 293.

1192 Der kritische Apparat der *editio vaticana* lautet: *Duns Scotus,* Ord. IV (editio vaticana XIII), dist. 15, q. 2, S. 93, Fn. 56, „T[estimonia]“ („*Sine omni pacto*“): „*Cf. supra n. 138.*“ Der Text der n. 138 lautet: „*Exipiuntur in ista mutuatione duo casus in genere: quandoque enim potest aliquis accipere licite ultra capitale ex pacto, quandoque non ex pacto.*“

(1) Zinstitel auf Grundlage einer Vereinbarung *(ex pacto)*
  (a) *poena conventionalis*
  (b) *interesse*
  (c) *„titulus incertitudinis"*
(2) Zinstitel ohne Vereinbarung *(sine omni pacto)*

Dass *Duns Scotus* im Zusammenhang mit dem Ersatz des *interesse* klarstellt, dass dies *de iustitia* selbst ohne prozessual klagbares *pactum* geschuldet ist, steht diesem Verständnis auch in keiner Weise entgegen.

Im Folgenden wird in einem ersten Schritt nochmals knapp die von *Duns Scotus* tatsächlich getroffene Aussage zusammengefasst sowie der scheinbare und vermutlich zur Ablehnung der Zweiteilung der Zinstitel veranlassende Widerspruch zum Zinsverbot dargestellt (a) und in einem zweiten Schritt dieser scheinbare Widerspruch aufgelöst, indem eine mögliche Interpretation dieses letzten Satzes vorgestellt wird (b).

(a) Die Aussage des *Duns Scotus* als Widerspruch zur generellen Anerkennung des Zinsverbotes?

Duns Scotus stellt klar, dass die Hoffnung/Absicht allein, die sich nicht in einem äußeren Akt, zum Beispiel einem *pactum*, manifestiert hat, nicht dazu führt, dass der Darlehensgeber zur Restitution des erlangten Überschusses verpflichtet ist.[1193] Es geht mithin um die Frage, ob der Darlehensgeber einen vom Darlehensnehmer angenommenen Überschuss – welche Form dieser Überschuss auch haben mag – behalten darf. Eine Vereinbarung über den Erhalt eines Überschusses, welche eben auch dem Darlehensnehmer diese Gewinnintention sichtbar machte, liegt nicht vor. Es geht im scotischen Satz allein um die innere Willensrichtung des Darlehensgebers.

1193 *Duns Scotus*, Ord. IV (editio vaticana XIII), dist. 15, q. 2, n. 140, lin. 867–871, S. 93: *„Sine omni pacto etiam licet, quia solus animus sine omni pacto verbali vel alio signo aequivalente ostendente debitori quod mutuans non mutuaret sine spe lucri, non facit istum accipientem – ultra sortem – sine pacto habere alienum, et ideo nec teneri ad restitutionem." – Auch ohne jede Vereinbarung ist es [= die Annahme „ultra sortem"] erlaubt, weil allein die Absicht ohne jede mündliche Vereinbarung oder ohne ein anderes ähnliches Zeichen, welches dem Schuldner zeigt, dass der Tauschende nicht ohne die Hoffnung auf Gewinn tauscht, nicht bewirkt, dass derjenige, welcher ohne eine Vereinbarung etwas über das Kapital hinaus annimmt, eine Sache besitzt, die ihm nicht gehört, und dass er deswegen auch nicht zur Restitution verpflichtet ist.*

Erwägt man nun die so häufig zitierte Stelle aus dem Lukasevangelium 6,35 (Gebt ein Darlehen, ohne dafür etwas zu erhoffen) und die zahlreichen Behandlungen der Frage, ob bereits die Hoffnung auf Gewinn eine Todsünde (*peccatum mortale*) darstellt[1194], so erstaunt es auf den ersten Blick, dass der Darleihende in dem von *Duns Scotus* behandelten Fall nicht ohne jegliche Hoffnung auf Gewinn leiht und dass *Duns Scotus* gerade diese Hoffnung beziehungsweise Intention nicht als wucherisch einordnet, denn er erkennt im oben abgebildeten Zitat einen Fall an, in welchem die Annahme *ultra sortem* erlaubt ist und die Hoffnung/Intention auf Erhalt des Überschusses nicht schädlich ist (*sine omni pacto etiam licet, quia solus animus sine omni pacto verbali vel alio signo aequivalente ostendente debitori quod mutuans non mutuaret sine spe lucri*).

Quer zu der von *Duns Scotus* getätigten Aussage scheint auch die von *Duns Scotus* an anderer Stelle allegierte Dekretale *Urban III.* aus X 5.19.10 (*Consuluit nos*) zu stehen, in welcher es unter anderem um die Annahme eines Überschusses ohne jegliche Vereinbarung (ohne *pactum*) geht und *Urban III.* die Hoffnung auf Gewinn als wucherisch qualifiziert.[1195]

„Consuluit Nos tua devotio, an ille in iudicio animarum quasi usurarius debeat iudicari, qui non alias mutuo traditurus, eo proposito mutuam pecuniam credit, ut, licet omni conventione cessante, plus tamen sorte recipiat; [...]; et an negotiator poena consimili debeat condemnari, qui merces suas longe maiore pretio distrahit, si ad solutionem faciendam prolixioris temporis dilatio prorogetur, quam si ei in continenti pretium persolvatur.

„Deine Ehrerbietung hat Uns gefragt, ob jener im Gericht der Seelen als Zinsnehmer beurteilt werden müsse, der, da er andernfalls nicht leihen würde, in dem Vorsatz Geld leiht, daß er, auch wenn jegliche Übereinkunft fehlt, dennoch mehr als das ⟨geliehene⟩ Kapital erhalte; [...]; und ob ein Händler mit der gleichen Strafe verurteilt werden müsse, der seine Waren um einen weit höheren Preis verkauft, wenn die Zeitspanne bis zur Erledigung der Bezahlung ziemlich weit ausgedehnt wird, als wenn ihm der Kaufpreis sofort bezahlt wird.

1194 Vgl. z. B. die allgemeineren Fragen bei: *Alexander von Hales*, Summa theologica, Tom. IV: Lib. III (ed. Perantoni), pars II, inq. IV, tract. II, q. III, tit. III, cap. II, S. 913: „*Utrum sola spes accipiendi praeter sortem sit prohibita*"; *Wilhelm de Auxerre*, Summa aurea, lib. III/2 (ed. Ribaillier), tract. XLVIII, cap. 1, q. 1, fol. 239rb, S. 910: „*Quid sit usura.*" (*Wilhelm* formuliert in allgemeinerer Form).

1195 X 5.19.10 (CIC II, Sp. 814).

Verum quia, quid in his casibus tenendum sit, ex evangelio Lucae manifeste cognoscitur, in quo dicitur: »Date mutuum, nihil inde sperantes« *[Lc 6,35]*: huismodi homines pro intentione lucri, quam habent, cum omnis usura et superabundantia prohibeatur in lege, iudicandi sunt male agere, et ad ea, quae taliter sunt accepta, restituenda in animarum iudicio efficaciter inducendi."

Weil man aber, woran man sich in diesen Fällen zu halten hat, aus dem Evangelium des Lukas deutlich erfährt, in dem gesagt wird: »Leiht, ohne irgend etwas daraus zu erhoffen« *[Lk 6,35]*, ⟨deshalb⟩ muß man urteilen, daß solchen Menschen wegen der Absicht auf Gewinn, die sie haben – denn jede Zinsnahme und Mehrleistung bei Rückerstattung wird im Gesetz verboten –, böse handeln, und sie sind im Gericht der Seelen wirksam zu veranlassen, das, was auf solche Weise erworben wurde, zu erstatten."[1196]

Unter Bezug auf Lk 6,35 bildet die Gewinnabsicht *(intentio lucri)* das entscheidende Kriterium für die Bewertung des Falles und des Vorliegens der *usura mentalis*. Die Absicht, durch die Darleihe auch ohne jegliche Vereinbarung eines derartigen Überschusses *(licet omni conventione cessante)* einen Gewinn zu erzielen, qualifiziert *Urban III.* hier als wucherisch. Dem abgebildeten Text lässt sich entnehmen, dass die Absicht beim Darlehensgeber derart ausgeprägt sein muss, dass er ohne sie kein Darlehen gewähren würde *(qui non alias mutuo traditurus, eo propositio mutuam pecuniam credit)*. Sie bildet folglich die subjektive Grundlage der Darleihe auf Darlehensgeberseite. Es ist diese Dekretale *Urban III. (Consuluit nos)*, welche die für die Differenzierung zwischen den Intentionsgraden maßgebliche Dekretale im *Liber Extra* darstellt. *Urban III.* zitierte in dieser Dekretale ausdrücklich die Worte *Christi* und interpretierte diese erstmalig in der Tradition autoritativ als ein Verbot gegen das Zinsnehmen:[1197] *Urban III.* soll so das Kriterium der Intention in die Wucherdefinition eingeführt haben[1198], welches sich im 13. Jahrhundert zum maßgeblich Kriterium innerhalb der Zins- und

1196 Lateinischer Text und deutsche Übersetzung aus: Kompendium der Glaubensbekenntnisse und kirchlichen Lehrentscheidungen (wie Fn. 1173), S. 311–312 Nr. 764.

1197 *Noonan*, Scholastic Analysis of Usury (wie Fn. 252), S. 20; *Kaye*, Economy and Nature (wie Fn. 248), S. 82.

1198 *Noonan*, Scholastic Analysis of Usury (wie Fn. 252), S. 20; *Kaye*, Economy and Nature (wie Fn. 248), S. 82.

Wucherlehre entwickelte.[1199] Und um diese Intentionsgrade wird es nachfolgend auch im Detail gehen, denn für das Verständnis des scotischen Satzes ist die auf dieser Dekretale *Urban III.* aufbauende Unterscheidung zwischen einer *intentio lucri principalis* und einer *intentio lucri secundaria* maßgeblich.[1200] Zum Ende dieses Abschnitts hin wird sich sodann zeigen, dass *Duns Scotus'* Aussage auch nicht quer zu den Aussagen aus Lk 6,35 oder X 5.19.10 *(Consuluit nos)* steht, sondern vielmehr in Kenntnis dieser Belege und in feinsinniger Anwendung zeitgenössischer theologischer und kanonistischer Lehren von den Zinstiteln und Intentionsgraden getätigt wurde und erst vor diesem Hintergrund erhellt.

Wenn *Duns Scotus* nun formuliert:

Sine omni pacto etiam licet, quia solus animus sine omni pacto verbali vel alio signo aequivalente ostendente debitori quod mutuans non mutuaret sine spe lucri, non facit istum accipientem – ultra sortem – sine pacto habere alienum, et ideo nec teneri ad restitutionem.	Auch ohne jede Vereinbarung ist es [= die Annahme *„ultra sortem"]* erlaubt, weil allein die Absicht ohne jede mündliche Vereinbarung oder ohne ein anderes ähnliches Zeichen, welches dem Schuldner zeigt, dass der Tauschende nicht ohne die Hoffnung auf Gewinn tauscht, nicht bewirkt, dass derjenige, welcher ohne eine Vereinbarung etwas über das Kapital hinaus annimmt, eine Sache besitzt, die ihm nicht gehört, und dass er deswegen auch nicht zur Restitution verpflichtet ist.

dann scheint er sich – so viel sei hier zum besseren Verständnis der nachfolgenden Ausführungen bereits vorweggenommen – konkret auf den folgenden Fall zu beziehen:

Der Darlehensnehmer erbringt dem Darlehensgeber aus reiner Dankbarkeit über den Erhalt des Darlehens ein Geschenk (Überschuss), welches der Darlehensgeber mit einer vorhandenen sekundären Hoffnung auf ein solches Geschenk (Überschuss) annimmt. Eine parteiliche Vereinbarung als Grundlage dafür liegt nicht vor, handelt es sich doch gerade um eine

1199 *Kaye*, Economy and Nature (wie Fn. 248), S. 82.

1200 Vgl. auch die Ausführungen von: *Noonan*, Scholastic Analysis of Usury (wie Fn. 252), S. 104–105, und: *McLaughlin*, The Teaching of the Canonists on Usury 1(wie Fn. 1088), S. 106–108, 143.

aus innerer Dankbarkeit erbrachte Leistung des Darlehensnehmers an den Darlehensgeber. *Duns Scotus* erklärt, dass der beim Darlehensgeber vorhandene Wille auf Erhalt dieser Zuwendung nicht schädlich ist. Eine Restitutionspflicht in Bezug auf das Geschenkte besteht daher nicht. Für diese Deutung des scotischen Satzes plädiert auch *Noonan*.[1201] Die Frage der Rückbindung des scotischen Satzes auf den „*titulus incertitudinis*", welche *Wolter* vorschlägt[1202], stellt sich bei einem solchen Verständnis nicht mehr.

(b) Die Unterscheidung zwischen der *intentio lucri principalis* und der *intentio lucri secundaria* in der Glosse von *Bernhard von Parma* zu X 5.19.10 und die *intentiones lucri* im theologischen-kanonistischen Diskurs des ausgehenden 13. Jahrhunderts

Diese Unterteilung der Intensionsgrade in eine *intentio lucri principalis* und eine *intentio lucri secundaria* findet man ausdrücklich in der Glosse des *Bernhard von Parma* zu X 5.19.10 *(Consuluit nos)*.[1203] In Bezug auf den von *Urban III.* unter Zitation von Lk 6,35 verwendeten Ausdruck „*sperantes*" – die auf einen Gewinn Hoffenden –, erläutert *Bernhard* in seiner Glosse:

„supple I causa mutui, in spe lucri principaliter posita. Secundario tamen aliquid sperare non puto malu[m], [...]."	Ergänze: aus dem Grund des Darlehens, liegt in der primären Hoffnung auf einen Gewinn. Aber [nur] sekundär auf etwas zu hoffen, erachte ich nicht als schlecht, [...].

Entscheidend für die Beurteilung der Intention des Darlehensgebers ist demnach, ob er sein Darlehen verbunden mit der primären (hauptsächlichen) Hoffnung auf einen Gewinn gewährt oder ob seinerseits dieser mögliche Gewinn nur sekundär erhofft wird und damit nicht das Hauptmotiv der Darleihe bildet. Liegt eine *intentio lucri principalis* vor, so ist

1201 *Noonan*, Scholastic Analysis of Usury (wie Fn. 252), S. 105, Fn. 28. Im Allgemeinen zu diesem Zinstitel: *McLaughlin*, The Teaching of the Canonists on Usury 1 (wie Fn. 1088), S. 106–108, v. a. 143, welcher diesen Fall der Schenkung als „*Gratis dans*" bezeichnet.

1202 *Wolter*, Endnotes, in: Duns Scotus' Political and Economic Philosophy (wie Fn. 86), S. 89 Note 16.

1203 *Bernhard von Parma*, Glossa ordinaria, Romae 1582, ad X 5.19.10, ad verbum „*b: Sperantes*", Sp. 1739; *McLaughlin*, The Teaching of the Canonists on Usury 1 (wie Fn. 1088), S. 106, Fn. 209.

das Erhaltene zu restituieren. Liegt jedoch nur eine Form der *intentio lucri secundaria* vor, so ist diese nicht schädlich. Sie stellt keinen Fall der *usura mentalis* dar. Folglich besteht in diesem Fall auch keine Restitutionspflicht.

Diese Differenzierung der Intentionsgrade findet sich bei zahlreichen Theologen und Kanonisten des ausgehenden 13. Jahrhunderts und dürfte (wohl) auch *Duns Scotus* bekannt gewesen sein, allegiert er doch gerade die grundlegende Dekretale *Urban III.* an anderer Stelle seiner Kommentierung.[1204] Für diese Annahme spricht auch, dass der von *Duns Scotus* an mehreren Stellen seines Sentenzenkommentars zitierte Ordensbruder *Richardus de Mediavilla* im Rahmen seiner Ausführung zu den Zinstiteln ohne *pactum* im Hinblick auf die aus Dankbarkeit geleistete Schenkung auf eben diese Differenzierung zwischen einer schädlichen *intentio principalis* und einer unschädlichen *intentio secundaria* in der Glosse zu X 5.19.10 verweist. Im Vergleich zu *Duns Scotus'* Ausführungen findet man bei *Richardus* weitere Unterteilungen der Zinstitel und vor allem auch den Grundsatz, dass eine *intentio lucri secundaria* nicht zu einer Restitution des Überschusses führt.[1205] Auffällig ist, dass sich der Aufbau der Zinstitel und die klare Unterscheidung zwischen der Annahme eines Überschusses *ex pacto* und *non ex pacto* bei *Duns Scotus* und *Richardus* sehr ähneln.

Bei *Raimundus de Pennaforte* liest man, dass eine sekundäre Hoffnung des Darlehensgebers auf einen Gewinn/ein Geschenk nicht bewirkt, dass der Darlehensgeber den erlangten Überschuss restituieren muss; vorausgesetzt der Darlehensgeber gewährte hauptsächlich wegen Gott und aus Nächstenliebe seinem Nächsten ein Darlehen. Die natürliche innere Verpflichtung des Darlehensnehmers, welche ihn überhaupt zur Schenkung veranlasst, kann nicht Gegenstand eines *pactum* sein.[1206]

1204 *Duns Scotus*, Ord. IV (editio vaticana XIII), dist. 15, q. 2, n. 145, lin. 901, S. 94. Vgl. die vielen Nachweise bei: *McLaughlin*, The Teaching of the Canonists on Usury 1 (wie Fn. 1088), S. 106–107, 143, und bei: *Noonan*, Scholastic Analysis of Usury (wie Fn. 252), S. 105.

1205 *Richardus de Mediavilla*, Sent., lib. IV, dist. 15, art. 5, q. 5, S. 222b–223a, *„Respondeo": „Quarto modo aliquid accipere ultra sortem potest fieri, aut sine pacto, & insinuatione inte[n]tionis plus habendi, aut cum pacto. Primo modo non tenetur restituere accipiens aliquid ultra sortem, quamvis peccet si corruptam habuit intentionem plus habendi; corrupta aute[m] fuit intentio si mutuavit principaliter in spe lucri: non autem si secundario, extra de usuris. Consuluit. in Gloss."*

1206 *Raimundus de Pennaforte*, Summa de paenitentia (ed. Ochoa/Diez), lib. II, tit. 7, n. 4, Sp. 542: „*[...] nonne si creditori mutuat alicui gratis pecuniam, debitor tenetur ei ad antidora?; quare ergo hanc naturalem obligationem non potest creditor deducere in pactum expressum, vel saltem sperare effectum ipsius obligationis naturalis, cum etiam talia pacta interveniant in spiritualibus, ad quae alias quis tenetur? Ad*

Unter dem Gesichtspunkt der Zahlung eines Überschusses ohne *pactum* behandelt auch *Hostiensis* in seiner *Summa aurea* die freiwillige/unentgeltliche Zahlung eines Überschusses seitens des Darlehensnehmers. Und auch in diesem Zusammenhang trifft man auf die *intentio principalis*.[1207]

In seiner *Secunda secundae* wirft *Thomas von Aquin* explizit die Frage auf, ob man für ein Darlehen irgendeine Gefälligkeit erbitten kann. Der Ausgleich der empfangenen Wohltat kann auf zwei Weisen geschehen, nämlich auf Grundlage einer rechtlichen Verpflichtung – auf Grundlage eines Vertrages – und ohne einen solchen Vertrag – aus freundschaftlicher Verbundenheit. Diese letzte Art liegt nicht auf der Ebene bürgerlicher Verpflichtung, denn diese übt einen gewissen Zwang aus, so dass sich eine spontane Bezeugung der Dankbarkeit nicht mehr entfalten kann.[1208]

Zieht man nun die Ausführungen des *Wilhelm de Auxerre* heran, so wird der vermeintliche Widerspruch zu Lk 6,35 aufgelöst, denn maßgeblich ist – wie auch in der *Glossa ordinaria* –, ob die „Hoffenden“ *(sperantes)* auf eine Zuwendung aus Nächstenliebe oder aus reiner Dankbarkeit oder aber als Gegenleistung für das Darlehen hoffen.[1209]

---

hoc dico, salvo melior iudicio, cum Alano et Tancredo quod creditor nullo modo debet pactum apponere nec principaliter spem vel intentionem in tali retributione apponere, sed propter Deum et ex caritate principaliter debet mutuare proximo indigenti; et tunc si forte secundario speret quod ille debitor sibi remutuet, vel aliquod simile si opus fuerit, forte non est reprobandum.“; zu *Raimundus* auch: *McLaughlin*, The Teaching of the Canonists on Usury 1 (wie Fn. 1088), S. 107, v. a. Fn. 218, vgl. auch S. 143; und: *Noonan*, Scholastic Analysis of Usury (wie Fn. 252), S. 105, Fn. 28.

1207 *Hostiensis*, Summa aurea, Coloniae 1612, lib. V, tit. 19: *De usuris*, n. 8 (*„An aliquo casu“*), Sp. 1440: *„Tertio, quando sine omni pacto datur gratis oblatum, caveas tamen de intentio prava, quia si illam haberes, principaliter in foro poenitentiali, inducendus es[t], ut illud, quod ultra sortem accepisti, reddas, ut „infra eod. Consuluit. [...].“*; zu *Hostiensis* auch: *McLaughlin*, The Teaching of the Canonists on Usury 1 (wie Fn. 1088), S. 106–107, 143; *Noonan*, Scholastic Analysis of Usury (wie Fn. 252), S. 105, Fn. 28.

1208 Auch *Thomas von Aquin* behandelt diesen Fall: Sth II-II, q. 78, art. 2, S. 369, *„Ad secundum“*. Die knappe Wiedergabe der von *Thomas* getätigten Aussage im Fließtext ist im Wortlaut angelehnt und orientiert sich an: Recht und Gerechtigkeit: Theologische Summe II-II, Fragen 57–79, neue Übersetzung v. Josef F. Groner, Anmerkungen, sowie vollständig überarbeiteter und ergänzter Kommentar v. Arthur F. Utz, Nachfolgefassung Bd. 28 der Deutschen Thomasausgabe, Bonn 1987, S. 217.

1209 *Wilhelm de Auxerre*, Summa aurea, lib. III (ed. Ribaillier), tract. XLVIII, cap. III, q. III, fol. 242vb, S. 934: *„Et quot obicit de hoc precepto: Mutuum date, nichil inde sperantes, sic exponitur: Nichil, id est nullam superhabundantiam; vel: Nichil inde, id est ex mutuo ratione mutui, sed aliquid inde possumus sperare,*

Dieser kurzen Darstellung der Aussagen einiger bekannter Theologen und Kanonisten lässt sich entnehmen, dass:

1. eine Zweiteilung der Zinstitel in solche auf Grundlage eines *pactum* und solche ohne *pactum* nicht unüblich war,
2. sowohl im theologischen als auch kanonistischen Diskurs eine Zweiteilung der Gewinnhoffnung/-intention des Darlehensgebers in eine *intentio principalis* und *secundaria* im Zusammenhang mit dem Zinstitel ohne *pactum* begegnet und
3. die Schenkung des Darlehensnehmers an den Darlehensgeber der klassische Fall eines solchen Zinstitels ohne *pactum* darstellt.

(c) Die Schenkung des Darlehensnehmers an den Darlehensgeber als anerkannter Zinstitel ohne jegliches *pactum* auch bei *Duns Scotus*

Die ganz überwiegende Erörterung der seitens des Darlehensgebers mit einer *intentio lucri secundaria* angenommenen Schenkung als Zinstitel ohne *pactum* spricht dafür, dass es vermutlich auch *Duns Scotus* um eben diese Fallkonstellation im Zusammenhang mit dem Zinstitel ohne *pactum* ging.[1210]

---

scilicet, ex caritate, que gratia mutui attenditur, quia dicitur: Date et dabitur vobis; vel potest sic exponi: Nichil inde sperantes, id est nullam superhabundanciam, quia hoc esset mortale, vel: Nichil, id est nec etiam mutuum, quia tunc datio illa esset inutilis ad vitam eternam.“ Auch *Noonan*, Scholastic Analysis of Usury (wie Fn. 252), S. 105, Fn. 28, macht auf *Wilhelm von Auxerre* in diesem Zusammenhang aufmerksam.

1210 So: *Noonan*, Scholastic Analysis of Usury (wie Fn. 252), S. 105, unter Nennung von *Duns Scotus* in Fn. 28.

Wenn *Duns Scotus* daher formuliert:

„Sine omni pacto etiam licet, quia solus animus sine omni pacto verbali vel alio signo aequivalente ostendente debitori quod mutuans non mutuaret sine spe lucri, non facit istum accipientem – ultra sortem – sine pacto habere alienum, et ideo nec teneri ad restitutionem.“[1211]	Auch ohne jede Vereinbarung ist es [= die Annahme *„ultra sortem“*] erlaubt, weil allein die Absicht ohne jede mündliche Vereinbarung oder ohne ein anderes ähnliches Zeichen, welches dem Schuldner zeigt, dass der Tauschende nicht ohne die Hoffnung auf Gewinn tauscht, nicht bewirkt, dass derjenige, welcher ohne eine Vereinbarung etwas über das Kapital hinaus annimmt, eine Sache besitzt, die ihm nicht gehört, und dass er deswegen auch nicht zur Restitution verpflichtet ist.

Dann bringt auch *Duns Scotus* nach Ansicht der Verfasserin damit zum Ausdruck, dass eine wahrscheinlich aus Dankbarkeit für die Darleihe erbrachte Schenkung des Darlehensnehmers an den Darlehensgeber dem Darlehensnehmer nicht zurückzuerstatten ist. Dass der Darlehensgeber dabei eine sekundär ausgeprägte Hoffnung/Intention auf diese Schenkung besitzt, diese aber eben nicht das Hauptmotiv der Darleihe bildet, ändert an der Rechtmäßigkeit der Güterzuordnung nichts. Diese Gewinnintention hat sich als eine nur sekundäre Hoffnung auch nicht in einem *pactum* manifestiert; dies wird bei einer aus Dankbarkeit und damit aus einer aus einer rein inneren „Verpflichtung“ erbrachten Zuwendung – wie zuvor bereits *Raimundus de Pennaforte* klargestellt hat[1212] – auch nicht möglich sein.

(3) Ergebnis zu bb)

Die Analyse der Zinstitellehre des *Duns Scotus* erweist sich insbesondere aufgrund der Kürze seiner Ausführungen und fehlenden weiteren Erläute-

1211 *Duns Scotus*, Ord. IV (editio vaticana XIII), dist. 15, q. 2, n. 140, lin. 867–871, S. 93.

1212 *Raimundus de Pennaforte*, Summa de paenitentia (ed. Ochoa/Diez), lib. II, tit. VII, n. 4, Sp. 542.

rungen als besonders anspruchsvoll und komplex. Eine detaillierte und ausführliche Würdigung der scotischen Lehre vom Zinsverbot und den Zinstiteln liegt derzeit nicht vor, allerdings begegnen in der Sekundärliteratur vereinzelt Interpretationsansätze von einzelnen im Zusammenhang mit dem Zinsverbot getätigten Aussagen des *Duns Scotus*, welche in dieser Arbeit einer kritischen Würdigung unterzogen wurden.

Prägend für die scotische Zinstitellehre ist die Unterscheidung zwischen den Zinstiteln auf Grundlage eines *pactum* und solchen ohne *pactum*. Unter erstere fasst *Duns Scotus* die Vertragsstrafe, das *interesse* und den Titel der Unsicherheit. Der Ersatz eines Schadens *(interesse)* stellt unabhängig vom Vorliegen klagbarer Vereinbarungen eine der Gerechtigkeit *(de iustitia)* entspringende *in foro conscientiae* bestehende Verpflichtung dar. Dies hebt *Duns Scotus* deutlich hervor. In Bezug auf den Zinstitel der Unsicherheit kann in dieser Arbeit keine abschließende Aussage darüber getroffen werden, welchen Fall *Duns Scotus* konkret vor Augen hatte. Zuletzt nennt *Duns Scotus* einen Zinstitel ohne jegliche Vereinbarung. Wie soeben ausführlich dargestellt, wird in dieser Arbeit angenommen, dass *Duns Scotus* aufbauend auf der theologisch-kanonistischen Lehre von einer *intentio lucri principalis* und einer *intentio lucri secundaria* seiner Leserschaft den bekannten Fall der aus Dankbarkeit erbrachten Schenkung des Darlehensnehmers an den Darlehensgeber präsentiert.

c) Die Ungerechtigkeiten beim Darlehensvertrag

Wie bei auch bei den anderen Vertragsarten behandelt *Duns Scotus* im dritten Artikel der zweiten Quästion Fälle der Ungerechtigkeit. Die Ausführungen des *Duns Scotus* im dritten Artikel sind verglichen zu den Ausführungen im zweiten Artikel auch beim Darlehensvertrag knapp, denn es handelt sich bei den Ungerechtigkeiten letztlich um Verletzungen seiner im zweiten Artikel ausführlich präsentierten Vertragsregeln und daher überwiegend um Klarstellungen oder Wiederholungen. Beim Darlehensvertrag stellt nun die Zinsannahme eine Ungerechtigkeit dar, welche zur Restitution des Erlangten verpflichtet. Unter Nennung von Lk 6,35 (*date mutuum, nihil inde sperantes)* und Ez 18,5–9, v. a. 18,8 sowie X 5.19.10 hebt *Duns Scotus* die Verwerflichkeit des Zinsnehmens in besonderer Weise hervor. Die in diesem Zusammenhang von *Duns Scotus* getätigten Ausführungen wurden in dieser Arbeit bereits in der Einleitung gewürdigt; auf diese Ausführungen wird hier verwiesen.[1213]

d) Ergebnis zu 2.

Duns Scotus nennt seinerzeit bekannte und häufig erwähnte Argumente gegen das Zinsnehmen. Mit der Entkräftung des „Verbrauchsarguments" und dem klaren Bezug auf die Bulle *Nikolaus III.* setzt er eigene Akzente innerhalb seiner Begründung des Zinsverbotes. *Duns Scotus* Ausführungen lesen sich insgesamt, vor allem mit Blick auf die Zinstitel, wie klar und präzise formulierte Ergebnisse. Seinen Ausführungen und einzelnen Argumenten legt er an mehreren Stellen rechtliche Konstruktionen zu Grunde, welche die Kenntnis dieser Rechtsfälle in ihren Grundzügen voraussetzt. *Duns Scotus* nennt bekannte Zinstitel (*poena conventionalis*, *interesse* im Falle des Schuldnerverzuges). Insbesondere innerhalb seiner Zinstitellehre zeigt sich *Duns Scotus* als Experte des kanonischen Rechts und zeitgenössischer theologisch-kanonistischer Lehren.

Speziell in Bezug auf die im Rahmen des Darlehensvertrags untersuchten Restitutionsfälle lassen sich folgenden Ergebnisse festhalten:

1. Die Restitutionspflicht hängt entscheidend von der Qualifikation des Vertragsgegenstandes als fruchtbare beziehungsweise unfruchtbare Sache ab.
2. Die Früchte einer verpfändeten Sache, welche fruchtbar ist, sind mit dem dargeliehenen Kapital zu verrechnen, da sie nicht der *industria* des Darlehensgebers entspringen.
3. Es besteht keine Restitutionspflicht hinsichtlich des aus Zinsgeldern erwirtschafteten Gewinns. Stets muss aber das Zinsgeld restituiert werden.
4. Ein Überschuss auf Grundlage eines Zinstitels ist nicht zu restituieren. Zu den Zinstiteln, denen grundsätzlich ein *pactum* zu Grunde liegt, zählen: die rechtmäßig vereinbarte Vertragsstrafe, der Ersatz des *interesse* bei Eintritt des Schuldnerverzuges sowie der Fall eines besonderen Vertragsrisikos. Auch ohne jegliche Vereinbarung kann der Darlehensgeber allerdings eine aus reiner Dankbarkeit geleistete Schenkung annehmen, sofern seinerseits der Darleihe keine primäre Hoffnung auf eine Gegenleistung und mithin auf Gewinn zu Grunde liegt. Eine Restitutionspflicht besteht in all diesen Fällen nicht.

1213 Vgl. die Ausführungen in: § 5.C.II.2.b)aa).

3. Der Leih- und Mietvertrag (*mutua/permutata accommodatio, locatio et conductio*)

Den Leih- und Mietvertrag behandelt *Duns Scotus* als Annex zu den Verträgen, bei welchen das Eigentum übertragen wird.[1214] In Abgrenzung zur *liberalis accommodatio* liegt die *mutua/permutata accommodatio* vor, wenn die Parteien sich gegenseitig/wechselseitig zeitweise das Nutzungsrecht an einer Sache übertragen. Es handelt sich um einen synallagmatischen Vertrag. *Duns Scotus* führt weiter aus, dass der Leihvertrag und der Mietvertrag den Voraussetzungen des gerechten Tauschvertrages folgen – mit dem Unterschied, dass eben das Nutzungsrecht und nicht das Eigentumsrecht übertragen wird. Zwingend erforderlich sind mithin die Täuschungsfreiheit, die Wahrung der Wertgleichheit und das Verbot der Ausbeutung einer Notlage.[1215]

Nach der ausführlichen Darstellung der Voraussetzungen des Darlehensvertrages (*mutuo datio*) stellt *Duns Scotus* in Bezug auf das Geld als Vertragsgegenstand ausdrücklich klar:

1214 *Duns Scotus*, Ord. IV (editio vaticana XIII), dist. 15, q. 2, n. 133, lin. 814–815, S. 90: *„Cum istis contractibus, ut dictum est, conveniunt mutua accomodatio, conductio et locatio." – Diesen Verträgen, wie gesagt, entsprechen die (gegenseitige) Leihe und Miete.* Inwiefern *Duns Scotus* unter der *conductio et locatio* auch den Pachtvertrag verstand und durch die Verwendung dieser Terminologie nicht nur auf die beidseitigen Pflichten und Rechte der Parteien eines Mietvertrages hinweisen wollte, lässt sich zwar nicht mit absoluter Sicherheit sagen; allerdings bildet *Duns Scotus* lediglich den sogleich näher behandelten Beispielsfall zur „Vermietung" des Geldes, welcher vermuten lässt, dass es *Duns Scotus* konkret um den Mietvertrag ging. Dafür spricht auch die Verwendung der Begrifflichkeiten *ius* und *ius utendi* (Gebrauch und Nutzungsrecht) im Zusammenhang mit der *conductio et locatio*, welcher im Falle der Eigentumsübertragung laut *Duns Scotus* die *emptio et venditio* entspricht. In dieser Arbeit wird daher vom Mietvertrag gesprochen. Darüber hinaus sei im Hinblick auf die Systematik dieser Verträge noch darauf hingewiesen, dass *Duns Scotus* innerhalb seiner Kommentierung nach dem Tausch- und Kaufvertrag und mehrheitlich noch vor dem Darlehensvertrag auf diese Vertragsarten kurz zu sprechen kommt. In dieser Arbeit folgen sie nach der Darstellung des Darlehensvertrages, den letzten Fall einer *commutatio statim facta* und *commutatio oeconomica*, bei welcher das Eigentum und eben nicht (nur) der Gebrauch übertragen wird.

1215 *Duns Scotus*, Ord. IV (editio vaticana XIII), dist. 15, q. 2, n. 133, lin. 815–817, S. 90: *„Et consimiliter quantum ad positas iam condiciones, est servanda iustitia, considerando ibi ad usum sicut hic ad dominium." – Die Gerechtigkeit ist zu bewahren, indem die bereits dargestellten Bedingungen dort im Hinblick auf den Gebrauch wie hier zum Eigentum beachtet werden.*

„Intelligendum est etiam quod pecunia habet aliquem usum utilem ex propria natura, utpote ad videndum vel ornandum vel ostentandum possibilitatem tamquam divitem, – et ad istum finem potest locari sicut equus vel aliud locabile; et pro isto usu, retento dominio, potest pecunia recipi."[1216]	Es muss auch verstanden werden, dass das Geld einen nützlichen Gebrauch aus der eigenen Natur heraus hat, zum Beispiel zum Sehen oder Prahlen oder um die Macht als reicher Mann zu zeigen, und zu diesem Zweck kann es wie ein Pferd oder irgendetwas Vermietbares vermietet werden. Und zu diesem Nutzen kann das Geld angenommen werden, während das Eigentum zurückbleibt.

Es handelt sich bei diesem von *Duns Scotus* dargestellten Fall um ein Beispiel, welches auch bei anderen Theologen und Kanonisten entweder als eine weitere Ausnahme vom Zinsverbot beim Darlehensvertrag (Zinstitel) oder explizit ausgenommen von diesem und so wie bei *Duns Scotus* im Rahmen des entgeltlichen Mietvertrages zu finden ist.[1217] *Duns Scotus* behandelt diesen Fall ausdrücklich nach der Darstellung der Voraussetzungen des Darlehensvertrages und als ein Beispiel für den entgeltlichen Mietvertrag, geht es schließlich nicht mehr um die Übertragung des Eigentumsrechts, sondern des Nutzungsrechts an der Sache. *Duns Scotus* spricht an dieser Stelle von *pecunia* und nicht von *numismata*. Anders als zum Beispiel *Thomas von Aquin* und *Richardus de Mediavilla* lehnt *Duns Scotus* das Argument des mit dem Gebrauch einhergehenden Verbrauches des Geldes in seiner Funktion als abstraktes Tauschmittel als ein Argument

1216 *Duns Scotus*, Ord. IV (editio vaticana XIII), dist. 15, q. 2, n. 141, lin. 872–876, S. 93.

1217 *McLaughlin*, The Teaching of the Canonists on Usury 1 (wie Fn. 1088), S. 143–144 mit Verweis auf *Hostiensis, Huguccio* und *Laurentius*; zum Vergleich von Darlehen und Miete im kanonischen Recht und der Kanonistik: *Kriechbaum*, Die Stellungnahmen der mittelalterlichen Legistik zum kanonistischen Zinsverbot (wie Fn. 42), v. a. S. 36–40 m. w N. zu *Hostiensis, Goffredus de Trano* und *Bernardus Parmensis de Botone*. Dass Gegenstand einer Leihe nicht sein kann, was beim Gebrauch verbraucht wird, liest man in: D. 13.6.3.6: *„Non potest commodari id, quod usu consumitur, nisi forte ad pompam vel ostentationem quis accipiat."* Die von *Duns Scotus* erwähnte Möglichkeit des Geldes als Vertragsgegenstand eines Mietvertrages wird (u. a.) knapp erwähnt von: *Seeberg*, Die Theologie des Duns Scotus (wie Fn. 120), S. 555; *Langholm*, Economics in the Medieval Schools (wie Fn. 248), S. 414; *Schreiber*, Die volkswirtschaftlichen Anschauungen (wie Fn. 248), S. 156 Fn. 1.

für das Zinsverbot beim Darlehensvertrag ab – dies wurde bereits zuvor dargestellt.[1218] Und ebenso wurde im vorherigen Abschnitt dargestellt, dass *Duns Scotus* das Argument des mit dem Gebrauch einhergehenden Verbrauches bei den verbrauchbaren Gütern als franziskanischer Minorit nicht vertreten kann, würde es doch im Widerspruch zum Grundverständnis des franziskanischen Armutsideals stehen. Dass das Eigentum bei jeglichen Gebrauchsgütern und so auch beim Geld in seiner Funktion als Tauschmittel, aber auch in der hier von *Duns Scotus* angesprochenen Funktion als Mittel zum Prahlen und Schmücken stets vom Gebrauch getrennt werden kann, hat *Duns Scotus* letztlich bereits im Rahmen seiner Ausführungen zum Darlehensvertrag klargestellt. Im Zusammenhang mit dem Leih- und Mietvertrag geht es *Duns Scotus* nun nicht mehr um das Geld in seiner Funktion als Tauschmittel und Wertmesser, sondern um die davon zu trennende Funktion als Mittel zum Prahlen und zur Machtdemonstration.

4. Die speziellen Regeln der *commutationes pro futuro*

Besondere Aufmerksamkeit widmet *Duns Scotus* der Bestimmung des gerechten Preises *(iustum pretium)* bei den *commutationes pro futuro*, also solchen Verträgen, bei denen die Leistung und Gegenleistung zeitlich auseinanderfallen, weil typischerweise die Gegenleistung zu einem späteren Zeitpunkt erbracht wird.[1219] Es handelt sich um Verträge mit Stundungsabrede. Diese behandelt *Duns Scotus* im Anschluss an die in den vorherigen Abschnitten (1.–3.) dargestellten Vertragsarten – *den commutationes statim factae*, den sofort vollzogenen Verträgen. Obgleich *Duns Scotus* seine in Bezug auf die *commutationes pro futuro* aufgestellten Lehrsätze auf keine spezifische Vertragsart beschränkt, so zeigen seine detaillierten Ausführungen, dass es ihm entscheidend um die Frage der Preisbestimmung bei Kaufverträgen geht, bei welchen eine Leistungspflicht, nämlich die Zahlungspflicht, gestundet wird und die Ware typischerweise (saisonbedingten) Wert-/Preisschwankungen ausgesetzt ist. Die weiteren Ausführungen zeigen, dass *Duns Scotus* unter dem Aspekt der *commutationes pro futuro*

1218 § 5.C.II.2.b)aa)(1).

1219 Zu den *commutationes pro futuro* bei *Duns Scotus*: *Langholm*, Economics in the Medieval Schools (wie Fn. 248), S. 415; *Schreiber*, Die volkswirtschaftlichen Anschauungen der Scholastik (wie Fn. 248), S. 159–160; *Seeberg*, Die Theologie des Duns Scotus (wie Fn. 120), S. 555–556.

letztlich die in dieser Arbeit bereits zuvor erwähnten *venditiones sub dubio/ad tempus* behandelt und in diesem Rahmen die in dieser Arbeit schon mehrfach genannten Dekretalen X 5.19.6, X 5.19.10, X 5.19.19 allegiert.[1220] *Duns Scotus* spricht ausschließlich von den (allgemeineren) *commutationes pro futuro*; die Terminologie der *venditiones sub dubio/ad tempus* verwendet er nicht. Mit Blick auf einen Verstoß gegen das Wucherverbot beziehungsweise eine Umgehung des Zinsverbotes stellt sich bei derartigen Verträgen ganz allgemein die Frage, ob die Festsetzung eines Preises, welcher den gerechten Preis zum Zeitpunkt des Vertragsschlusses übersteigt, aber dem vermeintlichen Wert/Preis der Sache zu einem zukünftigen Zeitpunkt in etwa entspricht (zum Beispiel bei einer Wertsteigerung des Vertragsobjektes), im Falle der Stundung der Zahlungs- oder Lieferungspflicht gerecht ist.

Zu den bekannten Vertragsregeln der *commutationes statim factae*[1221] fügt *Duns Scotus* zwei weitere hinzu, die es zur Vermeidung der Wuchersünde zu beachten gilt:

„Sed quando commutans non statim recipit illud pro quo commutat, sed differtur huiusmodi receptio, quaeritur quid iuris?	Aber wenn der Tauschende nicht sofort jenes, für welches er tauscht, erhält, sondern eine solche Annahme verzögert wird, wird gefragt, was rechtens ist?
Respondeo: praeter regulas praedictas, pertinentes ad iustum et iniustum in singulis contractibus pro praesenti, addo hic istas duas:	Ich antworte: Außer der genannten Regeln, welche sich auf das Gerechte und Ungerechte bei einzelnen Verträgen in der Gegenwart beziehen, füge ich diese zwei hinzu:

1220 Zu diesen Dekretalen in dieser Arbeit v. a.: § 5.C.II.2.b)bb)(1)(c)(aa) und § 5.C.II.4.a).

1221 Es handelt sich um sämtliche in den zuvor behandelten Abschnitten dargestellten Vertragsregeln der *commutationes statim factae*, also solche ohne ein zeitliches Auseinanderfallen von Leistung und Gegenleistung, vor allem diejenigen Regeln zum Tausch- und Kaufvertrag, vgl.: § 5.C.II.1.a) ff.

prima est quod 'commutans non commutet vel vendat tempus, quia tempus non est suum'; secunda, quod 'non ponat se in tuto de lucrando, et illum cum quo commutat de damno' (intelligo 'in tuto' semper vel ut in pluribus)."[1222]	Die erste lautet, dass der Tauschende nicht die Zeit tauscht oder verkauft, weil die Zeit nicht seine ist; die zweite lautet, dass er sich nicht einen möglichen Gewinn und jenem, mit dem er tauscht, einen Schaden sichert (ich verstehe „in Sicherheit" (Sicherung) als immer oder in den meisten [vielen] Fällen [gesichert]).

Bei den *commutationes pro futuro* sind zur Wahrung der Tauschgleichheit stets die folgenden zwei Regeln zu beachten:

1. Der Tauschende darf die Zeit nicht verkaufen.
2. Der Tauschende darf sich nicht schlechterdings einen Gewinn sichern.

Der Verstoß gegen eine dieser Regeln begründet eine Ungerechtigkeit und löst Restitutionspflichten aus.[1223]

Dass der Tauschende die „Zeit" nicht tauschen oder verkaufen darf, weil die „Zeit" ein nicht disponibles Gemeingut darstellt, ist ein Argument, welches bereits *Wilhelm von Auxerre* gegen die Annahme eines höheren – also eines den aktuellen gerechten Preis übersteigenden – Preises gegen die *venditiones sub dubio* ins Feld geführt haben soll.[1224] Laut *Wilhelm von Auxerre* verstoße ein solcher Tauschender gegen das Naturgesetz, weil er die „Zeit", welche allen Lebewesen gleichermaßen zukomme, verkaufe.[1225] Auch in der Folgezeit wurde dieses Argument vielfach im Zusammenhang

1222 *Duns Scotus*, Ord. IV (editio vaticana XIII), dist. 15, q. 2, n. 143, lin. 884–891, S. 93.

1223 Dies stellt *Duns Scotus*, Ord.IV (editio vaticana XIII), dist. 15, q. 2, n. 167, lin. 53–55, S. 100, knapp nochmals im dritten Artikel klar, indem er formuliert: *„Consimiliter patet de iniustitiis in commutationibus, ubi it dilatio recipiendi: est enim iniustitia vendendo tempus, vel se ponendo in certo de lucrando, vel simpliciter vel ut in pluribus." – Ähnlich ist es hinsichtlich der Ungerechtigkeiten beim Tausch bekannt, wo die Verzögerung beim Empfänger auftaucht. Es stellt nämlich Ungerechtigkeit dar, Zeit zu verkaufen oder auch den eigenen Gewinn entweder schlechterdings oder in den meisten [vielen] Fällen sicherzustellen.* Weil *Duns Scotus* im Rahmen des dritten Artikels nur diese knappe, klarstellende Aussage tätigt, wird in diesem Abschnitt auf die Darstellung der Ungerechtigkeiten bei den *commutationes pro futuro* in einem eigenen Abschnitt verzichtet.

1224 *Noonan*, Scholastic Analysis of Usury (wie Fn. 252), S. 43–44.

1225 *Noonan*, Scholastic Analysis of Usury (wie Fn. 252), S. 43.

mit den *venditiones sub dubio*, bei welchen die Leistung und Gegenleistung zeitlich auseinanderfallen, genannt.[1226]

Die zweite von *Duns Scotus* aufgestellte Regel dient der ausgewogenen Verteilung der Gewinn- und Verlustchancen. Sie soll verhindern, dass sich ein Vertragspartner kraft überlegener Kenntnis von der künftigen Wert-/ Preisentwicklung durch die vorherige Festlegung eines bestimmten Preises einen Gewinn und dem anderen Vertragsteil einen Verlust sichert.

Zur Veranschaulichung dieser zwei Regeln bildet *Duns Scotus* lehrbuchartig sehr ausdifferenzierte und komplexe Beispielsfälle, welche die Bestimmung des gerechten Preises betreffen. Aus diesen Beispielsfällen, um welche es sogleich im Detail gehen wird, wird das scotische Verständnis dieser zwei Regeln auch weiter erhellen. Ausgangspunkt der scotischen Ausführungen ist ein Grundfall, von welchem mehrere spezielle Fälle gebildet werden. Stets geht es darum, ob ein Verstoß gegen die erste und/oder zweite Regel und somit eine Verletzung der *iustitia commutativa* vorliegt. Ist dies der Fall, so besteht eine Pflicht zur Restitution der empfangenen Leistungen. Um die von *Duns Scotus* gebildeten Beispielsfälle soll es im Folgenden im Detail gehen.

„Ex istis regulis patent multi casus in speciali: verbi gratia, dicatur festum Nativitatis Domini *a*, et festum sancti Ioannis Babtistae *b*; iste commutans tradit alii rem suam in *a*.	Aus diesen Regeln werden viele Fälle im Speziellen deutlich: Beispielsweise würde man das Fest der Geburt des Herrn *a* nennen und das Fest des heiligen Johannes des Täufers *b* und annehmen, dass dieser Tauschende einem anderen seine Sache zum Zeitpunkt *a* übergibt.
Aut ergo tunc erat venditurus, aut non sed in *b*:	Entweder wollte er nun damals verkaufen oder nicht, sondern [erst] im Zeitpunkt *b*

1226 *Noonan*, Scholastic Analysis of Usury (wie Fn. 252), S. 44.

Si sic, vel determinat nunc pretium secundum quod tempus currit pro *a*, et tunc facit misericordiam, quia tunc supplet indigentiam proximi antequam teneatur illam supplere, quando scilicet exspectat solutionem huius usque *b*.

Wenn dies der Fall ist, bestimmt er [= der Verkäufer] entweder jetzt den Preis nach dem Wert der Sache zum Zeitpunkt *a* und übte dann Barmherzigkeit, weil er dann das Bedürfnis des Nächsten berücksichtigt, bevor er verpflichtet würde jenes zu berücksichtigen, wenn man nämlich seine Bezahlung bis *b* [hin] erwartet.

Aut determinat pretium maius quam sit iustum pro *a*, – et tunc est usurarius, quia vendit tempus contra primam regulam; quod probatur *Extra*, 'De usuris', «Consuluit»[1227].

Oder er bestimmt einen höheren Preis, als er zum Zeitpunkt *a* gerecht wäre, – und dann ist er ein Wucherer, weil er die Zeit entgegen der ersten Regel verkaufte: Das wird bewiesen in X 5.19.10.

Si autem modo non esset venditurus, sed alias, quando videretur quod secundum cursum temporis plus posset lucrari, – aut ergo nunc ponit certum pretium, aut non, sed dimittit certitudinem pretii pendentem ex aliquo futuro:

Falls er auf diese Weise aber nicht verkaufen wollte, sondern zu einem anderen Zeitpunkt, wenn möglicherweise mehr Gewinn gemacht werden könnte [wenn es so scheinen würde, dass nach Ablauf der Zeit mehr gewonnen werden könnte], – entweder legte er also jetzt einen bestimmten Preis fest oder nicht, sondern verzichtete auf die Gewissheit [Bestimmtheit] des Preises, welche von etwas Zukünftigem abhängig ist: [= verzichtet auf die von etwas Zukünftigem abhängige Gewissheit/Bestimmtheit des Preises]

Si primo modo, si ponit pretium secundum quod res nunc valet, non est dubium quin faciat misericordiam magnam.

Im ersten Fall, wenn er den Preis nach dem jetzigen Wert der Sache festlegt, existiert kein Zweifel, dass er große Barmherzigkeit übt.

1227 X 5.19.10 (CIC II, Sp. 814).

Si vero ponit pretium maius quam nunc valet, non tamen ita immoderatum pretium quin tempore solutionis verisimiliter quandoque plus quandoque minus valeat res vendita, ratione dubii excusatur, quia contra nullum regulam praedictam facit;	Wenn er tatsächlich einen höheren Preis festlegt, als die Sache jetzt wert ist, jedoch nicht einen so maßlosen Preis, dass er zu der Zeit der Bezahlung dem entspricht, was die verkaufte Sache wahrscheinlich mehr oder weniger wert sein würde, wird er mit dem Argument des Zweifels entschuldigt, weil er gegen keine vorgenannte Vorschrift verstößt.
quod probatur per illud cap. «Naviganti», § «Ratione»[1228]. – Et si obiciatur contra hoc per illud, ibidem, in «Tua»[1229], respondeo:	Das wird durch jenes Kapitel X 5.19.19.3 bewiesen. – Und wenn mit jenem Kapitel X 5.19.6 entgegnet wird, antworte ich:
ibi continetur monitio utilis, non praeceptum necessarium.	Dort ist eine nützliche Ermahnung, nicht aber ein notwendiges Gebot enthalten.
Si autem determinationem pretii ex valore futuro illius rei pendentem relinquat, aut ergo pro tempore determinato illius solutionis, vel alio in quo non consuevit regulariter res plus valere quam quando dat rem suam, – et tunc misericordiam facit, utpote:	Wenn er aber der Bestimmung des Preises in Abhängigkeit vom zukünftigen Wert jener Sache Raum gibt, also entweder ist der für die (Be-)Zahlung jenes festgesetzte Zeitpunkt oder ein anderer Zeitpunkt maßgeblich, in welchem die Sache gewöhnlich in der Regel mehr wert ist als zu dem Zeitpunkt, wenn er seine Sache [= dem Käufer] übergibt, – und dann übt er Barmherzigkeit, z. B.:

1228 X 5.19.19.3 (CIC II, Sp. 816).

1229 Die *editio vaticana* nimmt an, *Duns Scotus* beziehe sich auf X 5.19.9 (CIC II, Sp. 813–814); in dieser Arbeit wird davon ausgegangen, dass *Duns Scotus* sich auf X 5.19.6 (CIC II, Sp. 813) bezieht. Hierzu genauer: § 5.C.II.4.a)bb)(1)(b).

'concedo tibi illud pro tanto pretio pro quanto valebit in *b*, vel aliquo tempore citra *b*', cum tamen illa res consueverit communiter carior esse in *b* quam in aliquo tempore praecedente.

„Ich gewähre dir jenes für einen so hohen Preis, welchen es zum Zeitpunkt *b* wert sein wird oder zu irgendeinem Zeitpunkt vor *b*", obwohl jene Sache gewöhnlich (im Allgemeinen) teurer zum Zeitpunkt *b* als zu einem vorangehenden Zeitpunkt ist.

Si autem velit pretium determinari pro tempore indeterminato, hoc modo ut ponat se in tuto lucri ut in pluribus, et alium in damno utpote 'volo quod tantum solvas mihi pro isto, quantum valebit in quocumque tempore usque ad *b*' (quando carius vendetur), usura est, quia ponit se vel partem suam quoad lucrum ut in pluribus, et illum cum quo contrahit ad damnum ut in pluribus;

Wenn er aber verlangte, dass der Preis nach einem unbestimmten Zeitpunkt [Zeitspanne/Zeit] auf die Weise festgelegt wird, dass er sich einen Gewinn in den meisten [vielen] Fällen sichert und einem anderen den Schaden, zum Beispiel „Ich will, dass du mir so viel dafür zahlst, wie es zu welchem Zeitpunkt auch immer bis *b* wert sein wird" (wenn es teurer verkauft werden wird), ist es Wucher, weil er sich seinen Teil hinsichtlich des Gewinns in vielen [den meisten] Fällen sichert und jenem, mit welchem er kontrahiert, in vielen Fällen den Schaden.

et tunc habet pro se illud quod evenit ut in pluribus, et contra se illud quod evenit ut in paucioribus.

Und dann hat er das, was meistens [in vielen Fällen] eintritt, auf seiner Seite und gegen sich das, was selten eintritt.

Est etiam alia iniustitia ibi, quia aliquo die determinato oportet eum exponere rem suam venditioni, et non in tempore particulari vago, et in illo contingeret quod minus carus venderetur quam in die cariore inter *a* et *b*, et per consequens in tali pacto facit se certum de lucro ultra quam humana industria posset pertingere."[1230]

Es gibt noch eine andere Ungerechtigkeit in diesem Fall, weil er seine Sache zu irgendeinem festgelegten Tag für den Verkauf zur Verfügung stellen muss und nicht zu einem unbestimmten Zeitpunkt, und in jenem Fall würde es sich ereignen, dass sie weniger teuer verkauft würde als (teurer) an einem Tag zwischen *a* und *b*. Und folglich sichert er sich durch eine derartige Vereinbarung einen Gewinn, welcher über das hinausgeht, was der menschliche Fleiß erreichen könnte.

Ausgehend von einem Grundfall bildet *Duns Scotus* mehrere spezielle Fälle der Preisbestimmung, welche stets weitere Fallgestaltungen nach sich ziehen. Dieser sehr verschachtelte und komplexe Aufbau erschwert das Verständnis der Lektüre erheblich. Daher folgt eine Einteilung der Fälle.

a) Der Ausgangsfall der Preisbestimmung

Zunächst unterscheidet *Duns Scotus* zwei Zeitpunkte, welche für die Preisbestimmung entscheidend sind: Das Fest der Geburt des Herrn stellt den Zeitpunkt *a* dar, das Fest Johannes des Täufers den Zeitpunkt *b*. Zeitpunkt *a* fällt somit auf den 25. Dezember, Zeitpunkt *b* auf den 24. Juni. Weiter setzt *Duns Scotus* voraus, dass der Tauschende seine Sache dem anderen zum Zeitpunkt *a*, also dem Fest der Geburt des Herrn, übergibt. Aus der Verortung dieser Beispielsfälle unter dem Gliederungspunkt *commutationes pro futuro* ergibt sich, dass es *Duns Scotus* stets um die Bestimmung des gerechten Preises bei Verträgen geht, bei welchen die Zahlung nicht zum Zeitpunkt der Übergabe, sondern später erfolgt.

Duns Scotus nimmt sodann mit den Worten *„aut ergo tunc erat venditurus, aut non sed in b"* *(entweder wollte er damals verkaufen oder nicht, sondern zu b)* die erste Unterteilung seines Falles vor. *Wolter* geht davon aus, dass es

1230 *Duns Scotus*, Ord. IV (editio vaticana XIII), dist. 15, q. 2, n. 144–150, lin. 892–934, S. 94–95.

Duns Scotus um die Verkaufsabsichten des Käufers geht, welcher die Sache vom Verkäufer erhält und im Rahmen eines Weiterverkaufs entweder damals *(tunc)* oder später *(in b)* absetzen wollte.

> „These rules clarify many specific cases. For example let us call the Feast of Christ´s Nativity A and that of John the Baptist B and take the case of an exchange made at time A to one who intends to sell it either then, or at some time before B when he will pay for it. In this second case, the owner has two choices. […]".[1231]

Nach Ansicht der Verfasserin ergibt sich ein solcher Weiterverkauf nicht aus dem Wortlaut der scotischen Ausführungen. Es geht *Duns Scotus* vielmehr um die Verkaufsabsicht des Verkäufers als die des Käufers. Seinem Beispielsfall liegen nach Ansicht der Verfasserin daher auch nicht, wie *Wolter* annimmt, zwei Kaufverträge zu Grunde, sondern stets nur einer.[1232]

1231 *Wolter*, Duns Scotus´ Political and Economic Philosophy (wie Fn. 86), S. 53.

1232 So auch: *Schreiber*, Die volkswirtschaftlichen Anschauungen der Scholastik (wie Fn. 248), S. 159–160, welcher unter „VII. Verkauf auf Kredit" die zwei von *Duns Scotus* aufgestellten Regeln und knapp die scotischen Fälle behandelt. Der Wortlaut sei hier wiedergegeben, da es sich um die nach Ansicht der Verfasserin einzige ausführlichere Würdigung der von *Duns Scotus* feinsinnig vorgenommenen Fallbildung handelt: *„Zum Schluß sind noch einige Verträge zu behandeln, die das Gemeinsame haben, daß der Händler den Verkauf seiner Ware nicht für den gegenwärtigen Zeitpunkt, sondern für einen späteren Termin beabsichtigt, sei es, daß dieser von vornherein für ihn feststeht, sei es, daß er eine Marktlage abwarten will, wo er möglicherweise höheren Preis und Gewinn erzielt. […] a) Wenn der Verkäufer sofortigen Verkauf seiner Ware beabsichtigt, jedoch später Zahlung erhält, dann muß der Preis so bemessen sein, daß er im Hinblick auf die Preisverhältnisse im Augenblick der Ablieferung der Ware als gerecht bezeichnet werden kann. […] b) Wird die Zahlung für einen späteren Termin vereinbart, wo der Kaufmann auf einen hohen Preise hofft, so kann der Preis gleich festgesetzt werden oder der Zukunft überlassen bleiben.[…]"*; neben *Schreiber* stellen auch *Funk* und *Kaulla* im Hinblick auf die scotischen Ausführungen auf das Kriterium der Verkaufsabsicht des Verkäufers ab: *Franz Xaver Funk*, Über die ökonomischen Anschauungen der mittelalterlichen Theologen. Beiträge zur Geschichte der Nationalökonomie, in: Zeitschrift für die gesamte Staatswissenschaft 25/1 (1869), S. 125–175, 163: *„Ein eigentlicher Rechtsgrund aber zu einer weiteren Mehrforderung, ähnlich dem damnum emergens und lucrum cessans beim Darlehen, wird bereits von Duns Skotus in dem Fall erblickt, wenn der Verkäufer seine Waare zu veräussern an sich noch nicht gesonnen und in der Zukunft einen schöneren Erlös zu erhoffen im Stande ist."*; *Kaulla*, Die Lehre vom gerechten Preis in der Scholastik (wie Fn. 954), S. 597: *„Duns Scotus (1245–1308) ging in der Berücksichtigung des subjektiven Moments über den Standpunkt des Thomas von Aquino noch hinaus. Er gestattete nämlich eine Preiserhöhung mit Rücksicht auf eine erwartete künftige Wertsteigerung in dem Fall, dass der Verkäufer eigentlich*

Duns Scotus verwendet das Partizip Futur Aktiv von *vendere (= venditurus)* als ein Prädikatsnomen ohne übergeordneten Hauptsatz mit einer konjugierten Form von *esse (venditurus erat)*. Das Partizip Futur Aktiv von *vendere* bezieht sich auf *commutans* (der Tauschende) und nicht auf *alii* – den anderen, den Käufer. Auch die fehlende Verwendung eines klarstellenden Pronomens spricht dafür, dass es *Duns Scotus* um den Tauschenden geht, welcher die Sache zum Zeitpunkt *a* übergibt.

Berücksichtigt man des Weiteren die von *Duns Scotus* selbst allegierte Dekretale *Gregor IX.* X 5.19.19.3 *(Naviganti, Ratione)*, so zeigt sich, dass das Kriterium der Verkaufsabsicht des Verkäufers zum Zeitpunkt des Vertragsschlusses entscheidend für die Erlaubtheit der Preisbestimmung bei Verträgen mit Stundung der Gegenleistungspflicht und (erwarteter) Wertsteigerung des Kaufgegenstandes war.

Wie zuvor im Rahmen der Bestimmung des „*titulus incertitudinis*" herausgearbeitet, so behandelt *Gregor IX.* in X 5.19.19 *(Naviganti)* neben dem Seedarlehen *(foenus nauticum)* sowie dem Kaufvertrag mit Stundung der Lieferungspflicht auch die – hier relevante – Konstellation, in welcher die Zahlungspflicht gestundet wird *(Ratione)*.[1233] Der Text sei hier in verkürzter Form nochmals abgebildet:

---

die Absicht hatte, nicht schon jetzt, sondern erst später, nach Eintritt einer Wertsteigerung zu verkaufen."

1233 § 5.C.II.2.b)bb)(1)(c)(aa).

„[...] Ille quoque, qui dat X solidos, ut alio tempore totidem sibi grani, vini et olei mensurae reddantur: quae licet tunc plus valeant, utrum plus vel minus solutionis tempore fuerint valiturae, verisimiliter dubitatur: non debet ex hoc usurarius reputari.

„[...] Auch jener, der 10 Solidi ⟨= Goldmünzen⟩ gibt, damit ihm zu anderer Zeit ebensoviele Maße Korn, Wein und Öl zurückgegeben werden, bei denen man, auch wenn sie zu diesem Zeitpunkt mehr wert sind, mit einiger Wahrscheinlichkeit zweifelt, ob sie zum Zeitpunkt der Bezahlung mehr oder weniger wert sein werden, muß deswegen nicht für einen Zinsnehmer gehalten werden.

Ratione huius dubii etiam excusatur, qui pannos, granum, vinum, oleum vel alias merces vendit, ut amplius, quam tunc valeant, in certo termino recipiat pro eisdem, si tamen ea tempore contractus non fuerat venditurus.“

Aufgrund dieses Zweifels wird auch entschuldigt, wer Tücher, Korn, Wein, Öl und andere Waren verkauft, um an einem bestimmten Termin für dieselben ⟨Waren⟩ mehr zu empfangen, als sie zu diesem Zeitpunkt ⟨des Vertrages⟩ wert sind, jedoch ⟨nur⟩, wenn er nicht zum Zeitpunkt des Vertrages im Begriffe war, sie ⟨anderweitig⟩ zu verkaufen.“[1234]

Wie mehrfach erwähnt, behandeln die letzten beiden Fälle der Dekretale die sog. *venditiones sub dubio*.[1235] Bei diesen stellt sich die Frage, ob der Verkäufer die im Zeitraum zwischen Vertragsschluss und Zahlung eingetretene Wertsteigerung der Ware im Preis berücksichtigen darf. Es geht um die Beeinflussung des Preises durch die Unsicherheit über den künftigen Wert der Ware.[1236] Die Frage war vor allem deshalb von beson-

1234 Quellentext und Übersetzung aus: Kompendium der Glaubensbekenntnisse und kirchlichen Lehrentscheidungen (wie Fn. 1173), S. 345–346 Nr. 828.

1235 Siehe Anmerkungen von *Wolter*, Endnotes, in: Duns Scotus' Political and Economic Philosophy (wie Fn. 86), S. 88 Note 14; weiter: *Noonan*, Scholastic Analysis of Usury (wie Fn. 252), S. 90–95; *Lapidus*, Information and Risk in the Medieval Doctrine of Usury during the Thirteenth Century (wie Fn. 252), S. 33–34; *McLaughlin*, The Teaching of the Canonists on Usury 1 (wie Fn. 1088), S. 117–120.

1236 *Lapidus*, Information and Risk in the Medieval Doctrine of Usury during the Thirteenth Century (wie Fn. 252), S. 34.

derem Interesse, weil die Gefahr bestand, dass durch derartige Verträge das geltende Zinsverbot umgangen werden könnte.

Laut *Gregor IX.* wird bei einem Kaufvertrag mit Stundung der Zahlungspflicht der Verkäufer, welcher einen Preis bestimmt, der den gerechten Preis zum Zeitpunkt des Vertragsschlusses übersteigt und dem ungefähren Wert der Ware zu einem bestimmten zukünftigen Zeitpunkt entspricht, mit dem Argument des „Zweifels" entschuldigt, sofern der Verkäufer zum Zeitpunkt des Vertragsschlusses wahrscheinlich *(verisimiliter dubitatur)* über den künftigen Wert der Ware zweifelt. Wann im Einzelfall ein Zweifel über den künftigen Wert des Kaufgegenstandes vorlag, war Gegenstand vielfacher Kontroversen. Ganz allgemein schloss die (sichere) Kenntnis über den zukünftigen Wert einen Zweifel aus.[1237] Die Kenntnis hing wiederum von den bekannten und gewöhnlichen, teils regionalen oder auch saisonbedingten Preisentwicklungen für die Ware ab.[1238] Es ging es den Scholastikern dabei um die ausgeglichene Verteilung von Gewinn- und Verlustchancen bei Kaufverträgen mit Stundungsabrede.[1239] Nicht selten empfahlen sie den Gläubigen aufgrund der vielen Unklarheiten, zum Schutze ihres Seelenheils – wie *Alexander III.* in X 5.19.6 *(In civitate tua)* – von derartigen Verträgen abzulassen.[1240] Beim Ringen um geeignete

---

1237 *Berhard von Parma*, Glossa ordinaria, Romae 1582, ad X 5.19.19, ad verba *„b: Verisimiliter dubitatur"*, Sp. 1745: *„Ergo si certum esset, quod tempore solutionis plus valerent, usurarius est cesendus, eod.[em] in civitate [...] ita propter dubium excusatur: quia tam emptor quam venditor aequaliter commodum & incommodum ex dilatione expectat. [...] Item argu. est hic, q[uod] dubia in meliorem partem interpretari debent j.de.reg.iur.c.2.quia promptiores debemus esse ad absolvendum, [...]. Sed co[n]tra videtur, q[uod] potius in tali dubio abstinendum esset a talibus contractibus propter periculum [...]. Quandoque enim aliqui. fingunt se dubitare, ubi dubitatio non est: tamen relinquendi sunt in talibus conscientiae suae. Item argu. q. ratione dubii aliquid permittitur, quod alias non licet. [...]."*

1238 *Hostiensis*, Summa aurea, Coloniae 1612, lib. V, tit. 19: *De usuris*, n. 8, Sp. 1440: *„[...] dubitari enim potest, utrum minus vel plus valeat, quia de futuris & contingentibus, secundum Aristotelem, non est veritas determinata, porro non potest dubitari probabiliter, scilicet secundum cursum regionis, qui considerandus est, prout invenit mens verbi, probabiliter, [. . .]."*; *Raimundus de Pennaforte*, Summa de paenitentia (ed. Ochoa/Diez), lib. II, tit. VII, n. 3, Sp. 540: *„Item ratione dubii, ut si quis merces valentes hodie quinque, vel vendat ad certum terminum pro sex, vel si dubium est secundum communem cursum venditorum talium mercium utrum sint plus vel minus quam sex valiturae in termino statuto ad solutionem pretii faciendam, non est usura."* Hierzu m.w. N.: *McLaughlin*, The Teaching of the Canonists on Usury 1 (wie Fn. 1088), S. 118.

1239 Vgl. obiges Zitat, Fn. 1237, aus der *Glossa ordinaria*.

1240 *Hostiensis*, Summa aurea, Coloniae 1612, lib. V, tit. 19: *De usuris*, n. 8, Sp. 1440: *„Deus enim cor interrogat & non manum. [...]. Quid ergo, si de caetero hoc proponat*

Kriterien zur Ermittlung eines Zweifels setzte sich allmählich die Ansicht durch, nach welcher ein Preis, welcher den gerechten Preis zum Zeitpunkt des Vertragsschlusses deutlich überstieg, die Kenntnis der künftigen Preisentwicklung und das Fehlen eines Zweifels vermuten ließ.[1241] Mit dem Kriterium des Zweifels wiederholt *Gregor IX.* letztlich die Lehre, welche *Alexander III.* bereits in X 5.19.6 *(In civitate tua)* aufstellte.[1242] Allerdings tritt in X 5.19.19.3 *(Naviganti § Ratione)* bei Kaufverträgen mit Stundung der Gegenleistungspflicht nun ein weiteres Kriterium hinzu: Der Verkäufer darf zum Zeitpunkt des Vertragsschlusses nicht im Begriff gewesen sein, die Ware (anderweitig) zu verkaufen – in der Regel zu einem billigeren Preis.[1243] Damit ist die ursprüngliche Verkaufsabsicht des Verkäufers zum Zeitpunkt des Vertragsschlusses entscheidend für die Frage, ob der vereinbarte, den gerechten Preis zum Zeitpunkt des Vertragsschlusses übersteigende Preis gerecht ist.

Betrachtet man nun erneut die erste Unterteilung des Ausgangsfalles zur Preisbildung bei *Duns Scotus*, so zeigt sich, dass *Duns Scotus* sich mit der Einführung des Differenzierungskriteriums der Verkaufsabsicht des Verkäufers an der von *Gregor IX.* aufgestellten und als geltendes Recht anerkannten Regel zu orientieren scheint. Die weiteren Ausführungen werden zeigen, dass *Duns Scotus* an dieser Stelle seiner *Ordinatio IV* Fälle zur praktischen Anwendung der in den drei bekannten Dekretalen X 5.19.10 *(Consuluit nos)*, X 5.19.6 *(In civitate tua)* und X 5.19.19 *(Naviganti)* aufgestellten Lehren bildet.

---

usurarii, ut faciunt fraudem legi. Item quid, si dant 10 sol. tempore messium pro 10 sextis in paschate solvendis, nunquid probabiliter dubitari potest, quod minus valet bladum in paschate, quam in messibus, ideo melius & tutius facient, si a talibus contractibus detestant, ut infra eodem, in civitate."; *Raimundus de Pennaforte*, Summa de paenitentia (ed. Ochoa/Diez), lib. II, tit. VII, n. 3, Sp. 540: „*Satis tamen consulte agerent homines si a tali contractu cessarent cum cogitationes hominum omnipotenti Deo nequeant occultari.*" *Raimundus* wiederholt hier den letzten Satz aus X 5.19.6.

1241 *Raimundus de Pennfaorte*, Summa de paenitentia (ed. Ochoa/Diez), lib. II, tit. 7, n. 3, Sp. 540: „*Si tamen venderet ad terminum longe maiori pretio quam modo valeat, usura esset.*"; *McLaughlin*, The Teaching of the Canonists on Usury 1 (wie Fn. 1088), S. 118–119 m. w. N. auch zu *Raimundus* in Fn. 311.

1242 Siehe auch die Anmerkungen von *Wolter*, Endnotes, in: Duns Scotus' Political and Economic Philosophy (wie Fn. 86), S. 88–89 Note 15.

1243 Vgl. *Bernhard von Parma*, Glossa ordinaria, Romae 1582, ad X 5.19.19, ad verba „*c: Tempore non fuerat venditurus*", Sp. 1745: „*alias non excusatur: quia si tu[n]c fuerat venditurus pro minori, & ex certa scientia plus recipiat alio termino, usura est. & sic intellige s.eo in civitate. ut ibi etia[m] dixi.*"

Da das Verständnis dieser ersten von *Duns Scotus* vorgenommenen Differenzierung entscheidend das Verständnis der weiteren Fälle beeinflusst, bleibt kurz festzuhalten, dass in dieser Arbeit davon ausgegangen wird, dass *Duns Scotus* die erste Unterteilung seines Falles danach vornimmt, ob der Verkäufer seine Sache tatsächlich auch zum Zeitpunkt *a*[1244] oder spätestens bis zum Zeitpunkt *b* verkaufen wollte.

Der folgende Fall bildet daher den Ausgangspunkt der Preisberechnung:

Der Verkäufer und Käufer schließen einen Kaufvertrag zum Zeitpunkt *a*. Die Übergabe des Vertragsgegenstandes erfolgt zum Zeitpunkt *a*. Die Gegenleistungspflicht ist gestundet (spätestens bis zum Zeitpunkt *b*). Unterschieden wird nun nach der ursprünglichen Verkaufsabsicht des Verkäufers: Dieser wollte entweder damals – zum Zeitpunkt *a* – auch tatsächlich verkaufen oder zu einem späteren Zeitpunkt bis spätestens *b*.

Ausgehend von dieser Zweiteilung werden nun verschiedene Fallgestaltungen näher aufgeführt. Da die Prüfung der Fälle komplex und ineinander verschachtelt verläuft, wird eine schematische Abbildung der von *Duns Scotus* behandelten Fälle vorausgeschickt. Im Anschluss wird jeder Fall einzeln dargestellt.

1244 Dem Variationenapparat der kritischen Ausgabe lässt sich an dieser Stelle, S. 94, ad lin. 896, entnehmen, dass der *Codex Z* in Bezug auf die Unterteilung („*Si sic, vel determinat nunc pretium secundum quod tempus currit pro a, [...].*") – nämlich bezüglich des Wortes *sic* – folgenden Zusatz enthält: *tunc in a*. Dies könnte darauf hindeuten, dass der erste Fall, nämlich der Weiterverkauf zum Zeitpunkt *a*, gemeint ist. Allerdings wurde dieser Zusatz vom Schreiber des *Codex Z* selbst eingefügt. Der *liber Duns Scoti* enthielt diesen Zusatz nicht. Daher kann die Berücksichtigung dieser Variation lediglich als Verständnishilfe dienen.

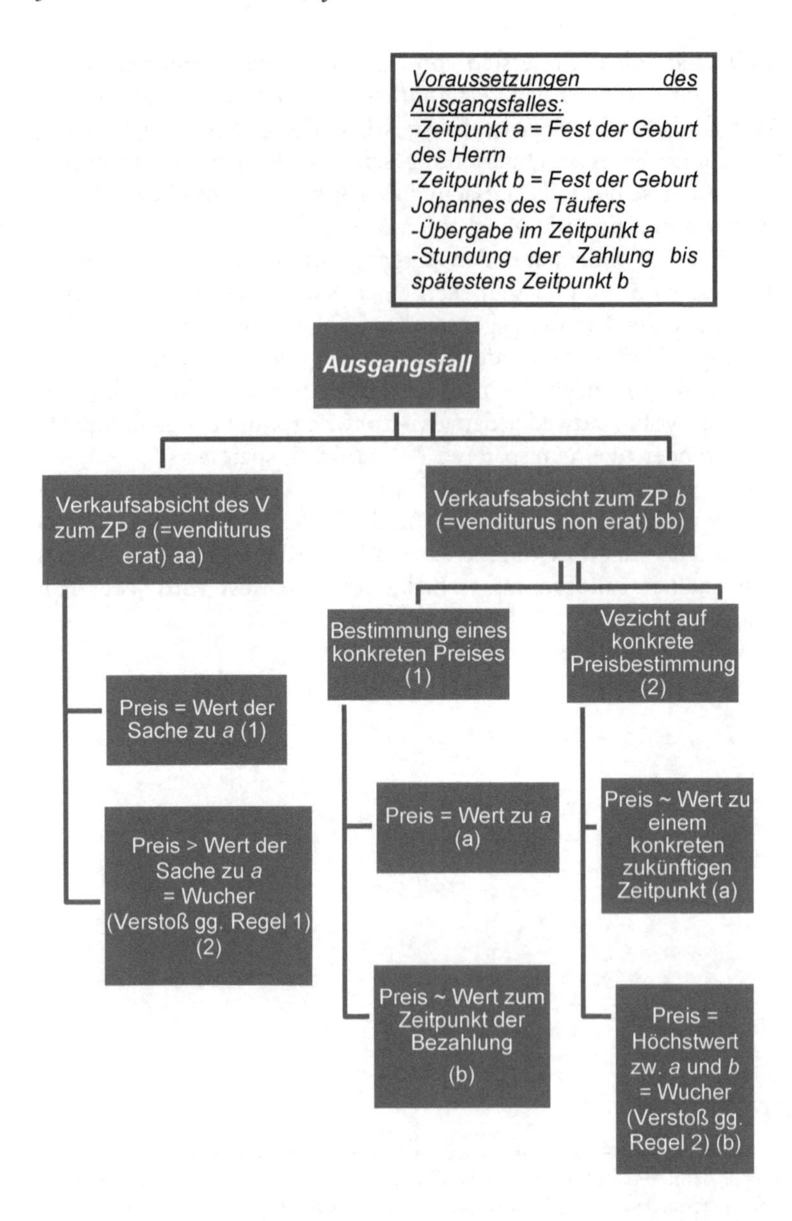

Die Abbildung ist eine vereinfachte Darstellung der scotischen Beispielsfälle zur Bestimmung des gerechten Preises. In Klammern sind die jeweiligen Gliederungsebenen, denen der konkrete Fall in der nachfolgenden Darstellung entspricht, angegeben.

Die erste Unterteilung, die *Duns Scotus* vornimmt, richtet sich nach der ursprünglichen Verkaufsabsicht des Verkäufers: Entweder beabsichtigte dieser den Verkauf zum Zeitpunkt *a* oder zu einem späteren Zeitpunkt, nämlich *b*.

aa) Verkaufsabsicht des Verkäufers zum Zeitpunkt *a* *(venditurus erat)*

Duns Scotus unterscheidet nun zwei weitere Fälle. In beiden Fällen wollte der Verkäufer die Sache ohnehin zum Zeitpunkt *a* verkaufen.

(1) Kaufpreis = Wert der Sache zum Zeitpunkt *a* (erlaubte Preisbestimmung)

In diesem Fall bestimmt der Verkäufer den Preis nach dem Wert, den die Sache zum Zeitpunkt *a*, also dem Zeitpunkt des Vertragsschlusses und der Übergabe hat, obwohl er die Zahlung bis zum Zeitpunkt *b* erwartet. Dann übt der Verkäufer Barmherzigkeit, da er die Bedürfnisse seines Nächsten berücksichtigt. Schließlich verkauft er dem Nächsten die Sache, ohne eine sofortige Zahlung zu erhalten.

(2) Kaufpreis > gerechter Preis zum Zeitpunkt *a* (Verstoß gegen die erste Regel)

Im zweiten Fall setzt der Verkäufer einen Kaufpreis fest, der höher ist, als er zum Zeitpunkt *a* gerecht wäre. Er übersteigt mithin den zum Zeitpunkt des Vertragsschlusses gerechten Preis. Dann liegt ein Verstoß gegen die erste Regel *(„Kein Zeitverkauf")* vor. Der Verkäufer begeht einen Fall des Wuchers. Das liegt daran, dass der Verkäufer ohnehin beabsichtigte, seine Sache zum Zeitpunkt *a* zu verkaufen. Aus der Vereinbarung einer Stundung des Kaufpreises ist es ihm nicht erlaubt einen Preis zu bestimmen, der den gerechten Preis zum Zeitpunkt des Vertragsschlusses übersteigt. *Duns Scotus* allegiert die Dekretale *Consuluit nos* von *Urban III.* (X 5.19.10), in welcher er die Vereinbarung eines höheren Preises aufgrund der Stundung der Zahlungspflicht als Zinsnehmen qualifiziert und verurteilt.[1245] *Urban III.* verurteilt hier die Sünde des Zinsnehmens aufs Schärfste und betont in besonderem Maße die Sünde der *usura mentalis*. Anders als in den Dekretalen X 5.19.6 *(In civitate tua)* oder X 5.19.19 *(Naviganti)* wird in dieser Dekretale das Kriterium des Zweifels *(dubium)* über den zukünftigen Wert der Ware nicht genannt.

bb) Verkaufsabsicht des Verkäufers zum Zeitpunkt *b (non erat venditurus, sed in b)*

Wollte der Verkäufer seine Sache allerdings nicht zum Zeitpunkt *a*, sondern zu einem späteren Zeitpunkt (nämlich zu *b*) verkaufen, weil er vermutet, dass er dann einen höheren Preis fordern könnte, ist erneut zwischen zwei Fällen zu differenzieren: Entweder bestimmt der Verkäufer einen (konkreten) Preis oder er verzichtet auf eine konkrete Festsetzung des Preises und macht die Preisbestimmung von etwas Zukünftigem abhängig.

(1) Festsetzung eines festen bzw. konkreten Preises zum Zeitpunkt *a*

In diesem Fallbeispiel setzt der Verkäufer einen konkreten Kaufpreis zum Zeitpunkt des Vertragsschlusses *(a)* fest. Er beziffert ihn also genau. Auch hier differenziert *Duns Scotus* zwischen zwei Fällen.

(a) Kaufpreis = Wert der Sache zum Zeitpunkt *a* (erlaubte Preisbestimmung)

Wird der Preis nach dem jetzigen Wert der Sache – Wert zum Zeitpunkt *a* – bestimmt, so übt der Verkäufer große Barmherzigkeit, schließlich wollte er ursprünglich später, spätestens bis zum Zeitpunkt *b* verkaufen. Der Verkäufer ging dabei davon aus, dass er den Kaufgegenstand zum Zeitpunkt *b* zu einem höheren Preis als zum Zeitpunkt *a* verkaufen könnte. Verkauft er die Sache dem Käufer nun zum Zeitpunkt *a* für einen Preis, der dem

1245 *Noonan*, Scholastic Analysis of Usury (wie Fn. 252), S. 32–33; *Wolter*, Endnotes, in: Duns Scotus' Political and Economic Philosophy (wie Fn. 86), S. 89 Note 18.

Wert der Sache zum Zeitpunkt *a* entspricht, so tut er dem Käufer einen Gefallen. Es liegt ein Fall der erlaubten Preisberechnung vor.

(b) Kaufpreis ~ Wert der Sache zum Zeitpunkt der Zahlung (erlaubte Preisbestimmung)

Setzt der Verkäufer einen Preis fest, welcher den aktuellen Wert der Sache übersteigt, jedoch keineswegs derart unangemessen ist, dass er dem ungefähren Wert der Sache zum Zeitpunkt der Bezahlung, also der Erbringung der Gegenleistung, entspricht, so liegt ebenfalls kein Fall des Wuchers vor. Der Verkäufer wird in einem solchen Fall mit dem Argument des „Zweifels" *(dubium)* gerechtfertigt. *Duns Scotus* allegiert die Dekretale *Gregor IX.* X 5.19.19 *(Naviganti)* und bezieht sich auf den – soeben thematisierten – dritten Fall dieser Dekretale *(Ratione)*. Wie zuvor erwähnt, behandelt *Gregor IX.* in *Naviganti* neben dem Seedarlehen *(foenus nauticum)* sowie dem Kaufvertrag mit Stundung der Lieferungspflicht auch die Konstellation, in welcher die Zahlungspflicht gestundet wird. Die letzten beiden Fälle der sog. *venditiones sub dubio* werden mit dem Argument des „Zweifels" *(dubium)* entschuldigt, wenn ein Zweifel von einiger Wahrscheinlichkeit *(verisimiliter)* zum Zeitpunkt des Vertragsschlusses über den künftigen Wert der Ware vorlag. Hinsichtlich des Kaufvertrages mit Stundung der Zahlungspflicht tritt nun (anders als in der zuvor allegierten Dekretale *Urban III.* X 5.19.10 *[Consuluit nos]*) ein weiteres Kriterium hinzu: Der Verkäufer darf zum Zeitpunkt des Vertragsschlusses nicht im Begriff gewesen sein, die Ware (anderweitig) zu verkaufen – in der Regel zu einem billigeren Preis. Im konkreten, von *Duns Scotus* genannten Fall, hatte der Verkäufer gerade nicht vor, ohnehin zum Zeitpunkt des Vertragsschlusses (Zeitpunkt *a*) zu verkaufen.

Einen hypothetischen Einwand gegen diesen in X 5.19.19.3 *(Naviganti § Ratione)* aufgestellten Grundsatz entkräftet *Duns Scotus* sogleich:

„[...] quod probatur per illud cap. «Naviganti», § «Ratione»[1246]. – Et si obiciatur contra hoc per illud, ibidem, in «Tua»[1247], respondeo:	Das *[= Entschuldigung des Verkäufers durch das Argument des „Zweifels"]* wird durch jenes Kapitel in X 5.19.19.3 bewiesen. – Und wenn mit jenem Kapitel in X 5.19.6 entgegnet wird, antworte ich:
ibi continetur monitio utilis, non praeceptum necessarium."[1248]	Dort ist eine nützliche Ermahnung, nicht aber ein notwendiges Gebot enthalten.

Die kritische Vatikanausgabe stellt in ihrem kritischen Apparat hinsichtlich der zweiten von *Duns Scotus* allegierten Dekretale *Tua* einen Bezug auf die Dekretale *Alexander III.* X 5.19.9 *(Tua)* her.[1249] *Wolter* verweist hingegen auf die Dekretale *Alexander III.* X 5.19.6 *(In civitate tua)*.[1250] Betrachtet man beide Dekretalen näher, so zeigt sich, dass eine Ermahnung, von welcher *Duns Scotus* ausdrücklich spricht *(ibi continetur monitio utilis)*, nur in der Dekretale X 5.19.6 *(In civitate tua)* zu finden ist. Daher wird in dieser Arbeit davon ausgegangen, dass sich *Duns Scotus* auf die Dekretale X 5.19.6 *(In civitate tua) Alexander III.* beruft. X 5.19.6 handelt von einem Fall des Ankaufs von Gütern, welche zum Zeitpunkt des Vertragsschlusses 5 Lira wert sind und für welche zu einem festgesetzten Zeitpunkt 6 Lira zu zahlen sind. Liegt ein Zweifel *(dubium)* darüber vor, ob die Güter zum Zeitpunkt der Zahlung mehr oder weniger wert (im Vergleich zum Wert der Güter zum Zeitpunkt des Vertragsschlusses) sein werden, so wird der Verkäufer mit dem Argument des Zweifels entschuldigt. Es liegt dann kein Fall des Wuchers vor. Letztlich wird in X 5.19.6 *(In civitate tua)* der gleiche Fall wie später in X 5.19.19.3 *(Naviganti § Ratione)* geregelt. Allerdings so führt *Alexander III.* in X 5.19.6 *(In civitate tua)* aus,

1246 X 5.19.19.3 (CIC II, Sp. 816).

1247 X 5.19.6 (CIC II, Sp. 813).

1248 *Duns Scotus*, Ord. IV (editio vaticana XIII), dist. 15, q. 2, n. 147, lin. 911–914, S. 94.

1249 X 5.19.9 (CIC II, Sp. 813–814).

1250 *Wolter*, Endnotes, in: Duns Scotus' Political and Economic Philosophy (wie Fn. 86), S. 89 Note 20, verweist auf die Dekretale *„In civitate tua" Alexander III.* (X 5.19.6) (CIC II, Sp. 813).

„[…] cives tui saluti suae bene consulerent, si a tali contractu cessarent, quum cogitationes hominum omnipotenti Deo nequaent occultari."[1251]

[…] würden deine Bürger für ihre Rettung gut sorgen, wenn sie von einem solchen Vertrag abließen, weil die Entschlüsse [Pläne] der Menschen nicht vor dem allmächtigen Herrn verborgen gehalten werden können.

Duns Scotus scheint sich auf diesen Zusatz zu beziehen und klarzustellen, dass es sich nicht um ein zwingendes Gebot handele, sondern vielmehr um eine Ermahnung jedes Einzelnen, sich von diesen Verträgen fernzuhalten, um ihr Seelenheil nicht zu gefährden. Daher ist es zwar rechtlich und ethisch erlaubt und damit gerecht, wenn der Verkäufer und Käufer im obigen Fall einen Kaufvertrag mit einem Kaufpreis, welcher dem ungefähren Wert der Sache zum Zeitpunkt der Zahlung entspricht, schließen. Allerdings ist den Parteien von derartigen Verträgen abzuraten.

(2) Verzicht auf feste bzw. konkrete Preisbestimmung

Auch in diesem Fall wollte der Verkäufer die Sache nicht zum Zeitpunkt *a* verkaufen, sondern spätestens bis zum Zeitpunkt *b.* Allerdings verzichtet er nun auf eine konkrete Preisbestimmung. Vielmehr macht er die Bestimmung des Preises von der Zukunft abhängig. In Abgrenzung vor allem zum Fall (bb.[1].[b]) wird seitens des Verkäufers kein konkreter Preis genannt. Der Preis wird abstrakt berechnet.

Auch hier lassen sich laut *Duns Scotus* zwei Fälle unterscheiden: Im ersten Fall legt der Verkäufer einen konkreten Zeitpunkt/ein konkretes Ereignis fest, nach welchem sich der Preis berechnet. Im zweiten Fall verzichtet er auch auf die Bestimmung eines konkreten Zeitpunktes, der für die Preisbestimmung maßgeblich ist.

(a) Kaufpreis ~ Wert der Sache zu einem konkreten künftigen Zeitpunkt (erlaubte Preisbestimmung)

Hinsichtlich des ersten Falles bildet *Duns Scotus* den folgenden Beispielsfall: Der Verkäufer übergibt zum Zeitpunkt *a* die Sache dem Käufer zu

1251 X 5.19.6 (CIC II, Sp. 813).

einem Preis, welchen die Sache vermutlich zum Zeitpunkt *b* oder einem späteren Zeitpunkt haben wird, wobei die Sache in der Regel zum Zeitpunkt *b* teurer als zu einem vorherigen Zeitpunkt ist. Auch in diesem Fall übt der Verkäufer Barmherzigkeit. Es liegt kein Wuchergeschäft vor. Der Verkäufer bestimmt den Preis also in Abhängigkeit von einem künftigen Wert der Kaufsache. Entscheidend ist, dass ein konkreter Zeitpunkt beziehungsweise der Eintritt eines Ereignisses für die Preisberechnung maßgeblich ist. Einen konkreten Preis benennt der Verkäufer (mangels Kenntnis des konkreten künftigen) Wertes jedoch nicht.

(b) Kaufpreis = Höchstwert der Sache zwischen *a* und *b* (Verstoß gegen die zweite Regel)

Verlangt der Verkäufer, dass der Käufer ihm einen Preis zahlt, welcher dem Wert der Sache zu irgendeinem Zeitpunkt zwischen den Zeitpunkten *a* und *b* entspricht, zu welchem der Kaufgegenstand teurer verkauft werden kann, liegt eine Verletzung der zweiten Regel vor, denn der Verkäufer sichert sich stets einen Gewinn und dem Käufer einen Verlust. Außerdem ist laut *Duns Scotus* davon auszugehen, dass der Verkäufer seine Sache ohnehin zu irgendeinem Zeitpunkt, also einem bestimmten Tag, verkaufen würde/müsste. Dann ist es aber durchaus möglich, dass sie an dem konkreten Tag weniger wert ist, als sie es an einem anderen Tag zwischen *a* und *b* wäre, an welchem sie teurer verkauft werden könnte. Der Verkäufer sichert sich in der von *Duns Scotus* beschriebenen Konstellation also einen Gewinn, der selbst über das hinausgeht, was durch den menschlichen Fleiß *(industria)* in der konkreten Situation verdient werden könnte.

b) Ergebnis zu 4.

In der „Vertragslehre“ des *Duns Scotus* nimmt die Besprechung der Preisbestimmung bei den *commutationes pro futuro* eine besondere Stellung ein. Die Ausführlichkeit der Behandlung der Preisbestimmung und damit einhergehenden Restitutionsfragen unterstreicht die Aktualität und Bedeutung der Materie in der Wirtschaftspraxis des frühen 14. Jahrhunderts. *Duns Scotus* bildet einzig an dieser Stelle seiner Kommentierung derartig viele Beispielsfälle. Durch die Vielzahl der Fälle hebt sich seine Kommentierung zugleich von der vieler seiner Zeitgenossen ab. Letztlich bietet *Duns Scotus* an dieser Stelle seines Kommentars dem Leser – typischerweise einem Studenten der Theologie – ein Kompendium des Wissens zur Preisbestimmung und zudem ein ausführliches Nachschlagewerk. Betrachtet man die mehrfach allegierten Dekretalen *(Consuluit nos, In civitate tua, Naviganti)* so ergibt sich recht eindeutig, dass *Duns Scotus* seinen Lesern auf diese Weise die verschiedenen Fälle und Lösungen, welche sich aus einer strikten und präzisen Anwendung der Dekretalen ergeben, präsentiert.

5. Die Handelsgeschäfte (*commutationes negotiativae*)

Als letzte Vertragsart behandelt *Duns Scotus* den geschäftlichen Tausch beziehungsweise das Handelsgeschäft *(commutatio negotiativa)*[1252]. Unter einem Handelsgeschäft versteht *Duns Scotus* in Abgrenzung zur *commutatio oeconomica* einen Tausch,

„[…] ubi commutans intendit mercari de re quam acquirit, quia emit non ut utatur, sed ut vendat, et hoc carius; et haec negotiativa dicitur pecuniaria vel lucrative.“[1253]

[…] bei welchem der Tauschende vorhat, mit der Sache, welche er erwirbt, Handel zu treiben, weil er sie nicht kauft, um sie zu gebrauchen, sondern, um sie zu verkaufen und dies teurer. Und dies nennt man ein Geld- oder auch gewinnbringendes Geschäft.

Dem Handelsgeschäft liegt das Motiv der Gewinnerzielung durch einen „teureren“ Ver- als Ankauf zu Grunde. *Duns Scotus* befasst sich mit den

---

1252 Die Ausführungen des *Duns Scotus* zu den *commutationes negotiativae* werden v. a. von den folgenden Autoren aufgegriffen: *Schreiber*, Die volkswirtschaftlichen Anschauungen der Scholastik (wie Fn. 248), S. 154–155; *Langholm*, Economics in the Medieval Schools (wie Fn. 248), S. 408, 411–412; *Dempsey*, Just Price in a Functional Economy (wie Fn. 248), S. 482–483; *Noonan*, Scholastic Analysis of Usury (wie Fn. 252), S. 86–88; *De Roover*, The Concept of the Just Price (wie Fn. 248), S. 424; *De Roover*, Schumpeter and Scholastic Economics (wie Fn. 248), S. 131–132; *Beer*, Early British Economics (wie Fn. 248), S. 50–51; *Leitherer*, Geschichte der handels- und absatzwirtschaftlichen Literatur (wie Fn. 248), S. 18, 20; *Kaye*, Economy and Nature (wie Fn. 248), S. 140; *Lapidus*, Information and Risk in the Medieval Doctrine of Usury during the Thirteenth Century (wie Fn. 252), S. 30. Vgl. auch: *Mochrie*, Justice in Exchange (wie Fn. 252), S. 44.

1253 *Duns Scotus*, Ord. IV (editio vaticana XIII), dist. 15, q. 2, n. 152, lin. 941–943, S. 95.

Voraussetzungen eines gerechten Handelsgeschäfts und begründet in erstaunlich weitreichender Weise den Handelsgewinn.

a) Die Voraussetzungen eines gerechten Handelsgeschäfts

Zu den im Rahmen des Tauschvertrages dargestellten Bedingungen (keine Täuschung, Wahrung der Tauschgleichheit, keine Ausnutzung einer Notlage) treten zwei für das gerechte Handelsgeschäft eigentümliche Regeln hinzu:

1. Ein derartiger Tausch muss dem Staat nützlich sein.
2. Der Preis hat annähernd der eigenen Sorgfalt, Klugheit und Gefahr zu entsprechen.[1254]

Zwar nennt *Duns Scotus* hinsichtlich dieser zweiten Regelung ausdrücklich lediglich die Sorgfalt *(diligentia)*, Klugheit *(prudentia)* und Gefahr *(periculum)*, allerdings kann der zweiten Regel auch die *sollicitudo* (Sorge), *peritia* (Erfahrung) und *industria* (Fleiß/Arbeit) hinzugefügt werden. Diese Kriterien erwähnt *Duns Scotus* – wie sogleich zu sehen sein wird – nämlich im Rahmen der Erläuterung der zweiten Regel.

aa) Die Staatsnützlichkeit/-dienlichkeit

Ob ein Handelsgeschäft vorliegt, beurteilt *Duns Scotus* anhand der ausgeübten Tätigkeit. Sie wird daher tätigkeitsbezogen bestimmt.[1255] *Duns Scotus* führt insgesamt vier verschiedene Arten der gerechten kaufmännischen Tätigkeit auf, welche sich allesamt durch ihre besondere Bedeutsamkeit für den Staat *(res publica)* auszeichnen. Die gerechte Tätigkeit des Kaufmannes weist daher stets einen besonderen Gemeinwohlbezug auf:

1254 *Duns Scotus*, Ord. IV (editio vaticana XIII), dist. 15, q. 2, n. 153, lin. 945–947, S. 96: *„[...] primum est, quod 'talis commutatio sit reipublicae utilis'; secundum est, quod 'talis iuxta diligentiam suam et prudentiam et pericula in commutatione accipiat pretium correspondens'." – [...] die erste [Regel] ist, dass ein derartiger Tausch dem Staat nützlich ist; die zweite ist, dass ein solcher Preis so annähernd der eigenen Sorgfalt und Klugheit und der Gefahr, welche man beim Tausch auf sich nimmt, entspricht.*

1255 Siehe hierzu auch die Ausführungen von: *Leitherer*, Geschichte der handels- und absatzwirtschaftlichen Literatur (wie Fn. 248), S. 18: *„Vor allem versucht dieser Scholastiker der einzelwirtschaftlichen Leistung des Händlers gerecht zu werden; [...]."*

Sie ist dem Staat nützlich und für diesen notwendig. *Duns Scotus* bezeichnet derartig handelnde Kaufmänner als „Diener des Staates" *(minister reipublicae)*.[1256]

Ausdrücklich hebt *Duns Scotus* die Tätigkeit der *afferentes (Herbeibringer)* und *conservatores (Bewahrer)* als staatsdienlich hervor. Denn Kaufmänner, welche benötigte Güter aus dem Staat, in welchem diese im Überfluss vorhanden sind, in ihr an einem Mangel leidendes Vaterland transportieren *(afferentes)*, dienen dem Staat. Auch ist es dem Staat nützlich, Anbieter der käuflichen Waren zu haben, damit die Bedürftigen, welche jene kaufen wollen, sie leicht finden.[1257] In diesem Fall kauft und lagert der Kaufmann die notwendigen Waren, wenn sie im Überfluss vorhanden sein sollten *(conservatores)*. Aus seinen sogleich näher zu betrachtenden Ausführungen über die tadelnswerten kaufmännischen Tätigkeiten ergibt sich aus einem Umkehrschluss, dass auch derjenige, welcher die herbeigeschafften Waren in irgendeiner Form durch seinen Fleiß *(industria)* verbessert *(melioratores)*, ehrenhaft und staatsdienlich handelt. In diesem Fall

---

1256 *Duns Scotus*, Ord. IV (editio vaticana XIII), dist. 15, q. 2, n. 156, lin. 974–976, S. 97: *„Haec omnia confirmantur, quia quantum deberet alicui ministro reipublicae legislator iustus et bonus retribuere, tantum potest ipse, si non adsit legislator de republica, sibi accipere non extorquendo." – Dies alles wird festgestellt, weil ein gerechter und guter Gesetzgeber einem Diener des Staates so viel zurückerstatten [zuteilen] soll, wie er selbst vom Staat verlangen [annehmen] kann, wenn der Gesetzgeber sie nicht zur Verfügung stellt – aber nicht durch Nötigung.* Zur Bedeutsamkeit der Kaufmannstätigkeit für das Gemeinwohl und zur Betonung dieser dienlichen Funktion der Kaufmänner bei *Duns Scotus* auch: *Schreiber*, Die volkswirtschaftlichen Anschauungen der Scholastik (wie Fn. 248), S. 154: *„Die Stellung, die Duns Scotus zum Handel einnimmt, ist in mehrfacher Beziehung bemerkenswert. [...] Duns Scotus billigt also dem Kaufmannsstande ein hohes Einkommen zu. Die Berechtigung desselben erhellt aus seiner Unentbehrlichkeit für den Staat: [...]."*

1257 *Duns Scotus*, Ord. IV (editio vaticana XIII), dist. 15, q. 2, n. 154, lin. 950–956, S. 96: *„In ulteriore etiam gradu utile est reipublicae habere afferentes res necessarias, quibus illa patria non abundat, et tamen usus earum ibi est utilis et necessarius. Ex hoc sequitur quod mercator, qui affert rem de patria ubi abundat, ad aliam patriam ubi deficit, vel qui istam rem emptam conservat ut prompte inveniatur venalis a volente eam emere, habet actum utilem reipublicae. Hoc quoad expositionem primae condicionis." – In einem entfernteren Grad nämlich ist es dem Staat nützlich, die Importeure/Lieferanten der notwendigen Sachen zu haben, welche jenes Vaterland nicht im Überfluss hat, und dennoch der Gebrauch dieser Sachen dort nützlich und notwendig ist. Daraus folgt, dass der Kaufmann, welcher die Sache vom Vaterland, wo sie im Überfluss vorhanden ist, in ein anderes Land herbeibringt, wo sie fehlt, oder welcher diese gekaufte Sache bewahrt, damit die käufliche Sache leicht von denjenigen, welche diese kaufen wollen, gefunden wird, einen nützlichen Akt des Staates vollzieht. Dies zur Erklärung der ersten Bedingung.*

findet eine Werterhöhung durch den Fleiß *(industria)* statt. Diesen Ausführungen ist ebenfalls durch einen Umkehrschluss zu entnehmen, dass die Bestätigung beziehungsweise Beurkundung des Wertes durch einen fachkundigen Kaufmann eine gerechte und erlaubte Tätigkeit darstellt *(certificatur aliquis alius simplex de valore rei emendae)*, wobei der Fall der kaufmännischen Wertbestätigung bereits zuvor von *Heinrich von Gent* in seinen *Quodlibeta* ausführlich behandelt wurde.[1258] So berichtet er von einem fachkundigen Kaufmann, welcher den Wert verschiedener Pferde auf dem Markt vergleicht und die Pferde, welche ihren Preis (seiner Ansicht nach) wert sind, ankauft. Dadurch werde der Wert der Pferde für einen nicht erfahrenen potentiellen Käufer erhöht, da die Expertise und Fachkunde des Kaufmannes Gewähr für die Richtigkeit des Wertes geben.[1259] Auch *Johannes von Paris (ca. 1260–1306)*[1260] erkennt diesen Fall als gerechte kaufmännische Tätigkeit an. Die Werterhöhung ergebe sich aus der *industria* des fachkundigen Händlers.[1261]

1258 *Duns Scotus*, Ord. IV (editio vaticana XIII), dist. 15, q. 2, n. 157, lin. 982–987, S. 97: *„Ex istis duabus condicionibus, requisitis in negotiativa iusta, patet quomodo aliqui sunt vituperabiliter negotiatores, ut scilicet illi qui nec transferunt nec conservant nec eorum industria melioratur res venalis, nec certificatur aliquis alius simplex de valore rei emendae, sed modo emit ut statim sine omnibus istis condicionibus requisitis vendat: […].“– Aus diesen zwei Bedingungen, welche für ein gerechtes Handelsgeschäft erforderlich sind, wird deutlich, warum einige Kaufmänner tadelnswert sind, wie nämlich jene, welche weder übertragen [= importieren/exportieren] noch verwahren/lagern noch durch ihren Fleiß die käufliche Sache verbessern noch einem anderen den Wert der zu verkaufenden Sachen bestätigen, sondern nur ankaufen, um sofort ohne diese ganzen erforderlichen Bedingungen zu verkaufen.* Zu *Heinrich von Gent: Langholm*, Economics in the Medieval Schools (wie Fn. 248), S. 258; *Heinrich von Gent*, Quodlibeta, Tomus primus, Venetiis 1613, Quodlib. I, q. 40, fol. 43vab.

1259 *Langholm*, Economics in the Medieval Schools (wie Fn. 248), S. 258; *Heinrich von Gent*, Quodlibeta, Tomus primus, Venetiis 1613, Quodlib. I, q. 40, fol. 43vab.

1260 *Christof Dahm*, Art. Johannes von Paris, in: BBKL III (1992), Sp. 512–515; *Johannes P. Müller*, Art. Johannes von Paris, in: LexThK V, 2. Auflage (1960), Sp. 1068.

1261 *Langholm*, Economics in the Medieval Schools (wie Fn. 248), S. 395 (zu *Johannes von Paris´* Lehre).

bb) Rechtfertigung des Handelsgewinns

Hinsichtlich der zweiten Regel legt *Duns Scotus* zunächst den folgenden Grundsatz dar:

„Sequitur secunda, quia unumquemque in opera honesto reipublicae servientem oportet de suo labore vivere [...].“[1262]	Es folgt die zweite Regel, dass jeder, welcher durch ehrenhafte Arbeit dem Staat dient, von seiner Arbeit leben können soll [...].

Demnach müssen die im obigen Sinne tätig werdenden Kaufmänner aus ihren Einnahmen leben können. Das bedeutet, die festgesetzten Preise müssen zumindest ihre Lebenserhaltungskosten decken. Bei der Forderung eines Preises, welcher die Lebenserhaltungskosten des Kaufmannes als auch dessen Familie deckt, handelt es sich um weit verbreitete und anerkannte Lehren, welche man auch im theologischen Diskurs des 13. Jahrhunderts liest.[1263]

Duns Scotus fordert allerdings darüber hinaus *(nec hoc solum, sed)* einen Preis, welcher nicht nur den eigenen Lebensunterhalt und den der Familie deckt, sondern

„[...] pretium correspondens industriae suae; et ultra hoc, tertio, aliquid correspondens periculis suis [...].“[1264]	[...] einen Preis, welcher seinem Fleiß entspricht; und darüber hinaus, drittens, irgendetwas, was seinen Risiken/Gefahren entspricht [...].

1262 *Duns Scotus*, Ord. IV (editio vaticana XIII), dist. 15, q. 2, n. 155, lin. 957–959, S. 96.

1263 Hierzu: *Baldwin*, The Medieval Theories of the Just Price (wie Fn. 248), S. 67a, bezeichnet diese Forderung als „*common opinion*“ und nennt als Beispiele aus der Theologie die Anschauungen des *Thomas von Aquin*, *Aegidius von Lessines* und *Alexander von Hales*.

1264 *Duns Scotus*, Ord. IV (editio vaticana XIII), dist. 15, q. 2, n. 155, lin. 966–967, S. 96.

Den eigenen Fleiß *(industria)* darf der Kaufmann im Preis berücksichtigen, denn

„[…] industria illius, transferentis res de patria ad patriam, magna requiritur, ut consideret quibus patria abundet et indigeat; […].“[1265]	[…] es wird großer Fleiß desjenigen, welcher die Sache von einem Land in das andere Land bringt, verlangt, um die Sachen zu berücksichtigen, die das Vaterland im Überfluss hat und derer es bedarf; […].

Der Kaufmann transportiert nicht nur die Güter, sondern er schätzt auch den Bedarf an Gütern ab. Daher dürfe er seine *industria* und *sollicitudo* im Preis berechnen.[1266] Die *industria* steht für den Fleiß und die geleistete Tätigkeit, wohingegen die *sollicitudo* die besondere persönliche Sorge des Kaufmannes umfasst. An anderer Stelle spricht *Duns Scotus* nicht nur von der *sollicitudo*, sondern der *peritia*, also der Erfahrenheit und Kenntnis des Kaufmannes[1267], sowie der *diligentia*, der Sorgfalt.[1268] *Duns Sotus* hebt – wie zuvor *Heinrich von Gent* – in besonderer Weise die persönliche Fürsorge und die persönlichen Eigenschaften des Kaufmannes hervor *(peritia, diligentia, sollicitudo)*; diese sind allesamt im Preis zu berücksichtigen und in Geld messbar.[1269]

Darüber hinaus rechtfertige die erhöhte Gefahrtragung des Kaufmannes eine besondere Gefahrenpauschale.[1270] Zur Veranschaulichung führt *Duns*

1265 *Duns Scotus*, Ord. IV (editio vaticana XIII), dist. 15, q. 2, n. 155, lin. 962–964, S. 96.

1266 *Duns Scotus*, Ord. IV (editio vaticana XIII), dist. 15, q. 2, n. 155, lin. 961–962, S. 96: *„Nec hoc solum, sed unusquisque potest industriam et sollicitudinem suam iuste vendere; […].“ – Nicht nur das, sondern jeder Einzelne kann seinen Fleiß und seine Sorge zu Recht verkaufen.*

1267 *Duns Scotus*, Ord. IV (editio vaticana XIII), dist. 15, q. 2, n. 156, lin. 980–981, S. 97.

1268 *Duns Scotus*, Ord. IV (editio vaticana XIII), dist. 15, q. 2, n. 168, lin. 57–58, S. 100.

1269 *Kaye*, Economy and Nature (wie Fn. 248), S. 103 (in Bezug auf *Heinrich von Gent*), 139–140 (in Bezug auf *Duns Scotus* v. a.); *Langholm*, Economics in the Medieval Schools (wie Fn. 248), S. 258 (in Bezug auf *Heinrich von Gent*); vgl. auch: *Leitherer*, Geschichte der handels- und absatzwirtschaftlichen Literatur (wie Fn. 248), S. 18 (er spricht von *„einzelwirtschaftlichen Leistungen“*); *Schreiber*, Die volkswirtschaftlichen Anschauungen der Scholastik (wie Fn. 248), S. 154.

1270 Zum Folgenden: *Duns Scotus*, Ord. IV (editio vaticana XIII), dist. 15, q. 2, n. 155, lin. 967–973, S. 96–97: *„[…] ex quo enim in periculo suo transfert si est translator, vel custodit si est custos, propter huiusmodi periculum potest secure*

Scotus einen Fall an, in dem ein mit den Gütern des Kaufmannes beladenes Schiff sinkt und ein anderer Kaufmann bei einem zufälligen Brand sehr wertvolle Sachen, welche er für den Staat lagert, einbüßt. In beiden Fällen trifft die Kaufmänner keinerlei Verschulden. *Duns Scotus* erkennt hier die besondere Gefahrtragung des Kaufmannes und erlaubt eine entsprechende Preiserhöhung. Entscheidend ist, dass der Kaufmann in diesem Fall für den Staat und somit für das Gemeinwohl tätig wird.

Aufgrund der Bedeutsamkeit des Kaufmannes für den Staat schlägt *Duns Scotus* vor, dass der Gesetzgeber eines bedürftigen Landes die Kaufmänner zu einem Preis mieten sollte, welcher nicht nur den Lebensunterhalt abdeckt, sondern dem Fleiß *(industria)*, der Gefahr *(periculum)* und der Erfahrenheit *(peritia)* entspricht. Die genannten Faktoren können die Kaufmänner auch selber im Preis berücksichtigen.[1271]

Eine Begrenzung erfährt der Handelsgewinn bei *Duns Scotus* durch die Forderung eines maßvollen *(moderatum lucrum)* Gewinns.[1272] Unklar

---

aliquid accipere correspondens, et maxime si quandoque sine culpa sua in tali servitio communitatis damnificatus est (utpote: mercator transferens quandoque amisit navem onustam maximis bonis; et alius quandoque ex incendio casuali amittit pretiosissima, quae custodit pro republica).“ – […] somit überträgt er nämlich auf seine Gefahr, wenn er der Lieferant/Importeur ist, oder er beschützt sie auf eigene Gefahr, wenn er derjenige ist, der ein Lager hält [der Lagerist ist]. Wegen einer derartigen Gefahr kann er etwas, was dieser [Gefahr] einigermaßen entspricht, annehmen, und das vor allem, wenn er irgendwann ohne eigene Schuld (Verschulden) im Dienst für die Gemeinschaft geschädigt wird (z.B.: Manchmal verliert ein Kaufmann, welcher etwas überträgt, ein mit den meisten seiner Güter beladenes Schiff; und manchmal verliert ein anderer bei einem zufälligen Brand sehr wertvolle Sachen, welche er für den Staat lagert).

1271 *Duns Scotus*, Ord. IV (editio vaticana XIII), dist. 15, q. 2, n. 156, lin. 974–981, S. 97: *„Haec omnia confirmantur, quia quantum deberet alicui ministro reipublicae legislator iustus et bonus retribuere, tantum potest ipse, si non adsit legislator de republica, sibi accipere non extorquendo. Sed si esset bonus legislator in patria indigente, deberet locare pro pretio magno huiusmodi mercatores, qui res necessarias afferent et qui eas allatas servarent; et non tantum eis et familiae sustentationem necessariam invenire, sed etiam industriam, periculum et peritiam allocare; ergo et hoc possunt ipsi in vendendo.“ – […] Aber in einem bedürftigen Land soll der Gesetzgeber, wenn er gut ist, die Kaufmänner, welche die notwendigen Sachen herüberbringen und welche diese herbeigebrachten Sachen auf Lager halten, zu einem hohen Preis mieten und nicht nur den notwendigen Unterhalt für diese und für deren Familien finden, sondern auch deren Fleiß, Gefahr und Erfahrung nutzen [mieten, umlegen]. Und dies können sie folglich selbst beim Verkauf berücksichtigen.* Zur übrigen, hier nicht erneut abgebildeten Übersetzung siehe: Fn. 1256.

1272 *Duns Scotus*, Ord. IV (editio vaticana XIII), dist. 15, q. 2, n. 168, lin. 56–58, S. 100: *„Consimiliter in negotiativa est iniustitia, si obsit reipublicae actus eius, vel*

bleibt jedoch, wann eine maßlose Preisforderung, welche die genannten Faktoren übersteigt, vorliegt.

Duns Scotus spricht sich im Ergebnis für einen Preis aus, welcher den Aufwand des Kaufmannes – man könnte auch von Kosten beziehungsweise Ausgaben sprechen – kompensiert. Damit sichert *Duns Scotus* dem Kaufmann zugleich einen Gewinn. Ein Verlust erscheint dann kaum möglich.

Die Aussagen des *Duns Scotus* zur Preisbestimmung bei den Handelsgeschäften haben vornehmlich im wirtschaftshistorischen Diskurs des 20. Jahrhunderts vielfach Beachtung gefunden.[1273] Insbesondere ab der zweiten Hälfte des 20. Jahrhunderts stößt man vermehrt auf das wirtschaftshistorische Bemühen um die Einordnung der scholastischen Wert- und Preislehre im Sinne einer entweder vorwiegend „subjektiven" oder „objektiven" Lehre.[1274] In diesem Zusammenhang sind auch die Ausführungen des *Duns Scotus* bei den Handelsgeschäften von Bedeutung. Denn ganz überwiegend werden die von *Duns Scotus* bei den Handelsgeschäften genannten wert- und preisbestimmenden Faktoren gleichsam als alleinige Faktoren der Preisbestimmung in der Lehre des *Duns Scotus* herausgearbeitet; in der Folge soll *Duns Scotus* ein Vertreter beziehungsweise Vorläufer

---

si immoderate recipit – a republica ultra industriam – diligentiam, sollicitudinem et pericula." – Ebenso liegt bei Geschäften eine Ungerechtigkeit vor, wenn die Handlung/das Geschäft dem Staat zuwiderläuft oder auch wenn man etwas, was seinen Fleiß, seine Sorgfalt, Sorge und Gefahr maßlos übersteigt, vom Staat annimmt. Dazu auch: *Schreiber*, Die volkswirtschaftlichen Anschauungen der Scholastik (wie Fn. 248), S. 155: *„Ebenso tadelt Duns Scotus, wenn der Handel zu übermäßiger Bereicherung der Kaufleute führt, so daß ihr Einkommen nicht mehr als Lohn ihrer Mühen angesehen werden kann."*

1273 *Schreiber*, Die volkswirtschaftlichen Anschauungen der Scholastik (wie Fn. 248), S. 148–155; *Watt*, The Theory lying behind the Historical Conception of the Just Price (wie Fn. 248), S. 64–65; *Dempsey*, Just Price in a Functional Economy (wie Fn. 248), S. 482–483; *Schumpeter*, Geschichte der ökonomischen Analyse, Bd. 1 (wie Fn. 248), S. 144–145; *De Roover*, Schumpeter and Scholastic Economics (wie Fn. 248), S. 131–132; *De Roover*, The Concept of the Just Price (wie Fn. 248), S. 423–424; *Grice-Hutchinson*, Early Economic Thought in Spain 1177–1740 (wie Fn. 248), S. 85; *Gordon*, Aristotle and the Development of Value Theory (wie Fn. 252), S. 116; *Langholm*, Economics in the Medieval Schools (wie Fn. 248), S. 411–413; *Friedman*, In Defense of Thomas and the Just Price (wie Fn. 248), S. 235; *Noonan*, Scholastic Analysis of Usury (wie Fn. 252), S. 86–87.

1274 *Decock*, Theologians and Contract Law (wie Fn. 15), S. 520; *Hamouda; Price*, The Justice of the Just Price (wie Fn. 248), S. 191–216; *Barrera*, Exchange Value-Determination (wie Fn. 248), speziell zur scholastischen Lehre des *Thomas von Aquin*: S. 88–92. Einen Überblick über die Entwicklung bietet: *Baldwin*, The Medieval Theories of the Just Price (wie Fn. 248), S. 5a–7b.

einer zumindest eingeschränkten (objektiven) (Produktions-)Kostentheorie gewesen sein.[1275]

Diese vor allem rezeptionsgeschichtlich bedeutsame Akzentuierung des „Kostenfaktors" in den Ausführungen des *Duns Scotus* begegnet bereits in der Frühen Neuzeit. So wies die Mehrzahl der an der Universität von Salamanca lehrenden Spätscholastiker die Aussagen des *Duns Scotus* zur Preisbildung bei den Handelsgeschäften als fundamental „falsch" zurück, denn sie vermuteten, dass eine derartige Preisfestsetzung dem Handelsmann

---

1275 Vgl. z. B. zur Zuordnung der scholastischen, vor allem der scotischen Lehre, zu einer vorwiegend objektiven oder subjektiven Lehre die folgenden Ausführungen: *Schreiber*, Die volkswirtschaftlichen Anschauungen der Scholastik (wie Fn. 248), S. 151, qualifizierte die scotische Wertlehre zu Beginn des 20. Jahrhunderts infolge der vorrangigen Bedeutsamkeit der Nützlichkeit (*utilitas*) als eine vorwiegend subjektive Wertlehre (*„Das subjektive Moment des Bedürfens erscheint als Grundlage des Wertes und beherrscht damit den Tausch."*). In seiner *„History of Economic Analysis"* geht *Schumpeter*, Geschichte der ökonomischen Analyse, Bd. 1 (wie Fn. 248), S. 145, bezüglich der scholastischen Preislehre im Allgemeinen davon aus, dass ihr im Hinblick auf die von der österreichischen Schule im 19. Jahrhundert entwickelten Grenznutzentheorie (nur) noch der besondere Begriff des „Grenznutzens" fehlte: *„Und schließlich zählten sie [Scholastiker], viertens, alle preisbestimmenden Faktoren auf, obwohl es ihnen nicht gelang, diese in eine selbständige Theorie von Angebot und Nachfrage zusammenzufassen. Aber sämtliche Elemente einer solchen Theorie waren bereits vorhanden, lediglich der technische Apparat der Funktionen und Grenzbegriffe, der im neunzehnten Jahrhundert entwickelt wurde, mußte noch hinzugefügt werden."* Zugleich liest man bei *Hagenauer*, Das „justum pretium" bei Thomas von Aquin (wie Fn. 248), S. 10–30, dass v. a. die Lehre des *Thomas von Aquin* aufgrund der Betonung des Kostenfaktors und der geleisteten Arbeit als vorwiegend „objektiv" zu verstehen sei. *Richard H. Tawney*, Religion and the Rise of Capitalism. A Historical Study, Nachdruck, West Drayton 1948, S. 48, sieht die scholastische Preislehre (aufgrund des Postulats der Kompensation von ehrenhafter Arbeit) gar als Vorläufer der marxschen Arbeitswerttheorie und bezeichnet *Karl Marx* als den letzten Scholastiker. Im Hinblick auf *Duns Scotus'* Preislehre wiederum, führt *Schumpeter*, History of Economic Analysis (wie Fn. 252), S. 93, aus: *„[...] we must nevertheless credit him with having discovered the condition of competetive equilibrium wich came to be known in the nineteenth century as the Law of Cost."* Zur Einordnung des *Duns Scotus* zu einer obj. Kostentheorie u. a.: *Gordon*, Aristotle and the Development of Value Theory (wie Fn. 252), S. 116 (*„limited cost-of-production approach"*); *Friedman*, In Defense of Thomas and the Just Price (wie Fn. 248), S. 235; *De Roover*, Schumpeter and Scholastic Economics (wie Fn. 248), S. 131–132; *De Roover*, The Concept of the Just Price (wie Fn. 248), S. 423–424; *Elegido*, The Just Price. Three Insights from the Salamanca School (wie Fn. 248), S. 31–32; vgl. *Noonan*, Scholastic Analysis of Usury (wie Fn. 252), S. 86–87 (*„partial labor-value-theory"*).

stets einen Gewinn sichern würde.[1276] Die Preisbestimmung läge allein in den Händen des Kaufmannes.[1277] Vor allem sei die Annahme, dass der

---

1276 *Luis de Molina*, De iustitia et iure, Tom. II: De contractibus, Moguntiae 1602, tract. II, disp. 348, Sp. 394 (B): „*Ex dictis hactenus liquido constat, falsam esse illam Scoti regulam in 4. dist. 15. q. 2. ad finem art. 2. quam sequitur Maior, ead. dist. q. 41. Aiunt enim, iustum rerum pretium in manu mercatorum esse hoc. Computare debent expensas omnes, quas emendo, asportando, aut conservando, tales res fecerunt, & insuper iustam mercedem, quam pro industria, laboribus appositis, & periculis, quibus se exposuerunt, merentur, non secus ac si mercede conducti ea in reservissent Reipublicae, & quidem, si res vendant pretio correspondenti, plus minus, his omnibus, erit pretium iustum si vero notabiliter excedat, erit iniustum quoad excessum.*“; *Juan de Medina*, De restitutione et contractibus, Salmanticae 1550, q. 31 [De iusto rerum venalium precio], fol. 94vb: „*Ex dictis patet incertam esse regula[m] Scoti supra positam, in qua dicitur tantu[m] posse mercartores in suarum mercium venditione lucrari, quantum esset stipe[n]dium quod resp. illis tradidisset, si eos ad praefatas merces portandum & vendendum co[n]duxisset. Tum quia secundum hoc semper deberent mercatores lucrari, & pluris suas merces vendere, q[uod] illis constiterunt, cum tamen ex dictis appareat id esse falsum, eo quod saepe accidit, & ob multas causas merces suum valore[m] paulatim amittere, sive ob raritatem emptoru[m], sive ob mercium abundantia[m], aut earum deteriorationem &c. ita ut non tantum valeant, quantum ab initio, quando scilicet, emptae fuerunt.*“; *Domingo de Soto*, De iustitia et iure, Salmanticae 1556 (Faksimiledruck: Madrid 1968, Tom. III), lib. VI, q. 2, art. 3, S. 547b: „*Est e[ni]m fallacissima regula si quis semper qua[n]to emit p[re]tio, qua[n]tu[m]q[ue]; laboris & periculorum subiit, ta[n]ti velit vendere cum lucri accessione.*“; *Juan de Lugo*, Disputationum de iustitia et iure, Tom. II, Lugduni 1652, Disp. 26, Sec. IV, n. 41, S. 280a: „*Unde autem iustitia pretij vulgaris, seu naturalis, quoad sui variationem desumenda sit: Scotus in 4. dist. 15. quaest. 2. ad fin. art. 2.& Maior eadem dist. q. 4 dicunt, quando res á mercatoribus venditur, pretium iustum esse expensas, quas fecerunt emendo, adsporta[n]do, co[n]serva[n]do addita iusta mercede pro industria, laboribus, & periculis, sicut si conducti fuisset á Republica ad merces illas suo periculo afferendas, & ve[n]dendas. Haec tamen regula fallit [...].*“ Hierzu auch: *Grice-Hutchinson*, Early Economic Thought in Spain 1177–1740 (wie Fn. 248), S. 98–102; *Grice-Hutchinson*; The School of Salamanca. Readings in Spanish Monetary Theory, 1544–1605 (wie Fn. 248), insbs. S. 48–49, 72, 81–82, 86; *Dempsey*, Just Price in a Functional Economy (wie Fn. 248), S. 483; *De Roover*, The Concept of the Just Price (wie Fn. 248), S. 424; *Elegido*, The Just Price. Three Insights from the Salamanca School (wie Fn. 248), S. 31–32; *Fabio Monsalve*, Economics and Ethics. Juan de Lugo´s Theory of the Just Price, or the Responsibility of Living in Society, in: History of Political Economy 42/3 (2010), S. 495–519, 505–506; vgl. auch: *Monsalve*, Scholastic Just Price and Current Market Price. Is it merely a Matter of Labelling?, in: European Journal of the History of Economic Thought 21/1 (2014), S. 4–20, 13 Fn. 8 [bzgl. *Juan de Lugo*].

1277 *Luis de Molina*, De iustitia et iure, Tom. II: De contractibus, Moguntiae 1602, tract. II, disp. 348, Sp. 394 (B): „*Aiunt enim, iustum rerum pretium in manu mercatorum esse hoc.*“

Preis stets die (Produktions-)Kosten des Kaufmannes decken müsse, schier mit der anerkannten Lehre vom *iustum pretium*, welche den gerechten Preis (u. a.) als ein sich aus Angebot und Nachfrage speisenden Marktpreis verstand, unvereinbar.[1278]

In dieser Arbeit wird auf eine Zuordnung der scotischen Aussagen zu einer vorwiegend „subjektiven" oder „objektiven" Wert- beziehungsweise Preislehre verzichtet. Einerseits verfolgt diese Arbeit kein wirtschaftshistorisches Ziel. Es geht ausdrücklich nicht um Mechanismen der Wert- und Preisbildung aus der Sicht des *Duns Scotus* oder um die doch so häufig diskutierte Frage, ob das *iustum pretium* den Marktpreis darstellt. Andererseits erscheint eine solche Zuordnung problematisch, weil mit ihr Lehren und Begrifflichkeiten in die Diskussion eingeführt werden, welche einem wirtschaftlich, gesellschaftlich und ideengeschichtlich gewandelten Zeitalter entstammen.[1279] Bereits *Bernhard W. Dempsey* betonte im Hinblick auf die Zurückweisung der scotischen Lehre im 16. Jahrhundert:

> „The emphasis given to cost factors on the supply side by Scotus caused certain sixteenth century scholastics to object to his theory as they understood it."[1280]

Das Verständnis eines Quellentextes ist an seine historischen Gegebenheiten gebunden. Es verändert sich in einem gewandelten sozialen und

---

1278 Zu dieser Lehre z. B.: *Diego de Covarruvias y Leyva*, Variarum resolutionum, Venetiis 1588, lib. II, cap. III, n. 4, S. 116b–117a; *Juan de Lugo*, Disputationum de iustitia et iure, Tom. II, Lugduni 1652, Disp. 26, Sec. IV, n. 44, S. 280b.

1279 Kritik an einer solchen Zuordnung übten v. a.: *Watt*, The Theory lying behind the Historical Concept of the Just Price (wie Fn. 248), v. a. S. 60–64; *Dempsey*, Just Price in a Functional Economy (wie Fn. 248), S. 475–476, speziell zur Einordnung der scotischen Theorie als Produktionskostentheorie, S. 483; vgl. auch: *Decock*, Theologians and Contract Law (wie Fn. 15), S. 520–521: „*The attempt to establish a 'historically correct' understanding of just pricing met with renewed interest in the second half of the twentieth century, certainly among historians of economic thought. However, it would be naive to assess the compelling results of these endeavors without reference to the great twentieth century ideological stalemate between sympathizers of Marx and free market advocates. Unsurprisingly, some argued that the medieval doctrine of the just price represented a 'labour or cost of production theory of value', while others identified the just price with the 'competitive market price'. As far as a 'historically correct' insight into the scholastics' concept of the just price is possible in the first place, one would be inclined to favor the latter opinion.*"

1280 *Dempsey*, Just Price in a Functional Economy (wie Fn. 248), S. 483. [Unterstreichung von Laura Kanschik].

historischen Kontext.[1281] Das Textverständnis eines zeitgenössischen Rezipienten des *Duns Scotus* wird sich von dem eines Rezipienten im 16. Jahrhundert und dies womöglich vom Verständnis, das *Duns Scotus* selbst vermitteln wollte, unterscheiden.

Betrachtet man die Aussagen des *Duns Scotus* zur Wert- und Preisbildung in ihrer Gesamtheit möglichst wertungsfrei, so ergibt sich aber doch folgendes Bild:

Tatsächlich hebt *Duns Scotus* die Nützlichkeit *(utilitas)* in besonderer Weise hervor. Daraus lässt sich auch auf ihre vorwiegende Bedeutsamkeit für den Wert des Vertragsgegenstandes schließen. Im Rahmen seiner Ausführungen zu den Handelsgeschäften treten die preisbestimmenden Faktoren der *industria, diligentia* und *prudentia* (u. a.) hinzu. In der Rechtfertigung des Handelsgewinns tut *Duns Scotus* sich vor allem durch die Forderung eines Preises, welcher über die Lebenserhaltungskosten hinausgeht, hervor. Er lehrt, dass die Ausgaben des Kaufmannes stets ersetzt werden müssen. Die Herausarbeitung verschiedener wert- und preisbestimmender Faktoren, zu denen vor allem auch die Nützlichkeit *(utilitas)* zählt, ist zunächst einmal in der scholastischen Literatur des Mittelalters üblich und stellt keine Besonderheit dar; sie gründet nicht nur auf Zitaten aus *Aristoteles´* Nikomachischer Ethik und Politik, sondern auch auf *Augustinus´* „Über den Gottesstaat".[1282] Diese scheinbare „Ambivalenz" innerhalb der scholastischen Wert- und Preislehre zwischen vorwiegend „objektiven" und „subjektiven" Faktoren ist daher auch die Folge der extensiven Verwendung und Rezeption antiker philosophischer und patristischer Literatur und damit der Verflechtung verschiedener ideengeschichtlicher Traditionslinien geschuldet.

Zuletzt ist aber vor allem bedeutsam, dass es den Scholastikern nicht um die Entwicklung und Entfaltung einer Wert- und Preislehre oder gar um Mechanismen der Preisbildung ging. Ihr Grundanliegen war moraltheologischer Natur und behandelte die ethische Rechtfertigung des Handelsge-

---

1281 Vgl. auch: *Michael Stolleis*, Art. Methode der Rechtsgeschichte, in: HRG III, 2. Auflage (2016), Sp. 1475–1483, v. a. 1479.

1282 Ausführlich zu *Aristoteles´* und *Augustinus´* Lehren in Bezug auf den Tauschwert: *Baldwin*, The Medieval Theories of the Just Price (wie Fn. 248), S. 10b–16a; zur Berücksichtigung der verschiedenen wert- und preisbildenden Faktoren *(utilitas, industria, expensas...)* in der scholastischen Diskussion v. a.: *Watt*, The Theory lying behind the Historical Conception of the Just Price (wie Fn. 248), v. a. S. 62–65. *Watt*, S. 65, hebt in Bezug auf *Duns Scotus* vor allem auch hervor „*the just price according to Scotus, allows both for utility and for the labour and risks of the seller*".

winns unter besonderer Sorge um das Seelenheil des Kaufmannes. Auch *Duns Scotus* geht es primär um die ethische Rechtfertigung des Handelsgewinns. Im Hinblick auf dieses moralisch-sittliche Grundanliegen stehen die verschiedenen wert- und preisbestimmenden Faktoren nicht zwingend in einem Widerspruch zueinander: Wie bereits *Langholm* hervorhob, ergänzen sie einander vielmehr und beeinflussen den Wert und Preis in ihrem Zusammenspiel, in einem Widerspruch zueinander stehen sie nicht – zumindest nicht unter ethischen Gesichtspunkten.[1283]

b) Die verbotenen kaufmännischen Tätigkeiten

Ausdrücklich äußert sich *Duns Scotus* zu den verbotenen kaufmännischen Tätigkeiten. So verstoßen Kaufmänner, die keine staatsdienliche Tätigkeit ausüben, sondern dem Staatswohl gar zuwiderhandeln, und/oder einen unangemessen hohen Preis für ihre Tätigkeit fordern, gegen die soeben aufgestellten Bedingungen. Sie begehen eine Ungerechtigkeit *(iniustitia)*.[1284] Ausdrücklich betont *Duns Scotus*, dass Kaufmänner, die keine der genannten staatsfördernden Tätigkeiten verrichten, tadelnswert sind und aufgrund ihrer Staatsschädlichkeit aus dem Staat verbannt werden sollten. Zu diesen Kaufmännern zählen explizit solche, welche weder benötigte Waren einführen noch auf Lager halten noch durch ihren Fleiß *(industria)*

1283 *Langholm*, Economics in the Medieval Schools (wie Fn. 248), S. 412–413; *Watt*, The Theory lying behind the Historical Conception of the Just Price (wie Fn. 248), S. 60–75; *Monsalve*, Scholastic Just Price and Current Market Price (wie Fn. 1276), v. a. S. 4–5, 18–19, vgl. auch S. 7; *André Lapidus*, Norm, Virtue and Information. The Just Price and Individual Behaviour in Thomas Aquinas' Summa Theologiae, in: The European Journal of the History of Economic Thought 1/3 (1994), S. 435–473, 439; *Hamouda; Price*, The Justice of the Just Price (wie Fn. 248), S. 193–196. *Noonan*, Scholastic Analysis of Usury (wie Fn. 252), S. 87, welcher *Duns Scotus* allerdings eine teilweise Arbeitswerttheorie zuspricht, formuliert: „*[...]; they do not say that the original price was determined by the labor cost of the goods. Given the broadest possible interpretation of their views, Scotus and Gerson are still only subscribing to a partial labor-value theory. Moreover, as we have seen, Scotus admits that price is always just with which the parties themselves are content. [...] But they do not believe that the just price on the seller's part will be determined by the cost of his labor alone.*"

1284 Knapp stellt *Duns Scotus*; Ord. IV (editio vaticana XIII), dist. 15, q. 2, n. 168, lin. 56–58, S. 100, dies im dritten Artikel nochmals klar: „*Consimiliter in negotiativa est iniustitia, si obsit reipublicae actus eius, vel si immoderate recipit a republica ultra industriam diligentiam, sollicitudinem et pericula.*" Übersetzung in: Fn. 1272.

verbessern und auch nicht den Wert der Ware sicher bestätigen können. Vielmehr kaufen sie die Waren auf, um sie sogleich ohne Einhaltung der genannten Bedingungen teurer zu verkaufen.[1285] *Duns Scotus* fordert:

„[...] iste esset exterminandus a republica vel exulandus (et vocatur ille in gallico «regratier»), quia prohibet immediatam commutationem volentium emere vel commutare oeconomice, – et per consequens facit quidlibet venale vel usuale carius ementi quam deberet esse, et vilius vendenti, et sic damnificat utramque partem."[1286]	[...] diese sollten aus dem Staat vertrieben oder verbannt werden (und jene werden auf Französisch „regratier" genannt), weil sie den sofortigen Tausch derjenigen, die kaufen oder ökonomisch tauschen wollen, verhindern und in der Folge machen sie alles Käufliche oder Nutzbare für den Käufer teurer, als es sein sollte, und für den Verkäufer billiger und schädigen so beide Parteien.

Regratier ist die (alte) französische Bezeichnung für die lateinischen *regratatores*: Es handelt sich um Einzelkaufmänner, die Waren aufkaufen, um sie später ohne jegliche Werterhöhung teurer zu verkaufen. Durch den großflächigen Ankauf der lebensnotwenigen Waren schaffen sie sich eine beherrschende Marktstellung, die es ihnen ermöglicht überteuerte Preise festzusetzen.[1287] Sie nutzen den durch den großflächigen Ankauf der Ware

1285 *Duns Scotus*, Ord. IV (editio vaticana XIII), dist. 15, q. 2, n. 157, lin. 982–987, S. 97: *„Ex istis duabus condicionibus, requisitis in negotiativa iusta, patet quomodo aliqui sunt vituperabiliter negotiatores, ut scilicet illi qui nec transferunt nec conservant nec eorum industria melioratur res venalis, nec certificatur aliquis alius simplex de valore rei emendae, sed modo emit ut statim sine omnibus istis condicionibus requisitis vendat: [...]." – Aus diesen zwei Bedingungen, welche für ein gerechtes Handelsgeschäft erforderlich sind, wird deutlich, warum einige Kaufmänner tadelnswert sind, wie nämlich jene, welche weder übertragen [= importieren/exportieren] noch verwahren/lagern noch durch ihren Fleiß die käufliche Sache verbessern noch einem anderen den Wert der zu verkaufenden Sachen bestätigen, sondern nur ankaufen, um sofort ohne diese ganzen erforderlichen Bedingungen zu verkaufen.*

1286 *Duns Scotus*, Ord. IV (editio vaticana XIII), dist. 15, q. 2, n. 157, lin. 987–991, S. 97.

1287 Vgl. *Duns Scotus*, Ord. IV (editio vaticana XIII), dist. 15, q. 2, S. 97, Testimonia nr. 59; *Du Cange, Charles Du Fresne*, Glossarium mediae et infimae latinitatis, Tom. VII, Niort 1886, S. 97b: *„REGRATARII, REGRATATORES, Qui res emunt, ut possint postea pluris vendere, et aliquid de justo et solito earum pretio insuper corradere, unde vocabuli etymon, quod frustra ab Anglico deducit Skenaeus: nostris enim Corradere, Regrater dicitur.*"; *Johann Seyfrid*, Manuale vocabulorum, exoticorum, obscurorum, latino-barbarorum: e nonullorum scriptorum glossariis,

geschaffenen Warenmangel und das damit einhergehende gestiegene Käuferbedürfnis nach dieser Ware aus. *Duns Scotus* beschreibt die typische Situation einer marktbeherrschenden Stellung durch eine Monopolbildung – ohne dass er die Begrifflichkeit des Monopols verwendet. Er verurteilt derartiges Vorgehen aufs Schärfste.

III. Ergebnis zu C.

Es lässt sich festhalten, dass die Ausführungen des *Duns Scotus* zu den einzelnen Voraussetzungen der verschiedenen Vertragsarten den unverkennbaren Schwerpunkt innerhalb seiner Restitutionslehre bilden. Ausgangspunkt seiner „Vertragslehre" ist dabei stets die übergeordnete Frage nach der Restitution einer unrechtmäßig besessenen oder weggenommenen Sache. Vor dem Hintergrund dieser Ausgangsfrage sind sodann alle weiteren Ausführungen zu den einzelnen Vertragsgestaltungen zu verstehen. Es geht *Duns Scotus* letztlich bei jedem einzelnen Vertrag um die Bestimmung der Tauschgleichheit, der Leistungsäquivalenz, denn liegt ein Verstoß gegen die vertragsspezifischen Voraussetzungen vor, so begründet dieser Verstoß hinsichtlich der (unrechtmäßig) empfangenen Leistungen eine Restitutionspflicht *in foro conscientiae*. Zentrales Element eines jeden gerechten Vertrages stellt die Einhaltung der *iustitia commutativa* dar. Zwar qualifiziert *Duns Scotus* die *restitutio* nicht ausdrücklich wie *Thomas* als Akt der *iustitia commutativa*, seine Ausführungen zeigen aber, dass jeder Verstoß gegen die *iustitia commutativa* Restitutionspflichten *in foro conscientiae* auslöst. Innerhalb seiner Vertragslehre behandelt er letztlich Restitutionspflichten, die sich aus der Verletzung der *iustitia commutativa* im Rahmen des freiwilligen Güteraustausches – in Abgrenzung zu den sogleich näher zu betrachtenden Restitutionspflichten beim Diebstahl und Raub – ergeben.

Insgesamt zeichnet sich *Duns Scotus'* Darstellung der einzelnen Vertragsarten durch ihre Länge und ihr Detailreichtum aus; beides ist sowohl

---

lexicis, ..., Wiceburgi 1736, S. 582b: „*Regratarii, Regratatores*": „*qui res emunt, ut possint postea pluris vendere, & aliquid de justo & solito earum pretio insuper corradere. Id.*"." *Langholm*, Economics in the Medieval Schools (wie Fn. 248), S. 408, spricht diesbezüglich von einer mittelalterlichen Praxis: „*Scotus describes this class of immoral merchants in the Old French vernacular as regratiers, referring to the old medieval practice of buying up supplies in order to control local markets.*" Dazu auch: *Klein*, Zum Charakterbild des Johannes Duns Scotus (wie Fn. 245), S. 346.

der Komplexität der Materie, vor allem aber ihrer Aktualität im Wirtschaftsleben des frühen 14. Jahrhundert geschuldet.

Gleich mehrfach arbeitet *Duns Scotus* den freien Willen der Vertragsparteien als konstitutives Element des Vertrages heraus: So können die Parteien kraft ihres freien Willens von ihren individuellen Preisvorstellungen abweichen und einen Konsens, einen Vertragspreis finden. Beeinflusst durch *Olivi* vertritt *Duns Scotus* die Idee einer *latitudo* gerechter Preise, also die Vorstellung von der Tauschgleichheit als eine dynamische, bewegliche und flexible Größe. Einen besonderen Akzent, welcher zum Teil von der nachfolgenden Kommentarliteratur aufgegriffen wurde, setzt *Duns Scotus* zudem durch seine Lehre einer im Vertragskonsens integrierten Schenkung beim Kaufvertrag. Anders als beim Kaufvertrag, so besteht beim Darlehensvertrag die Tauschgleichheit nicht in Form einer *latitudo*, sondern es gilt zur Wahrung des Zinsverbotes ein striktes, arithmetisches Äquivalenzprinzip. Im Rahmen seiner ausführlichen Begründung des Zinsverbotes präsentiert *Duns Scotus* seiner Leserschaft zum Teil einzelne, spezifische Restitutionsfälle. Als besonders differenziert und komplex erweist sich die Zinstitellehre des *Duns Scotus*, welche er systematisch in solche auf Grundlage eines *pactum* und solche ohne jegliches *pactum* unterteilt. Ausführlich demonstriert *Duns Scotus* seiner Leserschaft durch eine Vielzahl an Einzelfällen die Anwendung und Handhabung der Lehren aus X 5.19.6, X 5.19.10, X 5.19.19. Wie an vielen Stellen seiner Kommentierung, so zeigt er sich auch in diesem Zusammenhang als Kenner speziell der kanonischen Lehren. Zuletzt rechtfertigt *Duns Scotus* den Handelsgewinn des Kaufmannes in besonderem Maße.

D. Die Restitution und die deliktischen Handlungen, v. a. der Diebstahl und Raub

Sehr kurz erwähnt *Duns Scotus* im dritten Artikel der zweiten Quästion, dass jegliche Inbesitznahme einer Sache gegen den Willen des Eigentümers eine Form der allgemeinen Ungerechtigkeit *(iniustitia generalis)* darstellt, wobei sowohl der Wille des gegenwärtigen als auch des nächsten Eigentümers beachtlich ist. Ausnahmen bilden die zuvor behandelte *praescriptio* und *ususcapio*. Im Falle der deliktischen Inbesitznahme der Sache findet keine Eigentumsübertragung statt.[1288] Es besteht die Pflicht zur Re-

1288 *Duns Scotus*, Ord. IV (editio vaticana XIII), dist. 15, q. 2, n. 169, lin. 59–66, S. 100: *„Item, praeter istas iniustitias partiales in istis contractibus vel commutatio-*

stitution des Erlangten. In Abgrenzung zu den Ungerechtigkeiten, welche im Rahmen der Eigentumsübertragung aufgrund einer privaten Autorität auftreten, ist diese Form der Ungerechtigkeit laut *Duns Scotus* leichter zu erkennen.[1289]

E. Die Restitution und der Ehebruch der Frau (adulterium)

Ebenfalls innerhalb seiner zweiten Quästion behandelt *Duns Scotus* die Rückerstattung einer unrechtmäßig erworbenen Erbschaft.[1290] Dieser Fallkonstellation liegt der Ehebruch der Ehefrau *(adulterium)* zu Grunde, welche aus dem Ehebruch einen Sohn empfangen hat.[1291] Den Ehebruch des Ehemannes behandelt *Duns Scotus* nicht.[1292] Es stellt sich für *Duns*

---

nibus, est una iniustitia generalis, quando aliquis usurpat rem alienam domino simpliciter invito, et hoc tam domino proximo quam remoto, scilicet legislatore, qui non vult, immo prohibet illam rem occupari invito domino, nisi in casibus praescriptionis et usucapionis. In istis autem non est translatio dominii, scilicet in furto, rapina et huiusmodi, licet sit violenta occupatio rei cuius est dominium; […]." – *Ebenso existiert außer dieser teilweisen Ungerechtigkeiten bei diesen Verträgen oder auch bei Tauschgeschäften eine allgemeine Ungerechtigkeit, wenn irgendjemand eine fremde Sache schlechthin gegen den Willen des Eigentümers in Besitz nimmt und dies sowohl gegen den Willen des nächsten als auch des vorherigen [entfernteren] Eigentümers. Der Gesetzgeber will das nämlich nicht – im Gegenteil, er verbietet, dass jene Sache gegen den Willen des Eigentümers besessen wird, außer in den vorgenannten Fällen der praescriptio und usucapio. In diesen Fällen aber findet die Übertragung des Eigentums nicht statt, z. B. beim Diebstahl, Raub und derartigen Fällen, obwohl es eine gewaltsame Inbesitznahme einer Sache, die einem anderen gehört, darstellt.*

1289 *Duns Scotus*, Ord. IV (editio vaticana XIII), d. 15, q. 2, n. 169, lin. 66–68, S. 100: „*[...] et ista iniustitia manifestior est quacumque alia, ubi propter solam defectuosam condicionem est iniustitia in translatione vel commutatione, ut est in casibus supradictis.*" – *[...] und diese Ungerechtigkeit ist deutlicher als in jedem anderen Fall, in welchem wegen nur einer fehlenden Bedingung eine Ungerechtigkeit bei der Übertragung oder beim Tausch vorliegt, so wie es in den oben genannten Fällen ist.*

1290 Diesbezügliche Sekundärliteratur: *Seeberg*, Die Theologie des Duns Scotus (wie Fn. 120), S. 559–560.

1291 Ausführlich zum Ehebruch *(adulterium)*: *Andreas Roth*, Art. Ehebruch, in: HRG I, 2. Auflage (2008), Sp. 1213–1215;. *Leah Otis-Cour*, „*De jure novo*". Dealing with Adultery in the Fifteenth-Century Toulousain, in: Speculum 84/2 (2009), S. 347–392.

1292 Im Unterschied zum römischen Recht erstreckt sich im kanonischen Recht das *adulterium* auch auf den Ehebruch des Ehemannes, *Decretum Gratiani*, secunda pars, c. 32, q. 5, c. 23 (CIC I, Sp. 1138): „*In utroque sexu adulterium pari*

Scotus die Frage, ob und inwieweit der uneheliche Sohn und/oder die Ehefrau selbst dem ehelichen Sohn, welcher der rechtmäßige Erbe ist, oder anderen potentiellen Erben die Erbschaft beziehungsweise ein Äquivalent erstatten müssen. Es geht *Duns Scotus* im Zusammenhang mit dem Ehebruch *(adulterium)* daher stets auch um Fragen der Vereitelung beziehungsweise Entwertung der legitimen Erbschaftsansprüche der ehelichen Kinder. Maßgeblich ist in diesem Zusammenhang, ob die Ehefrau ihre Schuld ihrem unehelichen Sohn und/oder Ehemann offenbaren muss und ihr somit eine Mitteilungs- beziehungsweise Offenbarungspflicht obliegt. Diese Frage ist im Hinblick auf eine mögliche Rufschädigung und weitere drohende Gefahren für die Ehefrau von besonderer Bedeutung.

Duns Scotus verortet den Ehebruch systematisch innerhalb seiner Bezugnahme auf die *argumenta principalia* (Eingangs-/Anfangsargumente) der zweiten Quästion, denn die drohenden Gefahren wie zum Beispiel die Rufschädigung der Ehefrau könnten einen Ausschluss beziehungsweise Beschränkungen der Restitutionspflicht begründen und im Ergebnis zu einer Verneinung der aufgeworfenen Frage nach der Restitution einer weggenommenen Sache *(Utrum quicumque iniuste abstulerit vel detinet rem alienam, teneatur illam restituere, ita quod non possit vere poenitere absque tali restitutione)* führen. Anders als zum Beispiel seine gesamte „Vertragslehre" ist die scotische Lehre vom Ehebruch kein Bestandteil seiner besonderen, im *corpus* der zweiten Quästion entfalteten, Lehren. In dieser Arbeit findet der Ehebruch auch innerhalb der allgemeinen Restitutionslehren mit Verweis auf weitere Ausführungen an dieser Stelle kurz Erwähnung.[1293] Die vertiefte Auseinandersetzung mit der sich aufzeigenden Problematik

---

ratione punitur." Dazu: *Otis-Cour*, *„De jure novo"*. Dealing with Adultery (wie Fn. 1291), S. 380–392; *Vern L. Bullough*, Medieval Concepts of Adultery, in: Arthuriana 7/4 (1997), S. 5–15, 10; *Hans Bennecke*, Die strafrechtliche Lehre vom Ehebruch in ihrer historisch-dogmatischen Entwicklung, 1. (einzige) Abteilung: Das römische, kanonische und das deutsche Recht bis zur Mitte des 15. Jahrhunderts, Aalen 1971 (ND der Ausgabe Marburg a. d. L. 1884), S. 34. Ausführlich fasst *Bennecke*, op. cit., S. 65–78, die Entwicklungen auch im Hinblick auf die Begriffsausweitung im kanonischen Recht zusammen. Zur Strafpraxis beim Ehebruch der Ehefrau: *Bennecke*, op. cit., v. a. in Bezug auf das kanonische Recht: S. 34–78; *Bullough*, op. cit., insbs. S. 10–11; *Otis-Cour*, op. cit., S. 347–392; *Eva Cantarella*, Homicides of Honor. The Development of Italian Adultery Law of Two Millennia, in: The Family in Italy from Antiquity to the Present, hrsg. v. David I. Kertzer; Richard P. Saller, New Haven, CT [u. a.] 1991, S. 229–244. Im Allgemeinen: *James A. Brundage*, Law, Sex, and Christian Society in Medieval Europe, Chicago [u. a.] 1987.

1293 § 6.E.III.

beim Ehebruch *(adulterium)* findet in vorliegenden Arbeit in diesem Abschnitt statt. Dies vor allem, weil die Thematik des *adulterium* im Vergleich zu den soeben behandelten Restitutionsfällen bemerkenswert viel Raum innerhalb der scotischen Lehre einnimmt: Nach der sehr ausführlich behandelten „Vertragslehre" und der Restitution körperlicher Schäden (q. 3) sowie der Restitution von Rufschäden (q. 4) bildet der Themenkomplex des *adulterium* einen weiteren Schwerpunkt innerhalb der scotischen Restitutionslehre. Darüber hinaus begründen die Gefahren wie eine mögliche Rufschädigung der Ehefrau nicht schlechterdings einen Ausschluss der Restitutionspflicht. Vielmehr nimmt *Duns Scotus* eine detaillierte Abwägung zwischen den divergierenden Interessen und den gefährdeten Rechtsgütern vor, welche ihn zwar zu einer signifikanten Einschränkung der Restitutionspflicht veranlasst, jedoch in keinem Fall zu ihrem gänzlichen Ausschluss führt.

Dass im Zusammenhang mit dem *adulterium* typischerweise Fragen einer Offenbarungspflicht und eines Ausschlusses beziehungsweise einer Beschränkung der Restitutionspflicht besprochen wurden, zeigen auch die Ausführungen des *Francisco de Vitoria.* Bei *Vitoria* findet sich eine ausführliche Stellungnahme zum *adulterium* im Rahmen seiner Kommentierung der *II-II, q. 62, art. 6* als einen Fall des möglichen Ausschlusses der Restitution aufgrund einer drohenden Rufschädigung.[1294] *Thomas von Aquin* ging in seiner *Summa theologiae II-II, q. 62, art. 6* ganz allgemein der Frage des Ausschlusses der Restitutionspflicht nach. In diesem Kontext lehrte er, dass man gehalten sei, seine Taten in der Beichte zu gestehen und eine Rückgabe entwendeter fremder Sachen durch den Beichtvater zu veranlassen, nicht aber unter allen Umständen seine Taten öffentlich gestehen zu müssen.[1295] Eine ausdrückliche Erörterung dieser Problematik beim Ehebruch findet man bei ihm hier jedoch nicht. Was diesen Abhandlungen – unabhängig davon, ob das *adulterium* wie bei *Duns Scotus* innerhalb des *liber IV, dist. 15, q. 2* oder innerhalb der thomasischen Ordnung, *II-II, q. 62 [art. 6]*, behandelt wird – gemein ist, ist, dass es den Moraltheologen stets maßgeblich um die Frage einer Offenbarungspflicht der Ehefrau ge-

1294 *Francisco de Vitoria*, ComSth II-II (Stüben), q. 62, art. 6, n. 9–21, S. 90–123. Zur Würdigung der Lehre des *Vitoria* über das *adulterium* im Rahmen seiner Restitutionslehre: *Repgen*, De restitutione – Fortsetzung der kommentierenden Einführung (wie Fn. 225), S. XXXVI–XXXVII. Vgl. auch knapp die Erwähnung des Ehebruches in der spätscholastischen Diskussion bei: *Jansen*, Theologie, Philosophie und Jurisprudenz (wie Fn. 4), S. 108–109.

1295 *Thomas von Aquin*, Sth II-II, q. 62, art. 6, S. 307, „*Ad secundum*". Vgl. auch die Ausführungen von: *Weinzierl*, Hochscholastik (wie Fn. 16), S. 194–195.

genüber ihrem unehelichen Sohn oder auch Ehemann ging, wobei die Pflicht zur Offenbarung überwiegend von den drohenden Gefahren für die Ehefrau abhing.[1296]

Betrachtet man nun die scotischen Ausführungen, so zeigt *Duns Scotus* zunächst zwei mögliche Lösungen des sich stellenden Problems auf und präsentiert sodann unter ausführlicher Widerlegung beider Ansichten seine eigene, differenzierte Lösung.

„Ad illud de adultera, dicitur multipliciter:	Zu dem Argument über die Ehebrecherin werden mehrere Antworten gegeben:
Uno modo[1297], quod ipsa debet revelare casum suum sive peccatum suum filio suo spurio, et inducere eum ad dimittendum hereditatem vero heredi per hoc quod iniuste occupat eam, quia non est sua.	Einerseits, dass dieselbe ihren Fall oder ihre Sünde ihrem unehelichen Sohn offenbaren und diesen dazu bewegen soll, die Erbschaft dem wahren Erben deshalb zurückzulassen, weil er diese unberechtigterweise besitzt, weil sie ihm nicht gehört.

1296 Vgl. zum Beispiel die Ausführungen von: *Richardus de Mediavilla*, Sent., lib. IV, dist. 15, art. 5, q. 4, S. 221b–222a, *„Ad nonu.[m]"*; *Johannes Bassolis*, Sent., Parisiis 1517, lib. IV, dist. 15, q. 2, fol. LXXXVIIIra; *Johannes Maioris*, Sent. IV, Parisiis 1519, dist. 15, q. 17, fol. CXIIva–CXIIIIra; *Antoninus von Florenz*, Summa theologica, pars secunda, Veronae 1740, tit. II, cap. VII, §. IV, Sp. 405–409; *Bernhardin von Siena*, Quadragesimale, de Christiana religione, in: Opera Omnia, synopsibus ornata, postillis illustrata, necnon variis tractatibus, ..., Tom. I, opera et labore R. P. Joannis de la Haye, Parisini..., Lugduni 1650, feria V, sermo XXXVIII, post. 4, cap. III, S. 194a–195b; *Francisco de Vitoria*, ComSth II-II (Salamanca 1934), q. 62, art. 6, n. 8–21, S. 179–191; *Antonius Hiquaeus Hibernus*, Commentarius, in: *Duns Scotus*, Ord. IV (Wadding-Vivés XVIII), dist. 15, q. 2, n. 199–202, S. 351b–353b; *Domingo de Soto*, De iustitia et iure, Salmanticae 1556 (Faksimiledruck: Madrid 1968, Tom. II), lib. IV, q. 7, art. 2, S. 371a–372b; *Juan de Lugo*, De iustitia et iure, Tomus primus, Lugduni 1646, disp. XIII, sectio III, S. 341b–351b. Argumentativ wird die Ablehnung einer Offenbarung der Ehefrau zum Teil auch mit der Zugehörigkeit der gefährdeten Rechtsgüter (Ruf, Leben) der Ehefrau zu einer höherrangigen Ordnung vor allem in der Spätscholastik begründet, anders aber z. B. bei: *Juan de Lugo*, De iustitia et iure, Tomus primus, Lugduni 1646, disp. XIII, sectio III, n. 46, S. 346b–347a.

1297 Laut Quellenapparat der *editio vaticana* (Tom. XIII) „F[ontes]" ad lin. 314, S. 110, sowie des Kommentars des *Antonius Hiquaeus Hibernus*, Commentarius, in: *Duns Scotus*, Ord. IV (Wadding-Vivés XVIII), dist. 15, q. 2, n. 199, S. 351b, soll es sich um die Ansicht des *Richardus de Mediavilla* handeln. *Richardus de Mediavilla*, Sent., lib. IV, dist. 15, art. 5, q. 4, S. 221b–222a, *„Ad nonu.[m]"*.

Aliter[1298] dicitur (quod minus valet) quod debet revelare culpam suam marito, ut assignet hereditatem vero heredi; quod licitum est secundam iura imperialia, ubi testans primo in testamento instituit heredem."[1299]	Andererseits sagt man (was weniger wiegt), dass sie ihre Schuld ihrem Ehemann offenbaren soll, damit er die Erbschaft dem wahren Erben zuteilt; was nach den kaiserlichen Rechten erlaubt ist, wo der Testierende den Erben primär [hauptsächlich] im Testament einsetzt.

Entweder soll die Ehefrau sich ihrem unehelichen Sohn und illegitimen Erben mitteilen und diesen dazu bewegen, die Erbschaft dem legitimen Erben – also dem ehelichen Sohn – herauszugeben (1. Ansicht), oder sie soll sich ihrem Ehemann offenbaren, damit dieser die Erbschaft dem ehelichen Sohn und legitimen Erben durch Testamentseinsetzung zuteilt (2. Ansicht). Die von *Duns Scotus* referierten Meinungen unterscheiden sich vor allem hinsichtlich des Adressaten der Mitteilungspflicht. Nach der Ansicht des *Duns Scotus* erscheint die erste Meinung vorzugwürdig.

Im Hinblick auf die von *Duns Scotus* referierten Ansichten wird im Folgenden Bezug auf die im Quellenapparat (F) der *editio vaticana* sowie die im Kommentar des *Antonius Hiquaeus Hibernus* aufgeführten Autoren genommen. Dass *Duns Scotus* obiger Hinweis auf Lehrmeister, deren Meinungen er letztlich nicht teilt, auch anderen Autoren als den nachfolgend aufgeführten gelten könnte, bleibt dabei wie auch an anderen Stellen dieser Arbeit möglich. In dieser Arbeit wird der Blick der Leserschaft auf mögliche Quellenbezüge des *Duns Scotus* und mögliche Interpretationsansätze gelenkt, so auch beim *adulterium*.

1298 Laut Quellenapparat der *editio vaticana* (Tom. XIII), „F[ontes]“ ad lin. 318, S. 111, sowie des Kommentars des *Antonius Hiquaeus Hibernus*, Commentarius, in: Duns Scotus, Ord. IV (Wadding-Vivés XVIII), dist. 15, q. 2, n. 199, S. 351b, bezieht sich *Duns Scotus* auf die Ansicht des *Hostiensis*. Die *editio vaticana* verweist konkret auf den folgenden Quellentext: „*Henricus de Segusia [de Susa], card. Ostiensis, Summa super titulis Decretalium, V, "De poenitentiis et remissionibus" (ed. Lugduni 1517, f. 508vb–509ra).*“ In der in dieser Arbeit verwendeten Ausgabe „Coloniae (Lazarus) 1612“, finden sich Ausführungen zum *adulterium* in: lib. 5, tit. 38 *(De Poenitentiis & remissionibus)*, n. 61, Sp. 1640–1641.

1299 *Duns Scotus*, Ord. IV (editio vaticana XIII), dist. 15, q. 2, n. 205–206, lin. 313–321, S. 110–111.

I. Die Offenbarung des Ehebruches gegenüber dem unehelichen Sohn und illegitimen Erben

Laut Quellenapparat der *editio vaticana* sowie des in der *Wadding-Vivés* Ausgabe abgedruckten Kommentars des *Antonius Hiquaeus Hibernus* soll es sich bei der ersten von *Duns Scotus* aufgeführten Ansicht um die seines Ordensbruders *Richardus de Mediavilla* handeln.

Im vierten Buch seines Sentenzenkommentars spricht sich *Richardus* für die Offenbarung beziehungsweise Mitteilung der Ehefrau gegenüber ihrem unehelichen Sohn aus.

„Ad nonum dicendum, q[uod] illa mulier non excusatur quin teneat ad restitutione[m] post mortem viri, nisi filius persuasus a matre voluerit haereditatem reddere,	Zum neunten Argument ist zu sagen, dass jene Frau nicht entschuldigt wird, ja vielmehr soll sie für die Restitution nach dem Tod des Mannes haften, außer wenn der Sohn von der Mutter überzeugt worden ist, die Erbschaft zurückgeben zu wollen;
non tamen tenetur credere matri, nisi possit sibi facere certam fide[m], q[uod] non suscepit eum de suo marito: [...].	dennoch ist er nicht verpflichtet, seiner Mutter zu glauben, es sei denn sie könnte ihn in sicheren Glauben darüber versetzen, dass sie ihn nicht von ihrem Ehemann empfangen hat: [...].
Non tenebitur tame[n] ad restitue[n]dum totum valorem heareditatis, quia quando suscepit filium de adulterio multa potera[n]t impedire ne haereditas devolveretur ad alium quem mulier damnificavit,	Dennoch wird sie nicht zu einer Restitution des ganzen Wertes der Erbschaft verpflichtet sein, weil wenn sie einen Sohn aus einem Ehebruch empfangen hat, konnten viele [Dinge] verhindern, dass die Erbschaft auf den anderen, welchen die Frau geschädigt hat, übertragen wurde [bzw. übergegangen ist];
sed tenebitur ad interesse ad arbitrium bonorum,	sondern sie wird verpflichtet sein zum Ersatz des *interesse* nach einem Urteil rechtschaffener Männer,

nec potest excusari per illam legem supra allegata[m] in solutione art. 7. quia praecidens venas cursus aquae non fecit, nisi quod sibi facere licuit:	Sie kann weder durch jenes Gesetz, das in der Lösung des siebten Artikels aufgeführt worden ist, entschuldigt werden, weil derjenige, der Wasseradern des Wasserslaufs abschneidet, es nicht gemacht hätte, außer wenn ihm dies [zu tun] erlaubt wäre.
haec autem adultera factum illicitum facit: & sicut dicitur ff. de reg. iur. Nemo ex suo delicto conditionem potest facere meliorem."[1300]	Diese Ehebrecherin aber hat eine verbotene Tat begangen: Und wie in D. 50.17.134.1 gesagt wird: Niemand kann durch sein Verbrechen einen besseren Zustand erlangen.

Richardus plädiert für die Offenbarung der Mutter gegenüber ihrem unehelichen Sohn, damit dieser auf die Erbschaft verzichtet. Andernfalls ist die Mutter zur Restitution der Erbschaft verpflichtet, wobei der Ersatz des *interesse* genügt. Auch hier verweist *Richardus* auf die Festlegung durch das Urteil rechtschaffener Männer *(ad arbitrium bonorum)*. Mit seinem obigen Verweis auf die Lösung des siebten Artikels *(nec potest excusari per illam legem supra allegata in solutione art. 7)* bezieht sich *Richardus* auf seine Lösung des siebten Eingangsarguments *(argumentum principale)* in *lib. IV, dist. 15, art. 5, q. 4* – denn im 14. und 15. Abschnitt des vierten Buches liegt kein siebter Artikel vor, auf welchen er sich beziehen könnte. In seiner Stellungnahme zum siebten Argument in *lib. IV, dist. 15, art. 5, q. 4* allegiert *Richardus* (vermutlich) die Digestenstelle D. 39.3(.1.12), auf welche er im obigen Zitat inhaltlich auch Bezug nimmt.[1301] Im obigen Zitat allegiert er zudem die in D. 50.17.134.1 enthaltene *regula iuris*, nach welcher niemand aus seinem rechtswidrigen Handeln einen Vorteil ziehen darf. Die Ehefrau handelt unredlich und ist daher restitutionspflichtig.

1300 *Richardus de Mediavilla*, Sent., lib. IV, dist. 15, art. 5, q. 4, S. 221b–222a, *„Ad nonu.[m]"*. Vgl. D. 50.17.134.1 (Corpus iuris civilis I, S. 924a).

1301 Vgl.: D. 39.3.1.12 (Corpus iuris civilis I, S. 645b). Die Ausführungen des *Richardus*, welche er im Rahmen des siebten Artikels tätigt, werden in dieser Arbeit innerhalb der scotischen Lehre über die Restitution eines Benefiziums gewürdigt, denn *Duns Scotus* gibt innerhalb seiner Stellungnahme zum Benefizium letztlich den exakten Wortlaut des *Richardus* (art. 7) wieder. Es zeigt sich, dass sowohl *Richardus* als auch *Duns Scotus* zwar ausdrücklich D. 39.1.2 allegieren, sich inhaltlich aber vermutlich auf D. 39.3.1.12 beziehen. Siehe hierzu: § 5.F.III.

Duns Scotus widerlegt diese Ansicht sowohl für den Fall, dass der uneheliche Sohn seiner Mutter glaubte, als auch für den umgekehrten Fall, dass er ihr schon keinen Glauben schenkte.[1302]

Gegen die Offenbarung ihrer Schuld gegenüber ihrem unehelichen Sohn, auch dann wenn dieser ihren Worten Glauben schenkte, äußerst *Duns Scotus* die Vermutung, dass der uneheliche Sohn nicht gewillt wäre, auf die Erbschaft zu verzichten, die er nach weltlichem Recht behalten dürfte.[1303] Dass die unehelichen Söhne in dem von *Duns Scotus* geschilderten Fall die Erbschaft nach weltlichem Recht behalten dürften, scheint sich aus dem Gedanken zu ergeben, dass die Mutter in diesem Fall lediglich eine Offenbarungspflicht gegenüber ihrem Sohn zukommt und der Ehebruch gerade nicht weiter öffentlich bekannt gemacht wird. Damit würde ein gerichtlicher Beweis für den Ehebruch scheitern. Den Gedanken, dass der Sohn, welcher seiner Mutter Glauben schenkte, höchstwahrscheinlich nicht auf die Erbschaft verzichtete, liest man bei *Richardus* gerade nicht.

Darüber hinaus lehrt *Duns Scotus*, könne die Mutter schon nicht davon ausgehen, dass ihr unehelicher Sohn ihr überhaupt glauben wird und bereit ist, auf die Erbschaft zu verzichten.[1304] Den Gedanken, dass der Sohn schwerlich zu überzeugen ist und der Mutter möglicherweise nicht glauben wird, äußert auch *Richardus* im obigen Zitat *(non tamen tenetur credere matri, nisi possit sibi facere certam fide, q[uod] non suscepit eum de suo marito)*. Allerdings plädiert er für eine Restitutionspflicht der Mutter ohne eine explizite Hervorhebung etwaiger Risiken oder Gefahren, die mit einer Offenbarung sowohl für die Mutter als auch den unehelichen Sohn einhergehen. Für *Duns Scotus* folgt aus dieser Ungewissheit, dass die Mutter sich ihrem Sohn nicht mitzuteilen und sich nicht der sicheren Gefahr einer

---

1302 *Duns Scotus*, Ord. IV (editio vaticana XIII), dist. 15, q. 2, n. 207, lin. 322–323, S. 111: *„Contra primam responsionem: quia aut filius crederet matri, aut non."* – *Gegen die erste Antwort: Weil entweder glaubte der Sohn seiner Mutter oder nicht.*

1303 *Duns Scotus*, Ord. IV (editio vaticana XIII), dist. 15, q. 2, n. 207, lin. 323–326, S. 111: *„Si autem crederet, non est probabile quod propter hoc dimitteret hereditatem, quia pauci inveniuntur ita perfecti ut, propter iustitiam servandam in foro Dei, dimittant magnas possessiones quas possunt tenere iure exteriore, [...]."*– *Wenn er ihr aber glaubte, ist es nicht wahrscheinlich, dass er deswegen auf die Erbschaft verzichtete, weil nur wenige Menschen zu finden sind, die so vollkommen sind, dass sie wegen der im Forum Gottes zu wahrenden Gerechtigkeit auf große Besitztümer verzichten, welche sie gemäß weltlichem Recht behalten könnten, [...].*

1304 *Duns Scotus*, Ord. IV (editio vaticana XIII), dist. 15, q. 2, n. 207, lin. 326–327, S. 111: *„[...] nec hoc etiam potest mater praesumere, nisi multum prius experta fuisset voluntatem filii sui; [...]."* – *[...] auch kann die Mutter dies nicht voraussetzen, außer wenn sie vielmehr zuvor den Willen ihres Sohnes erfahren hätte.*

Diffamierung auszusetzen hat. Gesetzt den Fall, dass der Sohn ihr nicht glauben würde, so folgten nämlich zwei Übel: die Diffamierung der Frau sowie das Zurückhalten der Erbschaft.[1305]

Schließlich weist *Duns Scotus* die Ansicht des *Richardus* mit den Argumenten einer geringen Erfolgsaussicht eines Erbverzichts des unehelichen Sohnes (1) sowie der erhöhten Gefahrenlage für die Ehefrau, wenn dieser ihr bereits nicht glaubte (2), zurück. *Duns Scotus* richtet seine Lösung entscheidend nach den typischerweise zu erwartenden Verhaltensweisen der beteiligten Personen aus. Für *Duns Scotus* steht die Unsicherheit des (Restitutions-)Erfolges außer Verhältnis zu den drohenden Gefahren für die Ehefrau.[1306] Daher rät er der Ehefrau nicht dazu, sich ihrem unehelichen Sohn zu offenbaren.

II. Die Offenbarung des Ehebruches gegenüber dem Ehemann

Nach der zweiten von *Duns Scotus* vorgetragenen Ansicht soll sich die Ehefrau ihrem Ehemann offenbaren. Die *editio vaticana*[1307] sowie der in der *Wadding-Vivés*-Ausgabe abgedruckte Kommentar des *Antonius Hiquaeus Hibernus*[1308] verweisen diesbezüglich auf die Lehre des *Henricus de Segusia (Hostiensis)*. *Hostiensis* spricht sich in seiner *Summa aurea* unter anderem dafür aus, dass sich die Ehefrau ihrem Beichtvater anvertrauen soll, damit dieser ihr ein Genugtuungswerk aufgibt und sie im Hinblick auf das weitere Vorgehen berät. Eine seitens des Beichtvaters unter Beachtung der Person des Ehemannes, ihrer eigenen Person sowie der des unehelichen Sohnes vorgenommene Beurteilung der möglichen Gefahren, die insbe-

---

1305 *Duns Scotus*, Ord. IV (editio vaticana XIII), dist. 15, q. 2, n. 207, lin. 327–331, S. 111: „*[...] non autem debet se exponere certo periculo diffamationis apud filium suum, propter incertam correctionem filii. Si vero non crederet, tunc essent duo mala, quia ipsa esset diffamata, et ipse teneret hereditatem ut prius.*" – *[...] sie muss sich wegen der unsicheren Zurechtweisung [Korrektur] des [ihres] Sohnes aber nicht der sicheren Gefahr der Diffamierung gegenüber ihrem Sohn aussetzen. Wenn er ihr tatsächlich nicht glaubte, dann gäbe es zwei Übel, weil sie in Verruf geraten und er die Erbschaft behalten würde, wie zuvor.*

1306 Hinsichtlich der Ausrichtung der Antwort des *Duns Scotus* an den Erfolgsaussichten formuliert *Seeberg*, Die Theologie des Duns Scotus (wie Fn. 120), S. 559: „*Der Erfolg widerspricht also auch hier einem Geständnis.*"

1307 *Duns Scotus*, Ord. IV (editio vaticana XIII), dist. 15, q. 2, „F[ontes]" ad lin. 318, S. 111.

1308 *Hiquaeus Hibernus*, Commentarius, in: Duns Scotus, Ord. IV (Wadding-Vivés XVIII), dist. 15, q. 2, S. 351b.

sondere der Ehefrau im Falle der Offenbarung des Ehebruches gegenüber ihrem Ehemann drohen, entscheidet sodann über die Forderung einer Offenbarung ihrer Schuld gegenüber ihrem Ehemann.[1309] Es ist diese Beurteilung, welche über das weitere Vorgehen, nämlich vor allem über die mögliche Mitteilung des Ehebruches gegenüber dem Ehemann entscheidet.

Hostiensis merkt explizit an, dass die Ehefrau letztlich das freiwillige Anfertigen eines Testaments des Ehemannes durch eine fehlende Offenbarung gegenüber ihrem Ehemann zu verhindern scheint. Entweder hätte der Ehemann noch andere Söhne oder Eltern, welche auch ohne ein Testament in der Erbfolge aufrücken würden, oder er hätte andere Erben eingesetzt oder deshalb davon abgesehen, sie als Erben einzusetzen.[1310] Darüber hinaus führt *Hostiensis* ausdrücklich Konstellationen auf, in welchen eine Offenbarung der Schuld gegenüber dem Ehemann möglich ist, weil mit ihr keinerlei Gefahren für die Ehefrau verbunden sind. So zum Beispiel, wenn die Ehefrau ihren Mann, wie in der Lombardei vielfach bekannt, beherrscht oder auch wenn der Ehebruch mit Einverständnis des Ehegatten geschah oder weil eine Schwangerschaft zwischen dem Ehepaar selbst nicht möglich ist.[1311] In all diesen Fällen drohen der Ehefrau keinerlei Gefahren im Falle einer Offenbarung. Dabei handele es sich laut *Hostiensis* aber nicht um die Mehrzahl der Fälle, denn in der Regel sei davon auszugehen, dass der Ehefrau Gefahren drohen.[1312]

Scheidet eine Offenbarung gegenüber dem Ehemann aufgrund der Vielzahl der drohenden Gefahren aus, so soll die Schuld der Ehefrau im Geheimen, das heißt unter Anraten des Beichtvaters, ihrem unehelichen Sohn und illegitimen Erben mitgeteilt und darauf hingewirkt werden, dass dieser zum Beispiel in einen Orden eintritt sowie die noch vorhandene Erbschaft zurücklässt.[1313] Ist jedoch nicht davon auszugehen, dass der Sohn seiner Mutter Glauben schenken und den Rat des Beichtvaters befolgen wird, so entfällt die Mitteilung gegenüber dem Sohn, wobei die Ehefrau

---

1309 *Hostiensis*, Summa aurea, Coloniae 1612, lib. V, tit. 38: *De poenitentiis et remissionibus*, n. 61 (*„Quibus et qualiter“*), Sp. 1640, *„Quid de muliere...“*.

1310 *Hostiensis*, Summa aurea, Coloniae 1612, lib. V, tit. 38: *De poenitentiis et remissionibus*, n 61 (*„Quibus et qualiter“*), Sp. 1640.

1311 *Hostiensis*, Summa aurea, Coloniae 1612, lib. V, tit. 38: *De poenitentiis et remissionibus*, n 61 (*„Quibus et qualiter“*), Sp. 1640.

1312 *Hostiensis*, Summa aurea, Coloniae 1612, lib. V, tit. 38: *De poenitentiis et remissionibus*, n. 61(*„Quibus et qualiter“*), Sp. 1641.

1313 *Hostiensis*, Summa aurea, Coloniae 1612, lib. V, tit. 38: *De poenitentiis et remissionibus*, n. 61(*„Quibus et qualiter“*), Sp. 1641.

auch dann nicht von der Pflicht zur Restitution befreit wird, sondern zur Restitution durch eigene Güter verpflichtet bleibt.[1314]

Wie *Hostiensis* lehrte auch *Raimundus de Pennaforte*, dass die Ehefrau auch ohne eine Offenbarung ihrem Ehemann gegenüber Buße tun kann (vgl. X 5.38.9). Und auch *Raimundus* rät in seiner *Summa paenitentia* der Ehefrau dazu, sich dem Beichtvater mitzuteilen, welcher unter Berücksichtigung der Person des unehelichen Sohnes entweder zu einer Offenbarung dem unehelichen Sohn gegenüber und Einwirkung auf diesen, damit er beispielsweise in die Ferne geht, rät. Falls diese Mitteilung aber nicht ohne Gefahren möglich erscheint, so bleibt die Frau zur Restitution durch ihre eigenen Güter (unter Mithilfe des Beichtvaters) verpflichtet.[1315]

Zusammenfassend spricht sich *Hostiensis* in einem ersten Schritt für eine Offenbarung gegenüber dem Ehemann mit Hilfe des Beichtvaters aus und erst sekundär für die Mitteilung gegenüber dem unehelichen Sohn; zuletzt bleibt die Restitution durch eigene Güter der Ehefrau bestehen. Der Vergleich der Lehre des *Hostiensis* mit der des *Raimundus* zeigt, dass dieses erste Anraten bei *Raimundus* nicht zu finden ist, so dass sich sagen lässt, dass *Hostiensis* für ein dreistufiges Vorgehen plädiert, *Raimundus* für ein zweistufiges. Einer möglichen Offenbarung des Ehebruches ist bei beiden stets die Beichte gegenüber dem Beichtvater und dessen Beurteilung der Gefahrenlage vorangestellt. Drohen der Ehefrau, wie in den von *Hostiensis* benannten Fällen, schon keinerlei Gefahren, so soll die Ehefrau sich ihrem Ehemann mitteilen. Denn durch eine Geheimhaltung verhinderte die Ehefrau möglicherweise das freiwillige Anfertigen eines Testaments durch den Ehemann.

Die zweite Ansicht vermag *Duns Scotus* keineswegs zu überzeugen, denn gegen sie sprechen seiner Meinung nach noch weitaus gewichtigere Gründe als gegen die erste Meinung:

1314 *Hostiensis*, Summa aurea, Coloniae 1612, lib. V, tit. 38: *De poenitentiis et remissionibus*, n. 61, Sp. 1641.

1315 *Raimundus de Pennaforte*, Summa de paenitentia (ed. Ochoa/Diez), lib. II, tit. V, n. 11, Sp. 476–477; X 5.38.9 (CIC II, Sp. 886). Zur Lehre des *Raimundus*: *Weinzierl*, Hochscholastik (wie Fn. 16), S. 98–99.

„Contra secundam responsionem arguitur, quia mulier se diffamat et exponit se periculo mortis, et maritum periculo uxoricidii, quia talis posset esse zelator (ut sunt multi), qui illam occideret vel saltem haberet odio, et a se et ab actu coniugii expelleret.	Gegen die zweite Antwort argumentiert man, dass die Frau sich in Verruf bringt und sich der Gefahr des Todes aussetzt und ihren Ehemann der Gefahr des Ehegattenmordes, weil er ein solcher Eiferer sein könnte (wie es viele sind), welcher sie töten oder wenigstens [ihr gegenüber] Hass empfinden würde und sie sowohl von sich als auch vom ehelichen Akt verbannen würde.
Ad ista autem mala diffamationis, mortis, vel saltem odii vel discordiae, quae sunt valde probabilia et videntur ut in pluribus eventura, non debet mulier se exponere propter incertum bonum hereditatis restituendae.	Wegen des unsicheren Umstandes, dass die Erbschaft auch zurückerstattet wird, muss die Frau sich diesen Übeln der Diffamierung, des Todes oder zumindest des Hasses oder auch der Zwietracht, welche sehr wahrscheinlich sind und sich in vielen Fällen ereignet zu haben scheinen, nicht aussetzen.
Et praeter hoc, in terris ubi primogenitus universaliter est heres, pater – si crederet uxori – non posset a spurio auferre hereditatem, nisi in foro publico probaret eam talem; et tunc oporteret mulierem diffamari non tantum apud maritum, sed apud totam patriam.“[1316]	Und darüber hinaus könnte der Vater – falls er seiner Gattin glaubte – in Ländern, wo der Erstgeborene im Allgemeinen der Erbe ist, die Erbschaft von dem falschen Erben nicht wegnehmen, außer wenn er in einem öffentlichen Forum einen solchen Beweis erbringen würde. Und dann müsste sich die Ehefrau nicht nur gegenüber ihrem Ehemann, sondern gegenüber dem ganzen Vaterland in Verruf bringen.

Durch eine Mitteilung gegenüber ihrem Ehemann würde die Frau sich nicht nur in Verruf bringen, sondern sich der Gefahr des Todes sowie ihren Ehemann der Gefahr des Ehegattenmordes *(uxor)* aussetzen. Er würde sie töten oder zumindest doch Hass ihr gegenüber empfinden. Daher

1316 *Duns Scotus*, Ord. IV (editio vaticana XIII), dist. 15, q. 2, n. 208, lin. 332–343, S. 111.

würde er sie sowohl von sich als auch vom ehelichen Akt ausschließen. Auch in diesem Fall bleibt die Rückerstattung der Erbschaft letztlich ungewiss. Auch im Rahmen der Widerlegung dieser zweiten Ansicht bleibt für *Duns Scotus* mithin die Ungewissheit der tatsächlichen Rückerstattung beziehungsweise die geringe Erfolgschance von besonderer Bedeutung. Erschwerend hinzutritt, dass in Ländern, in welchen der Erstgeborene im Allgemeinen der Erbe ist, der Ehemann nur im Rahmen der Beweiserbringung in einem öffentlichen Prozess die Erbenstellung anfechten könnte.[1317] Folge der öffentlichen Beweiserhebung und Prozessführung wäre die Diffamierung der Ehefrau im gesamten Staat. In Abgrenzung zur Offenbarung gegenüber dem unehelichen Sohn folgt bei einer Offenbarung gegenüber dem Ehemann eine Vielzahl an Gefahren, nämlich die der Rufschädigung, die akute Lebens- und Leibesgefahr und gegebenenfalls die Bekanntmachung des Ehebruches in einem öffentlichen Prozess. Die Bekanntmachung des Ehebruches im Falle der öffentlichen Anfechtung der Erbenstellung würde letztlich selbst dann zu einer Rufschädigung der Ehefrau führen, wenn der Frau wie in den von *Hostiensis* aufgeführten Fällen ansonsten keinerlei Gefahren drohten. Schließlich zeigt sich, dass die Ungewissheit der tatsächlichen Rückerstattung der Erbschaft und die der Ehefrau mit hoher Wahrscheinlichkeit drohenden Gefahren außer Verhältnis zueinander stehen. Aufgrund dieser Vielzahl der Gefahren lehnt *Duns Scotus* die zweite Ansicht ab.

1317 Zur *primogenitur*: *Jürgen Weitzel*, Art. Primogenitur, in: HRG III, 1. Auflage (1984), Sp. 1950–1956; *Brigitte Kasten*, Testamentarische Regelungen zur Integration der Königssöhne westeuropäischer Königsdynastien des Früh- und Hochmittelalters (bis ca. 1300) in die Familienherrschaft, in: Die mittelalterliche Thronfolge im europäischen Vergleich, hrsg. v. Matthias Becher, Ostfildern 2017, S. 81–125. Die größte Bedeutung besaß die *primogenitur* im Adels- und Fürstenrecht (*Weitzel*, op. cit., Sp. 1950). Sie beschreibt das Recht des Erstgeborenen und bildet eine Form der Einzelerbfolge mit dem Vorrecht des Erstgeborenen (*Weitzel*, op. cit., Sp. 1950). Sie ist Linearerbfolge, wobei auch dem entferntesten Deszendenten für seinen verstorbenen Aszendenten ein Eintritts- und Repräsentationsrecht zukam (*Weitzel*, op. cit., Sp. 1950). Sie entwickelte sich vor allem seit dem 10. Jahrhundert in den westeuropäischen Königshäusern. Seit dem 12. Jahrhundert sei sie bereits stark in den Rechtsgewohnheiten verankert gewesen (*Karsten*, op. cit., S. 88). Im 13. Jahrhundert avancierte die *„Denkfigur"* der *primogenitur* sodann zu einer *„Rechtsfigur"*, wonach der Erstgeborene sowohl der Universalerbe als auch Amtsnachfolger war: *„Die primogenitur qualifizierte damit zur Thronfolge."* (*Karsten*, op. cit., S. 95). In den meisten westeuropäischen Dynastien soll dasjenige *primogenitur*-Modell, welches *„prioritär die Sohnesfolge vorsah und mit der subsidiären Bruderfolge verband"*, am meistverbreiteten gewesen sein (*Karsten*, op. cit., S. 102).

III. Der schonende Interessenausgleich bei *Duns Scotus*

Fasst man diese ausführliche Auseinandersetzung des *Duns Scotus* mit der Offenbarungspflicht der Ehefrau zusammen, so zeigt sich zunächst die Ablehnung jeglicher Pflicht zur Offenbarung in der Lehre des *Duns Scotus*.[1318]

1. Die Ablehnung einer Offenbarung gegenüber dem unehelichen Sohn und dem Ehemann

Duns Scotus lehnt sowohl eine Offenbarung gegenüber dem unehelichen Sohn (= illegitimer Erbe) als auch dem Ehemann ab. *Duns Scotus´* Lösung stellt das Ergebnis einer Abwägung dar, in welche er vor allem die Interessen und Schutzerwägungen zu Gunsten der Ehefrau sowie die Erfolgsaussichten einer Restitution im Falle einer Offenbarung einstellt. Bestimmend für diese Abwägung sind stets der Wahrscheinlichkeitsgrad des Schadenseintritts und die Erfolgsaussichten einer Rückerstattung im Falle einer Offenbarung. Besonderer Bedeutung kommt dabei der drohenden Diffamierung der Ehefrau, also dem guten Ruf als zu schützendes Rechtsgut, zu. Diesen Gedanken hebt *Duns Scotus* gleich mehrfach hervor. Weitere Gefahren und Risiken stellen die Herabwürdigung des unehelichen Sohnes, die Verstoßung der Frau und der aus Eifersucht begangenen Ehegattenmord *(uxor)* dar. Aufgrund dieser Gefahren lehnt *Duns Scotus* von vornherein eine Offenbarung des Ehebruches ab. Seine Antwort orientiert sich, wie soeben bereits erwähnt, insbesondere an den typischerweise zu erwartenden Verhaltensweisen der beteiligten Personen. Innerhalb seiner Argumentation kommt dem Kriterium der Unsicherheit darüber hinaus eine besondere Bedeutung zu.

2. Die Pflicht zur Einwirkung *quantum in se est*

Im Ergebnis lehnt *Duns Scotus* zwar eine Pflicht zur Mitteilung ab, fordert aber eine Einwirkung der Mutter auf ihren unehelichen Sohn.

1318 Dazu auch *Seeberg*, Die Theologie des Duns Scotus (wie Fn. 120), S. 559: *„So oder so ist klar, dass sie schweigen muss (§ 38).“*

„Dico igitur quod mulier debet laborare, quantum potest, ad hoc ut hereditas reddatur vero heredi: 'quantum in se est', dico, quia non debet se diffamationi exponere, sed ex aliis causis honestis filium spurium – quantum potest – inducere ut dimittat hereditatem.	Folglich sage ich, dass die Frau, soweit sie kann, darauf hinarbeiten soll, dass die Erbschaft dem wahren Erben zurückgegeben wird: „soweit sie kann" sage ich, weil sie sich nicht einer Diffamierung aussetzen soll, sondern ihren unehelichen Sohn – soweit sie kann – dazu bewegen soll, dass er aus ehrenhaften Gründen auf die Erbschaft verzichtet.
Unus modus honestus est ut intret Religionem; alius, ut fiat clericus et recipiat beneficia ecclesiastica, – et his quasi sufficientibus contentus, hereditatem dimittat alii fratri quasi laico remanenti."[1319]	Eine ehrenhafte Art ist, dass er einem Orden beitritt; eine andere, dass er ein Kleriker wird und kirchliche Benefizien erhält, – und durch diese ausreichend zufrieden ist, [so] dass er die Erbschaft dem anderen Bruder gibt, welcher ein Laie bleibt.

Die Mutter trifft keine Offenbarungs-, sondern eine Einwirkungspflicht. Diese Pflicht zur Einwirkung auf den Sohn zwecks Herausgabe der Erbschaft findet ihre Grenze in der (drohenden) Diffamierung der Mutter. Die Pflicht zur Einwirkung endet daher, wenn mit ihr eine Herabwürdigung der Mutter einhergeht. Aus diesem Grund besteht die Pflicht lediglich *quantum in se est*, also soweit es der Ehefrau möglich ist. Als Beispiel einer erfolgreichen Einwirkung der Mutter auf ihren unehelichen Sohn nennt *Duns Scotus* den Ordenseintritt und die Übernahme eines kirchlichen Amtes, verbunden mit der Herausgabe der Erbschaft an den berechtigten Bruder. Dieses Anraten des *Duns Scotus* wird unter anderem von *Johannes Bassolis*, *Bernhardin von Siena* und *Antonius von Florenz* aufgegriffen.[1320]

Den Gedanken der Einwirkung der Mutter auf ihren Sohn, um aus ehrenwerten Gründen auf die Erbschaft zu verzichten, liest man auch bei *Hostiensis* und *Raimundus*. Im Unterschied zu *Duns Scotus* gehen beide allerdings primär von einer Offenbarung aus, verbunden mit der Pflicht

---

1319 *Duns Scotus*, Ord. IV (editio vaticana XIII), dist. 15, q. 2, n. 209, lin. 344–350, S. 112.

1320 *Johannes Bassolis*, Sent., Parisiis 1517, lib. IV, dist. 15, q. 2, fol. LXXXVIIIra, „*3. Solu[tio]*"; *Bernhardin von Siena*, Quadragesimale, de Christiana religione, in: Opera Omnia, Tom. I, Lugduni 1650, feria V, sermo XXXVIII, art. 2, cap. 3, S. 195a; *Antoninus von Florenz*, Summa theologica, pars secunda, Veronae 1740, tit. II, cap. VII, §. IV, Sp. 408, „*Remedia mulieri exhibenda.*"

zur Einwirkung auf den unehelichen Sohn. Im Vergleich dazu lehnt *Duns Scotus* aufgrund der drohenden Gefahren jegliche Mitteilungspflicht ab.

„Si vero per nullam honestam persuasionem potest mater flectere cor filii spurii ut dimittat hereditatem, non videtur quod debeat se prodere illi spurio, quia non est certa quod talis, sic impersuasibilis ab ipsa in aliis honestis, propter istud flecteretur;

Wenn die Mutter tatsächlich das Herz des unehelichen Sohnes durch keine ehrliche Überzeugung dazu umstimmen kann, dass dieser auf die Erbschaft verzichtet, scheint sie sich nicht jenem unehelichen Sohn mitteilen zu müssen, weil es nicht gewiss ist, dass ein solcher deswegen umgestimmt wird, obwohl er schon durch andere ehrenhafte Gründe nicht von ihr überzeugt wurde.

immo forte teneret tenacius, concipiens dimissionem esse in diffamationem sui, quia per illam notaretur esse spurius, et talem notam multum cavent male nati.

Im Gegenteil etwa würde er die Erbschaft beharrlich zurückhalten, weil er annehmen würde, dass ein Verzicht seine Diffamierung bedeute, weil ja durch diesen bekannt würde, dass er ein unehelicher Sohn ist. Und vor einer solchen Bekanntmachung hüten sich die schlechten/unehelichen Söhne.

Et tunc mater debet laborare aliunde restitutionem fieri vero heredi, quantum potest et secundum correspondentiam iustitiae, quia non dico quod teneatur ad restituendum aequivalens toti hereditati, nam multum distat inter ‘habere’ et ‘prope esse’; iste autem numquam habuit hereditatem, licet prope fuerit secundum iustitiam.

Und dann soll die Mutter, soweit sie kann und nach der entsprechenden Gerechtigkeit, sich bemühen, dass die Restitution dem wahren Erben auf andere Weise geleistet wird, weil ich nicht sage, dass sie verpflichtet ist, ein der ganzen Erbschaft entsprechendes Äquivalent zurückzuerstatten, denn man unterscheidet vielmehr zwischen „haben“ und „fast sein [haben]“. Dieser aber hätte die Erbschaft niemals erhalten, mag er auch nach der Gerechtigkeit etwas Ähnliches [„Annäherndes“] erhalten.

Et ideo minus quam aequivalens sufficit sibi pro restitutione, et illud minus determinetur secundum arbitrium boni viri.“[1321]	Und folglich genügt „weniger“ als ein Äquivalent im Rahmen der Restitution [= weniger als der Wert der Sache]. Und jenes „Weniger“ soll nach dem Urteil eines rechtschaffenen Mannes bestimmt werden.

Wenn der Sohn sich schon nicht durch andere, ehrenhafte Gründe hat umstimmen lassen, dann erscheint es unwahrscheinlich, dass er bei Kenntnis des Ehebruches auf die Erbschaft verzichtete, denn ein freiwilliger Verzicht auf die Erbschaft würde zur Bekanntmachung seiner Stellung und in der Folge zu seiner Diffamierung führen. In einem solchen Fall soll die Mutter sich bemühen, dem wahren Erben die Restitution auf eine andere Weise zu leisten. Entscheidend ist, dass keine vollwertige Kompensation der Erbschaft erforderlich ist, sondern vielmehr ein „Weniger“ genügt, da der wahre Erbe die Erbschaft noch nicht erworben hat und ohne eine Offenbarung auch nie erworben hätte. Für den Umfang ist daher der Umstand von Bedeutung, dass der Erbberechtigte den Vermögensvorteil noch nicht erworben hat *(habere – prope esse)*.[1322] Der Umfang bestimmt sich nach dem Urteil eines rechtschaffenen Mannes, also nach dem Ermessen des Beichtvaters.

3. Der Umfang der zu leistenden Restitution

Die Ehefrau bleibt in der scotischen Lehre zum Ersatz eines Äquivalents, welches jedoch der Erbschaft nicht zur Gänze zu entsprechen hat, verpflichtet. Im Hinblick auf den konkreten Leistungsumfang lehrt *Duns Scotus*:

1321 *Duns Scotus*, Ord. IV (editio vaticana XIII), dist. 15, q. 2, n. 210, lin. 351–363, S. 112.

1322 Diese Differenzierung nimmt *Duns Scotus* auch im Rahmen seiner Ausführungen zu der Rückerstattung eines kirchlichen Benefiziums sowie der Restitution im Zusammenhang mit dem Ordenseintritt und -austritt vor: § 5.F.I und § 5.H.I.2, vgl. auch: § 6.B.

„Videtur tamen ad minus quod debeat sibi providere de victu honesto et vestitu, si fuerit hereditas ita pinguis quod possit sufficere heredi ad duplum vel ad triplum istius.	Es scheint aber zum „Weniger" zu zählen, dass man ihm einen anständigen Lebensunterhalt und Bekleidung besorgen muss, wenn die Erbschaft so umfangreich war, dass sie den Erben zweifach oder dreifach ernähren könnte.
Quod si nec hoc possit, – est in illo cap. «Odoardus»."[1323]	Der Fall, dass sie [die Ehebrecherin] dies nicht könnte, steht in X 3.23.3.

Der Umfang des zu ersetzenden Äquivalents bestimmt sich demzufolge nach dem Umfang der Erbschaft. Bei einer umfangreichen Erbschaft ist für Bekleidung und einen angemessenen Lebensunterhalt zu sorgen. Für den Fall, dass die Ehefrau jedoch mittellos ist, verweist *Duns Scotus* auf den Fall der Insolvenz des Klerikers *Odoardus*, welcher in X 3.23.3 geregelt ist.[1324] Nachdem der mittellose Kleriker *Odoardus* von seinen Gläubigern in Anspruch genommen und aufgrund seiner Zahlungsunfähigkeit exkommuniziert wurde, wandte sich dieser an Papst *Gregor IX.* Laut *Gregor IX.* sollte die Exkommunikation des *Odoardus* aufgehoben werden, wenn die Zahlungsunfähigkeit des *Odoardus* festgestellt wurde und er eine Sicherheitsleistung dafür erbringt, zu zahlen, wenn seine finanzielle Lage sich verbessert hat.[1325] Laut der *Glossa ordinaria* zu X 3.23.3 ist der Schuldner allerdings lediglich *in quantum facere potest*, also in der Höhe, die ihm unter Abzug eines Eigenbedarfs zumutbar ist, wie in den Normen (D. 42.3.4/6) über die *cessio bonorum* vorgesehen, zur späteren Leistung verpflichtet.[1326] Für die von *Duns Scotus* angesprochene Mittellosigkeit der Ehefrau bedeu-

1323 *Duns Scotus*, Ord. IV (editio vaticana XIII), dist. 15, q. 2, n. 210, lin. 364–367, S. 112; X 3.23.3 (CIC II, Sp. 532).

1324 Ausführlich zur Dekretale X 3.23.3 („*Odoardus*") und der Behandlung des Falles bei den Kanonisten: *Wolfgang Forster*, „Et est casus singularis": Odoardus (X 3.23.3) – ein mittelloser Kleriker und die Rechtsfolgen der Vermögensaufgabe, in: Der Einfluss der Kanonistik auf die europäische Rechtskultur, Bd. 5: Das Recht der Wirtschaft, hrsg. v. David von Mayenburg; Orazio Condorelli; Franck Roumy; Mathias Schmoeckel, Köln [u. a.] 2016, S. 173–186. Im römischen Recht werden weder die Festlegung der Zahlungsunfähigkeit noch die Bestellung einer Sicherheitsleistung für die Zahlung bei zukünftiger Vermögensverbesserung verlangt (S. 175).

1325 *Forster*, „Et est casus singularis" (wie Fn. 1324), S. 173.

1326 *Forster*, „Et est casus singularis" (wie Fn. 1324), S. 178, mit Nachweis in Fn. 27; *Bernhard von Parma*, Glossa ordinaria, Romae 1582, ad X 3.23.3, ad verba „*o: Ad pinguiorum*", Sp. 1154–1155.

tet dies, dass die Ehefrau trotz ihrer temporären Leistungsunfähigkeit zum Ersatz eines Äquivalents verpflichtet bleibt und diese Pflicht zu erfüllen hat, sobald sich ihre wirtschaftliche Lage verbessert hat.[1327] Dass *Duns Scotus* zugleich ausdrücken wollte, dass die Ehefrau sich – wie in der *Glossa ordinaria* erläutert – den erforderlichen, lebensnotwendigen Eigenbedarf anrechnen darf, ist dem scotischen Quellentext nicht zu entnehmen und erscheint mangels Allegation der entsprechenden Stelle aus der *Glossa ordinaria* unwahrscheinlich.

IV. Ergebnis zu E.

Duns Scotus äußert sich besonders ausführlich zum Ehebruch der Ehefrau und der damit einhergehenden Frage der Erbschaftsansprüche der legitimen Erben, vor allem aber der drohenden Rufschädigung der Ehefrau. Er spricht sich gegen eine Offenbarungspflicht der Ehefrau gegenüber ihrem Ehemann aus und lehnt zugleich eine Mitteilung gegenüber dem illegitimen Erben ab. Er plädiert für eine Einwirkung der Ehefrau auf ihren unehelichen Sohn. Dieser soll dazu veranlasst werden, auf die Erbschaft zu verzichten und sich möglichst der Religion zu verpflichten, das heißt, einem Orden beizutreten oder als Kleriker ein Kirchenamt zu bekleiden. Der Umfang der zu leistenden Restitution richtet sich nach dem Umfang der Erbschaft. Für den Zeitraum einer wirtschaftlichen Leistungsunfähigkeit ruht die Pflicht.

1327 Ohne die scotische Differenzierung zwischen einem bereits erworbenen Vorteil *(habere)* und der bloßen Aussicht auf diesen Vorteil *(prope esse)* zu erwähnen, wird die Einwirkungspflicht der Ehefrau auf ihren unehelichen Sohn knapp von *Seeberg*, Die Theologie des Duns Scotus (wie Fn. 120), S. 560, aufgegriffen. Im Hinblick auf die Einwirkung der Frau auf ihren unehelichen Sohn und einen möglichen Ersatz der Erbschaft seitens der Ehefrau formuliert er, S. 560, sodann: *„Aber sie soll doch, soviel sie kann, für einen genügenden Ersatz sorgen für den rechten Sohn seines Vaters, so dass derselbe doch wenigstens ein anständiges Auskommen, und womöglich mehr als das hat. Nach der Methode des Duns wird sie aber wahrscheinlich auch hierauf verzichten, ist der Erfolg, an dem sich alles normiert, doch auch hier unsicher!“* Unter Berücksichtigung vor allem der von *Duns Scotus* allegierten Dekretale (X 3.23.3) wird dieser Aussage in dieser Arbeit nicht zugestimmt.

F. Die Restitution und die Wegnahme eines kirchlichen Benefiziums

Innerhalb der zweiten Quästion behandelt *Duns Scotus* – gleichsam wie die Restitution beim Ehebruch der Ehefrau (E.) systematisch innerhalb der *argumenta principalia* und der späteren Bezugnahme auf diese – auch die Wegnahme eines kirchlichen Benefiziums[1328], wobei er die Wegnahme des kirchlichen Benefiziums als ein vermeintlich gegen das Erfordernis der Restitution ins Feld geführtes Argument thematisiert – schließlich könnte die Restitution in einem solchen Fall unmöglich sein.[1329] Die Restitution eines kirchlichen Benefiziums wird in dieser Arbeit als ein eigenständiger Restitutionsfall behandelt. Zudem findet das kirchliche Benefizium innerhalb der allgemeinen Restitutionslehren unter Verweis auf die folgenden Ausführungen knapp Erwähnung. Dieses systematische Vorgehen liegt vornehmlich in der späteren Bezugnahme des *Duns Scotus* auf die anfänglichen Argumente *(argumenta principalia)* begründet, innerhalb derer sich herauskristallisiert, dass in diesem Fall ein Ausschluss der Restitution aufgrund einer Unmöglichkeit nicht vorliegt. Vielmehr wirft die Rückerstattung eines kirchlichen Benefiziums Fragen im Hinblick auf den Restitutionsumfang auf. Im Hinblick auf die systematische Einordnung

1328 Weiterführend zum kirchlichen Benefizium bzw. zur Pfründe: *Thomas Vogtherr*, Art. Beneficium, kirchlich, in: HGR I, 2. Auflage (2008), Sp. 524–525; *Peter Landau*, Art. Beneficium, Benefizium, III. Kanonisches Recht und Kirchenverfassung, in: LexMA I (1980), Sp. 1905–1907; *Rudolf Schiefer; Georg May*, Art. Benefizium, kirchliches, in: LexThK II, 3. Auflage (1994), Sp. 224–226; *Ulrich Stutz*, Geschichte des kirchlichen Benefizialwesens von seinen Anfängen bis auf die Zeit Alexanders III., Ersten Bandes erste Hälfte, Berlin 1895; *Arnold Pöschl*, Die Entstehung des geistlichen Benefiziums, in: Archiv für katholisches Kirchenrecht Bd. 106 (1926), S. 3–121, 363–471 (Fortsetzung und Schluß); *Dominikus Lindner*, Das kirchliche Benefizium in Gratians Dekret, in: Studia Gratiana II (1954), S. 375–386.

1329 *Duns Scotus*, Ord. IV (editio vaticana XIII), dist. 15, q. 2, n. 74, lin. 477–479, S. 77: *„Item, aliquis potest beneficium ecclesiasticum sibi procurare, auferendo per procurationem suam alteri; sed non tenetur alteri illud restituere; ergo etc."* – *Ebenso kann jemand ein kirchliches Benefizium bekleiden, indem er es einem anderen wegnimmt. Dennoch ist er nicht verpflichtet, jenes dem anderen zurückzuerstatten, also etc.* An dieser Stelle sei auf die Anmerkung der *editio vaticana* in „T[estimonium]", S. 77, zu diesem konkreten Fall hingewiesen, dass nämlich dieses Argument anders als *Duns Scotus'* Antwort nicht in allen herangezogenen Editionen vorzufinden ist. (*„Argumentum n. 74 solummodo editiones μυ tradunt; responsionem tamen ad illud omnes tradunt."*)

dieses Restitutionsfalles sei im Übrigen auf die diesbezüglichen Ausführungen in der Einleitung dieser Arbeit verwiesen.[1330]

Das kirchliche Benefizium beziehungsweise die Pfründe stellen das mit einem Kirchenamt verbundene Recht dar, aus einer bestimmten, regelmäßig einer kirchlichen, Vermögensmasse oder auch bestimmten Gaben ein festes ständiges Einkommen zu beziehen.[1331] Seit *Gratian* bildet es eine zwingende Voraussetzung des kirchlichen Amtes *(officium)*.[1332]

Die Restitution eines kirchlichen Benefiziums richtet sich laut *Duns Scotus* entscheidend nach der *intentio* (Absicht) des Wegnehmenden. *Duns Scotus* unterscheidet in seiner *Ordinatio IV* insgesamt drei Fälle:

1. die „direkte“ Wegnahme eines kirchlichen Benefiziums, das heißt die Wegnahme mit Schädigungsabsicht,
2. die „indirekte“ Wegnahme eines kirchlichen Benefiziums, das heißt die Wegnahme sowohl zwecks Besorgung eines eigenen Vorteils als auch mit der Intention, den anderen zu schädigen, und
3. die Wegnahme eines kirchlichen Benefiziums ausschließlich zwecks Besorgung eines eigenen Vorteils.

Es geht *Duns Scotus* um den Schaden, welchen der einzelne Bewerber beziehungsweise Inhaber des Amtes erfährt, nicht aber um den Schaden des Ordens oder der Kirche als Institution. Dies gilt es mit Blick auf die scotischen Ausführungen im Zusammenhang mit der Verführung zum Ordensaustritt und dem Abhalten vom Ordenseintritt (H.) zu beachten.

I. Die „direkte“ Wegnahme eines kirchlichen Benefiziums (= mit Schädigungsabsicht)

Nimmt man einem anderen das Benefizium absichtlich weg, das heißt mit der Intention, dem anderen dadurch einen Schaden zuzufügen, so ist

1330 § 1.D.

1331 *Landau*, Art. Beneficium, Benefizium, III. Kanonisches Recht und Kirchenverfassung, in: LexMA I (1980), Sp. 1905–1907, 1905.

1332 *Vogtherr*, Art. Beneficium, kirchlich, in: HGR I, 2. Auflage (2008), Sp. 524–525, 524. Grundsätzlich erfolgte die Benefizialverleihung mit dem Kirchenamt. Jedoch lässt sich ab dem 13. Jahrhundert auch eine Verleihung ohne Amt verzeichnen. Inhaber von mehreren Benefizien ließen ihre Pflichten teils durch Vertreter wahrnehmen. Aus: *Landau*, Art. Beneficium, Benefizium, III. Kanonisches Recht und Kirchenverfassung, in: LexMA I (1980), Sp. 1905–1907, 1906; auch: *Vogtherr*, Art. Beneficium, kirchlich, in: HGR I, 2. Auflage (2008), Sp. 524–525.

man dem Geschädigten (= dem Bewerber) zur Restitution des kirchlichen Benefiziums verpflichtet.

„Et hoc si directe abstulit sibi beneficium intentione damnificandi eum; [...].“[1333]	Und dies ist der Fall, wenn man ihm ein Benefizium direkt mit der Absicht, ihn zu schädigen, wegnimmt; [...].

Hinsichtlich des Umfangs der zu leistenden Restitution genügt weniger als die vollständige Restitution des Benefiziums. Genauere Ausführungen zum Umfang lässt *Duns Scotus* jedoch vermissen.

„Ad ultimum similiter, quod ille tenetur restituere beneficium, non totum, quia multum interest inter 'habere' et 'prope esse', sed aliquam portionem correspondentem alicui parti valoris beneficii.“[1334]	Ähnlich zum letzten Argument, dass jener verpflichtet ist, ein Benefizium zurückzuerstatten – nicht ganz, weil viel zwischen „haben“ und „beinahe sein [haben]“ liegt, sondern einen dem anderen Teil entsprechenden Anteil des Wertes des Benefiziums.

Entscheidend für die Beurteilung des Restitutionsumfanges ist der Umstand, dass der Geschädigte die geschützte Position, den Vermögenswert, – das kirchliche Benefizium – noch nicht innehatte. *Duns Scotus* differenziert auch wie schon zuvor beim Ehebruch zwischen der Restitution eines bereits erworbenen Vorteils *(habere)* und der Restitution des noch nicht besessenen, sondern nur in Aussicht gestellten Vorteils *(prope esse)*.[1335] Der Schädiger bleibt dem Geschädigten gegenüber zur Restitution eines entsprechenden Teils des Benefiziums verpflichtet. Ein Ausschluss der Restitutionspflicht liegt nicht vor.

1333 *Duns Scotus*, Ord. IV (editio vaticana XIII), dist. 15, q. 2, n. 211, lin. 371–372, S. 113.

1334 *Duns Scotus*, Ord. IV (editio vaticana XIII), dist. 15, q. 2, n. 211, lin. 368–370, S. 112.

1335 Vgl. zu dieser Differenzierung in dieser Arbeit: § 5.E.III.2 und § 5.H.I.2, § 6.B.

II. Die „indirekte“ Wegnahme eines kirchlichen Benefiziums

Begehrt man durch das Benefizium primär einen eigenen Vorteil, intendiert jedoch zugleich die Schädigung eines Dritten, so haftet man wie im zuvor genannten Fall (I.). Man ist dem Geschädigten mithin zur Restitution verpflichtet. Maßgeblich ist auch in dieser Fallkonstellation das Vorliegen eines Schädigungsvorsatzes.

„[...] si autem indirecte, scilicet procurando sibi ipsi, et cum hoc damnificare alium intendendo, nec alias peccasset, tenetur; ut praedixi.“[1336]	[...] wenn aber indirekt, nämlich indem er es sich selbst beschafft und damit [auch] bezweckt, einen anderen zu schädigen, aber sonst nicht [weiter] gesündigt hätte, haftet er, wie ich zuvor gesagt habe.

III. Die Wegnahme eines kirchlichen Benefiziums ausschließlich zwecks Besorgung eines eigenen Vorteils

Verfolgt man jedoch ausschließlich einen eigenen Vorteil, ohne den anderen Bewerber in irgendeiner Form zu bedenken, so besteht keine Pflicht zur Restitution.[1337]

1336 *Duns Scotus*, Ord. IV (editio vaticana XIII), dist. 15, q. 2, n. 211, lin. 372–374, S. 113.

1337 *Duns Scotus*, Ord. IV (editio vaticana XIII), dist. 15, q. 2, n. 211, lin. 374–377, S. 113: *„Sed si tantummodo propriae utilitati intendebat providere, et sic procuret sibi, et ex consequenti alius praeter intentionem istius damnificatur, ille ad nihil tenetur isti, quia licet cuicumque sibi ipsi providere, alio neglecto.“ – Aber wenn man bloß vorhatte, den eigenen Vorteil zu besorgen, und sich diesen auf diese Weise besorgte und in der Folge ein anderer ohne seine Absicht geschädigt wird, ist jener diesem zu nichts verpflichtet, weil es erlaubt ist, dass ein jeder sich selbst versorgt und den anderen nicht bedacht hat.*

„Confimatur istud per illud «*Digestorum*, 'De novi operis mutatione'[1338], lege 2: Si praecido venas in fundo meo, per quas derivabatur aqua ad puteum alterius, intentione nocendi sibi, teneor sibi ad restitutionem damni; sed si hoc facio sine fraude, intendens consulere utilitati et necessitati propriae, ut quia utile est mihi facere murum, qui non potest convenienter fundari sine praecisione illarum venarum, non damnifico alium, quia ius habeo faciendi utilitatem meam in fundo meo.	Dies wird durch D. 39.3(.1.12) bestärkt: Wenn ich die Adern auf meinem Boden durchtrenne, durch welche das Wasser zum Brunnen eines anderen umgeleitet wurde, mit der Absicht ihm zu schaden, bin ich ihm gegenüber zur Restitution des Schadens verpflichtet. Aber wenn ich dies ohne Bosheit [schlechte Absicht] mache und beabsichtige, einen eigenen Vorteil und ein eigenes Bedürfnis zu besorgen, zum Beispiel weil es mir nützlich ist, eine Mauer zu erbauen, welche ohne das Durchtrennen jener Adern nicht angemessen erbaut werden kann, dann schädige ich einen anderen nicht, weil ich das Recht besitze, meinen [eigenen] Vorteil auf meinem [eigenen] Grund zu verfolgen.
Et *Digesta;* 'De regulis iuris': „Nemo damnum facit, nisi qui illud facit quod facere ius non habet"»; iste autem habet ius procurandi sibi beneficium, servatis circumstantiis iustis et honestis."[1339]	Und in D. 50.17.151: „Niemand verursacht einen Schaden, außer wenn derjenige, der das macht, nicht das Recht dazu hat"; dieser aber hat das Recht, sich selbst ein Benefizium zu besorgen, wenn er die gerechten und ehrenhaften Bedingungen beachtet.

Duns Scotus' obige Formulierung *„Confimatur istud per illud «Digestorum, 'De novi operis mutatione', lege 2."* legt die Annahme nahe, *Duns Scotus* wollte D. 39.1.2 allegieren. Bei näherer Betrachtung zeigt sich jedoch, dass sich *Duns Scotus* tatsächlich auf den dritten Titel des 39. Di-

1338 Laut dem Variantenapparat der *editio vaticana*, Ord. IV, dist. 15, q. 2, n. 212, S. 113, ad lin. 378–379, soll der *Codex N* statt *„mutatione"* von *„nuntiatione"* sprechen. Diese Wortwahl entspricht der scheinbar allegierten Digestenstelle D. 39. 1 (*„De operis novi nuntiatione"*).

1339 *Duns Scotus*, Ord. IV (editio vaticana XIII), dist. 15, q. 2, n. 212, lin. 378–388, S. 113. Vgl. D. 50.17.151 (Corpus iuris civilis I, S. 924b).

gestenbuches, nämlich D. 39.3, und nicht auf D. 39.1 bezieht.[1340] Denn die Ausführungen zur Durchtrennung der Adern eines Wasserlaufs auf dem eigenen Grund und Boden findet man in D. 39.3 und nicht in D. 39.1(.2). Zugleich führt er die in D. 50.17.151 enthaltene *regula iuris* an, nach welcher niemand einem anderen einen Schaden zufügt, sofern er seine Rechte in den ihm durch die Rechtsordnung gesetzten Schranken ausübt.[1341] Der auf diese Weise einem anderen entstandene Schaden wurde im römischen Recht unter dem Begriff *damnum indirectum* zusammengefasst.[1342] Bei einem *damnum directum* hingegen handelte der Schädiger entweder vorsätzlich, um einen anderen zu schädigen *(damnum dolosum)*, oder nachlässig, unvorsichtig *(damnum culposum)*.[1343] *Duns Scotus* legt – wie es sich aus seinen obigen Ausführungen ergibt – diese Begrifflichkeiten des römischen Rechts seiner Dreiteilung der Fälle nicht zu Grunde.

Neben unter anderem *Alexander von Hales, Wilhelm von Auvergne (um 1180–1249)*[1344], *Thomas von Aquin*[1345] und *Heinrich von Gent*[1346] behandelt

---

1340 Darauf weisen auch hin: *Duns Scotus*, Ord. IV (editio vaticana XIII), dist. 15, q. 2, „F[ontes]" ad lin. 378, S. 113; *Wolter*, Endnotes, in: Duns Scotus´ Political and Economic Philosophy (wie Fn. 86), S. 91–92 Note 37, hin. Die Ausführungen, auf welche sich *Duns Scotus* aus dem dritten Titel bezieht, scheinen inhaltlich der ersten *lex § 12* zu entstammen, so bereits: *Wolter*, ebd. Vgl.: D. 39.3.1 (Corpus iuris civilis I, S. 645b–646a).

1341 Dazu die Ausführungen bei: *Heinrich Dernburg*, System des römischen Rechts: Der Pandekten, Erster Teil, 8. umgearb. Auflage, bearb. v. Paul Sokolowski, Berlin 1911, S. 68; *Christian Heinrich Gottlieb Köchy*, Theoretisch-practischer Commentar über die Pandecten, nach Anleitung des Hellfeldschen Lehrbuches, Ersten Theils zweyte Abtheilung, Leipzig 1799, § 319, S. 563.

1342 *Köchy*, Theoretisch-practischer Commentar über die Pandecten (wie Fn. 1341), § 319, S. 563.

1343 *Köchy*, Theoretisch-practischer Commentar über die Pandecten (wie Fn. 1341), § 319, S. 563.

1344 *Weinzierl*, Hochscholastik (wie Fn. 16), S. 145. Zu *Wilhelm von Auvergne: Richard Heinzmann*, Art. Wilhelm v. Auvergne, in: LexThK X, 2. Auflage (1965), Sp. 1127–1128.

1345 *Thomas von Aquin*, Sth II-II, q. 62, art. 2, S. 304a, *„Ad quartum"*. *Thomas* differenziert zwischen einer gerechten und einer ungerechten Wegnahme: Eine ungerechte Wegnahme stellt eine solche dar, welche aus Missgunst oder gar Hass geschieht. Ein Restitutionsanspruch des Bewerbers bejahte er, sofern mit böser Absicht, also ohne Betrachtung des Wohls des Staates *(res publica)* oder der Kirche, gehandelt wurde, so: *Jansen*, Zur Diskussion um die Restitutionslehre bei Francisco de Vitoria und seinen Nachfolgern (wie Fn. 67), S. 223.

1346 *Heinrich von Gent*, Quodlibeta, Tomus primus, Venetiis 1613, Quodl. IV, q. 30, fol. 215rv. *Heinrich* behandelt hier den Erwerb eines Benefiziums durch eine Vortäuschung und Heuchelei *(per simulationem et hypocrisim)*.

auch *Richardus de Mediavilla* die Wegnahme eines kirchlichen Benefiziums wie *Duns Scotus* systematisch innerhalb seiner *argumenta principalia*[1347]. Auch er differenziert danach, ob mit Schädigungsabsicht oder lediglich zwecks Besorgung eines eigenen Vorteils gehandelt wurde. Im ersten Fall bestehe keine Pflicht zur Restitution des vollständigen Benefiziums, sondern zum Ersatz des *interesse ad arbitrium bonorum*, also nach einem Urteil rechtschaffener Männer.[1348] Da im zweiten Fall auf erlaubte und ehrenhafte Weise gehandelt wurde *(per viam licitam, & honestam)*, begründet ein solches Handeln keinerlei Restitutionspflichten. Wie *Duns Scotus* nennt *Richardus* inhaltlich den in D. 39.3(.1.12) behandelten Fall. Allerdings zitiert auch *Richardus* ausdrücklich D. 39.1.2, nicht D. 39.3.[1349] Im Anschluss führt *Richardus* ebenfalls die Regel aus D. 50.17.151 auf. Im Vergleich zu *Duns Scotus* geht es *Richardus* insbesondere um den Aspekt der Würdigkeit des Kandidaten für das kirchliche Benefizium.

Auffällig ist, dass sowohl *Richardus* als auch *Duns Scotus* die Restitution eines kirchlichen Benefiziums systematisch innerhalb ihrer *argumenta principalia* im Rahmen der übergeordneten Frage nach der Restitution materieller, zeitlicher Güter behandeln und dass beide als Beleg exakt dieselbe Digestenstelle allegieren, nämlich D. 39.1.2, obgleich sich beide inhaltlich auf D. 39.3(.1.12) beziehen. Diesbezüglich merkt die *editio vaticana* an, dass *Duns Scotus* den Wortlaut des *Richardus* letztlich abschreibt.[1350] *Duns Scotus* scheint demnach bei *Richardus* geschöpft und diese Passage vermutlich abgeschrieben zu haben. Sowohl systematisch als auch inhaltlich ähneln sich ihre Ausführungen auch an dieser Stelle ihrer Kommentierung in besonderem Maße.

1347 *Richardus de Mediavilla*, Sent., lib. IV, dist. 15, art. 5, q. 4, S. 221b, „*Ad septimum.*".

1348 *Richardus de Mediavilla*, Sent., lib. IV, dist. 15, art. 5, q. 4, S. 220a, „*Septimo.*", S. 221b, „*Ad septimum.*".

1349 *Richardus de Mediavilla*, Sent., lib. IV, dist. 15, art. 5, q. 4, S. 221b, „*Ad septimum.*": „*[...] ff.de no.oper.nunciat.l.2 & sicut dicitur.ff.de regu.iur. Nemo damnum facit, nisi qui facit illud, quod facere ius non habet.*" Siehe hierzu auch den folgenden Hinweis der *editio vaticana*: *Duns Scotus*, Ord. IV (editio vaticana XIII), dist. 15, q. 2, „F[ontes]" ad lin. 378, S. 113.

1350 In der *editio vaticana* heißt es: *Duns Scotus*, Ord. IV (editio vaticana XIII), dist. 15, q. 2, „F[ontes]" ad lin. 378, S. 113: „*Totam istam confirmationem, de verbo ad verbum a Duns Scoto transcriptam, praebet RICHARDUS DE MEDIAV., [...].*"

G. *Die Restitution und die Schädigung an den Gütern der Seele (restitutio in bonis animae)*

In seiner dritten Quästion wirft *Duns Scotus* – ebenso wie *Richardus de Mediavilla* dies in einer eigenständigen Quästion tut[1351] – ausdrücklich die Frage nach der Restitution im Falle der Schädigung an den Gütern der Seele *(bona animae)*, den geistigen Gütern, auf.[1352] Neben der Schädigung der geistigen Güter behandelt *Duns Scotus* in seiner dritten Quästion auch die Schädigung an den körperlichen Gütern; seine dritte Quästion handelt insgesamt von der Schädigung der Persönlichkeitsgüter *(bona personae = bona corporis, bona animae)*.[1353]

Duns Scotus behandelt diese Fallkonstellation zwar knapp, akzentuiert jedoch in besonderem Maße die Gefährlichkeit einer Schädigung an den *bona animae*.[1354] Im 16. Jahrhundert begegnet diese Warnung vor den Gefahren derartiger Schädigungen auch in den Ausführungen des *Francisco de Vitoria*, welcher diesbezüglich ausdrücklich auf die Lehre des *Richardus*, *Petrus de Palude (ca. 1280–1342)*[1355] und auch die des *Duns Scotus* verweist.[1356] In der *Summa theologiae* des *Thomas von Aquin* findet man innerhalb der von der Gerechtigkeit handelnden Fragen seiner *Secunda secundae* keine Quästion speziell zur Schädigung der seelischen beziehungsweise geistigen Gütern.

Im Hinblick auf diese seelischen Güter geht es *Duns Scotus* ausschließlich um eine Schädigung an den erworbenen Gütern der Seele, das heißt um die Verhinderung der Ausprägung von Charaktertugenden sowie um die sonstige, negative Einwirkung auf die bereits erworbenen Charakter-

---

1351 *Richardus de Mediavilla*, Sent., lib. IV, dist. 15, art. 5, q. 2, S. 218ab–219a.

1352 Zur Würdigung der scotischen Ausführungen in der Sekundärliteratur: *Seeberg*, Die Theologie des Duns Scotus (wie Fn. 120), S. 562; knappe Erwähnung von *Duns Scotus* in den Ausführungen von: *Jansen*, Theologie, Philosophie und Jurisprudenz (wie Fn. 4), S. 82, welcher in diesem Zusammenhang von einem *„rechtsgutsorientierte[n] Ansatz"* spricht, der *„sich insbesondere auch bei Verletzung spiritueller [...] Güter"* zeige.

1353 Vgl. zur Dreiteilung des Rechtsgüterschutzes bei *Duns Scotus* sowie zur Ausrichtung der *restitutio* auf den Rechtsgüterschutz die Ausführungen in: § 4.

1354 *Duns Scotus*, Ord. IV (editio vaticana XIII), dist. 15, q. 3, n. 224–225, lin. 452–460, S. 116; *Duns Scotus*, Rep. IV-A (Bychkov/Pomplun I.1), dist. 15, qq. 2–4, n. 98, S. 626.

1355 *Werner Dettloff*, Art. Petrus de Palude, in: BBKL VII (1994), Sp. 373–374.

1356 *Francisco de Vitoria*, ComSth II-II (Stüben), q. 62, art. 2, n. 33–34, S. 158–159.

tugenden.[1357] Den typischen Fall einer Schädigung an diesen seelischen Gütern stellt laut *Duns Scotus* die Verführung zu einer lasterhaften Handlung, zu einer Sündentat dar (= indirekte Einwirkung) – zum Beispiel durch die Erteilung eines Rates, durch das Überreden oder Fragen.[1358] Weil die Sünde durch das Moment der Freiwilligkeit gekennzeichnet ist, scheidet laut *Duns Scotus* stets eine direkte, unmittelbare Einwirkung auf diese seelischen Güter aus, denn andernfalls läge keine Freiwilligkeit und mithin keine Sünde vor.[1359]

Eine solche Schädigung an den seelischen Gütern durch zum Beispiel das Abhalten von tugendhaften Taten kann – dies zeigt der nachfolgend

1357 *Duns Scotus*, Ord. IV (editio vaticana XIII), dist. 15, q. 3, n. 220, lin. 430–436, S. 115: *„De primo, non intelligitur de bonis naturalibus animae, quia nullus potest sic alium damnificare, cum illa naturalia bona sint bona incorruptibilia; sed intelligitur de bonis morum vel acquisitis quae corrumpuntur, vel acquirendis quorum acquisitio impeditur (ut scilicet de peccatis et vitiis, quibus virtutes acquisitae corrumpuntur et tandem vitia generantur, – et quae deberent generari ex bonis actibus, impediuntur)." – Zum ersten [Aspekt], darunter versteht man nicht die natürlichen Güter der Seele, weil hier keiner einem anderen schaden kann, da jene natürlichen Güter keine verderblichen Güter sind, sondern es werden darunter die Güter der Sitten und erworbene Güter verstanden, welche verdorben werden, oder zu erwerbende [Güter], deren Erwerb verhindert wird (wie z. B. Sünden und Laster, durch welche angeeignete Tugenden verdorben oder schließlich Laster hervorgerufen werden, – und das, was aus guten Taten entstehen soll, verhindert wird).*

1358 *Duns Scotus*, Ord. IV (editio vaticana XIII), dist. 15, q. 3, n. 222, lin. 441–444, S. 115: *„Sed aliquis potest in his damnificare alium indirecte, inducendo eum ad peccatum et actus vitiosos, quibus virtutes corrumpuntur et vitia et peccata generantur; et illa inductio potest esse multiplex, scilicet consulendo, persuadendo, rogango etc." – Aber man kann einem anderen an diesen [Gütern] indirekt schaden, indem man ihn zur Sünde und zu lasterhaften Handlungen verführt, durch welche Tugenden verdorben und Laster und Sünden geschaffen werden; und diese Verführung kann auf viele Weisen geschehen, z. B. durch das Berratschlagen, Überreden, (Be-)Fragen u. s. w.*

1359 *Duns Scotus*, Ord. IV (editio vaticana XIII), dist. 15, q. 3, n. 221, lin. 437–440, S. 115: *„In istis etiam non potest aliquis alium directe damnificare, quia peccatum et omnis actus vitiosus adeo est voluntarium, quod – si non sit voluntarium – non est peccatum, per Augustinum De vera religione; ergo sola voluntate propria potest quis sic damnificari." – An diesen [Gütern] kann keiner einem anderen direkt schaden, weil die Sünde und eine jede lasterhafte Handlung so sehr freiwillig sind [in so einem Maße von der Freiwilligkeit geprägt sind], dass – wenn sie nicht freiwillig sind – nach Augustinus, De vera religione, cap. 14, n. 27 keine Sünde vorliegt; also allein durch den eigenen Willen kann jemand so geschädigt werden.* Vgl.: *Augustinus*, De vera religione, cap. 14, n. 27 (PL 34, 133): *„[...] usque adeo peccatum voluntarium est malum, ut nullo modo sit peccatum si non sit voluntarium; [...]."*

behandelte Restitutionsfall des *Duns Scotus* – auch das Abhalten von der Aufnahme des Ordenslebens darstellen.[1360]

Mit Blick auf die Restitution eines auf diese Weise entstandenen Schadens drängt sich die Frage auf, ob und inwiefern eine Rückerstattung überhaupt möglich ist und wie diese sodann zu erfolgen hat. Für *Duns Scotus* ist es aufgrund der Bedeutsamkeit der geschädigten Rechtgüter *(bona animae)* völlig unstreitig, dass eine Restitutionspflicht besteht – dies, wie gleich zu sehen sein wird, sogar in einem weitaus höheren Maße als bei einer (bloßen) Schädigung äußerer, zeitlicher Güter. *Duns Scotus* lehrt:

„[...] quod tenetur – modo sibi possibili – restituere sibi damnum, scilicet inducendo eum efficaciter ad poenitentiam et ad actus virtuosos;	[...] dass man verpflichtet ist, ihm – auf die einem mögliche Weise – den Schaden zu restituieren, indem man ihn zum Beispiel mit Erfolg zur Buße oder zu tugendhaften Handlungen hinführt.
et si sola inductio non sufficiat, quia facilius est pervertere quam convertere, tenetur et per se orando et per orationes aliorum procuratas impetrare sibi conversionem, et per alios persuasores efficaces, dum tamen illis non prodat peccatum occultum illius alterius.“[1361]	Und wenn die Verführung allein nicht ausreicht, weil es leichter ist, sich gegen etwas zu wenden, als umzukehren, haftet man, indem man sowohl durch eigene Gebete [durch sich, indem man betet] als auch durch von anderen verrichtete Gebete sowie durch andere erfolgreiche Überreder ihn zur Umkehr bewegt, allerdings ohne dass man ihnen die geheime Sünde jenes anderen verrät.

Duns Scotus fordert, dass der Schädiger den Verführten zu einer tugendhaften Tat oder zur Buße hinführt und darüber hinaus, wenn die Verführung allein nicht ausreichte, Fürbitte für den Verführten erbringt sowie andere Personen zu seiner Ermahnung beziehungsweise Zurechtweisung veranlasst, welchen seine geheimen Sünden aber nicht mitgeteilt werden sollen.[1362]

1360 Vgl. hierzu den nachfolgenden Fall: § 5.H.

1361 *Duns Scotus*, Ord. IV (editio vaticana XIII), dist. 15, q. 3, n. 223, lin. 445–451, S. 115–116.

1362 *Seeberg*, Die Theologie des Duns Scotus (wie Fn. 120), S. 562.

Duns Scotus weist im Besonderen auf die Gefahren einer solchen Verführung hin, denn die Schädigung seelischer Güter wiegt für ihn besonders schwer und begründet im Vergleich zu den anderen Restitutionsfällen in einem höheren Maße eine Restitutionspflicht, was sich mitunter darin äußert, dass der Restitutionsverpflichtete nicht von seiner Leistungspflicht befreit wird, sondern im Rahmen seiner Möglichkeiten restitutionspflichtig bleibt.

„Et ex hoc patet quantum periculum est alium sollicitare vel cogere vel inducere ad peccatum, quia vix potest digne restituere, cum voluntatem iam allectam ad peccata vix possit persuasonibus et aliis viis multis reducere ad virtutem.

Hieraus zeigt sich, wie groß die Gefahr ist, einen anderen zur Sünde aufzuwiegeln oder zu drängen oder zu verführen, weil man kaum angemessen restituieren kann, weil man den bereits zur Sünde hervorgerufenen Willen kaum durch Überredungen noch auf andere Weise [auf vielen anderen Wegen] zur Tugend zurückführen kann.

Ratio istius satis patet, quia cum 'virtutis bona sint maxima bona', secundum Augustinum I Retractationum, plus damnificat qui in illis damnificat quam qui in quibuscumque aliis

Der Grund dafür ist hinreichend klar, weil, wenn die Güter der Tugenden die höchsten sind, nach *Augustinus*, Retractationum Buch I, derjenige größeren Schaden verursacht, wer an diesen schädigt, als jener, der an irgendwelchen anderen [Güter] schädigt,

et per consequens plus secundum iustitiam tenetur ad restituendum proximo tale bonum, quantum est sibi possibile."[1363]

und deshalb ist man nach der Gerechtigkeit in einem stärkeren Maße verpflichtet, seinem Nächsten ein solches Gut zu restituieren, soweit es einem möglich ist.

Die Frage nach der Wiedergutmachung seelischer Schäden ist eine vielfach behandelte Problematik[1364], welche bereits im 12. Jahrhundert in

1363 *Duns Scotus*, Ord. IV (editio vaticana XIII), dist. 15, q. 3, n. 224–225, lin. 452–460, S. 116. Vgl. *Augustinus*, Retractationum, lib. I, cap. 9, n. 4 (PL 32, 597).

1364 *Richardus de Mediavilla*, Sent., lib. IV, dist. 15, art. 5, q. 2, S. 218ab–219a.; *Petrus de Palude*, Sent., Colonia Agrippina 1514, lib. IV, dist. 15, q. 2, art. 2, fol. 65rab, „*1. co[n]c[lusi]o.*".

der *Glossae quattuor evangeliorum collectae* des *Petrus Cantor*[1365] als auch in der nach-scotischen Zeit begegnet[1366]. Die strikte Forderung einer Restitutionspflicht des *Duns Scotus* ist dabei keineswegs derart selbstverständlich: So soll laut *Francisco de Vitoria Silvester Mazzolini (1456–1523)*[1367] eine solche Restitutionspflicht abgelehnt haben und *Vitoria* selbst suchte den schonenden Ausgleich zwischen der strikten Befürwortung einer solchen Pflicht seitens *Richardus de Mediavilla, Petrus de Palude* und *Duns Scotus* und der Ablehnung durch *Silvester*, indem er die Restitutionspflichtigkeit von der Gesinnung des Schädigers abhängig machte und die Restitutionspflicht forderte, sofern dieser böswillig handelte, andererseits diesen von der Restitutionspflicht aber befreite, wenn der Verführte in der Sünde verharrte und sich ihrer erfreute.[1368]

Duns Scotus plädiert klar ohne solch eine Differenzierung für eine Restitutionspflicht; er nennt seinen Zuhörern und seiner Leserschaft zudem konkrete Restitutionsleistungen.

H. *Die Restitution und die Verursachung des Ordensaustritts sowie die Verhinderung des Ordenseintritts*

In der dritten Quästion behandelt *Duns Scotus* auch das Abhalten vom Ordenseintritt sowie die Verursachung des Ordensaustritts eines anderen, welcher bereits das Ordensgelübde geleistet hat. Auch in Bezug auf diese besonderen Restitutionsfälle sei auf ihre systematische Verortung hingewiesen: *Duns Scotus* nennt diese Fallkonstellationen innerhalb der *argumenta principalia* der dritten Quästion und damit als ein vermeintlich

1365 *Unterreitmeier*, Der öffentlich-rechtliche Schmerzensgeldanspruch (wie Fn. 6), S. 28. Siehe in dieser Arbeit auch: § 2.B.II.

1366 *Johannes Bassolis*, Sent., Parisiis 1517, lib. IV, dist. 15, q. 2, fol. LXXXVIIIrab, „*Ad. 3.*" (Abhalten vom Ordensleben bzw. Aufnahme des Ordenslebens als ein Unterpunkt); *Antonius Andreae*, Sent., Venetiis 1578, lib. IV, dist. 15, q. 3, fol. 148rb, „*Respondeo*"; *Johannes Forsanus*, Resolutiones in quatuor libros Sententiarum, Parisiis 1600, lib. IV, dist. 15, q. 3, fol. 310v–311r; *Gabriel Biel*, Commentarius in quartum librum Sententiarum, Brixiae 1574, dist. 15, q. 17, S. 473ab–476a; *Vitoria*, ComSTh II-II (Stüben), q. 62, art. 2, n. 32–38, S. 156–169.

1367 *Marion Wagner*, Art. Prierias, Silvester Mazzolini, in: BBKL VII (1994), Sp. 948–950.

1368 *Vitoria*, ComSTh II-II (Stüben), q. 62, art. 2, n. 38, S. 166–168: „*Respondeo... – Ich antworte...*".

gegen eine Restitutionspflicht sprechendes Argument.[1369] Auch hier kristallisiert sich im Rahmen der späteren Bezugnahme des *Duns Scotus* auf dieses Argument heraus, dass es sich für *Duns Scotus* nicht um eine Frage des Ausschlusses der Restitutionspflicht, sondern vielmehr um eine Frage des konkreten Leistungsumfangs handelt. Auch aus diesem Grund werden diese Restitutionsfälle in dieser Arbeit innerhalb seiner besonderen Restitutionslehre aufbereitet.[1370]

Primär geht es *Duns Scotus* um den Schaden, welchen der Orden beziehungsweise die Religion als Institution erfährt. Nur sekundär behandelt er und das auch nur äußerst knapp die Restitutionspflicht gegenüber dem Einzelnen. Dieser Aspekt ist in Abgrenzung zum unter dem Abschnitt „F." behandelten Fall, nämlich der Restitution eines kirchlichen Benefiziums, von Bedeutung, ging es *Duns Scotus* dort doch ausschließlich um den (Vermögens-)Schaden des Einzelnen. *Duns Scotus* behandelt die Restitutionsfälle des Ordenseintritts und -austritts innerhalb der dritten Quästion im Zusammenhang mit der Schädigung im geistlichen Bereich; er begreift sie im Allgemeinen als einen Unterfall der Schädigung an den geistigen Gütern beziehungsweise im geistlichen Bereich[1371], wobei, wie soeben im Rahmen des Ersatzes eines Benefiziums kurz erwähnt, der institutionelle Schaden für *Duns Scotus* im Vordergrund steht.

Duns Scotus unterscheidet zunächst zwischen dem verursachten Ordensaustritt und dem verhinderten Ordenseintritt, wobei er an beide Varian-

---

1369 *Duns Scotus*, Ord. IV (editio vaticana XIII), dist. 15, q. 3, n. 215, lin. 405–412, S. 114: *„Item, aliquis retrahens hominem – volentem intrare Religionem – a Religionis ingressu, damnificat eum in bonis animae, quae esset habiturus in Religione, – et damnificat Religionem, subtrahendo sibi talem personam; nec tamen tenetur ad restitutionem illorum bonorum illi (quia non potest), nec ad restituendum illam personam vel aequivalentem illi personae, quia tunc teneretur ipse intrare Religionem pro eo, si non posset inducere aliam personam aequivalentem."* – *Ebenso fügt jemand, der einen anderen Menschen, der in den Orden eintreten will, vom Eintritt abhält, einen Schaden an den Gütern der Seele zu, welche sich im Orden befunden hätte [die Seele], und schadet dem Orden, indem er ihm eine derartige Person entzieht. Aber dennoch ist man jenem [dem Orden] gegenüber nicht zur Restitution jener Güter verpflichtet (weil man es nicht kann), weder zur Restitution jener Person noch einem jener Person entsprechenden Äquivalent, weil man dann verpflichtet wäre, für diesen selbst in den Orden einzutreten, wenn man ihm nicht eine andere gleichwertige Person zuführen kann.*

1370 Vgl. hierzu auch die Ausführungen in der Einleitung: § 1.D.

1371 Diese Zuordnung ist typisch und begegnet zum Beispiel auch bei: *Johannes Bassolis*, Sent., Parisiis 1517, lib IV, dist. 15, q. 2, fol. LXXXVIIIrab, *„Ad. 3."*; *Petrus de Palude*, Sent., Colonia Agrippina 1514, lib IV, dist. 15, q. 2, art. 2, fol. 65rab, *„1. co[n]cl[usi]o"*.

ten unterschiedliche Restitutionsfolgen knüpft. Er bespricht einerseits den Fall, in welchem jemand, der sich durch Ablegung des Ordensgelübdes verpflichtet hat, zum Austritt aus dem Orden verführt wird, und andererseits den Fall, in welchem der andere zwar im Begriff war, dem Orden beizutreten, jedoch davon abgehalten wurde. Innerhalb beider Fälle differenziert er sodann danach, ob der zur Restitution Verpflichtete mit Schädigungsabsicht, das bedeutet beispielsweise aus Missgunst oder gar aus Hass, oder lediglich zum Zwecke der Besorgung eines eigenen Vorteils gehandelt hat.

I. Die Haftung gegenüber dem Orden

Im Mittelpunkt der scotischen Ausführungen steht die Haftung gegenüber dem Orden.

1. Der mit Schädigungsvorsatz verursachte Ordensaustritt

Die von einer Schädigungsabsicht getragene Verführung zum Ordensaustritt begründet eine Pflicht zur Restitution gegenüber dem Orden. *Duns Scotus* lehrt, dass die zum Austritt bewogene Person, welche das Ordensgelübde bereits geleistet hat, dem Orden zurückzugeben ist.[1372] Es ist anzunehmen, dass der zur Restitution Verpflichtete auf den Wiedereintritt der Person hinzuwirken hat. Der Wiedereintritt wäre dann ein Fall der Naturalrestitution.

1372 *Duns Scotus*, Ord. IV (editio vaticana XIII), dist. 15, q. 3, n. 246, lin. 623–631, S. 122–123: *„Ad secundum dico quod si abstraxerit aliquem iam obligatum ad Religionem (intelligo obligatione professionis), tenetur ad restitutionem, ut scilicet ille redeat ad Religionem; [...]; et hoc intelligendum est si illum retraxit intentione damnificandi Religionem; [...].“– Zum zweiten [Argument] sage ich, dass, wenn man einen anderen, welcher bereits an den Orden gebunden ist, zum Austritt verführt [weggezogen/entzogen bzw. bewogen] hat (ich verstehe darunter die professionelle Bindung), ist man zur Restitution verpflichtet, (so) dass man nämlich jenen dem Orden zurückgibt. [...] Und das ist zu bedenken, wenn man jenen mit dem Vorsatz abgehalten hat, dem Orden zu schaden; [...].*

2. Der mit Schädigungsvorsatz verhinderte Ordenseintritt

Anders liegen die Umstände, wenn jemand von der Aufnahme des Ordenslebens abgehalten wird und wenn dies ebenfalls mit Schädigungsvorsatz erfolgte. Auch in diesem Fall begegnet eine bei *Duns Scotus* häufig anzutreffenden Differenzierung, die gerade bei seinen innerhalb der *argumenta principalia* erwähnten Restitutionsfällen zu finden ist: Er unterscheidet zwischen dem tatsächlichen Verlust eines Vorteils *(habere)* und dem Verlust einer bloßen Exspektanz, also der Aussicht auf den möglichen Ordenseintritt *(prope esse)*.[1373] In der von *Duns Scotus* behandelten Konstellation verliert der Orden die (gegebenenfalls hinreichend begründete) Aussicht auf den Eintritt einer geeigneten Person in den Orden. Der Schädiger haftet nicht in dem gleichen Umfang wie in der zuvor behandelten Konstellation (I.1.), sondern es genügt eine äquivalente Restitution, welche auch darin bestehen kann, dass eine ebenso geeignete Person zum Eintritt bewogen wird.[1374] Das Hinwirken auf den Eintritt derselben Person ist daher nicht zwingend erforderlich. Es genügt der Ausgleich durch den Eintritt einer gleichwertigen Person *(ad aliqualem inductionem alterius aliqualiter aequivalentis ad ingressum illud Religionis)*. Ausführlicher und differenzierter formuliert *Duns Scotus* dies in seiner *Reportatio IV-A*: Hier rät er primär dazu, dieselbe Person zur Aufnahme des Ordenslebens zu überzeugen und wenn dies nicht gelingt, hilfsweise selbst in den Orden einzutreten, sofern beide Personen im Hinblick auf ihre Würdigkeit einander entsprechen, andernfalls genügt das Veranlassen des Ordenseintritts einer Person, welcher in etwa der abgehaltenen Person entspricht.[1375]

1373 Vgl. zu dieser Unterscheidung in dieser Arbeit auch die Ausführungen zum Ehebruch und der Rückerstattung eines kirchlichen Benefiziums: § 5.E.III.2 und § 5.F.I sowie § 6.B.

1374 *Duns Scotus*, Ord. IV (editio vaticana XIII), dist. 15, q. 3, n. 246, lin. 625–630, S. 122–123: *„[...] sed si aliquem retraxit ne intraret, quia interest inter 'habere' et 'prope esse', non tenetur ad tantam restitutionem Religioni ad quantam si fuisset in Religione, sed tenetur ad aliqualem restitutionem, puta ad aliqualem inductionem alterius aliqualiter aequivalentis ad ingressum illius Religionis; [...].“ – [...] aber wenn man jemanden davon abgehalten hat, einzutreten, ist man dem Orden gegenüber nicht zu solch einer Restitution verpflichtet, wie sie dem [Zustand] entspricht, wenn er dem Orden beigetreten wäre, weil zu unterscheiden ist zwischen „haben“ und „fast sein [haben]“; aber man ist zu einer anderen Restitution verpflichtet, wie zur Verführung eines anderen entsprechend Geeigneten zum Ordenseintritt [jenes]; [...].*

1375 *Duns Scotus*, Rep. IV-A (Bychkov/Pomplun I.1), dist. 15, qq. 2–4, n. 114, S. 633: *„Ad secundam dico quod retrahens alium a religione intentione damnificandi*

3. Das Handeln ohne Schädigungsvorsatz

Wird hingegen ohne ein Schädigungsvorsatz, also zum Beispiel nicht aus Missgunst, und lediglich zur Besorgung eines eigenen Vorteils (in den von der Rechtsordnung gesetzten Schranken) gehandelt, so besteht keine Pflicht zur Restitution gegenüber dem Orden.[1376]

II. Die Haftung gegenüber dem Einzelnen

Zuletzt behandelt *Duns Scotus* noch die Frage der Restitution gegenüber der ausgetretenen Person, welche das Ordensgelübde geleistet hat, sowie der Person, welche vom Eintritt in einen Orden abgehalten wurde. Unab-

---

religionem peccat mortaliter, quia aufert personam utilem religioni si intrasset, et tunc tenetur illum illi ordini restituere, si potest eum aliquo modo postea ad hoc inducere. Quia si hoc non potest, credo quod faceret bene si intraret pro eo, si non sit multo melior illo quem retraxit ab ingressu. Quod si sit melior eo, non per consequens tenetur pro eo, quia non tenetur ad excedentem restitutionem: tenetur inducere alium aequalem illi quem retraxit ab ordine vel fere sibi aequalem in bonis ad intrandum religionem. Non autem tenetur simpliciter aequalem inducere ad religionis ingressum, pro eo quia alius non fuit in ordine, et ideo substrahens ordini illam personam non extraxit illum de ordine. Non est autem idem, ut dictum est prius, prope esse in religione et esse in illa, […].“ – Zum zweiten [Argument] sage ich, dass derjenige, welcher einen anderen vom Ordenseintritt mit der Intention, dem Orden zu schaden, abhält, eine Todsünde begeht, weil er dem Orden eine nützliche Person, wenn sie eingetreten wäre, wegnimmt, und dann ist man dazu verpflichtet, jenen jenem Orden zu restituieren, wenn man ihm später auf irgendeine andere Weise dazu bewegen kann. Weil wenn man das nicht kann, denke ich, dass es besser wäre, wenn er selbst für diesen eintritt, wenn er nicht viel besser als jener ist, welchen man vom Eintritt abgehalten hat. [Und] Dass wenn er besser als dieser ist, ist man nicht zwingend verpflichtet, für diesen einzutreten, weil man nicht zu einer übermäßigen Restitution verpflichtet ist: Man ist dazu verpflichtet, einen anderen zum Ordenseintritt zu verleiten, welcher jenem, welcher vom Orden abgehalten wurde oder ihm [in etwa] ungefähr im Hinblick auf seine Güter, entspricht. Man ist aber nicht dazu verpflichtet, jemand absolut Gleiches [Vergleichbares] zum Ordenseintritt zu verleiten, deshalb, weil der andere [noch] nicht im Orden war, und deshalb hat derjenige, der jene Person dem Orden entzieht [vom Orden wegzieht/abhält], jenen nicht aus dem Orden herausgenommen. Fast [im Orden] ein Mitglied des Ordens zu sein, ist aber nicht das Gleiche, wie in jenem [bereits] zu sein, wie zuvor gesagt worden ist, […].

1376 *Duns Scotus*, Ord. IV (editio vaticana XIII), dist. 15, q. 3, n. 246, lin. 631–632, S. 123: *„[…] si autem intentione consulendi utilitati propriae sine fraude, non tenetur Religioni.“ – […] wenn aber mit dem Vorsatz, um ohne Täuschung für seinen eigenen Vorteil zu sorgen, haftet man nicht gegenüber dem Orden.*

hängig vom Vorliegen einer Schädigungsintention fordert *Duns Scotus*, dass man dem Geschädigten gegenüber für die entgangenen spirituellen Taten haftet, welche dieser hätte vollbringen können. Das heißt, dass beispielsweise durch gute Überzeugungen oder andere spirituelle Güter dem Einzelnen die ihm entgangenen, potentiellen spirituellen Taten ersetzt werden.[1377]

III. Ergebnis zu H.

Diese von *Duns Scotus* behandelten Fallkonstellationen stellen bekannte und vielfach thematisierte Fälle im Zusammenhang mit der Restitution dar: So widmet sich auch *Richardus de Mediavilla* knapp Restitutionsfragen beim verhinderten Ordenseintritt.[1378] Und auch er differenziert zwischen der Restitutionspflicht gegenüber dem Orden und dem Einzelnen. Ausführungen speziell zum Ordensaustritt findet man bei ihm allerdings nicht. Ebenso wie *Duns Scotus* begegnet bei *Richardus* das Differenzierungskriterium der Schädigungsintention, wobei *Richardus* beim Vorliegen einer solchen Intention den Ersatz des *interesse ad arbitrium bonorum* gegenüber dem Orden fordert. Betrachtet man weiter die Ausführungen des *Petrus de Palude*, welcher in seiner Lösung auf *Raimundus de Pennaforte* verweist, so zeigt sich, dass *Petrus* innerhalb seiner *conclusio* hinsichtlich der Restitutionspflichten nicht anhand der Intention unterscheidet.[1379] Später begegnet ein Hinweis auf diese mangelnde Differenzierung des *Petrus*, aber auch des *Raimundus de Pennaforte*, im Summenkommentar des *Francisco de Vitoria*.[1380] Vor diesem Hintergrund erscheinen die Ausführungen des *Duns Scotus* differenzierter, unterscheidet er doch zwischen dem Ordenseintritt

1377 *Duns Scotus*, Ord. IV (editio vaticana XIII), dist. 15, q. 3, n. 246, lin. 632–635, S. 123: *„Sed in primo casu et in secundo tenetur personae quam retraxit, in persuasionibus et aliis bonis spiritualibus, ad aequivalentiam bonis illis in quibus illum retrahendo damnificavit." – Aber im ersten und zweiten Fall ist man der Person, welche man verführt hat, durch Überzeugungen und andere geistige Güter zur Gleichwertigkeit jener Güter [zum gleichwertigen Ersatz jener Güter], an welchen man jenen durch das Abhalten geschädigt hat, verpflichtet.; Duns Scotus*, Rep. IV-A (Bychkov/Pomplun I.1), dist. 15, qq. 2–4, n. 114, S. 633–634.

1378 Hierzu und zum Folgenden: *Richardus de Mediavilla*, Sent., lib. IV, dist. 15, art. 5, q. 4, S. 220a, *„Octavo."*, S. 221b, *„Ad octavu[m]."*.

1379 Hierzu: *Petrus de Palude*, Sent., Colonia Agrippina 1514, lib. IV, dist. 15, q. 2, art. 2, fol. 65rab, *„1. co[n]cl.[usi]o."*

1380 *Francisco de Vitoria*, ComSth II-II (Stüben), q. 62, art. 2, n. 34, S. 160–161.

und -austritt, dem Schaden gegenüber dem Orden und dem einzelnen Religiosen sowie der jeweiligen (Schädigungs-)Intention.

I. Die Restitution und die Schädigung an den Gütern des Körpers (restitutio in bonis corporis)

In seiner dritten Quästion behandelt *Duns Scotus* im Schwerpunkt die Restitution von Schäden an den körperlichen Gütern (*bona corporis*). Es geht ihm um Fälle der Körperverletzung sowie der Tötung eines anderen Menschen. *Duns Scotus* differenziert zwischen den Formen der körperlichen Schädigung entsprechend des Schweregrades der eingetretenen Verletzungen: Er unterscheidet die Tötung, heilbare *(vulneratio)* und unheilbare Verletzungen, wobei er die unheilbaren Verletzungen weiter in die schweren Verstümmelungen *(mutilatio enormis)*, also solche, die menschliche Handlungen dauerhaft beeinträchtigen, und in die nicht schweren Verstümmelungen *(mutilatio non enormis)* unterteilt.[1381] Für die im Zentrum

1381 *Duns Scotus*, Ord. IV (editio vaticana XIII), dist. 15, q. 3, n. 226, lin. 462–471, S. 116: *„De secundo: damnificans in corpore, aut infert ultimum damnum, scilicet mortem, aut aliquod aliud damnum citra mortem. Et illud est duplex: vel irremediabile (ut est mutilatio), vel remediabile (ut est vulneratio vel aliqua laesio curabilis). Et si in mutilatione dupliciter, quia vel est enormis, quae impedit ex toto actum humanum aliquem qui competeret homini secundum illam partem aputatam (ut in manus dextrae aputatione, ubi omnino aufertur actus humanus natus competere sibi secundum illam manum), – vel non enormis, id est non impediens actum humanum (ut amputatio digiti vel alicuius partis digiti)." – Zweitens: Wer jemanden körperlich schädigt, entweder den größten Schaden zufügt, nämlich den Tod, oder irgendeinen anderen Schaden jenseits des Todes. Und dies auf zwei Weisen: entweder einen unheilbaren (wie die Verstümmelung) oder einen heilbaren (wie die Verwundung oder eine andere heilbare Verletzung). Im Falle einer Verstümmelung auf zwei Arten, weil sie entweder eine schwere ist, welche irgendeine menschliche Handlung, die dem Menschen gemäß des abgetrennten Körperteils möglich wäre, zur Gänze behindert (wie beim Abtrennen der rechten Hand, wo einem die jener Hand entsprechende menschliche, angeborene Handlung völlig weggenommen wird), oder eine nicht schwere, d. h., dass sie die menschliche Handlung nicht be-/verhindert (wie das Abtrennen eines Fingers oder irgendeines Fingerteils).* In seiner *Reportatio IV-A* fasst *Duns Scotus* die Tötung eines Menschen ausdrücklich unter die unheilbaren Verletzungen: *Duns Scotus*, Rep. IV-A (Bychkov/Pomplun I.1), dist. 15, qq. 2–4, n. 106. S. 629: *„Respondeo: dico quod damnificatio irremediabilis vel est extrema, ad quam sequitur mors – ut occisio vel intoxicatio – vel est citra extremam, ut mutilatio." – Ich antworte: Ich sage, dass die unheilbare Schädigung entweder eine extreme ist, auf welche der Tod folgt – wie die Tötung oder Vergiftung – oder eine jenseits dieser extremen Form, wie die Verstümmelung.* Zur Einordnung (vermut-

dieser Arbeit stehende Frage der Restitution des entstandenen Schadens ist diese Differenzierung vor allem deshalb von Bedeutung, weil die Restitutionspflichten in ihrem Umfang und Inhalt je nach Schweregrad der eingetretenen körperlichen Schädigung erheblich variieren.

Bevor die Aufmerksamkeit den einzelnen Körperverletzungsformen und Restitutionsfolgen gilt, ist vorab auf eine Besonderheit der dritten Quästion hinzuweisen: Die Systematik im *corpus* dieser Frage unterscheidet sich nämlich von der zuvor behandelten zweiten und nachfolgenden vierten Quästion. Wie bereits *Unterreitmeier* hervorgehoben hat, orientiert sich *Duns Scotus´* Lösung in besonderer Weise an den Rechtsgebräuchen und der Rechtspraxis seiner Zeit.[1382] *Duns Scotus* lehrt, dass zunächst zu betrachten ist, was rechtens festgesetzt werden könnte *(quid possit statui)*, und sodann, was tatsächlich festgelegt worden ist *(quid statutum est)*.[1383] Er zieht mithin einen Vergleich zwischen der potentiellen und tatsächlichen Rechtslage. In seiner *Ordinatio IV* beginnt er mit einer ausführlichen Darstellung der potentiellen Rechtslage *(quid possit statui)*. In diesem

---

lich primär auf Grundlage der *Reportatio IV)* auch: *Unterreitmeier*, Der öffentlich-rechtliche Schmerzensgeldanspruch (wie Fn. 6), S. 51: *„Dabei differenzierte er in Anlehnung an die herrschenden Rechtsgewohnheiten innerhalb der irreparablen Körperverletzungen zwischen besonders schweren Verletzungen wie der Tötung oder einer die gewöhnlichen Handlungen behindernden Verletzung (Fuß, Hand, Auge o. ä.) und Verletzungen ohne Behinderung (Finger o. ä.).“* *Unterreitmeier* gibt in seinen Quellenangaben ganz mehrheitlich an erster Stelle die *Reportatio IV* (ed. Lauriola) mit dem lateinischen Quellentext wieder, setzt ohne Quellentextangaben die entsprechende Stelle aus der *Ordinatio IV* (ed. Lauriola) mit dem Zusatz *„vgl.“* dahinter. Zur körperlichen Schädigung bei *Duns Scotus* in der Sekundärliteratur: *Unterreitmeier,* Der öffentlich-rechtliche Schmerzensgeldanspruch (wie Fn. 6), S. 51–53; *Seeberg*, Die Theologie des Duns Scotus (wie Fn. 120), S. 562–563; *Klein*, Zum Charakterbild des Johannes Duns Scotus (wie Fn. 245), S. 349–351; *Jansen*, Theologie, Philosophie und Jurisprudenz (wie Fn. 4), S. 112, 115–116.

1382 *Unterreitmeier*, Der öffentlich-rechtliche Schmerzensgeldanspruch (wie Fn. 6), S. 51. Auch in der zweiten und vor allem in der vierten Quästion nimmt *Duns Scotus* immer wieder Bezug auf die seinerzeit geltende Rechtslage, allerdings richtet er seine Beantwortung der Ausgangsfrage nicht derart klar wie in der dritten Quästion an der Rechtslage aus. Nur im *corpus* der dritten Quästion begegnet diese klare Ausrichtung und Einteilung in die potentielle und tatsächliche Rechtslage.

1383 *Duns Scotus*, Ord. IV (editio vaticana XIII), dist. 15, q. 3, n. 227, lin. 473–474, S. 117: *„De omnibus istis damnis videndum est primo quid possit de omnibus iuste statui, – secundo, quid sit statutum.“ – Bei all diesen Schäden ist erstens zu betrachten, was hinsichtlich all dieser Fälle zu Recht festgesetzt werden könnte, zweitens was festgesetzt worden ist.*

Rahmen entfaltet er Gedanken zur Verbindlichkeit einzelner alttestamentlicher Vorschriften unter der Geltung des Neuen Testaments. In einem zweiten Schritt geht er sodann auf die tatsächliche, gegenwärtige Rechtslage *(quid statutum est)* ein. In seiner *Reportatio IV-A* nimmt *Duns Scotus* die Zweiteilung in eine potentielle und tatsächliche Rechtslage (lediglich) ausdrücklich hinsichtlich der unheilbaren Verletzungen vor.[1384] In seiner *Ordinatio IV* bezieht sich die Zweiteilung auf alle Fälle der Körperverletzung.[1385]

Die nachfolgende Analyse folgt dieser scotischen Zweiteilung, denn sowohl im Rahmen der Darstellung der potentiellen als auch der tatsächlichen Rechtslage finden sich vielfach Exkurse des *Duns Scotus*, in welchen er Kritik an der tatsächlichen Bestrafung von Dieben übt und eine mögliche Alternative zur Strafpraxis seiner Zeit präsentiert.

Duns Scotus sieht sich durch die Frage der Restitution körperlicher Schäden zunächst dazu veranlasst, sich mit den möglichen Bestrafungsformen, der potentiellen Rechtslage, auseinanderzusetzen. In diesem Zusammenhang beschäftigt sich *Duns Scotus* weiter mit der Einführung der Talionsstrafe und ganz allgemein mit der Frage der Geltung alttestamentlicher Vorschriften unter dem Neuen Testament. Darüber hinaus nimmt er Stellung zur Bestrafung des Diebes mit dem Tod. Es fällt im *corpus* der dritten Quästion insgesamt auf, dass die Ursprungsfrage nach der Restitution körperlicher Schädigungen in besonderem Maße weitere Fragen des *Duns Scotus* provoziert, wobei diese Fragen beziehungsweise Gedankengänge und -verästelungen zum Teil weitere, allgemeinere Fragestellungen und Erörterungen nach sich ziehen. Dieses Vorgehen macht es insgesamt – auch im Rahmen der Lektüre der an der Argumentationsstruktur des *Duns Scotus* orientierten, nachfolgend präsentierten Analyse – schwierig, den scotischen Argumentationslinien zu folgen und letztlich zu seinem Ursprungsgedanken zurückzufinden. Die in dieser Arbeit dargebotene

---

1384 *Duns Scotus*, Rep. IV-A (Bychkov/Pomplun I.1), dist. 15, qq. 2–4, n. 99, S. 626–627: *„Si autem damnificatio sit irremediabilis, quia mutilatio vel ablatio alicuius partis corporis necessariae, videndum est primo quid posset iuste statui pro restitutione tanti boni et recompensatione tanti damni; secundo, quid statutum sit ab ecclesia." – Wenn aber die Schädigung unheilbar ist, weil eine Verstümmelung oder ein Verlust eines (lebens)notwendigen Körperteiles eines anderen vorliegt, ist erstens zu betrachten, was rechtmäßig als Restitution für ein derartiges Gut und als Kompensation eines solchen Schadens festgelegt werden könnte, zweitens, was von der Kirche festgelegt worden ist.*

1385 *Duns Scotus*, Ord. IV (editio vaticana XIII), dist. 15, q. 3, n. 227, lin. 473–474, S. 117 (*„De omnibus istis [...]"*).

Analyse der scotischen Lehre ist auch in Bezug auf die scotischen Ausführungen zu den Körperverletzungsschäden um eine möglichst authentische Beibehaltung der Argumentationslinie des *Duns Scotus* bemüht. Daher wird zunächst auf die mögliche Rechtslage und in diesem Rahmen auf den scotischen Exkurs zur Übernahme alttestamentlicher Regelungen eingegangen (I.). Im Anschluss folgt die Darstellung der tatsächlichen Rechtslage (II.).

I. Die potentielle Rechtslage *(quid possit statui)*

Duns Scotus beginnt seine Ausführungen im *corpus* der dritten Quästion mit einer ausführlichen Darstellung der möglichen Bestrafungsformen von Schädigungen an den *bona corporis*.

1. Die Einführung der Talionsstrafe für alle Körperverletzungsdelikte *(per legem talionis)*

In seiner *Ordinatio IV* formuliert *Duns Scotus*, dass die Einführung der Talionsstrafe für alle Formen der Körperverletzung eine gerechte Strafe darstellen würde.

„De primo dico quod si lex talionis **in omnibus istis** statueretur, iusta esset, quia non est facile quod pro tali damno illato homini fiat recompensatio aequalis per aliqua bona fortunae, quia non aequivalent.“[1386]

Zum ersten sage ich, dass es gerecht wäre, wenn das Talionsgesetz **in all diesen Fällen** festgesetzt würde, weil es nicht leicht ist, dass man einem Menschen für einen solchen zugefügten Schaden eine gleichwertige Entschädigung durch irgendwelche Glücksgüter leistet, weil sie nicht gleichwertig sind.

Im Vergleich zu seinen Aussagen über die Restitution von Körperverletzungsschäden in seiner *Reportatio IV-A* beschränkt *Duns Scotus* die Festlegung der Talionsstrafe in seiner *Ordinatio IV* nicht auf die Fälle der unheilbaren, irreparablen Verletzung. Die Einführung der Talionsstrafe sei

1386 *Duns Scotus*, Ord. IV (editio vaticana XIII), dist. 15, q. 3, n. 228, lin. 476–479, S. 117 [Hervorhebungen von Laura Kanschik].

vielmehr für alle Körperverletzungsdelikte legitim und erlaubt.[1387] *Unterreitmeier* führt aus, dass für *Duns Scotus* „*das alttestamentliche Talionsprinzip, wonach eine Körperverletzung durch die gleiche Verletzung vergolten wurde (Auge um Auge), eine Form der Naturalrestitution*" sei.[1388] Es zeigt sich, dass *Duns Scotus* in seiner dritten Quästion nicht zwischen der Rückerstattung (*restitutio*) im Sinne eines echten Schadensersatzes und der Strafe (*poena*) unterscheidet; eine Trennung von *restitutio* und *poena* erfolgt bei *Duns*

1387 Wie zuvor angemerkt, nimmt *Duns Scotus* die Zweiteilung in die potentielle und tatsächliche Rechtslage in seiner *Reportatio IV* lediglich bezüglich der unheilbaren Verletzungen vor. Hinsichtlich der potentiellen Rechtslage formuliert er, Rep. IV-A (Bychkov/Pomplun I.1), dist. 15, qq. 2–4, n. 99, S. 627: „*De primo dico quod iuste posset statui a rege vel principe in suo regno pro tali damnificatione vel ablatione alicuius membri lex talionis, ut oculus pro oculu, dens pro dente, manus pro manu, etc., [...].*" – *Über das erste [= quod posset statui] sage ich, dass vom König oder Oberhaupt in seinem Königreich für eine solche Schädigung oder Wegnahme eines Körperteils eines anderen rechtmäßig das Talionsgesetz festgelegt werden könnte, wie Auge um Auge, Zahn um Zahn, Hand um Hand, usw., [...].* Seine Ausführungen zur tatsächlichen Rechtslage *(quod statutum est)* beginnt *Duns Scotus* in seiner *Reportatio IV* sodann wie folgt, Rep. IV-A (Bychkov/Pomplun I.1), dist. 15, qq. 2–4, n. 107, S. 629: „*De prima damnificatione irremediabili esset iustissima restitutio facienda per legem talionis, quia corpori humano animato diviso per mortem nihil est comparabile inter corpora nisi corpus eiusdem speciei (nec – certum est – de bonis substantiae); hoc statutum est in multis terris, et iuste.*" – *Hinsichtlich der ersten unheilbaren Schädigung wäre es am gerechtesten, die Restitution durch das Talionsgesetz zu leisten, weil es unter den Körpern nichts dem menschlichen beseelten Körper, der durch den Tod [von der Seele] getrennt ist, Vergleichbares außer einen Körper derselben Art gibt (und auch nicht – das ist sicher – im Hinblick auf Güter des Vermögens); das ist in vielen Ländern festgesetzt und gerecht.* Dazu auch: *Unterreitmeier*, Der öffentlich-rechtliche Schmerzensgeldanspruch (wie Fn. 6), S. 51, welcher primär auf Grundlage der scotischen *Reportatio IV* (die *Ordinatio* wird ohne Quellentextangabe nach der Abbildung des Quellentextes der *Reportatio IV* mit dem Zusatz „*vgl.*" in der entsprechenden Fußnote aufgeführt) formuliert: „*In erstgenannten Fällen wäre es äußerst gerecht, wenn die Restitution über ein Gesetz geschehe, das dem Talionsprinzip folgt (per legem talionis), weil [...].*" Und: *Seeberg*, Die Theologie des Duns Scotus (wie Fn. 120), S. 562, welcher nach einer Nennung der möglichen Verletzungsformen schreibt: „*Für solche Beschädigungen wäre das ius talionis an und für sich wohl berechtigt, [...]*", und im Hinblick auf die Möglichkeit der Einführung des Talionsgesetzes daher auch – der scotischen *Ordinatio IV* entsprechend – keine weitere Einschränkung auf spezielle Körperverletzungsformen vornimmt.

1388 *Unterreitmeier*, Der öffentlich-rechtliche Schmerzensgeldanspruch (wie Fn. 6), S. 51; dazu auch: *Jansen*, Theologie, Philosophie und Jurisprudenz (wie Fn. 4), S. 33, 112.

Scotus nicht.[1389] Vielmehr richtet er seine Ausgangsfrage nach der Restitution körperlicher Schäden an den möglichen und an den sogleich näher zu betrachtenden tatsächlich geltenden Strafregelungen aus.

Im Anschluss an die soeben getätigte Aussage über die mögliche Einführung der Talionsstrafe führt *Duns Scotus* einen hypothetischen Einwand gegen die Talionsstrafe ins Feld, wobei er diesen Einwand anschließend sogleich widerlegt. Allerdings veranlasst ihn dieser Einwand auch dazu, ausführlich auf die Verbindlichkeit alttestamentlicher Regelungen unter der Geltung des Neuen Testaments einzugehen.[1390] Der von ihm entkräftete hypothetische Einwand gegen die Einführung der Talionsstrafe bildet nämlich die Annahme, dass auf diese Weise einzelne Regelungen des Mosaischen Gesetzes (wie zum Beispiel die Talion) auch unter den Evangelien gelten würden. Dies könnte aber zugleich bedeuten, dass jüdische Bräuche und Zeremonien von Christen praktiziert würden.[1391] Im Rahmen der Widerlegung dieses Einwands formuliert *Duns Scotus*, dass die Berufung auf alttestamentliche Regelungen auch unter der Geltung der Evangelien für Christen erlaubt sei. Maßgeblich sei der Grund und Zweck der Befolgung des Mosaischen Gesetzes: Derjenige, welcher die Gesetze des Alten Testaments zwecks Ausübung und Zeremonie der jüdischen Bräuche und Traditionen befolgt, praktiziere in der Tat Regeln des Judentums, wohingegen derjenige, welcher ein solches Gesetz befolgt, weil es mit den christlichen Werten der Nächstenliebe übereinstimmt und weil es von einem christlichen Gesetzgeber beschlossen und bestätigt wurde, nicht den jüdischen Glauben ausübe. Denn er befolgt christliche Gebote, weil sie vom Papst oder einem anderen christlichen Herrscher bestätigt worden

1389 Hierzu: *Unterreitmeier*, Der öffentlich-rechtliche Schmerzensgeldanspruch (wie Fn. 6), vgl. S. 51, v. a. S. 63. *Unterreitmeier*, S. 63, spricht von einer *„durch Duns Scotus herbeigeführte[n] Verquickung von Restitution und Strafe."* *Duns Scotus* spricht teils von der *satisfactio*, teils von der *poena* oder auch *restitutio*. Wie *Unterreitmeier*, op. cit., S. 52, herausgearbeitet hat, geht es *Duns Scotus* dabei nicht um die *satisfactio* als dritten Bestandteil des Bußsakraments, sondern um die Leistung der Restitution durch ein Äquivalent.

1390 Zum Verhältnis des alttestamentlichen und neutestamentlichen Gesetzes bei *Duns Scotus* Ausführungen bei: *Seeberg*, Die Theologie des Duns Scotus (wie Fn. 120), S. 491–495.

1391 *Duns Scotus*, Ord. IV (editio vaticana XIII), dist. 15, q. 3, n. 229, lin. 480–481, S. 117: *„Si obiciatur 'ergo Lex Mosaica iudicialis remaneret, et tunc liceret in Lege Evangelica iudaizare quantum ad iudicialia', [...]."* – *Wenn man entgegnete, „es bliebe das Mosaische richterliche Gesetz übrig, und dann dürfte man in dem Gesetz der Evangelien wie ein Jude leben, was die Rechtsregeln betrifft", [...].* Vgl. auch: *Seeberg*, Die Theologie des Duns Scotus (wie Fn. 120), S. 492–493.

sind.[1392] Als Beispiel einer solchen Übernahme allegiert *Duns Scotus* die in den *Liber Extra* (X 5.36.1–6) aufgenommenen Regelungen aus Ex 21 und 22 (Ex 21,18–19, 33–34, 35–36; 22,5–6).[1393]

Wollte man diese scotischen Aussagen zu einer allgemeinen Maxime zusammenfassen, so würde diese wohl wie folgt lauten: Notwendige Bedingungen für die verbindliche Geltung christlicher Gebote sind die formelle Verabschiedung beziehungsweise Bestätigung der Regelung durch einen legitimen christlichen Gesetzgeber beziehungsweise Herrscher sowie die materielle Kongruenz mit den evangelischen Grundwerten.

Zuletzt bildet *Duns Scotus* zur Veranschaulichung der genannten Regeln insgesamt vier Fälle, welche von der Übernahme einzelner Rechtsregeln einer Gemeinschaft durch eine andere Gemeinschaft handeln.[1394] Es geht *Duns Scotus* anders ausgedrückt um die Veranschaulichung von Fällen zum „Rechtstransfer“: So kann eine jede Gemeinschaft die Gesetze einer anderen Gemeinschaft als verbindliche Gesetze in ihrer Gemeinschaft durch die gesetzgebende Autorität festlegen, sofern die Gemeinschaft dies als nützlich und vernünftig empfindet. Ebenso kann die Regierung, welche die gesetzgebende Gewalt in einer Stadt besitzt, für ihre Stadt die Gesetze

---

1392 *Duns Scotus*, Ord. IV (editio vaticana XIII), dist. 15, q. 3, n. 229, lin. 481–490, S. 117: *„[...] respondeo: lex aliqua potest habere robur ut a legislatore in illa communitate ubi statuitur, et tunc undecumque accipiatur ratio statuendi, statutum non habet robur ut statutum ab alio, etsi fiat ab alio, sed ut ab illo. Et hoc modo iudicialia Legis Mosaicae possent a Papa et Imperatore statui a christianis observanda, nec observarentur ut a Lege Mosaica vel ut a Moyse statuta, sed ut a Legislatore evangelico; nec hoc esset iudaizare, quia non servatur lex iudicialis quia mosaica, sed quia eadem statuitur a principe, qui potest statuere leges in Ecclesia christiana.“ – [...] antworte ich, dass irgendein Gesetz die [gleiche] Gültigkeit wie von dem Gesetzgeber in jener Gemeinschaft, wo es festgelegt wird, haben kann, und dann wo[her] auch immer übernommen würde, um es festzusetzen; das Festgesetzte hat nicht die Gültigkeit, als ob es von dem anderen festgelegt worden ist, obgleich es vom anderen kommt, sondern wie von jenem [Gesetzgeber]. Und auf diese Weise könnten die Rechtsregeln des Mosaischen Gesetzes vom Papst und Kaiser festgesetzt werden, um von den Christen befolgt zu werden, weder würden diese als etwas, vom Mosaischen Gesetz oder von Moses Festgelegtes beachtet werden, sondern als etwas von einem evangelischen Gesetzgeber; auch lebte man deshalb nicht wie ein Jude, weil das richterliche Gesetz [die Rechtsregeln] nicht gewahrt wird, weil es mosaisch ist, sondern weil dasselbe vom Herrscher festgesetzt wurde, welcher die Gesetze in der christlichen Kirche festlegen kann.* Vgl. auch: *Seeberg*, Die Theologie des Duns Scotus (wie Fn. 120), S. 493.

1393 *Duns Scotus*, Ord. IV (editio vaticana XIII), dist. 15, q. 3, n. 230, lin. 492–496, S. 117, mit Quellenangaben: *„F[ontes]“*.

1394 Vgl. hierzu auch die Ausführungen von: *Seeberg*, Die Theologie des Duns Scotus (wie Fn. 120), S. 493.

einer anderen Stadt als verbindlich festlegen. Das Gleiche gilt für das Königreich – gemeint ist das Königreich Frankreich –, das zum Beispiel die Gesetze Englands übernehmen möchte. Auch innerhalb der religiösen Orden ist ein solcher „Rechtstransfer“ denkbar und möglich. Es folgt hier der Vergleich mit der Übernahme von Regelungen eines Ordens durch einen anderen Orden. Geltung und Gültigkeit erlangen diese Regelungen mit der Bestätigung durch den Ordensführer beziehungsweise durch die Gemeinschaft. Und auch im kaiserlichen Gesetzesbuch – so führt *Duns Scotus* weiter aus – lässt sich die Übernahme vieler Regelungen aus dem Alten Testament beobachten.[1395]

Schließlich lässt sich festhalten, dass die Einführung des Talionsgesetzes für alle Arten der Körperverletzung aus der Sicht des *Duns Scotus* möglich und legitim wäre. Vergegenwärtigt man sich zugleich, dass *Duns Scotus* diese Feststellung im Hinblick auf die Beantwortung seiner Ausgangsfrage

---

1395 *Duns Scotus*, Ord. IV (editio vaticana XIII), dist. 15, q. 3, n. 231–235, lin. 497–521, S. 118: „*Hoc patet per quattuor exempla: Communitas aliqua, videns aliam bene legibus ordinatam, potest illas leges, quas iudicat rationabiles et utiles, sibi assumere, ut ille qui habet auctoritatem condendi leges in ista communitate statuat illas hic observari; et tunc observabuntur hic non quia leges illius communitatis, sed quia statutae a legislatore in ista communitate. Patet etiam in civitatibus ubi est regimen per potestatem intrinsecus praesidentem: una accipit leges alterius et ordinat illas in civitate ista servandas. Patet etiam in regnis, sicut leges Angliae posset alius rex accipere et statuere eas in regno suo servandas. Patet etiam in Religionibus, quia Constitutiones et Ordinationes unius Religionis alia videns esse honestas et bene convenientes ad observationem vitae regularis, posset statuere ut illae in ista Religione observarentur; […] et ideo si illa statuantur a legislatore observanda pro quocumque tempore, iuste statuuntur.*“ – *Dies erhellt durch vier Beispiele: Irgendeine Gemeinschaft, welche eine andere, durch Gesetze gut geordnete Gemeinschaft sieht, kann jene Gesetze, welche vernünftig und nützlich richten, sich zu Hilfe nehmen, wie jener, welcher die Autorität hat, Gesetze in dieser Gemeinschaft zu erlassen, festlegt, dass jene [auch] hier beachtet werden. Und dann wurden sie hier nicht [deshalb] beachtet, weil sie Gesetze jener Gemeinschaft waren, sondern weil sie von einem Gesetzgeber in dieser Gemeinschaft festgelegt worden sind. Es ist auch in der Stadt, wo es eine Regierung gibt, welche innerlich durch Herrschaftsgewalt den Vorsitz hat, klar: Eine [Stadt] nimmt die Gesetze einer anderen an und ordnet an, dass jene [Gesetze] in dieser Stadt zu beachten sind. Auch ist es im Königreich offensichtlich, wie ein anderer König die Gesetze Englands annehmen und festlegen kann, dass diese in seinem Königreich zu beachten sind. Es ist auch bei den Orden klar, weil ein anderer Orden, der sieht, dass die Konstitutionen und Verfügungen eines Ordens ehrlich und gut im Hinblick auf die Wahrung eines regelgerechten Lebens sind, festsetzen könnte, dass jene in diesem Orden beachtet werden; […]. Und folglich, wenn jene vom Gesetzgeber festgelegt werden sollten, damit sie für welche Zeit auch immer beachtet werden, werden sie rechtmäßig festgelegt.*

nach der Restitution eines körperlichen Schadens trifft, so zeigt sich mit Blick auf die dritte Quästion, dass er unter dem Aspekt der *restitutio*, wie zuvor angemerkt, eine Verknüpfung von Sanktions- und Wiedergutmachungsgedanken unternimmt.

2. Die scotische Kritik an der vielerorts geltenden Todesstrafe

Seine Ausführungen zur potentiellen Rechtslage *(quid possit statui)* schließt *Duns Scotus* mit einer Kritik an der gegenwärtigen Rechtslage, vor allem mit einer Kritik an den Herrschenden seiner Zeit. Diese Kritik äußert er auch innerhalb der Darstellung der tatsächlichen Rechtslage *(quid statutum est)*. Ihr wird im Rahmen dieser Arbeit der Übersichtlichkeit halber an dieser Stelle Rechnung getragen. Sie wird erneut innerhalb der Darstellung der tatsächlichen Rechtslage knapp aufgegriffen.

Duns Scotus erscheint eine härtere Bestrafung von Sündentaten, die gegen Gott gerichtet sind, als Sündentaten, die gegen den Nächsten gerichtet sind, vorzugswürdig und gerechter.[1396] Tatsächlich würden letztere jedoch besonders streng bestraft werden. Dieses Ungleichgewicht illustriert er am Beispiel der Bestrafung des Diebes.

1396 Die Verbrecheneinteilung in Taten gegen Gott und Taten gegen den Nächsten ist im kanonischen Recht und der Theologie üblich: *Dietrich Oehler*, Wurzel, Wandel und Wert der strafrechtlichen Legalordnung, Berlin 1950, S. 37; *Hellmuth von Weber*, Der Dekalog als Grundlage der Verbrechenssystematik, in: Festschrift für Wilhelm Sauer zu seinem 70. Geburtstag am 24. Juni 1949. Mit Bibliographie, hrsg. v. Wilhelm Sauer, Neuauflage, Berlin [u. a.] 2016, S. 44–70, 45–46. *Weber, op. cit.*, S. 45, führt aus, dass diese Verbrechensordnung in den Dekretalen auf die Ordnung des *Bernhard von Pavia* zurückgeht, welche teils auf dem *Codex Justinians* sowie dem Dekalog beruht. In Bezug auf *Duns Scotus'* Ausführungen bzw. Kritik auch: *Seeberg*, Die Theologie des Duns Scotus (wie Fn. 120), S. 493; *Klein*, Zum Charakterbild des Johannes Duns Scotus (wie Fn. 245), S. 349.

„Et hoc modo, si statueretur ab aliquo blasphemum, adulterum, idololatram debere occidi, multo iustius ordinaretur quam quod fur suspendatur, ut postea patebit.

Und auf diese Weise würde, wenn von irgendjemandem festgelegt würde, dass ein Gotteslästerer, eine Ehebrecherin, ein Götzendiener getötet werden muss, viel Gerechteres festgelegt werden als, dass der Dieb erhängt wird, wie später erhellen wird.

Sed iam patet ad quid plus aspiciunt principes, quia ad commodum temporale plus quam ad honorem Dei, et per hoc plus puniunt et reprimere volunt peccata in proximum quam peccata in Deum."[1397]

Aber es ist bereits klar, was die Herrscher eher erblicken, weil sie den zeitlichen Vorteil mehr als die Ehre Gottes [erblicken], und dadurch bestrafen sie und wollen die Sünde eher gegenüber dem Nächsten als die Sünde gegenüber Gott verhindern.

Ein für die Bestrafung entscheidendes Differenzierungskriterium ist für *Duns* Scotus, ob sich das Verbrechen gegen den Nächsten oder gegen Gott wendet. Diese Differenzierung bringt eine Wertordnung, welche sich nach den verletzten Trägern und den geschützten Interessen ausrichtet, zum Ausdruck.[1398] *Duns Scotus* spricht sich gegen die Bestrafung des Diebes mit dem Tode aus. Seinen Ausführungen ist eine Kritik an den weltlichen Herrschern und ihrer auf den zeitlichen Vorteil bedachten Strafpraxis zu entnehmen. In der Sekundärliteratur liest man unter anderem von einer *„entschiedene[n] Stellungnahme des Scotus gegen die Todesstrafe"*[1399] oder, dass *Duns Scotus* die legitime Möglichkeit der Todesstrafe mit Hinweisen auf den göttlichen Willen einschränke[1400]. In Bezug auf die Bestrafung des Diebes treffen diese Aussagen nach Ansicht der Verfasserin zu; da *Duns Scotus* im Rahmen der sogleich näher zu betrachtenden Darlegung der tatsächlichen Rechtslage beim *homicidium (quid statutum est)* die Todesstra-

1397 *Duns Scotus*, Ord. IV (editio vaticana XIII), dist. 15, q. 3, n. 236, lin. 522–527, S. 118–119.

1398 *Oehler*, Wurzel, Wandel und Wert der strafrechtlichen Legalordnung (wie Fn. 1396), S. 37.

1399 *Zavalloni*, Summarium, in: Dokumente zur Seligsprechung (wie Fn. 176), S. 69.

1400 So: *Alberto Bondolfi*, Art. Todesstrafe, II. Historisch-theologisch, in: LexThK X, 3. Auflage (2001), Sp. 84–85, 84.

fe befürwortet, wird diesen Aussagen in ihrer Allgemeinheit und ohne weitere Differenzierung in dieser Arbeit jedoch nicht zugestimmt.

An dieser Stelle soll aufgrund des scotischen Bezuges auf die tatsächliche Bestrafung des Diebes kurz auf die historische Entwicklung der Strafandrohung beim Diebstahl eingegangen werden:

Unter kirchlichem Einfluss wurde in der fränkischen Zeit vor allem das Bußenstrafrecht sowie die Differenzierung zwischen großem und kleinem Diebstahl sowie zwischen handhaftem und nicht handhaftem Diebstahl bedeutsam, wobei auf den handhaften Diebstahl in der Regel die Todesstrafe stand.[1401] Im Mittelalter unterschieden die Rechte im Allgemeinen zwischen kleinem und großem Diebstahl.[1402] Zum großen Diebstahl zählte meist der Diebstahl bei Nacht, welcher mit dem Tode bestraft wurde.[1403] Insgesamt zeigte die Bestrafung des Diebstahls allerdings kein einheitliches Bild.[1404] In der Legistik entwickelte sich unter Bezug auf einen Ausspruch des *Bartolus (Nota quod propter consuetudinem delinquendi quis punitur ad mortem)* die Ansicht, dass der Dieb bei wiederholter Wegnahme auch nur eines geringwertigen Gegenstandes mit dem Tode bestraft werden

1401 *Rolf Lieberwirth*, Art. Diebstahl, in: HRG I, 2. Auflage (2008), Sp. 1047–1053, 1048; *Richard Puza*, Art. Diebstahl, B. Kanonisches Recht, in: LexMA III (1986), Sp. 988. Ausführlich und mit zahlreichen Nachweisen zur Bestrafung des Diebstahls im mittelalterlichen Italien: *Georg Dahm*, Das Strafrecht Italiens im ausgehenden Mittelalter. Untersuchungen über die Beziehungen zwischen Theorie und Praxis im Strafrecht des Spätmittelalters, namentlich im XIV. Jahrhundert, Berlin [u. a.] 1931, S. 468–477; *Josef Kohler*, Studien aus dem Strafrecht, Bd. IV: Das Strafrecht der Italienischen Statuten vom 12. bis 16. Jahrhundert, Besonderer Theil, Erste Hälfte, Mannheim 1896, S. 420–445.

1402 *Mario Müller*, Verletzende Worte. Beleidigung und Verleumdung in Rechtstexten aus dem Mittelalter und aus dem 16. Jahrhundert, Hildesheim [u. a.] 2017, S. 211.

1403 *Müller*, Verletzende Worte (wie Fn. 1402), S. 211.

1404 *Lieberwirth*, Art. Diebstahl, in: HRG I, 2. Auflage (2008), Sp. 1047–1053, 1048; *Müller*, Verletzende Wort (wie Fn. 1402), S. 211; *Dahm*, Das Strafrecht Italiens im ausgehenden Mittelalter (wie Fn. 1401), S. 469.

sollte.[1405] Auch *Baldus de Ubaldis (1327–1400)*[1406] plädierte für die Todesstrafe bei dreimaliger Tatbegehung, aber auch bei einmaliger Begehung eines „schweren" Diebstahls.[1407] Ebenso soll eine Großzahl der Statuten italienischer Städte die Verhängung der Galgenstrafe für den dritten beziehungsweise vierten Diebstahl vorgesehen haben.[1408] Eine Eingrenzung erfuhr der Tatbestand des Diebstahls im 15. Jahrhundert unter dem Einfluss italienischer Rechtsgelehrter.[1409] Im 16. Jahrhundert monierte *Domingo de Soto*, dass die Lehre des *Baldus* von der Bestrafung des gewohnheitsmäßigen Diebes mit dem Tode bereits Eingang in die spanische Gesetzgebung gefunden habe.[1410] Er spricht sich in seinem Kommentar zur *Secunda secundae (De iustitia et iure)* gegen die für den (einfachen) Diebstahl verhängte Todesstrafe aus.[1411] In diesem Zusammenhang macht er auch auf die Argumentation des *Duns Scotus* aufmerksam, nämlich dass der Staat nicht im Besitze einer entsprechenden Strafgewalt sei, denn das Naturgesetz *„Du sollst nicht töten"* sei nicht widerrufen worden und Ausnahmen von diesem seien nur in den vom göttlichen Gesetz angeordneten Fällen erlaubt.[1412]

1405 *Hans Schlosser*, Der strafschärfende Rückfall nach der gelehrten Doktrin und in der Strafpraxis der Reichsstadt Augsburg, in: Herrschaftliches Strafen seit dem Hochmittelalter. Formen und Entwicklungsstufen, hrsg. v. Hans Schlosser; Rolf Sprandel; Dietmar Willoweit, Köln [u. a.] 2002, S. 383–400, 392; *Josef Kohler*, Studien aus dem Strafrecht, Bd. III: Das Strafrecht der italienischen Statuten vom 12.–16. Jahrhundert, Allgemeiner Theil, Zweite Hälfte, Mannheim 1895, S. 305 Anm. 1. Laut *Kohler* ist auch bei *Alexander von Imola* dieser strafschärfende Zusatz zu finden.

1406 *Peter Weimar*, Art. Baldus de Ubaldis, in: HRG I, 2. Auflage (2008), Sp. 410–412.

1407 *Peter Weimar*, Art. Diebstahl, A. Römisches und gemeines Recht, in: LexMA III (1986), Sp. 987–988, 987; *Dahm*, Das Strafrecht Italiens im ausgehenden Mittelalter (wie Fn. 1401), S. 473.

1408 *Dahm*, Das Strafrecht Italiens im ausgehenden Mittelalter (wie Fn. 1401), S. 470.

1409 *Müller*, Verletzende Worte (wie Fn. 1402), S. 211.

1410 *Sibylle Schnyder*, Tötung und Diebstahl. Delikt und Strafe in der gelehrten Strafrechtsliteratur des 16. Jahrhunderts, Köln [u. a.] 2010, S. 166; *Domingo de Soto*, De iustitia et iure, Salmanticae 1556 (Faksimiledruck: Madrid 1968, Tom. III), lib. V, q. 3, art. 3, S. 426b–427b.

1411 *Schnyder*, Tötung und Diebstahl (wie Fn. 1410), S. 166; *Domingo de Soto*, De iustitia et iure, Salmanticae 1556 (Faksimiledruck: Madrid 1968, Tom. III), lib. V, q. 3, art. 3, S. 426b–427a, *„An fures licite suspendantur. Scotus"*, *„In quarto argumento"*.

1412 *Domingo de Soto*, De iustitia et iure, Salmanticae 1556 (Faksimiledruck: Madrid 1968, Tom. III), lib. V, q. 3, art. 3, S. 426b.

Um die von *Duns Scotus* innerhalb des *corpus* der dritten Quästion und damit innerhalb seiner Restitutionslehre entfaltete Argumentation gegen die Todesstrafe beim Diebstahl soll es im Folgenden gehen.

Innerhalb der Darstellung der tatsächlichen Rechtslage *(quid statutum est)* greift *Duns Scotus* die Diebstahlsproblematik erneut auf. In diesem Zusammenhang liefert er eine dogmatische Begründung gegen die Legitimität der Todesstrafe beim Diebstahl. Er lehrt, dass es sich bei der Tötung eines Diebes nicht um eine Strafe handelt, welche nach dem Neuen Testament noch gelten kann, denn eine Ausnahme vom fünften göttlichen Gebot *„Du sollst nicht töten“*[1413] liegt für den Fall des Diebstahls nicht vor. Und auch ein Widerruf *(revocatio)* des Gebots, welcher durchaus möglich wäre, wurde nicht erteilt.[1414] Jedes menschliche Gesetz, welches anordnet, dass der Dieb allein für den begangenen Diebstahl die Todesstrafe erleiden soll, stellt daher schlichtweg ein ungerechtes Gesetz dar.[1415] Jedoch – und

1413 Ex 20,13 und Dtn 5,17.

1414 *Duns Scotus*, Ord. IV (editio vaticana XIII), dist. 15, q. 3, n. 242, lin. 582–588, S. 121: *„[...] respondeo: constat quod Deus in Lege Mosaica vel Evangelica explicite non excepit peccatum furti ab illo praecepto Non occides, ut scilicet propter istud peccatum liceat hominem occidere; et ideo nisi revocaverit aliqua revocatione speciali (quod non habetur a Scriptura, nec de bulla descendente de caelo audivimus), non video quod lex aliqua iusta possit statuere aliquem occidi pro furto solo; [...].“– Ich antworte: Es steht fest, dass Gott ausdrücklich nicht die Sünde des Diebes im Mosaischen Gesetz und auch nicht im evangelischen Gesetz von jenem negativen Gebot „Du sollst nicht töten“ ausnimmt, damit es nämlich erlaubt ist, einen Menschen zu töten. Und folglich sehe ich nicht, dass irgendein gerechtes Gesetz festlegen könnte, dass irgendjemand allein für den Diebstahl getötet wird, außer wenn er es durch irgendeinen speziellen Widerruf (welcher nicht aus der Schrift folgt, und den wir auch nicht aus einer vom Himmel stammenden Bulle gehört haben) aufgehoben hätte; [...].* Vgl. auch: *Seeberg*, Die Theologie des Duns Scotus (wie Fn. 120), S. 494.

1415 *Duns Scotus*, Rep. IV-A (Bychkov/Pomplun I.1), dist. 15, qq. 2–4, n. 111, S. 631: *„Et ideo caveant principes qui pro furto plectunt homines lege mortis. Certum enim quod hoc non habent ex Scriptura, sed quod tales ‘reddant quadruplum’. Ex quo Christus dispensavit cum adultera quod non moreretur, quod pertinet ad bonum moris ablatum ab aliquo, multo magis de his quae pertinent ad lucrum et thesaurum (quae sunt minora bona) voluit reum aliter satisfacere quam per mortem. Et ideo nisi Deus aliquando de istis casibus dispensaverit, iniustae sunt omnes leges civiles quae iubent homines pro istis interfici.“ – Und deshalb sollen sich die Herrscher hüten, welche die Menschen für den Diebstahl mit dem Tod [Todesgesetz] bestrafen. Sicher ist nämlich, dass sie dies nicht aus der Heiligen Schrift entnehmen, sondern dass derartige „das Vierfache zurückgeben sollen“. Und daraus, dass Christus die Ehebrecherin davon befreit, [so] dass sie nicht sterben soll, was sich auf ein einem anderen weggenommenes Gut der guten Sittten bezieht, wollte er [doch] viel eher [auch] in Bezug auf solche Taten, welche [lediglich] den Gewinn und Schatz [Reich-*

dies sei erlaubt – sieht Ex 22,2–4 die Tötung eines bei Nacht eindringenden Diebes vor. Der Grund für die Strafe bildet laut *Duns Scotus* der Umstand, dass der nächtliche Eindringling bereit dazu wäre, im Falle seiner Entdeckung Widerstand auch in Form der Tötung eines anderen zu leisten. Allein die Tat des Diebstahls rechtfertige aber in keinem Fall die Todesstrafe.[1416] Insgesamt – dies wird gleich zu sehen sein – plädiert *Duns Scotus* für eine mildere Bestrafung des Diebes; er positioniert sich damit gegen die Todesstrafe beim Diebstahl. Als Argument dient ihm die vergleichsweise milde Bestrafung des Ehebruches.[1417]

---

tümer] betreffen (welche minderwertige Güter darstellen), dass der Beschuldigte auf andere Weise als durch seinen Tod Wiedergutmachung leistet. Und deshalb sind alle bürgerlichen Gesetze, welche vorsehen, dass der Mensch für solche Taten sterben soll, ungerecht, es sei denn Gott hat irgendwann einmal einen Dispens für diese Fälle erteilt. Duns Scotus, Ord. IV (editio vaticana XIII), dist. 15, q. 3, n. 242, lin. 582–588, S. 121 (Quellentext und Übersetzung in Fn. 1414). Vgl. auch*: Seeberg*, Die Theologie des Duns Scotus (wie Fn. 120), S. 494.

1416 *Duns Scotus*, Ord. IV (editio vaticana XIII), dist. 15, q. 3, n. 242, lin. 588–594, S. 121: *„[...] dico autem 'solo', quia si est fur et cum hoc invasor, praesumitur homicida, quia vult occidere, et ad hoc paratus est si aliquis sibi resistat. Istud patet per illud Ex. 22 de fure nocturno et diurno: fur nocturnus impune occiditur; qui autem intrantem de die ad furandum occiderit, reus erit homicidii. Causa diversitatis est, quia praesumitur quod qui de nocte furatur, occideret sibi resistentem si posset; non autem qui de die intrat." – [...] ich sage aber „allein", weil wenn ein Dieb und mit diesem [zugleich] ein Eindringling vorliegt, wird eine Tötung [Mord] erwartet, weil er töten will, und dazu bereit ist, wenn ihm irgendjemand Widerstand leistete. Dies erhellt aus Ex. 22,2–4 über den Diebstahl bei Nacht und bei Tag: Der nächtliche Dieb wird ungestraft getötet; wer aber denjenigen, der bei Tag eindringt, um zu stehlen, töten würde, wird des Mordes [der Tötung] schuldig sein. Der Grund für die Unterscheidung ist, weil vermutet wird, dass wer bei Nacht stiehlt, denjenigen töten würde, welcher ihm Widerstand leisten würde, wenn er könnte, nicht aber derjenige, der bei Tage einbricht.* Vgl. auch: *Seeberg*, Die Theologie des Duns Scotus (wie Fn. 120), S. 494.

1417 Der Hinweis auf diesen Vergleich auch bei: *Seeberg*, Die Theologie des Duns Scotus (wie Fn. 120), S. 494; vgl. *Klein*, Zum Charakterbild des Johannes Duns Scotus (wie Fn. 245), S. 349 (Gotteslästerer und andere gegen Gott gerichtete Sünden).

„Esto etiam quod aliquo modo licuisset Iudaeis pro furto occidere, magis videtur quod per misericordiam evangelicam sit iste rigor revocatus quam rigor contra adulterium, quia peccatum furti est multo minus quam adulterium, iuxta illud Prov. 6[1418]: *Non grandis est culpa, cum quis furatis fuerit; furatur enim ut esurientem impleat animam; deprehensus quoque reddet septuplum.*

Sei es auch, dass es den Juden auf irgendeine Art erlaubt gewesen wäre, für den Diebstahl zu töten, scheint es vielmehr [so], dass diese Strenge durch die evangelische Barmherzigkeit widerrufen worden ist als die Strenge gegen den Ehebruch, weil die Sünde des Diebstahls viel weniger als die des Ehebruches wiegt, vgl. Spr 6,30 f.: „Die Schuld, mit welcher der Dieb war, ist nicht groß; er stiehlt nämlich, um den Hunger leidenden Willen zu stillen; jeder Ertappte wird das Siebenfache zurückgeben."

Sequitur[1419]: *Qui autem adulter est, propter inopiam cordis perdet animam suam.*

Es folgt Spr 6,32: „Wer aber ein Ehebrecher ist, verdirbt wegen eines Mangels des Herzens seinen Willen."

Sed poena de adulterio est revocata Ioan. 8 *b*[1420]: *Nemo te condemnavit, mulier? Nec ego te condemnabo; vade in pace et noli amplius peccare.*

Aber die Strafe für den Ehebruch ist in Joh 8,10–11 widerrufen worden: „Hat dich niemand für schuldig erklärt, Frau? Auch ich werde dich nicht für schuldig erklären; gehe in Frieden und begehre keine Sünde mehr."

Multo magis igitur revocatus fuisset rigor contra furtum, si fuisset statutus in Lege Mosaica."[1421]

Viel eher wäre die Strenge gegen den Diebstahl folglich widerrufen worden, wenn es im Mosaischen Gesetz festgesetzt worden wäre.

Wie schwer die Sünde des Ehebruches wiegt, ergibt sich unter anderem aus Spr 6,32. Und dennoch ist die Strafe für den Ehebruch laut Joh 8,10–11 widerrufen worden. Wenn aber die Ehebrecherin, welche gegen ein

1418 Spr 6,30–31.
1419 Spr 6,32.
1420 Joh 8,10–11.
1421 *Duns Scotus*, Ord. IV (editio vaticana XIII), dist. 15, q. 3, n. 243, lin. 595–604, S. 121–122.

moralisches Gut sündigt, von der Todesstrafe befreit wird, dann müsse dies doch erst recht für den Dieb, der (nur) zeitliche Güter schädigt, gelten, selbst wenn das Alte Testament diesbezüglich die Tötung des Diebes vorsah. *Duns Scotus* argumentiert hier mit Hilfe eines Erst-recht-Schlusses unter Berücksichtigung der Bedeutsamkeit des geschädigten Rechtsgutes.

In der Mitte des 13. Jahrhunderts sprach sich auch *Thomas von Aquin* gegen die Verhängung der Todesstrafe für das Diebstahlsdelikt aus, allerdings sei seiner Ansicht nach die Strafe beim Hinzutreten weiterer gewichtiger Umstände gerechtfertigt – so zum Beispiel beim Diebstahl von Kirchengut.[1422] Die Rechtfertigung der Todesstrafe beim Diebstahl blieb auch lange nach *Duns Scotus´* Lebzeiten umstritten. Im 16. Jahrhundert forderte, wie bereits angemerkt, beispielsweise *Domingo de Soto* ihre Abschaffung, auch bei dreimaliger Tatbegehung.[1423] Was *Duns Scotus´* Ausführungen betrifft, so lässt sich schließlich formulieren, dass *Duns Scotus* sich insgesamt sehr deutlich gegen die Verhängung der Todesstrafe für den Diebstahl positioniert.

Betrachtet man die Ausführungen des *Duns Scotus* zur potentiellen Rechtslage vor dem Hintergrund der Struktur und Systematik seiner Quästionen 2 und 4, so zeigt der Vergleich, dass der Aufbau in der dritten Quästion im Allgemeinen, vor allem aber seine ausführliche Stellungnahme zur potentiellen Rechtslage, unüblich ist. Die vorherige Behandlung der potentiellen Rechtslage ermöglicht *Duns Scotus* Fragen des Verhältnisses alt- und neutestamentlicher Gesetze in einem Exkurs näher zu beleuchten, Stellung zur geltenden Strafpraxis zu nehmen und Kritik zu üben.

II. Die tatsächliche Rechtslage *(quid statutum est)*

Im Anschluss an die Darstellung der potentiellen Rechtslage folgt bei *Duns Scotus* die Aufbereitung der tatsächlichen Rechtslage. Er unterscheidet die Tötung, die heilbaren *(vulneratio)* und die unheilbaren Verletzungen *(mutilatio vel intoxicatio*[1424]*)*, wobei letztere sich weiter in schwere und weniger schwere Verstümmelungsformen *(enormis vel non enormis mutilatio)* unterteilen lassen.

1422 *Thomas von Aquin*, STh II-II, q. 66, art. 6, S. 328, „*Ad secundum*“.

1423 *Schnyder*, Tötung und Diebstahl (wie Fn. 1410), S. 166.

1424 Von der Vergiftung *(intoxicatio)* spricht *Duns Scotus* nur in der *Reportatio IV-A*: Rep. IV-A (Bychkov/Pomplun I.1), dist. 15, qq. 2–4, n. 98, S. 626.

1. Die Talionsstrafe bei der widerrechtlichen Tötung eines anderen Menschen *(per legem talionis)*

Ausführlich behandelt *Duns Scotus* Restitutionsfragen im Zusammenhang mit der Tötung eines anderen Menschen.[1425]

Laut *Duns Scotus* ist in den meisten Gemeinschaften die Talionsstrafe für den Totschlag festgelegt worden, das heißt, dass der Totschläger selbst sterben muss.[1426] Die Festsetzung der Talionsstrafe entspricht dabei nicht nur dem Mosaischen Gesetz, sondern sie gebietet auch die natürliche Vernunft *(ratio naturalis)*. Darüber hinaus wurde sie in Mt 26,52 von *Christus* selbst anerkannt *(Jeder, der durch das Schwert tötet, soll durch das Schwert umkommen/sterben)*.[1427] Ist die Talionsstrafe daher in einer Gemeinschaft

1425 In seiner *Reportatio IV-A* fasst *Duns Scotus* die Tötung eines Menschen unter die unheilbaren Verletzungen: *Duns Scotus*, Rep. IV-A (Bychkov/Pomplun I.1), dist. 15, qq. 2–4, n. 106, S. 629: *„Respondeo: dico quod damnificatio irremediabilis vel est extrema, ad quam sequitur mors – ut occisio vel intoxicatio – vel est citra extremam, ut mutilatio."* (Übersetzung in Fn. 1381); dazu auch: *Unterreitmeier*, Der öffentlich-rechtliche Schmerzensgeldanspruch (wie Fn. 6), S. 51: *„Dabei differenzierte er in Anlehnung an die herrschenden Rechtsgewohnheiten innerhalb der irreparablen Körperverletzungen zwischen besonders schweren Verletzungen wie der Tötung oder einer die gewöhnlichen Handlungen behindernden Verletzung (Fuß, Hand, Auge o. ä.) und Verletzungen ohne Behinderung (Finger o. ä.)."*

1426 *Duns Scotus*, Ord. IV (editio vaticana XIII), dist. 15, q. 3, n. 237, lin. 530–532, S. 119: *„Pro primo damno et maximo, scilicet vitae ablatione, regulariter in multis communitatibus statuta est lex talionis, ut scilicet homicida moriatur."* – *Über den ersten und größten Schaden, nämlich die Wegnahme des Lebens, ist in der Regel in vielen Gemeinschaften das Talionsgesetz festgelegt worden, dass nämlich der Mörder sterben soll.* Zur Würdigung der scotischen Ausführungen zur Restitution im Falle der Tötung in der Sekundärliteratur: *Unterreitmeier*, Der öffentlich-rechtliche Schmerzensgeldanspruch (wie Fn. 6), S. 51–52; *Seeberg*, Die Theologie des Duns Scotus (wie Fn. 120), S. 562–563; *Klein*, Zum Charakterbild des Johannes Duns Scotus (wie Fn. 245), S. 349–350.

1427 *Duns Scotus*, Ord. IV (editio vaticana XIII), dist. 15, q. 3, n. 237, lin. 532–535, S. 119: *„Et rationabiliter, quia scilicet non solum hoc competit Legi Mosaicae, sed etiam rationi naturali, et approbatum et confirmatum est in Lege Evangelica a Christo, Matth. 26: 'Omnis qui gladio occidit, gladio peribit'; [...]."*– *Und (dies) vernünftigerweise, weil es nämlich nicht allein dem Mosaischen Gesetz entspricht, sondern der natürlichen Vernunft, und es ist in den Gesetzen der Evangelien in Mt 26,52 von Christus anerkannt und bestätigt worden: „Jeder, der durch das Schwert tötet [das Schwert ergreift], der soll durch das Schwert umkommen [sterben]"; [...].* Vgl.: *Seeberg*, Die Theologie des Duns Scotus (wie Fn. 120), S. 562.

festgelegt worden, so handelt es sich um eine gerechte Strafe, welche vom Schädiger zu befolgen ist.[1428]

Doch wie verhält es sich, wenn die Talionsstrafe in einzelnen Gemeinschaften für die Tötung eines Menschen nicht festgelegt wurde? Laut *Duns Scotus* gilt der Grundsatz, dass niemand dazu verpflichtet ist, eine derartige Strafe ohne ein spezielles göttliches Gebot sich selbst gegenüber zu verhängen.[1429]

Es sei aber äußerst ratsam, sein eigenes Leben für einen gerechten Grund, zum Beispiel gegen die Feinde der Kirche, also in einem Kreuzzug, zu riskieren und womöglich zu verlieren.[1430] Falls man zu einer derartigen Restitution jedoch nicht bereit und gewillt ist, so wird man von seiner Restitutionspflicht auch nicht völlig frei. *Duns Scotus* führt aus,

1428 *Duns Scotus*, Ord. IV (editio vaticana XIII), dist. 15, q. 3, n. 237, lin. 535–537, S. 119: „*[...] et per consequens ubicumque lex talis de vita pro vita reddenda statuta est, iuste debet homo patienter solvere illam poenam et eam tolerare; [...].*“– *[...] und in der Folge muss der Mensch, wo auch immer ein derartiges Gesetz festgelegt worden ist, welches vorsieht, dass Leben für Leben zu vergelten ist, jene Strafe gerecht vollziehen und diese ertragen; [...].*

1429 *Duns Scotus*, Ord. IV (editio vaticana XIII), dist. 15, q. 3, n. 237, lin. 537–539, S. 119: „*[...] quod si alicubi non sit statuta, nullus debet eam sibi ipsi inferre, quia nullus debet esse homicida sui sine speciali praecepto Dei; [...].*“– *[...] dass wenn es also irgendwo nicht festgelegt worden ist, soll niemand jene [Strafe] sich selbst zufügen, weil niemand ohne ein spezielles Gebot Gottes sein [eigener] Mörder sein soll; [...].* Dazu auch: *Unterreitmeier*, Der öffentlich-rechtliche Schmerzensgeldanspruch (wie Fn. 6), S. 51; *Seeberg*, Die Theologie des Duns Scotus (wie Fn. 120), S. 562; *Klein*, Zum Charakterbild des Johannes Duns Scotus (wie Fn. 245), S. 349.

1430 *Duns Scotus*, Ord. IV (editio vaticana XIII), dist. 15, q. 3, n. 237, lin. 539–541, S. 119: „*[...] sed expedit illi ut exponat vitam suam in causa iusta, ut contra inimicos Ecclesiae pro restitutione facienda illi cuius vitam abstulit.*“ – *[...] aber es nützt jenem, dass er sein Leben in einem gerechten Grund, wie gegen Feinde der Kirche für die Restitution, welche er jenem, dessen Leben er genommen hat, zu leisten hat, riskiert.* Dazu auch: *Unterreitmeier*, Der öffentlich-rechtliche Schmerzensgeldanspruch (wie Fn. 6), S. 51; *Seeberg*, Die Theologie des Duns Scotus (wie Fn. 120), S. 562; *Klein*, Zum Charakterbild des Johannes Duns Scotus (wie Fn. 245), S. 349.

„Quod si nec tantam restitutionem velit facere, non potest esse omnino immunis a restitutione, sicut quidam fatui faciunt, qui absolvunt homicidas, non ostendentes eis restitutionem necessario incumbentem, quasi facilius possit transire homicida quam (ut ita dicam) canicida vel bovicida, quia si occidisset quis bovem proximi sui vel canem, non absolveretur sine restitutione.“[1431]

Wenn man also eine derartige Restitution nicht leisten will, kann man nicht gänzlich von der Restitution befreit sein, wie es z. B. einige Narren machen, welche die Mörder lossprechen und welche diesen [Mördern] die auf ihnen unausweichlich lastende Restitution nicht offenbaren, als ob man leichter einen Menschenmord als (sozusagen) einen Ochsen- oder Hundemord begehen könnte, weil wenn man irgendeinen Ochsen seines Nächsten oder Hund getötet hätte, würde man ohne eine Restitution nicht losgesprochen werden.

Mit sarkastischem Ton positioniert sich *Duns Scotus* im obigen Zitat deutlich gegen die offenbar vielerorts von Beichtvätern vorgenommene Lossprechung eines Mörders ohne Erbringung einer Restitutionsleistung, denn dieselben fordern doch gerade die Restitution als zwingende Voraussetzung für die Lossprechung bei der Tötung eines Ochsen oder Hundes.[1432] Dann müsse die Restitution doch aber erst recht für die Wegnahme des höchsten Gutes, des menschlichen Lebens, notwendige Bedingung für die Sündenlossprechung sein.

Hintergrund dieser Ausführungen bildet die Frage nach der Bemessung der Restitutions- beziehungsweise Kompensationsleistung für den durch den Verlust des menschlichen Lebens entstandenen Schaden *(damnum vitae)*. Mit ihr geht zugleich die vor allem im moraltheologischen Diskurs der Spätscholastik sehr kontrovers diskutierte Frage einher, ob das menschliche Leben überhaupt einer Schätzung *(aestimatio)* und Kompensation (in Geld) zugänglich ist, wobei es sich dabei ganz allgemein um eine über den Ersatz immaterieller Einbußen und Schäden geführte Diskussion handelt,

---

1431 *Duns Scotus*, Ord. IV (editio vaticana XIII), dist. 15, q. 3, n. 238, lin. 542–547, S. 119.

1432 Auf diese Kritik machten auch *Klein*, Zum Charakterbild des Johannes Duns Scotus (wie Fn. 245), S. 349–350; *Seeberg*, Die Theologie des Duns Scotus (wie Fn. 120), S. 562–563, und *Jansen*, Theologie, Philosophie und Jurisprudenz (wie Fn. 4), S. 115, aufmerksam.

welche insbesondere im Hinblick auf die Gewährung von Schmerzensgeld bis weit in das 19. Jahrhundert geführt wurde.[1433]

1433 V. a. zu den spätscholastischen Diskussionen: *Unterreitmeier*, Der öffentlich-rechtliche Schmerzensgeldanspruch (wie Fn. 6), S. 55–72; *Johannes Unterreitmeier*, Der Ersatz von Schmach und Schmerzen. Über die gemeinsamen historischen Wurzeln von Schmerzensgeld und Geldentschädigung, in: JZ 68/9 (2013), S. 425–433; *Nufer*, Über die Restitutionslehre der Spätscholastiker (wie Fn. 63), S. 32–41. Zur Entwicklung immateriellen Schadensersatzes, insbesondere zur Entwicklung des Schmerzensgeldes: *Nicole Kafitz*, Der Kampf ums Schmerzensgeld im Vorfeld des BGB von 1900 am Beispiel zweier Reichsgerichtsurteile aus 1882, Inauguraldisseration Univ. Mannheim 2005 (Onlineausgabe), v. a. S. 75–89; *Rolf Hofstetter*, Zur Geschichte des Schmerzensgeldes, Diss. Univ. Heidelberg 1961; *Ute Walter*, Geschichte des Anspruchs auf Schmerzensgeld bis zum Inkrafttreten des bürgerlichen Gesetzbuches, Paderborn [u. a.] 2004; *Dieter Störmer*, Der Ersatz des Affektionsinteresses in geschichtlicher Entwicklung, Diss. Uni. Hamburg 1977; *Wieling*, Interesse und Privatstrafe (wie Fn. 1112), v. a. S. 139–148; *Karin Nehlsen-v. Stryk*, Schmerzensgeld ohne Genugtuung, in: JZ 42/3 (1987), S. 119–127; *Dominik Erm*, Vorteilsanrechnung beim Schmerzensgeld – ein Beitrag zur Fortentwicklung des Schadens(ersatz)rechts, Karlsruhe 2013, S. 14–25; *Peter Schips*, Schmerzensgeld für Erben?, Diss. Univ. Tübingen 2003 (Onlineausgabe), S. 5; *Johannes Ady*, Ersatzansprüche wegen immaterieller Einbußen, Tübingen 2004, S. 7–16; *Wanja Andreas Welke*, Die Repersonalisierung des Rechtskonflikts. Zum gegenwärtigen Verhältnis von Straf- und Zivilrecht. Zugleich eine Analyse von exemplary (punitive)damages, Frankfurt a. M. [u. a.] 2008, S. 189–194; *Johannes Köndgen*, Haftpflichtfunktionen und Immaterialschaden am Beispiel von Schmerzensgeld bei Gefährdungshaftung, Berlin 1976, S. 45–52; *Rudolf Eickhoff*, Die Bemessung des Schmerzensgeldanspruchs als Sonderform des Anspruchs auf Wiedergutmachung, Diss. Univ. Hamburg 1957, S. 24–40; *Hans-Joachim Vergau*, Der Ersatz immateriellen Schadens in der Rechtsprechung des 19. Jahrhunderts zum französischen und deutschen Deliktsrecht, Potsdam 2006, S. 39–40, 64–72, 92–93; *Ina Ebert*, Pönale Elemente im deutschen Privatrecht. Von der Renaissance der Privatstrafe im deutschen Recht, Tübingen 2004, v. a. S. 32–49, 62–102; *Bernd-Rüdiger Kern*, Die Genugtuungsfunktion des Schmerzensgeldes – ein pönales Element im Schadensrecht?, in: AcP 191/3 (1991), S. 247–272, 256–262. Zur Literatur über das Schmerzensgeld im 19. Jahrhundert: *Hugo Bocksch*, Die rechtliche Natur der gemeinrechtlichen Schmerzensgeldklage, Diss. Univ. Erlangen 1898; *C. v. Elterlein*, Abhandlung über das Schmerzensgeld, in: Neue Jahrbücher für Sächsisches Strafrecht, Bd. 2, hrsg. v. Gustav Friedrich Held; Gustav Albert Siedbrat; Friedrich Oscar Schwarze, Dresden 1844, S. 115–144 (Allgemeiner Theil), 171–195 (Besonderer Theil); *Johann Caspar Gensler*, Theoretisch-praktische Bemerkungen über den Grund, das Objekt und die Gränze, der bei den Injurien vorkommenden aestimatorischen Klage, der Schmerzensgeld-Forderung, und der Klage aus dem Aquilischen Gesetz, in: AcP 1/1 (1818), S. 143–155; sehr ausführlich: *Karl Joseph Seitz*, Untersuchungen über die heutige Schmerzensgeldklage: Nebst

An dieser Stelle soll im Überblick auf die Entwicklung des immateriellen Schadensersatzes hingewiesen werden, um die Lehre des *Duns Scotus* über die *restitutio* beim *homicidium* in den historischen Kontext und die Diskussionen über die Berücksichtigung immaterieller Einbußen einbetten zu können, vor allem aber um die scotische Forderung eines umfassenden Schadensausgleichs auch für das *damnum vitae* herauszuarbeiten und aufzuzeigen, dass das Restitutionsgebot in der scotischen Lehre – wie auch in der scholastischen Restitutionslehre überhaupt – den Ersatz sowohl des materiellen als auch immateriellen Schadens umfasst und damit über die im Hinblick auf die Gewährung immateriellen Ersatzes doch wesentlich restriktiveren Schadensersatzregelungen des *ius commune* deutlich hinausgeht. Durch diesen „Exkurs“ wird darüber hinaus *Duns Scotus'* weitreichende Forderung des Ersatzes der immateriellen Schäden bei der Verstümmelung *(mutilatio)*, welche in den nachfolgenden Abschnitten präsentiert wird, unterstrichen und in einen Kontrast zum römisch-kanonischen Recht gesetzt.

a) Exkurs: Die historische Entwicklung des Ersatzes immaterieller Schäden, v. a. des Ersatzes des *damnum vitae*

Das klassische römische Recht handhabte den Ersatz immaterieller Schäden äußerst restriktiv.[1434] Es war vom Enumerationsprinzip (*numerus clausus* der *actiones*) geprägt und kannte keine generelle Pflicht, widerrechtlich und schuldhaft begangene Schädigungen wiedergutzumachen.[1435] Bei vorsätzlichen Persönlichkeitsverletzungen stand dem Geschädigten die als Strafklage ausgestaltete Injurienklage *(actio iniuriarum)* offen.[1436] Mit dieser

allgemeinen Erörterungen über die Methode des einheimischen Civilrechts, Erlangen 1860; *Friedrich Hellmann*, Schmerzensgeld und Buße, in: AcP 78/1 (N. F. 28) (1892), S. 1–29.

1434 Ausführlich wird das klassische römische Schadensrecht von *Unterreitmeier*, Der öffentlich-rechtliche Schmerzensgeldanspruch (wie Fn. 6), S. 9–19, mit einer Vielzahl an Nachweisen dargestellt. Weiterführend v. a.: *Jansen*, Struktur des Haftungsrechts (wie Fn. 72), S. 181–270; *Zimmermann*, Law of Obligations (wie Fn. 28), v. a. S. 953–1094.

1435 *Unterreitmeier*, Der öffentlich-rechtliche Schmerzensgeldanspruch (wie Fn. 6), S. 9; *Wolter*, Naturalrestitution (wie Fn. 6), S. 22; *Kaser*, Das römische Privatrecht, 1. Abschnitt (wie Fn. 1117), § 117, S. 498; *Kaser; Knütel*, Römisches Privatrecht (wie Fn. 884), § 35, S. 203, Rn. 2.

1436 *Unterreitmeier*, Der Ersatz von Schmach und Schmerzen (wie Fn. 1433), S. 426; *Unterreitmeier*, Der öffentlich-rechtliche Schmerzensgeldanspruch (wie Fn. 6),

Klageart konnten sowohl Verbal- als auch Realinjurien geahndet werden, wobei der Schutz der Ehre und des guten Rufes vordergründig war.[1437] Die verhängte Geldbuße *(poena)* unterlag einer Schätzung *(aestimatio)* des Richters, dem es oblag, auch immaterielle Beeinträchtigung einzubeziehen.[1438] Neben der *actio iniuriarum* existierte die *actio iniuriarum ex lege Cornelia*[1439], welche eine besondere Klagemöglichkeit darstellte, wenn jemand mit oder auch ohne Schmerz *(verberare, pulsare)* geschlagen wurde oder wenn mit Gewalt in ein Haus von jemandem eingedrungen wurde.[1440] Sie stellte eine mit der Injurienklage konkurrierende Mischklage dar, welche (wohl) keine klagebegründende Wirkung besaß.[1441]

S. 10–12. Zur Injurienklage u. a.: *Robert Mainzer*, Die ästimatorische Injurienklage in ihrer geschichtlichen Entwicklung, Stuttgart 1908; *Matthias Hagemann*, Iniuria. Von den XII-Tafeln bis zur Justinianischen Kodifikation, Köln [u. a.] 1998; *Kaser*, Das Römische Privatrecht, 1. Abschnitt (wie Fn. 1117), v. a. § 145, S. 623–625; *Kaser; Knütel*, Römisches Privatrecht (wie Fn. 884), § 51, S. 304–306, Rn. 19–24; *Zimmermann*, Law of Obligations (wie Fn. 28), S. 1050–1094; *Herbert Hausmaninger; Walter Selb*, Römisches Privatrecht, 9. Auflage, Wien [u. a.] 2001, v. a. S. 284–286; *Heinrich Honsell*, Römisches Recht, 8. Auflage, Berlin [u. a.] 2015, § 61, S. 173; *Hofstetter*, Zur Geschichte des Schmerzensgeldes (wie Fn. 1433), S. 3–5.

1437 *Unterreitmeier*, Der Ersatz von Schmach und Schmerzen (wie Fn. 1433), S. 426; *Unterreitmeier*, Der öffentlich-rechtliche Schmerzensgeldanspruch (wie Fn. 6), S. 10–12; *Hofstetter*, Zur Geschichte des Schmerzensgeldes (wie Fn. 1433), S. 4–5; *Kaser*, Das Römische Privatrecht, 1. Abschnitt (wie Fn. 1117), § 145, S. 623–624. In der klassischen Jurisprudenz wurde der Injurienbegriff signifikant ausgeweitet und umfasste jede absichtliche Überhebung einer Person über eine andere, aus: *Unterreitmeier,* Der öffentlich-rechtliche Schmerzensgeldanspruch (wie Fn. 6), S. 12; vgl. *Kaser*, op. cit., S. 623–624.

1438 *Unterreitmeier*, Der Ersatz von Schmach und Schmerzen (wie Fn. 1433), S. 426; *Unterreitmeier*, Der öffentlich-rechtliche Schmerzensgeldanspruch (wie Fn. 6), S. 11; *Hofstetter*, Zur Geschichte des Schmerzensgeldes (wie Fn. 1433), S. 4–5.

1439 Zur *lex Cornelia* u. a.: *Unterreitmeier*, Der öffentlich-rechtliche Schmerzensgeldanspruch (wie Fn. 6), S. 12–13; *Mainzer*, Die ästimatorische Injurienklage (wie Fn. 1436), S. 7–10; *Hagemann*, Iniuria (wie Fn. 1436), S. 62–64; *Ulrich von Lübtow*, Zum römischen Injurienrecht, in: Labeo 15 (1969), S. 131–167, v. a. 157–160; sehr knapp auch zu lesen bei: *Kaser*, Das Römische Privatrecht, 1. Abschnitt (wie Fn. 1117), § 84, S. 351, § 142, S. 609 Fn. 4, § 145, S. 623 Fn. 7; *Zimmermann*, Law of Obligations (wie Fn. 28), S. 1053 Fn. 24.

1440 *Unterreitmeier*, Der öffentlich-rechtliche Schmerzensgeldanspruch (wie Fn. 6), S. 12–13 mit Verweis auf D. 47.10.5.pr.

1441 So *Unterreitmeier*, Der öffentlich-rechtliche Schmerzensgeldanspruch (wie Fn. 6), S. 13; *Lübtow*, Zum römischen Injurienrecht (wie Fn. 1439), S. 160 [elektive Konkurrenz: *„Nach der Anklage aus Cornelischen Gesetz ist die private actio iniuriarum unstatthaft und umgekehrt, weil beide Klagen dasselbe Hauptziel*

Bei fahrlässigen Körperverletzungen (freier Römer) bestand im römischen Recht eine Haftungs- und Rechtsschutzlücke im Hinblick auf die Berücksichtigung immaterieller Einbußen bei der Schadensschätzung.[1442] Bei fahrlässigen Sachbeschädigungen und Körperverletzungen standen die als Mischklage ausgestaltete *actio legis Aquiliae*[1443] und die ergänzend geschaffenen Klagen (*actio de deiectis vel effusis, actio de pauperie, actio de feris*)[1444] zur Verfügung, welche jedoch ausschließlich auf den Ersatz des

---

verfolgen, nämlich die Geldstrafe zugunsten des Verletzen."]; Hagemann, Iniuria (wie Fn. 1436), S. 64 m. w. N. in Fn. 70 [elektive Konkurrenz beider Klagen].

1442 *Unterreitmeier*, Der öffentlich-rechtliche Schmerzensgeldanspruch (wie Fn. 6), S. 14–19; *Unterreitmeier*, Der Ersatz von Schmach und Schmerzen (wie Fn. 1433), S. 426; vgl. auch: *Herbert Hausmaninger*, Das Schadenersatzrecht der lex Aquilia, 5. Auflage, Wien 1996, S. 35.

1443 Zur *lex Aquilia*: *Unterreitmeier*, Der öffentlich-rechtliche Schmerzensgeldanspruch (wie Fn. 6), S. 14–17; vgl. auch: *Unterreitmeier*, Der Ersatz von Schmach und Schmerzen (wie Fn. 1433), S. 426 Fn. 18; *Hausmaninger*, Das Schadenersatzrecht der lex Aquilia (wie Fn. 1442); *Jansen*, Struktur des Haftungsrechts (wie Fn. 72), v. a. S. 186–189, 202–221, 237–270; *Zimmermann*, Law of Obligations (wie Fn. 28), S. 953–1049; *Ulrich von Lübtow*, Untersuchungen zur lex Aquilia de damno iniuria dato, Berlin 1971; *Kaser; Knütel*, Römisches Privatrecht (wie Fn. 884), § 51 Rn. 10–18, S. 301–304; *Horst Kaufmann*, Rezeption und usus modernus der actio legis Aquiliae, Köln [u. a.] 1958, v. a. S. 4–18; *Wieling*, Interesse und Privatstrafe (wie Fn. 1112), v. a. S. 130–134; *Max Kaser*, Das Römische Privatrecht, 2. Abschnitt: Die nachklassischen Entwicklungen, 2. Auflage, München 1975, § 273 I, S. 437–439; *Kaser*, Das Römische Privatrecht, 1. Abschnitt (wie Fn. 1117), § 41, S. 161–162, § 144, S. 619–622; *Hausmaninger; Selb*, Römisches Privatrecht (wie Fn. 1436), S. 280–283; *Hofstetter*, Zur Geschichte des Schmerzensgeldes (wie Fn. 1433), S. 2–3; *Honsell*, Römisches Recht (wie Fn. 1436), § 60, S. 166–172; *Roland Wittmann*, Die Körperverletzung an Freien im klassischen römischen Recht, München 1972, S. 37–46, zu analogen Anwendung der *lex Aquilia*: S. 75–116; zum Schadensersatz nach der *lex Aquilia* in der Wissenschaft und Praxis des Usus Modernus: *Wolter*, Naturalrestitution (wie Fn. 6), S. 66–70.

1444 Zu den ergänzenden Klagen: *Unterreitmeier*, Der öffentlich-rechtliche Schmerzensgeldanspruch (wie Fn. 6), S. 17–19 m. w. N. Zur *actio de deiectis vel effusis* u. a.: *Jansen*, Struktur des Haftungsrechts (wie Fn. 72), S. 150–151, 187, 224–226, 231, 245, 262 Fn. 596, 266, 268, 280; *Kaser*, Das Römische Privatrecht, 1. Abschnitt (wie Fn. 1117), § 146, S. 628–629; *Kaser*, Das Römische Privatrecht, 2. Abschnitt (wie Fn. 1443), § 271, S. 428; *Wittmann*, Körperverletzung an Freien im klassischen römischen Recht (wie Fn. 1443), insbs. S. 62–70; *Kaser; Knütel*, Römisches Privatrecht (wie Fn. 884), § 51, S. 306, Rn. 28; *Hausmaninger; Selb*, Römisches Privatrecht (wie Fn. 1436), S. 197; *Honsell*, Römisches Recht (wie Fn. 1436), § 33, S. 104. Zur *actio de pauperie* u. a.: *Jansen*, Struktur des Haftungsrechts (wie Fn. 72), S. 186–187, 196–197, 245, 280; *Kaser*, Das Römische Privatrecht, 1. Abschnitt (wie Fn. 1117), § 42, S. 165, § 147, S. 633–

materiellen Schadens gerichtet waren.[1445] Die *actio legis Aquiliae* war ursprünglich für den Ersatz von Sachschäden infolge der Tötung fremder Sklaven oder vierfüßiger Herdentiere (Kapitel 1) sowie von Vermögensschäden infolge der Körperverletzung durch Brennen, Brechen und Zerreißen (Kapitel 3) konzipiert.[1446] Inhaltlich war die *actio legis Aquiliae* auf eine Geldleistung gerichtet.[1447] Nicht anwendbar war sie grundsätzlich auf die Verletzung freier Römer, denn es galt der Grundsatz, dass der Körper eines freien Römers keiner Bemessung in Geld zugänglich ist.[1448] So heißt es in D. 9.3.7 *„quia liberum corpus nullam recipit aestimationem"*.[1449] Zwar wurde durch die erweiterten Klagearten (*actiones utiles, actiones in factum*) eine Klagemöglichkeit für den materiellen Schaden auch bei der Körperverletzung an freien Römern gewährt; der Ersatz des ideellen Schadens blieb jedoch ausgeschlossen.[1450]

634; *Kaser*, Das Römische Privatrecht, 2. Abschnitt (wie Fn. 1443), § 271, S. 433; *Wittmann*, Körperverletzung an Freien im klassischen römischen Recht (wie Fn. 1443), insbs. S. 70–74; *Zimmermann*, Law of Obligations (wie Fn. 28), S. 1096–1104; *Kaser; Knütel*, Römisches Privatrecht (wie Fn. 884), § 50, S. 298, Rn. 14; *Hausmaninger; Selb*, Römisches Privatrecht (wie Fn. 1436), S. 291. Zur *actio de feris* u. a.: *Jansen*, Struktur des Haftungsrechts (wie Fn. 72), S. 187, 226, 266; *Kaser*, Das Römische Privatrecht, 1. Abschnitt (wie Fn. 1117), § 146, S. 629; *Wittmann*, Körperverletzung an Freien im klassischen römischen Recht (wie Fn. 1443), insbs. S. 74–75; *Zimmermann*, Law of Obligations (wie Fn. 28), S. 1104–1107.

1445 *Unterreitmeier*, Der öffentlich-rechtliche Schmerzensgeldanspruch (wie Fn. 6), S. 14–17 (zur *actio legis Aquiliae*), S. 17–19 (zu den weiteren Klagearten); *Unterreitmeier*, Der von Schmach und Schmerzen (wie Fn. 1433), S. 426; *Hausmaninger*, Das Schadenersatzrecht der lex Aquilia (wie Fn. 1442), S. 34, 35.

1446 *Unterreitmeier*, Der öffentlich-rechtliche Schmerzensgeldanspruch (wie Fn. 6), S. 14–16; *Lübtow*, Untersuchungen zu lex Aquilia de damno iniuris dato (wie Fn. 1443), § 2, S. 19–21; weiterführend u. a.: *Jansen*, Struktur des Haftungsrechts (wie Fn. 72), S. 242–247. Vgl. im Übrigen zur *Lex Aquilia* die Literaturnachweise in: Fn. 1443.

1447 *Unterreitmeier*, Der öffentlich-rechtliche Schmerzensgeldanspruch (wie Fn. 6), S. 16.

1448 *Unterreitmeier*, Der öffentlich-rechtliche Schmerzensgeldanspruch (wie Fn. 6), S. 16; *Unterreitmeier*, Der Ersatz von Schmach und Schmerzen (wie Fn. 1433), S. 426; *Hausmaninger*, Das Schadenersatzrecht der lex Aquilia (wie Fn. 1442), S. 35. Hierzu auch: *Jansen*, Struktur des Haftungsrechts (wie Fn. 72), S. 244–245; *Lange*, Schadensersatz und Privatstrafe (wie Fn. 1113), S. 58–60.

1449 D. 9.3.7 (Corpus iuris civilis I, S. 164b).

1450 *Unterreitmeier*, Der öffentlich-rechtliche Schmerzensgeldanspruch (wie Fn. 6), S. 16–17; zur tatbestandlichen Erweiterung der aquilischen Klage: *Jansen*, Struktur des Haftungsrechts (wie Fn. 72), S. 247–252; *Lübtow*, Untersuchungen zur lex Aquilia de damno iniuria dato (wie Fn. 1443), § 9–§ 13, S. 135–214;

Die für diese Arbeit weitaus bedeutsamere mittelalterliche Legistik soll in ihren Lehren kaum über das justinianische Haftungsrecht hinausgegangen sein.[1451] Parallel zur tatbestandlichen Ausweitung der aquilischen Klagen erfolgte einerseits eine Ausweitung der Zurechnung bei mittelbaren Verletzungen.[1452] Andererseits erfuhr auch die Haftung in Tötungs- und Verletzungsfällen eine Ausweitung.[1453] Denn nicht allein bei Körperverletzungen eines freien Menschen, sondern auch bei der Tötung wurde die *actio legis Aquiliae* auf Ersatz der Heilungskosten und auf entgangenen Unterhalt gewährt.[1454] Diesbezüglich herrschte noch unter den Glossatoren Streit, jedoch gewährte die *Glossa ordinaria* dem Verletzten einen Anspruch auf Ersatz der Heilungskosten und des entgangenen Verdienstes sowie den Erben einen Anspruch auf Ersatz ihres Vermögensschadens.[1455] Einen Schmerzensgeldanspruch kannten sowohl die Glossatoren als auch Kommentatoren nicht.[1456]

Kaser, Das Römische Privatrecht, 2. Abschnitt (wie Fn. 1443), § 273, S. 437–439; zu den Erweiterungsklagen: *Hausmaninger*, Das Schadenersatzrecht der lex Aquilia (wie Fn. 1442), S. 35, 37–38.

1451 *Unterreitmeier*, Der öffentlich-rechtliche Schmerzensgeldanspruch (wie Fn. 6), S. 53; *Kaufmann*, Rezeption und usus modernus der actio legis Aquiliae (wie Fn. 1443), S. 19–22, wobei laut *Kaufmann*, S. 21, die überwiegende Ansicht an der Geldkompensation vor der Naturalrestitution festgehalten haben soll; *Hofstetter*, Zur Geschichte des Schmerzensgeldes (wie Fn. 1433), S. 6–7; *Kafitz*, Der Kampf ums Schmerzensgeld (wie Fn. 1433), S. 79. Weiterführend zur Ausweitung der Haftung: *Jansen*, Struktur des Haftungsrechts (wie Fn. 72), S. 274–278.

1452 *Jansen*, Struktur des Haftungsrechts (wie Fn. 72), S. 275, Beispiele auf S. 276.

1453 *Jansen*, Struktur des Haftungsrechts (wie Fn. 72), S. 276–278.

1454 *Kafitz*, Der Kampf ums Schmerzensgeld (wie Fn. 1433), S. 79; *Jansen*, Struktur des Haftungsrechts (wie Fn. 72), S. 276 m. w. N zur Ausweitung in Fn. 34; *Lange*, Schadensersatz und Privatstrafe (wie Fn. 1113), S. 58–60; *Wieling*, Interesse und Privatstrafe (wie Fn. 1112), S. 131–134. Zur Frage der Anwendbarkeit der *actio legis Aquiliae utilis* bei Tötung eines freien Menschen in den Rechtslehren der Glossatoren: *Robert Feenstra*, Die Glossatoren und die actio legis Aquiliae utilis bei Tötung eines freien Menschen, in: Das römische Recht im Mittelalter, hrsg. v. Eltjo J. H. Schrage, Darmstadt 1987, S. 205–232. Generell zur Frage der Anwendbarkeit der *lex Aquilia* auf die Verletzung freier Römer im klassischen Recht: *Wittmann*, Körperverletzung an Freien im klassischen römischen Recht (wie Fn. 1443). Ursprünglich war eine Anwendung der *actio legis Aquiliae utilis* auf die Tötung eines Freien nicht vorgesehen.

1455 *Jansen*, Struktur des Haftungsrechts (wie Fn. 72), S. 276–277. Laut *Jansen*, S. 277, soll zunächst noch unklar gewesen sein, ob dies auch den Unterhalt umfasst, jedoch spricht sich zum Beispiel *Durantis* klar dafür aus.

1456 *Kafitz*, Der Kampf ums Schmerzensgeld (wie Fn. 1433), S. 79; *Hofstetter*, Zur Geschichte des Schmerzensgeldes (wie Fn. 1433), S. 5–7. Zur Berücksichtigung

Auch das kanonische Recht gewährte keinen generellen Ersatz immaterieller Schäden, zum Beispiel für Entstellungen oder erlittene Schmerzen.[1457] Die in den *Liber Sextus* aufgenommene weit gefasste *regula iuris IV (non dimittitur peccatum, nisi restitutatur ablatum)* bot keinerlei weiteren Anhaltspunkte im Hinblick auf den Schadensersatz bei Körperverletzungen sowie den Ersatz immaterieller Schäden im Allgemeinen.[1458] Die auf *Coelestin III.* zurückgehende und in X 5.36.1 enthaltene maßgebliche Dekretale zum Ersatz von Körperverletzungsschäden handelt von Körperverletzungen, die sich Männer im Streit mit einem Stein oder der Faust zufügen. In einem solchen Fall wird der Ersatz des Arbeitsausfalles und der Arztkosten gewährt.[1459] Ein Ersatz für immaterielle Einbußen wird nicht thematisiert. Die *Glossa ordinaria* verweist bezüglich der zu ersetzenden Schadensposten auf das römisch-rechtliche Aktionensystem. Im Hinblick auf die Frage des Ersatzes von Entstellungen liest man auch hier den bekannten Satz *„liberum corpus non recipit aestimationem"*.[1460] Wie im römischen Recht erfolgt in diesem Fall kein Ersatz für immaterielle Schäden.

Verlässt man nun den juristischen Diskurs zum Haftungs- und Schadensrecht und betrachtet die moraltheologische Restitutionslehre der Hoch- und Spätscholastik, so ist die Forderung eines umfassenden Schadensausgleichs für diese prägend. Denn von Beginn an umfasst die *restitutio* nicht nur den Ersatz des Vermögensschadens, sondern auch den Ersatz immaterieller Schäden. Vorwiegend im 16. Jahrhundert entfachte eine hitzig geführte Diskussion um die dogmatische Begründung des Ersatzes immaterieller Schäden, insbesondere um den Ersatz des – hier

---

des Affektionsinteresses bei den Glossatoren und Kommentatoren: *Störmer*, Der Ersatz des Affektionsinteresses (wie Fn. 1433), S. 25–35.

1457 Vgl. zum kanonischen Schadensrecht die Ausführungen bei: *Unterreitmeier*, Der öffentlich-rechtliche Schmerzensgeldanspruch (wie Fn. 6), S. 54.

1458 Vgl.: *Unterreitmeier*, Der öffentlich-rechtliche Schmerzensgeldanspruch (wie Fn. 6), S. 55 mit Verweis auf die *Glossa ordinaria („ablatum")* in Fn. 378.

1459 X 5.36.1 (CIC II, Sp. 878): *„Si rixati fuerint homines, et percusserit alter proximum suum lapide vel pugno, et ille mortuus non fuerit, sed iacuerit in laete, si surrexerit et ambulaverit foris super baculum suum: innocens erit, qui percusserit, ita tamen, ut operas eius et impensas in medicos restituat."*; *Unterreitmeier*, Der öffentlich-rechtliche Schmerzensgeldanspruch (wie Fn. 6), S. 54.

1460 *Bernhard von Parma*, Glossa ordinaria, Romae 1582, ad X 5.36.1, ad verba *„d: Operas eius & impensas"*, Sp. 1851: *„Deformitatis aute[m] ratio non habebitur, quia liberum corpus non recipit aestimationem, ut in primis duabus legibus [...]. Tamen si liber homo petit, 50. aureorum fit condemnatio: ut d. §. sed cum liber homo. Illud fit poena, non pro aestimatione."*; *Unterreitmeier*, Der öffentlich-rechtliche Schmerzensgeldanspruch (wie Fn. 6), S. 54.

relevanten – *damnum vitae*, dessen Hintergrund letztlich Harmonisierungsbestrebungen der moraltheologischen Restitutionslehre mit dem römisch-kanonischen Schadensrecht bildeten.[1461] Im Zuge dieser Kontroverse kristallisierte sich einerseits die unter anderem von *Martin de Azpilcueta* und *Gabriel Vásquez* vertretene Ansicht heraus, welche immaterielle Schäden kategorisch aus der Restitutionspflicht herausnahm[1462], und andererseits eine unter anderem von *Domingo de Soto* und *Luis de Molina* vertretene Ansicht, welche im Allgemeinen eine Restitutionspflicht bejahte[1463].

b) Die scotische Forderung des Ersatzes des *damnum vitae*

Betrachtet man nun die scotische Lehre, so bleibt auch für das Verbrechen des *homicidium* die Restitution des *damnum vitae* zwingende Voraussetzung für die Sündenlossprechung. Laut *Duns Scotus* bleibt der Pönitent – für den Fall, dass eine Talionsstrafe gesetzlich nicht geregelt ist und er auch nicht dazu bereit ist, sein eigenes Leben beispielsweise für den Kampf gegen Kirchenfeinde zu riskieren und zu opfern – zur „geistigen" Restitution verpflichtet, welche, sofern dies möglich ist, dem Leben des Getöteten entsprechen soll *(ad restitutionem spiritualem)*.[1464] Es handelt sich um einen Fall des immateriellen Schadensersatzes. Fraglich bleibt natürlich, nach welchen Maßstäben sich die Beurteilung des Umfangs dieser „geistigen" Restitution zu bemessen hat. Zu Beginn des 16. Jahrhunderts wies *Fran-*

1461 Zu dieser Diskussion ausführlich: *Unterreitmeier*, Der öffentlich-rechtliche Schmerzensgeldanspruch (wie Fn. 6), v. a. S. 55–62, 66–72; *Nufer*, Über die Restitutionslehre der Spätscholastiker (wie Fn. 63), S. 32–38, insbs. 37–38, jeweils m. w. N. Vgl. weiterführend auch die Ausführungen zur spätscholastischen Diskussion in Bezug auf die *„Tötung und Körperverletzung"* bei: *Jansen*, Theologie, Philosophie und Jurisprudenz (wie Fn. 4), S. 112–119.

1462 *Unterreitmeier*, Der öffentlich-rechtliche Schmerzensgeldanspruch (wie Fn. 6), S. 56–59 mit zahlreichen Nachweisen.

1463 *Unterreitmeier*, Der öffentlich-rechtliche Schmerzensgeldanspruch (wie Fn. 6), S. 59–62 mit zahlreichen Nachweisen.

1464 *Duns Scotus*, Ord. IV (editio vaticana XIII), dist. 15, q. 3, n. 238, lin. 547–549, S. 119–120: *„Tenetur igitur ad restitutionem spiritualem faciendam, aequivalentem vitae quam abstulit, sicut potest esse aequivalentia in talibus."* – *Daher ist man verpflichtet eine geistige Restitution zu leisten, welche dem Leben entspricht, welches man genommen hat, so wie (soweit) eine Gleichwertigkeit in derartigen Fällen möglich sein kann.* Dazu auch: *Unterreitmeier*, Der öffentlich-rechtliche Schmerzensgeldanspruch (wie Fn. 6), S. 51, 62; *Seeberg*, Die Theologie des Duns Scotus (wie Fn. 120), S. 563; *Jansen*, Theologie, Philosophie und Jurisprudenz (wie Fn. 4), S. 115 (*„[...] Leistungen für die Seele des Verstorbenen [...]."*).

cisco de Vitoria darauf hin, dass die von *Duns Scotus* geforderte „geistige" Restitution unter anderem voraussetze, dass man überhaupt wisse, ob der Getötete sich in der Hölle *(infernum)* oder dem Fegefeuer *(purgatio)* befinde. Andernfalls sei der Umfang der zu leistenden „geistlichen" Restitution schlichtweg nicht bestimmbar. Unter anderem aufgrund der diesbezüglichen Ungewissheit kann die Forderung einer „geistigen" Restitution laut *Vitoria* keine Pflicht begründen, sie sei aber ratsam.[1465] Anders ist dies bei *Duns Scotus*: Für ihn handelt es sich bei der *restitutio spiritualis (ad restitutionem spiritualem)* um eine (Rechts-)Pflicht, welche einen Ersatz für den durch den Verlust des Lebens entstandenen Schaden bildet.

Darüber hinaus fordert *Duns Scotus*, dass der Schädiger all denjenigen zur Restitution verpflichtet ist, welchen der Getötete gegenüber „unterhaltspflichtig" war wie zum Beispiel der Mutter, dem Vater oder Verwandten *(propinqui)*.[1466] Es geht *Duns Scotus* hierbei um den Ersatz der Unterhaltsleistungen gegenüber den Hinterbliebenen, also um den Ersatz eines materiellen Schadens. Eine genaue Eingrenzung des anspruchsberechtigten Personenkreises liest man bei *Duns Scotus* nicht. Er nennt als potentiell Anspruchsberechtigte die Eltern, aber auch weitere Verwandte, wobei unklar bleibt, welche Personen des Angehörigenkreises konkret umfasst sind.

In seiner *Reportatio IV-A* nennt *Duns Scotus* für den Fall, dass der Getötete keine Angehörigen hat, welchen er Unterhalt leistete, als zusätzlichen, eigenständigen Schadensposten die Restitution für die entgangenen spirituellen Werke des Getöteten durch Fasten, Beten, Messen und Almosen und damit einen weiteren immateriellen Schadensposten.[1467] Diese *restitu-*

1465 *Francisco de Vitoria*, ComSth II-II (Stüben), q. 62, art. 2, v. a. n. 13, S. 114–117; vgl. auch die Ausführung bei: *Jansen*, Theologie, Philosophie und Jurisprudenz (wie Fn. 4), S. 115, mit Verweis auf *Vitoria* in Fn. 433.

1466 *Duns Scotus*, Ord. IV (editio vaticana XIII), dist. 15, q. 3, n. 238, lin. 549–552, S. 120: *„Nec hoc solum, sed si interfectus sustentabat aliquos, puta patrem vel matrem vel propinquos, tenetur interfector omnibus illis ad tantam restitutionem quantam illis abstulit per interfectionem illius personae." – Und nicht nur/allein das, sondern wenn der Getötete andere unterhält, zum Beispiel den Vater oder die Mutter oder Verwandte, ist der Mörder ihnen allen zu einer derartigen Restitution verpflichtet, insoweit er jene durch die Tötung [Ermordung] jener Person bestiehlt.* Dazu auch: *Unterreitmeier*, Der öffentlich-rechtliche Schmerzensgeldanspruch (wie Fn. 6), S. 51–52; *Seeberg*, Die Theologie des Duns Scotus (wie Fn. 120), S. 563.

1467 *Duns Scotus*, Rep. IV-A (Bychkov/Pomplun I.1), dist. 15, qq. 2–4, n. 109, S. 630: *„Si autem non habet talis parentes superstites, tenetur sibi procurare orationes, et missas, et eleemosynas, et ieiunia, et tot bona spiritualia quot ipse habuisset si vixisset, quia tot bona sibi abstulit interficiendo eum."* Auf diesen Schadensposten in Abgrenzung zur Kompensation des genommenen Lebens durch spirituelle

tio pro bonis spiritualibus ist von der zuvor behandelten *restitutio spiritualis (ad restiutionem spiritualem pro damno vitae)* zu unterscheiden. Es handelt sich um zwei unterschiedliche Schadensposten.[1468] Eine solche Pflicht zum Ersatz der entgangenen geistlichen Taten soll auch *Luis de Molina* bejaht haben.[1469]

Letztlich – so formuliert *Duns Scotus* – sei es geradezu unmöglich, dass der Pönitent eine angemessene Restitution für das *homicidium* leistet. Es sei davon auszugehen, dass er infolge seiner mangelnden Fähigkeit zur angemessenen Restitution einen derartigen inneren Willen nach Selbstbestrafung und Bußleistungen entwickelte, dass er schließlich selbst seinen eigenen Tod verlangte.[1470] Die Festlegung der Talionsstrafe, wie sie in der Mehrzahl der Gemeinschaften zu finden sei, stelle daher eine äußerst sinnvolle, vorsorgliche Maßnahme der Gemeinschaften dar.[1471] Die Talionsstrafe rechtfertigt *Duns Scotus* sodann mit der vehementen Verurteilung des Tötens durch Gott schlechthin. Mit Blick auf die Zurückweisung des davidschen Hausbaus stellt *Duns Sotus* seiner Leserschaft die rhetorische Frage: Wenn Gott schon denjenigen verabscheut, welcher rechtmäßig

---

Taten wies zuvor *Unterreitmeier*, Der öffentlich-rechtliche Schmerzensgeldanspruch (wie Fn. 6), S. 52, hin.

1468 *Unterreitmeier*, Der öffentlich-rechtliche Schmerzensgeldanspruch (wie Fn. 6), S. 52.

1469 *Unterreitmeier*, Der öffentlich-rechtliche Schmerzensgeldanspruch (wie Fn. 6), S. 72.

1470 *Duns Scotus*, Ord. IV (editio vaticana XIII), dist. 15, q. 3, n. 239, lin. 553–556, S. 120: „*Et quia vix posset aliquis digne recompensare per actiones illud quod abstulit homicida, expediret animae talis quod solveret per passiones voluntarias vel patienter susceptas, ut scilicet occideretur pro homicidio.*“ – *Und weil kaum jemand durch seine Handlungen jenes, was er als Mörder [Totschläger] gestohlen hat, angemessen zurückerstatten könnte, würde man eine solche Begierde entwickeln, dass man durch freiwillige oder beharrlich erduldete Martyrien erlöst würde, [so] dass man nämlich für den Mord [die Tötung] sterben würde.* Vgl. *Seeberg*, Die Theologie des Duns Scouts (wie Fn. 120), S. 563, welcher schreibt: „*Aber die beste Restitution wird immer durch die willig übernommene Todesstrafe geleistet.*“

1471 *Duns Scotus*, Ord. IV (editio vaticana XIII), dist. 15, q. 3, n. 239, lin. 556–560, S. 120: „*Ideo optime est provisum communitati, ubi statuta est lex talionis in causa homicidii: patet enim quantum Deus detestatur homicidium, cum David (qui tamen iuste occiderat) voluit aedificare sibi domum,sed quia fuit effusor multi sanguinis humani, prohibitus est a Deo.*“ – *Folglich ist die Vorsorge der Gemeinschaft sehr gut, wo das Talionsgesetz für die Tötung festgesetzt worden ist: Es ist nämlich [daraus] bekannt, wie sehr Gott die Tötung verabscheut, als David (welcher doch rechtmäßig getötet hatte) ihm ein Haus bauen wollte, aber es [ihm], weil er ein Vergießer von viel menschlichem Blut war, verboten worden ist von Gott.* Vgl. 1. Chronik 22,8; 28,2–3.

tötet, wie wird er sich wohl einem unrechtmäßig Tötenden gegenüber verhalten?[1472]

Zuletzt folgt an dieser Stelle ein weiterer Exkurs des *Duns Scotus* zur Frage, ob und inwiefern ein Gesetz die Tötung eines Menschen überhaupt legitimieren kann.[1473] Denn nur derjenige, der unrechtmäßig einen anderen Menschen tötet, soll mit dem Tod bestraft werden. Existiert aber ein gerechtes Gesetz, welches die Tötung eines Menschen erlaubt, weil es vom göttlichen Gebot *„Du sollst nicht töten"* dispensiert, so handelt der Totschläger in dem vom Gesetz vorgesehenen Fall rechtmäßig.[1474] Diese Ausführungen münden letztlich in der zuvor dargelegt Kritik an der strengen Bestrafung des Diebes im Vergleich zum Ehebrecher.

Duns Scotus' Lehre zum Ersatz der verschiedenen Schadensposten beim *homicidium* fand vor allem in der weiteren franziskanischen Diskussion Anklang. Sein Plädoyer für die Talionsstrafe beim *homicidium*, die Befürwortung der Restitution durch den beispielhaft genannten Tod im Kampf gegen Kirchenfeinde, die hilfsweise Restitution des *damnum vitae* durch die *restitutio spiritualis* (geistige Restitution) sowie der Ersatz der entgangenen Unterhaltsleistungen gegenüber den unterhaltsberechtigten Personen – nicht aber die Befürwortung der *restitutio pro bonis spiritualibus* – begegnet auch (noch) in der nach-scotischen Sentenzenkommentarliteratur.[1475]

1472 *Duns Scotus*, Ord. IV (editio vaticana XIII), dist. 15, q. 3, n. 239, lin. 560–561, S. 120: *„Si ergo iustus occisor non acceptatur a Deo ad cultum eius, iniuste occisor ubi parebit? " – Wenn bereits der rechtmäßige Totschläger nicht von Gott zu seiner Verehrung angenommen wird, wonach wird sich der unrechtmäßige Totschläger richten?*

1473 *Duns Scotus*, Ord. IV (editio vaticana XIII), dist. 15, q. 3, n. 240–242, lin. 563–594, S. 120–121.

1474 *Duns Scotus*, Ord. IV (editio vaticana XIII), dist. 15, q. 3, n. 241, lin. 572–577, S. 120–121: *„[...] ergo nulla lex positiva, constituens hominem occidi, iusta est, si in illis casibus statuat in quibus Deus non excipit. Excipit autem in multis, ut patet in Ex. de blasphemo, homicida, adultero, et multis aliis. Nullus ergo iuste secundum legem occidit, nisi lex positiva infligat homicidium, nec excipitur ille casus a Deo prohibente homicidium." – [...] also ist kein positives Gesetz, welches festlegt, dass ein Mensch getötet wird, gerecht, wenn es dies in jenen Fällen festlegt, in welchen Gott es nicht verlangt. Er erwartet es aber in vielen Fällen, wie aus Ex. 21 über den Gotteslästerer, Mörder, den Ehebrecher und vielen anderen Fällen bekannt ist. Also tötet niemand nach dem Gesetz rechtmäßig, außer wenn das positive Gesetz die Tötung zufügt, und auch nicht jener Fall ausgenommen wird, in welchem Gott die Tötung verbietet.*

1475 Vgl. zum Beispiel: *Johannes Bassolis*, Sent., Parisiis 1517, lib. IV, dist. 15, q. 2, fol. LXXXVIIIrb–LXXXVIIIva; *Antonius Andreae*, Sent., Venetiis 1578, lib. IV, dist. 15, q. 3, fol. 148rb–148va; *Johannes Forsanus*, Resolutiones in quatuor

Unterreitmeier macht darauf aufmerksam, dass *Duns Scotus´* Vorschlag, sein Leben in einem Kreuzzug für den Ersatz des *damnum vitae* als Restitutionsleistung zu riskieren, allgemein in der spätscholastischen Lehre abgelehnt wurde.[1476]

2. Die Verstümmelung *(mutilatio)*

Duns Scotus unterteilt die Verstümmelung *(mutilatio)* in eine schwere sowie eine weniger schwere Form. Eine schwere Verstümmelung *(mutilatio enormis)* liegt bei einem dauerhaften Verlust beziehungsweise einer dauerhaften Schädigung eines Körperteils vor.[1477] Diese Unterteilung nimmt *Duns Scotus* sowohl in seiner *Ordinatio IV* als auch in seiner *Reportatio IV-A* vor. Im Hinblick auf den konkreten Umfang der Restitutionspflichten findet sich diese klare Unterteilung ausdrücklich lediglich in seiner *Reportatio IV-A*.[1478]

---

libros Sententiarum, Parisiis 1600, lib. IV, dist. 15, q. 3, fol. 310v–312r; *Petrus de Aquila*, Super quatuor Libros Magistri Sententiarum, Venetiis 1501, lib. IV, dist. 15, q. 3, fol. 212vb–213ra (sehr knapp); *Gabriel Biel*, Commentarius in quartum librum Sententiarum, Brixiae 1574, dist. 15, q. 15, S. 464b–469a.

1476 *Unterreitmeier*, Der öffentlich-rechtliche Schmerzensgeldanspruch (wie Fn. 6), S. 67–68.

1477 *Duns Scotus*, Ord. IV (editio vaticana XIII), dist. 15, q. 3, n. 226, lin. 465–471, S. 116: *„Et si in mutilatione dupliciter, quia vel est enormis, quae impedit ex toto actum humanum aliquem qui competeret homini secundum illam partem aputatam (ut in manus dextrae aputatione, ubi omnino aufertur actus humanus natus competere sibi secundum illam manum), – vel non enormis, id est non impediens actum humanum (ut amputatio digiti vel alicuius partis digiti).“ – Im Falle einer Verstümmelung auf zwei Arten, weil sie entweder eine schwere ist, welche irgendeine menschliche Handlung, die dem Menschen gemäß des abgetrennten Körperteils möglich wäre, zur Gänze behindert (wie beim Abtrennen der rechten Hand, wo ihm die jener Hand entsprechende menschliche, angeborene Handlung völlig weggenommen wird), oder eine nicht schwere, d. h., dass sie die menschliche Handlung nicht verhindert (wie das Abtrennen eines Fingers oder irgendeines Fingerteils).* Zur Würdigung der Ausführungen des *Duns Scotus* zu den Verstümmelungen in der Sekundärliteratur: *Unterreitmeier*, Der öffentlich-rechtliche Schmerzensgeldanspruch (wie Fn. 6), S. 52–53; zuvor bereits: *Klein*, Zum Charakterbild des Johannes Duns Scotus (wie Fn. 245), S. 350–351; knapp: *Seeberg*, Die Theologie des Duns Scotus (wie Fn. 120), S. 562–563.

1478 *Duns Scotus*, Rep. IV-A (Bychkov/Pomplun I.1), dist. 15, qq. 2–4, n. 112, S. 631–632. In seiner Ord. IV (editio vaticana XIII), dist. 15, q. 3, n. 244, lin. 605–617, S. 122, äußert er sich auch zu den Restitutionspflichten bei einer

Für beide Formen der Verstümmelung *(mutilatio)* sieht die Kirche keine Talionsstrafe vor, sondern sie rät vielmehr dazu, die Restitution durch eigene Güter in Form einer Geldstrafe abzuleisten.[1479]

a) Die nicht schwere Form der Verstümmelung *(mutilatio non enormis)*

Als Beispiel für eine nicht schwere Verstümmelung nennt *Duns Scotus* den Verlust eines Fingers oder Fingerteils, wohingegen der Verlust der rechten Hand als eine Form der schweren Verstümmelung einzustufen ist, da sie eine dem Menschen angeborene Handlung zur Gänze behindert.[1480] Wie soeben angemerkt, nimmt *Duns Scotus* in seiner *Reportatio IV-A* eine klare Unterteilung im Hinblick auf den Haftungsumfang bei den verschiedenen Verstümmelungsformen vor. Diese Unterteilung liest man in seiner *Ordinatio IV* mit Blick auf die einzelnen Restitutionspflichten so nicht. Hier findet man vielmehr eine Zusammenfassung der einzelnen Restitutionspflichten ohne eine vergleichbar eindeutige Unterteilung in schwere und nicht schwere Verstümmelungsformen.[1481]

Bei einer nicht schweren Form der Verstümmelung *(mutilatio non enormis)* ist der Schädiger zum Ersatz der Heilungskosten *(expensas pro cura)* und zur Entschädigung der Beleidigung *(pro offensa)* verpflichtet. *Duns Scotus* spricht in diesem Zusammenhang nicht von *iniuria*, sondern von der *offensa*. Darüber hinaus trifft den Schädiger die Pflicht, die Beunruhigung beziehungsweise den Schmerz, welchen der Geschädigte während der Heilung erleidet, zu kompensieren *(pro dolore quem sustinet dum cura-*

mutilatio, allerdings ist die Unterteilung weniger deutlich und klar als in seiner *Reportatio IV-A*.

1479 *Duns Scotus*, Ord. IV (editio vaticana XIII), dist. 15, q. 3, n. 244, lin. 605–606, S. 122: *„De alia damnificatione in corpore, scilicet mutilatione enormi vel non enormi, non est statuta in Ecclesia nisi pecuniaria poena; [...].“ – Über eine andere körperliche Schädigung, nämlich die schwere und auch nicht schwere Verstümmelung ist in der Kirche nichts außer einer Geldstrafe festgesetzt worden; [...].* Vgl. auch: *Duns Scotus*, Rep. IV-A (Bychkov/Pomplun I.1), dist. 15, qq. 2–4, n. 112, S. 631.

1480 *Duns Scotus*, Ord. IV (editio vaticana XIII), dist. 15, q. 3, n. 226, lin. 465–471, S. 116; lateinischer Quellentext mit deutscher Übersetzung in Fn. 1381 und 1477. Zur *mutilatio non enormis* auch: *Unterreitmeier*, Der öffentlich-rechtliche Schmerzensgeldanspruch (wie Fn. 6), S. 52; *Seeberg*, Die Theologie des Duns Scotus (wie Fn. 120), S. 563 (sehr knapp, nicht weiter differenzierend).

1481 *Duns Scotus*, Rep. IV-A (Bychkov/Pomplun I.1), dist. 15, qq. 2–4, n. 112 S. 631–632; Ord. IV (editio vaticana XIII), dist. 15, q. 3, n. 244, lin. 605–617, S. 122.

tur).[1482] *Duns Scotus* spricht in seiner *Reportatio IV-A* ausdrücklich von einer Kompensation des erlittenen Schmerzes *(dolor)*. Den Schädiger trifft die Pflicht zur Zahlung eines Schmerzensgeldes. Laut *Unterreitmeier* zählt *Duns Scotus* zu einem der ersten Gelehrten, welcher eine *„dogmatische Begründung"* für die Gewährung von Schmerzensgeld liefert.[1483] Im Hinblick auf die Gewährung von „Schmerzensgeld" bei *Duns Scotus* sind nach Ansicht der Verfasserin allerdings zwei Aspekte hervorzuheben, nämlich einerseits, dass man die Begrifflichkeit des Schmerzes *(dolor)* ausschließlich in *Duns Scotus' Reportatio IV-A* findet. Denn anders als in seiner *Reportatio IV-A* spricht *Duns Scotus* in seiner *Ordinatio IV* nicht von Schmerzen *(dolores)*, sondern von der Ersatzzahlung für die Beruhigung des Geschädigten *(pro placatione)*, welche selbst bei einer nicht schweren Form der Verstüm-

1482 *Duns Scotus*, Rep. IV-A (Bychkov/Pomplun I.1), dist. 15, qq. 2–4, n. 112, S. 631–632: *„Si enim sit mutilatio secundo modo dicta – non enormis – satisfactio fiat per expensas pro cura, et offensa, et dolore quem sustinet dum curatur, quia per talem mutilationem, scilicet digiti vel iuncturae, non impeditur pes vel manus ab actibus humanis."* – *Wenn zum Beispiel eine Verstümmelung der zweiten genannten Form – eine nicht schwere – vorliegt, soll man Genugtuung für die Aufwendungen für die Behandlung und die Beleidigung und den Schmerz, welchen man, während man geheilt wird, erfährt, leisten, weil durch solch eine Verstümmelung, z. B. des Fingers oder auch eines Gelenks, der Fuß oder die Hand nicht an ihren menschlichen Bewegungen gehindert werden.* In der Ord. IV (editio vaticana XIII), dist. 15, q. 3, n. 244, lin. 607–612, S. 122, schreibt *Duns Scotus*, allerdings ohne klare Differenzierung zwischen der schweren und nicht schweren Verstümmelung: *„[...] et illa debet respondere non solum damno quod incurrit quis per mutilationem pro toto tempore futuro quo usurus esset quis illo membro absciso, sed etiam expensis appositis in curatione (et hoc dicit capitulum allegatum Extra, 'De iniuriis et damno dato'); et ultra, placationi ipsius laesi, quae etiam requireretur etsi non esset talis mutilatio; [...]."* – *Und jene [poena: Strafe] soll nicht nur dem Schaden entsprechen, welcher jemandem durch die Verstümmelung für seine ganze zukünftige Zeit entsteht, in welcher ihm das abgetrennte Glied nützlich gewesen wäre, sondern auch den entstandenen Ausgaben für die Heilung (und dies sagt das angeführte Kapitel aus X 5.36.1); und darüber hinaus, für die Beruhigung desselben Verletzten, welche nämlich [selbst dann] verlangt wird, wenn es nicht eine derartige Verstümmelung wäre.* Auch: *Unterreitmeier*, Der öffentlich-rechtliche Schmerzensgeldanspruch (wie Fn. 6), S. 52.

1483 *Unterreitmeier*, Der öffentlich-rechtliche Schmerzensgeldanspruch (wie Fn. 6), S. 52. In Bezug auf die sogleich näher zu betrachtenden Schadensposten bei einer schweren Verstümmelung hat *Klein*, Zum Charakterbild des Johannes Duns Scotus (wie Fn. 245), S. 351, bereits am Anfang des 20. Jahrhunderts formuliert: *„[...] endlich ist ihm ein Trostgeld, ein Schmerzensgeld zu zahlen wegen seiner dauernden Desolation."*

melung erforderlich wäre.[1484] Andererseits lässt sich die Begrifflichkeit des Schmerzes *(dolor)* in vielen der nach-scotischen Kommentierungen so nicht finden, vielmehr wird (wenn überhaupt) unter Zitation von *Duns Scotus* von der Beruhigung gesprochen.[1485]

Die scotische Forderung der Kompensation für erlittene Schmerzen beziehungsweise für die erforderliche Beruhigung stellt eine Besonderheit im Hinblick auf die restriktive Handhabung immateriellen Schadensersatzes im mittelalterlichen *ius commune* dar.[1486] Wie soeben innerhalb der Ausführungen zum Ersatz immaterieller Einbußen ganz allgemein betont, kannte das römische Recht keinen Ersatz für erlittene Schmerzen. Ein Schmerzensgeldanspruch war ihm fremd.[1487] Auch in den Lehren der Glossatoren und Kommentatoren fand der Schmerzensgeldanspruch keinerlei Ausprägung.[1488] Und auch im spätmittelalterlichen Sachsenspiegel

---

1484 *Duns Scotus*, Ord. IV (editio vaticana XIII), dist. 15, q. 3, n. 244, lin. 610–613, S. 122: *„[...] et ultra, placationi ipsius laesi, quae etiam requireretur etsi non esset talis mutilatio; et consolationi ipsius afflicti, quia perpetua est illi desolatio de tali mutilatione." – [...] und darüber hinaus, für die Beruhigung desselben Verletzten, welche nämlich [selbst dann] verlangt wird, wenn es nicht eine derartige Verstümmelung wäre.* In der Rep. IV-A (Bychkov/Pomplun I.1), dist. 15, qq. 2–4, n. 112, S. 632, nennt er nach den Schmerzen, welche zu ersetzen sind, knapp zusammenfassend *„[...] pro curatione et offensa placanda per expensas."*

1485 Vgl. hierzu unter anderem: *Johannes Bassolis*, Sent., Parisiis 1517, lib. IV, dist. 15, q. 2, fol. LXXXVIIIrb, *„De da[m]no enormi t[ame]n citra mortem"*; *Antonius Andreae*, Sent., Venetiis 1578, lib. IV, dist. 15, q. 3, fol. 148rb–148va [erwähnt diesen Schadensposten nicht]; *Johannes Forsanus*, Resolutiones in quatuor libros Sententiarum, Parisiis 1600, lib. IV, dist. 15, q. 3, fol. 312r; *Petrus de Aquila*, Super quatuor Libros Magistri Sententiarum, Venetiis 1501, lib. IV, dist. 15, q. 3, fol. 213ra [führt diesen immateriellen Schadensposten nicht auf]; *Gabriel Biel*, Commentarius in quartum librum Sententiarum, Brixiae 1574, dist. 15, q. 15, S. 466b, *„Co[n]cl. 5."*, spricht ausdrücklich von Schmerzen *(dolores)*; *Jaques Almain*, Sent., Parisiis 1526, lib. IV, dist. 15, q. 3, fol. 99v *(consolatio, placatio)*.

1486 Zum römischen Schadensrecht und der Weiterbildung durch die Glossatoren und Kommentatoren: § 5.I.II.1.a).

1487 *Kafitz*, Der Kampf ums Schmerzensgeld (wie Fn. 1433), S. 75; *Nehlsen-v. Stryk*, Schmerzensgeld ohne Genugtuung (wie Fn. 1433), S. 120. *Judith Göbel*, Geldentschädigung und Schmerzensgeld. Konvergenz oder Divergenz?, Frankfurt a. M. [u. a.] 2004, S. 10–11; ausführlicher: *Hofstetter*, Zur Geschichte des Schmerzensgeldes (wie Fn. 1433), S. 1–5.

1488 Vgl. hierzu: *Hofstetter*, Zur Geschichte des Schmerzensgeldes (wie Fn. 1433), S. 5–7; *Kafitz*, Der Kampf ums Schmerzensgeld (wie Fn. 1433), S. 79.

wurde kein Ersatz für erlittene Schmerzen gewährt.[1489] Anders war dies sodann im äußerst weit verbreiteten Meißener Rechtsbuch aus dem Jahr 1357/87, in welchem auch die Schmerzen Berücksichtigung fanden.[1490] Ab dem 14. Jahrhundert sollen Schmerzen in Stadtrechten, Urteilen und Weistümern ausdrücklich Erwähnung gefunden haben.[1491] Eine bedeutsame Regelung in Bezug auf das Schmerzensgeld findet sich im 16. Jahrhundert in den Art. 20, 21 der *Constitutio Criminalis Carolina (CCC)*.[1492] Der in der *Constitutio Criminalis Carolina* geregelte Fall des Schmerzensgeldes beschränkte sich dabei auf die rechtswidrige Folterung: Sie gewährte Ersatz der *„Schmach bzw. Injurien, des Schmerzens, der (Heilungs-)Kosten und des (Vermögens-)Schadens"*.[1493]

Betrachtet man die jüngsten Forschungsbeiträge zu den Wurzeln des Schmerzensgeldes, so wird die These, das heutige Schmerzensgeld habe sich aus dem germanischen Recht entwickelt, so nicht mehr einhellig vertreten.[1494] Vielmehr mehren sich die Stimmen, welche die Bedeutsamkeit

---

1489 *Unterreitmeier*, Der öffentlich-rechtliche Schmerzensgeldanspruch (wie Fn. 6), S. 48, mit einer Darstellung des Sanktionssystems für die Tötung und Körperverletzung nach dem Sachsenspiegel.

1490 *Unterreitmeier*, Der öffentlich-rechtliche Schmerzensgeldanspruch (wie Fn. 6), S. 48–49. *Erm*, Vorteilsanrechnung beim Schmerzensgeld (wie Fn. 1433), S. 15, führt aus, dass in oberdeutschen Stadtrechten schon im 13. Jahrhundert ein Schmerzensgeld zu finden sei.

1491 *Unterreitmeier*, Der öffentlich-rechtliche Schmerzensgeldanspruch (wie Fn. 6), S. 49; *Rudolf His*, Das Strafrecht des deutschen Mittelalters, Teil 1: Die Verbrechen und ihre Folgen im allgemeinen, Aalen 1964 (ND der Ausgabe 1920), § 26, S. 596–597; *Hofstetter*, Zur Geschichte des Schmerzensgeldes (wie Fn. 1433), S. 10–13.

1492 *Unterreitmeier*, Der öffentlich-rechtliche Schmerzensgeldanspruch (wie Fn. 6), S. 50; *Nehlsen-v. Stryk*, Schmerzensgeld ohne Genugtuung (wie Fn. 1433), S. 120, Fn. 18; *Hofstetter*, Zur Geschichte des Schmerzensgeldes (wie Fn. 1433), S. 13–15; *Erm*, Vorteilsanrechnung beim Schmerzensgeld (wie Fn. 1433), S. 16. Zur Deutung des Art. 20 der CCC in der Begründung des Schmerzensgeldes im 17. und 18. Jahrhundert: *Kaufmann*, Rezeption und usus modernus der actio legis Aquiliae (wie Fn. 1441), v. a. S. 38–40, und allgemein zum Entwicklungsverlauf und zur Rezeption der *actio legis Aquiliae*: v. a. S. 25–40; vgl. auch knapp: *Nehlsen-v- Stryk*, op. cit., S. 120; weiter: *Kafitz*, Der Kampf ums Schmerzensgeld (wie Fn. 1433), S. 79–82, v. a. 81–82, zur Entwicklung in der nachfolgenden Zeit: S. 82–90.

1493 *Unterreitmeier*, Der öffentlich-rechtliche Schmerzensgeldanspruch (wie Fn. 6), S. 50; *Kafitz*, Der Kampf ums Schmerzensgeld (wie Fn. 1433), S. 81.

1494 Zum Ursprung des Schmerzensgeldes im germanischen Recht: *Hofstetter*, Zur Geschichte des Schmerzensgeldes (wie Fn. 1433), S. 1, 7–13; *Wieling*, Interesse und Privatstrafe (wie Fn. 1112), S. 131–148, v. a. 136–137; *Köndgen*, Haftpflicht-

der moraltheologischen Restitutionslehre im Hinblick auf die Entwicklung eines umfassenden Schadensrechts und im Speziellen die Verwurzelung des Schmerzensgeldes zumindest auch in der scholastischen Restitutionslehre akzentuieren.[1495]

Im Hinblick auf *Duns Scotus'* Ausführungen bleibt festzuhalten, dass *Duns Scotus* die Forderung der Restitution des entstandenen Schadens nicht auf die Gewährung des Ersatzes des materiellen Schadens beschränkt. Die *restitutio* erfordert für ihn einen umfassenden Ausgleich der erlittenen Einbußen, ganz unabhängig davon, ob es sich dabei um materielle oder immaterielle Einbußen handelt. Insbesondere bei der Frage des Ersatzes derartiger immaterieller Schäden geht die Lehre des *Duns Scotus* –

---

funktionen und Immaterialschaden (wie Fn. 1433), S. 45; *Wolfgang Schmid*, Schmerzensgeld und Gefährdungshaftung, Diss. Univ. Bonn 1971, S. 29; zur Diskussion und ihrem Verlauf mit zahlreichen Nachweisen auch die Ausführungen bei: *Unterreitmeier*, Der öffentlich-rechtliche Schmerzensgeldanspruch (wie Fn. 6), S. 5–7; *Nehlsen-v. Stryk*, Schmerzensgeld ohne Genugtuung (wie Fn. 1433), S. 120; *Kafitz*, Der Kampf ums Schmerzensgeld (wie Fn. 1433), S. 75, mit einer Nachzeichnung der Entwicklung des Schmerzensgeldes, S. 75 ff.; weiter auch: *Ebert*, Pönale Elemente im deutschen Privatrecht (wie Fn. 1433), S. 83–85.

1495 Zur Betonung des Einflusses der Restitutionslehre auf das (europäische) Haftungs- und Schadensrecht im Allgemeinen v. a.: *Wolter*, Naturalrestitution (wie Fn. 6); nur knapp angedeutet bei: *Lange*, Schadensersatz und Privatstrafe (wie Fn. 1113), S. 12; *Wieling*, Interesse und Privatstrafe (wie Fn. 1112), v. a. S. 153 (in Bezug auf die kanonische und kanonistische Restitutionslehre); *Unterreitmeier*, Der öffentlich-rechtliche Schmerzensgeldanspruch (wie Fn. 6), v. a. S. 4, 5–7, 33–103 (speziell zu den Wechselwirkungen zwischen dem römischen Recht und der Restitutionslehre sowie des Einflusses auf das moderne Staatshaftungsrecht); *Unterreitmeier*, Der Ersatz von Schmach und Schmerzen (wie Fn. 1433), S. 425–433; *Nufer*, Die Restitutionslehre der Spätscholastiker (wie Fn. 63), insbs. S. 59–113; *Decock*, Theologians and Contract Law (wie Fn. 15), m. w. N.; *Decock; Birr*, Recht und Moral (wie Fn. 63), S. 80–81; *Jansen*, Theologie, Philosophie und Jurisprudenz (wie Fn. 4) m. w. N.; *Jansen*, Von der Restitutionslehre der spanischen Spätscholastik zu einem europäischen Recht nichtvertraglicher Schuldverhältnisse? (wie Fn. 70); *Jansen*, Verwicklungen und Entflechtungen (wie Fn. 21); *Jansen*, Zur Diskussion um die Restitutionslehre bei Francisco de Vitoria und seinen Nachfolgern (wie Fn. 67), S. 195; *Jansen*, Struktur des Haftungsrecht (wie Fn. 72), S. 297–299, 318–319, 321–323, 328–333, 350, 360; *Hallebeek*, The Concept of Unjust Enrichment (wie Fn. 70), v. a. S. 1–6, 47–103; *Thieme*, Natürliches Privatrecht und Spätscholastik (wie Fn. 219), S. 244–261; *Zimmermann*, Law of Obligations (wie Fn. 28), S. 824–825 Fn. 283; *Repgen*, De restitutione – eine kommentierende Einführung (wie Fn. 3), S. XXXII–XXXIII. Im Übrigen sei auf die vielfachen Hinweise im Forschungsstand verwiesen.

wie die theologische Restitutionslehre insgesamt – weit über das weltliche Recht hinaus.

Zuletzt betont *Duns Scotus* – in Abgrenzung zu den Fällen der schweren Verstümmelung – noch, dass der Schädiger ausdrücklich nicht dazu verpflichtet ist, einen entgangenen Gewinn zu entschädigen.[1496] Entwickeln sich die Umstände allerdings so, dass das verletzte Körperglied dauerhaft (künftig) nur noch eingeschränkt nutzbar ist, dann soll der Schädiger auch für diesen Schadensposten eine Ersatzzahlung leisten. Kommt es jedoch zu keiner derartigen Einschränkung, so soll der Schädiger ausschließlich für die Heilungskosten sowie für eine Entschädigung für seine Beleidigung *(pro offensa)* haften.[1497] *Duns Scotus* fordert hier den Ersatz der Schadensposten, welche im römisch-kanonischen Recht seiner Zeit anerkannt waren.

b) Die schwere Form der Verstümmelung *(mutilatio enormis)*

Eine schwere Verstümmelung ist eine solche, welche zu einem dauerhaften Verlust beziehungsweise einer dauerhaften Schädigung eines Körperteils führt. Als Beispiel führt *Duns Scotus* den Verlust der rechten Hand in Abgrenzung zum Verlust des rechten Fingers an.[1498]

In Abgrenzung zur nicht schweren Verstümmelung *(mutilatio non enormis)* ist der Schädiger bei einer schweren Verstümmelung auch zum Ersatz des entgangenen Gewinns verpflichtet, welchen der Geschädigte durch die Nutzung seines Körpergliedes hätte erwirtschaften können; zudem hat er

---

1496 *Duns Scotus*, Rep. IV-A (Bychkov/Pomplun I.1), dist. 15, qq. 2–4, n. 112, S. 632: *„Et ideo non tenetur tantum sibi restituere quantum posset per totum membrum manus vel pedis acquirere operando, sed tantum restituere tenetur ista quae dixi."* – *Und dann ist man nicht dazu verpflichtet, ihm so viel zu restituieren, wie er durch die Tätigkeit des ganzen Teils der Hand oder des Fußes erwerben könnte, sondern man ist verpflichtet, so viel, wie ich es gesagt habe, zu restituieren.*

1497 *Duns Scotus*, Rep. IV-A (Bychkov/Pomplun I.1), dist. 15, qq. 2–4, n. 112, S. 632: *„Et si postea sit illud membrum minus aptum et habile ad operandum quam prius, aliquid tenetur pro illo sibi restituere; si non, nihil nisi pro curatione et offensa placanda per expensas."* – *Und wenn jener Körperteil später für seine Tätigkeit weniger geeignet und beweglich als zuvor sein sollte, ist man verpflichtet, ihm irgendetwas für jenen [Körperteil] zu restituieren; wenn dies nicht so sein sollte, dann nicht, außer für die Ausgaben für die Heilung und für die zu besänftigende Beleidigung.*

1498 *Duns Scotus*, Ord. IV (editio vaticana XIII), dist. 15, q. 3, n. 226, lin. 465–471 S. 116; lateinischer Quellentext mit deutscher Übersetzung in Fn. 1381 und 1477.

für die Heilungskosten aufzukommen.[1499] Des Weiteren sind die durch den Verlust beziehungsweise die Schädigung des Körperteils verursachte dauerhafte Traurigkeit und der entstandene Schmerz auszugleichen.[1500] In seiner *Ordinatio IV* formuliert *Duns Scotus* auch diese Passage anders und spricht vom Ersatz für den dauerhaften Trost, welchen der Geschädigte infolge der dauerhaften Vereinsamung benötigt.[1501] In Abgrenzung zur Ersatzpflicht bei einer nicht schweren Verstümmelung ist entscheidend, dass es sich um den Ersatz für den anhaltenden, dauerhaften Trost oder auch Schmerz *(Rep. IV-A)* infolge der Vereinsamung und nicht lediglich für die Beruhigung oder den Schmerz *(Rep. IV-A)* für den Zeitraum der Heilung handelt. Wie bereits soeben festgestellt, liest man innerhalb der Rezeption der scotischen Lehre die Begrifflichkeit *dolor* vielfach nicht. Zur Besonderheit dieser scotischen Forderung sei auf die obigen Ausführungen zur Entwicklung des Schmerzensgeldes verwiesen.[1502]

Schließlich richtet sich der konkrete Leistungsumfang laut *Duns Scotus* an den Vermögensverhältnissen des Geschädigten aus: Ist dieser wohlhabend, so genügt laut *Duns Scotus* eine geringere Restitution.[1503] *Duns Scotus*

1499 *Duns Scotus*, Ord. IV (editio vaticana XIII), dist. 15, q. 3, n. 244, lin. 607–610, S. 122: *„[...] et illa debet respondere non solum damno quod incurrit quis per mutilationem pro toto tempore futuro quo usurus esset quis illo membro absciso, sed etiam expensis appositis in curatione (et hoc dicit capitulum allegatum Extra, 'De iniuriis et damno dato'); [...].“ – Und jene [poena: Strafe] soll nicht nur dem Schaden entsprechen, welcher jemandem durch die Verstümmelung für seine ganze zukünftige Zeit entsteht, in welcher ihm das abgetrennte Glied nützlich gewesen wäre, sondern auch den entstandenen Ausgaben für die Heilung (und dies sagt das angeführte Kapitel aus dem Liber Extra, X 5.36.1).* Dazu auch die Ausführungen von *Unterreitmeier*, Der öffentlich-rechtliche Schmerzensgeldanspruch (wie Fn. 6), S. 53; *Klein*, Zum Charakterbild des Johannes Duns Scotus (wie Fn. 245), S. 350–351.

1500 *Duns Scotus*, Rep. IV-A (Bychkov/Pomplun I.1), dist. 15, qq. 2–4, n. 112, S. 632: *„[...] et plus ratione tristitiae et doloris quem patitur continue ex amissione talis membri.“ – [...] und aus dem Grund der Traurigkeit und des Schmerzes, welchen man fortwährend aus dem Verlust eines derartigen Gliedes erleidet.* Dazu auch: *Unterreitmeier*, Der öffentlich-rechtliche Schmerzensgeldanspruch (wie Fn. 6), S. 53; knapp: *Klein*, Zum Charakterbild des Johannes Duns Scotus (wie Fn. 245), S. 351. Beide verweisen ausschließlich auf die *Reportatio IV-A*, nicht auf die *Ordinatio IV*.

1501 *Duns Scotus*, Ord. IV (editio vaticana XIII), dist. 15, q. 3, n. 244, lin. 612–613, S. 122: *„[...] et consolationi ipsius afflicti, quia perpetua est illi desolatio de tali mutilatione.“ – [...] und für den Trost des Verletzten selbst, weil seine Einsamkeit/Vereinsamung durch diese Verstümmelung dauerhaft ist.*

1502 Vgl. die Ausführungen in: § 5.I.II.2.a).

1503 *Duns Scotus*, Ord. IV (editio vaticana XIII), dist. 15, q. 3, n. 244, lin. 613–615, S. 122: *„Et plus ponderanda est mutilatio pauperis quam divitis, si magis egeat parte*

plädiert für die Berücksichtigung der Vermögensverhältnisse des Geschädigten und nicht für die des Schädigers oder für die Berücksichtigung der beidseitigen Vermögensverhältnisse. Wie zuvor betont, lässt sich den scotischen Ausführungen keine Unterscheidung zwischen Schadensersatz und Strafe entnehmen. Die Ausrichtung der Ersatzpflicht an den Vermögensverhältnissen des Geschädigten ist für die Gewährung von Schadensersatz üblich. Die Berücksichtigung der Vermögenslage des Schädigers hingegen ist im Schadensrecht systemfremd.[1504]

In *Duns Scotus´* Ausführungen in seiner *Ordinatio IV* findet sich zuletzt noch der Zusatz, dass auch die Würdigkeit der geschädigten Person den Umfang des Ersatzes beeinflusst – dies allerdings im Vergleich zum Kriterium der Vermögensverhältnisse nur sekundär.[1505] Diesem Gedanken liegt – wie auch im Hinblick auf die Forderung der Berücksichtigung der Vermögensverhältnisse des Geschädigten – die Annahme zu Grunde, dass Adelige üblicherweise keiner gewinnbringenden Tätigkeit nachgingen, so dass ein Weniger als Ersatz als bei einer Schädigung einer Person niederen Standes zu leisten sei.[1506]

---

abscisa ad victum necessarium, quia usus fuisset parte illa ad procuranda necessaria; […].“– Und mehr muss bei einer Verstümmelung der Armen als bei einer der Reichen erwägt werden, wenn man den abgetrennten Teil zum notwendigen Lebensunterhalt mehr benötigte, weil der Gebrauch durch jenen Teil zur notwendigen Versorgung gedient hätte; […]. Dazu auch: *Unterreitmeier*, Der öffentlich-rechtliche Schmerzensgeldanspruch (wie Fn. 6), S. 53; *Klein*, Zum Charakterbild des Johannes Duns Scotus (wie Fn. 245), S. 350–351; *Seeberg*, Die Theologie des Duns Scotus (wie Fn. 120), S. 563.

1504 *Repgen*, De restitutione – eine kommentierende Einführung (wie Fn. 3), S. XLIX Fn. 139, mit Verweis auf *Otte*, Das Privatrecht bei Vitoria (wie Fn. 219), S. 72.

1505 *Duns Scotus*, Ord. IV (editio vaticana XIII), dist. 15, q. 3, n. 244, lin. 615–617, S. 122: *„[…] licet ex alia parte sit quaedam condicio praeponderans, scilicet dignitas personae, sed hoc parum est quoad primam condicionem.“ – […] mag es andererseits auch eine gewisse höherwiegende Bedingung geben, nämlich die Würde der Person, aber dies ist weniger im Hinblick auf die erste Bedingung.* Auch: *Klein*, Zum Charakterbild des Johannes Duns Scotus (wie Fn. 245), S. 350.

1506 *Unterreitmeier*, Der öffentlich-rechtliche Schmerzensgeldanspruch (wie Fn. 6), S. 65–66 (zur spätscholastischen Lehre v. a. bei der Tötung), v. a. S. 65: *„Da ein Adeliger (vir nobilis) keine gewinnbringende Tätigkeit auszuüben pflegte, war bei seiner Tötung im Unterschied etwa zu einem Arbeiter weniger Ersatz zu leisten.“* Vgl. auch: *Jansen*, Theologie, Philosophie und Jurisprudenz (wie Fn. 4), S. 118 (in Bezug auf *„Körperverletzungen unter Edelleuten“*).

3. Die heilbare Körperverletzung *(vulneratio)*

Unter die heilbaren Verletzungen fasst *Duns Scotus* insbesondere die Verwundung *(vulneratio)*.[1507] Anders als in seiner *Ordinatio IV* äußert sich *Duns Scotus* in seiner *Reportatio IV-A* ausdrücklich auch zum Umfang der Restitutionspflicht bei einer heilbaren Körperverletzung. So umfasst die Restitution die Behandlungskosten (Heilungskosten), die Entschädigung für die Beleidigung sowie all diejenigen Einbußen, welche der Geschädigte während des Heilungsprozesses erlitten hat, wobei die Restitution entweder durch die eigene Person oder eine andere Person bestmöglich zu leisten ist, zumindest zu leisten intendiert sein muss oder faktisch zu leisten ist.[1508] Auch hier orientiert sich *Duns Scotus* am vorherrschenden römisch-kanonischen Recht, spricht allerdings auch an dieser Stelle nicht von *iniuria*, sondern *offensa*.

1507 *Duns Scotus*, Ord. IV (editio vaticana XIII), dist. 15, q. 3, n. 226, lin. 462–465, S. 116: *„De secundo: damnificans in corpore, aut infert ultimum damnum, scilicet mortem, aut aliquod aliud damnum citra mortem. Et illud est duplex: vel irremediabile (ut est mutilatio), vel remediabile (ut est vulneratio vel aliqua laesio curabilis)."* – *Zweitens: Wer jemanden körperlich schädigt, entweder den größten Schaden zufügt, nämlich den Tod, oder irgendeinen anderen Schaden außer dem Tod. Und dies auf zwei Weisen: entweder einen unheilbaren (wie die Verstümmelung) oder einen heilbaren [Schaden] (wie die Verwundung oder eine andere heilbare Verletzung).*

1508 *Duns Scotus*, Rep. IV-A (Bychkov/Pomplun I.1), dist. 15, qq. 2–4, n. 98, S. 626: *„Si est remediabilis, tunc tenetur damnificans alium solvere vel procurare expensas pro cura facienda circa laesum per medicinam et chirurgiam, vel alium modum sibi debitum, sicut ordinabatur in lege Mosaica: patet Extra 'De iniuriis et damno dato', c. 1. Et praeter expensas et alia necessaria curationi suae tenetur damnificans placare eum pro offensa, sicut teneretur si non vulnerasset eum, et totum damnum quod tempore curationis incurrit per impedimentum vulneris, tenetur compensare et restituere per se, vel per alium, qauntum potest, voto saltem, vel effectu."* – *Wenn sie heilbar ist, dann ist der Schädiger dazu verpflichtet, dem anderen die Ausgaben für die Heilung, welche in Bezug auf die Verletzung durch die Medizin oder Chirurgie zu leisten sind, oder auch auf andere Weise ihm geschuldet sind, zu zahlen und zu besorgen, so wie es im Mosaischen Gesetz angeordnet wird: Es erhellt aus X 5.36.1. Und abgesehen von den Ausgaben und anderen für seine Heilung erfoderliche Notwendigkeiten ist der Schädiger verpflichtet, ihm für die Beleidigung zu gefallen, als ob er verpflichtet wäre, wenn er ihn nicht verletzt hätte, und für den ganzen Schaden, welcher für die Zeit der Heilung entsteht durch das Hindernis der Wunde, ist er verpflichtet zu kompensieren und restituieren durch sich, oder einen anderen, insofern er kann, wenigstens durch Gebet oder Tat.*

III. Ergebnis zu I.

Ausführlich äußert sich *Duns Scotus* in seiner *Reportatio IV-A* zur Restitution bei einer Schädigung der *bona corporis*. In seiner *Ordinatio IV* konzentriert er sich unter dem Aspekt *quod statutum est* entscheidend auf die Darstellung der Restitutionsfolgen im Falle der Tötung *(homicidium)* und der schweren Verstümmelung *(mutilatio enormis)*. Auch innerhalb der dritten Quästion nutzt *Duns Scotus* vielfach die Möglichkeit des Exkurses, so zum Beispiel bei der Frage der Legitimation einzelner Regelungen des Mosaischen Gesetzes unter der Geltung des Neuen Testaments. Es fällt auf, dass *Duns Scotus* seine Antwort an den geltenden Strafregelungen und der Strafpraxis seiner Zeit ausrichtet. Er plädiert für einen vollumfänglichen Ersatz des immateriellen sowie materiellen Schadens. Bemerkenswert ist, dass die Restitution bei der schwerwiegenden Verstümmelung auch eine angemessene Geldkompensation sowohl für die erlittenen Schmerzen während der Behandlung als auch für die fortwährenden Schmerzen und Trauer umfasst und damit weit über das römisch-kanonische Recht hinausgeht. Dass *Duns Scotus* die Talion als eine potentiell gerechte Strafe für eine jede Form der Körperverletzung ansieht, bedeutet nicht zugleich, dass er diese in jedem Fall als die gerechteste Strafe erblickt. Hervorzuheben ist diesbezüglich *Duns Scotus´* scharfe Kritik an der Bestrafung des Diebes. Diese wird von einer generellen Kritik an der Strafpraxis der Herrschenden begleitet. *Duns Scotus* hält die Talion zwar für die gerechte und angemessene Strafe für die Tötung eines anderen Menschen *(homicidium)*, allerdings bleibt auch beim *homicidium* die Festlegung milderer Strafen theoretisch möglich; *Duns Scotus* plädiert beim *homicidum* allerdings recht eindeutig für die Talionsstrafe.

J. Die Restitution und die Rufschädigung (restitutio in bono famae)

In seiner vierten Quästion widmet sich *Duns Scotus* ausführlich Fragen der Restitution, die sich bei einer Schädigung des guten Rufes *(fama)* stellen.[1509] *Duns Scotus* spricht ausschließlich vom guten Ruf *(fama)*; den

1509 Zur Würdigung der Aussagen des *Duns Scotus* zur Rufschädigung in der Sekundärliteratur v. a.: *Seeberg*, Die Theologie des Duns Scotus (wie Fn. 120), S. 563–565. *Seeberg* spricht von der *„Schädigung des guten Namens“* und auch von *„der Diffamation“* und dem *„Ruf“*. Knapp findet die scotische Dreiteilung Erwähnung bei: *Hälschner*, Ehrenerklärung, Widerruf und Abbitte in ihrer

Schutz der Ehre *(honor)* thematisiert er innerhalb seiner Restitutionslehre nicht. Er differenziert zwischen drei allgemeinen Formen der Rufschädigung, welche jeweils unterschiedliche Restitutionsfolgen begründen. Die Schädigung des Rufes kann durch

1. eine falsche Beschuldigung *(per falsum crimen imponendo)*,
2. eine öffentliche, die Rechtsordnung nicht wahrende Bekanntmachung (Anklage) eines wahren, aber im Verborgenen verübten Verbrechens *(verum crimen, tamen occulto, non servato ordine iuris, scilicet in publico proponendo)* oder
3. die Leugnung eines tatsächlich im Verborgenen begangenen, öffentlich bekanntgemachten (angeklagten) Verbrechens *(verum crimen, sed occultum, in publico tamen sibi impositum, negando, quia in hoc negans imponentem de culumnia)* geschehen.[1510]

In den nach-scotischen Sentenzenkommentaren – insbesondere im franziskanischen Umfeld – begegnet diese Dreiteilung vielfach.[1511] Vor *Duns*

---

geschichtlichen Entwicklung (wie Fn. 245), S. 334–335; *Helfritz*, Der geschichtliche Bestand und die legislative Verwertbarkeit von Widerruf, Abbitte und Ehrenerklärung (wie Fn. 245), S. 74–75. *Jansen*, Theologie, Philosophie und Jurisprudenz (wie Fn. 4), verweist knapp, S. 107, Fn. 371 auf *Duns Scotus*.

1510 *Duns Scotus*, Ord. IV (editio vaticana XIII), dist. 15, q. 3, n. 252, lin. 667–671, S. 124: *„Respondeo: in genere potest aliquis alium diffamare tripliciter: uno modo, falsum crimen imponendo; alio modo, verum crimen, tamen occulto, non servato ordine iuris, scilicet in publico proponendo; tertio modo, verum crimen, sed occultum, in publico tamen sibi impositum, negando, quia in hoc negans imponentem de culumnia.“ – Ich antworte: Im Allgemeinen kann jemand einen anderen auf drei Weisen diffamieren: Auf eine Weise, indem man ihn eines falschen Verbrechens beschuldigt; auf eine andere Weise, indem man ein wahres, aber im Verborgenen begangenes Verbrechen unter Verstoß gegen die Rechtsordnung öffentlich [vor Gericht] bekannt macht; auf die dritte Weise, indem man ein wahres, aber heimlich verübtes, öffentlich [vor Gericht] dennoch angeklagtes Verbrechen, leugnet/abstreitet, weil dadurch der Leugnende den Ankläger der falschen Anklage bezichtigt.*

1511 Vgl. u. a. *Johannes Bassolis*, Sent., Parisiis 1517, lib. IV, dist. 15, q. 2, fol. LXXXVIIIvab; *Antonius Andreae*, Sent., Venetiis 1578, lib. IV, dist. 15, q. 4, fol. 148vb–146[149]ra; *Johannes Forsanus*, Resolutiones in quatuor libros Sententiarum, Parisiis 1600, lib. IV, dist. 15, q. 4, fol. 312rv; *Petrus de Aquila*, Super quatuor Libros Magistri Sententiarum, Venetiis 1501, lib. IV, dist. 15, q. 3, fol. 213rab, *„De secundo articulo“*; *Gabriel Biel*, Commentarius in quartum librum Sententiarum, Brixiae 1574, dist. 15, q. 16, S. 469a–472b, v. a. concl. 2–4 (vorangestellt werden Ausführungen zur Bedeutsamkeit des guten Rufes als Rechtsgut); *Petrus de Tarantasia*, Sent., Tolosae 1651, lib. IV, dist. 15, q. 2, art. 3, S. 166a, *„Ad 1. de fama.“* (allerdings kaum differenzierend); *Bernhardin von Siena*, Quadragesimale, de Christiana religione, in: Opera Omnia, Tom. I, Lugduni 1650, feria III, sermo XXXVI, art. 3, cap. 1–3, S. 181ab–184[182]ab.

Scotus unternahm unter anderem *Richardus de Mediavilla* eine solche Dreiteilung der Rufschädigungsformen, jedoch mit weitaus weniger umfangreichen Ausführungen zur Rechtsfolge derartiger Schädigungen als *Duns Scotus* sie tätigt.[1512] Auch *Thomas von Aquin* nannte in seiner von der Restitution handelnden 62. Quästion seiner *Secunda secundae* drei Fälle der Rufschädigung, wobei sich seine Einteilung von der scotischen Unterteilung insofern unterscheidet, als dass er zunächst den unproblematischen Fall aufführt, in welchem jemand einen anderen zu Recht eines begangenen Verbrechens beschuldigt, mithin schon keine Rufschädigung vorliegt. Die zwei weiteren von *Thomas* behandelten Fallgruppen entsprechen der ersten und zweiten Konstellation in den Ausführungen des *Duns Scotus*.[1513] In *Thomas´* Summe findet sich zudem ein eigener Abschnitt, welcher ausschließlich und umfangreich von der „ungerechten Anklage" handelt.[1514]

Duns Scotus behandelt die Schädigung des guten Rufes *(fama)* im Hinblick auf Fragen der Restitution abschließend in seiner vierten Quästion. Im Folgenden werden die drei von *Duns Scotus* behandelten Varianten der Rufschädigung unter Aufbereitung der Argumentationslinie des *Duns Scotus* aufgezeigt und näher untersucht.

I. Die falsche Beschuldigung *(falsum crimen imponendo)*

Als erste Form der Rufschädigung führt *Duns Scotus* die falsche Beschuldigung auf, das heißt, dass jemand einen anderen eines von ihm tatsächlich nicht begangenen Verbrechens beschuldigt. Der „Ankläger"[1515] trägt eine falsche Beschuldigung vor. In einem solchen Fall hat der Ankläger dem Beschuldigten in vollem Umfang Restitution zu leisten. Dies geschieht durch den Widerruf der falschen Beschuldigung vor derselben Öffentlich-

1512 *Richardus de Mediavilla*, Sent., lib. IV, dist. 15, art. 5, q. 3, S. 219ab.
1513 *Thomas von Aquin*, Sth II-II, q. 62, art. 2, S. 304, *„Ad secundum"*.
1514 *Thomas von Aquin*, Sth II-II, q. 68, art. 3, S. 336–337.
1515 Der Begriff des „Anklägers" wird an dieser Stelle mit Anführungszeichen versehen, um darauf hinzuweisen, dass die Begrifflichkeit in einem untechnischen Sinne verwendet wird und nicht zwingend gleichbedeutend ist mit dem prozessualen Ankläger, denn in dieser ersten Rufschädigungsform liegt nicht auch zwingend immer eine prozessuale Anklage vor. Dass es *Duns Scotus* allerdings auch – v. a. in der zweiten und insbesondere der dritten Schädigungsform – um die prozessuale Anklage geht, zeigen seine weiteren Ausführungen.

keit, vor welcher sie auch vorgetragen wurde.[1516] Der Widerruf der Beschuldigung bildet eine Form der Naturalrestitution. Mit der Forderung des Widerrufs der Aussage bewegt sich *Duns Scotus* innerhalb der bekannten theologischen Lehren.

Für *Duns Scotus* stellt der Widerruf nämlich wie auch für andere Theologen und Kanonisten ab der zweiten Hälfte des 13. Jahrhunderts[1517] ein ge-

---

1516 *Duns Scotus*, Ord. IV (editio vaticana XIII), dist. 15, q. 4, n. 253, lin. 674–676, S. 124: „*De primo dico quod oportet restituere famam, retractando illud quod ei imposuit, quia alias non servat iustitiam in reddendo proximo quod suum est, – et hoc publice sibi imposuit.*" – *Über die erste Art sage ich, dass man den Ruf zurückerstatten muss, indem man das, dessen man ihn beschuldigt hat, widerruft, weil die Gerechtigkeit ansonsten bei der Rückgabe dessen, was dem Nächsten gehört, nicht gewahrt wird, – und das, dessen man ihn öffentlich beschuldigt hat.* In seiner *Reportatio IV-A* formuliert *Duns Scotus* dies etwas präziser: *Duns Scotus*, Rep. IV-A (Bychkov/Pomplun I.1), dist. 15, qq. 2–4, n. 116, S. 634: „*[...] ideo tenetur coram omnibus, quibus alium diffamavit, hoc facere dicendo se prius dixisse falsum et fuisse mentitum de hoc quod alteri iniuste imposuit.*" – *[...] daher ist man verpflichtet, es vor allen, vor welchen man den anderen diffamiert hat, zu tun [widerrufen], indem man im Hinblick auf das, dessen man den anderen zuvor zu Unrecht beschuldigt hat, sagt, dass man Unwahres gesagt habe und es eine Lüge gewesen sei.*

1517 *Albertus Magnus*, Sent., Parisiis 1894, lib. IV, dist. 15, G, art. 43, ad q. 1, S. 532ab; *Thomas von Aquin*, Sth II-II, q. 62, art. 2, S. 303–304, „*Ad secundum*"; *Richardus de Mediavilla*, Sent., lib. IV, dist. 15, art. 5, q. 3, S. 219b, „*Alio modo*"; Vgl. u. a. *Johannes Bassolis*, Sent., Parisiis 1517, lib. IV, dist. 15, q. 2, fol. LXXXVIIIva, „*Primo modo*"; *Antonius Andreae*, Sent., Venetiis 1578, lib. IV, dist. 15, q. 4, fol. 148vb, „*Respondeo*"; *Johannes Forsanus*, Resolutiones in quatuor libros Sententiarum, Parisiis 1600, lib. IV, dist. 15, q. 4, fol. 312rv; *Petrus de Aquila*, Super quatuor Libros Magistri Sententiarum, Venetiis 1501, lib. IV, dist. 15, q. 3, fol. 213ra *(De secundo articulo)*; *Gabriel Biel*, Commentarius in quartum librum Sententiarum, Brixiae 1574, dist. 15, q. 16, S. 470a, „*Co[n]cl. 2.*", S. 471ab „*Dub. 2.*"; *Bernhardin von Siena*, Quadragesimale; de Christiana religione, in: Opera Omnia, Tom. I, Lugduni 1650, feria III, sermo XXXVI, art. 3, cap. 3, S. 184[182]ab; *Antoninus von Florenz*, Summa theologica, pars secunda, Veronae 1740, tit. II, cap. I, §. XX., Sp. 353, „*De damnis infamam.*"; *Francisco de Vitoria*, ComSth II-II (Stüben), q. 62, art. 2, n. 17, S. 123–124; *Sebastiano Giribaldi*, Juris naturalis humanorumque contractuum et censurarum Ecclesiae moralis discussio pluribus tractatibus distincta, Bononiae 1717, tract. II, cap. IV, dub. IX, § II, v. a.: n. 119, S. 153b–154a; *Leonardus Lessius*, De iustitia et iure, Antverpiae 1617, lib. II, cap. XI, dub. 1–27, v. a. dub. 20, S. 131ab–132a. Aus der Kanonistik seien als Beispiele angeführt: *Raimundus*, Summa de paenitentia (ed. Ochoa/Diez), lib. II, tit. 5, n. 42, Sp. 521–523; *Hostiensis*, Summa aurea, Coloniae 1612, lib. V, tit. 38: *De poenitentiis et remissionibus*, n. 61 („*Quibus et qualiter*"), Sp. 1647, „*Quid de accusatoribus & denunciatoribus*". Vgl. speziell zur Lehre der Scholastiker vom Widerruf – auch als möglichen Ursprung der Entwicklung der Wider-

meinhin anerkanntes und zwingendes Erfordernis des vollständigen Schadensausgleichs *(restitutio)* als Voraussetzung der Sündenvergebung dar.[1518] So findet im 13. Jahrhundert die Restitution des guten Rufes durch den Widerruf ausdrücklich Erwähnung bei *Albertus Magnus*.[1519] Bereits *Petrus Lombardus* hat die Restitution, sofern sie möglich ist, gefordert und auf nicht restitutionsfähige Rechtsgüter hingewiesen *(oculum vel vitam)*, aber in diesem Zusammenhang die *fama* nicht genannt.[1520] Laut *Wallenrodt* soll sich *Hostiensis* bei der Ausarbeitung seiner *Summa aurea* an *Albertus'*

---

rufsklage die Ausführungen bei: *C. von Wallenrodt*, Die Injurienklagen auf Abbitte, Widerruf und Ehrenerklärung in ihrer Entstehung, Fortbildung und ihrem Verfall, in: Zeitschrift für Rechtsgeschichte 3 (1864), S. 238–300, insbs. S. 256–264 (Verweis auf *Scotus'* Kommentierung: S. 263 Fn. 18); *Hälschner*, Ehrenerklärung, Widerruf und Abbitte in ihrer geschichtlichen Entwicklung (wie Fn. 245), S. 328–339 (*Scotus'* Lehre knapp auf S. 334–335); vgl. *Helfritz*, Der geschichtliche Bestand und die legislative Verwertbarkeit von Widerruf, Abbitte und Ehrenerklärung (wie Fn. 245), v. a. S. 64–105; *Jansen*, Von der Restitutionslehre der spanischen Spätscholastik zu einem europäischen Recht nichtvertraglicher Schuldverhältnisse? (wie Fn. 70), S. 940–941 (insbesondere in Bezug auf die spätscholastische Lehre, aber auch mit einem Verweis auf S. 940 Fn. 55 auf *Duns Scotus'* Kommentierung); *Ebert*, Pönale Elemente im deutschen Privatrecht (wie Fn. 1433), S. 54, 78; *Thomas Moosheimer*, Die actio injuriarum aestimatoria im 18. und 19. Jahrhundert. Eine Untersuchung zu den Gründen ihrer Abschaffung, Tübingen 1997, v. a. S. 3–4, weiter: S. 5–12 (zur geschichtlichen Entwicklung bis zum Ende des 17. Jahrhunderts), 121–159 (Zur Literatur von der Wende zum 19. Jahrhundert bis zur Gründung des Kaiserreichs); *Unterreitmeier*, Der öffentlich-rechtliche Schmerzensgeldanspruch (wie Fn. 6), S. 46–47 Fn. 323.

1518 Weiterführend speziell zum Widerruf und seiner geschichtlichen Entwicklung, aber auch der Ehrenerklärung und Abbitte v. a.: *Wallenrodt*, Die Injurienklagen auf Abbitte, Widerruf und Ehrenerklärung (wie Fn. 1517); *Ebert*, Pönale Elemente im deutschen Privatrecht (wie Fn. 1433), v. a. S. 54, 76–82; *Helfritz*, Der geschichtliche Bestand und die legislative Verwertbarkeit von Widerruf, Abbitte und Ehrenerklärung (wie Fn. 245); *Christian Reinhold Köstlin*, Die Ehrverletzung nach deutschem Rechte, in: Zeitschrift für deutsches Recht und deutsche Rechtswissenschaft 15 (1855), S. 151–236 und 364–435; *Moosheimer*, Die actio iniuriarum aestimatoria im 18. und 19. Jahrhundert (wie Fn. 1517), S. 3–4; *Hälschner*, Ehrenerklärung, Widerruf und Abbitte in ihrer geschichtlichen Entwicklung (wie Fn. 245), v. a. S. 324; *Müller*, Verletzende Worte (wie Fn. 1402), S. 236–246.

1519 *Albertus Magnus*, Sent., Parisiis 1894, lib. IV, dist. 15, G, art. 43, ad q. 1, S. 532ab; vgl. auch die Ausführungen von: *Wallenrodt*, Die Injurienklagen auf Abbitte, Widerruf und Ehrenerklärung (wie Fn. 1517), S. 261–262.

1520 *Petrus Lombardus*, Sent., lib. IV, dist. 15, c. 7, n. 9, S. 336; *Wallenrodt*, Die Injurienklagen auf Abbitte, Widerruf und Ehrenerklärung (wie Fn. 1517), S. 260–261.

Lehre orientiert haben und auch bei *Hostiensis* lässt sich eine genaue Besprechung der *restitutio famae* finden.[1521] Im späten 13. und frühen 14. Jahrhundert begegnet die Restitution in Form des Widerrufs bei einer Verletzung des Rechtsguts des guten Rufs *(fama)* insgesamt vielfach im theologischen und kanonistischen Diskurs.[1522]

Ohne auf die Diskussionen um den genauen Ursprung der Klage auf Widerruf oder auf rezeptionsgeschichtliche Fragestellungen im Zusammenhang mit der Entwicklung dieser Klage eingehen zu wollen, so soll folgender Aspekt dennoch Erwähnung finden: Insbesondere im 19. Jahrhundert wurde vor allem die Frage, ob die Wurzeln der Widerrufsklage in der kirchlich-theologischen Scholastik oder (auch) im germanischen Gewohnheitsrecht zu finden seien, kontrovers diskutiert.[1523] Im römischen Recht sah die römisch-rechtliche *actio iniuriarum* bei Ehrverletzungen und Rufschädigungen ausschließlich Privatstrafen vor.[1524] Im Mittelalter lässt sich bereits in einigen Volksrechten das Institut der Ehrenerklärung nachweisen[1525] und seit dem hohen Mittelalter ist die Ehrenerklärung in

---

1521 *Wallenrodt*, Die Injurienklagen auf Abbitte, Widerruf und Ehrenerklärung (wie Fn. 1517), S. 262; *Hostiensis*, Summa aurea, Coloniae 1612, lib. V, tit. 38: *De poenitentiis et remissionibus*, n. 61 („*Quibus et qualiter*"), Sp. 1647, „*Quid de accusatoribus & denunciatoribus*".

1522 Vgl. hierzu die in Fn. 1517 aufgeführten Quellennachweise. Und auch: *Jansen*, Theologie, Philosophie und Jurisprudenz (wie Fn. 4), S. 107.

1523 *Wolter*, Naturalrestitution (wie Fn. 6), S. 70–71 mit zahlreichen Nachweisen v. a. in Fn. 232; *Unterreitmeier*, Der öffentlich-rechtliche Schmerzensgeldanspruch (wie Fn. 6), S. 46 mit Nachweisen in Fn. 323; *Müller*, Verletzende Worte (wie Fn. 1402), S. 236–237. Zur Literatur hinsichtlich des Streits aus dem 19. Jhd. u. a.: *Köstlin*, Die Ehrverletzung nach deutschem Rechte (wie Fn. 1518); *Hälschner*, Ehrenerklärung, Widerruf und Abbitte in ihrer geschichtlichen Entwicklung (wie Fn. 245); *Hugo Hälschner*, Das preußische Strafrecht. In 3 Teilen, Teil 3: System des preußischen Strafrechts, Besonderer Teil, 1. (einziger) Abschnitt: Die Verbrechen gegen das Recht der Privatperson, Aalen 1975 (ND der Ausgabe Bonn 1869), v. a. S. 221–224; *Wallenrodt*, Die Injurienklagen auf Abbitte, Widerruf und Ehrenerklärung (wie Fn. 1517); *Adolph Dieterich Weber*, Ueber Injurien und Schmähschriften, in 3 Abtheilungen, 2. und 3. Auflage, Leipzig 1811; *Helfritz*, Der geschichtliche Bestand und die legislative Verwertbarkeit von Widerruf, Abbitte und Ehrenerklärung (wie Fn. 245); m. w. N. allgemein auch: *Ebert*, Pönale Elemente im deutschen Zivilrecht (wie Fn. 1433), S. 76–82, v. a. 80–82.

1524 *Jansen*, Von der Restitutionslehre der spanischen Spätscholastik zu einem europäischen Recht nichtvertraglicher Schuldverhältnisse? (wie Fn. 70), S. 940.

1525 *Wolter*, Naturalrestitution (wie Fn. 6), S. 71.

zahlreichen Stadt- und Landrechten zu finden[1526]. Vorwiegend im 16. Jahrhundert fand die Klage auf Widerruf in Deutschland Ausbreitung und im Jahr 1555 ausdrücklich Erwähnung in einem Zusatz zur Reichskammergerichtsordnung.[1527] Seit dieser Zeit soll die Herkunft der Widerrufsklage streitig sein.[1528] Im 17. Jahrhundert blickt man insgesamt auf ein differenzierteres, aus den Restitutionsklagen, der Abbitte, der Ehrenerklärung sowie dem Widerruf einerseits und der ästimatorischen Injurienklage andererseits bestehendes Rechtsystem.[1529]

Mit Blick auf die für diese Arbeit bedeutsame theologische Restitutionslehre bleibt Folgendes festzuhalten: Bereits in der Hochscholastik ist im Falle der Rufschädigung der Schadensausgleich durch den Widerruf weit verbreitet und anerkannt. Daher verwundert es nicht, dass auch *Duns Scotus* den Widerruf der falschen Beschuldigung als Restitutionsleistung des Pönitenten fordert. Die in den nachfolgenden Abschnitten (II. und III.) behandelten Ausführungen des *Duns Scotus* zu den zwei weiteren Formen der Rufschädigung zeigen aber auch, dass nicht in jedem Fall einer Rufschädigung der Widerruf als Restitutionsleistung gefordert wird. Im Hinblick auf die Mechanismen des Schadensausgleichs bedeutet die primäre Forderung des Widerrufs, dass einerseits der einem anderen zugefügte (Ruf-)Schaden in erster Linie in natura – und nicht durch eine Geldkompensation – auszugleichen ist, und andererseits, dass der Ausgleich im einfachen Ersatz des entstandenen Schadens und nicht im Ersatz eines Vielfachen besteht. Am Beispiel der Forderung des Widerrufs als Restitutionsleistung lassen sich daher zwei für die hochscholastische Restitutionslehre und auch für die scotische Lehre grundlegende Maximen des Schadensausgleichs ablesen, nämlich der Grundsatz der Naturalrestitution sowie das Postulat des einfachen Ersatzes.

Obgleich *Duns Scotus* im Ergebnis den Widerruf der Beschuldigung fordert, so präsentiert er wie in scholastischen Quästionen üblich auch einen hypothetischen Einwand gegen das Erfordernis eines Widerrufs, nämlich dass der Ankläger sich durch den Widerruf seiner Beschuldigung selbst diffamieren, sich also selbst in Verruf bringen würde. Unter Verweis auf

---

1526 *Wolter*, Naturalrestitution (wie Fn. 6), S. 71; *Unterreitmeier*, Der öffentlich-rechtliche Schmerzensgeldanspruch (wie Fn. 6), S. 46.

1527 *Wolter*, Naturalrestitution (wie Fn. 6), S. 72; *Unterreitmeier*, Der öffentlich-rechtliche Schmerzensgeldanspruch (wie Fn. 6), S. 46.

1528 *Wolter*, Naturalrestitution (wie Fn. 6), S. 72–73; *Unterreitmeier*, Der öffentlich-rechtliche Schmerzensgeldanspruch (wie Fn. 6), S. 46.

1529 *Wolter*, Naturalrestitution (wie Fn. 6), S. 73.

seine Ausführungen zum sechsten Argument in der zweiten Quästion[1530] widerlegt er diesen Einwand und lehrt mit Nachdruck,

„[...] quod bona corporis, vel exteriora, non sunt diligenda nisi in ordine ad bonum animae et ad Deum; [...].“[1531]	[...] dass die Güter des Körpers und auch zeitliche Güter nicht zu lieben sind, wenn sie nicht zu einem Gut der Seele und Gott hingeordnet sind. [...].

Duns Scotus lehrt weiter, dass derjenige, welcher einen anderen eines nicht begangenen Verbrechens bezichtigt, seinen eigenen guten Ruf auf eine unrechtmäßige Weise schützen würde, wenn er seine Beschuldigung nicht widerriefe. Dann würde er aber die eigenen Güter auf unrechtmäßige Weise den Gütern des Nächsten vorziehen, obgleich eigene Güter lediglich auf rechtmäßige Weise den Gütern des Nächsten vorzuziehen sind.[1532] Diese Argumentation liest man so auch in den Ausführungen des *Richardus de Mediavilla*.[1533] In seinen weiteren Ausführungen betont *Duns Scotus* in besonderem Maße, dass die aus dem öffentlichen Widerruf resultierende Rufschädigung des Anklägers Folge seiner eigenen sündhaften Handlung sei, da sie das Resultat der vorgebrachten falschen Beschuldigung und dem Ankläger daher zuzurechnen sei.[1534] *Duns Scotus* akzentuiert hier die

1530 *Duns Scotus*, Ord. IV (editio vaticana XIII), dist. 15, q. 2, n. 199–203, lin. 266–310, S. 108–110. *Duns Scotus* behandelt hier die Problematik der Notlage der Parteien, sowohl die Notlage des Restitutionsschuldners sowie die des Restitutionsgläubigers ausführlich. Siehe hierzu ausführlich: § 6.E.I.

1531 *Duns Scotus*, Ord. IV (editio vaticana XIII), dist. 15, q. 4, n. 255, lin. 681–682, S. 125.

1532 Hierzu: *Duns Scotus*, Ord. IV (editio vaticana XIII), dist. 15, q. 4, n. 255, lin. 682–689, S. 125.

1533 *Richardus de Mediavilla*, Sent., lib. IV, dist. 15, art. 5, q. 3, S. 219b, *„Damnificans quis alium in fama tripliciter.“ („Alio modo...“).*

1534 *Duns Scotus*, Ord. IV (editio vaticana XIII), dist. 15, q. 4, n. 256, lin. 690–696, S. 125: *„[...] accusato enim de falso crimine, iuste competit fama; accusanti autem, post talem accusationem, iniuste, non solum quia mentitus est in accusando, sed quia publice mentitus est,in quo sufficienter et radicaliter se diffamavit. Et ideo postea ostendens directe innocentiam alterius, cui tenetur in hoc, et indirecte nocentiam sui, non tunc proprie diffamat se, sed tunc amovet falsam laudem, qua iste post accusationem mendacem indignus est.“ – [...] dem eines falschen Verbrechens Beschuldigten [Angeklagten] steht der gute Ruf aber auf rechtmäßige Weise zu; dem Anklagenden aber steht der gute Ruf nach einer derartigen Beschuldigung [Anklage], unrechtmäßig zu, nicht nur, weil durch die Beschuldigung [Anklage], sondern weil öffentlich gelogen wurde, wodurch er sich selbst genügend und vollständig herabgewürdigt*

Eigenverantwortlichkeit des Einzelnen für die Folgen seines Handelns. Seine dargelegten Lehrsätze illustriert er anhand des folgenden Beispiels:

„Exemplum: quis fornicatur tribus videntibus; illi postmodum accusantes crimen, non diffamant illum, sed ipsemet diffamavit se in illo facto publico, quia breviter, committendo quodcumque crimen publice, incurrit laesionem dignitatis, et sic amittit famam, quantum in se est; [...].“[1535]	Zum Beispiel: Wer vor drei Zeugen[1536] Unzucht treibt; jene, welche ihn später eines Verbrechens anklagen, diffamieren jenen nicht, sondern er hat sich selbst durch seine öffentliche Tat diffamiert, weil er, kurz gefasst, indem er welches Verbrechen auch immer öffentlich ausübt, eine Verletzung seiner Würde hervorruft, und so verliert er seinen guten Ruf, insoweit es in seiner Macht steht; [...].

hat. Und ebenso, wer danach direkt die Unschuld des anderen, gegenüber, welchem man in diesem Fall haftet, und indirekt seine Schuld vorträgt, diffamiert sich dann eigentlich nicht, sondern beseitigt dann das falsche Lob, dessen dieser nach einer lügnerischen Beschuldigung [Anklage] unwürdig ist. Und konkret hinsichtlich des sogleich näher behandelten Beispielfalles, welchen *Duns Scotus* aufführt, formuliert er, Ord. IV (editio vaticana XIII), dist. 15, q. 4, n. 257, lin. 701–704, S. 125: *„[...] nec publicatio illa post, per quam notificatur illa laesio, aufert sibi famam, sed tantummodo facit devenire magis in publicum illud quod primo ex natura actus erat simpliciter publicum.“ – [...] weder jene Veröffentlichung danach, durch welche jene Verletzung bemerkt wird, nimmt ihm den Ruf weg, sondern er allein macht jenes, was zuvor aus der Natur der Handlung heraus ohnehin schon öffentlich war, noch öffentlicher.* Vgl. knapp zum erwähnten hypothetischen Einwand des *Duns Scotus* die Erwähnung bei: *Seeberg*, Die Theologie des Duns Scotus (wie Fn. 120), S. 563.

1535 *Duns Scotus*, Ord. IV (editio vaticana XIII), dist. 15, q. 4, n. 257, lin. 697–701, S. 125.

1536 Leitbild des Verfahrens blieb über das gesamte Mittelalter hinweg der Zivilprozess: *Susanne Lepsius*, Von Zweifeln zur Überzeugung. Der Zeugenbeweis im gelehrten Recht ausgehend von der Abhandlung des Bartolus von Sassoferrato, Frankfurt a. M. 2003, Kap. 1, S. 7. Vgl. zur Bedeutsamkeit des Zeugenbeweises und dem üblicherweise erforderlichen Zweizeugenbeweis, bei welchem aber auch Abweichungen nach unten und oben möglich waren: *Nörr*, Romanisch-kanonisches Prozessrecht (wie Fn. 559), § 22–23, S. 130–154; *Lepsius*, op. cit, Kap. 1, S. 1–52, liefert einen Überblick über das römisch-kanonische Verfahren mit mehrfacher Erwähnung der Zweizeugenregelung, insbs. auf S. 34; *Susanne Lepsius*, Der Richter und die Zeugen. Eine Untersuchung anhand des Tractatus testimoniorum des Bartolus von Sassoferrato, mit Edition, Frankfurt a. M. 2003; *Hans-Joachim Musielak*, Die Grundlagen der

Im Anschluss an diesen Beispielsfall wirft *Duns Scotus* – ausschließlich in seiner *Ordinatio IV* – weiter die Frage auf, ob auch derjenige, welcher das Verbrechen nicht öffentlich anklagt, aber das durch *„Hörensagen"* Vernommene ohne sichere Kenntnis über die Richtigkeit des Gehörten verbreitet, restitutionsverpflichtet ist.[1537] Er fragt seine Leserschaft ausdrücklich:

„Et si quaeras 'aliquis non proponit in publico tale crimen alii, sed murmurat et indiscrete loquitur, vel coram multis narrat, tamen non tamquam sibi certum, sed sic se audisse, numquid tenetur restituere?' – [...]."[1538]

Und wenn du fragst, „ob jemand etwa zur Restitution verpflichtet ist, der ein derartiges Verbrechen eines anderen nicht öffentlich bekannt macht, sondern es (nur) murmelt und indiskret ausspricht oder in Gegenwart vieler erzählt, nicht aber (so) als ob es ihm gewiss sei, sondern so, dass er es selbst gehört habe (= vom Hörensagen)?"

Es geht *Duns Scotus* hier um die Restitutionspflichtigkeit des – salopp formuliert – „Schwätzers" beziehungsweise desjenigen, welcher durch Hörensagen Vernommenes referiert. Entscheidend für die Qualifizierung eines derartigen Verhaltens als Todsünde *(peccatum mortale)* und der Forderung einer Restitutionspflicht ist laut *Duns Scotus*, ob man aus böser Absicht *(ex animo malo)* handelt oder aus bloßer Unüberlegtheit *(ex inconsideratione)* Gehörtes weitererzählt. Im ersteren Fall läge eine Todsünde *(peccatum mortale)* vor, im letzteren nicht.[1539] Vielmehr gebe es viele Menschen, die

Beweislast im Zivilprozeß, Berlin [u. a.] 1975, § 10, S. 249–251. Vgl. auch: *Wilhelm Endemann*, Beweislehre des Zivilprozesses, Aalen 1973 (ND der Ausgabe Heidelberg 1860), § 58, S. 233–237 (explizit zur Zeugenanzahl); *Carl Groß*, Die Beweistheorie im canonischen Proceß mit besonderer Rücksicht auf die Fortentwicklung derselben im gemeinen deutschen Civilproceß, Bd. 2: Besonderer Teil, Innsbruck 1880, 1. Abschn., 2. Cap., S. 5–28; 2. Abschn., 2. Cap., S. 119–183; 3. Abschn., 2. Cap., S. 291–304. Zur Diskussion um die Anzahl der Zeugen auch: *Thomas von Aquin*, Sth II-II, q. 70, art. 2, S. 342–343.

1537 Hierzu auch *Seeerg*, Die Theologie des Duns Scotus (wie Fn. 120), S. 563, welcher die Begrifflichkeit des *„Hörensagen"* bereits zuvor verwendet hat.

1538 *Duns Scotus*, Ord. IV (editio vaticana XIII), dist. 15, q. 4, n. 258, lin. 705–708, S. 126.

1539 *Duns Scotus*, Ord. IV (editio vaticana XIII), dist. 15, q. 4, n. 259, lin. 717–722, S. 126: *„Et si hoc fiat animo malo, laedendi scilicet illum de quo est sermo, non est facile excusare quin sit contra caritatem, et per consequens mortale peccatum. Si autem fiat coram talibus ex inconsideratione, durum est quod excedat genus peccati*

leichtsinnig Erzähltem Glauben schenken würden.[1540] *Duns Scotus* betont zwar mehrfach den Leichtsinn der Menschheit, aber den bloßen Verweis auf diesen lässt er – wie *Seeberg* formuliert – nicht als „*Entschuldigung*" von jeglicher Restitutionspflicht gelten.[1541] Vielmehr betont er die Schwierigkeit, einmal entstandene Gerüchte wieder aus der Welt zu schaffen oder diese zumindest zu entschärfen.[1542] Ob man zur Restitution verpflichtet ist, beurteilt sich letztlich nach der Absicht und sicheren Kenntnis von der Richtigkeit der getätigten Aussage über das Gehörte.

Im Hinblick auf die falsche Beschuldigung beziehungsweise Anklage kann schließlich festgehalten werden, dass die Restitution der Rufschädigung durch den Widerruf gegenüber denselben Personen, welche die Beschuldigung vernommen haben, zu erfolgen hat.

---

venialis, quia lingua in lubrico posita est, et qui non offendit in verbo, hic perfectus est vir, Iac. 3." – *Und wenn man das mit böser Absicht tut, nämlich um jenen, von dem die Rede ist, zu schädigen, ist es nicht leicht das zu entschuldigen, was gegen die Nächstenliebe ist, und in der Folge liegt eine Todsünde vor. Wenn man das aber vor aller Augen aus Unüberlegtheit tut, ist es schwierig, worauf sich die Art der lässlichen Sünde erstreckt, weil die Zunge locker sitzt [gesetzt ist], und „wer nicht mit Worten Unwillen erregt, ein vollkommener Mann ist", Jak 3.* Vgl. dazu auch die gleichen Ausführungen des *Thomas*, Sth II-II, q. 68, art. 3, „*Ad primum*", S. 336.

1540 Vgl. die Ausführungen: *Duns Scotus*, Ord. IV (editio vaticana XIII), dist. 15, q. 4, n. 258, lin. 708–713, S. 126.

1541 *Seeberg*, Die Theologie des Duns Scotus (wie Fn. 120), S. 563.

1542 *Duns Scotus*, Ord. IV (editio vaticana XIII), dist. 15, q. 4, n. 259, lin. 714–717, S. 126: „*Verumtamen, quia a scandalo pusillorum oportet cavere, iuxta illud Pauli I ad Cor. Si proximum scandalizarem, non manducabo carnes in aeternum, et multi sunt tales pusilli, leves ad credendum mala, ideo periculosum est coram eis talia audita ex relatu eis referre."* – *Wie gesagt, weil man sich vor einem Skandal der Schwäche hüten soll, gemäß Paul. 1 Kor 8,13. „Wenn ich dem Nächsten Ärger bereiten würde, werde ich ewig [für die Ewigkeit] kein Fleisch mehr essen", und viele sind derartig schwach, leichtsinnig Schlechtes zu glauben, und deswegen ist es gefährlich, von diesen derartiges, aus dem Erzählten Gehörtes zurückzuholen.*

II. Die Diffamation durch die die Rechtsordnung nicht wahrende öffentliche Bekanntmachung (Anklage) eines wahren, aber im Verborgenen verübten Verbrechens *(verum crimen, tamen occulto, non servato ordine iuris, scilicet in publico proponendo)*

Auch bei der zweiten von *Duns Scotus* behandelten Variante der Rufschädigung handelt es sich um eine bekannte Fallgestaltung.[1543] Im Vergleich zur soeben behandelten Form der Rufschädigung liegt in dieser Konstellation ein wahres, tatsächlich verübtes Verbrechen vor, welches jedoch unter Verstoß gegen die Rechtsordnung öffentlich bekanntgemacht wird, weil es heimlich begangen, aber öffentlich angeklagt wurde. Im Vergleich zur Rechtsfolge bei einer falschen Beschuldigung beziehungsweise Anklage (I.) schuldet der Ankläger in der vorliegenden Konstellation keine Naturalrestitution durch den Widerruf seiner Aussage – zu einem solchen Widerruf könne man nicht angehalten sein, würde jener doch zugleich zur Lüge *(mendacium)* über das Verbrechen aufgefordert sein.[1544] So würde der Ankläger sein eigenes Seelenheil gefährden.[1545] Der Ankläger bleibt auf jedwede sonst erlaubte Weise zur Restitution verpflichtet.[1546] In dieser Fallkonstellation war es gemeinhin üblich, dem Ankläger zu raten, auf seine nicht korrekte öffentliche Bekanntmachung aufmerksam zu machen, ohne dass er verleugnen müsste, dass tatsächlich ein Verbrechen begangen

---

1543 Vgl. z. B. *Thomas von Aquin*, Sth II-II, q. 62, art. 2, *„Ad secundum"*, (*„Tertio modo"*), S. 304; *Richardus de Mediavilla*, Sent., lib. IV, dist. 15, art. 5, q. 3, S. 219b, *„Damnificans quis alium in fama tripiliciter."* (*„Uno modo"*).

1544 *Duns Scotus*, Ord. IV (editio vaticana XIII), dist. 15, q. 4, n. 260, lin. 725–728, S. 126: *„De secundo dico quod non tenetur retractare verbum suum, quod proposuit in publico, quia hoc faciendo mentiretur, cum sciat illud quod proposuit esse verum; et non tenetur mentiri propter quodcumque bonum reddendum alteri; [...]." – Über die zweite Weise sage ich, dass man nicht verpflichtet ist, seine Worte, welche man öffentlich vorgebracht hat, zu widerrufen, weil gelogen werden würde, wenn man dies täte, obwohl man weiß, dass jenes, was man bekannt gemacht hat, wahr ist; und man ist nicht verpflichtet, zu lügen, um dem anderen welches Gut auch immer zurückzuerstatten [...].*

1545 *Duns Scotus*, Rep. IV-A (Bychkov/Pomplun I.1), dist. 15, qq. 2–4, n. 119, S. 635: *„[...] et nullus tenetur propter quemcumque alium – sicut nec propter se – salvandum peccare mortaliter." – [...] und niemand ist verpflichtet, tödlich zu sündigen, um irgendeinen anderen – oder [z. B.] auch sich selbst – zu retten.*

1546 *Duns Scotus*, Ord. IV (editio vaticana XIII), dist. 15, q. 4, n. 260, lin. 728–729, S. 126–127: *„[...] sed tenetur alio modo licito reddere sibi famam, utpote per huiusmodo verba: [...]." – [...] aber man ist verpflichtet, auf eine sonst erlaubte Weise ihm seinen guten Ruf zurückzuerstatten, z. B. durch die folgende Worte: [...].*

wurde.[1547] Bei *Duns Scotus* begegnet dieses Anraten auch, verbunden mit einem konkreten Formulierungsvorschlag. Als Restitutionsleistung legt *Duns Scotus* es dem Ankläger nämlich nahe, folgende Formulierung zu wählen:

„'Non credatis eum esse talem, male enim dixi et fatue dixi';	„Ihr sollt nicht glauben, dass er so etwas getan hat, denn ich habe es auf eine schlechte und törichte Art und Weise gesagt."
et haec quidem vera sunt 'male dixi, fatue dixi, quia non servato ordine iuris, proposui in publico quod non est verum publicum';	Und die folgenden [Worte] sind nämlich wahr „ich habe es auf schlechte, auf törichte Weise gesagt, weil ich die Rechtsordnung nicht beachtet habe und öffentlich vorgetragen habe, was allerdings nicht öffentlich ist";
et persusasio ista 'non reputetis eum talem esse' est bona, quia quilibet praesumendus est bonus donec probetur contrarium, iuxta illud Extra, 'De scrutinio in ordine faciendo', cap. unico:	Und diese Überzeugung „ihr sollt nicht erwägen, dass er derartig ist", ist gut, weil ein jeder gemäß X 1.12. cap. un. als gut anzusehen ist, bis das Gegenteil bewiesen ist:
«Humana fragilitas illum, quem indignum esse non novit, dignum debeat aestimare»; [...]."[1548]	„Die menschliche Schwäche soll jenen, welchem sie die Unwürdigkeit nicht nachweist, als würdig einschätzen".

Duns Scotus rät dem Ankläger dazu, auf seine unrechtmäßige Anklageform hinzuweisen, und warnt vor einer moralischen Verwerfung mit dem Ange-

1547 Vgl. z. B.: *Albertus Magnus*, Sent., Parisiis 1894, lib. IV, dist. 15, G, art. 43, ad q. 1, S. 532b, *„Ad object.[iones] 1 et 2.": „Ad hoc autem quod objicitur, dico quod etsi verum sit quod dixit, ipse potest ire ad illos quibus dixit, et dicere quod intentione infamandi dixerit."; Thomas von Aquin*, Sth II-II, q. 62, art. 2, *„Ad secundum" („Terio modo")*, S. 304: *„[...] utpote quod dicat se male dixisse, vel quod iniuste eum diffamaverit"*; *Richardus de Mediavilla*, Sent., lib. IV, dist. 15, art. 5, q. 3, S. 219b, *„Uno modo": „[...] non tenetur infamato restituere famam, dice[n]do se falsum dixisse: tenetur tamen alleviare infamiam, dicendo se no[n] bono modo processisse [...]."*

1548 *Duns Scotus*, Ord. IV (editio vaticana XIII), dist. 15, q. 4, n. 260, lin. 729–736, S. 127; X 1.12. cap. un. (CIC II, Sp. 124–125).

klagten. Er allegiert eine Dekretale *Innozenz III.*, welche Eingang in den *Liber Extra* (X 1.12.un.cap.) fand.[1549] Hintergrund von X 1.12 bildet die Frage nach der Ermittlung der Würdigkeit eines Kandidaten zur Übernahme eines höheren kirchlichen Amtes.[1550] *Innozenz III.* regelt hier das dritte *scrutinium* für die Priesterweihe, welches sich auf den Ordinationsakt selbst bezieht.[1551] *Duns Scotus* führt im obigen Zitat die Formel auf, welche der Archidiakon auf die Frage des Bischofs, die Würdigkeit des Kandidaten zu bestätigen, zu antworten hatte. Dadurch sollte bei neu aufzunehmenden Klerikern Zeugnis darüber abgelegt werden, dass keinerlei gesetzliche oder kirchliche Hindernisse entgegenstanden.[1552] Diese Formel wird ausdrücklich in X 1.12 vorgeschrieben. *Duns Scotus* allegiert die Dekretale *Innozenz III.* auch im Rahmen seiner Lehre über den Meineid *(perjurium)* in seiner *Ordinatio III, dist. 39.*[1553] Dort lehrt er, dass auch bei der Beförderung zu bestimmten Ämtern, das Zeugnis über die Würdigkeit des Kandidaten erforderlich ist. Eine absolute Sicherheit über die Würdigkeit des Kandida-

---

1549 Die entsprechende Passage im Wortlaut von X 1.12. un. cap. (CIC II, Sp. 124) lautet wie folgt: *„[...] quantum humana fragilitas nosse sinit, et scit, et testificatur, illum ad huismodi onus officii esse dignum.“*

1550 Speziell zum (v. a.) dritten *scrutinium*: *Georg Walter Vincent von Wiese*, Handbuch des gemeinen in Teutschland üblichen Kirchenrechts als Commentar über seine Grundsätze desselben, Erster Theil, Leipzig 1799, § 86, S. 598–602; *Xaver Schmid*, Liturgik der christkatholischen Religion, Bd. 2: Die Liturgik des Bußsakramentes nebst einem Anhange von den außersakramentalischen Kirchenstrafen und dem Ablasse, die Liturgik der letzten Oelung, der Priesterweihe, und die der Ehe enthaltend, Passau 1832, S. 381–388; *Edgar Loening*, Geschichte des Deutschen Kirchenrechts, Bd. 1: Einleitung. – Das Kirchenrecht in Gallien von Constantin und Chlodovech, Strassburg 1878, S. 154–155; *Paul Hinschius*, Das Kirchenrecht der Katholiken und Protestanten, Bd. 1: System des katholischen Kirchenrechts mit besonderer Rücksicht auf Deutschland, Berlin 1869, § 13, S. 107–108; *Georg Michael Wittmann*, Die heilige Priesterweihe, und als Zugabe: Die Pastoralinstruktion Christi an seine Apostel, Augsburg 1842, S. 95–97; *Sharon L. McMillan*, Episcopal Ordination and Ecclesiastical Consensus, Collegeville, Minn 2005, S. 127–131.

1551 *Wiese*, Handbuch des gemeinen in Teutschland üblichen Kirchenrechts (wie Fn. 1550), § 86, S. 602; *Hinschius*, System des katholischen Kirchenrechts mit besonderer Rücksicht auf Deutschland (wie Fn. 1550), § 13, S. 108.

1552 *Loening*, Geschichte des Deutschen Kirchenrechts, Bd. 1 (wie Fn. 1550), S. 154.

1553 *Duns Scotus*, Ord. III (editio vaticana X), dist. 39, q. un. (*„Utrum perjurium sit peccatum mortale“*), n. 26, lin. 167–169, S. 331. Weiterführend: *Cezar*, Das natürliche Gesetz und das konkrete praktische Urteil (wie Fn. 139), S. 124–126; *Seeberg*, Die Theologie des Duns Scotus (wie Fn. 120), S. 570–572.

ten hat der Zeuge aber keineswegs.[1554] Dennoch sündigt er nicht. Das liegt daran, dass er nur bezeugt, der Kandidat sei – soweit er es weiß – nicht unwürdig, nicht aber, dass er würdig sei.[1555] Im Hinblick auf den in Rede stehenden Fall der Rufschädigung durch die die Rechtsordnung nicht wahrende Anklage eines Verbrechens, bedeutet dies, dass der Beschuldigte nicht als schuldig zu betrachten ist, solange Gegenteiliges nicht bewiesen ist.

Betrachtet man die entsprechenden Ausführungen in seiner *Reportatio IV-A*, so hebt *Duns Scotus* dort in stärkerem Maße die drohenden Gefahren für den Ankläger hervor, denn dieser tätigt eine Behauptung, ohne diese vor Gericht beweisen zu können. *Duns Scotus* weist in seiner *Reportatio IV-A* auf die dem Ankläger drohende Strafe hin:

„Unde in foro iudiciali qui non potest probare crimen quod proponit, exponit se poena talionis et aliqualiter facit se infamem, pro quanto non potest probare quod stulte proponit.“[1556]	Daher setzt sich derjenige, welcher vor Gericht das Verbrechen, welches er vorbringt, nicht beweisen kann, der Talionsstrafe aus und bringt sich auf diese Weise insofern in Verruf, als er das, was er dummerhaft vorgetragen hat, nicht beweisen kann.

Duns Scotus macht hier darauf aufmerksam, dass dem Ankläger im strafrechtlichen Prozess unter Anwendung des Talionsprinzips die gleiche Strafe, welche dem Angeklagten im Falle der Verurteilung drohte, erwartete, sofern er den erforderlichen Beweis der Straftat nicht erbringen konnte.[1557]

Auch *Duns Scotus´* Ordensbruder *Richardus* behandelt diese Fallkonstellation der Rufschädigung.[1558] Und auch *Richardus* fordert wie *Duns Scotus* den Ankläger dazu auf, vorzutragen, dass die Aussage auf eine tadelnswerte Weise vorgetragen wurde. Im Unterscheid zu *Duns Scotus* plädiert *Richar-*

1554 *Cezar*, Das natürliche Gesetz und das konkrete praktische Urteil (wie Fn. 139), S. 126; *Duns Scotus*, Ord. III (editio vaticana X), dist. 39, q. un., n. 25–27, S. 330–331.

1555 *Cezar*, Das natürliche Gesetz und das konkrete praktische Urteil (wie Fn. 139), S. 126.

1556 *Duns Scotus*, Rep. IV-A (Bychkov/Pomplun I.1), dist. 15, qq. 2–4, n. 119, S. 636.

1557 *Lepsius*, Von Zweifeln zur Überzeugung (wie Fn. 1536), S. 8. *Lepsius*, S. 8, führt weiter aus, dass dem Kläger die Beibringungslast sowohl für die Beweismittel als auch die Ausarbeitung eines Fragenkatalogs in Form von *articuli* zukam. Letzterer diente der richterlichen Befragung der klägerischen Zeugen zur Stützung der Klage.

1558 *Richardus de Mediavilla*, Sent., lib. IV, dist. 15, art. 5, q. 3, S. 219b, „*Uno modo*“.

dus allerdings darüber hinaus für eine Kompensation nach dem Urteil rechtschaffener Männer *(aliqua recompensatio secundum arbitrium bonorum virorum)*. Diese Forderung begegnet bei *Duns Scotus* nicht. *Duns Scotus* fordert als Restitutionsleistung den Hinweis auf die rechtswidrige Anklageform.

Zuletzt betont *Duns Scotus* noch, dass sofern die Schuld des Beschuldigten nicht bewiesen ist, der Ankläger die anderen davon überzeugen soll, den Beschuldigten auch nicht als schlecht oder unwürdig zu betrachten. Er soll sie mithin – wie bereits zuvor von *Duns Scotus* gefordert – an einer moralischen Verurteilung des Beschuldigten hindern.[1559]

III. Die Leugnung eines tatsächlich im Verborgenen begangenen, öffentlich angeklagten Verbrechens durch den Angeklagten *(verum crimen, sed occultum, in publico tamen sibi impositum, negando)*

Im Rahmen seiner Ausführungen zum dritten Fall einer Rufschädigung zeigt sich *Duns Scotus* in besonderem Maße um juristische Präzision und den Ausgleich mit dem geltenden Prozessrecht bemüht.[1560]

In der dritten von *Duns Scotus* behandelten Form der Rufschädigung leugnet der Angeklagte das von ihm tatsächlich, heimlich verübte, aber öffentlich angeklagte Verbrechen. Im Vergleich zu den vorherigen zwei Fallkonstellationen findet nun ein Perspektivwechsel statt, denn es geht *Duns Scotus* allein um die Restitutionspflichtigkeit des leugnenden Angeklagten und nicht mehr um die des gegen die Rechtsordnung verstoßenden Anklägers. *Duns Scotus* fordert auch bei dieser Rufschädigungsform keinen Widerruf der Verleugnung. Der Angeklagte bleibt allerdings dazu verpflichtet, durch wohlbedachte Worte dem Ankläger seinen guten Ruf zu restituieren, denn durch seine Verleugnung bezichtigt man diesen in-

---

1559 *Duns Scotus*, Ord. IV (editio vaticana XIII), dist. 15, q. 4, n. 260, lin. 737–738, S. 127: *„[...] ergo bonum est persuadere eis quod ipsi non reputent eum indignum nec malum." – [...] also ist es gut, sie davon zu überzeugen, dass sie ihn selbst nicht als unwürdig oder schlecht betrachten.* Nach der sehr knappen Erwähnung der zweiten Rufschädigungsform formuliert *Seeberg*, Die Theologie des Duns Scotus (wie Fn. 120), S. 564: *„Man soll also seine Zuhörer abhalten von der sittlichen Verwerfung des Beschuldigten [...]."*

1560 *Seeberg*, Die Theologie des Duns Scotus (wie Fn. 120), S. 564, bezeichnet die Ausführungen des *Duns Scotus* als *„merkwürdig"*, würdigt sie aber insgesamt ausführlicher (S. 564–565).

direkt der falschen Anklage.[1561] Einmal mehr bietet *Duns Scotus* seinen Lesern einen direkten Formulierungsvorschlag an:

„'Non habeatis illum pro calumniatore; credo enim quod habuit bonam intentionem in proponendo, vel forte credidit se probare intentum suum, et deceptus fuit'."[1562]	„Ihr sollt jenen nicht für einen falschen Ankläger halten; ich glaube nämlich, dass er eine gute Absicht mit seiner Anklage verfolgte, oder vielleicht hat er auch geglaubt, seine Absicht beweisen zu können, und er irrte."

Duns Scotus' weitere Ausführungen zeigen sein besonderes Interesse an der moralischen Bewertung der prozessualen Verleugnung. Ausdrücklich wirft er nämlich die Frage nach der Sündhaftigkeit eines derartigen Verhaltens des Angeklagten auf.[1563]

Hintergrund dieses besonderen Interesses des *Duns Scotus* scheint auch die Frage nach der Qualifizierung des Verhaltens des Angeklagten als Lüge *(mendacium)* einerseits sowie die Frage nach der Sündhaftigkeit einer derartigen Lüge andererseits zu sein.[1564] Denn gerade die Diskussionen

---

1561 *Duns Scotus*, Ord. IV (editio vaticana XIII), dist. 15, q. 4, n. 261, lin. 741–746, S. 127: *„In tertio membro dico similiter quod non tenetur retractare negationem suam, qua negavit in publico verum crimen sibi impositum, quia non tenetur quicumque in iudicio statim confiteri se reum non statim convictus; tenetur tamen per quaedam verba sobria, sicut dictum est in proximo articulo, restituere famam illi quem indirecte notavit de calumnia, dicendo: [...]." – Ebenso sage ich über die dritte Weise, dass man nicht dazu verpflichtet ist, seine Verleugnung zurückzuziehen, mit welcher man ein wahres, öffentlich angeklagtes Verbrechen bestritten hat, weil ein jeder nicht dazu verpflichtet ist, sofort vor Gericht zu gestehen, wenn der Angeklagte nicht sofort überführt ist. Man ist dennoch verpflichtet durch gewisse wohlbedachte Worte, wie es im vorherigen Artikel gesagt worden ist, jenem den Ruf zu restituieren, welchen man indirekt der falschen Anklage bezichtigt hat, indem man [Folgendes] sagt: [...].*

1562 *Duns Scotus*, Ord. IV (editio vaticana XIII), dist. 15, q. 4, n. 261, lin. 746–749, S. 127.

1563 *Duns Scotus*, Ord. IV (editio vaticana XIII), dist. 15, q. 4, n. 262, lin. 750–751, S. 127: *„Sed de illo, qui negat tale crimen verum, sed privatum, in publico sibi oppositum, numquid peccat mortaliter?" – Aber sündigt etwa derjenige nicht tödlich, welcher ein solches wahres, aber privates, gegen ihn in der Öffentlichkeit vorgebrachtes Verbrechen leugnet?*

1564 Zur Behandlung der Sündhaftigkeit der Lüge und ihrer verschiedenen Ausformungen bei *Duns Scotus*: Ord. III (editio vaticana X), dist. 38, q. un. (*„Utrum omne medacium sit peccatum"*), S. 293–320. Entscheidend für die Einstufung einer Lüge als sündhaft stellt der direkte und auch indirekte Widerspruch

um die Sündhaftigkeit der verschiedenen Lügenformen wurden ab dem 13. Jahrhundert vielfach geführt und belebt.[1565]

Für eine Qualifizierung des Verhaltens (= Bestreiten) als Todsünde *(peccatum mortale)* sprächen laut *Duns Scotus* gleich zwei Argumente: Einerseits belöge der Angeklagte den Staat, indem er diesen durch seine Lüge an der Bestrafung des Angeklagten hinderte. Andererseits belöge er den Ankläger, indem er ihn als einen falschen Ankläger bezeichnete.[1566] Beide Argumente entkräftet *Duns Scotus* anschließend insbesondere unter Verweis auf die eingeschränkte staatliche Jurisdiktionsgewalt und die geltenden prozessrechtlichen Verteidigungsrechte des Angeklagten:

Denn den Staat trifft (lediglich) die Kompetenz diejenigen Taten zu bestrafen, welche vor einem weltlichen Gericht auch ausreichend bewiesen werden können. *Duns Scotus* grenzt die Jurisdiktionsgewalt des Staates klar zur göttlichen, über die staatliche hinausgehende Jurisdiktionsgewalt ab und auch ein.[1567]

---

zum Gebot der Gottesliebe dar. So und auch weiterführend bei: *Cezar*, Das natürliche Gesetz und das konkrete praktische Urteil (wie Fn. 139), S. 119–123; *Seeberg*, Die Theologie des Duns Scouts (wie Fn. 120), S. 566–570.

1565 *Alexander Flierl*, Die (Un-)Moral der Alltagslüge?! Wahrheit und Lüge im Alltagsethos aus der Sicht der katholischen Moraltheologie, Münster 2005, S. 116. Im Allgemeinen, vor allem zu den scholastischen Diskussionen um den Sündencharakter der Lüge im Mittelalter: *Flierl*, op. cit.; *Wilhelm Martin Leberecht de Wette*, Christliche Sittenlehre, Dritter Theil: Besondere Sittenlehre, Berlin 1823, § 455, S. 133–140, v. a. S. 137.

1566 *Duns Scotus*, Ord. IV (editio vaticana XIII), dist. 15, q. 4, n. 262, lin. 752–755, S. 127: *„Videtur quod sic, quia mentitur mendacio pernicioso et reipublicae (quia respublica propter mendacium eius publicum impeditur a punitione eius iusta) et personae accusanti (quia per hoc ille notatur calumniator)." – Es scheint, dass dies der Fall ist, weil er durch die schädliche Lüge sowohl den Staat (weil der Staat wegen dessen öffentlicher Lüge von der gerechten Bestrafung desjenigen abgehalten wird) als auch die anklagende Person belügt (weil dadurch jene als falscher Ankläger wahrgenommen wird).*

1567 *Duns Scotus*, Ord. IV (editio vaticana XIII), dist. 15, q. 4, n. 263, lin. 756–764, S. 128: *„Respondeo: Iuste, quod iustum est, exsequeris, Deut. 16; non ergo respublica debet omnia mala punire, sed quae cum hoc quod sunt punienda, potest illa potestas iuste punire; talia autem sunt quae coram iudice reipublicae possunt sufficienter propari; et ideo non laeditur respublica si iudicium divinum excedat eius iudicium, ut aliqua reserventur divino iudicio super quae non potest esse iustum iudicium reipublicae, quia homo videt ea quae apparent, Deus autem intuetur cor. Ex hoc apparet ad illam obiectionem contra rempublicam." – Ich antworte: „Was gerecht ist, wirst du gerecht verfolgen/befolgen", vgl. Dtn 16,20; der Staat darf also nicht alles Schlechte bestrafen, sondern jene (Straf-)Gewalt kann die schlechten Dinge rechtmäßig damit bestrafen, womit sie bestraft werden müssen. Solche sind aber [nur] diese*

Ebenso wenig wie das Argument über die vermeintliche Lüge gegenüber dem Staat vermag *Duns Scotus* der Einwand einer vermeintlichen Lüge gegenüber dem Ankläger zu überzeugen. Denn auch in dieser Fallkonstellation zeigt sich laut *Duns Scotus*, dass der Ankläger für seine Rufschädigung letztlich selbst verantwortlich ist, gerade weil er eine Anklage erhebt, ohne das Vorgebrachte ausreichend beweisen zu können. Der leugnende Angeklagte handelt im Übrigen rechtmäßig, denn er macht von seinem Recht Gebrauch, seine Unschuld zu verteidigen.[1568]

Aber auch nach der Zurückweisung dieser hypothetischen Einwände bleibt für *Duns Scotus* die Lüge *(mendacium)* als solche im Hinblick auf ihre Bewertung *in foro conscientiae* äußerst problematisch.[1569] Seine weiteren Ausführungen lassen *Duns Scotus´* Ringen um eine überzeugende und zufriedenstellende Antwort sowohl für die Bewertung derartigen Handelns *in foro exteriore* als auch *in foro conscientiae* erkennen. Die Schwierigkeit dieses Falles ergibt sich letztlich aus dem Zusammentreffen der *in foro exteriore* geltenden prozessualen Verteidigungsrechte des Angeklagten mit der moralischen Qualifizierung des Angeklagtenverhaltens als Lüge und Sünde. Und es sind diese vor dem *forum conscientiae* operierenden normativen Bewertungsmaßstäbe, welche die Prozessrechte des Angeklag-

---

Angelegenheiten, welche vor einem Richter des Staates ausreichend bewiesen werden können. Und deshalb wird der Staat nicht geschädigt, wenn ein göttliches Urteil dessen Urteil überschreitet, damit durch das göttliche Urteil die anderen Dinge, über welche kein gerechtes Urteil des Staates ergehen kann, geschützt werden, weil „der Mensch [nur] die Dinge sieht, welche ihm erscheinen, Gott aber betrachtet das Herz." Und daraus zeigt sich die Antwort im Hinblick auf jenen Einwand gegen den Staat.

1568 *Duns Scotus*, Ord. IV (editio vaticana XIII), dist. 15, q. 4, n. 264, lin. 765–771, S. 128: *„Et cum additur quod est perniciosum contra accusantem, – respondeo: dico quod non, immo ipse sibi est perniciosus qui eo modo proponit quo non deberet proponere, immo deberet non proponere; et ideo imputet sibi si aliqua infamia sequatur, quia ipse est causa, non autem ille negans, quia defendit innocentiam suam in publico, ubi non est nocens nec habendus est pro nocente donec fuerit convictus." – Und dazu wird hinzugefügt, dass es gefährlich für den Ankläger ist,– ich antworte: Ich sage, dass dies nicht der Fall ist, im Gegenteil er ist für sich selbst gefährlich, wer auf diese Weise etwas vorbringt, was er nicht vorbringen dürfte, keineswegs vortragen dürfte. Und folglich soll er es sich (selbst) zurechnen, wenn eine Infamie daraus folgt, weil er selbst den Grund dafür bildet und nicht jener, welcher die Tat abstreitet, weil er seine Unschuld vor der Öffentlichkeit verteidigt, wo er nicht schuldig ist und auch solange nicht für schuldig zu halten ist, bis er überführt würde.*

1569 *Duns Scotus*, Ord. IV (editio vaticana XIII), dist. 15, q. 4, n. 265, lin. 772, S. 128: *„Sed remanet difficultas in se, si peccat mentiendo pro se." – Aber es bleibt die Schwierigkeit an sich, wenn er durch seine Lüge sündigt [wenn er sündigt, indem er für sich lügt].*

ten *in foro exteriore* faktisch einzuschränken beziehungsweise in Gänze auszuhebeln drohen, wenn man vom Angeklagten forderte, im Hinblick auf eine Gefährdung seines Seelenheils stets zu gestehen. Es sind die dem positiven Recht entspringenden Prozessrechte des Angeklagten, welche *Duns Scotus* im Hinblick auf eine eindeutige moralische Bewertung vor dem *forum conscientiae* zögern lassen und so auch für die moralisch-ethische Bewertung *in foro conscientiae* bedeutsam sind. Denn, so hebt *Duns Scotus* ausdrücklich hervor, kann in keinem Fall von dem Angeklagten aus alleiniger Sorge um sein Seelenheil verlangt werden, dass dieser sich ausliefert und von seinem Recht des Bestreitens nicht Gebrauch macht.[1570]

„Durum videretur quod quilibet accusatus in publico, statim teneretur de necessitate salutis in publico confiteri, et sic statim exponere se patibulo in causa sanguinis."[1571]	Es würde hart sein, dass jeder öffentlich Angeklagte sofort verpflichtet sein würde, aus Sorge um sein Seelenheil öffentlich zu gestehen, und sich so in einer Blut(gerichts)streitigkeit sofort an den Galgen bringen würde.

1570 Zur Entwicklung des *nemo tenetur se ipsum accusare* Grundsatzes, der *praesumptio innocentiae* sowie zum Ausschluss von Verdachtsstrafen im Überblick u. a.: *Mathias Schmoeckel*, Humanität und Staatsraison. Die Abschaffung der Folter in Europa und die Entwicklung des gemeinen Strafprozeß- und Beweisrechts seit dem hohen Mittelalter, Köln [u. a.] 2000, S. 187–360; *Mathias Schmoeckel*, Neminem damnes, antequam inquiras veritatem. Die Entwicklung eines hohen Beweisstandards als Vorgeschichte der Verdachtsstrafe, in: ZRG, Kan. Abt. 118 (2001), S. 191–225 (zur Verdachtsstrafe, S. 191–194); *Lorenz Schulz*, Die praesumptio innocentiae – Verdacht und Vermutung der Unschuld, in: ZRG, Germ. Abt. 119 (2002), S. 193–218 (zum Ausschluss der Verdachtsstrafe, S. 195); *Carl-Friedrich Stuckenberg*, Untersuchungen zur Unschuldsvermutung, Berlin [u. a.] 1998, S. 11–45; *Rolf-Jürgen Köster*, Die Rechtsvermutung der Unschuld. Historische und dogmatische Grundlagen, Diss. Uni. Bonn 1979; *Peter Holtappels*, Die Entwicklungsgeschichte des Grundsatzes «in dubio pro reo», Hamburg 1965; *Walter Sax*, Zur Anwendbarkeit des Satzes „in dubio pro reo" im strafprozessualen Bereich. Eine historisch-dogmatische Untersuchung, in: Studien zur Strafrechtswissenschaft. Festschrift für Ulrich Stock zum 70. Geburtstag am 8. Mai 1966, hrsg. v. Günter Spendel, Würzburg 1966, S. 143–169, 146–161; weiterführend speziell zur Rechtsvermutung im kanonischen Recht: *Rudolf Motzenbäcker*, Die Rechtsvermutung im kanonischen Recht, München 1958.

1571 *Duns Scotus*, Ord. IV (editio vaticana XIII), dist. 15, q. 4, n. 265, lin. 772–775, S. 128. *Seeberg*, Die Theologie des Duns Scotus (wie Fn. 120), S. 564, spricht vom *„Blutgericht"*.

Duns Scotus zeigt sich erkennbar um einen Ausgleich zwischen der Wahrung der Angeklagtenrechte *in foro exteriore* und der moralischen Verwerflichkeit des Bestreitens vor dem *forum conscientiae* bemüht, aber eben auch vor Schwierigkeiten gestellt.

Erneut wendet er sich ausdrücklich an seine Leserschaft und fragt diese kurz und knapp *„Quid ergo?" (Was gilt also?)*. Er verweist auf die Antwort der Juristen *(responsio iuristarum)*, welche vor Gericht und ohne Lüge die Art des Vorbringens seitens des Anklägers monieren können.[1572] Schließlich wurde ein heimlich begangenes Verbrechen, ohne es beweisen zu können, öffentlich angeklagt. Sodann wirft er die Frage auf,

„Sed quid si iudex urgeat eum ut confiteatur propositum vel ut publice neget?	Aber was ist, wenn der Richter ihn [den Angeklagten] drängen würde, damit er das Vorgetragene gesteht und nicht öffentlich bestreitet?
Respondere posset quod ipse respondit sufficienter ad accusationem et sicut est modus iurisperitis respondere, nec ab illa vult declinare; faciat iudex erga accusantem quod iuris est.	Man könnte antworten, dass man selbst ausreichend auf die Anklage geantwortet hat und so wie es die Art der Juristen ist, antworten, dass man von jenem auch nicht ablassen will; der Richter soll gegen den Ankläger tun, was rechtens [des Rechts] ist.

1572 *Duns Scotus*, Ord. IV (editio vaticana XIII), dist. 15, q. 4, n. 266, lin. 781–785, S. 129: *„Quid ergo? Cauta est responsio iuristarum 'nego proposita ut proponuntur'; haec quidem sine mendacio possunt dici in proposito, quia proponuntur in publico, et ut publica et ut publice probanda; sic autem negare ea potest qui scit ea non posse in publico probari."– Also was [gilt jetzt]? Sicher ist die Antwort der Juristen „ich bestreite das Vorgebrachte, so wie es vorgebracht wird (Pl.)." Sie können dies ohne Lüge in ihrem Vortrag behaupten, weil sie es öffentlich vortragen, sowohl damit es öffentlich ist als auch damit es vor Gericht bewiesen wird. So kann aber derjenige diese [Dinge] bestreiten, welcher weiß, dass sie nicht öffentlich bewiesen werden können.* Vgl. zu diesen und den nachfolgenden Ausführungen des *Duns Scotus: Seeberg*, Die Theologie des Duns Scotus (wie Fn. 120), S. 564–565.

Sed numquid si neget, intendens tamen negare illud ut ibi propositum est, scilicet ut publicum (sicut sacerdos dicit de confesso 'nihil mali scio hunc fecisse', quia loquitur ut in publico audivit aut in alio foro), numquid tenetur iste – qui negavit – de illa negatione poenitere? "[1573]	Aber wenn man es etwa bestreiten würde und bedacht darauf wäre, jenes, so wie es hier vorgebracht worden ist – nämlich öffentlich, zu bestreiten (so wie es der Beichtvater über ein Geständnis sagt, „ich weiß, dass er nichts Schlechtes gemacht hat.", weil er es zum Beispiel vor einem [öffentlichen] Gericht sagt, aber vor einem anderen Forum gehört hat), ist dieser [dann] – der es bestritten hat – nicht im Hinblick auf jene Verleugnung verpflichtet, Buße zu tun?

Auch hier verweist *Duns Scotus* auf die Ansicht der Juristen, welche ausschließlich – ohne zu lügen – auf die unrechtmäßige Anklageform hinweisen. Würde der Beklagte die Tat auf diese Weise, also im Hinblick auf die Anklageform, bestreiten, so bleibt für *Duns Scotus* auch dann die Frage, ob in Bezug auf dieses prozessuale Bestreiten nicht doch Buße getan werden muss.

Unter Bezugnahme auf eine Stelle aus dem *Decretum Gratiani*, welche einem Briefwechsel zwischen *Gregor dem Großen* und *Augustinus* entstammt[1574], rät *Duns Scotus* im Hinblick auf eben diese moralische Bewertung schließlich dazu, Schuld auch dann anzuerkennen, wo diese unsicher ist beziehungsweise an dieser gezweifelt wird.[1575] Im Rahmen des soeben erwähnten Briefwechsels stellte *Augustinus Gregor* unter anderem die Frage,

1573 *Duns Scotus*, Ord. IV (editio vaticana XIII), dist. 15, q. 4, n. 267–268, lin. 786–794, S. 129.

1574 *Decretum Gratiani*, pars prima, dist. 5, cap. 4 (CIC I, Sp. 9); *Gregorius*, Registrum epistolarum XI epist. 64, Responsio decima ad Augustinum Anglorum episcopum (PL 77, 1195).

1575 *Duns Scotus*, Ord. IV (editio vaticana XIII), dist. 15, q. 4, n. 269, lin. 795–798, S. 129: *„Respondeo: «Bonarum mentium est culpam agnoscere, ubi culpa non est», distinctione 5, «Ad eius», et intitulatur «Gregorius»; et ideo multo magis, ubi dubitatur an culpa sit et qualis culpa sit, bonae mentis est culpam agnoscere."* – *Ich antworte: „Des guten Gewissens (Pl.) ist es, Schuld anzuerkennen, wo keine Schuld ist", Decretum Gratiani, pars prima, dist. 5, cap. 4, [was] auch von Gregor benannt wird. Und daher ist man umso mehr eines guten Gewissens, Schuld [dort] anzuerkennen, wo daran gezweifelt wird, dass eine Schuld oder eine vergleichbare Schuld [überhaupt] vorliegt.*

ob es einer Frau erlaubt sei, das Sakrament der Taufe während ihrer Menstruation zu empfangen.[1576] *Gregor* bejahte die Frage zwar, riet aber unter Formulierung der von *Duns Scotus* zitierten Worte dazu, während dieser Zeit vom Empfang der Sakramente Abstand zu nehmen, obwohl es sich nicht um einen Fehler der Frau, sondern eine Folge des Sündenfalls handele.[1577] Auch sei zum Beispiel kein Fehler daran zu erkennen, zu essen, wenn man hungrig ist. Der Hunger aber sei Folge des Fehlers des ersten Menschen und damit Folge des Sündenfalls.[1578] In Bezug auf die Frage der Bußleistung für das erlaubte prozessuale Bestreiten einer heimlich begangenen Tat folgt für *Duns Scotus* daraus, dass es für das eigene Seelenheil sicher ist *(tutum est)*, für die Sünde, je nachdem, ob eine lässliche oder gar eine Todsünde vorliegt, Buße zu tun; *Duns Scotus* ruft zur unbestimmten Buße, der *poenitentia indistincta*, auf.[1579]

Dass es sich bei der hier behandelten Konstellation um eine komplexe Fragestellung handelt, lassen auch die diesbezüglichen Ausführungen des *Richardus de Mediavilla* erkennen, welcher auf unterschiedliche Ansichten, die in Bezug auf diese Fallkonstellation vertreten wurden, aufmerksam machte.[1580] Insgesamt sind die Ausführungen des *Richardus* wesentlich kürzer und undifferenzierter als die des *Duns Scotus.*

Duns Scotus' Lehre wurde in der Folgezeit vielfach rezipiert, so auch seine Ausführungen zur Schwierigkeit der moralischen Bewertung des Prozessverhaltens des Angeklagten.[1581] *Duns Scotus* demonstriert in diesen

---

1576 *Augustinus*, Registrum epistolarum XI epist. 64, Decima interrogatio Augustini, (PL 77, 1193).

1577 *Gregorius*, Registrum epistolarum XI epist. 64, Responsio decima ad Augustinum Anglorum episcopum (PL 77, 1195).

1578 *Gregorius*, Registrum epistolarum XI epist. 64, Responsio decima ad Augustinum Anglorum episcopum (PL 77, 1195).

1579 *Duns Scotus*, Ord. IV (editio vaticana XIII), dist. 15, q. 4, n. 269, lin. 798–801, S. 129: *„Et ideo in tali casu tutum est post talem negationem poenitere indistincte, – et hoc tamquam de tali quale est, utpote sub tali indistinctione: tamquam de mortali si mortale est, de veniali si veniale est." – Und folglich ist es in einem derartigen Fall sicher, nach einem derartigen Bestreiten unbestimmt Buße zu tun, – und das [eben] so wie sie [die Sünde] beschaffen ist, zum Beispiel unter einer derartigen Unterscheidung: wie über eine tödliche Sünde, wenn es eine Todsünde ist, und wie über eine lässliche, wenn es eine lässliche Sünde ist.*

1580 *Richardus de Mediavilla*, Sent., lib. IV, dist. 15, art. 5, q. 3, S. 219b, *„Tertio modo"*.

1581 Vgl. u. a. *Johannes Bassolis*, Sent., Parisiis 1517, lib. IV, dist. 15, q. 2, fol. LXXXVIIIvb, *„Tertio"*; *Antonius Andreae*, Sent., Venetiis 1578, lib. IV, dist. 15, q. 4, fol. 146[149]ra; *Gabriel Biel*, Commentarius in quartum librum Sententiarum, Brixiae 1574, dist. 15, q. 16, S. 471b–472ab; *Bernhardin von*

Ausführungen seiner Kommentierung einerseits seine Kenntnisse des Prozessrechts und des juristischen Prozessierens, andererseits zeigt er sich im Hinblick auf die drohende Einschränkung der Prozessrechte des Angeklagten zugleich realitätsnah.

IV. Ergebnis zu J.

Duns Scotus widmet der Frage der Restitution einer verursachten Rufschädigung eine eigenständige Frage, welche bereits auf die Bedeutsamkeit des Rechtsgutes des guten Rufes im mittelalterlichen Leben hindeutet. Die von ihm vorgenommene Einteilung in drei Varianten der Rufschädigung ist in der moraltheologischen Literatur im 13. und 14. Jahrhundert üblich. Im Hinblick auf die fälschliche Anklage eines Verbrechens fordert *Duns Scotus* den Widerruf der Anklage gegenüber denselben Personen, gegenüber welchen man sie bekannt gemacht hat. Im Hinblick auf die die Rechtsordnung nicht wahrende Anklage eines tatsächlich verübten Verbrechens, soll der Ankläger auf die die Rechtsordnung nicht wahrende Form der Anklage hinweisen; schließlich kann er die angeklagte Tat nicht beweisen. Er ist aber nicht dazu verpflichtet, die Tat zu verleugnen. Der dritte Fall, nämlich die Rufschädigung durch die Verleugnung einer tatsächlich begangenen, aber unter einer die Rechtsordnung nicht wahrenden Weise angeklagten Tat, stellt *Duns Scotus* vor Schwierigkeiten. Er plädiert dafür, im Hinblick auf die Tatverleugnung Buße zu leisten, obgleich nicht mit abschließender Gewissheit eine Aussage über die Sündhaftigkeit des Angeklagtenverhaltens und die Qualität der Sünde getätigt werden kann.

K. Zwei Restitutionsfälle aus Duns Scotus´ Reportatio IV-A

Zuletzt sollen zwei Fälle knapp Erwähnung finden, welche *Duns Scotus* ausschließlich in seiner *Reportatio IV-A* erwähnt beziehungsweise näher behandelt. Konkret geht es um die Restitution von Kriegsgut (I.) und um Restitutionsfragen im Zusammenhang mit der ungerechten Sklaverei *(servitus)* (II.). Diese Themenkomplexe spricht *Duns Scotus* ausschließlich innerhalb der Eingangsargumente *(argumenta principalia)* der zweiten

---

Siena, Quadragesimale, de Christiana religione, in: Opera Omnia, Tom. I, Lugduni 1650, feria III, sermo XXXVI, art. 3, cap. 2, S. 181b–184[182]a.

Quästion und der späteren Bezugnahme auf diese Argumente *(ad argumenta principalia)* beziehungsweise in den entsprechenden Gegenargumenten/-beweisen *([sed] contra)* und der späteren Bezugnahme auf diese *(ad argumenta in oppositum)* an.[1582] Im Ergebnis handelt es sich daher auch nicht um von *Duns Scotus* innerhalb seiner besonderen Restitutionslehre *(corpus)* erörterte oder weiter ausdifferenzierte Fälle (anders ist dies zum Beispiel beim Ehebruch oder dem Benefizium).

Darüber hinaus tätigt *Duns Scotus* in seiner dritten Quästion innerhalb der Gegenargumente beziehungsweise Gegenbeweise *([sed] contra)*, welche er im Anschluss an die *argumenta principalia* sowohl in seiner *Ordinatio IV* als auch in der *Reportatio IV-A* präsentiert, eine knappe sich auf Ex 22,16 stützende Aussage, die als ein Argument dafür dient, dass auch im Falle jeglicher körperlicher und seelischer Schädigung die Restitution zu erbringen ist; denn eine Unmöglichkeit der Leistung besteht nicht. Denn so wie bereits in Ex 22,16 vorgesehen, ist auch derjenige, welcher mit einer Jungfrau verkehrt, dazu verpflichtet, mit dieser den Bund der Ehe einzugehen und so eine Restitution zu leisten.[1583] Weitere Ausführungen des *Duns Scotus* zu diesem sich auf Ex 22,16 stützenden Gegenbeweis lassen sich weder in der *Ordinatio IV* noch in der *Reportatio IV-A* finden. Aus diesem Grund erfährt die Restitution der Jungfräulichkeit in dieser Arbeit anders als die nachfolgend präsentierten Fälle auch keine über die obigen Ausführungen hinausgehende Würdigung.

Anders verhält es sich aber mit den scotischen Aussagen zur Restitution von Kriegsgut und der durch Sklaverei entzogenen menschlichen Freiheit, denn bei diesen zwei Fällen lassen sich am Ende der zweiten Quästion –

1582 Zum Aufbau der scholastischen Quästion in dieser Arbeit: § 3.B.I.

1583 *Duns Scotus*, Rep. IV-A (Bychkov/Pomplun I.1), dist. 15, qq. 2–4, n. 45, S. 601: „*Contra: Exod. 22[:16], de coeunte cum virgine dicitur: 'si quis deceperit virginem et coierit cum ea, habebit eam uxorem', etc. Si ergo in talibus est restitutio facienda commutans castitatem virginalem in castitatem coniugalem et bonum matrimonii, multo magis in damnificatione iniusta alterius in bonis corporis vel animae.*" – *Dagegen: In Ex 22,16 wird über denjenigen, welcher mit einer Jungfrau verkehrt, gesagt: „wenn jemand eine Jungfrau verführt [täuscht] und mit ihr verkehrt, wird er sie zur Frau nehmen", etc. Wenn also in derartigen Fällen die Restitution dadurch geleistet werden muss, dass man die jungfräuliche Sittenreinheit durch die eheliche Sittenreinheit und das Gut der Ehe austauscht, [ist die Restitution] umso mehr bei einer ungerechten Schädigung eines anderen an seinen Gütern des Körpers oder der Seele [zu leisten].* Eine spätere Stellungnahme zu diesem Gegenbeweis findet sich weder in der *Reportatio IV-A* noch in der *Ordinatio IV*, in welcher er diesen Gegenbeweis allerdings auch präsentiert: Ord. IV (editio vaticana XIII), dist. 15, q. 3, n. 217, lin. 417–420, S. 114.

zumindest in der *Reportatio IV-A* – weitere Ausführungen des *Duns Scotus* finden. Um diese soll es nachfolgend näher gehen.

I. Die Restitution von Kriegsgut

In seiner *Reportatio IV-A* erwähnt *Duns Scotus* die Restitution von Kriegsgut innerhalb seiner zweiten Quästion als ein vermeintlich gegen das Erfordernis der Restitution sprechendes Argument *(argumenta principalia)*.[1584] In seiner *Ordinatio IV* findet man dieses vermeintlich gegen das Restitutionserfordernis sprechende Argument nicht. Im Rahmen seiner späteren Bezugnahme auf dieses Argument *(ad argumenta principalia)* lehrt *Duns Scotus*, dass jeder, der einen Unschuldigen bestiehlt, diesem zur Restitution des Weggenommenen verpflichtet ist, wobei all jene unschuldig sind, welche den Krieg nicht ausgelöst haben und seiner Rechtfertigung auch nicht zugestimmt haben.[1585] Weitere diesbezügliche Ausführungen lassen sich innerhalb der scotischen Restitutionslehre nicht finden. Auch *Duns Scotus'* Ordensbruder *Richardus de Mediavilla* behandelt die Restitution von Kriegsgut systematisch innerhalb der *argumenta principalia* der vierten Quästion und fordert grundsätzlich eine Restitutionspflicht, wenn wissentlich Unschuldigen ein Schaden zugefügt wird.[1586]

II. Die Restitution und die ungerechte Sklaverei

Innerhalb seiner zweiten Quästion widmet sich *Duns Scotus* zuletzt einem Gegenbeweis *([sed] contra)*, welchen er zu Beginn seiner zweiten Quästion im Anschluss an die Anfangsargumente *(argumenta principalia)* aufgeführt

1584 *Duns Scotus*, Rep. IV-A (Bychkov/Pomplun I.1), dist. 15, qq. 2–4, n. 40, S. 600: *„Item, in guerris inferuntur multa damna, et non fit restitutio illorum; ergo."* – *Ebenso werden in Kriegen viele Schäden zugefügt und man leistet keine Restitution für jene [Schäden]; also.*

1585 *Duns Scotus*, Rep. IV-A (Bychkov/Pomplun I.1), dist. 15, qq. 2–4, n. 93, S. 624: *„Ad illud de guerra dico quod quidquid aufertur ab innocente qui non dat occasionem guerrae nec consentit in iustificatione eius, iniuste aufertur, et ideo damnificans eum tenetur ad restitutionem."* – *Zu jenem [Argument] über den Krieg sage ich, dass wer auch immer einen Unschuldigen, welcher nicht die Möglichkeit des Krieges gibt und auch nicht seiner Rechtfertigung zustimmt, bestiehlt, diesen folglich [auch] zur Restitution verpflichtet ist.*

1586 *Richardus de Mediavilla*, Sent., lib. IV, dist. 15, art. 5, q. 4, S. 220a, *„Quarto"*, S. 221a, *„Ad quartum"*.

hat. Als einen Gegenbeweis gegen die Anfangsargumente und damit gegen die Annahme, die Restitution sei kein zwingendes Erfordernis der Buße, führt *Duns Scotus* unter anderem Ex 22,3 auf, wonach der Dieb, welcher keine Restitution für die weggenommenen Gegenstände leisten kann, für den Wert des Gestohlenen als Sklave verkauft werden soll.[1587] Anders als in seiner *Ordinatio IV* erläutert *Duns Scotus* diesen Fall in der *Reportatio IV-A*.[1588] Er formuliert, dass niemand dazu verpflichtet ist, sich als Sklave als Ausgleich für weggenommene zeitliche Güter zu verkaufen,

„[...] quia libertas est pretiosissimia res et nobilissima quae est in anima, et per consequens in homine, et ideo pro rebus vel bonis temporalibus nullo modo debet vendi, ut habetur Extra 'De regulis iuris'."[1589]

[...] denn die Freiheit ist das vorzüglichste und nobelste Gut, welches die Seele und folglich der Mensch hat, und deshalb darf man auf keinen Fall für zeitliche Sachen und Güter verkauft werden, wie es in VI 5.12 reg. iur. 79 steht.

Duns Scotus positioniert sich sehr klar: Die Sklaverei *(servitus)* bewirkt den Verlust des höchsten menschlichen Gutes, nämlich der menschlichen Freiheit; sie stellt unter keinen Umständen eine für *Duns Scotus* erlaubte Restitutionsleistung für den Schaden an weltlichen Gütern dar.

Im Zusammenhang mit der in *lib. IV, dist. 36, q. 1* aufgeworfenen Frage, ob Sklaven Ehe schließen können *(Utrum servitus impediat matrimonium)*, fällt *Duns Scotus* ein sehr negatives Urteil über die Sklaverei: Denn laut

---

1587 *Duns Scotus*, Rep. IV-A (Bychkov/Pomplun I.1), dist. 15, qq. 2–4, n. 41, S. 600: *„Contra: Exod. 22[:3], servus qui fecerit furtum si non habet unde satisfaciat vel possit reddere venumdabitur ut reddat." – Dagegen: Ex 22,3, derjenige, welcher einen Diebstahl begangen hat, soll als Sklave verkauft werden, damit er zurückgibt, wenn er [sonst] nichts hat, woraus er es wiedergutmachen würde oder zurückgeben könnte.*

1588 In der Ord. IV (editio vaticana XIII), dist. 15, q. 2, n. 77, lin. 486–488, S. 78, nennt er Ex 22,3 als Gegenbeweis, greift diesen Fall später – anders als in der *Reportatio IV-A* – aber nicht mehr auf. *Duns Scotus*, Rep. IV-A (Bychkov/Pomplun I.1), dist. 15, qq. 2–4, n. 94, S. 624: *„Ad argumentum in oppositum, quia nimis concludit, dico quod nullus tenetur se vendere in servitutem propter aliquam rem temporalem iniuste ablatam de qua non potest satisfacere, [...]."– Zum Gegenargument, weil es sehr überzeugt [sehr schlüssig ist], sage ich, dass niemand verpflichtet ist, sich als Sklave zu verkaufen wegen einer unrechtmäßigen Wegnahme irgendeiner zeitlichen Sache, für welche er keine Genugtuung leisten kann, [...].*

1589 *Duns Scotus*, Rep. IV-A (Bychkov/Pomplun I.1), dist. 15, qq. 2–4, n. 94, S. 624; vgl.: VI 5.12 reg. 79 (CIC II, Sp. 1124)*: „Nemo potest plus iuris transferre in alium, quam sibi competere dinoscatur."*

Duns Scotus stellt die Sklaverei einen Verstoß gegen das Naturgesetz *(lex naturalis)*, nach welchem jeder Mensch frei geboren wird, und damit absolutes menschliches Unrecht dar.[1590]

„De primo dicitur, quod de lege naturae omnes nascuntur liberi; [...].“[1591]	Über das erste sage ich, dass nach dem Naturgesetz alle frei geboren werden; [...].

Einzig die patriarchale, väterliche Herrschaft über Haussöhne ist eine dem Naturgesetz entstammende Form der Unterwerfung; die Sklaverei *(servitus)* sei laut *Duns Scotus* vielmehr durch das positive Gesetz eingeführt worden.[1592] Sie könne in zwei Fällen gerecht sein: 1. durch eine freiwillige Versklavung und 2. durch eine Anordnung eines gerechten Herrschers über einen für die Gemeinschaft schädlichen Menschen.[1593] Im Hinblick auf die Einführung der Sklaverei nach dem Sündenfall durch ein menschliches positives Gesetz zieht *Duns Scotus* einen Vergleich zur *dist. 15, q. 2* und der Einführung des Privateigentums *(dominium distinctum)*.[1594] Auch die Kriegsgefangenschaft in einem gerechten Verteidigungskrieg stellt nach *Duns Scotus* menschliches Unrecht dar.[1595] Eine Verjährung des gegen das Naturgesetz verstoßenden Unrechts ist nicht möglich, das heißt,

---

1590 Vgl. *Duns Scotus*, Ord. IV (editio vaticana XIII), dist. 36, q. 1, n. 1–40, S. 464–475. Zur Sklaverei bei *Duns Scotus*: *Töpfer*, Urzustand und Sündenfall (wie Fn. 110), S. 253–254, *Seeberg*, Die Theologie des Duns Scotus (wie Fn. 120), S. 565–566; *Klein*, Zum Charakterbild des Johannes Duns Scotus (wie Fn. 245), S. 349. *Töpfer*, op. cit., S. 254, formuliert: „*Eine derartig negative Bewertung der Unfreiheit, die hier nicht als Strafe für sündige Menschen gerechtfertigt und ausschließlich auf das nur in wenigen Fällen als begründet angesehene menschliche positive Recht – also in keinem Fall auf das natürliche oder göttliche Recht – zurückgeführt wird, ist in der voraufgehenden Zeit bei keinem Legisten, Kanonisten oder Scholastiker zu beobachten, so daß in dieser Beziehung Duns Scotus ohne Zweifel eine beachtenswerte Stellung in der Entwicklung der Idee der Menschenrechte zukommt.*“

1591 *Duns Scotus*, Ord.IV (editio vaticana XIII), dist. 36, q. 1, n. 19, lin. 58, S. 467.

1592 *Töpfer*, Urzustand und Sündenfall (wie Fn. 110), S. 253; *Seeberg*, Die Theologie des Duns Scotus (wie Fn. 120), S. 565.

1593 *Duns Scotus*, Ord. IV (editio vaticana XIII), dist. 36, q. 1, n. 21–22, lin. 86–93, S. 468; *Töpfer*, Urzustand und Sündenfall (wie Fn. 110), S. 253; *Seeberg*, Die Theologie des Duns Scotus (wie Fn. 120), S. 565.

1594 Zur Rechtfertigung des Privateigentums in dieser Arbeit: § 4.C.

1595 *Duns Scotus*, Ord. IV (editio vaticana XIII), dist. 36, q. 1, n. 23, lin. 94–104, S. 468–469; *Töpfer*, Urzustand und Sündenfall (wie Fn. 110), S. 254, spricht von einem „*inhumanen Verstoß gegen das Naturgesetz.*“

dass die ungerechte Unterwerfung durch Verjährung keine rechtliche Gültigkeit erlangen kann.[1596]

Ereignet sich nun eine solche ungerechte Versklavung eines Menschen durch einen anderen, wie sie in Ex 22,3 angeordnet ist, so stellt sich für *Duns Scotus* die Frage der Restitution des entstandenen Schadens. Letztlich geht es also um die Frage der Rückerstattung der menschlichen, naturgegebenen Freiheit beziehungsweise um den Ausgleich für ihren Entzug. *Duns Scotus'* Antwort lautet:

„Tenetur se vendere in servum, si alio modo non possit eum libertati restituere."[1597]	Er ist verpflichtet, sich selbst als Sklave zu verkaufen, wenn er ihm auf andere Weise die Freiheit nicht zurückerstatten kann.

Ist die Befreiung aus der Sklaverei nicht möglich, so soll dem Schädiger durch Versklavung ebenfalls die Freiheit entzogen werden. Eine Ausnahme sieht *Duns Scotus* dann vor, wenn der Schädiger bedeutsamer für den Staat als die versklavte, ihrer Freiheit beraubte Person ist. Die Sorge um einen größeren Staatsschaden lässt dann die Pflicht zur Versklavung entfallen. Der Schädiger bleibt aber dazu verpflichtet, die Befreiung des Sklaven zumindest zu versuchen und mit all den ihm zur Verfügung stehenden Mitteln diesem eine Kompensation zu leisten.[1598] Zuletzt hebt *Duns Scotus*

1596 *Töpfer*, Urzustand und Sündenfall (wie Fn. 110), S. 254; *Duns Scotus*, Ord. IV (editio vaticana XIII), dist. 36, q. 1, n. 25, lin. 118–132, S. 469–470.

1597 Der vollständige Wortlaut lautet: *Duns Scotus*, Rep. IV-A (Bychkov/Pomplun I.1), dist. 15, qq. 2–4, n. 95, S. 624: *„Sed si aliquis fecerit alium servum iniuste et abstulit ab eo libertatem suam, tunc dico quod tenetur se vendere in servum, si alio modo non possit eum libertati restituere – […]." – Aber wenn jemand einen anderen unrechtmäßig zum Sklaven machte und ihm seine Freiheit nimmt, dann sage ich, dass man verpflichtet ist, sich selbst als Sklave zu verkaufen, wenn man dem anderen die Freiheit nicht auf eine andere Weise zurückerstatten kann – […].*

1598 *Duns Scotus*, Rep. IV-A (Bychkov/Pomplun I.1), dist. 15, qq. 2–4, n. 95, S. 624–625: *„ […] nisi persona illius sit melior persona alterius, et per consequens servitus illius vergeret in maius damnum communitatis quam servitus alterius, quia sic non tantum daret aequale pro aequali, sed superabundans pro aequali – quod non tenetur, sed liberare eum quantum potest, et servitutem illius per omnia bona quae potest compensare." – […] außer wenn die Person von jenem besser wäre als die des anderen, und dann würde die Versklavung von jenem in einen größeren Schaden der Gemeinschaft als die Versklavung des anderen münden, weil man nicht nur Gleiches für Gleiches, sondern einen Überschuss für Gleiches [= das zu Restituierende] geben würde – wozu man nicht verpflichtet ist, sondern dazu, den anderen, soweit man*

hervor, dass die alttestamentliche Vorschrift aus Ex 22,3 keine moralische und rechtliche Verpflichtung für die unter dem Neuen Testament lebende Christenheit besitzt.[1599]

Dass *Duns Scotus* in seiner *Ordinatio IV* die Sklaverei innerhalb seiner Restitutionslehre nicht erwähnt, ist vermutlich dem Umstand geschuldet, dass *Duns Scotus* Fragen der Sklaverei bereits in *lib. IV, dist. 36, q. 1* umfangreich behandelt und auch die Frage der Geltung einzelner alttestamentlicher Regelungen unter dem Neuen Testament ausführlich in seiner dritten Quästion erörtert. Aus diesen Gründen scheint für *Duns Scotus* kein Bedürfnis für die ausdrückliche Behandlung dieser Thematik in seiner *Ordinatio IV, dist. 15, q. 2* zu bestehen.

---

kann, zu befreien, und die Versklavung von jenem durch alle Güter, welche man aufbringen kann, zu kompensieren.

1599 *Duns Scotus*, Rep. IV-A (Bychkov/Pomplun I.1), dist. 15, qq. 2–4, n. 96, S. 625: *„Unde nos, qui sumus sub evangelico, non tenemur ad illa iudicialia et caerimonialia sicut ille populus Iudaicus cui propter ruditatem suam imposita sunt talia.“ – Daher sind wir, welche unter dem Neuen Testament leben, nicht dazu verpflichtet, jene rechtlichen und zeremoniellen Vorschriften so, wie es jenes jüdische Volk tat, welchem wegen seiner Roheit derartige [Vorschriften] auferlegt worden sind, zu befolgen.*

§ 6. Die allgemeinen Restitutionslehren

Innerhalb des vierten Artikels der zweiten Quästion beschäftigt sich *Duns Scotus* mit allgemeineren Fragen im Zusammenhang mit der Restitution; so unter anderem mit der Frage nach der Bestimmung des „Restitutionsschuldners" und „Restitutionsgläubigers", dem konkreten Leistungsumfang beziehungsweise -gegenstand sowie den Modalitäten der Restitution. Das vorliegende Kapitel widmet sich diesen allgemeinen Grundsätzen und Regelungen der Restitution, welche *Duns Scotus* innerhalb seiner zweiten Quästion erörtert. Im vierten Artikel der zweiten Quästion schreibt *Duns Scotus:*

„De quarto articulo: primo, propter quam rationem sit restitutio facienda; secundo, quis tenetur restituere; tertio, quid; quarto, cui; quinto, quando."[1600]	Über den vierten Artikel: erstens, aus welchem Grund die Restitution geleistet werden muss; zweitens, wer verpflichtet ist, zu restituieren; drittens, was; viertens, wem; fünftens, wann.

Konkret geht es *Duns Scotus* um die Beantwortung folgender Fragen:

1. Aus welchem Grund ist die Restitution zu leisten *(propter quam rationem)*?,
2. Wer ist zur Restitution verpflichtet *(quis)*?,
3. In welchem Umfang hat die Restitution zu erfolgen *(quid)*?,
4. Wem gegenüber ist die Restitution zu leisten *(cui)*?,
5. Zu welchem Zeitpunkt ist die Restitution zu leisten und gibt es zeitliche Aufschübe *(quando)*?

Mit dem letzten, fünften Aspekt – dies wird im Folgenden zu sehen sein – geht zugleich die Frage des Ausschlusses beziehungsweise der Befreiung von der Restitutionspflicht einher.

In Bezug auf die erste Frage nach dem Restitutionsgrund *(propter quam rationem)* wird darauf hingewiesen, dass die scotischen Ausführungen in dieser Arbeit bereits umfassend innerhalb der Einleitung des Hauptteils im Rahmen der theoretischen Grundlagen der Restitution gewürdigt wurden;

1600 *Duns Scotus*, Ord. IV (editio vaticana XIII), dist. 15, q. 2, n. 170, lin. 71–73, S. 100.

innerhalb der allgemeinen Restitutionslehren finden sie daher keine weitere Erwähnung. Auf die Ausführungen zu den theoretischen Grundlagen wird verwiesen.[1601]

Die nachfolgende Darstellung der allgemeinen Restitutionslehren des *Duns Scotus* folgt hinsichtlich der Reihenfolge der aufgeworfenen Fragen und der Argumentationslinie ganz überwiegend der scotischen Abhandlung. Mit Blick auf die in diesem Kapitel verwendeten rechtlich konnotierten Begrifflichkeiten wie zum Bespiel „Restitutionsschuldner", „Restitutionsgläubiger", „Innenregress" und „Restitutionsfälligkeit" gilt es darauf hinzuweisen, dass *Duns Scotus* diese Termini, wie es dem obigen Zitat bereits zu entnehmen ist, selbst nicht verwendet *(quis, cui, quando)*. In dieser Arbeit dient die Verwendung der genannten Begrifflichkeiten primär der Akzentuierung des ambivalenten Charakters der scotischen Restitutionslehre als eine originär moraltheologische, aber auch philosophisch und juristisch fundierte Lehre, indem die Begriffe eben diese juristische Färbung in einem stärkeren Maße hervorzuheben und so zugleich zu betonen vermögen: Die Frage nach der Restitution und ihren Umständen ist zugleich eine Frage des Rechts. Die Begrifflichkeiten werden nachfolgend stets mit Anführungszeichen versehen.

Wie eingangs angemerkt, verortet *Duns Scotus* diese allgemeinen Aussagen zur Restitution innerhalb seiner zweiten Quästion. Dieser systematischen Stellung lässt sich entnehmen, dass es *Duns Scotus* um die Klärung dieser allgemeineren Fragen in Bezug auf die in der zweiten Quästion behandelten Restitutionsfälle geht, nämlich der Rückerstattung einer weggenommenen und unrechtmäßig besessenen Sache. Dies zeigt darüber hinaus auch die ausdrückliche Bezugnahme des *Duns Scotus* auf eben diese Fälle[1602] sowie der Umstand, dass sich die von *Duns Scotus* thematisierten Probleme und Fragestellungen (zum Beispiel zur Fruchtziehung aus fruchtbringenden Sachen) zum Teil ausschließlich bei der Rückerstattung einer weggenommenen und unrechtmäßig besessenen Sache stellen. *Duns Scotus* trifft in diesem Zusammenhang aber auch Aussagen, welche – ohne dass *Duns Scotus* dies formuliert – zumindest partiell verallgemeinerungsfähig wären, also auch auf andere als die in der zweiten Quästion behandelten Restitutionsfälle anwendbar wären. Dazu zählen zum Beispiel Fragen eines möglichen zeitlichen Aufschubs oder Befreiungen von der Restitutionspflicht oder auch die Erörterung des Restitutionsgrundes *(propter*

1601 § 4.A.

1602 Vgl. z. B.: *Duns Scotus*, Ord. IV (editio vaticana XIII), dist. 15, q. 2, n. 180, lin. 133–140, S. 103.

quam rationem). Trotz dieser partiellen Verallgemeinerungsfähigkeit der von *Duns Scotus* in der zweiten Quästion getätigten Aussagen bleibt aber zu betonen, dass es *Duns Scotus* – dies zeigt die systematische Stellung – in erster Linie um die Klärung dieser Fragen *(quis, quid, cui, quando)* in Bezug auf die in der zweiten Quästion behandelten Restitutionsfälle geht.

Im Hinblick auf die Systematik der allgemeinen Restitutionslehren des *Duns Scotus* sollen nun die folgenden Beobachtungen noch vor der nachfolgenden Analyse der scotischen Lehre Erwähnung finden:

Anders als zum Beispiel *Thomas von Aquin*[1603] widmet *Duns Scotus* diesen allgemeineren Restitutionsfragen keine eigenständigen Quästionen; er inkorporiert sie in seine am umfangreichsten von der Restitution handelnde zweite Quästion und somit letztlich in einen Teil seiner besonderen Restitutionslehre. Es lässt sich im Unterschied zu *Thomas* zudem beobachten, dass *Duns Scotus* die allgemeinen Restitutionslehren den besonderen Restitutionsfällen systematisch nicht voranstellt.

Betrachtet man darüber hinaus beispielsweise die Ausführungen seines franziskanischen Ordensbruders *Richardus de Mediavilla*[1604] zur Restitution, so zeigt sich, dass *Richardus* wie *Duns Scotus* verschiedene besondere Restitutionsfälle in eigenständigen Quästionen erfragt, wobei er diese wie *Duns Scotus* anhand der verletzten Rechtsgüter unterteilt. Anders als *Duns Scotus* eröffnet *Richardus* seine Ausführungen zur Restitution allerdings explizit mit der bekannten und üblichen Frage „*Utrum restitutio sit pars satisfactionis.*" Anschließend folgen bei *Richardus* Fragen zu den besonderen Restitutionsfällen, innerhalb derer er in der vierten Quästion die Restituti-

---

1603 In der von der Restitution handelnden 62. Quästion wirft *Thomas* die auch von *Duns Scotus* thematisierten allgemeineren Fragen unterteilt in acht Artikel auf: *Thomas von Aquin*, STh II-II, q. 62, art. 1 („*Utrum restitutio sit actus iustitiae commutativae.*"), art.2 („*Utrum sit necessarium ad salutem quod fiat restitutio eius quod ablatum est.*"), art. 3 („*Utrum sufficiat restituere simplum quod iniuste ablatum est.*"), art. 4 („*Utrum aliquis debeat restituere quod non abstulit.*"), art. 5 („*Utrum oporteat restitutionem facere semper ei a quo acceptum est aliquid.*"), art. 6 („*Utrum teneatur semper restituere ille qui accepit.*"), art. 7 („*Utrum illi qui non acceperunt teneantur restituere.*"), art. 8 („*Utrum teneatur aliquis statim restituere, an licite possit restitutionem differe.*"), S. 302–308. Besondere Restitutionsfälle findet man bei *Thomas* in den nachfolgenden Quästionen, z. B. in den qq. 65, 66, 77, 78, welche sich mit den verschiedenen Verletzungen der *iustitia commutativa* beschäftigen.

1604 *Richardus de Mediavilla*, Sent., lib. IV, dist. 15, art. 5, q. 4, S. 220a: „*Utrum damnificans alium iniuste in possessionibus exterioribus teneatur ad restitutionem.*" – *Ob derjenige, wer einen anderen unrechtmäßig an seinen äußeren Besitztümern schädigt, zur Restitution verpflichtet ist?*

on bei der Schädigung der äußeren Besitztümer erfragt. Und innerhalb dieser vierten Quästion behandelt *Richardus* auch diejenigen Fragen und Fallkonstellationen, welche bei *Duns Scotus* in der zweiten Quästion innerhalb seiner allgemeinen Restitutionslehren, den *argumenta principalia* und der späteren Bezugnahme auf diese begegnen. Bei *Richardus* folgen auf diese vierte Quästion weitere Quästionen, welche speziell die vertraglichen Restitutionspflichten und Verstöße gegen das Wucherverbot zum Gegenstand haben, also Fallkonstellationen, welcher sich *Duns Scotus* innerhalb seiner zweiten Quästion noch vor der Darstellung seiner allgemeineren Lehren annimmt.

Schließlich, so stellt *Duns Scotus* wie *Richardus* zuvor die allgemeinen Fragen seinen Ausführungen zur Restitution einerseits nicht generell voran, sondern er inkorporiert sie in seine primär von den besonderen, vertraglichen, Restitutionsfällen handelnde zweite Quästion und damit in gewisser Weise in seine besondere Lehre. Diesbezüglich zeigt sich bei *Richardus* und *Duns Scotus* eine systematische Ähnlichkeit im Umgang mit den allgemeineren Restitutionslehren. Andererseits behandelt *Duns Scotus* anders als *Richardus* diese allgemeinen Lehren nicht vor den besonderen, dem Vertragswesen entspringenden Restitutionspflichten; sondern sie folgen diesen als letzter zu betrachtender Artikel nach.

Es folgt nun eine ausführliche Analyse der allgemeinen Lehren des *Duns Scotus* zur Restitution.

A. Die Bestimmung des „Restitutionsschuldners“

Es gilt der Grundsatz, dass derjenige, welcher die Sache selbst unmittelbar weggenommenen hat, diese auch zurückgeben muss.[1605]

1605 *Duns Scotus*, Ord. IV (editio vaticana XIII), dist. 15, q. 2, n. 174–175, lin. 106–109, S. 102: „*'Quicumque abstulit vel detinet alienum, tenetur restituere'. Auferre autem potest [...] ut causa proxima, immediate auferendo; [...].*“ – *Jeder, der ein fremdes Gut wegnimmt oder vorenthält, ist verpflichtet, es zurückzuerstatten. Wegnehmen aber kann man [...] als eine letzte Ursache, indem man unmittelbar wegnimmt; [...].*

I. Die Personenmehrheit auf der „Schuldnerseite“: Die verschiedenen Mitwirkungsformen

Restitutionspflichtig sind darüber hinaus all jene, welche an der schädigenden Handlung mitgewirkt haben, wobei *Duns Scotus* zum Teil einschränkende Voraussetzungen für die einzelnen Mitwirkungsformen fordert. *Duns Scotus* nennt insgesamt neun verschiedene Mitwirkungsformen, welche im Einzelfall ebenfalls eine Restitutionspflicht des Mitwirkenden begründen können. Zu Beginn seiner diesbezüglichen Ausführungen in seiner *Ordinatio IV* präsentiert er seinen Lesern zwei im 13. und 14. Jahrhundert bekannte und weit verbreitete Merkverse, welche bereits *Wilhelm von Auxerre*[1606] aufgeführt hat und welche von zahlreichen *doctores*[1607] und so auch von *Duns Scotus* zitiert wurden:

„*«Iussio, consilium, consensus, palpo, recursus,*
participans, mutus, non obstans, non manifestans»“[1608]

Der Befehl, der Rat, das Zustimmen, Loben, Zuflucht Geben, Teilnehmen, Schweigen, Nichthindern [= Erlauben], Nichtaufdecken [= Verheimlichen].

Diese zwei Merkverse fasst *Duns Scotus* sodann zu folgender Maxime zusammen:

„‘Quicumque abstulit vel detinet alienum, tenetur restituere’.“[1609]	Jeder, der ein fremdes Gut wegnimmt oder vorenthält, ist verpflichtet es zurückzuerstatten.

1606 *Wilhelm von Auxerre*, Summa aurea IV (ed. Ribaillier), tract. 11, cap. 6, q. 2, art. 2, fol. 298rb, S. 293; *Weinzierl*, Frühscholastik (wie Fn. 16), S. 165–167; *Weinzierl*, Hochscholastik (wie Fn. 16), S. 134.

1607 So z. B. *Albertus Magnus*, Sent., Parisiis 1894, lib. IV, dist. 15, G, art. 42, S. 528b, *„Quaest.[io]* “; *Thomas von Aquin*, STh II-II, q. 62, art. 7, S. 307, *„Respondeo“*; *Petrus de Tarantasia*, Sent., Tolosae 1651, lib. IV, dist. 15, q. 2, art. 3, S. 166a, *„Ad tertiam quaest.[ionem] Resp.[onsio]“*; *Richardus de Mediavilla*, Sent., lib. IV, dist. 15, art. 5, q. 4, S. 220a, *„Respondeo“*; *Johannes Forsanus*, Resolutiones in quatuor libros Sententiarum, Parisiis 1600, lib IV, dist. 15, q. 2, fol. 309r, *„Quis“*.

1608 *Duns Scotus*, Ord. IV (editio vaticana XIII), dist. 15, q. 2, n. 174, lin. 104–105, S. 102.

1609 Die zwei Merkverse sowie der abgebildete Quellentext in: *Duns Scotus*, Ord. IV (editio vaticana XIII), dist. 15, q. 2, n. 174, lin. 104–107, S. 102.

Duns Scotus führt im Anschluss an diesen Grundsatz weiter aus, dass sowohl derjenige, der einen Diebstahl als eine höhere Ursache veranlasst, indem er diesen zum Beispiel befiehlt, als auch der unmittelbare Verursacher, also derjenige, der selbst stiehlt, zur Rückerstattung verpflichtet sind.[1610] Gleiches gilt für den Gehilfen und Anstifter, der einen anderen zu einem Diebstahl rät oder diesen begünstigt oder dem Entschluss derart schmeichelt, dass ohne diese Schmeichelei oder Begünstigung der Diebstahl nicht begangen worden wäre.[1611] Im Hinblick auf dieses Anstifterverhalten fordert *Duns Scotus* mithin die Kausalität für die Wegnahme. Die Anstifterhandlung dürfte demnach nicht hinweggedacht werden, ohne dass die Wegnahme entfiele *(sine qua non)*.

Zur Restitution verpflichtet ist auch derjenige, welcher einen anderen von der Rückgabe unmittelbar abhält oder durch dessen Befehl eine solche Rückgabe verhindert wird. Als Beispiel nennt *Duns Scotus* den Fall, in welchem die Restitution von jemanden verhindert wird, welchem eine entsprechende Amtspflicht zukommt.[1612] Die Veranschaulichung seiner Aussage durch dieses Beispiel legt die Annahme nahe, dass *Duns Scotus* lediglich den Verstoß gegen eine Amtspflicht als haftungsbegründend ansieht. Ebenso haftet nach *Duns Scotus*, wer Hilfe oder eine Begünstigung gewährt wie zum Beispiel derjenige, der vor Gericht, wenn dem Urteil entsprechend die Besitztümer des Eigentümers zurückerstattet werden könn-

---

1610 *Duns Scotus*, Ord. IV (editio vaticana XIII), dist. 15, q. 2, n. 175, lin. 108–109, S. 102: *„Auferre autem potest ut causa superior, scilicet praecipiendo; vel ut causa proxima, immediate auferendo; [...].“ – Wegnehmen kann man aber als eine höhere Ursache, nämlich indem man es befiehlt, oder als eine letzte Ursache, indem man unmittelbar [selbst] wegnimmt; [...].*

1611 *Duns Scotus*, Ord. IV (editio vaticana XIII), dist. 15, q. 2, n. 175, lin. 109–112, S. 102: *„[...] vel ut causa coadiuvans, si est socius in auferendo; vel ut causa inducens, si consulit vel favet vel adulatur tali consilio, favore vel adulatione propter quam ablatio fit et sine qua non fieret.“ – [...] oder als ein Gehilfe, wenn man beim Wegnehmen ein Komplize ist, oder als Anstifter, wenn man rät oder begünstigt oder einem solchen Entschluss derart schmeichelt, dass ohne die Begünstigung oder Schmeichelei, deretwegen der Diebstahl begangen wurde, dieser nicht begangen worden wäre.*

1612 *Duns Scotus*, Ord. IV (editio vaticana XIII), dist. 15, q. 2, n. 176, lin. 113–115, S. 102: *„Consimiliter de detinente, qui immediate detinet vel cuius imperio detinetur positive vel privative sive interpretative (ut scilicet quia non facit restitui, cum ei hoc ex officio competeret), [...].“ – Ganz ähnlich über denjenigen, welcher unmittelbar die Restitution verhindert [abhält] oder durch dessen Befehl entweder positiv oder verneinend oder auslegend die Restitution verhindert wird (z.B. nämlich, weil er bewirkt, dass nicht restituiert wird, obwohl ihm dies von seinem Amt her zusteht), [...].*

ten, schweigt, obwohl ihm, wenn er die Wahrheit aussagte, keine Gefahr für den Status oder seine Person drohte.[1613] Die ausdrückliche Erwähnung des Schweigens eines Zeugen vor Gericht lässt wiederum vermuten, dass für *Duns Scotus* nur solches Schweigen erheblich ist, welches gegen eine Rechtspflicht zur Aussage und mithin gegen eine Handlungspflicht verstößt.

Schließlich fasst *Duns Scotus* das folgende Zwischenergebnis zur Haftung der Mitwirkenden zusammen:

„Unde, breviter, omnis obligatio ad restitutionem reducitur ad auferre vel detinere, – et hoc vel ut causa principalis vel ut proxima vel coadiuvans vel inducens vel non impediens quando eius impedimentum esset ad bonum reipublicae et sine periculo personae impeditae.“[1614]	Daher wird, kurz gefasst, jede Verpflichtung zur Restitution auf das Wegnehmen oder Vorenthalten zurückgeführt – und das entweder als eine hauptsächliche oder eine unmittelbare [letzte] Ursache oder als ein Gehilfe oder ein Anstifter oder als jemand, welcher die Restitution nicht verhindert, wenn dessen Verhinderung zum Vorteil des Staates und ohne Gefahr für die behinderte Person wäre.

Diese Aussage zeigt auf, dass *Duns Scotus* eine Zweiteilung der Haftung der Mitwirkenden vornimmt *(auferre vel detinere)*: Unter dem Aspekt des *auferre* (Wegnehmen) scheint *Duns Scotus* Verhaltensweisen in Form des aktiven Tuns als haftungsbegründend zu verstehen, wohingegen das *detinere* (Vorenthalten/Abhalten) überwiegend das gegen eine Handlungspflicht verstoßende Unterlassen als haftungsbegründendes Verhalten umfasst. Eine solche Zuordnung der Verhaltensweisen in ein aktives Tun und

1613 *Duns Scotus*, Ord. IV (editio vaticana XIII), dist. 15, q. 2, n. 176, lin. 115–118, S. 102–103: *„[...] vel auxilium vel favorem praebendo (ut si tacet requisitus in iudicio, ubi sententialiter posset restitui domino suo, et tamen dicendo veritatem, non imminet sibi periculum status vel personae).“ – [...] oder durch Gewährung von Hilfe oder durch Begünstigung (wie wenn man vor Gericht schweigt, wo urteilsgemäß die Besitztümer des Eigentümers zurückerstattet werden könnten, und ihm dennoch, wenn er die Wahrheit aussagte, keine Gefahr für den Status [Stand/Rang] oder seine Person drohte).*

1614 *Duns Scotus*, Ord. IV (editio vaticana XIII), dist. 15, q. 2, n. 177, lin. 119–123, S. 103.

Unterlassen nimmt *Duns Scotus* allerdings nicht selber vor; die Zuordnung lässt sich auch nicht in jedem Fall konsequent durchführen.

Als Beleg für diese weitreichende – laut *Duns Scotus* auf einen Konsens *(consensus)* zwischen den Mitwirkenden gründende – Haftung führt *Duns Scotus* das auf die Schriftstelle Röm 1,32 Bezug nehmende Kapitel *Notum sit* aus dem *Decretum Gratiani* an, wonach nicht nur der Täter, sondern auch die der Tat Zustimmenden bestraft werden sollen.[1615]

Insgesamt lassen die scotischen Ausführungen erkennen, dass im Einzelfall eine Vielzahl von Personen zur Restitution verpflichtet sein kann. *Duns Scotus* bewegt sich mit seinen Lehren zur Haftung der Mitwirkenden, insbesondere mit der Forderung eines Kausalitätsnachweises oder auch einer Handlungs- beziehungsweise Amtspflicht, in durchaus bekannten Bahnen der theologischen Lehren des 13. Jahrhunderts:

Zu Beginn des 13. Jahrhunderts sollen *Wilhelm von Auxerre* sowie *Alexander von Hales* die drei negativen Mitwirkungsformen *(mutus, non obstans, non manifestans)* allein als nicht ausreichend für die Begründung einer Restitutionspflicht erachtet haben.[1616] *Alexander von Hales* soll allerdings für die Gleichstellung des eine Amtspflicht innehabenden Richters und Staatslenkers mit einem *consentiens* (Zustimmenden) und so speziell für deren Haftung plädiert haben.[1617] *Albertus Magnuns* forderte für die Haftung des Ratgebers *(consilium)*, des Zustimmenden *(consensus)* und des Lobenden *(palpo)* einen (gewissen) Kausalitätsnachweis der Handlung für die Wegnahmetat.[1618] Laut *Albertus Magnus* sei der Schweigende *(mutus)* nur dann zur Restitution verpflichtet, wenn er eine Amtspflicht dazu hatte, das Verbrechen zu tadeln, und wenn er innerlich dem Verbrechen zustimmt.[1619] Und auch der *non obstans* haftet nur, sofern ihn eine Amts-

---

1615 *Duns Scotus*, Ord. IV (editio vaticana XIII), dist. 15, q. 2, n. 178, lin. 124–127, S. 103: *„Et haec omnia, ex quo reducuntur ad consensum efficientem verum vel interpretativum, probantur per illud 2, quaestione 1, «Notum sit», ubi dicitur quod «facientem et consentientem par poena constringit»; [...].“ – Und diese ganzen Fälle, welche auf eine wirksame, wahre oder ausgelegte Übereinkunft zurückgeführt werden, werden mit dem Decretum Gratiani, pars secunda, c. 2, q. 1, c. 10 bewiesen, wo gesagt wird, dass „den Täter [Ausführenden] und den Zustimmenden die gleiche Strafe bindet [trifft] [...].“; Decretum Gratiani*, secunda pars, c. 2, q. 1, c. 10 (CIC I, Sp. 443).

1616 *Weinzierl*, Hochscholastik (wie Fn. 16), S. 134.

1617 *Weinzierl*, Hochscholastik (wie Fn. 16), S. 134.

1618 *Albertus Magnus*, Sent., Parisiis 1894, lib. IV, dist. 15, G, art. 42, S. 530ab, *„Ad 2.“*; *Weinzierl*, Hochscholastik (wie Fn. 16), S. 134–135.

1619 *Albertus Magnus*, Sent., Parisiis 1894, lib. IV, dist. 15, G, art. 42, S. 530b, *„Ad 2.“*; *Weinzierl*, Hochscholastik (wie Fn. 16), S. 135.

pflicht zur Widersetzung und damit eine Handlungspflicht trifft.[1620] Zuletzt ist derjenige, der das Verbrechen nicht aufdeckt *(non manifestans)*, nur dann verpflichtet, wenn er an der Tat und dem Gewinn Teil hat und er eine Anzeige ohne eine Leibesgefahr machen könnte.[1621] Ausführungen zu den Haftungsformen unter Verweis auf die zwei Merkverse finden sich auch bei *Petrus de Tarantasia*.[1622] Und auch *Thomas von Aquin* nennt die neun Mitwirkungsformen und fordert beim Lob *(adulatio)* und Rat *(consilium)* einen Wahrscheinlichkeitsgrad des Kausalitätsnachweises.[1623] Und wie bei *Albertus Magnus* erfordert die Haftung des nicht Widerstand Leistenden *(non obstans)* und nicht Aufdeckenden *(non manifestans)* eine Handlungspflicht.[1624] Eine solche Amts- beziehungsweise Handlungspflicht sowie den Gefahrenausschluss des Aussagenden fordert auch *Richardus de Mediavilla* in seiner recht ausführlichen Stellungnahme zu den haftungsbegründenden Voraussetzungen der am Schaden Mitwirkenden *(non obstans, non manifestans, mutus)*.[1625]

Schließlich zeigt sich, dass *Duns Scotus* sowohl mit der Nennung der bekannten Merkverse als auch seiner weiteren Stellungnahme zu den Mitwirkungsformen an eine sich im Laufe des 13. Jahrhunderts ausgeformte theologische Tradition anknüpft und über diese letztlich nicht hinausgeht.

II. Die Haftungsquote und der „Innenregress“

Laut *Duns Scotus* ist jeder der Mitwirkenden gegenüber dem Geschädigten zur Restitution im Ganzen verpflichtet.[1626] Leistet ein Mitwirkender, so sind er und auch die anderen von ihrer Pflicht dem Geschädigten

---

1620 *Albertus Magnus*, Sent., Parisiis 1894, lib. IV, dist. 15, G, art. 42, S. 531a, „*Ad 2.*“; *Weinzierl*, Hochscholastik (wie Fn. 16), S. 135.

1621 *Albertus Magnus*, Sent., Parisiis 1894, lib. IV, dist. 15, G, art. 42, S. 531a, „*Ad 2.*“; *Weinzierl*, Hochscholastik (wie Fn. 16), S. 135–136.

1622 *Petrus de Tarantasia*, Sent., Tolosae 1651, lib. IV, dist. 15, q. 2, S. 166a, „*Ad tertiam quaest.[ionem].Resp.[onsio]*“, „*Ad 1*“, „*Ad 2*“; Vgl. die Ausführungen bei: *Weinzierl*, Hochscholastik (wie Fn. 16), S. 134–136.

1623 *Thomas von Aquin*, STh II-II, q. 62, art. 7, S. 307, „*Respondeo*“; ausführlich zu *Thomas´* Lehre über die Haftung der Mitwirkenden: *Weinzierl*, Hochscholastik (wie Fn. 16), S. 178–181.

1624 *Thomas von Aquin*, Sth II-II, q. 62, art. 7, S. 308, „*Ad tertium*“.

1625 *Richardus de Mediavilla*, Sent., lib. IV, dist. 15, art. 5, q. 4, S. 220b, „*Responsio*“.

1626 *Duns Scotus*, Ord. IV (editio vaticana XIII), dist. 15, q. 2, n. 179, lin. 129, S. 103: „*Istorum omnium quilibet tenetur ad restitutionem in solidum, [...].*“ – *Jeder Einzelne all jener ist zur Restitution im Ganzen verpflichtet [...].*

gegenüber befreit. Sie bleiben jedoch einander im Innenverhältnis zum Ausgleich in Höhe ihres Verursacheranteils verpflichtet.[1627] Nach außen haften daher alle Mitwirkenden in vollem Umfang, nach innen entsprechend ihres Verursacheranteils. Für eine gleiche Handhabung im Außen- und Innenverhältnis plädierte auch *Richardus de Mediavilla* in seinem Sentenzenkommentar.[1628] Auf eine abgestufte Haftung, wie sie bei *Thomas von Aquin* zu finden ist, trifft man bei *Duns Scotus* nicht, obgleich auch *Duns Scotus* wie *Thomas* neben der Nennung der bekannten Merkverse – wie soeben dargestellt – explizit klarstellt, dass jeder unmittelbare und auch mittelbare Verursacher restitutionspflichtig sein kann. Bei *Thomas* haben aber die einzelnen Tatbeiträge Einfluss auf die Haftung auch im Außenverhältnis. Denn laut *Thomas* sei primär derjenige zur Rückgabe verpflichtet, welcher für die Tat hauptsächlich verantwortlich war, also zum Beispiel der Befehlende vor dem Ausführenden, und erst dann die anderen Mitwirkenden der Reihe nach.[1629] Der „Hauptverantwortliche" – *Weinzierl* spricht von dem *„Haupttäter"* – ist demjenigen Mitwirkenden zur Restitution im Innenverhältnis gegenüber verpflichtet, welcher dem Geschädigten die Restitution geleistet hat, sofern die weggenommene Sache beim *„Haupttäter"* verblieben ist; die anderen Mitwirkenden trifft diese interne Ausgleichspflicht hingegen nicht.[1630] Eine derartige Reihenfolge beziehungsweise Abstufung fordert *Duns Scotus* gerade nicht.

B. Der Restitutionsumfang

Die Ausführungen des *Duns Scotus* zum Restitutionsumfang fallen innerhalb seiner allgemeineren Lehren knapp aus. Das liegt daran, dass *Duns Scotus* im Rahmen der Darstellung der einzelnen Restitutionsfälle, insbe-

---

1627 *Duns Scotus*, Ord. IV (editio vaticana XIII), dist. 15, q. 2, n. 179, lin. 130–132, S. 103: *„[...] sed uno restituente, omnes alii liberantur a debito in comparatione ad illum damnificatum; tamen alii tenentur pro rata portione quae eos coniungit illi qui pro omnibus satisfecit." – [...] wenn aber einer zurückerstattet, sind alle anderen gegenüber dem Geschädigten von ihrer Pflicht zur Restitution befreit. Dennoch haften die anderen entsprechend ihres Beitrages, welcher sie verbindet, gegenüber demjenigen, welcher für alle Genugtuung geleistet hat.*

1628 *Richardus de Mediavilla*, Sent., lib. IV, dist. 15, art. 5, q. 4, S. 220b, *„Responsio"*.

1629 *Thomas von Aquin*, STh II-II, q. 62, art. 7, S. 307, *„Ad secundum"*; *Weinzierl*, Hochscholastik (wie Fn. 16), S. 180.

1630 *Thomas von Aquin*, STh II-II, q. 62, art. 7, S. 307, *„Ad secundum"*; *Weinzierl*, Hochscholastik (wie Fn. 16), S. 180.

sondere innerhalb seiner „Vertragslehre", bereits detailliert Stellung zum Restitutionsumfang genommen hat. Er lehrt, dass die Restitution nicht nur die Rückerstattung der entwendeten Sache oder ihres Gebrauchs umfasst, sondern auch das *interesse*[1631] und die gewonnenen Früchte, soweit die Sache fruchtbringend ist. Jedoch – und dies sei vor allem im Hinblick auf die Frage der Rückerstattung des seitens des Geldverleihers aus dem Zinsgeld erwirtschafteten Gewinns bedeutsam – ist diejenige Frucht, die dem Fleiß des Gebrauchenden entspringt, nicht zurückzuerstatten.[1632] Mit Blick auf den – bereits im Rahmen des Darlehensvertrag behandelten – Gewinn des Geldverleihers folgt daraus, dass der Geldverleiher nicht verpflichtet ist, den verlangten Gewinn vom Zinsgeld zurückzuerstatten.[1633]

Im Hinblick auf den Leistungsumfang ist an dieser Stelle darauf hinzuweisen, dass *Duns Scotus* zum Teil in seiner zweiten Quästion, aber auch in den weiteren Quästionen innerhalb seiner Eingangsargumente *(argumenta principalia)* vermeintlich gegen eine Restitution sprechende Einwände aufführt. Seine spätere Bezugnahme auf diese Argumente zeigt, dass es *Duns Scotus* weniger um die Frage des Bestehens einer Restitutionspflicht geht als vielmehr um die Frage des konkreten Leistungsumfangs. Denn mehrfach liest man innerhalb seiner Stellungnahme zu diesen Argumenten die für den Gegenstand der Restitution bedeutsame Differenzierung zwischen einem bereits erworbenen (Vermögens-)Vorteil *(habere)* und der bloßen (teils hinreichend begründeten) Aussicht auf diesen Vorteil *(prope esse)*. Konkret handelt sich dabei um den Fall der Wegnahme eines kirchlichen Benefiziums sowie der Verführung zum Ordensaustritt oder des Abhaltens vom Ordenseintritt, aber auch um die Frage der Restitution der Erbschaft im Falle des Ehebruches der Ehefrau. Im Hinblick auf all diese Fälle lässt *Duns Scotus* ein „Weniger" als die vollständige Rückerstattung des (Vermögens-)Vorteils genügen, da der Geschädigte in all diesen Fällen die (Vermögens-)Position noch nicht vollständig erworben hat *(prope esse)*. Im

---

1631 Zum *interesse*: § 5.C.II.2.b)bb)(1)(b).

1632 *Duns Scotus*, Ord. IV (editio vaticana XIII), dist. 15, q. 2, n. 180, lin. 133–136, S. 103: *„De tertio, 'quid', dico quod non solum ad restituendum rem ablatam vel usum rei, sed etiam ad interesse et fructum perceptum de re – si res erat fructifera – tenetur, sed non fructum qui provenit ex industria eius qui utitur illa re."* Übersetzung in Fn. 1066.

1633 *Duns Scotus*, Ord. IV (editio vaticana XIII), dist. 15, q. 2, n. 181, lin. 137–140, S. 103: *„Ex quo sequitur quod lucrum requisitum de pecunia fenebri non tenetur fenerator restituere, alioquin ille qui reciperet, posset iuste esse usurarius, quia recipere fructum de sua pecunia provenientem per industriam alterius, est facere usuram."* Übersetzung oben bei Fn. 1068, § 5.C.II.2.b)aa)(2)(b).

Rahmen dieser Arbeit haben diese Fallgestaltungen im Detail innerhalb der besonderen Lehren Erwähnung gefunden.[1634]

C. *Die Bestimmung des „Restitutionsgläubigers"*

Wesentlich detaillierter als mit Fragen nach dem Restitutionsgegenstand beziehungsweise -umfang beschäftigt sich *Duns Scotus* mit der Frage, wem die Restitution gegenüber zu leisten ist *(cui)*. Es geht ihm um die Ermittlung des „Restitutionsgläubigers".

I. Der Grundsatz: Die Leistung gegenüber dem Geschädigten

Duns Scotus' Grundsatz lautet, dass die Restitution dem Geschädigten gegenüber zu erbringen ist. Das setzt voraus, dass die Restitution dem Geschädigten gegenüber auch geleistet werden kann und mithin möglich ist.[1635] Die Möglichkeit der Leistung besteht, wenn zum Beispiel der Geschädigte dem Schädiger bekannt ist, eine persönliche Begegnung mit diesem möglich ist oder zumindest möglich sein kann – er also erreichbar ist –, so dass die geschuldete Sache dem Geschädigten ohne unverhältnismäßigen Aufwand zugeschickt werden kann. Ein unverhältnismäßiger Aufwand liegt wiederum vor, wenn der Aufwand den persönlichen Nutzen des Geschädigten an der Sache übersteigt.[1636] In einem solchen Fall ist die Leistungserbringung dem Restitutionsschuldner schlichtweg unzumutbar. Auch die Ausführungen zur Zusendung einer Sache in die Ferne begegnen

---

1634 Hierzu: § 5.E.III.2, § 5.F.I, § 5.H.I.2.

1635 *Duns Scotus*, Ord. IV (editio vaticana XIII), dist. 15, q. 2, n. 182, lin. 145–146, S. 104: *„De quarto, 'cui', dico quod damnificato, si tamen sit possibile, [...]." – Über das vierte, „wem", sage ich, dass dem Geschädigten zurückzuerstatten ist, wenn es überhaupt möglich ist, [....].*

1636 *Duns Scotus*, Ord. IV (editio vaticana XIII), dist. 15, q. 2, n. 182, lin. 146–148, S. 104: *„[...] possibile inquam, utpote si novit eum vel si habet eum praesentem vel habere potest ut sibi mittatur sine maiore incommodo quam illud quod mittendum est, esset utile ei cui mittitur." – [...] möglich sage ich, z. B. wenn er diesen kennt oder auch wenn man ihm persönlich begegnet oder begegnen kann, [so] dass es diesem ohne einen größeren Nachteil geschickt wird, als es [jenes, was zu schicken ist] demjenigen, dem es geschickt wird, nützlich wäre.*

im theologischen Diskurs des 13. Jahrhunderts, so zum Beispiel bei *Albertus Magnus*.[1637]

II. Die hilfsweise Leistung gegenüber den Verwandten bei der Unbekanntheit, der Abwesenheit oder dem Tod des Geschädigten

Ist der Geschädigte abwesend oder tot, so ist die Sache seinen Verwandten zurückzuerstatten. Dies belegt *Duns Scotus* mit einem naturrechtlichen Argument: Denn es werde nach dem Naturgesetz *(lex naturalis)* vermutet, dass es dem Willen des Geschädigten entspreche, dass seinen Verwandten zurückerstattet wird.[1638]

Im Hinblick auf die Unbekanntheit des Eigentümers einer gefundenen Sache fordert *Duns Scotus*, dass das Fundgut einer öffentlichen Person zwecks Verwahrung zu übergeben sowie an einem öffentlichen Ort auszurufen ist, so dass der Eigentümer die Sache finden kann. Erscheint nach einer derartigen Bekanntmachung kein Eigentümer, so ist der Fall entsprechend der Regeln über das Fehlen eines bestimmten Restitutionsempfängers zu behandeln.[1639] Im letzteren Fall wäre die Restitution gegenüber den Bedürftigen zu leisten.

1637 *Albertus Magnus*, Sent., Parisiis 1894, lib. IV, dist. 15, G, art. 44, S. 534a, *„Ad quaest.[ionem] 2“*; *Weinzierl*, Hochscholastik (wie Fn. 16), S. 133.

1638 *Duns Scotus*, Ord. IV (editio vaticana XIII), dist. 15, q. 2, n. 182, lin. 148–151, S. 104: *„Et intelligo de ipso, vel de aliquibus eius propinquis, si mortuus sit vel absens, quia praesumitur lege naturae quod ille magis velit restitutionem fieri propinquis suis.“ – Und ich denke an ihn selbst oder an irgendwelche seiner Verwandten, falls er tot oder abwesend ist, weil durch das Naturgesetz vermutet wird, dass jener lieber wollte, dass die Restitution seinen Verwandten geleistet wird.* Ausführungen zu diesem Fall (bzgl. des Todes) knapp bei: *Seeberg*, Die Theologie des Duns Scotus (wie Fn. 120), S. 558.

1639 *Duns Scotus*, Ord. IV (editio vaticana XIII), dist. 15, q. 2, n. 196, lin. 242–247, S. 107–108: *„Sed quod adducitur ibi de nescientia domini rei inventae, dico quod res inventa debet tradi alicui personae publicae custodienda et in locis publicis proclamari, ut sic dominus, qui eam amisit, possit ad eam pertingere. Sed si post talem proclamationem nullus dominus appareat, faciendum est sicut de restitutione vaga.“ – Aber zu dem, was dort zur Nichtkenntnis des Eigentümers der gefundenen Sache angeführt wurde, sage ich, dass die gefundene Sache einer anderen öffentlichen [bekannten] Person ausgehändigt werden muss, um sie zu verwahren, und dass sie an einem öffentlichen Ort ausgerufen wird, damit der Eigentümer, welcher sie verloren hat, diese einfordern kann. Aber wenn nach einer solchen Bekanntmachung kein Eigentümer erscheint, muss es wie ein Fall der unbestimmten Restitution [bei welcher ein konkreter Restitutionsempfänger fehlt] behandelt werden.*

III. Die ausnahmsweise Leistung gegenüber den Bedürftigen

Ist der Geschädigte nicht bekannt oder ist dieser bereits verstorben und sind auch seine Verwandten nicht bekannt oder entstehen durch das Zusenden unverhältnismäßige Kosten, so hat die Restitution den Bedürftigen gegenüber zu erfolgen. Durch die Almosengabe an Bedürftige leistet der Schädiger dem Geschädigten gegenüber eine geistige Restitution.[1640]

1640 *Duns Scotus*, Ord. IV (editio vaticana XIII), dist. 15, q. 2, n. 183–184, lin. 152–158, S. 104: *„Et ideo in duobus casibus, nec illi nec suis: utpote si nescitur cui, vel scito cui, tamen mortuo, et nesciuntur propinqui eius; in alio casu, si maiores sumptus essent ponendi in mittendo quam illud valeat, illi cui illud mittitur. Si quaeras in istis 'cui dabo', dico quod pauperibus vice huius, quia cui non potest temporaliter reddi, reddatur spiritualiter; redditio spiritualis fit maxime reddendo pauperibus pro illo." – Und folglich in beiden Fällen, wenn man weder ihn noch seine Verwandten kennt: z. B. wenn derjenige, welchen man nicht kennt oder nach den man sucht, bereits tot ist, und man seine Verwandten nicht kennt; in einem anderen Fall, wenn mehr Kosten beim Übersenden entstünden/verursacht würden, als jenes für ihn, dem es geschickt wird, wert ist. Falls du in diesen Fällen fragst „Wem gebe ich", sage ich, dass den Bedürftigen statt ihm zurückzugeben ist, weil demjenigen, welchem nicht weltlich zurückgegeben werden kann, geistig zurückgegeben wird. Die geistige Rückgabe wird vor allem durch die Rückgabe an die Bedürftigen für jenen geleistet.* Innerhalb der Bezugnahme auf die Eingangsargumente *(ad argumenta principalia)* fällt *Duns Scotus'* Stellungnahme allerdings etwas anders aus als die soeben wiedergegebene Stellungnahme aus dem *corpus* der zweiten Quästion, *Duns Scotus*, Ord. IV (editio vaticana XIII), dist. 15, q. 2, n. 197, lin. 248–252, S. 108: *„Ad aliud patet quod non est maior sumptus ponendus in missione quam valeat illud quod mittitur, sed exspectanda est praesentia personae, si quandoque credatur haberi. Vel si non credatur haberi, nec nuntius interveniat sine nimiis sumptibus, tradendum est parentibus; qui si non adsint, dandum est pauperibus." – Hinsichtlich des anderen Arguments ist es offensichtlich, dass beim Übersenden keine höheren Kosten aufgebracht werden dürfen, als dasjenige wert ist, was geschickt wird; es muss aber nach der Anwesenheit einer Person Ausschau gehalten werden, wenn irgendwann geglaubt wird, dass dies möglich. Wenn entweder nicht geglaubt wird, dass dies möglich ist, oder eine Nachricht nicht ohne einen übermäßigen Aufwand ankommt, muss es den Eltern übergeben werden; wenn diese abwesend sind, muss es den Bedürftigen gegeben werden. Duns Scotus* scheint hier eine Restitution gegenüber den Eltern auch für den Fall zu befürworten, in welchem unverhältnismäßige Kosten beim Übersenden entstünden; erst wenn diese abwesend sind, soll eine Restitution gegenüber den Bedürftigen erfolgen, wohingegen die Ausführungen aus dem *corpus* vermuten lassen, dass auch im Falle der Unverhältnismäßigkeit der Kosten eine Restitution den Bedürftigen (nicht erst den Eltern) gegenüber zu erfolgen hat. Letztlich stehen diese Aussagen aber nicht zwingend in einem Widerspruch zueinander, erwägt man, dass *Duns Scotus* ganz allgemein aussagen wollte, dass unverhältnismäßige Kosten, die z. B. auch durch eine hilfsweise Übersendung an die Eltern entstehen könnten,

Die Almosengabe stellte im theologischen Diskurs eine übliche Form der geistigen Restitution gegenüber dem Geschädigten dar. Auch *Albertus Magnus*, *Petrus de Tarantasia*, *Thomas von Aquin* oder auch *Richardus de Mediavilla* fordern diese für den Fall, dass weder dem Geschädigten noch seinen Erben hilfsweise restituiert werden kann.[1641] Auch *Richardus de Mediavilla* forderte die Restitutionsleistung gegenüber den Bedürftigen, außer der Geschädigte selbst oder seine Erben wären am Ort der Zusendung anzutreffen oder sonst jemand, welcher im Begriff wäre, das Geld anzunehmen.[1642]

Auf welche Weise die Rückerstattung gegenüber den Bedürftigen konkret zu erfolgen hat, stellt *Duns Scotus* jedoch vor Schwierigkeiten.

<table><tr><td>„Si quaeras per manus cuius debet reddi pauperibus, – respondeo: non inveni quis necessario determinatus sit mediator in distribuendo ista pauperibus.“[1643]</td><td>Wenn du fragst, durch wessen Hand den Armen zurückgegeben werden soll, – antworte ich: Ich habe nicht ermittelt, wer notwendigerweise zum Verteilen an diese Bedürftigen bestimmt ist.</td></tr></table>

Duns Scotus selbst kann sich nicht zu einer abschließenden Antwort durchringen. Im Anschluss an die soeben getätigte Aussage führt er – vermutlich – die Ansicht des *Richardus de Mediavilla*[1644] auf, nämlich dass der Beicht-

---

dazu führen, dass eine Restitution gegenüber den Bedürftigen zu leisten ist. Knappe Erwähnung der geistigen Restitution bei: *Seeberg*, Die Theologie des Duns Scotus (wie Fn. 120), S. 558.

1641 *Albertus Magnus*, Sent., Parisiis 1894, lib. IV, dist. 15, G, art. 44, S. 534ab, *„Ad quaest.[ionem] 1“*, *„Ad quaest.[ionem] 3“*; *Petrus de Tarantasia*, Sent., Tolosae 1651, lib. IV, dist. 15, q. 2, art. 3, S. 166ab, *„Ad quartam quaest.[ionem].Resp.[onsio]“*, *„Ad 1.“*; *Richardus de Mediavilla*, Sent., lib. IV, dist. 15, art. 5, q. 4, S. 220b–221a, *„Ad primum“*, *„Ad secundum“*; vgl. auch: *Thomas von Aquin*, STh II-II, q. 62, art. 5, S. 306, *„Ad tertium“* (spricht sich für die Almosengabe bei Unbekanntheit des Geschädigten aus); Vgl. auch zu *Albertus Magnus*: *Weinzierl*, Hochscholastik (wie Fn. 16), S. 133.

1642 *Richardus de Mediavilla*, Sent., lib IV, dist. 15, art. 5, q. 4, S. 220b–221a, *„Ad primum“*. Die *editio vaticana* führt als Quellenverweis *Richardus de Mediavilla* auf, vgl. *Duns Scotus*, Ord. IV (editio vaticana XIII), dist. 15, q. 2, „F[ontes]“ ad lin. 162, S. 104.

1643 *Duns Scotus*, Ord. IV (editio vaticana XIII), dist. 15, q. 2, n. 185, lin. 159–161, S. 104.

1644 *Richardus de Mediavilla*, Sent., lib. IV, dist. 15, art. 5, q. 4, S. 221a: *„Ad secundum dice[n]dum, q[uod] in illo casu illud quod restituendum est, erogari debet pauperibus auctoritate ordinarij, qui est pauperu[m] pater, ubi consuetum est per*

vater oder eine andere Person, an dessen Zuverlässigkeit man glaubt, dazu bestimmt sei.

„Dicit unus doctor quod confessor, vel aliquis de cuius fidelitate credat.“[1645]	Ein Doktor sagt, dass der Beichtvater oder irgendjemand, an dessen Zuverlässigkeit man glaubt, [dazu] bestimmt ist.

Schließlich äußert *Duns Scotus* Zweifel an dieser Lehre:

„Videtur mihi quod per se ipsum.“[1646]	Mir scheint es, dass persönlich zurückerstattet werden muss.

Duns Scotus fordert die höchstpersönliche Leistungserbringung durch den Schädiger. *Duns Scotus* fügt jedoch sogleich hinzu, dass der Rat eines guten Mannes, vornehmlich des Beichtvaters, eingeholt werden sollte. Zur Forderung einer höchstpersönlichen Leistung durch den Schädiger veranlassen *Duns Scotus* erhebliche Zweifel an der zweckmäßigen Verwendung der Güter durch die Beichtväter.

---

ordinarium talia fieri: quod ideo dico, quia per ius scriptum non interdicitur illu qui restituere tenetur in praedicto casu erogare pauperibus per seipsum si hoc faciat fideliter, & de consilio bonorum.“ – Zum zweiten [Argument] ist zu sagen, dass in jenem Fall jenes, was zu restituieren ist, durch die Autorität des Beichtvaters, welcher der Beichtvater der Bedürftigen ist, den Bedürftigen gegeben werden soll, wo es gewöhnlich ist, dass es durch den Beichtvater gemacht wird: dass ich deswegen sage, dass, weil durch das geschriebene Recht jener, der in dem dargestellten Fall restituieren muss, nicht vorgeschrieben ist, es den Bedürftigen durch denselben [ihn selbst] zu verteilen ist, sofern er das gewissenhaft und mit dem Rat der Guten macht. Richardus bezieht sich mit den Worten *„in praedicto casu“* auf den im zweiten anfänglichen Argument erwähnten und vermeintlich gegen das Erfordernis der Restitution sprechenden Fall der Unbekanntheit des „Restitutionsgläubigers“, vgl. ebd., S. 219b, *„Secundo“*.

1645 *Duns Scotus*, Ord. IV (editio vaticana XIII), dist. 15, q. 2, n. 186, lin. 162–163, S. 104.

1646 *Duns Scotus*, Ord. IV (editio vaticana XIII), dist. 15, q. 2, n. 187, lin. 164, S. 104.

„Cum consilio tamen alicuius boni viri posset istud distribui pauperibus, quia tali mediatori posset dare ut restitueret, de cuius fidelitate praesumeret, et tamen iste sibi applicaret vel aliis usibus quam deberet.“[1647]

Es könnte aber mit dem Rat eines guten Mannes an die Bedürftigen verteilt werden, da es einem solchen Mittler, dessen Zuverlässigkeit man voraussetzen würde, gegeben werden könnte, damit er es zurückerstattet, und dieser es aber für sich oder andere Zwecke verwenden würde, als er sollte.

Insgesamt plädiert *Duns Scotus* für die persönliche Rückerstattung unter Einholung des Rates eines guten Mannes. Und sofern ein derartiges Vorgehen nicht bereits durch das göttliche oder kirchliche Gesetz gefordert werde, so gebiete bereits die Vernunft das folgende Vorgehen:

„[...] illa autem dictat quod persona – quae tenetur – magis restituat pauperibus per se ipsam quam per aliam, licet non excludendo consilium alicuius boni viri, sed includendo.“[1648]

Diese [die Vernunft] aber sagt, dass die Person – welche verpflichtet ist – vielmehr selber als durch eine andere Person den Bedürftigen zurückerstatten soll, obgleich der Rat eines guten Mannes nicht ausgeschlossen, sondern einbezogen werden soll.

IV. Ergebnis zu C.

Auch mit seinen Ausführungen zur Bestimmung des „Restitutionsgläubigers“ bewegt sich *Duns Scotus* innerhalb des Rahmens bekannter theologischer Lehren seiner Zeit. Stets ist primär dem Geschädigten die Sache zurückzugeben, hilfsweise seinen Verwandten und falls selbst diese nicht bekannt oder auffindbar sind, erfolgt durch die Almosengabe an Bedürftige eine Rückerstattung in geistiger Form gegenüber dem Geschädigten. Im Hinblick auf die Almosengabe spricht sich *Duns Scotus* gegen die Gabe an

1647 *Duns Scotus*, Ord. IV (editio vaticana XIII), dist. 15, q. 2, n. 187, lin. 164–167, S. 104.

1648 *Duns Scotus*, Ord. IV (editio vaticana XIII), dist. 15, q. 2, n. 187, lin. 167–171, S. 104–105: *„Unde, ubi Lex divina vel ecclesiastica non ligat personam, sequenda est ratio naturalis; [...].“ – Deshalb muss, wo das göttliche oder kirchliche Gesetz die Person nicht bindet, der natürlichen Vernunft gefolgt werden; [...].*

den Beichtvater aus, sondern fordert die Leistung durch den „Restitutionsschuldner“ selbst unter Einholung des Rats des Beichtvaters.

D. Die „Fälligkeit“ der Restitution

Im Hinblick auf den Restitutionszeitpunkt beziehungsweise die „Fälligkeit“ der Restitutionsschuld gilt es zu beachten, dass *Duns Scotus* zwischen der äußerlichen und innerlichen Restitution unterscheidet. Die rein äußerliche Restitution betrifft das tatsächliche Ablassen von der Sündentat als rein faktischer Akt. Die innere Restitution umfasst den Willen des Pönitenten, auch tatsächlich eine Restitution zu leisten.

I. Der Grundsatz der sofortigen „Fälligkeit“

Grundsätzlich ist die Restitution sofort zu leisten, gleichsam wie ein Akt welcher Todsünde auch immer sofort zu unterlassen ist, nicht nur äußerlich, sondern innerlich.[1649] Die Restitution ist somit sofort sowohl äußerlich als auch innerlich zu vollziehen Ein zeitlicher Aufschub („Stundung“) ist nicht gestattet.

II. Der ausnahmsweise Aufschub der Restitutionspflicht

In bestimmten Fällen ist es jedoch erlaubt, die äußerliche Restitution aufzuschieben, sofern dennoch der Wille, sofort zurückzuerstatten, sobald sich die Möglichkeiten und geeignete Umstände auftun, vorliegt.[1650] Der Aufschub beziehungsweise die „Stundung“ bezieht sich daher lediglich auf den rein äußerlichen Restitutionsakt.

1649 *Duns Scotus*, Ord. IV (editio vaticana XIII), dist. 15, q. 2, n. 188, lin. 174–176, S. 105: *„[...] regulariter restitutio facienda est statim, sicut statim cessandum est ab actu cuiuscumque peccati mortalis, non tantum exteriore, sed interiore.“*

1650 *Duns Scotus*, Ord. IV (editio vaticana XIII), dist. 15, q. 2, n. 189, lin. 177–179, S. 105: *„Sed in casibus talibus quandoque licet differre restitutionem exteriorem, posita tamen iam interiore, scilicet voluntate restituendi cum occurrerit opportunitas et circumstantiae opportunae.“* Vgl. zum Aufschub der äußeren Restitutionsleistung (bzw. zum Ausschluss) auch knapp: *Seeberg*, Die Theologie des Duns Scotus (wie Fn. 120), S. 558–559.

„‘Licet detinere rem alienam, quando ille – cuius est – debet velle rationabiliter eam detineri’.“[1651]	Es ist erlaubt die fremde Sache zurückzuhalten, wenn jener – dem sie gehört – vernünftigerweise verlangen darf, dass diese zurückgehalten wird.

Ein derartiger restitutionsverzögernder Ausnahmefall kann demnach durch ein vernünftiges Verzögerungsverlangen des Eigentümers begründet sein. Ein vernünftiger Grund stellt beispielsweise die Vermeidung eines Nachteils für das Gemeinwohl oder den „Restitutionsgläubiger“ dar.[1652] Letzteres wäre zum Beispiel der Fall, wenn einem Verrückten ein Schwert zurückgegeben werden würde.[1653] Zugleich bildet der drohende Nachteil oder die drohende Verleumdung des „Restitutionsschuldners“ einen solchen Grund. Die Verzögerung der Restitution ist dann Ausfluss des Gebots christlicher Nächstenliebe.[1654] *Duns Scotus* lehrt, dass in all diesen

1651 *Duns Scotus*, Ord. IV (editio vaticana XIII), dist. 15, q. 2, n. 189, lin. 180–182, S. 105.

1652 *Duns Scotus*, Ord. IV (editio vaticana XIII), dist. 15, q. 2, n. 189, lin. 184–188, S. 105 *„Deberet enim velle quilibet restitutionem sibi non fieri tunc quando est in praeiudicium communitatis vel ipsius recipientis restitutionem, quia debet velle bonum suum et bonum commune, et ita dilationem aliqualem illius restitutionis boni utilis, ut servetur bonum maius.“ — Es sollte nämlich ein jeder verlangen, dass ihm die Restitution dann nicht geleistet wird, wenn sie einen Schaden der Gemeinschaft oder desselben, welcher die Restitution empfängt, darstellt, weil man das Gute für sich und das Gute für die Gemeinschaft wollen soll. Und so ist eine gewisse Verzögerung jener Restitution seines Gutes nützlich, damit einem größeren Nutzen gedient wird.*

1653 *Duns Scotus*, Ord. IV (editio vaticana XIII), dist. 15, q. 2, n. 204, lin. 311–312, S. 110: *„Ad illud de gladio, patet ex ‘quando’ in quinto argumento quarti articuli.“ – Zu jenem [Argument] über das Schwert erhellt es [die Antwort] aus dem Abschnitt „wann“ im fünften Argument des vierten Artikels.*

1654 *Duns Scotus*, Ord. IV (editio vaticana XIII), dist. 15, q. 2, n. 189, lin. 188–194, S. 105: *„Debet etiam tunc non velle fieri restitutionem, quando est in praeiudicium et infamationem restituentis, quia debet magis velle famam proximi quam illud modicum commodum suum, et hoc statim. Similiter debet magis velle quod vitetur magnum incommodum proximi restituentis quam modicum incommodum suum vel nullum in illa modica dilatione restitutionis.“ – Auch soll er dann nicht verlangen, dass die Restitution geleistet wird, wenn sie zu einem Nachteil und einer Verleumdung des Rückerstattenden führt, weil man vielmehr den guten Ruf des Nächsten als jenen eigenen geringfügigen Vorteil wollen soll, und dies sofort. Gleichfalls sollte man vielmehr wollen, dass eher ein großer Nachteil des rückerstattenden Nächsten als infolge dieser geringfügigen Verzögerung der Restitution [nur] ein geringfügiger eigener oder auch [gar] kein Nachteil vermieden wird.*

„Verzögerungsfällen" der Entschluss, die Restitution zu leisten, sobald die Hindernisse nicht mehr vorliegen, genügt, sofern die tatsächliche Restitution schlussendlich auch geleistet wird.[1655] Es handelt sich mithin stets um einen Fall des Aufschubs der Restitutionspflicht und nicht um ihr Erlöschen.

Gegen die Möglichkeit des zeitlichen Aufschubs führt *Duns Scotus* sodann einen hypothetischen Einwand ins Feld, nämlich dass die Restitution ein Akt des negativen Gebots darstellt, weil man ein fremdes Gut nicht besitzen darf, aber zur Einhaltung des negativen Gebots ist jeder immer und für immer (*semper et pro semper*) verpflichtet[1656], so dass der anhaltende Besitz fremder Güter einen Verstoß gegen dieses Gebot darstellt. Auf diesen Einwand antwortet *Duns Scotus*, dass es immer verboten ist, ein fremdes Gut unberechtigterweise, also gegen den Willen des Eigentümers, zu besitzen; deswegen ist es immer und für immer *(semper et pro semper)* erforderlich, ein Gut nicht auf diese Weise zu besitzen.[1657]

Maßgeblich ist demnach, ob es sich um ein dem Eigentümerwillen zuwiderlaufenden Besitz einer fremden Sache handelt. Im Hinblick auf diesen Eigentümerwillen sei aber weiter entscheidend, ob es sich bei diesem um einen geordneten, vernünftigen oder ungeordneten Willen handelt; letzterer sei nämlich unbeachtlich. In den zuvor von *Duns Scotus* angesprochenen Konstellationen, zum Beispiel eines drohenden Nachteils für den „Restitutionsgläubiger" oder den Staat, liegt laut *Duns Scotus* kein ent-

---

1655 *Duns Scotus*, Ord. IV (editio vaticana XIII), dist. 15, q. 2, n. 190, lin. 195–199, S. 106: *„Ex his sequitur quod quando esset restitutio damnosa reipublicae vel ei cui fit, vel diffamativa restitutentis vel nimis notabiliter damnosa, non tenetur ad statim restituendum, sed sufficit quod statim ex affectu restituat, et quod actu restituat cessantibus inconvenientibus hinc et inde." – Und daraus folgt, dass wenn die Restitution schädlich für den Staat oder denjenigen, welchem die Restitution geleistet wird, oder herabsetzend für den Restituierenden oder allzu merklich schädlich ist, ist man nicht zur sofortigen Restitution verpflichtet, sondern es genügt, dass man sofort den Entschluss fasst, zurückzuerstatten und dass man durch seine Handlung zurückerstattet, sobald die Hindernisse [hier und dort] nicht mehr vorliegen.*

1656 Duns Scotus, Ord. IV (editio vaticana XIII), dist. 15, q. 2, n. 191, lin. 200–202, S. 106: *„Si obicitur 'restituere est actus praecepti negativi, quia non tenere alienum, ad observationem autem praecepti negativi tenetur quilibet semper et pro semper', [...]." – Wenn du entgegnest „Die Restitution ist ein Akt des negativen Gebots, weil [...]"*. vgl. im Übrigen die Übersetzung im Fließtext.

1657 *Duns Scotus*, Ord. IV (editio vaticana XIII), dist. 15, q. 2, n. 189–191, lin. 202–204, S. 106: *„[...] respondeo: tenere alienum iniuste, id est invito domino, est semper prohibitum; et ideo semper et pro semper oportet non tenere isto modo; [...]." – [...] ich antworte: es ist immer verboten, [...].* Vgl. im Übrigen die Übersetzung im Fließtext.

gegenstehender Eigentümerwille vor, weil allein der geordnete, vernünftige Eigentümerwille beachtlich ist. *Duns Scotus* formuliert die folgende Vermutung: Ab dem Zeitpunkt, in welchem der „Restitutionsschuldner" einen entsprechenden Restitutionswillen ausgebildet hat, besitzt er die fremde Sache gleichsam mit dem Willen des Eigentümers.[1658] Wollte der Eigentümer in derartigen Ausnahmefällen aber tatsächlich nicht, dass seine Sache vom „Restitutionsschuldner" weiterhin besessen wird, so ist dieser Wille unbeachtlich, weil es sich um ein ungeordnetes, unvernünftiges Eigentümerverlangen handelt (es droht ein Schaden). Der „Restitutionsschuldner" besitzt die Sache während der „Schwebezeit", also der Zeit eines entgegenstehenden ungeordneten Eigentümerwillens, mithin auf rechtmäßige Art und Weise.[1659]

Zuletzt betont *Duns Scotus* noch, dass eine klare Trennung der unter den Aspekten des „Restitutionsschuldners" und „-gläubigers" behandelten Ausnahmefälle von der Frage des Restitutionsaufschubs beziehungsweise der „Fälligkeit" kaum möglich ist. Die Übergänge zwischen den einzelnen Fällen seien vielmehr fließend. So begründen die zuvor aufgeführten Fälle, die mit einer Gefahr für den „Restitutionsschuldner" einhergehen, oder auch die persönliche Unfähigkeit des „Restitutionsschuldners" einen Aufschub der Restitutionspflicht.

1658 *Duns Scotus*, Ord. IV (editio vaticana XIII), dist. 15, q. 2, n. 191, lin. 204–208, S. 106: *„[...] sed quando aliquis habet voluntatem restituendi pro tempore opportuno, ex tunc tenet, domino volente, etsi non actu elicito, tamen actu debito, quia dominus debet velle quod qui suum habet, teneat quousque possit reddere opportune." – Wenn jemand hingegen den Willen hat, zu einer geeigneten Zeit zurückzuerstatten, besitzt er von dann an mit dem Willen des Eigentümers, auch wenn nicht durch eine von ihm hervorgerufene Handlung, doch aber durch eine geschuldete Handlung, weil der Eigentümer wollen soll, dass derjenige, welcher Seines besitzt, [es] solange besitzt, bis er es bei geeigneter Gelegenheit zurückgeben kann.*

1659 *Duns Scotus*, Ord. IV (editio vaticana XIII), dist. 15, q. 2, n. 192, lin. 209–215, S. 106: *„Quod si dicas 'dominus hic est invitus, quia non vult quod per quantumcumque tempus teneatur suum', – respondeo quod domino male et inordinate volente statim rehabere suum, et per consequens inordinate nolente proximum suum illud tenere, non est tenens iniustus, quia etiam depositum, de cuius redditione semper lex strictissima est, potest teneri licite, domino invito voluntate inordninata." – Dass wenn du sagst, „der Eigentümer ist hier unwillig, weil er nicht will, dass nach einer gewissen Zeit Seines [seine Sache] besessen wird", – antworte ich, dass der Besitzer nicht unrechtmäßig handelt, wenn der böse und ungeordnete Eigentümer seine Sache sofort zurückhaben will und folglich nicht will, dass sein Nächster sie besitzt, weil sogar das anvertraute Gut, hinsichtlich dessen Rückgabe immer das strengste Gesetz gilt, erlaubtermaßen gegen den nicht ordentlichen Willen des Eigentümers besessen werden kann.*

Im Hinblick auf eine dem „Restitutionsschuldner" drohende Gefahr führt *Duns Scotus* den Fall eines Diebes an, welchen nicht die Pflicht trifft, einen heimlich verübten Diebstahl aufzudecken, sondern diesen dem Beichtvater zu beichten, so dass dieser die Restitution veranlasst.[1660]

Hinsichtlich der persönlichen Mittellosigkeit des „Restitutionsschuldners" allegiert *Duns Scotus* die in den *Liber Extra* aufgenommene Dekretale X 3.23.3 (*Odoardus*), welche von der Insolvenz des Klerikers *Odoardus* handelt.[1661] Der Kontext dieser Dekretale soll daher auch an dieser Stelle der Arbeit kurz Erwähnung finden:

Nachdem der mittellose Kleriker *Odoardus* von seinen Gläubigern in Anspruch genommen und aufgrund seiner Zahlungsunfähigkeit exkommuniziert wurde, wandte sich dieser an Papst *Gregor IX.* Laut *Gregor IX.* sollte die Exkommunikation des *Odoardus* aufgehoben werden, wenn die Zahlungsunfähigkeit des *Odoardus* festgestellt wurde und er eine Sicher-

---

1660 *Duns Scotus*, Ord. IV (editio vaticana XIII), dist. 15, q. 2, n. 193–194, lin. 214–229, S. 106–107: *„Et ad istam particulam 'quando' possunt reduci multi alii casus a praedictis: Unus specialis est (qui etiam potest reduci ad particulam 'quis'), scilicet quando ablatio fuerit occulta: tunc non tenetur ablator se prodere, nec per consequens per se ipsum restituere, sed per personam aliam secretam et fidelem; et expedit quod per confessorem, quia sibi est crimen detectum in confessione, et de eius fidelitate quod restituat fidei suae commissum satis debet credi; potest igitur hic differri restitutio quousque voluntas talis personae et opportunitas habeatur. Alius etiam casus, quando potest differre reddere (qui etiam posset reduci ad 'quis'): quando enim est impotens, pro tunc non tenetur; tamen tenetur post, «cum pervenerit ad pinguiorem fortunam», sicut probatur Extra, 'De solutionibus', «Odoardus»; […]."– Und auf diesen Teil „wann" können viele andere von den genannten Fällen zurückgeführt werden: Ein spezieller Fall liegt vor (der auch auf den Teil „wer" zurückgeführt werden kann), z.B. wenn ein heimlicher Diebstahl stattgefunden hat: Dann wird der Dieb nicht verpflichtet, sich auszuliefern, noch in der Folge selber zurückzuerstatten, sondern mit Hilfe einer anderen verschwiegenen und aufrichtigen/zuverlässigen Person. Und es ist hilfreich/zuträglich, das durch den Beichtvater zu tun, weil es für ihn ein in der Beichte aufgedecktes Verbrechen ist und man hinreichend an seine Zuverlässigkeit glauben sollte, dass er das zurückerstattet, was ihm im Glauben anvertraut worden ist. Die Restitution kann mithin in diesem Fall aufgeschoben werden, bis sich der Wille einer solchen Person und die Möglichkeiten auftun. Ein anderer Fall, wenn das Zurückgeben [die Restitution] aufgeschoben werden kann (dieser könnte auch zum Teil „wer" zählen), liegt nämlich vor: Wenn man zum Beispiel unfähig zur Restitution ist, dann ist man nicht verpflichtet. Dennoch wird man später verpflichtet zurückzuerstatten, wenn sich das Schicksal zum Besseren gewandelt hat, wie in X 3.23.3 bewiesen wird.* Vgl. X 3.23.3 (CIC II, Sp. 532).

1661 *Forster*, „Et est casus singularis" (wie Fn. 1324), S. 173, ausführlich zur Dekretale X 3.23.3 („*Odoardus*") und der Behandlung des Falles bei den Kanonisten: S. 173–186.

heitsleistung dafür erbringt, zu zahlen, wenn seine finanzielle Lage sich verbessert hat.[1662] Wenn der Schuldner wieder zu Vermögen kam, so sollte er seine Schulden begleichen, wobei sich im Hinblick auf die Nähe dieser päpstlichen Entscheidung zur römisch-rechtlichen *cessio bonorum* vor allem in der Kanonistik die Frage auftat, ob die Exkommunikation gerecht war und ob tatsächlich die *cessio bonorum* mit all ihren Rechtfolgen erklärt wurde.[1663] Laut der *Glossa ordinaria* zu X 3.23.3 ist der Schuldner lediglich *in quantum facere potest*, also in der Höhe, die ihm unter Abzug eines Eigenbedarfs zumutbar ist, wie in den Normen (D. 42.3.4/6) über die *cessio bonorum* vorgesehen, zur späteren Leistung verpflichtet.[1664]

Schließlich, so führt *Duns Scotus* weiter aus:

„[...] sicut etiam in glossa notatur quod illa actio non exspirat per inopiam debitoris sed sopitur, – unde illud: «Inanis est actio, quam excludit inopia debitoris».

[...] Ebenso wird nämlich in der Glosse angemerkt, dass jene Klage nicht durch die Mittellosigkeit des Schuldners erlischt, sondern ruht, – daher jenes: „Die Handlung, welche die Mittellosigkeit des Schuldners außer Acht lässt, ist unwirksam.“

Sed ius agendi manet, sicut et obligatio in debitorem, licet sopita.“[1665]

Aber der Anspruch bleibt wie auch die Verpflichtung beim Schuldner bestehen, mag sie auch ruhen.

Duns Scotus bezieht sich auf die *Glossa ordinaria* des *Bernhard von Parma*[1666] und macht deutlich, dass auch die Restitutionspflicht bei einer finanziellen Not des „Restitutionsschuldners“ nicht erlischt, sondern lediglich ruht. In Bezug auf die Restitution spricht *Duns Scotus* auch an dieser Stelle ausschließlich von der Pflicht des Pönitenten und nicht wie die *Glossa* auch von einem Anspruch des Geschädigten. *Duns Scotus* geht es allein um

1662 *Forster*, „Et est casus singularis“ (wie Fn. 1324), S. 173.

1663 *Forster*, „Et est casus singularis“ (wie Fn. 1324), v. a. S. 176–179 (zur *Glossa ordinaria*). Im römischen Recht werden weder die Festlegung der Zahlungsunfähigkeit noch die Bestellung einer Sicherheitsleistung für die Zahlung bei zukünftiger Vermögensverbesserung verlangt (S. 175).

1664 *Forster*, „Et est casus singularis“ (wie Fn. 1324), S. 178, mit Nachweis in Fn. 27.

1665 *Duns Scotus*, Ord. IV (editio vaticana XIII), dist. 15, q. 2, n. 194, lin. 229–233, S. 107.

1666 *Bernhard von Parma*, Glossa ordinaria, Romae 1582, ad X 3.23.3, ad verba *„m: Non valentem“*, Sp. 1154.

die Betrachtung der Restitutionspflicht und damit einhergehend um das Seelenheil des Pönitenten.

Mit Blick auf die scotische Restitutionslehre bedeutet das, dass der „Restitutionsschuldner“ auch im Falle der persönlichen Leistungsunfähigkeit zur Restitution verpflichtet bleibt und diese Pflicht zu erfüllen hat, sobald sich seine wirtschaftliche Lage wieder verbessert hat. Dass *Duns Scotus* durch die Allegation der soeben erwähnten Dekretale (X 3.23.3) auch zum Ausdruck bringen wollte, dass der „Restitutionsschuldner“ sich einen erforderlichen, das heißt lebensnotwendigen, Eigenbedarf anrechnen darf, lässt sich nicht mit Sicherheit sagen, erscheint in Ermangelung einer ausdrücklichen Nennung zum Beispiel der einschlägigen Stelle aus der *Glossa ordinaria (ad X 3.23.3, „o“,„Ad pinguiorum“, Sp. 1154–1155)* unwahrscheinlich. *Duns Scotus* allegiert diese Dekretale sowie die *Glossa ordinaria* letztlich, um aufzuzeigen, dass die Restitutionspflicht auch in diesem Fall nicht erlischt.

E. *Zur Möglichkeit einer echten Befreiung von der Restitutionspflicht – oder doch vielmehr (nur) zum zeitlichen Aufschub?*

Innerhalb der Bezugnahme auf die Eingangsargumente *(argumenta principalia)* zur zweiten Quästion kommt *Duns Scotus* immer wieder auf vermeintliche Ausnahmen beziehungsweise Ausschlüsse der Restitutionspflicht zu sprechen. Im Hinblick auf diese Fälle stellt sich die Frage, ob die Restitutionspflicht tatsächlich gänzlich entfällt oder ob es sich nicht vielmehr um Modifikationen des Leistungsumfanges und/oder um einen zeitlichen Aufschub der (äußerlichen) Restitution handelt. Wie mehrfach erwähnt, werden die Fälle einer drohenden Rufschädigung beim Ehebruch (q. 2), die Rückerstattung eines Benefiziums (q. 2) sowie die Fälle des Ordenseintritts und -austritts (q. 3) in dieser Arbeit ausführlich innerhalb der besonderen Restitutionslehren behandelt, denn diese Fälle begründen im Ergebnis keinen Ausschluss der Restitution, sondern sie modifizieren den Leistungsumfang.[1667]

Im Folgenden wird daher ausschließlich die ausführliche Stellungnahme des *Duns Scotus* zu den Auswirkungen einer extremen Notlage auf die Restitutionspflicht näher betrachtet, welche er innerhalb seiner allgemeineren Lehren tätigt.

1667 § 5.E.III.2, § 5.F.I, § 5.H.I.2.

I. Die Auswirkungen einer extremen Notlage auf die Restitutionspflicht

Ausführlich und mit zahleichen Differenzierungen behandelt *Duns Scotus* die verschiedenen Konstellationen einer extremen Notlage und ihre Einflüsse auf die Restitutionspflicht. Befindet sich der „Restitutionsschuldner" in einer extremen Notlage/-situation (Überlebenssituation), so stellt sich die Frage, ob diese Notlage einen Ausschluss oder zumindest einen zeitlichen Aufschub (Stundung) der Pflicht zur Restitution begründet.

Auch bei der Frage der Auswirkungen einer solchen Notlage auf die Restitutionspflicht handelt es sich um eine Frage, welche schon zuvor Gegenstand theologischer Ausführungen war.[1668]

Duns Scotus differenziert in einem ersten Schritt zwischen der Notlage des „Restitutionsschuldners" und der des „Restitutionsgläubigers", sodann zwischen den verschiedenen Zeitpunkten des Eintritts einer derartigen Notlage für die jeweilige Partei. Abschließend bezieht er Stellung zu den Auswirkungen der Notlage auf die Restitutionspflicht.

1. Die Notlage des „Restitutionsschuldners"

Befindet sich der „Restitutionsschuldner" in einer Notlage, so erwirbt dieser kraft des *ius poli* wirksam das Eigentum an der Sache. Erforderlich ist das Vorliegen einer extremen Notlage, in welcher es schlichtweg um die Überlebenssicherung geht. In einer solchen Notlage ist es jedem erlaubt, die Sache zu behalten.[1669] *Duns Scotus* allegiert die päpstliche Bulle *Exiit*

1668 Z. B.: *Thomas von Aquin*, STh II-II, q. 66, art. 7, S. 329; *Richardus de Mediavilla*, Sent., lib. IV, dist. 15, art. 5, q. 4, S. 221ab, *„Ad quintum"*; vgl. auch zu z.B *Alexander von Hales* oder *Ulrich von Straßburg*: *Weinzierl*, Hochscholastik (wie Fn. 16), S. 137–138. Bzgl. der scotischen Ausführungen zur Notsituation liest man eine sehr knappe Erwähnung bei: *Seeberg*, Die Theologie des Duns Scotus (wie Fn. 120), S. 558–559.

1669 *Duns Scotus*, Ord. IV (editio vaticana XIII), dist. 15, q. 2, n. 199, lin. 266–272, S. 108–109: *„Ad sextum: aut detines est in extrema necessitate, et ille cuius res est non, sed habet aliqua citra extremam necessitatem, – et tunc dico quod ista res fit detinentis «iure poli, quo in extremae necessitatis articulo, ad providendum sustentationi naturae, via omnibus extrema necessitate detentis est concessa», Extra, 'De verborum significatione', «Exiit qui seminat», et est hodie in Sexto libro Decretalium." – Zum sechsten Argument: Entweder befindet sich derjenige, der die Sache behält/besitzt, in einer extremen Notlage, und jener, dem die Sache gehört, nicht, sondern er befindet sich irgendwo diesseits einer extremen Notlage, – und dann sage ich, dass diese Sache mit dem ius poli demjenigen, welcher sie behält, gehört, wobei*

qui seminat von *Nikolaus III.* aus dem Jahr 1279, in welcher *Nikolaus III.* fünf verschiedene Rechtsbeziehungen des Menschen zu den irdischen Gütern *(res temporalis)*[1670] nennt und an dieser Stelle auch den insbesondere zu Beginn des 14. Jahrhunderts im Rahmen des wieder entfachten franziskanischen Armutsstreits hoch umstrittenen *usus simplex facti* aufführt.[1671] Laut *Nikolaus III.* ist es jedem, also auch den franziskanischen Minoriten, in einer extremen Notsituation gestattet, die zeitlichen Güter in dem für das Überleben erforderlichen Ausmaß zu nutzen.[1672] Es soll sich bei der Lehre über die extreme Notsituation um eine bereits im späten 12. Jahrhundert im kanonischen Recht und der Moraltheologie ausgeformte Lehre handeln.[1673]

---

ich deutlich ausspreche „in einer extremen Notlage", um [nämlich] das natürliche Überleben zu sichern. Das Mittel des „Behaltens" wird jedem in einer extremen Notlage zugestanden, vgl. Extra, „De verborum significatione", „Exiit qui seminat" – heute findet man es auch im Liber Sextus. Vgl.: VI 5.12.3 (CIC II, Sp. 1113).

1670 *Proprietas, possessio, usus fructus, ius utendi, simplex usus facti*, VI 5.12.3 (CIC II, Sp. 1113).

1671 Zum franziskanischen Armutsstreit v. a.: *Kriechbaum*, Actio, ius und dominium (wie Fn. 111), S. 24–89; *Horst*, Evangelische Armut und Kirche (wie Fn. 111), Zweiter Teil, S. 135 ff.; *Mäkinen*, Property Rights in the Medieval Discussion on Franciscan Poverty (wie Fn. 111); *Lambert*, Franciscan Poverty (wie Fn. 111).

1672 Vgl. VI 5.12.3 (CIC II, Sp. 1113): *„Et quidem, ubi, (quod non est aliquatenus praesumendum,) haec cuncta deficerent, sicut nec ceteris, sic nec ipsis fratribus iure poli in extremae necessitatis articulo ad providendum sustentationi naturae via, omnibus extrema necessitate detentis concessa, praecluditur, quum ab omni lege extrema necessitas sit exempta, nec talem absicationem proprietatis omnimodae renunciationem usus rerum cuiquam videatur inducere."*

1673 So: *Virpi Mäkinen*, The Franciscan Background of Early Modern Rights Discussion: Rights of Property and Subsistence, in: Moral Philosophy on the Threshold of Modernity, hrsg. v. Jill Kraye; Risto Saarinen, Dordrecht [u. a.] 2005, S. 165–180, 177. Sehr ausführlich: *Scott G. Swanson*, The Medieval Foundations of John Locke's Theory of Natural Rights. Rights of Subsistence and the Principle of Extreme Necessity, in: History of Political Thought 18/3 (1997), S. 399–458, insbs. S. 403–422 (zur Ausformung des Grundsatzes im Kirchenrecht und der Moraltheologie bis zum späten 13. Jahrhundert). *Swanson*, op. cit., S. 406, formuliert, dass diese kanonistische Lehre um 1230 durch *Wilhelm von Auxerre* in den moraltheologischen Diskurs eingeführt wurde.

2. Die Notlage des „Restitutionsschuldners" und „Restitutionsgläubigers"

Befinden sich sowohl der „Restitutionsschuldner" als auch der „Restitutionsgläubiger" in einer derartigen Notlage, so gilt es mit Blick auf den Zeitpunkt des Eintritts dieser Notlage wie folgt zu unterscheiden:

a) Der Eintritt der Notlage des „Restitutionsgläubigers" vor der des „Restitutionsschuldners"

Befinden sich beide Parteien in einer Notlage, gerät aber der „Restitutionsgläubiger" vor dem „-schuldner" in eine solche Lage, so gebührt die Sache erst recht – nämlich mit zweifachem Recht – dem „Restitutionsgläubiger", denn dieser war einerseits bereits zuvor der Eigentümer der Sache und andererseits erwarb er aufgrund dieser Notlage das Eigentum.[1674]

b) Der Eintritt der Notlage des „Restitutionsschuldners" vor der des „Restitutionsgläubigers"

Befindet sich der „Restitutionsschuldner" vor dem „Restitutionsgläubiger" in einer solchen Notlage, so erwirbt er wirksam kraft des *ius poli* Eigentum an der Sache. Es liegt ein rechtmäßiger Eigentumserwerb vor. Eine Pflicht zur Rückgabe besteht nicht.[1675]

1674 *Duns Scotus*, Ord. IV (editio vaticana XIII), dist. 15, q. 2, n. 199, lin. 272–275, S. 109: *„Si autem ambo, scilicet detinens et ille cuius res detinetur, sunt in extrema necessitate, si prius devenit dominus ad istam necessitatem quam detinens, debet reddi domino duplici iure: tum quia prius suum, tum quia iam ex ista necessitate factum est suum." – Aber wenn sich beide, nämlich der Vorenthaltende/Besitzer und jener, welchem die Sache vorenthalten wird, in einer extremen Notlage befinden, muss es dem Eigentümer mit zweifachem Recht zurückgegeben werden, wenn er vor dem Besitzer in diese Notlage gerät: Einerseits, weil es ihm [bereits] vorher gehört [hat], andererseits weil es bereits aus dieser Notlage zu seinem wurde.*

1675 *Duns Scotus*, Ord. IV (editio vaticana XIII), dist. 15, q. 2, n. 199, lin. 275–279, S. 109: *„Si vero prius detinens devenit ad istam extremam necessitatem, factum est suum, et tunc domino postea devenienti ad istam necessitatem non debet reddi, quia cessavit dominium eius in re ista, et factum est alterius iure poli." – Wenn tatsächlich zuerst der Vorenthaltende/Besitzer in diese extreme Notlage kommt, ist es seines geworden und dann muss es nicht dem Eigentümer, welcher später in diese Notlage gerät, zurückgeben werden, weil dessen Eigentum an dieser Sache erloschen ist und es mit dem ius poli das [zum Eigentum] des anderen geworden ist.*

c) Der gleichzeitige Eintritt der Notlage

Geraten beide Parteien zugleich in eine Notlage, so bleibt der „Restitutionsschuldner" leistungspflichtig, denn der ursprüngliche Eigentümer hat zu keinem Zeitpunkt sein Eigentum verloren.[1676]

Den hypothetischen Einwand des Vorzuges der Selbst- vor der Nächstenliebe und damit des Vorzuges der Erhaltung des eigenen Lebens vor dem fremden Leben lässt *Duns Scotus* nicht gelten. Denn der Vorrang der Eigen- vor der Nächstenliebe umfasst stets nur die geordnete Liebe und damit die gerechte Erhaltung seiner selbst. Die geordnete Liebe ist aber diejenige, welche der Seele und Gott zugeordnet ist. Unter keinen Umständen ist es daher erlaubt, auf ungerechte Weise sein eigenes Leben dem des Nächsten, welcher sein Leben auf gerechte Weise erhält, vorzuziehen. Daher müsse auch ein Dieb die Galgenstrafe eher ertragen, als den Henker zu töten.[1677] Behält nun aber der „Restitutionsschuldner" die lebensnotwendige Sache, dann besitzt er sie einerseits auf unrechtmäßige

---

1676 *Duns Scotus*, Ord. IV (editio vaticana XIII), dist. 15, q. 2, n. 199, lin. 279–280, S. 109: *„Si autem ambo simul deveniant, dico quod debet reddi domino, quia ille numquam decidit a dominio." – Wenn aber beide gleichzeitig in eine extreme Notlage kommen, sage ich, dass es dem Eigentümer zurückgeben werden muss, weil dieser niemals sein Eigentum verloren hat.*

1677 *Duns Scotus*, Ord. IV (editio vaticana XIII), dist. 15, q. 2, n. 200, lin. 281–292, S. 109–110: *„Et si arguas quod magis debet quilibet diligere se quam proximum suum, et per consequens magis vitam suam corporalem quam proximi, et per consequens magis istam rem simpliciter necessariam sibi retinere quam dare proximo, – respondeo: magis debet diligere vitam suam ordinate, ut est diligibilis ad vitam aeternam, et ita magis conservationem iustam vitae suae quam conservationem vitae proximi sui, sed non magis conservationem iniustam vitae suae quam conservationem iustam vitae proximi sui; sic enim debet latro magis sustinere suspendium quam occidere suspendentem ut evadat. Cuius ratio est, quia dilectio vitae corporalis iniuste custoditae non est dilectio ordinata, quia non est ad dilectionem animae nec Dei; [...]." – Und wenn du argumentiert, dass jeder sich mehr als seinen Nächsten lieben soll und folglich sein irdisches [körperliches] Leben mehr als das des Nächsten und folglich diese schlechthin notwendige Sache eher sich erhalten soll, als sie dem Nächsten zu geben, – antworte ich: Man soll sein Leben mehr auf ordnungsgemäße Weise lieben, wie es für das ewige Leben liebenswert ist, und demnach soll man die gerechte Erhaltung seines Lebens mehr als die Erhaltung des Lebens seines Nächsten, nicht aber die ungerechte Erhaltung seines Lebens mehr als die gerechte Erhaltung des Lebens seines Nächsten lieben. Daher muss nämlich der Dieb eher das Erhängen ertragen, als den Henker zu töten, um zu entkommen. Der Grund dafür ist, dass die Liebe desjenigen, der sein irdisches Leben unrechtmäßig erhalten hat, keine geordnete Liebe darstellt, weil sie nicht der Liebe der Seele oder der Gottes zugeordnet ist.*

Weise, andererseits bringt er so den „Restitutionsgläubiger" zugleich unrechtmäßig um.[1678]

3. Die Auswirkungen der Notlage auf die Restitutionspflicht

Zuletzt stellt *Duns Scotus* seiner Leserschaft noch die Frage, ob es sich in all diesen Fällen, in welchen der „Restitutionsschuldner" Eigentum erwirbt, tatsächlich um eine echte Befreiung beziehungsweise einen Untergang der Restitutionsschuld oder doch (nur) um einen zeitlichen Aufschub handelt.[1679]

Ein möglicher Vergleich mit dem einen zeitlichen Aufschub der Restitution begründenden Fall der persönlichen Leistungsunfähigkeit des „Restitutionsschuldners", wie sie in der Dekretale über den Kleriker *Odoardus* geregelt ist, überzeugt *Duns Scotus* in der vorliegenden Konstellation einer extremen Notlage nicht. Denn bei einer Notlage erwirbt der „Restitutionsschuldner" laut *Duns Scotus* tatsächlich Eigentum und der „Restitutionsgläubiger" verliert zugleich sein Eigentum an der Sache.[1680] Im Falle der bloßen persönlichen Leistungsunfähigkeit findet hingegen kein Eigentumserwerb durch den „Restitutionsschuldner" statt.

1678 *Duns Scotus*, Ord. IV (editio vaticana XIII), dist. 15, q. 2, n. 200, lin. 292–294, S. 110: *„[...] istius autem detinentis, in casu ultimo, custoditio vitae de re aliena est iniusta, – et cum hoc etiam est homicida, quia iniuste occidit alium, qui subtrahit sibi necessarium quod sibi debetur." – Im letzten Fall ist die Erhaltung des Lebens desjenigen, der die fremde Sache vorenthalten hat, unrechtmäßig, – und damit ist er auch ein Mörder, weil er unrechtmäßig einen anderen tötet, soweit er ihm das Notwendige, was ihm geschuldet wird, entzieht.*

1679 *Duns Scotus*, Ord. IV (editio vaticana XIII), dist. 15, q. 2, n. 201, lin. 295–297, S. 110: *„Sed numquid, post extremam necessitate, si deveniat detentor in primo vel secundo casu ad pinguiorem fortunam, tenetur tunc reddere?" – Aber ist der Vorenthaltende/Besitzer nicht etwa nach einer extremen Notlage verpflichtet, [die Sache] zurückzugeben, wenn sich seine Lage im ersten und zweiten Fall zum Besseren wandelt?*

1680 *Duns Scotus*, Ord. IV (editio vaticana XIII), dist. 15, q. 2, n. 201–202, lin. 297–300, S. 110: *„Videtur quod sic, quia illa est de impossibilitate, sicut allegatum est supra 'De solutionibus', «Odoardus». Contra: res illa facta est illius detinentis per hoc quod fuit in extrema necessitate, et per consequens desinit esse domini primi." – Es scheint, dass dem so ist, weil jene [Lage] wie die Unmöglichkeit zu behandeln ist, wie es [zuvor] mit X 3.23.3 vorgebracht worden ist. Dagegen: Jene Sache ist die jenes Vorenthaltenden/Besitzers dadurch geworden, dass er in einer extremen Notlage war, und folglich hört sie auf, dem ersten Eigentümer zu gehören.*

Man könnte laut *Duns Scotus* zwar anführen, dass derjenige, welcher die Sache für den Lebenserhalt benötigt, diese regelmäßig konsumiere. Aber auch dann bleibt man zum Ersatz eines Äquivalents verpflichtet, wenn sich die eigene Lage wieder verbessert hat. Das liegt daran, dass man vor dieser Notlage die fremde Sache unrechtmäßig besaß. Die Notlage führt daher nicht zum Erlöschen der Rückgabepflicht, sondern zu einem zeitlichen Aufschub. Hätte man die fremde Sache vor dem Eintritt der Notlage hingegen auf eine rechtmäßige Weise erlangt, so träfe einen später auch nicht die Pflicht zur Rückerstattung eines Äquivalents.[1681] Auch an dieser Stelle seiner Kommentierung zeigt *Duns Scotus* die klare Trennung von Eigentum und Gebrauch auf, denn auch für den Fall der Notlage überzeugt ihn das Argument des Zusammenfallens des mit dem Verbrauch der Sache einhergehenden Gebrauchs und des Eigentums nicht, denn dieses Argument begründet (zumindest) kein Erlöschen der Restitutionspflicht.[1682] Die Pflicht zur Restitution erwächst aus der vorherigen unrechtmäßigen Güterverteilung. Daran ändert letztlich auch die Notlage nichts.

Im Hinblick auf die von *Duns Scotus* behandelten Fälle der Notlage des „Restitutionsschuldners“ bedeutet das im Ergebnis, dass es sich letztlich um einen Aufschub der (äußeren) Restitution und nicht um ein Erlöschen

---

1681 *Duns Scotus*, Ord. IV (editio vaticana XIII), dist. 15, q. 2, n. 203, lin. 301–310, S. 110: *„Posset dici quod res talis, necessaria simpliciter, non posset esse nisi aliquid pertinens ad victum, et tunc consumeretur, et iuste, quia ille consumens fuit dominus; tenetur tamen post, deveniens ad pinguiorem fortunam, reddere aequivalens, quia obligatio ad aequivalens videtur ortum habuisse per comparationem ad illam occupationem primam rei alienae, quae fuit iniusta ante extremam necessitatem, et ideo illa obligatio per extremam necessitatem non est extincta, sed sopita. Sed si numquam ante extremam necessitatem occupasset, tunc iuste occupasset ut rem suam, nec ad aliquam tenetur restitutionem.“ – Man könnte sagen, dass eine solche Sache nicht schlechthin notwendig ist, außer wenn sie irgendetwas ist, das dem Lebensunterhalt dient, und dann würde sie rechtmäßig konsumiert werden, weil jener Konsument Eigentümer war. Der Vorenthaltende/Besitzer ist dennoch später, wenn sich seine Lage verbessert hat, verpflichtet, ein Äquivalent zurückzugeben, weil die Verpflichtung zur Erstattung eines Äquivalent ihren Ursprung in einem Vergleich mit jener ersten/ursprünglichen Inbesitznahme der fremden Sache zu haben scheint, welche vor der extremen Notlage ungerechtfertigt war. Und folglich ist jene Verpflichtung nicht erloschen, sondern ruht. Aber, wenn sie niemals vor der extremen Notlage in Besitz genommen wäre, dann könnte man die Sache rechtmäßig wie seine eigene in Besitz nehmen und ist nicht zu irgendeiner Restitution verpflichtet.*

1682 Vgl. hierzu die Ausführungen des *Duns Scotus* innerhalb seiner Begründung des Zinsverbotes, speziell der Ablehnung des Verbrauchsarguments: § 5.C.II.2.b)aa)(1).

der (bereits vor Eintritt dieser Notlage aus einer unrechtmäßigen Besitzposition entstandenen) Pflicht handelt. Die Pflicht zur Restitution ruht.

II. Die Notlage des für den Staat bedeutsamen „Restitutionsschuldners“

Innerhalb der *argumenta principalia* der zweiten Quästion führt *Duns Scotus* als ein gegen die Restitution sprechendes Argument den Fall an, dass der für das Gemeinwohl in höherem Maße als der „Restitutionsgläubiger“ bedeutsame „Restitutionsschuldner“ nicht zur Restitution verpflichtet ist, wenn diese ihm schädlich ist.[1683] Es geht mithin um die Notlage einer bedeutsamen Staatsperson. Hierauf bezugnehmend lehrt *Duns Scotus* gleich zu Beginn seiner Ausführungen zur extremen Notlage, dass dies tatsächlich dann zutrifft, wenn der für den Staat weitaus bedeutsamere „Restitutionsschuldner“ sich ebenso wie der „Restitutionsgläubiger“ in einer Notlage befindet. *Duns Scotus* verweist hier auf seine (soeben dargelegte) Antwort zum Eintritt der Notlage und deren Auswirkungen auf die Restitutionspflicht.[1684] Im Ergebnis überwiegt dann das Gemeinwohlinteresse das Individualinteresse an der Rückerlangung der Sache. Mit Blick auf die Folgen dieser Notlage für die Restitutionspflicht kann aus dem Verweis auf seine Lehren zur extreme Notlage im Allgemeinen geschlossen werden, dass es sich auch in diesem Fall nicht um ein Erlöschen der

1683 *Duns Scotus*, Ord. IV (editio vaticana XIII), dist. 15, q. 2, n. 70, lin. 455–459, S. 76–77: *„Item, I Ethicorum, ‘bonum commune divinius est et praeferendum bono particulari’; sed possibile est restitutionem – faciendam Petro – esse damnosam Paulo restituenti, et in hoc magis damnosam reipublicae, quia scilicet Paulus est magis necessarius reipublicae quam Petrus; ergo in isto casu non tenetur restituere.“ – Ebenso wird im ersten Buch der Ethiken gesagt, dass das Gemeinwohl göttlicher ist und dem Wohl des Einzelnen vorzuziehen ist. Es ist aber möglich, dass eine Petrus zu leistende Restitution dem restituierenden Paulus schadet, und dadurch in höherem Maße dem Staat schadet, weil wohlgemerkt Paulus notwendiger für den Staat als Petrus ist. Also ist man in jenem Fall nicht verpflichtet, zu restituieren.*

1684 *Duns Scotus*, Ord. IV (editio vaticana XIII), dist. 15, q. 2, n. 198, lin. 256–259, S. 108: *„Ad quintum: si persona occupans rem alienam sit multum necessaria reipublicae, et esset in necessitate arcta, et illa persona cui debetur similiter, argumentum haberet aliquam evidentiam; sed de hoc dicetur statim in responsione ad sequens argumentum.“ – Zum fünften [Argument]: Wenn eine Person, welche eine fremde Sache besitzt, viel notwendiger für den Staat ist und sich in großer Not befindet und jene Person, welcher etwas geschuldet wird, ebenso, hat das Argument eine gewisse Ersichtlichkeit, aber dazu wird sofort etwas in der Antwort zum folgenden Argument gesagt.*

Restitutionspflicht handelt, sondern um einen Aufschub der Restitution für die Dauer der Notlage.

Befindet sich ein solcher „Restitutionsschuldner" jedoch nicht in einer derartig zugespitzten Notlage, so dass die unrechtmäßig besessene Sache nicht überlebensnotwendig ist, sondern diesem lediglich seinen feierlichen beziehungsweise hohen Stand sichern soll, so bleibt die Restitutionspflicht bestehen. Denn es ist nicht erlaubt, jemanden seinen hohen Stand (Rang/Status) durch fremde Güter zu erhalten. Auch hier geht es *Duns Scotus* um die Gemeinwohlinteressen, nämlich die Wahrung der Gerechtigkeit, welche das Einzelinteresse des unrechtmäßigen Besitzers überwiegen.[1685]

III. Die drohende Rufschädigung des „Restitutionsschuldners", v. a. beim Ehebruch der Ehefrau

Wie bereits unter dem Aspekt des Restitutionsaufschubs erwähnt, kann die drohende Gefährdung von Interessen und Rechtsgütern des „Restitutionsschuldners" einen Aufschub, zumindest aber Modifikationen nach sich ziehen. Sehr ausführlich und vor allem äußerst differenziert behandelt *Duns Scotus* in diesem Zusammenhang im Hinblick auf die Rückerstattung einer illegitimen Erbschaft Fragen der Offenbarungspflicht der Ehefrau, welche aus einem Ehebruch einen Sohn empfangen hat. Denn verbunden mit einer Bekanntmachung des Ehebruches wäre stets auch die Rufschädigung der Ehefrau, unter Umständen gingen mit ihr sogar Leib- und Lebensgefahren einher. Die detaillierte Stellungnahme des *Duns Scotus* zeigte aber, dass diese Gefahren keinen Ausschluss der Restitutionspflicht begründen, sondern den konkreten Leistungsinhalt der Restitution modifizieren. Aus diesem Grund wird der Fall des Ehebruches der Ehefrau

---

1685 *Duns Scotus*, Ord. IV (editio vaticana XIII), dist. 15, q. 2, n. 198, lin. 259–265, S. 108: *„Sed si illud, iniuste detentum a persona multum necessaria reipublicae, non sit sibi necessarium simpliciter, sed tantum ad servandum statum suum sollemnem, dico quod non licet alicui statum suum solemnem tenere de bonis alienis, nec tantum valet reipublicae illius status sollemnis – quem tenet per non-restitutionem – quantum valet iustitia et fidelitas euis et iustitia communis." – Aber wenn jenes, was unrechtmäßig von einer für den Staat sehr wichtigen Person vorenthalten wird, nicht schlechterdings notwendig für sie ist, sondern nur erforderlich ist, um ihren feierlichen Stand [Stellung/Rang/Status] zu bewahren, sage ich, dass es nicht erlaubt ist, jemandem seinen feierlichen Stand durch den Besitz fremder Güter zu erhalten, noch ist dessen feierlicher Stand – welchen man durch das Nichtrestituieren aufrechterhält – dem Staat so viel wert, wie die Gerechtigkeit und dessen Treue und die Gerechtigkeit der Gemeinschaft wiegen.*

in dieser Arbeit ausführlich innerhalb der besonderen Restitutionslehren thematisiert.[1686]

IV. Ergebnis zu E

Im Ergebnis nennt *Duns Scotus* keine Fälle die zu einem gänzlichen Ausschluss der einmal entstandenen Restitutionspflicht oder zu ihrem Erlöschen führen. Es handelt sich stets um einen zeitlichen Aufschub des äußerlichen Restitutionsaktes sowie um die Frage nach der Bestimmung des konkreten Restitutionsumfanges. Es bleibt demnach dabei, dass stets der Wille zur Restitution ausgeprägt sein muss. Der sofortige Restitutionswille verbunden mit der tatsächlichen Restitutionsleistung beim Entfallen der Hinderungsgründe sind zwingende Voraussetzungen für die Erfüllung der Restitutionspflicht und folglich für die Sündenvergebung.

1686 § 5.E.

§ 7. Der Schluss

Hat sich – wie der Forschungsstand zeigte – die spätscholastische Restitutionslehre bis heute eines regen Forschungsinteresses erfreut, so lässt sich ein vergleichbares Forschungsinteresse hinsichtlich der spätmittelalterlichen Restitutionslehre nicht beobachten. Es sind lediglich einige wenige Arbeiten, welche sich detailliert der mittelalterlichen Restitutionslehre verschrieben oder diese zumindest teilweise in ihren Untersuchungsrahmen einbezogen haben. Unverkennbar bildet innerhalb der Erforschung der hochscholastischen Restitutionslehre die Lehre des bekannten Dominikaners *Thomas von Aquin*, der auch als „Vollender" der hochscholastischen Restitutionslehre gilt[1687], den Mittelpunkt – war es doch *Thomas von Aquin*, welcher die Restitution in Anlehnung an die Kommentierung seines Lehrmeisters *Albertus Magnus* mit der aristotelischen Gerechtigkeitslehre verband und sie ausdrücklich als Akt der *iustitia commutativa* qualifizierte; und es war *Thomas von Aquin*, welcher die bedeutsame und folgenreiche Einteilung in eine *restitutio ratione rei* und *restitutio ratione acceptionis rei* maßgeblich prägte. Schließlich, so war es seine *Summa theologiae*, insbesondere die *Secunda secundae*, welche im 16. Jahrhundert das lombardische Sentenzenwerk als Lehrbuch *ordinarie* ablöste und Gegenstand zahlreicher Kommentierungen *(De iustitia et iure)* wurde, in welchen die *restitutio* systematisch innerhalb oder im engen Zusammenhang mit der *iustitia commutativa* – und so nicht mehr innerhalb der Sakramentenlehre – behandelt wurde.

Innerhalb seiner Restitutionslehre soll *Duns Scotus* der Lehre des *Thomas* im Wesentlichen zugestimmt haben.[1688] Schon der kurze Blick auf das Feld der Forschungsliteratur lässt erkennen, dass eine Untersuchung und detaillierte Analyse der scotischen Aussagen zur Restitution eines Schadens, welche er im Zusammenhang mit der Sündenvergebung tätigte,

---

1687 *Wolter*, Naturalrestitution (wie Fn. 6), S. 26 (*„III. Die Vollendung der Restitutionslehre durch Thomas von Aquin" [...] „Die Vollendung der Restitutionslehre erfolgt durch Thomas von Aquin (1225–1274)."*); *Unterreitmeier*, Der öffentlich-rechtliche Schmerzensgeldanspruch (wie Fn. 6), S. 26 (*„b) Die Vollendung der Restitutionslehre bei Thomas von Aquin"*). *Weinzierls* Untersuchung über die hochscholastische Lehre (wie Fn. 15) schließt mit der thomasischen Lehre.

1688 *Unterreitmeier*, Der öffentlich-rechtliche Schmerzensgeldanspruch (wie Fn. 6), S. 51; *Wolter*, Naturalrestitution (wie Fn. 6), S. 56.

ebenso wie eine deutsche Übersetzung der einschlägigen Kommentarstellen, *lib. IV, dist. 15, qq. 2–4*, nicht vorliegen. Lediglich einzelne Aussagen und Lehren des *Duns Scotus* – so vor allem seine Lehre vom *iustum pretium* und seine ausführliche Rechtfertigung des postlapsischen Instituts des Privateigentums – haben eine größere wissenschaftliche Würdigung erfahren, in keinem Fall aber seine gesamte feinsinnig ausdifferenzierte Restitutionslehre. Man stößt in der Sekundärliteratur vereinzelt auf besonders bedeutsame, erwähnenswerte Aspekte der scotischen Restitutionslehre, insbesondere haben die scotischen Aussagen zur Restitution von körperlichen Schäden von *Unterreitmeier* Würdigung erfahren. Letztlich, so fehlt es aber an einer gesamteinheitlichen Darstellung der scotischen Restitutionslehre, welche es dem Interessierten gerade auch ermöglicht, die einzelnen Aussagen in den gesamteinheitlichen Kontext der scotischen Restitutionslehre zu verorten, die scotischen Aussagen und vor allem die in der Sekundärliteratur dargebotene Interpretation nachzuverfolgen. Letzteres bleibt im Ergebnis lediglich demjenigen möglich, welcher die lateinische Sprache beherrscht; dies grenzt den Leser- und Adressatenkreis insbesondere im juristischen Fachbereich von Beginn an in einem erheblichen Maße ein; der Zugang zu den Quellentexten bleibt versperrt oder zumindest doch erschwert.

Die vorliegende Arbeit schließt nun diese Forschungslücke, indem sie die Restitutionslehre des *Duns Scotus* in ihrer Gesamtheit darstellt. Möglicherweise bringt sie *Duns Scotus* auf diese Weise auch weiter in die Diskussion um die spätscholastische Restitutionslehre und ihre Ursprünge und Grundlagen ein. Denn erst die genaue Analyse auch der scotischen Lehre kann Aufschluss über die Grundlagen der sich zeitlich anknüpfenden Diskussionen und die vielfach behandelte spätscholastische Restitutionslehre geben. Das konkrete Anliegen und Forschungsziel der vorliegenden Untersuchung war es, in einem ersten Schritt, die scotische Restitutionslehre vollumfänglich, möglichst unter authentischer Beibehaltung seiner Argumentationslinie und Systematik verbunden mit der Beifügung einer deutschen Übersetzung der relevanten Textpassagen herauszuarbeiten und der Leserschaft in ihrer Gesamtheit zu präsentieren und darüber hinaus – in einem zweiten Schritt – die scotischen Aussagen, wenn dies möglich war, zu kontextualisieren, das heißt konkret in Bezug auf diese Arbeit, vorwiegend in den theologischen, teils kanonistischen Diskurs vor allem des ausgehenden 13. und beginnenden 14. Jahrhunderts oder auch in die kanonischen Lehren einzubetten. Schwerpunktbildend war stets die detaillierte Analyse und Aufbereitung der scotischen Restitutionslehre, mithin der „erste Schritt". Zum Teil liefert diese Arbeit auch einen Überblick über frühere oder nachfolgende Diskurse, dies auch im Rahmen mehrerer Exkurse.

Die in dieser Arbeit unternommene Betrachtung der scotischen Restitutionslehre förderte – dies kann bereits an dieser Stelle betont werden – unter anderem zu Tage, dass *Duns Scotus* einerseits viele der seinerzeit bekannten Restitutionsfälle zum Teil auch in bekannter und durchaus üblicher Form behandelte und dass er so nicht am Anfang, sondern innerhalb einer bereits im späten 13. Jahrhundert ausgeprägten theologischen Tradition steht[1689], andererseits kann *Duns Scotus* aber auch als Impulsgeber und Wegbereiter für die Ausformung einer „neuen" Traditionslinie innerhalb der scholastischen Restitutionslehre bezeichnet werden: So setzte er innerhalb seiner Restitutionslehre einen unverkennbaren Fokus auf den Rechtsgüterschutz des Einzelnen und damit auf den Schutz der Freiheitssphäre des Individuums; insbesondere verband er die *restitutio* systematisch mit seinen Ausführungen zum *dominium distinctum*, dem Privateigentum.[1690] Wurde die Restitution noch im späten 13. Jahrhundert (mehrheitlich) ohne Bezüge zum *dominium* behandelt, so begegnet die Restitution im Zusammenhang mit Ausführungen zum *dominium* in den nachfolgenden Jahrhunderten vermehrt – insbesondere im 16. Jahrhundert. An dieser Stelle sei erneut knapp auf die Synthese der thomasischen und scotischen Systematik in der Kommentierung des *Francisco de Vitoria* hingewiesen, welcher die *restitutio* innerhalb seiner Kommentierung der *Secunda secundae, De iustitia et iure, q. 62*, und damit innerhalb der Lehre von der *iustitia commutativa* mit dem *dominium* verbindet, indem er formuliert, dass die Restitution ihre Grundlage in einem Herrschaftsrecht des Einzelnen findet. Schließlich, so lässt sich in Bezug auf diese Verknüpfung der *restitutio* mit dem *dominium* konstatieren, dass *Duns Scotus* am Anfang einer solchen „neuen" Traditionslinie steht. Bei dieser Verbindung beziehungsweise Verknüpfung dürfte es sich auch unter rezeptionsgeschichtlicher Betrachtung womöglich um den bedeutsamsten und innovativsten Aspekt der scotischen Restitutionslehre handeln.

Im Folgenden wird nun die Arbeit mit ihren wesentlichen Ergebnissen zusammengefasst. Dabei soll es nicht um eine ausführliche Nacherzählung der zuvor präsentierten Ergebnisse und Erträge gehen, sondern es sollen die aus Sicht der Verfasserin besonders bedeutsamen und die die Restitutionslehre des *Duns Scotus* prägenden Elemente hervorgehoben werden: Diese sind insbesondere ihre starke juristische Ausgestaltung und der

---

1689 Vgl. v. a.: § 2.C.
1690 Vgl. insgesamt: § 4 v. a.:§ 4.B, und: § 4.C.

Fokus auf den Rechtsgüterschutz des Einzelnen, ihre voluntaristische Färbung, vor allem der gesamten auf dem freien Willen der Vertragsparteien fußenden scotischen Vertragslehre, die damit einhergehende Betonung des Prinzips der Eigenverantwortlichkeit des Individuums für sein Handeln[1691] und die Herausarbeitung der menschlichen Freiheit als höchstes zu schützendes Gut[1692]. Letztlich, so zeigt sich die scotische Restitutionslehre durch die bereits in der Einleitung dieser Arbeit skizzenhaft präsentierten Grundpfeiler der scotischen Philosophie geprägt.

A. *Die juristische Ausrichtung der scotischen Restitutionslehre, v. a.: der Rechtsgüterschutz*

Duns Scotus liefert keine Definition der Restitution, er eröffnet seine zweite Quästion auch nicht mit einer solchen Definition. Im Hinblick auf die theoretischen Grundlagen der scotischen Restitutionslehre[1693] bleibt zunächst festzuhalten, dass die Restitution bei *Duns Scotus* in seine Sakramentenlehre, speziell in seine Bußlehre, eingebettet bleibt: Er behandelt die Restitution am *locus classicus, lib. IV, dist. 15, q. 2*. Mit besonderem Nachdruck arbeitet er die Heilsbedeutung und den zwingenden Charakter der Restitution als eine dem Bußsakrament vorgelagerte Pflicht des Schadensausgleichs heraus. Wie die Großzahl der Theologen des 13. Jahrhunderts beleuchtet auch *Duns Scotus* das Verhältnis der Restitution zur Satisfaktion, allerdings liest man bei ihm die übliche Ausgangsfrage „*Utrum/An restitutio sit pars satisfactionis?*“ nicht; vielmehr zeigt bereits die scotische Ausgangsfrage, die zweite Quästion, eine auffällige rechtliche Färbung auf: Denn er bettet seine gesamte Ausgangsfrage in eine juristische Fallgestaltung ein, nämlich in die einer unrechtmäßigen Güterzuordnung. Bereits diese juristische Konnotation und Färbung seiner Ausgangsfrage sowie auch die weitere, immer wiederkehrende Verwendung der Begrifflichkeiten der verschiedenen *bona propria* in den Quästionen drei und vier lassen den Fokus auf den Schutz der Rechtsgüter, speziell des Eigentums des Einzelnen, deutlich werden. Bereits auf diese Weise gibt *Duns Scotus* klar zu erkennen, dass es bei der Restitution letztlich auch um ein Rechtsproblem,

---

1691 Zur Betonung der Eigenverantwortlichkeit im Zusammenhang mit der Restitution im Falle einer Rufschädigung vgl. auch: § 5.J.I.

1692 Zur menschlichen Freiheit im Zusammenhang mit der Restitution im Falle einer ungerechten Versklavung:§ 5.K.II.

1693 § 4.

nämlich den Rechtsgüterschutz, geht. Seine Restitutionslehre bleibt tief verwurzelt in die moraltheologische Bußlehre, jedoch so erfordert die Beantwortung der einzelnen Restitutionsfragen auch stets eine Betrachtung des Rechts. Dies wird insgesamt in den Ausführungen des *Duns Scotus* an zahlreichen Stellen seiner Kommentierung, in welchen er ausdrücklich auch Bezüge zur geltenden Rechtslage und Rechtspraxis herstellt, deutlich.

Unmissverständlich bringt *Duns Scotus* gleich zu Beginn seiner Ausführungen zur *restitutio* zum Ausdruck, dass die Frage nach der Restitution im Falle einer unrechtmäßigen Güterzuordnung zunächst die nähere Betrachtung des Instituts des Privateigentums als solches und dessen Erwerbsformen erfordere. Und erst nach einer detaillierten und ausführlichen Legitimation des Privateigentums, welche ihn weiter auch zur Unterbreitung seiner politischen Herrschaftstheorie veranlasst, widmet sich *Duns Scotus* den Übertragungsformen des Eigentums, analog dazu denen des Gebrauchs sowie den möglichen restitutionsauslösenden Momenten einer Ungerechtigkeit. Man findet bei *Duns Scotus* unter dem Aspekt der *restitutio* daher sowohl eine Verknüpfung mit seiner dreistufigen Rechtfertigung des Privateigentums als auch mit seiner Rechtfertigung der politischen Herrschaftsgewalt insgesamt.[1694] Dabei fundiert *Duns Scotus* insbesondere die politische Herrschaftsgewalt willenstheoretisch, denn er führt sie auf den Willen des Individuums als einen im gemeinschaftlichen Konsens inkludierten Einzelwillen zurück. Diese willenstheoretische Fundierung und voluntaristische Ausrichtung ist für die scotische Restitutionslehre in vielerlei Hinsicht prägend – dies zeigen auch die weiteren Ausführungen. Denn insbesondere innerhalb seiner Vertragslehre zeigt sich eine starke Akzentuierung der Willensfreiheit und des auf dem freien Willen der Parteien fußenden vertraglichen Konsens. Es ist aber bereits diese Systematisierung und Ordnungsstruktur seiner zweiten Quästion – die Verknüpfung der *restitutio* mit der *dominium*-Rechtfertigung und die Inkorporation seiner politischen Herrschaftstheorie in diese –, welche sich vom zeitgenössischen Diskurs rund um die *restitutio* innerhalb der Sentenzenkommentierungen abhebt und in besonderem Maße den Fokus auf den Rechtsgüterschutz des Einzelnen und damit zugleich auf die juristische Fundierung der Restitutionslehre lenkt.

1694 Ausführlich dazu: § 4.C. Ausführlich zur Verknüpfung der *restitutio* mit dem *dominium distinctum*, welche in der Sekundärliteratur zwar – wie z. B. auch die Rechtsgüterbezogenheit bei *Duns Scotus* bei *Jansen* – vereinzelt, aber (lediglich) knapp erwähnt wurde: § 4.B.

B. Die willensbasierte Vertragslehre und das scotische Konzept der Wertgleichheit als dynamische Größe, v. a.: die Lehre von einer latitudo

Die zweite Quästion richtet *Duns Scotus* anhand der verschiedenen Eigentumserwerbstitel aus, wobei der Fokus erkennbar auf den privaten Eigentumserwerbstiteln *(per actum secundum quid liberalem = contractus)* in Form des Vertrages liegt. Der Vertrag basiert laut *Duns Scotus* auf dem Konsens und damit auf den Willen der Vertragsparteien, er ist durch das Synallagma der Leistungspflichten geprägt *(do ut/et des)*. Es geht *Duns Scotus* im Wesentlichen um die Präsentation der einzelnen Vertragsregeln gerechter, nämlich die Tauschgleichheit, also die Leistungsäquivalenz, wahrender Verträge. Den Grundtyp des Vertrages bildet der Tauschvertrag. Es zeigte sich in diesem Zusammenhang, dass das Geld in der scotischen Lehre primär als ein vereinfachtes Tauschmittel fungiert, so arbeitet *Duns Scotus* diese Tauschmittelfunktion des Geldes besonders heraus. Im Rahmen der Darstellung der Voraussetzungen eines gerechten Tauschvertrages unterbreitet *Duns Scotus* seine eigene, augustinisch geprägte und entscheidend auf der *utilitas* gründende Werttheorie.[1695] Denn laut *Duns Scotus* bemisst sich der Wert eines jeden Tauschgegenstandes entscheidend nach der Nützlichkeit *(utilitas)* für den bestimmungsgemäßen Gebrauch. Maßgeblich und wertbildend ist mithin das Kriterium der Nützlichkeit *(utilitas)*.

Duns Scotus zählt zu einem der bedeutendsten Vertretern einer *latitudo*, eines Spielraumes, gerechter Preise. Wie auch *Heinrich von Gent*, vor allem aber *Petrus Johannes Olivi* zuvor spricht *Duns Scotus* von einer *latitudo* gerechter Preise, also einer gewissen Spannbreite, eines Spielraumes gerechter, die Tauschgleichheit wahrender Preise. *Duns Scotus* entfaltet innerhalb seiner Restitutionslehre ein Konzept der Wert- und Preisgleichheit *(latitudo)*, welchem die Vorstellung von der Wertgleichheit als eine fließende und dynamische Größe zu Grunde liegt. Innerhalb dieser *latitudo* entsprechen die auf der subjektiven Schätzung der Vertragsparteien beruhenden Preisvorstellungen einzelnen Graden innerhalb dieser *latitudo*, wobei ihre äußersten Grenzen von *Duns Scotus* durch die gesetzliche Regelung der *laesio enormis* und durch die wirtschaftliche Gewohnheit der parteilichen Preisverhandlung bestimmt werden. Im Hinblick auf diese letztgenannte Begrenzung trägt *Duns Scotus* den im wirtschaftlichen Alltag seiner Zeit vorzufindenden und nach dem *ius commune* erlaubten freien Preisverhand-

1695 Zur Wertgleichheit, d. h. zur *utilitas*, aber auch ausführlich zur *latitudo* und zu ihren Grenzen sowie der Lehre einer im vertraglichen Konsens enthaltenen Schenkung: § 5.C.II.1.a)bb).

lungen der Parteien (unterhalb der Grenze der Läsionsanfechtung) im Rahmen seiner wirtschaftlichen Lehren Rechnung; er zeigt sich durch die explizite Nennung dieses Beispiels besonders realitätsnah. In besonderer Weise hebt *Duns Scotus* so die individuelle Preisfestsetzung durch die Vertragsparteien selbst und in diesem Zusammenhang den Prozess des Aushandelns eines Vertragspreises durch gegenseitiges Abrücken von den individuellen, durch die persönliche Wertschätzung geprägten Preisvorstellungen hervor. Ausfluss dieser höchst individuellen Wertschätzung ist eine einen jeden Vertrag begleitende Wertdiskrepanz innerhalb der Preisvorstellungen der Vertragsparteien: Und in der Höhe dieser unvermeidbaren Wertdiskrepanz belgeitet eine Schenkung einen jeden Vertrag. Der vertragliche Konsens über den Preis inkludiert laut *Duns Scotus* einen solchen Schenkungswillen. Es handelt sich um eine Lehre des *Duns Scotus*, welche von *Bernhardin von Siena*, *Johannes Nider* und *Antoninus von Florenz* aufgegriffen wurde und vielfach innerhalb des spätscholastischen Diskurses im Zusammenhang mit dem *iustum pretium* begegnet. Wie bereits *Langholm* betonte, so liegt der scotischen Vorstellung einer vertragsimmanenten Schenkung eine auf Barmherzigkeit und Nächstenliebe, durch die Anwendung der Goldenen Regel geprägte Vorstellung des ökonomischen Handelns des Individuums zu Grunde.

Insgesamt, steht – wie auch *Kaye* betonte – *Duns Scotus* für einen derjenigen Theologen seiner Zeit, bei welchem die Abkehr von einem statischen hin zu einem dynamischen Verständnis der Tauschgleichheit vollzogen ist. Deutlich zeigt sich in den scotischen Ausführungen, dass die Vertragsgerechtigkeit keine statische, exakt determinierbare Größe, sondern infolge der sie bestimmenden veränderbaren Faktoren selbst beweglich und veränderbar ist. Mehrfach akzentuiert er den auf freier Willensbetätigung der Parteien fußenden Konsens als Grundlage des Preises. Die Parteien können durch die Freiheit ihrer Willen von ihren subjektiven Preisvorstellungen abweichen, um einen Konsens zu finden. Durch die Betonung der Preisverhandlung sowie der Idee einer Schenkung setzt *Duns Scotus* klare voluntaristische Akzente, welche den freien Willen als Vertragsgrundlage in den Mittelpunkt treten lassen.

C. *Die durch die franziskanische Identität des Duns Scotus geprägte Argumentation gegen das Zinsnehmen, v. a.: die scotische Zinstitellehre*

Die scotische Stellungnahme zum Zinsverbot, insbesondere die Analyse seiner Zinstitellehre, welche er im Rahmen der Darstellung der Voraussetzungen eines gerechten, die Tauschgleichheit wahrenden Darlehensvertrages tätigt, erwies sich im Rahmen dieser Untersuchung als äußerst komplex und differenziert. Im Rahmen seiner Argumentation für das Zinsverbot stützt sich *Duns Scotus* auf seinerzeit bekannte Argumente gegen das Zinsnehmen, zugleich sind *Duns Scotus'* Ausführungen zum Zinsverbot in besonderem Maße durch seine franziskanische Identität und die Zurückweisung jeglichen Eigentums geprägt. So weist er das auf *Thomas von Aquin* zurückgehende und auch von seinem Ordensbruder *Richardus de Mediavilla* vertretene Argument des Verbrauchs ausdrücklich zurück. Bei *Duns Scotus* begegnet daher eine durch das franziskanische Armutsverständnis bedingte Begründung des Zinsverbotes unter ausdrücklicher Zurückweisung des „Verbrauchsarguments". Denn für *Duns Scotus* kann das Argument des mit dem Gebrauch eines Gutes einhergehenden Verbrauchs nicht überzeugen, würde es doch die Trennung von Eigentum und Gebrauch bei den Gütern des täglichen Gebrauchs konterkarieren.[1696]

Insbesondere die scotische Zinstitellehre[1697] hat kaum Beachtung in der Sekundärliteratur gefunden. Diese Arbeit präsentiert vor allem auch die scotische Lehre von den Zinstiteln in ihrer Gesamtheit: Sie stellt so auch ausdrücklich klar, wenn und sofern einige Passagen aus der Sicht der Verfasserin mehreren möglichen Deutungen und Interpretationen zugänglich sind. *Duns Scotus* unterteilt seine Zinstitellehre in solche Titel, welche einer Vereinbarung zwischen den Parteien entspringen, und solche ohne jegliche Vereinbarung. Ausführlich nimmt er zu den Voraussetzungen der Vertragsstrafe und dem *interesse* Stellung. Zudem begegnet der Titel der Unsicherheit *(„titulus incertitudinis")*. Zuletzt nennt *Duns Scotus* den vielfach im theologischen Diskurs des Spätmittelalters genannten – aber in der Sekundärliteratur in Bezug auf *Duns Scotus* kaum gewürdigten – Titel der unentgeltlichen Zuwendung *(Schenkung: sine omni pacto)*. Auch dieser Zinstitel wurde in dieser Arbeit detailliert erörtert. Für die Einzelheiten sei auf den Besonderen Teil dieser Arbeit verwiesen.[1698]

Zuletzt sei angemerkt, dass bei *Duns Scotus* das Wechselgeschäft *(cambium)*, der Rentenvertrag oder konkrete Fälle einer Bürgschaft im Zusammenhang mit der Rechtfertigung etwaiger Zinstitel keine Würdigung er-

---

1696 Zur Zurückweisung des „Verbrauchsarguments" innerhalb der Begründung des Zinsverbotes: § 5.C.II.2.b)aa)(1).

1697 Ausführlich zur Zinstitellehre: § 5.C.II.2.b)bb).

1698 Speziell zu diesem Zinstitel ohne jegliches *pactum*: § 5.C.II.2.b)bb)(2).

fahren.[1699] In einer besonderen Ausführlichkeit behandelt *Duns Scotus* die *commutationes pro futuro* beziehungsweise die *venditiones sub dubio/ad tempus* unter Darbietung einer Vielzahl von kleineren Beispielsfällen zur praktischen Anwendbarkeit und Handhabung der geltenden, maßgeblichen Dekretalen.

D. Die ausführliche Stellungnahme des Duns Scotus zum Handel(sgewinn), v. a.: die Akzentuierung der Gemeinwohldienlichkeit

Auch *Duns Scotus* bezieht Stellung zum Handel und rechtfertigt den Handelsgewinn des Kaufmannes. *Duns Scotus* nimmt vor allem eine positive, befürwortende Position gegenüber der gemeinschaftsdienlichen Tätigkeit der Kaufmänner ein. Mehrmals arbeitet er die staatsdienliche Funktion der Handelsmänner heraus. Er äußert sich in keiner Weise kritisch-abwertend oder sonst negativ über Handelsmänner. Es sind insbesondere die Ausführungen des *Duns Scotus* zur Rechtfertigung des Handelsgewinns, welche in der Sekundärliteratur Anlass gaben, *Duns Scotus* als Verteidiger einer (eher) objektiven Preislehre/Wertlehre einzuordnen.[1700] Wie an anderer Stelle dieser Arbeit bereits erwähnt, ist es ist nicht Anliegen dieser Arbeit, sich mit wirtschaftshistorischen Themen und Fragestellungen auseinanderzusetzen, so wurde in dieser Arbeit ganz bewusst auf eine solche Zuordnung zu einer subjektiven oder objektiven Wert-/Preislehre verzichtet. Vielmehr wird, wie bereits zuvor betont wurde, davon ausgegangen, dass die Akzentuierung sowohl subjektiver als auch objektiver Wert- und Preisbildungsfaktoren geradezu typisch für die scholastische Auseinandersetzung mit der Wertbestimmung und dem *iustum pretium* war, basierten die Lehren doch auf einer Synthese von aristotelischen und augustinischen Lehren.

1699 Das „Schweigen“ des *Duns Scotus* über die Rentenverträge findet auch Erwähnung bei: *Langholm*, Economics in the Medieval Schools (wie Fn. 248), S. 405; *Mochrie*, Justice in Exchange (wie Fn. 252), S. 46; zur knappen Nennung der Begrifflichkeit des *cambium* in *Duns Scotus´ Reportatio IV-A* vgl. in dieser Arbeit: § 5.C.II bei Fn. 823, u. a. mit Verweis auf: *Langholm*, Economics in the Medieval Schools (wie Fn. 248), S. 413; *Schreiber*, Die volkswirtschaftlichen Anschauungen der Scholastik (wie Fn. 248), S. 149.

1700 Hierzu und zu den folgenden Ausführungen: § 5.C.II.5.a)bb).

E. Duns Scotus' Ausführungen zu den Körperverletzungen, v. a.: die Forderung von „Schmerzensgeld" als Ausfluss des Gebots des vollständigen Schadensausgleichs

Bei der ausführlichen Darstellung der dem Vertragswesen entspringenden Restitutionslehre belässt es *Duns Scotus* keineswegs, sondern er nimmt darüber hinaus detailliert Stellung zu den aus einer juristischen Perspektive als „deliktisch" zu bezeichnenden Restitutionspflichten, vor allem solchen, welche einer Körperverletzung oder der Tötung eines anderen Menschen entspringen. Diese behandelt er ausdrücklich in seiner dritten Quästion neben der Schädigung an den geistigen beziehungsweise an den seelischen Gütern.[1701] In Bezug auf letztere sei angemerkt, dass *Duns Scotus* in besonderer Weise vor den Gefahren einer Schädigung an den seelischen Gütern warnt. Für *Duns Scotus* wiegt der Schaden an diesen seelischen, moralischen Gütern insgesamt am schwersten. Im Hinblick auf die möglichen Restitutionsfolgen bei einer körperlichen Schädigung differenziert *Duns Scotus* zwischen der potentiellen und tatsächlichen Rechtlage. Laut *Duns Scotus* könnte zumindest theoretisch in einem jeden Fall einer körperlichen Schädigung das Talionsgesetz festgesetzt werden. Die weiteren Ausführungen des *Duns Scotus* zeigen deutlich, dass *Duns Scotus* eine klare und scharfe Kritik an der Strafpraxis der Herrschenden seiner Zeit, insbesondere an der Verhängung der Todesstrafe für den Diebstahl, äußert. Diese Kritik übt *Duns Scotus* gleich mehrmals innerhalb der dritten Quästion. Die einzelnen Restitutionspflichten richtet *Duns Scotus* maßgeblich an den unterschiedlichen Arten der körperlichen Schädigung aus: In Bezug auf die Tötung eines Menschen plädiert *Duns Scotus* unter anderem dafür, dass der Schädiger sein eigenes Leben im Krieg für die Kirche lässt, sofern die Talionsstrafe nicht gesetzlich vorgeschrieben ist. Ist der Schädiger zu einer solchen Restitution nicht bereit, so bleibt er zu einer „geistigen" Restitution, welche möglichst dem Leben des Getöteten entsprechen sollte *(ad restitutionem spiritualem)* verpflichtet. Diese geistige Restitution *(restitutio spiritualis pro damno vitae)* bleibt bei *Duns Scotus* von der Restitution für die entgangenen geistigen Taten beziehungsweise Werke *(restitutio pro bonis spiritualibus)* zu trennen. Letztere erwähnt *Duns Scotus* in seiner *Reportatio IV-A* für den Fall, dass der Getötete keine Angehörigen hat, welchen er Unterhalt leistete, als einen zusätzlichen, eigenständigen

1701 Zur Restitution im Zusammenhang mit der Schädigung an den körperlichen Gütern: § 5.I, im Zusammenhang mit der Schädigung an den geistigen Gütern: § 5.G.

Schadensposten der Restitution für die entgangenen spirituellen Werke des Getöteten durch Fasten, Beten, Messen und Almosen. Im Übrigen ist der Schädiger all denjenigen zur Restitution verpflichtet ist, welchen der Getötete gegenüber „unterhaltspflichtig“ war, wie zum Beispiel der Mutter, dem Vater oder Verwandten *(propinqui)*.

In Bezug auf die Körperverletzung lässt sich festhalten, dass der Schädiger stets die Behandlungskosten schuldet. Für den Fall einer Verstümmelung *(mutilatio)* schuldet er weiter den entgangenen künftigen Gewinn/Arbeitsausfall. Im Übrigen orientiert sich der konkrete Leistungsumfang in der scotischen Lehre an den Vermögensverhältnissen des Geschädigten. Für die weiteren Einzelheiten sei auch an dieser Stelle auf die Ausführungen im Hauptteil dieser Arbeit verwiesen.[1702]

Zuletzt, soll nun noch folgender Aspekt besondere Erwähnung erfahren: Ausdrücklich fordert *Duns Scotus* einen Ersatz in Geld für die Isolation und Trauer des Geschädigten. Anders als in seiner *Ordinatio IV* spricht *Duns Scotus* in seiner *Reportatio IV* ausdrücklich von dem erlittenen Schmerz *(dolor)*. *Duns Scotus* fordert im Ergebnis – unabhängig davon, ob er tatsächlich auch den Terminus *dolor* verwendet hat – hier einen Ersatz für einen rein immateriellen Schaden, nämlich der Vereinsamung, Trauer und Isolation – für die Dauer der Heilung beziehungsweise bei schwerwiegenden Verstümmelungen auch darüber hinaus. Es geht *Duns Scotus* – dies zeigte sich immer wieder – bei der Restitution um einen vollen Ausgleich der materiellen, aber eben auch immateriellen Schäden (z. B. in Geld). Wie sich dieser im Einzelnen bemessen mag, bleibt unklar, dürfte im Ergebnis wohl aber einer Einschätzung des Beichtvaters unterliegen. Es lässt sich schließlich – wie in jüngerer Zeit auch *Unterreitmeier* akzentuiert hat – festhalten, dass *Duns Scotus* innerhalb seiner Restitutionslehre die Zahlung eines „Schmerzensgeldes“ explizit herausgearbeitet und als einen eigenständigen zu ersetzenden Schadensposten formuliert und anerkannt hat – und dies zu einer Zeit, in welcher das verbreitete römisch-kanonische Schadensrecht einen vollwertigen Ersatz des erlittenen Schmerzes nicht kannte.

1702 Vgl. v. a.: § 5.I.II.2, § 5.I.II.3.

F. Duns Scotus' Ausführungen zur Rufschädigung, v. a.: der Vorrang des Widerrufs als Ausfluss des Primats der Naturalrestitution

In seiner vierten Quästion behandelt *Duns Scotus* zuletzt ausführlich die Restitution einer Rufschädigung, wobei er in diesem Zusammenhang eine Dreiteilung der Rufschädigungsformen vornimmt.[1703] Er spricht ausdrücklich von der *fama*, dem guten Ruf, nicht von der Ehre *(honor)*. Und auch in diesem Abschnitt seiner Kommentierung zeigt sich *Duns Scotus* als ein Experte und besonderer Kenner des Rechts, in diesem Fall speziell des Prozessrechts; denn er ist immer wieder um einen harmonischen Ausgleich zwischen der Forderung der Restitution und der Wahrung der Verteidigungsrechte des Angeklagten in einem gerichtlichen Prozess, speziell der Wahrung des *nemo-tenetur*-Grundsatzes, bemüht. Wie schon mehrfach akzentuiert, so ist für die Restitution – und das zeigt sich vor allem in der vierten Quästion – der Vorrang der Naturalrestitution vor der Geldkompensation prägend: Denn ganz unstreitig ist der gute Ruf primär durch den Widerruf zurückzuerstatten. Erst wenn eine Naturalrestitution nicht möglich ist, schuldet der Schädiger Ersatz in Geld. Ohne dass *Duns Scotus* dies in seiner Kommentierung, beispielsweise innerhalb seiner allgemeinen Lehren, klarstellt, so liegt auch *Duns Scotus'* Lehre der Grundsatz des Vorrangs des Ersatzes in natura vor einer etwaigen Geldkompensation zu Grunde.

G. Duns Scotus als Begründer einer „neuen" Traditionslinie innerhalb der scholastischen Restitutionslehre

Insgesamt, so zeigt sich *Duns Scotus'* Restitutionslehre auf einen ersten, flüchtigen Blick in bekannter, tradierter Form innerhalb der Sentenzenkommentierung am durch die lombardische Systematik vorgegebenen *locus classicus (lib. IV, dist. 15)*. Auch ein knapper Vergleich mit der thomasischen Lehre zeigt, dass *Duns Scotus* tatsächlich in vielerlei Punkten zu gleichen beziehungsweise ähnlichen Restitutionsforderungen wie *Thomas von Aquin* gelangte. Doch erst der präzise – durch diese Arbeit bezweckte und unternommene – Blick hat in aller Klarheit offenbart, dass *Duns Scotus* vielfach über den Horizont und Diskurs seiner Zeit hinausging und dass es insbesondere die scotische, willensakzentuierte und willensbasierte Grundphilosophie ist, welche auch den Grundpfeiler, das Fundament,

1703 § 5.J.

seiner Restitutionslehre, insbesondere seiner Vertragslehre (z. B. Konsensprinzip, Eigenverantwortlichkeitsprinzip, Schutz der Freiheitssphäre auch im rechtsgeschäftlichen Güteverkehr), bildet. Insgesamt, so durchzieht sowohl diese voluntaristische als auch die juristische Färbung die gesamte scotische Restitutionslehre.

Abschließend lässt sich sicher konstatieren, dass *Duns Scotus* speziell für die weitere Entwicklung und Ausdifferenzierung der moraltheologischen Restitutionslehre als ein besonders bedeutsamer und einflussreicher Moraltheologe des Spätmittelalters einzuordnen ist, welcher innovative, wegweisende Akzente insbesondere mit Blick auf die Systematisierung der Restitutionslehre setzte. Vielfach – dies zeigte diese Arbeit unter anderem auch – wurden die Lehren des *Duns Scotus* innerhalb der nachfolgenden Sentenzen- beziehungsweise Summenliteratur aufgegriffen, rezipiert und zum Teil auch ausdrücklich als falsch tituliert und zurückgewiesen.

Letztlich fügte *Duns Scotus* sich einerseits in eine sich um die Jahrhundertwende innerhalb der scholastischen Restitutionslehre ausgeprägte Traditionslinie ein, wobei er sich insbesondere durch seine Ordensbrüder *Richardus de Mediavilla* und *Petrus Johannes Olivi* beeinflusst zeigt; andererseits setzte *Duns Scotus* vor allem durch die klare Ausrichtung der Restitution am Rechtsgüterschutz und durch den damit verbundenen Schutz der Freiheitssphäre des Individuums sowie durch die Verknüpfung der *restitutio* mit dem *dominium* wegweisende Impulse für die Ausdifferenzierung der Restitutionslehre in der nachfolgenden Literatur.

Quellenverzeichnis

Abaelardus, Petrus, Sic et Non. A Critical Edition, hrsg. v. Blanche Beatrice Boyer; Richard Peter McKeon, Chicago [u. a.] 1977

Abaelardus, Petrus, Opera Theologica, Tom. IV: Scio te ipsum, in: Corpus Christianorum. Continuatio Mediaevalis 190, hrsg. v. Rainer M. Ilgner, Turnhout 2001

Accursius, Glossa ordinaria, in: Corpus iuris civilis Iustinianaei, Tom. IV: Codicis Dn. Iustiniani Sacratissimi Imp. PP. Augusti, Repetitae Praelectionis Libri Duodecim, ..., studio et opera Ioannis Fehi, Lugduni 1627 (Nachdruck: Osnabrück 1966)

Adam Wodeham (Goddam), Super quattuor libros Sententiarum, Parisiis 1512

Aegidius Romanus, Quodlibeta, Lovanii 1646

Albericus de Rosate, Commentarii in primam Digesti novi partem, in: Opera iuridica rariora, Tom. 25, selecta cura et studio Dominici Maffei; Enni Cortese; Guidonis Rossi, Venetiis 1585 (Nachdruck: Bologna 1979)

Albertus Magnus, Ethicorum libri X, in: Opera omnia, Tom. VII, cura et labore Steph. Caes. Augusti Borgnet, Parsiis 1891

Albertus Magnus, Commentarii in quartum librum Sententiarum (Dist. I–XXII), in: Opera Omnia: ex editione lugdunensi religiose castigata, Tom. XXIX, cura et labore Steph. Caes. Augusti Borgnet, Parisiis 1894

Albertus Magnus, Super Ethica commentum et quaestiones, in: Opera omnia (ed. Coloniensis), Tom. XIV, Pt. 1–2, hrsg. v. Wilhelm Kübel, Münster 1968/1987

Alexander von Hales, Summa theologica. Seu sic ab origine dicta "Summa Fratris Alexandri", Tom. IV: Liber tertius, Textus, iussu et auctoritate Pacifici M. Perantoni, Ad Claras Aquas (Quaracchi) 1948

Alexander von Hales, Glossa in quatuor libros sententiarum Petri Lombardi, Tom. IV: In librum quartum, studio et cura PP. Collegii S. Bonaventurae, Quaracchi/Florentiniae 1957

Anselm von Laon, Sententie Anselmi, in: Anselm von Laons systematische Sentenzen, hrsg. v. Franz Pl. Bliemetzrieder, Münster 1919, 1. Teil: Texte, S. 47–153

Antoninus von Florenz, Summa theologica, Pars secunda, Veronae 1740

Antonius Andreae, In quatuor Sententiarum Libros opus longe absolutissimum, Venetiis 1578

Aristoteles, Nikomachische Ethik, auf der Grundlage der Übersetzung v. Eugen Rolfes, hrsg. v. Günther Bien, 4. Auflage, Hamburg 1985 (1. Online-Ausgabe/Reproduktion der 4. Auflage [1985], Hamburg 2017)

Aristoteles, Politik, Buch I: Über die Hausverwaltung und die Herrschaft des Herrn über Sklaven, übers. u. erl. v. Eckart Schütrumpf, in: Werke in deutscher Übersetzung, Bd. 9, Teil 1, begr. v. Ernst Grumach, hrsg. v. Hellmuth Flashar, Darmstadt 1991

Aristoteles, Politik, Buch II/III, II: Über Verfassungen, die in einigen Staaten in kraft sind, und andere Verfassungen, die von gewissen Männern entworfen wurden und als vorbildlich gelten; III: Über die Verfassung, übers. u. erl. v. Eckart Schütrumpf, in: Werke in deutscher Übersetzung, Bd. 9, Teil 2, begr. v. Ernst Grumach, hrsg. v. Hellmuth Flashar, Darmstadt 1991

Augustinus, Retractationum Libri Duo, in: Opera omnia Augustini Hipponensis, Tom. I, hrsg. v. Jacques Paul Migne, Paris 1845 (Patrologia Latina, Bd. 32), Sp. 583–656

Augustinus, In Ioannis Evangelium tractatus CXXIV, in: Opera omnia Augustini Hipponensis, Tom. III, hrsg. v. Jacques Paul Migne, Paris 1845 (Patrologia Latina, Bd. 35), Sp. 1379–1976

Augustinus, De civitate Dei XXII, in: Opera omnia Augustini Hipponensis, Tom. VII, hrsg. v. Jacques Paul Migne, Paris 1845 (Patrologia Latina, Bd. 41), Sp. 13–804

Augustinus, Epistola CLIII (ad Macedonium), in: Opera Omnia Augustini Hipponensis, Tom. II, hrsg. v. Jacques Paul Migne, editio novissima, Paris 1865 (Patrologia Latina, Bd. 33), Sp. 653–665

Augustinus, De Trinitate libri XV, in: Opera omnia Augustini Hipponensis, Tom. VIII, hrsg. v. Jacques Paul Migne, editio novissima, Paris 1865 (Patrologia Latina, Bd. 42), Sp. 819–1098

Azo, Summa super Codicem. Instituta, extraordinaria, in: Corpus glossatorum juris civilis, Tom. II, hrsg. v. Mario Viora, Papie 1506 (Nachdruck: Augustae Taurinorum 1966)

Azo, Lectura super Codicem. Ad singulos leges XII librorum codicis Justiniaenei commentarius. Hugolini apparatus in tres libros, in: Corpus glossatorum juris civilis, Tom. III, hrsg. v. Mario Viora, Parisiis 1577 (Nachdruck: Augustae Taurinorum 1966)

Bartolus de Sassoferrato, In primam Digesti Novi partem Commentaria..., Venetiis 1574
[zitiert nach: Pichonnaz, Ursprung und Begründung der Verjährung in historischer Sicht, in: ZRG, Rom. Abt. Bd. 132 (2015), S. 521, Fn. 62, vgl. auch: Pichonnaz, Pascal im Literaturverzeichnis]

Bartolus de Sassoferrato, Codex Iustinianus in duodecim libros Codicis commentaria, in: Ius commune. Rechtstradition der Europäischen Länder, Legistik 2, Frankfurt a. M. 2007 (Nachdruck von Bartolus de Saxoferrato, Opera Omnia, Studio et Opera I. Concenatii, 5 Bde., Basel 1562)

Bernhard von Parma, Glossa ordinaria, in: Corpus juris canonici emendatum et notis illustratum. Gregorii XIII. pont. max. iussu editum, Tom. II: Decretales d. Gregorii papae IX, Romae 1582
(verwendet wurde in dieser Arbeit die unter folgender URL online abrufbare Fassung der *Glossa:* „UCLA Digital Library Program. Corpus Juris Canonici (1582)“: http://digital.library.ucla.edu/canonlaw) [zuletzt abgerufen am: 20.08.2020]

Bernhardin von Siena, Quadragesimale, de Christiana religione, in: Opera Omnia, synopsibus ornata, postillis illustrata, necnon variis tractatibus,..., Tom. I, opera et labore R. P. Joannis de la Haye, Parisini..., Lugduni 1650

Bernhardin von Siena, Quadragesimale de evangelio aeterno, in: Opera omnia, synopsibus ornata, postillis illustrata, necnon variis tractatibus,... Tom. II, opera et labore R. P. Joannis de la Haye, Parisini..., Lugduni 1650

Biblia Sacra Vulgata, hrsg. v. Robert Weber; Roger Gryson, 5. Auflage, Stuttgart 2007
(online abrufbar unter folgender URL: https://www.bibelwissenschaft.de/online-bibeln/biblia-sacra-vulgata/lesen-im-bibeltext/) [zuletzt abgerufen am: 13.08.2020]

Bonaventura, Commentaria in tertium librum Sententiarum, in: Opera Omnia, Tom. III, Ad Claras Aquas (Quaracchi) 1887

Bonaventura, Commentaria in quartum librum Sententiarum, in: Opera Omnia, Tom. IV, Ad Claras Aquas (Quaracchi) 1889

Bonaventura, Apologia pauperum, in: Opera Omnia, Tom. VIII, Ad Claras Aquas (Quaracchi) 1898, S. 233–330

Conciliorum Oecumenicorum Decreta, curantibus Josepho Alberigo; Perikle-P. Joannou; Claudio Leonardi; Paulo Prodi, consultante Huberto Jedin, Freiburg i. Br. [u. a.] 1962

Conciliorum Oecumenicorum Decreta, Bd. 2: Konzilien des Mittelalters. Vom ersten Laterankonzil (1123) bis zum fünften Laterankonzil (1512–1517), ins Deutsche übertrag. u. hrsg. v. Josef Wohlmuth, 3. Auflage, Paderborn [u. a.] 2000

Conradus Summenhart, De contractibus licitis atque illicitis tractatus, Venetiis 1580

Corpus iuris canonici, hrsg. v. Emil Ludwig Richter; Emil Albert Friedberg, Leipzig 1879–1881 (Nachdruck: Graz 1959) *(=CIC)*

Decretum Gratiani, in: Corpus Iuris Canonici I, Leipzig 1879 (ND: Graz 1959) (zur Glosse zum *Decretum Gratiani* vgl. *Johannes Teutonicus*)

Liber Extra, in: Corpus Iuris Canonici II, Leipzig 1881, Sp. 1/2–Sp. 928 (ND: Graz 1959)
(zur Glosse zum *Liber Extra* vgl. *Bernhard von Parma*)

Liber Sextus, in: Corpus Iuris Canonici II, Leipzig 1881, Sp. 933/934–Sp. 1124 (ND: Graz 1959)

Corpus iuris civilis, hrsg. v. Paul Krüger; Theodor Mommsen, Berlin 1872–1895

Codex Iustinianus, Corpus iuris civilis II, 12. Auflage, Berlin 1959

Digesta, Corpus iuris civilis I, 16. Auflage, Berlin 1954

Corpus Iuris Civilis. Text und Übersetzung. Auf der Grundlage der von Theodor Mommsen und Paul Krüger besorgten Textausgaben, Bd. III: Digesten 11–20, hrsg. u. übers. v. Okko Behrends; Rolf Knütel; Berthold Kupisch; Hans Hermann Seiler, Heidelberg 1999

Corpus Iuris Civilis. Die Institutionen. Text und Übersetzung, hrsg. u. übers. v. Rolf Knütel; Berthold Kupisch; Sebastian Lohsse; Thomas Rüfner, 4. Auflage, Heidelberg [u. a.] 2013

Die Bibel. Einheitsübersetzung der Heiligen Schrift. Gesamtausgabe, u. a. im Auftrag der Deutschen Bischofskonferenz, der Österreichischen Bischofskonferenz, der Schweizer Bischofskonferenz, vollständig durchgesehene und überarbeitete Ausgabe, Stuttgart 2016
(online abrufbar unter folgender URL: https://www.bibleserver.com/bible/EU) [zuletzt abgerufen am: 05.09.2020]

Diego de Covarruvias y Leyva, Variarum Resolutionum libros quatuor, Practicarum Quaestionum librum unum, veterumq′ Collationem Numismatum, in: Operum Tomus II (Opera Omnia II), Venetiis 1588

Domingo Báñez, De Iure et Iustitia Decisiones, Venetiis 1595

Domingo de Soto, De iustitia et iure libri decem, Salmanticae 1556, hrsg. v. Venancio Diego Carro, ins Span. übers. v. Marcelino González Ordóñez, Tom. II–III (Faksimiledruck: Madrid 1968) (zitiert nach: lat. Quellentext)

Du Cange, Charles Du Fresne, Glossarium mediae et infimae latinitatis, Tom. VII: R–S, Niort 1886

Duns Scotus, Johannes, Reportatio IV-B, Parisiis 1518
[Angaben entnommen aus: *Balić*, Disquisitio historico-critica (editio vaticana I), S. 149*, vgl. auch *Balić, Karl M.* im Literaturverzeichnis]

Duns Scotus, Johannes, R. P. F. Ioannis Duns Scoti, Doctoris Subtilis, Ordinis Minorum, Opera Omnia..., XII Tomi, ed. Lucas Wadding, Lugduni 1639 (Nachdruck: Hildesheim 1968–1969) *(= editio Wadding)*

Quaestiones in Libri IV Sententiarum (Opus Oxoniense/Ordinatio), in: Opera Omnia, Tom. V–X, Hildesheim 1968

Reportata Parisiensa, in: Opera Omnia, Tom. XI, Hildesheim 1969

Duns Scotus, Johannes, Opera Omnia. Editio nova. Juxta editionem Waddingi XII tomos continentem a patribus franciscanis de observantia accurate recognita, ed. Luis Vivés, XXVI Tomi, Parisiis 1891–1895 *(= editio Wadding-Vivés)*

Ordinatio, Quaestiones in Lib. IV Sententiarum, in: Opera Omnia, Tom. VIII–XXI, Parisiis 1893–1894

Quaestiones in Primum Librum Sententiarum: Distinctione prima et secunda, in: Opera Omnia, Tom. VIII, Parisiis 1893

Quaestiones in Secundum Librum Sententiarum: a distinctione decima quinta usque ad quadragesimam quartam, in: Opera Omnia, Tom. XIII, Parisiis 1893

Quaestiones in Tertium Librum Sententiarum: a distinctione prima usque ad vigesimam secundam, in: Opera Omnia, Tom. XIV, Parisiis 1894

Quaestiones in Tertium Librum Sententiarum: a distinctione vigesima tertia ad quadragesimam, in: Opera Omnia, Tom. XV, Parisiis 1894

Quaestiones In Quartum Librum Sententiarum: a distinctione decima quarta ad vigesimam secundam, in: Opera Omnia, Tom. XVIII, Parisiis 1894

Quaestiones In Quartum Librum Sententiarum: a distinctione quadragesima nona ad quinquagesimam, in: Opera Omnia, Tom. XXI, Parisiis 1894

Reportata Parisiensia, Tom. XXII–XXIV, Parisiis 1894 (= *Reportatio-A*)

Liber primus: Distinctio I–XLVIII.–*Liber Secundus:* Distinctio I–XI, in: Opera Omnia, Tom. XXII, Parisiis 1894 (vgl.: *Lukas Wadding, Censura*)

Liber secundus: Distinctio XII–XLIV – *Liber Tertius:* Distinctio I–XXXV–*Liber quartus*: Distinctio I–VI, in: Opera Omnia, Tom. XXIII, Parisiis 1894

Liber quartus: a distinctione septima usque ad quadragesima nonam, in: Opera Omnia, Tom. XXIV, Parisiis 1894

[zit.: Duns Scotus, Ord./Rep. lib. (Wadding-Vivés Tom.), dist., q., n., S.]

Collationes Parisiensis, Tom. V, Parisiis 1891, S. 131–317

Duns Scotus, Johannes, Doctoris Subtilis Et Mariani Ioannis Duns Scoti Ordinis Fratrum Minorum Opera Omnia Studio Et Cura Commissionis Scotisticae Ad Fidem Codicum Edita Praeside P. Carolo Balíc, Civitas Vaticana 1950–2013 (= *editio vaticana*)

Lectura, in: Opera omnia, Iussu Et Auctoritate RMI P. Pacifici M. Peratoni..., Tom. XVI–XXI (1960–2004)

Ordinatio, in: Opera omnia, Iussu Et Auctoritate RMI P. Pacifici M. Peratoni..., Tom. I–XIV (1950–2013)

Liber Primus: Distinctio Prima et Secunda, in: Opera Omnia, Iussu Et Auctoritate RMI P. Pacifici M. Perantoni, Tom. II, Civitas Vaticana 1950

Liber Tertius: A Distinctione Prima Ad Decimam Septimam, in: Opera Omnia, Iussu Et Auctoritate RMI P. Iosephi Rodríguez Carballo, Tom. IX, Civitas Vaticana 2006

Liber Tertius: A Distinctione Vigesima Sexta A Quadragesimam, in: Opera Omnia, Iussu Et Auctoritate RMI P. Iosephi Rodríguez Carballo, Tom. X, Civitas Vaticana 2007

Liber Quartus: A Distinctione Decima Quarta Ad Quadragesimam Secundam, in: Opera Omnia, Iussu Et Auctoritate RMI P. Iosephi Rodríguez Carballo, Tom. XIII, Civitas Vaticana 2011

Indices, in: Opera Omnia, Iussu Et Auctoritate RMI. P. Michaelis A. Perry, Tom. XV.1, Civitas Vaticana 2015 (vgl. hierzu auch „*Percan, Josip B.*“ im Literaturverzeichnis)

[zit.: Duns Scotus, Ord. lib. (editio vaticana Tom.), dist., q., n., lin., S.]

Duns Scotus, Johannes, Reportata Parisiensia, in: Opera omnia theologica II/2, editio minor, hrsg. v. Lauriola, Giovanni, Alberobello 1999

Duns Scotus, Johannes, Ordinatio, in: Opera omnia theologica III/2, editio minor, hrsg. v. Lauriola, Giovanni, Alberobello 2001

Duns Scotus, Johannes, John Duns Scotus' Political and Economic Philosophy. Latin Text and English Translation, hrsg. u. übers. v. Allan B. Wolter, St. Bonaventure, NY 2001
(vgl. im Literaturverzeichnis: *Wolter, Allan B.*, Preface/Introduction/Endnotes)

Duns Scotus, Johannes, The Examined Report of the Paris Lectures, Reportatio I-A. Latin Text and English Translation, hrsg. u. übers. v. Allan B. Wolter; Oleg V. Bychkov, 2 Bde., St. Bonaventure, NY/Ashland (Ohio) 2004, 2008

Duns Scotus, Johannes, The Report of the Paris Lecture. Reportatio IV-A. Latin Text and English Translation, Vol. I, Part 1–2, hrsg. u. übers. v. Oleg V. Bychkov; R. Trent Pomplun, St. Bonaventure, NY 2016
[zit.: Duns Scotus, Rep. IV-A (Bychkov/Pomplun I/1–2), dist., q., n., S.]

Duns Scotus, Johannes, Ioannis Duns Scoti Collationes Oxonienses, hrsg. v. Guido Alliney; Marina Fedeli, Firenze 2016

Duns Scotus, Johannes, Ordinatio IV dist. 14–42 (Vol. 13 of the Critical Edition), übers. v. Peter L. P. Simpson (08/2020), abrufbar unter der URL: https://www.aristotelophile.com/Books/Translations/Scotus Ordinatio IV d.14-42.pdf [zuletzt abgerufen am: 24.08.2022]; *„Notes on these Scotus Translations"* v. Simpson (2020/2022) abrufbar unter der URL: https://www.aristotelophile.com/Books/Translations/Note on Scotus Translations.pdf [zuletzt abgerufen am: 24.08.2022]

Durandus de St. Pourcain, In Petri Lombardi Sententias Theologicas Commentariorum libri IIII, Venetiis 1571 (Nachdruck: Ridgewood, NJ 1964, Vol. 2)

Enchiridion symbolorum definitionum et declarationum de rebus fidei et morum. Kompendium der Glaubensbekenntnisse und kirchlichen Lehrentscheidungen. Lateinisch – Deutsch, begr. v. Heinrich Denzinger, hrsg. v. Peter Hünermann, 44. Auflage, Freiburg i. Br. [u. a.] 2014

Enchiridion symbolorum definitionum et declarationum de rebus fidei et morum. Kompendium der Glaubensbekenntnisse und kirchlichen Lehrentscheidungen. Lateinisch – Deutsch, begr. v. Heinrich Denzinger, hrsg. v. Peter Hünermann, 45. Auflage, Freiburg i. Br. [u. a.] 2017

Francisco de Vitoria, Comentarios a la Secunda secundae de Santo Tomás, Tom. 3: De justitia (qq. 57/66), hrsg. v. Vincente Beltrán de Heredia, Salamanca 1934
[zit.: Francisco de Vitoria, ComSth II-II (Salamanca 1934), q., art., n., S.]

Francisco de Vitoria, De iustitia – Über die Gerechtigkeit, Teil 2 (Politische Philosophie und Rechtstheorie des Mittelalters und der Neuzeit: Texte und Untersuchungen, Reihe I: Texte, Bd. 4), hrsg., eingel. u. ins Deutsche übers. v. Joachim Stüben, mit einer Einleitung v. Tilman Repgen, Stuttgart-Bad Cannstatt 2017 (zitiert nach: *Codex Salamanca Nr. 43*)
[zit.: Francisco de Vitoria, ComSth II-II (Stüben), q., art., n., S.]

Francisco de Vitoria, De iustitia – Über die Gerechtigkeit, Teil 3 (Politische Philosophie und Rechtstheorie des Mittelalters und der Neuzeit: Texte und Untersuchungen, Reihe I: Texte, Bd. 5), hrsg., eingel. u. ins Deutsche übers. v. Joachim Stüben, mit einer Einleitung v. Tilman Repgen, Stuttgart-Bad Cannstatt 2020 (zitiert nach: *Codex Salamanca Nr. 43*)
[zit.: Francisco de Vitoria, ComSth II-II (Stüben), q., art., n., S.]

Gabriel Biel, Commentarius in quartum librum sententiarum, Brixiae 1574

Gabriel Biel, Collectorium circa quattuor libros Sententiarum, Libri quarti pars secunda, auspiciis Hanns Rückert, collaburantibus Martino Elze et Renata Steiger, ediderunt Wilfridus Werbeck et Udo Hofmann, Tübingen 1977

Gebhard, Albert, Entwurf des Allgemeinen Teils des BGB, in: Die Vorlagen der Redaktoren für die erste Kommission zur Ausarbeitung des Entwurfs eines Bürgerlichen Gesetzbuches, Allgemeiner Teil, Teil 2, hrsg. v. Werner Schubert, Berlin [u. a.] 1981 (unveränd. Nachdruck von 1876–1887)

Goffredus de Trano, Summa super titulis Decretalium: novissime cum repertorio et numeris principalium et emergentium questionum impressa, Lugduni 1519 (2. Neudruck: Aalen 1992)

Gregorius (Gregor der Große), Epistolarum Sancti Gregorii, in: Sancti Gregorii Papaei, cognomento magni, opera omnia, Tom. III, hrsg. v. Jacque Paul Migne, Parisiis 1849 (Patrologia Latina Bd. 77), Sp. 431–1328

Heilslehre der Kirche. Dokumente von Pius IX. bis Pius XII. Deutsche Ausgabe des französischen Originals von Paul Cattin und Humbert Thomas Conus, besorgt von Anton Rohrbasser, Freiburg/Schweiz 1953

Heinrich von Gent, Quodlibeta, Tomus primus, Venetiis 1613

Henricus de Segusia, (Hostiensis), Summa aurea, Venetiis 1574
[zitiert nach: Pichonnaz, Ursprung und Begründung der Verjährung in historischer Sicht, in: ZRG, Rom. Abt. Bd. 132 (2015), S. 521, Fn. 63, vgl. auch: Pichonnaz, Pascal im Literaturverzeichnis]

Henricus de Segusia (Hostiensis), Summa aurea, Coloniae 1612

Hervaeus Natalis, In quatuor Libros Sententiarum Commentaria, Parisiis 1647 (Nachdruck: Farnborough Hants, England 1966)

Hugo St. Viktor, De sacramentis Christianae fidei, in: Hugonis De S. Victore Opera Omnia, Tomus Secundus, hrsg. v. Jacques Paul Migne, ed. nova, Paris 1854 (Patrologia Latina Bd. 176), Sp. 173–618

Ivo von Chartres, Sancti Ivonis Carnotensis Episcopi Opera Omnia, Tomus Primus: Dectretum, hrsg. v. Jacques Paul Migne, Paris 1855 (Patrologia Latina Bd. 161), Sp. 47–1036

Jacques Almain, Clarissimi doctoris theologi M. Iacobi Almain Senonensis a decimaquarta distinctione quaestiones Scoti profite[n]tis, perutilis admodum lectura, Parisiis 1526

Johannes Bachonis/Baconthorp, Quaestiones in tertium & quartum lib. Sententiarum & Quodlibetales, Cremonae 1618

Johannes Bassolis, In Quartu[m] Sente[n]tiarum Opus, Parisiis 1517

Johannes Forsanus (ed.), Resolutiones in quatuor libros Sententiarum Ioannis Duns, Scoti sub R. P. Melchiore Flavio...Cum duplici indice:...Per fratrem Ioannem Forsanum...traditae, Parisiis 1600

Johannes Gerson, Opusculum de contractibus, in: Opera Omnia, Tom. III, Antwerpiae 1706, Sp. 165–196

Johannes Maioris, In Quartum Sententiarum quaestiones utilissimae suprema ipsius…, Parisiis 1519

Johann Seyfrid, Manuale vocabulorum, exoticorum, obscurorum, latino-barbarorum: e nonullorum scriptorum glossariis, lexicis, ..., Wiceburgi 1736

Johannes Teutonicus, Glossa ordinaria, in: Corpus juris canonici emendatum et notis illustratum. Gregorii XIII. pont. max. iussu editum, Tom. I: Decretum Gratiani, Romae 1582
(verwendet wurde in dieser Arbeit die unter folgender URL online abrufbare Fassung der *Glossa*: „UCLA Digital Library Program. Corpus Juris Canonici (1582)“: http://digital.library.ucla.edu/canonlaw) [zuletzt abgerufen am: 20.08.2020]

Juan de Lugo, Disputationum de iustitia et iure, Tom. I–II, Lugduni 1646/1652

Juan de Medina, De restiutione et contractibus, Salmanticae 1550

Leonardus Lessius, De iustitia et iure caeterisque virtutibus cardinalibus, Antverpiae 1617

Luis de Molina, De iustitia et iure, Opera omnia, Tom. II: De contractibus, Moguntiae 1602

Luis de Molina, De justitia et jure, Opera omnia, Tom. I, Coloniae 1733

Lukas Wadding, Annales minorum in quibus res..., Tom. III, Lugduni 1639

Lukas Wadding, Censura de Reportatis Parisiensibus, in: Duns Scotus, Johannes, Opera Omnia. Editio nova. Juxta editionem Waddingi XII tomos continentem a patribus fransiscanis de observantia accurate recognita, ed. Luis Vivés, Tom. XXII, Parisiis 1894, S. 1–5
[zit. Lukas Wadding, Censura (Wadding-Vivés XXII), n., S.]

Macedonius, Epistola CLII (ad Augustinum), in: Opera omnia Augustini Hipponensis, Tom. II, hrsg. v. Jacques Paul Migne, editio novissima, Paris 1865 (Patrologia Latina, Bd. 33), Sp. 652–653

Mariano Fernández García, Lexicon scholasticum philosophico-theologicum in quo termini, definitiones, distinctiones et effata a Joanne Duns Scoto exponuntur, declarantur, Ad Claras Aquas (Quaracchi) 1910 (1. Nachdruck: Hildesheim [u. a.] 1974)

Marsilius von Inghen, Quaestio[n]es Marsilii super quattuor libros sente[n]tia[rum], Strassbourg 1501 (Nachdruck: Frankfurt a. M. 1966)

Martinus de Azpilcueta, Commentaria iuris canonici, Bd. 3, Venetiis 1601
[Zitiert nach: Kalb, Die laesio enormis im gelehrten Recht (1992), S. 163, Fn. 141, vgl. auch: Kalb, Herbert im Literaturverzeichnis]

Monaldus de Iustinopoli, Summa perutilis...in utroque iure fundata, Lugduni 1516

Nicolaus Dorbel, Super Sententias compendium perutile elegantiora Doctoris Subtilis dicta summatim complectens, Hagenaw 1503

Odofredus, Lectura super Codice, in: Opera iuridica rariora, Tom. V.1, Lugduni 1552 (Nachdruck: Bologna 1968)

Panormitanus, Commentaria in Decretales Gregorii IX. et in Clementinae epistolas, Super Tertia secundi Decretalium Venetiis 1582
[zitiert nach: Pichonnaz, Ursprung und Begründung der Verjährung in historischer Sicht, in: ZRG, Rom. Abt. Bd. 132 (2015), S. 522, Fn. 67, vgl. auch: Pichonnaz, Pascal im Literaturverzeichnis]

Petrus Aureoli, Commentariorum in quartum librum sententiarum, Romae 1605

Petrus Cantor, Summa de sacramentis et animae consiliis, Pt. 2, hrsg. v. Jean-Albert Dugauquier, Louvain [u. a.] 1957

Petrus d'Ailly, Super omnia vincit veritas, in: Pierre d'Ailly and the Blanchard Affair. University and Chancellor of Paris at the Beginning of the Great Schism, hrsg. v. Alan E. Bernstein, Leiden 1978, S. 237–298

Petrus de Aquila, Magister Petrus de Aquila dictus Scotellus super quatuor Libros Magistri Sententiarum, Venetiis 1501

Petrus de Aquila, Petri de Aquila,... Scotellus, ubi non tantum ad Scoti subtilitates...: Quaestiones in quatuor libros Sententiarum, Parisiis 1585

Pedro de Aragón, In secundam secundae Divi Thomae Doctoris Angelici Commentaria: De iustitia et iure, Lugduni 1597

Petrus de Palude, Exactissimi et ... probati ac clarissimi doctoris petri de Palude. predicatorij ordinis...= Scriptum in quartum Sententiarum, Colonia Agrippina 1514

Petrus de Tarantasia (Innozenz V.), In IV libros Sententiarum commentaria, Tom. IV, Tolosae 1651

Petrus Johannes Olivi, Un trattato di economia politica francescana: il „De emptionibus et venditionibus, de usuris et restitutionibus“, hrsg. v. Giacomo Todeschini, Rom 1980

Petrus Johannes Olivi, Traité des contrats, hrsg. u. übers. v. Sylvain Piron, Paris 2012

Petrus Johannes Olivi, A Treatise of Contracts, hrsg. u. übers. v. Ryan Thornton; Michael Cusato, St. Bonaventure, NY 2016

Petrus Lombardus, Sententiae in IV libris distinctae, Editio tertia, Ad Claras Aquas Grottaferrata (Romae), Tom. I–II, 1971–1981
[zit.: Petrus Lombardus, Sent., lib., dist., c., n., S.]

Petrus Tataret, Lucidissima commentaria sive (ut vocant) reportata, in quartum librum Sententiarum Ioannis Duns Scoti subtilium principis ..., Venetiis 1583

Raimundus de Pennaforte, Summa de paenitentia, in: Universa bilbiotheca iuris, Vol. 1, Tom. B, hrsg. v. Xaverio Ochoa; Aloisio Diez, Roma 1976

Richardus de Mediavilla, Super quatuor libros Sententiarum Petri Lombardi, Tom. III, Brixiae 1591

Richardus de Mediavilla, Super quatuor libros Sententiarum Petri Lombardi, Tom. IV, Brixiae 1591 (Nachdruck: Frankfurt a. M. 1963)
[zit.: Richardus de Mediavilla, Sent., lib., dist., q., art., S.]

Richardus de Mediavilla, Quodlibeta, quaestiones octuaginta, Brixiae 1591

Ritter, Adolf Martin; Bernhard Lohse; Volker Leppin (Hrsg.), Mittelalter, Kirchen- und Theologiegeschichte in Quellen, Bd. II, 5. Auflage, Neukirchen-Vluyn 2001

Sebastiano Giribaldi, Juris naturalis humanorumque contractuum et censurarum Ecclesiae moralis discussio pluribus tractatibus distincta, Bononiae 1717

Summa Sententiarum, in: Hugonis De S. Victore Opera Omnia, Tomus Secundus, hrsg. v. Jacques Paul Migne, ed. nova, Paris 1854 (Patrologia Latina Bd. 176), Sp. 41–174 [vgl. auch: *Hugo von St. Viktor*]

Thomas Chobham, Summa confessorum, hrsg. v. F. Broomfield, Louvain [u. a.] 1968

Thomas de Argentina, Commentaria in IIII. Libros Sententiarum, Genuae 1585

Thomas von Aquin, Scriptum super Libros Sententiarum Magistri Petri Lombardi, Tom. IV, hrsg. v. Marie-Fabien Moos, Paris 1947
[zit.: Thomas von Aquin, Sent., lib., dist., q., art., S.]

Thomas von Aquin, Recht und Gerechtigkeit II-II 57–79, in: Deutsche Thomas Ausgabe, Bd. 18, hrsg. v. der Albertus-Magnus-Akademie Walberberg bei Köln, Heidelberg [u. a.] 1953 (Nachfolgefassung, mit neuer Übersetzung v. Josef F. Groner und Anmerkungen sowie vollständig überarbeitetem und ergänztem Kommentar v. Arthur F. Utz, Bonn 1987)

Thomas von Aquin, Summa theologiae: cum textu ex recensione Leonina, II/2: Secunda secundae, hrsg. v. Pietro Caramello, Turin 1962 (in der Fassung der Editio Leonina [Rom, 1888–1906] vollständig auch online unter folgender URL zugänglich: www.corpusthomisticum.org.) [zuletzt abgerufen am: 31.08.2020]
[zit.: Thomas von Aquin, STh II-II, q., art., S.]

Thomas von Aquin, In quattuor libros sententiarum, in: S. Thomae Aquinatis opera omnia: ut sunt in Indice Thomistico … curante Roberto Busa, Tom. 1, Stuttgart-Bad Cannstatt 1980

Wilhelm von Auxerre (Guillelmus Atlissiodorensis), Summa aurea. Liber primus–quartus, hrsg. v. Jean Ribaillier, Paris [u. a.] 1980–1987

Wilhelm von Champeaux, Les variations de Guillaume de Champeaux et la question des universaux: étude suivie de documents originaux, ed. v. Georges Joseph Lefevre, in: Trauvaux et mémoires de l'Université de Lille, Tom. VI, Mémoires N 20, Lille 1898

Literaturverzeichnis

Ady, Johannes, Ersatzansprüche wegen immaterieller Einbußen, Tübingen 2004

Agamben, Giorgio, Höchste Armut. Ordensregel und Lebensform, 1. Auflage, Frankfurt a. M. 2012

Alwast, Jendris, Art. Joachim von Fiore, in: Biographisch-bibliographisches Kirchenlexikon, Bd. 3: Jedin, Hubert – Kleinschmidt, Beda, begr. u. hrsg. v. Friedrich Wilhelm Bautz, fortgef. v. Traugott Bautz, Herzberg 1992, Sp. 115–117

Amorós, León, Art. Antonius Andreas, in: Lexikon für Theologie und Kirche, Bd. 1: A – Baronius, begr. v. Michael Buchberger, hrsg. v. Josef Höfer; Karl Rahner, 2. Auflage, Freiburg i. Br. 1957, Sp. 671–672

Andersen, Claus A., Metaphysik im Barockscotismus. Untersuchungen zum Metaphysikwerk des Bartholomaeus Mastrius. Mit Dokumentation der Metaphysik der scotischen Tradition ca. 1620–1750, Amsterdam [u. a.] 2016

Aris, Marc-Aeilko, Art. Wilhelm von Moerbeke, in: Lexikon des Mittelalters, Bd. 9: Werla bis Zypresse. Anhang, hrsg. v. Norbert Angermann; Robert-Henri Bautier; Robert Auty, München 1998, Sp. 175–176

Arnold, Johannes, Art. Wilhelm von Auxerre (Guillelmus Alt-/Ant-/Autissiodorensis), in: Lexikon des Mittelalters, Bd. 9: Werla bis Zypresse. Anhang, hrsg. v. Norbert Angermann; Henri-Robert Bautier; Robert Auty, München 1998, Sp. 163–164

Assenmacher, Johannes, Geschichte des Individuationsprinzips in der Scholastik, Leipzig 1926

Astorri, Paolo, Lutheran Theology and Contract Law in Early Modern Germany (ca. 1520–1720), Paderborn 2019

Auer, Johannes, Die menschliche Willensfreiheit im Lehrsystem des Thomas von Aquin und Johannes Duns Scotus, München 1938

Bäumer, Remigius, Art. Johannes Charlier Gerson, in: Lexikon für Theologie und Kirche, Bd. 5: Hannover – Karterios, begr. v. Michael Buchberger, hrsg. v. Josef Höfer; Karl Rahner, 2. Auflage, Freiburg i. Br. 1960, Sp. 1036–1037

Baldwin, John W., The Medieval Theories of the Just Price. Romanists, Canonists, and Theologians in the Twelfth and Thirteenth Centuries, in: Transactions of the American Philosophical Society, New Series, Vol. 49/Nr. 4 (1959), S. 1–92

Baldwin, John W., Masters, Princes and Merchants. The Social Views of Peter the Chanter & His Circle, Vol. 1: Text; Vol. 2: Notes, Princeton 1970

Balić, Karl M., Die Frage der Authentizität und Ausgabe der Werke des J. Duns Skotus in Vergangenheit und Gegenwart, in: Wissenschaft und Weisheit Bd. 2 (1935), S. 136–158

Balić, Karl M., Duns Skotus' Lehre über Christi Prädestination im Lichte der neuesten Forschungen, in: Wissenschaft und Weisheit Bd. 3/H. 33 (1936), S. 19–35

Balić, Karl M., Disquisitio historico-critica; in: Opera Omnia, Tom. I: Ordinatio. Prologus, iussu et auctoritate RMI P. Pacifici M. Peratoni, studio et cura Commissionis Scotisticae, Civitas Vaticana 1950, S. 1*–329* (vgl. zur kritischen Vatikanausgabe *[editio vaticana]* auch *Duns Scotus, Johannes* im Quellenverzeichnis)

Balić, Karl M., Zur kritischen Edition der Werke des Johannes Duns Skotus, in: Scriptorium Bd. 8/Nr. 2 (1954), S. 304–318

Balić, Karl M., Adnotationes. Ad nonnullas quaestiones circa Ordinationem I. Duns Scoti, in: Opera Omnia, Tom. IV: Ordinatio. Liber primus. A Distinctione quarta ad decimam, iussu et auctoritate Augustini Sépinski, studio et cura Commissionis Scotistica, Civitas Vaticana 1956, S. 1*–46* (vgl. zur kritischen Vatikanausgabe *[editio vaticana]* auch *Duns Scotus, Johannes* im Quellenverzeichnis)

Balić, Karl M., Editionsbericht. Die kritische Textausgabe der Werke des Johannes Duns Skotus, in: Archiv für Geschichte der Philosophie Bd. 43/H. 3 (1961), S. 303–317

Bantle, Franz Xaver, Art. Summenhart, Konrad, in: Lexikon für Theologie und Kirche, Bd. 9: Rom – Tetzel, begr. v. Michael Buchberger, hrsg. v. Josef Höfer; Karl Rahner, 2. Auflage, Freiburg i. Br. 1964, Sp. 1167

Barrera, Albino, Exchange-Value Determination. Scholastic *Just Price*, Economic Theory, and Modern Catholic Social Thought, in: History of Political Economy Vol. 29/Iss. 1 (1997), S. 83–116

Barth, Timotheus, Individualität und Allgemeinheit bei J. Duns Skotus. Eine ontologische Untersuchung, in: Wissenschaft und Weisheit Bd. 16 (1953), S. 122–141, 191–213

Barth, Timotheus, Individualität und Allgemeinheit bei J. Duns Skotus. Eine ontologische Untersuchung, in: Wissenschaft und Weisheit Bd. 17 (1954), S. 112–136

Barth, Timotheus, Individualität und Allgemeinheit bei J. Duns Skotus. Eine ontologische Untersuchung, in: Wissenschaft und Weisheit Bd. 18 (1955), S. 192–216

Barth, Timotheus, Individualität und Allgemeinheit bei J. Duns Skotus. Eine ontologische Untersuchung, in: Wissenschaft und Weisheit Bd. 19 (1956), S. 117–136

Barth, Timotheus, Individualität und Allgemeinheit bei J. Duns Skotus. Eine ontologische Untersuchung, in: Wissenschaft und Weisheit Bd. 20 (1957), S. 106–119, 198–220

Bathen, Norbert, Art. Johannes (früher mit dem Beinamen Pavus) v. Salisbury (Saresberiensis), in: Lexikon für Theologie und Kirche, Bd. 5: Hermeneutik – Kirchengemeinschaft, begr. v. Michael Buchberger, hrsg. v. Walter Kasper, 3. Auflage, Freiburg i. Br. 1996, Sp. 964–965

Bauer, Karen, Ersitzung und Bereicherung im klassischen römischen Recht und die Ersitzung im BGB, Berlin 1988

Baum, Hermann A., Schlüsselfragen großer Philosophen, Bd. 2: In 25 neuen Geschichten entschlüsselt, Berlin [u. a.] 2018

Bautz, Friedrich Wilhelm, Art. Albertus Magnus (Albert der Große), in: Biographisch-bibliographisches Kirchenlexikon, Bd. 1: Aalders, Willem Jan – Faustus von Byzanz, hrsg. v. Friedrich Wilhelm Bautz, 1. Auflage, Hamm (Westf.) 1975, Sp. 86–88

Bautz, Friedrich Wilhelm, Art. Bernhard von Pavia, in: Biographisch-bibliographisches Kirchenlexikon, Bd. 1: Aalders, Willem Jan – Faustus von Byzanz, hrsg. v. Friedrich Wilhelm Bautz, 1. Auflage, Hamm (Westf.) 1975, Sp. 535

Bautz, Friedrich Wilhelm, Art. Bonifatius VIII., in: Biographisch-bibliographisches Kirchenlexikon, Bd. 1: Aalders, Willem Jan – Faustus von Byzanz, hrsg. v. Friedrich Wilhelm Bautz, 1. Auflage, Hamm (Westf.) 1975, Sp. 690–692

Bautz, Friedrich Wilhelm, Art. Abaelard, Peter, in: Biographisch-bibliographisches Kirchenlexikon, Bd. 1: Aalders, Willelm Jan – Faustus von Byzanz, hrsg. v. Friedrich Wilhelm Bautz, 2. unveränd. Auflage, Hamm (Westf.) 1990, Sp. 2–4

Bautz, Friedrich Wilhelm, Art. Alexander von Hales, (Halesius), in: Biographisch-bibliographisches Kirchenlexikon, Bd. 1: Aalders, Willelm Jan – Faustus von Byzanz, hrsg. v. Friedrich Wilhelm Bautz, 2. unveränd. Auflage, Hamm (Westf.) 1990, Sp. 109–110

Bautz, Wilhelm Friedrich, Art. Bernhardin v. Siena, in: Biographisch-bibliographisches Kirchenlexikon, Bd. 1: Aalders, Willelm Jan – Faustus von Byzanz, hrsg. v. Friedrich Wilhelm Bautz, 2. unveränd. Auflage, Hamm (Westf.) 1990, Sp. 540–541

Bautz, Friedrich Wilhelm, Art. Gregor X., in: Biographisch-bibliographisches Kirchenlexikon, Bd. 2: Faustus von Milleve – Jean d' Arc, begr. u. hrsg. v. Friedrich Wilhelm Bautz, Hamm (Westf.) 1990, Sp. 320–321

Bautz, Friedrich Wilhelm, Art. Hugo von St. Viktor, in: Biographisch-bibliographisches Kirchenlexikon, Bd. 2: Faustus von Milleve – Jean d' Arc, hrsg. v. Friedrich Wilhelm Bautz, Hamm (Westf.) 1990, Sp. 1148–1151

Bautz, Friedrich Wilhelm, Art. Banez, Dominigo, in: Biographisch-bibliographisches Kirchenlexikon, Bd. 1: Aalders, Willelm Jan – Faustus von Byzanz, hrsg. v. Friedrich Wilhelm Bautz, 2. unveränd. Auflage, Hamm (Westf.) 1990, Sp. 362

Bautz, Friedrich Wilhelm, Art. Gratian, in: Biographisch-bibliographisches Kirchenlexikon, Bd. 2: Faustus von Mileve – Jeanne d'Arc, hrsg. v. Friedrich Wilhelm Bautz, Hamm (Westf.) 1990, Sp. 288–289

Bautz, Friedrich Wilhelm, Art. Heinrich von Gent, in: Biographisch-bibliographisches Kirchenlexikon, Bd. 2: Faustus von Mileve – Jeanne d'Arc, hrsg. v. Friedrich Wilhelm Bautz, Hamm (Westf.) 1990, Sp. 675–676

Becker, Christoph, Die Lehre von der laesio enormis in der Sicht der heutigen Wucherproblematik. Ausgewogenheit als Vertragsinhalt und § 138 BGB, Köln [u. a.] 1993

Becker, Hans-Jürgen, Art. Scholastik, in: Handwörterbuch zur deutschen Rechtsgeschichte, Bd. 4: Protonotarius Apostolicus – Strafprozeßordnung, hrsg. v. Adalbert Erler; Ekkehard Kaufmann; mitbegr. v. Wolfgang Friedrich Stammler, 1. Auflage, Berlin 1990, Sp. 1478–1481

Becker, Hans-Jürgen, Art. Hostiensis (um 1194–1271), in: Handwörterbuch zur deutschen Rechtsgeschichte, Bd. 2: Geistliche Gerichtsbarkeit – Konfiskation, hrsg. v. Albrecht Cordes; Hans-Peter Haferkamp; Heiner Lück; Dieter Werkmüller, 2. Auflage, Berlin 2012, Sp. 1137–1138

Becker, Hans-Jürgen, Das Zinsverbot im lateinischen Mittelalter, in: Was vom Wucher übrigbleibt. Zinsverbote im historischen und interkulturellen Vergleich, hrsg. v. Matthias Casper; Norbert Oberauer; Fabian Wittreck, Tübingen 2014, S. 15–45

Becker, Karl Josef, Art. Soto, Domingo de (1494/95–1560), in: Theologische Realenzyklopädie, Bd. 31: Seelenwanderung – Sprache, Sprachwissenschaft, Sprachphilosophie, u. a. in Gemeinschaft mit Horst Balz hrsg. v. Gerhard Müller, Berlin [u. a.] 2000, S. 476–478

Beer, Max, Early British Economics from the XIIIth to the Middle of the XVIIIth Century, New York 1967 (Nachdruck der Ausgabe London 1938)

Bennecke, Hans, Die strafrechtliche Lehre vom Ehebruch in ihrer historisch-dogmatischen Entwicklung, 1. (einzige) Abteilung: Das römische, kanonische und das deutsche Recht bis zur Mitte des 15. Jahrhunderts, Aalen 1971 (Neudruck der Ausgabe Marburg a.d.L. 1884)

Berger, David, Art. Lugo S.J., Juan de, in: Biographisch-bibliographisches Kirchenlexikon, Bd: 28: Ergänzungen XV, begr. u. hrsg. v. Friedrich Wilhelm Bautz, fortgef. v. Traugott Bautz, Nordhausen 2007, Sp. 1041–1046

Bergfeld, Christoph, Katholische Moraltheologie und Naturrechtslehre, in: Handbuch der Quellen und Literatur der neueren europäischen Privatrechtsgeschichte, Bd. II: Neuere Zeit (1500–1800). Das Zeitalter des gemeinen Rechts, Teilbd. I: Wissenschaft, hrsg. v. Helmut Coing, München 1977, S. 999–1033

Bernards, Matthäus, Art. Rupert v. Deutz, in: Lexikon für Theologie und Kirche, Bd. 9: Rom – Tetzel, begr. v. Michael Buchberger, hrsg. v. Josef Höfer; Karl Rahner, 2. Auflage, Freiburg i. Br. 1964, Sp. 104–106

Biener, Friedrich August, Abhandlungen aus dem Gebiete der Rechtsgeschichte, Heft 1, Nr. II: Historische Erörterungen über den Ursprung und den Begriff des Wechsels, Leipzig 1846, S. 59–159

Bihl, Michael, Art. Gerardus Odonis, in: The Catholic Encyclopedia, Vol. VI: Fathers – Gregory XI, hrsg. v. Charles G. Herbermann; Edwar A. Pace; Condé B. Pallen; Thomas J. Shahan; John J. Wynne, New York 1913, S. 468a–469a

Binding, Günther, Art. Anselm von Canterbury (1033/34–1109), I. Leben, II. Werk, in: Lexikon des Mittelalters, Bd. 1: Aachen bis Bettelordenskirchen, hrsg. v. Robert Auty, München [u. a.] 1980, Sp. 680–683

Binding, Günther; Dilg, Peter, Art. Albertus Magnus, in: Lexikon des Mittelalters, Bd. 1: Aachen bis Bettelordenskirchen, hrsg. v. Robert Auty, München [u. a.] 1980, Sp. 294–299

Birr, Christiane, Aus Schwarz Weiß und aus Weiß Schwarz machen, in: Akademie Aktuell 1 (2008), S. 6–9

Blažek, Pavel, Die mittelalterliche Rezeption der aristotelischen Philosophie der Ehe. Von Robert Grosseteste bis Bartholomäus von Brügge (1246/1247–1309), Leiden [u. a.] 2007

Bock, Friedrich, Art. Philipp IV. der Schöne, in: Lexikon für Theologie und Kirche, Bd. 8: Palermo – Roloff, begr. v. Michael Buchberger, hrsg. v. Josef Höfer; Karl Rahner, 2. Auflage, Freiburg i. Br. 1963, Sp. 448–449

Bocksch, Hugo, Die rechtliche Natur der gemeinrechtlichen Schmerzensgeldklage, Diss. Univ. Erlangen 1898

Böckenförde, Ernst-Wolfgang, Geschichte der Rechts- und Staatsphilosophie. Antike und Mittelalter, 2. Auflage, Tübingen 2006

Bogaschewsky, Ronald, Natürliche Umwelt und Produktion. Interdependenzen und betriebliche Anpassungsstrategien, Wiesbaden 1995

Bondolfi, Alberto, Art. Todesstrafe, II. Historisch-theologisch, in: Lexikon für Theologie und Kirche, Bd. 10: Thomaschristen – Žytomyr, begr. v. Michael Buchberger, hrsg. v. Walter Kapser, 3. Auflage, Freiburg i. Br. 2001, Sp. 84–85

Bordat, Josef, Vázquez de Menchaca, Fernando (Fernandus Vasquius), in: Biographisch-bibliographisches Kirchenlexikon, Bd. 30: Ergänzungen XVII, begr. u. hrsg. v. Friedrich Wilhelm Bautz, fortgef. v. Traugott Bautz, Nordhausen 2009, Sp. 1541–1544

Borengässer, Norbert M., Art. Vit(t)oria, Francisco de, in: Biographisch-bibliographisches Kirchenlexikon, Bd. 12: Tribboniden – Volpe, Giovannio Antonio, begr. u. hrsg. v. Friedrich Wilhelm Bautz, fortgef. v. Traugott Bautz, Herzberg 1997, Sp. 1525–1530

Bouineau, Jacques, Art. Huguccio (c. 1140–1210), in: Encyclopedia of the Middle Ages, Part 1: A–J, hrsg. v. André Vauschez; Barre Dobson; Michael Lapidge, Cambridge 2000, S. 698

Brampton, C. K., Duns Scotus at Oxford 1288–1301, in: Franciscan Studies Vol. 24 (1954), S. 5–20

Braun, Christian, Vom Wucherverbot zur Zinsanalyse 1150–1700, Winterthur 1994

Brett, Annabel S., Liberty, Right and Nature. Individual Rights in Later Scholastic Thought, first paperback edition, Cambridge [u. a.] 2003

Brieskorn, Norbert, Art. Bußsumme, in: Lexikon des Mittelalters, Bd. 2: Bettlerwesen bis Codex von Valencia, hrsg. v. Robert-Henri Bautier; Robert Auty, München [u. a.] 1983, Sp. 1154

Brieskorn, Norbert, Art. Henricus de Segusio, in: Lexikon des Mittelalters, Bd. 4: Erzkanzler bis Hiddensee, hrsg. v. Robert-Henri Bautier; Robert Auty, München [u. a.] 1989, Sp. 2138–2139

Brocker, Manfred, Arbeit und Eigentum. Der Paradigmenwechsel in der neuzeitlichen Eigentumstheorie, Darmstadt 1992

Brundage, James A., Law, Sex, and Christian Society in Medieval Europe, Chicago [u. a.] 1987

Bruns, Alexander, Haftungsbeschränkung und Mindesthaftung, Tübingen 2003

Bullough, Vern L., Medieval Concepts of Adultery, in: Arthuriana Vol. 7/Nr. 4 (1997), S. 5–15

Burr, David, Olivi and Franciscan Poverty. The Origins of the Usus Pauper Controversy, 1. Auflage, Philadelphia 1989

Bychkov, Oleg V., Introduction, in: Duns Scotus, Johannes, The Report of the Paris Lecture. Reportatio IV-A. Latin Text and English Translation, Vol. I, Part 1, hrsg. u. übers. v. Oleg V. Bychkov; R. Trent Pomplun, St. Bonaventure, NY 2016, S. vii–xviii
[zit.: Bychkov, Introduction, in: Rep IV-A (Bychkov/Pomplun I.1), S. vii–xviii]

Cantarella, Eva, Homicides of Honor. The Development of Italian Adultery Law of Two Millennia, in: The Family in Italy from Antiquity to the Present, hrsg. v. David I. Kertzer; Richard P. Saller, New Haven, CT [u. a.] 1991, S. 229–244

Carroll, Sandra, Mary in Religious Education. Theological Foundations and Educational Frameworks, in: International Handbook of the Religious, Moral and Spiritual Dimensions in Education, Part 2, hrsg. v. Marian de Souza; Gloria Durka; Kathleen Engebretson; Robert Jackson; Andrew McGrady, 1. Auflage, Dordrecht 2006, S. 1193–1207

Cezar, Cesar Ribas, Das natürliche Gesetz und das konkrete praktische Urteil nach der Lehre des Johannes Duns Scotus, Univ. Diss. Bonn 2003, Onlineausgabe in bonndoc: https://nbn-resolving.org/urn:nbn:de:hbz:5-01162 (URN); URL: http://hss.ulb.uni-bonn.de/2003/0116/0116.pdf [zuletzt abgerufen am: 16.08.2020]

Chittolini, Giorgio; Willoweit, Dietmar (Hrsg.), Statuten, Städte und Territorien zwischen Mittelalter und Neuzeit in Italien und Deutschland, Berlin 1992

Chwaszcza, Christine, Art. Thomas Hobbes (1588–1679), in: Klassiker des politischen Denkens, Bd. 1: Von Plato bis Thomas Hobbes, neu überarbeitete Ausgabe der 6. gebundenen Auflage, München 2001, S. 209–225

Clearly, Gregory, Hickes, Antony, in: The Catholic Encyclopedia, Vol. VII: Gregory XII – Infallibility, hrsg. v. Charles G. Herbermann; Edwar A. Pace; Condé B. Pallen; Thomas J. Shahan; John J. Wynne, New York 1913, S. 321b–322a

Clearly, Gregory, MacCaghwell, Hugh, in: The Catholic Encyclopedia, Vol. IX: Laprade – Mass Liturgy, hrsg. v. Charles G. Herbermann; Edwar A. Pace; Condé B. Pallen; Thomas J. Shahan; John J. Wynne, New York 1913, S. 484ab

Clearly, Gregory, Art. Medina, Juan de, in: The Catholic Encyclopedia, Vol. X: Mass – Newman, hrsg. v. Charles G. Herbermann; Edwar A. Pace; Condé B. Pallen; Thomas J. Shahan; John J. Wynne, New York 1913, S. 144ab

Clearly, Gregory, Ponce, John, in: The Catholic Encyclopedia, Vol. XII: Philip II. (Augustus) – Revalidation, hrsg. v. Charles G. Herbermann; Edwar A. Pace; Condé B. Pallen; Thomas J. Shahan; John J. Wynne, New York 1913, S. 227b–228a

Cohnfeldt, Richard, Die Lehre vom Interesse nach Römischem Recht. Mit Rücksicht auf neuere Gesetzgebung, Leipzig 1865

Coing, Helmut, Zur Geschichte des Begriffs „subjektives Recht“, in: Das subjektive Recht und der Rechtsschutz der Persönlichkeit, hrsg. v. Helmut Coing; Frederick H. Lawson; Kurt Grönfors, Frankfurt a. M. [u. a.] 1959, S. 7–23

Coing, Helmut, Europäisches Privatrecht, Band I: Älteres gemeines Recht (1500–1800), München 1985

Collins, Roger John Howard, Art. Isidor von Sevilla, in: Theologische Realenzyklopädie, Bd. 16: Idealismus – Jesus Christus IV, u. a. in Gemeinschaft mit Horst Balz hrsg. v Gerhard Müller, Berlin [u. a.] 1987, S. 310–315

Courtenay, William J., Adam Wodeham. An Introduction to His Life and Writings, Leiden 1978

Courtenay, William J., The Parisian Franciscan Community in 1303, in: Franciscan Studies Vol. 53 (1993), S. 155–173

Courtenay, William J., Scotus at Paris, in: Via scoti. Methodologica ad mentem Joannis Duns Scoti. Atti del Congresso Scotistico Internanzionale Roma 9–11 marzo 1993, Vol. 1, hrsg. v. Leonardo Sileo, Rom 1995, S. 149–163

Courtenay, William J., Early Scotists at Paris. A Reconsideration, in: Franciscan Studies Vol. 69 (2011), S. 175–229

Courtenay, William J., Scotus at Paris. Some Reconsiderations, in: The Opera Theologica of John Duns Scotus. Proceedings of „The Quadruple Congress“ on John Duns Scotus, Part 2, hrsg. v. Richard Cross, Münster [u. a.] 2012, S. 1–19

Cowling, Sam, „Haecceitism“, The Stanford Encyclopedia of Philosophy (Fall 2016 Edition), Edward N. Zalta (ed.), URL = https://plato.stanford.edu/archives/fall2016/entries/haecceitism/ [zuletzt abgerufen am: 27.08.2019]

Cross, Richard, Duns Scotus, New York [u. a.] 1999

Cross, Richard, „Medieval Theories of Haecceity“, The Stanford Encyclopedia of Philosophy (Summer 2014 Edition), Edward N. Zalta (ed.), URL = https://plato.stanford.edu/archives/sum2014/entries/medieval-haecceity/ [zuletzt abgerufen am: 27.08.2019]

Dahm, Christof, Art. Johannes von Paris, in: Biographisch-bibliographisches Kirchenlexikon, Bd. 3: Jedin, Hubert – Kleinschmidt, Beda, begr. u. hrsg. v. Friedrich Wilhelm Bautz, fortgef. v. Traugott Bautz, Herzberg 1992, Sp. 512–515

Dahm, Georg, Das Strafrecht Italiens im ausgehenden Mittelalter. Untersuchungen über die Beziehungen zwischen Theorie und Praxis im Strafrecht des Spätmittelalters, namentlich im XIV. Jahrhundert, Berlin [u. a.] 1931

Dannenberg, Lars-Arne, Art. Ivo von Chartres, in: Handwörterbuch zur deutschen Rechtsgeschichte, Bd. 2: Geistliche Gerichtsbarkeit – Konfiskation, hrsg. v. Albrecht Cordes; Hans-Peter Haferkamp; Heiner Lück; Dieter Werkmüller, 2. Auflage, Berlin 2012, Sp. 1339–1340

De Boni, Luis Alberto, Legislator, lex, lex naturalis und dominium bei Johannes Duns Scotus, in: Lex und ius. Beiträge zur Begründung des Rechts in der Philosophie des Mittelalters und der Frühen Neuzeit, hrsg. v. Alexander Fidora; Matthias Lutz-Bachmann; Andreas Wagner, Stuttgart 2010, S. 221–239

Deckers, Daniel, Gerechtigkeit und Recht. Eine historisch-kritische Untersuchung der Gerechtigkeitslehre des Francisco de Vitoria (1483–1546), Freiburg/Schweiz [u. a.] 1991

Decock, Wim, Leonardus Lessius on Buying and Selling (1605). Translation and Introduction, in: Journal of Markets and Morality Vol. 10/Nr. 2 (2007), S. 433–516

Decock, Wim, Jesuit Freedom of Contract, in: Tijdschrift voor Rechtsgeschiedenis – Revue d'Histoire du Droit – The Legal History Review Vol. 77/Nr. 3–4 (2009), S. 423–458

Decock, Wim, From Law to Paradise. Confessional Catholicism and Legal Scholarship, in: Rechtsgeschichte Bd. 18 (2011), S. 12–34

Decock, Wim, In Defense of Commercial Capitalism: Lessius, Partnerships and the Contractus Trinus, benutzt in der Fassung in: Max-Planck-Institute for Legal History Research Paper Series 4 (2012), S. 1–35, online abrufbar unter SSRN: https://ssrn.com/abstract=2162908; https://papers.ssrn.com/sol3/papers.cfm?abstract_id=2162908 [zuletzt abgerufen: 31.07.2022]

Decock, Wim, Theologians and Contract Law. The Moral Transformation of the Ius Commune (ca. 1500–1650), Leiden [u. a.] 2013

Decock, Wim, Adrian of Utrecht (1459–1523) at the Crossroads of Law and Morality. Conscience, Equity, and the Legal Nature of Early Modern Practical Theology, in: Tijdschrift voor Rechtsgeschiedenis – Revue d'Histoire du Droit – The Legal History Review Vol. 81/Nr. 3–4 (2013), S. 573–593

Decock, Wim, Katholische Moraltheologie und Vertragsrecht. Die Umwandlung der Vertragslehre des gemeinen Rechts (16./17. Jh.), in: *forum historiae iuris* (18. Juni 2013), URL = https://forhistiur.de/2013-06-decock/ [zuletzt abgerufen am: 27.07.2020]

Decock, Wim, Das Gewissensrecht in der reformierten Tradition. Johannes A. Van der Meulen (1635–1702) und sein Tractatus theologico-juridicus, in: Recht, Konfession und Verfassung im 17. Jahrhundert. West- und mitteleuropäische Entwicklungen, hrsg. v. Mathias Schmoeckel; Robert von Friedeburg, Berlin 2015, S. 29–52

Decock, Wim, Law, Religion, and Debt Relief. Balancing above the 'Abyss of Despair' in Early Modern Canon Law and Theology, in: American Journal of Legal History Vol. 57/Nr. 2 (2017), S. 125–141

Decock, Wim, Collaborative Legal Pluralism. Confessors as Law Enforcers in Mercado's Advice on Economic Governance (1571), in: Rechtsgeschichte Bd. 25 (2017), S. 103–114

Decock, Wim, Knowing before Judging. Law and Economic Analysis in Early Modern Jesuit Ethics, in: Journal of Markets and Morality Vol. 21/Nr. 2 (2018), S. 309–330

Decock, Wim; Birr, Christiane, Recht und Moral in der Scholastik der Frühen Neuzeit 1500–1750, Berlin [u. a.] 2016

Decock, Wim; Hallebeek, Jan, Pre-contractual Duties to Inform in Early Modern Scholasticism, in: Tijdschrift voor Rechtsgeschiedenis – Revue d'Histoire du Droit – The Legal History Review Vol. 78/Nr. 1–2 (2010), S. 89–133

Dedek, Helge, Negative Haftung aus Vertrag, Tübingen 2007

Delius, Walter, Geschichte der Marienverehrung, München [u. a.] 1963

Dempsey, Bernard W., Just Price in a Functional Economy, in: The American Economic Review Vol. 25/Nr. 3 (1935), S. 471–486

Den Bok, Niko, Satisfaktion und Liebe. Scotus über Anselms *Cur deus homo*, in: Einzigartigkeit und Liebe nach Duns Scotus. Beiträge auf der Tagung der Johannes-Duns-Skotus Akademie vom 5.–8. November 2008 in Köln zum 700. Todestag von Johannes Duns Scotus, hrsg. v. Herbert Schneider, Mönchengladbach 2009, S. 69–79

Dernburg, Heinrich, System des römischen Rechts: Der Pandekten, Erster Teil, 8. umgearb. Auflage, bearb. v. Paul Sokolowski, Berlin 1911

Dettloff, Werner, Die Lehre von der acceptatio divina bei Johannes Duns Scotus mit besonderer Berücksichtigung der Rechtfertigungslehre, Werl (Westf.) 1954

Dettloff, Werner, Die Akzeptationslehre des Johannes Duns Scotus in der vorreformatorischen Theologie, in: Regnum Hominis et Regnum Dei. Acta Quarti Congressus Scotistici Internationalis, Vol. 1, hrsg. v. Camille Bérubé, Rom 1978, S. 195–211

Dettloff, Werner, Johannes Duns Scotus, in: Klassiker der Theologie, Bd. 1: Von Irenäus bis Martin Luther, hrsg. v. Heinrich Fries; Georg Kretschmar, München 1981, S. 226–237

Dettloff, Werner, Art. Duns Scotus/Scotismus I, in: Theologische Realenzyklopädie, Bd. 9: Dionysius Exiguus – Episkopalismus, u. a. in Gemeinschaft hrsg. v. Gerhard Müller; Gerhard Krause, Berlin [u. a.] 1982, S. 218–231

Dettloff, Werner, Die franziskanische Theologie des Johannes Duns Scotus, in: Wissenschaft und Weisheit Bd. 46 (1983), S. 81–91

Dettloff, Werner, Die christozentrische Konzeption des Johannes Duns Scotus als Ansatz für eine Theologie der Welt, in: Wissenschaft und Weisheit Bd. 48 (1985), S. 182–196

Dettloff, Werner, Art. Petrus Aureoli, in Biographisch-bibliographisches Kirchenlexikon, Bd. 7: Patočka Jan – Remachus, begr. u. hrsg. v. Friedrich Wilhelm Bautz, fortgef. v. Traugott Bautz, Herzberg 1994, Sp. 334–335

Dettloff, Werner, Art. Petrus de Palude, in: Biographisch-bibliographisches Kirchenlexikon, Bd. 7: Patočka, Jan – Remachus, begr. u. hrsg. v. Friedrich Wilhelm Bautz, fortgef. v. Traugott Bautz, Herzberg 1994, Sp. 373–374

Dettloff, Werner, Art. Franciscus de Maironis (de Meyronnes), OFM, in: Lexikon für Theologie und Kirche, Bd. 4: Franca – Hermenegild, begr. v. Michael Buchberger, hrsg. v. Walter Kasper, 3. Auflage, Freiburg i.Br. 1995, Sp. 49

Deutsch, Andreas, Art. Azo, in: Handwörterbuch zur deutschen Rechtsgeschichte, Bd. 1: Aachen – Geistliche Bank, hrsg. v. Albrecht Cordes; Heiner Lück; Dieter Werkmüller, 2. Auflage, Berlin 2008, Sp. 395–396

Diehl, Gerhard, Art. Nikolaus III., in: Biographisch-bibliographisches Kirchenlexikon, Bd. 6: Moenius, Georg – Patijn, Constantijn Leopold, begr. u. hrsg. v. Friedrich Wilhelm Bautz, fortgef. v. Traugott Bautz, Herzberg 1993, Sp. 867–869

Diesselhorst, Malte, Die Lehre des Hugo Grotius vom Versprechen, Köln [u. a.] 1959

Diestelkamp, Bernhard (Hrsg.), Beiträge zum spätmittelalterlichen Städtewesen. [Vorträge des 8. Kolloquiums für vergleichende Städtegeschichte unter dem Thema „Zum Städtewesen in nachstaufischer Zeit", Münster 1977], Köln [u. a.] 1982

Dietz, Thorsten, Der Begriff der Furcht bei Luther, Tübingen 2009

Dilcher, Gerhard, Das mittelalterliche Stadtrecht als Forschungsproblem, in: Juristische Schulung 29. Jg./H. 11 (1989), S. 875–879

Dilcher, Gerhard, Bürgerrecht und Stadtverfassung im europäischen Mittelalter, Köln [u. a.] 1996

Dilcher, Gerhard, Mittelalterliche Stadtkommune, Städtebünde und Staatsbildung. Ein Vergleich Oberitalien – Deutschland, in: Recht – Idee – Geschichte. Beiträge zur Rechts- und Ideengeschichte für Rolf Lieberwirth anläßlich seines 80. Geburtstages, hrsg. v. Heiner Lück; Bernd Schildt, Köln [u. a] 2000, S. 453–467

Döller, Johannes, Die vier- und fünffache Ersatzpflicht (Ex. 21,37 [22,1]), in: Theologische Quartalschrift 92/H. 2 (1910), S. 163–170

Dolezalek, Gero, The Moral Theologians' Doctrine of Restitution and its Juridification in the Sixteenth and Seventeenth Centuries, in: Acta Juridica (1992), S. 104–114

Domínguez, Fernando, Art. Vitoria, Francisco de, OP, in: Lexikon für Theologie und Kirche, Bd. 10: Thomaschristen – Žytomyr, begr. v. Michael Buchberger, hrsg. v. Walter Kasper, 3. Auflage, Freiburg i. Br. 2001, Sp. 830–831

Dreyer, Mechthild, Art. Johannes de Rupella, in: Lexikon für Theologie und Kirche, Bd. 5: Hermeneutik – Kirchengemeinschaft, begr. v. Michael Buchberger, hrsg. v. Walter Kasper, 3. Auflage, Freiburg i. Br. 1996, Sp. 963

Dreyer, Mechthild, Die Kommentare zu den Sentenzen des Petrus Lombardus. Eine Literaturgattung im Spannungsfeld theologischer Kontroverse und Systematik, in: Kommentare in Recht und Religion, hrsg. v. David Kästle-Lamparter; Nils Jansen, Tübingen 2014, S. 125–140

Dreyer, Mechthild; Ingham, Mary Beth, Johannes Duns Scotus zur Einführung, Hamburg 2003

Dumont, Stephen D., The Question on Individuation in Scotus's „Quaestiones super Metaphysicam", in: Via Scoti. Methodologica ad mentem Joannnis Duns Scoti; atti del Congresso Scotistico Internazionale, Roma 9–11 marzo 1993, Vol. 1, hrsg. v. Leonardo Sileo, Rom 1995, S. 193–227

Dumont, Stephen D., William of Ware, Richard of Conington and the „Collationes Oxonienses" of John Duns Scotus, in: John Duns Scotus. Metaphysics and Ethics, hrsg. v. Ludger Honnefelder; Rega Wood; Mechthild Dreyer, Leiden [u. a.] 1996, S. 59–85

Duve, Thomas, La teoría de la restitución en Domingo de Soto. Su significación para la historia del derecho privado moderno, in: La ley natural como fundamento moral y jurídico en Domingo de Soto, hrsg. v. Juan Cruz Cruz, Pamplona 2007, S. 181–197

Duve, Thomas, Kanonisches Recht und die Ausbildung allgemeiner Vertragslehren in der Spanischen Spätscholastik, in: Der Einfluss der Kanonistik auf die europäische Rechtskultur. Bd. 1: Zivil- und Zivilprozessrecht, hrsg. v. Orazio Condorelli; Franck Roumy; Mathias Schmoeckel, Köln [u. a.] 2009, S. 398–408

Duve, Thomas, Katholisches Kirchenrecht und Moraltheologie im 16. Jahrhundert. Eine globale normative Ordnung im Schatten schwacher Staatlichkeit. In: Recht ohne Staat? Zur Normativität nichtstaatlicher Rechtsetzung, hrsg. v. Stefan Kadelbach; Klaus Günther, Frankfurt a. M. [u. a.] 2011, S. 147–174

Ebert, Ina, Pönale Elemente im deutschen Privatrecht. Von der Renaissance der Privatstrafe im deutschen Recht, Tübingen 2004

Ehlers, Joachim, Art. Hugo von St. Victor († 1141), in: Lexikon des Mittelalters, Bd. 5: Hiera-Mittel bis Lukanien, hrsg. v. Robert-Henri Bautier; Robert Auty, München [u. a.] 1991, Sp. 177–178

Ehrenschwendtner, Marie-Luise, Art. Johannes Nider, in: Biographisch-bibliographisches Kirchenlexikon, Bd. 3: Jedin, Hubert - Kleinschmidt, Beda, begr. u. hrsg. v. Friedrich Wilhelm Bautz, fortgef. v. Traugott Bautz, Herzberg 1992, Sp. 502–505

Eickhoff, Rudolf, Die Bemessung des Schmerzensgeldanspruchs als Sonderform des Anspruchs auf Wiedergutmachung, Diss. Univ. Hamburg 1957

Elders, Leo J., Art. Scholastische Methode, in: Lexikon des Mittelalters, Bd. 7: Planudes bis Stadt (Rus), hrsg. v. Norbert Angermann; Robert-Henri Bautier; Robert Auty, München 1995, Sp. 1526–1528

Elders, Leo J., Art. Thomas von Aquin, in: Lexikon des Mittelalters, Bd. 8: Stadt (Byzantinisches Reich) bis Werl, hrsg. v. Norbert Angermann; Robert-Henri Bautier; Robert Auty, München 1997, Sp. 706–711

Elegido, Juan Manuel, The Just Price. Three Insights from the Salamanca School, in: Journal of Business Ethics Vol. 90/Nr. 1 (2009), S. 29–46

Elterlein, C. von, Abhandlung über das Schmerzensgeld, in: Neue Jahrbücher für Sächsisches Strafrecht, Bd. 2, hrsg. v. Gustav Friedrich Held; Gustav Albert Siedbrat; Friedrich Oscar Schwarze, Dresden 1844, S. 115–144 (Allgemeiner Theil), 171–195 (Besonderer Theil)

Emmen, Aquilin, Wilhelm von Ware, Duns Scotus' Vorläufer in der Immaculatallehre. Neue Indikationen in den Werken seiner Zeitgenossen, in: Antonianum Bd. 40 (1965), S. 363–394

Endemann, Wilhelm, Beweislehre des Zivilprozesses, Aalen 1973 (Neudruck der Ausgabe Heidlberg 1860)

Endemann, Wilhelm, Studien in der romanisch-kanonistischen Wirtschafts- und Rechtslehre bis gegen Ende des 17. Jahrhunderts, 2 Bde., Aalen 1962 (Neudruck der Ausgabe Berlin 1874–1883)

Engelhardt, Paulus, Art. Aegidius von Lessines, in: Lexikon des Mittelalters, Bd. 1: Aachen bis Bettelordenskirchen, hrsg. v. Robert Auty, München [u. a.] 1980, Sp. 176–177

Ennen, Edith, Die europäische Stadt des Mittelalters, 1. Auflage, Göttingen 1972

Erdö, Péter, Die Quellen des Kirchenrechts. Eine geschichtliche Einführung, Frankfurt a. M. [u. a.] 2002

Erm, Dominik, Vorteilsanrechnung beim Schmerzensgeld – ein Beitrag zur Fortentwicklung des Schadens(ersatz)rechts, Karlsruhe 2013

Esser, Dietrich, Johannes Duns Scotus. Leben, Gestalt und Verehrung, aus dem Nachlaß hrsg. v. Herbert Schneider, Mönchengladbach 2000

Farley, Elizabeth Marie, The Development of Marian Doctrine as Reflected in the Commentaries in the Wedding at Cana (John 2:1–5) by the Latin Fathers and Pastoral Theologians of the Church From the Fourth to the Seventeenth Century, Electronic Thesis/Dissertation, University of Dayton, 2013, 6601, https://ecommons.udayton.edu/graduate_theses/6601; http://rave.ohiolink.edu/etdc/view?acc_num=udmarian1430385116; URL = https://etd.ohiolink.edu/!etd.send_file?accession=udmarian1430385116&disposition=inline [zuletzt abgerufen am: 16.08.2020]

Feenstra, Robert, Der Eigentumsbegriff bei Hugo Grotius im Licht einiger mittelalterlicher und spätscholastischer Quellen, in: Festschrift für Franz Wieacker zum 70. Geburtstag, hrsg. v. Okko Berhends; Malte Dießelhorst; Hermann Lange; Detlef Liebs; Joseph Georg Wolf; Christian Wollschläger, Göttingen 1978, S. 209–234

Feenstra, Robert, Die Glossatoren und die actio legis Aquiliae utilis bei Tötung eines freien Menschen, in: Das römische Recht im Mittelalter, hrsg. v. Eltjo J. H. Schrage, Darmstadt 1987, S. 205–232

Feld, Helmut, Art. Summenhart, (Summerhart, Summerhardt), Konrad, in: Biographisch-bibliographisches Kirchenlexikon, Bd. 11: Stoss, Veit – Tiefenthaler, Joseph, begr. u. hrsg. v. Friedrich Wilhelm Bautz, fortgef. v. Traugott Bautz, Herzberg 1996, Sp. 260–262

Fenster, Thelma; Smail, Daniel Lord (Hrsg.), The Politics of Talks and Reputation in Medieval Europe, Ithaca [u. a.] 2003

Finkenauer, Thomas, Art. Ersitzung, in: Handwörterbuch zur deutschen Rechtsgeschichte, Bd. 1: Aachen – Geistliche Bank, hrsg. v. Albrecht Cordes; Heiner Lück; Dieter Werkmüller, 2. Auflage, Berlin 2008, Sp. 1414–1416

Finnis, John, Natural Law and Natural Rights, 2. Auflage, Oxford [u. a.] 2011

Fitting, Ueber das Wesen des Titels bei der Ersitzung, in: Archiv für civilistische Praxis Bd. 51/H. 1 (1868), S. 1–35

Fitting, Ueber das Wesen des Titels bei der Ersitzung (Fortsetzung), in: Archiv für civilistische Praxis Bd. 51/H. 2 (1868), S. 248–285

Fitting, Ueber das Wesen des Titels bei der Ersitzung (Fortsetzung), in: Archiv für civilistische Praxis Bd. 52/H. 1 (1869), S. 1–43

Fitting, Ueber das Wesen des Titels bei der Ersitzung (Fortsetzung), in: Archiv für civilistische Praxis Bd. 52/H. 2 (1869), S. 239–282

Fitting, Ueber das Wesen des Titels bei der Ersitzung (Schluß), in: Archiv für civilistische Praxis Bd. 52/H. 3 (1869), S. 381–421

Flasch, Kurt, Das philosophische Denken im Mittelalter. Von Augustin zu Machiavelli, 2. Auflage, Stuttgart 2001

Flierl, Alexander, Die (Un-)Moral der Alltagslüge?! Wahrheit und Lüge im Alltagsethos aus der Sicht der katholischen Moraltheologie, Münster 2005

Flüeler, Christoph, Rezeption und Interpretation der Aristotelischen *Politica* im späten Mittelalter, Teil 1, Amsterdam [u. a.] 1992

Fontaine, Jacques, Art. Isidor von Sevilla, Bischof von Sevilla († 636), in: Lexikon des Mittelalters, Bd. 5: Hiera-Mittel bis Lukanien, hrsg. v. Robert-Henri Bautier; Robert Auty, München [u. a.] 1991, Sp. 677–680

Forschner, Maximilian, Thomas von Aquin, Originalausgabe, München 2006

Forster, Wolfgang, „Et est casus singularis“: Odoardus (X 3.23.3) – ein mittelloser Kleriker und die Rechtsfolgen der Vermögensaufgabe, in: Der Einfluss der Kanonistik auf die europäische Rechtskultur, Bd. 5: Das Recht der Wirtschaft, hrsg. David von Mayenburg; Orazio Condorelli; Franck Roumy; Mathias Schmoeckel, Köln [u. a.] 2016, S. 173–186

Frank, Isnard W., Art. Beichte, II.: Mittelalter, in: Theologische Realenzyklopädie, Bd. 5: Autokephalie – Biandrata, u. a. in Gemeinschaft mit Horst Balz hrsg. Gerhard Müller; Gerhard Krause, 1. Auflage, Berlin [u. a.] 1980, S. 414–421

Friedberger, Walter, Art. Lessius, Leonhard, in: Biographisch-bibliographisches Kirchenlexikon, Bd. 4: Kleist, Heinrich von – Leyden, Lucas von, begr. u. hrsg. v. Friedrich Wilhelm Bautz, fortgef. v. Traugott Bautz, Herzberg 1992, Sp. 1551–1552

Friedman, David D., In Defense of Thomas Aquinas and the Just Price, in: History of Political Economy Vol. 12/Nr. 2 (1980), S. 234–242

Fries, Bruno, Forum in der Rechtssprache, München 1963

Fürst, Carl Gerold, Art. Denuntiatio evangelica, in: Handwörterbuch zur deutschen Rechtsgeschichte, Bd. 1: Aachen – Haussuchung, hrsg. v. Adalbert Erler; Ekkehard Kaufmann; mitbegr. v. Wolfgang Stammler, 1. Auflage, Berlin 1971, Sp. 680–681

Funk, Franz Xaver, Die Geschichte des kirchlichen Zinsverbotes, Tübingen 1876

Funk, Franz Xaver, Über die ökonomischen Anschauungen der mittelalterlichen Theologen. Beiträge zur Geschichte der Nationalökonomie, in: Zeitschrift für die gesamte Staatswissenschaft Bd. 25/H. 1 (1969), S. 125–175

Ganzer, Klaus, Art. Urban III., in: Lexikon für Theologie und Kirche, Bd. 10: Teufel – Zypern, begr. v. Michael Buchberger, hrsg. v. Josef Höfer; Karl Rahner, 2. Auflage, Freiburg i. Br. 1965, Sp. 544

Garnsey, Peter, Thinking about Property. From Antiquity to the Age of Revolution, Cambridge [u. a.] 2007

Gebauer, Martin, Hypothetische Kausalität und Haftungsgrund, Tübingen 2007

Gensler, Johann Caspar, Theoretisch-praktische Bemerkungen über den Grund, das Objekt und die Gränze, der bei den Injurien vorkommenden aestimatorischen Klage, der Schmerzensgeld-Forderung, und der Klage aus dem Aquilischen Gesetz, in: Archiv für civilistische Praxis Bd. 1/H. 1 (1818), S. 143–155

Gerken, Alexander, Art. Bonaventura, hl., I. Leben, II. Werk, in: Lexikon des Mittelalters, Bd. 2: Bettlerwesen bis Codex von Valencia, hrsg. v. Robert-Henri Bautier; Robert Auty, München [u. a.] 1983, Sp. 402–407

Germann, Michael; Decock, Wim (Hrsg.), Das Gewissen in den Rechtslehren der protestantischen und katholischen Reformationen, Leipzig 2017

Gerwing, Manfred, Art. Gregor I. der Große, II. Schriften und Wirkungsgeschichte im Mittelalter, in: Lexikon des Mittelalters, Bd. 4: Erzkanzler bis Hiddensee, hrsg. v. Robert-Henri Bautier; Robert Auty, München [u. a.] 1989, Sp. 1664–1666

Gerwing, Manfred, Gnade uns Gott. Zur Theologie des Johannes Eck, in: Johannes Eck (1486–1543). Scholastiker – Humanist – Kontroverstheologe, hrsg. v. Jürgen Bärsch; Konstantin Maier, Regensburg 2014, S. 84–105

Gilomen, Hans-Jörg, Wucher und Wirtschaft im Mittelalter, in: Historische Zeitschrift Bd. 250 (1990), S. 265–301

Gilomen, Hans-Jörg, Wirtschaftsgeschichte des Mittelalters, Originalausgabe, München 2014

Gilson, Étienne, History of Christian Philosophy in the Middle Ages, London 1955

Göbel, Judith, Geldentschädigung und Schmerzensgeld. Konvergenz oder Divergenz?, Frankfurt a. M. [u. a.] 2004

Goering, Joseph, The Internal Forum and the Literature of Penance and Confession, in: The History of Medieval Canon Law in the Classical Period, 1140–1234. From Gratian to the Decretals of Pope Gregory IX, hrsg. v. Wilfried Hartmann; Kenneth Pennington, Washington D. C. 2008, S. 379–428

Göttler, Joseph, Der heilige Thomas von Aquin und die vortridentinischen Thomisten über die Wirkungen des Bußsakraments, Freiburg i. Br. 1904

Goetz, Hans-Werner, Art. Johannes von Salisbury, in: Lexikon des Mittelalters, Bd. 5: Hiera-Mittel bis Lukanien, hrsg. v. Robert-Henri Bautier; Robert Auty, München [u. a.] 1991, Sp. 599–601

Goetz, Hans-Werner, Geschichtsschreibung und Geschichtsbewußtsein im hohen Mittelalter, 2. Auflage, Berlin 2008

Goldschmidt, Levin, Handbuch des Handelsrechts, Teil A, Band 1, Abteilung 1, Lieferung 1 in 3. Auflage: Universalgeschichte des Handelsrechts. Die Grundprobleme, Das Altertum, Das Mittelalter, Aalen 1973 (2. Neudruck der Ausgabe Stuttgart 1891)

Gordley, James, The Philosophical Origins of Modern Contract Doctrine, 1. Auflage, Oxford 1991

Gordon, Barry J., Aristotle and the Development of Value Theory, in: Quarterly Journal of Economics Vol. 78/Nr. 1 (1964), S. 115–128

Grabmann, Martin, Studien über den Einfluß der aristotelischen Philosophie auf die mittelalterlichen Theorien über das Verhältnis von Kirche und Staat, München 1934

Grabmann, Martin, Die Geschichte der scholastischen Methode, Bd. 1: Die scholastische Methode von ihren ersten Anfängen in der Väterliteratur bis zum Beginn des 12. Jahrhunderts, Freiburg i. Br. [u. a.] 1909; Bd. 2: Die scholastische Methode im 12. und beginnenden 13. Jahrhundert, Freiburg i. Br. [u. a.] 1911

Gracia, Jorge J. E. (Hrsg.), Individuation in Scholasticism. The Later Middle Ages and the Counter-Reformation (1150–1650), Albany 1994

Grice-Hutchinson, Marjorie, The School of Salamanca. Readings in Spanish Monetary Theory, 1544–1605, Oxford 1952

Grice-Hutchinson, Marjorie, Early Economic Thought in Spain 1177–1740, 1. Auflage, London [u. a.] 1978

Grice-Hutchinson, Marjorie, Contributions of the School of Salamanca to Monetary Theory, in: Economic Effects of the European Expansion, hrsg. v. José Casas Pardo, Stuttgart 1992, S. 173–198

Grice-Hutchinson, Marjorie, Economic Thought in Spain. Selected Essays, Aldershot, Hants. [u. a.] 1993

Groß, Carl, Die Beweistheorie im canonischen Proceß mit besonderer Rücksicht auf die Fortentwicklung derselben im gemeinen deutschen Civilproceß, Bd. 2: Besonderer Teil, Innsbruck 1880

Grossi, Paolo (Hrsg.), La seconda scolastica nella formazione del diritto privato moderno, Mailand 1973

Gruber, Siegfried, Das Vorspiel zur Dogmatisierung der Unbefleckten Empfängnis Mariens in Deutschland (1849–1854), Diss. Univ. Erlangen-Nürnberg 1967

Haase, Carl (Hrsg.), Die Stadt des Mittelalters, Bd. 2: Recht und Verfassung, 3. Auflage, Darmstadt 1987

Hackl, Karl, Zu den Wurzeln der Anfechtung wegen laesio enormis, in: Zeitschrift der Savigny-Stiftung für Rechtsgeschichte, Rom. Abt. Bd. 98 (1981), S. 147–161

Hälschner, Hugo, Ehrenerklärung, Widerruf und Abbitte in ihrer geschichtlichen Entwicklung und ihrem Verhältnisse zur heutigen Gesetzgebung, in: Der Gerichtssaal Bd. 16 (1864), S. 321–369

Hälschner, Hugo, Das preußische Strafrecht. In 3 Teilen, Teil 3: System des preußischen Strafrechts, Besonderer Teil, 1. (einziger) Abschnitt: Die Verbrechen gegen das Recht der Privatperson, Aalen 1975 (Neudruck der Ausgabe Bonn 1869)

Häuptli, Bruno W., Art. Robert von Courson, in: Biographisch-bibliographisches Kirchenlexikon, Bd. 30: Ergänzungen XVII, begr. u. hrsg. v. Friedrich Wilhelm Bautz, fortgef. v. Traugott Bautz, Nordhausen 2009, Sp. 1148–1152

Hagemann, Matthias, Iniuria. Von den XII-Tafeln bis zur Justinianischen Kodifikation, Köln [u. a.] 1998

Hagenauer, Selma, Das „justum pretium“ bei Thomas von Aquin. Ein Beitrag zur Geschichte der objektiven Werttheorie, Stuttgart 1931

Hallebeek, Jan, The Concept of Unjust Enrichment in Late Scholasticism, Nijmegen 1996

Hallebeek, Jan, Specific Performance in Obligations to Do according to Early Modern Spanish Doctrine, in: The Right to Specific Performance. The Historical Development, hrsg. v. Jan Hallebeek; Harry J. Dondorp, Antwerpen [u. a.] 2010, S. 57–79

Hallebeek, Jan, Some Remarks on Laesio Enormis and Proportionality in Roman-Dutch Law and Calvinistic Commercial Ethics, in: Fundamina (Pretoria) Vol. 21/Nr. 1 (2015), S. 14–32

Hamm, Berndt, Promissio, pactum, ordinatio. Freiheit und Selbstbindung Gottes in der scholastischen Gnadenlehre, 1. Auflage, Tübingen 1977

Hamm, Berndt, Der frühe Luther. Etappen reformatorischer Neuorientierung, Tübingen 2010

Hamouda, Omar F.; Price, Betsey B., The Justice of the Just Price, in: The European Journal of the History of Economic Thought Vol. 4/Nr. 2 (1997), S. 191–216

Hangler, Rainer, Juble, Tochter Zion. Zur Mariologie von Joseph Ratzinger, Benedikt XVI., Regensburg 2016

Hanst, Michael, Art. Hobbes, Thomas, in: Biographisch-bibliographisches Kirchenlexikon, Bd. 2: Faustus von Milleve – Jean d' Arc, hrsg. v. Friedrich Wilhelm Bautz, Herzberg 1990, Sp. 907–911

Hanst, Michael, Art. Innozenz III., in: Biographisch-bibliographisches Kirchenlexikon, Bd. 2: Faustus von Milleve – Jean d' Arc, hrsg. v. Friedrich Wilhelm Bautz, Herzberg 1990, Sp. 1281–1285

Hanst, Michael, Art. Innozenz IV., in: Biographisch-bibliographisches Kirchenlexikon, Bd. 2: Faustus von Milleve – Jean d' Arc, hrsg. v. Friedrich Wilhelm Bautz, Herzberg 1990, Sp. 1286–1289

Harkins, Franklin T., *Filiae Magistri.* Peter Lombard's *Sentences* and Medieval Theological Education „On the Ground", in: Mediaeval Commentaries on the *Sentences* of Peter Lombard, Vol. 3, hrsg. v. Philipp W. Rosemann, Leiden [u. a.] 2015, S. 26–78

Hartitzsch, Adolph Karl Heinrich von, Das römische Privatrecht in ausführlicher tabellarischer Darstellung, Leipzig 1831

Hartmann, Wilfried (Hrsg.), Europas Städte zwischen Zwang und Freiheit. Die europäische Stadt um die Mitte des 13. Jahrhunderts, Regensburg 1995

Hartmann, Wilhelm, Das deutsche Wechselrecht historisch und dogmatisch dargestellt, Berlin 1869

Hauck, Friedrich; Schwinge, Gerhard, Theologisches Fach- und Fremdwörterbuch. Mit einem Verzeichnis und Abkürzungen aus Theologie und Kirche und einer Zusammenstellung lexikalischer Nachschlagewerke, bearb. v. Gerhard Schwinge, 11. Auflage, Göttingen 2010

Hausmaninger, Herbert, Das Schadenersatzrecht der lex Aquilia, 5. Auflage, Wien 1996

Hausmaninger, Herbert; Selb, Walter, Römisches Privatrecht, 9. völlig neu bearb. Auflage, Wien [u. a.] 2001

Heinzmann, Richard, Art. Wilhelm v. Auvergne, in: Lexikon für Theologie und Kirche, Bd. 10: Teufel - Zypern, begr. v. Michael Buchberger, hrsg. v. Josef Höfer; Karl Rahner, 2. Auflage, Freiburg i. Br. 1965, Sp. 1127–1128

Helfritz, Hans, Der geschichtliche Bestand und die legislative Verwertbarkeit von Widerruf, Abbitte und Ehrenerklärung, Diss. Univ. Greifswald 1905

Hellmann, Friedrich, Schmerzensgeld und Buße, in: Archiv für civilistische Praxis Bd. 78/H. 1 (N. F. 28) (1892), S. 1–29

Helmholz, Richard H., Kanonisches Recht und europäische Rechtskultur, Tübingen 2013

Hermann, Hans-Georg, §§ 194–225, in: Historisch-kritischer Kommentar zum BGB, Bd. 1: Allgemeiner Teil §§ 1–240, hrsg. v. Joachim Rückert; Reinhard Zimmermann; Mathias Schmoeckel, Tübingen 2003, S. 991–1032

Heumann, Hermann Gottlieb; Seckel, Emil (Hrsg.), Handlexikon zu den Quellen des römischen Rechts, 11. Auflage, Graz 1971

Heynck, Valens, Der richterliche Charakter des Bußsakraments nach Johannes Duns Scotus, in: Franziskanische Studien Bd. 47 (1965), S. 339–414

Hildenbrand, Karl, Geschichte der Bestimmungen des canonischen Rechtes über die bona fides bei der Ersitzung und Klageverjährung, in: Archiv für civilistische Praxis Bd. 36/H. 1 (1853), S. 27–49

Hinnebusch, J. F., Crockaert, Peter, in: New Catholic Encyclopedia, Bd. 4: Com–Dyn, hrsg. v. Thomas Carson [u. a.], 2. Auflage, Detroit [u. a.] 2003, S. 374b

Hinschius, Paul, Das Kirchenrecht der Katholiken und Protestanten, Bd. 1: System des katholischen Kirchenrechts mit besonderer Rücksicht auf Deutschland, Berlin 1869

His, Rudolf, Das Strafrecht des deutschen Mittelalters, Teil 1: Die Verbrechen und ihre Folgen im allgemeinen, Aalen 1964 (Neudruck der Ausgabe Weimar 1920)

Hödl, Ludwig, Die sakramentale Buße und ihre kirchliche Ordnung im beginnenden mittelalterlichen Streit um die Bußvollmacht der Ordenspriester, in: Franziskanische Studien Bd. 55 (1973), S. 330–374

Hödl, Ludwig, Art. Johannes von la Rochelle, in: Biographisch-bibliographisches Kirchenlexikon, Bd. 3: Jedin, Hubert - Kleinschmidt, Beda, begr. u. hrsg. v. Friedrich Wilhelm Bautz, fortgef. v. Traugott Bautz, Herzberg 1992, Sp. 541–544

Hödl, Ludwig, Art. Petrus Lombardus, in: Biographisch-bibliographisches Kirchenlexikon, Bd. 5: Leyden, Nikolaus – Mönch, Antonius, begr. u. hrsg. v. Friedrich Wilhelm Bautz, fortgef. v. Traugott Bautz, Herzbeg 1993, Sp. 197–202

Hödl, Ludwig, Art. Petrus Lombardus, in: Lexikon des Mittelalters, Bd. 6: Lukasbilder bis Plantagenêt, hrsg. v. Norbert Angermann; Robert-Henri Bautier; Robert Auty, München [u. a.] 1993, Sp. 1977–1978

Hödl, Ludwig; Pásztor, Edith, Art. Petrus Johannis Olivi, in: Lexikon des Mittelalters, Bd. 6: Lukasbilder bis Plantagenêt, hrsg. v. Norbert Angermann; Robert-Henri Bautier; Robert Auty, München [u. a.] 1993, Sp. 1976–1977

Hödl, Ludwig, Textwissen und Sprachwissenschaft der scholastischen Theologen. Zur 7. Zentenarfeier des Todes Heinrich von Gent (29.6.1293), in: Zeitschrift für katholische Theologie Bd. 116 (1994), S. 129–142

Hödl, Ludwig; Weimar, Peter; Zapp, Hartmut, Art. Summa, in: Lexikon des Mittelalters, Bd. 8: Stadt (Byzantinisches Reich) bis Werl, hrsg. v. Norbert Angermann; Robert-Henri Bautier; Robert Auty, München 1997, Sp. 306–312

Hödl, Ludwig, Die Sentenzen des Petrus Lombardus in der Diskussion seiner Schule, in: Mediaeval Commentaries on the Sentences of Peter Lombard, Vol. 1: Current Research, hrsg. v. Gillian R. Evans, Leiden [u. a.] 2002, S. 25–40

Höhl, Norbert, Art. Johannes Teutonicus, Dekretist und Dekretalist, in: Lexikon des Mittelalters, Bd. 5: Hiera-Mittel bis Lukanien, hrsg. v. Robert-Henri Bautier; Robert Auty, München [u. a.] 1991, Sp. 608

Hoenen, Maarten J. F. M., Scotus and the Scotist School. The Tradition of Scotist Thought in the Medieval and Early Modern Period, in: John Duns Scotus. Renewal of Philosophy. Acts of the Third Symposium organized by the Dutch Society for Medieval Philosophy Medium Aevum (May 23 and 24, 1996), hrsg. v. Egbert P. Bos, Amsterdam 1998, S. 197–210

Hoeres, Walter, Der Wille als reine Vollkommenheit nach Duns Scotus, München 1962

Hoffmann, Thomas, Wille und Entwicklung. Problemfelder – Konzepte – Pädagogisch-psychologische Perspektiven, Wiesbaden 2013

Hoffmann, Tobias, Duns Scotus Bibliography from 1950 to the Present, 9. Auflage, 2016, Onlineausgabe (online unter folgender URL: https://sites.google.com/site/scotusbibliography/) [zuletzt abgerufen am: 07.09.2020]

Hofmann, Hasso, Hugo Grotius, in: Staatsdenker in der Frühen Neuzeit, hrsg. v. Michael Stolleis, 3. Auflage, München 1995, S. 52–77

Hofstetter, Rolf, Zur Geschichte des Schmerzensgeldes, Diss. Univ. Heidelberg 1961

Hohenlohe, Constantin, Gründe der Schadensersatzpflicht in Recht und Moral, Regensburg [u. a.] 1914

Holtappels, Peter, Die Entwicklungsgeschichte des Grundsatzes «in dubio pro reo», Hamburg 1965

Homann, Eckhard, Totum posse, quod est in ecclesia, reservatur in summo pontifice. Studien zur politischen Theorie bei Aegidius Romanus, Würzburg 2004

Honnefelder, Ludger, Ens inquantum ens. Der Begriff des Seienden als solchen als Gegenstand der Metaphysik nach der Lehre des Johannes Duns Scotus, Münster (Westf.) 1979

Honnefelder, Ludger, Scientia transcendens. Die formale Bestimmung der Seiendheit und Realität in der Metaphysik des Mittelalters und der Neuzeit (Duns Scotus, Suárez, Wolff, Kant, Peirce), Hamburg 1990

Honnefelder, Ludger, Die Kritik des Johannes Duns Scotus am kosmologischen Nezessitarismus der Araber. Ansätze zu einem neuen Freiheitsbegriff, in: Die abendländische Freiheit vom 10. bis zum 14. Jahrhundert. Der Wirkungszusammenhang von Idee und Wirklichkeit im europäischen Vergleich, hrsg. v. Johannes Fried, Sigmaringen 1991, S. 249–263

Honnefelder, Ludger, Metaphysik und Ethik bei Johannes Duns Scotus. Forschungsergebnisse und -perspektiven. Eine Einführung, in: John Duns Scotus. Metaphysics and Ethics, hrsg. v. Ludger Honnefelder; Rega Wood; Mechthild Dreyer, Leiden [u. a.] 1996, S. 1–33

Honnefelder, Ludger, Scotus und der Scotismus. Ein Beitrag zur Bedeutung der Schulbildung in der mittelalterlichen Philosophie, in: Philosophy and Learning. Universities in the Middle Ages, hrsg. v. Maarten J. F. M. Hoenen; Jakob Hans Josef Schneider; Georg Wieland, Leiden 1995, S. 249–262

Honnefelder, Ludger; Möhle, Hannes; Söder, Joachim Roland, Art. Scholastik, in: Lexikon für Theologie und Kirche, Bd. 9: San – Thomas, begr. v. Michael Buchberger, hrsg. v. Walter Kasper, 3. Auflage, Freiburg i. Br. 2000, Sp. 199–202

Honnefelder, Ludger, Johannes Duns Scotus, Originalausgabe, München 2005

Honnfelder, Ludger, Warum nicht nichts? Zu Nicholas Reschers Rekonstruktion der Leibniz-Frage, in: Why Is There Anything At All?, hrsg. v. Thomas Buchheim, Freiburg [u. a.] 2018, S. 37–48

Honsell, Heinrich, Römisches Recht, 8. Auflage, Berlin [u. a.] 2015

Horst, Ulrich, Evangelische Armut und Kirche. Thomas von Aquin und die Armutskontroversen des 13. und beginnenden 14. Jahrhunderts, Berlin 1992

Hoye, William J., Die mittelalterliche Methode der Quaestio, in: Philosophie. Studium, Text und Argument, hrsg. v. Norbert Herold; Bodo Kensmann; Sibille Mischer, 1. Auflage, Münster 1997, S. 155–178

Hüllen, Jürgen, Art. Individuation. Individuationsprinzip, in: Historisches Wörterbuch der Philosophie, Bd. 4: I–K, hrsg. v. Joachim Ritter; Kalfried Gründer, neubearb. Ausgabe des „Wörterbuchs der philosophischen Begriffe“ v. Rudolf Eisler, Basel [u. a.] 1976, S. 295–299

Imbach, Ruedi; Ricklin, Thomas, Art. Sentenzenkommentare, in: Lexikon des Mittelalters, Bd. 7: Planudes bis Stadt (Rus), hrsg. v. Norbert Angermann; Robert-Henri Bautier; Robert Auty, München 1995, Sp. 1767–1769

Imbach, Ruedi, Art. Petrus v. Poitiers (auch P. Cancellarius), in: Lexikon für Theologie und Kirche, Bd. 8: Pearson – Samuel, begr. v. Michael Buchberger, hrsg. v. Walter Kasper, 3. Auflage, Freiburg i. Br. 1999, Sp. 136

Imbach, Ruedi, Art. Summa, Summenliteratur, Summenkommentar, in: Lexikon für Theologie und Kirche, Bd. 9: San – Thomas, begr. v. Michael Buchberger, hrsg. v. Walter Kasper, 3. Auflage, Freiburg i. Br. 2000, Sp. 1112–1117

Immler, Hans, Natur in der ökonomischen Theorie, Teil 1: Vorklassik – Klassik – Marx, Opladen 1985

Ingham, Mary Beth, Self-mastery and Rational Freedom. Duns Scotus´s Contribution to the *usus pauper* Debate, in: Franciscan Studies Vol. 66 (2008), S. 337–369

Ingham, Mary Beth, Book Review: Ioannis Duns Scoti Collationes Oxonienses, eds. by Guido Allliney; Marina Fedeli, Firenze 2016, in: Franciscan Studies Vol. 75 (2017), S. 537–539

Isbicki, Thomas M., Jaques Almain, in: Encyclopedia of Medieval Philosophy. Philosophy between 500 and 1500, hrsg. v. Henrik Lagerlund, Dordrecht [u. a.] 2011, S. 579a–581a

Jacobi, Klaus, Art. Wilhelm von Champeaux (Guillelmus de Campellis, Campellensis), in: Lexikon des Mittelalters, Bd. 9: Werla bis Zypresse. Anhang, hrsg. v. Norbert Angermann; Robert-Henri Bautier; Robert Auty, München 1998, Sp. 167–168

Jansen, Bernard, Zur Philosophie der Scotisten des 17. Jahrhunderts, in: Franziskanische Studien Bd. 23 (1936), S. 28–58, 150–175

Jansen, Nils, Struktur des Haftungsrechts. Geschichte, Theorie und Dogmatik außervertraglicher Ansprüche auf Schadensersatz, Tübingen 2003

Jansen, Nils, Von der Restitutionslehre der spanischen Spätscholastik zu einem europäischen Recht nichtvertraglicher Schuldverhältnisse?, in: Rabels Zeitschrift für ausländisches und internationales Privatrecht Bd. 76/H. 4: Reinhard Zimmermann zum 60. Geburtstag, Tübingen 2012, S. 921–946

Jansen, Nils, Zur Diskussion um die Restitutionslehre bei Francisco de Vitoria und seinen Nachfolgern, in: Kontroversen um das Recht. Beiträge zur Rechtsbegründung von Vitoria bis Suárez – Contending for Law. Arguments about the Foundation of Law from Vitoria to Suárez, hrsg. v. Kirstin Bunge; Stefan Schweighöfer; Anselm Spindler; Andreas Wagner, Stuttgart-Bad Cannstatt 2013, S. 195–233

Jansen, Nils, Theologie, Philosophie und Jurisprudenz in der spätscholastischen Lehre von der Restitution. Außervertragliche Ausgleichsansprüche im frühneuzeitlichen Naturrechtsdiskurs, Tübingen 2013

Jansen, Nils, Verwicklungen und Entflechtungen. Zur Verbindung und Differenzierung von Recht und Religion, Gesetz und rechtlicher Vernunft im frühneuzeitlichen Naturrechtsdiskurs, in: Zeitschrift der Savigny-Stiftung für Rechtsgeschichte, Germ. Abt. Bd. 132 (2015), S. 29–81

Jansen, Nils, Katholische Theologie und protestantische Jurisprudenz. Zur Rechtsgeschichte der Restitutionslehre im 16. und 17. Jahrhundert, in: Recht, Konfession und Verfassung im 17. Jahrhundert. West- und mitteleuropäische Entwicklungen, hrsg. v. Mathias Schmoeckel; Robert von Friedeburg, Berlin 2015, S. 165–188

Jansen, Nils, Gesetzliche Schuldverhältnisse. Eine historische Strukturanalyse, in: Archiv für die civilistische Praxis Bd. 216/H. 1–2 (2016), S. 112–233

Jerouschek, Günter; Müller, Daniela, Die Ursprünge der Denunziation im Kanonischen Recht, in: Recht – Idee – Geschichte. Beiträge zur Rechts- und Ideengeschichte für Rolf Lieberwirth anläßlich seines 80. Geburtstages, hrsg. v. Heiner Lück; Bernd Schildt, Köln [u. a] 2000, S. 3–24

Jörg, Steffen, Das Zinsverbot in der islamischen Wirtschaftsordnung. Philosophische und religiöse Grundlagen, Hamburg 2015

Johnston, Herbert, Some Mediaeval Doctrines on Extrinsic Titles to Interest, in: An Étienne Gilson Tribute. Presented by His Northern American Students with a Response by Étienne Gilson, hrsg. v. Charles J. O'Neil, Milwaukee 1959, S. 86–100

Kafitz, Nicole, Der Kampf ums Schmerzensgeld im Vorfeld des BGB von 1900 am Beispiel zweier Reichsgerichtsurteile aus 1882, Inauguraldisseration Univ. Mannheim 2005, Onlineausgabe, URN: urn:nbn:de:bsz:180-madoc-11515; URL: http://ub-madoc.bib.uni-mannheim.de/1151 [zuletzt abgerufen am: 17.08.2020]

Kalb, Herbert, Laesio enormis im gelehrten Recht. Kanonistische Studien zur Läsionsanfechtung, Wien 1992

Kalde, Frank, Art. Johannes Teutonicus Zemeke (Zemeken, Semeca, Cemeca, Semeko), in: Biographisch-bibliographisches Kirchenlexikon, Bd. 3: Jedin, Hubert – Kleinschmidt, Beda, begr. u. hrsg. v. Friedrich Wilhelm Bautz, fortgef. v. Traugott Bautz, Herzberg 1992, Sp. 596–599

Kantorowicz, Hermann, Einführung in die Textkritik. Systematische Darstellung der textkritischen Grundsätze für Philologen und Juristen. Mit 3 Stammtafeln, Leipzig 1921

Kaser, Max, Restituere als Prozessgegenstand. Die Wirkungen der Litis Contestatio auf den Leistungsgegenstand im römischen Recht, 2. Auflage, München 1968

Kaser, Max, Das Römische Privatrecht, Erster Abschnitt: Das altrömische, das vorklassische und klassische Recht, 2. Auflage, München 1971

Kaser, Max, Das Römische Privatrecht, Zweiter Abschnitt: Die nachklassischen Entwicklungen, 2. Auflage, München 1975

Kaser, Max, Ius gentium, Köln [u. a.] 1993

Kaser, Max; Knütel, Rolf, Römisches Privatrecht. Ein Studienbuch, 20. Auflage, München 2014

Kasten, Brigitte, Testamentarische Regelungen zur Integration der Königssöhne westeuropäischer Königsdynastien des Früh- und Hochmittelalters (bis ca. 1300) in die Familienherrschaft, in: Die mittelalterliche Thronfolge im europäischen Vergleich, hrsg. v. Matthias Becher, Ostfildern 2017, S. 81–125

Kaufmann, Horst, Rezeption und usus modernus der actio legis Aquiliae, Köln [u. a.] 1958

Kaulla, Rudolf, Die Lehre vom gerechten Preis in der Scholastik, in: Zeitschrift für die gesamte Staatswissenschaft Bd. 60/H. 4 (1904), S. 579–602

Kaye, Joel, Economy and Nature in the Fourteenth Century. Money, Market Exchange, and the Emergence of Scientific Thought, 1. Auflage, Cambridge [u. a.] 1998

Kaye, Joel, A History of Balance, 1250–1375. The Emergence of a New Model of Equilibrium and its Impact on Thought, first paperback edition, Cambridge [u. a.] 2016

Kelter, Ernst, Geschichte der obrigkeitlichen Preisregelung, Bd. 1: Die obrigkeitliche Preisregelung in der Zeit der mittelalterlichen Stadtwirtschaft, Jena 1935

Kern, Bernd-Rüdiger, Die Genugtuungsfunktion des Schmerzensgeldes – ein pönales Element im Schadensrecht?, in: Archiv für civilistische Praxis Bd. 191/H. 3 (1991), S. 247–272

Kéry, Lotte, Gottesfurcht und irdische Strafe. Der Beitrag des mittelalterlichen Kirchenrechts zur Entstehung des öffentlichen Strafrechts, Köln [u. a.] 2006

Kéry, Lotte, Art. Forum externum, Forum internum, in: Handwörterbuch zur deutschen Rechtsgeschichte, Bd. 1: Aachen – Geistliche Bank, hrsg. v. Albrecht Cordes; Heiner Lück; Dieter Werkmüller, 2. Auflage, Berlin 2008, Sp. 1641–1643

Kettern, Bernd, Art. Thomas von Aquin O.P., hl., in: Biographisch-bibliographisches Kirchenlexikon, Bd. 11: Stoss, Veit – Tiefenthaler, Joseph, begr. u. hrsg. v. Friedrich Wilhelm Bautz, fortgef. v. Traugott Bautz, Herzberg 1996, Sp. 1324–1370

Kienzler, Klaus, Art. Robert von Grosseteste, in: Biographisch-bibliographisches Kirchenlexikon, Bd. 8: Rembrandt – Scharbel, begr. u. hrsg. v. Friedrich Wilhelm Bautz, fortgef. v. Traugott Bautz, Herzberg 1994, Sp. 444–446

Kirsch, Johann Peter, Joseph Kardinal Hergenröthers Handbuch der allgemeinen Kirchengeschichte, Zweiter Band: Die Kirche als Leiterin der abendländischen Gesellschaft, 5. unveränd. Auflage mit Nachträgen, Freiburg i. Br. [u. a.] 1913

Klami, Hannu Tapani, „Laesio enormis“ in Roman Law?, in: Labeo 33 (1987), S. 48–63

Kleber, Karl-Heinz, Art. Johannes (eig. Charlier) Gerson, in: Biographisch-bibliographisches Kirchenlexikon, Bd. 3: Jedin, Hubert – Kleinschmidt, Beda, begr. u. hrsg. v. Friedrich Wilhelm Bautz, fortgef. v. Traugott Bautz, Herzberg 1992, Sp. 366–369

Klein, Joseph, Zum Charakterbild des Johannes Duns Scotus, in: Franziskanische Studien Bd. 4 (1917), S. 343–354

Knäble, Philip, Wucher, Seelenheil, Gemeinwohl. Der Scholastiker als Wirtschaftsexperte?, in: Wissen und Wirtschaft. Expertenkulturen und Märkte vom 13. bis 18. Jahrhundert, hrsg. v. Marian Füssel; Philip Knäble; Nina Elsemann, 1. Auflage, Göttingen 2017, S. 115–140

Knoch, Wendelin, Die theologische Summa. Zur Bedeutung einer hochmittelalterlichen Literaturgattung, in: *Artes* im Mittelalter, hrsg. v. Ursula Schaefer, Berlin 1999, S. 151–160

Kobusch, Theo, Geschichte der Philosophie, Bd. 5: Die Philosophie des Hoch- und Spätmittelalters, München 2011

Köchy, Christian Heinrich Gottlieb, Theoretisch-practischer Commentar über die Pandecten, nach Anleitung des Hellfeldschen Lehrbuchs, Ersten Theils zweyte Abtheilung, Leipzig 1799

Köhn, Rolf, Monastisches Bildungsideal und weltgeistliches Wissenschaftsdenken. Zur Vorgeschichte des Mendikantenstreits an der Universität Paris, in: Die Auseinandersetzungen an der Pariser Universität im XIII. Jahrhundert, hrsg. v. Albert Zimmermann, Berlin [u. a.] 1976, S. 1–37

Köndgen, Johannes, Haftpflichtfunktionen und Immaterialschaden am Beispiel von Schmerzensgeld bei Gefährdungshaftung, Berlin 1976

Köpf, Ulrich, Art. Scholastik, in: Religion in Geschichte und Gegenwart (RGG). Handwörterbuch für Theologie und Religionswissenschaft, Bd. 7: R–S, hrsg. v. Hans Dieter Betz; Don S. Browning; Bernd Janowski; Eberhard Jüngel, 4. Auflage, ungek. Studienausgabe, Tübingen 2008, Sp. 949–954

Köster, Rolf-Jürgen, Die Rechtsvermutung der Unschuld. Historische und dogmatische Grundlagen, Diss. Univ. Bonn 1979

Köstlin, Christian Reinhold, Die Ehrverletzung nach deutschem Rechte, in: Zeitschrift für deutsches Recht und deutsche Rechtswissenschaft Bd. 15 (1855), S. 151–236, S. 364–435 (Schluß der im Heft 2 enthaltenen Abhandlung.)

Kohler, Josef, Studien aus dem Strafrecht, Bd. III: Das Strafrecht der italienischen Statuten vom 12. bis 16. Jahrhundert, Allgemeiner Theil, Zweite Hälfte, Mannheim 1895

Kohler, Josef, Studien aus dem Strafrecht, Bd. IV: Das Strafrecht der italienischen Statuten vom 12. bis 16. Jahrhundert, Besonderer Theil, Erste Hälfte, Mannheim 1896

Kohler, Josef, Die spanischen Naturrechtslehrer des 16. und 17. Jahrhunderts, in: Archiv für Rechts- und Wirtschaftsphilosophie 10 (1916/1917), S. 235–263

Kolmer, Lothar, Art. Petrus von Poitiers, in: Biographisch-bibliographisches Kirchenlexikon, Bd. 7: Patočka, Jan – Rremachus, begr. u. hrsg. v. Friedrich Wilhelm Bautz, fortgef. v. Traugott Bautz, Herzberg 1994, Sp. 374–376

Kolping, Adolf, Art. Edamer, in: Marienlexikon, Bd. 2: Chaldäer – Gréban, hrsg. im Auftrag des Instituts Marianum Regensburg e. V. von Remigius Bäumer, St. Ottilien 1989, S. 268

Koser, Konstantin, Die Immaculatalehre des Johannes Duns Scotus, in: Franziskanische Studien Bd. 36 (1954), S. 337–372

Kottje, Raymund; Franzten, Allen J., Art. Bußbücher, in: Lexikon des Mittelalters, Bd. 2: Bettlerwesen bis Codex von Valencia, hrsg. v. Robert-Henri Bautier; Robert Auty, München [u. a.] 1983, Sp. 1118–1123

Kranich-Strötz, Christiane, Selbstbewusstsein und Gewissen. Zur Rekonstruktion der Individualitätskonzeption bei Peter Abaelard, Berlin 2008

Krautwig, Notker, Die Grundlagen der Busslehre des J. Duns Skotus, Freiburg i. Br. 1938

Kreuzer, Georg, Art. Urban III. (Hu[m]bert Crivelli), in: Biographisch-bibliographisches Kirchenlexikon, Bd. 15: Ergänzungen II, begr. u. hrsg. v. Wilhelm Friedrich Bautz, fortgef. v. Traugott Bautz, Herzberg 1999, Sp. 1394–1395

Kriechbaum, Maximiliane, Actio, ius und dominium in den Rechtslehren des 13. und 14. Jahrhunderts, Ebelsbach 1996

Kriechbaum, Maximiliane, Die Stellungnahmen der mittelalterlichen Legistik zum kanonistischen Zinsverbot, in: Rechtsprechung und Justizhoheit. Festschrift für Götz Landwehr zum 80. Geburtstag von Kollegen und Doktoranden, hrsg. v. Volker Friedrich Drecktrah; Dietmar Willoweit, Köln [u. a.] 2016, S. 23–52

Kriechbaum, Maximiliane; Lange, Hermann, Römisches Recht im Mittelalter, Bd. 2: Die Kommentatoren, München 2007

Krümmel, Achim, Art. Richard von Mediavilla, OFM («Doctor solidus» gen.), in: Biographisch-bibliographisches Kirchenlexikon, Bd. 8: Rembrandt – Scharbel, begr. u. hrsg. v. Friedrich Wilhelm Bautz, fortgef. v. Traugott Bautz, Herzberg 1994, Sp. 212–213

Kulischer, Josef, Allgemeine Wirtschaftsgeschichte des Mittelalters und der Neuzeit, Bd. 1: Das Mittelalter, 2. unveränd. Auflage, München 1958 (Nachdruck des Originals München [u. a.] 1928)

Kuntze, Johannes Emil, Deutsches Wechselrecht auf der Grundlage der allgemeinen Deutschen Wechselordnung und der Nürnberger Novellen, Leipzig 1862

Kurz, Anton, Mariologie oder Lehre der katholischen Kirche über Maria, die seligste Jungfrau, Nikosia 2017 (Nachdruck des Originals aus 1881)

Laarmann, Matthias, Art. Richard de Mediavilla (Middletown, Moyeneville), in: Lexikon des Mittelalters, Bd. 7: Planudes bis Stadt (Rus), hrsg. v. Norbert Angermann; Robert-Henri Bautier; Robert Auty, München 1995, Sp. 823–824

Lachner, Raimund, Art. Raimund von Peñafort, in: Biographisch-bibliographisches Kirchenlexikon, Bd. 7: Patočka, Jan – Remachus, begr. u. hrsg. v. Friedrich Wilhelm Bautz, fortgef. v. Traugott Bautz, Herzberg 1994, Sp. 1281–1285

Lalou, Elisabeth, Art. Philipp IV. der Schöne, in: Lexikon des Mittelalters, Bd. 6: Lukasbilder bis Plantagenêt, hrsg. v. Norbert Angermann; Robert-Henri Bautier; Robert Auty, München [u. a.] 1993, Sp. 2061–2063

Lambert, Malcolm D., Franciscan Poverty. The Doctrine of the Absolute Poverty of Christ and the Apostles in the Franciscan Order 1210–1323, London 1961

Lambertini, Roberto, Usus and Usura. Poverty and Usury in the Franciscans' Responses to John XXII's Quia Vir Reprobus, in: Franciscan Studies Vol. 54 (1994–1997), S. 185–210

Landau, Peter, Art. Beneficium, Benefizium, III. Kanonisches Recht und Kirchenverfassung, in: Lexikon des Mittelalters, Bd. 1: Aachen bis Bettelordenskirchen, hrsg. v. Robert Auty, München [u. a.] 1980, Sp. 1905–1907

Landau, Peter, Art. Gratian, in: Handwörterbuch zur deutschen Rechtsgeschichte, Bd. 2: Geistliche Gerichtsbarkeit – Konfiskation, hrsg. v. Albrecht Cordes; Heiner Lück; Dieter Werkmüller, 2. Auflage, Berlin 2012, Sp. 530–533

Landau, Peter, Europäische Rechtsgeschichte und kanonisches Recht im Mittelalter. Ausgewählte Aufsätze aus den Jahren 1967 bis 2006, Badenweiler 2013

Landgraf, Artur Michael, Zum Begriff der Scholastik, in: Collectanea Franciscana Bd. 11 (1941), S. 487–490

Landgraf, Artur Michael, Rezension von: Ioannis Duns Scoti Opera omnia, ed. Comissio Scotistica (praes. Balic'), Civitas Vaticana 1950 ff., in: Theologische Revue Bd. 47/Nr. 6 (1951), Sp. 215–219

Lange, Hermann, Schadensersatz und Privatstrafe in der mittelalterlichen Rechtstheorie, Münster [u. a.] 1955

Langholm, Odd, Price and Value in the Aristotelian Tradition. A Study in Scholastic Economic Sources, Bergen [u. a.] 1979

Langholm, Odd, Wealth and Money in the Aristotelian Tradition. A Study in Scholastic Economic Sources, Bergen [u. a.] 1983

Langholm, Odd, The Aristotelian Analysis of Usury, Bergen [u a.] 1984

Langholm, Odd, Economics in the Medieval Schools. Wealth, Exchange, Value, Money and Usury according to the Paris Theological Tradition 1200–1350, Leiden [u. a.] 1992

Langholm, Odd, The Legacy of Scholasticism in Economic Thought. Antecedents of Choice and Power, Cambridge [u. a.] 1998

Langholm, Odd, The Merchant in the Confessional. Trade and Price in the Pre-Reformation Penitential Handbooks, Leiden [u. a.] 2003

Langosch, Karl, Lateinisches Mittelalter. Einleitung in Sprache und Literatur, 5. Auflage, Darmstadt 1988

Lapidus, André, Information and Risk in the Medieval Doctrine of Usury during the Thirteenth Century, in: Themes in Pre-Classical, Classical and Marxian Economics. Selected Papers from the History of Economics Conference 1989, hrsg. v. William Joseph Barber, Aldershot [u. a.] 1991, S. 23–38

Lapidus, André, Norm, Virtue and Information. The Just Price and Individual Behaviour in Thomas Aquinas' *Summa Theologiae*, in: The European Journal of the History of Economic Thought Vol. 1/Nr. 3 (1994), S. 435–473

Lauriola, Giovanni, Die Person als Öffnung zur Liebe bei Duns Scotus, in: Einzigartigkeit und Liebe nach Johannes Duns Scotus. Beiträge auf der Tagung der Johannes-Duns-Skotus-Akademie vom 5.–8. November 2008 in Köln zum 700. Todestag von Johannes Duns Scotus, hrsg. v. Herbert Schneider, Mönchengladbach 2009, S. 13–30

Lehmann, Heinrich Otto, Lehrbuch des deutschen Wechselrechts. Mit Berücksichtigung des österreichischen und Schweizer Rechts. Mit einer Tabelle: Schematische Untersuchung der Wechseltheorien, Stuttgart 1886

Leidi, Thamar Rossi, Johannes Duns Scotus, Über das Individuationsprinzip. Ordinatio II, distinctio 3, pars 1, hrsg. u. übers. v. Thamar Rossi Leidi, Hamburg 2015
Leidi, Einleitung: S. VII–LXXXVIII

Leinsle, Ulrich Gottfried, Einführung in die scholastische Theologie, Paderborn [u. a.] 1995

Leinsle, Ulrich G.; Trappe, Tobias, Art. Scholastik, in: Theologische Realenzyklopädie, Bd. 30: Samuel - Seele, u. a. in Gemeinschaft mit Horst Balz hrsg. v. Gerhard Müller, Berlin [u. a.] 1999, S. 361–370

Leitherer, Eugen, Geschichte der handels- und absatzwirtschaftlichen Literatur, Köln [u. a.] 1961

Lenherr, Titus, Die „Glossa ordinaria" zur Bibel als Quelle von Gratians Dekret. Ein (neuer) Anfang, in: Bulletin of Medieval Canon Law Vol. 24 (n. s.) (2000–2001), S. 97–129

Lepsius, Susanne, Von Zweifeln zur Überzeugung. Der Zeugenbeweis im gelehrten Recht ausgehend von der Abhandlung des Bartolus von Sassoferrato, Frankfurt a. M. 2003

Lepsius, Susanne, Der Richter und die Zeugen. Eine Untersuchung anhand des Tractatus testimoniorum des Bartolus von Sassoferrato, mit Edition, Frankfurt a. M. 2003

Lepsius, Susanne, Art. Accursius, in: Handwörterbuch zur deutschen Rechtsgeschichte, Bd. 1: Aachen – Geistliche Bank, hrsg. v. Albrecht Cordes; Heiner Lück; Dieter Werkmüller, 2. Auflage, Berlin 2008, Sp. 58–59

Lepsius, Susanne, Art. Bartolus de Sassoferrato, in: Handwörterbuch zur deutschen Rechtsgeschichte, Bd. 1: Aachen – Geistliche Bank, hrsg. v. Albrecht Cordes; Heiner Lück; Dieter Werkmüller, 2. Auflage, Berlin 2008, Sp. 450–453

Lessel, Karl, Die Entwicklungsgeschichte der kanonistisch-scholastischen Wucherlehre im 13. Jahrhundert. Ein Beitrag zur Geschichte der mittelalterlichen Wirtschaftstheorien, Luxemburg 1905

Lieberwirth, Rolf, Art. Diebstahl, in: Handwörterbuch zur deutschen Rechtsgeschichte, Bd. 1: Aachen – Geistliche Bank, hrsg. v. Albrecht Cordes; Heiner Lück, Dieter Werkmüller, 2. Auflage, Berlin 2008, Sp. 1047–1053

Lindner, Dominikus, Das kirchliche Benefizium in Gratians Dekret, in: Studia Gratiana II (1954), S. 375–386

Little, Andrew G., Chronological Notes on the Life of Duns Scotus, in: English Historical Review Vol. 47/Nr. 188 (1932), S. 568–582

Loening, Edgar, Geschichte des Deutschen Kirchenrechts, Bd. 1: Einleitung. Das Kirchenrecht in Gallien von Constantin und Chlodovech, Strassburg 1878

Lohrmann, Kristina, Art. Innozenz V., in: Biographisch-bibliographisches Kirchenlexikon, Bd. 2: Faustus von Mileve – Jeanne d'Arc, hrsg. v. Friedrich Wilhelm Bautz, Hamm (Westf.) 1990, Sp. 1289–1290

Lopez, Roberto S., The Commercial Revolution of the Middle Ages, 950–1350, Englewood Cliffs, NJ 1971

Lübtow, Ulrich von, Zum römischen Injurienrecht, in: Labeo 15 (1969), S. 131–167

Lübtow, Ulrich von, Untersuchungen zur lex Aquilia de damno iniuria dato, Berlin 1971

Luig, Klaus, Art. Gemeines Recht, in: Handwörterbuch zur deutschen Rechtsgeschichte, Bd. 2: Geistliche Gerichtsbarkeit – Konfiskation, hrsg. v. Albrecht Cordes; Heiner Lück; Dieter Werkmüller, 2. Auflage, Berlin 2012, Sp. 60–77

Luscombe, David Edward, Art. Petrus Comestor, in: Theologische Realenzyklopädie, Bd. 26: Paris – Polen, u. a. in Gemeinschaft mit Horst Balz hrsg. v. Gerhard Müller, Berlin [u. a.] 1996, S. 291–293

Luscombe, David Edward, Art. Stephan Langton, in: Theologische Realenzyklopädie, Bd. 32: Spurgeon – Taylor, u. a. in Gemeinschaft mit Horst Balz hrsg. v. Gerhard Müller, Berlin [u.a.] 2001, S. 157–160

Maas, Pauline Henriëtte Joanna Theresia, The Liber Sententiarum Magistri A. Its Place amidst the Sentences Collections of the First Half of the 12th Century, Nijmegen 1995

Madey, Johannes, Art. Philipp IV. der Schöne, in: Biographisch-bibliographisches Kirchenlexikon, Band 16: Ergänzungen III, begr. u. hrsg. v. Friedrich Wilhelm Bautz, hrsg. v. Traugott Bautz, Herzberg 1999, Sp. 1238–1240

Mäkinen, Virpi, Property Rights in the Medieval Discussion on Franciscan Poverty, Diss. Univ. Helsinki 1998

Mäkinen, Virpi, The Franciscan Background of Early Modern Rights Discussion. Rights of Property and Subsistence, in: Moral Philosophy on the Threshold of Modernity, hrsg. v. Jill Kraye; Risto Saarinen, Dordrecht [u. a.] 2005, S. 165–180

Maihold, Harald, Strafe für fremde Schuld? Die Systematisierung des Strafbegriffs in der Spanischen Spätscholastik und Naturrechtslehre, Köln 2005

Mainzer, Robert, Die ästimatorische Injurienklage in ihrer geschichtlichen Entwicklung, Stuttgart 1908

Maleczek, Werner, Art. Innozenz III., in: Lexikon des Mittelalters, Bd. 5: Hiera–Mittel bis Lukanien, hrsg. v. Robert-Henri Bautier; Robert Auty, München [u. a.] 1991, Sp. 434–437

Marazzi, Luca, Das *iustum pretium* im Tractatus de emptionibus et venditionibus des *Petrus Ioannis Olivi*, Diss. Univ. Zürich 1990

McEvoy, James, Art. Robert Grosseteste, in: Lexikon des Mittelalters, Bd. 7: Planudes bis Stadt (Rus), hrsg. v. Norbert Angermann; Robert-Henri Bautier; Robert Auty, München 1995, Sp. 905–907

McLaughlin, Terence P., The Teaching of the Canonists on Usury (XII, XIII, and XIV Centuries), in: Mediaeval Studies Vol. 1 (1939), S. 81–147

McMillan, Sharon L., Episcopal Ordination and Ecclesiastical Consensus, Collegeville, Mnn 2005

Medicus, Dieter, Id quod interest. Studien zum römischen Recht des Schadenersatzes, Köln [u. a.] 1962

Meier, Ludger P., Die Skotusausgabe des Johannes von Reinhold von Zierenberg, in: Scriptorium Bd. 7/Nr. 1 (1953), S. 89–114

Meier-Oeser, Stephan, Art. Petrus de Aquila, O.F.M. („Scotellus", di Tornimparte), in: Biographisch-bibliographisches Kirchenlexikon, Bd. 7: Patočka, Jan – Remachus, begr. u. hrsg. v. Friedrich Wilhelm Bautz, fortgef. v. Traugott Bautz, Herzberg 1994, Sp. 333–334

Miethke, Jürgen, Art. Wilhelm von Ockham († 1348), in: Lexikon des Mittelalters, Bd. 9: Werla bis Zypresse. Anhang, hrsg. v. Norbert Angermann; Henri-Robert Bautier; Robert Auty, München 1998, Sp. 178–182

Miethke, Jürgen, Art. Unam Sanctam, in: Lexikon für Theologie und Kirche, Bd. 10: Thomaschristen – Żytomyr, begr. v. Michael Buchberger, hrsg. v. Walter Kasper, 3. Auflage, Freiburg i. Br. 2001, Sp. 375

Miethke, Jürgen, Politiktheorie im Mittelalter. Von Thomas von Aquin bis Wilhelm von Ockham, Tübingen 2008

Miethke, Jürgen, Art. Wilhelm von Ockham, in: Handbuch Staatsdenker, hrsg. v. Rüdiger Voigt; Ulrich Weiß, unter Mitarbeit v. Krisztina Adorján, Stuttgart 2010, S. 446a–448a

Mintken, Tammo E., Das liebende Individuum bei Johannes Duns Scotus und Edmund Husserl als kritische Rückfrage an den gegenwärtigen Individualismus, in: Theologie und Philosophie. Vierteljahresschrift Bd. 93/H. 1 (2018), S. 33–57

Mixson, James D., Poverty's Proprietors. Ownership and Mortal Sin at the Origins of the Observant Movement, Leiden [u. a.] 2009

Mochrie, Robert I., Justice in Exchange. The Economic Philosophy of John Duns Scotus, in: Journal of Markets and Morality Vol. 9/Nr. 1 (Spring 2006), S. 35–56

Möhle, Hannes, Ethik als scientia practica nach Johannes Duns Scotus. Eine philosophische Grundlegung, Münster 1995

Möhle, Hannes, Johannes Duns Scotus, in: Internetportal Rheinische Geschichte, URL: http://www.rheinische-geschichte.lvr.de/Persoenlichkeiten/johannes-duns-scotus/DE-2086/lido/57c92ef71b6200.58413085 [zuletzt abgerufen am: 17.07.2019]

Möhle, Hannes, Formalitas und modus intrinsecus. Die Entwicklung der scotischen Metaphysik bei Franciscus de Mayronis, Münster 2007

Möllenbeck, Thomas, Die einzigartige Veranlagung des Menschen für Gott, in: Einzigartigkeit und Liebe nach Johannes Duns Scotus. Beiträge auf der Tagung der Johannes-Duns-Skotus-Akademie vom 5.–8. November 2008 in Köln zum 700. Todestag von Johannes Duns Scotus, hrsg. v. Herbert Schneider, Mönchengladbach 2009, S. 81–97

Monsalve, Fabio, Economics and Ethics. Juan de Lugo's Theory of the Just Price, or the Responsibility of Living in Society, in: History of Political Economy Vol. 42/ Nr. 3 (2010), S. 495–519

Monsalve, Fabio, Scholastic Just Price and Current Market Price. Is it merely a Matter of Labelling?, in: European Journal of the History of Economic Thought Vol. 21/Nr. 1 (2014) S. 4–20

Moosheimer, Thomas, Die actio injuriarum aestimatoria im 18. und 19. Jahrhundert. Eine Untersuchung zu den Gründen ihrer Abschaffung, Tübingen 1997

Motzenbäcker, Rudolf, Die Rechtsvermutung im kanonischen Recht, München 1958

Mückshoff, Meinolf, Art. Alexander von Hales, in: Lexikon des Mittelalters, Bd. 1: Aachen bis Bettelordenskirchen, hrsg. v. Robert Auty, München [u. a.] 1980, Sp. 377–378

Müller, Achatz von, Gloria Bona Fama Bonorum. Studien zur sittlichen Bedeutung des Ruhmes in der frühchristlichen und mittelalterlichen Welt, Husum 1977

Müller, Daniela, Der Einfluß der Kirche, in: Die Durchsetzung des öffentlichen Strafanspruchs. Systematisierung der Fragestellung, hrsg. v. Klaus Lüderssen, Köln [u. a.] 2002, S. 69–93

Müller, Gerhard Ludwig, Art. Fegfeuer, IV. Systematisch-theologisch, in: Lexikon für Theologie und Kirche, Bd. 3: Dämon – Fragmentenstreit, begr. v. Michael Buchberger, hrsg. v. Walter Kasper, 3. Auflage, Freiburg i. Br. 1995, Sp. 1207–1208

Müller, Gerhard Ludwig, Katholische Dogmatik. Für Studium und Praxis der Theologie, 10. Auflage, Freiburg i. Br. [u. a.] 2016

Müller, Jörn, Art. Hostiensis, [Heinrich v. Segusio, H. v. Segusia, Ostiensis] Enrico (Bartolomei?) da Susa, in: Biographisch-bibliographisches Kirchenlexikon, Bd. 23: Ergänzungen X, begr. u. hrsg. v. Friedrich Wilhelm Bautz, fortgef. v. Traugott Bautz, Nordhausen 2004, Sp. 676–680

Müller, Jörn, Der Einfluß der arabischen Intellektspekulation auf die Ethik des Albertus Magnus, in: Wissen über Grenzen. Arabisches Wissen und lateinisches Mittelalter; [34. Mediaevistentagung ... vom 7. bis 10. September 2004], hrsg. v. Andreas Speer; Lydia Wegener, Berlin [u. a.] 2006, S. 545–568

Müller, Johannes P., Art. Johannes von Paris, in: Lexikon für Theologie und Kirche, Bd. 5: Hannover – Karrterios, begr. v. Michael Buchberger, hrsg. v. Josef Höfer; Karl Rahner, 2. Auflage, Freiburg i. Br. 1960, Sp. 1068

Müller, Mario, Verletzende Worte. Beleidigung und Verleumdung in Rechtstexten aus dem Mittelalter und aus dem 16. Jahrhundert, Hildesheim [u. a.] 2017

Müller, Wolfgang P., The Decretists: The Italian School, II. The Summa Decretorum of Huguccio, in: The History of Medieval Canon Law in the Classical Period, 1140–1234. From Gratian to the Decretals of Pope Gregory IX, hrsg. v. Wilfried Hartmann; Kenneth Pennington, Washington, D. C. 2008, S. 142–160

Musielak, Hans-Joachim, Die Grundlagen der Beweislast im Zivilprozeß, Berlin [u. a] 1975

Nehlsen-v. Stryk, Karin, Schmerzensgeld ohne Genugtuung, in: JuristenZeitung Bd. 42/H. 3 (1987), S. 119–127

Neumann, Max, Geschichte des Wechsels im Hansagebiet bis zum 17. Jahrhundert nach archivalischen Urkunden, Erlangen 1863

Neumann, Max, Geschichte des Wuchers in Deutschland bis zur Begründung der heutigen Zinsengesetze (1654). Aus handschriftlichen und gedruckten Quellen dargestellt, Leipzig 1969 (unveränd. Nachdruck der Originalausgabe Halle 1865)

Nörr, Dieter, Die Entstehung der longi temporis praescriptio. Studien zum Einfluß der Zeit im Recht und zur Rechtspolitik in der Kaiserzeit, Köln [u. a.] 1969

Nörr, Knut Wolfgang, Romanisch-kanonisches Prozessrecht. Erkenntnisverfahren erster Instanz in civilibus, Berlin [u. a.] 2012

Noonan, John T., The Scholastic Analysis of Usury, Cambridge, MA 1957

Nufer, Günther, Über die Restitutionslehre der spanischen Spätscholastiker und ihre Ausstrahlung auf die Folgezeit, Diss. Univ. Freiburg i. Br. 1969

Obenauer, Klaus, Art. Molina, Luis de, SJ, in: Lexikon für Theologie und Kirche, Bd. 7: Maximilian – Pazzi, begr. v. Michael Buchberger, hrsg. v. Walter Kasper, 3. Auflage, Freiburg i. Br. 1998, Sp. 379–381

O'Carroll, Michael, Theotokos. A Theological Encyclopedia of the Blessed Virgin Mary, 3. print of rev. ed., Wilmington, DE 1988

Oehler, Dietrich, Wurzel, Wandel und Wert der strafrechtlichen Legalordnung, Berlin 1950

Oesterle, Hans Joachim, Art. Augustinus, hl. Kirchenvater, I. Leben, II. Werke, in: Lexikon des Mittelalters, Bd. 1: Aachen bis Bettelordenskirchen, hrsg. v. Robert Auty, München [u. a.] 1980, Sp. 1223–1227

Ohst, Martin, Pflichtbeichte. Untersuchungen zum Busswesen im Hohen und Späten Mittelalter, Tübingen 1995

Otis-Cour, Leah, *„De jure novo“*. Dealing with Adultery in the Fifteenth-Century Toulousain, in: Speculum Vol. 84/Nr. 2 (2009), S. 347–392

Ott, Ludwig, Petrus Lombardus. Persönlichkeit und Werk. Vortrag, gehalten auf der 4. Mediävistentagung zu Köln am 2. Oktober 1953, in: Münchener Theologische Zeitschrift Bd. 5/Nr. 2 (1954), S. 99–113

Ott, Michael, Art. Mayor (Major, Mair), John, in: The Catholic Encyclopedia, Vol. X: Mass – Newman, hrsg. v. Charles G. Herbermann; Edwar A. Pace; Condé B. Pallen; Thomas J. Shahan; John J. Wynne, New York 1913, S. 90ab

Otte, Gerhard, Das Privatrecht bei Francisco de Vitoria, Köln [u. a.] 1964

Pannenberg, Wolfhart, Das Verhältnis zwischen der Akzeptationslehre des Duns Scotus′ und der reformatorischen Rechtfertigungslehre, in: Regnum Hominis et Regnum Dei. Acta Quarti Congressus Scotistici Internationalis, Vol. 1, hrsg. v. Camille Bérubé, Rom 1978, S. 213–218

Pannenberg, Wolfhart, Theologie und Philosophie. Ihr Verhältnis im Lichte ihrer gemeinsamen Geschichte, Göttingen 1996

Papa, Giovanni; Zavalloni, Roberto, Dokumente zur Seligsprechung des Johannes Duns Scotus. Informatio und Summarium, Informatio verf. v. Giovanni Papa, Summarium verf. v. Roberto Zavalloni, übers. v. Dietrich Esser, Kevelaer 1992

Pardo, Osvaldo F., The Origins of Mexican Catholicism. Nahua Rituals and Christian Sacraments in Sixteenth-Century Mexico, first paperback edition, Ann Arbor 2006

Pelster, Franz, Handschriftliches zu Skotus mit neuen Angaben über sein Leben, in: Franziskanische Studien Bd. 10 (1923), S. 1–32

Pelster, Franz, Hat Duns Scotus in Paris zweimal das dritte Buch der Sentenzen erklärt?, in: Gregorianum Bd. 27 (1946), S. 220–260

Pennington, Kenneth, Art. Laurentius Hispanus, in: Dictionary of the Middle Ages, Vol. 7: Italian Renaissance – Mabinogi, hrsg. v. Joseph R. Strayer, New York 1986, S. 385b–386a

Pennington, Kenneth, Lex Naturalis and Jus Naturale, in: The Jurist Vol. 68 (2008), S. 569–591

Pennitz, Martin, Zur Anfechtung wegen *laesio enormis* im römischen Recht, in: Iurisprudentia universalis. Festschrift für Theo Mayer-Maly zum 70. Geburtstag, hrsg. v. Martin J. Schermaier; J. Michael Rainer; Laurens C. Winkel, Köln [u. a.] 2002, S. 575–589

Peppermüller, Rolf, Art. Abaelard, I. Leben, Philosophie und Theologie, in: Lexikon des Mittelalters, Bd. 1: Aachen bis Bettelordenskirchen, hrsg. v. Robert Auty, München [u. a.] 1980, Sp. 7–9

Percan, Josip B., Preface, in: Indices, in: Duns Scotus, Johannes, Opera omnia, Iussu Et Auctoritate RMI P. Pacifici M. Peratoni..., Tom. XV.1, Civitas Vaticana 2013, S. 11–12 (vgl. auch *„editio vaticana XV.1“* im Quellenverzeichnis)
[zit.: Josip B. Percan, Preface, in: Indices (editio vaticana XV.1), S. 11–12]

Plathow, Michael, Art. Molina, Luis de, in: Biographisch-bibliographisches Kirchenlexikon, Bd. 6: Moenius, Georg – Patijn, Constantijn Leopold, begr. u. hrsg. v. Friedrich Wilhelm Bautz, fortgef. v. Traugott Bautz, Herzberg 1993, Sp. 43–44

Pichonnaz, Pascal, Ursprung und Begründung der Verjährung in historischer Sicht, in: Zeitschrift der Savigny-Stiftung für Rechtsgeschichte, Rom. Abt. Bd. 132 (2015) - Miszellen, S. 511–526

Piekenbrock, Andreas, Befristung, Verjährung, Verschweigung und Verwirkung. Eine rechtsvergleichende Grundlagenstudie zu Rechtsänderungen durch Zeitablauf, Tübingen 2006

Pieper, Josef, Scholastik. Gestalten und Probleme der mittelalterlichen Philosophie, 4. Auflage, München 1998

Plöchl, Willibald Maria, Geschichte des Kirchenrechts, Bd. 2: Das Kirchenrecht der abendländischen Christenheit 1055–1517, 2. Auflage, Wien [u. a.] 1962

Pöschl, Arnold, Die Entstehung des geistlichen Benefiziums, in: Archiv für katholisches Kirchenrecht Bd. 106 (1926), S. 3–121, 363–471 (Fortsetzung und Schluß)

Pohle, Josef, Lehrbuch der Dogmatik, Bd. 2, 10. Auflage, neubearb. v. Josef Gummersbach, Paderborn 1956

Poirel, Dominique, „Alter Augustinus – der zweite Augustinus“. Hugo St. Viktor und die Väter der Kirche, in: Väter der Kirche. Ekklesiales Denken von den Anfängen bis in die Neuzeit. Festgabe für Hermann Josef Sieben SJ zum 70. Geburtstag, hrsg. v. Johannes Arnold; Rainer Berndt; Ralf M. W. Stammberger, Paderborn [u. a.] 2004, S. 643–668

Pribram, Karl, A History of Economic Reasoning, Baltimore [u. a.] 1983

Prodi, Paolo, Eine Geschichte der Gerechtigkeit. Vom Recht Gottes zum modernen Rechtsstaat, 1. Auflage, München 2003

Puza, Richard, Art. Diebstahl, B. Kanonisches Recht, in: Lexikon des Mittelalters, Bd. 3: Codex Wintoniensis bis Erziehungs- und Bildungswesen, hrsg. v. Robert-Henri Bautier; Robert Auty, München [u. a.] 1986, Sp. 988

Quirin, Heinz, Einführung in das Studium der mittelalterlichen Geschichte, 4. Auflage, Stuttgart 1985

Rappenecker, Monika, Art. Petrus Comestor, in: Bibiographisch-bibliographisches Kirchenlexikon, Bd. 7: Patočka, Jan – Remachus, begr. u. hrsg. v. Friedrich Wilhelm Bautz, fortgef. v. Traugott Bautz, Herzberg 1994, Sp. 343–345

Rauner, Erwin, Art. Florilegien, B. Exemplarischer Überblick, I. Literarisch-philosophisch-theologische Florilegien, in: Lexikon des Mittelalters, Bd. 4: Erzkanzler bis Hiddensee, hrsg. v. Robert-Henri Bautier; Robert Auty, München [u. a.] 1989, Sp. 566–569

Recknagel, Dominik, Einheit des Denkens trotz konfessioneller Spaltung. Parallelen zwischen den Rechtslehren von Francisco Suárez und Hugo Grotius, Frankfurt a. M. [u. a.] 2010

Reich, Oskar, Die Entwicklung der kanonischen Verjährungslehre von Gratian bis Johannes Andreä, Diss. Univ. Berlin 1880

Reinhard, Elze; Repgen, Konrad (Hrsg.), Studienbuch Geschichte, Bd. 1: Vor- und Frühgeschichte, Alterum, Mittelalter, 5. Auflage, 1. Nachdruck der Sonderausgabe, Stuttgart 2000

Reinhardt, Heinrich J. F., Art. Anselm von Laon (†1117), in: Lexikon des Mittelalters, Bd. 1: Aachen bis Bettelordenskirchen, hrsg. v. Robert Auty, München [u. a.] 1980, Sp. 687–688

Reinhardt, Klaus, Art. Langton, Stephan, in: Biographisch-bibliographisches Kirchenlexikon, Bd. 4: Kleist, Heinrich von – Leyden, Lucas von, begr. u. hrsg. v. Friedrich Wilhelm Bautz, fortgef. v. Traugott Bautz, Herzberg 1992, Sp. 1127–1130

Reinhardt, Klaus, Art. Petrus Cantor, in: Biographisch-bibliographisches Kirchenlexikon, Bd. 7: Patočka, Jan – Remachus, begr. u. hrsg. v. Friedrich Wilhelm Bautz, fortgef. v. Traugott Bautz, Herzberg 1994, Sp. 336–338

Repgen, Tilman, Vertragstreue und Erfüllungszwang in der mittelalterlichen Rechtswissenschaft, Paderborn [u. a.] 1994

Repgen, Tilman, Ein Schwert in Verwahrung. Die Auswirkung nachträglich veränderter Umstände im Schuldverhältnis, in: Rechtsgeschichte heute, hrsg. v. Nils Jansen; Peter Oestmann, Tübingen 2014, S. 95–118

Repgen, Tilman, Recht und Religion – Spätscholastik und Privatrecht, in: Zeitschrift der Savigny-Stiftung für Rechtsgeschichte, Germ. Abt. Bd. 132 (2015), S. 23–28

Repgen, Tilman, Rechtliche Argumentation *in foro conscientiae* anhand von Beispielen aus Vitorias Summenkommentar, in: Rechtsprechung und Justizhoheit. Festschrift für Götz Landwehr zum 80. Geburtstag von Kollegen und Doktoranden, hrsg. v. Volker Friedrich Drecktrah; Dietmar Willoweit, Köln [u. a.] 2016, S. 53–79

Repgen, Tilman, De restitutione – eine kommentierende Einführung, in: Francisco de Vitoria: De iustitia – Über die Gerechtigkeit, Teil 2 (Politische Philosophie und Rechtstheorie des Mittelalters und der Neuzeit: Texte und Untersuchungen, Reihe I: Texte, Bd. 4), hrsg., eingel. u. ins Deutsche übers. v. Joachim Stüben, mit einer Einleitung v. Tilman Repgen, Stuttgart-Bad Cannstatt 2017, S. XVII–LVII

Repgen, Tilman, De restitutione – Fortsetzung der kommentierenden Einführung, in: Francisco de Vitoria, De iustitia – Über die Gerechtigkeit, Teil 3 (Politische Philosophie und Rechtstheorie des Mittelalters und der Neuzeit: Texte und Untersuchungen, Reihe I: Texte, Bd. 5), hrsg., eingel. u. ins Deutsche übers. v. Joachim Stüben, mit einer Einleitung v. Tilman Repgen, Stuttgart-Bad Cannstatt 2020, S. XVII–LI

Richards, Jean, Art. Gregor I. der Große, I. Leben und Wirken, in: Lexikon des Mittelalters, Bd. 4: Erzkanzler bis Hiddensee, hrsg. v. Robert-Henri Bautier; Robert Auty, München [u. a.] 1989, Sp. 1663–1664

Richter, Vladimir, Zur Texttradition von Duns Scotus' Ordinatio, in: Zeitschrift für katholische Theologie Bd. 103 (1981), S. 446–456

Richter, Vladimir, Duns Scotus' Texte zum Gottesbeweis. Text- und literaturkritische Untersuchung, in: Zeitschrift für katholische Theologie Bd. 110/H. 1 (1988), S. 24–65

Richter, Vladimir, Studien zum literarischen Werk von Johannes Duns Scotus, München 1988

Richter, Vladimir, Textstudien zum Prolog des Oxforder Sentenzenkommentars von Johannes Duns Scotus, in: Zeitschrift für katholische Theologie Bd. 111/H. 4 (1989), S. 431–449

Richter, Vladimir, Das Werk von Johannes Duns Scotus im Lichte der Literaturkritik, Teil 1, in: Filosofický casopis Vol XL/4 (1992), S. 639–648

Richter, Vladimir, Zur Entwicklung philosophischer und theologischer Lehren bei Johannes Duns Scotus, in: Studia mediewistyczne Vol. 34 (1999), S. 157–162

Richter, Vladimir, Die Bedeutung der Text- und Literarkritik für das Studium der Philosophiegeschichte des Mittelalters, in: Entwicklungslinien mittelalterlicher Philosophie. Vorträge des 5. Kongresses der Österreichischen Gesellschaft für Philosophie (Innsbruck, 1.–4. Februar 1998), Teil 2, hrsg. v. Gerhard Leibold; Winfried Löffler, Wien 1999, S. 153–162

Ricken, Norbert, Diesseits von Relativismus und Universalismus. Kontingenz als Thema und Form kritischer Reflexionen, in: Tradition und Kontingenz, hrsg. v. Alfred Schäfer; Michael Wimmer, Münster [u. a.] 2004, S. 27–58

Rieger, Reinhold, Art. Ordinatio, in: Lexikon der theologischen Werke, hrsg. v. Michael Eckert; Eilert Herms; Bernd Jochen Hilberath; Eberhard Jüngel, Stuttgart 2003, S. 538–540

Rieger, Reinhold, Art. Scholastik, in: Historisches Wörterbuch der Rhetorik, Bd. 8: Rhet–St, hrsg. v. Gert Ueding, mitbegr. v. Walter Jens, Tübingen 2007, Sp. 518–541

Rieger, Reinhold, Art. Reue, B. Disziplinen, II[I]. Theologie, in: Historisches Wörterbuch der Rhetorik, Bd. 10: Nachträge A–Z, hrsg. v. Gert Ueding, mitbegr. v. Walter Jens, Berlin [u. a.] 2012, Sp. 1075–1079

Rodler, Klaus, Der Prolog der Reportata Parisiensia des Johannes Duns Scotus. Untersuchungen zur Textüberlieferung und kritische Edition, Diss. Univ. Innsbruck 1991

Rodler, Klaus, Die Prologe der Reportata Parisiensia des Johannes Duns Scotus. Untersuchungen zur Textüberlieferung und kritische Edition, Innsbruck 2005

Roest, Bert, A History of Franciscan Education (c. 1210–1517), Leiden [u. a.] 2000

Rohls, Jan, Geschichte der Ethik, 2. Auflage, Tübingen 1999

Rohls, Jan, Johannes Duns Scotus (1265/1266–1308), in: Klassiker der Theologie, Bd. 1: Von Tertullian bis Calvin, hrsg. v. Friedrich Wilhelm Graf, München 2005, S. 174–187

Roover, Raymond de, The Commercial Revolution of the 13th Century, in: Bulletin of the Business Historical Society Vol. 16/Nr. 2 (1942), S. 34–39

Roover, Raymond de, Joseph A. Schumpeter and Scholastic Economics, in: Kyklos. International Review for Social Sciences Vol. 10/Nr. 2 (1957), S. 115–146

Roover, Raymond de, The Concept of the Just Price. Theory and Economic Policy, in: The Journal of Economic History Vol. 18/Nr. 4 (1958), S. 418–434

Roover, Raymond de; Laubenberger, Franz, Art. Wechsel, Wechselrecht, in: Handwörterbuch zur deutschen Rechtsgeschichte, Bd. 5: Straftheorie – Zycha, Register, hrsg. v. Albert Erler; Eckehard Kaufmann; mitbegr. v. Wolfgang Stammler, Berlin 1998, Sp. 1179–1184

Rosato, Andrew, The Interpretation of Anselm's Teaching on Christ's Satisfaction for Sin in the Franciscan Tradition from Alexander of Hales to Duns Scotus, in: Franciscan Studies Vol. 71 (2013), S. 411–444

Rose, Miriam, Schleiermachers Staatslehre, Tübingen 2011

Rosemann, Philipp W., Peter Lombard, Oxford [u. a] 2004

Rosini, Ruggero, Mariology of Blessed John Duns Scotus, New Bedford, MA 2008

Roßhirt, Konrad Eugen Franz, Geschichte des Rechts im Mittelalter, Erster Theil: Canonisches Recht, Mainz 1846

Roth, Andreas, Art. Ehebruch, in: Handwörterbuch zur deutschen Rechtsgeschichte, Bd. 1: Aachen – Geistliche Bank, hrsg. v. Albrecht Cordes; Heiner Lück; Dieter Werkmüller, 2. Auflage, Berlin 2008, Sp 1213–1215

Rothweiler, Anne-Estelle, Art. Bodmerei, in: Handwörterbuch zur deutschen Rechtsgeschichte, Bd. 1: Aachen – Geistliche Bank, hrsg. v. Albrecht Cordes; Heiner Lück; Dieter Werkmüller, 2. Auflage, Berlin 2008, Sp. 630–632

Rovira, German, Einführung zum Thema „Immaculata" – Die Persönlichkeit Mariens im 125. Jubiläum der Verkündung des Dogmas ihrer unbefleckten Empfängnis, in: Im Gewande des Heils. Die Unbefleckte Empfängnis Mariens als Urbild der menschlichen Heiligkeit, hrsg. v. Rovira German, Essen 1980, S. 13–18

Savigny, Friedrich Carl von, System des heutigen römischen Rechts, Bd. IV, Berlin 1841

Sax, Walter, Zur Anwendbarkeit des Satzes „in dubio pro reo" im strafprozessualen Bereich. Eine historisch-dogmatische Untersuchung, in: Studien zur Strafrechtswissenschaft. Festschrift für Ulrich Stock zum 70. Geburtstag am 8. Mai 1966, hrsg. v. Günter Spendel, Würzburg 1966, S. 143–169

Schachtschabel, Hans Georg, Der gerechte Preis. Geschichte einer wirtschaftsethischen Idee, Berlin 1939

Scheer, Monique, Rosenkranz und Kriegsvisionen. Marienerscheinungskulte im 20. Jahrhundert, Tübingen 2006

Scheffczyk, Leo, Die „Unbefleckte Empfängnis" im umgreifenden Zusammenhang des Glaubens, in: Im Gewande des Heils. Die Unbefleckte Empfängnis Mariens als Urbild der menschlichen Heiligkeit, hrsg. v. Rovira German, Essen 1980, S. 25–43

Schermaier, Martin J., Dominus actuum suorum. Die willenstheoretische Begründung des Eigentums und das römische Recht, in: Zeitschrift der Savigny-Stiftung für Rechtsgeschichte, Rom. Abt. Bd. 134 (2017), S. 49–105

Schiefer, Rudolf; May, Georg, Art. Benefizium, kirchliches, in: Lexikon für Theologie und Kirche, Bd. 2: Barclay – Damodos, begr. v. Michael Buchberger, hrsg. v. Walter Kasper, 3. Auflage, Freiburg i. Br. 1994, Sp. 224–226

Schima, Stefan, Die Entwicklung des kanonischen Zinsverbots. Eine Darstellung unter besonderer Berücksichtigung der Bezugnahmen zum Judentum, in: Aschkenas – Zeitschrift für Geschichte und Kultur der Juden 20/2 (2010), S. 239–279

Schindler, Franz, Quellen des Schadensersatzes in der Moraltheologie, in: Zeitschrift für katholische Theologie Bd. 39 (1915), S. 605–648

Schips, Peter, Schmerzensgeld für Erben?, Diss. Univ. Tübingen 2003, Onlineausgabe, URI: http://nbn-resolving.de/urn:nbn:de:bsz:21-opus-10389; http://hdl.handle.net/10900/43701; URL: http://d-nb.info/96976376x/34, https://publikationen.uni-tuebingen.de/xmlui/handle/10900/43701 [zuletzt abgerufen am: 18.08.2020]

Schlag, Martin, Moraltheologische Vor- und Rahmenbedingungen der spätscholastischen Wirtschaftsethik, in: Zeitschrift der Savigny-Stiftung für Rechtsgeschichte, Germ. Abt. Bd. 132 (2015), S. 82–115

Schlosser, Hans, Der strafschärfende Rückfall nach der gelehrten Doktrin und in der Strafpraxis der Reichsstadt Augsburg, in: Herrschaftliches Strafen seit dem Hochmittelalter. Formen und Entwicklungsstufen, hrsg. v. Hans Schlosser; Rolf Sprandel; Dietmar Willoweit, Köln [u. a.] 2002, S. 383–400

Schmid, Wolfgang, Schmerzensgeld und Gefährdungshaftung, Diss. Univ. Bonn 1971

Schmid, Xaver, Liturgik der christkatholischen Religion, Bd. 2: Die Liturgik des Bußsakramentes nebst einem Anhange von den außersakramentalischen Kirchenstrafen und dem Ablasse, die Liturgik der letzten Oelung, der Priesterweihe, und die der Ehe enthaltend, Passau 1832

Schmidt, Martin Anton, Kapitel II: Das Sentenzenwerk des Petrus Lombardus und sein Aufstieg zum Muster- und Textbuch der theologischen Ausbildung, in: Die christlichen Lehrentwicklungen bis zum Ende des Spätmittelalters, hrsg. v. Carl Andresen; Ekkehard Mühlenberg; Adolf Martin Ritter; Martin Anton Schmidt; Klaus Wessel, Neuauflage, Göttingen [u. a.] 2011, S. 592–619

Schmidt, Tilmann, Art. Bonifatius VIII., (Benedetto Caetani), in: Lexikon des Mittelalters, Bd. 2: Bettlerwesen bis Codex von Valencia, hrsg. v. Robert-Henri Bautier; Robert Auty, München [u. a.] 1983, Sp. 414–416

Schmoeckel, Mathias, Humanität und Staatsraison. Die Abschaffung der Folter in Europa und die Entwicklung des gemeinen Strafprozeß- und Beweisrechts seit dem hohen Mittelalter, Köln [u. a.] 2000

Schmoeckel, Mathias, Neminem damnes, antequam inquiras veritatem. Die Entwicklung eines hohen Beweisstandards als Vorgeschichte der Verdachtsstrafe, in: Zeitschrift der Savigny-Stiftung für Rechtsgeschichte, Kan. Abt. Bd. 118 (2001), S. 191–225

Schmoeckel, Mathias, Art. Beichtstuhljurisprudenz, in: Handwörterbuch zur deutschen Rechtsgeschichte, Bd. 1: Aachen – Geistliche Bank, hrsg. v. Albrecht Cordes; Heiner Lück; Dieter Werkmüller, 2. Auflage, Berlin 2008, Sp. 505–508

Schneider, Herbert, Einzigartigkeit und Liebe nach Johannes Duns Scotus, in: Einzigartigkeit und Liebe nach Johannes Duns Scotus. Beiträge auf der Tagung der Johannes-Duns-Skotus-Akademie vom 5.–8. November 2008 in Köln zum 700. Todestag von Johannes Duns Scotus, hrsg. v. Herbert Schneider, Mönchengladbach 2009, S. 177–192

Schneider, Jakob Hans Josef, Thomas Hobbes und die Spätscholastik, Diss. Univ. Bonn 1986

Schneider, Manfred, Forum internum – forum externum, Institutstheorien des Geständnisses, in: Sozialgeschichte des Geständnisses. Zum Wandel der Geständniskultur, hrsg. v. Jo Reichertz; Manfred Schneider, Wiesbaden 2007, S. 23–41

Schneider, Michael, Die Unterscheidung von forum externum und internum in der Priesterausbildung, in: Geist und Leben Bd. 86/4 (2013), S. 404–418

Schnyder, Sibylle, Tötung und Diebstahl. Delikt und Strafe in der gelehrten Strafrechtsliteratur des 16. Jahrhunderts, Köln [u. a.] 2010

Schönberger, Rolf, Was ist Scholastik? Mit einem Geleitwort von Peter Koslowski, Hildesheim 1991

Schönberger, Rolf, Art. Scholastik, in: Lexikon des Mittelalters, Bd. 7: Planudes bis Stadt (Rus), hrsg. v. Norbert Angermann; Robert-Henri Bautier; Robert Auty, München 1995, Sp. 1521–1526

Schönberger, Rolf; Quero Sánchez, Andrés; Berges, Brigitte; Jiang, Lu (Hrsg.), Repertorium edierter Texte des Mittelalters aus der Philosophie und angrenzender Gebiete: A–Z (in vier Bänden), 2. Auflage, Berlin 2011
Schönberger, Rolf, Vorwort zur 2. Auflage, in: Bd. 1, S. VII–IX

Schreiber, Edmund, Die volkswirtschaftlichen Anschauungen der Scholastik seit Thomas von Aquin, Jena 1913

Schrey, Heinz-Horst, Art. Goldene Regel, III. Historisch-ethisch, in: Theologische Realenzyklopädie, Bd. 13: Gesellschaft und Christentum VI – Gottesbeweise, u. a. in Gemeinschaft mit Horst Balz hrsg. v. Gerhard Müller, Berlin [u. a.] 1984, S. 575–583

Schrimpf, Gangolf, Bausteine für einen historischen Begriff der Scholastik, in: Philosophie im Mittelalter. Entwicklungslinien und Paradigmen. [Wolfgang Kluxen zum 65. Geburtstag], hrsg. v. Jan P. Beckmann; Ludger Honnefelder; Gangolf Schrimpf; Georg Wieland, 2. Auflage, Hamburg 1996, S. 1–25

Schulz, Lorenz, Die praesumptio innocentiae – Verdacht und Vermutung der Unschuld, in: Zeitschrift der Savigny-Stiftung für Rechtsgeschichte, Germ. Abt. Bd. 119 (2002), S. 193–218

Schulze, Wolfgang Georg, Die laesio enormis in der deutschen Privatrechtsgeschichte, Diss. Univ. Münster 1973

Schumpeter, Joseph A., History of Economic Analysis, nach dem Manuskript hrsg. v. Elisabeth Boody Schumpeter, mit einer Einleitung versehen v. Mark Perlman, Nachdruck, London [u. a.] 1997

Schumpeter, Joseph A., Geschichte der ökonomischen Analyse, Bd. 1, nach dem Manuskript hrsg. v. Elisabeth Boody Schumpeter, Göttingen 2009

Schwedt, Herman H., Art. Wadding, Luke OFM, in: Biographisch-bibliographisches Kirchenlexikon, Bd. 13: Voltaire, François – Wolfram von Eschenbach, begr. u. hrsg. v. Friedrich Wilhelm Bautz, fortgef. v. Traugott Bautz, Herzberg 1998, Sp. 139–146

Schwind, Freiherr Fritz von, Römisches Recht, I: Geschichte, Rechtsgang, System des Privatrechtes, Wien [u. a.] 1950

Sclopis, Graf, Ueber das Verhältniss und den Unterschied zwischen dem römischen Civilrechte und dem römischen Rechte in Italien, in: Kritische Zeitschrift für Rechtswissenschaft und Gesetzgebung des Auslandes Bd. 15 (1842), S. 40–96[94]

Seeberg, Reinhold, Die Theologie des Johannes Duns Scotus. Eine dogmengeschichtliche Untersuchung, Leipzig 1900

Seelmann, Kurt, Die Lehre des Fernando Vazquez de Menchaca vom dominium, Köln [u. a.] 1979

Seelmann, Kurt, Vazquez de Menchaca, Fernando (1512–1569), in: Juristen. Ein biographisches Lexikon. Von der Antike bis zum 20. Jahrhundert, hrsg. v. Michael Stolleis, München 1995, S. 632–633

Seelmann, Kurt, Theologie und Jurisprudenz an der Schwelle zur Moderne. Die Geburt des neuzeitlichen Naturrechts in der iberischen Spätscholastik, 1. Auflage, Baden-Baden 1997

Seelmann, Kurt, Theologische Wurzeln des säkularen Naturrechts. Das Beispiel Salamanca, in: Die Begründung des Rechts als historisches Problem, hrsg. v. Dietmar Willoweit, unter Mitarbeit v. Elisabeth Müller-Luckner, München 2000, S. 215–227

Seelmann, Kurt, *Ius naturale* und *ius gentium* bei Fernando Vázquez de Menchaca, in: Kontroversen um das Recht. Contending for Law, hrsg. v. Kirstin Bunge; Stefan Schweighöfer; Anselm Spindler; Andreas Wagner, Stuttgart-Bad Cannstatt 2013, S. 235–260

Seitz, Karl Joseph, Untersuchungen über die heutige Schmerzensgeldklage. Nebst allgemeinen Erörterungen über die Methode des einheimischen Civilrechts, Erlangen 1860

Senner, Walter, Art. Soto, Domingo de, in: Biographisch-bibliographisches Kirchenlexikon, Bd. 10: Shelkov, Vladimir Andreyewich – Stoss, Andreas, begr. u. hrsg. v. Friedrich Wilhelm Bautz, fortgef. v. Traugott Bautz, Herzberg 1995, Sp. 831–836

Siems, Harald, Handel und Wucher im Spiegel frühmittelalterlicher Rechtsquellen, Hannover 1992

Simmermacher, Danaë; Bunge, Kirstin; Fuchs, Marko J.; Spindler, Anselm (Hrsg.), The Concept of Law (*lex*) in the Moral and Political Thought of the 'School of Salamanca', Leiden 2016

Simmermacher, Danaë, Eigentum als ein subjektives Recht bei Luis de Molina (1535–1600). Dominium und Sklaverei in De Iustitia et Iure, Berlin 2018

Sirks, Boudewijn, Laesio enormis again, in: Revue internationale des droits de l′ antiquité Vol. 54 (2007), S. 461–469

Söder, Joachim Roland, Kontingenz und Wissen. Die Lehre von den futura contingentia bei Johannes Duns Scotus, Münster 1999

Söder, Joachim Roland, Einleitung, in: Johannes Duns Scotus. Reportatio Parisiensis examinata I 38–44. Pariser Vorlesungen über Wissen und Kontingenz. Lateinisch – Deutsch, hrsg. u. eingel. v. Joachim Roland Söder, Freiburg i. Br. [u. a.] 2005, S. 9–32

Sossna, Ralf-Peter, Die Geschichte der Begrenzung von Vertragsstrafen. Eine Untersuchung zur Vorgeschichte und Wirkungsgeschichte der Regel des § 343 BGB, Berlin 1993

Spicciani, Amleto, La mercatura e la formazione del prezzo nella riflessione teologica medioevale, Rom 1977

Spufford, Peter, Handel, Macht und Reichtum. Kaufleute im Mittelalter, Darmstadt 2014

Steczowicz, Agnieszka, Tiraqueau, André, in: The Rabelais Encyclopedia, hrsg. v. Elizabeth Chesney Zegura, Westport, CT [u. a.] 2004, S. 247ab

Stegmüller, Friedrich, Sententiae Berolinenses. Eine neugefundene Sentenzensammlung aus der Schule des Anselm von Laon, in: Recherches de Théologie ancienne et médiévale Bd. 11 (1939), S. 33–61

Stegmüller, Friedrich, Repertorium Commentariorum in Sententias Petri Lombardi, Tom. 1: Textus; Tom. 2: Indices, Herbipoli (Würzburg) 1947

Steiger, Heinhard, Art. Völkerrecht, in: Geschichtliche Grundbegriffe. Historisches Lexikon zur politischen-sozialen Sprache in Deutschland, Bd. 7: Verw–Z, hrsg. v. Otto Brunner; Werner Conze; Reinhart Koselleck, 1. Auflage, Stuttgart 1992, S. 97–140

Steiger, Heinhard, From the International Law of Christianity to the International Law of the World Citizen – Reflections on the Formation of the Epochs of the History of International Law, in: Journal of the History of International Law Vol. 3 (2001), S. 180–193

Stobbe, Otto, Miscellen zur Geschichte des deutschen Handelsrechts, in: Zeitschrift für das gesamte Handelsrecht Bd. 8 (1865), S. 28–55

Störig, Hans Joachim, Kleine Weltgeschichte der Philosophie, 5. Auflage, Frankfurt a. M. 2006

Störmer, Dieter, Der Ersatz des Affektionsinteresses in geschichtlicher Entwicklung, Diss. Univ. Hamburg 1977

Störmer-Caysa, Uta, Gewissen und Buch. Über den Weg eines Begriffes in die deutsche Literatur des Mittelalters, Berlin [u. a.] 1998

Stolleis, Michael, Art. Methode der Rechtsgeschichte, in: Handwörterbuch zur deutschen Rechtsgeschichte, Bd. 3: Konfliktbewältigung – Nowgorod, hrsg. v. Albrecht Cordes; Hans-Peter Haferkamp; Heiner Lück; Dieter Werkmüller, 2. Auflage, Berlin 2016, Sp. 1475–1483

Stratenwerth, Günter, Die Naturrechtslehre des Johannes Duns Scotus, Göttingen 1951

Strayer, Joseph R., The Reign of Philip the Fair, Princeton, NJ 1980

Stuckenberg, Carl-Friedrich, Untersuchungen zur Unschuldsvermutung, Berlin [u. a.] 1998

Stüben, Joachim, Vorbemerkungen des Übersetzers, in: Francisco de Vitoria: De iustitia – Über die Gerechtigkeit, Teil 2 (Politische Philosophie und Rechtstheorie des Mittelalters und der Neuzeit: Texte und Untersuchungen, Reihe I: Texte, Bd. 4), hrsg., eingel. u. ins Deutsche übers. v. Joachim Stüben, mit einer Einleitung von Tilman Repgen, Stuttgart-Bad Cannstatt 2017, S. LIX–CIX

Stürner, Wolfgang, Peccatum und potestas. Der Sündenfall und die Entstehung der herrscherlichen Gewalt im mittelalterlichen Staatsdenken, Sigmaringen 1987

Stutz, Ulrich, Geschichte des kirchlichen Benefizialwesens von seinen Anfängen bis auf die Zeit Alexanders III., Ersten Bandes erste Hälfte, Berlin 1895

Swanson, Scott G., The Medieval Foundations of John Locke´s Theory of Natural Rights. Rights of Subsistence and the Principle of Extreme Necessity, in: History of Political Thought Vol. 18/Nr. 3 (1997), S. 399–458

Syros, Vasileios, Die Rezeption der aristotelischen politischen Philosophie bei Marsilius von Padua. Eine Untersuchung zur ersten Diktion des *Defensor Pacis*, Leiden [u. a.] 2007

Tawney, Richard H., Religion and the Rise of Capitalism. A Historical Study, Nachdruck, West Dayton 1948

Tellkamp, Jörg A., Vitorias Weg zu den legitimen Titeln der Eroberung Amerikas, in: Die Normativität des Rechts bei Francisco de Vitoria, hrsg. v. Kirstin Bunge; Anselm Spindler; Andreas Wagner, Stuttgart-Bad Cannstatt 2011, S. 147–170

Tellkamp, Jörg A., Rights and dominium, in: A Companion to Luis de Molina, hrsg. v. Matthias Kaufmann; Alexander Aichele, Leiden 2014, S. 125–153

Thieme, Hans, Die Zeit des späten Naturrechts. Eine privatrechtsgeschichtliche Studie, in: Zeitschrift der Savigny-Stiftung für Rechtsgeschichte, Germ. Abt. Bd. 56 (1936), S. 202–263

Thieme, Hans, Die preußische Kodifikation. Privatrechtsgeschichtliche Studien II, in: Zeitschrift der Savigny-Stiftung für Rechtsgeschichte, Germ. Abt. Bd. 57 (1937), S. 355–428

Thieme, Hans, Das Naturrecht und die europäische Privatrechtsgeschichte, Basel 1947

Thieme, Hans, Natürliches Privatrecht und Spätscholastik, in: Zeitschrift der Savigny-Stiftung für Rechtsgeschichte, Germ. Abt. Bd. 70 (1953), S. 230–266

Thier, Andreas, Art. Alexander III. (†1181), in: Handwörterbuch zur deutschen Rechtsgeschichte, Bd. 1: Aachen – Geistliche Bank, hrsg. v. Albrecht Cordes; Heiner Lück; Dieter Werkmüller, 2. Auflage, Berlin 2008, Sp. 141–143

Thier, Andreas, Art. Corpus Iuris Canonici, in: Handwörterbuch zur deutschen Rechtsgeschichte Bd. 1: Aachen – Geistliche Bank, hrsg. v. Albrecht Cordes; Heiner Lück; Dieter Werkmüller, 2. Auflage, Berlin 2008, Sp. 894–901

Thier, Andreas, Art. Gregor IX., in: Handwörterbuch zur deutschen Rechtsgeschichte, Bd. 2: Geistliche Gerichtsbarkeit – Konfiskation, hrsg. v. Albrecht Cordes; Heiner Lück; Dieter Werkmüller, 2. Auflage, Berlin 2012, Sp. 536–537

Thier, Andreas, Historische Semantiken von ius gentium und „Völkerrecht“, in: Völkerrechtsphilosophie der Frühaufklärung, hrsg. v. Tilmann Altwicker; Francis Cheneval; Oliver Diggelmann, Tübingen 2015, S. 29–47

Tierney, Brian, The Crisis of Church and State, 1050–1300. With selected Documents, Englewood Cliffs, NJ 1964

Tierney, Brian, The Origins of Natural Rights Language. Texts and Contexts, 1150–1250, in: History of Political Thought Vol. 10/Nr. 4 (1989), S. 615–646

Tierney, Brian, The Idea of Natural Rights. Studies on Natural Rights, Natural Law and Church Law, Atlanta 1997

Töpfer, Bernhard, Urzustand und Sündenfall in der mittelalterlichen Gesellschafts- und Staatstheorie, Stuttgart 1999

Tosi, Giuseppe, The Theological Roots of Subjective Rights. Dominium, ius and potestas in the Debate on the Indian Question (Sec. XVI), in: Politische Metaphysik. Die Entstehung moderner Rechtskonzeptionen in der Spanischen Scholastik, hrsg. v. Matthias Kaufmann; Robert Schnepf, Frankfurt a. M. [u. a.] 2007, S. 125–154

Trusen, Winfried, Forum internum und gelehrtes Recht im Spätmittelalter. Summae confessorum und Traktate als Wegbereiter der Rezeption, in: Zeitschrift der Savigny-Stiftung für Rechtsgeschichte, Kan. Abt. Bd. 57 (1971), S. 83–126

Trusen, Winfried, De contractibus mercatorum. Wirtschaftsethik und gelehrtes Recht im Traktat Johannes Niders (1438), in: Ius et commercium. Studien zum Handels- und Wirtschaftsrecht. Festschrift für Franz Laufke zum 70. Geburtstag am 20.6.1971 dargebracht von der Juristischen Fakultät der Bayerischen Julius-Maximilians-Universität zu Würzburg, Würzburg 1971, S. 51–71

Trusen, Winfried, Zur Bedeutung des geistlichen Forum internum und externum für die spätmittelalterliche Gesellschaft, in: Zeitschrift der Savigny-Stiftung für Rechtsgeschichte, Kan. Abt. Bd. 76 (1990), S. 254–285

Tuchtenhagen, Ralph, Art. Grotius (de Groot), Hugo, in: Biographisch-bibliographisches Kirchenlexikon, Bd. 17: Ergänzungen IV, begr. u. hrsg. v. Friedrich Wilhelm Bautz, fortgef. v. Traugott Bautz, Herzberg 2000, Sp. 505–508

Tuck, Richard, Natural Rights Theories. Their Origin and Development, Cambridge [u. a.] 1979

Twomey, Lesley K., The Serpent and the Rose. The Immaculate Conception and Hispanic Poetry in the Late Medieval Period, Leiden [u. a.] 2008

Unterburger, Klaus, Selbsterkenntnis und Fremdkontrolle. Ursache und Folgen des Umbaus der Beichte zum Bußsakrament im 13. Jahrhundert, in: Sakrament der Barmherzigkeit. Welche Chance hat die Beichte?, hrsg. v. Sabine Demel; Michael Pfleger, Freiburg i. Br. [u. a.] 2017, S. 475–496

Unterreitmeier, Johannes, Der öffentlich-rechtliche Schmerzensgeldanspruch als Ausprägung eines allgemeinen verfassungsrechtlichen Wiedergutmachungsanspruchs. Eine Renaissance der scholastischen Restitutionslehre, München 2007

Unterreitmeier, Johannes, Der Ersatz von Schmach und Schmerz. Über die gemeinsamen historischen Wurzeln von Schmerzensgeld und Geldentschädigung, in: JuristenZeitung Jg. 68/Nr. 9 (2013), S. 425–433

Van de Wouw, Hans, Art. Bernhard v. Pavia, in: Lexikon des Mittelalters, Bd. 1: Aachen bis Bettelordenskirchen, hrsg. v. Robert Auty, München [u. a.] 1980, Sp. 2002

Van Dyk, John, Thirty Years since Stegmüller. A Bibliographical Guide to the Study of Medieval Sentence Commentaries since the Publication of Stegmüller's *Repertorium Commentariorum in Sententias Petri Lombardi* (1947), in: Franciscan Studies Vol. 39 (1979), S. 255–315

Varkemaa, Jussi, Conrad Summenhart's Theory of Individual Rights, Leiden [u. a.] 2012

Veldhuis, Henri, Ordained and Absolute Power in Scotus' Oridnatio I 44, in: Vivarium Bd. 38/Nr. 2 (2000), S. 222–230

Vergau, Hans-Joachim, Der Ersatz immateriellen Schadens in der Rechtsprechung des 19. Jahrhunderts zum französischen und deutschen Deliktsrecht, Potsdam 2006

Visky, Károly, Spuren der Wirtschaftskrise der Kaiserzeit in den römischen Rechtsquellen, Budapest [u. a.] 1983

Vogtherr, Thomas, Art. Beneficium, kirchlich, in: Handwörterbuch zur deutschen Rechtsgeschichte, Bd. 1: Aachen – Geistliche Bank, hrsg. v. Albrecht Cordes; Heiner Lück; Dieter Werkmüller, 2. Auflage, Berlin 2008, Sp. 524–525

Vos, Antonie, Individuality and Virtue according to Duns Scotus, in: Individuum und Individualität im Mittelalter, hrsg. v. Jan A. Aertsen; Andreas Speer, Berlin [u. a.] 1996, S. 436–449

Vos, Antonie, The Philosophy of John Duns Scotus, Edinburgh 2006

Vos, Antonie, Scotus in the Nineteenth and Twentieth Centuries, in: La réception de Duns Scot. Die Rezeption des Duns Scotus. Scotism through the Centuries. Proceedings of „The Quadruple Congress“ on John Duns Scotus, Part 4, hrsg. v. Mechthild Dreyer; Édouard Mehl; Matthias Vollet, Münster 2013, S. 195–208

Vos, Antonie, The Theology of John Duns Scotus, Leiden [u. a.] 2018

Wagner, Bettina, Art. Nider (Nyder), Johannes, OP, in: Lexikon des Mittelalters, Bd. 6: Lukasbilder bis Plantagenêt, hrsg. v. Norbert Angermann; Robert-Henri Bautier; Robert Auty, München [u. a.] 1993, Sp. 1136

Wagner, Marion, Art. Prierias, Silvester Mazzolini, in: Biographisch-bibliographisches Kirchenlexikon, Bd. 7: Patočka Jan – Remachus, begr. u. hrsg. v. Friedrich Wilhelm Bautz, fortgef. v. Traugott Bautz, Herzberg 1994, Sp. 948–950

Wallenrodt, C. von, Die Injurienklagen auf Abbitte, Widerruf und Ehrenerklärung in ihrer Entstehung, Fortbildung und ihrem Verfall, in: Zeitschrift für Rechtsgeschichte Bd. 3 (1864), S. 238–300

Walter, Ute, Geschichte des Anspruchs auf Schmerzensgeld bis zum Inkrafttreten des bürgerlichen Gesetzbuches, Paderborn [u. a.] 2004

Watt, Lewis, The Theory lying behind the Historical Conception of the Just Price, in: The Just Price. An Outline of the Mediaeval Doctrine and Examination of its Possible Equivalent Today. Essays contributed to the Research Work of the Christian Social Counsil, hrsg. v. V. A. Demant, London 1930, S. 60–75

Weber, Adolph Dieterich, Ueber Injurien und Schmähschriften, in 3 Abtheilungen, 2. und 3. Auflage, Leipzig 1811

Weber, Hellmuth von, Der Dekalog als Grundlage der Verbrechenssystematik, in: Festschrift für Wilhelm Sauer zu seinem 70. Geburtstag am 24. Juni 1949. Mit Bibliographie, hrsg. v. Wilhelm Sauer, Berlin 1949, S. 44–70

Weigand, Rudolf, Die Naturrechtslehre der Legisten und Dekretisten von Irnerius bis Accursius und von Gratian bis Johannes Teutonicus, München 1967

Weimar, Peter, Art. Diebstahl, A. Römisches und gemeines Recht, in: Lexikon des Mittelalters, Bd. 3: Codex Wintoniensis bis Erziehungs- und Bildungswesen, hrsg. v. Robert-Henri Bautier; Robert Auty, München [u. a.] 1986, Sp. 987–988

Weimar, Peter, Art. Odofredus de Denariis, in: Lexikon des Mittelalters, Bd. 6: Lukasbilder bis Plantagenêt, hrsg. v. Norbert Angermann; Robert-Henri Bautier; Robert Auty, München [u. a.] 1993, Sp. 1361

Weimar, Peter, Art. Baldus de Ubaldis, in: Handwörterbuch zur deutschen Rechtsgeschichte, Bd. 1: Aachen – Geistliche Bank, hrsg. v. Albrecht Cordes; Heiner Lück; Dieter Werkmüller, 2. Auflage, Berlin 2008, Sp. 410–412

Weinzierl, Karl, Die Restitutionslehre der Frühscholastik, München 1936

Weinzierl, Karl, Die Restitutionslehre der Hochscholastik bis zum hl. Thomas von Aquin, München 1939

Weiß, Bardo, Kirche und Sakramente bei den frühen deutschen Mystikerinnen, Bd. 1, Paderborn [u. a.] 2013

Weisweiler, Heinrich, Wie entstanden die frühen Sententiae Berolinenses der Schule von Anselms von Laon? Eine Untersuchung über die Verbindung von Patristik und Scholastik, in: Scholastik. Vierteljahresschrift für Theologie und Philosophie Bd. 34 (1959), S. 321–369

Weitzel, Jürgen, Art. Primogenitur, in: Handwörterbuch zur deutschen Rechtsgeschichte, Bd. 3: List – Protonotar, hrsg. v. Adalbert Erler; Ekkehard Kaufmann, mitbegr. v. Wolfgang Stammler, 1. Auflage, Berlin 1984, Sp. 1950–1956

Welke, Wanja Andreas, Die Repersonalisierung des Rechtskonflikts. Zum gegenwärtigen Verhältnis von Straf- und Zivilrecht. Zugleich eine Analyse von exemplary (punitive)damages, Frankfurt a. M. [u. a.] 2008

Werner, Gunda, Die Freiheit der Vergebung. Eine freiheitstheoretische Reflexion auf die Prärogative Gottes im sakramentalen Bußgeschehen, Regensburg 2016

Wesseling, Klaus-Gunther, Art. Rupert von Deutz, in: Biographisch-bibliographisches Kirchenlexikon, Bd. 8: Rembrandt – Scharbel, begr. u. hrsg. v. Friedrich Wilhelm Bautz, fortgef. v. Traugott Bautz, Herzberg 1994, Sp. 1021–1031

Wesseling, Klaus-Gunther, Art. Ivo (Ives, Yves) von Chartres, in: Biographisch-bibliographisches Kirchenlexikon, Bd. 18: Ergänzungen V, begr. u. hrsg. v. Friedrich Wilhelm Bautz, fortgef. v. Traugott Bautz, Herzberg 2001, Sp. 704–710

Wette, Wilhelm Martin Leberecht de, Christliche Sittenlehre, Dritter Theil: Besondere Sittenlehre, Berlin 1823

Wieacker, Franz, Privatrechtsgeschichte der Neuzeit. Unter besonderer Berücksichtigung der deutschen Entwicklung, 2. Auflage, Göttingen 1967

Wieling, Hans Josef, Interesse und Privatstrafe vom Mittelalter bis zum bürgerlichen Gesetzbuch, Köln [u. a.] 1970

Wiese, Georg Walter Vincent von, Handbuch des gemeinen in Teutschland üblichen Kirchenrechts als Commentar über seine Grundsätze desselben, Erster Theil, Leipzig 1799

Williams, Thomas, Introduction. The Life and Works of John Duns the Scot, in: The Cambridge Companion to John Duns Scotus, hrsg. v. Thomas Williams, 1. Auflage, Cambridge 2001, S. 1–14

Willoweit, Dietmar, Dominium und Proprietas. Zur Entwicklung des Eigentumsbegriffs der mittelalterlichen und neuzeitlichen Rechtswissenschaft, in: Historisches Jahrbuch Bd. 94 (1974), S. 131–156

Wittmann, Georg Michael, Die heilige Priesterweihe, und als Zugabe: Die Pastoralinstruktion Christi an seine Apostel, Augsburg 1842

Wittmann, Roland, Die Körperverletzung an Freien im klassischen römischen Recht, München 1972

Wittneben, Eva Luise, Bonagratia von Bergamo. Franziskanerjurist und Wortführer seines Ordens im Streit mit Papst Johannes XXII., Leiden [u. a.] 2003

Wittreck, Fabian, Geld als Instrument der Gerechtigkeit. Die Geldrechtslehre des Hl. Thomas von Aquin in ihrem interkulturellen Kontext, Paderborn [u. a.] 2002

Wittreck, Fabian, Philosophisch fundierte Zinsverbote – Rechtsrahmen und Relevanz, in: Was vom Wucher übrigbleibt. Zinsverbote im historischen und interkulturellen Vergleich, hrsg. v. Matthias Casper; Norbert Oberauer; Fabian Wittreck, Tübingen 2014, S. 47–73

Wöhrer, Franz, Art. Wilhelm von Alnwick, in: Biographisch-bibliographisches Kirchenlexikon, Bd.13: Voltaire, Francois – Wolfram von Eschenbach, begr. u. hrsg. v. Friedrich Wilhelm Bautz, fortgef. v. Traugott Bautz, Herzberg 1998, Sp. 1228–1229

Wolter, Allan B., Introduction, in: John Duns Scotus. Philosophical Writings. A Selection, hrsg. u. übers. v. Allan B. Wolter, London [u. a.] 1963 (Nachdruck der Ausgabe London 1962), S. ix–xxiii

Wolter, Allan B., Introduction, in: Duns Scotus on the Will and Morality, ausgewählt u. übers. u. mit einer Einleitung versehen v. Allan B. Wolter, Washington, D. C. 1986, S. 1–123

Wolter, Allan B., The Philosophical Theology of John Duns Scotus, London [u. a.] 1990

Wolter, Allan B., Reflections on the Life and Works of Scotus, in: American Catholic Philosophical Quarterly Vol. 67/Iss. 1 (1993), S. 1–36

Wolter, Allan B., Duns Scotus at Oxford, in: Via Scoti. Methodologica ad mentem Joannis Duns Scoti. Atti del Congresso Scotistico Internationale Roma 9–11 marzo 1993, Vol. 1, hrsg. v. Leonardo Sileo, Rom 1995, S. 183–192

Wolter, Allan B., Reflections about Scotus's Early Works, in: John Duns Scotus. Metaphysics and Ethics, hrsg. v. Ludger Honnefelder; Rega Wood; Mechthild Dreyer, Leiden [u. a.] 1996, S. 37–57

Wolter, Allan B., Scotus's Cambridge Lecture, in: Franciscan Studies Vol. 58 (2000), S. 313–326

Wolter, Allan B. (Hrsg./Übers.), John Duns Scotus' Political and Economic Philosophy. Latin Text and English Translation, St. Bonventure, NY 2001
Preface, S. vii–ix; Introduction, S. 1–21; Endnotes: S. 85–92

Wolter, Heinz, Art. Antonius (Antonino Pierozzi, OP), Erzbischof von Florenz, in: Lexikon des Mittelalters, Bd. 1: Aachen bis Bettelordenskirchen, hrsg. v. Robert Auty, München [u. a.] 1980, Sp. 728

Wolter, Udo, Das Prinzip der Naturalrestitution in § 249 BGB. Herkunft, historische Entwicklung und Bedeutung, Berlin 1985

Zahnd, Ueli, Zwischen Verteidigung, Vermittlung und Adaption. Sentenzenkommentare des ausgehenden Mittelalters und die Frage nach der Wirksamkeit der Sakramente, in: Vermitteln – Übersetzen – Begegnen. Transferphänomene im europäischen Mittelalter und in der Frühen Neuzeit. Interdisziplinäre Annäherungen, hrsg. v. Balázs J. Nemes; Achim Rabus, Göttingen 2011, S. 33–86

Zapp, Hartmut, Art. Bernardus de Botone (B. v. Parma), in: Lexikon des Mittelalters, Bd. 1: Aachen bis Bettelordenskirchen, hrsg. v. Robert Auty, München [u. a.] 1980, Sp. 1976

Zapp, Hartmut, Art. Decretum Gratiani, in: Lexikon des Mittelalters, Bd. 3: Codex Wintoniensis bis Erziehungs- und Bildungswesen, hrsg. v. Robert-Henri Bautier; Robert Auty, München [u. a.] 1986, Sp. 625

Zapp, Hartmut, Art. Raimund (Raymund) von Peñafort, in: Lexikon des Mittelalters, Bd. 7: Planudes bis Stadt (Rus), hrsg. v. Norbert Angermann; Robert-Henri Bautier; Robert Auty, München 1995, Sp. 414–415

Zimmermann, Reinhard, The Law of Obligations. Roman Foundations of the Civilian Tradition, 1. Auflage, Cape Town [u. a.] 1990

Zumkeller, Adolar, Art. Ägidius von Rom, in: Theologische Realenzyklopädie, Bd. 1: Aaron – Agende, u. a. in Gemeinschaft Horst Balz, hrsg. v. Gerhard Müller; Gerhard Krause, Berlin [u. a.] 1977, S. 462–465